U0618216

丝/路/经/济/研/究/系/列

中国新疆向西开放

（进出口贸易）年度报告

（2013~2016年）

孙　慧◎著

ANNUAL REPORT ON OPENING UP TO
THE WEST (IMPORT AND EXPORT TRADE) OF
XINJIANG, CHINA (2013—2016)

经济管理出版社
ECONOMY & MANAGEMENT PUBLISHING HOUSE

图书在版编目（CIP）数据

中国新疆向西开放（进出口贸易）年度报告：2013~2016年/孙慧著．—北京：经济管理出版社，2019.2
ISBN 978 - 7 - 5096 - 6399 - 8

Ⅰ.①中…　Ⅱ.①孙…　Ⅲ.①对外贸易—贸易发展—研究报告—新疆—2013-2016　Ⅳ.①F752.845

中国版本图书馆 CIP 数据核字（2019）第 028004 号

组稿编辑：丁慧敏
责任编辑：丁慧敏　张广花　乔倩颖
责任印制：黄章平
责任校对：陈　颖　赵天宇　董杉珊

出版发行：经济管理出版社
　　　　　（北京市海淀区北蜂窝 8 号中雅大厦 A 座 11 层 100038）
网　　址：www. E - mp. com. cn
电　　话：（010）51915602
印　　刷：北京虎彩文化传播有限公司
经　　销：新华书店
开　　本：880mm×1230mm/16
印　　张：58.25
字　　数：1483 千字
版　　次：2021 年 7 月第 1 版　　2021 年 7 月第 1 次印刷
书　　号：ISBN 978 - 7 - 5096 - 6399 - 8
定　　价：298.00 元

《中国新疆向西开放（进出口贸易）》研究组

组　长：

孙　慧　新疆大学经济与管理学院　教授　博士研究生导师

新疆维吾尔自治区普通高等学校人文社科重点研究基地——"新疆创新管理研究中心"主任

成　员：

杨泽帅　赖　凯　王　慧　张　娇　王　刚　张双兰　任　鸽　杨王伟

主　编： 新疆大学新疆创新管理研究中心

网　址： www. cim. xju. edu. cn

E‑mail： cim@ xju. edu. cn

电　话： 0991‑8583698（O/Fax. ）

邮　编： 830046

地　址： 新疆维吾尔自治区乌鲁木齐市天山区胜利路14号新疆大学科技楼612室

前　言

　　2015 年，国家发展和改革委员会、外交部、商务部联合发布了《推动共建丝绸之路经济带和21 世纪海上丝绸之路的愿景与行动》。2017 年国际合作高峰论坛上，国家主席习近平提出"伟大的事业需要伟大的实践"，为了使欧亚各国经济联系更加紧密、相互合作更加深入、发展空间更加广阔，抢抓建设丝绸之路经济带核心区的历史机遇，"一带一路"倡议将通过促进发展，为解决全球性挑战提供方案。

　　丝绸之路经济带沿线国家主要有 39 个：中国；中亚五国，包括哈萨克斯坦、吉尔吉斯斯坦、乌兹别克斯坦、塔吉克斯坦和土库曼斯坦；西亚二十一国，包括阿富汗、亚美尼亚、阿塞拜疆、巴林、塞浦路斯、格鲁吉亚、伊朗、伊拉克、以色列、约旦、科威特、黎巴嫩、阿曼、巴勒斯坦卡塔尔、沙特阿拉伯、叙利亚、阿联酋、也门、埃及和土耳其；南亚七国，包括印度、巴基斯坦、孟加拉国、斯里兰卡、尼泊尔、不丹、马尔代夫；东欧和高加索三国，包括摩尔多瓦、乌克兰和白俄罗斯；俄罗斯；蒙古国。

　　为了解中亚、西亚、南亚和俄罗斯在中国新疆进出口贸易中的占比情况，为沿边向西开放战略研究提供决策参考依据，中国新疆创新管理研究中心采用中华人民共和国国家统计局、中华人民共和国国家海关和中华人民共和国乌鲁木齐海关等机构统计资料的相关数据，编制了《中国新疆向西开放（进出口贸易）年度报告（2013~2016 年）》一书。

　　本书分析年度为 2013~2016 年，分析对象总体分为五个部分：

　　（1）中国新疆外贸进出口总值分析，包括中国新疆外贸进出口总值与全国外贸进出口总值的占比分析、中国新疆外贸进出口趋势分析。

　　（2）按照贸易方式对中国新疆外贸进出口总值进行分析。其中，中国新疆进出口商品的贸易方式有八种，包括边境小额贸易，一般贸易，加工贸易，对外承包工程出口货物，海关特殊监管区域，租赁贸易，国家间、国际组织无偿援助和赠送的物资及其他贸易。

　　（3）按照企业性质对中国新疆外贸进出口总值进行分析。其中，中国新疆外贸进出口商品的企业主要包括国有企业、外商投资企业、民营企业、其他企业。

　　（4）按照商品类别对中国新疆外贸进出口总值进行分析。中国新疆外贸出口部分主要商品有30 种，分别为：机电产品，服装及衣着附件，鞋类，纺织纱线、织物及制品，农产品，文化产品，箱包及类似容器，灯具、照明装置及零件，玩具，初级形状的聚氯乙烯，汽车零配件，高新技术产品，番茄酱，陶瓷产品，钢材，塑料制品，鲜、干水果及坚果，轴承，体育用品及设备，风力发电机组，玻璃制品，床垫、寝具及类似品，手用或机用工具，家具及其零件，眼镜及其零件，汽车，蔬菜，钢铁或铜制标准紧固件，通断保护电路装置及零件，不锈钢厨具、餐具等家用器具。

新疆外贸进口部分主要商品有 30 种，分别为：农产品机电产品，纸浆，纺织机械及零件，铜矿砂及其精矿，棉花，未锻轧铜及铜材，铁矿砂及其精矿，纺织纱线、织物及制品，高新技术产品，粮食，计量检测分析自控仪器及器具，牛皮革及马皮革，天然气，饲料用鱼粉，锯材，汽车，原油，氧化铝，鲜、干水果及坚果，医疗仪器及器械，食用植物油，煤及褐煤，通断保护电路装置及零件，钢材，肥料，初级形状的塑料，铬矿砂及其精矿酒类，羊毛。

（5）按照国别对中国新疆外贸进出口总值进行分析，包括对中亚五国、西亚、南亚、东欧国家、俄罗斯、蒙古国及其他国家进出口总值在中国新疆进出口总值和中国进出口总值占比的分析等。其中，中亚五国分别为哈萨克斯坦、吉尔吉斯斯坦、乌兹别克斯坦、塔吉克斯坦和土库曼斯坦；能获得数据的西亚国家有伊朗、阿联酋、阿塞拜疆、沙特阿拉伯、土耳其、阿富汗和黎巴嫩；南亚国家有印度、巴基斯坦；东欧国家有乌克兰；其他国家有美国、德国、荷兰、安哥拉、英国、新加坡等。

在本书的编撰过程中，新疆大学经济与管理学院、新疆创新管理研究中心主任孙慧教授负责本书大纲的制定、修订和组稿。此外，新疆创新管理研究中心在读硕士研究生参与本书的编撰与校对。在本书的撰写过程中，在内容上注意充分考虑市场发展环境与国家战略背景；在结构上统一体例格式，各章均遵循同一逻辑框架与研究设计；在分析方法上，注意定性与定量分析相结合，理论与实际相结合。当然，由于水平有限，编撰过程中难免会有疏漏和不足之处，希望各位读者不吝提出宝贵建议与意见，我们将不胜感激。

孙 慧

2018 年 5 月

目　录

第一章 绪论

第一节 选题背景与意义

一、选题背景

1978 年以来，中国实施的对外开放战略成为了我国经济增长的重要力量，极大地推进了中国社会主义现代化建设的进程，符合当今时代特征和世界经济发展规律，是实现中国经济腾飞的必然选择。在对外开放实践中，我国的开放路径呈现出"渐进式、非平衡"的发展特点，因此，仍需进一步拓展中国对外开放的广度和深度，推进区域经济间的协调发展。随着全球经济格局的不断调整以及国家区域发展战略的不断深入，国家提出了向西开放战略，这既是提升西部地区经济社会发展水平和对外开放程度的新机遇，也是加强我国与新兴国家战略合作的新举措。

近年来，随着向西开放的不断深入，向西开放省份根据各自的优势提出了向西开放门户、桥头堡、合作高地、战略平台、开放试验区等不同的战略定位。实践证明，中国新疆不仅成为了我国向西开放战略的桥头堡和前沿地，还是我国联系中亚、西亚、中东和欧洲国家的重要交通枢纽。因此，以中国新疆构建中国向西开放格局是实施中国全方位对外开放战略的必然选择，也是实现我国东、中、西三大区域间协调发展的必然要求。

中国新疆已经开始实施向西开放战略，其基本思路是：①短期内依靠政策导向与支援建设优势；②中长期内依靠资源优势与区位优势。利用政策导向与支援建设优势，依托边境口岸、主要交通干线及亚欧大陆桥等平台，面向中亚、西亚、南亚以及欧洲国家，发挥中国新疆的资源优势与地缘优势，将中国新疆建设成为向西出口商品加工基地、商品中转集散地、进口和走出去开发能源矿产资源的国际商贸中心，最终实现中国新疆地区、西部地区与全国地区经济的迅速发展、科学发展与统筹发展。进出口贸易在推动地区与国家经济快速增长过程中占有重要地位，中国新疆依据其独特的地缘优势，是我国向西开放的重要门户，其进出口贸易对中国新疆地区的经济发展意义重大。

因此，分析中国新疆进出口贸易的发展态势、探究中国新疆进出口贸易存在的问题，对加快产业结构调整与升级、助力相关政策的制定与落实、推进向西开放进程、实现中国新疆乃至全国地区整体经济高质量发展具有重要的理论意义与实践意义。

二、选题意义

（一）国际产业分工的深化与世界格局的调整

伴随着经济全球化的不断深入，国际产业结构的调整和产业转移的加快促使区域间产业联系越发紧密，国际分工的不断细化使各国经济间的依存度进一步加深，以产业链和价值链为基础的新型国际分工体系逐步形成。国际金融危机以来，资本、技术、人才等核心生产要素加速向亚太等新兴市场转移，新兴市场国家逐渐成为世界经济发展的重要力量。发展中国家凭借后发优势，提高了由国际分工带来的"全球化红利"。与此同时，新兴国家的快速发展也加速了世界政治多极化进程和经济格局的变革与调整。在新兴国家特别是亚洲国家经济实力的快速提升以及与发达国家贸易摩擦不断加剧的背景下新兴市场国家逐渐成为我国重要的投资来源地和目标地，我国与新兴国家特别是周边国家的合作具有天然的地缘优势，经济互补明显。并且，我国也需要与周边国家形成区域互动、优势互补、相互促进、共同发展的合作格局。因此，我国理应将深化与新兴国家特别是周边国家的合作作为我国长期坚持的战略重点，进而在国际生产分工以及区域一体化进程中进一步占据有利地位。

（二）对外开放的深入与西部大开发进入新的阶段

改革开放 40 年来，尽管我国已初步形成全方位发展的开放格局，但受区域非均衡战略以及地理环境等因素影响，我国对外开放和开放型经济发展的程度和水平并不均衡。先前的沿海开放导致了资源要素不断向沿海地区聚集和配置，这既难以带动内陆地区的对外开放，也进一步拉大了地区间发展的差距。与此同时，西部地区的开放既面向我国其他地区，也面向以国际贸易和国际要素流动为特征的国际市场，存在着国内其他地区和周边国家对外开放的双重压力。尽管西部地区对外开放水平有了长足发展，但开放规模和开放质量都处于较低水平，2011 年我国进出口总值达到 36421 亿美元，而西部地区仅为 1225.42 亿美元，仅占全国的 3.36%。在我国对外开放不断深入和西部大开发发展的关键时期，西部地区若不能大力开拓国际国内市场，形成开放与开发相互促进的良性互动，就有可能进一步拉大与东部地区的差距。与此同时，西部既需要借助沿海地区加强与世界各国的联系，也需要扩大与周边国家的交流使内陆地区通过沿边省市参与各项合作。因此，向西开放客观上要求西部地区在向东部地区开放的同时也要面向周边国家开放，这不仅是我国对外开放在空间上不断拓展的必然结果，更是形成对外开放新格局、提升我国对外开放质量和水平的现实选择。

（三）实现区域协调发展和自我发展能力

区域协调发展与自我发展能力的提高不仅是传统的区域间平衡与不平衡发展问题，也不再是区域内部社会经济与资源环境间的协调发展，而是建立在科学发展观基础上，注重要素的综合利用以及发展条件与发展路径的协调一致，考虑一体化经济区域的协调发展。区域协调发展与自身能力提高的前提是区域间的相互开放，也只有在开放的环境下才能在竞合的状态中促进要素资源跨区域流动和区域经济布局的优化调整，从而提高区域一体化和协调发展的程度。近年来，我国与周边国家经济发展差距呈不断扩大之势，这更加要求在一定区域范围内要加强交往、合作与参与。对西部内部来讲，尽管我国区域间差距得到有效缩小，但区域协调发展还面临诸多困境和挑战。与此同时，西部地区自我发展能力不足，开放型经济水平有待提高，尚未形成西部地区区域可持续发展的内生机制。随着近期一系列国家层面的区域性规划出台以及主体功能区的划分，我国已进入区域协调发展的新阶段，东部地区产业加速向西部转移以及西部省份产业结构升级也为西部发展带来了新的机遇。向西开放战略为西部地区区域协调和提升自我发展能力提供了新的思路，将进一步提升区域外部和内部的开放程度，深化区域开放与融合，增强区域间产业分工与协同，推动机制优化与政策对接，提高西部区域协调发展和自身发展能力。

（四）维护边疆稳定与国家安全

我国西部地处欧亚大陆腹心地带，与哈萨克斯坦、阿富汗、缅甸、老挝等 14 个国家接壤，陆地边境线长达 1.8 万余千米，约占全国陆地边境线的 91%，战略枢纽位置显著。与此同时，我国周边国家资源丰富，把我国西部相邻国家的资源纳入国家能源资源发展的总体战略，在其资源开发和市场开拓中占据先机和有利地位，开辟我国能源和战略资源的陆上安全大通道，也关系到国家的长远利益和现实安全。西部边疆地区是多民族聚集区，信仰、语言及文化各有差异。随着世界地缘政治格局的动荡与变化，我国边疆地区的安全环境日趋复杂，特别是以"三股势力"为代表的国际恐怖主义活动日益猖獗对我国西部边境地区的安全与稳定构成了严重威胁。而且，边疆地区也多是"老、少、边、穷"地区，基础设施建设滞后，经济发展相对封闭和落后，如不进一步加快这些地区的发展，势必会对我国边境地区的安全与稳定造成影响。近年来，我国与周边国家建立了不同形式的双边合作机制，各国的合作意识也不断上升。向西开放战略的实施将强化我国与周边国家的合作关系，在大力提升我国西部经济的同时，与周边国家利益共享，实现双赢，最大程度上减少冲突，营造出有利于我国周边地区的安全合作环境。并且，向西开放也有利于民族团结、改变边疆地区贫困面貌，将沿边地区打造为联动西部内陆地区向西开放的战略前沿，成为内陆各省份走向国际市场的桥梁和纽带。

第二节 研究内容与研究方法

一、研究内容

本书基于经济协调发展理论、比较优势理论、对外开放相关理论，探究分析中国新疆对中亚国家、西亚国家、南亚国家、东欧国家以及其他国家的进出口贸易现状及特征，以期为加快产业转型升级，助力向西开放进程，向西开放政策制定以及构建科学合理的沿边、沿桥和沿交通干线向国际、国内拓展的全方位、多层次、宽领域的中国新疆向西开放体系提供决策参考。

具体章节安排如下：

第一章：绪论。主要介绍中国新疆向西开放（进出口贸易）选题的背景、意义，简要地梳理了研究内容及方法，并从分析年度、数据来源、分析内容及分析目的四方面做了总体说明。

第二章：构建向西开放的理论分析框架。首先，对向西开放的概念进行了界定；其次，梳理了向西开放的历史进程；再次，总结分析了向西开放战略的内涵与特征；又次，扼要地介绍了向西开放的战略重点；最后，从经济发展与社会发展层面阐述了中国新疆向西开放的意义。

第三章：2013～2016年中国新疆向西开放（进出口贸易）年度总报告。总结分析了2013～2016年中国新疆向西开放（进出口贸易）的变化趋势及特征。

第四章～第七章：2013～2016年中国新疆向西开放（进出口贸易）年度报告。总结分析了2013～2016年中国新疆向西开放（进出口贸易）的发展状况与特征。主要包括年度总结，总体概况，中国新疆对中亚国家、西亚国家、南亚国家、东欧国家、俄罗斯、蒙古国以及其他国家的进出口贸易状况。

二、研究方法

统计白描法：通过时间序列数据统计分析中国新疆对外开放、向西开放进出口贸易规模现状及特点；统计分析中国新疆与中亚、西亚、南亚等丝绸之路经济带沿线国家的进出口贸易现状及特征。

第三节　总体说明

一、分析年度

报告分析年度为2013～2016年，共计四个年度。

二、数据来源

本报告所用数据均来自中华人民共和国国家统计局、中华人民共和国国家海关和中华人民共和国乌鲁木齐海关相关统计资料。

三、分析内容

报告分析对象总体分为五个部分：

（一）中国新疆外贸进出口总值分析

包括中国新疆外贸进出口总值与全国外贸进出口总值的占比分析；中国新疆外贸进出口趋势分析。

（二）按照贸易方式对中国新疆外贸进出口总值进行分析

其中，中国新疆进出口商品的贸易方式有八种，包括边境小额贸易，一般贸易，加工贸易，对外承包工程出口货物，海关特殊监管区域，租赁贸易，国家间、国际组织无偿援助和赠送的物资及其他贸易；其中，加工贸易包括来料加工装配贸易和进料加工贸易，海关特殊监管区域包括保税监管场所进出境货物、海关特殊监管区域物流货物和海关特殊监管区域进口设备，其他贸易主要为旅游购物商品。

（三）按照企业性质对中国新疆外贸进出口总值进行分析

其中，中国新疆外贸进出口商品的企业主要包括：国有企业、外商投资企业、民营企业、其他企业。

（四）按照商品类别对中国新疆外贸进出口总值进行分析

中国新疆外贸出口部分主要商品有30种，分别为：机电产品，服装及衣着附件，鞋类，纺织纱线、织物及制品，农产品，文化产品，箱包及类似容器，灯具、照明装置及零件，玩具，初级形状的聚氯乙烯，汽车零配件，高新技术产品，番茄酱，陶瓷产品，钢材，塑料制品，鲜、干水果及坚果，轴承，体育用品及设备，风力发电机组，玻璃制品，床垫、寝具及类似品，手用或机用工具，家具及其零件，眼镜及其零件，汽车，蔬菜，钢铁或铜制标准紧固件，通断保护电路装置及零件，不锈钢厨具、餐具等家用器具。

中国新疆外贸进口部分主要商品有30种，分别为：农产品，机电产品，纸浆，纺织机械及零件，铜矿砂及其精矿，棉花，未锻轧铜及铜材，铁矿砂及其精矿，纺织纱线、织物及制品，高新技术产品，粮食，计量检测分析自控仪器及器具，牛皮革及马皮革，天然气，饲料用鱼粉，锯材，汽车，原油，氧化铝，鲜、干水果及坚果，医疗仪器及器械，食用植物油，煤及褐煤，通断保护电路装置及零件，钢材，肥料，初级形状的塑料，铬矿砂及其精矿，酒类，羊毛。

（五）按照国别对中国新疆外贸进出口总值进行分析

对中亚五国、西亚、南亚、东欧国家、俄罗斯、蒙古国及其他国家进出口总值在中国新疆进出口总值和中国进出口总值占比进行分析等。其中，中亚五国分别为哈萨克斯坦、吉尔吉斯斯坦、乌兹别克斯坦、塔吉克斯坦和土库曼斯坦；能获得数据的西亚国家有阿塞拜疆、阿拉伯联合酋长国（下称阿联酋）、沙特阿拉伯、土耳其、伊朗；南亚国家有印度、巴基斯坦；东欧国家有乌克兰；另外还有俄罗斯、蒙古国；其他国家有美国、马来西亚、德国、韩国、日本、印度尼西亚、荷兰、南非、澳大利亚、巴西、新加坡、多哥、加拿大、泰国、西班牙、法国、波兰、尼日利亚、巴拿马、安哥拉、越南、埃塞俄比亚、苏丹、比利时、贝宁、瑞士、牙买加、加纳、肯尼亚、智利、菲律宾、丹麦、安道尔。

四、分析目的

了解中亚、西亚、南亚、东欧国家、俄罗斯、蒙古国及其他国家在中国新疆进出口贸易中的占比情况，为沿边向西开放战略研究提供决策参考依据。

第二章　构建向西开放的理论分析

第一节　向西开放概念界定

西部各省份借由毗邻欧亚国家的区位优势，以现有的边境开发口岸、亚欧大陆桥和主要交通干线为依托，加强与中亚、西亚、南亚、东欧等周边国家和地区的经济联系，来促进国内外两个市场中资源的整合，进而推动西部乃至整个国家的经济发展。

第二节　向西开放历史进程

向西开放战略的提出经历了一个循序渐进的过程。1988 年，邓小平针对中国发展不平衡的特点，提出了"两个大局"的战略构想。一个大局，就是沿海地区加快对外开放，较快地先发展起来，中西部地区要顾全这个大局。另一个大局，就是当沿海地区发展到一定时期，要拿出更多的力量帮助中西部地区加快发展，东部沿海地区也要服从这个大局。

1999 年 6 月 9 日，江泽民提出，加快中西部地区发展步伐的条件已经具备，时机已经成熟。

1999 年 11 月，中央经济工作会议部署，抓住时机，着手实施西部地区大开发战略。

2000 年 1 月，国务院西部地区开发领导小组召开西部地区开发会议，研究加快西部地区发展的基本思路和战略任务，部署实施西部大开发的重点工作。

2000 年 10 月，中共十五届五中全会通过《中共中央关于制定国民经济和社会发展第十个五年计划的建议》，把实施西部大开发、促进地区协调发展作为一项战略任务，强调："实施西部大开发战略、加快中西部地区发展，关系经济发展、民族团结、社会稳定，关系地区协调发展和最终实现共同富裕，是实现第三步战略目标的重大举措。"

2001年3月，九届全国人大四次会议通过的《中华人民共和国国民经济和社会发展第十个五年计划纲要》对实施西部大开发战略再次进行了具体部署。实施西部大开发，就是要依托亚欧大陆桥、长江水道、西南出海通道等交通干线，发挥中心城市作用，以线串点，以点带面，逐步形成中国西部有特色的西陇海兰新线、长江上游、南（宁）贵、成昆（明）等跨行政区域的经济带，带动其他地区发展，有步骤、有重点地推进西部大开发。

2006年12月8日，国务院常务会议审议并原则通过《西部大开发"十一五"规划》。目标是努力实现西部地区经济又好又快发展，人民生活水平持续稳定提高，基础设施和生态环境建设取得新突破，重点区域和重点产业的发展达到新水平，教育、卫生等基本公共服务均等化取得新成效，构建社会主义和谐社会迈出扎实步伐。随着国际环境的变化和我国对外开放程度的不断提高，我国对外开放的重点由沿海、向东开放逐步向内陆、沿边开放发展。西部各省市开放的重点也由不同功能的经济区逐渐转变为区域合作，联合发展。

2012年9月，国务院批复《宁夏内陆开放型经济试验区规划》，标志着我国向西开放战略正式启动，西部地区向西开放战略进入到实质性阶段。

2020年5月，国务院印发了《关于新时代推进西部大开发形成新格局的指导意见》，强化举措推进西部大开发形成新格局，是党中央、国务院从全局出发，顺应中国特色社会主义进入新时代、区域协调发展进入新阶段的新要求，统筹国内国际两个大局作出的重大决策部署。新时代继续做好西部大开发工作，对于增强防范化解各类风险能力，促进区域协调发展，决胜全面建成小康社会，开启全面建设社会主义现代化国家新征程，具有重要现实意义和深远历史意义。

第三节　向西开放内涵与特征

一、向西开放的内涵

向西开放是我国西部地区向周边国家开放、是中国全方位对外开放的重大举措和西部大开发战略的重要环节，包含我国与中亚、西亚、南亚和俄罗斯等国的进出口贸易和多层次经济技术的联系与交流。西部地区依托地理区位优势和悠久的文化开放传统，借助国家长期战略支撑，巩固与传统贸易合作国家关系，建立与新兴市场和国家友好互助合作伙伴关系，开创互利共赢、友好合作的创新开放新模式。

通过向西开放发展战略，发展特色优势产业，以边境小额贸易方式为主导，大力联动国内市场与国际市场，增强与西部周边国家的文化凝聚力和创新贸易模式的生命力，在促进西部繁荣发展的同时齐心协力构筑人类命运共同体，实现与西部沿线国家的共赢共享。

二、向西开放的特征

（1）向西开放的贸易方式多种多样，以边境小额贸易方式为主导，多种贸易方式联动发展。

（2）向西开放覆盖范围广，既包括发达国家也吸纳了新兴国家和市场。

（3）向西开放历史悠久，两汉时期就已开拓了丝绸之路，商贸活动、文化交流不断深入，有着深厚的历史文化积淀。

（4）向西开放竞争压力大，开放能力较弱，开放规模和开放质量处于较低水平，但依托国家短期战略和长期的区位、资源和地缘优势，发展潜力强，前景广阔。

（5）向西开放顺应了经济全球化和区域经济一体化的发展趋势，存在巨大的上升空间。

第四节　向西开放战略重点

向西开放战略重点是共建丝绸之路经济带、搭建开发开放型经济发展的重要平台。改革开放特别是实施西部大开发以来，西部地区加快推进改革开放，积极实施赶超战略，发展步伐显著加快，基础设施、生态环境、群众生活、城乡面貌发生了历史性变化，进一步向西开放条件具备、时机成熟。但由于地处我国内陆腹地，西部地区对外开放仍处于初级阶段，经济外向度不高一直是制约其发展的最大短板。共建丝绸之路经济带、搭建开发开放型经济发展的重要平台，有利于西部地区更好发挥区位、交通等优势，统筹利用国际国内两个市场、两种资源，充分集聚人流、物流、信息流、资金流，进一步释放开发开放和创新创造的活力。

丝绸之路沿途各国虽然社会制度、发展水平、文化传统、宗教信仰等各不相同，但加快经济发展、增进国民福祉的目标是相同的，深化双边多边合作、实现互利共赢的意愿是一致的。取长补短才能互惠互利，深化合作才能共生共赢。随着经济全球化进程的加快，共建丝绸之路经济带、搭建开发开放型经济发展的重要平台，需要沿途各国在产业转移、应对国际金融和能源危机、保护生态环境等领域更加紧密地合作，最大限度地将政治关系优势、地缘毗邻优势、经济互补优势转化为务实合作优势、持续增长优势。

第五节　中国新疆向西开放对经济社会发展的意义

一、经济发展意义

随着向西开放战略的实施，我国与有关国家在资金、技术、物流等领域的合作必将不断深化，从而在我国西部周边地区建立起一个地域辽阔、造福多国的"经济合作带"，在为自身经济发展提供直接外部依托基础上，打造辐射亚欧大陆金融、物流中心，实现"向西开放"与"沿海开放"的联动配合，为我国出口商品开辟新的战略方向。

中国新疆扩大向西开放，一方面，有利于深化中国新疆对外经济开放水平，推动中国新疆自贸区建设，即通过开放口岸，设立沿边地区经济开发区，带动边境口岸及沿边城镇发展；另一方面，有利于抓住东部地区产业升级和产业转移的战略机会，通过工业园区建设，以点带面，加快东部地区产业向中国新疆转移，加速中国新疆地区产业集聚，并通过中亚地区的矿产资源和东部地区的产业转移，形成区域性的工业加工体系，推动中国新疆的工业腾飞、经济发展。

二、社会发展意义

中国新疆是多民族聚集地，是全国最大的多民族自治区之一，共有 55 个民族聚居在此。截至 2016 年底，中国新疆人口为 2398.08 万，其中少数民族人口约占 64%。多年来，国内外敌对势力一直利用民族和宗教问题在中国新疆搞颠覆和分裂活动，中国新疆的稳定，不仅关系到中国新疆经济、社会的顺利发展，还关系到整个西北地区的稳定和发展，更关系到全国改革开放和现代化建设的大局。中国新疆要保持长治久安，归根结底还是要靠发展。中国新疆开放有利于加速中国新疆的发展，对周边国家形成发展上的优势，使人民的生活好于周边国家，增强各族人民的凝聚力，使境外分裂主义势力无机可乘，最终巩固政治社会稳定乃至边疆安宁。

第三章 2013~2016年中国新疆向西开放（进出口贸易）年度总报告

第一节 2013~2016年新疆向西开放总体形势分析

一、新疆进出口、出口总值呈倒V形变化趋势，进口总值持续下降

2013~2016年，全国进出口、出口与进口贸易总值均呈先升后降的倒V形变动趋势，新疆进出口、出口贸易总值也表现为先升后降趋势，而新疆进口贸易总值则呈持续下降趋势，且新疆占全国进出口、出口与进口总值的比重变动趋势相同，均呈持续下降趋势。

二、传统贸易方式保持不变

2013~2016年，新疆进出口贸易方式主要是7种，边境小额贸易、一般贸易稳占主导地位。

其中，边境小额贸易、海关特殊监管区域进出口总值均呈先降后升的V形变动趋势，一般贸易、租赁贸易进出口总值均呈先升后降的倒V形变动趋势，其他贸易、加工贸易进出口总值均呈持续下降趋势，对外承包工程出口货物进出口总值呈先降后升再降的波动趋势；边境小额贸易出口总值呈先升后降再升的波动趋势，一般贸易、其他贸易与海关特殊监管区域出口总值均呈持续下降趋势，对外承包工程出口总值呈先降后升再降的波动趋势，加工贸易、租赁贸易出口总值呈先升后降的倒V形变动趋势；边境小额贸易、海关特殊监管区域进口总值均呈先降后升的V形变动趋势，一般贸易、其他贸易进口总值均呈先升后降的倒V形变动趋势，加工贸易进口总值呈持续下降趋势，租赁贸易进口总值、对外承包工程出口货物进口总值无相关数据。

三、民营企业主导进出口贸易

2013~2016年，新疆进出口企业类型中，四类企业按进出口总值大小排序为：民营企业、国有

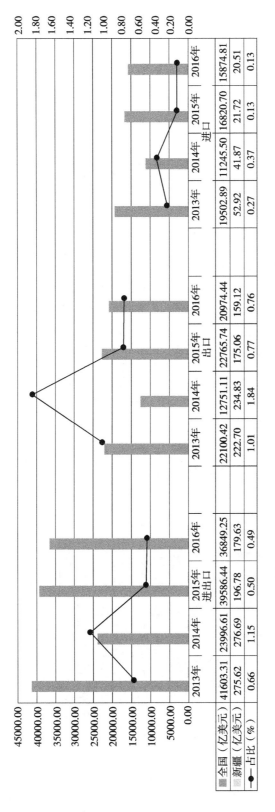

	进出口				出口				进口			
	2013年	2014年	2015年	2016年	2013年	2014年	2015年	2016年	2013年	2014年	2015年	2016年
全国（亿美元）	41603.31	23996.61	39586.44	36849.25	22100.42	12751.11	22765.74	20974.44	19502.89	11245.50	16820.70	15874.81
新疆（亿美元）	275.62	276.69	196.78	179.63	222.70	234.83	175.06	159.12	52.92	41.87	21.72	20.51
占比（%）	0.66	1.15	0.50	0.49	1.01	1.84	0.77	0.76	0.27	0.37	0.13	0.13

图 3－1－1　2013～2016 年新疆与全国进出口、出口、进口总值占比情况

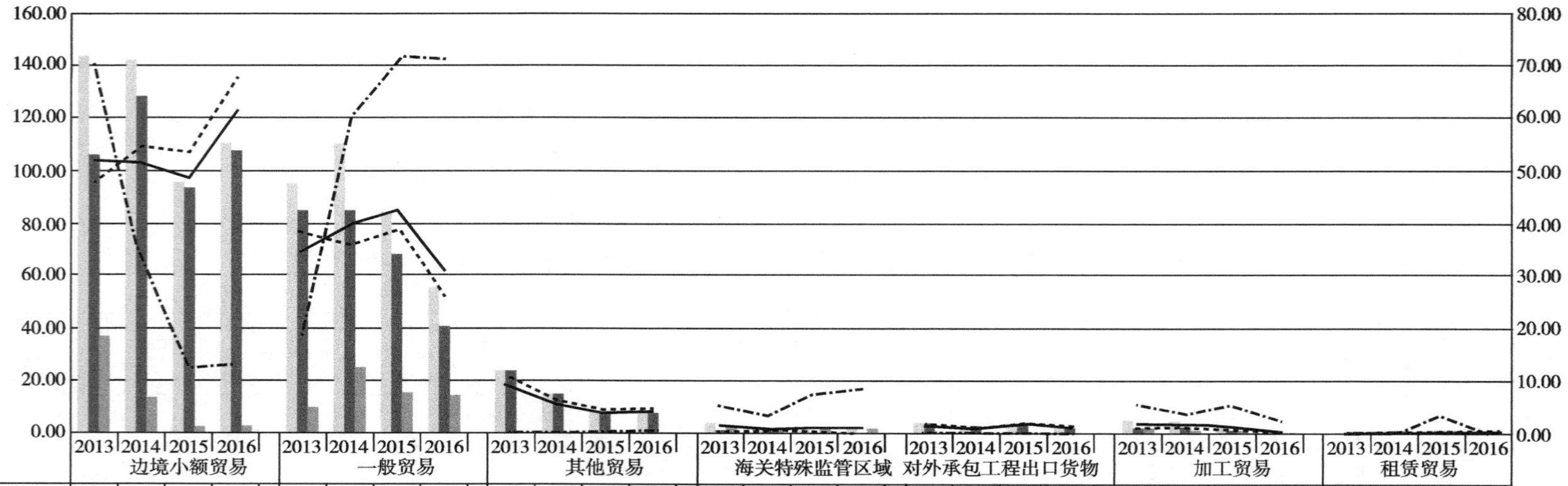

图 3－1－2　2013～2016 年新疆主要贸易方式进出口、出口、进口总值及占比情况

	边境小额贸易 2013	2014	2015	2016	一般贸易 2013	2014	2015	2016	其他贸易 2013	2014	2015	2016	海关特殊监管区域 2013	2014	2015	2016	对外承包工程出口货物 2013	2014	2015	2016	加工贸易 2013	2014	2015	2016	租赁贸易 2013	2014	2015	2016
进出口贸易（亿美元）	143.5	142.2	96.19	110.4	95.12	110.0	83.76	55.56	24.02	14.84	8.01	7.66	3.77	2.02	1.91	1.87	3.95	2.94	3.50	2.28	5.10	4.51	2.63	0.77	0.05	0.07	0.72	0.06
出口贸易（亿美元）	106.3	128.47	93.50	107.7	85.10	84.96	68.21	40.94	24.01	14.82	7.87	7.59	1.13	0.52	0.27	0.14	3.95	2.94	3.50	2.28	2.12	2.99	1.48	0.29	0.05	0.07	0.72	0.06
进口贸易（亿美元）	37.24	13.78	2.69	2.74	10.02	25.04	15.55	14.62	0.01	0.02	0.14	0.07	2.65	1.50	1.64	1.73	0.00	0.00	0.00	0.00	2.98	1.52	1.15	0.48	0.00	0.00	0.72	0.00
进出口占比（%）	52.09	51.41	48.88	61.48	34.51	39.75	42.57	30.93	8.71	5.36	4.07	4.27	1.37	0.73	0.97	1.04	1.43	1.06	1.78	1.27	1.85	1.63	1.34	0.43	0.02	0.02	0.36	0.03
出口占比（%）	47.75	54.71	53.41	67.69	38.21	36.18	38.97	25.73	10.78	6.31	4.49	4.77	0.51	0.22	0.15	0.09	1.77	1.25	2.00	1.44	0.95	1.27	0.84	0.18	0.02	0.03	0.41	0.04
进口占比（%）	70.38	32.93	12.39	13.34	18.94	59.80	71.58	71.27	0.02	0.05	0.65	0.36	5.00	3.59	7.57	8.44	0.00	0.00	0.00	0.00	5.63	3.63	5.31	2.33	0.00	0.00	3.30	0.00

进出口贸易（亿美元）
出口贸易（亿美元）
进口贸易（亿美元）
进出口占比
出口占比
进口占比

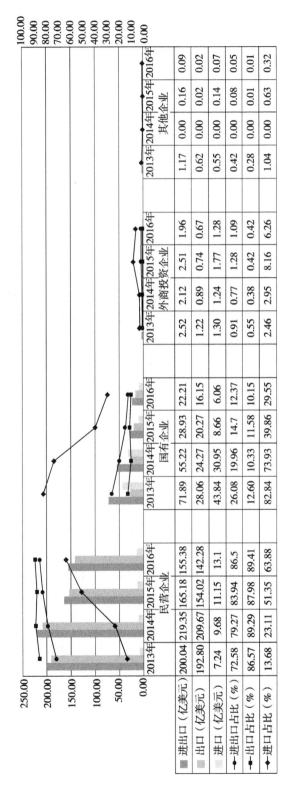

	民营企业			国有企业				外商投资企业				其他企业			
	2013年	2014年	2015年	2016年	2013年	2014年	2015年	2016年	2013年	2014年	2015年	2016年	2013年	2014年	2015年	2016年
进出口（亿美元）	200.04	219.35	165.18	155.38	71.89	55.22	28.93	22.21	2.52	2.12	2.51	1.96	1.17	0.00	0.16	0.09
出口（亿美元）	192.80	209.67	154.02	142.28	28.06	24.27	20.27	16.15	1.22	0.89	0.74	0.67	0.62	0.00	0.02	0.02
进口（亿美元）	7.24	9.68	11.15	13.1	43.84	30.95	8.66	6.06	1.30	1.24	1.77	1.28	0.55	0.00	0.14	0.07
进出口占比（%）	72.58	79.27	83.94	86.5	26.08	19.96	14.7	12.37	0.91	0.77	1.28	1.09	0.42	0.00	0.08	0.05
出口占比（%）	86.57	89.29	87.98	89.41	12.60	10.33	11.58	10.15	0.55	0.38	0.42	0.42	0.28	0.00	0.01	0.01
进口占比（%）	13.68	23.11	51.35	63.88	82.84	73.93	39.86	29.55	2.46	2.95	8.16	6.26	1.04	0.00	0.63	0.32

图 3 - 1 - 3　2013～2016 年新疆不同性质企业进出口、出口、进口总值及占比情况

企业、外商投资企业、其他企业。

其中，民营企业进出口总值呈先上升后下降的倒 V 形变动趋势，国有企业、其他企业进出口总值均呈持续下降趋势，外商投资企业进出口总值呈先降后升再降的波动趋势；民营企业出口总值呈先上升后下降的倒 V 形变动趋势，国有企业、外商投资企业与其他企业出口总值均呈持续下降趋势；民营企业进口总值呈持续上升趋势，国有企业与其他企业进口总值呈持续下降趋势，外商投资企业进口总值呈先降后升再降的波动趋势。

四、进出口贸易值较大的商品类型基本稳定

中国新疆出口商品大致有 30 种，2013～2016 年出口总值排名稳居前列的主要有服装及衣着附件，机电产品，鞋类，纺织纱线、织物及制品，农产品，灯具、照明装置及零件，箱包及类似容器，汽车零配件，陶瓷产品。

2013～2016 年，服装及衣着附件出口总值呈先升后降再升的波动趋势，机电产品、鞋类、农产品、灯具照明装置及零件、汽车零配件以及陶瓷产品出口总值均呈先升后降的倒 V 形趋势，纺织纱线、织物及制品，箱包及类似容器出口总值均呈持续下降趋势。

中国新疆进口商品大致有 30 种，2013～2016 年进口总值排名稳居前列的主要有机电产品，农产品，高新技术产品，原油，棉花，铁矿砂及其精矿，计量检测分析自控仪器及器具，纸浆，纺织机械及零件，鲜、干水果及坚果。

2013～2016 年，机电产品、高新技术产品进口总值呈先升后降的倒 V 形趋势，农产品，原油，棉花，铁矿砂及其精矿，鲜、干水果及坚果进口总值均呈持续下降趋势，纸浆、纺织机械及零件进口总值均呈持续上升趋势，计量检测分析自控仪器及器具进口总值基本不变。

五、哈萨克斯坦为中国新疆在中亚的第一贸易国

2013～2016 年，按中国新疆对中亚国家进出口总值大小排名依次为：哈萨克斯坦、吉尔吉斯斯坦、塔吉克斯坦、乌兹别克斯坦和土库曼斯坦；中国新疆对各国的出口总值、进口总值占其进出口总值的比重均是出口大于进口，说明中国新疆对中亚国家的进出口贸易均以出口为主导，且出口远多于进口。

其中：中国新疆对哈萨克斯坦的进出口贸易中，进出口、进口总值呈先降后升的 V 形变动趋势，2013 年达到进出口、进口的峰值，分别为 122.55 亿美元、38.86 亿美元，2015 年跌至最低点，分别为 57.48 亿美元、4.86 亿美元，跌幅分别为 43.26%、63.79%；出口总值则呈先升后降再升的 N 形趋势，2014 年升至出口总值的最高点，为 87.88 亿美元，2015 年同比下滑 40.12%，跌至最低点 52.62 亿美元；中国新疆对哈萨克斯坦的进出口、出口、进口占比均呈先降后升趋势。中国新疆对吉尔吉斯斯坦的进出口贸易中，进出口、进口、出口总值均呈先降后升的 V 形变动趋势，2013 年为进出口、出口总值的峰值，分别为 41.73 亿美元、41.34 亿美元，2016 年同比增长 21.78%、21.19%，进口升至最高点 0.63 亿美元，2015 年则跌至进出口、出口、进口的最低点，分别为 32.37 亿美元、32.00 亿美元、0.38 亿美元，跌幅分别达 21.01%、21.18%、0；中国新疆对吉尔吉斯斯坦的进出口、出口占比均呈先降后升趋势，进口占比呈持续上升趋势。中国新疆对塔吉克斯坦的进出口贸易中，进出口、出口、进口总值均呈先升后降的倒 V 形趋势，2014 年达到进出口、出口总值的峰值，分别为 20.12 亿美元、20.01 亿美元，2015 年达到进口总值的峰值 0.15 亿美元，

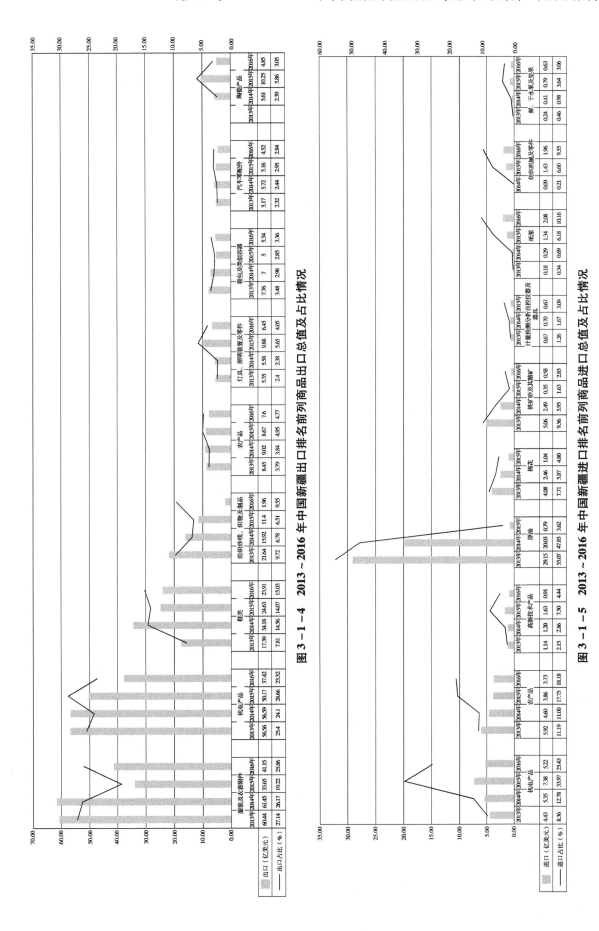

图 3－1－4　2013～2016 年中国新疆出口排名前列商品出口总值及占比情况

商品	指标	2013年	2014年	2015年	2016年
服装及衣着附件	出口（亿美元）	60.44	61.45	33.65	41.15
	出口占比（%）	27.14	26.17	19.22	25.86
机电产品	出口（亿美元）	56.56	56.59	50.17	37.42
	出口占比（%）	25.4	24.1	28.66	23.52
鞋类	出口（亿美元）	17.39	34.18	24.63	23.91
	出口占比（%）	7.81	14.56	14.07	15.03
纺织纱线、织物及制品	出口（亿美元）	21.64	15.92	11.4	1.96
	出口占比（%）	9.72	6.78	6.51	9.55
农产品	出口（亿美元）	8.45	9.02	8.67	7.6
	出口占比（%）	3.79	3.84	4.95	4.77
灯具、照明装置及零件	出口（亿美元）	5.35	5.58	9.88	6.45
	出口占比（%）	2.4	2.38	5.65	4.05
箱包及类似容器	出口（亿美元）	7.76	7	5	5.34
	出口占比（%）	3.48	2.98	2.85	3.36
汽车零配件	出口（亿美元）	5.17	5.72	5.16	4.52
	出口占比（%）	2.32	2.44	2.95	2.84
陶瓷产品	出口（亿美元）		5.61	10.25	4.85
	出口占比（%）		2.39	5.86	3.05

图 3－1－5　2013～2016 年中国新疆进口排名前列商品进口总值及占比情况

商品	指标	2013年	2014年	2015年	2016年
机电产品	进口（亿美元）	4.43	5.35	7.38	5.22
	进口占比（%）	8.36	12.78	33.97	25.43
农产品	进口（亿美元）	5.92	4.60	11.00	3.73
	进口占比（%）	11.19	11.00	17.75	18.18
高新技术产品	进口（亿美元）	1.14	1.20	1.63	0.91
	进口占比（%）	2.15	2.86	7.50	4.44
原油	进口（亿美元）	29.15	55.07	47.85	0.79
	进口占比（%）	200.3			3.62
棉花	进口（亿美元）	4.08	2.46	1.04	4.80
	进口占比（%）	7.71	5.87		
铁矿砂及其精矿	进口（亿美元）	5.06	2.49	0.35	0.58
	进口占比（%）	9.56	5.95	1.63	2.85
计量检测分析自校仪器及器具	进口（亿美元）	0.67	0.70	0.67	
	进口占比（%）	1.26	1.67	3.09	
纸浆	进口（亿美元）	0.18	0.29	1.34	2.08
	进口占比（%）	0.34	0.69	6.18	10.16
纺织机械及零件	进口（亿美元）		0.09	1.43	1.96
	进口占比（%）		0.21	6.60	9.55
蛋、干水果及坚果	进口（亿美元）	0.24	0.41	0.79	0.63
	进口占比（%）	0.46	0.98	3.64	3.06

2016 年跌至进出口、出口、进口的最低点，分别为 12.67 亿美元、12.61 亿美元、0.05 亿美元；中国新疆对塔吉克斯坦的进出口、进口占比均呈先升后降趋势，出口占比呈先升后降再升趋势。中国新疆对乌兹别克斯坦的进出口贸易中，进出口、出口、进口总值均呈持续下降趋势，2013 年表现为最高点，分别为 8.72 亿美元、4.92 亿美元、3.80 亿美元，2016 年跌至最低点，分别为 4.65 亿美元、3.10 亿美元、1.55 亿美元，跌幅分别为 11.76%、11.93%、11.43%；中国新疆对乌兹别克斯坦的进出口、出口占比均呈持续下降趋势，进口占比呈先降后升再降的倒 N 形趋势。中国新疆对土库曼斯坦的进出口贸易中，进出口、出口总值呈持续下降趋势，2013 年表现为最高点，分别为 1.39 亿美元、1.35 亿美元，2016 年跌至最低点，分别为 0.45 亿美元、0.44 亿美元；进口总值呈先降后升再降的倒 N 形趋势，2015 年升至最高点 0.07 亿美元，2016 年跌至最低点 0.02 亿美元；中国新疆对土库曼斯坦的进出口、出口占比均呈持续下降趋势，进口占比呈先降后升再降的倒 N 形趋势。

六、伊朗为中国新疆在西亚的第一贸易国

2013～2016 年，按中国新疆对西亚国家进出口总值大小排名依次为：伊朗、阿塞拜疆、沙特阿拉伯、土耳其、阿联酋、阿富汗和黎巴嫩；中国新疆对除阿塞拜疆、土耳其外的其余各国的出口总值、进口总值占其进出口总值的比重均是出口大于进口，说明中国新疆对西亚国家的进出口贸易均以出口为主导，且出口远多于进口。

其中：中国新疆对伊朗的进出口贸易中，进出口、出口总值总体呈下降趋势，2013 年达到进出口、出口的峰值，分别为 10.45 亿美元、10.40 亿美元，2016 年跌至最低点，分别为 0.69 亿美元、0.66 亿美元；进口总值则呈先降后升再降的倒 N 形趋势，2014 年跌至最低点，为 0.01 亿美元，2015 年升至进口总值的最高点，为 0.20 亿美元。中国新疆对阿塞拜疆的进出口贸易中，进出口、出口总值总体呈下降趋势，2013 年为进出口、出口的最大值，分别为 2.41 亿美元、2.29 亿美元，2016 年降至最小值，分别为 0.80 亿美元、0.78 亿美元；进口总值总体上则呈先升后降趋势，2016 年降至最小值，为 0.01 亿美元。中国新疆对沙特阿拉伯的进出口贸易中，进出口、出口和进口总值总体呈先上升后下降的倒 V 形趋势，2014 年达到进出口、出口的最高点，分别为 1.58 亿美元、1.56 亿美元，2016 年达到进口的最大值，为 0.07 亿美元。中国新疆对土耳其的进出口贸易中，其进出口、出口总值占中国新疆进出口、出口总值总体呈先小幅度的上升和下降趋势，而进口总值占中国新疆进口总值总体上呈上升趋势，2016 年达到占比峰值，为 1.40%。中国新疆对阿联酋的进出口贸易中，由于 2014 年中国新疆对阿联酋没有发生贸易，所以其进出口、出口总值则呈先降后升再降的倒 N 形趋势，进口总值总体上无明显变化。中国新疆对阿富汗的进出口贸易中，其进出口、出口和进口总值占中国新疆进出口、出口及进口总值的比重总体呈现先上升后下降的倒 V 形趋势。中国新疆对黎巴嫩的进出口贸易中，2013 年、2014 年及 2016 年中国新疆均未对黎巴嫩发生贸易，2015 年中国新疆对黎巴嫩也仅发生进出口和出口贸易。

七、印度、巴基斯坦交替为中国新疆在南亚的第一贸易国

2013～2014 年，按中国新疆对南亚国家进出口总值大小排名依次为：印度、巴基斯坦；2015～2016 年排名位次则表现为巴基斯坦、印度；中国新疆对各国的出口总值、进口总值占其进出口总值的比重均是出口大于进口，说明中国新疆对南亚国家的进出口贸易均以出口为主导，且出口远多于进口。

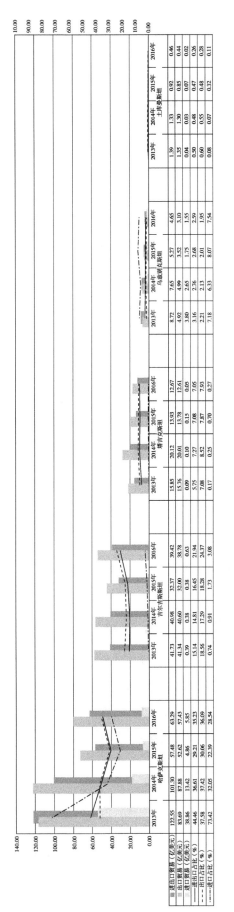

图 3 - 1 - 6 2013～2016 年中国新疆对中亚国家进出口、出口、进口总值及占比情况

项目	哈萨克斯坦 2013年	2014年	2015年	2016年	吉尔吉斯斯坦 2013年	2014年	2015年	2016年	塔吉克斯坦 2013年	2014年	2015年	2016年	乌兹别克斯坦 2013年	2014年	2015年	2016年	土库曼斯坦 2013年	2014年	2015年	2016年
进出口贸易（亿美元）	122.55	101.30	57.48	63.29	41.73	40.98	32.37	39.42	15.85	20.12	13.93	12.67	8.72	7.65	5.27	4.65	1.39	1.33	0.92	0.46
出口贸易（亿美元）	83.69	87.88	52.62	57.43	41.34	40.60	32.00	38.78	15.76	20.01	13.78	12.61	4.92	4.99	3.52	3.10	1.35	1.30	0.85	0.44
进口贸易（亿美元）	38.86	13.42	4.86	5.85	0.39	0.38	0.38	0.63	0.09	0.10	0.15	0.05	3.80	2.65	1.75	1.55	0.04	0.03	0.07	0.02
进出口占比（%）	44.46	36.61	29.21	35.23	15.14	14.81	16.45	21.94	5.75	7.27	7.08	7.05	3.16	2.76	2.68	2.59	0.50	0.48	0.47	0.26
出口占比（%）	37.58	37.42	30.06	36.09	18.56	17.29	18.28	24.37	7.08	8.52	7.87	7.93	2.21	2.13	2.01	1.95	0.60	0.55	0.48	0.28
进口占比（%）	73.42	32.05	22.39	28.54	0.74	0.91	1.73	3.08	0.17	0.25	0.70	0.27	7.18	6.33	8.07	7.54	0.08	0.07	0.32	0.11

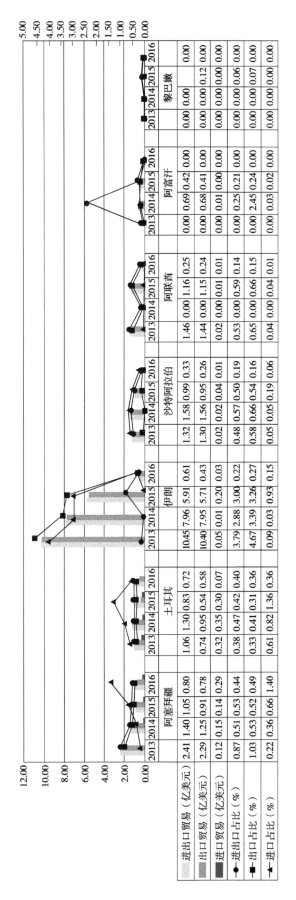

图 3 - 1 - 7 2013～2016 年中国新疆对西亚国家进出口、出口、进口总值及占比情况

项目	阿塞拜疆 2013	2014	2015	2016	土耳其 2013	2014	2015	2016	伊朗 2013	2014	2015	2016	沙特阿拉伯 2013	2014	2015	2016	阿联酋 2013	2014	2015	2016	阿富汗 2013	2014	2015	2016	黎巴嫩 2013	2014	2015	2016
进出口贸易（亿美元）	2.41	1.40	1.05	0.80	1.06	1.30	0.83	0.72	10.45	7.96	5.91	0.61	1.32	1.58	0.99	0.33	1.46	0.00	1.16	0.25	0.00	0.69	0.42	0.00	0.00	0.00	0.12	0.00
出口贸易（亿美元）	2.29	1.25	0.91	0.78	0.74	0.95	0.54	0.58	10.40	7.95	5.71	0.43	1.30	1.56	0.95	0.26	1.44	0.00	1.15	0.24	0.00	0.68	0.41	0.00	0.00	0.00	0.00	0.00
进口贸易（亿美元）	0.12	0.15	0.14	0.29	0.32	0.35	0.30	0.07	0.05	0.01	0.20	0.03	0.02	0.02	0.04	0.01	0.02	0.00	0.01	0.01	0.00	0.01	0.00	0.00	0.00	0.00	0.06	0.00
进出口占比（%）	0.87	0.51	0.53	0.44	0.38	0.47	0.42	0.40	3.79	2.88	3.00	0.22	0.48	0.57	0.50	0.19	0.53	0.00	0.59	0.14	0.00	0.25	0.21	0.00	0.00	0.00	0.07	0.00
出口占比（%）	1.03	0.53	0.52	0.49	0.33	0.41	0.31	0.36	4.67	3.39	3.26	0.27	0.58	0.66	0.54	0.16	0.65	0.00	0.66	0.15	0.00	2.45	0.24	0.00	0.00	0.00	0.00	0.00
进口占比（%）	0.22	0.36	0.66	1.40	0.61	0.82	1.36	0.36	0.09	0.03	0.93	0.15	0.05	0.05	0.19	0.06	0.04	0.00	0.04	0.01	0.00	0.03	0.02	0.00	0.00	0.00	0.00	0.00

其中：中国新疆对巴基斯坦的进出口贸易中，进出口、出口、进口总值均呈先升后降的倒V形变动趋势，2014年达到进出口、出口的峰值，分别为3.19亿美元、2.91亿美元，2013年则为最低点，分别为1.36亿美元、1.26亿美元；2015年达到进口总值的最高点0.50亿美元，2013年表现为最低点0.10亿美元；中国新疆对巴基斯坦的进出口、出口占比均呈持续上升趋势，进口占比则呈先升后降趋势。中国新疆对印度的进出口贸易中，进出口、出口总值整体呈先升后降的倒V形趋势，2014年升至最高点，分别为4.45亿美元、4.13亿美元，2016年跌至进出口的最低点2.12亿美元，2015年跌至出口的最低点1.98亿美元；进口总值呈持续下降趋势，2013年表现为最高点0.52亿美元，2016年则为最低点0.13亿美元；中国新疆对印度的进出口占比呈先升后降再升的N形趋势、出口占比呈先升后降的倒V形趋势，进口占比则呈先降后升再降的倒N形趋势。

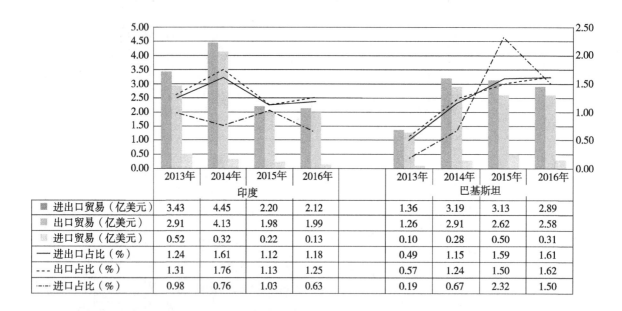

	印度				巴基斯坦			
	2013年	2014年	2015年	2016年	2013年	2014年	2015年	2016年
进出口贸易（亿美元）	3.43	4.45	2.20	2.12	1.36	3.19	3.13	2.89
出口贸易（亿美元）	2.91	4.13	1.98	1.99	1.26	2.91	2.62	2.58
进口贸易（亿美元）	0.52	0.32	0.22	0.13	0.10	0.28	0.50	0.31
进出口占比（%）	1.24	1.61	1.12	1.18	0.49	1.15	1.59	1.61
出口占比（%）	1.31	1.76	1.13	1.25	0.57	1.24	1.50	1.62
进口占比（%）	0.98	0.76	1.03	0.63	0.19	0.67	2.32	1.50

图3-1-8　2013～2016年中国新疆对南亚国家进出口、出口、进口总值及占比情况

八、乌克兰仍为中国新疆在东欧的唯一贸易国

2013～2016年，中国新疆对东欧国家的进出口贸易中只与乌克兰发生贸易往来。中国新疆对乌克兰的进出口贸易中，进出口、出口和进口总值总体呈先下降后上升的V形趋势，进出口、出口和进口总值在2013年均为最大值，分别为3.01亿美元、2.98亿美元、0.03亿美元，2015年进出口、出口和进口总值均跌到最低点，其进出口、出口和进口总值占中国新疆进出口、出口和进口总值的0.35%、0.39%、0.01%。

九、中国新疆对俄罗斯的进出口总值呈N形变动趋势

2013～2016年，中国新疆对俄罗斯的进出口贸易中，进出口与进口总值均呈先上升再下降再上升的N形变动趋势；出口总值呈直线上升变动趋势。除2014年外，中国新疆对俄罗斯的贸易主要以出口为主。

其中：2013年俄罗斯进出口总值最低，为4.54亿美元，占中国新疆进出口总值的1.65%，同

比下降29.5%。2014年俄罗斯进出口总值最高，为21.51亿美元，占中国新疆进出口总值的7.77%。2013年俄罗斯出口总值最低，为3.67亿美元，占中国新疆出口总值的1.65%。2016年俄罗斯出口总值最高，为11.95亿美元，占中国新疆出口总值的7.51%。2013年俄罗斯进口总值最低，为0.87亿美元，占中国新疆进口总值的1.65%；2014年俄罗斯进口总值最高，为15.56亿美元，占中国新疆进口总值的37.17%。

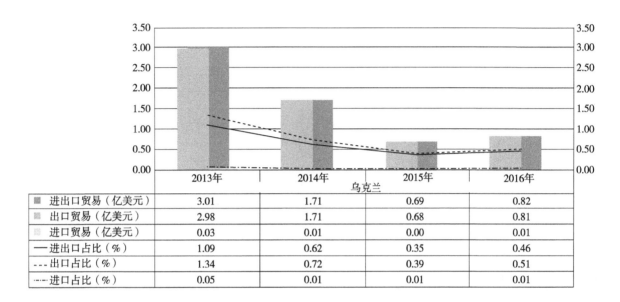

	2013年	2014年	2015年	2016年
进出口贸易（亿美元）	3.01	1.71	0.69	0.82
出口贸易（亿美元）	2.98	1.71	0.68	0.81
进口贸易（亿美元）	0.03	0.01	0.00	0.01
进出口占比（%）	1.09	0.62	0.35	0.46
出口占比（%）	1.34	0.72	0.39	0.51
进口占比（%）	0.05	0.01	0.01	0.01

图 3-1-9　2013～2016 年中国新疆对乌克兰进出口、出口、进口总值及占比情况

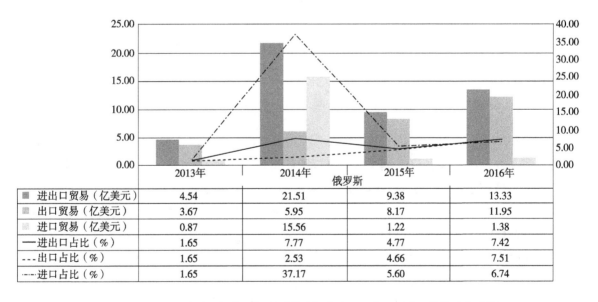

	2013年	2014年	2015年	2016年
进出口贸易（亿美元）	4.54	21.51	9.38	13.33
出口贸易（亿美元）	3.67	5.95	8.17	11.95
进口贸易（亿美元）	0.87	15.56	1.22	1.38
进出口占比（%）	1.65	7.77	4.77	7.42
出口占比（%）	1.65	2.53	4.66	7.51
进口占比（%）	1.65	37.17	5.60	6.74

图 3-1-10　2013～2016 年中国新疆对俄罗斯进出口、出口、进口总值及占比情况

十、中国新疆对蒙古国的进出口总值呈倒 V 形变动趋势

2013～2016 年，中国新疆对蒙古国的进出口贸易中，进出口与出口总值均呈先升再降的倒 V 形变动趋势；进口总值呈先下降再上升再下降的倒 N 形变动趋势；2013～2014 年进出口贸易中均

是出口大于进口，但 2015～2016 年则是进口大于出口。

其中：2014 年蒙古国进出口总值最高，为 4.18 亿美元，占中国新疆进出口总值的 1.51%；2016 年蒙古国进出口总值最低，为 0.81 亿美元，占中国新疆进出口总值的 0.45%。2014 年蒙古国出口总值最高，为 3.77 亿美元，占中国新疆出口总值的 1.60%；2016 年蒙古国出口总值最低，为 0.22 亿美元，占中国新疆出口总值的 0.14%。2014 年蒙古国进口总值最低，为 0.42 亿美元，占中国新疆进口总值的 0.99%；2013 年蒙古国进口总值最高，为 1.03 亿美元，占中国新疆进口总值的 1.95%。

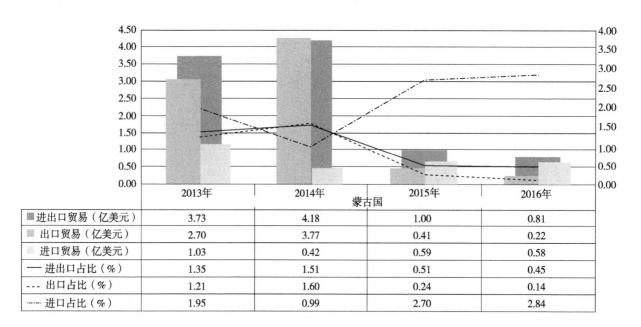

	2013年	2014年	2015年	2016年
■进出口贸易（亿美元）	3.73	4.18	1.00	0.81
▨出口贸易（亿美元）	2.70	3.77	0.41	0.22
□进口贸易（亿美元）	1.03	0.42	0.59	0.58
—进出口占比（%）	1.35	1.51	0.51	0.45
--- 出口占比（%）	1.21	1.60	0.24	0.14
-·- 进口占比（%）	1.95	0.99	2.70	2.84

图 3-1-11　2013～2016 年中国新疆对蒙古国进出口、出口、进口总值及占比情况

十一、美国为中国新疆对其他国家的第一贸易国

2013～2016 年，中国新疆除对中亚国家、西亚国家、南亚国家、东欧国家、俄罗斯和蒙古国有进出口贸易外，还对其他 37 个国家有进出口贸易。其中，对 12 个国家在 2013～2016 年均发生进出口贸易。美国是第一进出口、出口及进口贸易国。

2013～2016 年，美国、泰国进出口总值呈先降后升再降的变动趋势；德国、新加坡、越南、澳大利亚及韩国进出口总值呈先升后降的倒 V 形变动趋势；英国、意大利、日本及印度尼西亚进出口总值呈先升后降再升的 N 形变动趋势；马来西亚进出口总值呈直线下降的变动趋势。

2013～2016 年，美国、德国、英国、澳大利亚出口总值呈先降后升再降的变动趋势；马来西亚、日本、印度尼西亚出口总值呈直线下降变动趋势；韩国、新加坡、泰国、越南出口总值呈倒 V 形变动趋势；意大利出口总值呈 N 形变动趋势。

2013～2016 年，美国、韩国、意大利、泰国及澳大利亚进口总值呈倒 V 形变动趋势；德国进口总值呈先降后升再降的变动趋势；马来西亚及印度尼西亚进口总值呈直线上升变动趋势；新加坡进口总值呈直线下降变动趋势；英国、日本及越南进口总值呈 N 形变动趋势。

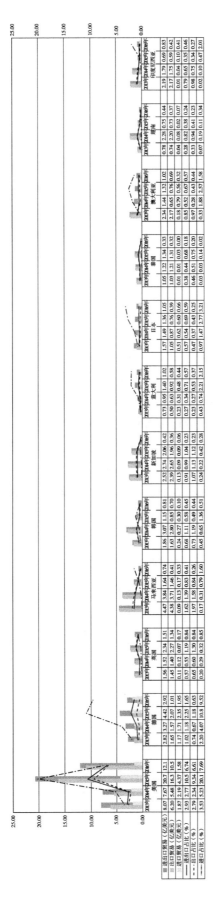

图3-1-12　2013~2016年中国新疆对其他国家进出口、出口、进口总值及占比情况

第二节 中国新疆向西开放程度测算

向西开放是对外开放的一种形式，对外开放是全方位、宽领域、多层次的，而中国新疆向西开放是有方位限制的，是中国面向中国新疆西部周边国家的开放。本书将中国新疆向西开放度定义为中国新疆对西部周边国家的开放程度。

丝绸之路经济带核心沿线的17个国家包括中亚的哈萨克斯坦、吉尔吉斯斯坦、塔吉克斯坦、乌兹别克斯坦和土库曼斯坦五国，西亚的伊朗、伊拉克、阿塞拜疆、沙特阿拉伯、阿富汗、阿联酋、土耳其等国，南亚的巴基斯坦和印度，东欧的乌克兰，以及俄罗斯、蒙古国等。在"丝绸之路经济带"背景下，本书将向西开放度的概念界定为中国新疆对丝绸之路经济带核心沿线17个国家的总的开放程度。

借鉴对外开放度的测算思路，并根据数据的可得性，本书用外贸依存度这一指标简单直观地表示向西开放度。外贸依存度是指某年一个国家或地区的进出口贸易总值占同期该国家或地区GDP的比例。外贸依存度可分为出口依存度和进口依存度。本书所有数据都是根据中国新疆乌鲁木齐海关网相关数据整理计算得来。本书对向西开放度测算中，外贸依存度＝出口依存度＋进口依存度，其中：出口依存度＝（中国新疆对17个向西开放国家的出口总值/中国新疆GDP）×100%；进口依存度＝（中国新疆对17个向西开放国家的进口总值/中国新疆GDP）×100%。根据这种测算方法，为具体准确描述中国新疆向西开放度的变化趋势，并基于数据的可得性，本书将研究的时空范围扩大至2001～2016年，以此测算出中国新疆向西开放度，如表3-2-1所示。

表3-2-1 2001～2016年中国新疆向西开放度及中国新疆对外开放度　　　　单位:%

年份	中国新疆向西开放度	中国新疆对外开放度	占比
2001	6.51	9.83	66.23
2002	10.05	13.82	72.72
2003	15.81	20.94	75.50
2004	16.57	21.12	78.46
2005	21.60	24.98	86.47
2006	21.64	23.83	90.81
2007	26.98	29.60	91.15
2008	34.36	36.89	93.14
2009	19.27	22.08	87.27
2010	19.05	21.32	89.35
2011	19.04	22.30	85.38
2012	16.46	21.17	77.75
2013	16.35	20.20	80.94
2014	14.52	18.32	79.26

续表

年份	中国新疆向西开放度	中国新疆对外开放度	占比
2015	9.14	13.15	69.51
2016	9.88	12.40	79.68

一、中国新疆向西开放度与对外开放度比较分析

根据中国新疆向西开放度的测算方法，同样用外贸依存度表示对外开放度，对中国新疆对外开放度进行测算，并计算出中国新疆向西开放度占中国新疆对外开放度的比重，如表 3 - 2 - 1 所示。中国新疆的向西开放占中国新疆对外开放的 70% 以上，说明向西开放在中国新疆的对外开放中占绝对主导地位。

二、中国新疆向西开放度与对外开放度的变化趋势分析

由图 3 - 2 - 1 可以看出，2001～2016 年，中国新疆对外开放度与向西开放度变化趋势大致一致，均呈倒 V 形变化，2001～2008 年，中国新疆对外开放度与向西开放度均呈上升趋势，2009～2016 年开始下降，此后一直低于 2008 年的向西开放水平。说明中国新疆的向西开放度既有上升到较高水平的能力，又存在巨大的上升空间。

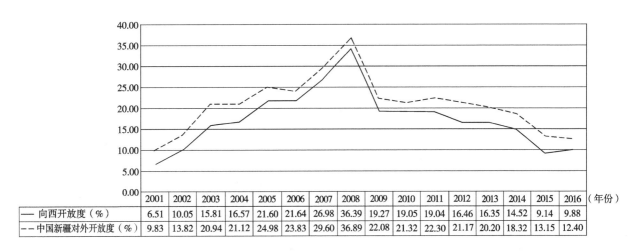

	2001	2002	2003	2004	2005	2006	2007	2008	2009	2010	2011	2012	2013	2014	2015	2016
向西开放度（%）	6.51	10.05	15.81	16.57	21.60	21.64	26.98	36.39	19.27	19.05	19.04	16.46	16.35	14.52	9.14	9.88
中国新疆对外开放度（%）	9.83	13.82	20.94	21.12	24.98	23.83	29.60	36.89	22.08	21.32	22.30	21.17	20.20	18.32	13.15	12.40

图 3 - 2 - 1　2001～2016 年中国新疆向西开放度及中国新疆对外开放度变化趋势

第三节　小结

本书通过对中国新疆与全国进出口贸易比较，中国新疆向西开放的贸易方式、企业性质、商品类别和国家类别等分类分析，描绘总结中国新疆向西开放进出口贸易的走势、特征和规律，并对中

国新疆向西开放度进行测算，主要得出以下结论：

（1）中国新疆进出口贸易在全国占比很低，但向西开放占到中国新疆对外开放的 70% 以上，向西开放在中国新疆对外开放中占绝对主导地位，作为向西开放的重要窗口，中国新疆的进出口贸易主要发生在丝绸之路沿线国家。

（2）中国新疆进出口贸易中，按贸易方式，边境小额贸易主导进出口贸易；按企业性质，民营企业主导进出口贸易；按商品类别，中国新疆进出口贸易中出口、进口排名稳定；按国家类别，丝绸之路经济带沿线主要国家（依次为中亚、西亚、南亚、东欧、俄罗斯、蒙古国、其他国家）是中国新疆进出口贸易的主要对象。

第四章 2013 年中国新疆向西开放 （进出口贸易）年度报告

第一节 2013 年中国新疆向西开放（进出口贸易）年度报告

一、中国新疆进出口贸易步入正轨，进出口总值上升幅度高于全国平均水平

2013 年中国新疆实现进出口总值 275.62 亿美元，占全国进出口总值的 0.66%，同比上升 9.50%，同期全国进出口贸易同比上升 7.60%，高于全国平均增速 1.90 个百分点。其中，出口 222.70 亿美元，占全国出口总值的 1.01%，同比上升 15.10%，高于全国平均水平 7.20 个百分点；进口 52.92 亿美元，占全国进口总值的 0.27%，同比下降 9.10%，低于全国平均水平 16.40 个百分点。

分季度来看，4 个季度进出口总值分别为 52.37 亿美元、52.37 亿美元、77.17 亿美元、93.69 亿美元，最高峰出现在第四季度。

二、边境小额贸易占主导地位，进出口、出口同比双升，进口同比下降

在中国新疆的主要进出口贸易方式中，边境小额贸易占主导地位。边境小额贸易进出口总值为 143.58 亿美元，同比上升 10.40%，占中国新疆进出口总值的 52.09%；其中出口总值为 106.33 亿美元，同比上升 19.20%，进口总值为 37.24 亿美元，同比下降 8.80%。

三、国有企业主导进口，民营企业主导出口

2013 年中国新疆不同性质企业的进出口情况中，国有企业主导进口，民营企业主导出口。民营企业进出口总值为 201.21 亿美元，同比上升 11.72%，占中国新疆进出口总值的 73.00%；其中出口总值为 193.42 亿美元，同比上升 12.17%，进口总值为 7.79 亿美元，同比下降 0.95%。国有企业进出口总值为 71.89 亿美元，同比上升 4.50%，占中国新疆进出口总值的 26.08%；其中出口

总值为28.06亿美元，同比上升44.30%，进口总值为43.84亿美元，同比下降11.20%。

四、服装及衣着附件出口总值排名第一、原油进口总值排名第一

2013年中国新疆出口商品中，服装及衣着附件、机电产品和纺织类的出口总值占主要地位，三者之和占中国新疆商品出口总值的62.26%。其中，服装及衣着附件的出口总值位居第一，出口总值为60.44亿美元，占中国新疆商品出口总值的27.14%，同比上升18.30%；机电产品出口总值为56.56亿美元，占中国新疆商品出口总值的25.40%，同比上升27.00%，排名第二；纺织类的出口总值为21.64亿美元，占中国新疆商品出口总值的9.72%，同比上升7.70%，排名第三。

2013年中国新疆进口商品中，原油和农产品的进口总值占主导地位，两者之和占中国新疆进口总值的66.26%，其中原油的进口总值排名第一，为29.15亿美元，占中国新疆商品进口总值的55.07%，同比下降5.20%；农产品的进口总值排名第二，为5.92亿美元，占中国新疆商品进口总值的11.19%，同比下降1.70%；铁矿砂及其精矿的进口总值位居第三，为5.06亿美元，占中国新疆商品进口总值的9.56%，同比下降27.60%。

五、哈萨克斯坦仍为中国新疆在中亚的第一贸易国

2013年中国新疆对中亚五国进出口总值为19023.33百万美元，占中国新疆进出口总值的69.02%。中国新疆对中亚五国的进出口贸易中，出口占主导地位。哈萨克斯坦为中国新疆对中亚五国的第一进出口、出口和进口贸易国，中国新疆对哈萨克斯坦进出口、出口贸易均同比上升，进口贸易同比下降。其中，中国新疆对哈萨克斯坦的进出口总值为12254.93百万美元，占中国新疆进出口总值的44.46%，同比上升9.70%；对哈萨克斯坦的出口总值为8369.41百万美元，占中国新疆出口总值的37.58%，同比上升17.20%；对哈萨克斯坦的进口总值为3885.52百万美元，占中国新疆进口总值的73.42%，同比下降3.50%。

2013年，中国新疆对中亚五国的进出口贸易中，各国的出口总值、进口总值占其进出口总值的比重均是出口大于进口，说明中国新疆对中亚五国的进出口贸易均以出口为主导，且出口远多于进口，出口占比除塔吉克斯坦为56.40%外，其余四国均超过65.00%。

六、伊朗取代阿塞拜疆成为中国新疆在西亚的第一贸易国

中国新疆对西亚国家进出口总值为1670.69百万美元，占中国新疆进出口总值的6.06%。中国新疆对西亚国家的进出口贸易中，出口占主导地位。伊朗是中国新疆对西亚国家的第一大进出口和出口贸易国，土耳其是中国新疆对西亚国家的第一大进口贸易国。其中，对伊朗的进出口总值为1045.04百万美元，占中国新疆进出口总值的3.79%，同比上升2424.50%；对伊朗的出口总值为1040.23百万美元，占中国新疆出口总值的4.67%，同比上升2467.20%；土耳其的进口总值为32.36百万美元，占中国新疆进口总值的0.61%，同比上升29.40%。

2013年中国新疆对西亚国家的进出口贸易中，各国的出口总值、进口总值占其进出口总值的比重均是出口大于进口，说明中国新疆对西亚国家的进出口贸易均以出口为主导，且出口远远多于进口，出口占比在65.00%以上。

七、印度取代巴基斯坦成为中国新疆在南亚的第一贸易国

中国新疆对南亚国家进出口总值为491.54百万美元，占中国新疆进出口总值的12.61%。中

国新疆对南亚国家的进出口贸易往来以出口为主。印度是中国新疆对南亚国家的第一大进出口、出口和进口贸易伙伴，其进出口、出口、进口均同比上升。其中，对印度的进出口总值为 343.11 百万美元，占中国新疆进出口总值的 8.80%，同比上升 76.30%；对印度的出口总值为 291.41 百万美元，占中国新疆出口总值的 1.31%，同比上升 81.90%；对印度的进口总值为 51.70 百万美元，占中国新疆进口总值的 0.98%，同比上升 50.10%。

2013 年中国新疆对南亚国家的进出口贸易中，各国的出口总值、进口总值占其进出口总值的比重均是出口大于进口，说明中国新疆对南亚国家的进出口贸易均以出口为主导，且出口远远多于进口，出口占比在 80% 以上。

八、在东欧国家中，中国新疆仅与乌克兰发生贸易往来

2013 年，中国新疆对东欧的贸易中，对乌克兰的进出口总值为 301.21 百万美元，占中国新疆进出口总值的 1.09%，同比上升 75.70%。中国新疆对乌克兰的贸易以出口为主，其中：出口总值为 298.42 百万美元，占中国新疆出口总值的 1.34%，同比上升 74.80%；进口总值为 2.78 百万美元，占中国新疆进口总值的 0.05%，同比上升 339.10%。

九、中国新疆对俄罗斯的进出口、进口、出口贸易均同比下降

2013 年，中国新疆对俄罗斯的贸易中，对俄罗斯的进出口总值为 454.20 百万美元，占中国新疆进出口总值的 1.65%，同比下降 29.50%。中国新疆对俄罗斯的贸易以出口为主，其中：出口总值为 366.88 百万美元，占中国新疆出口总值的 1.65%，同比下降 4.70%；进口总值为 87.32 百万美元，占中国新疆进口总值的 1.65%，同比下降 66.30%。

十、中国新疆对蒙古国的进出口贸易上升

2013 年，中国新疆对蒙古国的贸易中，对蒙古国的进出口总值为 373.39 百万美元，占中国新疆进出口总值的 1.35%，同比上升 8.60%。中国新疆对蒙古国的贸易以出口为主，其中：出口总值为 270.33 百万美元，占中国新疆出口总值的 1.21%，同比上升 6.10%；进口总值为 103.05 百万美元，占中国新疆进口总值的 1.95%，同比上升 15.80%。

十一、美国仍为中国新疆对其他国家的第一贸易国

2013 年，中国新疆对其他国家进出口贸易中，按进出口贸易总值大小排名依次为：美国、马来西亚、德国、新加坡、澳大利亚、印度尼西亚、韩国、日本、英国、荷兰、泰国、加拿大、巴西、南非、越南、巴拿马、意大利、西班牙、尼日利亚、法国、芬兰、菲律宾、阿尔及利亚、安哥拉、智利、瑞士、罗马尼亚、赞比亚、阿根廷、波兰、瑞典、朝鲜、多哥、秘鲁。对美国的进出口总值为 806.89 百万美元，占中国新疆进出口总值的 2.93%，同比下降 20.90%；对美国的出口总值为 620.30 百万美元，占中国新疆出口总值的 2.79%，同比下降 22.20%；对美国的进口总值为 186.59 百万美元，占中国新疆进口总值的 3.53%，同比下降 16.40%。

2013 年，中国新疆对其他国家的进出口贸易中，除芬兰、瑞典、朝鲜、瑞士出口总值、进口总值占其进出口总值的比重是进口大于出口外，其余各国的出口均大于进口，说明中国新疆对其他国家的进出口贸易以出口为主导。

第二节　2013年中国新疆向西开放（进出口贸易）总体概况

一、2013年中国新疆外贸进出口总值总体分析

（一）2013年中国新疆外贸进出口总值分析

由图4-2-1分析可知，2013年中国新疆实现进出口总值275.62亿美元，占全国进出口总值的0.66%，同比上升9.50%，同期全国进出口贸易同比上升7.60%，高于全国平均增速1.90个百分点。其中，出口222.70亿美元，占全国出口总值的1.01%，同比上升15.10%，高于全国平均水平7.20个百分点；进口52.92亿美元，占全国进口总值的0.27%，同比下降9.10%，低于全国平均水平16.40个百分点。

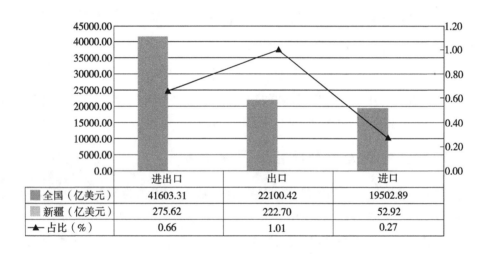

	进出口	出口	进口
全国（亿美元）	41603.31	22100.42	19502.89
新疆（亿美元）	275.62	222.70	52.92
占比（%）	0.66	1.01	0.27

图4-2-1　2013年新疆与全国进出口总值对比

（二）2013年中国新疆外贸进出口趋势分析

由图4-2-2分析可知，从全年的走势来看，中国新疆进出口总值和出口总值的趋势基本一致。1～2月均呈现下降趋势，进出口总值2月达到了全年的最低谷；3月逐渐开始回升，4月出现一个小高峰；5月又呈现下降的趋势，进入第三季度后开始逐步上升，9～12月呈U形趋势，其中10月为最低点，12月达到全年最高点。中国新疆进口总值1～8月基本处于平稳的状态，随后呈现上升趋势，11月达到全年的最高值。分季度来看，4个季度进出口总值分别为52.37亿美元、52.37亿美元、77.17亿美元、93.69亿美元，最高峰出现在第四季度。

（三）2013年中国新疆外贸进出口月度分析

1. 2013年1月中国新疆外贸进出口月度分析

由图4-2-3可以看出，全国实现进出口贸易总值为3455.90亿美元，新疆实现进出口贸易总值为23.39亿美元，占全国进出口总值的0.68%，同比上升87.60%。

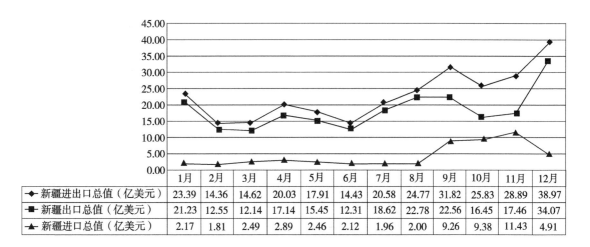

	1月	2月	3月	4月	5月	6月	7月	8月	9月	10月	11月	12月
◆ 新疆进出口总值（亿美元）	23.39	14.36	14.62	20.03	17.91	14.43	20.58	24.77	31.82	25.83	28.89	38.97
■ 新疆出口总值（亿美元）	21.23	12.55	12.14	17.14	15.45	12.31	18.62	22.78	22.56	16.45	17.46	34.07
▲ 新疆进口总值（亿美元）	2.17	1.81	2.49	2.89	2.46	2.12	1.96	2.00	9.26	9.38	11.43	4.91

图 4-2-2　2013 年 1～12 月新疆进出口总值趋势

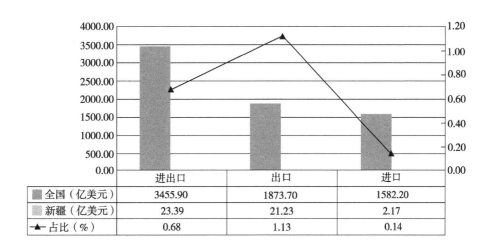

	进出口	出口	进口
■ 全国（亿美元）	3455.90	1873.70	1582.20
■ 新疆（亿美元）	23.39	21.23	2.17
▲ 占比（%）	0.68	1.13	0.14

图 4-2-3　2013 年 1 月新疆与全国进出口、出口、进口总值对比

　　其中：全国出口总值为 1873.70 亿美元，新疆出口总值为 21.23 亿美元，占全国出口总值的 1.13%，同比上升 109.40%；全国进口总值为 1582.20 亿美元，新疆进口总值为 2.17 亿美元，占全国进口总值的 0.14%，同比下降 7.10%。

　　2. 2013 年 2 月中国新疆外贸进出口月度分析

　　如图 4-2-4 可以看出：全国实现进出口贸易总值为 2634.90 亿美元，新疆实现进出口贸易总值为 14.36 亿美元，占全国进出口总值的 0.55%，同比上升 1.70%，环比下降 38.60%。

　　其中：全国出口总值为 1393.70 亿美元，新疆出口总值为 12.55 亿美元，占全国出口总值的 0.90%，同比上升 64.70%，环比下降 40.85%；全国进口总值为 1241.20 亿美元，新疆进口总值为 1.81 亿美元，占全国进口总值的 0.15%，同比下降 72.20%，环比下降 16.76%。

　　3. 2013 年 3 月中国新疆外贸进出口月度分析

　　由图 4-2-5 可以看出：全国实现进出口贸易总值为 3652.60 亿美元，新疆实现进出口贸易总值为 14.62 亿美元，占全国进出口总值的 0.40%，同比下降 1.60%，环比上升 1.84%。

　　其中：全国出口总值为 1821.90 亿美元，新疆出口总值为 12.14 亿美元，占全国出口总值的 0.67%，同比下降 3.60%，环比下降 3.34%；全国进口总值为 1830.70 亿美元，新疆进口总值为

2.49亿美元，占全国进口总值的0.14%，同比上升9.40%，环比上升37.81%。

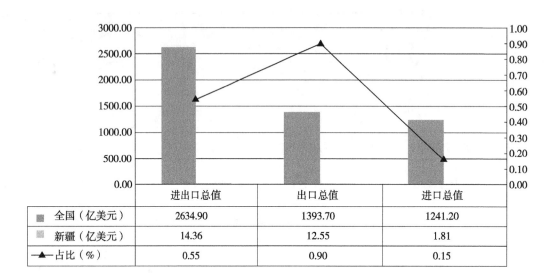

图4-2-4 2013年2月新疆与全国进出口、出口、进口总值对比

	进出口总值	出口总值	进口总值
全国（亿美元）	2634.90	1393.70	1241.20
新疆（亿美元）	14.36	12.55	1.81
占比（%）	0.55	0.90	0.15

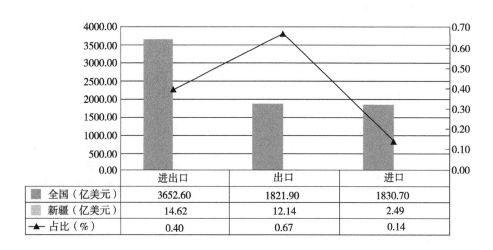

图4-2-5 2013年3月新疆与全国进出口、出口、进口总值对比

	进出口	出口	进口
全国（亿美元）	3652.60	1821.90	1830.70
新疆（亿美元）	14.62	12.14	2.49
占比（%）	0.40	0.67	0.14

4. 2013年4月中国新疆外贸进出口月度分析

由图4-2-6可以看出：全国实现进出口贸易总值为3559.61亿美元，新疆实现进出口贸易总值为20.03亿美元，占全国进出口总值的0.56%，同比下降13.60%，环比上升37.00%。

其中：全国出口总值为1870.61亿美元，新疆出口总值为17.14亿美元，占全国出口总值的0.92%，同比上升27.40%，环比上升41.19%；全国进口总值为1689.00亿美元，新疆进口总值为2.89亿美元，占全国进口总值的0.17%，同比下降70.40%，环比上升16.06%。

5. 2013年5月中国新疆外贸进出口月度分析

如图4-2-7可以看出：全国实现进出口贸易总值为3451.07亿美元，新疆实现进出口贸易总值为17.91亿美元，占全国进出口总值的0.52%，同比上升11.90%，环比下降10.57%。

其中：全国出口总值为1827.66亿美元，新疆出口总值为15.45亿美元，占全国出口总值的0.85%，同比上升14.70%，环比下降9.88%；全国进口总值为1623.41亿美元，新疆进口总值为

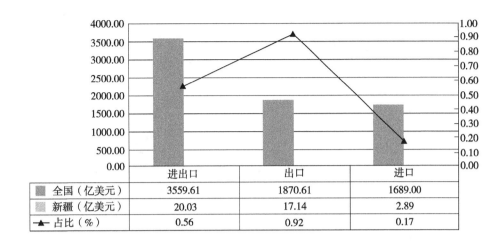

2.46 亿美元，占全国进口总值的 0.15%，同比下降 2.90%，环比下降 14.69%。

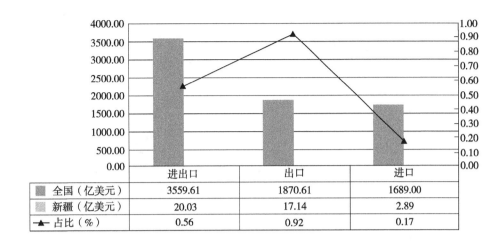

	进出口	出口	进口
■ 全国（亿美元）	3559.61	1870.61	1689.00
■ 新疆（亿美元）	20.03	17.14	2.89
▲ 占比（%）	0.56	0.92	0.17

图 4 - 2 - 6 2013 年 4 月新疆与全国进出口、出口、进口总值对比

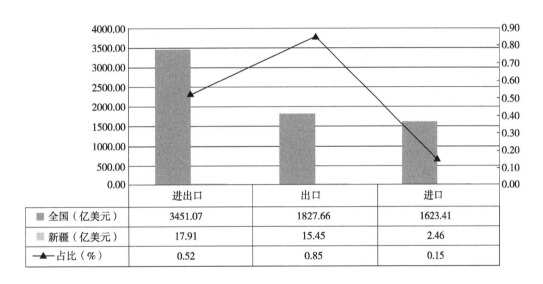

	进出口	出口	进口
■ 全国（亿美元）	3451.07	1827.66	1623.41
■ 新疆（亿美元）	17.91	15.45	2.46
▲ 占比（%）	0.52	0.85	0.15

图 4 - 2 - 7 2013 年 5 月新疆与全国进出口、出口、进口总值对比

6. 2013 年 6 月中国新疆外贸进出口月度分析

由图 4 - 2 - 8 可以看出：全国实现进出口贸易总值为 3215.07 亿美元，新疆实现进出口贸易总值为 14.43 亿美元，占全国进出口总值的 0.45%，同比下降 18%，环比下降 19.46%。

其中：全国出口总值为 1734.61 亿美元，新疆出口总值为 12.31 亿美元，占全国出口总值的 0.71%，同比下降 20.90%，环比下降 20.35%；全国进口总值为 1471.91 亿美元，新疆进口总值为 2.12 亿美元，占全国进口总值的 0.14%，同比上升 4.7%，环比下降 13.88%。

7. 2013 年 7 月中国新疆外贸进出口月度分析

由图 4 - 2 - 9 可以看出：全国实现进出口贸易总值为 3541.65 亿美元，新疆实现进出口贸易总值为 20.58 亿美元，占全国进出口总值的 0.58%，同比下降 15.3%，环比上升 42.67%。

其中：全国出口总值为 1859.91 亿美元，新疆出口总值为 18.62 亿美元，占全国出口总值的 1.00%，同比下降 12.70%，环比上升 51.32%；全国进口总值为 1681.73 亿美元，中国新疆进口总值为1.96亿美元，占全国进口总值的0.12%，同比下降34%，环比下降7.53%。

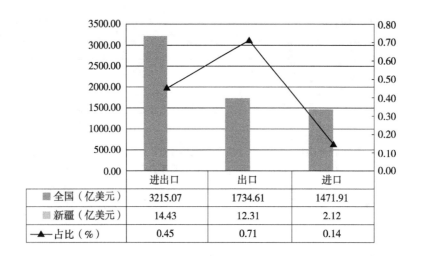

	进出口	出口	进口
■ 全国（亿美元）	3215.07	1734.61	1471.91
▨ 新疆（亿美元）	14.43	12.31	2.12
—▲— 占比（%）	0.45	0.71	0.14

图4-2-8 2013年6月新疆与全国进出口、出口和进口总值对比

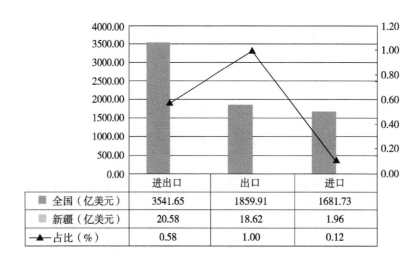

	进出口	出口	进口
■ 全国（亿美元）	3541.65	1859.91	1681.73
▨ 新疆（亿美元）	20.58	18.62	1.96
—▲— 占比（%）	0.58	1.00	0.12

图4-2-9 2013年7月新疆与全国进出口、出口和进口总值对比

8. 2013年8月中国新疆外贸进出口月度分析

由图4-2-10可以看出：全国实现进出口贸易总值为3526.98亿美元，新疆实现进出口贸易总值为24.77亿美元，占全国出口总值的0.70%，同比上升21.5%，环比上升20.36%。

其中：全国出口总值为1906.08亿美元，新疆出口总值为22.78亿美元，占全国出口总值的1.19%，同比上升25.2%，环比上升22.30%；全国进口总值为1620.90亿美元，新疆进口总值为2.00亿美元，占全国进口总值的0.12%，同比下降9.3%，环比上升1.95%。

9. 2013年9月中国新疆外贸进出口月度分析

由图4-2-11可以看出：全国实现进出口贸易总值为3560.83亿美元，新疆实现进出口贸易总值为31.82亿美元，占全国出口总值的0.89%，同比上升28.80%，环比上升28.43%。

其中：全国出口总值为1856.45亿美元，新疆出口总值为22.56亿美元，占全国出口总值的1.22%，同比下降0.20%，环比下降0.97%；全国进口总值为1704.38亿美元，新疆进口总值为

9.26亿美元，占全国进口总值的0.54%，同比上升336.70%，环比上升363.40%。

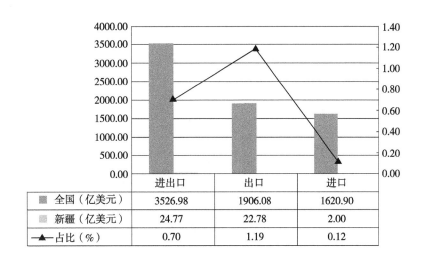

图4-2-10 2013年8月新疆与全国进出口、出口和进口总值对比

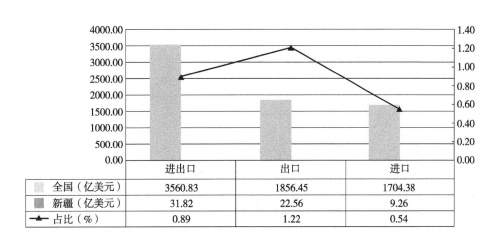

图4-2-11 2013年9月新疆与全国进出口、出口和进口总值对比

10. 2013年10月中国新疆外贸进出口月度分析

由图4-2-12可以看出：全国实现进出口贸易总值为3397.04亿美元，新疆实现进出口贸易总值为25.83亿美元，占全国进出口总值的0.76%，同比上升5.70%，环比下降18.82%。

其中：全国出口总值为1854.06亿美元，新疆出口总值为16.45亿美元，占全国出口总值的0.89%，同比上升14.00%，环比下降27.09%；全国进口总值为1542.99亿美元，新疆进口总值为9.38亿美元，占全国进口总值的0.61%，同比下降6.20%，环比上升1.32%。

11. 2013年11月中国新疆外贸进出口月度分析

由图4-2-13可以看出：全国实现进出口贸易总值为3706.09亿美元，新疆实现进出口贸易总值为28.89亿美元，占全国进出口总值的0.78%，同比下降7.8%，环比上升11.86%。

其中：全国出口总值为2022.05亿美元，新疆出口总值为17.46亿美元，占全国出口总值的0.86%，同比下降15.30%，环比上升6.18%；全国进口总值为1684.04亿美元，新疆进口总值为11.43亿美元，占全国进口总值的0.68%，同比上升6.70%，环比上升21.82%。

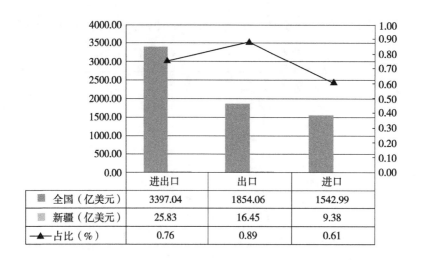

图 4 - 2 - 12　2013 年 10 月新疆与全国进出口、出口和进口总值对比

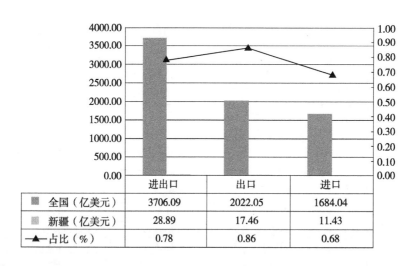

图 4 - 2 - 13　2013 年 11 月新疆与全国进出口、出口和进口总值对比

12. 2013 年 12 月中国新疆外贸进出口月度分析

由图 4 - 2 - 14 可以看出：全国实现进出口贸易总值为 3898.44 亿美元，新疆实现进出口贸易总值为 38.97 亿美元，占全国进出口总值的 1.00%，同比上升 37.80%，环比上升 34.88%。

其中：全国出口总值为 2077.42 亿美元，新疆出口总值为 34.07 亿美元，占全国出口总值的 1.64%，同比上升 45.30%，环比上升 95.08%；全国进口总值为 1821.02 亿美元，新疆进口总值为 4.91 亿美元，占全国进口总值的 0.27%，同比上升 1.50%，环比下降 57.08%。

二、按照贸易方式对 2013 年中国新疆进出口总值进行分析

中国新疆进出口贸易方式主要分为 8 种，包括边境小额贸易，一般贸易，加工贸易，对外承包工程出口货物，海关特殊监管区域，租赁贸易，国家间、国际组织无偿援助和赠送的物资，其他贸易。其中，加工贸易包括来料加工装配贸易和进料加工贸易，海关特殊监管区域包括保税监管场所进出境货物、海关特殊监管区域物流货物和海关特殊监管区域进口设备，其他贸易主要为旅游购物商品。

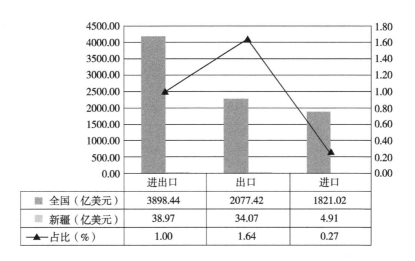

	进出口	出口	进口
▓ 全国（亿美元）	3898.44	2077.42	1821.02
▓ 新疆（亿美元）	38.97	34.07	4.91
▲占比（%）	1.00	1.64	0.27

图4-2-14　2013年12月新疆与全国进出口、出口和进口总值对比

（一）2013年中国新疆不同贸易方式进出口总值分析

由图4-2-15和图4-2-16分析可知，2013年中国新疆主要的贸易方式中，边境小额贸易和一般贸易占主导地位。边境小额贸易进出口总值为143.58亿美元，同比上升10.40%，占中国新疆进出口总值的52.09%；其中出口总值为106.33亿美元，同比上升19.20%，进口总值为37.24亿美元，同比下降8.80%。一般贸易进出口总值为95.12亿美元，同比上升12.60%，占中国新疆进出口总值的34.51%；其中出口总值为85.10亿美元，同比上升21.40%，进口总值为10.02亿美元，同比下降30.60%。其他贸易进出口总值为24.02亿美元，同比下降17.00%，占中国新疆进出口总值的8.71%；其中出口总值为24.01亿美元，同比下降17.00%，进口总值为0.01亿美元，同比上升26.30%。加工贸易进出口总值为5.10亿美元，同比上升96.80%，占中国新疆

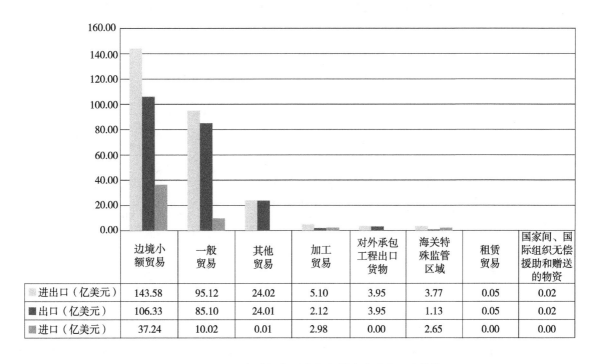

	边境小额贸易	一般贸易	其他贸易	加工贸易	对外承包工程出口货物	海关特殊监管区域	租赁贸易	国家间、国际组织无偿援助和赠送的物资
▓ 进出口（亿美元）	143.58	95.12	24.02	5.10	3.95	3.77	0.05	0.02
▓ 出口（亿美元）	106.33	85.10	24.01	2.12	3.95	1.13	0.05	0.02
▓ 进口（亿美元）	37.24	10.02	0.01	2.98	0.00	2.65	0.00	0.00

图4-2-15　2013年中国新疆主要贸易方式进出口总值情况

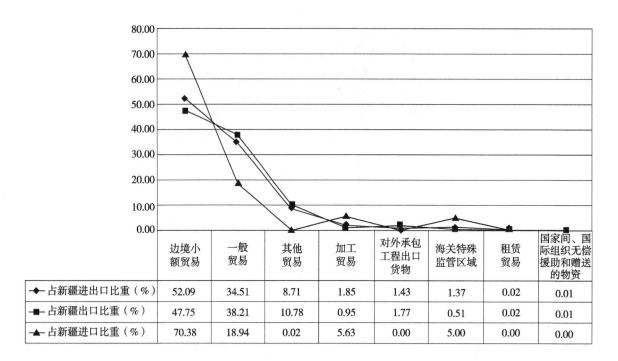

	边境小额贸易	一般贸易	其他贸易	加工贸易	对外承包工程出口货物	海关特殊监管区域	租赁贸易	国家间、国际组织无偿援助和赠送的物资
◆占新疆进出口比重（%）	52.09	34.51	8.71	1.85	1.43	1.37	0.02	0.01
■占新疆出口比重（%）	47.75	38.21	10.78	0.95	1.77	0.51	0.02	0.01
▲占新疆进口比重（%）	70.38	18.94	0.02	5.63	0.00	5.00	0.00	0.00

图 4-2-16　2013 年中国新疆主要贸易方式进出口总值占比情况

进出口总值的 1.85%；其中出口总值为 2.12 亿美元，同比上升 10.90%，进口总值为 2.98 亿美元，同比上升 338.80%。对外承包工程出口货物进出口总值为 3.95 亿美元，同比上升 115.40%，占中国新疆进出口总值的 1.43%；其中出口总值为 3.95 亿美元，同比上升 115.40%，对外承包工程出口货物 2013 年没有进口数据。海关特殊监管区域进出口总值为 3.77 亿美元，同比上升 7.60%，占中国新疆进出口总值的 1.37%；其中出口总值为 1.13 亿美元，同比下降 19.60%，进口总值为 2.65 亿美元，同比上升 25.70%。另外两种贸易方式的进出口总值都比较小。

（二）中国新疆一般贸易和边境小额贸易进出口总值分析

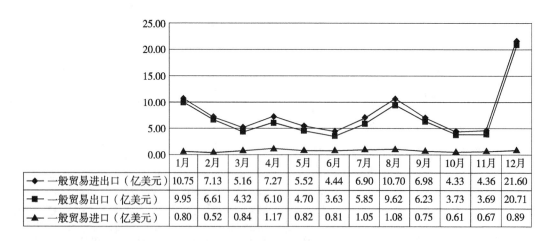

	1月	2月	3月	4月	5月	6月	7月	8月	9月	10月	11月	12月
◆一般贸易进出口（亿美元）	10.75	7.13	5.16	7.27	5.52	4.44	6.90	10.70	6.98	4.33	4.36	21.60
■一般贸易出口（亿美元）	9.95	6.61	4.32	6.10	4.70	3.63	5.85	9.62	6.23	3.73	3.69	20.71
▲一般贸易进口（亿美元）	0.80	0.52	0.84	1.17	0.82	0.81	1.05	1.08	0.75	0.61	0.67	0.89

图 4-2-17　2013 年 1~12 月中国新疆一般贸易进出口总值趋势

由图 4-2-17 可知，一般贸易作为中国新疆主要贸易方式之一，其 2013 年 1~12 月的进出口总值和出口总值的趋势基本一致，波动比较明显。1~3 月呈下降趋势，3 月后略有反弹，4~6 月再次下滑；6~10 月呈倒 V 形趋势，10 月后略微下降，12 月迅速反弹，达到全年最大值。一般贸易的进口总值全年比较平稳，第二季度呈下降趋势，第四季度呈上升趋势。

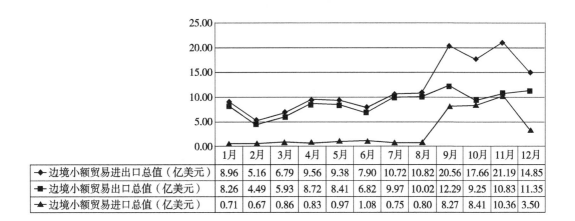

	1月	2月	3月	4月	5月	6月	7月	8月	9月	10月	11月	12月
边境小额贸易进出口总值（亿美元）	8.96	5.16	6.79	9.56	9.38	7.90	10.72	10.82	20.56	17.66	21.19	14.85
边境小额贸易出口总值（亿美元）	8.26	4.49	5.93	8.72	8.41	6.82	9.97	10.02	12.29	9.25	10.83	11.35
边境小额贸易进口总值（亿美元）	0.71	0.67	0.86	0.83	0.97	1.08	0.75	0.80	8.27	8.41	10.36	3.50

图 4 - 2 - 18　2013 年 1~12 月中国新疆边境小额贸易进出口总值趋势

由图 4 - 2 - 18 可知，边境小额贸易作为中国新疆主导贸易方式，其 2013 年 1~12 月的进出口总值和出口总值的趋势基本一致，波动比较明显。1~7 月呈 W 形趋势震荡起伏，8 月略微上升，9 月开始均迅速上升，达到全年最大值。进出口总值 8~12 月呈 M 形趋势，出口总值 9~12 月呈 V 形趋势。边境小额贸易的进口总值 1~8 月比较平稳，8~12 月呈倒 U 形趋势，11 月达到全年的最高值，随后快速下滑。

（三）2013 年按照贸易方式对中国新疆进出口总值进行月度分析

1. 2013 年 1 月按照贸易方式对中国新疆进出口总值进行月度分析

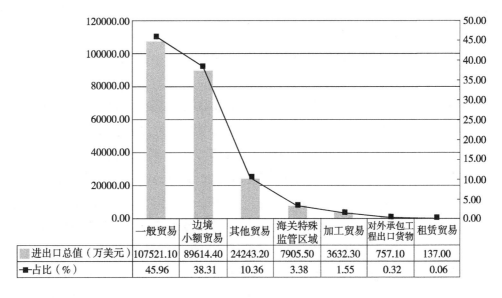

	一般贸易	边境小额贸易	其他贸易	海关特殊监管区域	加工贸易	对外承包工程出口货物	租赁贸易
进出口总值（万美元）	107521.10	89614.40	24243.20	7905.50	3632.30	757.10	137.00
占比（%）	45.96	38.31	10.36	3.38	1.55	0.32	0.06

图 4 - 2 - 19　2013 年 1 月中国新疆主要贸易方式进出口总值及占比

从图 4 - 2 - 19 可以看出：2013 年 1 月中国新疆进出口贸易方式主要有 7 种，其中一般贸易和边境小额贸易进出口占主导地位。

其中，一般贸易进出口总值排名第一，为 107521.10 万美元，占中国新疆进出口总值的 45.96%，同比上升 111.30%；边境小额贸易进出口总值排名第二，为 89614.40 万美元，占中国新疆进出口总值的 38.31%，同比上升 60.80%；其他贸易进出口总值排名第三，为 24243.20 万美元，占中国新疆进出口总值的 10.36%，同比上升 151.20%；海关特殊监管区域进出口总值排名第四，为 7905.50 万美元，占中国新疆进出口总值的 3.38%，同比上升 62.60%；加工贸易进出口总值排名第五，为 3632.30 万美元，占中国新疆进出口总值的 1.55%，同比上升 135.70%；对外承包工程出口货物进出口总值排名第六，为 757.10 万美元，占中国新疆进出口总值的 0.32%，同比下降 62.6%；租赁贸易进出口总值排名第七，为 137.00 万美元，占中国新疆进出口总值的 0.06%。

2. 2013 年 2 月按照贸易方式对中国新疆进出口总值进行月度分析

从图 4 - 2 - 20 可以看出：2013 年 2 月中国新疆进出口贸易方式主要有 7 种，其中一般贸易和边境小额贸易进出口占主导地位。

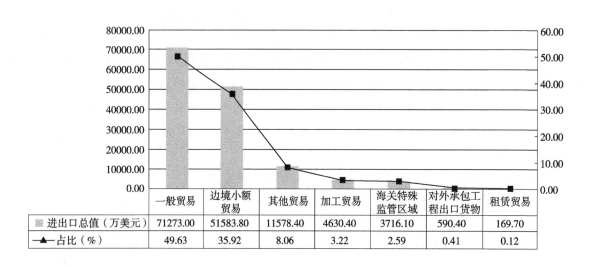

	一般贸易	边境小额贸易	其他贸易	加工贸易	海关特殊监管区域	对外承包工程出口货物	租赁贸易
进出口总值（万美元）	71273.00	51583.80	11578.40	4630.40	3716.10	590.40	169.70
占比（%）	49.63	35.92	8.06	3.22	2.59	0.41	0.12

图 4 - 2 - 20　2013 年 2 月中国新疆主要贸易方式进出口总值及占比

其中，一般贸易进出口总值排名第一，为 71273.00 万美元，占中国新疆进出口总值的 49.63%，同比上升 94.20%，环比下降 33.71%；边境小额贸易进出口总值排名第二，为 51583.80 万美元，占中国新疆进出口总值的 35.92%，同比下降 42.70%，环比下降 42.44%；其他贸易进出口总值排名第三，为 11578.40 万美元，占中国新疆进出口总值的 8.06%，同比上升 15.27%，环比下降 52.24%；加工贸易进出口总值排名第四，为 4630.40 万美元，占中国新疆进出口总值的 3.22%，同比上升 323.59%，环比上升 27.48%；海关特殊监管区域进出口总值排名第五，为 3716.10 万美元，占中国新疆进出口总值的 2.59%，同比上升 28.13%，环比下降 52.99%；对外承包工程出口货物进出口总值排名第六，为 590.40 万美元，占中国新疆进出口总值的 0.41%，同比上升 105.70%，环比下降 22.02%；租赁贸易进出口总值排名第七，为 169.70 万美元，占中国新疆进出口总值的 0.12%，同比上升 114.38%，环比上升 23.87%。

3. 2013 年 3 月按照贸易方式对中国新疆进出口总值进行月度分析

从图 4 - 2 - 21 可以看出：2013 年 3 月中国新疆进出口贸易方式主要有 6 种，边境小额贸易和一般贸易进出口占主导地位。

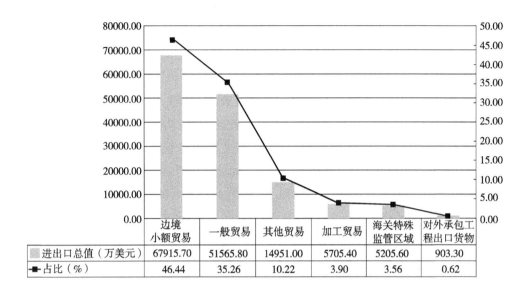

	边境 小额贸易	一般贸易	其他贸易	加工贸易	海关特殊 监管区域	对外承包工 程出口货物
进出口总值（万美元）	67915.70	51565.80	14951.00	5705.40	5205.60	903.30
占比（%）	46.44	35.26	10.22	3.90	3.56	0.62

图 4 - 2 - 21　2013 年 3 月中国新疆主要贸易方式进出口总值及占比

其中，边境小额贸易进出口总值排名第一，为 67915.70 万美元，占中国新疆进出口总值的 46.44%，同比上升 3.80%，环比上升 31.66%；一般贸易进出口总值排名第二，为 51565.80 万美元，占中国新疆进出口总值的 35.26%，同比下降 14.60%，环比下降 27.65%；其他贸易进出口总值排名第三，为 14951.00 万美元，占中国新疆进出口总值的 10.22%，同比下降 12.00%，环比上升 29.13%；加工贸易进出口总值排名第四，为 5705.40 万美元，占中国新疆进出口总值的 3.90%，同比上升 240.30%，环比上升 23.22%；海关特殊监管区域进出口总值排名第五，为 5205.60 万美元，占中国新疆进出口总值的 3.56%，同比上升 58.00%，环比上升 40.08%；对外承包工程出口货物进出口总值排名第六，为 903.30 万美元，占中国新疆进出口总值的 0.62%，同比上升 93.50%，环比上升 53.00%。

4. 2013 年 4 月按照贸易方式对中国新疆进出口总值进行月度分析

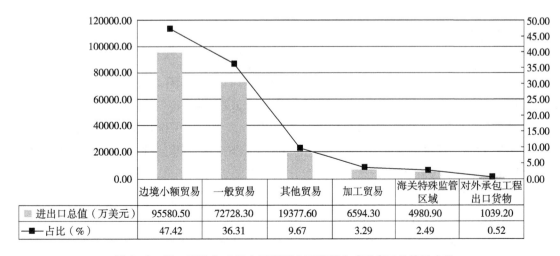

	边境小额贸易	一般贸易	其他贸易	加工贸易	海关特殊监管 区域	对外承包工程 出口货物
进出口总值（万美元）	95580.50	72728.30	19377.60	6594.30	4980.90	1039.20
占比（%）	47.42	36.31	9.67	3.29	2.49	0.52

图 4 - 2 - 22　2013 年 4 月中国新疆主要贸易方式进出口总值及占比

从图4-2-22可以看出：2013年4月中国新疆进出口贸易方式主要有6种，其中边境小额贸易和一般贸易进出口占主导地位。

其中，边境小额贸易进出口总值排名第一，为95580.50万美元，占中国新疆进出口总值的47.72%，同比下降36.50%，环比上升40.73%；一般贸易进出口总值排名第二，为72728.30万美元，占中国新疆进出口总值的36.31%，同比上升49.40%，环比上升41.04%；其他贸易进出口总值排名第三，为19377.60万美元，占中国新疆进出口总值的9.67%，同比下降16.00%，环比上升29.61%；加工贸易进出口总值排名第四，为6594.30万美元，占中国新疆进出口总值的3.29%，同比上升324.90%，环比上升15.58%；海关特殊监管区域进出口总值排名第五，为4980.90万美元，占中国新疆进出口总值的2.49%，同比上升5.40%，环比下降4.32%；对外承包工程出口货物进出口总值排名第六，为1039.20万美元，占中国新疆进出口总值的0.52%，同比下降68.30%，环比上升15.04%。

5. 2013年5月按照贸易方式对中国新疆进出口总值进行月度分析

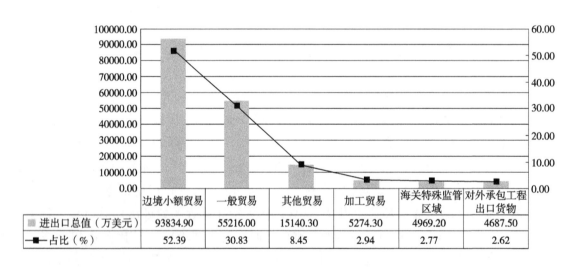

	边境小额贸易	一般贸易	其他贸易	加工贸易	海关特殊监管区域	对外承包工程出口货物
进出口总值（万美元）	93834.90	55216.00	15140.30	5274.30	4969.20	4687.50
占比（%）	52.39	30.83	8.45	2.94	2.77	2.62

图4-2-23　2013年5月中国新疆主要贸易方式进出口总值及占比

从图4-2-23可以看出：2013年5月中国新疆进出口贸易方式主要有6种，边境小额贸易和一般贸易进出口占主导地位。

其中，边境小额贸易进出口总值排名第一，为93834.90万美元，占中国新疆进出口总值的52.39%，同比上升16.10%，环比下降1.83%；一般贸易进出口总值排名第二，为55216.00万美元，占中国新疆进出口总值的30.83%，同比下降6.70%，环比下降24.08%；其他贸易进出口总值排名第三，为15140.30万美元，占中国新疆进出口总值的8.45%，同比下降5.20%，环比下降21.87%；加工贸易进出口总值排名第四，为5274.30万美元，占中国新疆进出口总值的2.94%，同比上升337.90%，环比下降20.02%；海关特殊监管区域进出口总值排名第五，为4969.20万美元，占中国新疆进出口总值的2.77%，同比上升654.20%，环比下降0.23%；对外承包工程出口货物进出口总值排名第六，为4687.50万美元，占中国新疆进出口总值的2.62%，同比上升111.00%，环比上升351.07%。

6. 2013年6月按照贸易方式对中国新疆进出口总值进行月度分析

由图4-2-24可以看出：2013年6月中国新疆进出口贸易方式主要有6种，边境小额贸易、一般贸易和其他贸易进出口占主导地位。

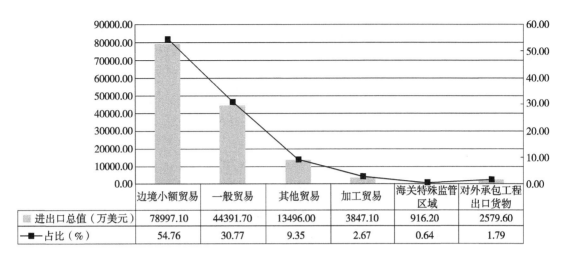

	边境小额贸易	一般贸易	其他贸易	加工贸易	海关特殊监管区域	对外承包工程出口货物
进出口总值（万美元）	78997.10	44391.70	13496.00	3847.10	916.20	2579.60
占比（%）	54.76	30.77	9.35	2.67	0.64	1.79

图 4-2-24　2013 年 6 月中国新疆主要贸易方式进出口总值及占比

其中，边境小额贸易进出口总值排名第一，为 78997.10 万美元，占中国新疆进出口总值的 54.76%，同比上升 3.90%，环比下降 15.81%；一般贸易进出口总值排名第二，为 44391.70 万美元，占中国新疆进出口总值的 30.77%，同比下降 44.90%，环比下降 19.60%；其他贸易进出口总值排名第三，为 13496.00 万美元，占中国新疆进出口总值的 9.35%，同比下降 4.10%，环比下降 10.86%；加工贸易进出口总值排名第四，为 3847.10 万美元，占中国新疆进出口总值的 2.67%，同比上升 109.70%，环比下降 27.06%；海关特殊监管区域进出口总值排名第五，为 916.20 万美元，占中国新疆进出口总值的 0.64%，同比下降 50.40%，环比下降 81.56%；对外承包工程出口货物进出口总值排名第六，为 2579.60 万美元，占中国新疆进出口总值的 1.79%，同比上升 74.20%，环比下降 44.97%。

7. 2013 年 7 月按照贸易方式对中国新疆进出口总值进行月度分析

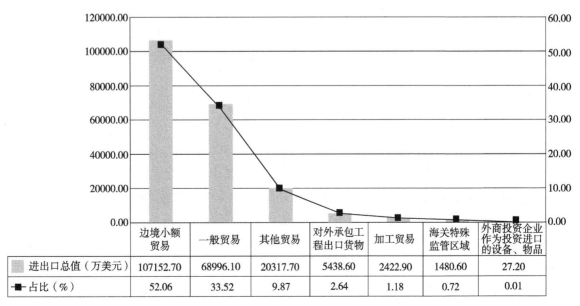

	边境小额贸易	一般贸易	其他贸易	对外承包工程出口货物	加工贸易	海关特殊监管区域	外商投资企业作为投资进口的设备、物品
进出口总值（万美元）	107152.70	68996.10	20317.70	5438.60	2422.90	1480.60	27.20
占比（%）	52.06	33.52	9.87	2.64	1.18	0.72	0.01

图 4-2-25　2013 年 7 月中国新疆主要贸易方式进出口总值及占比

从图4-2-25可以看出：2013年7月中国新疆进出口贸易方式主要有7种，边境小额贸易和一般贸易进出口占主导地位。

其中，边境小额贸易进出口总值排名第一，为107152.70万美元，占中国新疆进出口总值的52.06%，同比上升5.60%，环比上升35.64%；一般贸易进出口总值排名第二，为68996.10万美元，占中国新疆进出口总值的33.52%，同比下降39.00%，环比上升55.43%；其他贸易进出口总值排名第三，为20317.70万美元，占中国新疆进出口总值的9.87%，同比下降0.20%，环比上升50.55%；对外承包工程出口货物进出口总值排名第四，为5438.60万美元，占中国新疆进出口总值的2.64%，同比上升176.90%，环比上升110.83%；加工贸易进出口总值排名第五，为2422.90万美元，占中国新疆进出口总值的1.18%，同比下降23.10%，环比下降37.02%；海关特殊监管区域进出口总值排名第六，为1480.60万美元，占中国新疆进出口总值的0.72%，环比上升61.60%；外商投资企业作为投资进口的设备、物品进出口总值排名第七，为27.20万美元，占中国新疆进出口总值的0.01%。

8. 2013年8月按照贸易方式对中国新疆进出口总值进行月度分析

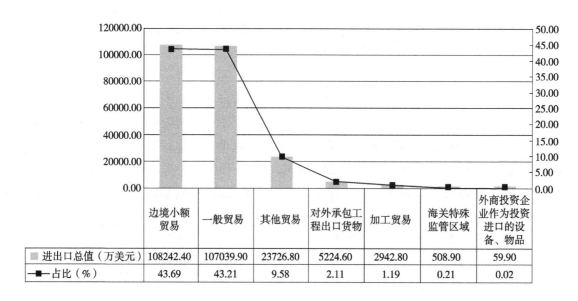

	边境小额贸易	一般贸易	其他贸易	对外承包工程出口货物	加工贸易	海关特殊监管区域	外商投资企业作为投资进口的设备、物品
进出口总值（万美元）	108242.40	107039.90	23726.80	5224.60	2942.80	508.90	59.90
占比（%）	43.69	43.21	9.58	2.11	1.19	0.21	0.02

图4-2-26 2013年8月中国新疆主要贸易方式进出口总值及占比

由图4-2-26可以看出：2013年8月中国新疆进出口贸易方式主要有7种，边境小额贸易、一般贸易和其他贸易进出口占主导地位。

其中，边境小额贸易进出口总值排名第一，为108242.40万美元，占中国新疆进出口总值的43.69%，同比上升13.00%，环比上升1.02%；一般贸易进出口总值排名第二，为107039.90万美元，占中国新疆进出口总值的43.21%，同比上升55.10%，环比上升55.14%；其他贸易进出口总值排名第三，为23726.80万美元，占中国新疆进出口总值的9.58%，同比下降27.30%，环比上升16.78%；对外承包工程出口货物进出口总值排名第四，为5224.60万美元，占中国新疆进出口总值的2.11%，同比上升161.50%，环比下降3.93%；加工贸易进出口总值排名第五，为2942.80万美元，占中国新疆进出口总值的1.19%，同比下降29.30%，环比上升21.46%；海关特殊监管区域进出口总值排名第六，为508.90万美元，占中国新疆进出口总值的0.21%，同比上升 60.90%，环比下降 65.63%；外商投资企业作为投资进口的设备、物品进出口总值排名第七，为 59.90 万美元，占中国新疆进出口总值的 0.02%，环比上升 120.22%。

9. 2013 年 9 月按照贸易方式对中国新疆进出口总值月度分析

由图 4-2-27 可以看出：2013 年 9 月中国新疆进出口贸易方式主要有 8 种，其中边境小额贸易、一般贸易和其他贸易进出口占主导地位。

其中，边境小额贸易进出口总值排名第一，为 205602.00 万美元，占中国新疆进出口总值的 64.62%，同比上升 94.70%，环比上升 89.95%；一般贸易进出口总值排名第二，为 69808.80 万美元，占中国新疆进出口总值的 21.94%，同比下降 26.20%，环比下降 34.78%；其他贸易进出口总值排名第三，为 33332.50 万美元，占中国新疆进出口总值的 10.48%，同比下降 13.50%，环比上升 40.48%；对外承包工程出口货物进出口总值排名第四，为 4934.90 万美元，占中国新疆进出口总值的 1.55%，同比上升 129.00%，环比下降 5.54%；加工贸易进出口总值排名第五，为 3157.40 万美元，占中国新疆进出口总值的 0.99%，同比上升 37.80%，环比上升 7.29%；海关特殊监管区域进出口总值排名第六，为 1148.90 万美元，占中国新疆进出口总值的 0.36%，同比下降 70.60%，环比上升 125.76%；租赁贸易进出口总值排名第七，为 111.30 万美元，占中国新疆进出口总值的 0.03%；外商投资企业作为投资进口的设备、物品进出口总值排名第八，为 84.70 万美元，占中国新疆进出口总值的 0.03%，环比上升 41.40%。

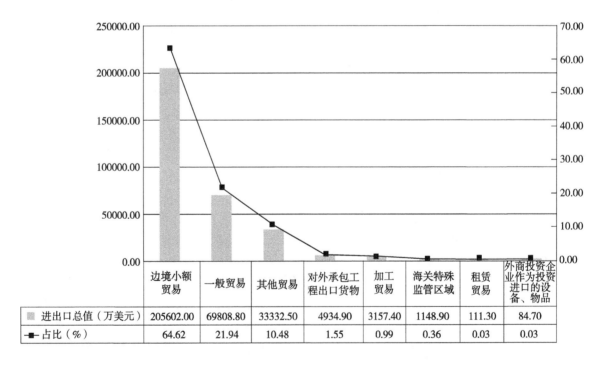

	边境小额贸易	一般贸易	其他贸易	对外承包工程出口货物	加工贸易	海关特殊监管区域	租赁贸易	外商投资企业作为投资进口的设备、物品
进出口总值（万美元）	205602.00	69808.80	33332.50	4934.90	3157.40	1148.90	111.30	84.70
占比（%）	64.62	21.94	10.48	1.55	0.99	0.36	0.03	0.03

图 4-2-27 2013 年 9 月中国新疆主要贸易方式进出口总值及占比

10. 2013 年 10 月按照贸易方式对中国新疆进出口总值进行月度分析

从图 4-2-28 可以看出：2013 年 10 月中国新疆进出口贸易方式主要有 6 种，边境小额贸易进出口占主导地位。

其中，边境小额贸易进出口总值排名第一，为 176561.30 万美元，占中国新疆进出口总值的

68.36%，同比上升6.10%，环比下降14.12%；一般贸易进出口总值排名第二，为43341.00万美元，占中国新疆进出口总值的16.78%，同比下降2.10%，环比下降37.91%；其他贸易进出口总值排名第三，为27128.10万美元，占中国新疆进出口总值的10.50%，同比下降0.20%，环比下降18.61%；对外承包工程出口货物进出口总值排名第四，为5807.70万美元，占中国新疆进出口总值的2.25%，同比上升643.40%，环比上升17.69%；加工贸易进出口总值排名第五，为4905.80万美元，占中国新疆进出口总值的1.90%，同比上升127.40%，环比上升55.37%；海关特殊监管区域进出口总值排名第六，为556.40万美元，占中国新疆进出口总值的0.22%，同比下降71.20%，环比下降51.57%。

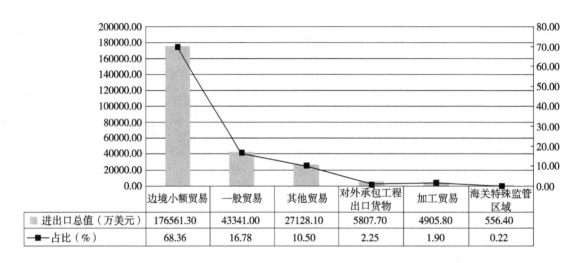

	边境小额贸易	一般贸易	其他贸易	对外承包工程出口货物	加工贸易	海关特殊监管区域
进出口总值（万美元）	176561.30	43341.00	27128.10	5807.70	4905.80	556.40
占比（%）	68.36	16.78	10.50	2.25	1.90	0.22

图4-2-28　2013年10月中国新疆主要贸易方式进出口总值及占比

11. 2013年11月按照贸易方式对中国新疆进出口总值进行月度分析

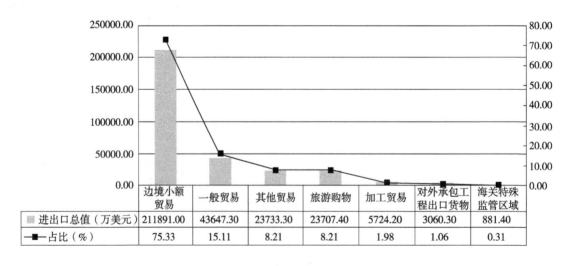

	边境小额贸易	一般贸易	其他贸易	旅游购物	加工贸易	对外承包工程出口货物	海关特殊监管区域
进出口总值（万美元）	211891.00	43647.30	23733.30	23707.40	5724.20	3060.30	881.40
占比（%）	75.33	15.11	8.21	8.21	1.98	1.06	0.31

图4-2-29　2013年11月中国新疆主要贸易方式进出口总值及占比

从图4-2-29可以看出：2013年11月中国新疆进出口贸易方式主要有7种，边境小额贸易和一般贸易进出口占主导地位。

其中，边境小额贸易进出口总值排名第一，为211891.00万美元，占中国新疆进出口总值的73.33%，同比上升4.30%，环比上升20.01%；一般贸易进出口总值排名第二，为43647.30万美元，占中国新疆进出口总值的15.11%，同比下降26.30%，环比上升0.71%；其他贸易进出口总值排名第三，为23733.30万美元，占中国新疆进出口总值的8.21%，同比下降47.00%，环比下降12.39%；旅游购物进出口总值排名第四，为23707.40万美元，占中国新疆进出口总值的8.21%，同比下降47.10%，环比下降12.50%；加工贸易进出口总值排名第五，为5724.20万美元，占中国新疆进出口总值的1.98%，同比上升117.50%，环比上升16.68%；对外承包工程出口货物进出口总值排名第六，为3060.30万美元，占中国新疆进出口总值的1.06%，同比上升179.30%，环比下降47.31%；海关特殊监管区域进出口总值排名第七，为881.40万美元，占中国新疆进出口总值的0.31%，同比下降62.60%，环比上升58.41%。

12. 2013年12月按照贸易方式对中国新疆进出口总值进行月度分析

从图4-2-30可以看出：2013年12月中国新疆进出口贸易方式主要有6种，其中一般贸易和边境小额贸易进出口占主导地位。

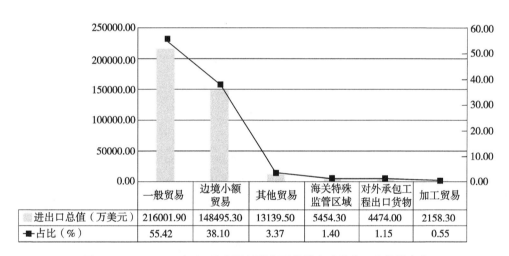

	一般贸易	边境小额贸易	其他贸易	海关特殊监管区域	对外承包工程出口货物	加工贸易
进出口总值（万美元）	216001.90	148495.30	13139.50	5454.30	4474.00	2158.30
占比（%）	55.42	38.10	3.37	1.40	1.15	0.55

图4-2-30　2013年12月中国新疆主要贸易方式进出口总值及占比

其中，一般贸易进出口总值排名第一，为216001.90万美元，占中国新疆进出口总值的55.42%，同比上升68.10%，环比上升394.88%；边境小额贸易进出口总值排名第二，为148495.30万美元，占中国新疆进出口总值的38.10%，同比上升35.80%，环比下降29.92%；其他贸易进出口总值排名第三，为13139.50万美元，占中国新疆进出口总值的3.37%，同比下降63.60%，环比下降44.64%；海关特殊监管区域进出口总值排名第四，为5454.30万美元，占中国新疆进出口总值的1.40%，同比下降2.00%，环比上升518.82%；对外承包工程出口货物进出口总值排名第五，为4474.00万美元，占中国新疆进出口总值的1.15%，同比上升663.20%，环比上升46.19%；加工贸易进出口总值排名第六，为2158.30万美元，占中国新疆进出口总值的0.55%，同比下降17.40%，环比下降62.30%。

三、按照企业性质对2013年中国新疆进出口总值进行分析

中国新疆外贸进出口商品的企业性质主要有四类，即国有企业、外商投资企业、民营企业、其

他企业，其中外商投资企业又包括中外合作企业、中外合资企业和外商独资企业三种类型，民营企业包括集体企业和私营企业。

（一）2013年中国新疆不同性质企业进出口总值分析

由图4-2-31和图4-2-32分析可知，2013年中国新疆不同性质企业的进出口情况中，国有企业在进口方面占主导地位，民营企业则主导出口。民营企业进出口总值为201.21亿美元，同比上升11.72%，占中国新疆进出口总值的73.00%；其中出口总值为193.42亿美元，同比上升12.17%，进口总值为7.79亿美元，同比下降0.95%。国有企业进出口总值为71.89亿美元，同比上升4.50%，占中国新疆进出口总值的26.08%；其中出口总值为28.06亿美元，同比上升44.30%，进口总值为43.84亿美元，同比下降11.20%。外商投资企业进出口总值为2.52亿美元，同比下降8.30%，占中国新疆进出口总值的0.91%；其中出口总值为1.22亿美元，同比下降22.00%，进口总值为1.30亿美元，同比上升9.90%。其他企业进出口总值为0.0015亿美元，占中国新疆进出口总值的0.001%；其中出口总值为0.0013亿美元，进口总值为0.0002亿美元。

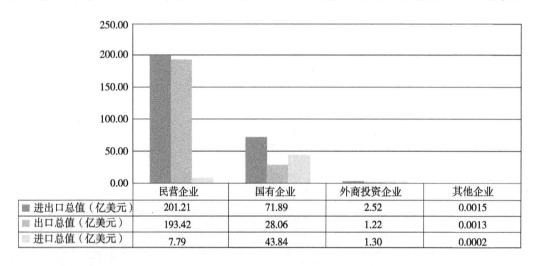

	民营企业	国有企业	外商投资企业	其他企业
■ 进出口总值（亿美元）	201.21	71.89	2.52	0.0015
■ 出口总值（亿美元）	193.42	28.06	1.22	0.0013
■ 进口总值（亿美元）	7.79	43.84	1.30	0.0002

图4-2-31　2013年中国新疆不同性质企业的进出口总值情况

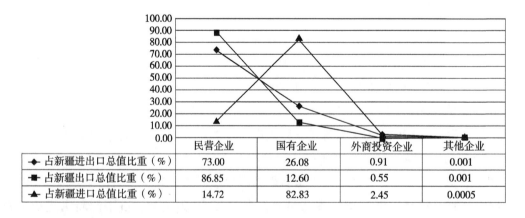

	民营企业	国有企业	外商投资企业	其他企业
◆ 占新疆进出口总值比重（%）	73.00	26.08	0.91	0.001
■ 占新疆出口总值比重（%）	86.85	12.60	0.55	0.001
▲ 占新疆进口总值比重（%）	14.72	82.83	2.45	0.0005

图4-2-32　2013年中国新疆不同性质企业的进出口占比情况

（二）中国新疆不同性质企业的进出口总值趋势分析

由于其他企业进出口、出口、进口总值数量较小，占比很低，在此分析时只分析民营企业、国有企业、外商投资企业三种类型的变化趋势。

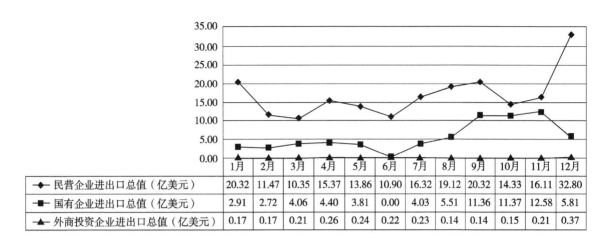

	1月	2月	3月	4月	5月	6月	7月	8月	9月	10月	11月	12月
◆ 民营企业进出口总值（亿美元）	20.32	11.47	10.35	15.37	13.86	10.90	16.32	19.12	20.32	14.33	16.11	32.80
■ 国有企业进出口总值（亿美元）	2.91	2.72	4.06	4.40	3.81	0.00	4.03	5.51	11.36	11.37	12.58	5.81
▲ 外商投资企业进出口总值（亿美元）	0.17	0.17	0.21	0.26	0.24	0.22	0.23	0.14	0.14	0.15	0.21	0.37

图 4 - 2 - 33　2013 年 1 ~ 12 月中国新疆不同性质企业的进出口总值趋势

由图 4 - 2 - 33 可知，2013 年中国新疆不同性质企业的进出口情况中，民营企业 1 ~ 12 月的进出口总值波动比较明显，1 ~ 3 月呈现不断下降趋势，4 月开始反弹，5 ~ 9 月呈 V 形趋势，随后 10 月快速下降，紧接着快速反弹，12 月达到全年的最高峰 32.80 亿美元。国有企业 1 ~ 8 月的进出口总值处于比较平稳状态，随后开始快速上升至 11 月，并达到全年的最高点 12.58 亿美元。外商投资企业 1 ~ 12 月的进出口总值处于比较平稳的状态。

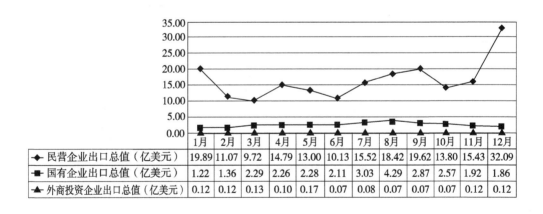

	1月	2月	3月	4月	5月	6月	7月	8月	9月	10月	11月	12月
◆ 民营企业出口总值（亿美元）	19.89	11.07	9.72	14.79	13.00	10.13	15.52	18.42	19.62	13.80	15.43	32.09
■ 国有企业出口总值（亿美元）	1.22	1.36	2.29	2.26	2.28	2.11	3.03	4.29	2.87	2.57	1.92	1.86
▲ 外商投资企业出口总值（亿美元）	0.12	0.12	0.13	0.10	0.17	0.07	0.08	0.07	0.07	0.07	0.12	0.12

图 4 - 2 - 34　2013 年 1 ~ 12 月中国新疆不同性质企业的出口总值趋势

由图 4 - 2 - 34 可知，2013 年中国新疆不同性质企业的出口情况中，民营企业 1 ~ 12 月的出口总值波动比较明显，1 ~ 9 月呈 W 形趋势，震荡起伏，随后 10 月快速下降，紧接着快速反弹，12 月达到全年的最高峰 32.09 亿美元。国有企业和外商投资企业 1 ~ 12 月的出口总值处于比较平稳的状态。

由图 4 - 2 - 35 可知，2013 年中国新疆不同性质企业的进口情况中，国有企业 1 ~ 8 月的进口总值比较平稳，略显倒 V 形趋势，其中 4 月为最高点 2.14 亿美元。随后 9 ~ 11 月急速上升，并达到全年最高点 10.66 亿美元，紧接着 12 月急速下降至 3.94 亿美元。民营企业和外商投资企业 1 ~

12月的进口总值处于比较平稳的状态。

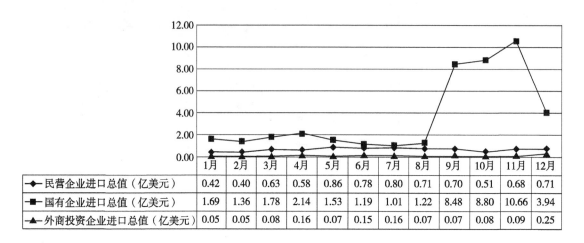

	1月	2月	3月	4月	5月	6月	7月	8月	9月	10月	11月	12月
民营企业进口总值（亿美元）	0.42	0.40	0.63	0.58	0.86	0.78	0.80	0.71	0.70	0.51	0.68	0.71
国有企业进口总值（亿美元）	1.69	1.36	1.78	2.14	1.53	1.19	1.01	1.22	8.48	8.80	10.66	3.94
外商投资企业进口总值（亿美元）	0.05	0.05	0.08	0.16	0.07	0.15	0.16	0.07	0.07	0.08	0.09	0.25

图4-2-35 2013年1～12月中国新疆不同性质企业的进口总值趋势

（三）2013年中国新疆不同性质企业进出口总值月度分析

1. 2013年1月中国新疆不同性质企业进出口总值月度分析

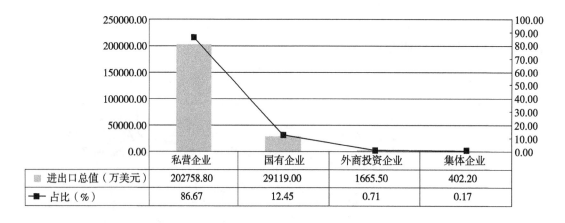

	私营企业	国有企业	外商投资企业	集体企业
进出口总值（万美元）	202758.80	29119.00	1665.50	402.20
占比（%）	86.67	12.45	0.71	0.17

图4-2-36 2013年1月中国新疆各类型企业进出口总值及占比

从图4-2-36可以看出：2013年1月进出口企业类型中，四类企业按进出口总值大小排名顺序为：私营企业、国有企业、外商投资企业、集体企业。私营企业进出口总值排名第一，为202758.80万美元，占中国新疆进出口总值的86.67%，同比上升115.10%；国有企业进出口总值排名第二，为29119.00万美元，占中国新疆进出口总值的12.45%，同比上升9.40%；外商投资企业进出口总值排名第三，为1665.50万美元，占中国新疆进出口总值的0.71%，同比下降36.70%；集体企业进出口总值排名第四，为402.20万美元，占中国新疆进出口总值的0.17%，同比下降66.30%。

2. 2013年2月中国新疆不同性质企业进出口总值月度分析

从图4-2-37可以看出：2013年2月进出口企业类型中，四类企业按进出口总值大小排名顺序为：私营企业、国有企业、外商投资企业、集体企业。私营企业进出口总值排名第一，为

114304.70万美元，占中国新疆进出口总值的79.59%，同比上升67.30%，环比下降43.63%；国有企业进出口总值排名第二，为27201.50万美元，占中国新疆进出口总值的18.94%，同比下降61.00%，环比下降6.59%；外商投资企业进出口总值排名第三，为1706.50万美元，占中国新疆进出口总值的1.19%，同比下降15.90%，环比上升2.46%；集体企业进出口总值排名第四，为397.20万美元，占中国新疆进出口总值的0.28%，同比下降60.60%，环比下降1.24%。

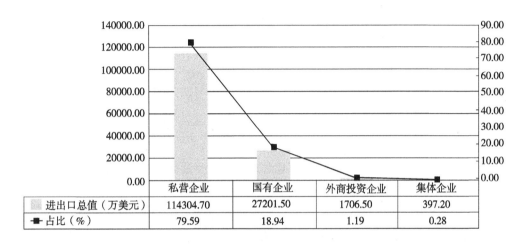

	私营企业	国有企业	外商投资企业	集体企业
进出口总值（万美元）	114304.70	27201.50	1706.50	397.20
占比（%）	79.59	18.94	1.19	0.28

图4-2-37　2013年2月中国新疆各类型企业进出口总值及占比

3. 2013年3月中国新疆不同性质企业进出口总值月度分析

从图4-2-38可以看出：2013年3月进出口企业类型中，四类企业按进出口总值大小排名顺序为：私营企业、国有企业、外商投资企业、集体企业。私营企业进出口总值排名第一，为102556.70万美元，占中国新疆进出口总值的70.13%，同比下降9.80%，环比下降10.28%；国有企业进出口总值排名第二，为40648.40万美元，占中国新疆进出口总值的27.79%，同比上升32.90%，环比上升49.43%；外商投资企业进出口总值排名第三，为2057.80万美元，占中国新疆进出口总值的1.41%，同比下降17.70%，环比上升20.59%；集体企业进出口总值排名第四，为983.80万美元，占中国新疆进出口总值的0.67%，同比下降44.30%，环比上升147.68%。

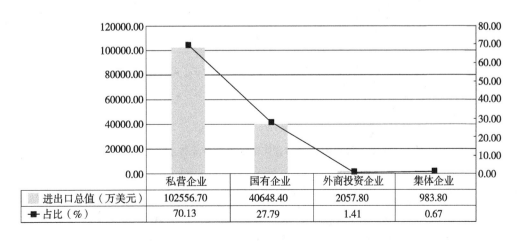

	私营企业	国有企业	外商投资企业	集体企业
进出口总值（万美元）	102556.70	40648.40	2057.80	983.80
占比（%）	70.13	27.79	1.41	0.67

图4-2-38　2013年3月中国新疆各类型企业进出口总值及占比

4. 2013 年 4 月中国新疆不同性质企业进出口总值月度分析

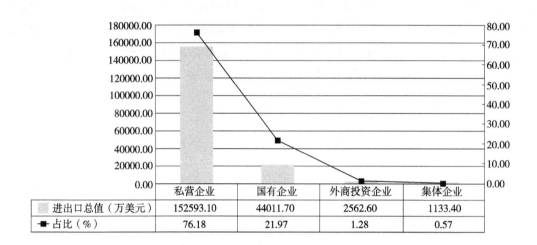

	私营企业	国有企业	外商投资企业	集体企业
进出口总值（万美元）	152593.10	44011.70	2562.60	1133.40
占比（%）	76.18	21.97	1.28	0.57

图 4 - 2 - 39 2013 年 4 月中国新疆各类型企业进出口总值及占比

从图 4 - 2 - 39 可以看出：2013 年 4 月进出口企业类型中，四类企业按进出口总值大小排名顺序为：私营企业、国有企业、外商投资企业、集体企业。私营企业进出口总值排名第一，为152593.10 万美元，占中国新疆进出口总值的 76.18%，同比上升 26.70%，环比上升 48.79%；国有企业进出口总值排名第二，为 44011.70 万美元，占中国新疆进出口总值的 21.97%，同比下降59.30%，环比上升 8.27%；外商投资企业进出口总值排名第三，为 2562.60 万美元，占中国新疆进出口总值的 1.28%，同比上升 44.10%，环比上升 24.53%；集体企业进出口总值排名第四，为1133.40 万美元，占中国新疆进出口总值的 0.57%，同比下降 26.90%，环比上升 15.21%。

5. 2013 年 5 月中国新疆不同性质企业进出口总值月度分析

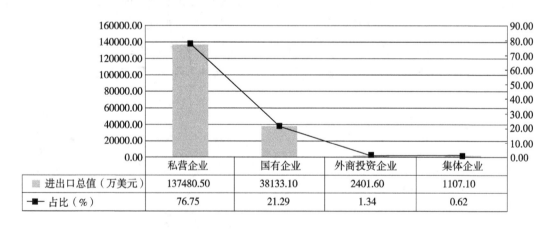

	私营企业	国有企业	外商投资企业	集体企业
进出口总值（万美元）	137480.50	38133.10	2401.60	1107.10
占比（%）	76.75	21.29	1.34	0.62

图 4 - 2 - 40 2013 年 5 月中国新疆各类型企业进出口总值及占比

从图 4 - 2 - 40 可以看出：2013 年 5 月进出口企业类型中，四类企业按进出口总值大小排名顺序为：私营企业、国有企业、外商投资企业、集体企业。私营企业进出口总值排名第一，为137480.50 万美元，占中国新疆进出口总值的 76.75%，同比上升 12.80%，环比下降 9.90%；国有企业进出口总值排名第二，为 38133.10 万美元，占中国新疆进出口总值的 21.29%，同比上升

11.00%，环比下降 13.36%；外商投资企业进出口总值排名第三，为 2401.60 万美元，占中国新疆进出口总值的 1.34%，同比下降 13.00%，环比下降 6.28%；集体企业进出口总值排名第四，为 1107.10 万美元，占中国新疆进出口总值的 0.62%，同比下降 3.60%，环比下降 2.32%。

6. 2013 年 6 月中国新疆不同性质企业进出口总值月度分析

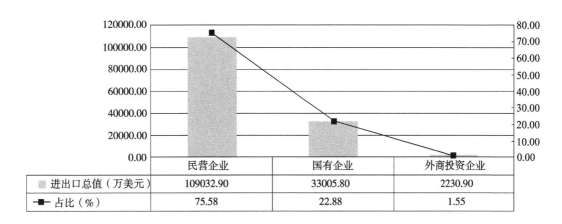

图 4 - 2 - 41　2013 年 6 月中国新疆各类型企业进出口总值及占比

由图 4 - 2 - 41 可以看出：2013 年 6 月进出口企业类型中，其他企业没有进出口贸易数据，其他三类企业按进出口总值大小排名顺序为：民营企业、国有企业、外商投资企业。民营企业进出口总值排名第一，为 109032.90 万美元，占中国新疆进出口总值的 75.58%，同比下降 24.92%；国有企业进出口总值排名第二，为 33005.80 万美元，占中国新疆进出口总值的 22.88%，同比上升 16.80%，环比下降 13.45%；外商投资企业进出口总值排名第三，为 2230.90 万美元，占中国新疆进出口总值的 1.55%，同比下降 5.80%，环比下降 7.11%。

7. 2013 年 7 月中国新疆不同性质企业进出口总值月度分析

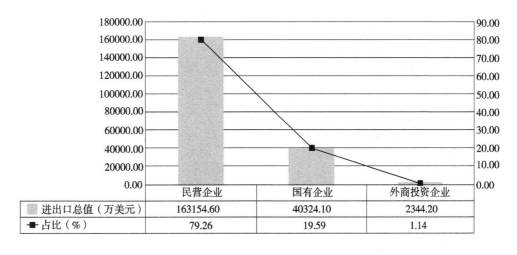

图 4 - 2 - 42　2013 年 7 月中国新疆各类型企业进出口总值及占比

从图 4 - 2 - 42 可以看出：2013 年 7 月进出口企业类型中，三类企业按进出口总值大小排名顺序为：民营企业、国有企业、外商投资企业。民营企业进出口总值排名第一，为 163154.60 万美

元，占中国新疆进出口总值的79.26%，同比下降19.29%，环比上升49.64%；国有企业进出口总值排名第二，为40324.10万美元，占中国新疆进出口总值的19.59%，同比上升5.40%，环比上升22.17%；外商投资企业进出口总值排名第三，为2344.20万美元，占中国新疆进出口总值的1.14%，同比下降9.30%，环比上升5.08%。

8. 2013年8月中国新疆不同性质企业进出口总值月度分析

由图4-2-43可以看出：2013年8月进出口企业类型中，三类企业按进出口总值大小排名顺序为：民营企业、国有企业、外商投资企业。民营企业进出口总值排名第一，为191230.60万美元，占中国新疆进出口总值的77.19%，同比上升14.04%，环比上升17.21%；国有企业进出口总值排名第二，为55076.90万美元，占中国新疆进出口总值的22.23%，同比上升61.40%，环比上升36.59%；外商投资企业进出口总值排名第三，为1437.60万美元，占中国新疆进出口总值的0.58%，同比下降30.70%，环比下降38.67%。

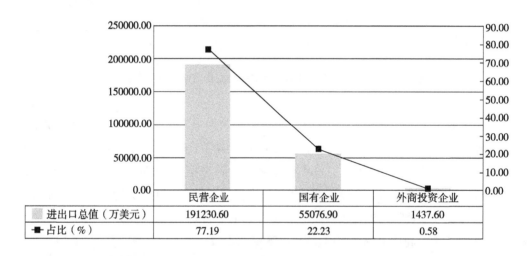

	民营企业	国有企业	外商投资企业
进出口总值（万美元）	191230.60	55076.90	1437.60
占比（%）	77.19	22.23	0.58

图4-2-43 2013年8月中国新疆各类型企业进出口总值及占比

9. 2013年9月中国新疆不同性质企业进出口总值月度分析

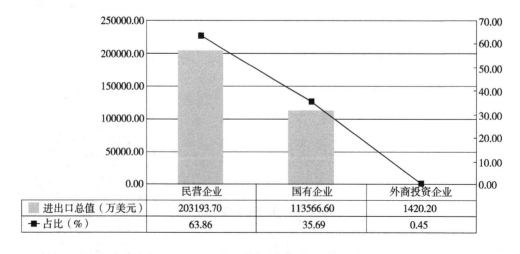

	民营企业	国有企业	外商投资企业
进出口总值（万美元）	203193.70	113566.60	1420.20
占比（%）	63.86	35.69	0.45

图4-2-44 2013年9月中国新疆各类型企业进出口总值及占比

由图 4 - 2 - 44 可以看出：2013 年 9 月进出口企业类型中，三类企业按进出口总值大小排名顺序为：民营企业、国有企业、外商投资企业。民营企业进出口总值排名第一，为 203193.70 万美元，占中国新疆进出口总值的 63.86%，同比下降 2.93%，环比上升 6.26%；国有企业进出口总值排名第二，为 113566.60 万美元，占中国新疆进出口总值的 35.69%，同比上升 211.90%，环比上升 106.20%；外商投资企业进出口总值排名第三，为 1420.20 万美元，占中国新疆进出口总值的 0.45%，同比下降 0.90%，环比下降 1.21%。

10. 2013 年 10 月中国新疆不同性质企业进出口总值月度分析

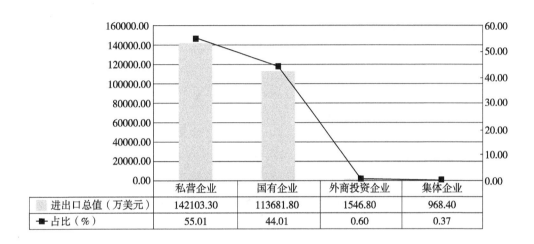

	私营企业	国有企业	外商投资企业	集体企业
进出口总值（万美元）	142103.30	113681.80	1546.80	968.40
占比（%）	55.01	44.01	0.60	0.37

图 4 - 2 - 45 2013 年 10 月中国新疆各类型企业进出口总值及占比

从图 4 - 2 - 45 可以看出：2013 年 10 月进出口企业类型中，四类企业按进出口总值大小排名顺序为：私营企业、国有企业、外商投资企业、集体企业。私营企业进出口总值排名第一，为 142103.30 万美元，占中国新疆进出口总值的 55.01%，同比上升 6.50%，环比下降 29.79%；国有企业进出口总值排名第二，为 113681.80 万美元，占中国新疆进出口总值的 44.01%，同比上升 7.50%，环比上升 0.10%；外商投资企业进出口总值排名第三，为 1546.80 万美元，占中国新疆进出口总值的 0.60%，同比下降 55.80%，环比上升 8.91%；集体企业进出口总值排名第四，为 968.40 万美元，占中国新疆进出口总值的 0.37%，同比下降 40.90%，环比上升 22.04%。

11. 2013 年 11 月中国新疆不同性质企业进出口总值月度分析

从图 4 - 2 - 46 可以看出：2013 年 11 月进出口企业类型中，四类企业按进出口总值大小排名顺序为：私营企业、国有企业、外商投资企业、集体企业。私营企业进出口总值排名第一，为 159517.70 万美元，占中国新疆进出口总值的 55.21%，同比下降 17.10%，环比上升 12.25%；国有企业进出口总值排名第二，为 125772.00 万美元，占中国新疆进出口总值的 43.53%，同比上升 6.80%，环比上升 10.64%；外商投资企业进出口总值排名第三，为 2056.20 万美元，占中国新疆进出口总值的 0.71%，同比下降 6.90%，环比上升 32.93%；集体企业进出口总值排名第四，为 1591.60 万美元，占中国新疆进出口总值的 0.55%，同比上升 58.90%，环比上升 64.35%。

12. 2013 年 12 月中国新疆不同性质企业进出口总值月度分析

从图 4 - 2 - 47 可以看出：2013 年 12 月进出口企业类型中，三类企业按进出口总值大小排名顺序为：民营企业、国有企业、外商投资企业。民营企业进出口总值排名第一，为 327950.00 万美

元，占中国新疆进出口总值的84.15%，同比上升183.10%，环比上升103.56%；国有企业进出口总值排名第二，为58050.10万美元，占中国新疆进出口总值的14.90%，同比下降0.10%，环比下降53.84%；外商投资企业进出口总值排名第三，为3723.30万美元，占中国新疆进出口总值的0.96%，同比上升136.40%，环比上升81.08%。

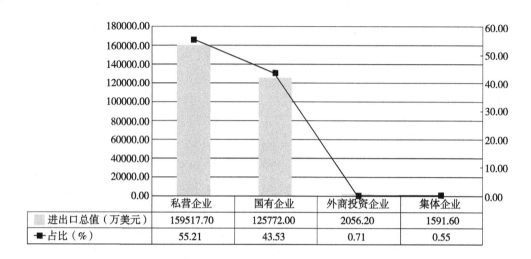

	私营企业	国有企业	外商投资企业	集体企业
进出口总值（万美元）	159517.70	125772.00	2056.20	1591.60
占比（%）	55.21	43.53	0.71	0.55

图4-2-46　2013年11月中国新疆各类型企业进出口总值及占比

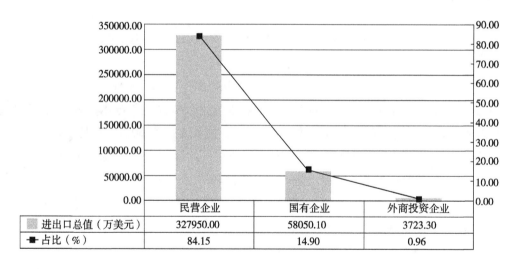

	民营企业	国有企业	外商投资企业
进出口总值（万美元）	327950.00	58050.10	3723.30
占比（%）	84.15	14.90	0.96

图4-2-47　2013年12月中国新疆各类型企业进出口总值及占比

四、按照商品类别对2013年中国新疆进出口总值进行分析

2013年中国新疆主要的进出口商品有30种，其中出口总值排名前十的商品依次是服装及衣着附件，机电产品，纺织纱线、织物及制品，鞋类，农产品，箱包及类似容器，家具及其零件，塑料制品，灯具、照明装置及类似品，汽车零配件；进口总值排名前十的商品依次是原油，农产品，铁矿砂及其精矿，机电产品，棉花，成品油，高新技术产品，钢材，计量检测分析自控仪器及器具，医疗仪器及器械。

（一）按照商品类别对 2013 年中国新疆出口商品总值分析

1. 2013 年中国新疆出口商品总值分析

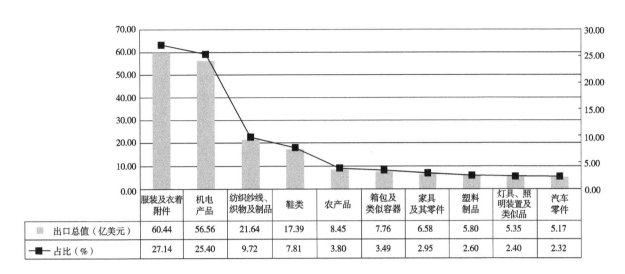

	服装及衣着附件	机电产品	纺织纱线、织物及制品	鞋类	农产品	箱包及类似容器	家具及其零件	塑料制品	灯具、照明装置及类似品	汽车零件
出口总值（亿美元）	60.44	56.56	21.64	17.39	8.45	7.76	6.58	5.80	5.35	5.17
占比（%）	27.14	25.40	9.72	7.81	3.80	3.49	2.95	2.60	2.40	2.32

图 4 - 2 - 48　2013 年中国新疆出口排名前十的商品

由图 4 - 2 - 48 分析可知，2013 年中国新疆出口排名前十的商品，出口总值占中国新疆出口总值的 87.62%，服装及衣着附件，机电产品和纺织纱线、织物及制品（简称纺织类）的出口总值占主要地位，三者之和占中国新疆商品出口总值的 62.26%。其中，服装及衣着附件的出口总值位居第一，出口总值为 60.44 亿美元，占中国新疆商品出口总值的 27.14%，同比上升 18.30%；机电产品出口总值为 56.56 亿美元，占中国新疆商品出口总值的 25.40%，同比上升 27.00%，排名第二；纺织类的出口总值为 21.64 亿美元，占中国新疆商品出口总值的 9.72%，同比上升 7.70%，排名第三；鞋类的出口总值为 17.39 亿美元，占中国新疆商品出口总值的 7.81%，同比下降 18.60%，排名第四；农产品的出口总值为 8.45 亿美元，占中国新疆商品出口总值的 3.80%，同比上升 0.30%，排名第五；排在第十位的是汽车零件，其出口总值为 5.17 亿美元，占中国新疆商品出口总值的 2.32%，同比上升 33.70%。

2. 2013 年中国新疆出口商品总值月度分析

（1）2013 年 1 月中国新疆出口商品总值月度分析。

中国新疆出口商品大致有 30 种，其中 2013 年 1 月出口总值排名前十的依次是服装及衣着附件，机电产品，鞋类，纺织类，家具及其零件，箱包及类似容器，塑料制品，农产品，灯具、照明装置及类似品和陶瓷产品。

由图 4 - 2 - 49 可以看出：2013 年 1 月中国新疆商品出口中，服装及衣着附件出口总值最高，出口总值为 51254.70 万美元，占中国新疆出口总值的 24.15%，同比上升 145.00%；机电产品排名第二，出口总值为 50098.70 万美元，占中国新疆出口总值的 23.60%，同比上升 96.60%；鞋类排名第三，出口总值为 27353.60 万美元，占中国新疆出口总值的 12.89%，同比上升 148.70%；纺织类排名第四，出口总值为 16869.50 万美元，占中国新疆出口总值的 7.95%，同比上升 38.50%；家具及其零件排名第五，出口总值为 12375.50 万美元，占中国新疆出口总值的 5.83%，同比上升 295.9%；箱包及类似容器排名第六，出口总值为 8776.50 万美元，占中国新疆出口总值的4.13%，同比上升88.00%；塑料制品排名第七，出口总值为7572.20万美元，占中国新疆出口总值的3.57%，同比上升172.70%；农产品排名第八，出口总值为7186.30万美元，占中国新疆出口总值的3.39%，同比上升11.60%；灯具、照明装置及类似品排名第九，出口总值6808.40万美元，占中国新疆出口总值的3.21%，同比上升421.00%；陶瓷产品排名第十，出口总值为5016.60万美元，占中国新疆出口总值的2.36%，同比上升124.00%。

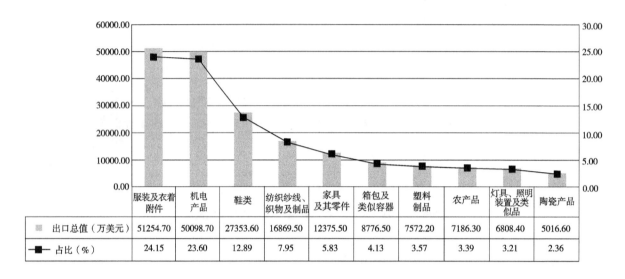

	服装及衣着附件	机电产品	鞋类	纺织纱线、织物及制品	家具及其零件	箱包及类似容器	塑料制品	农产品	灯具、照明装置及类似品	陶瓷产品
出口总值（万美元）	51254.70	50098.70	27353.60	16869.50	12375.50	8776.50	7572.20	7186.30	6808.40	5016.60
占比（%）	24.15	23.60	12.89	7.95	5.83	4.13	3.57	3.39	3.21	2.36

图4-2-49　2013年1月中国新疆各种商品出口总值及占比

（2）2013年2月中国新疆出口商品总值月度分析。

中国新疆出口商品大致有30种，其中出口总值排名前十的依次是机电产品、服装及衣着附件、鞋类、纺织类、家具及其零件、箱包及类似容器、农产品、初级形状的聚氯乙烯、番茄酱、陶瓷产品。与1月相比，塑料制品，灯具、照明装置及类似品被挤出前十，初级形状的聚氯乙烯、番茄酱挤进前十。

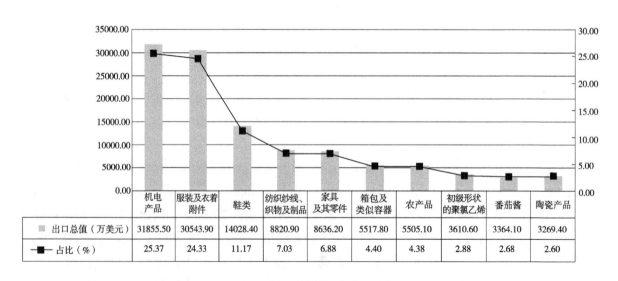

	机电产品	服装及衣着附件	鞋类	纺织纱线、织物及制品	家具及其零件	箱包及类似容器	农产品	初级形状的聚氯乙烯	番茄酱	陶瓷产品
出口总值（万美元）	31855.50	30543.90	14028.40	8820.90	8636.20	5517.80	5505.10	3610.60	3364.10	3269.40
占比（%）	25.37	24.33	11.17	7.03	6.88	4.40	4.38	2.88	2.68	2.60

图4-2-50　2013年2月中国新疆各种商品出口总值及占比

　　由图 4 - 2 - 50 可以看出：2013 年 2 月中国新疆商品出口中，机电产品出口总值最高，出口总值为 31855.50 万美元，占中国新疆出口总值的 25.37%，同比下降 81.22%；服装及衣着附件排名第二，出口总值为 30543.90 万美元，占中国新疆出口总值的 24.33%，同比下降 82.89%；鞋类排名第三，出口总值为 14028.40 万美元，占中国新疆出口总值的 11.17%，同比下降 84.13%；纺织类排名第四，出口总值为 8820.90 万美元，占中国新疆出口总值的 7.03%，同比下降 90.62%；家具及其零件排名第五，出口总值为 8636.20 万美元，占中国新疆出口总值的 6.88%，同比下降 34.02%；箱包及类似容器排名第六，出口总值为 5517.80 万美元，占中国新疆出口总值的 4.40%，同比下降 59.52%；农产品排名第七，出口总值为 5505.10 万美元，占中国新疆出口总值的 4.38%，同比下降 92.00%；初级形状的聚氯乙烯排名第八，出口总值为 3610.60 万美元，占中国新疆出口总值的 2.88%，同比下降 67.94%；番茄酱排名第九，出口总值为 3364.10 万美元，占中国新疆出口总值的 2.68%，同比下降 90.38%；陶瓷产品排名第十，出口总值为 3269.40 万美元，占中国新疆出口总值的 2.60%，同比下降 50.21%。

　　（3）2013 年 3 月中国新疆出口商品总值月度分析。

　　中国新疆出口商品大致有 30 种，其中出口总值排名前十的依次是服装及衣着附件、机电产品、纺织类、鞋类、农产品、初级形状的聚氯乙烯、番茄酱、钢材、汽车零件、箱包及类似容器。与 2 月相比，家具及其零件、陶瓷产品被挤出前十，钢材、汽车零件挤进前十。

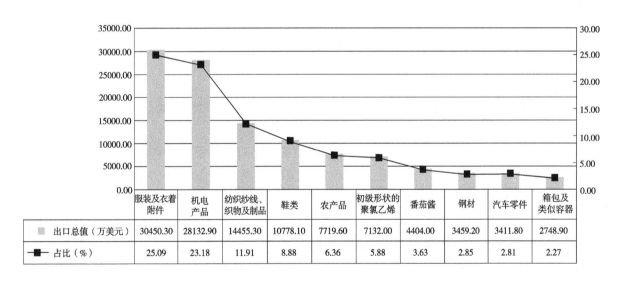

	服装及衣着附件	机电产品	纺织纱线、织物及制品	鞋类	农产品	初级形状的聚氯乙烯	番茄酱	钢材	汽车零件	箱包及类似容器
出口总值（万美元）	30450.30	28132.90	14455.30	10778.10	7719.60	7132.00	4404.00	3459.20	3411.80	2748.90
占比（%）	25.09	23.18	11.91	8.88	6.36	5.88	3.63	2.85	2.81	2.27

图 4 - 2 - 51　2013 年 3 月中国新疆各种商品出口总值及占比

　　由图 4 - 2 - 51 可以看出：2013 年 3 月中国新疆商品出口中，服装及衣着附件出口总值最高，出口总值为 30450.30 万美元，占中国新疆出口总值的 25.09%，同比上升 4.21%；机电产品排名第二，出口总值为 28132.90 万美元，占中国新疆出口总值的 23.18%，同比下降 3.60%；纺织类排名第三，出口总值为 14455.30 万美元，占中国新疆出口总值的 11.91%，同比上升 9.76%；鞋类排名第四，出口总值为 10778.10 万美元，占中国新疆出口总值的 8.88%，同比下降 15.00%；农产品排名第五，出口总值为 7719.60 万美元，占中国新疆出口总值的 6.36%，同比上升 4.55%；初级形状的聚氯乙烯排名第六，出口总值为 7132.00 万美元，占中国新疆出口总值的 5.88%，同比上升 259.71%；番茄酱排名第七，出口总值为 4404.00 万美元，占中国新疆出口总值的 3.63%，同比上升4.31%；钢材排名第八，出口总值为3459.20万美元，占中国新疆出口总值的2.85%，同比上升44.69%；汽车零件排名第九，出口总值为3411.80万美元，占中国新疆出口总值的2.81%，同比上升19.53%；箱包及类似容器排名第十，出口总值为2748.90万美元，占中国新疆出口总值的2.27%，同比下降40.85%。

（4）2013年4月中国新疆出口商品总值月度分析。

中国新疆出口商品大致有30种，其中出口总值排名前十的依次是服装及衣着附件、机电产品、纺织类、农产品、箱包及类似容器、汽车零件、鞋类、家具及其零件、番茄酱、初级形状的聚氯乙烯。与3月相比，钢材被挤出前十，家具及其零件挤进前十。

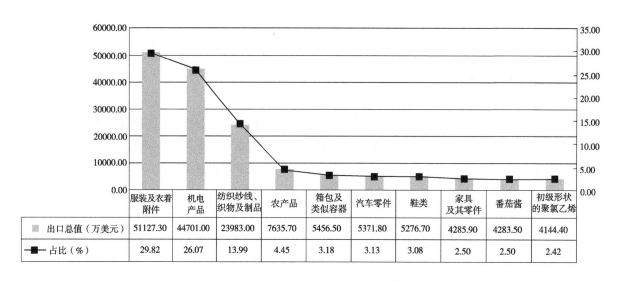

	服装及衣着附件	机电产品	纺织纱线、织物及制品	农产品	箱包及类似容器	汽车零件	鞋类	家具及其零件	番茄酱	初级形状的聚氯乙烯
出口总值（万美元）	51127.30	44701.00	23983.00	7635.70	5456.50	5371.80	5276.70	4285.90	4283.50	4144.40
占比（%）	29.82	26.07	13.99	4.45	3.18	3.13	3.08	2.50	2.50	2.42

图4-2-52　2013年4月中国新疆各种商品出口总值及占比

由图4-2-52可以看出：2013年4月中国新疆商品出口中，服装及衣着附件出口总值最高，出口总值为51127.30万美元，占中国新疆出口总值的29.82%，同比上升545.41%，环比上升67.90%；机电产品排名第二，出口总值为44701.00万美元，占中国新疆出口总值的26.07%，同比上升51.64%，环比上升58.89%；纺织类排名第三，出口总值为23983.00万美元，占中国新疆出口总值的13.99%，同比上升56.32%，环比上升65.91%；农产品排名第四，出口总值为7635.70万美元，占中国新疆出口总值的4.45%，同比上升2.76%，环比下降1.09%；箱包及类似容器排名第五，出口总值为5456.50万美元，占中国新疆出口总值的3.18%，同比上升92.49%，环比上升98.50%；汽车零件排名第六，出口总值为5371.80万美元，占中国新疆出口总值的3.13%，同比上升103.97%，环比上升57.45%；鞋类排名第七，出口总值为5276.70万美元，占中国新疆出口总值的3.08%，同比下降77.30%，环比下降51.04%；家具及其零件排名第八，出口总值为4285.90万美元，占中国新疆出口总值的2.50%，同比上升94.69%，环比上升185.14%；番茄酱排名第九，出口总值为4283.50万美元，占中国新疆出口总值的2.50%，同比上升6.82%，环比下降2.74%；初级形状的聚氯乙烯排名第十，出口总值为4144.40万美元，占中国新疆出口总值的2.42%，同比上升140.93%，环比下降41.89%。

（5）2013年5月中国新疆出口商品总值月度分析。

中国新疆出口商品大致有30种，其中出口总值排名前十的依次是机电产品，服装及衣着附件，纺织纱线、织物及制品，农产品，汽车（包括整套散件），箱包及类似容器，汽车零件，番茄酱，初级形状的聚氯乙烯，钢材。与4月相比，鞋类被挤出前十，汽车（包括整套散件）挤进前十。

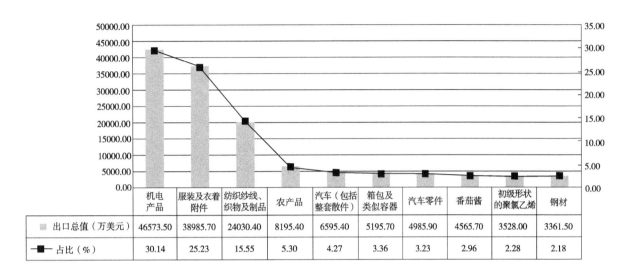

图4-2-53　2013年5月中国新疆各种商品出口总值及占比

由图4-2-53可以看出：2013年5月中国新疆商品出口中，机电产品出口总值最高，出口总值为46573.50万美元，占中国新疆出口总值的30.14%，同比上升43.10%，环比上升4.19%；服装及衣着附件排名第二，出口总值为38985.70万美元，占中国新疆出口总值的25.23%，同比上升33.88%，环比下降23.75%；纺织纱线、织物及制品排名第三，出口总值为24030.40万美元，占中国新疆出口总值的15.55%，同比上升36.86%，环比上升0.20%；农产品排名第四，出口总值为8195.40万美元，占中国新疆出口总值的5.30%，同比上升20.20%，环比上升7.33%；汽车（包括整套散件）排名第五，出口总值为6595.40万美元，占中国新疆出口总值的4.27%，同比上升18.13%，环比上升61.05%；箱包及类似容器排名第六，出口总值为5195.70万美元，占中国新疆出口总值的3.36%，同比上升60.30%，环比下降4.78%；汽车零件排名第七，出口总值为4985.90万美元，占中国新疆出口总值的3.23%，同比上升48.09%，环比下降7.18%；番茄酱排名第八，出口总值为4565.70万美元，占中国新疆出口总值的2.96%，同比上升26.09%，环比上升6.59%；初级形状的聚氯乙烯排名第九，出口总值为3528.00万美元，占中国新疆出口总值的2.28%，同比上升67.61%，环比下降14.87%；钢材排名第十，出口总值为3361.50万美元，占中国新疆出口总值的2.18%，同比上升6.77%，环比下降11.50%。

（6）2013年6月中国新疆出口商品总值月度分析。

中国新疆出口商品大致有30种，其中出口总值排名前十的依次是服装及衣着附件，机电产品，纺织纱线、织物及制品，农产品，汽车（包括整套散件），箱包及类似容器，番茄酱，汽车零件，初级形状的聚氯乙烯，钢材。

由图4-2-54可以看出：2013年6月中国新疆商品出口中，服装及衣着附件出口总值排名第一，出口总值为33861.30万美元，占中国新疆出口总值的27.51%，同比上升8.37%，环比下降13.14%；机电产品出口总值排名第二，出口总值为32596.60万美元，占中国新疆出口总值的26.49%，同比下降22.84%，环比下降30.01%；纺织纱线、织物及制品出口总值排名第三，出口总值为 17936.70 万美元，占中国新疆出口总值的 14.57%，同比上升 24.05%，环比下降 25.36%；农产品出口总值排名第四，出口总值为 5998.50 万美元，占中国新疆出口总值的 4.87%，同比下降 20.06%，环比下降 26.81%；汽车（包括整套散件）出口总值排名第五，出口总值为 5032.60 万美元，占中国新疆出口总值的 4.09%，同比下降 20.01%，环比下降 23.70%；箱包及类似容器出口总值排名第六，出口总值为 4867.20 万美元，占中国新疆出口总值的 3.95%，同比下降 22.82%，环比下降 6.32%；番茄酱出口总值排名第七，出口总值为 3632.70 万美元，占中国新疆出口总值的 2.95%，同比下降 25.64%，环比下降 20.43%；汽车零件出口总值排名第八，出口总值为 3213.00 万美元，占中国新疆出口总值的 2.61%，同比下降 15.65%，环比下降 35.56%；初级形状的聚氯乙烯出口总值排名第九，出口总值 2899.30 万美元，占中国新疆出口总值的 2.36%，同比上升 132.10%，环比下降 17.82%；钢材出口总值排名第十，出口总值为 2763.00 万美元，占中国新疆出口总值的 2.25%，同比下降 36.59%，环比下降 17.80%。

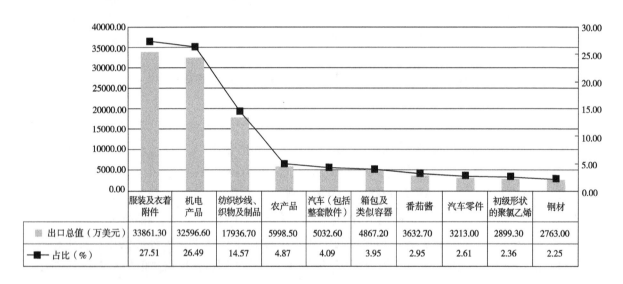

	服装及衣着附件	机电产品	纺织纱线、织物及制品	农产品	汽车（包括整套散件）	箱包及类似容器	番茄酱	汽车零件	初级形状的聚氯乙烯	钢材
■ 出口总值（万美元）	33861.30	32596.60	17936.70	5998.50	5032.60	4867.20	3632.70	3213.00	2899.30	2763.00
—■— 占比（%）	27.51	26.49	14.57	4.87	4.09	3.95	2.95	2.61	2.36	2.25

图 4-2-54　2013 年 6 月中国新疆各种商品出口总值及占比

（7）2013 年 7 月中国新疆出口商品总值月度分析。

中国新疆出口商品大致有 30 种，其中出口总值排名前十的依次是服装及衣着附件，机电产品，纺织纱线、织物及制品，箱包及类似容器，农产品，汽车零件，塑料制品，钢材，玻璃制品，家具及其零件。与 6 月相比，汽车（包括整套散件）、番茄酱、初级形状的聚氯乙烯被挤出前十，塑料制品、家具及其零件、玻璃制品挤进前十。

由图 4-2-55 可以看出：2013 年 7 月中国新疆商品出口中，服装及衣着附件出口总值最高，出口总值为 55995.40 万美元，占中国新疆出口总值的 30.07%，同比上升 6.43%，环比上升 65.37%；机电产品排名第二，出口总值为 48907.80 万美元，占中国新疆出口总值的 26.26%，同比下降 8.55%，环比上升 50.04%；纺织类排名第三，出口总值为 22404.90 万美元，占中国新疆出口总值的 12.03%，同比上升 26.94%，环比上升 24.91%；箱包及类似容器排名第四，出口总值为 7931.90 万美元，占中国新疆出口总值的 4.26%，同比下降 8.03%，环比上升 62.97%；农产品排名第五，出口总值为 5736.70 万美元，占中国新疆出口总值的 3.08%，同比下降 7.56%，环比下降 4.36%；汽车零件排名第六，出口总值为 4618.10 万美元，占中国新疆出口总值的 2.48%，同比上升 43.73%；塑料制品排名第七，出口总值为 4540.70 万美元，占中国新疆出口总值的 2.44%，同比下降 45.73%，环比上升 110.53%；钢材排名第八，出口总值为 4117.60 万美元，占中国新疆出口总值的 2.21%，同比上升 0.03%，环比上升 49.03%；玻璃制品排名第九，出口总值为 4108.10 万美元，占中国新疆出口总值的 2.21%，同比上升 1.76%，环比上升 96.01%；家具及其零件排名第十，出口总值为 4045.30 万美元，占中国新疆出口总值的 2.17%，同比下降 55.89%，环比上升 293.97%。

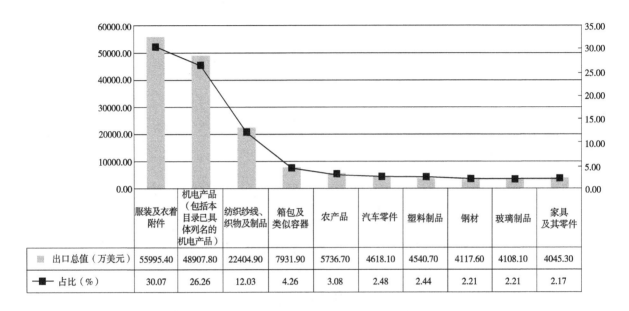

	服装及衣着附件	机电产品（包括本目录已具体列名的机电产品）	纺织纱线、织物及制品	箱包及类似容器	农产品	汽车零件	塑料制品	钢材	玻璃制品	家具及其零件
出口总值（万美元）	55995.40	48907.80	22404.90	7931.90	5736.70	4618.10	4540.70	4117.60	4108.10	4045.30
占比（%）	30.07	26.26	12.03	4.26	3.08	2.48	2.44	2.21	2.21	2.17

图 4-2-55 2013 年 7 月中国新疆各种商品出口总值及占比

（8）2013 年 8 月中国新疆出口商品总值月度分析。

中国新疆出口商品大致有 30 种，其中出口总值排名前十的依次是服装及衣着附件，机电产品，纺织纱线、织物及制品，鞋类，箱包及类似容器，家具及其零件，塑料制品，灯具、照明装置及类似品，玻璃制品，陶瓷产品。与 2013 年 7 月相比，农产品、钢材、汽车零件被挤出前十，鞋类，灯具、照明装置及类似品、陶瓷产品挤进前十。

由图 4-2-56 可以看出：2013 年 8 月中国新疆商品出口中，服装及衣着附件出口总值排名第一，出口总值为 65526.80 万美元，占中国新疆出口总值的 28.77%，同比上升 22.95%，环比上升 17.02%；机电产品出口总值排名第二，出口总值为 57732.30 万美元，占中国新疆出口总值的 25.35%，同比上升 31.19%，环比上升 18.04%；纺织纱线、织物及制品出口总值排名第三，出口总值为 18417.90 万美元，占中国新疆出口总值的 8.09%，同比上升 0.98%，环比下降 17.80%；鞋类出口总值排名第四，出口总值为 11189.80 万美元，占中国新疆出口总值的 4.91%，同比下降 36.60%，环比上升 309.87%；箱包及类似容器出口总值排名第五，出口总值为 8756.60 万美元，占中国新疆出口总值的 3.84%，同比上升 110.54%，环比上升 10.40%；家具及其零件出口总值排名第六，出口总值为 8299.50 万美元，占中国新疆出口总值的 3.64%，同比上升 76.12%，环比上升 105.16%；塑料制品出口总值排名第七，出口总值为 7955.70 万美元，占中国新疆出口总值的 3.49%，同比上升 86.63%，环比上升 75.21%；灯具、照明装置及类似品出口总值排名第八，出口总值为 7574.90 万美元，占中国新疆出口总值的 3.33%，同比上升 219.25%，环比上升 153.54%；玻璃制品出口总值排名第九，出口总值 6498.60 万美元，占中国新疆出口总值的 2.85%，同比上升 75.99%，环比上升 58.19%；陶瓷产品出口总值排名第十，出口总值为 5169.20 万美元，占中国新疆出口总值的 2.27%，同比上升 106.70%，环比上升 63.15%。

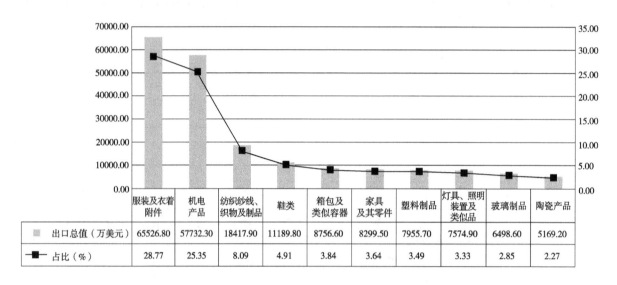

	服装及衣着附件	机电产品	纺织纱线、织物及制品	鞋类	箱包及类似容器	家具及其零件	塑料制品	灯具、照明装置及类似品	玻璃制品	陶瓷产品
出口总值（万美元）	65526.80	57732.30	18417.90	11189.80	8756.60	8299.50	7955.70	7574.90	6498.60	5169.20
占比（%）	28.77	25.35	8.09	4.91	3.84	3.64	3.49	3.33	2.85	2.27

图 4-2-56　2013 年 8 月中国新疆各种商品出口总值及占比

（9）2013 年 9 月中国新疆出口商品总值月度分析。

中国新疆出口商品大致有 30 种，其中出口总值排名前十的依次是服装及衣着附件，机电产品，鞋类，纺织纱线、织物及制品，箱包及类似容器，玻璃制品，塑料制品，汽车零件，农产品，灯具、照明装置及类似品。与 2013 年 8 月相比，家具及其零件、陶瓷产品被挤出前十，农产品、汽车零件挤进前十。

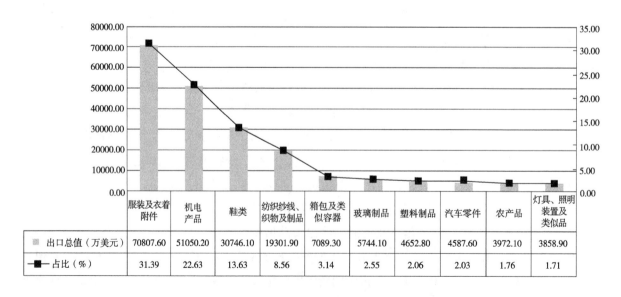

	服装及衣着附件	机电产品	鞋类	纺织纱线、织物及制品	箱包及类似容器	玻璃制品	塑料制品	汽车零件	农产品	灯具、照明装置及类似品
出口总值（万美元）	70807.60	51050.20	30746.10	19301.90	7089.30	5744.10	4652.80	4587.60	3972.10	3858.90
占比（%）	31.39	22.63	13.63	8.56	3.14	2.55	2.06	2.03	1.76	1.71

图 4-2-57　2013 年 9 月中国新疆各种商品出口总值及占比

由图 4 - 2 - 57 可以看出：2013 年 9 月中国新疆商品出口中，服装及衣着附件出口总值排名第一，出口总值为 70807.60 万美元，占中国新疆出口总值的 31.39%，同比上升 4.60%，环比上升 8.06%；机电产品出口总值排名第二，出口总值为 51050.20 万美元，占中国新疆出口总值的 22.63%，同比上升 11.81%，环比下降 11.57%；鞋类出口总值排名第三，出口总值为 30746.10 万美元，占中国新疆出口总值的 13.63%，同比上升 16.66%，环比上升 174.77%；纺织纱线、织物及制品出口总值排名第四，出口总值为 19301.90 万美元，占中国新疆出口总值的 8.56%，同比下降 12.84%，环比上升 4.80%；箱包及类似容器出口总值排名第五，出口总值为 7089.30 万美元，占中国新疆出口总值的 3.14%，同比上升 37.40%，环比下降 19.04%；玻璃制品出口总值排名第六，出口总值为 5744.10 万美元，占中国新疆出口总值的 2.55%，同比上升 3.84%，环比下降 11.61%；塑料制品出口总值排名第七，出口总值为 4652.80 万美元，占中国新疆出口总值的 2.06%，同比下降 50.90%，环比下降 41.52%；汽车零件出口总值排名第八，出口总值为 4587.60 万美元，占中国新疆出口总值的 2.03%，同比上升 37.50%，环比上升 0.56%；农产品出口总值排名第九，出口总值为 3972.10 万美元，占中国新疆出口总值的 1.76%，同比下降 18.71%，环比下降 18.08%；灯具、照明装置及类似品出口总值排名第十，出口总值为 3858.90 万美元，占中国新疆出口总值的 1.71%，同比下降 33.05%，环比下降 49.06%。

（10）2013 年 10 月中国新疆出口商品总值月度分析。

中国新疆出口商品大致有 30 种，其中出口总值排名前十的依次是服装及衣着附件，机电产品，鞋类，纺织纱线、织物及制品，农产品，箱包及类似容器，钢材，塑料制品，汽车零件，玻璃制品。与 9 月相比，灯具、照明装置及类似品被挤出前十，钢材挤进前十。

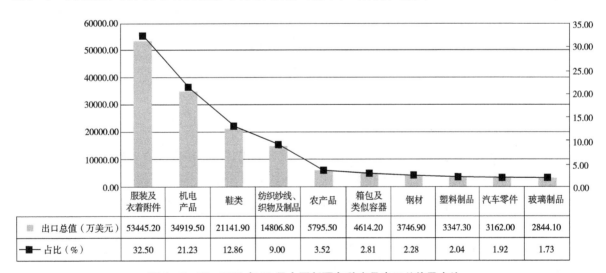

	服装及衣着附件	机电产品	鞋类	纺织纱线、织物及制品	农产品	箱包及类似容器	钢材	塑料制品	汽车零件	玻璃制品
出口总值（万美元）	53445.20	34919.50	21141.90	14806.80	5795.50	4614.20	3746.90	3347.30	3162.00	2844.10
占比（%）	32.50	21.23	12.86	9.00	3.52	2.81	2.28	2.04	1.92	1.73

图 4 - 2 - 58 2013 年 10 月中国新疆各种商品出口总值及占比

由图 4 - 2 - 58 可以看出：2013 年 10 月中国新疆商品出口中，服装及衣着附件出口总值最高，出口总值为 53445.20 万美元，占中国新疆出口总值的 32.50%，同比上升 4.49%，环比下降 24.52%；机电产品排名第二，出口总值为 34919.50 万美元，占中国新疆出口总值的 21.23%，同比上升 33.14%，环比下降 31.60%；鞋类排名第三，出口总值为 21141.90 万美元，占中国新疆出口总值的 12.86%，同比上升 15.86%，环比下降 31.24%；纺织纱线、织物及制品排名第四，出口总值为 14806.80 万美元，占中国新疆出口总值的 9.00%，同比下降 12.85%，环比下降 23.29%；

农产品排名第五，出口总值为5795.50万美元，占中国新疆出口总值的3.52%，同比下降2.99%，环比上升45.91%；箱包及类似容器排名第六，出口总值为4614.20万美元，占中国新疆出口总值的2.81%，同比上升132.85%，环比下降34.91%；钢材排名第七，出口总值为3746.90万美元，占中国新疆出口总值的2.28%，同比上升31.42%，环比上升0.89%；塑料制品排名第八，出口总值为3347.30万美元，占中国新疆出口总值的2.04%，同比上升36.96%，环比下降28.06%；汽车零件排名第九，出口总值为3162.00万美元，占中国新疆出口总值的1.92%，同比上升11.99%，环比下降31.08%；玻璃制品排名第十，出口总值为2844.10万美元，占中国新疆出口总值的1.73%，同比上升20.78%，环比下降50.49%。

（11）2013年11月中国新疆出口商品总值月度分析。

中国新疆出口商品大致有30种，其中出口总值排名前十的依次是服装及衣着附件，机电产品，鞋类，纺织类，农产品，番茄酱，汽车零件，钢材，鲜、干水果及坚果，玻璃制品。与10月相比，箱包及类似容器、塑料制品被挤出前十，番茄酱，鲜、干水果及坚果挤进前十。

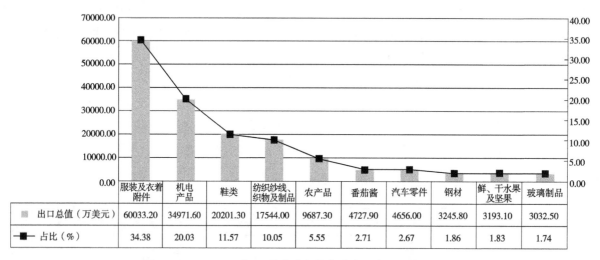

	服装及衣着附件	机电产品	鞋类	纺织纱线织物及制品	农产品	番茄酱	汽车零件	钢材	鲜、干水果及坚果	玻璃制品
出口总值（万美元）	60033.20	34971.60	20201.30	17544.00	9687.30	4727.90	4656.00	3245.80	3193.10	3032.50
占比（%）	34.38	20.03	11.57	10.05	5.55	2.71	2.67	1.86	1.83	1.74

图4-2-59 2013年11月中国新疆各种商品出口总值及占比

由图4-2-59可以看出：2013年11月中国新疆商品出口中，服装及衣着附件出口总值最高，出口总值为60033.20万美元，占中国新疆出口总值的34.38%，同比下降16.58%，环比上升12.33%；机电产品排名第二，出口总值为34971.60万美元，占中国新疆出口总值的20.03%，同比下降10.92%，环比上升0.15%；鞋类排名第三，出口总值为20201.30万美元，占中国新疆出口总值的11.57%，同比下降13.75%，环比下降4.45%；纺织类排名第四，出口总值为17544.00万美元，占中国新疆出口总值的10.05%，同比下降30.84%，环比上升18.49%；农产品排名第五，出口总值为9687.30万美元，占中国新疆出口总值的5.55%，同比下降1.14%，环比上升67.15%；番茄酱排名第六，出口总值为4727.90万美元，占中国新疆出口总值的2.71%，同比上升23.61%，环比上升75.97%；汽车零件排名第七，出口总值为4656.00万美元，占中国新疆出口总值的2.67%，同比上升7.86%，环比上升47.25%；钢材排名第八，出口总值为3245.80万美元，占中国新疆出口总值的1.86%，同比下降4.04%，环比下降13.37%；鲜、干水果及坚果排名第九，出口总值为3193.10万美元，占中国新疆出口总值的1.83%，同比下降13.35%；玻璃制品排名第十，出口总值为3032.50万美元，占中国新疆出口总值的1.74%，同比下降16.70%，环比上升 6.62%。

（12）2013 年 12 月中国新疆出口商品总值月度分析。

中国新疆出口商品大致有 30 种，其中出口总值排名前十的依次是机电产品，服装及衣着附件，鞋类，灯具、照明装置及类似品，家具及其零件，纺织纱线、织物及制品，陶瓷产品，塑料制品，箱包及类似容器，农产品。与 11 月相比，玻璃制品，番茄酱，汽车零件，钢材，鲜、干水果及坚果被挤出前十，家具及其零件，陶瓷产品，塑料制品，箱包及类似容器，灯具、照明装置及类似品挤进前十。

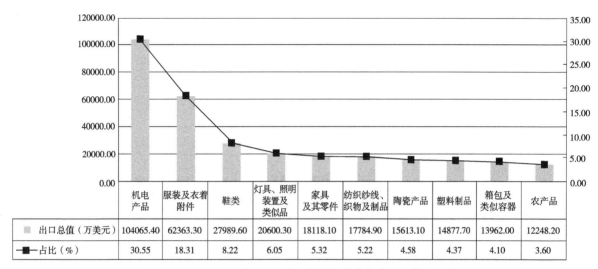

图 4 - 2 - 60　2013 年 12 月中国新疆各种商品出口总值及占比

由图 4 - 2 - 60 可以看出：2013 年 12 月中国新疆商品出口中，机电产品出口总值排名第一，出口总值为 104065.40 万美元，占中国新疆出口总值的 30.55%，同比上升 72.23%，环比上升 197.57%；服装及衣着附件排名第二，出口总值为 62363.30 万美元，占中国新疆出口总值的 18.31%，同比上升 18.30%，环比上升 3.88%；鞋类出口总值排名第三，出口总值为 27989.60 万美元，占中国新疆出口总值的 8.22%，同比上升 26.36%，环比上升 38.55%；灯具、照明装置及类似品排名第四，出口总值为 20600.30 万美元，占中国新疆出口总值的 6.05%，同比上升 165.90%，环比上升 961.21%；家具及其零件排名第五，出口总值为 18118.10 万美元，占中国新疆出口总值的 5.32%，同比上升 3.17%，环比上升 1208.07%；纺织纱线、织物及制品排名第六，出口总值为 17784.90 万美元，占中国新疆出口总值的 5.22%，同比下降 3.22%，环比上升 1.37%；陶瓷产品排名第七，出口总值为 15613.10 万美元，占中国新疆出口总值的 4.58%，同比上升 66.79%，环比上升 911.74%；塑料制品排名第八，出口总值为 14877.70 万美元，占中国新疆出口总值的 4.37%，同比上升 51.73%，环比上升 455.95%；箱包及类似容器排名第九，出口总值为 13962.00 万美元，占中国新疆出口总值的 4.10%，同比上升 27.76%，环比上升 411.32%；农产品排名第十，出口总值为 12248.20 万美元，占中国新疆出口总值的 3.60%，同比上升 42.60%，环比下降 26.44%。

（二）按照商品类别对 2013 年中国新疆进口商品总值分析

1. 2013 年中国新疆进口商品总值分析

由图 4 - 2 - 61 分析可知，2013 年中国新疆进口商品中原油和农产品的进口总值占主导地位，两者之和占中国新疆进口总值的 66.26%，其中原油的进口总值排名第一，为 29.15 亿美元，占中国新疆商品进口总值的 55.07%，同比下降 5.20%；农产品的进口总值排名第二，进口总值为 5.92 亿美元，占中国新疆商品进口总值的 11.19%，同比下降 1.70%；铁矿砂及其精矿的进口总值位居第三，进口总值为 5.06 亿美元，占中国新疆商品进口总值的 9.56%，同比下降 27.60%；机电产品的进口总值为 4.43 亿美元，占中国新疆商品进口总值的 8.36%，同比下降 18.90%，排名第四；棉花的进口总值为 4.08 亿美元，占中国新疆商品进口总值的 7.71%，同比下降 16.60%，排名第五；排在第十位的是医疗仪器及器械，其进口总值为 0.55 亿美元，占中国新疆商品进口总值的 1.05%，同比上升 32.50%。

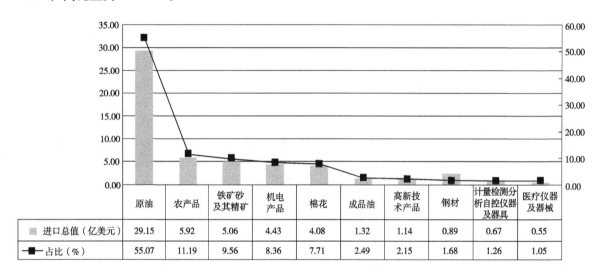

	原油	农产品	铁矿砂及其精矿	机电产品	棉花	成品油	高新技术产品	钢材	计量检测分析自控仪器及器具	医疗仪器及器械
进口总值（亿美元）	29.15	5.92	5.06	4.43	4.08	1.32	1.14	0.89	0.67	0.55
占比（%）	55.07	11.19	9.56	8.36	7.71	2.49	2.15	1.68	1.26	1.05

图 4 - 2 - 61　2013 年中国新疆进口排名前十的商品

2. 2013 年中国新疆进口商品总值月度分析

（1）2013 年 1 月中国新疆进口商品总值月度分析。

新疆进口商品大致有 30 种，其中 2013 年 1 月进口总值排名前十的依次是农产品，棉花，铁矿砂及其精矿，机电产品，原油，成品油，阀门，钢材，高新技术产品，计量检测分析自控仪器及器具。这十种商品进口总值之和占进口总值的 89.50%。

由图 4 - 2 - 62 可以看出：2013 年 1 月中国新疆商品进口中，农产品进口总值最高，进口总值为 6301.60 万美元，占中国新疆进口总值的 22.23%，同比下降 3.30%；棉花排名第二，进口总值为 5288.00 万美元，占中国新疆进口总值的 18.65%，同比上升 0.50%；铁矿砂及其精矿排名第三，进口总值为 4738.90 万美元，占中国新疆进口总值的 16.71%，同比上升 1.50%；机电产品排名第四，进口总值为 3865.00 万美元，占中国新疆进口总值的 13.63%，同比上升 20.00%；原油排名第五，进口总值为 1396.20 万美元，占中国新疆进口总值的 4.92%；成品油排名第六，进口总值为 916.80 万美元，占中国新疆进口总值的 3.23%，同比下降 71.50%；阀门排名第七，进口总值为 816.90 万美元，占中国新疆进口总值的 2.88%，同比上升 167.90%；钢材排名第八，进口总值为 795.70 万美元，占中国新疆进口总值的 2.81%，同比下降 66.80%；高新技术产品排名第九，进口总值为 710.10 万美元，占中国新疆进口总值的 2.50%，同比上升 11.70%；计量检测分析自控仪器及器具排名第十，进口总值为 547.40 万美元，占中国新疆进口总值的 1.93%，同比下降 4.70%。

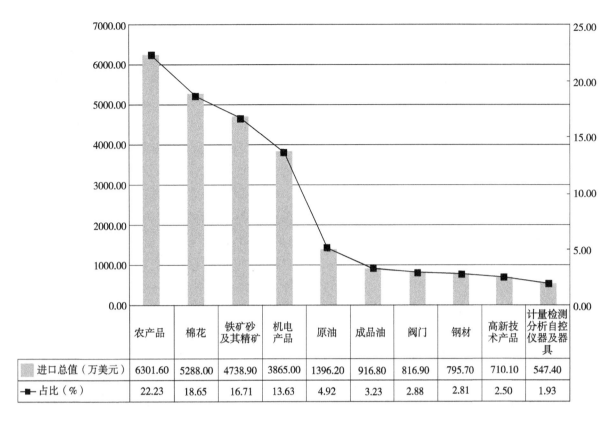

图 4 - 2 - 62 2013 年 1 月中国新疆各种商品进口总值及占比

(2) 2013 年 2 月中国新疆进口商品总值月度分析。

中国新疆进口商品大致有 30 种,其中进口总值排名前十的依次是农产品、铁矿砂及其精矿、棉花、原油、机电产品、钢材、成品油、高新技术产品、阀门、牛皮革及马皮革。与 1 月相比,计量检测分析自控仪器及器具被挤出前十,牛皮革及马皮革挤进前十。

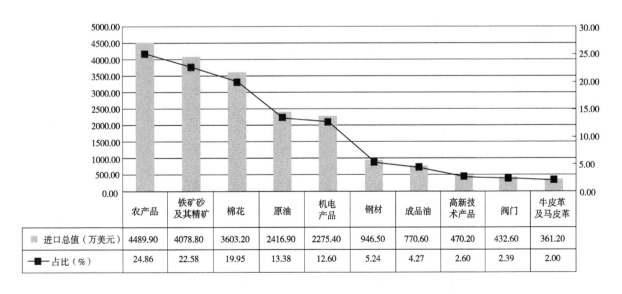

图 4 - 2 - 63 2013 年 2 月中国新疆各种商品进口总值及占比

由图 4 - 2 - 63 可以看出：2013 年 2 月中国新疆商品进口中，农产品进口总值最高，进口总值为 4489.90 万美元，占中国新疆进口总值的 24.86%，同比上升 28.61%，环比下降 28.75%；铁矿砂及其精矿排名第二，进口总值为 4078.80 万美元，占中国新疆进口总值的 22.58%，同比上升 67.02%，环比下降 13.93%；棉花排名第三，进口总值为 3603.20 万美元，占中国新疆进口总值的 19.95%，同比上升 43.25%，环比下降 31.86%；原油排名第四，进口总值为 2416.90 万美元，占中国新疆进口总值的 13.38%，同比下降 90.70%，环比上升 73.11%；机电产品排名第五，进口总值为 2275.40 万美元，占中国新疆进口总值的 12.60%，环比下降 41.13%；钢材排名第六，进口总值为 946.50 万美元，占中国新疆进口总值的 5.24%，同比上升 201.20%，环比上升 18.95%；成品油排名第七，进口总值为 770.60 万美元，占中国新疆进口总值的 4.27%，同比上升 224.83%，环比下降 15.95%；高新技术产品排名第八，进口总值为 470.20 万美元，占中国新疆进口总值的 2.60%，同比上升 117.36%，环比下降 33.78%；阀门排名第九，进口总值为 432.60 万美元，占中国新疆进口总值的 2.39%，同比下降 54.68%，环比下降 47.04%；牛皮革及马皮革排名第十，进口总值为 361.20 万美元，占中国新疆进口总值的 2.00%，同比下降 56.50%，环比上升 21.94%。

（3）2013 年 3 月中国新疆进口商品总值月度分析。

中国新疆进口商品大致有 30 种，其中进口总值排名前十的依次是农产品、棉花、铁矿砂及其精矿、机电产品、原油、成品油、钢材、高新技术产品、计量检测分析自控仪器及器具、医疗仪器及器械。与 2 月相比，阀门、牛皮革及马皮革被挤出前十，计量检测分析自控仪器及器具、医疗仪器及器械挤进前十。

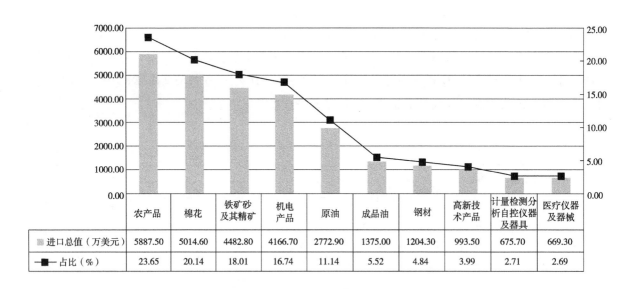

	农产品	棉花	铁矿砂及其精矿	机电产品	原油	成品油	钢材	高新技术产品	计量检测分析自控仪器及器具	医疗仪器及器械
进口总值（万美元）	5887.50	5014.60	4482.80	4166.70	2772.90	1375.00	1204.30	993.50	675.70	669.30
占比（%）	23.65	20.14	18.01	16.74	11.14	5.52	4.84	3.99	2.71	2.69

图 4 - 2 - 64　2013 年 3 月中国新疆各种商品进口总值及占比

由图 4 - 2 - 64 可以看出：2013 年 3 月中国新疆商品进口中，农产品进口总值最高，进口总值为 5887.50 万美元，占中国新疆进口总值的 23.65%，同比下降 19.10%，环比上升 31.13%；棉花排名第二，进口总值为 5014.60 万美元，占中国新疆进口总值的 20.14%，同比下降 18.70%，环比上升 39.17%；铁矿砂及其精矿排名第三，进口总值为 4482.80 万美元，占中国新疆进口总值的 18.01%，同比上升 16.62%，环比上升 9.90%；机电产品排名第四，进口总值为 4166.70 万美元，占中国新疆进口总值的 16.74%，同比下降 4.69%，环比上升 83.12%；原油排名第五，进口总值为 2772.90 万美元，占中国新疆进口总值的 11.14%，同比下降 75.39%，环比上升 14.73%；成品油排名第六，进口总值为 1375.00 万美元，占中国新疆进口总值的 5.52%，同比上升 42.20%，环比上升 78.43%；钢材排名第七，进口总值为 1204.30 万美元，占中国新疆进口总值的 4.84%，同比上升 142.00%，环比上升 27.24%；高新技术产品排名第八，进口总值为 993.50 万美元，占中国新疆进口总值的 3.99%，同比下降 10.35%，环比上升 111.29%；计量检测分析自控仪器及器具排名第九，进口总值为 675.70 万美元，占中国新疆进口总值的 2.71%，同比下降 28.14%，环比上升 312.77%；医疗仪器及器械排名第十，进口总值为 669.30 万美元，占中国新疆进口总值的 2.69%，同比下降 19.13%，环比上升 373.67%。

（4）2013 年 4 月中国新疆进口商品总值月度分析。

中国新疆进口商品大致有 30 种，其中进口总值排名前十的依次是农产品、棉花、原油、铁矿砂及其精矿、机电产品、成品油、钢材、计量检测分析自控仪器及器具、高新技术产品、肥料。与 3 月相比，医疗仪器及器械被挤出前十，肥料挤进前十。

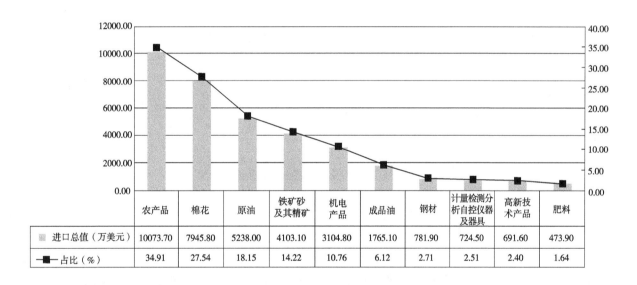

图 4-2-65　2013 年 4 月中国新疆各种商品进口总值及占比

由图 4-2-65 可以看出：2013 年 4 月中国新疆商品进口中，农产品进口总值最高，进口总值为 10073.70 万美元，占中国新疆进口总值的 34.91%，同比下降 39.76%，环比上升 71.10%；棉花排名第二，进口总值为 7945.80 万美元，占中国新疆进口总值的 27.54%，同比下降 34.74%，环比上升 58.45%；原油排名第三，进口总值为 5238.00 万美元，占中国新疆进口总值的 18.15%，同比上升 1274.74%，环比上升 88.90%；铁矿砂及其精矿排名第四，进口总值为 4103.10 万美元，占中国新疆进口总值的 14.22%，同比上升 54.56%，环比下降 8.47%；机电产品排名第五，进口总值为 3104.80 万美元，占中国新疆进口总值的 10.76%，同比上升 6.77%，环比下降 25.49%；成品油排名第六，进口总值为 1765.10 万美元，占中国新疆进口总值的 6.12%，同比上升 21.06%，环比上升 28.37%；钢材排名第七，进口总值为 781.90 万美元，占中国新疆进口总值的 2.71%，同比上升 292.39%，环比下降 35.07%；计量检测分析自控仪器及器具排名第八，进口总值为724.50万美元，占中国新疆进口总值的2.51%，同比下降21.64%，环比上升7.22%；高新技术产品排名第九，进口总值为691.60万美元，占中国新疆进口总值的2.40%，同比上升0.20%，环比下降30.39%；肥料排名第十，进口总值为473.90万美元，占中国新疆进口总值的1.64%，环比下降20.07%。

（5）2013年5月中国新疆进口商品总值月度分析。

中国新疆进口商品大致有30种，其中进口总值排名前十的依次是农产品，棉花，机电产品，铁矿砂及其精矿，成品油，原油，高新技术产品，钢材，计量检测分析自控仪器及器具，变压、整流、电感器及零件。与4月相比，肥料被挤出前十，变压、整流、电感器及零件挤进前十。

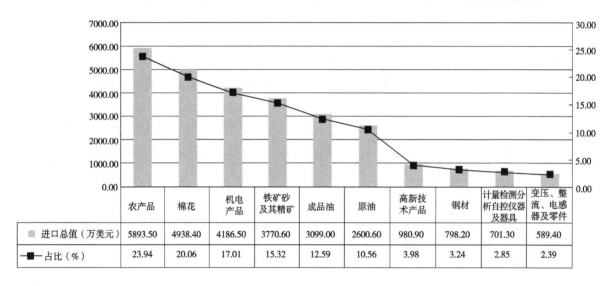

	农产品	棉花	机电产品	铁矿砂及其精矿	成品油	原油	高新技术产品	钢材	计量检测分析自控仪器及器具	变压、整流、电感器及零件
进口总值（万美元）	5893.50	4938.40	4186.50	3770.60	3099.00	2600.60	980.90	798.20	701.30	589.40
占比（%）	23.94	20.06	17.01	15.32	12.59	10.56	3.98	3.24	2.85	2.39

图4-2-66 2013年5月中国新疆各种商品进口总值及占比

由图4-2-66可以看出：2013年5月中国新疆商品进口中，农产品排名最高，进口总值为5893.50万美元，占中国新疆进口总值的23.94%，同比下降9.40%，环比下降41.50%；棉花排名第二，进口总值为4938.40万美元，占中国新疆进口总值的20.06%，同比下降18.98%，环比下降37.85%；机电产品排名第三，进口总值为4186.50万美元，占中国新疆进口总值的17.01%，同比上升15.39%，环比上升34.84%；铁矿砂及其精矿排名第四，进口总值为3770.60万美元，占中国新疆进口总值的15.32%，同比上升32.45%，环比下降8.10%；成品油排名第五，进口总值为3099.00万美元，占中国新疆进口总值的12.59%，同比下降15.72%，环比上升75.57%；原油排名第六，进口总值为2600.60万美元，占中国新疆进口总值的10.56%，同比下降104.34%，环比下降50.35%；高新技术产品排名第七，进口总值为980.90万美元，占中国新疆进口总值的3.98%，同比上升20.26%，环比上升41.83%；钢材排名第八，进口总值为798.20万美元，占中国新疆进口总值的3.24%，同比上升113.36%，环比上升2.08%；计量检测分析自控仪器及器具排名第九，进口总值为701.30万美元，占中国新疆进口总值的2.85%，同比下降13.26%，环比下降3.20%；变压、整流、电感器及零件排名第十，进口总值为589.40万美元，占中国新疆进口总值的2.39%，同比下降98.83%，环比上升2654.21%。

（6）2013年6月中国新疆进口商品总值月度分析。

中国新疆进口商品大致有30种，其中进口总值排名前十的依次是铁矿砂及其精矿、机电产品、农产品、成品油、棉花、高新技术产品、原油、医疗仪器及器械、粮食、计量检测分析自控仪器及器具。与 5 月相比，变压、整流、电感器及零件被挤出前十，医疗仪器及器械挤进前十。

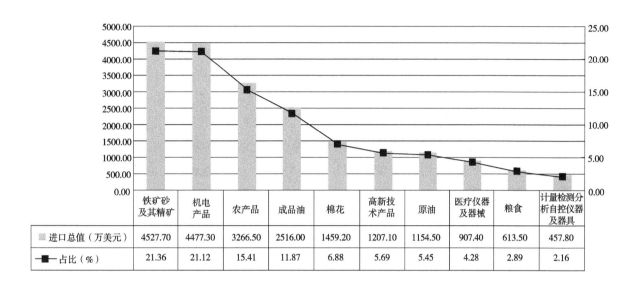

	铁矿砂及其精矿	机电产品	农产品	成品油	棉花	高新技术产品	原油	医疗仪器及器械	粮食	计量检测分析自控仪器及器具
▨ 进口总值（万美元）	4527.70	4477.30	3266.50	2516.00	1459.20	1207.10	1154.50	907.40	613.50	457.80
━■━ 占比（%）	21.36	21.12	15.41	11.87	6.88	5.69	5.45	4.28	2.89	2.16

图 4 - 2 - 67 2013 年 6 月中国新疆各种商品进口总值及占比

由图 4 - 2 - 67 可以看出：2013 年 6 月中国新疆商品进口中，铁矿砂及其精矿排名最高，进口总值为 4527.70 万美元，占中国新疆进口总值的 21.36%，同比上升 43.57%，环比上升 20.08%；机电产品排名第二，进口总值为 4477.30 万美元，占中国新疆进口总值的 21.12%，同比下降 23.61%，环比上升 6.95%；农产品排名第三，进口总值为 3266.50 万美元，占中国新疆进口总值的 15.41%，同比下降 12.82%，环比下降 44.57%；成品油排名第四，进口总值为 2516.00 万美元，占中国新疆进口总值的 11.87%，同比下降 51.26%，环比下降 18.81%；棉花排名第五，进口总值为 1459.20 万美元，占中国新疆进口总值的 6.88%，同比上升 2.15%，环比下降 70.45%；高新技术产品排名第六，进口总值为 1207.10 万美元，占中国新疆进口总值的 5.69%，同比下降 50.52%，环比上升 23.06%；原油排名第七，进口总值为 1154.50 万美元，占中国新疆进口总值的 5.45%，同比下降 159.55%，环比下降 55.61%；医疗仪器及器械排名第八，进口总值为 907.40 万美元，占中国新疆进口总值的 4.28%，同比下降 82.35%，环比上升 79.08%；粮食排名第九，进口总值为 613.50 万美元，占中国新疆进口总值的 2.89%，同比上升 18.16%；计量检测分析自控仪器及器具排名第十，进口总值为 457.80 万美元，占中国新疆进口总值的 2.16%，同比上升 55.87%，环比下降 34.72%。

（7）2013 年 7 月中国新疆进口商品总值月度分析。

中国新疆进口商品大致有 30 种，其中进口总值排名前十的依次是农产品、机电产品、棉花、铁矿砂及其精矿、高新技术产品、钢材、成品油、计量检测分析自控仪器及器具、粮食、锯材。与 6 月相比，医疗仪器及器械被挤出前十，锯材挤进前十。

由图 4 - 2 - 68 可以看出：2013 年 7 月中国新疆商品进口中，农产品排名最高，进口总值为 4892.90 万美元，占中国新疆进口总值的 24.96%，同比下降 6.42%，环比上升 49.79%；机电产品排名第二，进口总值为 4361.80 万美元，占中国新疆进口总值的 22.25%，同比上升 101.58%，环比下降2.58%；棉花排名第三，进口总值为3007.10万美元，占中国新疆进口总值的15.34%，同比上升23.37%，环比上升106.08%；铁矿砂及其精矿排名第四，进口总值为2703.90万美元，占中国新疆进口总值的13.79%，同比上升218.96%，环比下降40.28%；高新技术产品排名第五，进口总值为1271.30万美元，占中国新疆进口总值的6.49%，同比下降6.03%，环比上升5.32%；钢材排名第六，进口总值为1183.30万美元，占中国新疆进口总值的6.04%，同比下降72.55%，环比上升447.82%；成品油排名第七，进口总值为1047.40万美元，占中国新疆进口总值的5.34%，同比上升65.27%，环比下降58.37%；计量检测分析自控仪器及器具排名第八，进口总值为848.90万美元，占中国新疆进口总值的4.33%，同比下降2.49%，环比上升85.43%；粮食排名第九，进口总值为680.80万美元，占中国新疆进口总值的3.47%，同比下降56.05%，环比上升10.97%；锯材排名第十，进口总值为633.00万美元，占中国新疆进口总值的3.23%，同比下降50.25%，环比上升41.20%。

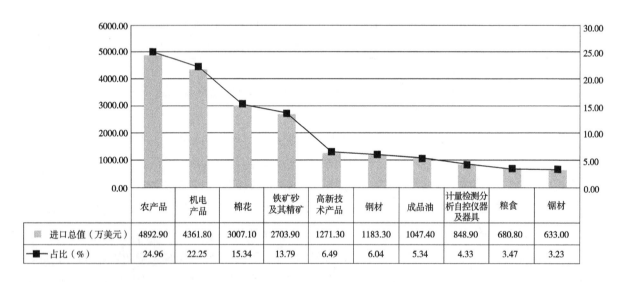

	农产品	机电产品	棉花	铁矿砂及其精矿	高新技术产品	钢材	成品油	计量检测分析自控仪器及器具	粮食	锯材
进口总值（万美元）	4892.90	4361.80	3007.10	2703.90	1271.30	1183.30	1047.40	848.90	680.80	633.00
占比（%）	24.96	22.25	15.34	13.79	6.49	6.04	5.34	4.33	3.47	3.23

图4-2-68　2013年7月中国新疆各种商品进口总值及占比

（8）2013年8月中国新疆进口商品总值月度分析。

中国新疆进口商品大致有30种，其中进口总值排名前十的依次是机电产品、农产品、铁矿砂及其精矿、棉花、高新技术产品、钢材、医疗仪器及器械、锯材、原油、计量检测分析自控仪器及器具。与7月相比，成品油、粮食被挤出前十，医疗仪器及器械、原油挤进前十。

由图4-2-69可以看出：机电产品排名最高，进口总值为4850.90万美元，占中国新疆进口总值的24.27%，同比下降9.39%，环比上升11.21%；农产品排名第二，进口总值为3803.00万美元，占中国新疆进口总值的19.03%，同比下降11.14%，环比下降22.28%；铁矿砂及其精矿排名第三，进口总值为3457.20万美元，占中国新疆进口总值的17.30%，同比上升82.43%，环比上升27.86%；棉花排名第四，进口总值为2459.50万美元，占中国新疆进口总值的12.31%，同比上升5.43%，环比下降18.21%；高新技术产品排名第五，进口总值为1377.60万美元，占中国新疆进口总值的6.89%，同比下降57.95%，环比上升8.36%；钢材排名第六，进口总值为1063.80万美元，占中国新疆进口总值的5.32%，同比下降36.95%，环比下降10.10%；医疗仪器及器械排名第七，进口总值为823.40万美元，占中国新疆进口总值的4.12%，同比下降

85.47%，环比上升 45.43%；锯材排名第八，进口总值为 765.70 万美元，占中国新疆进口总值的 3.83%，同比下降 65.72%，环比上升 20.96%；原油排名第九，进口总值为 699.30 万美元，占中国新疆进口总值的 3.50%，同比上升 28.33%；计量检测分析自控仪器及器具排名第十，进口总值为 606.80 万美元，占中国新疆进口总值的 3.04%，同比上升 24.9%，环比下降 28.52%。

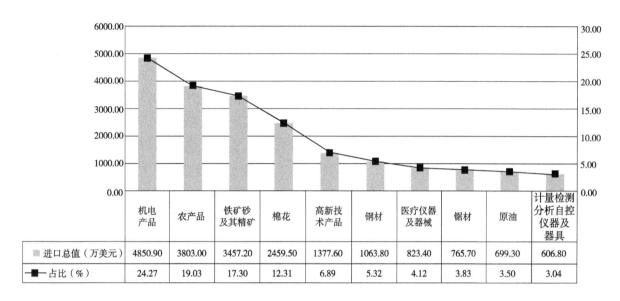

	机电产品	农产品	铁矿砂及其精矿	棉花	高新技术产品	钢材	医疗仪器及器械	锯材	原油	计量检测分析自控仪器及器具
■ 进口总值（万美元）	4850.90	3803.00	3457.20	2459.50	1377.60	1063.80	823.40	765.70	699.30	606.80
■ 占比（%）	24.27	19.03	17.30	12.31	6.89	5.32	4.12	3.83	3.50	3.04

图 4-2-69 2013 年 8 月中国新疆各种商品进口总值及占比

（9）2013 年 9 月中国新疆进口商品总值月度分析。

中国新疆进口商品大致有 30 种，其中进口总值排名前十的依次是原油，铁矿砂及其精矿，机电产品，农产品，棉花，钢材，高新技术产品，煤及褐煤，变压、整流、电感器及零件，计量检测分析自控仪器及器具。与 2013 年 8 月相比，医疗仪器及器械、锯材被挤出前十；煤及褐煤，变压、整流、电感器及零件挤进前十。

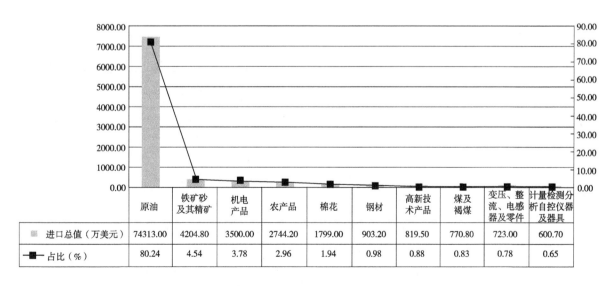

	原油	铁矿砂及其精矿	机电产品	农产品	棉花	钢材	高新技术产品	煤及褐煤	变压、整流、电感器及零件	计量检测分析自控仪器及器具
■ 进口总值（万美元）	74313.00	4204.80	3500.00	2744.20	1799.00	903.20	819.50	770.80	723.00	600.70
■ 占比（%）	80.24	4.54	3.78	2.96	1.94	0.98	0.88	0.83	0.78	0.65

图 4-2-70 2013 年 9 月中国新疆各种商品进口总值及占比

由图 4－2－70 可以看出：2013 年 9 月中国新疆商品进口中，原油排名最高，进口总值为 74313.00 万美元，占中国新疆进口总值的 80.24%，同比下降 100.26%，环比上升 10526.77%；铁矿砂及其精矿排名第二，进口总值为 4204.80 万美元，占中国新疆进口总值的 4.54%，同比上升 32.91%，环比上升 21.62%；机电产品排名第三，进口总值为 3500.00 万美元，占中国新疆进口总值的 3.78%，同比上升 43.64%，环比下降 27.85%；农产品排名第四，进口总值为 2744.20 万美元，占中国新疆进口总值的 2.96%，同比上升 69.75%，环比下降 27.84%；棉花排名第五，进口总值为 1799.00 万美元，占中国新疆进口总值的 1.94%，同比上升 122.27%，环比下降 26.86%；钢材排名第六，进口总值为 903.20 万美元，占中国新疆进口总值的 0.98%，同比下降 55.31%，环比下降 15.10%；高新技术产品排名第七，进口总值为 819.50 万美元，占中国新疆进口总值的 0.88%，同比上升 51.28%，环比下降 40.51%；煤及褐煤排名第八，进口总值为 770.80 万美元，占中国新疆进口总值的 0.83%，同比下降 99.79%，环比上升 30.82%；变压、整流、电感器及零件排名第九，进口总值为 723.00 万美元，占中国新疆进口总值的 0.78%，同比下降 42.04%，环比上升 176.27%；计量检测分析自控仪器及器具排名第十，进口总值为 600.70 万美元，占中国新疆进口总值的 0.65%，同比上升 37.47%，环比下降 1.01%。

（10）2013 年 10 月中国新疆进口商品总值月度分析。

中国新疆进口商品大致有 30 种，其中进口总值排名前十的依次是原油，铁矿砂及其精矿，机电产品，农产品，高新技术产品，变压、整流、电感器及零件，计量检测分析自控仪器及器具，成品油，医疗仪器及器械，纺织纱线、织物及制品。与 9 月相比，棉花，钢材，煤及褐煤被挤出前十；成品油，医疗仪器及器械，纺织纱线、织物及制品挤进前十。

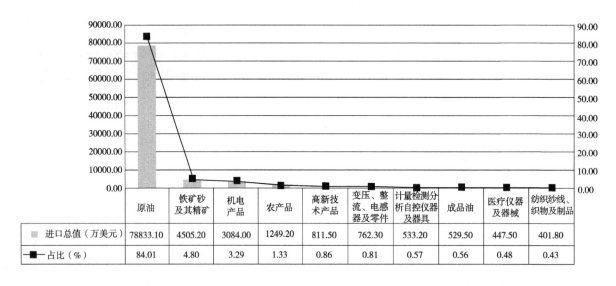

	原油	铁矿砂及其精矿	机电产品	农产品	高新技术产品	变压、整流、电感器及零件	计量检测分析自控仪器及器具	成品油	医疗仪器及器械	纺织纱线、织物及制品
进口总值（万美元）	78833.10	4505.20	3084.00	1249.20	811.50	762.30	533.20	529.50	447.50	401.80
占比（%）	84.01	4.80	3.29	1.33	0.86	0.81	0.57	0.56	0.48	0.43

图 4－2－71 2013 年 10 月中国新疆各种商品进口总值及占比

由图 4－2－71 可以看出：2013 年 10 月中国新疆商品进口中，原油排名最高，进口总值为 78833.10 万美元，占中国新疆进口总值的 84.01%，同比下降 0.02%，环比上升 6.08%；铁矿砂及其精矿排名第二，进口总值为 4505.20 万美元，占中国新疆进口总值的 4.80%，同比下降 5.62%，环比上升 7.14%；机电产品排名第三，进口总值为 3084.00 万美元，占中国新疆进口总值的 3.29%，同比上升 67.10%，环比下降 11.89%；农产品排名第四，进口总值为 1249.20 万美元，占中国新疆进口总值的 1.33%，同比上升 251.07%，环比下降 54.48%；高新技术产品排名第五，进口总值为 811.50 万美元，占中国新疆进口总值的 0.86%，同比上升 59.23%，环比下降 0.98%；变压、整流、电感器及零件排名第六，进口总值为 762.30 万美元，占中国新疆进口总值的 0.81%，同比下降 45.97%，环比上升 5.44%；计量检测分析自控仪器及器具排名第七，进口总值为 533.20 万美元，占中国新疆进口总值的 0.57%，同比下降 12.62%，环比下降 11.24%；成品油排名第八，进口总值为 529.50 万美元，占中国新疆进口总值的 0.56%，同比上升 246.41%，环比下降 3.62%；医疗仪器及器械排名第九，进口总值为 447.50 万美元，占中国新疆进口总值的 0.48%，同比下降 61.29%，环比上升 3.32%；纺织纱线、织物及制品排名第十，进口总值为 401.80 万美元，占中国新疆进口总值的 0.43%，同比下降 57.61%，环比下降 4.24%。

（11）2013 年 11 月中国新疆进口商品总值月度分析。

中国新疆进口商品大致有 30 种，其中进口总值排名前十的依次是原油，铁矿砂及其精矿，机电产品，农产品，高新技术产品，鲜、干水果及坚果，煤及褐煤，纺织纱线、织物及制品，纸浆，计量检测分析自控仪器及器具。与 10 月相比，变压、整流、电感器及零件，成品油，医疗仪器及器械被挤出前十；鲜、干水果及坚果，煤及褐煤，纸浆挤进前十。

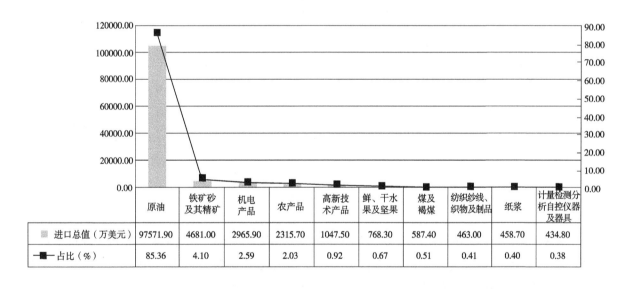

	原油	铁矿砂及其精矿	机电产品	农产品	高新技术产品	鲜、干水果及坚果	煤及褐煤	纺织纱线、织物及制品	纸浆	计量检测分析自控仪器及器具
进口总值（万美元）	97571.90	4681.00	2965.90	2315.70	1047.50	768.30	587.40	463.00	458.70	434.80
占比（%）	85.36	4.10	2.59	2.03	0.92	0.67	0.51	0.41	0.40	0.38

图 4-2-72 2013 年 11 月中国新疆各种商品进口总值及占比

由图 4-2-72 可以看出：2013 年 11 月中国新疆商品进口中，原油排名最高，进口总值为 97571.9 万美元，占中国新疆进口总值的 85.36%，同比下降 9.95%，环比上升 23.77%；铁矿砂及其精矿排名第二，进口总值为 4681.00 万美元，占中国新疆进口总值的 4.10%，同比上升 4.10%，环比上升 3.90%；机电产品排名第三，进口总值为 2965.90 万美元，占中国新疆进口总值的 2.59%，同比上升 101.35%，环比下降 3.83%；农产品排名第四，进口总值为 2315.70 万美元，占中国新疆进口总值的 2.03%，同比上升 46.00%，环比上升 85.37%；高新技术产品排名第五，进口总值为 1047.50 万美元，占中国新疆进口总值的 0.92%，同比上升 2.88%，环比上升 29.08%；鲜、干水果及坚果排名第六，进口总值为 768.30 万美元，占中国新疆进口总值的

0.67%，同比下降74.72%，环比上升565.77%；煤及褐煤排名第七，进口总值为587.40万美元，占中国新疆进口总值的0.51%，同比下降99.58%，环比上升141.33%；纺织纱线、织物及制品排名第八，进口总值为463.00万美元，占中国新疆进口总值的0.41%，同比下降54.54%，环比上升15.23%；纸浆排名第九，进口总值为458.70万美元，占中国新疆进口总值的0.40%，同比下降78.17%，环比上升110.03%；计量检测分析自控仪器及器具排名第十，进口总值为434.80万美元，占中国新疆进口总值的0.38%，同比上升10.64%，环比下降18.45%。

（12）2013年12月中国新疆进口商品总值月度分析。

中国新疆进口商品大致有30种，其中进口总值排名前十的依次是原油，农产品，铁矿砂及其精矿，棉花，机电产品，粮食，高新技术产品，鲜、干水果及坚果，钢材，变压、整流、电感器及零件。与11月相比，煤及褐煤，纺织纱线、织物及制品，纸浆，计量检测分析自控仪器及器具被挤出前十；棉花，粮食，钢材，变压、整流、电感器及零件挤进前十。

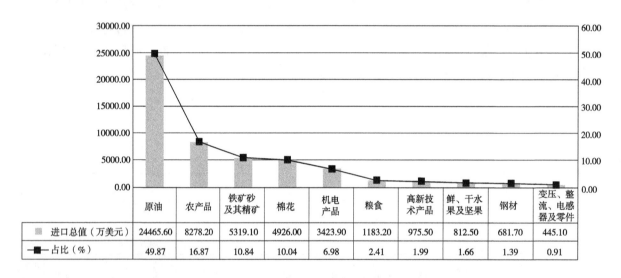

	原油	农产品	铁矿砂及其精矿	棉花	机电产品	粮食	高新技术产品	鲜、干水果及坚果	钢材	变压、整流、电感器及零件
▨ 进口总值（万美元）	24465.60	8278.20	5319.10	4926.00	3423.90	1183.20	975.50	812.50	681.70	445.10
■ 占比（%）	49.87	16.87	10.84	10.04	6.98	2.41	1.99	1.66	1.39	0.91

图4-2-73　2013年12月中国新疆各种商品进口总值及占比

由图4-2-73可以看出：2013年12月中国新疆商品进口中，原油排名最高，进口总值为24465.60万美元，占中国新疆进口总值的49.87%，同比上升4.27%，环比下降74.93%；农产品排名第二，进口总值为8278.20万美元，占中国新疆进口总值的16.87%，同比上升3.00%，环比上升257.48%；铁矿砂及其精矿排名第三，进口总值为5319.10万美元，占中国新疆进口总值的10.84%，同比上升6.45%，环比上升13.63%；棉花排名第四，进口总值为4926.00万美元，占中国新疆进口总值的10.04%，同比上升48.27%，环比上升1890.30%；机电产品排名第五，进口总值为3423.90万美元，占中国新疆进口总值的6.98%，同比上升1.22%，环比上升15.44%；粮食排名第六，进口总值为1183.20万美元，占中国新疆进口总值的2.41%，同比下降95.24%，环比上升1283.86%；高新技术产品排名第七，进口总值为975.50万美元，占中国新疆进口总值的1.99%，同比上升2.54%，环比下降6.87%；鲜、干水果及坚果排名第八，进口总值为812.50万美元，占中国新疆进口总值的1.66%，同比下降79.87%，环比上升5.75%；钢材排名第九，进口总值为681.70万美元，占中国新疆进口总值的1.39%，同比下降58.00%，环比上升1612.81%；变压、整流、电感器及零件排名第十，进口总值为445.10万美元，占中国新疆进口总值的

0.91%，同比下降 66.36%，环比上升 47.58%。

第三节　2013 年中国新疆与中亚五国的进出口贸易情况

一、2013 年中国新疆对中亚五国进出口贸易总体分析

（一）2013 年中国新疆对中亚五国进出口贸易分析

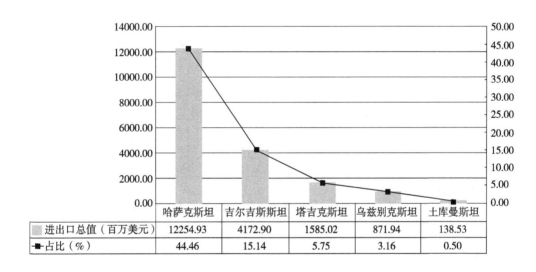

	哈萨克斯坦	吉尔吉斯斯坦	塔吉克斯坦	乌兹别克斯坦	土库曼斯坦
进出口总值（百万美元）	12254.93	4172.90	1585.02	871.94	138.53
占比（%）	44.46	15.14	5.75	3.16	0.50

图 4 - 3 - 1　2013 年中国新疆对中亚五国进出口总值和占中国新疆进出口总值的比例

由图 4 - 3 - 1 可以看出，2013 年中国新疆对中亚五国出口贸易中出口总值大小排名依次为：哈萨克斯坦、吉尔吉斯斯坦、塔吉克斯坦、乌兹别克斯坦、土库曼斯坦。

中国新疆对中亚五国进出口总值为 19023.33 百万美元，占中国新疆进出口总值的 69.02%。其中：进出口总值第一位是哈萨克斯坦，为 12254.93 百万美元，占中国新疆进出口总值的 44.46%，同比上升 9.70%；第二位是吉尔吉斯斯坦，为 4172.90 百万美元，占中国新疆进出口总值的 15.14%，同比上升 3.30%；第三位是塔吉克斯坦，为 1585.02 百万美元，占中国新疆进出口总值的 5.75%，同比上升 12.60%；第四位是乌兹别克斯坦，为 871.94 百万美元，占中国新疆进出口总值的 3.16%，同比上升 4.90%；第五位是土库曼斯坦，为 138.53 百万美元，占中国新疆进出口总值的 0.50%。

（二）2013 年中国新疆对中亚五国进出口贸易趋势分析

由图 4 - 3 - 2 可以看出，中国新疆对中亚五国的进出口总值大小排名顺序，除在 2 月、3 月、4 月塔吉克斯坦下降 1 位，乌兹别克斯坦上升 1 位外，五国排名顺序始终为：哈萨克斯坦、吉尔吉斯斯坦、塔吉克斯坦、乌兹别克斯坦、土库曼斯坦。

中国新疆对哈萨克斯坦、吉尔吉斯斯坦进出口总值均呈全年上下起伏波动，其中，对哈萨克斯

坦进出口贸易最高点在 9 月，最低点在 2 月，对吉尔吉斯斯坦进出口贸易最高点在 9 月，最低点在 2 月；对塔吉克斯坦、乌兹别克斯坦的进出口总值变化趋势基本一致；对土库曼斯坦进出口总值的变化波动很小，12 月未与其发生进出口贸易。

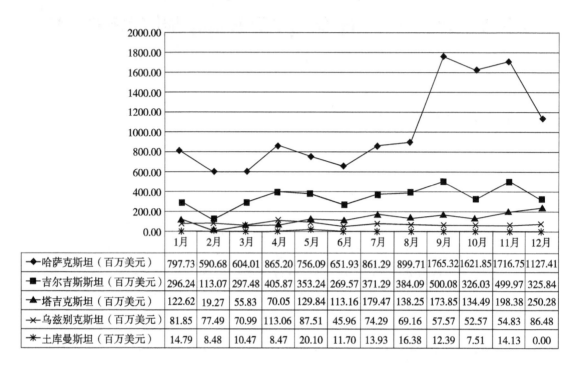

	1月	2月	3月	4月	5月	6月	7月	8月	9月	10月	11月	12月
◆哈萨克斯坦（百万美元）	797.73	590.68	604.01	865.20	756.09	651.93	861.29	899.71	1765.32	1621.85	1716.75	1127.41
■吉尔吉斯斯坦（百万美元）	296.24	113.07	297.48	405.87	353.24	269.57	371.29	384.09	500.08	326.03	499.97	325.84
▲塔吉克斯坦（百万美元）	122.62	19.27	55.83	70.05	129.84	113.16	179.47	138.25	173.85	134.49	198.38	250.28
✕乌兹别克斯坦（百万美元）	81.85	77.49	70.99	113.06	87.51	45.96	74.29	69.16	57.57	52.57	54.83	86.48
✳土库曼斯坦（百万美元）	14.79	8.48	10.47	8.47	20.10	11.70	13.93	16.38	12.39	7.51	14.13	0.00

图 4 - 3 - 2　2013 年 1~12 月中国新疆对中亚五国进出口总值趋势

（三）2013 年中国新疆对中亚五国进出口贸易月度分析

1. 2013 年 1 月中国新疆对中亚五国进出口贸易月度分析

由图 4 - 3 - 3 可以看出，2013 年 1 月中国新疆对中亚国家的进出口贸易中，按中国新疆对中亚国家的进出口总值大小排名依次为：哈萨克斯坦、吉尔吉斯斯坦、塔吉克斯坦、乌兹别克斯坦、土库曼斯坦。

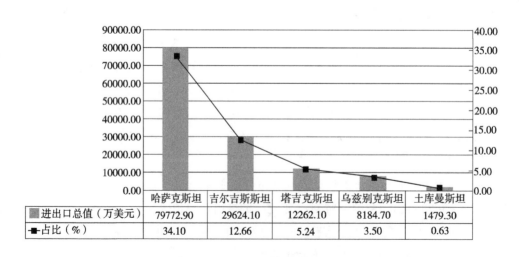

	哈萨克斯坦	吉尔吉斯斯坦	塔吉克斯坦	乌兹别克斯坦	土库曼斯坦
进出口总值（万美元）	79772.90	29624.10	12262.10	8184.70	1479.30
■占比（%）	34.10	12.66	5.24	3.50	0.63

图 4 - 3 - 3　2013 年 1 月中国新疆对中亚国家进出口总值及占比

中国新疆对中亚国家进出口总值为 131323.10 万美元，占中国新疆进出口总值的 56.13%。其中：对哈萨克斯坦进出口总值 79772.90 万美元，占中国新疆进出口总值的 34.10%，同比上升 79.00%；对吉尔吉斯斯坦进出口总值为 29624.10 万美元，占中国新疆进出口总值的 12.66%，同比上升 62.00%；对塔吉克斯坦进出口总值为 12262.10 万美元，占中国新疆进出口总值的 5.24%，同比上升 52.00%；对乌兹别克斯坦进出口总值为 8184.70 万美元，占中国新疆进出口总值的 3.50%，同比上升 0.40%；对土库曼斯坦进出口值为 1479.30 万美元，占中国新疆进出口总值的 0.63%，同比上升 159.60%。

2. 2013 年 2 月中国新疆对中亚五国进出口贸易月度分析

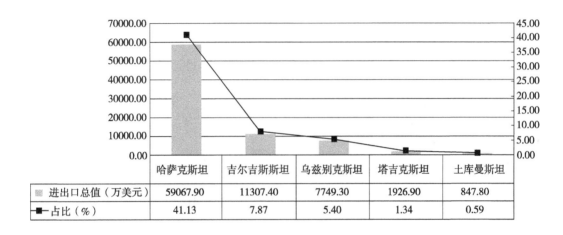

	哈萨克斯坦	吉尔吉斯斯坦	乌兹别克斯坦	塔吉克斯坦	土库曼斯坦
进出口总值（万美元）	59067.90	11307.40	7749.30	1926.90	847.80
占比（%）	41.13	7.87	5.40	1.34	0.59

图 4 - 3 - 4　2013 年 2 月中国新疆对中亚国家进出口总值及占比

由图 4 - 3 - 4 可以看出，2013 年 2 月中国新疆对中亚国家的进出口贸易中，按中国新疆对中亚国家的进出口总值大小排名依次为：哈萨克斯坦、吉尔吉斯斯坦、乌兹别克斯坦、塔吉克斯坦和土库曼斯坦。

中国新疆对中亚国家进出口总值为 80899.30 万美元，占中国新疆进出口总值的 56.33%。其中：对哈萨克斯坦进出口总值 59067.90 万美元，占中国新疆进出口总值的 41.13%，同比下降 27.00%，环比下降 25.95%；对吉尔吉斯斯坦进出口总值为 11307.40 万美元，占中国新疆进出口总值的 7.87%，同比下降 38.30%，环比下降 61.83%；对乌兹别克斯坦进出口总值为 7749.30 万美元，占中国新疆进出口总值的 5.40%，同比上升 11.60%，环比下降 5.32%；对塔吉克斯坦进出口总值为 1926.90 万美元，占中国新疆进出口总值的 1.34%，同比下降 74.20%，环比下降 84.29%；对土库曼斯坦进出口总值为 847.80 万美元，占中国新疆进出口总值的 0.59%，同比下降 28.30%，环比下降 42.69%。

3. 2013 年 3 月中国新疆对中亚五国进出口贸易月度分析

由图 4 - 3 - 5 可以看出，2013 年 3 月中国新疆对中亚国家的进出口贸易中，按中国新疆对中亚国家的进出口总值大小排名依次为：哈萨克斯坦、吉尔吉斯斯坦、乌兹别克斯坦、塔吉克斯坦和土库曼斯坦。

中国新疆对中亚国家进出口总值为 103876.80 万美元，占中国新疆进出口总值的 71.03%。其中：对哈萨克斯坦进出口总值为 60400.60 万美元，占中国新疆进出口总值的 41.30%，同比上升

17.50%，环比上升2.26%；对吉尔吉斯斯坦进出口总值为29748.40万美元，占中国新疆进出口总值的20.34%，同比上升8.60%，环比上升163.09%；对乌兹别克斯坦进出口总值为7098.70万美元，占中国新疆进出口总值的4.85%，同比上升20.40%，环比下降8.40%；对塔吉克斯坦进出口总值为5582.60万美元，占中国新疆进出口总值的3.82%，同比下降41.90%，环比上升189.72%；对土库曼斯坦进出口总值为1046.50万美元，占中国新疆进出口总值的0.72%，同比下降8.00%，环比上升23.44%。

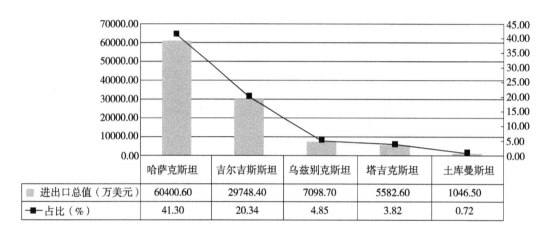

	哈萨克斯坦	吉尔吉斯斯坦	乌兹别克斯坦	塔吉克斯坦	土库曼斯坦
进出口总值（万美元）	60400.60	29748.40	7098.70	5582.60	1046.50
占比（%）	41.30	20.34	4.85	3.82	0.72

图4-3-5 2013年3月中国新疆对中亚国家进出口总值及占比

4. 2013年4月中国新疆对中亚五国进出口贸易月度分析

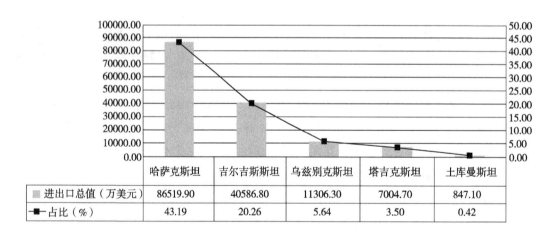

	哈萨克斯坦	吉尔吉斯斯坦	乌兹别克斯坦	塔吉克斯坦	土库曼斯坦
进出口总值（万美元）	86519.90	40586.80	11306.30	7004.70	847.10
占比（%）	43.19	20.26	5.64	3.50	0.42

图4-3-6 2013年4月中国新疆对中亚国家进出口总值及占比

由图4-3-6可以看出，2013年4月中国新疆对中亚国家的进出口贸易中，按中国新疆对中亚国家的进出口总值大小排名依次为：哈萨克斯坦、吉尔吉斯斯坦、乌兹别克斯坦、塔吉克斯坦和土库曼斯坦。

中国新疆对中亚国家进出口总值为146264.80万美元，占中国新疆进出口总值的73.02%。其中：对哈萨克斯坦进出口总值为86519.90万美元，占中国新疆进出口总值的43.19%，同比下降35.20%，环比上升43.24%；对吉尔吉斯斯坦进出口总值为40586.80万美元，占中国新疆进出口总值的 20.26%，同比上升 15.30%，环比上升 36.43%；对乌兹别克斯坦进出口总值为 11306.30 万美元，占中国新疆进出口总值的 5.64%，同比上升 63.70%，环比上升 59.27%；对塔吉克斯坦进出口总值为 7004.70 万美元，占中国新疆进出口总值的 3.50%，同比下降 51.80%，环比上升 25.47%；对土库曼斯坦进出口总值为 847.10 万美元，占中国新疆进出口总值的 0.42%，同比下降 43.10%，环比下降 19.05%。

5. 2013 年 5 月中国新疆对中亚五国进出口贸易月度分析

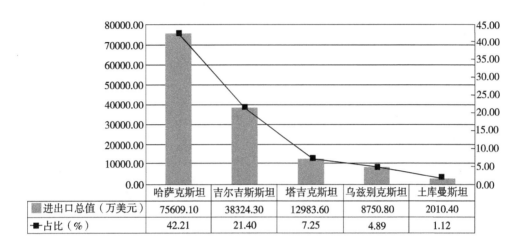

	哈萨克斯坦	吉尔吉斯斯坦	塔吉克斯坦	乌兹别克斯坦	土库曼斯坦
进出口总值（万美元）	75609.10	38324.30	12983.60	8750.80	2010.40
占比（%）	42.21	21.40	7.25	4.89	1.12

图 4 - 3 - 7　2013 年 5 月中国新疆对中亚国家进出口总值及占比

由图 4 - 3 - 7 可以看出，2013 年 5 月中国新疆对中亚国家的进出口贸易中，按中国新疆对中亚国家的进出口总值大小排名依次为：哈萨克斯坦、吉尔吉斯斯坦、塔吉克斯坦、乌兹别克斯坦、土库曼斯坦。

中国新疆对中亚国家进出口总值为 137678.20 万美元，占中国新疆进出口总值的 76.86%。其中：对哈萨克斯坦进出口总值为 75609.10 万美元，占中国新疆进出口总值的 42.21%，同比上升 33.00%，环比下降 12.61%；对吉尔吉斯斯坦进出口总值为 38324.30 万美元，占中国新疆进出口总值的 21.40%，同比上升 5.80%，环比下降 5.57%；对塔吉克斯坦进出口总值为 12983.60 万美元，占中国新疆进出口总值的 7.25%，同比上升 6.80%，环比上升 85.36%；对乌兹别克斯坦进出口总值为 8750.80 万美元，占中国新疆进出口总值的 4.89%，同比上升 24.4%，环比下降 22.60%；对土库曼斯坦进出口总值为 2010.40 万美元，占中国新疆进出口总值的 1.12%，同比上升 80.60%，环比上升 137.33%。

6. 2013 年 6 月中国新疆对中亚五国进出口贸易月度分析

由图 4 - 3 - 8 可以看出，2013 年 6 月中国新疆对中亚国家的进出口贸易中，按中国新疆对中亚国家的进出口总值大小排名依次为：哈萨克斯坦、吉尔吉斯斯坦、塔吉克斯坦、乌兹别克斯坦、土库曼斯坦。

中国新疆对中亚国家进出口总值为 109232.00 万美元，占中国新疆进出口总值的 75.71%。其中：对哈萨克斯坦进出口总值为 65193.30 万美元，占中国新疆进出口总值的 45.19%，同比上升 7.60%，环比下降 13.78%；对吉尔吉斯斯坦进出口总值为 26957.30 万美元，占中国新疆进出口总值的 18.69%，同比下降 17.70%，环比下降 29.66%；对塔吉克斯坦进出口总值为 11315.80 万美元，占中国新疆进出口总值的7.84%，同比上升4.40%，环比下降12.85%；对乌兹别克斯坦进出口总值为4596.10万美元，占中国新疆进出口总值的3.19%，同比下降6.60%，环比下降47.48%；对土库曼斯坦进出口总值为1169.50万美元，占中国新疆进出口总值的0.81%，同比下降32.80%，环比下降41.83%。

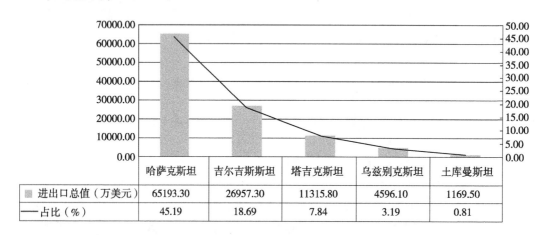

	哈萨克斯坦	吉尔吉斯斯坦	塔吉克斯坦	乌兹别克斯坦	土库曼斯坦
进出口总值（万美元）	65193.30	26957.30	11315.80	4596.10	1169.50
占比（%）	45.19	18.69	7.84	3.19	0.81

图4-3-8　2013年6月中国新疆对中亚国家进出口总值及占比

7. 2013年7月中国新疆对中亚五国进出口贸易月度分析

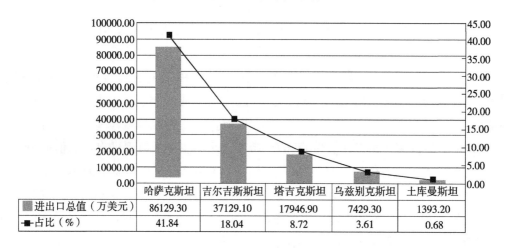

	哈萨克斯坦	吉尔吉斯斯坦	塔吉克斯坦	乌兹别克斯坦	土库曼斯坦
进出口总值（万美元）	86129.30	37129.10	17946.90	7429.30	1393.20
占比（%）	41.84	18.04	8.72	3.61	0.68

图4-3-9　2013年7月中国新疆对中亚国家进出口总值及占比

由图4-3-9可以看出，2013年7月中国新疆对中亚国家的进出口贸易中，按中国新疆对中亚国家的进出口总值大小排名依次为：哈萨克斯坦、吉尔吉斯斯坦、塔吉克斯坦、乌兹别克斯坦、土库曼斯坦。

中国新疆对中亚国家进出口总值为150027.80万美元，占中国新疆进出口总值的72.89%。其中：对哈萨克斯坦进出口总值为86129.30万美元，占中国新疆进出口总值的41.84%，同比上升7.90%，环比上升32.11%；对吉尔吉斯斯坦进出口总值为37129.10万美元，占中国新疆进出口总值的18.04%，同比下降13.60%，环比上升37.73%；对塔吉克斯坦进出口总值为17946.90万美元，占中国新疆进出口总值的8.72%，同比上升81.10%，环比上升58.60%；对乌兹别克斯坦进出口总值为7429.30万美元，占中国新疆进出口总值的3.61%，同比上升51.80%，环比上升61.64%；对土库曼斯坦进出口总值为1393.20万美元，占中国新疆进出口总值的0.68%，同比上升 9.00%，环比上升 19.13%。

8. 2013 年 8 月中国新疆对中亚五国进出口贸易月度分析

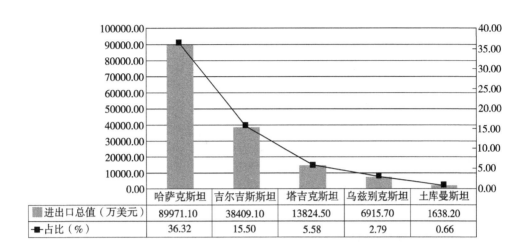

	哈萨克斯坦	吉尔吉斯斯坦	塔吉克斯坦	乌兹别克斯坦	土库曼斯坦
进出口总值（万美元）	89971.10	38409.10	13824.50	6915.70	1638.20
占比（%）	36.32	15.50	5.58	2.79	0.66

图 4 - 3 - 10　2013 年 8 月中国新疆对中亚国家进出口总值及占比

由图 4 - 3 - 10 可以看出，2013 年 8 月中国新疆对中亚国家的进出口贸易中，按中国新疆对中亚国家的进出口总值大小排名依次为：哈萨克斯坦、吉尔吉斯斯坦、塔吉克斯坦、乌兹别克斯坦、土库曼斯坦。

中国新疆对中亚国家进出口总值为 150758.60 万美元，占中国新疆进出口总值的 60.85%。其中：对哈萨克斯坦进出口总值为 89971.10 万美元，占中国新疆进出口总值的 36.32%，同比上升 19.00%，环比上升 4.46%；对吉尔吉斯斯坦进出口总值为 38409.10 万美元，占中国新疆进出口总值的 15.50%，同比下降 6.30%，环比上升 3.45%；对塔吉克斯坦进出口总值为 13824.50 万美元，占中国新疆进出口总值的 5.58%，同比上升 34.00%，环比下降 2.30%；对乌兹别克斯坦进出口总值为 6915.70 万美元，占中国新疆进出口总值的 2.79%，同比上升 17.10%，环比上升 2.79%；对土库曼斯坦进出口总值为 1638.20 万美元，占中国新疆进出口总值的 0.66%，同比上升 24.00%，环比上升 17.59%。

9. 2013 年 9 月中国新疆对中亚五国进出口贸易月度分析

由图 4 - 3 - 11 可以看出，2013 年 9 月中国新疆对中亚国家的进出口贸易中，按中国新疆对中亚国家的进出口总值大小排名依次为：哈萨克斯坦、吉尔吉斯斯坦、塔吉克斯坦、乌兹别克斯坦、土库曼斯坦。

中国新疆对中亚国家进出口总值为 250921.80 万美元，占中国新疆进出口总值的 78.86%。其中：对哈萨克斯坦进出口总值为 176531.80 万美元，占中国新疆进出口总值的 55.48%，同比上升 107.70%，环比上升 96.21%；对吉尔吉斯斯坦进出口总值为 50008.40 万美元，占中国新疆进出口总值的 15.72%，同比上升 11.00%，环比上升 30.20%；对塔吉克斯坦进出口总值为 17385.00 万美元，占中国新疆进出口总值的 5.46%，同比上升 52.30%，环比上升 25.76%；对乌兹别克斯坦进出口总值为 5757.40 万美元，占中国新疆进出口总值的 1.81%，同比下降 25.80%，环比下降 16.75%；对土库曼斯坦进出口总值为 1239.20 万美元，占中国新疆进出口总值的 0.39%，同比上升 47.50%，环比下降 24.36%。

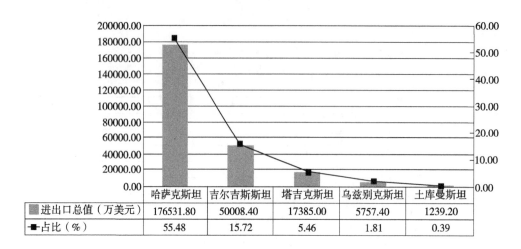

	哈萨克斯坦	吉尔吉斯斯坦	塔吉克斯坦	乌兹别克斯坦	土库曼斯坦
■ 进出口总值（万美元）	176531.80	50008.40	17385.00	5757.40	1239.20
■ 占比（%）	55.48	15.72	5.46	1.81	0.39

图4－3－11　2013年9月中国新疆对中亚国家进出口总值及占比

10. 2013年10月中国新疆对中亚五国进出口贸易月度分析

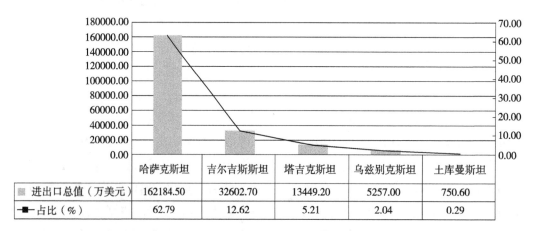

	哈萨克斯坦	吉尔吉斯斯坦	塔吉克斯坦	乌兹别克斯坦	土库曼斯坦
▨ 进出口总值（万美元）	162184.50	32602.70	13449.20	5257.00	750.60
■ 占比（%）	62.79	12.62	5.21	2.04	0.29

图4－3－12　2013年10月中国新疆对中亚国家进出口总值及占比

由图4－3－12可以看出，2013年10月中国新疆对中亚国家的进出口贸易中，按中国新疆对中亚国家的进出口总值大小排名依次为：哈萨克斯坦、吉尔吉斯斯坦、塔吉克斯坦、乌兹别克斯坦和土库曼斯坦。

中国新疆对中亚国家进出口总值为214244.00万美元，占中国新疆进出口总值的82.94%。其中：对哈萨克斯坦进出口总值为162184.50万美元，占中国新疆进出口总值的62.79%，同比上升8.60%，环比下降8.13%；对吉尔吉斯斯坦进出口总值为32602.70万美元，占中国新疆进出口总值的12.62%，同比下降12.84%，环比下降34.81%；对塔吉克斯坦进出口总值为13449.20万美元，占中国新疆进出口总值的5.21%，同比上升20.10%，环比下降22.64%；对乌兹别克斯坦进出口总值为5257.00万美元，占中国新疆进出口总值的2.04%，同比下降29.10%，环比下降8.69%；对土库曼斯坦进出口总值为750.60万美元，占中国新疆进出口总值的0.29%，同比上升1.60%，环比下降39.43%。

11. 2013年11月中国新疆对中亚五国进出口贸易月度分析

由图4－3－13可以看出，2013年11月中国新疆对中亚国家的进出口贸易中，按中国新疆对中亚国家的进出口总值大小排名依次为：哈萨克斯坦、吉尔吉斯斯坦、塔吉克斯坦、乌兹别克斯坦、土库曼斯坦。

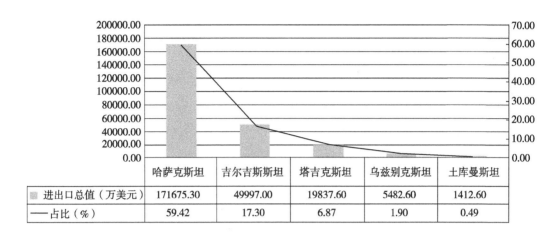

	哈萨克斯坦	吉尔吉斯斯坦	塔吉克斯坦	乌兹别克斯坦	土库曼斯坦
▨ 进出口总值（万美元）	171675.30	49997.00	19837.60	5482.60	1412.60
—— 占比（%）	59.42	17.30	6.87	1.90	0.49

图 4 – 3 – 13　2013 年 11 月中国新疆对中亚国家进出口总值及占比

中国新疆对中亚国家进出口总值为 248405.10 万美元，占中国新疆进出口总值的 85.97%。其中：对哈萨克斯坦进出口总值为 171675.30 万美元，占中国新疆进出口总值的 59.42%，同比下降 8.70%，环比上升 5.85%；对吉尔吉斯斯坦进出口总值为 49997.00 万美元，占中国新疆进出口总值的 17.30%，同比上升 9.90%，环比上升 53.35%；对塔吉克斯坦进出口总值为 19837.60 万美元，占中国新疆进出口总值的 6.87%，同比下降 3.90%，环比上升 47.50%；对乌兹别克斯坦进出口总值为 5482.60 万美元，占中国新疆进出口总值的 1.90%，同比下降 16.10%，环比上升 4.29%；对土库曼斯坦进出口总值为 1412.60 万美元，占中国新疆进出口总值的 0.49%，同比上升 19.60%，环比上升 88.20%。

12. 2013 年 12 月中国新疆对中亚五国进出口贸易月度分析

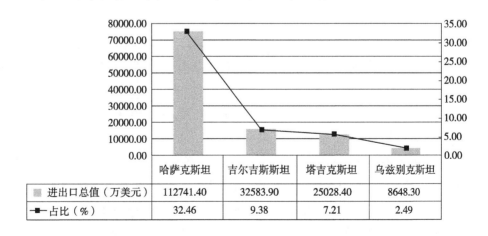

	哈萨克斯坦	吉尔吉斯斯坦	塔吉克斯坦	乌兹别克斯坦
▨ 进出口总值（万美元）	112741.40	32583.90	25028.40	8648.30
—■— 占比（%）	32.46	9.38	7.21	2.49

图 4 – 3 – 14　2013 年 12 月中国新疆对中亚国家进出口总值及占比

由图 4 – 3 – 14 可以看出，2013 年 12 月中国新疆对中亚国家的进出口贸易中，按中国新疆对中亚国家的进出口总值大小排名依次为：哈萨克斯坦、吉尔吉斯斯坦、塔吉克斯坦、乌兹别克斯坦。

中国新疆对中亚国家进出口总值为179002.00万美元，占中国新疆进出口总值的45.93%。其中：对哈萨克斯坦进出口总值为112741.40万美元，占中国新疆进出口总值的28.93%，同比上升1.60%，环比下降34.33%；对吉尔吉斯斯坦进出口总值为32583.90万美元，占中国新疆进出口总值的8.36%，同比上升36.80%，环比下降34.83%；对塔吉克斯坦进出口总值为25028.40万美元，占中国新疆进出口总值6.42%，同比上升71.70%，环比上升26.17%；对乌兹别克斯坦进出口总值为8648.30万美元，占中国新疆进出口总值的2.22%，同比下降21.20%，环比上升57.74%。

二、2013年中国新疆对中亚五国出口贸易总体分析

（一）2013年中国新疆对中亚五国出口贸易分析

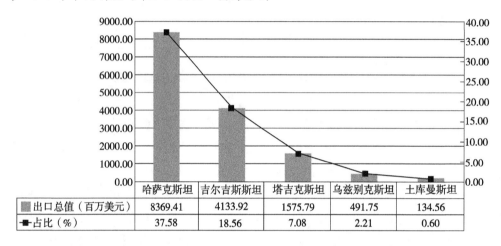

	哈萨克斯坦	吉尔吉斯斯坦	塔吉克斯坦	乌兹别克斯坦	土库曼斯坦
出口总值（百万美元）	8369.41	4133.92	1575.79	491.75	134.56
占比（%）	37.58	18.56	7.08	2.21	0.60

图4-3-15　2013年中国新疆对中亚五国出口总值和占中国新疆出口总值的比例

由图4-3-15可以看出，2013年中国新疆对中亚五国出口贸易中出口总值大小排名依次为：哈萨克斯坦、吉尔吉斯斯坦、塔吉克斯坦、乌兹别克斯坦、土库曼斯坦。

中国新疆对中亚五国出口总值为14705.44百万美元，占中国新疆出口总值的66.03%。其中：对哈萨克斯坦的出口总值为8369.41百万美元，占中国新疆出口总值的37.58%，同比上升17.20%；对吉尔吉斯斯坦的出口总值为4133.92百万美元，占中国新疆出口总值的18.56%，同比上升3.70%；对塔吉克斯坦的出口总值为1575.79百万美元，占中国新疆出口总值的7.08%，同比上升15.30%；对乌兹别克斯坦的出口总值为491.75百万美元，占中国新疆出口总值的2.21%，同比上升27.80%；对土库曼斯坦的出口总值为134.56百万美元，占中国新疆出口总值的0.60%。

（二）2013年中国新疆对中亚五国出口贸易趋势分析

由图4-3-16可以看出，中国新疆对中亚五国的出口总值大小排名顺序，除在2月塔吉克斯坦下降1位，乌兹别克斯坦上升1位外，始终为：哈萨克斯坦、吉尔吉斯斯坦、塔吉克斯坦、乌兹别克斯坦、土库曼斯坦。

中国新疆对中亚五国出口总值的变化趋势与进出口总值变化趋势一致。中国新疆对哈萨克斯坦、吉尔吉斯斯坦出口总值全年上下起伏波动，其中，对哈萨克斯坦出口贸易最高点在9月，最低点在3月；对吉尔吉斯斯坦出口贸易最高点在9月，最低点在2月；对塔吉克斯坦出口总值变化趋

势全年总体呈上升趋势，最高点在 12 月；对乌兹别克斯坦、土库曼斯坦的出口总值变化趋势基本一致，出口总值的变化波动都很小。

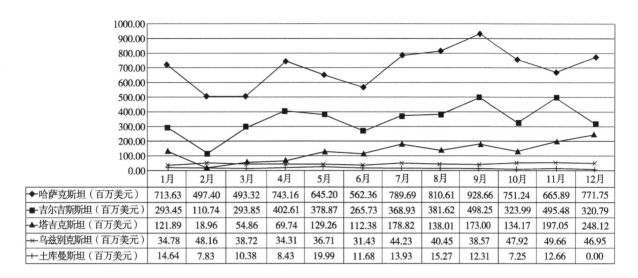

	1月	2月	3月	4月	5月	6月	7月	8月	9月	10月	11月	12月
哈萨克斯坦（百万美元）	713.63	497.40	493.32	743.16	645.20	562.36	789.69	810.61	928.66	751.24	665.89	771.75
吉尔吉斯斯坦（百万美元）	293.45	110.74	293.85	402.61	378.87	265.73	368.93	381.62	498.25	323.99	495.48	320.79
塔吉克斯坦（百万美元）	121.89	18.96	54.86	69.74	129.26	112.38	178.82	138.01	173.00	134.17	197.05	248.12
乌兹别克斯坦（百万美元）	34.78	48.16	38.72	34.31	36.71	31.43	44.23	40.45	38.57	47.92	49.66	46.95
土库曼斯坦（百万美元）	14.64	7.83	10.38	8.43	19.99	11.68	13.93	15.27	12.31	7.25	12.66	0.00

图 4 - 3 - 16　2013 年 1 ~ 12 月中国新疆对中亚五国出口总值趋势

（三）2013 年中国新疆对中亚五国出口贸易月度分析

1. 2013 年 1 月中国新疆对中亚五国出口贸易月度分析

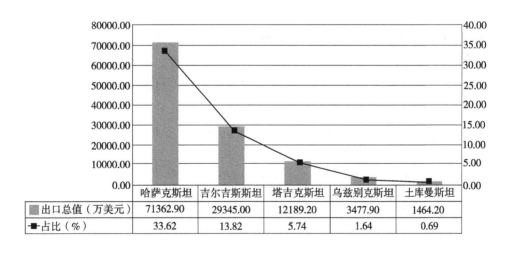

	哈萨克斯坦	吉尔吉斯斯坦	塔吉克斯坦	乌兹别克斯坦	土库曼斯坦
出口总值（万美元）	71362.90	29345.00	12189.20	3477.90	1464.20
占比（%）	33.62	13.82	5.74	1.64	0.69

图 4 - 3 - 17　2013 年 1 月中国新疆对中亚国家出口总值及占比

由图 4 - 3 - 17 可以看出，2013 年 1 月，中国新疆对中亚国家出口贸易中出口总值大小排名依次为：哈萨克斯坦、吉尔吉斯斯坦、塔吉克斯坦、乌兹别克斯坦、土库曼斯坦。

中国新疆对中亚国家出口总值为 117839.20 万美元，占中国新疆出口总值的 55.52%。其中：对哈萨克斯坦的出口总值为 71362.90 万美元，占中国新疆出口总值的 33.62%，同比上升 93.00%；对吉尔吉斯斯坦的出口总值为 29345.00 万美元，占中国新疆出口总值的 13.82%，同比上升 64.80%；对塔吉克斯坦的出口总值为 12189.20 万美元，占中国新疆出口总值的 5.74%，同比上升 67.80%；对乌兹别克斯坦的出口总值为 3477.90 万美元，占中国新疆出口总值的 1.64%，同比上升 21.50%；对土库曼斯坦的出口总值为 1464.20 万美元，占中国新疆出口总值的 0.69%，同比上升 158.40%。

2. 2013 年 2 月中国新疆对中亚五国出口贸易月度分析

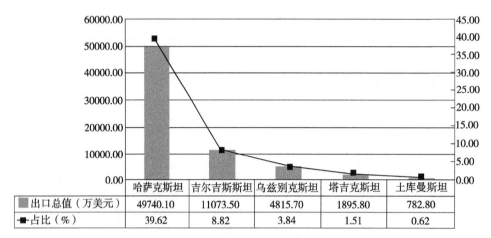

	哈萨克斯坦	吉尔吉斯斯坦	乌兹别克斯坦	塔吉克斯坦	土库曼斯坦
出口总值（万美元）	49740.10	11073.50	4815.70	1895.80	782.80
占比（%）	39.62	8.82	3.84	1.51	0.62

图 4-3-18　2013 年 2 月中国新疆对中亚国家出口总值及占比

由图 4-3-18 可以看出，2013 年 2 月，中国新疆对中亚国家出口贸易中出口总值大小排名依次为：哈萨克斯坦、吉尔吉斯斯坦、乌兹别克斯坦、塔吉克斯坦和土库曼斯坦。

中国新疆对中亚国家出口总值为 68307.90 万美元，占中国新疆出口总值的 54.41%。其中：对哈萨克斯坦的出口总值为 49740.10 万美元，占中国新疆出口总值的 39.62%，同比上升 60.00%，环比下降 30.30%；对吉尔吉斯斯坦的出口总值为 11073.50 万美元，占中国新疆出口总值的 8.82%，同比下降 38.60%，环比下降 62.26%；对乌兹别克斯坦的出口总值为 4815.70 万美元，占中国新疆出口总值的 3.84%，同比上升 71.50%，环比上升 38.47%；对塔吉克斯坦的出口总值为 1895.80 万美元，占中国新疆出口总值的 1.51%，同比下降 73.40%，环比下降 84.45%；对土库曼斯坦的出口总值为 782.80 万美元，占中国新疆出口总值的 0.62%，同比下降 31.00%，环比下降 46.54%。

3. 2013 年 3 月中国新疆对中亚五国出口贸易月度分析

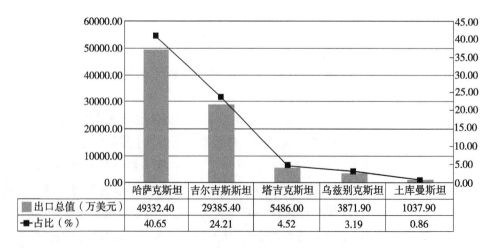

	哈萨克斯坦	吉尔吉斯斯坦	塔吉克斯坦	乌兹别克斯坦	土库曼斯坦
出口总值（万美元）	49332.40	29385.40	5486.00	3871.90	1037.90
占比（%）	40.65	24.21	4.52	3.19	0.86

图 4-3-19　2013 年 3 月中国新疆对中亚国家出口总值及占比

由图4-3-19可以看出，2013年3月，中国新疆对中亚国家出口贸易中出口总值大小排名依次为：哈萨克斯坦、吉尔吉斯斯坦、塔吉克斯坦、乌兹别克斯坦和土库曼斯坦。

中国新疆对中亚国家出口总值为89113.60万美元，占中国新疆出口总值的73.43%。其中：对哈萨克斯坦的出口总值为49332.40万美元，占中国新疆出口总值的40.65%，同比上升15.40%，环比下降0.82%；对吉尔吉斯斯坦的出口总值为29385.40万美元，占中国新疆出口总值的24.21%，同比上升8.40%，环比上升165.37%；对塔吉克斯坦的出口总值为5486.00万美元，占中国新疆出口总值的4.52%，同比下降40.20%，环比上升189.38%；对乌兹别克斯坦的出口总值为3871.90万美元，占中国新疆出口总值的3.19%，同比上升58.50%，环比下降19.60%；对土库曼斯坦的出口总值为1037.90万美元，占中国新疆出口总值的0.86%，同比下降3.80%，环比上升32.59%。

4. 2013年4月中国新疆对中亚五国出口贸易月度分析

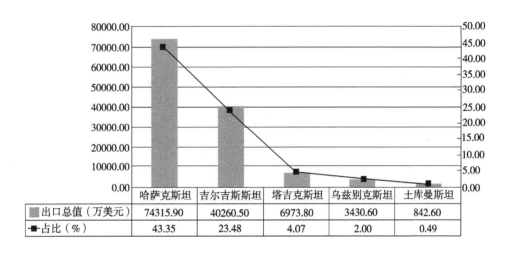

	哈萨克斯坦	吉尔吉斯斯坦	塔吉克斯坦	乌兹别克斯坦	土库曼斯坦
出口总值（万美元）	74315.90	40260.50	6973.80	3430.60	842.60
占比（%）	43.35	23.48	4.07	2.00	0.49

图4-3-20 2013年4月中国新疆对中亚国家出口总值及占比

由图4-3-20可以看出，2013年4月，中国新疆对中亚国家出口贸易中出口总值大小排名依次为：哈萨克斯坦、吉尔吉斯斯坦、塔吉克斯坦、乌兹别克斯坦和土库曼斯坦。

中国新疆对中亚国家出口总值为125823.40万美元，占中国新疆出口总值的73.39%。其中：对哈萨克斯坦的出口总值为74315.90万美元，占中国新疆出口总值的43.35%，同比上升40.10%，环比上升50.64%；对吉尔吉斯斯坦的出口总值为40260.50万美元，占中国新疆出口总值的23.48%，同比上升15.50%，环比上升37.01%；对塔吉克斯坦的出口总值为6973.80万美元，占中国新疆出口总值的4.07%，同比下降47.00%，环比上升27.11%；对乌兹别克斯坦的出口总值为3430.60万美元，占中国新疆出口总值的2.00%，同比上升29.90%，环比下降11.40%；对土库曼斯坦的出口总值为842.60万美元，占中国新疆出口总值的0.49%，同比下降43.30%，环比下降18.82%。

5. 2013年5月中国新疆对中亚五国出口贸易月度分析

由图4-3-21可以看出，2013年5月，中国新疆对中亚国家出口贸易中出口总值大小排名依次为：哈萨克斯坦、吉尔吉斯斯坦、塔吉克斯坦、乌兹别克斯坦、土库曼斯坦。

中国新疆对中亚国家出口总值为121003.40万美元，占中国新疆出口总值的78.32%。其中：

对哈萨克斯坦的出口总值为64520.10万美元，占中国新疆出口总值的41.76%，同比上升34.10%，环比下降13.18%；对吉尔吉斯斯坦的出口总值为37886.50万美元，占中国新疆出口总值的24.52%，同比上升5.80%，环比下降5.90%；对塔吉克斯坦的出口总值为12926.30万美元，占中国新疆出口总值的8.37%，同比上升9.70%，环比上升85.36%；对乌兹别克斯坦的出口总值为3671.20万美元，占中国新疆出口总值的2.38%，同比下降3.70%，环比上升7.01%；对土库曼斯坦的出口总值为1999.30万美元，占中国新疆出口总值的1.29%，同比上升85.00%，环比上升137.28%。

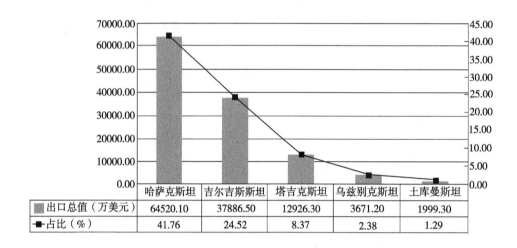

	哈萨克斯坦	吉尔吉斯斯坦	塔吉克斯坦	乌兹别克斯坦	土库曼斯坦
出口总值（万美元）	64520.10	37886.50	12926.30	3671.20	1999.30
占比（%）	41.76	24.52	8.37	2.38	1.29

图4-3-21　2013年5月中国新疆对中亚国家出口总值及占比

6. 2013年6月中国新疆对中亚五国出口贸易月度分析

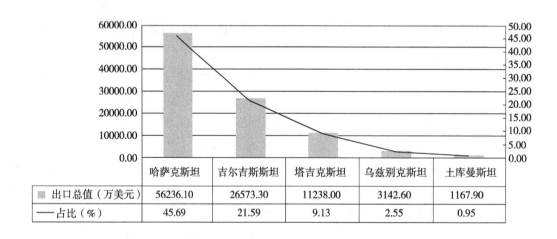

	哈萨克斯坦	吉尔吉斯斯坦	塔吉克斯坦	乌兹别克斯坦	土库曼斯坦
出口总值（万美元）	56236.10	26573.30	11238.00	3142.60	1167.90
占比（%）	45.69	21.59	9.13	2.55	0.95

图4-3-22　2013年6月中国新疆对中亚国家出口总值及占比

由图4-3-22可以看出，2013年6月，中国新疆对中亚国家的出口贸易中，按出口总值大小排名依次为：哈萨克斯坦、吉尔吉斯斯坦、塔吉克斯坦、乌兹别克斯坦、土库曼斯坦。

中国新疆对中亚国家出口总值为98357.90万美元，占中国新疆出口总值的79.92%。其中：对哈萨克斯坦的出口总值为56236.10万美元，占中国新疆出口总值的45.69%，同比上升7.50%，环比下降 12.84%；对吉尔吉斯斯坦的出口总值为 26573.30 万美元，占中国新疆出口总值的 21.59%，同比下降 18.00%，环比下降 29.86%；对塔吉克斯坦的出口总值为 11238.00 万美元，占中国新疆出口总值的 9.13%，同比上升 4.90%，环比下降 13.06%；对乌兹别克斯坦的出口总值为 3142.60 万美元，占中国新疆出口总值的 2.55%，同比下降 12.70%，环比下降 14.40%；对土库曼斯坦的出口总值为 1167.90 万美元，占中国新疆出口总值的 0.95%，同比下降 32.80%，环比下降 41.59%。

7. 2013 年 7 月中国新疆对中亚五国出口贸易月度分析

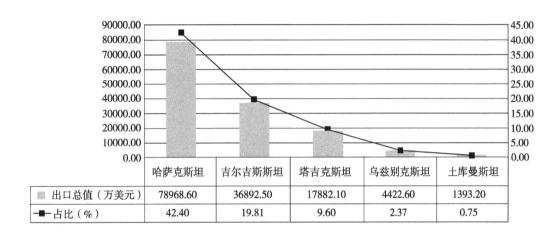

	哈萨克斯坦	吉尔吉斯斯坦	塔吉克斯坦	乌兹别克斯坦	土库曼斯坦
出口总值（万美元）	78968.60	36892.50	17882.10	4422.60	1393.20
占比（%）	42.40	19.81	9.60	2.37	0.75

图 4 - 3 - 23　2013 年 7 月中国新疆对中亚国家出口总值及占比

由图 4 - 3 - 23 可以看出，2013 年 7 月，中国新疆对中亚国家出口贸易中出口总值大小排名依次为：哈萨克斯坦、吉尔吉斯斯坦、塔吉克斯坦、乌兹别克斯坦和土库曼斯坦。

中国新疆对中亚国家出口总值为 139559.00 万美元，占中国新疆出口总值的 74.94%。其中：对哈萨克斯坦的出口总值为 78968.60 万美元，占中国新疆出口总值的 42.40%，同比上升 11.50%，环比上升 40.42%；对吉尔吉斯斯坦的出口总值为 36892.50 万美元，占中国新疆出口总值的 19.81%，同比下降 12.80%，环比上升 38.83%；对塔吉克斯坦的出口总值为 17882.10 万美元，占中国新疆出口总值的 9.60%，同比上升 80.60%，环比上升 59.12%；对乌兹别克斯坦的出口总值为 4422.60 万美元，占中国新疆出口总值的 2.37%，同比上升 35.30%，环比上升 40.73%；对土库曼斯坦的出口总值为 1393.20 万美元，占中国新疆出口总值的 0.75%，同比上升 9.00%，环比上升 19.29%。

8. 2013 年 8 月中国新疆对中亚五国出口贸易月度分析

由图 4 - 3 - 24 可以看出，2013 年 8 月，中国新疆对中亚国家的出口贸易中，按出口总值大小排名依次为：哈萨克斯坦、吉尔吉斯斯坦、塔吉克斯坦、乌兹别克斯坦、土库曼斯坦。

中国新疆对中亚国家出口总值为 138594.70 万美元，占中国新疆出口总值的 60.85%。其中：对哈萨克斯坦的出口总值为 81060.70 万美元，占中国新疆出口总值的 35.59%，同比上升 19.80%，环比上升 2.65%；对吉尔吉斯斯坦的出口总值为 38161.50 万美元，占中国新疆出口总值的 16.76%，同比下降 5.10%，环比上升 3.44%；对塔吉克斯坦的出口总值为 13801.00 万美元，占中国新疆出口总值的 6.06%，同比上升 33.80%，环比下降 22.82%；对乌兹别克斯坦的出口总值为 4044.70 万美元，占中国新疆出口总值的 1.78%，同比上升 18.80%，环比下降 8.55%；对土库曼斯坦的出口总值为 1526.80 万美元，占中国新疆出口总值的 0.67%，同比上升 16.10%，环比上升 9.59%。

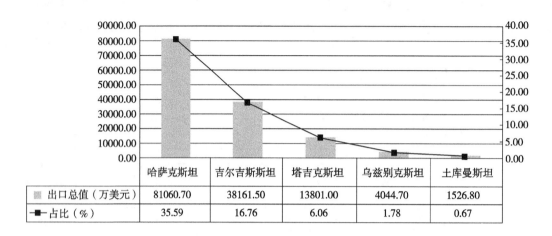

	哈萨克斯坦	吉尔吉斯斯坦	塔吉克斯坦	乌兹别克斯坦	土库曼斯坦
出口总值（万美元）	81060.70	38161.50	13801.00	4044.70	1526.80
占比（%）	35.59	16.76	6.06	1.78	0.67

图 4 - 3 - 24　2013 年 8 月中国新疆对中亚国家出口总值及占比

9. 2013 年 9 月中国新疆对中亚五国出口贸易月度分析

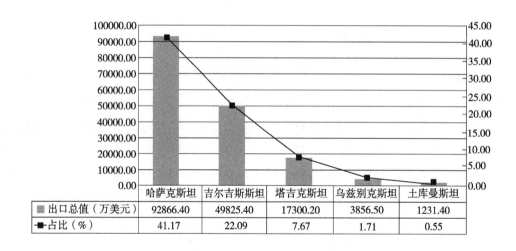

	哈萨克斯坦	吉尔吉斯斯坦	塔吉克斯坦	乌兹别克斯坦	土库曼斯坦
出口总值（万美元）	92866.40	49825.40	17300.20	3856.50	1231.40
占比（%）	41.17	22.09	7.67	1.71	0.55

图 4 - 3 - 25　2013 年 9 月中国新疆对中亚国家出口总值及占比

由图 4 - 3 - 25 可以看出，2013 年 9 月，中国新疆对中亚国家的出口贸易中，按出口总值大小排名依次为：哈萨克斯坦、吉尔吉斯斯坦、塔吉克斯坦、乌兹别克斯坦、土库曼斯坦。

中国新疆对中亚国家出口总值为 165079.90 万美元，占中国新疆出口总值的 73.18%。其中：对哈萨克斯坦的出口总值为 92866.40 万美元，占中国新疆出口总值的 41.17%，同比上升 19.80%，环比上升 14.56%；对吉尔吉斯斯坦的出口总值为 49825.40 万美元，占中国新疆出口总值的 22.09%，同比上升 11.70%，环比上升 30.56%；对塔吉克斯坦的出口总值为 17300.20 万美元，占中国新疆出口总值的 7.67%，同比上升 51.90%，环比上升 25.35%；对乌兹别克斯坦的出口总值为 3856.50 万美元，占中国新疆出口总值的 1.71%，同比上升 18.70%，环比下降 4.65%；

对土库曼斯坦的出口总值为 1231.40 万美元，占中国新疆出口总值的 0.55%，同比上升 63.70%，环比下降 19.35%。

10. 2013 年 10 月中国新疆对中亚五国出口贸易月度分析

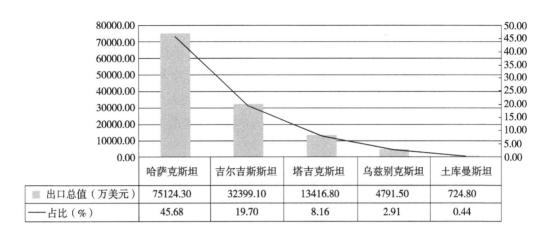

	哈萨克斯坦	吉尔吉斯斯坦	塔吉克斯坦	乌兹别克斯坦	土库曼斯坦
出口总值（万美元）	75124.30	32399.10	13416.80	4791.50	724.80
占比（%）	45.68	19.70	8.16	2.91	0.44

图 4-3-26　2013 年 10 月中国新疆对中亚国家出口总值及占比

由图 4-3-26 可以看出，2013 年 10 月，中国新疆对中亚国家出口贸易中，按出口总值大小排名依次为：哈萨克斯坦、吉尔吉斯斯坦、塔吉克斯坦、乌兹别克斯坦和土库曼斯坦。

中国新疆对中亚国家出口总值为 126456.50 万美元，占中国新疆出口总值的 76.89%。其中：对哈萨克斯坦的出口总值为 75124.30 万美元，占中国新疆出口总值的 45.68%，同比上升 19.50%，环比下降 19.10%；对吉尔吉斯斯坦的出口总值为 32399.10 万美元，占中国新疆出口总值的 19.70%，同比下降 12.80%，环比下降 34.98%；对塔吉克斯坦的出口总值为 13416.80 万美元，占中国新疆出口总值的 8.16%，同比上升 24.40%，环比下降 22.45%；对乌兹别克斯坦的出口总值为 4791.50 万美元，占中国新疆出口总值的 2.91%，同比上升 40.90%，环比上升 24.24%；对土库曼斯坦的出口总值为 724.80 万美元，占中国新疆出口总值的 0.44%，同比上升 4.90%，环比下降 41.14%。

11. 2013 年 11 月中国新疆对中亚五国出口贸易月度分析

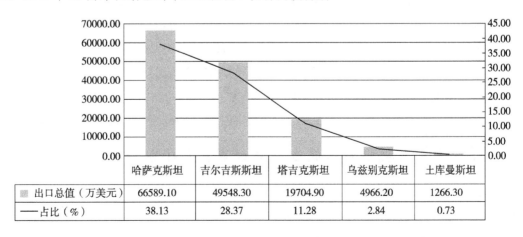

	哈萨克斯坦	吉尔吉斯斯坦	塔吉克斯坦	乌兹别克斯坦	土库曼斯坦
出口总值（万美元）	66589.10	49548.30	19704.90	4966.20	1266.30
占比（%）	38.13	28.37	11.28	2.84	0.73

图 4-3-27　2013 年 11 月中国新疆对中亚国家出口总值及占比

由图4-3-27可以看出，2013年11月，中国新疆对中亚国家出口贸易中出口总值大小排名依次为：哈萨克斯坦、吉尔吉斯斯坦、塔吉克斯坦、乌兹别克斯坦、土库曼斯坦。

中国新疆对中亚国家出口总值为142074.80万美元，占中国新疆出口总值的81.36%。其中：对哈萨克斯坦的出口总值为66589.10万美元，占中国新疆出口总值的38.13%，同比下降28.40%，环比下降11.36%；对吉尔吉斯斯坦的出口总值为49548.30万美元，占中国新疆出口总值的28.37%，同比上升9.60%，环比上升52.93%；对塔吉克斯坦的出口总值为19704.90万美元，占中国新疆出口总值的11.28%，同比下降4.30%，环比上升46.87%；对乌兹别克斯坦的出口总值为4966.20万美元，占中国新疆出口总值的2.84%，同比上升38.10%，环比上升3.65%；对土库曼斯坦的出口总值为1266.30万美元，占中国新疆出口总值的0.73%，同比上升14.10%，环比上升74.71%。

12. 2013年12月中国新疆对中亚四国出口贸易月度分析

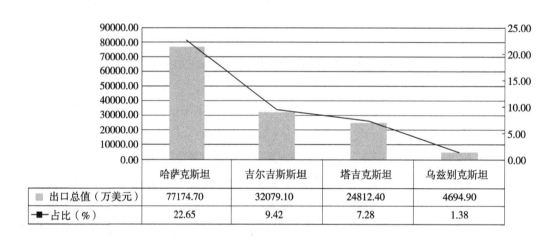

	哈萨克斯坦	吉尔吉斯斯坦	塔吉克斯坦	乌兹别克斯坦
出口总值（万美元）	77174.70	32079.10	24812.40	4694.90
占比（%）	22.65	9.42	7.28	1.38

图4-3-28 2013年12月中国新疆对中亚国家出口总值及占比

由图4-3-28可以看出，2013年12月，中国新疆对中亚国家出口贸易中出口总值大小排名依次为：哈萨克斯坦、吉尔吉斯斯坦、塔吉克斯坦、乌兹别克斯坦。

中国新疆对中亚国家出口总值为138761.10万美元，占中国新疆出口总值的40.73%。其中：对哈萨克斯坦的出口总值为77174.70万美元，占中国新疆出口总值的22.65%，同比下降0.70%，环比上升15.90%；对吉尔吉斯斯坦的出口总值为32079.10万美元，占中国新疆出口总值的9.42%，同比上升37.50%，环比下降35.26%；对塔吉克斯坦的出口总值为24812.40万美元，占中国新疆出口总值的7.28%，同比上升70.60%，环比上升25.92%；对乌兹别克斯坦的出口总值为4694.90万美元，占中国新疆出口总值的1.38%，同比上升38.20%，环比下降5.46%。

三、2013年中国新疆对中亚五国进口贸易总体分析

（一）2013年中国新疆对中亚五国进口贸易分析

由图4-3-29可以看出，2013年中国新疆对中亚五国进口贸易中进口总值大小排名依次为：哈萨克斯坦、乌兹别克斯坦、吉尔吉斯斯坦、塔吉克斯坦、土库曼斯坦。

中国新疆对中亚五国进口总值为4317.89百万美元，占中国新疆进口总值的81.59%。其中：

对哈萨克斯坦的进口总值为 3885.52 百万美元，占中国新疆进口总值的 73.42%，同比下降 3.50%；对吉尔吉斯斯坦的进口总值为 38.98 百万美元，占中国新疆进口总值的 0.74%，同比下降 23.60%；对塔吉克斯坦的进口总值为 9.23 百万美元，占中国新疆进口总值的 0.17%，同比下降 77.00%；对乌兹别克斯坦的进口总值为 380.19 百万美元，占中国新疆进口总值的 7.18%，同比下降 14.90%；对土库曼斯坦的进口总值为 3.97 百万美元，占中国新疆进口总值的 0.08%。

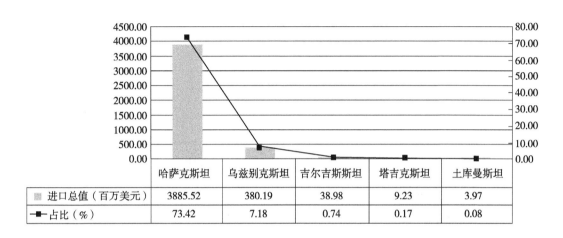

	哈萨克斯坦	乌兹别克斯坦	吉尔吉斯斯坦	塔吉克斯坦	土库曼斯坦
进口总值（百万美元）	3885.52	380.19	38.98	9.23	3.97
占比（%）	73.42	7.18	0.74	0.17	0.08

图 4-3-29 2013 年中国新疆与中亚五国进口总值和占中国新疆进口总值的比例

（二）2013 年中国新疆对中亚五国进口贸易趋势分析

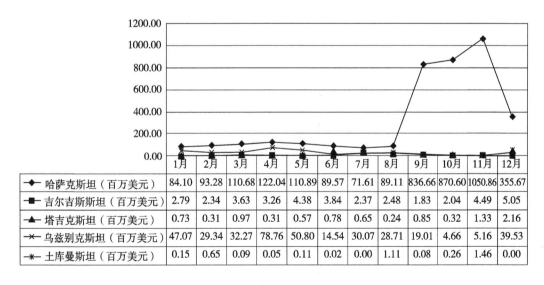

	1月	2月	3月	4月	5月	6月	7月	8月	9月	10月	11月	12月
哈萨克斯坦（百万美元）	84.10	93.28	110.68	122.04	110.89	89.57	71.61	89.11	836.66	870.60	1050.86	355.67
吉尔吉斯斯坦（百万美元）	2.79	2.34	3.63	3.26	4.38	3.84	2.37	2.48	1.83	2.04	4.49	5.05
塔吉克斯坦（百万美元）	0.73	0.31	0.97	0.31	0.57	0.78	0.65	0.24	0.85	0.32	1.33	2.16
乌兹别克斯坦（百万美元）	47.07	29.34	32.27	78.76	50.80	14.54	30.07	28.71	19.01	4.66	5.16	39.53
土库曼斯坦（百万美元）	0.15	0.65	0.09	0.05	0.11	0.02	0.00	1.11	0.08	0.26	1.46	0.00

图 4-3-30 2013 年 1~12 月中国新疆与中亚五国进口总值趋势

由图 4-3-30 可以看出，2013 年中国新疆对中亚五国的进口总值大小排名顺序，除在 2 月、8 月、11 月塔吉克斯坦下降 1 位，土库曼斯坦上升 1 位外，五国排名顺序始终为：哈萨克斯坦、乌兹别克斯坦、吉尔吉斯斯坦、塔吉克斯坦和土库曼斯坦。

中国新疆对哈萨克斯坦进口总值呈波动变化，其中，对哈萨克斯坦进口贸易最高点在 11 月，最低点在 7 月；对乌兹别克斯坦、吉尔吉斯斯坦、塔吉克斯坦、土库曼斯坦的进口总值的变化波动较小。

（三）2013 年中国新疆对中亚五国进口贸易月度分析

1. 2013 年 1 月中国新疆对中亚五国进口贸易月度分析

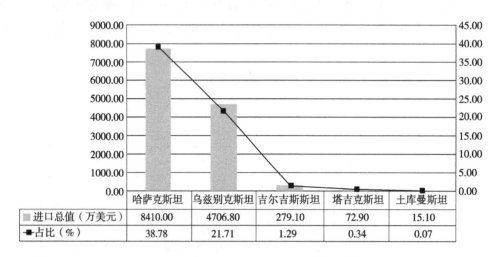

	哈萨克斯坦	乌兹别克斯坦	吉尔吉斯斯坦	塔吉克斯坦	土库曼斯坦
进口总值（万美元）	8410.00	4706.80	279.10	72.90	15.10
占比（%）	38.78	21.71	1.29	0.34	0.07

图 4 - 3 - 31　2013 年 1 月中国新疆对中亚国家进口总值及占比

由图 4 - 3 - 31 可以看出，2013 年 1 月，中国新疆对中亚国家进口总值大小排名依次为：哈萨克斯坦、乌兹别克斯坦、吉尔吉斯斯坦、塔吉克斯坦和土库曼斯坦。

中国新疆对中亚国家进口总值为 13483.90 万美元，占中国新疆进口总值的 62.18%。其中：对哈萨克斯坦的进口总值为 8410.00 万美元，占中国新疆进口总值的 38.78%，同比上升 10.60%；对乌兹别克斯坦的进口总值为 4706.80 万美元，占中国新疆进口总值的 21.71%，同比下降11.10%；对吉尔吉斯斯坦的进口总值为 279.10 万美元，占中国新疆进口总值的 1.29%，同比下降42.00%；对塔吉克斯坦的进口总值为 72.90 万美元，占中国新疆进口总值的 0.34%，同比下降91.00%；对土库曼斯坦的进口总值为 15.10 万美元，占中国新疆进口总值的 0.07%，同比上升 345.50%。

2. 2013 年 2 月中国新疆对中亚五国进口贸易月度分析

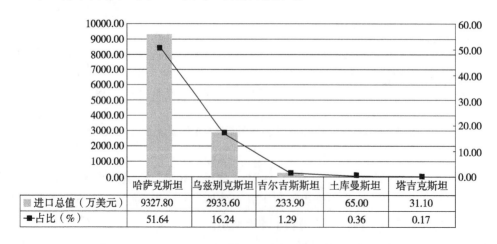

	哈萨克斯坦	乌兹别克斯坦	吉尔吉斯斯坦	土库曼斯坦	塔吉克斯坦
进口总值（万美元）	9327.80	2933.60	233.90	65.00	31.10
占比（%）	51.64	16.24	1.29	0.36	0.17

图 4 - 3 - 32　2013 年 2 月中国新疆对中亚国家进口总值及占比

由图 4 - 3 - 32 可以看出，2013 年 2 月，中国新疆对中亚国家进口总值大小排名依次为：哈萨克斯坦、乌兹别克斯坦、吉尔吉斯斯坦、土库曼斯坦、塔吉克斯坦。

中国新疆对中亚国家进口总值为 12591.40 万美元，占中国新疆进口总值的 69.71%。其中：对哈萨克斯坦的进口总值为 9327.80 万美元，占中国新疆进口总值的 51.64%，同比下降 81.30%，环比上升 10.91%；对乌兹别克斯坦的进口总值为 2933.60 万美元，占中国新疆进口总值的 16.24%，同比下降 29.00%，环比下降 37.69%；对吉尔吉斯斯坦的进口总值为 233.90 万美元，占中国新疆进口总值的 1.29%，同比下降 25.40%，环比下降 16.19%；对土库曼斯坦的进口总值为 65.00 万美元，占中国新疆进口总值的 0.36%，同比上升 35.30%，环比上升 330.46%；对塔吉克斯坦的进口总值为 31.10 万美元，占中国新疆进口总值的 0.17%，同比下降 91.00%，环比下降 57.34%。

3. 2013 年 3 月中国新疆对中亚五国进口贸易月度分析

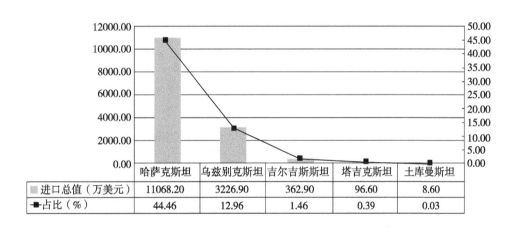

	哈萨克斯坦	乌兹别克斯坦	吉尔吉斯斯坦	塔吉克斯坦	土库曼斯坦
进口总值（万美元）	11068.20	3226.90	362.90	96.60	8.60
占比（%）	44.46	12.96	1.46	0.39	0.03

图 4 - 3 - 33 2013 年 3 月中国新疆对中亚国家进口总值及占比

由图 4 - 3 - 33 可以看出，2013 年 3 月，中国新疆对中亚国家进口总值大小排名依次为：哈萨克斯坦、乌兹别克斯坦、吉尔吉斯斯坦、塔吉克斯坦、土库曼斯坦。

中国新疆对中亚国家进口总值为 14763.20 万美元，占中国新疆进口总值的 59.31%。其中：对哈萨克斯坦的进口总值为 11068.20 万美元，占中国新疆进口总值的 44.46%，同比上升 28.30%，环比上升 18.66%；对乌兹别克斯坦的进口总值为 3226.90 万美元，占中国新疆进口总值的 12.96%，同比下降 6.60%，环比上升 10.00%；对吉尔吉斯斯坦的进口总值为 362.90 万美元，占中国新疆进口总值的 1.46%，同比上升 28.40%，环比上升 55.15%；对塔吉克斯坦的进口总值为 96.60 万美元，占中国新疆进口总值的 0.39%，同比下降 77.60%，环比上升 210.61%；对土库曼斯坦的进口总值为 8.60 万美元，占中国新疆进口总值的 0.03%，同比下降 85.40%，环比下降 86.77%。

4. 2013 年 4 月中国新疆对中亚五国进口贸易月度分析

由图 4 - 3 - 34 可以看出，2013 年 4 月，中国新疆对中亚国家进口总值大小排名依次为：哈萨克斯坦、乌兹别克斯坦、吉尔吉斯斯坦、塔吉克斯坦和土库曼斯坦。

中国新疆对中亚国家进口总值为 20441.30 万美元，占中国新疆进口总值的 70.84%。其中：对哈萨克斯坦的进口总值为 12204.00 万美元，占中国新疆进口总值的 42.29%，同比下降

84.80%，环比上升10.26%；对乌兹别克斯坦的进口总值为7875.60万美元，占中国新疆进口总值的27.29%，同比上升84.60%，环比上升144.06%；对吉尔吉斯斯坦的进口总值为326.30万美元，占中国新疆进口总值的1.13%，同比下降1.80%，环比下降10.09%；对塔吉克斯坦的进口总值为30.90万美元，占中国新疆进口总值的0.11%，同比下降97.80%，环比下降68.01%；对土库曼斯坦的进口总值为4.50万美元，占中国新疆进口总值的0.02%，同比下降9.60%，环比下降47.67%。

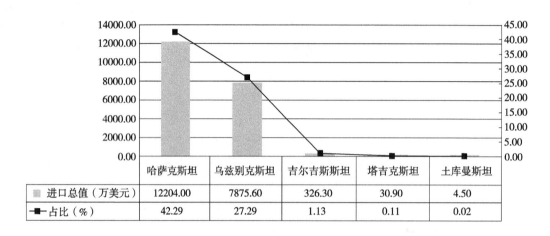

	哈萨克斯坦	乌兹别克斯坦	吉尔吉斯斯坦	塔吉克斯坦	土库曼斯坦
进口总值（万美元）	12204.00	7875.60	326.30	30.90	4.50
占比（%）	42.29	27.29	1.13	0.11	0.02

图4-3-34 2013年4月中国新疆对中亚国家进口总值及占比

5. 2013年5月中国新疆对中亚五国进口贸易月度分析

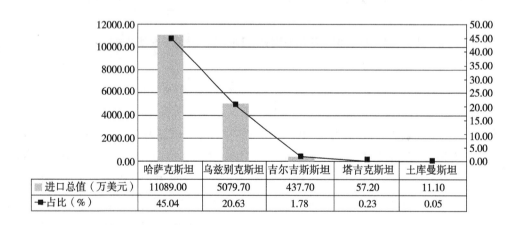

	哈萨克斯坦	乌兹别克斯坦	吉尔吉斯斯坦	塔吉克斯坦	土库曼斯坦
进口总值（万美元）	11089.00	5079.70	437.70	57.20	11.10
占比（%）	45.04	20.63	1.78	0.23	0.05

图4-3-35 2013年5月中国新疆对中亚国家进口总值及占比

由图4-3-35可以看出，2013年5月，中国新疆对中亚国家进口总值大小排名依次为：哈萨克斯坦、乌兹别克斯坦、吉尔吉斯斯坦、塔吉克斯坦、土库曼斯坦。

中国新疆对中亚国家进口总值为16674.70万美元，占中国新疆进口总值的67.73%。其中：对哈萨克斯坦的进口总值为11089.00万美元，占中国新疆进口总值的45.04%，同比上升27.00%，环比下降9.14%；对乌兹别克斯坦的进口总值为5079.70万美元，占中国新疆进口总值的20.63%，同比上升57.60%，环比下降35.50%；对吉尔吉斯斯坦的进口总值为437.70万美元，占中国新疆进口总值的1.78%，同比上升1.30%，环比上升34.14%；对塔吉克斯坦的进口总值为57.20 万美元，占中国新疆进口总值的0.23%，同比下降84.70%，环比上升85.11%；对土库曼斯坦的进口总值为11.10 万美元，占中国新疆进口总值的0.05%，同比下降65.70%，环比上升146.67%。

6. 2013 年6 月中国新疆对中亚五国进口贸易月度分析

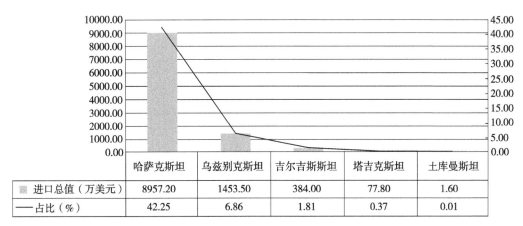

	哈萨克斯坦	乌兹别克斯坦	吉尔吉斯斯坦	塔吉克斯坦	土库曼斯坦
进口总值（万美元）	8957.20	1453.50	384.00	77.80	1.60
占比（%）	42.25	6.86	1.81	0.37	0.01

图 4 - 3 - 36　2013 年6 月中国新疆对中亚国家进口总值及占比

由图 4 - 3 - 36 可以看出，2013 年6 月，中国新疆对中亚国家进口总值大小排名依次为：哈萨克斯坦、乌兹别克斯坦、吉尔吉斯斯坦、塔吉克斯坦、土库曼斯坦。

中国新疆对中亚国家进口总值为10874.10 万美元，占中国新疆进口总值的51.29%。其中：对哈萨克斯坦的进口总值为8957.20 万美元，占中国新疆进口总值的42.25%，同比上升8.00%，环比下降19.22%；对乌兹别克斯坦的进口总值为1453.50 万美元，占中国新疆进口总值的6.86%，同比上升10.20%，环比下降71.39%；对吉尔吉斯斯坦的进口总值为384.00 万美元，占中国新疆进口总值的1.81%，同比上升6.50%，环比下降12.27%；对塔吉克斯坦的进口总值为77.80 万美元，占中国新疆进口总值的0.37%，同比下降41.70%，环比上升36.01%；对土库曼斯坦的进口总值为1.60 万美元，占中国新疆进口总值的0.01%，环比下降85.59%。

7. 2013 年7 月中国新疆对中亚四国进口贸易月度分析

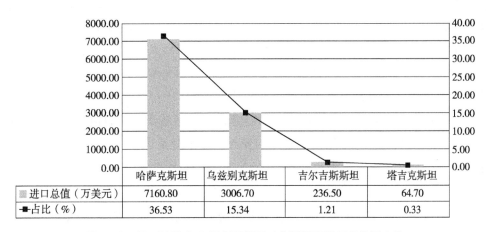

	哈萨克斯坦	乌兹别克斯坦	吉尔吉斯斯坦	塔吉克斯坦
进口总值（万美元）	7160.80	3006.70	236.50	64.70
占比（%）	36.53	15.34	1.21	0.33

图 4 - 3 - 37　2013 年7 月中国新疆对中亚国家进口总值及占比

由图4-3-37可以看出，2013年7月，中国新疆对中亚国家进口总值大小排名依次为：哈萨克斯坦、乌兹别克斯坦、吉尔吉斯斯坦、塔吉克斯坦。

中国新疆对中亚国家进口总值为10468.70万美元，占中国新疆进口总值的53.40%。其中：对哈萨克斯坦的进口总值为7160.80万美元，占中国新疆进口总值的36.53%，同比下降20.30%，环比下降20.06%；对乌兹别克斯坦的进口总值为3006.70万美元，占中国新疆进口总值的15.34%，同比上升110%，环比上升106.86%；对吉尔吉斯斯坦的进口总值为236.50万美元，占中国新疆进口总值的1.21%，同比下降63.90%，环比下降38.41%；对塔吉克斯坦的进口总值为64.70万美元，占中国新疆进口总值的0.33%，同比上升459.50%，环比下降16.84%。

8. 2013年8月中国新疆对中亚五国进口贸易月度分析

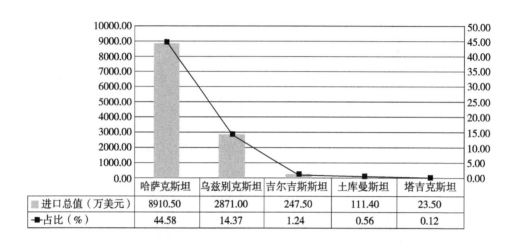

	哈萨克斯坦	乌兹别克斯坦	吉尔吉斯斯坦	土库曼斯坦	塔吉克斯坦
进口总值（万美元）	8910.50	2871.00	247.50	111.40	23.50
占比（%）	44.58	14.37	1.24	0.56	0.12

图4-3-38　2013年8月中国新疆对中亚国家进口总值及占比

由图4-3-38可以看出，2013年8月，中国新疆对中亚国家进口总值大小排名依次为：哈萨克斯坦、乌兹别克斯坦、吉尔吉斯斯坦、土库曼斯坦、塔吉克斯坦。

中国新疆对中亚国家进口总值为12163.90万美元，占中国新疆进口总值的60.86%。其中：对哈萨克斯坦的进口总值为8910.50万美元，占中国新疆进口总值的44.58%，同比上升11.40%，环比上升24.43%；对乌兹别克斯坦的进口总值为2871.00万美元，占中国新疆进口总值的14.37%，同比上升14.70%，环比下降4.51%；对吉尔吉斯斯坦的进口总值为247.50万美元，占中国新疆进口总值的1.24%，同比下降67.90%，环比上升4.65%；对土库曼斯坦的进口总值为111.40万美元，占中国新疆进口总值的0.56%，同比上升1563.20%；对塔吉克斯坦的进口总值为23.50万美元，占中国新疆进口总值的0.12%，同比上升1243.40%，环比下降63.68%。

9. 2013年9月中国新疆对中亚五国进口贸易月度分析

由图4-3-39可以看出，2013年9月，中国新疆对中亚国家进口总值大小排名依次为：哈萨克斯坦、乌兹别克斯坦、吉尔吉斯斯坦、塔吉克斯坦、土库曼斯坦。

中国新疆对中亚国家进口总值为85842.00万美元，占中国新疆进口总值的92.69%。其中：对哈萨克斯坦的进口总值为83665.50万美元，占中国新疆进口总值的90.34%，同比上升1019.90%，环比上升838.95%；对乌兹别克斯坦的进口总值为1901.00万美元，占中国新疆进口总值的2.05%，同比下降57.80%，环比下降33.79%；对吉尔吉斯斯坦的进口总值为183.00万美元，占中国新疆进口总值的0.20%，同比下降58.50%，环比下降26.06%；对塔吉克斯坦的进口总值为84.80万美元，占中国新疆进口总值的0.09%，同比上升232.30%，环比上升260.85%；对土库曼斯坦的进口总值为7.70万美元，占中国新疆进口总值的0.01%，同比下降91.20%，环比下降93.09%。

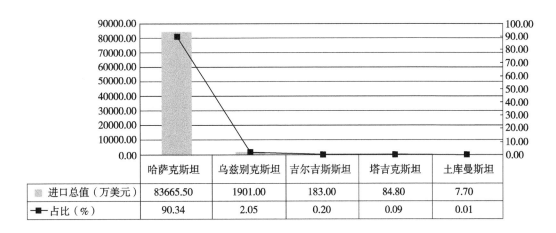

	哈萨克斯坦	乌兹别克斯坦	吉尔吉斯斯坦	塔吉克斯坦	土库曼斯坦
进口总值（万美元）	83665.50	1901.00	183.00	84.80	7.70
占比（%）	90.34	2.05	0.20	0.09	0.01

图4-3-39 2013年9月中国新疆对中亚国家进口总值及占比

10. 2013年10月中国新疆对中亚五国进口贸易月度分析

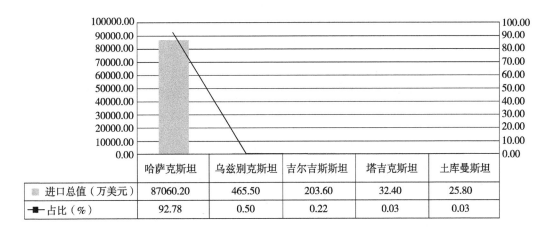

	哈萨克斯坦	乌兹别克斯坦	吉尔吉斯斯坦	塔吉克斯坦	土库曼斯坦
进口总值（万美元）	87060.20	465.50	203.60	32.40	25.80
占比（%）	92.78	0.50	0.22	0.03	0.03

图4-3-40 2013年10月中国新疆对中亚国家进口总值及占比

由图4-3-40可以看出，2013年10月，中国新疆对中亚国家进口总值大小排名依次为：哈萨克斯坦、乌兹别克斯坦、吉尔吉斯斯坦、塔吉克斯坦和土库曼斯坦。

中国新疆对中亚国家进口总值为87787.50万美元，占中国新疆进口总值的92.78%。其中：对哈萨克斯坦的进口总值为87060.20万美元，占中国新疆进口总值的92.78%，同比上升0.60%，环比上升4.06%；对乌兹别克斯坦的进口总值为465.50万美元，占中国新疆进口总值的0.50%，同比下降88.40%，环比下降75.51%；对吉尔吉斯斯坦的进口总值为203.60万美元，占中国新疆进口总值的0.22%，同比下降14.30%，环比上升11.26%；对塔吉克斯坦的进口总值为32.40万美元，占中国新疆进口总值的0.03%，同比下降92.30%，环比下降61.79%；对土库曼斯坦的进口总值为25.80万美元，占中国新疆进口总值的0.03%，同比下降46.00%，环比上升235.06%。

11. 2013年11月中国新疆对中亚五国进口贸易月度分析

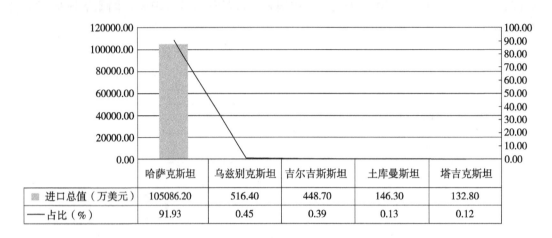

图4-3-41　2013年11月中国新疆对中亚国家进口总值及占比

由图4-3-41可以看出，2013年11月，中国新疆对中亚国家进口总值大小排名依次为：哈萨克斯坦、乌兹别克斯坦、吉尔吉斯斯坦、土库曼斯坦、塔吉克斯坦。

中国新疆对中亚国家进口总值为106330.40万美元，占中国新疆进口总值的93.02%。其中：对哈萨克斯坦的进口总值为105086.20万美元，占中国新疆进口总值的91.93%，同比上升10.50%，环比上升20.71%；对乌兹别克斯坦的进口总值为516.40万美元，占中国新疆进口总值的0.45%，同比下降82.40%，环比上升10.93%；对吉尔吉斯斯坦的进口总值为448.70万美元，占中国新疆进口总值的0.39%，同比上升45.90%，环比上升120.38%；对土库曼斯坦的进口总值为146.30万美元，占中国新疆进口总值的0.13%，同比上升104.60%，环比上升467.05%；对塔吉克斯坦的进口总值为132.80万美元，占中国新疆进口总值的0.12%，同比上升175.90%，环比下降309.88%。

12. 2013年12月中国新疆对中亚四国进口贸易月度分析

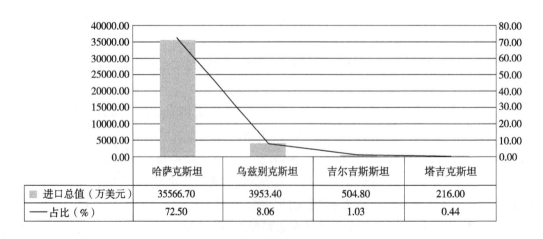

图4-3-42　2013年12月中国新疆对中亚国家进口总值及占比

由图 4 - 3 - 42 可以看出，2013 年 12 月，中国新疆对中亚国家进口总值大小排名依次为：哈萨克斯坦、乌兹别克斯坦、吉尔吉斯斯坦、塔吉克斯坦。

中国新疆对中亚国家进口总值为 40240.90 万美元，占中国新疆进口总值的 82.03%。其中：对哈萨克斯坦的进口总值为 35566.70 万美元，占中国新疆进口总值的 72.50%，同比上升 6.90%，环比下降 66.15%；对乌兹别克斯坦的进口总值为 3953.40 万美元，占中国新疆进口总值的 8.06%，同比下降 47.80%，环比上升 665.60%；对吉尔吉斯斯坦的进口总值为 504.80 万美元，占中国新疆进口总值的 1.03%，同比上升 4.60%，环比上升 12.52%；对塔吉克斯坦的进口总值为 216.00 万美元，占中国新疆进口总值的 0.44%，同比上升 512.10%，环比上升 62.65%。

四、2013 年中国新疆对中亚五国的出口贸易与进口贸易比较分析

（一）2013 年中国新疆对中亚五国的出口贸易与进口贸易比较

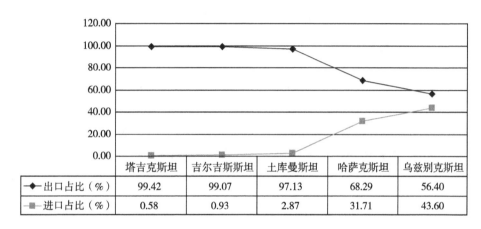

	塔吉克斯坦	吉尔吉斯斯坦	土库曼斯坦	哈萨克斯坦	乌兹别克斯坦
出口占比（%）	99.42	99.07	97.13	68.29	56.40
进口占比（%）	0.58	0.93	2.87	31.71	43.60

图 4 - 2 - 43　2013 年中国新疆对中亚五国进出口总值中出口及进口占比

由图 4 - 2 - 43 可以看出，2013 年，中国新疆对中亚五国的进出口贸易中，各国的出口总值、进口总值占其进出口总值的比重均是出口大于进口，说明中国新疆对中亚五国的进出口贸易均以出口为主导，且出口远大于进口，出口占比除乌兹别克斯坦为 56.40% 外，其余四国均超过 65.00%。

（二）2013 年中国新疆对中亚国家的出口贸易与进口贸易的月度比较分析

1. 2013 年 1 月中国新疆对中亚国家的出口贸易与进口贸易的月度比较分析

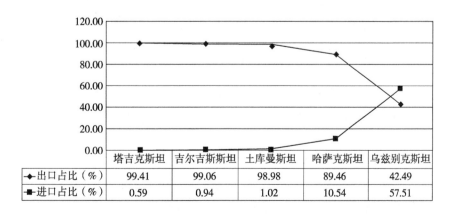

	塔吉克斯坦	吉尔吉斯斯坦	土库曼斯坦	哈萨克斯坦	乌兹别克斯坦
出口占比（%）	99.41	99.06	98.98	89.46	42.49
进口占比（%）	0.59	0.94	1.02	10.54	57.51

图 4 - 3 - 44　2013 年 1 月中国新疆对中亚国家进出口总值中出口及进口占比

由图 4 - 3 - 44 可以看出，2013 年 1 月，中国新疆对中亚国家的进出口贸易中，除乌兹别克斯坦外，各国的出口总值、进口总值占其进出口总值的比重均是出口大于进口，说明中国新疆对中亚国家的进出口贸易均以出口为主导，且出口远大于进口，出口占比均超过 89.00%。

2. 2013 年 2 月中国新疆对中亚国家的出口贸易与进口贸易的月度比较分析

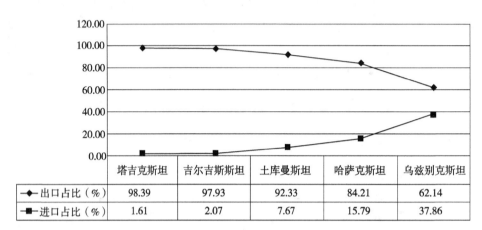

	塔吉克斯坦	吉尔吉斯斯坦	土库曼斯坦	哈萨克斯坦	乌兹别克斯坦
出口占比（%）	98.39	97.93	92.33	84.21	62.14
进口占比（%）	1.61	2.07	7.67	15.79	37.86

图 4 - 3 - 45　2013 年 2 月中国新疆对中亚国家进出口总值中出口及进口占比

由图 4 - 3 - 45 可以看出，2013 年 2 月，中国新疆对中亚国家的进出口贸易中，各国的出口总值、进口总值占其进出口总值的比重均是出口大于进口，说明中国新疆对中亚国家的进出口贸易均以出口为主导，且出口远大于进口，出口占比均超过 60.00%。

3. 2013 年 3 月中国新疆对中亚国家的出口贸易与进口贸易的月度比较分析

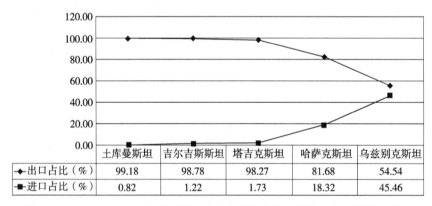

	土库曼斯坦	吉尔吉斯斯坦	塔吉克斯坦	哈萨克斯坦	乌兹别克斯坦
出口占比（%）	99.18	98.78	98.27	81.68	54.54
进口占比（%）	0.82	1.22	1.73	18.32	45.46

图 4 - 3 - 46　2013 年 3 月中国新疆对中亚国家进出口总值中出口及进口占比

由图 4 - 3 - 46 可以看出，2013 年 3 月，中国新疆对中亚国家的进出口贸易中，各国的出口总值、进口总值占其进出口总值的比重均是出口大于进口，说明中国新疆对中亚国家的进出口贸易均以出口为主导，且出口远大于进口，出口占比均超过 54.00%。

4. 2013 年 4 月中国新疆对中亚国家的出口贸易与进口贸易的月度比较分析

由图 4 - 3 - 47 可以看出，2013 年 4 月，中国新疆对中亚国家的进出口贸易中，除乌兹别克斯坦外，其他各国的出口总值、进口总值占其进出口总值的比重均是出口大于进口，说明中国新疆对中亚国家的进出口贸易均以出口为主导，且出口远大于进口，出口占比均超过 85.00%。

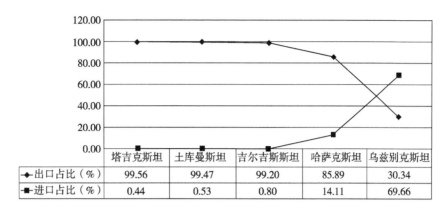

	塔吉克斯坦	土库曼斯坦	吉尔吉斯斯坦	哈萨克斯坦	乌兹别克斯坦
出口占比（%）	99.56	99.47	99.20	85.89	30.34
进口占比（%）	0.44	0.53	0.80	14.11	69.66

图 4 - 3 - 47 2013 年 4 月中国新疆对中亚国家进出口总值中出口及进口占比

5. 2013 年 5 月中国新疆对中亚国家的出口贸易与进口贸易的月度比较分析

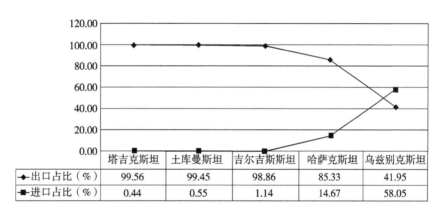

	塔吉克斯坦	土库曼斯坦	吉尔吉斯斯坦	哈萨克斯坦	乌兹别克斯坦
出口占比（%）	99.56	99.45	98.86	85.33	41.95
进口占比（%）	0.44	0.55	1.14	14.67	58.05

图 4 - 3 - 48 2013 年 5 月中国新疆对中亚国家进出口总值中出口及进口占比

由图 4 - 3 - 48 可以看出，2013 年 5 月，中国新疆对中亚国家的进出口贸易中，除乌兹别克斯坦外，各国的出口总值、进口总值占其进出口总值的比重均是出口大于进口，说明中国新疆对中亚国家的进出口贸易均以出口为主导，且出口远大于进口，出口占比均超过 85.00%。

6. 2013 年 6 月中国新疆对中亚国家的出口贸易与进口贸易的月度比较分析

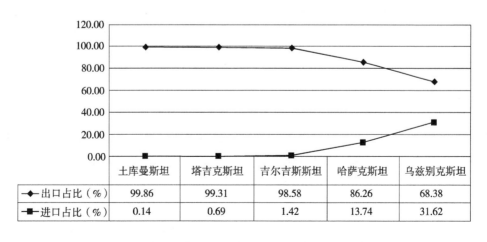

	土库曼斯坦	塔吉克斯坦	吉尔吉斯斯坦	哈萨克斯坦	乌兹别克斯坦
出口占比（%）	99.86	99.31	98.58	86.26	68.38
进口占比（%）	0.14	0.69	1.42	13.74	31.62

图 4 - 3 - 49 2013 年 6 月中国新疆对中亚国家进出口总值中出口及进口占比

由图4-3-49可以看出，2013年6月，中国新疆对中亚国家的进出口贸易中，各国的出口总值、进口总值占其进出口总值的比重均是出口大于进口，说明中国新疆对中亚国家的进出口贸易均以出口为主导，且出口远大于进口，除乌兹别克斯坦外，出口占比均超过80.00%。

7. 2013年7月中国新疆对中亚国家的出口贸易与进口贸易的月度比较分析

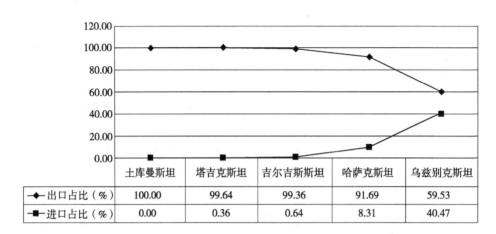

	土库曼斯坦	塔吉克斯坦	吉尔吉斯斯坦	哈萨克斯坦	乌兹别克斯坦
◆出口占比（%）	100.00	99.64	99.36	91.69	59.53
■进口占比（%）	0.00	0.36	0.64	8.31	40.47

图4-3-50 2013年7月中国新疆对中亚国家进出口总值中出口及进口占比

由图4-3-50可以看出，2013年7月，中国新疆对中亚国家的进出口贸易中，各国的出口总值、进口总值占其进出口总值的比重均是出口大于进口，说明中国新疆对中亚国家的进出口贸易均以出口为主导，且出口远大于进口，出口占比均超过55.00%。

8. 2013年8月中国新疆对中亚国家的出口贸易与进口贸易的月度比较分析

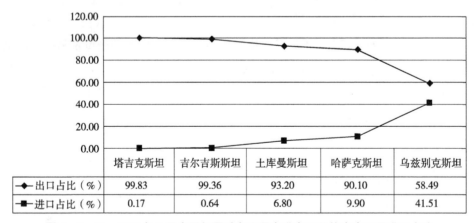

	塔吉克斯坦	吉尔吉斯斯坦	土库曼斯坦	哈萨克斯坦	乌兹别克斯坦
◆出口占比（%）	99.83	99.36	93.20	90.10	58.49
■进口占比（%）	0.17	0.64	6.80	9.90	41.51

图4-3-51 2013年8月中国新疆对中亚国家进出口总值中出口及进口占比

由图4-3-51可以看出，2013年8月，中国新疆对中亚国家的进出口贸易中，各国的出口总值、进口总值占其进出口总值的比重均是出口大于进口，说明中国新疆对中亚国家的进出口贸易均以出口为主导，且出口远大于进口，出口占比均超过55.00%。

9. 2013年9月中国新疆对中亚国家的出口贸易与进口贸易的月度比较分析

由图4-3-52可以看出，2013年9月，中国新疆对中亚国家的进出口贸易中，各国的出口总值、进口总值占其进出口总值的比重均是出口大于进口，说明中国新疆对中亚国家的进出口贸易均以出口为主导，且出口大于进口，出口占比均超过 52.00%。

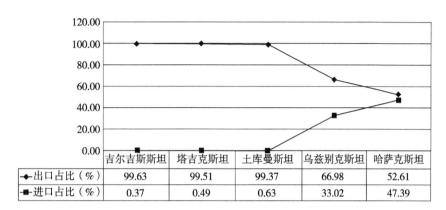

	吉尔吉斯斯坦	塔吉克斯坦	土库曼斯坦	乌兹别克斯坦	哈萨克斯坦
◆出口占比（%）	99.63	99.51	99.37	66.98	52.61
■进口占比（%）	0.37	0.49	0.63	33.02	47.39

图 4-3-52　2013 年 9 月中国新疆对中亚国家进出口总值中出口及进口占比

10. 2013 年 10 月中国新疆对中亚国家的出口贸易与进口贸易的月度比较分析

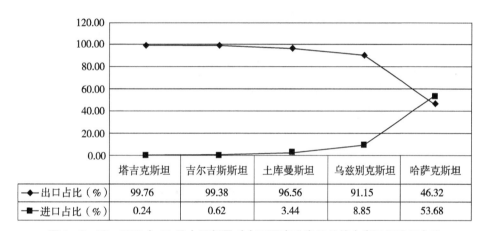

	塔吉克斯坦	吉尔吉斯斯坦	土库曼斯坦	乌兹别克斯坦	哈萨克斯坦
◆出口占比（%）	99.76	99.38	96.56	91.15	46.32
■进口占比（%）	0.24	0.62	3.44	8.85	53.68

图 4-3-53　2013 年 10 月中国新疆对中亚国家进出口总值中出口及进口占比

由图 4-3-53 可以看出，2013 年 10 月，中国新疆对中亚国家的进出口贸易中，除哈萨克斯坦外，各国的出口总值、进口总值占其进出口总值的比重均是出口大于进口，说明中国新疆对中亚国家的进出口贸易均以出口为主导，且出口远大于进口，出口占比均超过 90.00%。

11. 2013 年 11 月中国新疆对中亚国家的出口贸易与进口贸易的月度比较分析

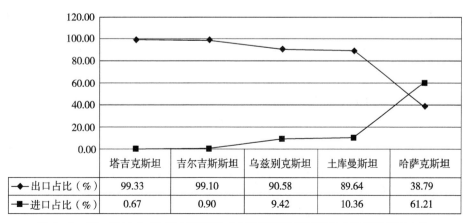

	塔吉克斯坦	吉尔吉斯斯坦	乌兹别克斯坦	土库曼斯坦	哈萨克斯坦
◆出口占比（%）	99.33	99.10	90.58	89.64	38.79
■进口占比（%）	0.67	0.90	9.42	10.36	61.21

图 4-3-54　2013 年 11 月中国新疆对中亚国家进出口总值中出口及进口占比

由图4-3-54可以看出，2013年11月，中国新疆对中亚国家的进出口贸易中，出口总值大于进口总值的有：乌兹别克斯坦、吉尔吉斯斯坦、土库曼斯坦和塔吉克斯坦。由此可见，11月中国新疆对中亚各国的进出口贸易以出口为主导。

12. 2013年12月中国新疆对中亚国家的出口贸易与进口贸易的月度比较分析

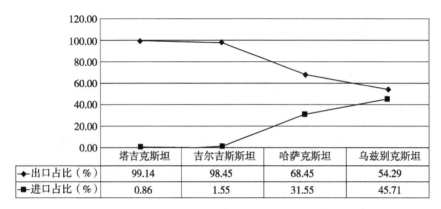

	塔吉克斯坦	吉尔吉斯斯坦	哈萨克斯坦	乌兹别克斯坦
出口占比（%）	99.14	98.45	68.45	54.29
进口占比（%）	0.86	1.55	31.55	45.71

图4-3-55 2013年12月中国新疆对中亚国家进出口总值中出口及进口占比

由图4-3-55可以看出，2013年12月，中国新疆对中亚国家的进出口贸易中，各国的出口总值、进口总值占其进出口总值的比重均是出口大于进口，说明中国新疆对中亚国家的进出口贸易均以出口为主导，且出口远大于进口，出口占比均超过54.00%。

第四节　2013年中国新疆与西亚国家的进出口贸易情况

一、2013年中国新疆对西亚国家进出口贸易总体分析

（一）2013年中国新疆对西亚国家进出口贸易分析

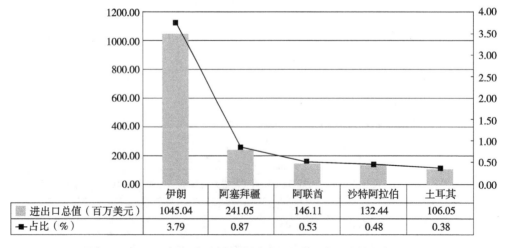

	伊朗	阿塞拜疆	阿联酋	沙特阿拉伯	土耳其
进出口总值（百万美元）	1045.04	241.05	146.11	132.44	106.05
占比（%）	3.79	0.87	0.53	0.48	0.38

图4-4-1 2013年中国新疆对西亚国家进出口总值及占比

由图 4 - 4 - 1 可以看出，2013 年中国新疆对西亚国家进出口贸易中进出口总值大小排名依次为：伊朗、阿塞拜疆、阿联酋、沙特阿拉伯、土耳其。

中国新疆对西亚国家进出口总值为 1670.69 百万美元，占中国新疆进出口总值的 6.06%。其中：对伊朗的进出口总值为 1045.04 百万美元，占中国新疆进出口总值的 3.79%，同比上升 2424.50%；对阿塞拜疆的进出口总值为 241.05 百万美元，占中国新疆进出口总值的 0.87%，同比下降 7.50%；对阿联酋的进出口总值为 146.11 百万美元，占中国新疆进出口总值的 0.53%，同比上升 32.30%；对沙特阿拉伯的进出口总值为 132.44 百万美元，占中国新疆进出口总值的 0.48%，同比上升 39.20%；对土耳其的进出口总值为 106.05 百万美元，占中国新疆进出口总值的 0.38%，同比上升 121.00%。

（二）2013 年中国新疆对西亚国家进出口贸易趋势分析

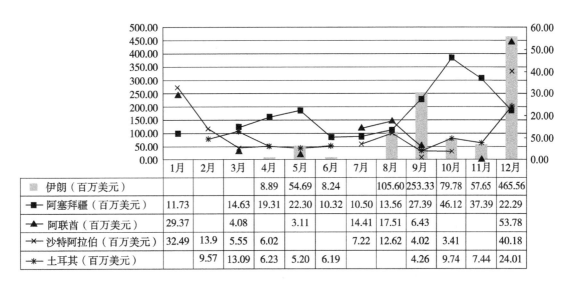

	1月	2月	3月	4月	5月	6月	7月	8月	9月	10月	11月	12月
伊朗（百万美元）				8.89	54.69	8.24		105.60	253.33	79.78	57.65	465.56
阿塞拜疆（百万美元）	11.73		14.63	19.31	22.30	10.32	10.50	13.56	27.39	46.12	37.39	22.29
阿联酋（百万美元）	29.37		4.08		3.11		14.41	17.51	6.43			53.78
沙特阿拉伯（百万美元）	32.49	13.9	5.55	6.02			7.22	12.62	4.02	3.41		40.18
土耳其（百万美元）		9.57	13.09	6.23	5.20	6.19			4.26	9.74	7.44	24.01

图 4 - 4 - 2 2013 年 1～12 月中国新疆与西亚国家进出口总值趋势

由图 4 - 4 - 2 可以看出，2013 年 1～12 月中国新疆对西亚国家均存在某月未发生进出口贸易情况。由于数据缺漏值较多，故选取发生进出口贸易国家较多的 3 月、4 月、5 月、8 月、9 月、10 月、11 月及 12 月进行排名。3 月排名顺序为阿塞拜疆、土耳其、沙特阿拉伯、阿联酋；4 月排名顺序为阿塞拜疆、伊朗、土耳其、沙特阿拉伯；5 月排名顺序为伊朗、阿塞拜疆、土耳其、阿联酋；8 月排名顺序为伊朗、阿联酋、阿塞拜疆、沙特阿拉伯；9 月排名顺序为伊朗、阿塞拜疆、阿联酋、土耳其、沙特阿拉伯；10 月排名顺序为伊朗、阿塞拜疆、土耳其、沙特阿拉伯；11 月排名顺序为伊朗、阿塞拜疆、土耳其；12 月排名顺序为伊朗、阿联酋、沙特阿拉伯、土耳其、阿塞拜疆。中国新疆对伊朗进出口总值呈全年上下起伏波动，8～12 月进出口贸易活动频繁，12 月达到全年最高峰，为 465.56 百万美元；对阿塞拜疆、阿联酋、沙特阿拉伯以及土耳其进出口总值变化趋势基本一致，都较为平稳，除阿塞拜疆 10 月达到全年最大值以外，阿联酋、沙特阿拉伯及土耳其都是 12 月达到顶点。

（三）2013 年中国新疆对西亚国家进出口贸易月度分析

1. 2013 年 1 月中国新疆对西亚三国进出口贸易月度分析

由图 4 - 4 - 3 可以看出，2013 年 1 月中国新疆对西亚国家的进出口贸易值大小排名依次为：

沙特阿拉伯、阿联酋、阿塞拜疆。

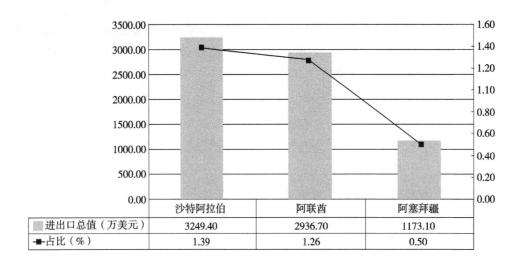

图4-4-3　2013年1月中国新疆对西亚国家进出口总值及占比

中国新疆对西亚国家进出口贸易总值为7359.20万美元，占中国新疆进出口总值的3.15%。其中：对沙特阿拉伯进出口总值为3249.40万美元，占中国新疆进出口总值的1.39%，同比上升1473.60%；对阿联酋进出口总值为2936.70万美元，占中国新疆进出口总值的1.26%，同比上升573.80%；对阿塞拜疆进出口总值为1173.10万美元，占中国新疆进出口总值的0.50%，同比下降16.90%。

2. 2013年2月中国新疆对西亚三国进出口贸易月度分析

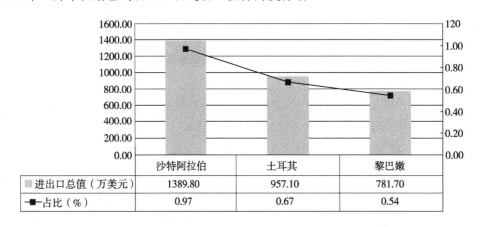

图4-4-4　2013年2月中国新疆对西亚国家进出口总值及占比

由图4-4-4可以看出，2013年2月中国新疆对西亚国家的进出口贸易值大小排名依次为：沙特阿拉伯、土耳其、黎巴嫩。

中国新疆对西亚国家进出口贸易总值为3128.60万美元，占中国新疆进出口总值的2.18%。其中：对沙特阿拉伯进出口总值为1389.80万美元，占中国新疆进出口总值的0.97%，同比上升226.90%，环比下降57.23%；对土耳其进出口总值为957.10万美元，占中国新疆进出口总值的0.67%，同比上升364.40%；对黎巴嫩进出口总值为781.70万美元，占中国新疆进出口总值的

0.54%，同比上升13426.40%。

3. 2013年3月中国新疆对西亚四国进出口贸易月度分析

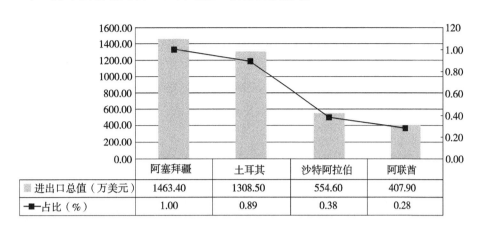

	阿塞拜疆	土耳其	沙特阿拉伯	阿联酋
进出口总值（万美元）	1463.40	1308.50	554.60	407.90
占比（%）	1.00	0.89	0.38	0.28

图4-4-5 2013年3月中国新疆对西亚国家进出口总值及占比

由图4-4-5可以看出，2013年3月中国新疆对西亚国家的进出口贸易值大小排名依次为：阿塞拜疆、土耳其、沙特阿拉伯、阿联酋。

中国新疆对西亚国家进出口贸易总值为3734.40万美元，占中国新疆进出口总值的2.55%。其中：对阿塞拜疆进出口总值为1463.40万美元，占中国新疆进出口总值的1.00%，同比下降53.10%；对土耳其进出口总值为1308.50万美元，占中国新疆进出口总值的0.89%，同比上升456.50%，环比上升36.72%；对沙特阿拉伯进出口总值为554.60万美元，占中国新疆进出口总值的0.38%，同比下降13.40%，环比下降60.09%；对阿联酋进出口总值为407.90万美元，占中国新疆进出口总值的0.28%，同比上升149.60%。

4. 2013年4月中国新疆对西亚四国进出口贸易月度分析

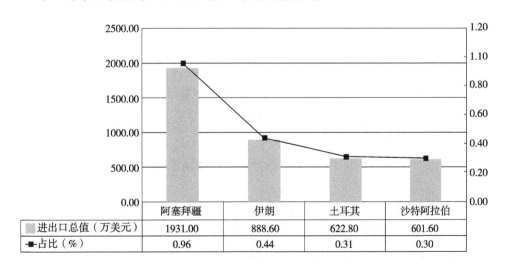

	阿塞拜疆	伊朗	土耳其	沙特阿拉伯
进出口总值（万美元）	1931.00	888.60	622.80	601.60
占比（%）	0.96	0.44	0.31	0.30

图4-4-6 2013年4月中国新疆对西亚国家进出口总值及占比

由图4-4-6可以看出，2013年4月中国新疆对西亚国家的进出口贸易值大小排名依次为：阿塞拜疆、伊朗、土耳其、沙特阿拉伯。

中国新疆对西亚国家进出口贸易总值为4044.00万美元，占中国新疆进出口总值的2.02%。其中：对阿塞拜疆进出口总值为1931.00万美元，占中国新疆进出口总值的0.96%，同比下降47.80%，环比上升31.95%；对伊朗进出口总值为888.60万美元，占中国新疆进出口总值的0.44%，同比上升1041.20%；对土耳其进出口总值为622.80万美元，占中国新疆进出口总值的0.31%，同比上升103.50%，环比下降52.40%；对沙特阿拉伯进出口总值为601.60万美元，占中国新疆进出口总值的0.30%，同比上升59.70%，环比上升8.47%。

5. 2013年5月中国新疆对西亚四国进出口贸易月度分析

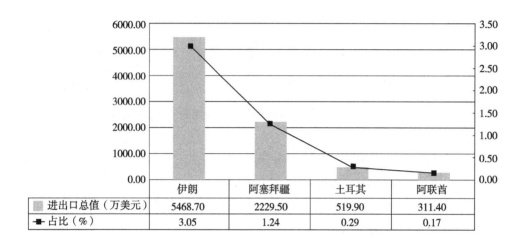

	伊朗	阿塞拜疆	土耳其	阿联酋
进出口总值（万美元）	5468.70	2229.50	519.90	311.40
占比（%）	3.05	1.24	0.29	0.17

图4-4-7　2013年5月中国新疆对西亚国家进出口总值及占比

由图4-4-7可以看出，2013年5月中国新疆对西亚国家的进出口贸易值大小排名依次为：伊朗、阿塞拜疆、土耳其、阿联酋。

中国新疆对西亚国家进出口贸易总值为8529.50万美元，占中国新疆进出口总值的4.76%。其中：对伊朗进出口总值为5468.70万美元，占中国新疆进出口总值的3.05%，同比上升1939.80%，环比上升515.43%；对阿塞拜疆进出口总值为2229.50万美元，占中国新疆进出口总值的1.24%，同比下降16.40%，环比上升15.46%；对土耳其进出口总值为519.90万美元，占中国新疆进出口总值的0.29%，同比上升3.80%，环比下降16.52%；对阿联酋进出口总值为311.40万美元，占中国新疆进出口总值的0.17%，同比下降9.40%。

6. 2013年6月中国新疆对西亚三国进出口贸易月度分析

由图4-4-8可以看出，2013年6月中国新疆对西亚国家的进出口贸易值大小排名依次为：阿塞拜疆、伊朗、土耳其。

中国新疆对西亚国家进出口贸易总值为2475.10万美元，占中国新疆进出口总值的1.72%。其中：对阿塞拜疆进出口总值为1032.40万美元，占中国新疆进出口总值的0.72%，同比上升21.90%，环比下降53.69%；对伊朗进出口总值为823.50万美元，占中国新疆进出口总值的0.57%，同比上升655%，环比下降84.94%；对土耳其进出口总值为619.20万美元，占中国新疆进出口总值的0.43%，同比上升117.50%，环比上升19.10%。

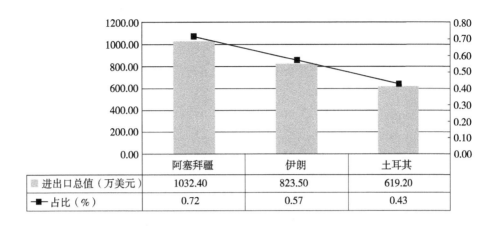

	阿塞拜疆	伊朗	土耳其
进出口总值（万美元）	1032.40	823.50	619.20
占比（%）	0.72	0.57	0.43

图 4 - 4 - 8 2013 年 6 月中国新疆对西亚国家进出口总值及占比

7. 2013 年 7 月中国新疆对西亚三国进出口贸易月度分析

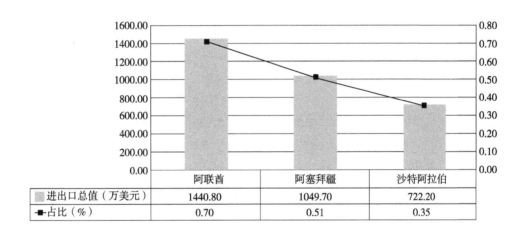

	阿联酋	阿塞拜疆	沙特阿拉伯
进出口总值（万美元）	1440.80	1049.70	722.20
占比（%）	0.70	0.51	0.35

图 4 - 4 - 9 2013 年 7 月中国新疆对西亚国家进出口总值及占比

由图 4 - 4 - 9 可以看出，2013 年 7 月中国新疆对西亚国家的进出口贸易值大小排名依次为：阿联酋、阿塞拜疆、沙特阿拉伯。

中国新疆对西亚国家进出口贸易总值为 3212.70 万美元，占中国新疆进出口总值的 1.56%。其中：对阿联酋进出口总值为 1440.80 万美元，占中国新疆进出口总值的 0.70%，同比下降 2.30%；对阿塞拜疆进出口总值为 1049.70 万美元，占中国新疆进出口总值的 0.51%，同比上升 15.70%，环比上升 1.68%；对沙特阿拉伯进出口总值为 722.20 万美元，占中国新疆进出口总值的 0.35%，同比下降 60.50%。

8. 2013 年 8 月中国新疆对西亚四国进出口贸易月度分析

由图 4 - 4 - 10 可以看出，2013 年 8 月中国新疆对西亚国家的进出口贸易值大小排名依次为：伊朗、阿联酋、阿塞拜疆、沙特阿拉伯。

中国新疆对西亚国家进出口贸易总值为 14929.90 万美元，占中国新疆进出口总值的 6.03%。其中：对伊朗进出口总值为 10560.20 万美元，占中国新疆进出口总值的 4.26%，同比上升 1168.90%；对阿联酋进出口总值为 1751.30 万美元，占中国新疆进出口总值的 0.71%，同比上升

81.20%，环比上升21.55%；对阿塞拜疆进出口总值为1356.00万美元，占中国新疆进出口总值的0.55%，同比下降21.30%，环比上升29.18%；对沙特阿拉伯进出口总值为1262.40万美元，占中国新疆进出口总值的0.51%，同比上升9.10%，环比上升74.80%。

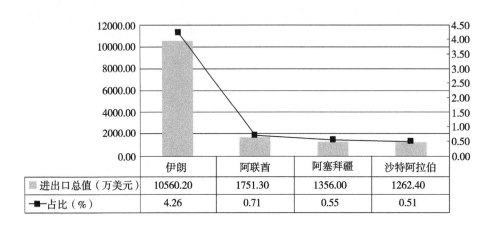

	伊朗	阿联酋	阿塞拜疆	沙特阿拉伯
进出口总值（万美元）	10560.20	1751.30	1356.00	1262.40
占比（%）	4.26	0.71	0.55	0.51

图4－4－10　2013年8月中国新疆对西亚国家进出口总值及占比

9. 2013年9月中国新疆对西亚五国进出口贸易月度分析

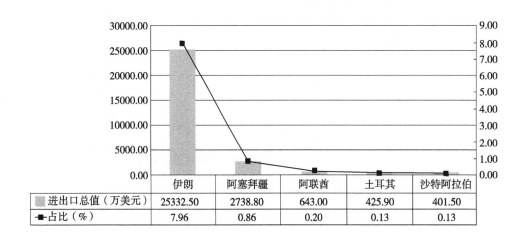

	伊朗	阿塞拜疆	阿联酋	土耳其	沙特阿拉伯
进出口总值（万美元）	25332.50	2738.80	643.00	425.90	401.50
占比（%）	7.96	0.86	0.20	0.13	0.13

图4－4－11　2013年9月中国新疆对西亚国家进出口总值及占比

由图4－4－11可以看出，2013年9月中国新疆对西亚国家的进出口贸易值大小排名依次为：伊朗、阿塞拜疆、阿联酋、土耳其、沙特阿拉伯。

中国新疆对西亚国家进出口总值为29541.70万美元，占中国新疆进出口总值的9.28%。其中：对伊朗进出口总值为25332.50万美元，占中国新疆进出口总值的7.96%，同比上升2633.60%，环比上升139.89%；对阿塞拜疆进出口总值为2738.80万美元，占中国新疆进出口总值的0.86%，同比上升16.70%，环比上升101.98%；对阿联酋进出口总值为643.00万美元，占中国新疆进出口总值的0.20%，同比下降10.10%，环比下降63.28%；对土耳其进出口总值为425.90万美元，占中国新疆进出口总值的0.13%，同比下降15.80%；对沙特阿拉伯进出口总值为401.50万美元，占中国新疆进出口总值的0.13%，同比下降31.80%，环比下降68.20%。

10. 2013 年 10 月中国新疆对西亚四国进出口贸易月度分析

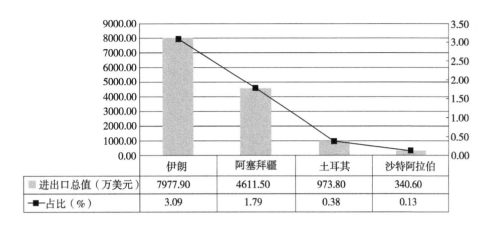

	伊朗	阿塞拜疆	土耳其	沙特阿拉伯
进出口总值（万美元）	7977.90	4611.50	973.80	340.60
占比（%）	3.09	1.79	0.38	0.13

图 4 - 4 - 12　2013 年 10 月中国新疆对西亚国家进出口总值及占比

由图 4 - 4 - 12 可以看出，2013 年 10 月中国新疆对西亚国家的进出口贸易值大小排名依次为：伊朗、阿塞拜疆、土耳其和沙特阿拉伯。

中国新疆对西亚国家进出口贸易总值为 13903.80 万美元，占中国新疆进出口总值的 5.38%。其中：对伊朗进出口总值为 7977.90 万美元，占中国新疆进出口总值的 3.09%，同比上升 5989.40%，环比下降 68.51%；对阿塞拜疆进出口总值为 4611.50 万美元，占中国新疆进出口总值的 1.79%，同比上升 120.10%，环比上升 68.38%；对土耳其进出口总值为 973.80 万美元，占中国新疆进出口总值的 0.38%，同比上升 213.40%，环比上升 128.65%；对沙特阿拉伯进出口总值为 340.60 万美元，占中国新疆进出口总值的 0.13%，同比上升 46.80%，环比下降 15.17%。

11. 2013 年 11 月中国新疆对西亚三国进出口贸易月度分析

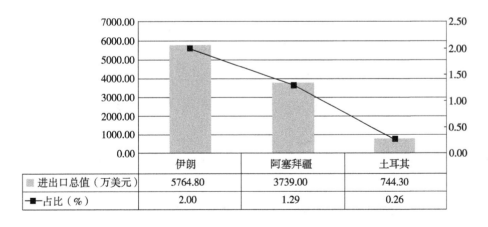

	伊朗	阿塞拜疆	土耳其
进出口总值（万美元）	5764.80	3739.00	744.30
占比（%）	2.00	1.29	0.26

图 4 - 4 - 13　2013 年 11 月中国新疆对西亚国家进出口总值及占比

由图 4 - 4 - 13 可以看出，2013 年 11 月中国新疆对西亚国家的进出口贸易值大小排名依次为：伊朗、阿塞拜疆、土耳其。

中国新疆对西亚国家进出口贸易总值为 10248.10 万美元，占中国新疆进出口总值的 3.55%。

其中：对伊朗进出口总值为5764.80万美元，占中国新疆进出口总值的2.00%，同比上升1269.40%，环比下降27.74%；对阿塞拜疆进出口总值为3739.00万美元，占中国新疆进出口总值的1.29%，同比下降10.70%，环比下降18.92%；对土耳其进出口总值为744.30万美元，占中国新疆进出口总值的0.26%，同比上升151.80%，环比下降23.57%。

12. 2013年12月中国新疆对西亚五国进出口贸易月度分析

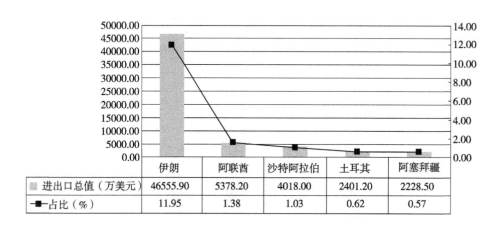

	伊朗	阿联酋	沙特阿拉伯	土耳其	阿塞拜疆
进出口总值（万美元）	46555.90	5378.20	4018.00	2401.20	2228.50
占比（%）	11.95	1.38	1.03	0.62	0.57

图4-4-14　2013年12月中国新疆对西亚国家进出口总值及占比

由图4-4-14可以看出，2013年12月中国新疆对西亚国家的进出口贸易值大小排名依次为：伊朗、阿联酋、沙特阿拉伯、土耳其、阿塞拜疆。

中国新疆对西亚国家进出口贸易总值为60581.80万美元，占中国新疆进出口总值的15.54%。其中：对伊朗进出口总值为46555.90万美元，占中国新疆进出口总值的11.95%，同比上升10093.10%，环比上升707.59%；对阿联酋进出口总值为5378.20万美元，占中国新疆进出口总值的1.38%，同比上升17.70%；对沙特阿拉伯进出口总值为4018.00万美元，占中国新疆进出口总值的1.03%，同比上升100.30%；对土耳其进出口总值为2401.20万美元，占中国新疆进出口总值的0.62%，同比上升138.40%，环比上升222.61%；对阿塞拜疆进出口总值为2228.50万美元，占中国新疆进出口总值的0.57%，同比下降18.00%，环比下降40.40%。

二、2013年中国新疆对西亚国家出口贸易总体分析

（一）2013年中国新疆对西亚国家出口贸易分析

由图4-4-15可以看出，2013年中国新疆对西亚国家出口贸易值大小排名依次为：伊朗、阿塞拜疆、阿联酋、沙特阿拉伯、土耳其。

中国新疆对西亚国家出口总值为1617.37百万美元，占中国新疆出口总值的7.26%。其中：对伊朗的出口总值为1040.23百万美元，占中国新疆出口总值的4.67%，同比上升2467.20%；对阿塞拜疆的出口总值为229.20百万美元，占中国新疆出口总值的1.03%，同比下降11.50%；对阿联酋的出口总值为144.24百万美元，占中国新疆出口总值的0.65%，同比上升31.00%；对沙特阿拉伯的出口总值为130.01百万美元，占中国新疆出口总值的0.58%，同比上升38.40%；对土耳其的出口总值为73.70百万美元，占中国新疆出口总值的0.33%，同比上升220.60%。

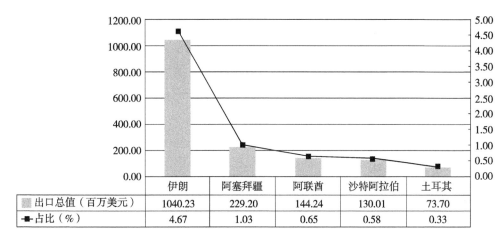

图 4 - 4 - 15　2013 年中国新疆对西亚国家出口总值及占比

（二）2013 年中国新疆对西亚国家出口贸易趋势分析

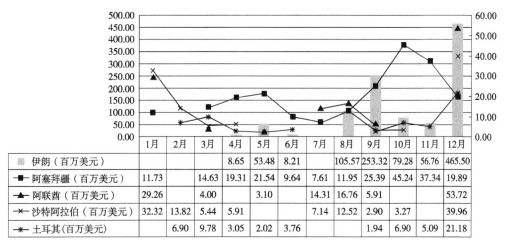

图 4 - 4 - 16　2013 年 1～12 月中国新疆与西亚国家出口总值趋势

　　由图 4 - 4 - 16 可以看出，2013 年 1～12 月中国新疆对西亚国家均存在某月未发生出口贸易情况。由于数据缺漏值较多，故选取发生出口贸易国家较多的 3 月、4 月、5 月、8 月、9 月、10 月、11 月及 12 月进行排名。3 月排名顺序为阿塞拜疆、土耳其、沙特阿拉伯、阿联酋；4 月排名顺序为阿塞拜疆、伊朗、沙特阿拉伯、土耳其；5 月排名顺序为伊朗、阿塞拜疆、阿联酋、土耳其；8 月排名顺序为伊朗、阿联酋、沙特阿拉伯、阿塞拜疆；9 月排名顺序为伊朗、阿塞拜疆、阿联酋、沙特阿拉伯、土耳其；10 月排名顺序为伊朗、阿塞拜疆、土耳其、沙特阿拉伯；11 月排名顺序为伊朗、阿塞拜疆、土耳其；12 月排名顺序为伊朗、阿联酋、沙特阿拉伯、土耳其、阿塞拜疆。中国新疆对伊朗出口总值呈全年上下起伏波动，8～12 月出口贸易活动频繁，12 月达到全年最高峰；对阿塞拜疆、阿联酋、沙特阿拉伯以及土耳其出口总值变化趋势基本一致，都较为平稳，除阿塞拜疆 10 月达到全年最大值以外，阿联酋、沙特阿拉伯及土耳其都是 12 月达到顶点。

　　（三）2013 年中国新疆对西亚国家出口贸易月度分析

　　1. 2013 年 1 月中国新疆对西亚三国出口贸易月度分析

　　由图 4 - 4 - 17 可以看出，2013 年 1 月，中国新疆对西亚国家出口贸易值大小排名依次为：沙特阿拉伯、阿联酋、阿塞拜疆。

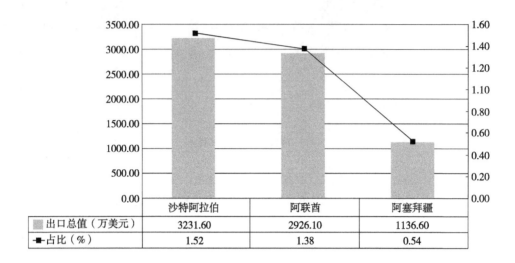

图4-4-17　2013年1月中国新疆对西亚国家出口总值及占比

中国新疆对西亚国家出口贸易值为7294.30万美元，占中国新疆出口总值的3.44%。其中：对沙特阿拉伯出口总值为3231.60万美元，占中国新疆出口总值的1.52%，同比上升1508.10%；对阿联酋出口总值为2926.10万美元，占中国新疆出口总值的1.38%，同比上升576.80%；对阿塞拜疆出口总值为1136.60万美元，占中国新疆出口总值的0.54%，同比下降19.50%。

2. 2013年2月中国新疆对西亚两国出口贸易月度分析

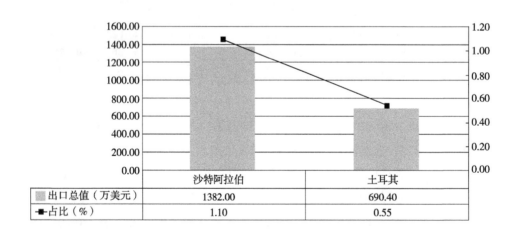

图4-4-18　2013年2月中国新疆对西亚国家出口总值及占比

由图4-4-18可以看出，2013年2月，中国新疆对西亚国家出口贸易值大小排名依次为：沙特阿拉伯、土耳其。

中国新疆对西亚国家出口贸易值为2072.40万美元，占中国新疆出口总值的1.65%。其中：对沙特阿拉伯出口总值为1382.00万美元，占中国新疆出口总值的1.10%，同比上升231.70%，环比下降57.24%；对土耳其出口总值为690.40万美元，占中国新疆出口总值的0.55%，同比上升1437.10%。

3. 2013 年 3 月中国新疆对西亚四国出口贸易月度分析

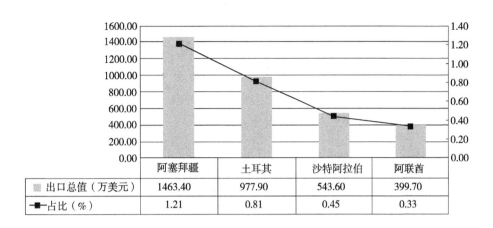

	阿塞拜疆	土耳其	沙特阿拉伯	阿联酋
出口总值（万美元）	1463.40	977.90	543.60	399.70
占比（%）	1.21	0.81	0.45	0.33

图 4 - 4 - 19　2013 年 3 月中国新疆对西亚国家出口值及占比

由图 4 - 4 - 19 可以看出，2013 年 3 月，中国新疆对西亚国家出口贸易值大小排名依次为：阿塞拜疆、土耳其、沙特阿拉伯、阿联酋。

中国新疆对西亚国家出口贸易值为 2984.90 万美元，占中国新疆出口总值的 2.79%。其中：对阿塞拜疆出口总值为 1463.40 万美元，占中国新疆出口总值的 1.21%，同比下降 53.10%；对土耳其出口总值为 977.90 万美元，占中国新疆出口总值的 0.81%，同比上升 1143.70%，环比上升 41.64%；对沙特阿拉伯出口总值为 543.60 万美元，占中国新疆出口总值的 0.45%，同比下降 14.80%，环比下降 60.67%；对阿联酋出口总值为 399.70 万美元，占中国新疆出口总值的 0.33%，同比下降 14.80%。

4. 2013 年 4 月中国新疆对西亚四国出口贸易月度分析

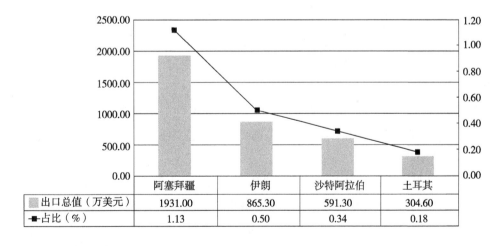

	阿塞拜疆	伊朗	沙特阿拉伯	土耳其
出口总值（万美元）	1931.00	865.30	591.30	304.60
占比（%）	1.13	0.50	0.34	0.18

图 4 - 4 - 20　2013 年 4 月中国新疆对西亚国家出口总值及占比

由图 4 - 4 - 20 可以看出，2013 年 4 月，中国新疆对西亚国家出口贸易值大小排名依次为：阿塞拜疆、伊朗、沙特阿拉伯、土耳其。

中国新疆对西亚国家出口贸易值为 3692.20 万美元，占中国新疆出口总值的 2.15%。其中：对阿塞拜疆出口总值为 1931.00 万美元，占中国新疆出口总值的 1.13%，同比下降 47.80%，环比上升 31.95%；对伊朗出口总值为 865.30 万美元，占中国新疆出口总值的 0.50%，同比上升 1085.30%；对沙特阿拉伯出口总值为 591.30 万美元，占中国新疆出口总值的 0.34%，同比上升 61.60%，环比上升 8.77%；对土耳其出口总值为 304.60 万美元，占中国新疆出口总值的 0.18%，同比上升 169.50%，环比下降 68.85%。

5. 2013 年 5 月中国新疆对西亚四国出口贸易月度分析

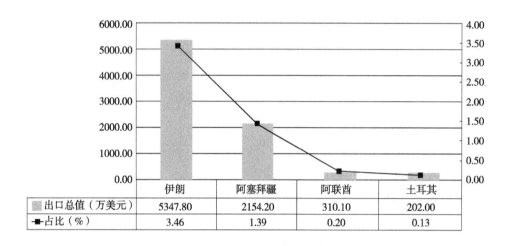

	伊朗	阿塞拜疆	阿联酋	土耳其
出口总值（万美元）	5347.80	2154.20	310.10	202.00
占比（%）	3.46	1.39	0.20	0.13

图 4-4-21　2013 年 5 月中国新疆对西亚国家出口总值及占比

由图 4-4-21 可以看出，2013 年 5 月，中国新疆对西亚国家出口贸易值大小排名依次为：伊朗、阿塞拜疆、阿联酋、土耳其。

中国新疆对西亚国家出口贸易值为 8014.10 万美元，占中国新疆出口总值的 5.19%。其中：对伊朗出口总值为 5347.80 万美元，占中国新疆出口总值的 3.46%，同比上升 1911.20%，环比上升 518.03%；对阿塞拜疆出口总值为 2154.20 万美元，占中国新疆出口总值的 1.39%，同比下降 19.20%，环比上升 11.56%；对阿联酋出口总值为 310.10 万美元，占中国新疆出口总值的 0.20%，同比下降 8.80%；对土耳其出口总值为 202.00 万美元，占中国新疆出口总值的 0.13%，同比下降 19.02%。

6. 2013 年 6 月中国新疆对西亚三国出口贸易月度分析

由图 4-4-22 可以看出，2013 年 6 月，中国新疆对西亚国家出口贸易值大小排名依次为：阿塞拜疆、伊朗、土耳其。

中国新疆对西亚国家出口贸易总值为 2161.00 万美元，占中国新疆出口总值的 1.76%。其中：对阿塞拜疆出口总值为 964.00 万美元，占中国新疆出口总值的 0.78%，同比上升 13.80%，环比下降 55.25%；对伊朗出口总值为 821.20 万美元，占中国新疆出口总值的 0.67%，同比上升 652.90%，环比下降 84.64%；对土耳其出口总值为 375.80 万美元，占中国新疆出口总值的 0.31%，同比上升 338.30%，环比上升 86.04%。

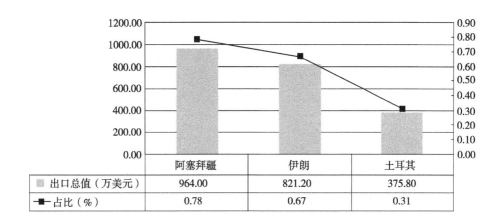

	阿塞拜疆	伊朗	土耳其
▨ 出口总值（万美元）	964.00	821.20	375.80
─■─ 占比（%）	0.78	0.67	0.31

图 4 – 4 – 22 2013 年 6 月中国新疆对西亚国家出口总值及占比

7. 2013 年 7 月中国新疆对西亚三国出口贸易月度分析

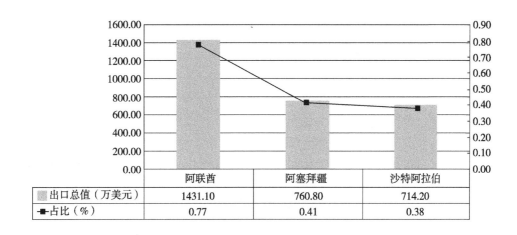

	阿联酋	阿塞拜疆	沙特阿拉伯
▨ 出口总值（万美元）	1431.10	760.80	714.20
─■─ 占比（%）	0.77	0.41	0.38

图 4 – 4 – 23 2013 年 7 月中国新疆对西亚国家出口总值及占比

由图 4 – 4 – 23 可以看出，2013 年 7 月，中国新疆对西亚国家出口贸易值大小排名依次为：阿联酋、阿塞拜疆、沙特阿拉伯。

中国新疆对西亚国家出口贸易值为 2906.10 万美元，占中国新疆出口总值的 1.56%。其中：对阿联酋出口总值为 1431.10 万美元，占中国新疆出口总值的 0.77%，同比下降 2.40%；对阿塞拜疆出口总值为 760.80 万美元，占中国新疆出口总值的 0.41%，同比下降 16.10%，环比下降 21.08%；对沙特阿拉伯出口总值为 714.20 万美元，占中国新疆出口总值的 0.38%，同比下降 60.70%。

8. 2013 年 8 月中国新疆对西亚四国出口贸易月度分析

由图 4 – 4 – 24 可以看出，2013 年 8 月，中国新疆对西亚国家出口贸易值大小排名依次为：伊朗、阿联酋、沙特阿拉伯、阿塞拜疆。

中国新疆对西亚国家出口贸易总值为 14680.50 万美元，占中国新疆出口总值的 6.45%。其中：对伊朗出口总值为 10557.10 万美元，占中国新疆出口总值的 4.64%，同比上升 1172.50%；对阿联酋出口总值为 1676.00 万美元，占中国新疆出口总值的 0.74%，同比上升 73.90%，环比上升 17.11%；对沙特阿拉伯出口总值为 1252.20 万美元，占中国新疆出口总值的 0.55%，同比上升 9.10%，环比上升 75.32%；对阿塞拜疆出口总值为 1195.20 万美元，占中国新疆出口总值的 0.52%，同比下降 26.90%，环比上升 57.10%。

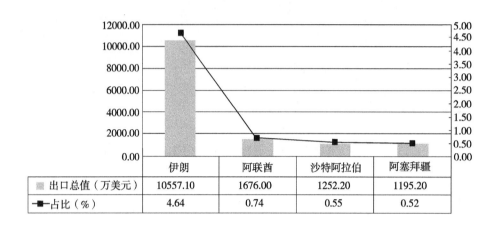

	伊朗	阿联酋	沙特阿拉伯	阿塞拜疆
出口总值（万美元）	10557.10	1676.00	1252.20	1195.20
占比（%）	4.64	0.74	0.55	0.52

图 4-4-24　2013 年 8 月中国新疆对西亚国家出口总值及占比

9. 2013 年 9 月中国新疆对西亚五国出口贸易月度分析

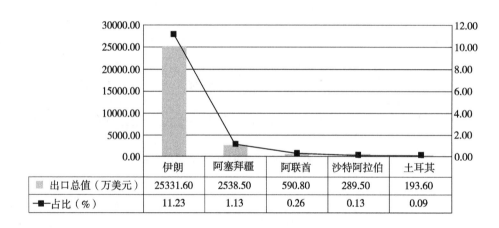

	伊朗	阿塞拜疆	阿联酋	沙特阿拉伯	土耳其
出口总值（万美元）	25331.60	2538.50	590.80	289.50	193.60
占比（%）	11.23	1.13	0.26	0.13	0.09

图 4-4-25　2013 年 9 月中国新疆对西亚国家出口总值及占比

由图 4-4-25 可以看出，2013 年 9 月，中国新疆对西亚国家的出口贸易值大小排名依次为：伊朗、阿塞拜疆、阿联酋、沙特阿拉伯、土耳其。

中国新疆对西亚国家出口总值为 28944.00 万美元，占中国新疆出口总值的 12.83%。其中：对伊朗的出口总值为 25331.60 万美元，占中国新疆出口总值的 11.23%，同比上升 2651.20%，环比上升 139.95%；对阿塞拜疆的出口总值为 2538.50 万美元，占中国新疆出口总值的 1.13%，同比上升 8.20%，环比上升 112.39%；对阿联酋的出口总值为 590.80 万美元，占中国新疆出口总值的 0.26%，同比下降 17.30%，环比下降 64.75%；对沙特阿拉伯的出口总值为 289.50 万美元，占中国新疆出口总值的 0.13%，同比下降 50.30%，环比下降 76.88%；对土耳其的出口总值为 193.60 万美元，占中国新疆出口总值的 0.09%，同比上升 4.30%。

10. 2013年10月中国新疆对西亚四国出口贸易月度分析

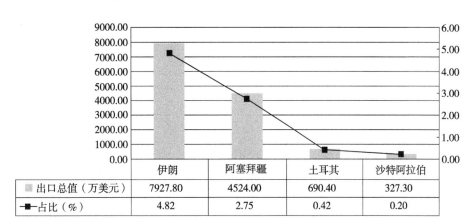

	伊朗	阿塞拜疆	土耳其	沙特阿拉伯
出口总值（万美元）	7927.80	4524.00	690.40	327.30
占比（%）	4.82	2.75	0.42	0.20

图4-4-26　2013年10月中国新疆对西亚国家出口总值及占比

由图4-4-26可以看出，2013年10月，中国新疆对西亚国家出口贸易值大小排名依次为：伊朗、阿塞拜疆、土耳其和沙特阿拉伯。

中国新疆对西亚国家出口贸易值为13469.50万美元，占中国新疆出口总值的8.19%。其中：对伊朗出口总值为7927.80万美元，占中国新疆出口总值的4.82%，同比上升6176.30%，环比下降68.70%；对阿塞拜疆出口总值为4524.00万美元，占中国新疆出口总值的2.75%，同比上升119.80%，环比上升78.22%；对土耳其出口总值为690.40万美元，占中国新疆出口总值的0.42%，同比上升545.30%，环比上升256.61%；对沙特阿拉伯出口总值为327.30万美元，占中国新疆出口总值的0.20%，同比上升45.50%，环比上升13.06%。

11. 2013年11月中国新疆对西亚三国出口贸易月度分析

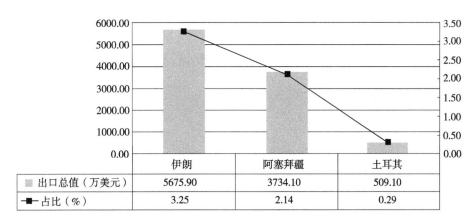

	伊朗	阿塞拜疆	土耳其
出口总值（万美元）	5675.90	3734.10	509.10
占比（%）	3.25	2.14	0.29

图4-4-27　2013年11月中国新疆对西亚国家出口总值及占比

由图4-4-27可以看出，2013年11月，中国新疆对西亚国家出口贸易值大小排名依次为：伊朗、阿塞拜疆、土耳其。

中国新疆对西亚国家出口贸易值为9919.10万美元，占中国新疆出口总值的5.68%。其中：对伊朗出口总值为5675.90万美元，占中国新疆出口总值的3.25%，同比上升1361.60%，环比下降284.05%；对阿塞拜疆出口总值为3734.10万美元，占中国新疆出口总值的2.14%，同比下降

10.70%，环比下降17.46%；对土耳其出口总值为509.10万美元，占中国新疆出口总值的0.29%，同比上升554.20%，环比下降26.26%。

12. 2013年12月中国新疆对西亚五国出口贸易月度分析

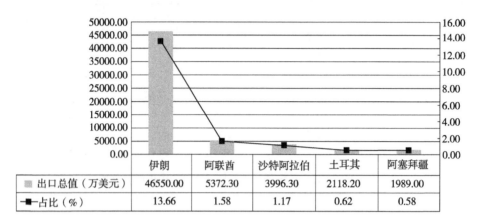

	伊朗	阿联酋	沙特阿拉伯	土耳其	阿塞拜疆
出口总值（万美元）	46550.00	5372.30	3996.30	2118.20	1989.00
占比（%）	13.66	1.58	1.17	0.62	0.58

图4－4－28　2013年12月中国新疆对西亚国家出口总值及占比

由图4－4－28可以看出，2013年12月，中国新疆对西亚国家出口贸易值大小排名依次为：伊朗、阿联酋、沙特阿拉伯、土耳其、阿塞拜疆。

中国新疆对西亚国家出口贸易值为60025.80万美元，占中国新疆出口总值的17.62%。其中：对伊朗出口总值为46550.00万美元，占中国新疆出口总值的13.66%，同比上升10350.40%，环比上升7.20%；对阿联酋出口总值为5372.30万美元，占中国新疆出口总值的1.58%，同比上升17.60%；对沙特阿拉伯出口总值为3996.30万美元，占中国新疆出口总值的1.17%，同比上升101.10%；对土耳其出口总值为2118.20万美元，占中国新疆出口总值的0.62%，同比上升150.80%，环比上升3.16%；对阿塞拜疆出口总值为1989.00万美元，占中国新疆出口总值的0.58%，同比下降26.20%，环比下降46.73%。

三、2013年中国新疆对西亚国家进口贸易总体分析

（一）2013年中国新疆对西亚国家进口贸易分析

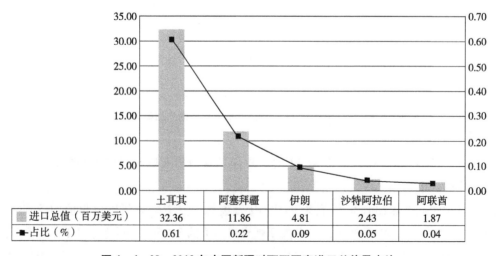

	土耳其	阿塞拜疆	伊朗	沙特阿拉伯	阿联酋
进口总值（百万美元）	32.36	11.86	4.81	2.43	1.87
占比（%）	0.61	0.22	0.09	0.05	0.04

图4－4－29　2013年中国新疆对西亚国家进口总值及占比

由图 4 - 4 - 29 可以看出，2013 年中国新疆对西亚国家进口贸易中进口总值大小排名依次为：土耳其、阿塞拜疆、伊朗、沙特阿拉伯、阿联酋。

中国新疆对西亚国家进口总值为 53.32 百万美元，占中国新疆进口总值的 1.01%。其中：对土耳其的进口总值为 32.36 百万美元，占中国新疆进口总值的 0.61%，同比上升 29.40%；对阿塞拜疆的进口总值为 11.86 百万美元，占中国新疆进口总值的 0.22%，同比上升 683.90%；对伊朗的进口总值为 4.81 百万美元，占中国新疆进口总值的 0.09%，同比上升 449.50%；对沙特阿拉伯的进口总值为 2.43 百万美元，占中国新疆进口总值的 0.05%，同比上升 110.60%；对阿联酋的进口总值为 1.87 百万美元，占中国新疆进口总值的 0.04%，同比上升 385.30%。

（二）2013 年中国新疆对西亚国家进口贸易趋势分析

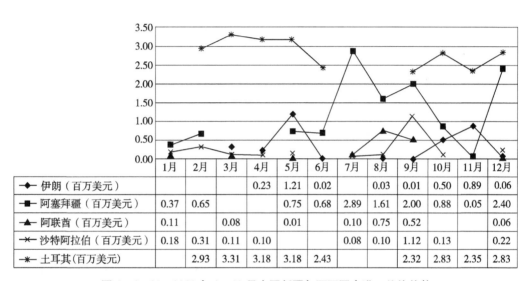

	1月	2月	3月	4月	5月	6月	7月	8月	9月	10月	11月	12月
伊朗（百万美元）				0.23	1.21	0.02		0.03	0.01	0.50	0.89	0.06
阿塞拜疆（百万美元）	0.37	0.65			0.75	0.68	2.89	1.61	2.00	0.88	0.05	2.40
阿联酋（百万美元）	0.11		0.08		0.01			0.10	0.75	0.52		0.06
沙特阿拉伯（百万美元）	0.18	0.31	0.11	0.10				0.08	0.10	1.12	0.13	0.22
土耳其（百万美元）		2.93	3.31	3.18	3.18	2.43			2.32	2.83	2.35	2.83

图 4 - 4 - 30　2013 年 1 ~ 12 月中国新疆与西亚国家进口总值趋势

由图 4 - 4 - 30 可以看出，2013 年 1 ~ 12 月中国新疆对西亚国家均存在某月未发生进口贸易情况。由于数据缺漏值较多，故选取发生进口贸易国家较多的 5 月、8 月、9 月、10 月及 12 月进行排名。5 月排名顺序为土耳其、伊朗、阿塞拜疆、阿联酋；8 月排名顺序为阿塞拜疆、阿联酋、沙特阿拉伯、伊朗；9 月排名顺序为土耳其、阿塞拜疆、沙特阿拉伯、阿联酋、伊朗；10 月排名顺序为土耳其、阿塞拜疆、伊朗、沙特阿拉伯；12 月排名顺序为土耳其、阿塞拜疆、沙特阿拉伯、伊朗、阿联酋。中国新疆对阿塞拜疆进口总值呈全年上下起伏波动，5 ~ 12 月进口贸易活动频繁，7 月达到全年最高峰，11 月为全年最低点；对伊朗、阿联酋、沙特阿拉伯以及土耳其进口总值变化趋势基本一致，震荡起伏；其中中国新疆对土耳其的进口总值全年处于领先地位。

（三）2013 年中国新疆对西亚国家进口贸易月度分析

1. 2013 年 1 月中国新疆对西亚三国进口贸易月度分析

由图 4 - 4 - 31 可以看出，2013 年 1 月，中国新疆对西亚国家进口贸易值大小排名依次为：阿塞拜疆、沙特阿拉伯、阿联酋。

中国新疆对西亚国家进口贸易值为 64.90 万美元，占中国新疆进口总值的 0.30%。其中：对阿塞拜疆进口总值为 36.50 万美元，占中国新疆进口总值的 0.17%，同比上升 3819.20%；对沙特阿拉伯进口总值为 17.80 万美元，占中国新疆进口总值的 0.08%，同比上升 222.60%；对阿联酋进口总值为10.60万美元，占中国新疆进口总值的0.05%，同比上升205.30%。

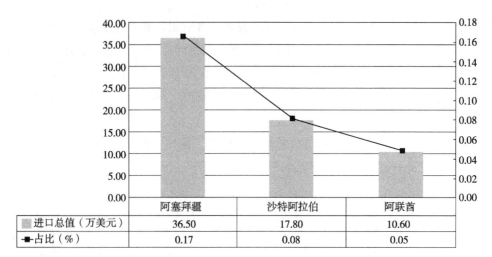

图4-4-31 2013年1月中国新疆对西亚国家进口总值及占比

2. 2013年2月中国新疆对西亚两国进口贸易月度分析

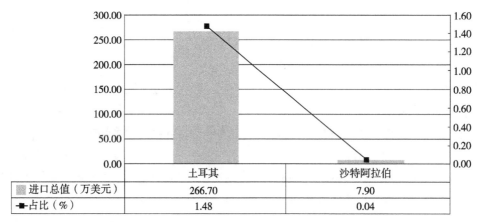

图4-4-32 2013年2月中国新疆对西亚国家进口总值及占比

由图4-4-32可以看出，2013年2月，中国新疆对西亚国家进口贸易值大小排名依次为：土耳其、沙特阿拉伯。

中国新疆对西亚国家进口贸易值为274.60万美元，占中国新疆进口总值的1.52%。其中：对土耳其进口总值为266.70万美元，占中国新疆进口总值的1.48%，同比上升65.50%；对沙特阿拉伯进口总值为7.90万美元，占中国新疆进口总值的0.04%，同比下降8.50%，环比下降55.62%。

3. 2013年3月中国新疆对西亚三国进口贸易月度分析

由图4-4-33可以看出，2013年3月，中国新疆对西亚国家进口贸易值大小排名依次为：土耳其、沙特阿拉伯、阿联酋。

中国新疆对西亚国家进口贸易值为349.90万美元，占中国新疆进口总值的1.41%。其中：对土耳其进口总值为330.70万美元，占中国新疆进口总值的1.33%，同比上升111.30%，环比上升

24.00%；对沙特阿拉伯进口总值为 11.00 万美元，占中国新疆进口总值的 0.04%，同比上升 398.90%，环比上升 39.24%；对阿联酋进口总值为 8.20 万美元，占中国新疆进口总值的 0.03%，同比上升 153.80%。

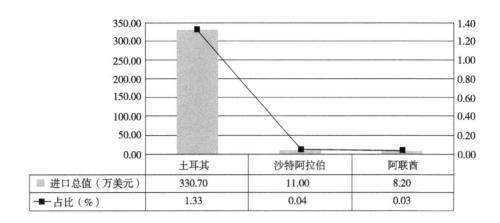

图 4 - 4 - 33 **2013 年 3 月中国新疆对西亚国家进口总值及占比**

4. 2013 年 4 月中国新疆对西亚三国进口贸易月度分析

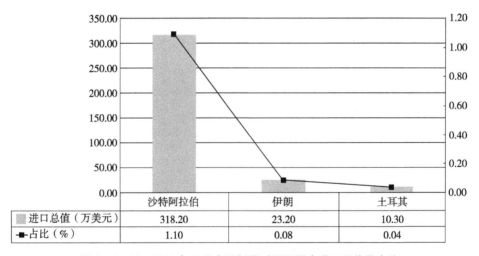

图 4 - 4 - 34 **2013 年 4 月中国新疆对西亚国家进口总值及占比**

由图 4 - 4 - 34 可以看出，2013 年 4 月，中国新疆对西亚国家进口贸易值大小排名依次为：沙特阿拉伯、伊朗、土耳其。

中国新疆对西亚国家进口贸易值为 351.70 万美元，占中国新疆进口总值的 1.22%。其中：对沙特阿拉伯进口总值为 318.20 万美元，占中国新疆进口总值的 1.10%，同比上升 64.80%，环比下降 6.36%；对伊朗进口总值为 23.20 万美元，占中国新疆进口总值的 0.08%，同比上升 378.10%；对土耳其进口总值为 10.30 万美元，占中国新疆进口总值的 0.04%，同比上升 64.80%，环比下降 3.78%。

5. 2013年5月中国新疆对西亚四国进口贸易月度分析

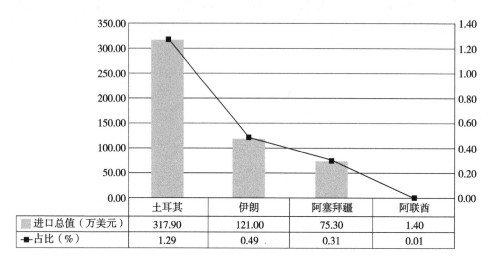

	土耳其	伊朗	阿塞拜疆	阿联酋
进口总值（万美元）	317.90	121.00	75.30	1.40
占比（%）	1.29	0.49	0.31	0.01

图4-4-35 2013年5月中国新疆对西亚国家进口总值及占比

由图4-4-35可以看出，2013年5月，中国新疆对西亚国家进口贸易值大小排名依次为：土耳其、伊朗、阿塞拜疆、阿联酋。

中国新疆对西亚国家进口贸易值为515.60万美元，占中国新疆进口总值的2.09%。其中：对土耳其进口总值为317.90万美元，占中国新疆进口总值的1.29%，同比上升9.40%，环比上升0.09%；对伊朗进口总值为121.00万美元，占中国新疆进口总值的0.49%，同比上升5406.80%，环比上升421.55%；对阿塞拜疆进口总值为75.30万美元，占中国新疆进口总值的0.31%；对阿联酋进口总值为1.40万美元，占中国新疆进口总值的0.01%，同比下降66.00%。

6. 2013年6月中国新疆对西亚三国进口贸易月度分析

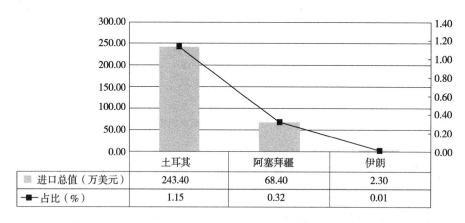

	土耳其	阿塞拜疆	伊朗
进口总值（万美元）	243.40	68.40	2.30
占比（%）	1.15	0.32	0.01

图4-4-36 2013年6月中国新疆对西亚国家进口总值及占比

由图4-4-36可以看出，2013年6月，中国新疆对西亚国家进口贸易值大小排名依次为：土耳其、阿塞拜疆、伊朗。

中国新疆对西亚国家进口贸易总值为314.10万美元，占中国新疆进口总值的1.48%。其中：对土耳其进口总值为243.40万美元，占中国新疆进口总值的1.15%，同比上升22.40%，环比下降 23.44%；对阿塞拜疆进口总值为 68.40 万美元，占中国新疆进口总值的 0.32%；对伊朗进口总值为 2.30 万美元，占中国新疆进口总值的 0.01%，环比下降 98.10%。

7. 2013 年 7 月中国新疆对西亚三国进口贸易月度分析

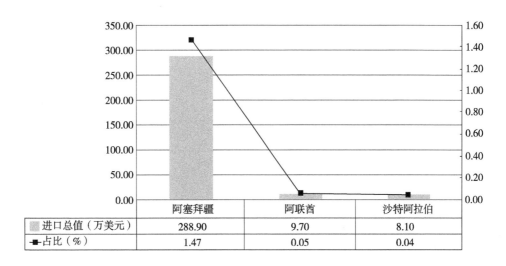

	阿塞拜疆	阿联酋	沙特阿拉伯
进口总值（万美元）	288.90	9.70	8.10
占比（%）	1.47	0.05	0.04

图 4 - 4 - 37　2013 年 7 月中国新疆对西亚国家进口总值及占比

由图 4 - 4 - 37 可以看出，2013 年 7 月，中国新疆对西亚国家进口贸易值大小排名依次为：阿塞拜疆、阿联酋、沙特阿拉伯。

中国新疆对西亚国家进口贸易值为 306.70 万美元，占中国新疆进口总值的 1.56%。其中：对阿塞拜疆进口总值为 288.90 万美元，占中国新疆进口总值的 1.47%，环比上升 322.37%；对阿联酋进口总值为 9.70 万美元，占中国新疆进口总值的 0.05%，同比上升 14.50%；对沙特阿拉伯进口总值为 8.10 万美元，占中国新疆进口总值的 0.04%，同比下降 12.50%。

8. 2013 年 8 月中国新疆对西亚四国进口贸易月度分析

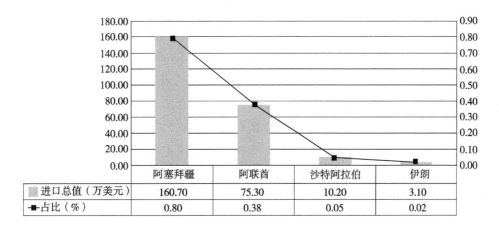

	阿塞拜疆	阿联酋	沙特阿拉伯	伊朗
进口总值（万美元）	160.70	75.30	10.20	3.10
占比（%）	0.80	0.38	0.05	0.02

图 4 - 4 - 38　2013 年 8 月中国新疆对西亚国家进口总值及占比

由图 4 - 4 - 38 可以看出，2013 年 8 月，中国新疆对西亚国家进口贸易值大小排名依次为：阿塞拜疆、阿联酋、沙特阿拉伯、伊朗。

中国新疆对西亚国家进口贸易总值为249.30万美元，占中国新疆进口总值的1.25%。其中：对阿塞拜疆进口总值为160.70万美元，占中国新疆进口总值的0.80%，同比上升80.10%；对阿联酋进口总值为75.30万美元，占中国新疆进口总值的0.38%，同比上升2423.80%，环比上升676.29%；对沙特阿拉伯进口总值为10.20万美元，占中国新疆进口总值的0.05%，同比上升1.10%，环比上升25.93%；对伊朗进口总值为3.10万美元，占中国新疆进口总值的0.02%，同比上升17.20%。

9. 2013年9月中国新疆对西亚五国进口贸易月度分析

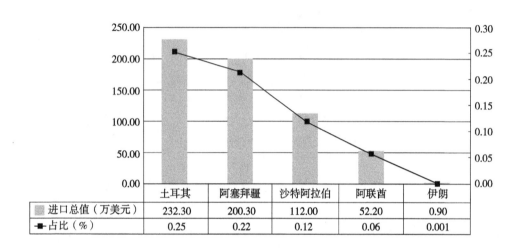

	土耳其	阿塞拜疆	沙特阿拉伯	阿联酋	伊朗
进口总值（万美元）	232.30	200.30	112.00	52.20	0.90
占比（%）	0.25	0.22	0.12	0.06	0.001

图4-4-39　2013年9月中国新疆对西亚国家进口总值及占比

由图4-4-39可以看出，2013年9月，中国新疆对西亚国家进口贸易值大小排名依次为：土耳其、阿塞拜疆、沙特阿拉伯、阿联酋、伊朗。

中国新疆对西亚国家进口总值为597.70万美元，占中国新疆进口总值的0.65%。其中：对土耳其的进口总值为232.30万美元，占中国新疆进口总值的0.25%，同比下降27.50%；对阿塞拜疆的进口总值为200.30万美元，占中国新疆进口总值的0.22%，同比上升187813.20%，环比上升24.64%；对沙特阿拉伯的进口总值为112.00万美元，占中国新疆进口总值的0.12%，同比上升1582.20%，环比上升998.04%；对阿联酋的进口总值为52.20万美元，占中国新疆进口总值的0.06%，同比上升11380.00%，环比下降30.68%；对伊朗的进口总值为0.90万美元，占中国新疆进口总值的0.001%，同比下降84.80%，环比下降70.97%。

10. 2013年10月中国新疆对西亚四国进口贸易月度分析

由图4-4-40可以看出，2013年10月，中国新疆对西亚国家进口贸易值大小排名依次为：土耳其、阿塞拜疆、伊朗和沙特阿拉伯。

中国新疆对西亚国家进口贸易值为434.20万美元，占中国新疆进口总值的0.47%。其中：对土耳其进口总值为283.40万美元，占中国新疆进口总值的0.30%，同比上升39.10%，环比上升22.00%；对阿塞拜疆进口总值为87.50万美元，占中国新疆进口总值的0.09%，同比上升135.80%，环比下降56.32%；对伊朗进口总值为50.10万美元，占中国新疆进口总值的0.05%，同比上升966.70%，环比上升5466.67%；对沙特阿拉伯进口总值为13.20万美元，占中国新疆进口总值的0.01%，同比上升90.30%，环比下降88.21%。

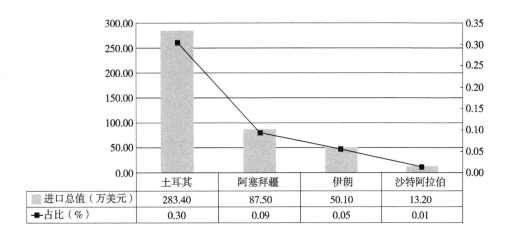

	土耳其	阿塞拜疆	伊朗	沙特阿拉伯
进口总值（万美元）	283.40	87.50	50.10	13.20
占比（%）	0.30	0.09	0.05	0.01

图 4－4－40　2013 年 10 月中国新疆对西亚国家进口总值及占比

11. 2013 年 11 月中国新疆对西亚三国进口贸易月度分析

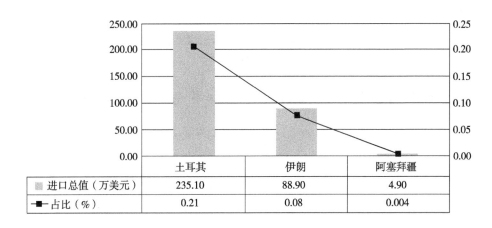

	土耳其	伊朗	阿塞拜疆
进口总值（万美元）	235.10	88.90	4.90
占比（%）	0.21	0.08	0.004

图 4－4－41　2013 年 11 月中国新疆对西亚国家进口总值及占比

由图 4－4－41 可以看出，2013 年 11 月，中国新疆对西亚国家进口贸易值大小排名依次为：土耳其、伊朗、阿塞拜疆。

中国新疆对西亚国家进口贸易值为 328.90 万美元，占中国新疆进口总值的 0.29%。其中：对土耳其进口总值为 235.10 万美元，占中国新疆进口总值的 0.21%，同比上升 8.00%，环比下降 17.04%；对伊朗进口总值为 88.90 万美元，占中国新疆进口总值的 0.08%，同比上升 172.50%，环比上升 77.45%；对阿塞拜疆进口总值为 4.90 万美元，占中国新疆进口总值的 0.004%，同比上升 57.70%，环比下降 94.40%。

12. 2013 年 12 月中国新疆对西亚五国进口贸易月度分析

由图 4－4－42 可以看出，2013 年 12 月，中国新疆对西亚国家进口贸易值大小排名依次为：土耳其、阿塞拜疆、沙特阿拉伯、伊朗、阿联酋。

中国新疆对西亚国家进口贸易值为 316.60 万美元，占中国新疆进口总值的 0.65%。其中：对土耳其进口总值为 283.00 万美元，占中国新疆进口总值的 0.58%，同比上升 74.00%，环比上升 20.37%；对阿塞拜疆进口总值为 239.50 万美元，占中国新疆进口总值的 0.49%，同比上升

1054.60%，环比上升4787.75%；对沙特阿拉伯进口总值为21.70万美元，占中国新疆进口总值的0.04%，同比上升18.30%；对伊朗进口总值为6.00万美元，占中国新疆进口总值的0.01%，同比下降47.00%，环比下降93.25%；对阿联酋进口总值为5.90万美元，占中国新疆进口总值的0.01%，同比上升515.70%。

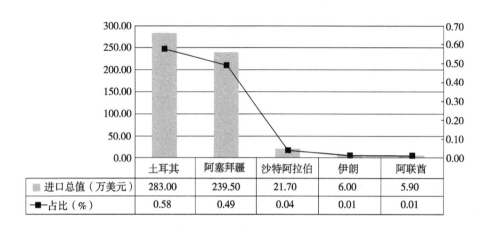

	土耳其	阿塞拜疆	沙特阿拉伯	伊朗	阿联酋
■ 进口总值（万美元）	283.00	239.50	21.70	6.00	5.90
◆ 占比（%）	0.58	0.49	0.04	0.01	0.01

图4-4-42　2013年12月中国新疆对西亚国家进口总值及占比

四、2013年中国新疆对西亚国家的出口贸易与进口贸易比较分析

（一）2013年中国新疆对西亚国家的出口贸易与进口贸易比较

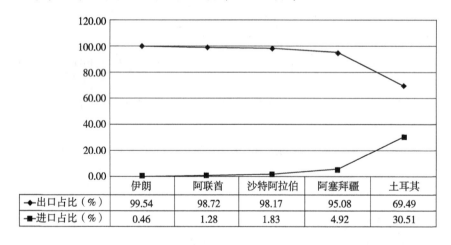

	伊朗	阿联酋	沙特阿拉伯	阿塞拜疆	土耳其
◆ 出口占比（%）	99.54	98.72	98.17	95.08	69.49
■ 进口占比（%）	0.46	1.28	1.83	4.92	30.51

图4-4-43　2013年中国新疆对西亚国家进出口总值中出口及进口占比

由图4-4-43可以看出，2013年中国新疆对西亚国家的进出口贸易中，各国的出口总值、进口总值占其进出口总值的比重均是出口大于进口，说明中国新疆对西亚国家的进出口贸易均以出口为主导，且出口远大于进口，出口占比在69.00%以上。

（二）2013年中国新疆对西亚国家的出口贸易与进口贸易的月度比较分析

1. 2013年1月中国新疆对西亚国家的出口贸易与进口贸易的月度比较分析

由图4-4-44可以看出，2013年1月，中国新疆对西亚国家的进出口贸易中，每个国家的出口值、进口值占其进出口总值的比重均是出口大于进口，说明中国新疆对西亚国家的进出口贸易多以出口为主导，且出口远大于进口，出口占比均超过 96%。

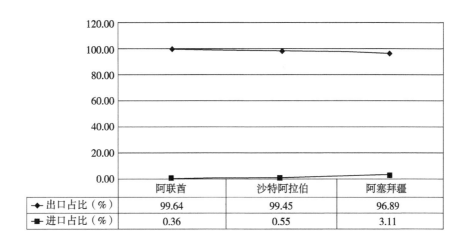

	阿联酋	沙特阿拉伯	阿塞拜疆
出口占比（%）	99.64	99.45	96.89
进口占比（%）	0.36	0.55	3.11

图 4 - 4 - 44　2013 年 1 月中国新疆对西亚国家进出口总值中出口及进口占比

2. 2013 年 2 月中国新疆对西亚国家的出口贸易与进口贸易的月度比较分析

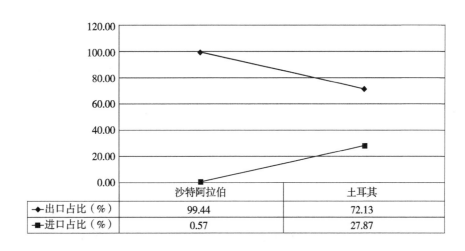

	沙特阿拉伯	土耳其
出口占比（%）	99.44	72.13
进口占比（%）	0.57	27.87

图 4 - 4 - 45　2013 年 2 月中国新疆对西亚国家进出口总值中出口及进口占比

由图 4 - 4 - 45 可以看出，2013 年 2 月，中国新疆对西亚国家的进出口贸易中，各国的出口值、进口值占其进出口总值的比重均是出口大于进口，说明中国新疆对西亚国家的进出口贸易多以出口为主导，且出口远大于进口，出口占比均超过 72.00%。

3. 2013 年 3 月中国新疆对西亚国家的出口贸易与进口贸易的月度比较分析

由图 4 - 4 - 46 可以看出，2013 年 3 月，中国新疆对西亚国家的进出口贸易中，各国的出口值、进口值占其进出口总值的比重均是出口大于进口，说明中国新疆对西亚国家的进出口贸易多以出口为主导，且出口远大于进口，出口占比均超过 70.00%。

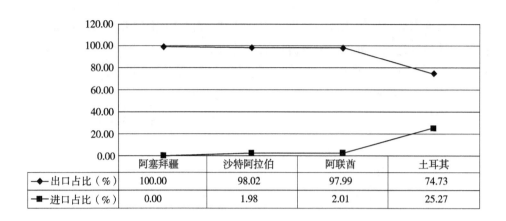

	阿塞拜疆	沙特阿拉伯	阿联酋	土耳其
◆—出口占比（%）	100.00	98.02	97.99	74.73
■—进口占比（%）	0.00	1.98	2.01	25.27

图4-4-46　2013年3月中国新疆对西亚国家进出口总值中出口及进口占比

4. 2013年4月中国新疆对西亚国家的出口贸易与进口贸易的月度比较分析

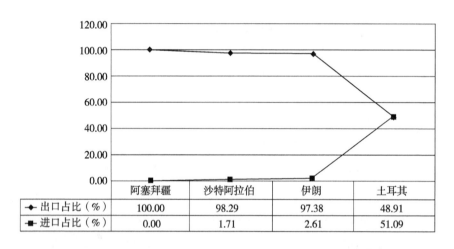

	阿塞拜疆	沙特阿拉伯	伊朗	土耳其
◆—出口占比（%）	100.00	98.29	97.38	48.91
■—进口占比（%）	0.00	1.71	2.61	51.09

图4-4-47　2013年4月中国新疆对西亚国家进出口总值中出口及进口占比

由图4-4-47可以看出，2013年4月，中国新疆对西亚国家的进出口贸易中，除土耳其外，其他各国的出口值、进口值占其进出口总值的比重均是出口大于进口，说明中国新疆对西亚国家的进出口贸易多以出口为主导，且出口远大于进口，出口占比均超过97.00%。

5. 2013年5月中国新疆对西亚国家的出口贸易与进口贸易的月度比较分析

由图4-4-48可以看出，2013年5月，中国新疆对西亚国家的进出口贸易中，除土耳其外，各国的出口值、进口值占其进出口总值的比重均是出口大于进口，说明中国新疆对西亚国家的进出口贸易多以出口为主导，且出口远大于进口，出口占比均超过95.00%。

6. 2013年6月中国新疆对西亚国家的出口贸易与进口贸易的月度比较分析

由图4-4-49可以看出，2013年6月，中国新疆对西亚国家的进出口贸易中，伊朗、阿塞拜疆和土耳其的出口总值、进口总值占其进出口总值的比重均是出口大于进口，说明中国新疆对西亚国家的进出口贸易以出口为主导，且出口远大于进口，出口占比均超过60.00%。

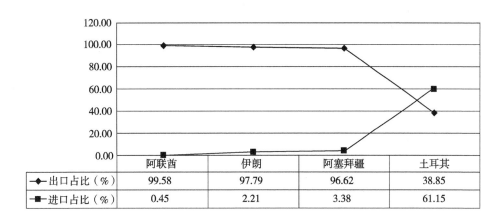

	阿联酋	伊朗	阿塞拜疆	土耳其
出口占比（%）	99.58	97.79	96.62	38.85
进口占比（%）	0.45	2.21	3.38	61.15

图 4 - 4 - 48　2013 年 5 月中国新疆对西亚国家进出口总值中出口及进口占比

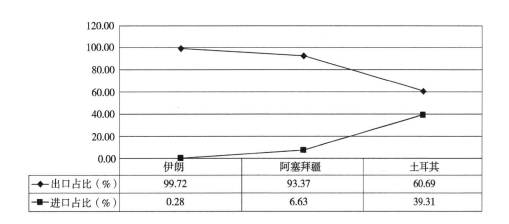

	伊朗	阿塞拜疆	土耳其
出口占比（%）	99.72	93.37	60.69
进口占比（%）	0.28	6.63	39.31

图 4 - 4 - 49　2013 年 6 月中国新疆对西亚国家进出口总值中出口及进口占比

7. 2013 年 7 月中国新疆对西亚国家的出口贸易与进口贸易的月度比较分析

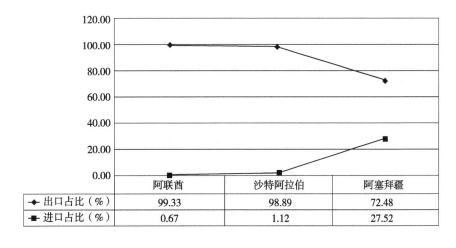

	阿联酋	沙特阿拉伯	阿塞拜疆
出口占比（%）	99.33	98.89	72.48
进口占比（%）	0.67	1.12	27.52

图 4 - 4 - 50　2013 年 7 月中国新疆对西亚国家进出口总值中出口及进口占比

由图 4 - 4 - 50 可以看出，2013 年 7 月，中国新疆对西亚国家的进出口贸易中，各国的出口值、进口值占其进出口总值的比重均是出口大于进口，说明中国新疆对西亚国家的进出口贸易多以出口为主导，且出口远大于进口，出口占比均超过72.00%。

8. 2013年8月中国新疆对西亚国家的出口贸易与进口贸易的月度比较分析

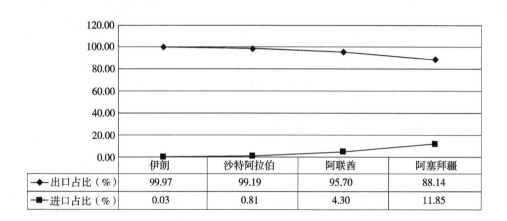

图4-4-51　2013年8月中国新疆对西亚国家进出口总值中出口及进口占比

由图4-4-51可以看出，2013年8月，中国新疆对西亚国家的进出口贸易中，各国的出口总值、进口总值占其进出口总值的比重均是出口大于进口，说明中国新疆对西亚国家的进出口贸易均以出口为主导，且出口远大于进口，出口占比均超过85.00%。

9. 2013年9月中国新疆对西亚国家的出口贸易与进口贸易的月度比较分析

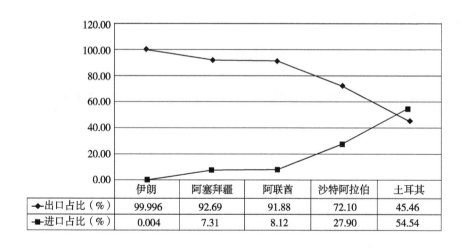

图4-4-52　2013年9月中国新疆对西亚国家进出口总值中出口及进口占比

由图4-4-52可以看出，2013年9月，中国新疆对西亚国家的进出口贸易中，除土耳其以外，各国的出口总值、进口总值占其进出口总值的比重均是出口大于进口，说明中国新疆对西亚国家的进出口贸易均以出口为主导，且出口远大于进口，出口占比均超过72.00%。

10. 2013年10月中国新疆对西亚国家的出口贸易与进口贸易的月度比较分析

由图4-4-53可以看出，2013年10月，中国新疆对西亚国家的进出口贸易中，各国的出口值、进口值占其进出口总值的比重均是出口大于进口，说明中国新疆对西亚国家的进出口贸易多以出口为主导，且出口远大于进口，出口占比均超过70.00%。

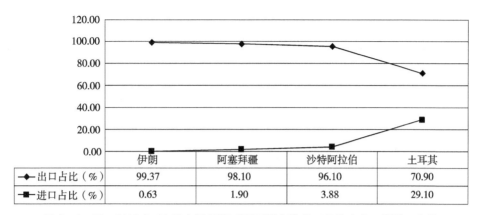

	伊朗	阿塞拜疆	沙特阿拉伯	土耳其
◆ 出口占比（%）	99.37	98.10	96.10	70.90
■ 进口占比（%）	0.63	1.90	3.88	29.10

图 4 - 4 - 53　2013 年 10 月中国新疆对西亚国家进出口总值中出口及进口占比

11. 2013 年 11 月中国新疆对西亚国家的出口贸易与进口贸易的月度比较分析

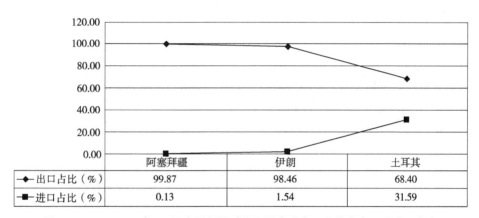

	阿塞拜疆	伊朗	土耳其
◆ 出口占比（%）	99.87	98.46	68.40
■ 进口占比（%）	0.13	1.54	31.59

图 4 - 4 - 54　2013 年 11 月中国新疆对西亚国家进出口总值中出口及进口占比

由图 4 - 4 - 54 可以看出，2013 年 11 月，中国新疆对西亚国家的进出口贸易中，各国的出口值、进口值占其进出口总值的比重均是出口大于进口，说明中国新疆对西亚国家的进出口贸易多以出口为主导，且出口远多于进口，出口占比均超过 60.00%。

12. 2013 年 12 月中国新疆对西亚国家的出口贸易与进口贸易的月度比较分析

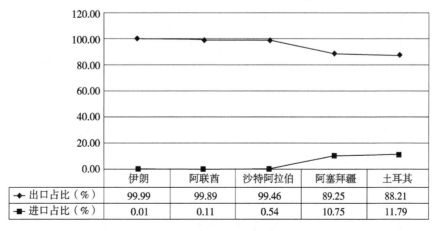

	伊朗	阿联酋	沙特阿拉伯	阿塞拜疆	土耳其
◆ 出口占比（%）	99.99	99.89	99.46	89.25	88.21
■ 进口占比（%）	0.01	0.11	0.54	10.75	11.79

图 4 - 4 - 55　2013 年 12 月中国新疆对西亚国家进出口总值中出口及进口占比

由图4-4-55可以看出，2013年12月，中国新疆对西亚国家的进出口贸易中，各国的出口值、进口值占其进出口总值的比重均是出口大于进口，说明中国新疆对西亚国家的进出口贸易多以出口为主导，且出口远大于进口，出口占比均超过88.00%。

第五节　2013年中国新疆与南亚国家的进出口贸易情况

一、2013年中国新疆对南亚国家进出口贸易总体分析

（一）2013年中国新疆对南亚国家进出口贸易分析

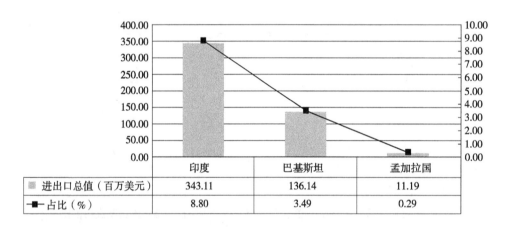

	印度	巴基斯坦	孟加拉国
进出口总值（百万美元）	343.11	136.14	11.19
占比（%）	8.80	3.49	0.29

图4-5-1　2013年中国新疆对南亚国家进出口总值及占比

由图4-5-1可以看出，2013年中国新疆对南亚国家进出口贸易中，按进出口贸易值大小排名依次为：印度、巴基斯坦、孟加拉国。

中国新疆对南亚国家进出口总值为491.543百万美元，占中国新疆进出口总值的12.61%。其中：对印度的进出口总值为343.11百万美元，占中国新疆进出口总值的8.80%，同比上升76.30%；对巴基斯坦的进出口总值为136.14百万美元，占中国新疆进出口总值的3.49%，同比上升16.70%；对孟加拉国的进出口总值为11.19百万美元，占中国新疆进出口总值的0.29%，同比上升2861.30%。

（二）2013年中国新疆对南亚国家进出口贸易趋势分析

由图4-5-2可以看出，1~4月以及12月中国新疆未与巴基斯坦发生进出口贸易。整体来看，中国新疆对南亚国家的进出口总值大小交替领先，1~8月印度排名领先于巴基斯坦，9~11月排名顺序则为巴基斯坦、印度；仅在2月与孟加拉国发生进出口贸易。

中国新疆对印度和巴基斯坦进出口总值呈全年上下起伏波动趋势。其中，对巴基斯坦的进出口贸易最高点在11月，为44.17百万美元，最低点在5月，为10.05百万美元。对印度的进出口贸易最高点在3月，为68.98百万美元，最低点在11月，为3.58百万美元。2月对孟加拉国的进出

口贸易值为 9.48 百万美元。

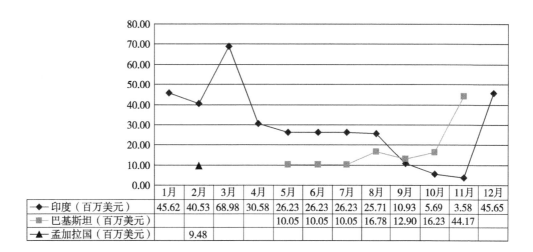

图 4 - 5 - 2　**2013 年 1～12 月中国新疆与南亚国家进出口总值趋势**

（三）2013 年中国新疆对南亚国家进出口贸易月度分析

1. 2013 年 1 月中国新疆对南亚国家进出口贸易月度分析

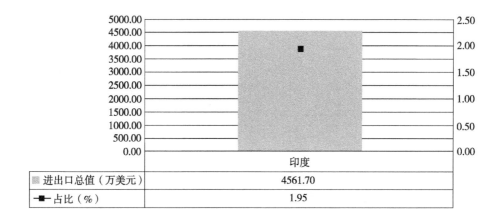

图 4 - 5 - 3　**2013 年 1 月中国新疆对南亚国家进出口总值及占比**

由图 4 - 5 - 3 可以看出，2013 年 1 月，中国新疆对南亚国家的进出口贸易中只与印度发生贸易往来。

2013 年 1 月中国新疆对印度的贸易中，对印度的进出口总值为 4561.70 万美元，占中国新疆进出口总值的 1.95%，同比上升 825.20%。

2. 2013 年 2 月中国新疆对南亚国家进出口贸易月度分析

由图 4 - 5 - 4 可以看出，2013 年 2 月，中国新疆对南亚国家的进出口贸易值大小排名依次为：印度、孟加拉国。

中国新疆对南亚国家进出口贸易值为 5001.20 万美元，占中国新疆进出口总值的 3.48%。其中：对印度进出口总值为 4052.90 万美元，占中国新疆进出口总值的 2.82%，同比上升 230.90%，环比下降 11.15%；对孟加拉国进出口总值为 948.30 万美元，占中国新疆进出口总值的 0.66%，同比上升 8480.40%。

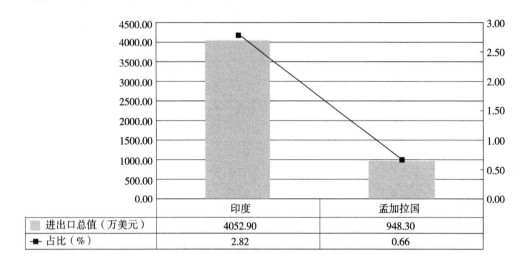

图 4 - 5 - 4　2013 年 2 月中国新疆对南亚国家进出口总值及占比

3. 2013 年 3 月中国新疆对南亚国家进出口贸易月度分析

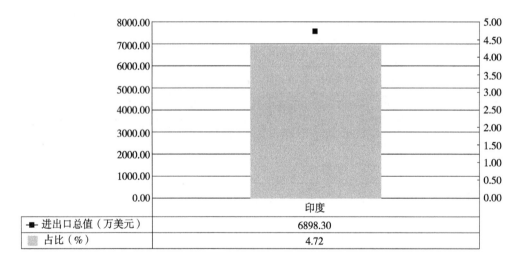

图 4 - 5 - 5　2013 年 3 月中国新疆对南亚国家进出口总值及占比

由图 4 - 5 - 5 可以看出，2013 年 3 月，中国新疆仅对南亚国家中的印度发生进出口贸易。

中国新疆对印度进出口总值为 6898.30 万美元，占中国新疆进出口总值的 4.72%，同比上升 582.40%，环比上升 70.21%。

4. 2013 年 4 月中国新疆对南亚国家进出口贸易月度分析

由图 4 - 5 - 6 可以看出，2013 年 4 月，中国新疆仅对南亚国家中的印度发生进出口贸易。

中国新疆对印度进出口总值为 3058.30 万美元，占中国新疆进出口总值的 1.53%，同比上升 913.40%，环比下降 55.67%。

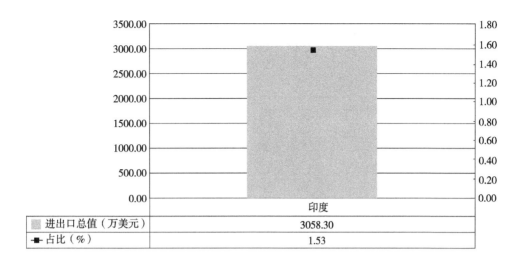

	印度
进出口总值（万美元）	3058.30
占比（%）	1.53

图 4 - 5 - 6　2013 年 4 月中国新疆对南亚国家进出口总值及占比

5. 2013 年 5 月中国新疆对南亚国家进出口贸易月度分析

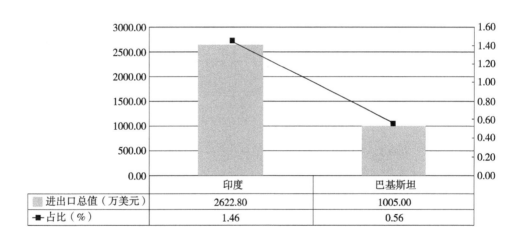

	印度	巴基斯坦
进出口总值（万美元）	2622.80	1005.00
占比（%）	1.46	0.56

图 4 - 5 - 7　2013 年 5 月中国新疆对南亚国家进出口总值及占比

由图 4 - 5 - 7 可以看出，2013 年 5 月中国新疆对南亚国家的进出口贸易值大小排名依次为：印度、巴基斯坦。

中国新疆对南亚国家进出口贸易值为 3627.80 万美元，占中国新疆进出口总值的 2.03%。其中：对印度进出口总值为 2622.80 万美元，占中国新疆进出口总值的 1.46%，同比上升 72.70%，环比下降 14.24%；对巴基斯坦进出口总值为 1005.00 万美元，占中国新疆进出口总值的 0.56%，同比下降 11.50%。

6. 2013 年 6 月中国新疆对南亚国家进出口贸易月度分析

由图 4 - 5 - 8 可以看出，2013 年 6 月，中国新疆对南亚国家的进出口贸易值大小排名依次为：印度、巴基斯坦。

中国新疆对南亚国家进出口贸易值为 2992.80 万美元，占中国新疆进出口总值的 2.07%。其中：对印度的进出口总值为 1835.80 万美元，占中国新疆进出口总值的 1.27%，同比上升

31.10%，环比下降30.01%；对巴基斯坦的进出口总值为1157.00万美元，占中国新疆进出口总值的0.80%，同比上升373.80%，环比上升15.12%。

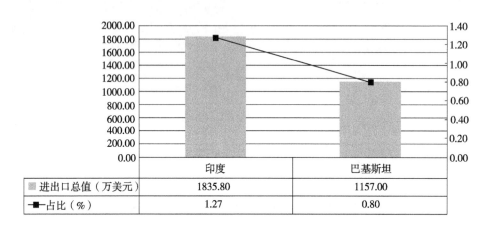

图4-5-8　2013年6月中国新疆对南亚国家进出口总值及占比

7. 2013 年 7 月中国新疆对南亚国家进出口贸易月度分析

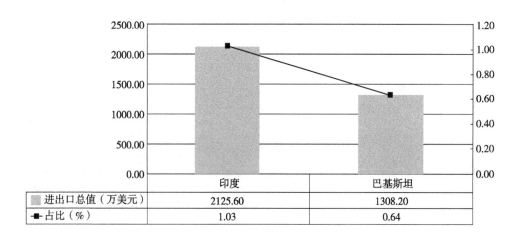

图4-5-9　2013年7月中国新疆对南亚国家进出口总值及占比

由图4-5-9可以看出，2013年7月，中国新疆对南亚国家的进出口贸易值大小排名依次为：印度、巴基斯坦。

中国新疆对南亚国家进出口贸易值为3433.80万美元，占中国新疆进出口总值的1.67%。其中：对印度进出口总值为2125.60万美元，占中国新疆进出口总值的1.03%，同比下降36.60%，环比上升15.79%；对巴基斯坦进出口总值为1308.20万美元，占中国新疆进出口总值的0.64%，同比下降13.60%，环比上升13.07%。

8. 2013 年 8 月中国新疆对南亚国家进出口贸易月度分析

由图4-5-10可以看出，2013年8月中国新疆对南亚国家的进出口贸易值大小排名依次为：印度、巴基斯坦。

中国新疆对南亚国家进出口贸易总值为4249.10万美元，占中国新疆进出口总值的1.72%。

其中：对印度进出口总值为 2571. 30 万美元，占中国新疆进出口总值的 1. 04%，同比下降 3. 70%，环比上升 20. 97%；对巴基斯坦进出口总值为 1677. 80 万美元，占中国新疆进出口总值的 0. 68%，同比上升 26. 40%，环比上升 28. 25%。

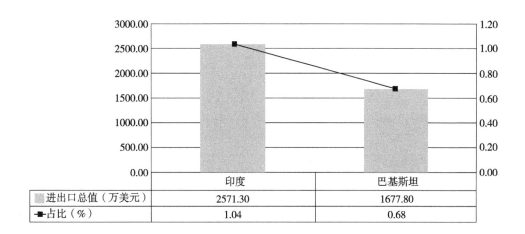

	印度	巴基斯坦
进出口总值（万美元）	2571.30	1677.80
占比（%）	1.04	0.68

图 4 - 5 - 10 2013 年 8 月中国新疆对南亚国家进出口总值及占比

9. 2013 年 9 月中国新疆对南亚国家进出口贸易月度分析

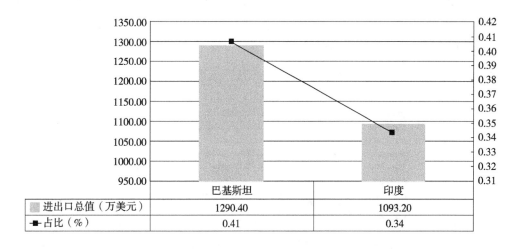

	巴基斯坦	印度
进出口总值（万美元）	1290.40	1093.20
占比（%）	0.41	0.34

图 4 - 5 - 11 2013 年 9 月中国新疆对南亚国家进出口总值及占比

由图 4 - 5 - 11 可以看出，2013 年 9 月，中国新疆对南亚国家的进出口贸易值大小排名依次为：巴基斯坦、印度。

中国新疆对南亚国家进出口贸易总值为 2383. 60 万美元，占中国新疆进出口总值的 0. 75%。其中：对巴基斯坦进出口总值为 1290. 40 万美元，占中国新疆进出口总值的 0. 41%，同比下降 9. 40%，环比下降 23. 09%；对印度进出口总值为 1093. 20 万美元，占中国新疆进出口总值的 0. 34%，同比下降 70. 10%，环比下降 57. 49%。

10. 2013 年 10 月中国新疆对南亚国家进出口贸易月度分析

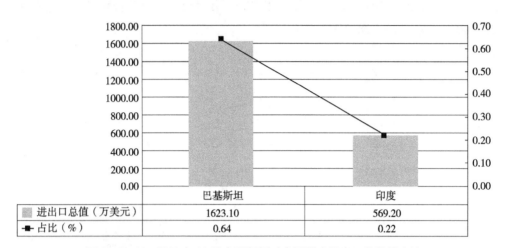

	巴基斯坦	印度
进出口总值（万美元）	1623.10	569.20
占比（%）	0.64	0.22

图 4 - 5 - 12 2013 年 10 月中国新疆对南亚国家进出口总值及占比

由图 4 - 5 - 12 可以看出，2013 年 10 月，中国新疆对南亚国家的进出口贸易值大小排名依次为：巴基斯坦、印度。

中国新疆对南亚国家进出口贸易值为 2192.30 万美元，占中国新疆进出口总值的 0.85%。其中：对巴基斯坦进出口总值为 1623.10 万美元，占中国新疆进出口总值的 0.64%，同比上升 7.90%，环比上升 25.78%；对印度进出口总值为 569.20 万美元，占中国新疆进出口总值的 0.22%，同比下降 55.30%，环比下降 47.93%。

11. 2013 年 11 月中国新疆对南亚国家进出口贸易月度分析

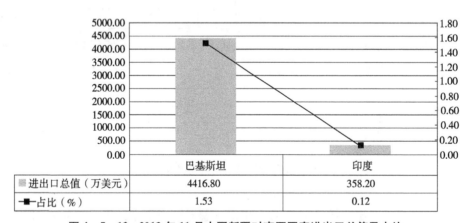

	巴基斯坦	印度
进出口总值（万美元）	4416.80	358.20
占比（%）	1.53	0.12

图 4 - 5 - 13 2013 年 11 月中国新疆对南亚国家进出口总值及占比

由图 4 - 5 - 13 可以看出，2013 年 11 月，中国新疆对南亚国家的进出口贸易值大小排名依次为：巴基斯坦、印度。

中国新疆对南亚国家进出口贸易值为 4775.00 万美元，占中国新疆进出口总值的 1.65%。其中：对巴基斯坦进出口总值为 4416.80 万美元，占中国新疆进出口总值的 1.53%，同比上升 114.00%，环比上升 172.12%；对印度进出口总值为 358.20 万美元，占中国新疆进出口总值的 0.12%，同比下降 68.10%，环比下降 37.07%。

12. 2013 年 12 月中国新疆对南亚国家进出口贸易月度分析

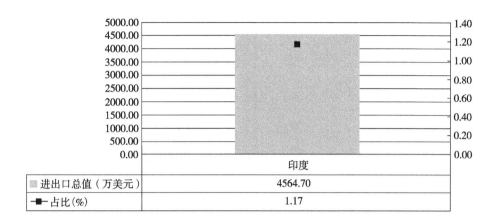

	印度
进出口总值（万美元）	4564.70
占比(%)	1.17

图 4 – 5 – 14 2013 年 12 月中国新疆对南亚国家进出口总值及占比

由图 4 – 5 – 14 可以看出，2013 年 12 月，中国新疆仅对南亚国家中的印度发生进出口贸易。

中国新疆对印度进出口总值为 4564.70 万美元，占中国新疆进出口总值的 1.17%，同比上升 217.60%，环比上升 1174.34%。

二、2013 年中国新疆对南亚国家出口贸易总体分析

（一）2013 年中国新疆对南亚国家出口贸易分析

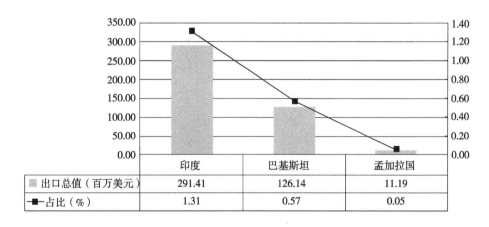

	印度	巴基斯坦	孟加拉国
出口总值（百万美元）	291.41	126.14	11.19
占比（%）	1.31	0.57	0.05

图 4 – 5 – 15 2013 年中国新疆对南亚国家出口总值及占比

由图 4 – 5 – 15 可以看出，2013 年中国新疆对南亚国家出口贸易值大小排名依次为：印度、巴基斯坦、孟加拉国。

中国新疆对南亚国家出口总值为 427.03 百万美元，占中国新疆出口总值的 12.53%。其中：对印度的出口总值为 291.41 百万美元，占中国新疆出口总值的 1.31%，同比上升 81.90%；对巴基斯坦的出口总值为 126.14 百万美元，占中国新疆出口总值的 0.57%，同比上升 10.50%；对孟加拉国的出口总值为 11.19 百万美元，占中国新疆出口总值的 0.05%，同比上升 2861.39%。

（二）2013 年中国新疆对南亚国家出口贸易趋势分析

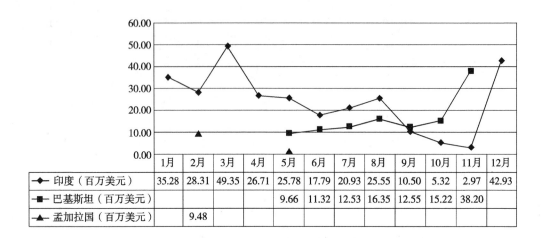

	1月	2月	3月	4月	5月	6月	7月	8月	9月	10月	11月	12月
印度（百万美元）	35.28	28.31	49.35	26.71	25.78	17.79	20.93	25.55	10.50	5.32	2.97	42.93
巴基斯坦（百万美元）					9.66	11.32	12.53	16.35	12.55	15.22	38.20	
孟加拉国（百万美元）		9.48										

图 4－5－16　2013 年 1～12 月中国新疆与南亚国家出口总值趋势

由图 4－5－16 可以看出，1～4 月以及 12 月中国新疆未与巴基斯坦发生出口贸易。整体来看，中国新疆对南亚国家的出口总值大小交替领先，1～8 月印度排名领先于巴基斯坦，9～11 月排名顺序则为巴基斯坦、印度。

中国新疆对印度和巴基斯坦出口总值呈全年上下起伏波动趋势。其中，对巴基斯坦的出口贸易最高点在 11 月，为 38.20 百万美元，最低点在 5 月，为 9.66 百万美元；对印度的进出口贸易最高点在 3 月，为 49.35 百万美元，最低点在 11 月，为 2.97 百万美元；对孟加拉国仅在 2 月发生出口贸易，为 9.48 百万美元。

（三）2013 年中国新疆对南亚国家出口贸易月度分析

1. 2013 年 1 月中国新疆对南亚国家出口贸易月度分析

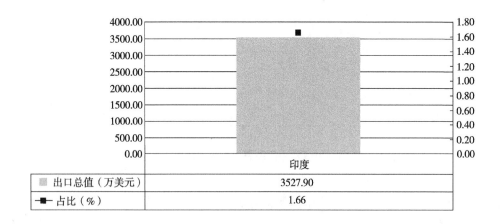

	印度
出口总值（万美元）	3527.90
占比（%）	1.66

图 4－5－17　2013 年 1 月中国新疆对南亚国家出口总值及占比

由图 4－5－17 可以看出，2013 年 1 月，中国新疆对南亚国家的出口贸易中只与印度发生贸易往来。

2013 年 1 月中国新疆对印度的贸易中，对印度的出口总值为 3527.90 万美元，占中国新疆出口总值的 1.66%，同比上升 1651.50%。

2. 2013 年 2 月中国新疆对南亚国家出口贸易月度分析

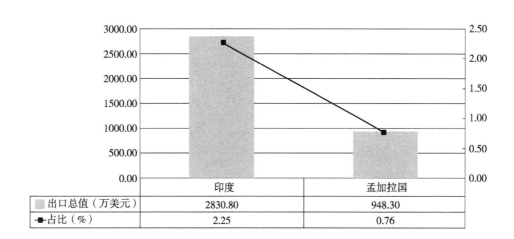

	印度	孟加拉国
出口总值（万美元）	2830.80	948.30
占比（%）	2.25	0.76

图 4 - 5 - 18　2013 年 2 月中国新疆对南亚国家出口总值及占比

由图 4 - 5 - 18 可以看出，2013 年 2 月，中国新疆对南亚国家出口贸易值大小排名依次为：印度、孟加拉国。

中国新疆对南亚国家出口贸易值为 3779.10 万美元，占中国新疆出口总值的 3.01%。其中：对印度出口总值为 2830.80 万美元，占中国新疆出口总值的 2.25%，同比上升 1663.50%，环比下降 19.76%；对孟加拉国出口总值为 948.30 万美元，占中国新疆出口总值的 0.76%，同比上升 8480.40%。

3. 2013 年 3 月中国新疆对南亚国家出口贸易月度分析

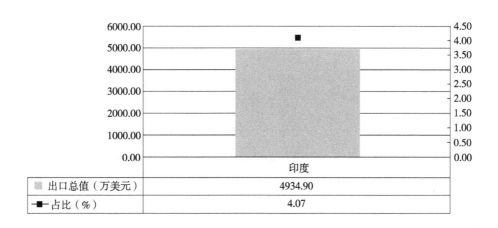

	印度
出口总值（万美元）	4934.90
占比（%）	4.07

图 4 - 5 - 19　2013 年 3 月中国新疆对南亚国家出口总值及占比

由图 4 - 5 - 19 可以看出，2013 年 3 月，中国新疆只对南亚国家中的印度发生出口贸易。

中国新疆对印度出口总值为 4934.90 万美元，占中国新疆出口总值的 4.07%，同比上升 548.80%，环比上升 74.33%。

4. 2013年4月中国新疆对南亚国家出口贸易月度分析

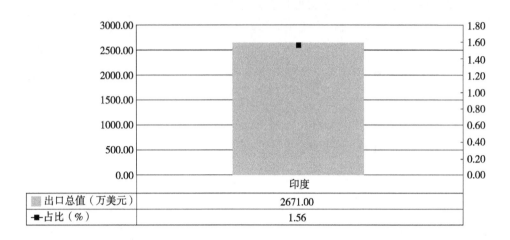

图4-5-20　2013年4月中国新疆对南亚国家出口总值及占比

由图4-5-20可以看出，2013年4月，中国新疆只对南亚国家中的印度发生出口贸易。

中国新疆对印度出口总值为2671.00万美元，占中国新疆出口总值的1.56%，同比上升1327.80%，环比下降45.88%。

5. 2013年5月中国新疆对南亚国家出口贸易月度分析

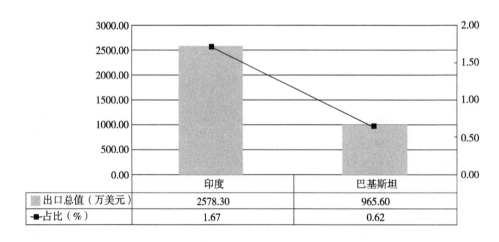

图4-5-21　2013年5月中国新疆对南亚国家出口总值及占比

由图4-5-21可以看出，2013年5月中国新疆对南亚国家的出口贸易值大小排名依次为：印度、巴基斯坦。

中国新疆对南亚国家出口贸易值为3543.90万美元，占中国新疆出口总值的2.29%。其中：对印度出口总值为2578.30万美元，占中国新疆出口总值的1.67%，同比上升76.40%，环比下降3.47%；对巴基斯坦出口总值为965.60万美元，占中国新疆出口总值的0.62%，同比下降12.70%。

6. 2013 年 6 月中国新疆对南亚国家出口贸易月度分析

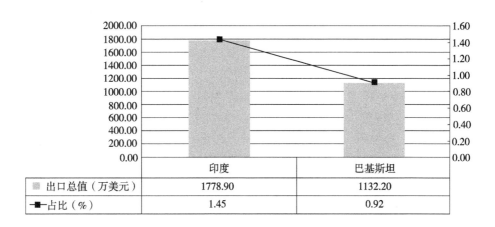

	印度	巴基斯坦
出口总值（万美元）	1778.90	1132.20
占比（%）	1.45	0.92

图 4 – 5 – 22 2013 年 6 月中国新疆对南亚国家出口总值及占比

由图 4 – 5 – 22 可以看出，2013 年 6 月，中国新疆对南亚国家出口贸易值大小排名依次为：印度、巴基斯坦。

中国新疆对南亚国家出口贸易值为 2911.10 万美元，占中国新疆出口总值的 2.37%。其中：对印度出口总值为 1778.90 万美元，占中国新疆出口总值的 1.45%，同比上升 38.00%，环比下降 31.01%；对巴基斯坦出口总值为 1132.20 万美元，占中国新疆出口总值的 0.92%，同比上升 399.50%。

7. 2013 年 7 月中国新疆对南亚国家出口贸易月度分析

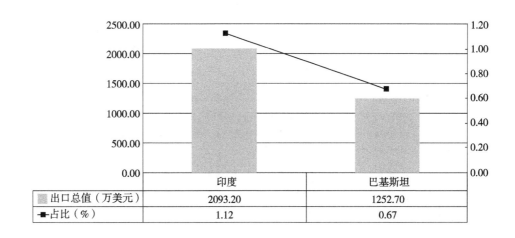

	印度	巴基斯坦
出口总值（万美元）	2093.20	1252.70
占比（%）	1.12	0.67

图 4 – 5 – 23 2013 年 7 月中国新疆对南亚国家出口总值及占比

由图 4 – 5 – 23 可以看出，2013 年 7 月，中国新疆对南亚国家的出口贸易值大小排名依次为：印度、巴基斯坦。

中国新疆对南亚国家出口贸易值为 3345.90 万美元，占中国新疆出口总值的 1.80%。其中：对印度出口总值为 2093.20 万美元，占中国新疆出口总值的 1.12%，同比下降 3.00%，环比上升 17.67%；对巴基斯坦出口总值为 1252.70 万美元，占中国新疆出口总值的 0.67%，同比下降

15.90%，环比上升10.64%。

8. 2013年8月中国新疆对南亚国家出口贸易月度分析

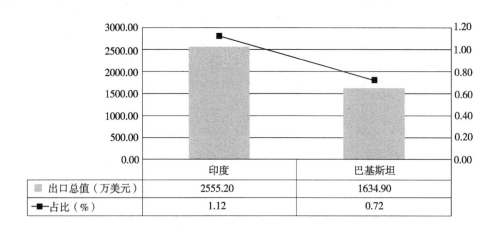

	印度	巴基斯坦
出口总值（万美元）	2555.20	1634.90
占比（%）	1.12	0.72

图4-5-24　2013年8月中国新疆对南亚国家出口总值及占比

由图4-5-24可以看出，2013年8月，中国新疆对南亚国家出口贸易值大小排名依次为：印度、巴基斯坦。

中国新疆对南亚国家出口贸易总值为4190.10万美元，占中国新疆出口总值的1.84%。其中：对印度出口总值为2555.20万美元，占中国新疆出口总值的1.12%，同比上升1.80%，环比上升22.07%；对巴基斯坦出口总值为1634.90万美元，占中国新疆出口总值的0.72%，同比上升25.80%，环比上升30.51%。

9. 2013年9月中国新疆对南亚国家出口贸易月度分析

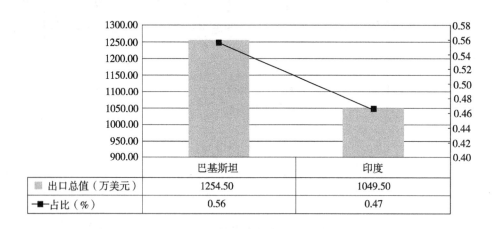

	巴基斯坦	印度
出口总值（万美元）	1254.50	1049.50
占比（%）	0.56	0.47

图4-5-25　2013年9月中国新疆对南亚国家出口总值及占比

由图4-5-25可以看出，2013年9月，中国新疆对南亚国家出口贸易值大小排名依次为：巴基斯坦、印度。

中国新疆对南亚国家出口贸易总值为2304.00万美元，占中国新疆出口总值的0.30%。其中：对巴基斯坦出口总值为1254.50万美元，占中国新疆出口总值的0.56%，同比下降11.00%，环比下降 23.27%；对印度出口总值为 1049.50 万美元，占中国新疆出口总值的 0.47%，同比下降 70.90%，环比下降 58.93%。

10. 2013 年 10 月中国新疆对南亚国家出口贸易月度分析

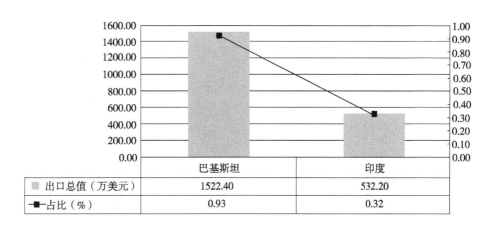

	巴基斯坦	印度
出口总值（万美元）	1522.40	532.20
占比（%）	0.93	0.32

图 4 − 5 − 26　2013 年 10 月中国新疆对南亚国家出口总值及占比

由图 4 − 5 − 26 可以看出，2013 年 10 月，中国新疆对南亚国家出口贸易值大小排名依次为：巴基斯坦、印度。

中国新疆对南亚国家出口贸易值为 2054.60 万美元，占中国新疆出口总值的 1.25%。其中：对巴基斯坦出口总值为 1522.40 万美元，占中国新疆出口总值的 0.93%，同比上升 2.90%，环比上升 21.36%；对印度出口总值为 532.20 万美元，占中国新疆出口总值的 0.32%，同比下降 56.30%，环比下降 49.29%。

11. 2013 年 11 月中国新疆对南亚国家出口贸易月度分析

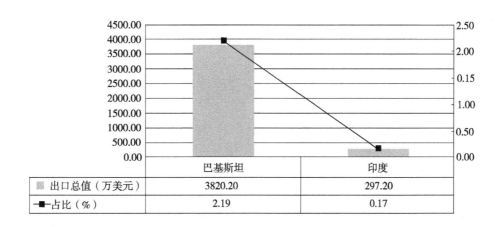

	巴基斯坦	印度
出口总值（万美元）	3820.20	297.20
占比（%）	2.19	0.17

图 4 − 5 − 27　2013 年 11 月中国新疆对南亚国家出口总值及占比

由图 4 − 5 − 27 可以看出，2013 年 11 月，中国新疆对南亚国家出口贸易值大小排名依次为：巴基斯坦、印度。

中国新疆对南亚国家出口贸易值为 4117.40 万美元，占中国新疆出口总值的 2.36%。其中：

对巴基斯坦出口总值为3820.20万美元，占中国新疆出口总值的2.19%，同比上升89.30%，环比上升150.93%；对印度尼西亚出口总值为297.20万美元，占中国新疆出口总值的0.17%，同比下降78.40%。

12. 2013年12月中国新疆对南亚国家出口贸易月度分析

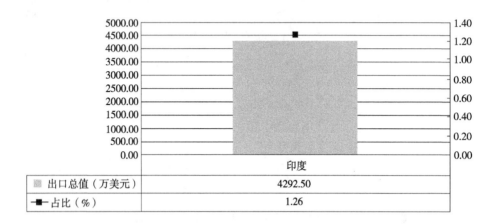

图4-5-28　2013年12月中国新疆对南亚国家出口总值及占比

由图4-5-28可以看出，2013年12月，中国新疆只对南亚国家中的印度发生出口贸易。

中国新疆对印度出口总值为4292.50万美元，占中国新疆出口总值的1.26%，同比上升220.20%，环比上升1344.31%。

三、2013年中国新疆对南亚国家进口贸易总体分析

（一）2013年中国新疆对南亚国家进口贸易分析

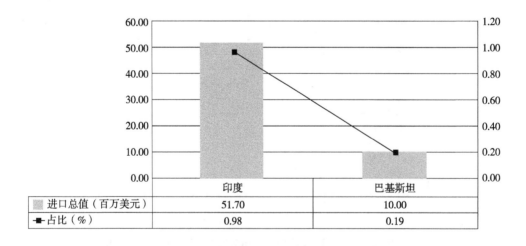

图4-5-29　2013年中国新疆对南亚国家进口总值及占比

由图4-5-29可以看出，2013年中国新疆对南亚国家进口总值大小排名依次为：印度、巴基斯坦。

中国新疆对南亚国家进口总值为61.70百万美元，占中国新疆进口总值的1.17%。其中：对

印度的进口总值为 51.70 百万美元，占中国新疆进口总值的 0.98%，同比上升 50.10%；对巴基斯坦的进口总值为 10.00 百万美元，占中国新疆进口总值的 0.19%，同比上升 296.80%。

（二）2013 年中国新疆对南亚国家进口贸易趋势分析

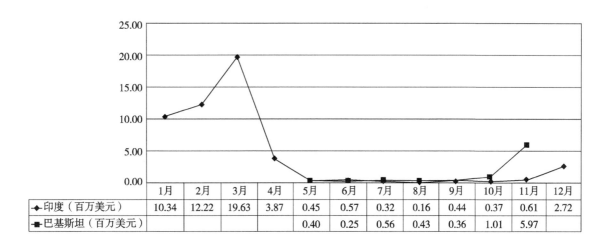

	1月	2月	3月	4月	5月	6月	7月	8月	9月	10月	11月	12月
印度（百万美元）	10.34	12.22	19.63	3.87	0.45	0.57	0.32	0.16	0.44	0.37	0.61	2.72
巴基斯坦（百万美元）					0.40	0.25	0.56	0.43	0.36	1.01	5.97	

图 4-5-30 2013 年 1~12 月中国新疆与南亚国家进口总值趋势

由图 4-5-30 可以看出，1~4 月以及 12 月中国新疆未与巴基斯坦发生进口贸易。整体来看，中国新疆对南亚国家的进口总值大小交替领先，1~6 月、9 月和 12 月印度排名领先于巴基斯坦，7~8 月、10~11 月排名顺序则为巴基斯坦、印度。

中国新疆对印度和巴基斯坦进口总值呈全年上下起伏波动趋势。其中，对巴基斯坦的进口贸易最高点在 11 月，为 5.97 百万美元，最低点在 6 月，为 0.25 百万美元。对印度的进口贸易最高点在 3 月，为 19.63 百万美元，最低点在 8 月，为 0.16 百万美元。

（三）2013 年中国新疆对南亚国家进口贸易月度分析

1. 2013 年 1 月中国新疆对南亚国家进口贸易月度分析

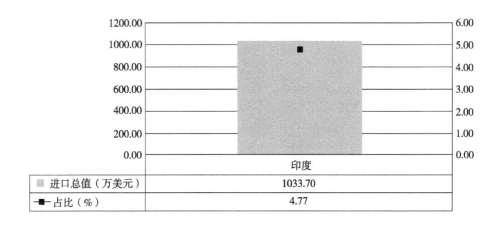

	印度
进口总值（万美元）	1033.70
占比（%）	4.77

图 4-5-31 2013 年 1 月中国新疆对南亚国家进口总值及占比

由图 4-5-31 可以看出，2013 年 1 月，中国新疆对南亚国家的进口贸易中只与印度发生贸易往来。

中国新疆对印度进口总值为 1033.70 万美元，占中国新疆进口总值的 4.77%，同比上升 254.50%。

2. 2013 年 2 月中国新疆对南亚国家进口贸易月度分析

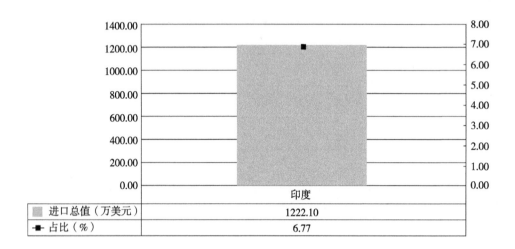

	印度
进口总值（万美元）	1222.10
占比（%）	6.77

图 4 - 5 - 32 2013 年 2 月中国新疆对南亚国家进口总值及占比

由图 4 - 5 - 32 可以看出，2013 年 2 月，中国新疆对南亚国家进口贸易只有印度，对孟加拉国未发生进口贸易活动。

中国新疆对印度进口总值为 1222.10 万美元，占中国新疆进口总值的 6.77%，同比上升 14.80%，环比上升 18.23%。

3. 2013 年 3 月中国新疆对南亚国家进口贸易月度分析

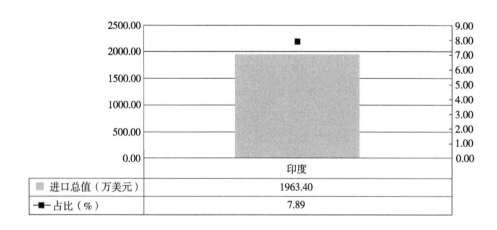

	印度
进口总值（万美元）	1963.40
占比（%）	7.89

图 4 - 5 - 33 2013 年 3 月中国新疆对南亚国家进口总值及占比

由图 4 - 5 - 33 可以看出，2013 年 3 月，中国新疆仅对南亚国家的印度发生进口贸易。

中国新疆对印度进口总值为 1963.40 万美元，占中国新疆进口总值的 7.89%，同比上升 684.70%，环比上升 60.66%。

4. 2013 年 4 月中国新疆对南亚国家进口贸易月度分析

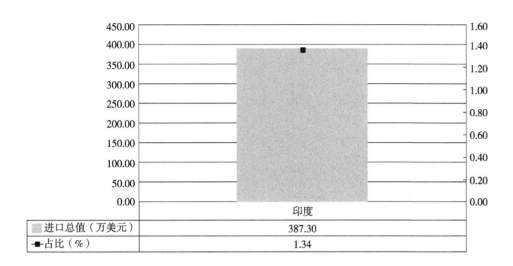

图 4 - 5 - 34　2013 年 4 月中国新疆对南亚国家进口总值及占比

由图 4 - 5 - 34 可以看出，2013 年 4 月，中国新疆仅对南亚国家的印度发生进口贸易。

中国新疆对印度进口总值为 387. 30 万美元，占中国新疆进口总值的 1. 34%，同比上升 237. 60%，环比下降 80. 27%。

5. 2013 年 5 月中国新疆对南亚国家进口贸易月度分析

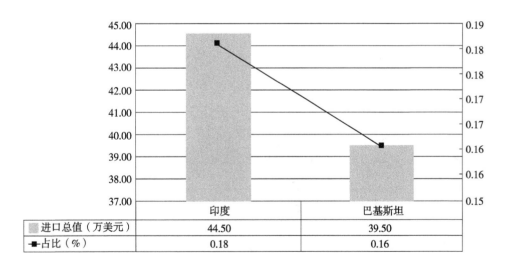

图 4 - 5 - 35　2013 年 5 月中国新疆对南亚国家进口总值及占比

由图 4 - 5 - 35 可以看出，2013 年 5 月中国新疆对南亚国家的进口贸易值大小排名依次为：印度、巴基斯坦。

中国新疆对南亚国家进口贸易值为 84. 00 万美元，占中国新疆进口总值的 0. 34%。即对印度进口总值为 44. 50 万美元，占中国新疆进口总值的 0. 18%，同比下降 21. 80%，环比下降 88. 51%；对巴基斯坦进口总值为 39. 50 万美元，占中国新疆进口总值的 0. 16%，同比上升 33. 70%。

6. 2013 年 6 月中国新疆对南亚国家进口贸易月度分析

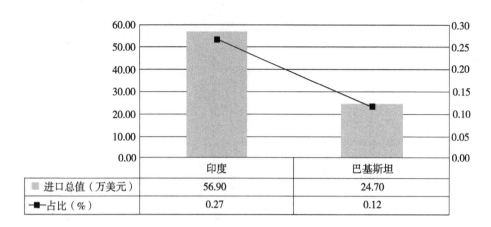

	印度	巴基斯坦
▨ 进口总值（万美元）	56.90	24.70
■ 占比（%）	0.27	0.12

图4-5-36　2013年6月中国新疆对南亚国家进口总值及占比

由图 4-5-36 可以看出，2013 年 6 月，中国新疆对南亚国家的进口贸易值大小排名依次为：印度、巴基斯坦。

中国新疆对南亚国家进口贸易值为 81.60 万美元，占中国新疆进口总值的 0.38%。其中：对印度进口总值为 56.90 万美元，占中国新疆进口总值的 0.27%，同比下降 49.20%，环比上升 27.87%；对巴基斯坦进口总值为 24.70 万美元，占中国新疆进口总值的 0.12%，同比上升 41.00%，环比下降 37.47%。

7. 2013 年 7 月中国新疆对南亚国家进口贸易月度分析

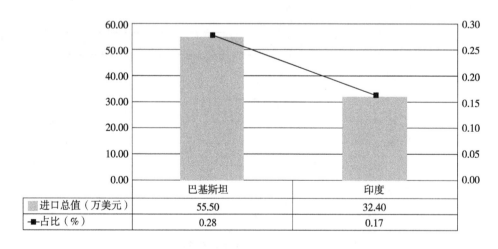

	巴基斯坦	印度
▨ 进口总值（万美元）	55.50	32.40
■ 占比（%）	0.28	0.17

图4-5-37　2013年7月中国新疆对南亚国家进口总值及占比

由图 4-5-37 可以看出，2013 年 7 月，中国新疆对南亚国家的进口贸易值大小排名依次为：巴基斯坦、印度。

中国新疆对南亚国家进口贸易值为 87.90 万美元，占中国新疆进口总值的 0.45%。其中：对巴基斯坦进口总值为 55.50 万美元，占中国新疆进口总值的 0.28%，同比上升 121.30%，环比上升 124.70%；对印度进口总值为 32.40 万美元，占中国新疆进口总值的 0.17%，同比下降

97.30%，环比下降 45.06%。

8. 2013 年 8 月中国新疆对南亚国家进口贸易月度分析

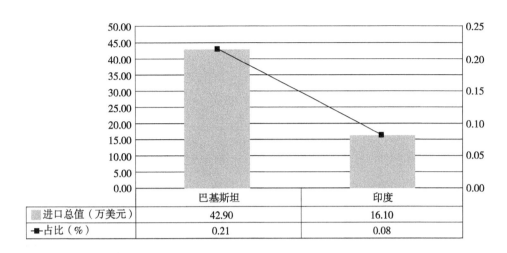

	巴基斯坦	印度
进口总值（万美元）	42.90	16.10
占比（%）	0.21	0.08

图 4 - 5 - 38　2013 年 8 月中国新疆对南亚国家进口总值及占比

由图 4 - 5 - 38 可以看出，2013 年 8 月，中国新疆对南亚国家进口贸易值大小排名依次为：巴基斯坦、印度。

中国新疆对南亚国家进口贸易总值为 59.00 万美元，占中国新疆进口总值的 0.30%。其中：对巴基斯坦进口总值为 42.90 万美元，占中国新疆进口总值的 0.21%，同比上升 55.00%，环比下降 50.31%；对印度进口总值为 16.10 万美元，占中国新疆进口总值的 0.08%，同比下降 90.00%，环比下降 22.70%。

9. 2013 年 9 月中国新疆对南亚国家进口贸易月度分析

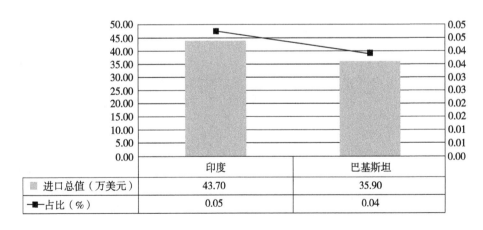

	印度	巴基斯坦
进口总值（万美元）	43.70	35.90
占比（%）	0.05	0.04

图 4 - 5 - 39　2013 年 9 月中国新疆对南亚国家进口总值及占比

由图 4 - 5 - 39 可以看出，2013 年 9 月，中国新疆对南亚国家进口贸易值大小排名依次为：印度、巴基斯坦。

中国新疆对南亚国家进口贸易总值为 79.60 万美元，占中国新疆进口总值的 0.09%。其中：

对巴基斯坦进口总值为35.90万美元，占中国新疆进口总值的0.04%，同比上升149.40%，环比下降16.32%；对印度进口总值为43.70万美元，占中国新疆进口总值的0.05%，同比下降4.80%，环比上升171.43%。

10. 2013年10月中国新疆对南亚国家进口贸易月度分析

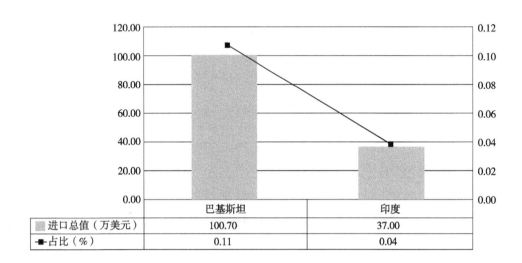

	巴基斯坦	印度
进口总值（万美元）	100.70	37.00
占比（%）	0.11	0.04

图4-5-40 2013年10月中国新疆对南亚国家进口总值及占比

由图4-5-40可以看出，2013年10月，中国新疆对南亚国家进口贸易值大小排名依次为：巴基斯坦、印度。

中国新疆对南亚国家进口贸易值为137.70万美元，占中国新疆进口总值的0.15%。其中：对巴基斯坦进口总值为100.70万美元，占中国新疆进口总值的0.11%，同比上升294.00%，环比上升180.50%；对印度进口总值为37.00万美元，占中国新疆进口总值的0.04%，同比下降32.70%，环比下降15.33%。

11. 2013年11月中国新疆对南亚国家进口贸易月度分析

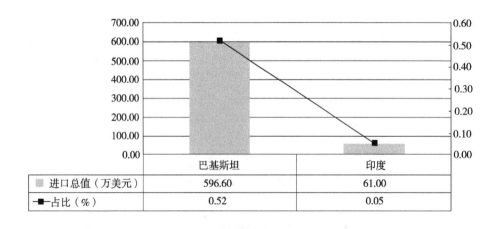

	巴基斯坦	印度
进口总值（万美元）	596.60	61.00
占比（%）	0.52	0.05

图4-5-41 2013年11月中国新疆对南亚国家进口总值及占比

由图4-5-41可以看出，2013年11月，中国新疆对南亚国家进口贸易值大小排名依次为：

巴基斯坦、印度。

中国新疆对南亚国家进口贸易值为 657.60 万美元，占中国新疆进口总值的 0.58%。对巴基斯坦进口总值为 596.60 万美元，占中国新疆进口总值的 0.52%，同比上升 1206.20%，环比上升 492.45%；对印度进口总值为 61.00 万美元，占中国新疆进口总值的 0.05%，同比上升 1198.80%，环比上升 64.86%。

12. 2013 年 12 月中国新疆对南亚国家进口贸易月度分析

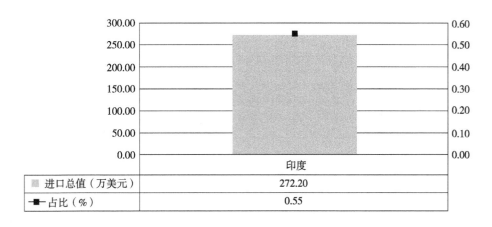

图 4 - 5 - 42　2013 年 12 月中国新疆对南亚国家进口总值及占比

由图 4 - 5 - 42 可以看出，2013 年 12 月，中国新疆仅对南亚国家中的印度发生进口贸易。

中国新疆对印度进口总值为 272.20 万美元，占中国新疆进口总值的 0.55%，同比上升 182.00%，环比上升 346.23%。

四、2013 年中国新疆对南亚国家的出口贸易与进口贸易比较分析

（一）2013 年中国新疆对南亚国家的出口贸易与进口贸易比较

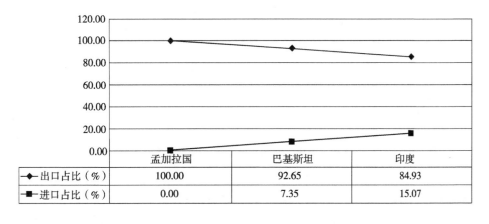

图 4 - 5 - 43　2013 年中国新疆对南亚国家进出口总值中出口及进口占比

由图 4 - 5 - 43 可以看出，2013 年中国新疆对南亚国家的进出口贸易中，各国的出口总值、进口总值占其进出口总值的比重均是出口大于进口，说明中国新疆对南亚国家的进出口贸易均以出口

为主导，且出口远远多于进口，出口占比在80.00%以上。

（二）2013年中国新疆对南亚国家的出口贸易与进口贸易的月度比较分析

1. 2013年1月中国新疆对南亚国家的出口贸易与进口贸易的月度比较分析

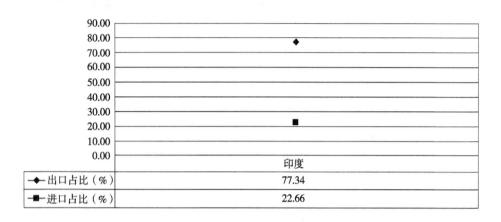

	印度
◆出口占比（%）	77.34
■进口占比（%）	22.66

图4－5－44　2013年1月中国新疆对南亚国家进出口总值中出口及进口占比

由图4－5－44可以看出，2013年1月，中国新疆对南亚国家的进出口贸易中，印度的出口值、进口值占其进出口总值的比重是出口大于进口，说明中国新疆对南亚国家的进出口贸易以出口为主导，且出口远大于进口，出口占比超过77.00%。

2. 2013年2月中国新疆对南亚国家的出口贸易与进口贸易的月度比较分析

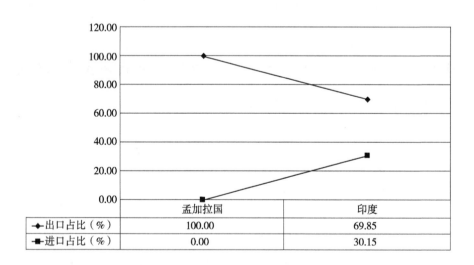

	孟加拉国	印度
◆出口占比（%）	100.00	69.85
■进口占比（%）	0.00	30.15

图4－5－45　2013年2月中国新疆对南亚国家进出口总值中出口及进口占比

由图4－5－45可以看出，2013年2月，中国新疆对南亚国家的进出口贸易中，印度、孟加拉国两国的出口值、进口值占其进出口总值的比重均是出口大于进口，说明中国新疆对南亚国家的进出口贸易多以出口为主导，且出口远大于进口，出口占比均超过69.00%。

3. 2013 年 3 月中国新疆对南亚国家的出口贸易与进口贸易的月度比较分析

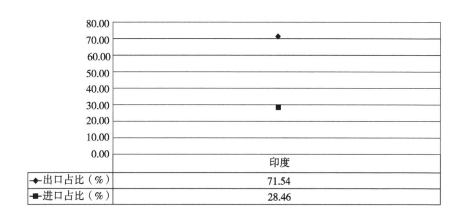

	印度
◆出口占比（%）	71.54
■进口占比（%）	28.46

图 4 - 5 - 46　2013 年 3 月中国新疆对南亚国家进出口总值中出口及进口占比

由图 4 - 5 - 46 可以看出，2013 年 3 月，中国新疆对南亚国家的进出口贸易中，印度的出口值、进口值占其进出口总值的比重是出口大于进口，说明中国新疆对南亚国家的进出口贸易以出口为主导，且出口远大于进口，出口占比超过 71.00%。

4. 2013 年 4 月中国新疆对南亚国家的出口贸易与进口贸易的月度比较分析

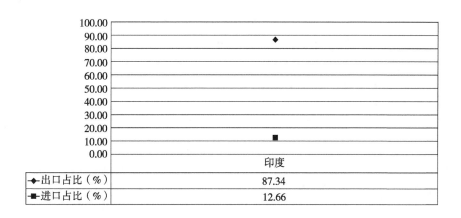

	印度
◆出口占比（%）	87.34
■进口占比（%）	12.66

图 4 - 5 - 47　2013 年 4 月中国新疆对南亚国家进出口总值中出口及进口占比

由图 4 - 5 - 47 可以看出，2013 年 4 月，中国新疆对南亚国家的进出口贸易中，印度的出口值、进口值占其进出口总值的比重是出口大于进口，说明中国新疆对南亚国家的进出口贸易以出口为主导，且出口远大于进口，出口占比超过 87.00%。

5. 2013 年 5 月中国新疆对南亚国家的出口贸易与进口贸易的月度比较分析

由图 4 - 5 - 48 可以看出，2013 年 5 月，中国新疆对南亚国家的进出口贸易中，印度及巴基斯坦的出口值、进口值占其进出口总值的比重均是出口大于进口，说明中国新疆对南亚国家的进出口贸易以出口为主导，且出口远大于进口，出口占比均超过 96.00%。

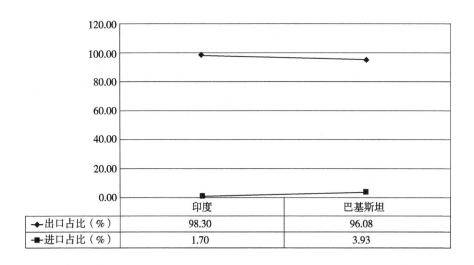

	印度	巴基斯坦
◆出口占比（%）	98.30	96.08
■进口占比（%）	1.70	3.93

图 4 - 5 - 48　2013 年 5 月中国新疆对南亚国家进出口总值中出口及进口占比

6. 2013 年 6 月中国新疆对南亚国家的出口贸易与进口贸易的月度比较分析

由图 4 - 5 - 49 可以看出，2013 年 6 月，中国新疆对南亚国家的进出口贸易中，印度、巴基斯坦的出口值、进口值占其进出口总值的比重均是出口大于进口，说明中国新疆对南亚国家的进出口贸易多以出口为主导，且出口远大于进口，出口占比均超过 95.00%。

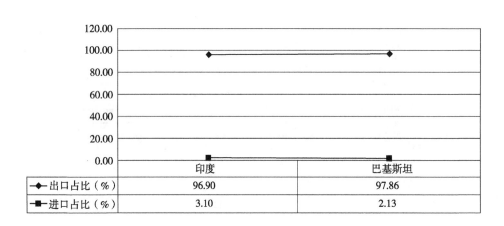

	印度	巴基斯坦
◆出口占比（%）	96.90	97.86
■进口占比（%）	3.10	2.13

图 4 - 5 - 49　2013 年 6 月中国新疆对南亚国家进出口总值中出口及进口占比

7. 2013 年 7 月中国新疆对南亚国家的出口贸易与进口贸易的月度比较分析

由图 4 - 5 - 50 可以看出，2013 年 7 月，中国新疆对南亚国家的进出口贸易中，印度、巴基斯坦的出口值、进口值占其进出口总值的比重均是出口大于进口，说明中国新疆对南亚国家的进出口贸易以出口为主导，且出口远大于进口，出口占比均超过 95.00%。

8. 2013 年 8 月中国新疆对南亚国家的出口贸易与进口贸易的月度比较分析

由图 4 - 5 - 51 可以看出，2013 年 8 月，中国新疆对南亚国家的进出口贸易中，印度、巴基斯坦的出口总值、进口总值占其进出口总值的比重均是出口大于进口，说明中国新疆对南亚国家的进出口贸易均以出口为主导，且出口远大于进口，出口占比均超过 95.00%。

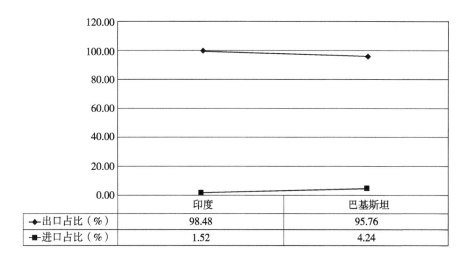

	印度	巴基斯坦
◆出口占比（%）	98.48	95.76
■进口占比（%）	1.52	4.24

图 4－5－50 2013 年 7 月中国新疆对南亚国家进出口总值中出口及进口占比

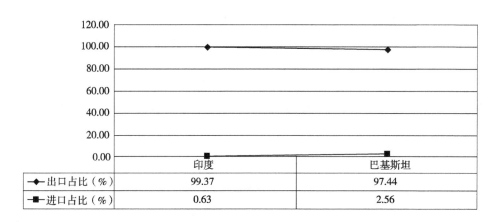

	印度	巴基斯坦
◆出口占比（%）	99.37	97.44
■进口占比（%）	0.63	2.56

图 4－5－51 2013 年 8 月中国新疆对南亚国家进出口总值中出口及进口占比

9. 2013 年 9 月中国新疆对南亚国家的出口贸易与进口贸易的月度比较分析

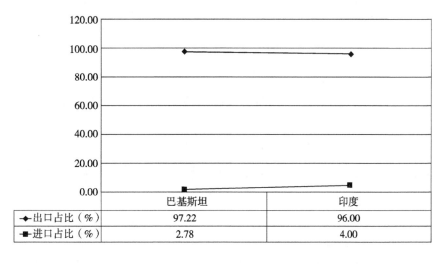

	巴基斯坦	印度
◆出口占比（%）	97.22	96.00
■进口占比（%）	2.78	4.00

图 4－5－52 2013 年 9 月中国新疆对南亚国家进出口总值中出口及进口占比

由图4-5-52可以看出，2013年9月，中国新疆对南亚国家的进出口贸易中，巴基斯坦、印度的出口总值、进口总值占其进出口总值的比重均是出口大于进口，说明中国新疆对南亚国家的进出口贸易均以出口为主导，且出口远大于进口，出口占比均超过96.00%。

10. 2013年10月中国新疆对南亚国家的出口贸易与进口贸易的月度比较分析

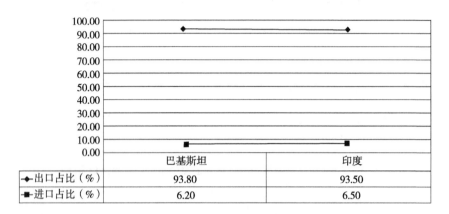

图4-5-53　2013年10月中国新疆对南亚国家进出口总值中出口及进口占比

由图4-5-53可以看出，2013年10月，中国新疆对南亚国家的进出口贸易中，巴基斯坦、印度两国的出口值、进口值占其进出口总值的比重均是出口大于进口，说明中国新疆对南亚国家的进出口贸易多以出口为主导，且出口远大于进口，出口占比均超过93.00%。

11. 2013年11月中国新疆对南亚国家的出口贸易与进口贸易的月度比较分析

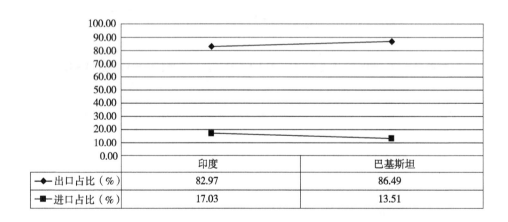

图4-5-54　2013年11月中国新疆对南亚国家进出口总值中出口及进口占比

由图4-5-54可以看出，2013年11月，中国新疆对南亚国家的进出口贸易中，印度、巴基斯坦两国的出口值、进口值占其进出口总值的比重均是出口大于进口，说明中国新疆对南亚国家的进出口贸易多以出口为主导，且出口远大于进口，出口占比均超过80.00%。

12. 2013年12月中国新疆对南亚国家的出口贸易与进口贸易的月度比较分析

由图4-5-55可以看出，2013年12月，中国新疆对南亚国家的进出口贸易中，印度的出口值、进口值占其进出口总值的比重是出口大于进口，说明中国新疆对南亚国家的进出口贸易多以出口为主导，且出口远大于进口，出口占比超过94.00%。

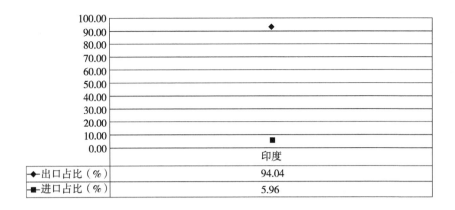

图 4 – 5 – 55　2013 年 12 月中国新疆对南亚国家进出口总值中出口及进口占比

第六节　2013 年中国新疆与东欧国家的进出口贸易情况

一、2013 年中国新疆对东欧国家进出口贸易分析

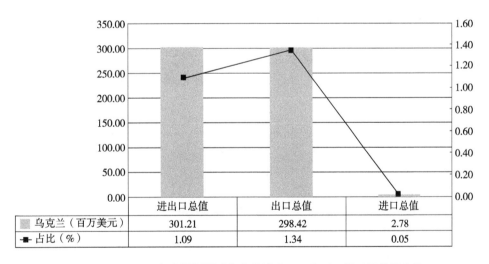

	进出口总值	出口总值	进口总值
乌克兰（百万美元）	301.21	298.42	2.78
占比（%）	1.09	1.34	0.05

图 4 – 6 – 1　2013 年中国新疆对乌克兰进出口、出口、进口总值及占比

2013 年，中国新疆只对东欧国家的乌克兰发生进出口贸易。

由图 4 – 6 – 1 可以看出，2013 年，中国新疆对乌克兰的贸易中，对乌克兰的进出口总值为 301.21 百万美元，占中国新疆进出口总值的 1.09%，同比上升 75.70%。中国新疆对乌克兰的贸易以出口为主，其中：出口总值为 298.42 百万美元，占中国新疆出口总值的 1.34%，同比上升 74.80%；进口总值为 2.78 百万美元，占中国新疆进口总值的 0.05%，同比上升 339.10%。

二、2013 年中国新疆对东欧国家进出口贸易趋势分析

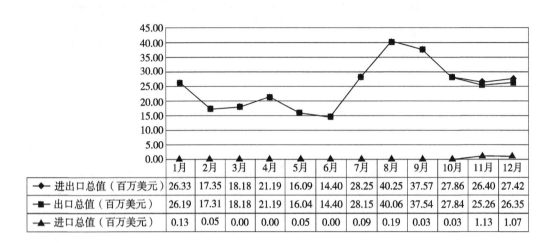

	1月	2月	3月	4月	5月	6月	7月	8月	9月	10月	11月	12月
进出口总值（百万美元）	26.33	17.35	18.18	21.19	16.09	14.40	28.25	40.25	37.57	27.86	26.40	27.42
出口总值（百万美元）	26.19	17.31	18.18	21.19	16.04	14.40	28.15	40.06	37.54	27.84	25.26	26.35
进口总值（百万美元）	0.13	0.05	0.00	0.00	0.05	0.00	0.09	0.19	0.03	0.03	1.13	1.07

图 4 - 6 - 2　2013 年 1 ~ 12 月中国新疆对乌克兰进出口、出口、进口总值趋势

由图 4 - 6 - 2 可以看出，中国新疆 1 ~ 12 月只与乌克兰发生了进出口贸易。整体来看，中国新疆对乌克兰的进出口总值呈全年上下起伏波动趋势。其中，对乌克兰的进出口贸易最高点在 8 月，为 40. 25 百万美元，最低点在 6 月，为 14. 40 百万美元；对乌克兰的出口贸易最高点在 8 月，为 40. 06 百万美元，最低点在 6 月，为 14. 40 百万美元；对乌克兰的进口贸易最高点在 11 月，为 1. 13 百万美元，其中 3 月、4 月以及 6 月中国新疆与乌克兰未发生进口贸易。

三、2013 年中国新疆对东欧国家进出口贸易月度分析

1. 2013 年 1 月中国新疆对东欧国家进出口贸易月度分析

由图 4 - 6 - 3 可以看出，2013 年 1 月，中国新疆对东欧国家的进出口贸易中只与乌克兰发生贸易往来。

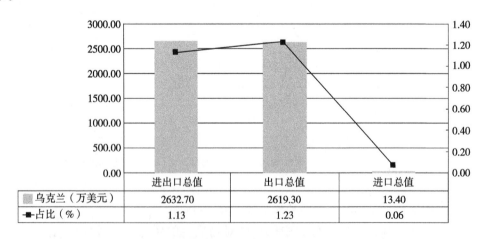

	进出口总值	出口总值	进口总值
乌克兰（万美元）	2632.70	2619.30	13.40
占比（%）	1.13	1.23	0.06

图 4 - 6 - 3　2013 年 1 月中国新疆对乌克兰进出口、出口、进口总值及占比

2013 年 1 月中国新疆对乌克兰的贸易中，对乌克兰的进出口总值为 2632. 70 万美元，占中国新疆进出口总值的 1. 13% ，同比上升 638. 80% 。中国新疆对乌克兰的贸易以出口为主，其中：出口总值为 2619. 30 万美元，占中国新疆出口总值的 1. 23% ，同比上升 645. 50% ；进口总值为 13. 40

万美元，占中国新疆进口总值的 0.06%，同比上升 167.90%。

2. 2013 年 2 月中国新疆对东欧国家进出口贸易月度分析

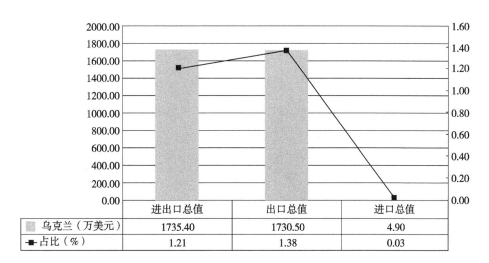

	进出口总值	出口总值	进口总值
乌克兰（万美元）	1735.40	1730.50	4.90
占比（%）	1.21	1.38	0.03

图 4 - 6 - 4　2013 年 2 月中国新疆对乌克兰进出口、出口、进口总值及占比

由图 4 - 6 - 4 可以看出，2013 年 2 月，中国新疆对东欧国家的进出口贸易中只与乌克兰发生贸易往来。

2013 年 2 月中国新疆对乌克兰的贸易中，对乌克兰的进出口总值为 1735.40 万美元，占中国新疆进出口总值的 1.21%，同比上升 785.80%，环比下降 34.08%。中国新疆对乌克兰的贸易以出口为主，其中：出口总值为 1730.50 万美元，占中国新疆出口总值的 1.38%，同比上升 818.90%，环比下降 33.93%；进口总值为 4.90 万美元，占中国新疆进口总值的 0.03%，同比下降 35.60%，环比下降 63.43%。

3. 2013 年 3 月中国新疆对东欧国家进出口贸易月度分析

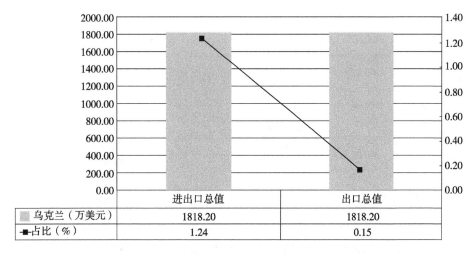

	进出口总值	出口总值
乌克兰（万美元）	1818.20	1818.20
占比（%）	1.24	0.15

图 4 - 6 - 5　2013 年 3 月中国新疆对乌克兰进出口、出口、进口总值及占比

由图 4 - 6 - 5 可以看出，2013 年 3 月，中国新疆对东欧国家的进出口贸易中只与乌克兰发生贸易往来。

2013 年 3 月中国新疆对乌克兰的贸易中，对乌克兰的进出口总值为 1818.20 万美元，占中国新疆进出口总值的1.24%，同比上升399.40%，环比下降55.14%。中国新疆对乌克兰的贸易以出口为主，其中：出口总值为1818.20万美元，占中国新疆出口总值的0.15%，同比上升412.20%，环比下降35.77%；本月未发生进口贸易。

4. 2013年4月中国新疆对东欧国家进出口贸易月度分析

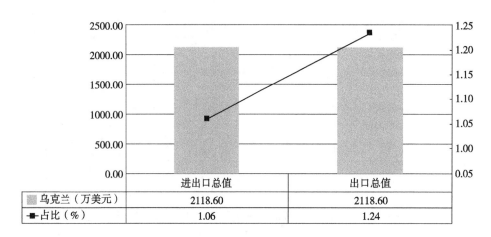

	进出口总值	出口总值
乌克兰（万美元）	2118.60	2118.60
占比（%）	1.06	1.24

图4-6-6　2013年4月中国新疆对乌克兰进出口、出口、进口总值及占比

由图4-6-6可以看出，2013年4月，中国新疆对东欧国家的进出口贸易中只与乌克兰发生贸易往来。

2013年4月中国新疆对乌克兰的贸易中，对乌克兰的进出口总值为2118.60万美元，占中国新疆进出口总值的1.06%，同比上升1732.60%，环比上升16.52%。中国新疆对乌克兰的贸易以出口为主，其中：出口总值为2118.60万美元，占中国新疆出口总值的1.24%，同比上升1808.20%，环比上升16.52%；本月未发生进口贸易。

5. 2013年5月中国新疆对东欧国家进出口贸易月度分析

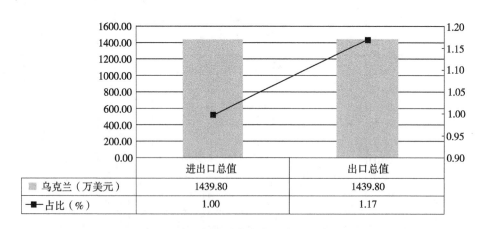

	进出口总值	出口总值
乌克兰（万美元）	1439.80	1439.80
占比（%）	1.00	1.17

图4-6-7　2013年5月中国新疆对乌克兰进出口、出口、进口总值及占比

由图4-6-7可以看出，2013年5月，中国新疆对东欧国家的进出口贸易中只与乌克兰发生贸易往来。

2013年5月中国新疆对乌克兰的贸易中，对乌克兰的进出口总值为1439.80万美元，占中国新疆进出口总值的 1.00%，同比上升 135.60%，环比下降 10.49%。中国新疆对乌克兰的贸易以出口为主，其中：出口总值为 1439.80 万美元，占中国新疆出口总值的 1.17%，同比上升 137.70%，环比下降 10.21%。

6. 2013 年 6 月中国新疆对东欧国家进出口贸易月度分析

2013 年 6 月，中国新疆未对东欧国家发生进出口贸易。

7. 2013 年 7 月中国新疆对东欧国家进出口贸易月度分析

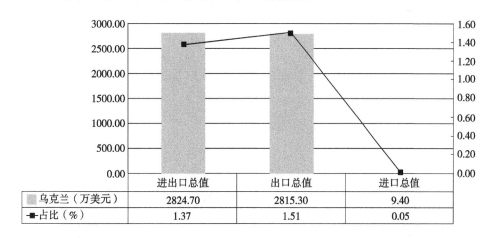

	进出口总值	出口总值	进口总值
乌克兰（万美元）	2824.70	2815.30	9.40
占比（%）	1.37	1.51	0.05

图 4 - 6 - 8　2013 年 7 月中国新疆对乌克兰进出口、出口、进口总值及占比

由图 4 - 6 - 8 可以看出，2013 年 7 月，中国新疆对东欧国家的进出口贸易中只与乌克兰发生贸易往来。

2013 年 7 月中国新疆对乌克兰的贸易中，对乌克兰的进出口总值为 2824.70 万美元，占中国新疆出口总值的 1.37%，同比上升 332.80%，环比上升 96.19%。中国新疆对乌克兰的贸易以出口为主，其中：出口总值为 2815.30 万美元，占中国新疆出口总值的 1.51%，同比上升 337.20%，环比上升 95.53%；进口总值为 9.40 万美元，占中国新疆出口总值的 0.05%，同比上升 7.30%。

8. 2013 年 8 月中国新疆对东欧国家进出口贸易月度分析

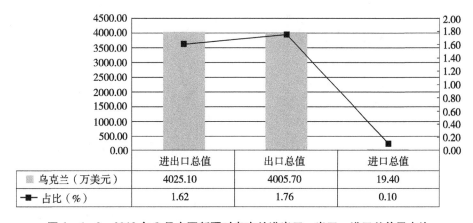

	进出口总值	出口总值	进口总值
乌克兰（万美元）	4025.10	4005.70	19.40
占比（%）	1.62	1.76	0.10

图 4 - 6 - 9　2013 年 8 月中国新疆对乌克兰进出口、出口、进口总值及占比

由图 4 - 6 - 9 可以看出，2013 年 8 月，中国新疆对东欧国家的进出口贸易中只与乌克兰发生贸易往来。

2013 年 8 月中国新疆对乌克兰的贸易中，对乌克兰的进出口总值为 4025.10 万美元，占中国新疆进出口总值的1.62%，同比上升98.70%，环比上升42.50%。中国新疆对乌克兰的贸易以出口为主，其中：出口总值为4005.70万美元，占中国新疆出口总值的1.76%，同比上升97.70%，环比上升42.28%；进口总值为19.40万美元，占中国新疆进口总值的0.10%，环比上升106.38%。

9. 2013年9月中国新疆对东欧国家进出口贸易月度分析

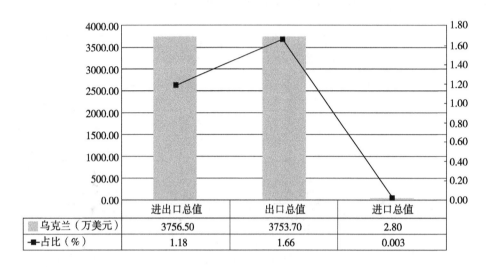

图4-6-10 2013年9月中国新疆对乌克兰进出口、出口、进口总值及占比

由图4-6-10可以看出，2013年9月，中国新疆对东欧国家的贸易中只与乌克兰发生进出口贸易。

2013年9月中国新疆对乌克兰的贸易中，对乌克兰进出口总值为3756.50万美元，占中国新疆进出口总值的1.18%，同比上升1.10%，环比下降6.67%。中国新疆对乌克兰的贸易以出口为主，其中：出口总值为3753.70万美元，占中国新疆出口总值的1.66%，同比上升1.30%，环比下降6.29%；进口总值为2.80万美元，占中国新疆进口总值的0.003%，同比下降70.90%，环比下降85.57%。

10. 2013年10月中国新疆对东欧国家进出口贸易月度分析

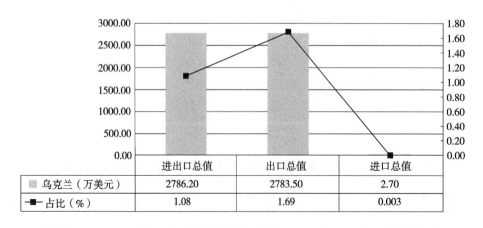

图4-6-11 2013年10月中国新疆对乌克兰进出口、出口、进口总值及占比

由图 4 - 6 - 11 可以看出，2013 年 10 月，中国新疆对东欧国家的进出口贸易中只与乌克兰发生贸易往来。

2013 年 10 月中国新疆对乌克兰的贸易中，对乌克兰的进出口总值为 2786.20 万美元，占中国新疆进出口总值的 1.08%，同比上升 24.30%，环比下降 25.83%。中国新疆对乌克兰的贸易以出口为主，其中：出口总值为 2783.50 万美元，占中国新疆出口总值的 1.69%，同比上升 24.50%，环比下降 25.85%；进口总值为 2.70 万美元，占中国新疆进口总值的 0.003%，同比下降 46.70%，环比下降 3.57%。

11. 2013 年 11 月中国新疆对东欧国家进出口贸易月度分析

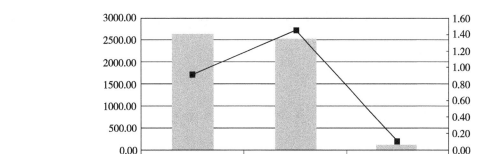

	进出口总值	出口总值	进口总值
乌克兰（万美元）	2639.60	2526.30	113.30
占比（%）	0.91	1.45	0.10

图 4 - 6 - 12　2013 年 11 月中国新疆对乌克兰进出口、出口、进口总值及占比

由图 4 - 6 - 12 可以看出，2013 年 11 月，中国新疆对东欧国家的进出口贸易中只与乌克兰发生贸易往来。

2013 年 11 月中国新疆对乌克兰的贸易中，对乌克兰的进出口总值为 2639.60 万美元，占中国新疆进出口总值的 0.91%，同比下降 21.60%，环比下降 5.26%。中国新疆对乌克兰的贸易以出口为主，其中：出口总值为 2526.30 万美元，占中国新疆出口总值的 1.45%，同比下降 24.80%，环比下降 9.24%；进口总值为 113.30 万美元，占中国新疆进口总值的 0.10%，同比上升 2287.00%，环比上升 4096.30%。

12. 2013 年 12 月中国新疆对东欧国家进出口贸易月度分析

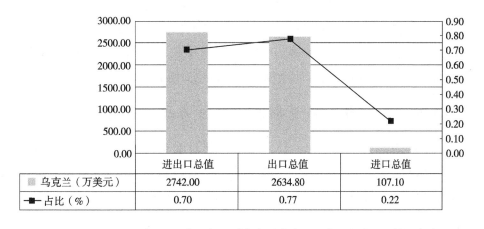

	进出口总值	出口总值	进口总值
乌克兰（万美元）	2742.00	2634.80	107.10
占比（%）	0.70	0.77	0.22

图 4 - 6 - 13　2013 年 12 月中国新疆对乌克兰进出口、出口、进口总值及占比

　　由图4-6-13可以看出，2013年12月，中国新疆对东欧国家的进出口贸易中只与乌克兰发生贸易往来。

　　2013年12月中国新疆对乌克兰的贸易中，对乌克兰的进出口总值为2742.00万美元，占中国新疆进出口总值的0.70%，同比下降11.70%，环比上升3.88%。中国新疆对乌克兰的贸易以出口为主，其中：出口总值为2634.80万美元，占中国新疆出口总值的0.77%，同比下降15.10%，环比上升4.29%；进口总值为107.10万美元，占中国新疆进口总值的0.22%，环比下降5.47%。

第七节　2013年中国新疆与俄罗斯的进出口贸易情况

一、2013年中国新疆对俄罗斯进出口贸易分析

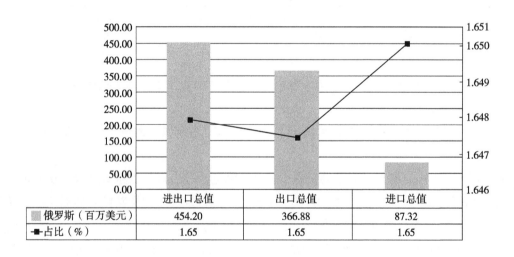

	进出口总值	出口总值	进口总值
俄罗斯（百万美元）	454.20	366.88	87.32
占比（%）	1.65	1.65	1.65

图4-7-1　2013年中国新疆对俄罗斯进出口、出口、进口总值及占比

　　由图4-7-1可以看出，2013年，中国新疆对俄罗斯的贸易中，对俄罗斯的进出口总值为454.20百万美元，占中国新疆进出口总值的1.65%，同比下降29.50%。中国新疆对俄罗斯的贸易以出口为主，其中：出口总值为366.88百万美元，占中国新疆出口总值的1.65%，同比下降4.70%；进口总值为87.32百万美元，占中国新疆进口总值的1.65%，同比下降66.30%。

二、2013年中国新疆对俄罗斯进出口贸易趋势分析

　　由图4-7-2可以看出，2013年1~12月中国新疆对俄罗斯进出口、出口总值的变化趋势基本一致，1~4月逐月缓慢上升，4月为全年最高峰，4~8月呈V形趋势，6月为全年谷底；中国新疆对俄罗斯进口总值的变化趋势不大，其中8月达到全年最高点。

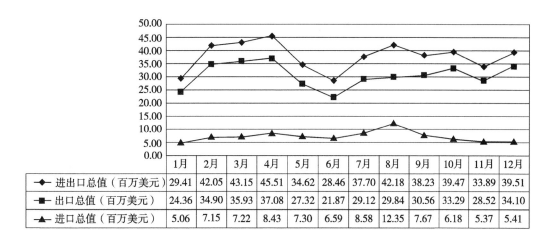

	1月	2月	3月	4月	5月	6月	7月	8月	9月	10月	11月	12月
◆ 进出口总值（百万美元）	29.41	42.05	43.15	45.51	34.62	28.46	37.70	42.18	38.23	39.47	33.89	39.51
■ 出口总值（百万美元）	24.36	34.90	35.93	37.08	27.32	21.87	29.12	29.84	30.56	33.29	28.52	34.10
▲ 进口总值（百万美元）	5.06	7.15	7.22	8.43	7.30	6.59	8.58	12.35	7.67	6.18	5.37	5.41

图 4 - 7 - 2　2013 年 1 ~ 12 月中国新疆对俄罗斯进出口、出口、进口总值趋势

三、2013 年中国新疆对俄罗斯进出口贸易月度分析

1. 2013 年 1 月中国新疆对俄罗斯进出口贸易月度分析

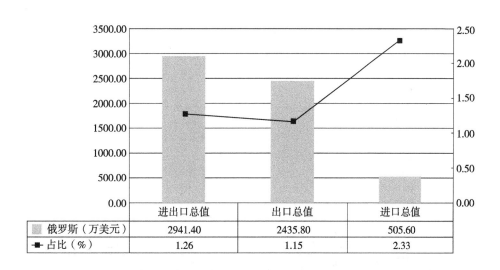

	进出口总值	出口总值	进口总值
俄罗斯（万美元）	2941.40	2435.80	505.60
占比（%）	1.26	1.15	2.33

图 4 - 7 - 3　2013 年 1 月中国新疆对俄罗斯进出口、出口、进口总值及占比

　　由图 4 - 7 - 3 可以看出，2013 年 1 月中国新疆对俄罗斯的贸易中，对俄罗斯的进出口总值为 2941.40 万美元，占中国新疆进出口总值的 1.26%，同比下降 37.50%。

　　中国新疆对俄罗斯的贸易以出口为主，其中：出口总值为 2435.80 万美元，占中国新疆出口总值的 1.15%，同比下降 19.40%；进口总值为 505.60 万美元，占中国新疆进口总值的 2.33%，同比下降 70.00%。

　　2. 2013 年 2 月中国新疆对俄罗斯进出口贸易月度分析

　　由图 4 - 7 - 4 可以看出，2013 年 2 月中国新疆对俄罗斯的贸易中，对俄罗斯的进出口总值为 4205.30 万美元，占中国新疆进出口总值的 2.93%，同比下降 24.70%，环比上升 42.97%。

　　中国新疆对俄罗斯的贸易以出口为主，其中：出口总值为 3490.20 万美元，占中国新疆出口总值的2.78%，同比上升38.50%，环比上升43.29%；进口总值为715.10万美元，占中国新疆进口总值的3.96%，同比下降76.70%，环比上升41.44%。

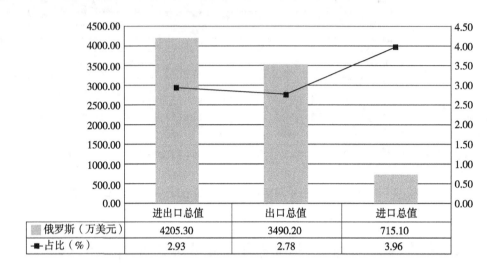

	进出口总值	出口总值	进口总值
俄罗斯（万美元）	4205.30	3490.20	715.10
占比（%）	2.93	2.78	3.96

图4-7-4　2013年2月中国新疆对俄罗斯进出口、出口、进口总值及占比

3. 2013年3月中国新疆对俄罗斯进出口贸易月度分析

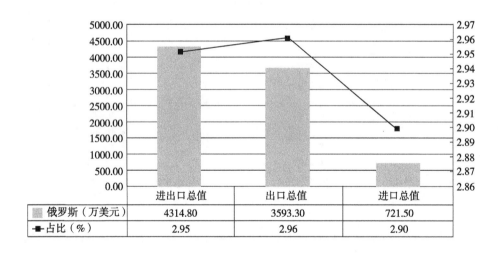

	进出口总值	出口总值	进口总值
俄罗斯（万美元）	4314.80	3593.30	721.50
占比（%）	2.95	2.96	2.90

图4-7-5　2013年3月中国新疆对俄罗斯进出口、出口、进口总值及占比

由图4-7-5可以看出，2013年3月中国新疆对俄罗斯的贸易中，对俄罗斯的进出口总值为4314.80万美元，占中国新疆进出口总值的2.95%，同比下降23.80%，环比上升2.60%。

中国新疆对俄罗斯的贸易以出口为主，其中：出口总值为3593.30万美元，占中国新疆出口总值的2.96%，同比上升4.80%，环比上升2.95%；进口总值为721.50万美元，占中国新疆进口总值的2.90%，同比下降67.70%，环比上升0.89%。

4. 2013年4月中国新疆对俄罗斯进出口贸易月度分析

由图4-7-6可以看出，2013年4月中国新疆对俄罗斯的贸易中，对俄罗斯的进出口总值为4550.50万美元，占中国新疆进出口总值的2.27%，同比下降32.10%，环比上升5.46%。

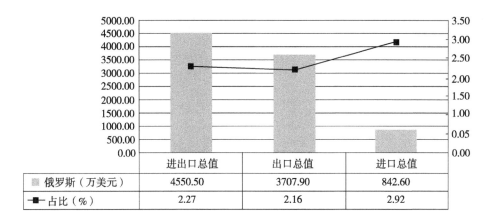

图 4 - 7 - 6 2013 年 4 月中国新疆对俄罗斯进出口、出口、进口总值及占比

中国新疆对俄罗斯的贸易以出口为主，其中：出口总值为 3707.90 万美元，占中国新疆出口总值的 2.16%，同比上升 7.40%，环比上升 3.19%；进口总值为 842.60 万美元，占中国新疆进口总值的 2.92%，同比下降 74.00%，环比上升 16.78%。

5. 2013 年 5 月中国新疆对俄罗斯进出口贸易月度分析

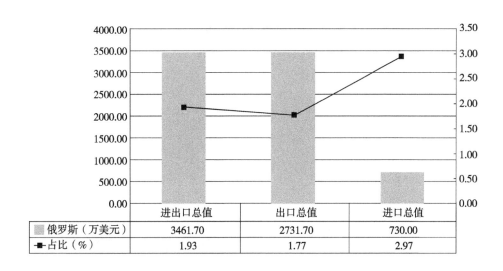

图 4 - 7 - 7 2013 年 5 月中国新疆对俄罗斯进出口、出口、进口总值及占比

由图 4 - 7 - 7 可以看出，2013 年 5 月中国新疆对俄罗斯的贸易中，对俄罗斯的进出口总值为 3461.70 万美元，占中国新疆进出口总值的 1.93%，同比下降 38.70%，环比下降 23.93%。

中国新疆对俄罗斯的贸易以出口为主，其中：出口总值为 2731.70 万美元，占中国新疆出口总值的 1.77%，同比下降 18.60%，环比下降 26.33%；进口总值为 730.00 万美元，占中国新疆进口总值的 2.97%，同比下降 68.10%，环比下降 13.36%。

6. 2013 年 6 月中国新疆对俄罗斯进出口贸易月度分析

由图 4 - 7 - 8 可以看出，2013 年 6 月中国新疆对俄罗斯的贸易中，对俄罗斯的进出口贸易总值为 2845.90 万美元，占中国新疆进出口总值的 1.97%，同比下降 51.60%，环比下降 17.79%。

中国新疆对俄罗斯的贸易以出口为主，其中：出口总值为 2186.50 万美元，占中国新疆出口总值的1.78%，同比下降24.10%，环比下降19.96%；进口总值为659.40万美元，占中国新疆进口总值的3.11%，同比下降78%，环比下降9.67%。

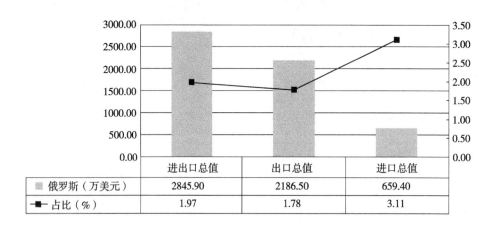

	进出口总值	出口总值	进口总值
俄罗斯（万美元）	2845.90	2186.50	659.40
占比（%）	1.97	1.78	3.11

图4－7－8　2013年6月中国新疆对俄罗斯进出口、出口、进口总值及占比

7. 2013年7月中国新疆对俄罗斯进出口贸易月度分析

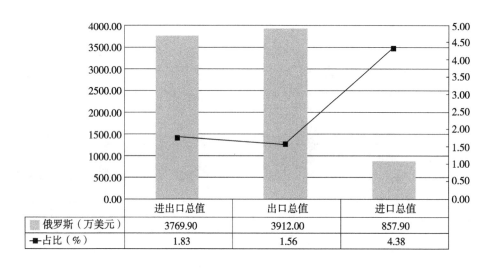

	进出口总值	出口总值	进口总值
俄罗斯（万美元）	3769.90	3912.00	857.90
占比（%）	1.83	1.56	4.38

图4－7－9　2013年7月中国新疆对俄罗斯进出口、出口、进口总值及占比

由图4－7－9可以看出，2013年7月中国新疆对俄罗斯的贸易中，对俄罗斯的进出口总值为3769.90万美元，占中国新疆进出口总值的1.83%，同比下降48.70%，环比上升32.47%。

中国新疆对俄罗斯的贸易以出口为主，其中：出口总值为3912.00万美元，占中国新疆出口总值的1.56%，同比下降13.90%，环比上升33.18%；进口总值为857.90万美元，占中国新疆进口总值的4.38%，同比下降78.40%，环比上升30.10%。

8. 2013年8月中国新疆对俄罗斯进出口贸易月度分析

由图4－7－10可以看出，2013年8月中国新疆对俄罗斯的贸易中，对俄罗斯的进出口总值为4218.20万美元，占中国新疆进出口总值的1.70%，同比下降32.20%，环比上升11.89%。

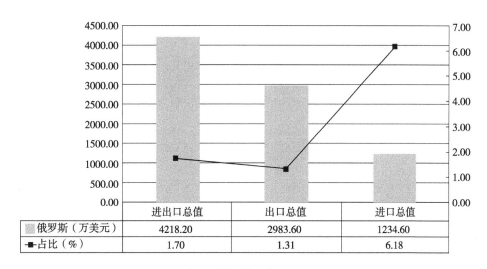

	进出口总值	出口总值	进口总值
俄罗斯（万美元）	4218.20	2983.60	1234.60
占比（%）	1.70	1.31	6.18

图 4 - 7 - 10　2013 年 8 月中国新疆对俄罗斯进出口、出口、进口总值及占比

中国新疆对俄罗斯的贸易以出口为主，其中：出口总值为 2983.60 万美元，占中国新疆出口总值的 1.31%，同比下降 14.60%，环比上升 2.46%；进口总值为 1234.60 万美元，占中国新疆进口总值的 6.18%，同比下降 54.80%，环比上升 43.91%。

9. 2013 年 9 月中国新疆对俄罗斯进出口贸易月度分析

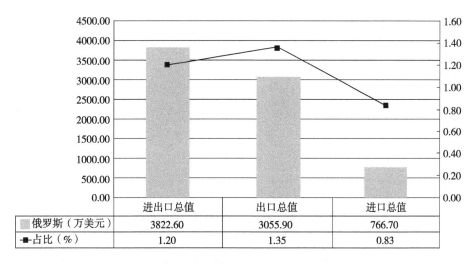

	进出口总值	出口总值	进口总值
俄罗斯（万美元）	3822.60	3055.90	766.70
占比（%）	1.20	1.35	0.83

图 4 - 7 - 11　2013 年 9 月中国新疆对俄罗斯进出口、出口、进口总值及占比

由图 4 - 7 - 11 可以看出，2013 年 9 月中国新疆对俄罗斯的贸易中，对俄罗斯的进出口贸易总值为 3822.60 万美元，占中国新疆进出口总值的 1.20%，同比下降 27.60%，环比下降 9.38%。

中国新疆对俄罗斯的贸易以出口为主，其中：出口总值为 3055.90 万美元，占中国新疆出口总值的 1.35%，同比下降 7.30%，环比上升 2.42%；进口总值为 766.70 万美元，占中国新疆进口总值的 0.83%，同比下降 61.40%，环比下降 37.90%。

10. 2013 年 10 月中国新疆对俄罗斯进出口贸易月度分析

由图 4 - 7 - 12 可以看出，2013 年 10 月中国新疆对俄罗斯的贸易中，对俄罗斯的进出口总值为 3947.20 万美元，占中国新疆进出口总值的 1.53%，同比上升 6.20%，环比上升 3.26%。

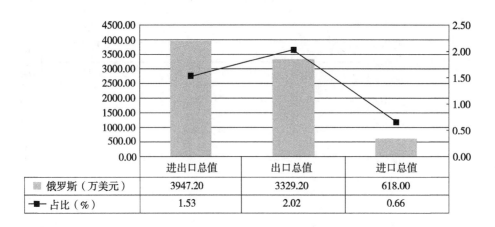

图4-7-12 2013年10月中国新疆对俄罗斯进出口、出口、进口总值及占比

中国新疆对俄罗斯的贸易以出口为主，其中：出口总值为3329.20万美元，占中国新疆出口总值的2.02%，同比上升21.00%，环比上升8.94%；进口总值为618.00万美元，占中国新疆进口总值的0.66%，同比下降35.90%，环比下降19.40%。

11. 2013年11月中国新疆对俄罗斯进出口贸易月度分析

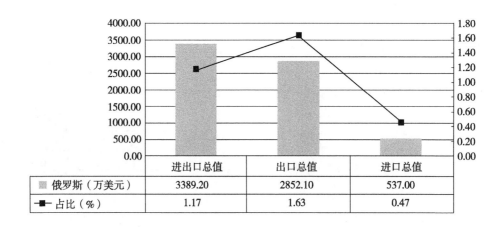

图4-7-13 2013年11月中国新疆对俄罗斯进出口、出口、进口总值及占比

由图4-7-13可以看出，2013年11月中国新疆对俄罗斯的贸易中，对俄罗斯的进出口总值为3389.20万美元，占中国新疆进出口总值的1.17%，同比下降16.00%，环比下降14.14%。

中国新疆对俄罗斯的贸易以出口为主，其中：出口总值为2852.10万美元，占中国新疆出口总值的1.63%，同比下降20.20%，环比下降14.33%；进口总值为537.00万美元，占中国新疆进口总值的0.47%，同比上升16.50%，环比下降13.11%。

12. 2013年12月中国新疆对俄罗斯进出口贸易月度分析

由图4-7-14可以看出，2013年12月中国新疆对俄罗斯的贸易中，对俄罗斯的进出口总值为3950.60万美元，占中国新疆进出口总值的1.01%，同比上升8.70%，环比上升16.56%。

中国新疆对俄罗斯的贸易以出口为主，其中：出口总值为3409.70万美元，占中国新疆出口总值的1.00%，同比上升2.20%，环比上升19.55%；进口总值为540.90万美元，占中国新疆进口总值的 1.10%，同比上升 80.50%，环比上升 0.73%。

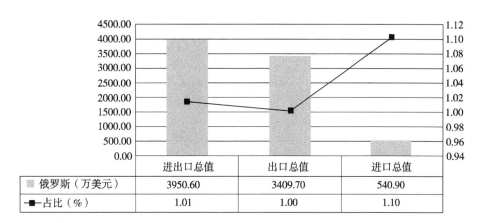

	进出口总值	出口总值	进口总值
俄罗斯（万美元）	3950.60	3409.70	540.90
占比（%）	1.01	1.00	1.10

图 4 - 7 - 14　2013 年 12 月中国新疆对俄罗斯进出口、出口、进口总值及占比

第八节　2013 年中国新疆与蒙古国的进出口贸易情况

一、2013 年中国新疆对蒙古国进出口贸易分析

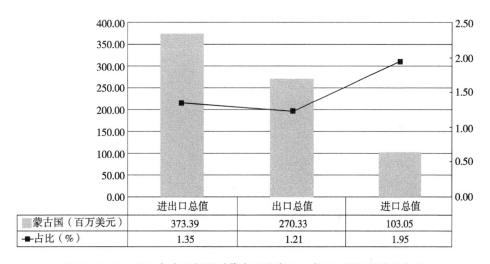

	进出口总值	出口总值	进口总值
蒙古国（百万美元）	373.39	270.33	103.05
占比（%）	1.35	1.21	1.95

图 4 - 8 - 1　2013 年中国新疆对蒙古国进出口、出口、进口总值及占比

由图 4 - 8 - 1 可以看出，2013 年，中国新疆对蒙古国的贸易中，对蒙古国的进出口总值为 373.39 百万美元，占中国新疆进出口总值的 1.35%，同比上升 8.60%。中国新疆对蒙古国的贸易以出口为主，其中：出口总值为 270.33 百万美元，占中国新疆出口总值的 1.21%，同比上升 6.10%；进口总值为 103.05 百万美元，占中国新疆进口总值的 1.95%，同比上升 15.80%。

二、2013 年中国新疆对蒙古国进出口贸易趋势分析

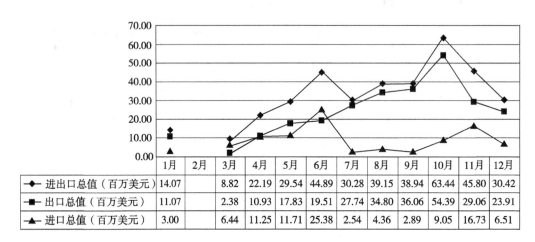

	1月	2月	3月	4月	5月	6月	7月	8月	9月	10月	11月	12月
◆ 进出口总值（百万美元）	14.07		8.82	22.19	29.54	44.89	30.28	39.15	38.94	63.44	45.80	30.42
■ 出口总值（百万美元）	11.07		2.38	10.93	17.83	19.51	27.74	34.80	36.06	54.39	29.06	23.91
▲ 进口总值（百万美元）	3.00		6.44	11.25	11.71	25.38	2.54	4.36	2.89	9.05	16.73	6.51

图 4 - 8 - 2　2013 年 1 ~ 12 月中国新疆对蒙古国进出口、出口、进口总值趋势

从图 4 - 8 - 2 中可以看出，中国新疆对蒙古国的进出口贸易最高点在 10 月，为 63.44 百万美元，最低点在 3 月，为 8.82 百万美元；对蒙古国的出口贸易最高点在 10 月，为 54.39 百万美元，最低点在 3 月，为 2.38 百万美元，1 ~ 6 月表现为先降后升的 U 形变动趋势；对蒙古国的进口贸易最高点在 6 月，为 25.38 百万美元，最低点在 7 月，为 2.54 百万美元，6 ~ 11 月表现为先降后升的 U 形变动趋势。

三、2013 年中国新疆对蒙古国进出口贸易月度分析

1. 2013 年 1 月中国新疆对蒙古国进出口贸易月度分析

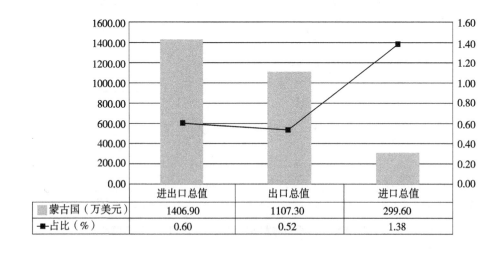

	进出口总值	出口总值	进口总值
蒙古国（万美元）	1406.90	1107.30	299.60
■ 占比（%）	0.60	0.52	1.38

图 4 - 8 - 3　2013 年 1 月中国新疆对蒙古国进出口、出口、进口总值及占比

由图 4 - 8 - 3 可以看出，2013 年 1 月中国新疆对蒙古国的贸易中，对蒙古国的进出口总值为 1406.90 万美元，占中国新疆进出口总值的 0.60%，同比下降 38.40%。

中国新疆对蒙古国的贸易以出口为主，其中：出口总值为 1107. 30 万美元，占中国新疆出口总值的 0. 52%，同比上升 7. 50%；进口总值为 299. 60 万美元，占中国新疆进口总值的 1. 38%，同比下降 76. 10%。

2. 2013 年 2 月中国新疆对蒙古国进出口贸易月度分析

2013 年 2 月中国新疆未对蒙古国发生进出口贸易。

3. 2013 年 3 月中国新疆对蒙古国进出口贸易月度分析

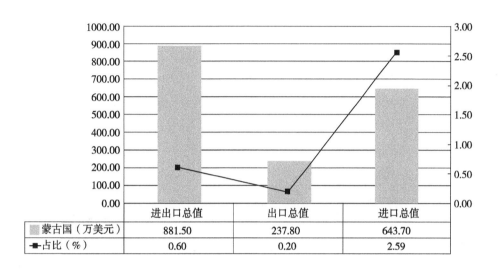

	进出口总值	出口总值	进口总值
蒙古国（万美元）	881.50	237.80	643.70
占比（%）	0.60	0.20	2.59

图 4 - 8 - 4　2013 年 3 月中国新疆对蒙古国进出口、出口、进口总值及占比

由图 4 - 8 - 4 可以看出，2013 年 3 月中国新疆对蒙古国的贸易中，对蒙古国的进出口总值为 881. 50 万美元，占中国新疆进出口总值的 0. 60%，同比下降 61. 60%。

中国新疆对蒙古国的贸易以进口为主，其中：出口总值为 237. 80 万美元，占中国新疆出口总值的 0. 20%，同比下降 88. 40%；进口总值为 643. 70 万美元，占中国新疆进口总值的 2. 59%，同比上升 161. 30%。

4. 2013 年 4 月中国新疆对蒙古国进出口贸易月度分析

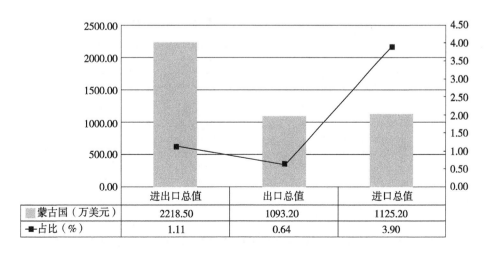

	进出口总值	出口总值	进口总值
蒙古国（万美元）	2218.50	1093.20	1125.20
占比（%）	1.11	0.64	3.90

图 4 - 8 - 5　2013 年 4 月中国新疆对蒙古国进出口、出口、进口总值及占比

由图4-8-5可以看出，2013年4月中国新疆对蒙古国的贸易中，对蒙古国的进出口总值为2218.50万美元，占中国新疆进出口总值的1.11%，同比下降0.10%，环比上升151.67%。

中国新疆对蒙古国的贸易以进口为主，其中：出口总值为1093.20万美元，占中国新疆出口总值的0.64%，同比下降36.00%，环比上升359.71%；进口总值为1125.20万美元，占中国新疆进口总值的3.90%，同比上升120.10%，环比上升74.80%。

5. 2013年5月中国新疆对蒙古国进出口贸易月度分析

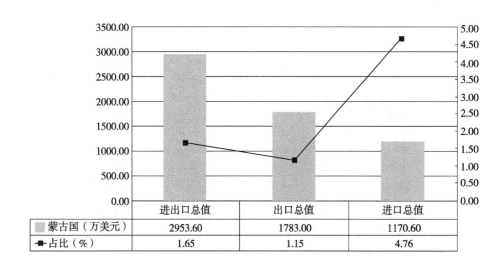

	进出口总值	出口总值	进口总值
蒙古国（万美元）	2953.60	1783.00	1170.60
占比（%）	1.65	1.15	4.76

图4-8-6　2013年5月中国新疆对蒙古国进出口、出口、进口总值及占比

由图4-8-6可以看出，2013年5月中国新疆对蒙古国的贸易中，对蒙古国的进出口总值为2953.60万美元，占中国新疆进出口总值的1.65%，同比下降17.20%，环比上升33.14%。

中国新疆对蒙古国的贸易以出口为主，其中：出口总值为1783.00万美元，占中国新疆出口总值的1.15%，同比下降46.50%，环比上升63.10%；进口总值为1170.60万美元，占中国新疆进口总值的4.76%，同比上升403.80%，环比上升4.03%。

6. 2013年6月中国新疆对蒙古国进出口贸易月度分析

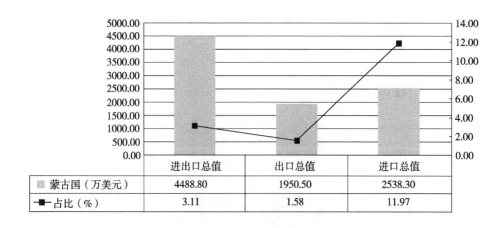

	进出口总值	出口总值	进口总值
蒙古国（万美元）	4488.80	1950.50	2538.30
占比（%）	3.11	1.58	11.97

图4-8-7　2013年6月中国新疆对蒙古国进出口、出口、进口总值及占比

由图4-8-7可以看出，2013年6月中国新疆对蒙古国的贸易中，对蒙古国的进出口贸易总值为4488.80万美元，占中国新疆进出口总值的3.11%，同比上升70.50%，环比上升51.98%。

中国新疆对蒙古国的贸易以进口为主，其中：出口总值为1950.50万美元，占中国新疆出口总值的1.58%，同比下降9.50%，环比上升9.39%；进口总值为2538.30万美元，占中国新疆进口总值的11.97%，同比上升431.40%，环比上升116.84%。

7. 2013年7月中国新疆对蒙古国进出口贸易月度分析

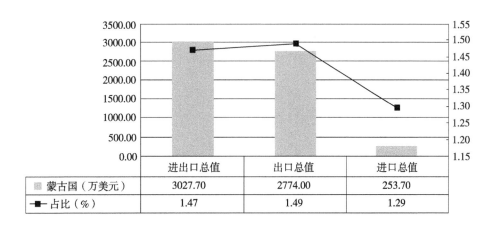

	进出口总值	出口总值	进口总值
蒙古国（万美元）	3027.70	2774.00	253.70
占比（%）	1.47	1.49	1.29

图4-8-8 2013年7月中国新疆对蒙古国进出口、出口、进口总值及占比

由图4-8-8可以看出，2013年7月中国新疆对蒙古国的贸易中，对蒙古国的进出口总值为3027.70万美元，占中国新疆进出口总值的1.47%，同比下降23.90%，环比下降32.55%。

中国新疆对蒙古国的贸易以出口为主，其中：出口总值为2774.00万美元，占中国新疆出口总值的1.49%，同比上升1.50%，环比上升42.22%；进口总值为253.70万美元，占中国新疆进口总值的1.29%，同比下降79.70%，环比下降90.01%。

8. 2013年8月中国新疆对蒙古国进出口贸易月度分析

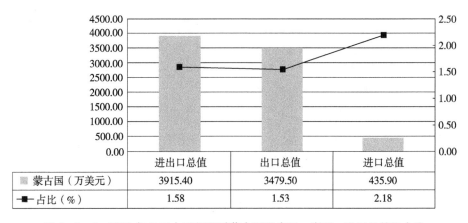

	进出口总值	出口总值	进口总值
蒙古国（万美元）	3915.40	3479.50	435.90
占比（%）	1.58	1.53	2.18

图4-8-9 2013年8月中国新疆对蒙古国进出口、出口、进口总值及占比

由图4-8-9可以看出，2013年8月中国新疆对蒙古国的贸易中，对蒙古国的进出口贸易总值为3915.40万美元，占中国新疆进出口总值的1.58%，同比下降2.60%，环比上升29.32%。

中国新疆对蒙古国的贸易以出口为主，其中：出口总值为3479.50万美元，占中国新疆出口总值的1.53%，同比上升29.50%，环比上升25.43%；进口总值为435.90万美元，占中国新疆进口总值的2.18%，同比下降67.30%，环比上升71.82%。

9. 2013年9月中国新疆对蒙古国进出口贸易月度分析

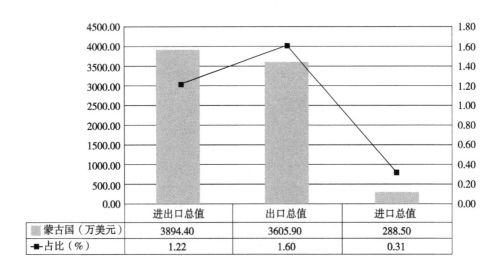

图4-8-10　2013年9月中国新疆对蒙古国进出口、出口、进口总值及占比

由图4-8-10可以看出，2013年9月中国新疆对蒙古国的贸易中，对蒙古国的进出口贸易总值为3894.40万美元，占中国新疆进出口总值的1.22%，同比上升44.90%，环比下降0.54%。

中国新疆对蒙古国的贸易以出口为主，其中：出口总值为3605.90万美元，占中国新疆出口总值的1.60%，同比上升56.60%，环比上升3.63%；进口总值为288.50万美元，占中国新疆进口总值的0.31%，同比下降25.00%，环比下降33.82%。

10. 2013年10月中国新疆对蒙古国进出口贸易月度分析

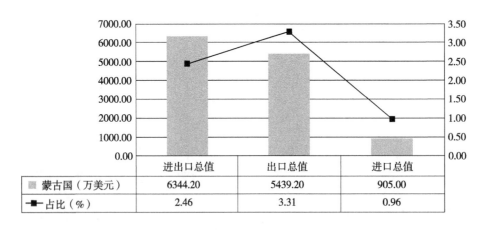

4-8-11　2013年10月中国新疆对蒙古国进出口、出口、进口总值及占比

由图4-8-11可以看出，2013年10月中国新疆对蒙古国的贸易中，对蒙古国的进出口总值为6344.20万美元，占中国新疆进出口总值的2.46%，同比上升171.90%，环比上升62.91%。

中国新疆对蒙古国的贸易以出口为主，其中：出口总值为 5439.20 万美元，占中国新疆出口总值的 3.31%，同比上升 164.30%，环比上升 50.84%；进口总值为 905.00 万美元，占中国新疆进口总值的 0.96%，同比上升 228.30%，环比上升 213.69%。

11. 2013 年 11 月中国新疆对蒙古国进出口贸易月度分析

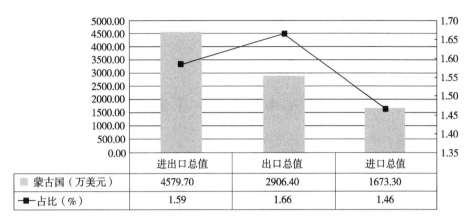

	进出口总值	出口总值	进口总值
蒙古国（万美元）	4579.70	2906.40	1673.30
占比（%）	1.59	1.66	1.46

图 4 - 8 - 12 2013 年 11 月中国新疆对蒙古国进出口、出口、进口总值及占比

由图 4 - 8 - 12 可以看出，2013 年 11 月中国新疆对蒙古国的贸易中，对蒙古国的进出口贸易总值为 4579.70 万美元，占中国新疆进出口总值的 1.59%，同比上升 65.10%，环比下降 27.81%。

中国新疆对蒙古国的贸易以出口为主，其中：出口总值为 2906.40 万美元，占中国新疆出口总值的 1.66%，同比上升 50%，环比下降 46.57%；进口总值为 1673.30 万美元，占中国新疆进口总值的 1.46%，同比上升 100.10%，环比上升 84.90%。

12. 2013 年 12 月中国新疆对蒙古国进出口贸易月度分析

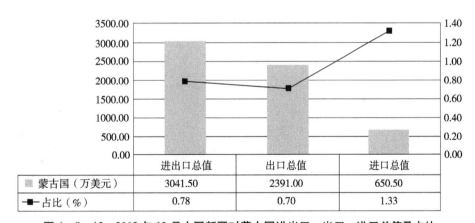

	进出口总值	出口总值	进口总值
蒙古国（万美元）	3041.50	2391.00	650.50
占比（%）	0.78	0.70	1.33

图 4 - 8 - 13 2013 年 12 月中国新疆对蒙古国进出口、出口、进口总值及占比

由图 4 - 8 - 13 可以看出，2013 年 12 月中国新疆对蒙古国的贸易中，对蒙古国的进出口贸易总值为 3041.50 万美元，占中国新疆进出口总值的 0.78%，同比上升 3.40%，环比下降 33.59%。

中国新疆对蒙古国的贸易以出口为主，其中：出口总值为 2391.00 万美元，占中国新疆出口总值的 0.70%，同比上升 30.70%，环比下降 17.73%；进口总值为 650.50 万美元，占中国新疆进口总值的 1.33%，同比下降 41.60%，环比下降 61.13%。

第九节 2013年中国新疆与其他国家的进出口贸易情况

2013年中国新疆除了对中亚五国、西亚国家、南亚国家、东欧国家、俄罗斯、蒙古国有进出口贸易外，还对其他33个国家有进出口贸易。

一、2013年中国新疆对其他国家进出口贸易总体分析

（一）2013年中国新疆对其他国家进出口贸易分析

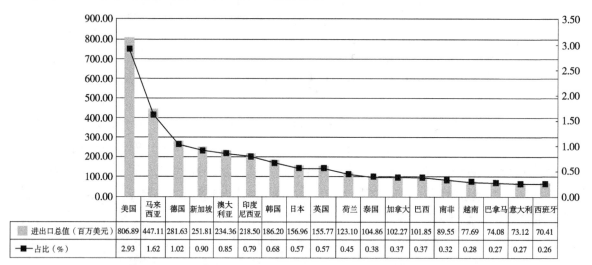

	美国	马来西亚	德国	新加坡	澳大利亚	印度尼西亚	韩国	日本	英国	荷兰	泰国	加拿大	巴西	南非	越南	巴拿马	意大利	西班牙
进出口总值（百万美元）	806.89	447.11	281.63	251.81	234.36	218.50	186.20	156.96	155.77	123.10	104.86	102.27	101.85	89.55	77.69	74.08	73.12	70.41
占比（%）	2.93	1.62	1.02	0.90	0.85	0.79	0.68	0.57	0.57	0.45	0.38	0.37	0.37	0.32	0.28	0.27	0.27	0.26

图 4-9-1 2013年中国新疆对其他国家进出口总值及占比（1）

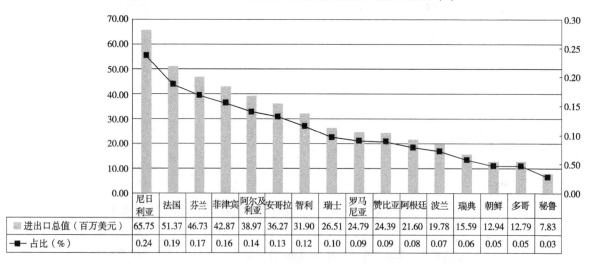

	尼日利亚	法国	芬兰	菲律宾	阿尔及利亚	安哥拉	智利	瑞士	罗马尼亚	赞比亚	阿根廷	波兰	瑞典	朝鲜	多哥	秘鲁
进出口总值（百万美元）	65.75	51.37	46.73	42.87	38.97	36.27	31.90	26.51	24.79	24.39	21.60	19.78	15.59	12.94	12.79	7.83
占比（%）	0.24	0.19	0.17	0.16	0.14	0.13	0.12	0.10	0.09	0.09	0.08	0.07	0.06	0.05	0.05	0.03

图 4-9-2 2013年中国新疆对其他国家进出口总值及占比（2）

由图4-9-1和图4-9-2可以看出，2013年，中国新疆对其他国家进出口贸易中，按进出口贸易总值大小排名依次为：美国、马来西亚、德国、新加坡、澳大利亚、印度尼西亚、韩国、日本、英国、荷兰、泰国、加拿大、巴西、南非、越南、巴拿马、意大利、西班牙、尼日利亚、法

国、芬兰、菲律宾、阿尔及利亚、安哥拉、智利、瑞士、罗马尼亚、赞比亚、阿根廷、波兰、瑞典、朝鲜、多哥、秘鲁。

其中：对美国的进出口总值为 806.89 百万美元，占中国新疆进出口总值的 2.93%，同比下降 20.90%；对马来西亚的进出口总值为 447.11 百万美元，占中国新疆进出口总值的 1.62%，同比上升 26.20%；对德国的进出口总值为 281.63 百万美元，占中国新疆进出口总值的 1.02%，同比下降 10.50%。

（二）2013 年中国新疆对其他国家进出口贸易趋势分析

考虑到数据的相对完整性及连续性，本书仅选取其他国家中进出口贸易总值排名前五的美国、马来西亚、德国、新加坡及澳大利亚进行 1~12 月的趋势分析。除美国、马来西亚及德国 1~12 月进出口贸易数据较为完整，其余两国均存在某月未发生进出口贸易情况。由图 4-9-3 可以看出，中国新疆对其他国家的进出口总值大小排名顺序变动较大，全年上下波动起伏，12 月除澳大利亚外，其余四国都达到全年的最高点。具体来看，1 月排名为美国、马来西亚、德国、新加坡、澳大利亚；2 月排名为马来西亚、美国、新加坡、德国、澳大利亚；3 月排名为马来西亚、澳大利亚、美国、德国；4 月排名为马来西亚、美国、澳大利亚、德国；5 月排名为澳大利亚、美国、德国、马来西亚；7 月排名为美国、澳大利亚、马来西亚、德国、新加坡；8 月排名为美国、新加坡、马来西亚、德国、澳大利亚；9 月排名为澳大利亚、美国、德国、马来西亚、新加坡；10 月排名为美国、德国、新加坡、马来西亚；12 月排名为美国、马来西亚、新加坡、德国、澳大利亚。具体来说，中国新疆对美国的进出口总值呈 W 形波动趋势。其中：中国新疆对美国的进出口贸易最高点在 12 月，为 271.74 百万美元，最低点在 4 月，为 18.39 百万美元。中国新疆对马来西亚的进出口贸易总值趋势波动起伏，在 12 月出现最高点，为 123.77 百万美元，最低点在 11 月，为 3.59 百万美元。中国新疆对德国的进出口贸易总值波动趋势较为平稳，在 12 月出现最高点，为 69.43 百万美元，最低点在 11 月，为 5.03 百万美元。中国新疆在 3~6 月、11 月未与新加坡发生进出口贸易，从整体来看，全年呈震荡起伏趋势。其中，对新加坡的进出口贸易最高点出现在 12 月，为 85.43 百万美元，最低点在 10 月，为 6.04 百万美元。中国新疆在 6 月、10~11 月未与澳大利亚发生进出

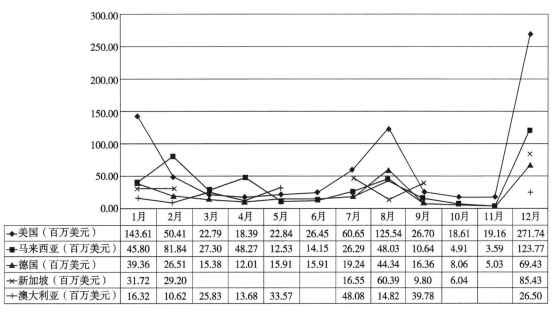

	1月	2月	3月	4月	5月	6月	7月	8月	9月	10月	11月	12月
美国（百万美元）	143.61	50.41	22.79	18.39	22.84	26.45	60.65	125.54	26.70	18.61	19.16	271.74
马来西亚（百万美元）	45.80	81.84	27.30	48.27	12.53	14.15	26.29	48.03	10.64	4.91	3.59	123.77
德国（百万美元）	39.36	26.51	15.38	12.01	15.91	15.91	19.24	44.34	16.36	8.06	5.03	69.43
新加坡（百万美元）	31.72	29.20					16.55	60.39	9.80	6.04		85.43
澳大利亚（百万美元）	16.32	10.62	25.83	13.68	33.57		48.08	14.82	39.78			26.50

图 4-9-3 2013 年 1~12 月中国新疆其他国家进出口总值趋势

口贸易，从整体来看，全年呈较为平稳趋势。其中，对澳大利亚的进出口贸易最高点出现在7月，为48.08百万美元，最低点在2月，为10.62百万美元。

（三）2013年中国新疆对其他国家进出口贸易月度分析

1. 2013年1月中国新疆对其他国家进出口贸易月度分析

由图4-9-4可以看出，中国新疆对其他18个贸易国家的进出口贸易值大小排名依次为：美国、马来西亚、南非、韩国、巴西、德国、英国、新加坡、荷兰、加拿大、澳大利亚、意大利、西班牙、多哥、芬兰、阿根廷、法国、尼日利亚。

中国新疆对其他国家进出口贸易值为57988.10万美元，占中国新疆进出口总值的24.79%。其中，对美国的进出口总值为14361.30万美元，占中国新疆进出口总值的6.14%，同比上升59.60%；对马来西亚的进出口总值为4579.90万美元，占中国新疆进出口总值的1.96%，同比上升582.80%；对南非的进出口总值为4214.40万美元，占中国新疆进出口总值的1.80%，同比上升1424.60%。

2. 2013年2月中国新疆对其他国家进出口贸易月度分析

由图4-9-5可以看出，中国新疆对其他17个贸易国家的进出口贸易值大小排名依次为：马来西亚、美国、印度尼西亚、新加坡、德国、荷兰、巴西、英国、波兰、澳大利亚、日本、韩国、南非、加拿大、西班牙、意大利、泰国。

中国新疆对其他国家进出口贸易值为35522.50万美元，占中国新疆进出口总值的24.74%。其中，对马来西亚的进出口总值为8184.00万美元，占中国新疆进出口总值的5.70%，同比上升2861.90%，环比上升78.69%；对美国的进出口总值为5040.60万美元，占中国新疆进出口总值的3.51%，同比上升35.80%，环比下降64.90%；对印度尼西亚的进出口总值为4796.70万美元，占中国新疆进出口总值的3.34%，同比上升5306.30%。

3. 2013年3月中国新疆对其他国家进出口贸易月度分析

由图4-9-6可以看出，中国新疆对其他15个贸易国家的进出口贸易值大小排名依次为：马来西亚、澳大利亚、美国、印度尼西亚、德国、越南、韩国、日本、泰国、意大利、朝鲜、法国、阿尔及利亚、英国、瑞士。

中国新疆对其他国家进出口贸易值为17892.00万美元，占中国新疆进出口总值的12.23%。其中，对马来西亚的进出口总值为2729.80万美元，占中国新疆进出口总值的1.87%，同比上升120.90%，环比下降66.64%；对澳大利亚的进出口总值为2582.60万美元，占中国新疆进出口总值的1.77%，同比上升65.10%，环比上升143.23%；对美国的进出口总值为2278.50万美元，占中国新疆进出口总值的1.56%，同比下降79.00%，环比下降54.80%。

4. 2013年4月中国新疆对其他国家进出口贸易月度分析

由图4-9-7可以看出，中国新疆对其他16个贸易国家的进出口贸易值大小排名依次为：印度尼西亚、马来西亚、巴拿马、美国、巴西、澳大利亚、韩国、德国、意大利、日本、法国、南非、安哥拉、朝鲜、越南、秘鲁。

中国新疆对其他国家进出口贸易值为25683.60万美元，占中国新疆进出口总值的12.82%。其中，对印度尼西亚的进出口总值为5297.90万美元，占中国新疆进出口总值的2.64%，同比上升531.30%，环比上升139.45%；对马来西亚的进出口总值为4826.70万美元，占中国新疆进出口总值的2.41%，同比上升367.00%，环比上升76.82%；对巴拿马的进出口总值为2222.50万美元，占中国新疆进出口总值的1.11%，同比上升1659.90%。

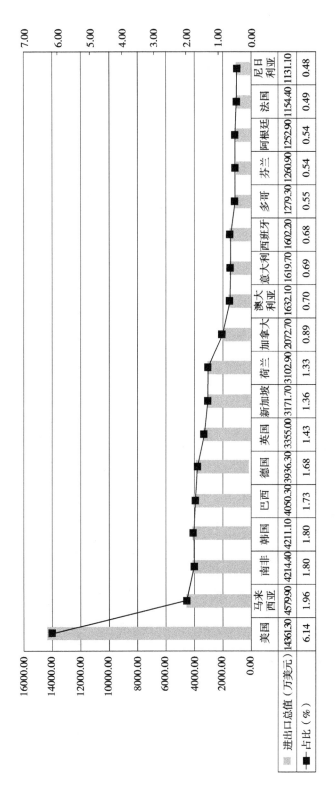

	美国	马来西亚	南非	韩国	巴西	德国	英国	新加坡	荷兰	加拿大	澳大利亚	意大利	西班牙	多哥	芬兰	阿根廷	法国	尼日利亚
进出口总值（万美元）	14361.30	4579.90	4214.40	4211.10	4050.30	3936.30	3355.00	3171.70	3102.90	2072.70	1632.10	1619.70	1602.20	1279.30	1260.90	1252.90	1154.40	1131.10
占比（%）	6.14	1.96	1.80	1.80	1.73	1.68	1.43	1.36	1.33	0.89	0.70	0.69	0.68	0.55	0.54	0.54	0.49	0.48

图 4 - 9 - 4　2013 年 1 月中国新疆对其他 18 个国家进出口总值及占比

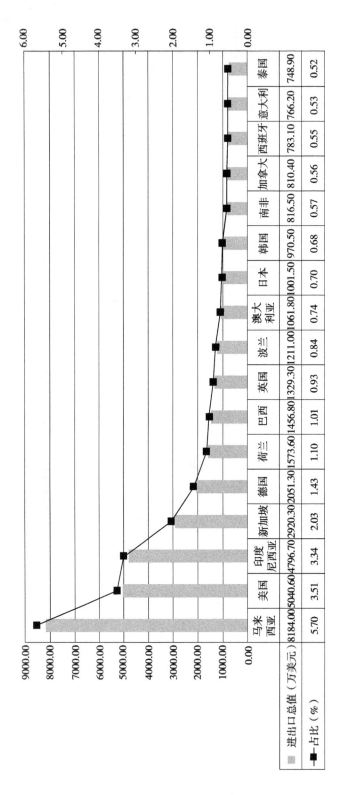

进出口总值（万美元）	马来西亚	美国	印度尼西亚	新加坡	德国	荷兰	巴西	英国	波兰	澳大利亚	日本	韩国	南非	加拿大	西班牙	意大利	泰国
	8184.00	5040.60	4796.70	2920.30	2051.30	1573.60	1456.80	1329.30	1211.00	1061.80	1001.50	970.50	816.50	810.40	783.10	766.20	748.90
占比（%）	5.70	3.51	3.34	2.03	1.43	1.10	1.01	0.93	0.84	0.74	0.70	0.68	0.57	0.56	0.55	0.53	0.52

图 4 - 9 - 5　2013 年 2 月中国新疆对其他 17 个国家进出口总值及占比

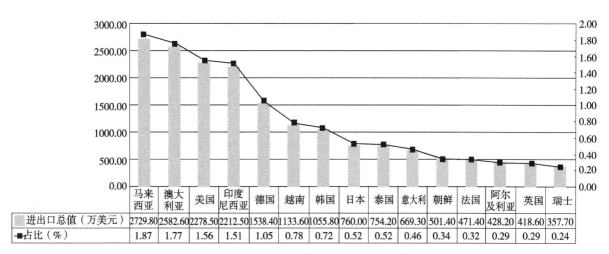

进出口总值（万美元）	马来西亚	澳大利亚	美国	印度尼西亚	德国	越南	韩国	日本	泰国	意大利	朝鲜	法国	阿尔及利亚	英国	瑞士
进出口总值（万美元）	2729.80	2582.60	2278.50	2212.50	1538.40	1133.60	1055.80	760.00	754.20	669.30	501.40	471.40	428.20	418.60	357.70
占比（%）	1.87	1.77	1.56	1.51	1.05	0.78	0.72	0.52	0.52	0.46	0.34	0.32	0.29	0.29	0.24

图 4 - 9 - 6　2013 年 3 月中国新疆对其他 15 个国家进出口总值及占比

5. 2013 年 5 月中国新疆对其他国家进出口贸易月度分析

由图 4 - 9 - 8 可以看出，中国新疆对其他 15 个贸易国家的进出口贸易值大小排名依次为：澳大利亚、美国、德国、印度尼西亚、日本、马来西亚、阿尔及利亚、芬兰、泰国、韩国、意大利、英国、瑞典、瑞士、菲律宾。

中国新疆对其他国家进出口贸易值为 16626.80 万美元，占中国新疆进出口总值的 9.28%。其中，对澳大利亚的进出口总值为 3356.80 万美元，占中国新疆进出口总值的 1.87%，同比上升 124.30%，环比上升 145.42%；对美国的进出口总值为 2284.00 万美元，占中国新疆进出口总值的 1.28%，同比下降 44.00%，环比上升 24.19%；对德国的进出口总值为 1591.10 万美元，占中国新疆进出口总值的 0.89%，同比上升 11.00%，环比上升 32.47%。

6. 2013 年 6 月中国新疆对其他国家进出口贸易月度分析

由图 4 - 9 - 9 可以看出，中国新疆对其他 16 个贸易国家的进出口贸易值大小排名依次为：美国、巴拿马、德国、日本、马来西亚、印度尼西亚、阿根廷、智利、菲律宾、芬兰、意大利、尼日利亚、安哥拉、韩国、阿尔及利亚、越南。

中国新疆对其他国家进出口贸易总值为 14803.40 万美元，占中国新疆进出口总值的 10.26%。其中，对美国的进出口总值为 2645.20 万美元，占中国新疆进出口总值的 1.83%，同比下降 78.70%，环比上升 43.83%；对巴拿马的进出口总值为 2312.60 万美元，占中国新疆进出口总值的 1.60%，同比上升 297.70%，环比上升 4.05%；对德国的进出口总值为 1590.70 万美元，占中国新疆进出口总值的 1.10%，同比下降 47.90%，环比上升 32.44%。

7. 2013 年 7 月中国新疆对其他国家进出口贸易月度分析

由图 4 - 9 - 10 可以看出，中国新疆对其他 16 个贸易国家的进出口贸易值大小排名依次为：美国、澳大利亚、马来西亚、德国、智利、新加坡、日本、巴西、南非、英国、韩国、法国、泰国、越南、意大利、菲律宾。

中国新疆对其他国家进出口贸易值为 27362.00 万美元，占中国新疆进出口总值的 13.29%。其中，对美国的进出口总值为 6065.00 万美元，占中国新疆进出口总值的 2.95%，同比下降 74.60%，环比上升 129.28%；对澳大利亚的进出口总值为 4808.00 万美元，占中国新疆进出口总值的 2.34%，同比上升 103.70%；对马来西亚的进出口总值为 2629.10 万美元，占中国新疆进出口总值的 1.28%，同比下降 46.70%，环比上升 85.76%。

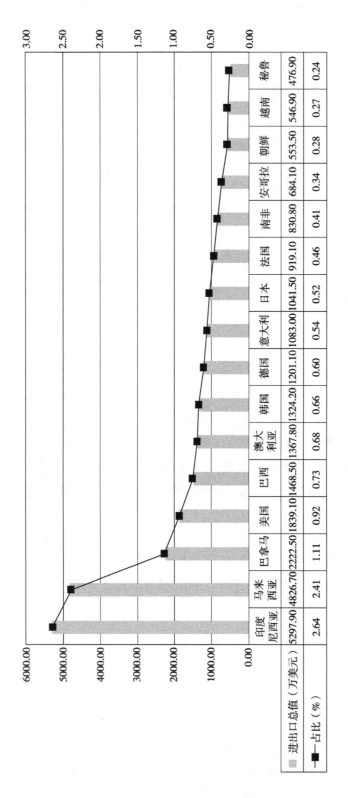

	印度尼西亚	马来西亚	巴拿马	美国	巴西	澳大利亚	韩国	德国	意大利	日本	法国	南非	安哥拉	朝鲜	越南	秘鲁
进出口总值（万美元）	5297.90	4826.70	2222.50	1839.10	1468.50	1367.80	1324.20	1201.10	1083.00	1041.50	919.10	830.80	684.10	553.50	546.90	476.90
占比（%）	2.64	2.41	1.11	0.92	0.73	0.68	0.66	0.60	0.54	0.52	0.46	0.41	0.34	0.28	0.27	0.24

图 4 - 9 - 7 2013 年 4 月中国新疆对其他 16 个国家进出口总值及占比

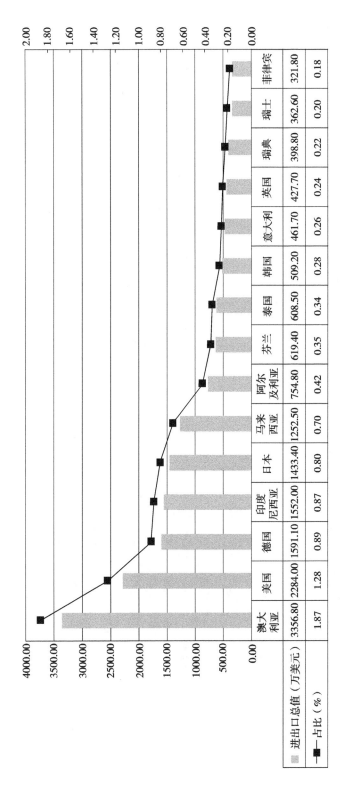

图 4－9－8　2013 年 5 月中国新疆对其他 15 个国家进出口总值及占比

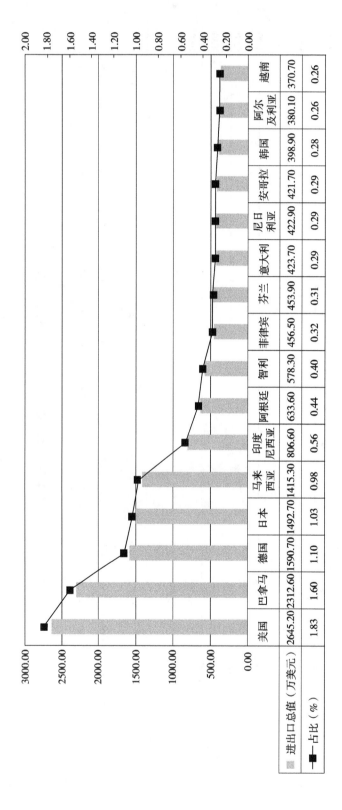

	美国	巴拿马	德国	日本	马来西亚	印度尼西亚	阿根廷	智利	菲律宾	芬兰	意大利	尼日利亚	安哥拉	韩国	阿尔及利亚	越南
进出口总值（万美元）	2645.20	2312.60	1590.70	1492.70	1415.30	806.60	633.60	578.30	456.50	453.90	423.70	422.90	421.70	398.90	380.10	370.70
占比（%）	1.83	1.60	1.10	1.03	0.98	0.56	0.44	0.40	0.32	0.31	0.29	0.29	0.29	0.28	0.26	0.26

图4－9－9　2013年6月中国新疆对其他16个国家进出口总值及占比

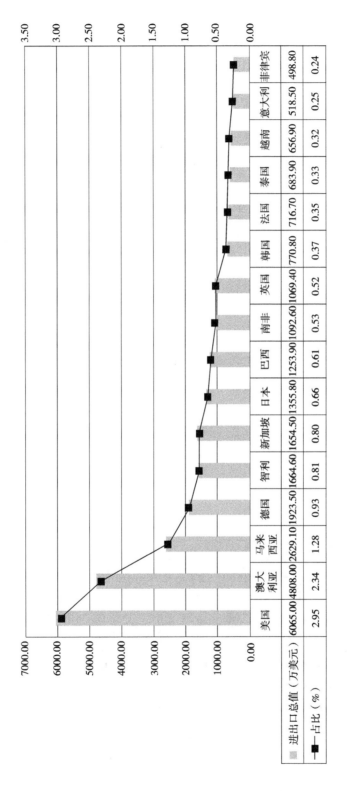

	美国	澳大利亚	马来西亚	德国	智利	新加坡	日本	巴西	南非	英国	韩国	法国	泰国	越南	意大利	菲律宾
进出口总值（万美元）	6065.00	4808.00	2629.10	1923.50	1664.60	1654.50	1355.80	1253.90	1092.60	1069.40	770.80	716.70	683.90	656.90	518.50	498.80
占比（%）	2.95	2.34	1.28	0.93	0.81	0.80	0.66	0.61	0.53	0.52	0.37	0.35	0.33	0.32	0.25	0.24

图 4 – 9 – 10 2013 年 7 月中国新疆对其他 16 个国家进出口总值及占比

8. 2013年8月中国新疆对其他国家进出口贸易月度分析

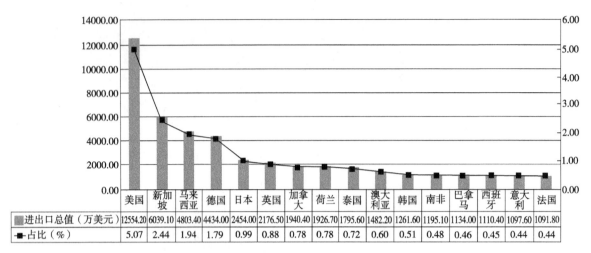

	美国	新加坡	马来西亚	德国	日本	英国	加拿大	荷兰	泰国	澳大利亚	韩国	南非	巴拿马	西班牙	意大利	法国
进出口总值（万美元）	12554.20	6039.10	4803.40	4434.00	2454.00	2176.50	1940.40	1926.70	1795.60	1482.20	1261.60	1195.10	1134.00	1110.40	1097.60	1091.80
占比（%）	5.07	2.44	1.94	1.79	0.99	0.88	0.78	0.78	0.72	0.60	0.51	0.48	0.46	0.45	0.44	0.44

图4-9-11　2013年8月中国新疆对其他16个国家进出口总值及占比

由图4-9-11可以看出，中国新疆对其他16个贸易国家的进出口贸易值大小排名依次为：美国、新加坡、马来西亚、德国、日本、英国、加拿大、荷兰、泰国、澳大利亚、韩国、南非、巴拿马、西班牙、意大利、法国。

中国新疆对其他国家进出口贸易值为46496.60万美元，占中国新疆进出口总值的18.77%。其中，对美国的进出口总值为12554.20万美元，占中国新疆进出口总值的5.07%，同比上升140.10%，环比上升106.99%；对新加坡的进出口总值为6039.10万美元，占中国新疆进出口总值的2.44%，同比上升1277.30%，环比上升265.01%；对马来西亚的进出口总值为4803.40万美元，占中国新疆进出口总值的1.94%，同比下降30.50%，环比上升82.70%。

9. 2013年9月中国新疆对其他国家进出口贸易月度分析

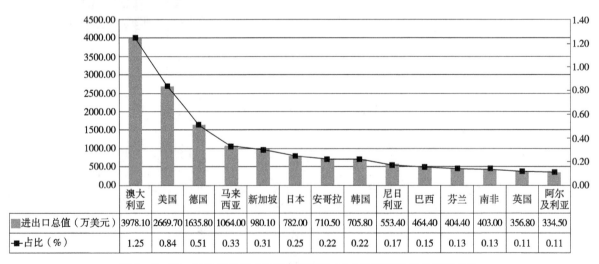

	澳大利亚	美国	德国	马来西亚	新加坡	日本	安哥拉	韩国	尼日利亚	巴西	芬兰	南非	英国	阿尔及利亚
进出口总值（万美元）	3978.10	2669.70	1635.80	1064.00	980.10	782.00	710.50	705.80	553.40	464.40	404.40	403.00	356.80	334.50
占比（%）	1.25	0.84	0.51	0.33	0.31	0.25	0.22	0.22	0.17	0.15	0.13	0.13	0.11	0.11

图4-9-12　2013年9月中国新疆对其他14个国家进出口总值及占比

由图4-9-12可以看出，2013年9月中国新疆对其他14个贸易国家的进出口贸易值大小排名依次为：澳大利亚、美国、德国、马来西亚、新加坡、日本、安哥拉、韩国、尼日利亚、巴西、芬兰、南非、英国、阿尔及利亚。

中国新疆对其他国家进出口贸易总值为15465.10万美元，占中国新疆进出口总值的4.86%。

其中，对澳大利亚的进出口总值为 3978.10 万美元，占中国新疆进出口总值的 1.25%，同比上升 20.40%，环比上升 168.39%；对美国的进出口总值为 2669.70 万美元，占中国新疆进出口总值的 0.84%，同比下降 46.30%，环比下降 78.73%；对德国的进出口总值为 1635.80 万美元，占中国新疆进出口总值的 0.51%，同比下降 33.60%，环比下降 63.11%。

10. 2013 年 10 月中国新疆对其他国家进出口贸易月度分析

由图 4-9-13 可以看出，中国新疆对其他 15 个贸易国家的进出口贸易值大小排名依次为：美国、赞比亚、日本、德国、罗马尼亚、新加坡、芬兰、马来西亚、韩国、尼日利亚、意大利、泰国、安哥拉、也门、印度尼西亚。

中国新疆对其他国家进出口贸易值为 10145.20 万美元，占中国新疆进出口总值的 3.86%。其中，对美国的进出口总值为 1861.00 万美元，占中国新疆进出口总值的 0.73%，同比下降 30.70%，环比下降 30.29%；对赞比亚的进出口总值为 1281.90 万美元，占中国新疆进出口总值的 0.50% 环比上升 32.30%；对日本的进出口总值为 1257.80 万美元，占中国新疆进出口总值的 0.50%，同比下降 22.90%，环比上升 60.84%。

11. 2013 年 11 月中国新疆对其他国家进出口贸易月度分析

由图 4-9-14 可以看出，中国新疆对其他 16 个贸易国家的进出口贸易值大小排名依次为：美国、日本、罗马尼亚、韩国、加拿大、德国、荷兰、英国、尼日利亚、马来西亚、瑞士、泰国、阿尔及利亚、菲律宾、芬兰、印度尼西亚。

中国新疆对其他国家进出口贸易值为 9389.30 万美元，占中国新疆进出口总值的 3.25%。其中，对美国的进出口总值为 1915.60 万美元，占中国新疆进出口总值的 0.66%，同比下降 50.40%，环比上升 2.93%；对日本的进出口总值为 1119.10 万美元，占中国新疆进出口总值的 0.39%，同比下降 27.60%，环比下降 11.03%；对罗马尼亚的进出口总值为 857.90 万美元，占中国新疆进出口总值的 0.30%，同比上升 684.60%，环比上升 17.01%。

12. 2013 年 12 月中国新疆对其他国家进出口贸易月度分析

由图 4-9-15 可以看出，中国新疆对其他 15 个贸易国家的进出口贸易值大小排名依次为：美国、马来西亚、新加坡、德国、韩国、英国、印度尼西亚、荷兰、泰国、加拿大、澳大利亚、越南、尼日利亚、西班牙、日本。

中国新疆对其他国家进出口贸易值为 91630.10 万美元，占中国新疆进出口总值的 23.51%。其中，对美国的进出口总值为 27174.10 万美元，占中国新疆进出口总值的 6.97%，同比上升 55.80%，环比上升 1318.57%；对马来西亚的进出口总值为 12376.60 万美元，占中国新疆进出口总值的 3.18%，同比上升 98.90%，环比上升 3351.37%；对新加坡的进出口总值为 8543.10 万美元，占中国新疆进出口总值的 2.19%，同比上升 114.60%。

二、2013 年中国新疆对其他国家出口贸易总体分析

（一）2013 年中国新疆对其他国家出口贸易分析

由图 4-9-16 和图 4-9-17 可以看出，2013 年中国新疆对其他国家出口贸易值大小排名依次为：美国、马来西亚、新加坡、印度尼西亚、澳大利亚、德国、韩国、英国、荷兰、日本、泰国、加拿大、南非、巴西、巴拿马、越南、西班牙、尼日利亚、意大利、菲律宾、法国、阿尔及利亚、安哥拉、智利、赞比亚、罗马尼亚、波兰、阿根廷、多哥、瑞士、秘鲁、瑞典、芬兰、朝鲜。

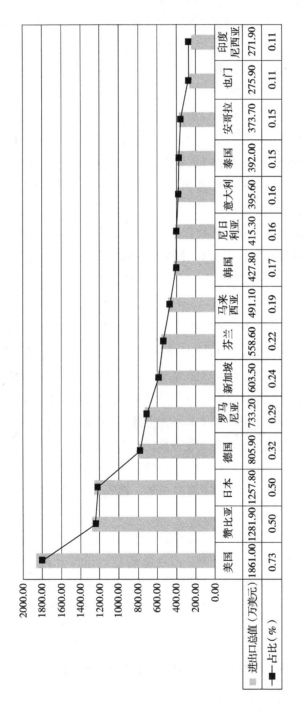

	美国	赞比亚	日本	德国	罗马尼亚	新加坡	芬兰	马来西亚	韩国	尼日利亚	意大利	泰国	安哥拉	也门	印度尼西亚
进出口总值（万美元）	1861.00	1281.90	1257.80	805.90	733.20	603.50	558.60	491.10	427.80	415.30	395.60	392.00	373.70	275.90	271.90
占比（%）	0.73	0.50	0.50	0.32	0.29	0.24	0.22	0.19	0.17	0.16	0.16	0.15	0.15	0.11	0.11

图4-9-13　2013年10月中国新疆对其他15个国家和地区进出口总值及占比

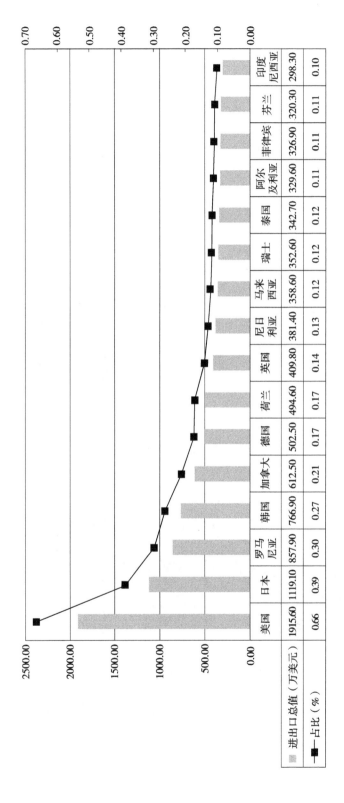

图 4－9－14 2013 年 11 月中国新疆对其他 16 个国家进出口总值及占比

	美国	日本	罗马尼亚	韩国	加拿大	德国	荷兰	英国	尼日利亚	马来西亚	瑞士	泰国	阿尔及利亚	菲律宾	芬兰	印度尼西亚
进出口总值（万美元）	1915.60	1119.10	857.90	766.90	612.50	502.50	494.60	409.80	381.40	358.60	352.60	342.70	329.60	326.90	320.30	298.30
占比（%）	0.66	0.39	0.30	0.27	0.21	0.17	0.17	0.14	0.13	0.12	0.12	0.12	0.11	0.11	0.11	0.10

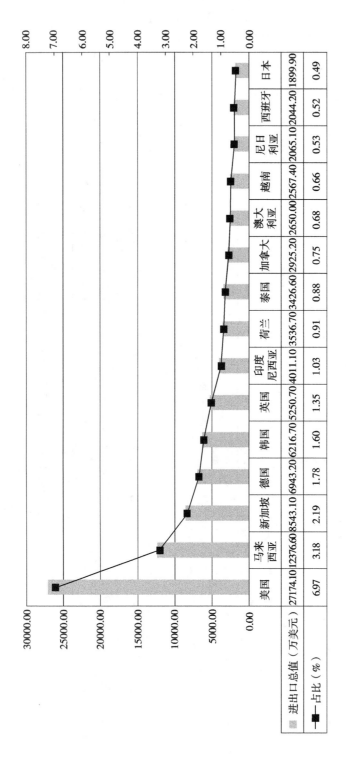

	美国	马来西亚	新加坡	德国	韩国	英国	印度尼西亚	荷兰	泰国	加拿大	澳大利亚	越南	尼日利亚	西班牙	日本
进出口总值（万美元）	27174.10	12376.60	8543.10	6943.20	6216.70	5250.70	4011.10	3536.70	3426.60	2925.20	2650.00	2567.40	2065.10	2044.20	1899.90
占比（%）	6.97	3.18	2.19	1.78	1.60	1.35	1.03	0.91	0.88	0.75	0.68	0.66	0.53	0.52	0.49

图 4-9-15　2013 年 12 月中国新疆对其他 15 个国家进出口总值及占比

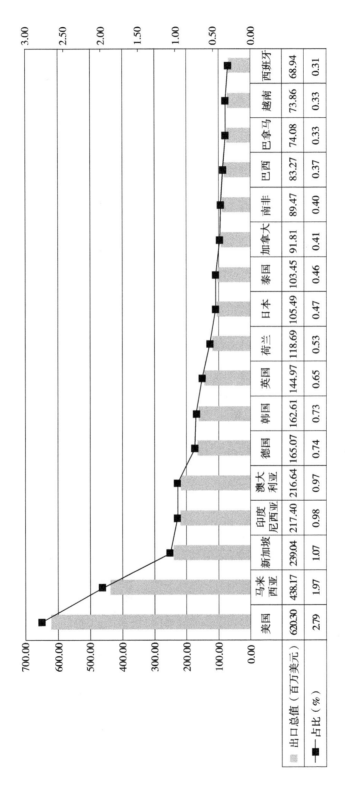

	美国	马来西亚	新加坡	印度尼西亚	澳大利亚	德国	韩国	英国	荷兰	日本	泰国	加拿大	南非	巴西	巴拿马	越南	西班牙
出口总值（百万美元）	620.30	438.17	239.04	217.40	216.64	165.07	162.61	144.97	118.69	105.49	103.45	91.81	89.47	83.27	74.08	73.86	68.94
占比（%）	2.79	1.97	1.07	0.98	0.97	0.74	0.73	0.65	0.53	0.47	0.46	0.41	0.40	0.37	0.33	0.33	0.31

图 4－9－16　2013 年中国新疆对其他国家出口总值及占比（1）

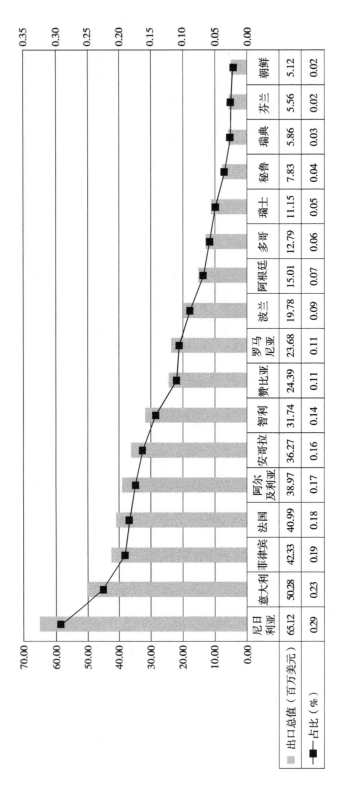

图 4-9-17　2013 年中国新疆对其他国家出口总值及占比（2）

	尼日利亚	意大利	菲律宾	法国	阿尔及利亚	安哥拉	智利	赞比亚	罗马尼亚	波兰	阿根廷	多哥	瑞士	秘鲁	瑞典	芬兰	朝鲜
出口总值（百万美元）	65.12	50.28	42.33	40.99	38.97	36.27	31.74	24.39	23.68	19.78	15.01	12.79	11.15	7.83	5.86	5.56	5.12
占比（%）	0.29	0.23	0.19	0.18	0.17	0.16	0.14	0.11	0.11	0.09	0.07	0.06	0.05	0.04	0.03	0.02	0.02

其中：对美国的出口总值为 620.30 百万美元，占中国新疆出口总值的 2.79%，同比下降 22.20%；对马来西亚的出口总值为 438.17 百万美元，占中国新疆出口总值的 1.97%，同比上升 26.20%；对新加坡的出口总值为 239.04 百万美元，占中国新疆出口总值的 1.07%，同比上升 147.10%。

（二）2013 年中国新疆对其他国家出口贸易趋势分析

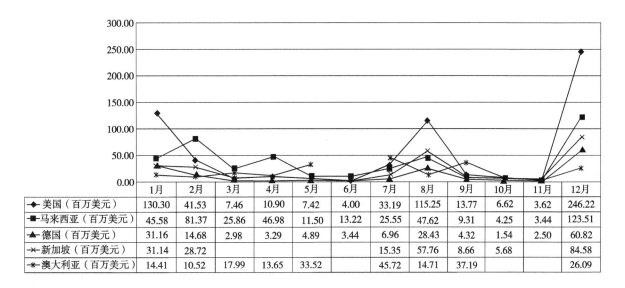

	1月	2月	3月	4月	5月	6月	7月	8月	9月	10月	11月	12月
美国（百万美元）	130.30	41.53	7.46	10.90	7.42	4.00	33.19	115.25	13.77	6.62	3.62	246.22
马来西亚（百万美元）	45.58	81.37	25.86	46.98	11.50	13.22	25.55	47.62	9.31	4.25	3.44	123.51
德国（百万美元）	31.16	14.68	2.98	3.29	4.89	3.44	6.96	28.43	4.32	1.54	2.50	60.82
新加坡（百万美元）	31.14	28.72					15.35	57.76	8.66	5.68		84.58
澳大利亚（百万美元）	14.41	10.52	17.99	13.65	33.52		45.72	14.71	37.19			26.09

图 4 - 9 - 18　2013 年 1～12 月中国新疆对其他国家出口总值趋势

考虑到数据的相对完整性及连续性，本书仅选取其他国家中进出口贸易总值排名前五的美国、马来西亚、德国、新加坡及澳大利亚进行 1～12 月的趋势分析。除美国、马来西亚及德国 1～12 月出口贸易数据较为完整，其余两国均存在某月未发生出口贸易情况。由图 4 - 9 - 18 可以看出，中国新疆对其他国家的出口总值大小排名顺序变动较大，全年上下波动起伏，12 月除澳大利亚外，其余四国都达到全年的最高点。具体来看，1 月排名为美国、马来西亚、德国、新加坡、澳大利亚；2 月排名为马来西亚、美国、新加坡、德国、澳大利亚；3 月排名为马来西亚、澳大利亚、美国、德国；4 月排名为马来西亚、澳大利亚、美国、德国；5 月排名为澳大利亚、马来西亚、美国、德国；7 月排名为澳大利亚、美国、马来西亚、新加坡、德国；8 月排名为美国、新加坡、马来西亚、德国、澳大利亚；9 月排名为澳大利亚、美国、马来西亚、新加坡、德国；10 月排名为美国、新加坡、马来西亚、德国；12 月排名为美国、马来西亚、新加坡、德国、澳大利亚。具体来说，中国新疆对美国的出口总值呈 W 形波动趋势。其中：中国新疆对美国的出口贸易最高点在 12 月，为 246.22 百万美元，最低点在 11 月，为 3.62 百万美元。中国新疆对马来西亚的出口贸易总值趋势波动起伏，在 12 月出现最高点，为 123.51 百万美元，最低点在 11 月，为 3.44 百万美元。中国新疆对德国的出口贸易总值波动趋势较为平稳，在 12 月出现最高点，为 60.82 百万美元，最低点在 10 月，为 1.54 百万美元。中国新疆在 3～6 月、11 月未与新加坡发生出口贸易，从整体来看，全年呈震荡起伏趋势。其中，对新加坡的出口贸易最高点出现在 12 月，为 84.58 百万美元，最低点在 10 月，为 5.68 百万美元。中国新疆在 6 月、10～11 月未与澳大利亚发生出口贸易，从整体来看，全年呈较为平稳趋势。其中，对澳大利亚的出口贸易最高点出现在 7 月，为 45.72 百万美元，最低点在2月，为10.52百万美元。

（三）2013年中国新疆对其他国家出口贸易月度分析

1. 2013年1月中国新疆对其他国家出口贸易月度分析

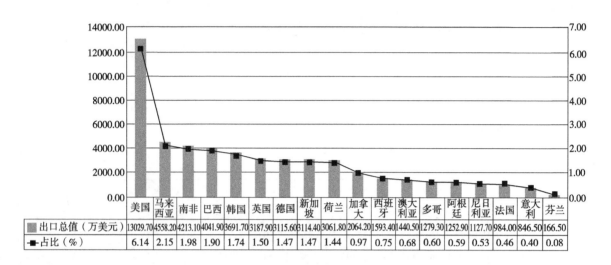

	美国	马来西亚	南非	巴西	韩国	英国	德国	新加坡	荷兰	加拿大	西班牙	澳大利亚	多哥	阿根廷	尼日利亚	法国	意大利	芬兰
出口总值（万美元）	13029.70	4558.20	4213.10	4041.90	3691.70	3187.90	3115.60	3114.40	3061.80	2064.20	1593.40	1440.50	1279.30	1252.90	1127.70	984.00	846.50	166.50
占比（%）	6.14	2.15	1.98	1.90	1.74	1.50	1.47	1.47	1.44	0.97	0.75	0.68	0.60	0.59	0.53	0.46	0.40	0.08

图4-9-19　2013年1月中国新疆对其他18个国家出口总值及占比

由图4-9-19可以看出，2013年1月中国新疆对其他18个贸易国家的出口贸易值大小排名依次为：美国、马来西亚、南非、巴西、韩国、英国、德国、新加坡、荷兰、加拿大、西班牙、澳大利亚、多哥、阿根廷、尼日利亚、法国、意大利、芬兰。

中国新疆对其他国家出口贸易总值为52769.30万美元，占中国新疆出口总值的24.86%。其中，对美国的出口总值为13029.70万美元，占中国新疆出口总值的6.14%，同比上升78.10%；对马来西亚的出口总值为4558.20万美元，占中国新疆出口总值的2.15%，同比上升628.10%；对南非的出口总值为4213.10万美元，占中国新疆出口总值的1.98%，同比上升1644.00%。

2. 2013年2月中国新疆对其他国家出口贸易月度分析

由图4-9-20可以看出，2013年2月中国新疆对其他17个贸易国家的出口贸易值大小排名依次为：马来西亚、印度尼西亚、美国、新加坡、荷兰、德国、巴西、波兰、英国、澳大利亚、韩国、南非、加拿大、西班牙、泰国、意大利、日本。

中国新疆对其他国家出口贸易总值为33202.40万美元，占中国新疆出口总值的26.45%。其中，对马来西亚的出口总值为8136.60万美元，占中国新疆出口总值的6.48%，同比上升4150.80%，环比上升78.50%；对印度尼西亚的出口总值为4796.10万美元，占中国新疆出口总值的3.82%，同比上升9197.70%；对美国的出口总值为4152.80万美元，占中国新疆出口总值的3.31%，同比上升82.20%，环比下降68.13%。

3. 2013年3月中国新疆对其他国家出口贸易月度分析

由图4-9-21可以看出，2013年3月中国新疆对其他15个贸易国家的出口贸易值大小排名依次为：马来西亚、印度尼西亚、澳大利亚、越南、泰国、美国、韩国、日本、阿尔及利亚、英国、意大利、德国、法国、朝鲜、瑞士。

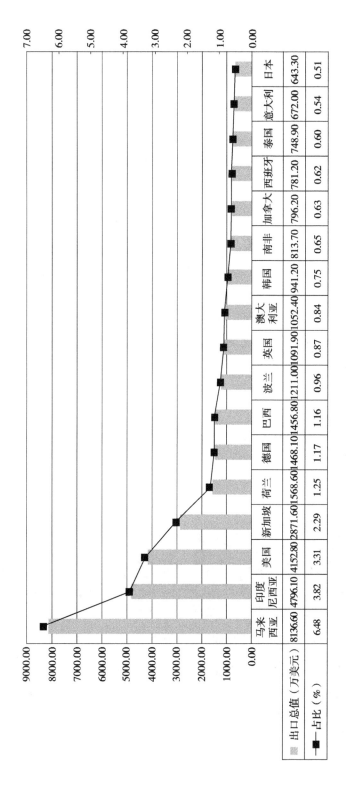

图 4－9－20 2013 年 2 月中国新疆对其他 17 个国家出口总值及占比

	马来西亚	印度尼西亚	美国	新加坡	荷兰	德国	巴西	波兰	英国	澳大利亚	韩国	南非	加拿大	西班牙	泰国	意大利	日本
出口总值（万美元）	8136.60	4796.10	4152.80	2871.60	1568.60	1468.10	1456.80	1211.00	1091.90	1052.40	941.20	813.70	796.20	781.20	748.90	672.00	643.30
占比（%）	6.48	3.82	3.31	2.29	1.25	1.17	1.16	0.96	0.87	0.84	0.75	0.65	0.63	0.62	0.60	0.54	0.51

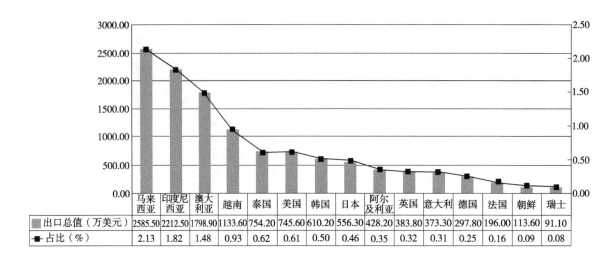

图 4-9-21 2013 年 3 月中国新疆对其他 15 个国家出口总值及占比

　　中国新疆对其他国家出口贸易总值为 12280.60 万美元，占中国新疆出口总值的 10.12%。其中，对马来西亚的出口总值为 2585.50 万美元，占中国新疆出口总值的 2.13%，同比上升124.20%，环比下降 68.22%；对印度尼西亚的出口总值为 2212.50 万美元，占中国新疆出口总值的 1.82%，同比上升 578.70%，环比下降 53.87%；对澳大利亚的出口总值为 1798.90 万美元，占中国新疆出口总值的 1.48%，同比上升 17.90%，环比上升 70.93%。

　　4. 2013 年 4 月中国新疆对其他国家出口贸易月度分析

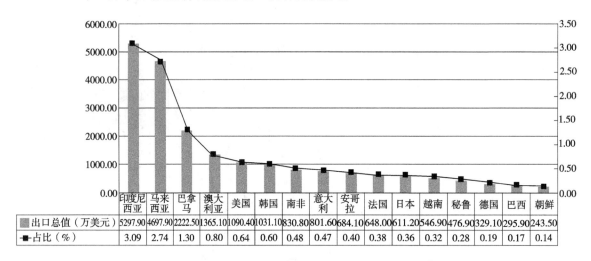

图 4-9-22 2013 年 4 月中国新疆对其他 16 个国家出口总值及占比

　　由图 4-9-22 可以看出，2013 年 4 月中国新疆对其他 16 个贸易国家的出口贸易值大小排名依次为：印度尼西亚、马来西亚、巴拿马、澳大利亚、美国、韩国、南非、意大利、安哥拉、法国、日本、越南、秘鲁、德国、巴西、朝鲜。

　　中国新疆对其他国家出口贸易总值为 21172.90 万美元，占中国新疆出口总值的 12.35%。其中，对印度尼西亚的出口总值为 5297.90 万美元，占中国新疆出口总值的 3.09%，同比上升548.50%，环比上升 139.45%；对马来西亚的出口总值为 4697.90 万美元，占中国新疆出口总值的2.74%，同比上升 391.10%，环比上升 81.70%；对巴拿马的出口总值为 2222.50 万美元，占中国新疆出口总值的 1.30%，同比上升 1659.90%。

5. 2013 年 5 月中国新疆对其他国家出口贸易月度分析

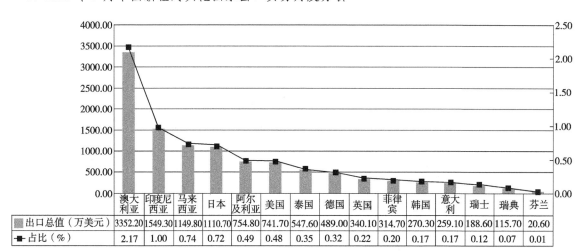

	澳大利亚	印度尼西亚	马来西亚	日本	阿尔及利亚	美国	泰国	德国	英国	菲律宾	韩国	意大利	瑞士	瑞典	芬兰
出口总值（万美元）	3352.20	1549.30	1149.80	1110.70	754.80	741.70	547.60	489.00	340.10	314.70	270.30	259.10	188.60	115.70	20.60
占比（%）	2.17	1.00	0.74	0.72	0.49	0.48	0.35	0.32	0.22	0.20	0.17	0.17	0.12	0.07	0.01

图 4 - 9 - 23 2013 年 5 月中国新疆对其他 15 个国家出口总值及占比

由图 4 - 9 - 23 可以看出，2013 年 5 月中国新疆对其他 15 个贸易国家的出口贸易值大小排名依次为：澳大利亚、印度尼西亚、马来西亚、日本、阿尔及利亚、美国、泰国、德国、英国、菲律宾、韩国、意大利、瑞士、瑞典、芬兰。

中国新疆对其他国家出口贸易总值为 11204.20 万美元，占中国新疆出口总值的 7.25%。其中，对澳大利亚的出口总值为 3352.20 万美元，占中国新疆出口总值的 2.17%，同比上升 1095.80%，环比上升 145.56%；对印度尼西亚的出口总值为 1549.30 万美元，占中国新疆出口总值的 1.00%，同比下降 7.60%，环比下降 70.76%；对马来西亚的出口总值为 1149.80 万美元，占中国新疆出口总值的 0.74%，同比下降 44.00%，环比下降 75.53%。

6. 2013 年 6 月中国新疆对其他国家出口贸易月度分析

由图 4 - 9 - 24 可以看出，2013 年 6 月中国新疆对其他 16 个贸易国家的出口贸易值大小排名依次为：巴拿马、马来西亚、日本、印度尼西亚、智利、菲律宾、安哥拉、尼日利亚、美国、阿尔及利亚、韩国、越南、德国、意大利、阿根廷、芬兰。

中国新疆对其他国家出口贸易总值为 9264.20 万美元，占中国新疆出口总值的 7.53%。其中，对巴拿马的出口总值为 2312.60 万美元，占中国新疆出口总值的 1.88%；对马来西亚的出口总值为 1322.40 万美元，占中国新疆出口总值的 1.07%，同比下降 61.20%，环比下降 71.85%；对日本的出口总值为 839.10 万美元，占中国新疆出口总值的 0.68%，同比下降 12.40%，环比上升 37.29%。

7. 2013 年 7 月中国新疆对其他国家出口贸易月度分析

由图 4 - 9 - 25 可以看出，2013 年 7 月中国新疆对其他 16 个贸易国家的出口贸易值大小排名依次为：澳大利亚、美国、马来西亚、智利、新加坡、南非、英国、日本、德国、泰国、越南、巴西、法国、韩国、菲律宾、意大利。

中国新疆对其他国家出口贸易总值为 21449.10 万美元，占中国新疆出口总值的 11.52%。其中，对澳大利亚的出口总值为 4572.10 万美元，占中国新疆出口总值的 2.46%，同比上升 412.80%；对美国的出口总值为 3319.40 万美元，占中国新疆出口总值的 1.78%，同比下降 81.60%，环比上升 729.85%；对马来西亚的出口总值为 2554.80 万美元，占中国新疆出口总值的 1.37%，同比下降 46.60%，环比上升 93.19%。

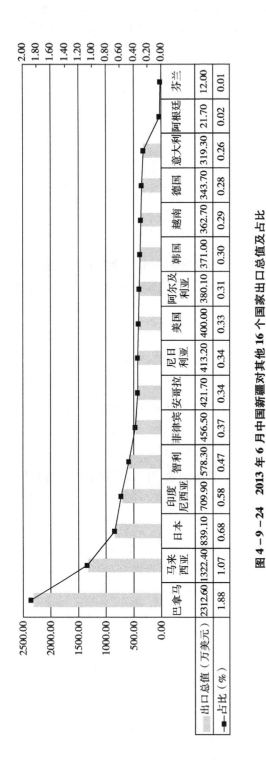

图 4－9－24　2013 年 6 月中国新疆对其他 16 个国家出口总值及占比

出口总值（万美元）	巴拿马 2312.60	马来西亚 1322.40	日本 839.10	印度尼西亚 709.90	智利 578.30	菲律宾 456.50	安哥拉 421.70	尼日利亚 413.20	美国 400.00	阿尔及利亚 380.10	韩国 371.00	越南 362.70	德国 343.70	意大利 319.30	阿根廷 21.70	芬兰 12.00
占比（%）	1.88	1.07	0.68	0.58	0.47	0.37	0.34	0.34	0.33	0.31	0.30	0.29	0.28	0.26	0.02	0.01

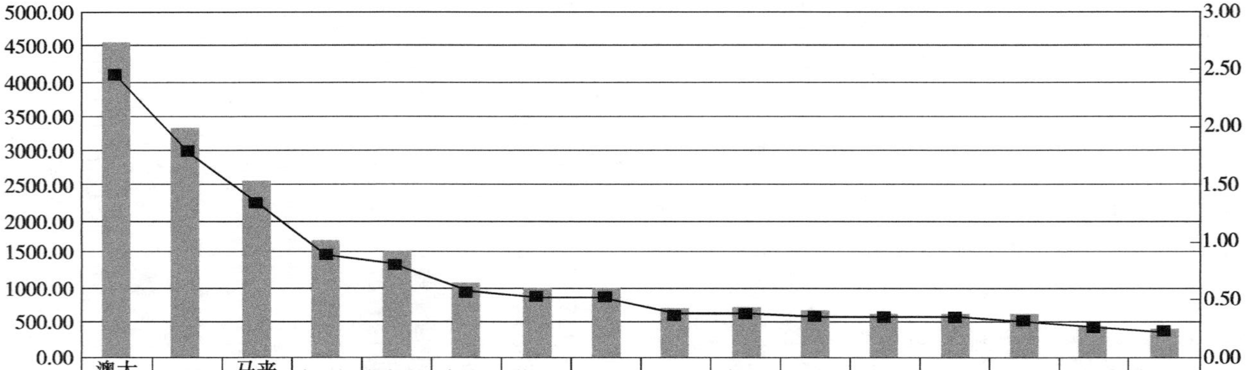

图 4－9－25　2013 年 7 月中国新疆对其他 16 个国家出口总值及占比

出口总值（万美元）	澳大利亚 4572.10	美国 3319.40	马来西亚 2554.80	智利 1662.40	新加坡 1535.00	南非 1089.30	英国 992.30	日本 990.90	德国 696.40	泰国 683.80	越南 646.20	巴西 614.20	法国 606.50	韩国 583.30	菲律宾 497.10	意大利 405.40
占比（%）	2.46	1.78	1.37	0.89	0.82	0.58	0.53	0.53	0.37	0.37	0.35	0.33	0.33	0.31	0.27	0.22

8. 2013 年 8 月中国新疆对其他国家出口贸易月度分析

由图 4 - 9 - 26 可以看出，2013 年 8 月中国新疆对其他 16 个贸易国家的出口贸易值大小排名依次为：美国、新加坡、马来西亚、德国、英国、加拿大、荷兰、泰国、澳大利亚、南非、韩国、巴拿马、西班牙、日本、意大利、法国。

中国新疆对其他国家出口贸易总值为 41685.30 万美元，占中国新疆出口总值的 18.30%。其中，对美国的出口总值为 11524.80 万美元，占中国新疆出口总值的 5.06%，同比上升 198.00%，环比上升 247.20%；对新加坡的出口总值为 5775.80 万美元，占中国新疆出口总值的 2.54%，同比上升 2102.50%，环比上升 276.27%；对马来西亚的出口总值为 4761.70 万美元，占中国新疆出口总值的 2.09%，同比下降 29.80%，环比上升 86.38%。

9. 2013 年 9 月中国新疆对其他国家出口贸易月度分析

由图 4 - 9 - 27 可以看出，2013 年 9 月中国新疆对其他 14 个贸易国家的出口贸易值大小排名依次为：澳大利亚、美国、马来西亚、新加坡、安哥拉、尼日利亚、巴西、日本、韩国、德国、南非、阿尔及利亚、英国、芬兰。

中国新疆对其他国家出口贸易总值为 10959.90 万美元，占中国新疆出口总值的 4.86%。其中，对澳大利亚的出口总值为 3719.30 万美元，占中国新疆出口总值的 1.65%，同比上升 13.20%，环比上升 152.81%；对美国的出口总值为 1376.50 万美元，占中国新疆出口总值的 0.61%，同比下降 61.60%，环比下降 88.06%；对马来西亚的出口总值为 930.50 万美元，占中国新疆出口总值的 0.41%，同比下降 81.50%，环比下降 80.46%。

10. 2013 年 10 月中国新疆对其他国家出口贸易月度分析

由图 4 - 9 - 28 可以看出，2013 年 10 月中国新疆对其他 13 个贸易国家的出口贸易值大小排名依次为：赞比亚、日本、罗马尼亚、美国、新加坡、马来西亚、尼日利亚、泰国、安哥拉、韩国、德国、意大利、芬兰。

中国新疆对其他国家出口贸易总值为 6430.60 万美元，占中国新疆出口总值的 3.91%。其中，对赞比亚的出口总值为 1281.90 万美元，占中国新疆出口总值的 0.78%；对日本的出口总值为 937.30 万美元，占中国新疆出口总值的 0.57%，同比上升 16.80%，环比上升 104.12%；对罗马尼亚的出口总值为 733.20 万美元，占中国新疆出口总值的 0.45%，同比上升 260.40%。

11. 2013 年 11 月中国新疆对其他国家出口贸易月度分析

由图 4 - 9 - 29 可以看出，2013 年 11 月中国新疆对其他 15 个贸易国家的出口贸易值大小排名依次为：日本、罗马尼亚、韩国、尼日利亚、美国、马来西亚、泰国、阿尔及利亚、菲律宾、英国、印度尼西亚、荷兰、德国、加拿大、瑞士。

中国新疆对其他国家出口贸易总值为 5947.10 万美元，占中国新疆出口总值的 3.41%。其中，对日本的出口总值为 934.10 万美元，占中国新疆出口总值的 0.53%，同比下降 14.10%，环比下降 0.34%；对罗马尼亚的出口总值为 857.90 万美元，占中国新疆出口总值的 0.49%，同比上升 684.60%；对韩国的出口总值为 739.60 万美元，占中国新疆出口总值的 0.42%，同比下降 22.40%，环比上升 115.94%。

12. 2013 年 12 月中国新疆对其他国家出口贸易月度分析

由图 4 - 9 - 30 可以看出，2013 年 12 月中国新疆对其他 15 个贸易国家的出口贸易值大小排名依次为：美国、马来西亚、新加坡、韩国、德国、英国、印度尼西亚、荷兰、泰国、加拿大、澳大

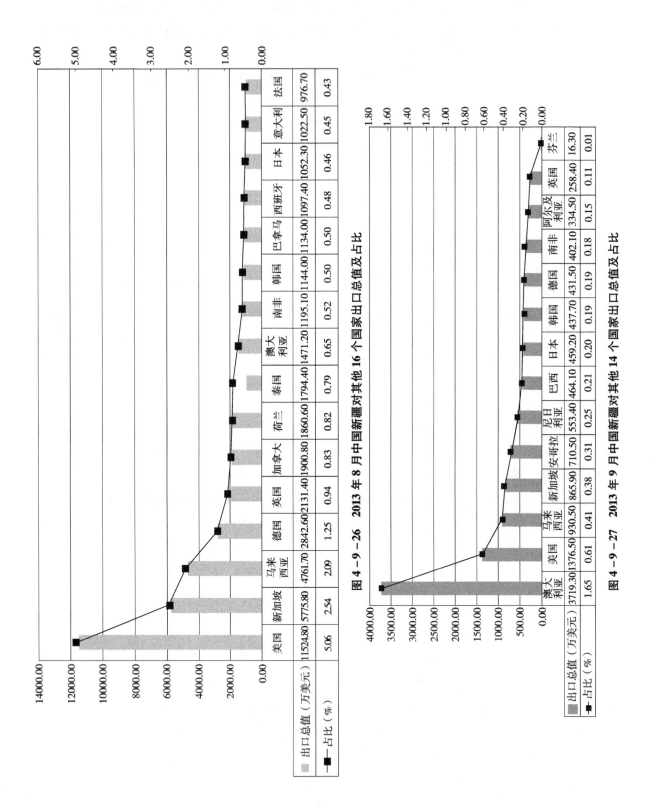

图4-9-26 2013年8月中国新疆对其他16个国家出口总值及占比

图4-9-27 2013年9月中国新疆对其他14个国家出口总值及占比

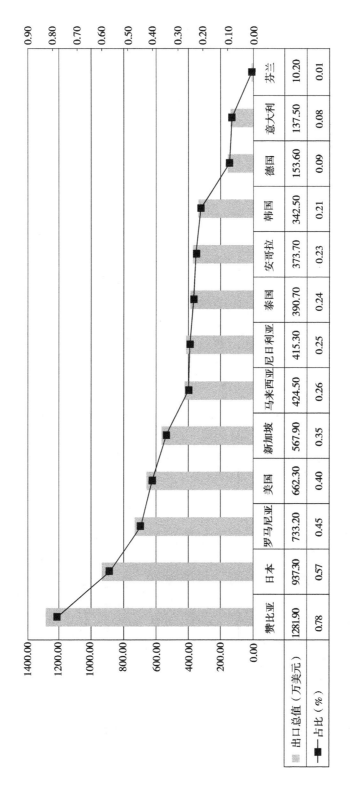

	赞比亚	日本	罗马尼亚	美国	新加坡	马来西亚	尼日利亚	泰国	安哥拉	韩国	德国	意大利	芬兰
出口总值（万美元）	1281.90	937.30	733.20	662.30	567.90	424.50	415.30	390.70	373.70	342.50	153.60	137.50	10.20
占比（%）	0.78	0.57	0.45	0.40	0.35	0.26	0.25	0.24	0.23	0.21	0.09	0.08	0.01

图 4 - 9 - 28　2013 年 10 月中国新疆对其他 13 个国家出口总值及占比

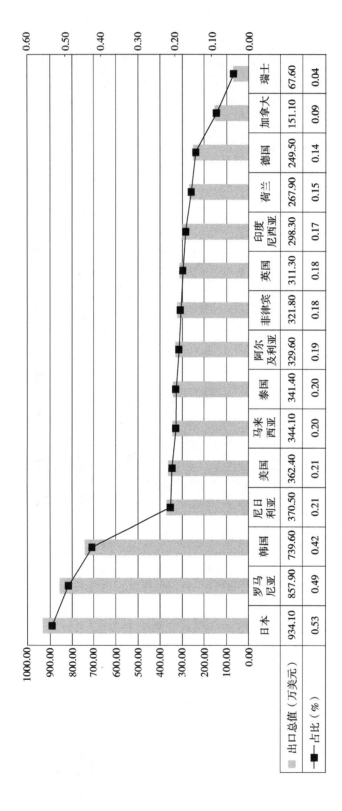

	日本	罗马尼亚	韩国	尼日利亚	美国	马来西亚	泰国	阿尔及利亚	菲律宾	英国	印度尼西亚	荷兰	德国	加拿大	瑞士
出口总值（万美元）	934.10	857.90	739.60	370.50	362.40	344.10	341.40	329.60	321.80	311.30	298.30	267.90	249.50	151.10	67.60
占比（%）	0.53	0.49	0.42	0.21	0.21	0.20	0.20	0.19	0.18	0.18	0.17	0.15	0.14	0.09	0.04

图 4 - 9 - 29　2013 年 11 月中国新疆对其他 15 个国家出口总值及占比

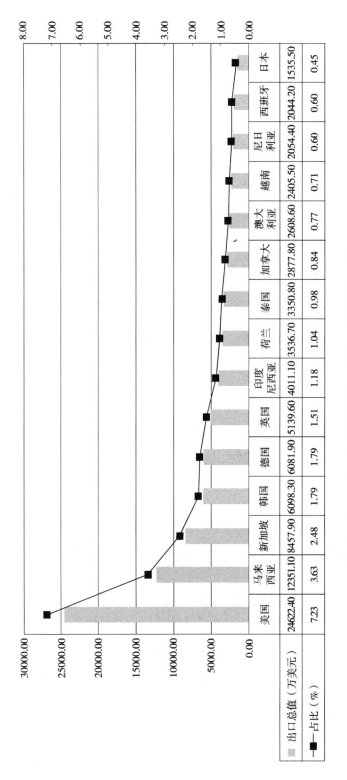

	美国	马来西亚	新加坡	韩国	德国	英国	印度尼西亚	荷兰	泰国	加拿大	澳大利亚	越南	尼日利亚	西班牙	日本
出口总值（万美元）	24622.40	12351.10	8457.90	6098.30	6081.90	5139.60	4011.10	3536.70	3350.80	2877.80	2608.60	2405.50	2054.40	2044.20	1535.50
占比（%）	7.23	3.63	2.48	1.79	1.79	1.51	1.18	1.04	0.98	0.84	0.77	0.71	0.60	0.60	0.45

图 4 – 9 – 30 2013 年 12 月中国新疆对其他 15 个国家出口总值及占比

利亚、越南、尼日利亚、西班牙、日本。

中国新疆对其他国家出口贸易总值为87175.80万美元，占中国新疆出口总值的25.59%。其中，对美国的出口总值为24622.40万美元，占中国新疆出口总值的7.23%，同比上升57.50%，环比上升6694.26%；对马来西亚的出口总值为12351.10万美元，占中国新疆出口总值的3.63%，同比上升104.30%，环比上升3489.39%；对新加坡的出口总值为8457.90万美元，占中国新疆出口总值的2.48%，同比上升120.70%。

三、2013年中国新疆对其他国家进口贸易总体分析

（一）2013年中国新疆对其他国家进口贸易分析

由图4-9-31和图4-9-32可以看出，2013年，中国新疆对其他国家进口贸易中进口总值大小排名依次为：美国、德国、日本、芬兰、韩国、意大利、巴西、澳大利亚、瑞士、新加坡、英国、加拿大、法国、瑞典、马来西亚、朝鲜、阿根廷、荷兰、越南、西班牙、泰国、罗马尼亚、印度尼西亚、尼日利亚、菲律宾、智利、南非。

其中：对美国的进口总值为186.59百万美元，占中国新疆进口总值的3.53%，同比下降16.40%；对德国的进口总值为116.56百万美元，占中国新疆进口总值的2.20%，同比上升0.60%；对日本的进口总值为51.47百万美元，占中国新疆进口总值的0.97%，同比下降56.70%；对阿尔及利亚、赞比亚、安哥拉、巴拿马、秘鲁、波兰、多哥没有进口。

（二）2013年中国新疆对其他国家进口贸易趋势分析

考虑到数据的相对完整性及连续性，本书仅选取其他国家中进出口贸易总值排名前五的美国、马来西亚、德国、新加坡及澳大利亚进行1～12月的趋势分析。除美国、马来西亚及德国1～12月进口贸易数据较为完整，其余两国均存在某月未发生进口贸易情况。由图4-9-33可以看出，中国新疆对其他国家的进口总值大小排名顺序变动较大，全年上下波动起伏。具体来看，1月排名为美国、德国、澳大利亚、新加坡、马来西亚；2月排名为美国、德国、新加坡、马来西亚、澳大利亚；3月排名为美国、德国、澳大利亚、马来西亚；4月排名为德国、美国、马来西亚、澳大利亚；5月排名为美国、德国、马来西亚、澳大利亚；7月排名为美国、德国、澳大利亚、新加坡、马来西亚；8月排名为德国、美国、新加坡、马来西亚、澳大利亚；9月排名为美国、德国、澳大利亚、马来西亚、新加坡；10月排名为美国、德国、马来西亚、新加坡；12月排名为美国、德国、新加坡、澳大利亚、马来西亚。具体来说，中国新疆对美国的进口总值呈连续W形波动趋势。其中，中国新疆对美国的进口贸易最高点在7月，为27.46百万美元，最低点在4月，为7.49百万美元。中国新疆对马来西亚的进口贸易总值趋势较为平稳，在3月出现最高点，为1.44百万美元，最低点在11月，为0.15百万美元。中国新疆对德国的进口贸易总值呈波动起伏趋势，在8月出现最高点，为15.91百万美元，最低点在11月，为2.53百万美元。中国新疆在3～6月、11月未与新加坡发生进口贸易，从整体来看，全年呈平缓趋势。其中，对新加坡的进口贸易最高点出现在8月，为2.63百万美元，最低点在10月，为0.36百万美元。中国新疆在6月、10～11月未与澳大利亚发生进口贸易，从整体来看，全年呈较为波动趋势。其中，对澳大利亚的进口贸易最高点出现在3月，为7.84百万美元，最低点在4月，为0.03百万美元。

（三）2013年中国新疆对其他国家进口贸易月度分析

1. 2013年1月中国新疆对其他国家进口贸易月度分析

由图4-9-34可以看出，2013年1月中国新疆对其他18个国家中的多哥、阿根廷两个国家没

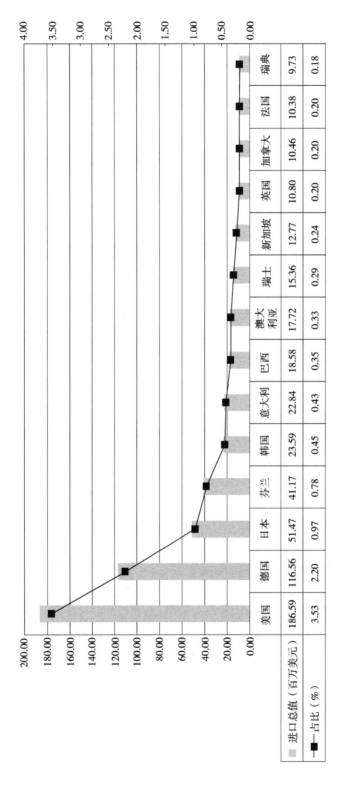

	美国	德国	日本	芬兰	韩国	意大利	巴西	澳大利亚	瑞士	新加坡	英国	加拿大	法国	瑞典
进口总值（百万美元）	186.59	116.56	51.47	41.17	23.59	22.84	18.58	17.72	15.36	12.77	10.80	10.46	10.38	9.73
占比（%）	3.53	2.20	0.97	0.78	0.45	0.43	0.35	0.33	0.29	0.24	0.20	0.20	0.20	0.18

图 4－9－31 2013 年中国新疆对其他国家进口总值及占比（1）

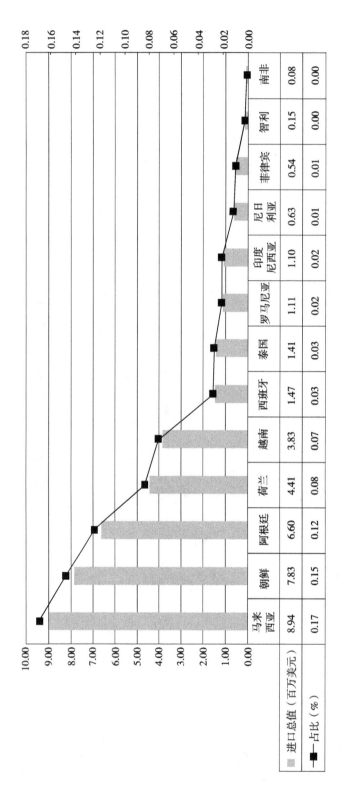

	马来西亚	朝鲜	阿根廷	荷兰	越南	西班牙	泰国	罗马尼亚	印度尼西亚	尼日利亚	菲律宾	智利	南非
进口总值（百万美元）	8.94	7.83	6.60	4.41	3.83	1.47	1.41	1.11	1.10	0.63	0.54	0.15	0.08
占比（%）	0.17	0.15	0.12	0.08	0.07	0.03	0.03	0.02	0.02	0.01	0.01	0.00	0.00

图 4-9-32　2013 年中国新疆对其他国家进口总值及占比（2）

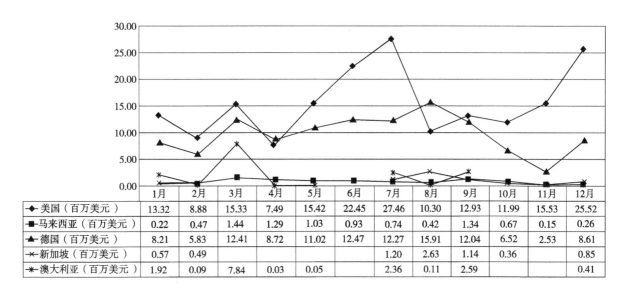

	1月	2月	3月	4月	5月	6月	7月	8月	9月	10月	11月	12月
美国（百万美元）	13.32	8.88	15.33	7.49	15.42	22.45	27.46	10.30	12.93	11.99	15.53	25.52
马来西亚（百万美元）	0.22	0.47	1.44	1.29	1.03	0.93	0.74	0.42	1.34	0.67	0.15	0.26
德国（百万美元）	8.21	5.83	12.41	8.72	11.02	12.47	12.27	15.91	12.04	6.52	2.53	8.61
新加坡（百万美元）	0.57	0.49					1.20	2.63	1.14	0.36		0.85
澳大利亚（百万美元）	1.92	0.09	7.84	0.03	0.05		2.36	0.11	2.59			0.41

图 4 - 9 - 33　2013 年 1 ~ 12 月中国新疆对其他国家进口总值趋势

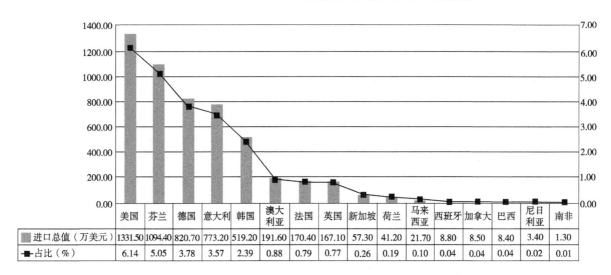

	美国	芬兰	德国	意大利	韩国	澳大利亚	法国	英国	新加坡	荷兰	马来西亚	西班牙	加拿大	巴西	尼日利亚	南非
进口总值（万美元）	1331.50	1094.40	820.70	773.20	519.20	191.60	170.40	167.10	57.30	41.20	21.70	8.80	8.50	8.40	3.40	1.30
占比（%）	6.14	5.05	3.78	3.57	2.39	0.88	0.79	0.77	0.26	0.19	0.10	0.04	0.04	0.04	0.02	0.01

图 4 - 9 - 34　2013 年 1 月中国新疆对其他 16 个国家进口总值及占比

有发生进口贸易，对剩下 16 个有进口贸易的国家按进口贸易值大小排名依次为：美国、芬兰、德国、意大利、韩国、澳大利亚、法国、英国、新加坡、荷兰、马来西亚、西班牙、加拿大、巴西、尼日利亚、南非。

中国新疆对其他国家进口贸易值为 5218.70 万美元，占中国新疆进口总值的 24.07%。其中，对美国的进口总值为 1331.50 万美元，占中国新疆进口总值的 6.14%，同比下降 20.90%；对芬兰的进口总值为 1094.40 万美元，占中国新疆进口总值的 5.05%，同比上升 180881.40%；对德国的进口总值为 820.70 万美元，占中国新疆进口总值的 3.78%，同比下降 47.30%。

2. 2013 年 2 月中国新疆对其他国家进口贸易月度分析

由图 4 - 9 - 35 可以看出，2013 年 2 月中国新疆对其他 17 个国家中的巴西、波兰、泰国三个国家没有发生进口贸易，对剩下 14 个有进口贸易的国家按进口贸易值大小排名依次为：美国、德国、日本、英国、意大利、新加坡、马来西亚、韩国、加拿大、澳大利亚、荷兰、南非、西班牙、印度尼西亚。

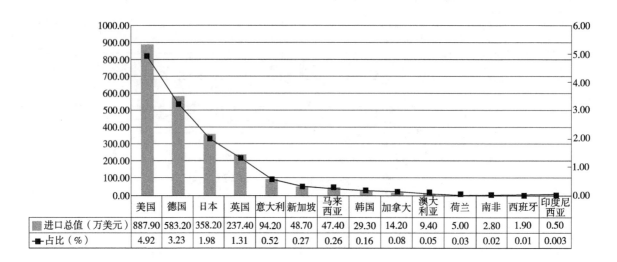

	美国	德国	日本	英国	意大利	新加坡	马来西亚	韩国	加拿大	澳大利亚	荷兰	南非	西班牙	印度尼西亚
进口总值（万美元）	887.90	583.20	358.20	237.40	94.20	48.70	47.40	29.30	14.20	9.40	5.00	2.80	1.90	0.50
占比（%）	4.92	3.23	1.98	1.31	0.52	0.27	0.26	0.16	0.08	0.05	0.03	0.02	0.01	0.003

图 4 - 9 - 35　2013 年 2 月中国新疆对其他 14 个国家进口总值及占比

中国新疆对其他国家进口贸易值为 2320.10 万美元，占中国新疆进口总值的 12.84%。其中，对美国的进口总值为 887.90 万美元，占中国新疆进口总值的 4.92%，同比下降 38.00%，环比下降 33.32%；对德国的进口总值为 583.20 万美元，占中国新疆进口总值的 3.23%，同比上升 25.20%，环比下降 28.94%；对日本的进口总值为 358.20 万美元，占中国新疆进口总值的 1.98%，同比下降 56.40%。

3. 2013 年 3 月中国新疆对其他国家进口贸易月度分析

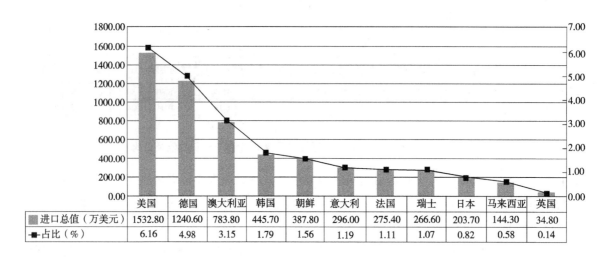

	美国	德国	澳大利亚	韩国	朝鲜	意大利	法国	瑞士	日本	马来西亚	英国
进口总值（万美元）	1532.80	1240.60	783.80	445.70	387.80	296.00	275.40	266.60	203.70	144.30	34.80
占比（%）	6.16	4.98	3.15	1.79	1.56	1.19	1.11	1.07	0.82	0.58	0.14

图 4 - 9 - 36　2013 年 3 月中国新疆对其他 11 个国家进口总值及占比

由图 4 - 9 - 36 可以看出，2013 年 3 月中国新疆对其他 15 个国家中的印度尼西亚、越南、泰国、阿尔及利亚 4 个国家没有发生进口贸易，对剩下 11 个有进口贸易的国家按进口贸易值大小排名依次为：美国、德国、澳大利亚、韩国、朝鲜、意大利、法国、瑞士、日本、马来西亚、英国。

中国新疆对其他国家进口贸易值为 5611.50 万美元，占中国新疆进口总值的 22.54%。其中，对美国的进口总值为 1532.80 万美元，占中国新疆进口总值的 6.16%，同比上升 3.80%，环比上升 72.63%；对德国的进口总值为 1240.60 万美元，占中国新疆进口总值的 4.98%，同比上升 3.80%，环比上升 112.72%；对澳大利亚的进口总值为 783.80 万美元，占中国新疆进口总值的 3.15%，同比上升 1959.80%，环比上升 8238.30%。

4. 2013 年 4 月中国新疆对其他国家进口贸易月度分析

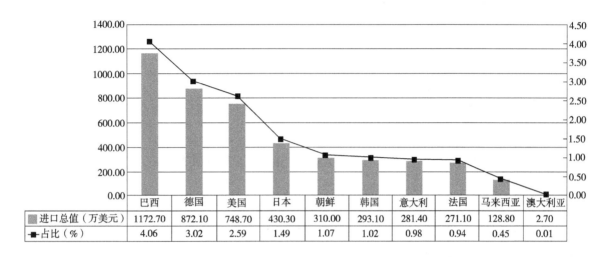

	巴西	德国	美国	日本	朝鲜	韩国	意大利	法国	马来西亚	澳大利亚
进口总值（万美元）	1172.70	872.10	748.70	430.30	310.00	293.10	281.40	271.10	128.80	2.70
占比（%）	4.06	3.02	2.59	1.49	1.07	1.02	0.98	0.94	0.45	0.01

图 4 - 9 - 37　2013 年 4 月中国新疆对其他 10 个国家进口总值及占比

由图 4 - 9 - 37 可以看出，2013 年 4 月中国新疆对其他 16 个国家中的印度尼西亚、巴拿马、南非、安哥拉、越南、秘鲁六个国家没有发生进口贸易，对剩下 10 个有进口贸易的国家按进口贸易值大小排名依次为：巴西、德国、美国、日本、朝鲜、韩国、意大利、法国、马来西亚、澳大利亚。

中国新疆对其他国家进口贸易值为 4510.90 万美元，占中国新疆进口总值的 15.63%。其中，对巴西的进口总值为 1172.70 万美元，占中国新疆进口总值的 4.06%，同比上升 18876.30%；对德国的进口总值为 872.10 万美元，占中国新疆进口总值的 3.02%，同比上升 16.30%，环比下降 29.70%；对美国的进口总值为 748.70 万美元，占中国新疆进口总值的 2.59%，同比下降 48.80%，环比下降 51.15%。

5. 2013 年 5 月中国新疆对其他国家进口贸易月度分析

由图 4 - 9 - 38 可以看出，2013 年 5 月中国新疆对其他国家中的印度尼西亚、越南、阿尔及利亚三个国家没有发生进口贸易，对剩下 14 个有进口贸易的国家按进口贸易值大小排名依次为：美国、德国、芬兰、日本、瑞典、韩国、意大利、瑞士、马来西亚、英国、泰国、菲律宾、澳大利亚、印度尼西亚。

中国新疆对其他国家进口贸易值为 4729.80 万美元，占中国新疆进口总值的 19.21%。其中，对美国的进口总值为 1542.40 万美元，占中国新疆进口总值的 6.27%，同比下降 3.20%，环比上升 106.01%；对德国的进口总值为 1102.20 万美元，占中国新疆进口总值的 4.48%，同比上升 38.80%，环比上升 263.85%；对芬兰的进口总值为 598.80 万美元，占中国新疆进口总值的 2.43%，同比上升 2204.60%。

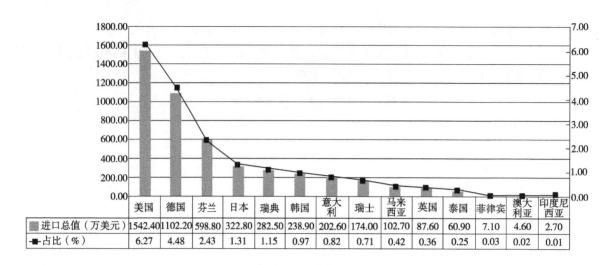

	美国	德国	芬兰	日本	瑞典	韩国	意大利	瑞士	马来西亚	英国	泰国	菲律宾	澳大利亚	印度尼西亚
进口总值（万美元）	1542.40	1102.20	598.80	322.80	282.50	238.90	202.60	174.00	102.70	87.60	60.90	7.10	4.60	2.70
占比（%）	6.27	4.48	2.43	1.31	1.15	0.97	0.82	0.71	0.42	0.36	0.25	0.03	0.02	0.01

图4－9－38　2013年5月中国新疆对其他14个国家进口总值及占比

6. 2013年6月中国新疆对其他国家进口贸易月度分析

由图4－9－39可以看出，2013年6月中国新疆对其他16个国家中的巴拿马、智利、菲律宾、安哥拉、阿尔及利亚没有发生进口贸易，对剩下11个有进口贸易的国家按进口贸易值大小排名依次为美国、德国、日本、阿根廷、芬兰、意大利、印度尼西亚、马来西亚、韩国、尼日利亚、越南。

中国新疆对其他国家进口贸易总值为5539.30万美元，占中国新疆进口总值的26.13%。其中，对美国的进口总值为2245.20万美元，占中国新疆进口总值的10.59%，同比上升34.90%，环比下降199.88%；对德国的进口总值为1247.00万美元，占中国新疆进口总值的5.88%，同比上升41.00%，环比上升42.99%；对日本的进口总值为653.60万美元，占中国新疆进口总值的3.08%，同比下降46.70%，环比上升51.89%。

7. 2013年7月中国新疆对其他国家进口贸易月度分析

由图4－9－40可以看出，2013年7月中国新疆对其他16个贸易国家的进口贸易值大小排名依次为：美国、德国、巴西、日本、澳大利亚、韩国、新加坡、意大利、法国、英国、马来西亚、越南、南非、智利、菲律宾、泰国。

中国新疆对其他国家进口贸易值为5913.00万美元，占中国新疆进口总值的30.16%。其中，对美国的进口总值为2745.60万美元，占中国新疆进口总值的14.01%，同比下降53.50%，环比上升22.29%；对德国的进口总值为1227.10万美元，占中国新疆进口总值的6.26%，同比上升19.90%，环比下降1.60%；对巴西的进口总值为639.80万美元，占中国新疆进口总值的3.26%，同比上升14457.40%。

8. 2013年8月中国新疆对其他国家进口贸易月度分析

由图4－9－41可以看出，2013年8月中国新疆对其他16个国家中的南非、巴拿马两个国家没有发生进口贸易，对剩下14个有进口贸易的国家按进口贸易值大小排名依次为：德国、日本、美国、新加坡、韩国、法国、意大利、荷兰、英国、马来西亚、加拿大、西班牙、澳大利亚、泰国。

中国新疆对其他国家进口贸易值为4811.50万美元，占中国新疆进口总值的24.07%。其中，对德国的进口总值为1591.40万美元，占中国新疆进口总值的7.96%，同比上升18.20%，环比上

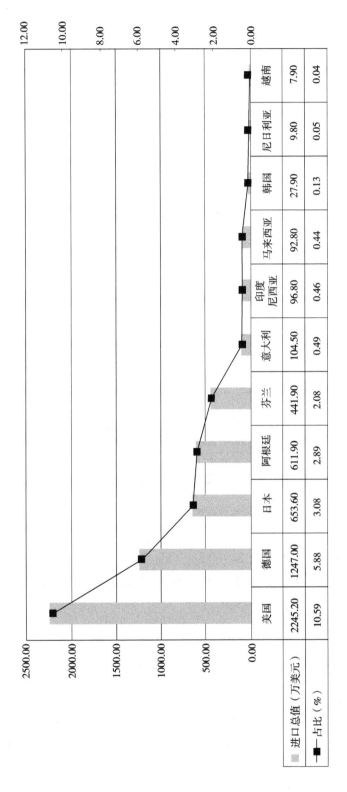

图 4－9－39　2013 年 6 月中国新疆对其他 11 个国家进口总值及占比

	美国	德国	日本	阿根廷	芬兰	意大利	印度尼西亚	马来西亚	韩国	尼日利亚	越南
进口总值（万美元）	2245.20	1247.00	653.60	611.90	441.90	104.50	96.80	92.80	27.90	9.80	7.90
占比（%）	10.59	5.88	3.08	2.89	2.08	0.49	0.46	0.44	0.13	0.05	0.04

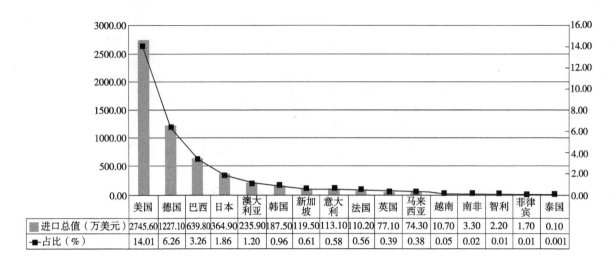

	美国	德国	巴西	日本	澳大利亚	韩国	新加坡	意大利	法国	英国	马来西亚	越南	南非	智利	菲律宾	泰国
进口总值（万美元）	2745.60	1227.10	639.80	364.90	235.90	187.50	119.50	113.10	110.20	77.10	74.30	10.70	3.30	2.20	1.70	0.10
占比（%）	14.01	6.26	3.26	1.86	1.20	0.96	0.61	0.58	0.56	0.39	0.38	0.05	0.02	0.01	0.01	0.001

图 4 - 9 - 40　2013 年 7 月中国新疆对其他 16 个国家进口总值及占比

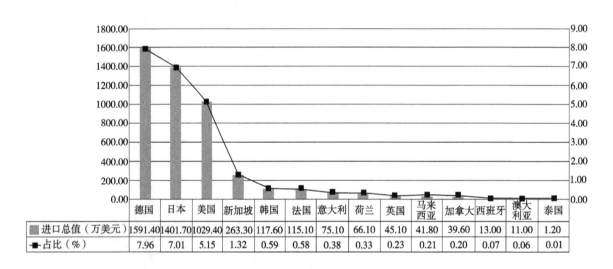

	德国	日本	美国	新加坡	韩国	法国	意大利	荷兰	英国	马来西亚	加拿大	西班牙	澳大利亚	泰国
进口总值（万美元）	1591.40	1401.70	1029.40	263.30	117.60	115.10	75.10	66.10	45.10	41.80	39.60	13.00	11.00	1.20
占比（%）	7.96	7.01	5.15	1.32	0.59	0.58	0.38	0.33	0.23	0.21	0.20	0.07	0.06	0.01

图 4 - 9 - 41　2013 年 8 月中国新疆对其他 14 个国家进口总值及占比

升 29.69%；对日本的进口总值为 1401.70 万美元，占中国新疆进口总值的 7.01%，同比上升 13.70%，环比上升 284.13%；对美国的进口总值为 1029.40 万美元，占中国新疆进口总值的 5.15%，同比下降 24.30%，环比下降 62.50%。

9. 2013 年 9 月中国新疆对其他国家进口贸易月度分析

由图 4 - 9 - 42 可以看出，2013 年 9 月中国新疆对其他 14 个国家中的安哥拉、阿尔及利亚、尼日利亚没有发生进口贸易，对剩下 11 个有进口贸易的国家按进口贸易值大小排名依次为：美国、德国、芬兰、日本、韩国、澳大利亚、马来西亚、新加坡、英国、南非、巴西。

中国新疆对其他国家进口贸易总值为 4082.50 万美元，占中国新疆进口总值的 4.41%。其中，对美国的进口总值为 1293.20 万美元，占中国新疆进口总值的 1.40%，同比下降 6.70%，环比上升 25.61%；对德国的进口总值为 1204.30 万美元，占中国新疆进口总值的 1.30%，同比下降 9.20%，环比下降 24.32%；对芬兰的进口总值为 388.10 万美元，占中国新疆进口总值的 0.42%，同比下降 8.80%。

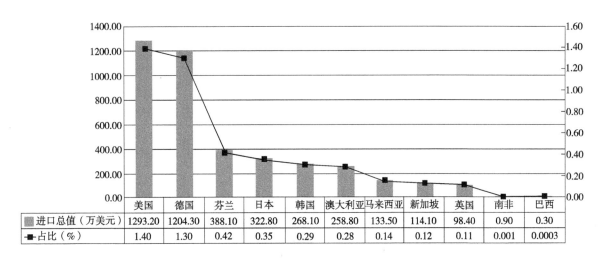

	美国	德国	芬兰	日本	韩国	澳大利亚	马来西亚	新加坡	英国	南非	巴西
进口总值（万美元）	1293.20	1204.30	388.10	322.80	268.10	258.80	133.50	114.10	98.40	0.90	0.30
占比（%）	1.40	1.30	0.42	0.35	0.29	0.28	0.14	0.12	0.11	0.001	0.0003

图 4 – 9 – 42　2013 年 9 月中国新疆对其他 11 个国家进口总值及占比

10. 2013 年 10 月中国新疆对其他国家进口贸易月度分析

由图 4 – 9 – 43 可以看出，2013 年 10 月中国新疆对其他 15 个国家中的赞比亚、罗马尼亚、尼日利亚、安哥拉、也门、印度尼西亚 6 个国家没有发生进口贸易，对剩下 9 个有进口贸易的国家按进口贸易值大小排名依次为：美国、德国、芬兰、日本、意大利、韩国、马来西亚、新加坡、泰国。

中国新疆对其他国家进口贸易值为 3166.70 万美元，占中国新疆进口总值的 3.37%。其中，对美国的进口总值为 1198.70 万美元，占中国新疆进口总值的 1.28%，同比下降 12.90%，环比下降 7.31%；对德国的进口总值为 652.30 万美元，占中国新疆进口总值的 0.70%，同比下降 44.10%，环比下降 45.84%；对芬兰的进口总值为 548.40 万美元，占中国新疆进口总值的 0.58%，同比上升 29.80%，环比上升 41.30%。

11. 2013 年 11 月中国新疆对其他国家进口贸易月度分析

由图 4 – 9 – 44 可以看出，2013 年 11 月中国新疆对 13 个有进口贸易的国家按进口贸易值大小排名依次为：美国、加拿大、芬兰、瑞士、德国、荷兰、日本、英国、韩国、马来西亚、尼日利亚、菲律宾、泰国。

中国新疆对其他国家进口贸易值为 3442.40 万美元，占中国新疆进口总值的 3.01%。其中，对美国的进口总值为 1553.20 万美元，占中国新疆进口总值的 1.36%，同比上升 31.20%，环比上升 29.57%；对加拿大的进口总值为 461.40 万美元，占中国新疆进口总值的 0.40%，同比上升 630.60%；对芬兰的进口总值为 320.30 万美元，占中国新疆进口总值的 0.28%，同比下降 11.40%，环比下降 41.59%。

12. 2013 年 12 月中国新疆对其他国家进口贸易月度分析

由图 4 – 9 – 45 可以看出，2013 年 12 月中国新疆对其他 15 个国家中的印度尼西亚、荷兰、西班牙三个国家没有发生进口贸易，对剩下 12 个有进口贸易的国家按进口贸易值大小排名依次为：美国、德国、日本、越南、韩国、英国、新加坡、泰国、加拿大、澳大利亚、马来西亚、尼日利亚。

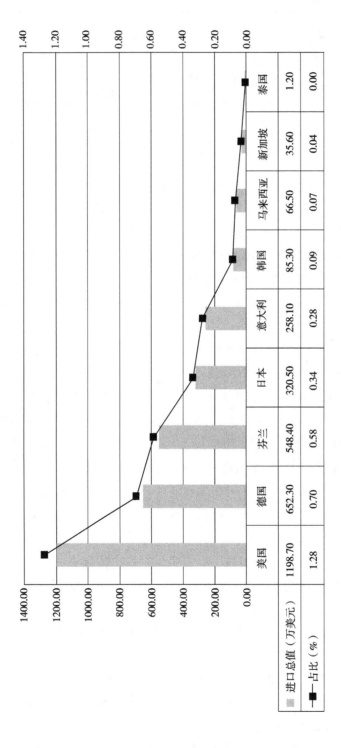

图 4 – 9 – 43　2013 年 10 月中国新疆对其他 9 个国家进口总值及占比

	美国	德国	芬兰	日本	意大利	韩国	马来西亚	新加坡	泰国
进口总值（万美元）	1198.70	652.30	548.40	320.50	258.10	85.30	66.50	35.60	1.20
占比（%）	1.28	0.70	0.58	0.34	0.28	0.09	0.07	0.04	0.00

进口总值（万美元）
占比（%）

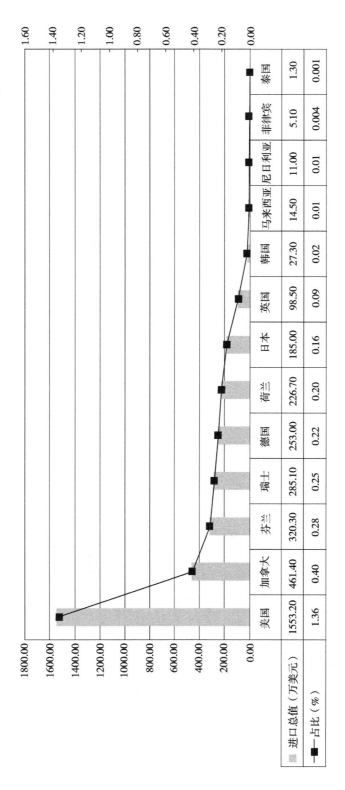

图 4－9－44 2013 年 11 月中国新疆对其他 13 个国家进口总值及占比

	美国	加拿大	芬兰	瑞士	德国	荷兰	日本	英国	韩国	马来西亚	尼日利亚	菲律宾	泰国
进口总值（万美元）	1553.20	461.40	320.30	285.10	253.00	226.70	185.00	98.50	27.30	14.50	11.00	5.10	1.30
占比（%）	1.36	0.40	0.28	0.25	0.22	0.20	0.16	0.09	0.02	0.01	0.01	0.004	0.001

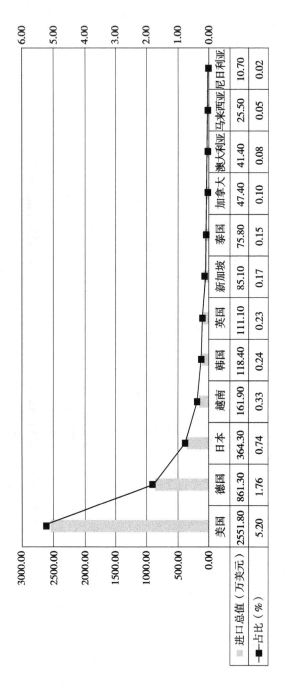

	美国	德国	日本	越南	韩国	英国	新加坡	泰国	加拿大	澳大利亚	马来西亚	尼日利亚
进口总值（万美元）	2551.80	861.30	364.30	161.90	118.40	111.10	85.10	75.80	47.40	41.40	25.50	10.70
占比（%）	5.20	1.76	0.74	0.33	0.24	0.23	0.17	0.15	0.10	0.08	0.05	0.02

图 4－9－45　2013 年 12 月中国新疆对其他 12 个国家进口总值及占比

中国新疆对其他国家进口贸易值为 4454.70 万美元，占中国新疆进口总值的 9.08%。其中，对美国的进口总值为 2551.80 万美元，占中国新疆进口总值的 5.20%，同比上升 41.50%，环比上升 64.29%；对德国的进口总值为 861.30 万美元，占中国新疆进口总值的 1.76%，同比上升 42.50%，环比上升 240.43%；对日本的进口总值为 364.30 万美元，占中国新疆进口总值的 0.74%，同比上升 54.80%，环比上升 96.92%。

四、2013 年中国新疆对其他国家的出口贸易与进口贸易比较分析

（一）2013 年中国新疆对其他国家的出口贸易与进口贸易比较

由图 4-9-46 和图 4-9-47 可以看出，2013 年，中国新疆对其他国家的进出口贸易中，除芬兰、瑞典、朝鲜、瑞士出口总值、进口总值占其进出口总值的比重是进口大于出口外，其余各国的出口均大于进口，说明中国新疆对其他国家的进出口贸易以出口为主导。

（二）2013 年中国新疆对其他国家的出口贸易与进口贸易的月度比较分析

1. 2013 年 1 月中国新疆对其他国家的出口贸易与进口贸易的月度比较分析

由图 4-9-48 可以看出，2013 年 1 月，中国新疆对其他 18 个国家的进出口贸易中，除芬兰外，各国均以出口为主。其中，多哥、阿根廷只有出口贸易数据，没有进口贸易数据。

2. 2013 年 2 月中国新疆对其他国家的出口贸易与进口贸易的月度比较分析

由图 4-9-49 可以看出，2013 年 2 月，中国新疆对其他 17 个国家的进出口贸易中，各国均以出口为主。其中，巴西、波兰、泰国只有出口贸易数据，没有进口贸易数据。

3. 2013 年 3 月中国新疆对其他国家的出口贸易与进口贸易的月度比较分析

由图 4-9-50 可以看出，2013 年 3 月，中国新疆对其他 15 个国家的进出口贸易中，除法国、美国、瑞士、朝鲜、德国外，各国均以出口为主。其中，印度尼西亚、越南、泰国、阿尔及利亚只有出口贸易数据，没有进口贸易数据。

4. 2013 年 4 月中国新疆对其他国家的出口贸易与进口贸易的月度比较分析

由图 4-9-51 可以看出，2013 年 4 月，中国新疆对其他 16 个国家的进出口贸易中，除朝鲜、德国、巴西外，其他各国均以出口为主。其中，印度尼西亚、巴拿马、南非、安哥拉、越南、秘鲁只有出口贸易数据，没有进口贸易数据。

5. 2013 年 5 月中国新疆对其他国家的出口贸易与进口贸易的月度比较分析

由图 4-9-52 可以看出，2013 年 5 月，中国新疆对其他 15 个国家的进出口贸易中，除美国、德国、瑞典、芬兰外，各国均以出口为主，出口占比均大于 50.00%。其中，阿尔及利亚只有出口贸易数据，没有进口贸易数据。

6. 2013 年 6 月中国新疆对其他国家的出口贸易与进口贸易的月度比较分析

由图 4-9-53 可以看出，2013 年 6 月，中国新疆对其他 16 个国家的进出口贸易中，除德国、美国、阿根廷、芬兰外，各国均以出口为主。对巴拿马、智利、菲律宾、安哥拉、阿尔及利亚没有发生进口贸易。

7. 2013 年 7 月中国新疆对其他国家的出口贸易与进口贸易的月度比较分析

由图 4-9-54 可以看出，2013 年 7 月，中国新疆对其他 16 个国家的进出口贸易中，除德国、巴西外，其他各国均以出口为主。

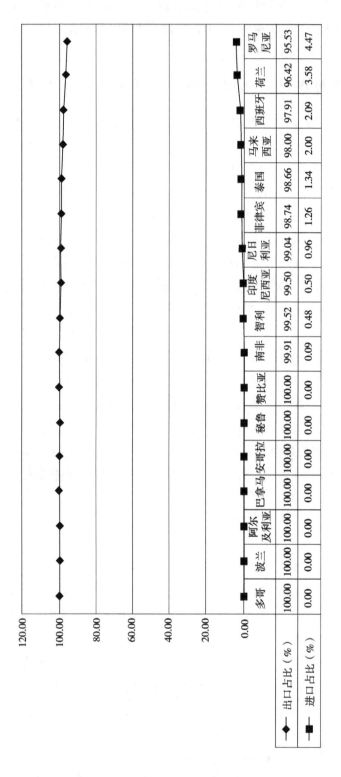

	多哥	波兰	阿尔及利亚	巴拿马	安哥拉	秘鲁	赞比亚	南非	智利	印度尼西亚	尼日利亚	菲律宾	泰国	马来西亚	西班牙	荷兰	罗马尼亚
出口占比（%）	100.00	100.00	100.00	100.00	100.00	100.00	100.00	99.91	99.52	99.50	99.04	98.74	98.66	98.00	97.91	96.42	95.53
进口占比（%）	0.00	0.00	0.00	0.00	0.00	0.00	0.00	0.09	0.48	0.50	0.96	1.26	1.34	2.00	2.09	3.58	4.47

图 4 - 9 - 46 2013 年中国新疆对其他国家进口总值中出口及进口占比（1）

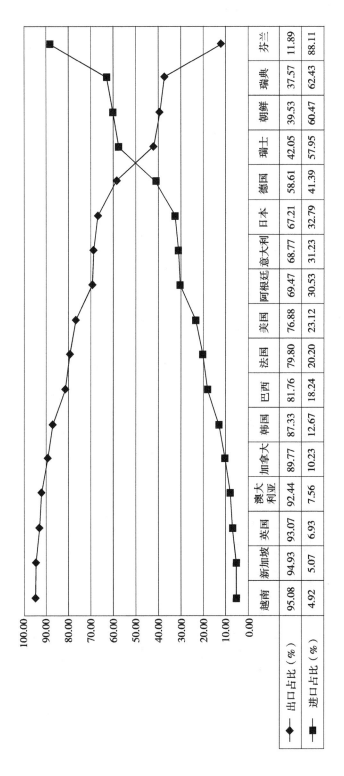

	越南	新加坡	英国	澳大利亚	加拿大	韩国	巴西	法国	美国	阿根廷	意大利	日本	德国	瑞士	朝鲜	瑞典	芬兰
出口占比（%）	95.08	94.93	93.07	92.44	89.77	87.33	81.76	79.80	76.88	69.47	68.77	67.21	58.61	42.05	39.53	37.57	11.89
进口占比（%）	4.92	5.07	6.93	7.56	10.23	12.67	18.24	20.20	23.12	30.53	31.23	32.79	41.39	57.95	60.47	62.43	88.11

图 4－9－47 2013 年中国新疆对其他国家进出口总值中出口及进口占比（2）

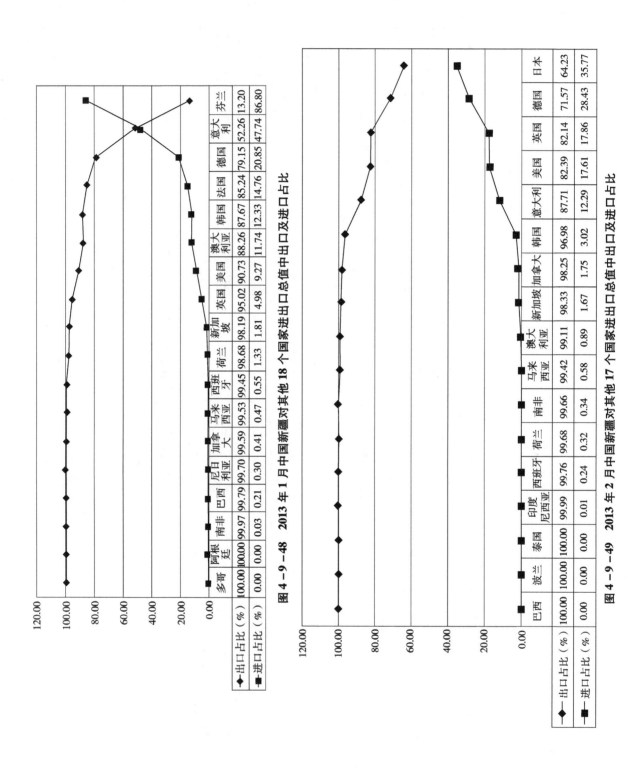

图 4-9-48　2013 年 1 月中国新疆对其他 18 个国家进出口总值中出口及进口占比

	多哥	阿根廷	南非	巴西	尼日利亚	加拿大	马来西亚	西班牙	荷兰	新加坡	英国	美国	澳大利亚	韩国	法国	德国	意大利	芬兰
出口占比（%）	100.00	100.00	99.97	99.79	99.70	99.59	99.53	99.45	98.68	98.19	95.02	90.73	88.26	87.67	85.24	79.15	52.26	13.20
进口占比（%）	0.00	0.00	0.03	0.21	0.30	0.41	0.47	0.55	1.33	1.81	4.98	9.27	11.74	12.33	14.76	20.85	47.74	86.80

图 4-9-49　2013 年 2 月中国新疆对其他 17 个国家进出口总值中出口及进口占比

	巴西	波兰	泰国	印度尼西亚	西班牙	荷兰	南非	马来西亚	澳大利亚	新加坡	加拿大	韩国	意大利	美国	英国	德国	日本
出口占比（%）	100.00	100.00	100.00	99.99	99.76	99.68	99.66	99.42	99.11	98.33	98.25	96.98	87.71	82.39	82.14	71.57	64.23
进口占比（%）	0.00	0.00	0.00	0.01	0.24	0.32	0.34	0.58	0.89	1.67	1.75	3.02	12.29	17.61	17.86	28.43	35.77

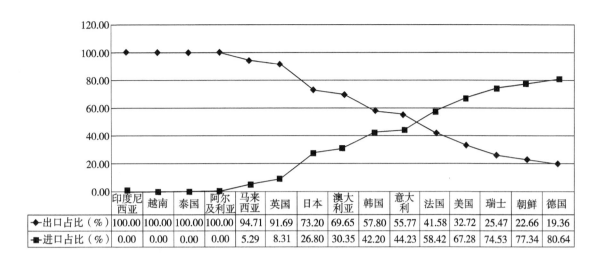

	印度尼西亚	越南	泰国	阿尔及利亚	马来西亚	英国	日本	澳大利亚	韩国	意大利	法国	美国	瑞士	朝鲜	德国
出口占比（%）	100.00	100.00	100.00	100.00	94.71	91.69	73.20	69.65	57.80	55.77	41.58	32.72	25.47	22.66	19.36
进口占比（%）	0.00	0.00	0.00	0.00	5.29	8.31	26.80	30.35	42.20	44.23	58.42	67.28	74.53	77.34	80.64

图4-9-50 2013年3月中国新疆对其他15个国家进出口总值中出口及进口占比

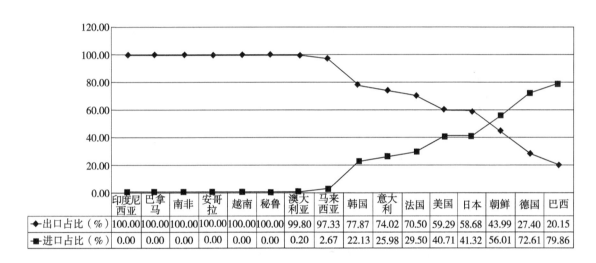

	印度尼西亚	巴拿马	南非	安哥拉	越南	秘鲁	澳大利亚	马来西亚	韩国	意大利	法国	美国	日本	朝鲜	德国	巴西
出口占比（%）	100.00	100.00	100.00	100.00	100.00	100.00	99.80	97.33	77.87	74.02	70.50	59.29	58.68	43.99	27.40	20.15
进口占比（%）	0.00	0.00	0.00	0.00	0.00	0.00	0.20	2.67	22.13	25.98	29.50	40.71	41.32	56.01	72.61	79.86

图4-9-51 2013年4月中国新疆对其他16个国家进出口总值中出口及进口占比

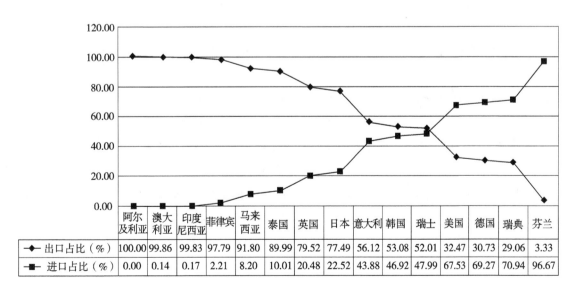

	阿尔及利亚	澳大利亚	印度尼西亚	菲律宾	马来西亚	泰国	英国	日本	意大利	韩国	瑞士	美国	德国	瑞典	芬兰
出口占比（%）	100.00	99.86	99.83	97.79	91.80	89.99	79.52	77.49	56.12	53.08	52.01	32.47	30.73	29.06	3.33
进口占比（%）	0.00	0.14	0.17	2.21	8.20	10.01	20.48	22.52	43.88	46.92	47.99	67.53	69.27	70.94	96.67

图4-9-52 2013年5月中国新疆对其他15个国家进出口总值中出口及进口占比

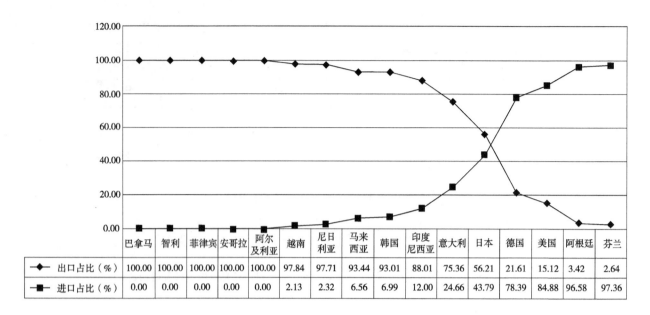

	巴拿马	智利	菲律宾	安哥拉	阿尔及利亚	越南	尼日利亚	马来西亚	韩国	印度尼西亚	意大利	日本	德国	美国	阿根廷	芬兰
出口占比（%）	100.00	100.00	100.00	100.00	100.00	97.84	97.71	93.44	93.01	88.01	75.36	56.21	21.61	15.12	3.42	2.64
进口占比（%）	0.00	0.00	0.00	0.00	0.00	2.13	2.32	6.56	6.99	12.00	24.66	43.79	78.39	84.88	96.58	97.36

图4－9－53　2013年6月中国新疆对其他16个国家进出口总值中出口及进口占比

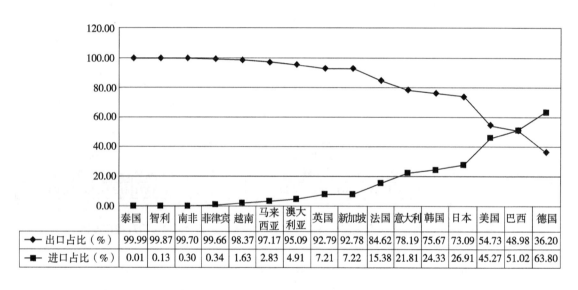

	泰国	智利	南非	菲律宾	越南	马来西亚	澳大利亚	英国	新加坡	法国	意大利	韩国	日本	美国	巴西	德国
出口占比（%）	99.99	99.87	99.70	99.66	98.37	97.17	95.09	92.79	92.78	84.62	78.19	75.67	73.09	54.73	48.98	36.20
进口占比（%）	0.01	0.13	0.30	0.34	1.63	2.83	4.91	7.21	7.22	15.38	21.81	24.33	26.91	45.27	51.02	63.80

图4－9－54　2013年7月中国新疆对其他16个国家进出口总值中出口及进口占比

8. 2013年8月中国新疆对其他国家的出口贸易与进口贸易的月度比较分析

由图4－9－55可以看出，2013年8月，中国新疆对其他16个国家的进出口贸易中，除日本外，各国均以出口为主。其中，南非、巴拿马只有出口贸易数据，没有进口贸易数据。

9. 2013年9月中国新疆对其他国家的出口贸易与进口贸易的月度比较分析

由图4－9－56可以看出，2013年9月，中国新疆对其他14个国家的进出口贸易中，除德国和芬兰以外，对安哥拉、尼日利亚、阿尔及利亚、巴西、南非、澳大利亚、新加坡、马来西亚、英国、韩国、日本、美国均以出口为主。其中，对安哥拉、尼日利亚、阿尔及利亚没有发生进口贸易。

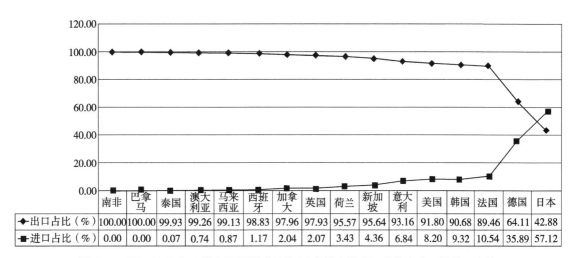

	南非	巴拿马	泰国	澳大利亚	马来西亚	西班牙	加拿大	英国	荷兰	新加坡	意大利	美国	韩国	法国	德国	日本
◆出口占比（%）	100.00	100.00	99.93	99.26	99.13	98.83	97.96	97.93	95.57	95.64	93.16	91.80	90.68	89.46	64.11	42.88
■进口占比（%）	0.00	0.00	0.07	0.74	0.87	1.17	2.04	2.07	3.43	4.36	6.84	8.20	9.32	10.54	35.89	57.12

图 4 - 9 - 55　2013 年 8 月中国新疆对其他 16 个国家进出口总值中出口及进口占比

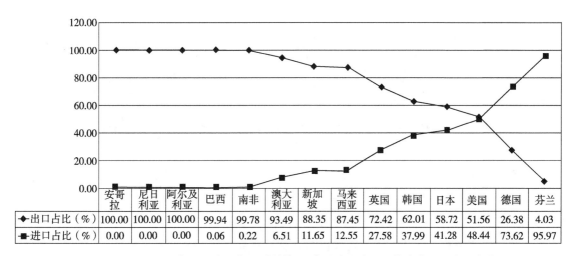

	安哥拉	尼日利亚	阿尔及利亚	巴西	南非	澳大利亚	新加坡	马来西亚	英国	韩国	日本	美国	德国	芬兰
◆出口占比（%）	100.00	100.00	100.00	99.94	99.78	93.49	88.35	87.45	72.42	62.01	58.72	51.56	26.38	4.03
■进口占比（%）	0.00	0.00	0.00	0.06	0.22	6.51	11.65	12.55	27.58	37.99	41.28	48.44	73.62	95.97

图 4 - 9 - 56　2013 年 9 月中国新疆对其他 14 个国家进出口总值中出口及进口占比

10. 2013 年 10 月中国新疆对其他国家的出口贸易与进口贸易的月度比较分析

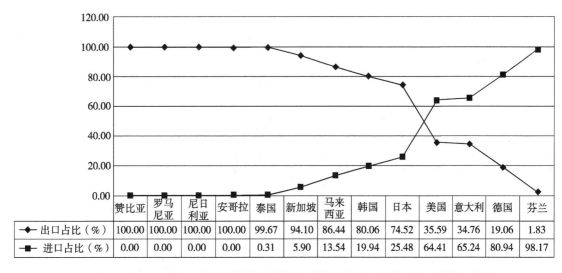

	赞比亚	罗马尼亚	尼日利亚	安哥拉	泰国	新加坡	马来西亚	韩国	日本	美国	意大利	德国	芬兰
◆出口占比（%）	100.00	100.00	100.00	100.00	99.67	94.10	86.44	80.06	74.52	35.59	34.76	19.06	1.83
■进口占比（%）	0.00	0.00	0.00	0.00	0.31	5.90	13.54	19.94	25.48	64.41	65.24	80.94	98.17

图 4 - 9 - 57　2013 年 10 月中国新疆对其他 13 个国家进出口总值中出口及进口占比

由图4-9-57可以看出，2013年10月，中国新疆对其他13个国家的进出口贸易中，泰国、新加坡、马来西亚、韩国、日本以出口为主，美国、意大利、德国、芬兰以进口为主。其中，赞比亚、罗马尼亚、尼日利亚、安哥拉只有出口贸易数据，没有进口贸易数据。

11. 2013年11月中国新疆对其他国家的出口贸易与进口贸易的月度比较分析

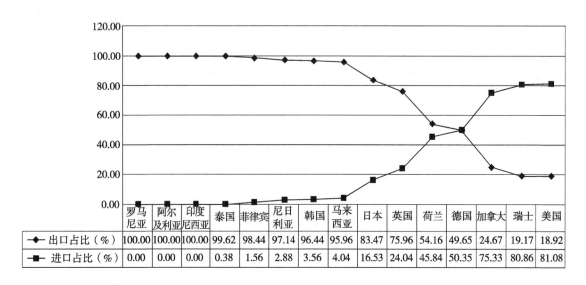

	罗马尼亚	阿尔及利亚	印度尼西亚	泰国	菲律宾	尼日利亚	韩国	马来西亚	日本	英国	荷兰	德国	加拿大	瑞士	美国
◆出口占比（%）	100.00	100.00	100.00	99.62	98.44	97.14	96.44	95.96	83.47	75.96	54.16	49.65	24.67	19.17	18.92
■进口占比（%）	0.00	0.00	0.00	0.38	1.56	2.88	3.56	4.04	16.53	24.04	45.84	50.35	75.33	80.86	81.08

图4-9-58　2013年11月中国新疆对其他15个国家进出口总值中出口及进口占比

由图4-9-58可以看出，2013年11月，中国新疆对其他15个国家的进出口贸易中，除德国、加拿大、瑞士、美国以进口为主外，其他国家均以出口为主。其中，罗马尼亚、阿尔及利亚、印度尼西亚只有出口贸易数据，没有进口贸易数据。

12. 2013年12月中国新疆对其他国家的出口贸易与进口贸易的月度比较分析

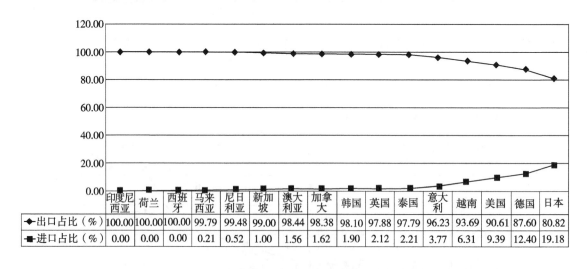

	印度尼西亚	荷兰	西班牙	马来西亚	尼日利亚	新加坡	澳大利亚	加拿大	韩国	英国	泰国	意大利	越南	美国	德国	日本
◆出口占比（%）	100.00	100.00	100.00	99.79	99.48	99.00	98.44	98.38	98.10	97.88	97.79	96.23	93.69	90.61	87.60	80.82
■进口占比（%）	0.00	0.00	0.00	0.21	0.52	1.00	1.56	1.62	1.90	2.12	2.21	3.77	6.31	9.39	12.40	19.18

图4-9-59　2013年12月中国新疆对其他16个国家进出口总值中出口及进口占比

由图4-9-59可以看出，2013年12月，中国新疆对其他16个国家的进出口贸易中，各国均以出口为主。其中，印度尼西亚、荷兰、西班牙只有出口贸易数据，没有进口贸易数据。

第五章　2014年中国新疆向西开放（进出口贸易）年度报告

第一节　2014年中国新疆向西开放（进出口贸易）年度总结

一、中国新疆进出口贸易仍处于低谷期，进出口总值下降幅度远高于全国平均水平

2014年中国新疆实现进出口总值276.69亿美元，占全国进出口总值的0.64%，同比上升0.40%，低于全国平均增速3个百分点。其中，出口总值为234.83亿美元，占全国出口总值的1.00%，同比上升5.50%，低于全国平均水平0.60个百分点；进口总值为41.87亿美元，占全国进口总值的0.21%，同比下降20.90%，低于全国平均水平21.30%。

分季度来看，4个季度进出口总值分别为47.65亿美元、51.50亿美元、91.00亿美元、86.61亿美元，进出口贸易最高峰出现在第三季度。

二、边境小额贸易占主导地位，出口同比上升，进口同比下降

在中国新疆主要的进出口贸易方式中，边境小额贸易占主导地位。边境小额贸易进出口总值为142.26亿美元，同比下降0.9%，占中国新疆进出口总值的54.41%；其中出口总值为128.47亿美元，同比上升20.80%，进口总值为13.78亿美元，同比下降63%。

三、民营企业主导出口贸易，国有企业主导进口贸易

2014年中国新疆不同性质企业的进出口情况中，国有企业在进口方面占主导地位，民营企业则主导出口。民营企业进出口总值为219.35亿美元，同比上升9.00%，占中国新疆进出口总值的79.27%；其中出口总值为209.67亿美元，同比上升8.40%，进口总值为9.68亿美元，同比上升

24.00%。国有企业进出口总值为55.22亿美元，同比下降23.20%，占中国新疆进出口总值的19.96%；其中出口总值为24.27亿美元，同比下降13.50%，进口总值为30.95亿美元，同比下降29.40%。

四、服装及衣着附件出口总值排名第一，原油进口总值排名第一

2014年中国新疆出口商品中，服装及衣着附件和机电产品的出口总值占主要地位，两者之和占中国新疆商品出口总值的50.27%。其中，服装及衣着附件的出口总值位居第一，出口总值为61.45亿美元，占中国新疆商品出口总值的26.17%，同比上升1.70%；机电产品的出口总值为56.59亿美元，占中国新疆商品出口总值的24.10%，同比上升0.1%，排名第二。

2014年中国新疆进口商品中，原油的进口总值占主导地位，其进口总值为20.03亿美元，占中国新疆商品进口总值的49.58%，同比下降31.30%。

五、哈斯克斯坦仍为中国新疆在中亚的第一贸易国

2014年中国新疆对中亚五国的进出口贸易中，各国的出口总值、进口总值占其进出口总值的比重均是出口大于进口，说明中国新疆对中亚五国的进出口贸易均以出口为主导，且出口远大于进口，出口占比数值除乌兹别克斯坦为65.81%外，其余四国均超过89%。

哈萨克斯坦为中国新疆对中亚五国的第一进出口、出口和进口贸易国，中国新疆对哈萨克斯坦的进出口总值为101.30亿美元，占中国新疆进出口总值的36.61%，其中对哈萨克斯坦的出口总值为87.88亿美元，占中国新疆出口总值的37.42%；对哈萨克斯坦的进口总值为13.42亿美元，占中国新疆进口总值的32.05%。

六、伊朗仍为中国新疆在西亚的第一贸易国

2014年中国新疆对西亚国家的进出口贸易中，各国的出口总值、进口总值占其进出口总值的比重均是出口大于进口，说明中国新疆对西亚国家的进出口贸易均以出口为主导，且出口远大于进口，土耳其出口占比最小，为73.42%，伊朗出口占比最大，达到99.82%。2014年中国新疆对西亚国家进出口贸易中进出口总值大小排名依次为：伊朗、沙特阿拉伯、阿塞拜疆、土耳其。对伊朗的进出口总值为796.47百万美元，占中国新疆进出口总值的2.88%，同比下降23.80%；对沙特阿拉伯的进出口总值为157.87百万美元，占中国新疆进出口总值的0.57%，同比上升19.20%；对阿塞拜疆的进出口总值为140.01百万美元，占中国新疆进出口总值的0.51%，同比下降41.90%；对土耳其的进出口总值为129.94百万美元，占中国新疆进出口总值的0.47%，同比上升22.50%。

在出口方面，对伊朗的出口总值为795.04百万美元，占中国新疆出口总值的3.39%，同比下降23.60%；对沙特阿拉伯的出口总值为155.64百万美元，占中国新疆出口总值的0.66%，同比上升19.70%；对阿塞拜疆的出口总值为124.95百万美元，占中国新疆出口总值的0.53%，同比下降45.50%；对土耳其的出口总值为95.40百万美元，占中国新疆出口总值的0.41%，同比上升29.40%。在进口方面，对土耳其的进口总值为34.53百万美元，占中国新疆进口总值的0.82%，同比下降70.70%；对阿塞拜疆的进口总值为15.06百万美元，占中国新疆进口总值的0.36%，同比上升27.00%；对沙特阿拉伯的进口总值为2.23百万美元，占中国新疆进口总值的0.05%，同

比下降 8.00%；对伊朗的进口总值为 1.43 百万美元，占中国新疆进口总值的 0.03%，同比上升 6.70%。

七、印度取代巴基斯坦成为中国新疆在南亚的第一贸易国

2014 年中国新疆对南亚国家进出口贸易中，按进出口总值大小排名依次为：印度、巴基斯坦。其中：对印度的进出口总值为 445.19 百万美元，占中国新疆进出口总值的 1.61%，同比上升 29.80%，环比上升 29.75%；对巴基斯坦的进出口总值为 318.54 百万美元，占中国新疆进出口总值的 1.15%，同比上升 114.90%，环比上升 133.98%。

2014 年中国新疆对南亚国家的进出口贸易中，各国的出口总值、进口总值占其进出口总值的比重均是出口大于进口，说明中国新疆对南亚国家的进出口贸易均以出口为主导，且出口远大于进口，出口占比在 90% 以上。

八、乌克兰为中国新疆对东欧国家的第一贸易国

2014 年中国新疆对高加索和东欧国家进出口贸易中，仅对乌克兰发生进出口贸易。对乌克兰的进出口总值为 171.35 百万美元，占中国新疆进出口总值的 0.62%，同比下降 37.40%。

2014 年中国新疆对乌克兰的进出口贸易中，出口总值、进口总值占其进出口总值的比重是出口大于进口，说明中国新疆对乌克兰的进出口贸易以出口为主导，且出口远大于进口，出口占比在 95% 以上。

九、中国新疆对俄罗斯进出口贸易同比上升，进口大于出口

2014 年中国新疆对俄罗斯的贸易中，贸易高峰出现在 8 月，主要是进口剧增。全年来看，对俄罗斯的进出口总值为 2150.90 百万美元，占中国新疆进出口总值的 7.70%，同比上升 374.00%。中国新疆对俄罗斯的贸易以出口为主，其中：出口总值为 594.69 百万美元，占中国新疆出口总值的 2.53%，同比上升 62.30%；进口总值为 1556.21 百万美元，占中国新疆进口总值的 37.17%，同比上升 1680.00%。

十、中国新疆对蒙古国进出口贸易同比上升，出口大于进口

2014 年中国新疆对蒙古国的贸易中，贸易高峰出现在 8 月，主要是出口剧增。全年来看，对蒙古国的进出口贸易总值为 418.37 百万美元，占中国新疆进出口总值的 1.51%，同比上升 11.90%。中国新疆对蒙古国的贸易以进口为主，其中：出口总值为 376.81 百万美元，占中国新疆出口总值的 1.60%，同比上升 39.40%；进口总值为 41.56 百万美元，占中国新疆进口总值的 0.99%，同比下降 59.80%。

十一、美国仍为中国新疆对其他国家的第一贸易国

2014 年中国新疆对其他国家进出口贸易中，按进出口贸易总值大小排名依次为：美国、马来西亚、德国、韩国、新加坡、越南、印度尼西亚、英国、日本、澳大利亚、尼日利亚、泰国、安哥拉、荷兰、意大利、巴拿马、加拿大、巴西、阿尔及利亚、南非、西班牙、赞比亚、墨西哥、菲律宾、法国、塞内加尔、缅甸、瑞典、朝鲜、多哥、瑞士、肯尼亚、波兰、丹麦。其中：对美国的进

出口总值为 767.39 百万美元，占中国新疆进出口总值的 2.77%，同比下降 4.90%；其中，对美国的出口总值为 548.39 百万美元，占中国新疆出口总值的 2.34%，同比下降 11.60%；对美国的进口总值为 219.00 百万美元，占中国新疆进口总值的 5.23%，同比上升 17.40%。

2014 年中国新疆对其他国家的进出口贸易中，除德国、澳大利亚、朝鲜、丹麦、瑞士、瑞典出口总值、进口总值占其进出口总值的比重是进口大于出口外，其余各国的出口均大于进口，说明中国新疆对其他国家的进出口贸易以出口为主导。

第二节　2014 年中国新疆向西开放（进出口贸易）总体概况

一、2014 年中国新疆外贸进出口总值总体分析

（一）2014 年中国新疆外贸进出口总值分析

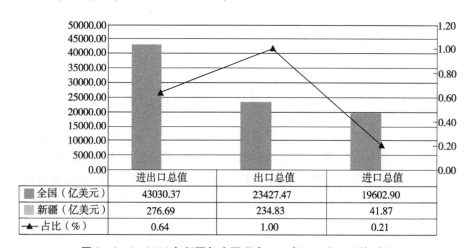

	进出口总值	出口总值	进口总值
全国（亿美元）	43030.37	23427.47	19602.90
新疆（亿美元）	276.69	234.83	41.87
占比（%）	0.64	1.00	0.21

图 5 - 2 - 1　2014 年新疆与全国进出口、出口、进口总值对比

从图 5 - 2 - 1 可以看出，2014 年新疆实现进出口总值为 276.69 亿美元，占全国进出口总值的 0.64%，同比上升 0.40%，低于全国平均增速 3 个百分点。其中，出口总值为 234.83 亿美元，占全国出口总值的 1.00%，同比上升 5.50%，低于全国平均水平 0.60 个百分点；进口总值为 41.87 亿美元，占全国进口总值的 0.21%，同比下降 20.90%，低于全国平均水平 21.30%。

（二）2014 年中国新疆外贸进出口趋势分析

由图 5 - 2 - 2 可以看出，从全年的走势来看，新疆进出口总值和出口总值的趋势基本一致。1～2 月均呈现下降趋势，2 月达到了全年的最低谷；3 月逐渐开始回升，4 月出现一个小高峰；5 月又呈现下降的趋势，进入第三季度后开始逐步上升，9 月又一次出现高峰，实现全年的最高值随后开始下降。新疆进口总值 1～6 月基本处于平稳的状态，8 月达到全年的最高值，9 月又呈现下降趋势，进入第四季度后又处于平稳的状态。分季度来看，4 个季度进出口总值分别为 47.64 亿美元、51.50 亿美元、91.00 亿美元、86.60 亿美元，最高峰出现在第三季度。

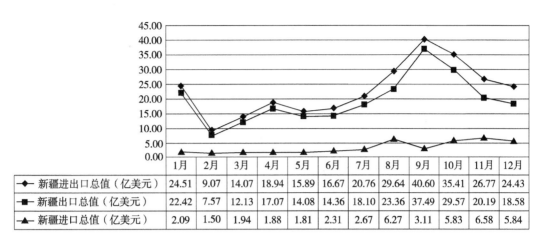

	1月	2月	3月	4月	5月	6月	7月	8月	9月	10月	11月	12月
新疆进出口总值（亿美元）	24.51	9.07	14.07	18.94	15.89	16.67	20.76	29.64	40.60	35.41	26.77	24.43
新疆出口总值（亿美元）	22.42	7.57	12.13	17.07	14.08	14.36	18.10	23.36	37.49	29.57	20.19	18.58
新疆进口总值（亿美元）	2.09	1.50	1.94	1.88	1.81	2.31	2.67	6.27	3.11	5.83	6.58	5.84

图 5 - 2 - 2 2014 年 1～12 月新疆进出口、出口、进口总值

（三）2014 年中国新疆外贸进出口月度分析

1. 2014 年 1 月中国新疆外贸进出口月度分析

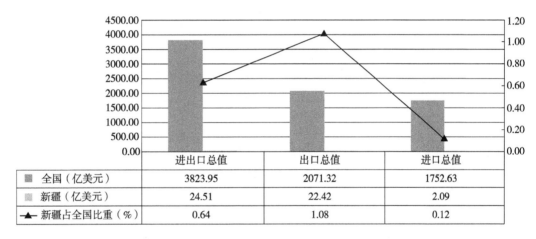

	进出口总值	出口总值	进口总值
全国（亿美元）	3823.95	2071.32	1752.63
新疆（亿美元）	24.51	22.42	2.09
新疆占全国比重（%）	0.64	1.08	0.12

图 5 - 2 - 3 2014 年 1 月新疆与全国进出口、出口、进口总值对比

由图 5 - 2 - 3 可以看出：全国实现进出口贸易总值为 3823.95 亿美元，新疆实现进出口贸易总值为 24.51 亿美元，占全国进出口总值的 0.64%，同比上升 4.70%。

其中：全国出口总值为 2071.32 亿美元，新疆出口总值为 22.42 亿美元，占全国出口总值的 1.08%，同比上升 5.60%；全国进口总值为 1752.63 亿美元，新疆进口总值为 2.09 亿美元，占全国进口总值的 0.12%，同比下降 4.10%。

2. 2014 年 2 月中国新疆外贸进出口月度分析

由图 5 - 2 - 4 可以看出：全国实现进出口贸易总值为 2511.76 亿美元，新疆实现进出口贸易总值为 9.07 亿美元，占全国进出口总值的 0.36%，同比下降 36.90%，环比下降 63.01%。

其中：全国出口总值为 1140.96 亿美元，新疆出口总值为 7.57 亿美元，占全国出口总值的 0.66%，同比下降 39.70%，环比下降 66.24%；全国进口总值达 1370.82 亿美元，新疆进口总值为 1.50 亿美元，占全国进口总值的 0.11%，同比下降 17.10%，环比下降 28.39%。

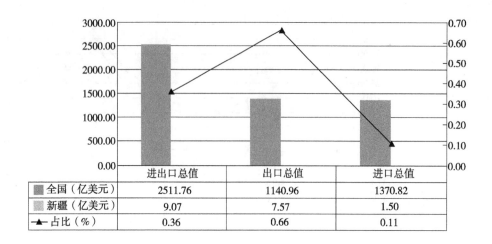

	进出口总值	出口总值	进口总值
■ 全国（亿美元）	2511.76	1140.96	1370.82
■ 新疆（亿美元）	9.07	7.57	1.50
▲ 占比（%）	0.36	0.66	0.11

图 5 - 2 - 4 2014 年 2 月新疆与全国进出口、出口和进口总值对比

3. 2014 年 3 月中国新疆外贸进出口月度分析

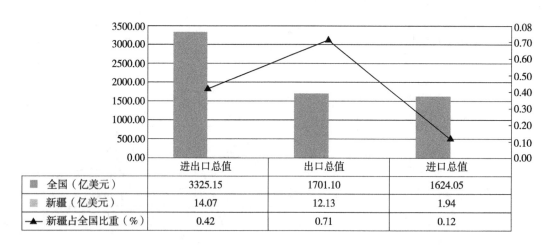

	进出口总值	出口总值	进口总值
■ 全国（亿美元）	3325.15	1701.10	1624.05
■ 新疆（亿美元）	14.07	12.13	1.94
▲ 新疆占全国比重（%）	0.42	0.71	0.12

图 5 - 2 - 5 2014 年 3 月新疆与全国进出口、出口、进口总值对比

由图 5 - 2 - 5 可以看出：全国实现进出口贸易总值为 3325.15 亿美元，新疆实现进出口贸易总值为 14.07 亿美元，占全国进出口总值的 0.42%，同比下降 3.80%，环比上升 55.18%。

其中：全国出口总值为 1701.10 亿美元，新疆出口总值为 12.13 亿美元，占全国出口总值的 0.71%，环比上升 60.31%；全国进口总值为 1624.05 亿美元，新疆进口总值为 1.94 亿美元，占全国进口总值的 0.12%，同比下降 22.30%，环比上升 29.29%。

4. 2014 年 4 月中国新疆外贸进出口月度分析

由图 5 - 2 - 6 可以看出：全国实现进出口贸易总值为 3586.27 亿美元，新疆实现进出口贸易总值为 18.94 亿美元，占全国进出口总值的 0.53%，同比下降 5.30%，环比上升 34.63%。

其中：全国出口总值为 1885.41 亿美元，新疆出口总值为 17.07 亿美元，占全国出口总值的 0.91%，同比下降 0.30%，环比上升 40.67%；全国进口总值为 1700.86 亿美元，新疆进口总值为 1.88 亿美元，占全国进口总值的 0.11%，同比下降 35.00%，环比下降 3.19%。

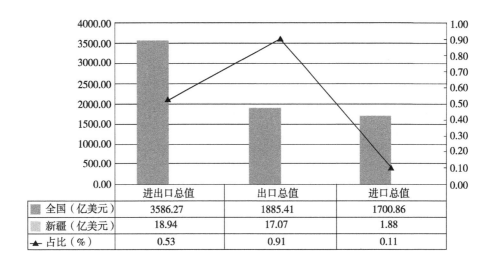

	进出口总值	出口总值	进口总值
■ 全国（亿美元）	3586.27	1885.41	1700.86
▒ 新疆（亿美元）	18.94	17.07	1.88
▲ 占比（%）	0.53	0.91	0.11

图 5 - 2 - 6　2014 年 4 月新疆与全国进出口、出口和进口总值对比

5. 2014 年 5 月中国新疆外贸进出口月度分析

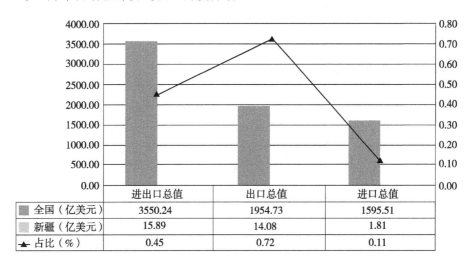

	进出口总值	出口总值	进口总值
■ 全国（亿美元）	3550.24	1954.73	1595.51
▒ 新疆（亿美元）	15.89	14.08	1.81
▲ 占比（%）	0.45	0.72	0.11

图 5 - 2 - 7　2014 年 5 月新疆与全国进出口、出口、进口总值对比

由图 5 - 2 - 7 可以看出：全国实现进出口贸易总值为 3550.24 亿美元，新疆实现进出口贸易总值为 15.89 亿美元，占全国进出口总值的 0.45%，同比下降 11.30%，环比下降 16.11%。

其中：全国出口总值为 1954.73 亿美元，新疆出口总值为 14.08 亿美元，占全国出口总值的 0.72%，同比下降 8.90%，环比下降 17.49%；全国进口总值为 1595.51 亿美元，新疆进口总值为 1.81 亿美元，占全国进口总值的 0.11%，同比下降 26.50%，环比下降 3.52%。

6. 2014 年 6 月中国新疆外贸进出口月度分析

由图 5 - 2 - 8 可以看出：全国实现进出口贸易总值为 3420.13 亿美元，新疆实现进出口贸易总值为 16.67 亿美元，占全国进出口总值的 0.49%，同比上升 15.60%，环比上升 4.90%。

其中：全国出口总值为 1867.89 亿美元，新疆出口总值为 14.36 亿美元，占全国出口总值的 0.77%，同比上升 16.80%，环比上升 1.95%；全国进口总值为 1552.24 亿美元，新疆进口总值为 2.31 亿美元，占全国进口总值的 0.15%，同比上升 8.70%，环比上升 27.82%。

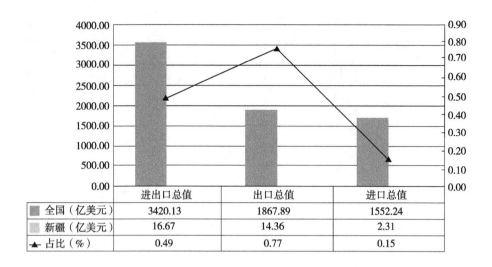

图5-2-8 2014年6月新疆与全国进出口、出口和进口总值对比

7. 2014年7月中国新疆外贸进出口月度分析

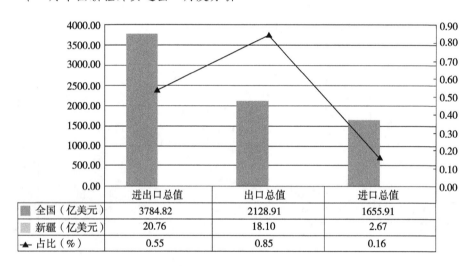

图5-2-9 2014年7月新疆与全国进出口、进口、出口总值对比

由图5-2-9可以看出：全国实现进出口贸易总值为3784.82亿美元，新疆实现进出口贸易总值为20.76亿美元，占全国进出口总值的0.55%，同比增长0.90%，环比增长24.57%。

其中：全国出口总值为2128.91亿美元，新疆出口总值为18.10亿美元，占全国出口总值的0.85%，同比下降2.08%，环比增长26.06%；全国进口总值为1655.91亿美元，新疆进口总值为2.67亿美元，占全国进口总值的0.16%，同比增长35.80%，环比增长15.31%。

8. 2014年8月中国新疆外贸进出口月度分析

由图5-2-10可以看出：全国实现进出口贸易总值为3670.94亿美元，新疆实现进出口贸易总值为29.64亿美元，占全国进出口总值的0.81%，同比增长19.60%，环比增长42.73%。

其中：全国出口总值为2084.65亿美元，新疆出口总值为23.36亿美元，占全国出口总值的1.12%，同比上升2.50%，环比增长29.10%；全国进口总值为1586.29亿美元，新疆进口总值为6.27亿美元，占全国进口总值的0.40%，同比增长213.00%，环比增长135.17%。

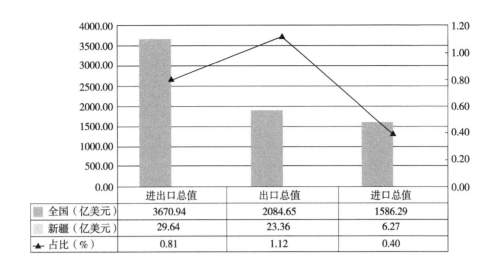

图 5 - 2 - 10　2014 年 8 月新疆与全国进出口、进口、出口总值对比

9. 2014 年 9 月中国新疆外贸进出口月度分析

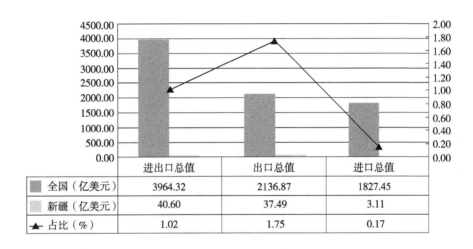

图 5 - 2 - 11　2014 年 9 月新疆与全国进出口、进口、出口总值对比

由图 5 - 2 - 11 可以看出：全国实现进出口贸易总值为 3964.32 亿美元，新疆实现进出口贸易总值为 40.60 亿美元，占全国进出口总值的 1.02%，同比上升 27.60%，环比上升 37.00%。

其中：全国出口总值为 2136.87 亿美元，新疆出口总值为 37.49 亿美元，占全国出口总值的 1.75%，同比上升 66.30%，环比上升 60.47%；全国进口总值为 1827.45 亿美元，新疆进口总值为 3.11 亿美元，占全国进口总值的 0.17%，同比下降 66.40%，环比下降 50.41%。

10. 2014 年 10 月中国新疆外贸进出口月度分析

由图 5 - 2 - 12 可以看出：全国实现进出口贸易总值为 3683.28 亿美元，新疆实现进出口贸易总值为 35.41 亿美元，占全国出口总值的 0.96%，同比上升 37.00%，环比下降 12.79%。

其中：全国出口总值为 2068.67 亿美元，新疆出口总值为 29.57 亿美元，占全国出口总值的 1.43%，同比上升 79.8%，环比上升 21.12%；全国进口总值为 1614.61 亿美元，新疆进口总值为 5.83 亿美元，占全国进口总值的 0.36%，同比下降 37.90%，环比下降 87.56%。

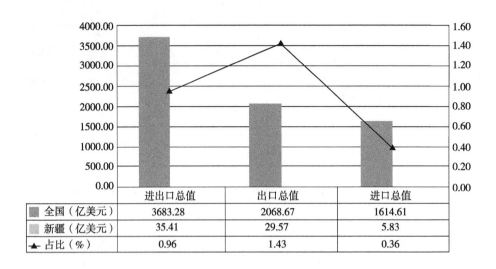

	进出口总值	出口总值	进口总值
■ 全国（亿美元）	3683.28	2068.67	1614.61
▨ 新疆（亿美元）	35.41	29.57	5.83
▲ 占比（%）	0.96	1.43	0.36

图 5 – 2 – 12　2014 年 10 月新疆与全国进出口、进口、出口总值对比

11. 2014 年 11 月中国新疆外贸进出口月度分析

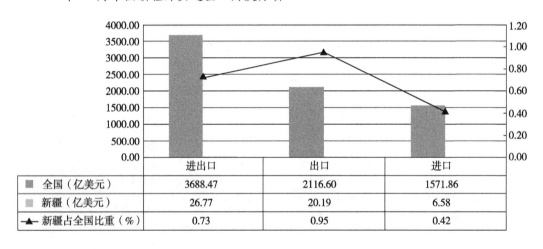

	进出口	出口	进口
■ 全国（亿美元）	3688.47	2116.60	1571.86
▨ 新疆（亿美元）	26.77	20.19	6.58
▲ 新疆占全国比重（%）	0.73	0.95	0.42

图 5 – 2 – 13　2014 年 11 月新疆与全国进出口、进口、出口总值对比

由图 5 – 2 – 13 可以看出：全国实现进出口贸易总值为 3688.47 亿美元，新疆实现进出口贸易总值为 26.77 亿美元，占全国进出口总值的 0.73%，同比下降 7.40%，环比下降 24.39%。

其中：全国出口总值为 2116.60 亿美元，新疆出口总值为 20.19 亿美元，占全国出口总值的 0.95%，同比上升 15.70%，环比下降 35.71%；全国进口总值为 1571.86 亿美元，新疆进口总值为 6.58 亿美元，占全国进口总值的 0.42%，同比下降 42.50%，环比上升 12.73%。

12. 2014 年 12 月中国新疆外贸进出口月度分析

由图 5 – 2 – 14 可以看出：全国实现进出口贸易总值为 4054.15 亿美元，中国新疆实现进出口贸易总值为 24.43 亿美元，占全国进出口总值的 0.60%，同比下降 37.30%，环比下降 8.76%。

其中：全国出口总值为 2275.14 亿美元，新疆出口总值为 18.58 亿美元，占全国出口总值的 0.82%，同比下降 45.50%，环比下降 7.99%；全国进口总值为 1779.01 亿美元，新疆进口总值为 5.84 亿美元，占全国进口总值的 0.33%，同比上升 19.10%，环比下降 11.14%。

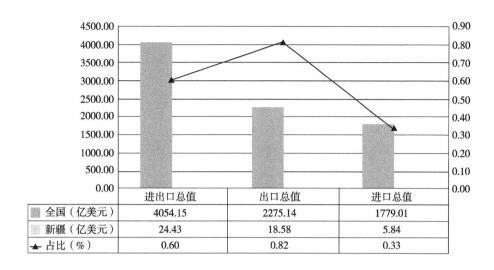

	进出口总值	出口总值	进口总值
全国（亿美元）	4054.15	2275.14	1779.01
新疆（亿美元）	24.43	18.58	5.84
占比（%）	0.60	0.82	0.33

图 5 - 2 - 14 2014 年 12 月新疆与全国进出口、进口、出口总值对比

二、按照贸易方式对 2014 年中国新疆进出口总值进行分析

中国新疆进出口贸易方式主要有 8 种，包括边境小额贸易，一般贸易，加工贸易，对外承包工程出口货物，海关特殊监管区域，租赁贸易，国家间、国际组织无偿援助和赠送的物资与其他贸易。其中加工贸易包括来料加工装配贸易和进料加工贸易，海关特殊监管区域包括保税监管场所进出境货物、海关特殊监管区域物流货物和海关特殊监管区域进口设备，其他贸易主要为旅游购物商品。

（一）2014 年中国新疆不同贸易方式进出口总值分析

从图 5 - 2 - 15 和图 5 - 2 - 16 分析可知，2014 年中国新疆主要的贸易方式中，边境小额贸易和一般贸易占主导地位。边境小额贸易进出口总值为 142.26 亿美元，同比下降 0.90%，占中国新疆进出口总值的 54.41%；其中出口总值为 128.47 亿美元，同比上升 20.80%，进口总值为 13.78

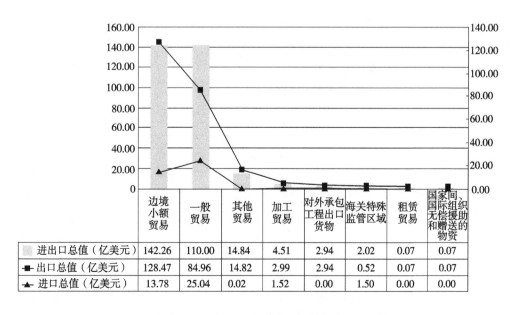

	边境小额贸易	一般贸易	其他贸易	加工贸易	对外承包工程出口货物	海关特殊监管区域	租赁贸易	国家间、国际组织无偿援助和赠送的物资
进出口总值（亿美元）	142.26	110.00	14.84	4.51	2.94	2.02	0.07	0.07
出口总值（亿美元）	128.47	84.96	14.82	2.99	2.94	0.52	0.07	0.07
进口总值（亿美元）	13.78	25.04	0.02	1.52	0.00	1.50	0.00	0.00

图 5 - 2 - 15 2014 年中国新疆主要贸易方式进出口情况

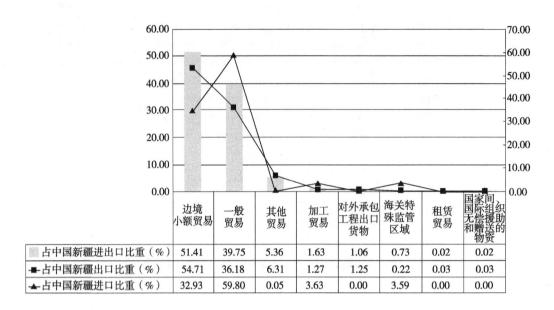

	边境小额贸易	一般贸易	其他贸易	加工贸易	对外承包工程出口货物	海关特殊监管区域	租赁贸易	国家间国际组织无偿援助和赠送的物资
▨ 占中国新疆进出口比重（%）	51.41	39.75	5.36	1.63	1.06	0.73	0.02	0.02
■ 占中国新疆出口比重（%）	54.71	36.18	6.31	1.27	1.25	0.22	0.03	0.03
▲ 占中国新疆进口比重（%）	32.93	59.80	0.05	3.63	0.00	3.59	0.00	0.00

图 5-2-16 2014 年中国新疆主要贸易方式进出口、出口、进口情况

亿美元，同比下降 63.00%。一般贸易进出口总值为 110.00 亿美元，同比上升 15.60%，占中国新疆进出口总值的 39.75%；其中出口总值为 84.96 亿美元，同比下降 0.20%，进口总值为 25.04 亿美元，同比上升 149.70%。其他贸易进出口总值为 14.84 亿美元，同比下降 38.20%，占中国新疆进出口总值的 5.36%；其中出口总值为 14.82 亿美元，同比下降 38.30%，进口总值为 0.02 亿美元，同比上升 107.50%。加工贸易进出口总值为 4.51 亿美元，同比下降 11.50%，占中国新疆进出口总值的 1.63%；其中出口总值为 2.99 亿美元，同比上升 41.20%，进口总值为 1.52 亿美元，同比下降 49.00%。另外 4 种贸易方式的进出口总值都比较小。

（二）中国新疆边境小额贸易和一般贸易进出口总值趋势分析

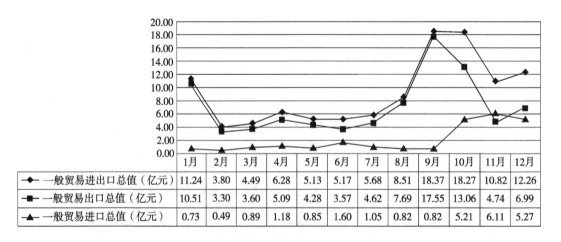

	1月	2月	3月	4月	5月	6月	7月	8月	9月	10月	11月	12月
◆ 一般贸易进出口总值（亿元）	11.24	3.80	4.49	6.28	5.13	5.17	5.68	8.51	18.37	18.27	10.82	12.26
■ 一般贸易出口总值（亿元）	10.51	3.30	3.60	5.09	4.28	3.57	4.62	7.69	17.55	13.06	4.74	6.99
▲ 一般贸易进口总值（亿元）	0.73	0.49	0.89	1.18	0.85	1.60	1.05	0.82	0.82	5.21	6.11	5.27

图 5-2-17 2014 年 1～12 月中国新疆一般贸易进出口、出口、进口总值

从图 5-2-17 可知，一般贸易作为中国新疆主要贸易方式之一，其 2014 年 1～12 月的进出口总值和出口总值的趋势基本一致，波动比较明显。1～2 月呈下降趋势，3 月后略有反弹，5 月再次

下滑，到达全年最低点；6~11 月呈倒 U 形趋势，10 月达到全年的最大值，12 月缓慢回升。一般贸易的进口总值前三季度（1~9 月）比较平稳，第四季度呈上升趋势。

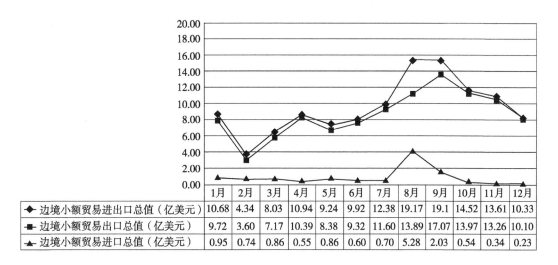

	1月	2月	3月	4月	5月	6月	7月	8月	9月	10月	11月	12月
边境小额贸易进出口总值（亿美元）	10.68	4.34	8.03	10.94	9.24	9.92	12.38	19.17	19.1	14.52	13.61	10.33
边境小额贸易出口总值（亿美元）	9.72	3.60	7.17	10.39	8.38	9.32	11.60	13.89	17.07	13.97	13.26	10.10
边境小额贸易进口总值（亿美元）	0.95	0.74	0.86	0.55	0.86	0.60	0.70	5.28	2.03	0.54	0.34	0.23

图 5-2-18 2014 年 1~12 月中国新疆边境小额贸易进出口、出口、进口总值

从图 5-2-18 可知，边境小额贸易作为中国新疆主导贸易方式，其 2014 年 1~12 月的进出口总值和出口总值的趋势基本一致，波动比较明显。1~2 月呈现不断下降趋势，3 月、4 月略有反弹，5 月、6 月再次下滑，第三季度呈逐渐上升趋势，8 月、9 月迅速上升，10~12 月再次出现快速下滑。边境小额贸易的进口总值 1~7 月比较平稳，8 月迅速上升，达到全年的最高值，9 月、10月则快速下滑，11~12 月又趋于平稳。

（三）2014 年按照贸易方式对中国新疆进出口总值进行月度分析

1. 2014 年 1 月按照贸易方式对中国新疆进出口总值进行月度分析

（1）2014 年 1 月按照贸易方式对中国新疆进出口总值进行分析。

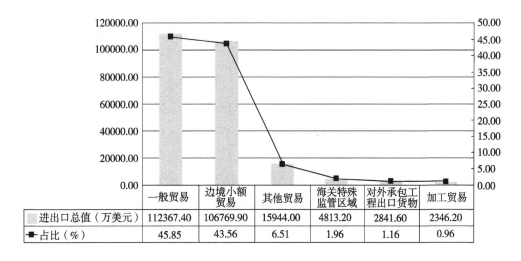

	一般贸易	边境小额贸易	其他贸易	海关特殊监管区域	对外承包工程出口货物	加工贸易
进出口总值（万美元）	112367.40	106769.90	15944.00	4813.20	2841.60	2346.20
占比（%）	45.85	43.56	6.51	1.96	1.16	0.96

图 5-2-19 2014 年 1 月中国新疆主要贸易方式进出口总值及占比

从图 5-2-19 可以看出：2014 年 1 月中国新疆进出口贸易方式主要有 6 种，其中一般贸易和

边境小额贸易进出口占主导地位。

其中，一般贸易进出口总值排名第一，为112367.40万美元，占中国新疆进出口总值的45.85%，同比增长4.40%，环比下降47.98%；边境小额贸易进出口总值排名第二，为106769.90万美元，占中国新疆进出口总值的43.56%，同比增长19.10%，环比下降28.10%；其他贸易进出口总值排名第三，为15944.00万美元，占中国新疆进出口总值的6.51%，同比下降34.20%，环比增长21.34%；海关特殊监管区域进出口总值排名第四，为4813.20万美元，占中国新疆进出口总值的1.96%，同比下降39.10%，环比下降11.75%；对外承包工程出口货物进出口总值排名第五，为2841.60万美元，占中国新疆进出口总值的1.16%，同比增长275.00%，环比下降36.49%；加工贸易进出口总值排名第六，为2346.20万美元，占中国新疆进出口总值的0.96%，同比下降35.40%，环比增长8.71%。

（2）2014年1月按照贸易方式对中国新疆出口总值进行分析。

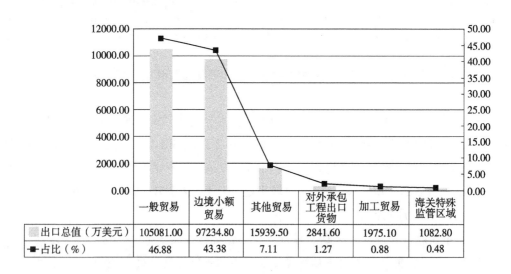

	一般贸易	边境小额贸易	其他贸易	对外承包工程出口货物	加工贸易	海关特殊监管区域
出口总值（万美元）	105081.00	97234.80	15939.50	2841.60	1975.10	1082.80
占比（%）	46.88	43.38	7.11	1.27	0.88	0.48

图5-2-20　2014年1月中国新疆主要贸易方式出口总值及占比

从图5-2-20可以看出：2014年1月中国新疆出口贸易中，一般贸易和边境小额贸易占主导地位。

其中，一般贸易出口总值排名第一，为105081.00万美元，占中国新疆出口总值的46.88%，同比增长5.60%，环比下降49.27%；边境小额贸易出口总值排名第二，为97234.80万美元，占中国新疆出口总值的43.38%，同比增长17.80%，环比下降14.32%；其他贸易出口总值排名第三，为15939.50万美元，占中国新疆出口总值的7.11%，同比下降34.20%，环比增长21.36%；对外承包工程出口货物出口总值排名第四，为2841.60万美元，占中国新疆出口总值的1.27%，同比增长275.00%，环比下降36.49%；加工贸易出口总值排名第五，为1975.10万美元，占中国新疆出口总值的0.88%，同比下降4.10%，环比增长128.39%；海关特殊监管区域出口总值排名第六，为1082.80万美元，占中国新疆出口总值的0.48%；同比下降62.40%，环比下降31.85%。

（3）2014年1月按照贸易方式对中国新疆进口总值进行分析。

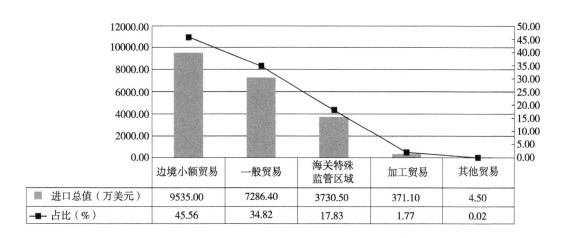

	边境小额贸易	一般贸易	海关特殊监管区域	加工贸易	其他贸易
进口总值（万美元）	9535.00	7286.40	3730.50	371.10	4.50
占比（%）	45.56	34.82	17.83	1.77	0.02

图 5 - 2 - 21　2014 年 1 月中国新疆主要贸易方式进口总值及占比

从图 5 - 2 - 21 可以看出：2014 年 1 月中国新疆进口贸易中，边境小额贸易和一般贸易占主导地位。

其中，边境小额贸易进口总值排名第一，为 9535.00 万美元，占中国新疆进口总值的 45.56%，同比上升 35.00%，环比下降 72.77%；一般贸易进口总值排名第二，为 7286.40 万美元，占中国新疆进口总值的 34.82%，同比下降 10.60%，环比下降 17.92%；海关特殊监管区域进口总值排名第三，为 3730.50 万美元，占中国新疆进口总值的 17.83%，同比下降 25.80%，环比下降 3.49%；加工贸易进口总值排名第四，为 371.10 万美元，占中国新疆进口总值的 1.77%，同比下降 76.40%，环比下降 71.31%；其他贸易进口总值排名第五，为 4.50 万美元，占中国新疆进口总值的 0.02%，同比上升 56.50%，环比下降 21.05%。

2. 2014 年 2 月按照贸易方式对中国新疆进出口总值进行月度分析

（1）2014 年 2 月按照贸易方式对中国新疆进出口总值分析。

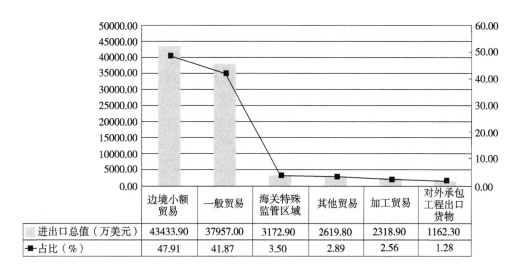

	边境小额贸易	一般贸易	海关特殊监管区域	其他贸易	加工贸易	对外承包工程出口货物
进出口总值（万美元）	43433.90	37957.00	3172.90	2619.80	2318.90	1162.30
占比（%）	47.91	41.87	3.50	2.89	2.56	1.28

图 5 - 2 - 22　2014 年 2 月中国新疆主要贸易方式进出口总值及占比

由图 5 - 2 - 22 可以看出：2014 年 2 月中国新疆进出口贸易方式主要有 6 种，边境小额贸易、一般贸易和海关特殊监管区域进出口占主导地位。

其中，边境小额贸易进出口总值排名第一，为43433.90万美元，占中国新疆进出口总值的47.91%，同比下降15.80%，环比下降59.32%；一般贸易进出口总值排名第二，为37957.00万美元，占中国新疆进出口总值的41.87%，同比下降46.70%，环比下降66.22%；海关特殊监管区域进出口总值排名第三，为3172.90万美元，占中国新疆进出口总值的3.50%，同比下降14.62%，环比下降34.08%；其他贸易进出口总值排名第四，为2619.80万美元，占中国新疆进出口总值的2.89%，同比下降77.37%，环比下降83.57%；加工贸易进出口总值排名第五，为2318.90万美元，占中国新疆进出口总值的2.56%，同比下降49.92%，环比下降1.16%；对外承包工程出口货物进出口总值排名第六，为1162.30万美元，占中国新疆进出口总值的1.28%，同比增长106.34%，环比下降59.10%。

（2）2014年2月按照贸易方式对中国新疆出口总值进行分析。

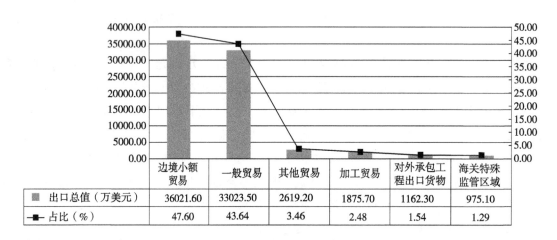

	边境小额贸易	一般贸易	其他贸易	加工贸易	对外承包工程出口货物	海关特殊监管区域
出口总值（万美元）	36021.60	33023.50	2619.20	1875.70	1162.30	975.10
占比（%）	47.60	43.64	3.46	2.48	1.54	1.29

图5-2-23　2014年2月中国新疆主要贸易方式出口总值及占比

由图5-2-23可以看出：2014年2月中国新疆出口贸易方式主要有6种，边境小额贸易、一般贸易和其他贸易出口占主导地位。

其中，边境小额贸易出口总值排名第一，为36021.60万美元，占中国新疆出口总值的47.60%，同比下降19.70%，环比下降62.95%；一般贸易出口总值排名第二，为33023.50万美元，占中国新疆出口总值的43.64%，同比下降50.00%，环比下降68.57%；其他贸易出口总值排名第三，为2619.20万美元，占中国新疆出口总值的3.46%，同比下降77.40%，环比下降83.57%；加工贸易出口总值排名第四，为1875.70万美元，占中国新疆出口总值的2.48%，同比增长1.10%，环比下降5.03%；对外承包工程出口货物出口总值排名第五，为1162.30万美元，占中国新疆出口总值的1.54%，同比增长160.30%，环比下降59.10%；海关特殊监管区域出口总值排名第六，为975.10万美元，占中国新疆出口总值的1.29%，同比增长204.20%，环比下降9.95%。

（3）2014年2月按照贸易方式对中国新疆进口总值进行分析。

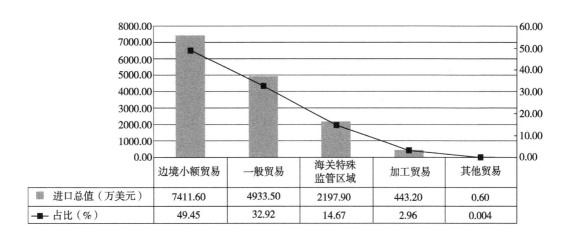

图 5 - 2 - 24 2014 年 2 月中国新疆主要贸易方式进口总值及占比

由图 5 - 2 - 24 可以看出：2014 年 2 月中国新疆进口贸易方式主要有 5 种。边境小额贸易和一般贸易进口占主导地位。

其中，边境小额贸易进口总值排名第一，为 7411.60 万美元，占中国新疆进口总值的 49.45%，同比增长 10.50%，环比下降 22.27%；一般贸易进口总值排名第二，为 4933.50 万美元，占中国新疆进口总值的 32.92%，同比增长 5.30%，环比下降 32.29%；海关特殊监管区域进口总值排名第三，为 2197.90 万美元，占中国新疆进口总值的 14.67%，同比下降 35.30%，环比下降 41.08%；加工贸易进口总值排名第四，为 443.20 万美元，占中国新疆进口总值的 2.96%，同比下降 84.00%，环比增长 19.43%；其他贸易进口总值排名第五，为 0.60 万美元，占中国新疆进口总值的 0.004%，同比下降 66.80%，环比下降 86.67%。

3. 2014 年 3 月按照贸易方式对中国新疆进出口总值进行月度分析

（1）2014 年 3 月按照贸易方式对中国新疆进出口总值进行分析。

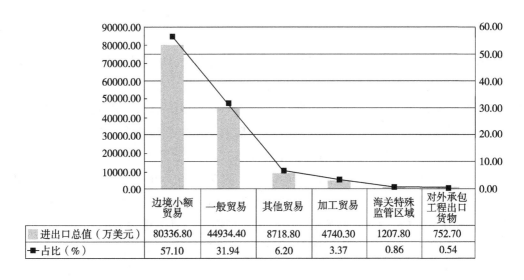

图 5 - 2 - 25 2014 年 3 月中国新疆主要贸易方式进出口总值及占比

从图 5 - 2 - 25 可以看出：2014 年 3 月中国新疆进出口贸易方式主要有 6 种，边境小额贸易进出口占主导地位。

其中，边境小额贸易进出口总值排名第一，为 80336.80 万美元，占中国新疆进出口总值的 57.10%，同比上升 18.30%，环比上升 84.97%；一般贸易进出口总值排名第二，为 44934.40 万美元，占中国新疆进出口总值的 31.94%，同比下降 12.80%，环比上升 18.38%；其他贸易进出口总值排名第三，为 8718.80 万美元，占中国新疆进出口总值的 6.20%，同比下降 41.69%，环比上升 232.80%；加工贸易进出口总值排名第四，为 4740.30 万美元，占中国新疆进出口总值的 3.37%，同比下降 16.92%，环比上升 104.42%；海关特殊监管区域进出口总值排名第五，为 1207.80 万美元，占中国新疆进出口总值的 0.86%，同比下降 76.80%，环比下降 61.93%；对外承包工程出口货物进出口总值排名第六，为 752.70 万美元，占中国新疆进出口总值的 0.54%，同比下降 16.67%，环比下降 35.24%。

（2）2014 年 3 月按照贸易方式对中国新疆出口总值进行分析。

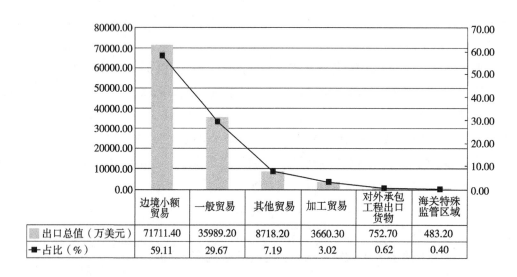

	边境小额贸易	一般贸易	其他贸易	加工贸易	对外承包工程出口货物	海关特殊监管区域
出口总值（万美元）	71711.40	35989.20	8718.20	3660.30	752.70	483.20
占比（%）	59.11	29.67	7.19	3.02	0.62	0.40

图 5-2-26　2014 年 3 月中国新疆主要贸易方式出口总值及占比

从图 5-2-26 可以看出：2014 年 3 月中国新疆出口贸易中，边境小额贸易和一般贸易占主导地位。

其中，边境小额贸易出口总值排名第一，为 71711.40 万美元，占中国新疆出口总值的 59.11%，同比上升 21.00%，环比上升 99.08%；一般贸易出口总值排名第二，为 35989.20 万美元，占中国新疆出口总值的 29.67%，同比下降 16.50%，环比上升 8.98%；其他贸易出口总值排名第三，为 8718.20 万美元，占中国新疆出口总值的 7.19%，同比下降 41.70%，环比上升 232.86%；加工贸易出口总值排名第四，为 3660.30 万美元，占中国新疆出口总值的 3.02%，同比上升 37.80%，环比上升 95.14%；对外承包工程出口货物出口总值排名第五，为 752.70 万美元，占中国新疆出口总值的 0.62%，同比下降 16.70%，环比下降 35.24%；海关特殊监管区域出口总值排名第六，为 483.20 万美元，占中国新疆出口总值的 0.40%，同比上升 31.00%，环比下降 50.45%。

（3）2014 年 3 月按照贸易方式对中国新疆进口总值进行分析。

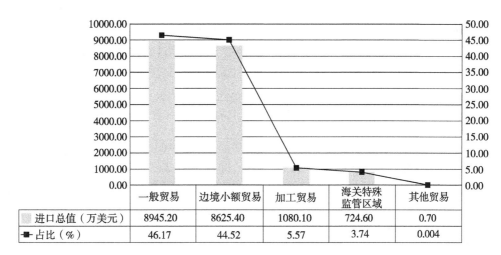

	一般贸易	边境小额贸易	加工贸易	海关特殊监管区域	其他贸易
进口总值（万美元）	8945.20	8625.40	1080.10	724.60	0.70
占比（%）	46.17	44.52	5.57	3.74	0.004

图 5-2-27 2014 年 3 月中国新疆主要贸易方式进口总值及占比

从图 5-2-27 可以看出：2014 年 3 月中国新疆进口贸易方式主要有 5 种。其中，一般贸易进口总值排名第一，为 8945.20 万美元，占中国新疆进口总值的 46.17%，同比上升 6.30%，环比上升 81.32%；边境小额贸易进口总值排名第二，为 8625.40 万美元，占中国新疆进口总值的 44.52%，同比上升 0.10%，环比上升 16.38%；加工贸易进口总值排名第三，为 1080.10 万美元，占中国新疆进口总值的 5.57%，同比下降 64.60%，环比上升 143.70%；海关特殊监管区域进口总值排名第四，为 724.60 万美元，占中国新疆进口总值的 3.74%，同比下降 85.00%，环比下降 67.03%；其他贸易进口总值排名第五，为 0.70 万美元，占中国新疆进口总值的 0.004%，同比下降 93.60%，环比上升 16.67%。

4. 2014 年 4 月按照贸易方式对中国新疆进出口总值进行月度分析

（1）2014 年 4 月按照贸易方式对中国新疆进出口总值进行分析。

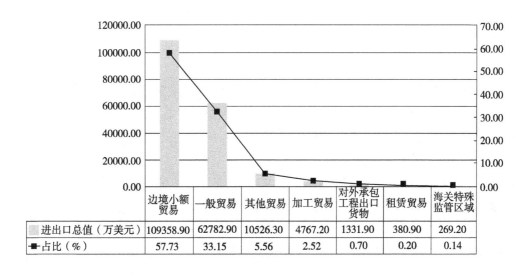

	边境小额贸易	一般贸易	其他贸易	加工贸易	对外承包工程出口货物	租赁贸易	海关特殊监管区域
进出口总值（万美元）	109358.90	62782.90	10526.30	4767.20	1331.90	380.90	269.20
占比（%）	57.73	33.15	5.56	2.52	0.70	0.20	0.14

图 5-2-28 2014 年 4 月中国新疆主要贸易方式进出口总值及占比

由图 5-2-28 可以看出：2014 年 4 月中国新疆进出口贸易方式主要有 7 种，边境小额贸易、一般贸易和其他贸易进出口占主导地位。

其中，边境小额贸易进出口总值排名第一，为109358.90万美元，占中国新疆进出口总值的57.73%，同比上升14.40%，环比上升36.13%；一般贸易进出口总值排名第二，为62782.90万美元，占中国新疆进出口总值的33.15%，同比下降13.30%，环比上升39.72%；其他贸易进出口总值排名第三，为10526.30万美元，占中国新疆进出口总值的5.56%，同比下降45.68%，环比上升20.73%；加工贸易进出口总值排名第四，为4767.20万美元，占中国新疆进出口总值的2.52%，同比下降27.71%，环比上升0.57%；对外承包工程出口货物进出口总值排名第五，为1331.90万美元，占中国新疆进出口总值的0.70%，同比上升28.17%，环比上升76.95%；租赁贸易进出口总值排名第六，为380.90万美元，占中国新疆进出口总值的0.20%；海关特殊监管区域进出口总值排名第七，为269.20万美元，占中国新疆进出口总值的0.14%，同比下降94.60%，环比下降77.71%。

（2）2014年4月按照贸易方式对中国新疆出口总值进行分析。

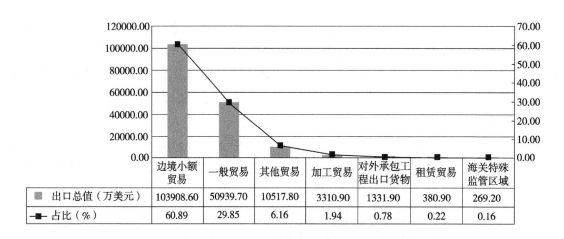

	边境小额贸易	一般贸易	其他贸易	加工贸易	对外承包工程出口货物	租赁贸易	海关特殊监管区域
出口总值（万美元）	103908.60	50939.70	10517.80	3310.90	1331.90	380.90	269.20
占比（%）	60.89	29.85	6.16	1.94	0.78	0.22	0.16

图5-2-29　2014年4月中国新疆主要贸易方式出口总值及占比

由图5-2-29可以看出：2014年4月中国新疆出口贸易方式主要有7种，边境小额贸易、一般贸易和其他贸易出口占主导地位。

其中，边境小额贸易出口总值排名第一，为103908.60万美元，占中国新疆出口总值的60.89%，同比上升19.10%，环比上升44.90%；一般贸易出口总值排名第二，为50939.70万美元，占中国新疆出口总值的29.85%，同比下降16.10%，环比上升41.54%；其他贸易出口总值排名第三，为10517.80万美元，占中国新疆出口总值的6.16%，同比下降45.70%，环比上升20.64%；加工贸易出口总值排名第四，为3310.90万美元，占中国新疆出口总值的1.94%，同比上升169.40%，环比下降9.55%；对外承包工程出口货物出口总值排名第五，为1331.90万美元，占中国新疆出口总值的0.78%，同比上升28.20%，环比上升76.95%；租赁贸易出口总值排名第六，为380.90万美元，占中国新疆出口总值的0.22%；海关特殊监管区域出口总值排名第七，为269.20万美元，占中国新疆出口总值的0.16%，同比下降82.60%，环比下降44.29%。

（3）2014年4月按照贸易方式对中国新疆进口总值进行分析。

由图5-2-30可以看出：2014年4月中国新疆进口贸易方式主要有4种。边境小额贸易和一般贸易进口占主导地位。对外承包工程出口货物、租赁贸易4月只有出口贸易，没有进口贸易。

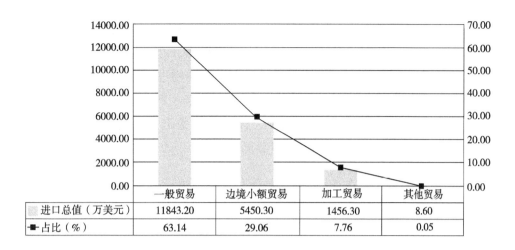

图 5 - 2 - 30　2014 年 4 月中国新疆主要贸易方式进口总值及占比

其中，一般贸易进口总值排名第一，为 11843.20 万美元，占中国新疆进口总值的 63.14%，同比上升 1.10%，环比上升 32.40%；边境小额贸易进口总值排名第二，为 5450.30 万美元，占中国新疆进口总值的 29.06%，同比下降 34.80%，环比下降 36.81%；加工贸易进口总值排名第三，为 1456.30 万美元，占中国新疆进口总值的 7.76%，同比下降 72.90%，环比上升 34.83%；其他贸易进口总值排名第四，为 8.60 万美元，占中国新疆进口总值的 0.05%，同比上升 2.50%，环比上升 1128.57%；2014 年 4 月，海关特殊监管区域、租赁贸易、对外承包出口货物没有发生进口贸易。

5. 2014 年 5 月按照贸易方式对中国新疆进出口总值进行月度分析。

（1）2014 年 5 月按照贸易方式对中国新疆进出口总值进行分析。

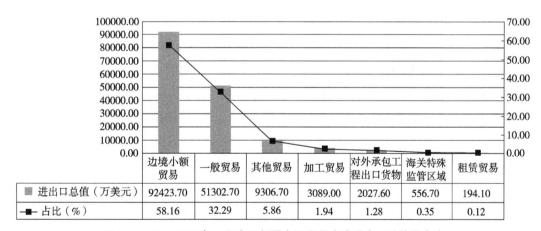

图 5 - 2 - 31　2014 年 5 月中国新疆主要贸易方式进出口总值及占比

从图 5 - 2 - 31 可以看出：2014 年 5 月中国新疆进出口贸易方式主要有 7 种，边境小额贸易和一般贸易进出口占主导地位。

其中，边境小额贸易进出口总值排名第一，为 92423.70 万美元，占中国新疆进出口总值的 58.16%，同比下降 1.50%，环比下降 15.49%；一般贸易进出口总值排名第二，为 51302.70 万美元，占中国新疆进出口总值的 32.29%，同比下降 7.10%，环比下降 18.29%；其他贸易进出口总值排名第三，为9306.70万美元，占中国新疆进出口总值的5.86%，同比下降38.54%，环比下降11.59%；加工贸易进出口总值排名第四，为3089.00万美元，占中国新疆进出口总值的1.94%，同比下降41.43%，环比下降35.20%；对外承包工程出口货物进出口总值排名第五，为2027.60万美元，占中国新疆进出口总值的1.28%，同比下降56.75%，环比上升52.23%；海关特殊监管区域进出口总值排名第六，为556.70万美元，占中国新疆进出口总值的0.35%，同比下降88.80%，环比上升106.80%；租赁贸易进出口总值排名第七，为194.10万美元，占中国新疆进出口总值的0.12%，环比下降49.04%。

（2）2014年5月按照贸易方式对中国新疆出口总值进行分析。

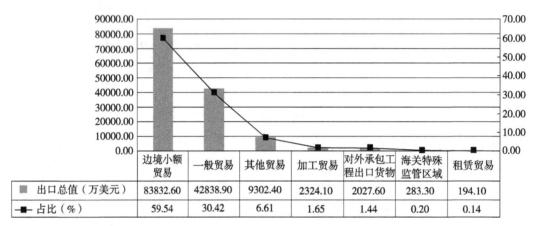

	边境小额贸易	一般贸易	其他贸易	加工贸易	对外承包工程出口货物	海关特殊监管区域	租赁贸易
出口总值（万美元）	83832.60	42838.90	9302.40	2324.10	2027.60	283.30	194.10
占比（%）	59.54	30.42	6.61	1.65	1.44	0.20	0.14

图5-2-32　2014年5月中国新疆主要贸易方式出口总值及占比

从图5-2-32可以看出：2014年5月中国新疆出口贸易中，边境小额贸易和一般贸易占主导地位。

其中，边境小额贸易出口总值排名第一，为83832.60万美元，占中国新疆出口总值的59.54%，同比下降0.40%，环比下降19.32%；一般贸易出口总值排名第二，为42838.90万美元，占中国新疆出口总值的30.42%，同比下降8.90%，环比下降15.90%；其他贸易出口总值排名第三，为9302.40万美元，占中国新疆出口总值的6.61%，同比下降38.60%，环比下降11.56%；加工贸易出口总值排名第四，为2324.10万美元，占中国新疆出口总值的1.65%，同比上升3.70%，环比下降29.80%；对外承包工程出口货物出口总值排名第五，为2027.60万美元，占中国新疆出口总值的1.44%，同比下降56.70%，环比上升52.23%；海关特殊监管区域出口总值排名第六，为283.30万美元，占中国新疆出口总值的0.20%，同比下降74.40%，环比上升5.24%；租赁贸易出口总值排名第七，为194.10万美元，占中国新疆出口总值的0.14%，环比下降49.04%。

（3）2014年5月按照贸易方式对中国新疆进口总值进行分析。

从图5-2-33可以看出：2014年5月中国新疆进口贸易主要有5种。其中，边境小额贸易进口总值排名第一，为8591.10万美元，占中国新疆进口总值的47.47%，同比下降11.60%，环比下降28.53%；一般贸易进口总值排名第二，为8463.80万美元，占中国新疆进口总值的46.77%，同比下降3.30%，环比下降28.53%；加工贸易进口总值排名第三，为764.90万美元，占中国新疆进口总值的4.23%，同比下降74.80%，环比下降47.48%；海关特殊监管区域进口总值排名第四，为273.40万美元，占中国新疆进口总值的1.51%，环比上升5.24%；其他贸易进口总值排名第五，为4.30万美元，占中国新疆进口总值的0.02%，同比上升190.90%，环比下降50.00%。

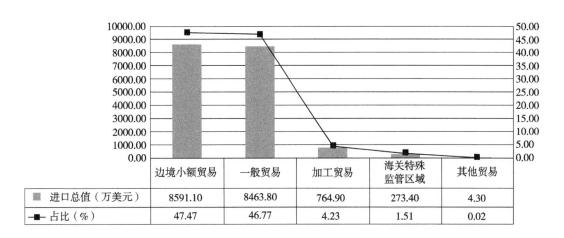

	边境小额贸易	一般贸易	加工贸易	海关特殊监管区域	其他贸易
进口总值（万美元）	8591.10	8463.80	764.90	273.40	4.30
占比（%）	47.47	46.77	4.23	1.51	0.02

图5-2-33 2014年5月中国新疆主要贸易方式进口总值及占比

6. 2014年6月按照贸易方式对中国新疆进出口总值进行月度分析

（1）2014年6月按照贸易方式对中国新疆进出口总值进行分析。

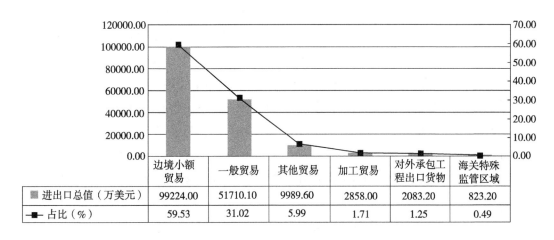

	边境小额贸易	一般贸易	其他贸易	加工贸易	对外承包工程出口货物	海关特殊监管区域
进出口总值（万美元）	99224.00	51710.10	9989.60	2858.00	2083.20	823.20
占比（%）	59.53	31.02	5.99	1.71	1.25	0.49

图5-2-34 2014年6月中国新疆主要贸易方式进出口总值及占比

由图5-2-34可以看出：2014年6月中国新疆进出口贸易方式主要有6种，边境小额贸易、一般贸易和其他贸易进出口占主导地位。

其中，边境小额贸易进出口总值排名第一，为99224.00万美元，占中国新疆进出口总值的59.53%，同比上升25.50%，环比上升7.36%；一般贸易进出口总值排名第二，为51710.10万美元，占中国新疆进出口总值的31.02%，同比上升16.70%，环比上升0.79%；其他贸易进出口总值排名第三，为9989.60万美元，占中国新疆进出口总值的5.99%，同比下降25.98%，环比上升7.34%；加工贸易进出口总值排名第四，为2858.00万美元，占中国新疆进出口总值的1.71%，同比下降25.67%，环比下降7.48%；对外承包工程出口货物进出口总值排名第五，为2083.20万美元，占中国新疆进出口总值的1.25%，同比下降15.33%，环比上升2.74%；海关特殊监管区域进出口总值排名第六，为823.20万美元，占中国新疆进出口总值的0.49%，同比下降10.15%，环比上升47.87%。

（2）2014年6月按照贸易方式对中国新疆出口总值进行分析。

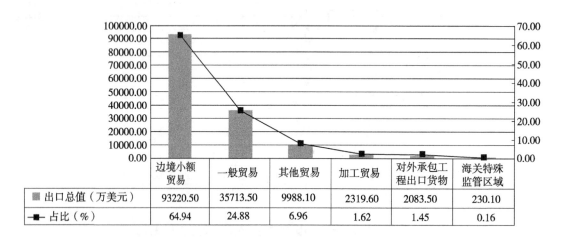

	边境小额贸易	一般贸易	其他贸易	加工贸易	对外承包工程出口货物	海关特殊监管区域
出口总值（万美元）	93220.50	35713.50	9988.10	2319.60	2083.50	230.10
占比（%）	64.94	24.88	6.96	1.62	1.45	0.16

图5-2-35　2014年6月中国新疆主要贸易方式出口总值及占比

由图5-2-35可以看出：2014年6月中国新疆出口贸易方式主要有6种，边境小额贸易、一般贸易和其他贸易出口占主导地位。

其中，边境小额贸易出口总值排名第一，为93220.50万美元，占中国新疆出口总值的64.94%，同比上升36.70%，环比上升11.20%；一般贸易出口总值排名第二，为35713.50万美元，占中国新疆出口总值的24.88%，同比下降1.50%，环比下降16.63%；其他贸易出口总值排名第三，为9988.10万美元，占中国新疆出口总值的6.96%，同比下降25.90%，环比上升7.37%；加工贸易出口总值排名第四，为2319.60万美元，占中国新疆出口总值的1.62%，同比上升21.00%，环比下降0.19%；对外承包工程出口货物出口总值排名第五，为2083.50万美元，占中国新疆出口总值的1.45%，同比下降15.30%，环比上升2.74%；海关特殊监管区域出口总值排名第六，为230.10万美元，占中国新疆出口总值的0.16%，同比下降55.00%，环比下降18.78%。

（3）2014年6月按照贸易方式对中国新疆进口总值进行分析。

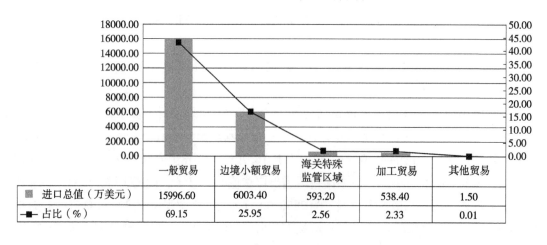

	一般贸易	边境小额贸易	海关特殊监管区域	加工贸易	其他贸易
进口总值（万美元）	15996.60	6003.40	593.20	538.40	1.50
占比（%）	69.15	25.95	2.56	2.33	0.01

图5-2-36　2014年6月中国新疆主要贸易方式进口总值及占比

由图 5-2-36 可以看出：2014 年 6 月中国新疆进口贸易方式主要有 5 种。一般贸易和边境小额贸易进口占主导地位。对外承包工程出口货物只有出口贸易，没有进口贸易。

其中，一般贸易进口总值排名第一，为 15996.60 万美元，占中国新疆进口总值的 69.15%，同比下降 98.40%，环比上升 89.00%；边境小额贸易进口总值排名第二，为 6003.40 万美元，占中国新疆进口总值的 25.95%，同比下降 44.80%，环比下降 30.12%；海关特殊监管区域进口总值排名第三，为 593.20 万美元，占中国新疆进口总值的 2.56%，环比上升 116.97%；加工贸易进口总值排名第四，为 538.40 万美元，占中国新疆进口总值的 2.33%，同比下降 72.10%，环比下降 29.61%；其他贸易进口总值排名第五，为 1.50 万美元，占中国新疆进口总值的 0.01%，同比下降 80.80%，环比下降 65.12%。

7. 2014 年 7 月按照贸易方式对中国新疆进出口总值进行月度分析

（1）2014 年 7 月按照贸易方式对中国新疆进出口总值进行分析。

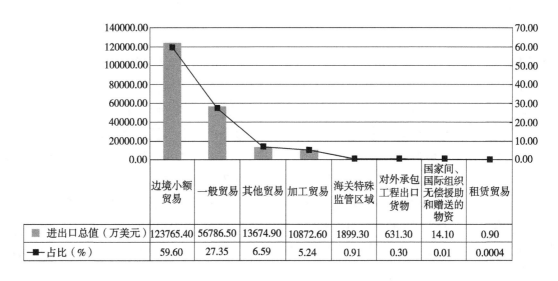

	边境小额贸易	一般贸易	其他贸易	加工贸易	海关特殊监管区域	对外承包工程出口货物	国家间、国际组织无偿援助和赠送的物资	租赁贸易
进出口总值（万美元）	123765.40	56786.50	13674.90	10872.60	1899.30	631.30	14.10	0.90
占比（%）	59.60	27.35	6.59	5.24	0.91	0.30	0.01	0.0004

图 5-2-37　2014 年 7 月中国新疆主要贸易方式进出口总值及占比

从图 5-2-37 可以看出：2014 年 7 月中国新疆进出口贸易方式主要有 8 种，较上月新增国家间、国际组织无偿援助和赠送的物资以及租赁贸易两种贸易方式。

其中，边境小额贸易进出口总值排名第一，为 123765.40 万美元，占中国新疆进出口总值的 59.60%，同比增长 15.46%，环比增长 24.73%；一般贸易进出口总值排名第二，为 56786.50 万美元，占中国新疆进出口总值的 27.35%，同比下降 17.70%，环比增长 9.82%；其他贸易进出口总值排名第三，为 13674.90 万美元，占中国新疆进出口总值的 6.59%，同比下降 32.70%，环比增长 36.89%；加工贸易进出口总值排名第四，为 10872.60 万美元，占中国新疆进出口总值的 5.24%，同比增长 348.75%，环比增长 280.43%；海关特殊监管区域进出口总值排名第五，为 1899.30 万美元，占中国新疆进出口总值的 0.91%，同比增长 28.28%，环比增长 130.72%；对外承包工程出口货物进出口总值排名第六，为 631.30 万美元，占中国新疆进出口总值的 0.30%，同比下降 88.39%，环比下降 69.70%；国家间、国际组织无偿援助和赠送的物资进出口总值排名第七，为 14.10 万美元，占中国新疆进出口总值的 0.01%；租赁贸易进出口总值排名第八，为 0.90 万美元，占中国新疆进出口总值的 0.0004%。

（2）2014年7月按照贸易方式对中国新疆出口总值进行分析。

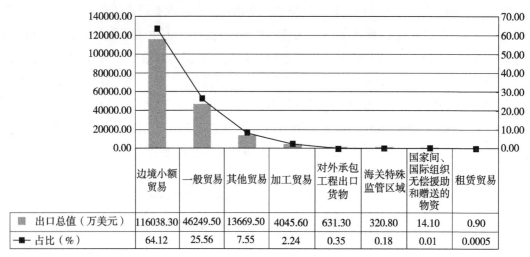

	边境小额贸易	一般贸易	其他贸易	加工贸易	对外承包工程出口货物	海关特殊监管区域	国家间、国际组织无偿援助和赠送的物资	租赁贸易
出口总值（万美元）	116038.30	46249.50	13669.50	4045.60	631.30	320.80	14.10	0.90
占比（%）	64.12	25.56	7.55	2.24	0.35	0.18	0.01	0.0005

图5-2-38　2014年7月中国新疆主要贸易方式出口总值及占比

从图5-2-38可以看出：2014年7月中国新疆出口贸易中，边境小额贸易和一般贸易占主导地位。

其中，边境小额贸易出口总值排名第一，为116038.30万美元，占中国新疆出口总值的64.12%，同比增长16.40%，环比增长24.48%；一般贸易出口总值排名第二，为46249.50万美元，占中国新疆出口总值的25.56%，同比下降20.90%，环比增长29.50%；其他贸易出口总值排名第三，为13669.50万美元，占中国新疆出口总值的7.55%，同比下降32.70%，环比增长36.86%；加工贸易出口总值排名第四，为4045.60万美元，占中国新疆出口总值的2.24%，同比增长130.90%，环比增长74.41%；对外承包工程出口货物出口总值排名第五，为631.30万美元，占中国新疆出口总值的0.35%，同比下降88.40%，环比下降69.70%；海关特殊监管区域出口总值排名第六，为320.80万美元，占中国新疆出口总值的0.18%，同比下降39.10%，环比增长39.42%；国家间、国际组织无偿援助和赠送的物资出口总值排名第七，为14.10万美元，占中国新疆出口总值的0.01%；租赁贸易出口总值排名第八，为0.90万美元，占中国新疆出口总值的0.0005%。

（3）2014年7月按照贸易方式对中国新疆进口总值进行分析。

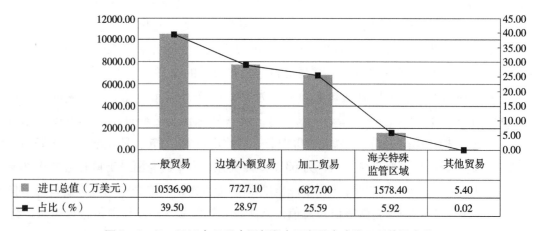

	一般贸易	边境小额贸易	加工贸易	海关特殊监管区域	其他贸易
进口总值（万美元）	10536.90	7727.10	6827.00	1578.40	5.40
占比（%）	39.50	28.97	25.59	5.92	0.02

图5-2-39　2014年7月中国新疆主要贸易方式进口总值及占比

从图5-2-39可以看出：2014年7月中国新疆进口贸易主要有5种。其中，一般贸易进口总值排名第一，为10536.90万美元，占中国新疆进口总值的39.50%，同比增长0.40%，环比下降34.13%；边境小额贸易进口总值排名第二，为7727.10万美元，占中国新疆进口总值的28.97%，同比增长3.10%，环比下降34.13%；加工贸易进口总值排名第三，为6827.00万美元，占中国新疆进口总值的25.59%，同比增长918.40%，环比增长1168.02%；海关特殊监管区域进口总值排名第四，为1578.40万美元，占中国新疆进口总值的5.92%，同比增长65.40%，环比增长166.08%；其他贸易进口总值排名第五，为5.40万美元，占中国新疆进口总值的0.02%，同比下降21.70%，环比增长260.00%；租赁贸易进口总值、对外承包出口货物进口总值以及国家间、国际组织无偿援助和赠送的物资进口总值均为0。

8. 2014年8月按照贸易方式对中国新疆进出口总值进行月度分析

（1）2014年8月按照贸易方式对中国新疆进出口总值进行分析

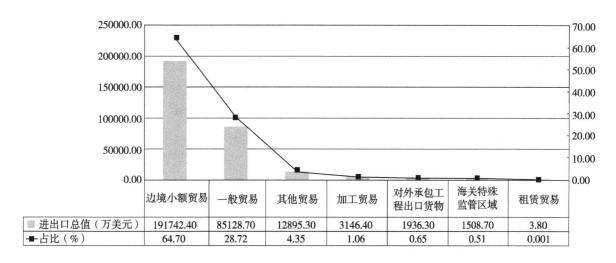

	边境小额贸易	一般贸易	其他贸易	加工贸易	对外承包工程出口货物	海关特殊监管区域	租赁贸易
进出口总值（万美元）	191742.40	85128.70	12895.30	3146.40	1936.30	1508.70	3.80
占比（%）	64.70	28.72	4.35	1.06	0.65	0.51	0.001

图5-2-40 2014年8月中国新疆主要贸易方式进出口总值及占比

从图5-2-40可以看出：2014年8月中国新疆进出口贸易方式主要有7种，上月新增的国家间、国际组织无偿援助和赠送的物资贸易方式本月没有发生额。

其中，边境小额贸易进出口总值排名第一，为191742.40万美元，占中国新疆进出口总值的64.70%，同比增长77.08%，环比增长54.92%；一般贸易进出口总值排名第二，为85128.70万美元，占中国新疆进出口总值的28.72%，同比下降20.50%，环比增长49.91%；其他贸易进出口总值排名第三，为12895.30万美元，占中国新疆进出口总值的4.35%，同比下降45.65%，环比增长36.89%；加工贸易进出口总值排名第四，为3146.40万美元，占中国新疆进出口总值的1.06%，同比增长7.09%，环比下降71.06%；对外承包工程出口货物进出口总值排名第五，为1936.30万美元，占中国新疆进出口总值的0.65%，同比下降63.45%，环比增长206.72%；海关特殊监管区域进出口总值排名第六，为1508.70万美元，占中国新疆进出口总值的0.51%，同比增长196.45%，环比下降20.57%；租赁贸易进出口总值排名第七，为3.80万美元，占中国新疆进出口总值的0.001%。

（2）2014年8月按照贸易方式对中国新疆出口总值进行分析。

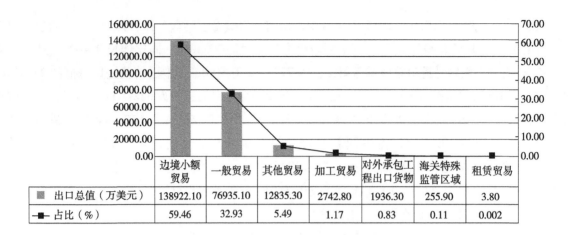

	边境小额贸易	一般贸易	其他贸易	加工贸易	对外承包工程出口货物	海关特殊监管区域	租赁贸易
出口总值（万美元）	138922.10	76935.10	12835.30	2742.80	1936.30	255.90	3.80
占比（%）	59.46	32.93	5.49	1.17	0.83	0.11	0.002

图 5 - 2 - 41　2014 年 8 月中国新疆主要贸易方式出口总值及占比

从图 5 - 2 - 41 可以看出：2014 年 8 月中国新疆出口贸易中，边境小额贸易和一般贸易占主导地位。其中，边境小额贸易出口总值排名第一，为 138922.10 万美元，占中国新疆出口总值的 59.46%，同比增长 38.60%，环比增长 19.72%；一般贸易出口总值排名第二，为 76935.10 万美元，占中国新疆出口总值的 32.93%，同比下降 20.00%，环比增长 66.35%；其他贸易出口总值排名第三，为 12835.30 万美元，占中国新疆出口总值的 5.49%，同比下降 45.90%，环比下降 5.70%；加工贸易出口总值排名第四，为 2742.80 万美元，占中国新疆出口总值的 1.17%，同比增长 39.90%，环比下降 71.06%；对外承包工程出口货物出口总值排名第五，为 1936.30 万美元，占中国新疆出口总值的 0.83%，同比下降 63.50%，环比增长 206.72%；海关特殊监管区域出口总值排名第六，为 255.90 万美元，占中国新疆出口总值的 0.11%，同比下降 35.90%，环比下降 20.23%；租赁贸易出口总值排名第七，为 3.80 万美元，占中国新疆出口总值的 0.002%，环比上升 322.22%。

（3）2014 年 8 月按照贸易方式对中国新疆进口总值进行分析。

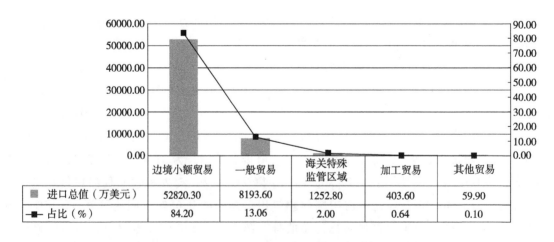

	边境小额贸易	一般贸易	海关特殊监管区域	加工贸易	其他贸易
进口总值（万美元）	52820.30	8193.60	1252.80	403.60	59.90
占比（%）	84.20	13.06	2.00	0.64	0.10

图 5 - 2 - 42　2014 年 8 月中国新疆主要贸易方式进口总值及占比

从图 5 - 2 - 42 可以看出：2014 年 8 月中国新疆进口贸易方式主要有 5 种。其中，边境小额贸易进口总值排名第一，为 52820.30 万美元，占中国新疆进口总值的 84.20%，同比增长

556.80%，环比增长 583.57%；一般贸易进口总值排名第二，为 8193.60 万美元，占中国新疆进口总值的 13.06%，同比下降 24.40%，环比下降 22.24%；海关特殊监管区域进口总值排名第三，为 1252.80 万美元，占中国新疆进口总值的 2.00%，同比增长 1041.40%，环比下降 20.63%；加工贸易进口总值排名第四，为 403.60 万美元，占中国新疆进口总值的 0.64%，同比下降 58.70%，环比下降 94.09%；其他贸易进口总值排名第五，为 59.90 万美元，占中国新疆进口总值的 0.10%，同比增长 288.10%，环比增长 10.93%；租赁贸易进口总值、对外承包工程出口货物进口总值均为 0。

9. 2014 年 9 月按照贸易方式对中国新疆进出口总值进行月度分析

（1）2014 年 9 月按照贸易方式对中国新疆进出口总值进行分析。

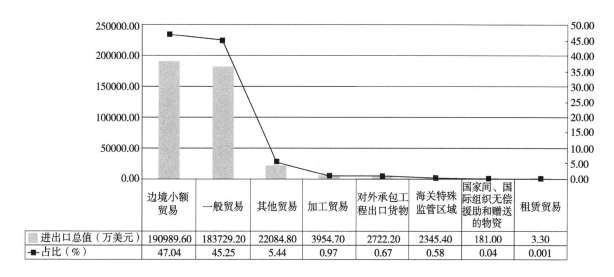

	边境小额贸易	一般贸易	其他贸易	加工贸易	对外承包工程出口货物	海关特殊监管区域	国家间、国际组织无偿援助和赠送的物资	租赁贸易
进出口总值（万美元）	190989.60	183729.20	22084.80	3954.70	2722.20	2345.40	181.00	3.30
占比（%）	47.04	45.25	5.44	0.97	0.67	0.58	0.04	0.001

图 5 - 2 - 43　2014 年 9 月中国新疆主要贸易方式进出口总值及占比

从图 5 - 2 - 43 可以看出：2014 年 9 月中国新疆进出口贸易方式主要有 8 种，比上月新增了国家间、国际组织无偿援助和赠送的物资这一贸易方式。

其中，边境小额贸易进出口总值排名第一，为 190989.60 万美元，占中国新疆进出口总值的 47.04%，同比下降 7.12%，环比下降 0.39%；一般贸易进出口总值排名第二，为 183729.20 万美元，占中国新疆进出口总值的 45.25%，同比上升 163.60%，环比上升 115.83%；其他贸易进出口总值排名第三，为 22084.80 万美元，占中国新疆进出口总值的 5.44%，同比下降 33.74%，环比上升 71.26%；加工贸易进出口总值排名第四，为 3954.70 万美元，占中国新疆进出口总值的 0.97%，同比上升 25.27%，环比上升 25.69%；对外承包工程出口货物进出口总值排名第五，为 2722.20 万美元，占中国新疆进出口总值的 0.67%，同比下降 44.65%，环比上升 40.59%；海关特殊监管区域进出口总值排名第六，为 2345.40 万美元，占中国新疆进出口总值的 0.58%，同比上升 104.14%，环比上升 55.46%；国家间、国际组织无偿援助和赠送的物资进出口总值排名第七，为 181.00 万美元，占中国新疆进出口总值的 0.04%；租赁贸易进出口总值排名第八，为 3.30 万美元，占全区进出口总值的 0.001%，同比下降 97.06%，环比下降 13.16%。

（2）2014 年 9 月按照贸易方式对中国新疆出口总值进行分析。

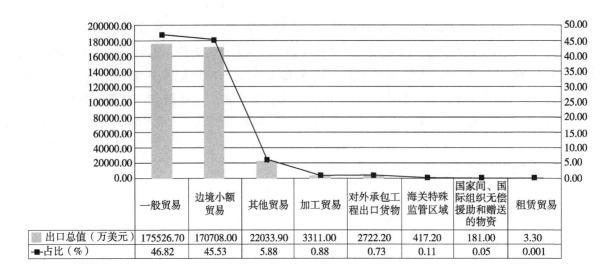

	一般贸易	边境小额贸易	其他贸易	加工贸易	对外承包工程出口货物	海关特殊监管区域	国家间、国际组织无偿援助和赠送的物资	租赁贸易
出口总值（万美元）	175526.70	170708.00	22033.90	3311.00	2722.20	417.20	181.00	3.30
占比（%）	46.82	45.53	5.88	0.88	0.73	0.11	0.05	0.001

图 5 - 2 - 44　2014 年 9 月中国新疆主要贸易方式出口总值及占比

从图 5 - 2 - 44 可以看出：2014 年 9 月中国新疆出口贸易中，一般贸易和边境小额贸易占主导地位，一般贸易超过边境小额贸易，跃居第一，边境小额贸易降至第二。其中，一般贸易出口总值排名第一，为 175526.70 万美元，占中国新疆出口总值的 46.82%，同比上升 182.10%，环比上升 128.15%；边境小额贸易出口总值排名第二，为 170708.00 万美元，占中国新疆出口总值的 45.53%，同比上升 38.90%，环比上升 22.88%；其他贸易出口总值排名第三，为 22033.90 万美元，占中国新疆出口总值的 5.88%，同比下降 33.90%，环比上升 71.67%；加工贸易出口总值排名第四，为 3311.00 万美元，占中国新疆出口总值的 0.88%，同比上升 108.80%，环比上升 20.72%；对外承包工程出口货物出口总值排名第五，为 2722.20 万美元，占中国新疆出口总值的 0.73%，同比下降 44.70%，环比上升 40.59%；海关特殊监管区域出口总值排名第六，为 417.20 万美元，占中国新疆出口总值的 0.11%，同比下降 7.00%，环比上升 63.03%；国家间、国际组织无偿援助和赠送的物资出口总值排名第七，为 181.00 万美元，占中国新疆出口总值的 0.05%；租赁贸易出口总值排名第八，为 3.30 万美元，占中国新疆出口总值的 0.001%，同比下降 97.10%，环比下降 13.16%。

（3）2014 年 9 月按照贸易方式对中国新疆进口总值进行分析。

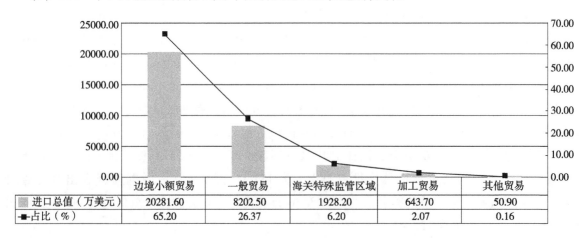

	边境小额贸易	一般贸易	海关特殊监管区域	加工贸易	其他贸易
进口总值（万美元）	20281.60	8202.50	1928.20	643.70	50.90
占比（%）	65.20	26.37	6.20	2.07	0.16

图 5 - 2 - 45　2014 年 9 月中国新疆主要贸易方式进口总值及占比

从图 5 - 2 - 45 可以看出：2014 年 9 月中国新疆进口贸易主要有 5 种。其中，边境小额贸易进口总值排名第一，为 20281.60 万美元，占中国新疆进口总值的 65.20%，同比下降 75.50%，环比下降 61.60%；一般贸易进口总值排名第二，为 8202.50 万美元，占中国新疆进口总值的 26.37%，同比上升 9.40%，环比上升 0.11%；海关特殊监管区域进口总值排名第三，为 1928.20 万美元，占中国新疆进口总值的 6.20%，同比上升 175.40%，环比上升 53.91%；加工贸易进口总值排名第四，为 643.70 万美元，占中国新疆进口总值的 2.07%，同比下降 59.00%，环比下降 59.49%；其他贸易进口总值排名第五，为 50.90 万美元，占中国新疆进口总值的 0.16%，同比上升 192.30%，环比下降 15.03%；租赁贸易进口总值，对外承包工程出口货物，国家间、国际组织无偿援助和赠送的物资本月只有出口，没有进口。

10. 2014 年 10 月按照贸易方式对中国新疆进出口总值进行月度分析

（1）2014 年 10 月按照贸易方式对中国新疆进出口总值进行分析。

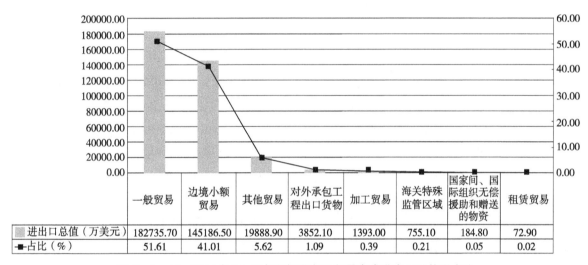

	一般贸易	边境小额贸易	其他贸易	对外承包工程出口货物	加工贸易	海关特殊监管区域	国家间、国际组织无偿援助和赠送的物资	租赁贸易
进出口总值（万美元）	182735.70	145186.50	19888.90	3852.10	1393.00	755.10	184.80	72.90
占比（%）	51.61	41.01	5.62	1.09	0.39	0.21	0.05	0.02

图 5 - 2 - 46　2014 年 10 月中国新疆主要贸易方式进出口总值及占比

从图 5 - 2 - 46 可以看出：2014 年 10 月中国新疆出口贸易方式主要有 8 种，边境小额贸易和一般贸易占主导地位。其中，一般贸易进出口总值排名第一，为 182735.70 万美元，占中国新疆进出口总值的 51.61%，同比上升 321.40%，环比下降 0.54%；边境小额贸易进出口总值排名第二，为 145186.50 万美元，占中国新疆进出口总值的 41.01%，同比下降 17.82%，环比下降 23.98%；其他贸易进出口总值排名第三，为 19888.90 万美元，占中国新疆进出口总值的 5.62%，同比下降 26.69%，环比下降 9.94%；对外承包工程出口货物进出口总值排名第四，为 3852.10 万美元，占中国新疆进出口总值的 1.09%，同比下降 33.17%，环比上升 41.51%；加工贸易进出口总值排名第五，为 1393.00 万美元，占中国新疆进出口总值的 0.39%，同比下降 71.60%，环比下降 64.78%；海关特殊监管区域进出口总值排名第六，为 755.10 万美元，占中国新疆进出口总值的 0.21%，同比上升 35.74%，环比下降 67.81%；国家间、国际组织无偿援助和赠送的物资进出口总值排名第七，为 184.80 万美元，占中国新疆进出口总值的 0.05%；环比上升 2.10%；租赁贸易进出口总值排名第八，为 72.90 万美元，占中国新疆进出口总值的 0.02%，环比上升 2109.09%。

（2）2014 年 10 月按照贸易方式对中国新疆出口总值进行分析。

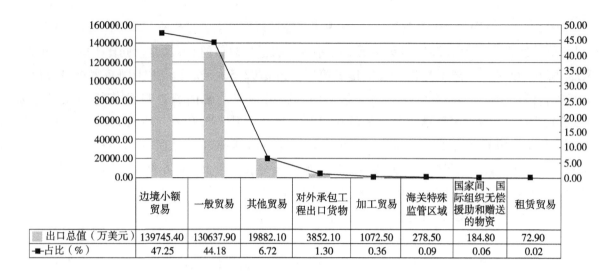

	边境小额贸易	一般贸易	其他贸易	对外承包工程出口货物	加工贸易	海关特殊监管区域	国家间、国际组织无偿援助和赠送的物资	租赁贸易
出口总值（万美元）	139745.40	130637.90	19882.10	3852.10	1072.50	278.50	184.80	72.90
占比（%）	47.25	44.18	6.72	1.30	0.36	0.09	0.06	0.02

图 5-2-47 2014 年 10 月中国新疆主要贸易方式出口总值及占比

　　从图 5-2-47 可以看出：2014 年 10 月中国新疆出口贸易中，边境小额贸易和一般贸易占主导地位。其中，边境小额贸易出口总值排名第一，为 139745.40 万美元，占中国新疆出口总值的 47.25%，同比上升 51.10%，环比下降 18.14%；一般贸易出口总值排名第二，为 130637.90 万美元，占中国新疆出口总值的 44.18%，同比上升 250.50%，环比下降 25.57%；其他贸易出口总值排名第三，为 19882.10 万美元，占中国新疆出口总值的 6.72%，同比下降 26.70%，环比下降 9.77%；对外承包工程出口货物出口总值排名第四，为 3852.10 万美元，占中国新疆出口总值的 1.30%，同比下降 33.20%，环比上升 41.51%；加工贸易出口总值排名第五，为 1072.50 万美元，占中国新疆出口总值的 0.36%，同比下降 18.00%，环比下降 67.61%；海关特殊监管区域出口总值排名第六，为 278.50 万美元，占中国新疆出口总值的 0.09%，同比下降 46.70%，环比下降 33.25%；国家间、国际组织无偿援助和赠送的物资出口总值排名第七，为 184.80 万美元，占中国新疆出口总值的 0.06%，环比增长 2.10%；租赁贸易出口总值排名第八，为 72.90 万美元，占中国新疆出口总值的 0.02%，环比上升 2109.09%。

　　（3）2014 年 10 月按照贸易方式对中国新疆进口总值进行分析。

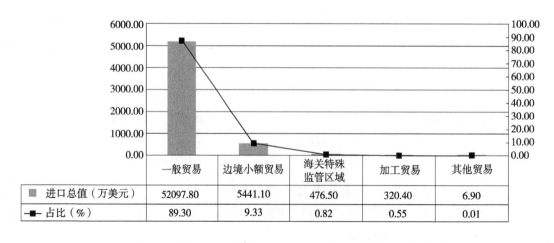

	一般贸易	边境小额贸易	海关特殊监管区域	加工贸易	其他贸易
进口总值（万美元）	52097.80	5441.10	476.50	320.40	6.90
占比（%）	89.30	9.33	0.82	0.55	0.01

图 5-2-48 2014 年 10 月中国新疆主要贸易方式进口总值及占比

从图 5 - 2 - 48 可以看出：2014 年 10 月中国新疆进口贸易方式主要有 5 种。其中，一般贸易进口总值排名第一，为 52097.80 万美元，占中国新疆进口总值的 89.30%，同比上升 755.80%，环比上升 535.15%；边境小额贸易进口总值排名第二，为 5441.10 万美元，占中国新疆进口总值的 9.33%，同比下降 93.50%，环比下降 73.17%；海关特殊监管区域进口总值排名第三，为 476.50 万美元，占中国新疆进口总值的 0.82%，同比上升 1309.80%，环比下降 75.29%；加工贸易进口总值排名第四，为 320.40 万美元，占中国新疆进口总值的 0.55%，同比下降 91.10%，环比下降 50.23%；其他贸易进口总值排名第五，为 6.90 万美元，占中国新疆进口总值的 0.01%，同比下降 51.90%，环比下降 86.44%；租赁贸易进口总值，对外承包工程出口货物，国家间、国际组织无偿援助和赠送的物资本月只有出口，没有进口。

11. 2014 年 11 月按照贸易方式对中国新疆进出口总值进行月度分析

（1）2014 年 11 月按照贸易方式对中国新疆进出口总值进行分析。

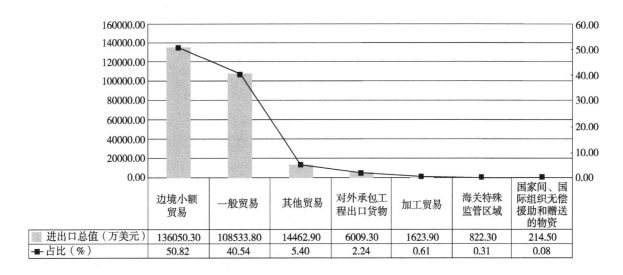

	边境小额贸易	一般贸易	其他贸易	对外承包工程出口货物	加工贸易	海关特殊监管区域	国家间、国际组织无偿援助和赠送的物资
进出口总值（万美元）	136050.30	108533.80	14462.90	6009.30	1623.90	822.30	214.50
占比（%）	50.82	40.54	5.40	2.24	0.61	0.31	0.08

图 5 - 2 - 49　2014 年 11 月中国新疆主要贸易方式进出口总值及占比

从图 5 - 2 - 49 可以看出：2014 年 11 月中国新疆进出口贸易方式主要有 7 种，比上月减少了租赁贸易。边境小额贸易和一般贸易继续占主导地位。其中，边境小额贸易进出口总值排名第一，为 136050.30 万美元，占中国新疆进出口总值的 50.82%，同比下降 35.84%，环比下降 6.29%；一般贸易进出口总值排名第二，为 108533.80 万美元，占中国新疆进出口总值的 40.54%，同比上升 148.60%，环比下降 40.61%；其他贸易进出口总值排名第三，为 14462.90 万美元，占中国新疆进出口总值的 5.40%，同比下降 39.03%，环比下降 27.28%；对外承包工程出口货物进出口总值排名第四，为 6009.30 万美元，占中国新疆进出口总值的 2.24%，同比上升 99.47%，环比上升 56.00%；加工贸易进出口总值排名第五，为 1623.90 万美元，占中国新疆进出口总值的 0.61%，同比下降 71.63%，环比上升 16.58%；海关特殊监管区域进出口总值排名第六，为 822.30 万美元，占中国新疆进出口总值的 0.31%，同比下降 6.70%，环比上升 8.90%；国家间、国际组织无偿援助和赠送的物资进出口总值排名第七，为 214.50 万美元，占中国新疆进出口总值的 0.08%，环比上升 16.07%。

（2）2014 年 11 月按照贸易方式对中国新疆出口总值进行分析。

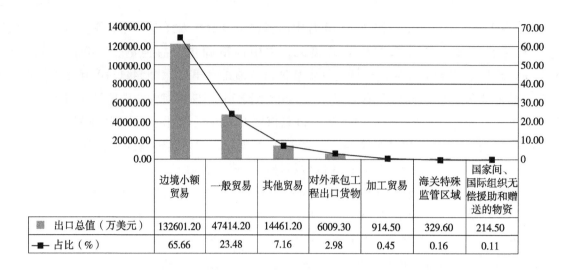

	边境小额贸易	一般贸易	其他贸易	对外承包工程出口货物	加工贸易	海关特殊监管区域	国家间、国际组织无偿援助和赠送的物资
出口总值（万美元）	132601.20	47414.20	14461.20	6009.30	914.50	329.60	214.50
占比（%）	65.66	23.48	7.16	2.98	0.45	0.16	0.11

图 5 - 2 - 50　2014 年 11 月中国新疆主要贸易方式出口总值及占比

从图 5 - 2 - 50 可以看出：2014 年 11 月中国新疆出口贸易中，边境小额贸易和一般贸易占主导地位。其中，边境小额贸易出口总值排名第一，为 132601.20 万美元，占中国新疆出口总值的 65.66%，同比上升 22.40%，环比下降 5.11%；一般贸易出口总值排名第二，为 47414.20 万美元，占中国新疆出口总值的 23.48%，同比上升 28.40%，环比下降 63.71%；其他贸易出口总值排名第三，为 14461.20 万美元，占中国新疆出口总值的 7.16%，同比下降 39.00%，环比下降 27.27%；对外承包工程出口货物出口总值排名第四，为 6009.30 万美元，占中国新疆出口总值的 2.98%，同比上升 99.50%，环比上升 56.00%；加工贸易出口总值排名第五，为 914.50 万美元，占中国新疆出口总值的 0.45%，同比下降 48.10%，环比下降 14.73%；海关特殊监管区域出口总值排名第六，为 329.60 万美元，占中国新疆出口总值的 0.16%，同比下降 62.20%，环比上升 18.35%；国家间、国际组织无偿援助和赠送的物资出口总值排名第七，为 214.50 万美元，占中国新疆出口总值的 0.11%，环比上升 16.07%。

（3）2014 年 11 月按照贸易方式对中国新疆进口总值进行分析。

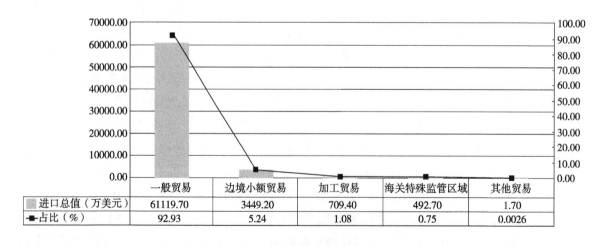

	一般贸易	边境小额贸易	加工贸易	海关特殊监管区域	其他贸易
进口总值（万美元）	61119.70	3449.20	709.40	492.70	1.70
占比（%）	92.93	5.24	1.08	0.75	0.0026

图 5 - 2 - 51　2014 年 11 月中国新疆主要贸易方式进口总值及占比

从图5-2-51可以看出：2014年11月中国新疆进口贸易主要有5种。其中，一般贸易进口总值排名第一，为61119.70万美元，占中国新疆进口总值的92.93%，同比上升808.80%，环比上升17.32%；边境小额贸易进口总值排名第二，为3449.20万美元，占中国新疆进口总值的5.24%，同比下降96.70%，环比下降36.61%；加工贸易进口总值排名第三，为709.40万美元，占中国新疆进口总值的1.08%，同比下降82.10%，环比上升121.41%；海关特殊监管区域进口总值排名第四，为492.70万美元，占中国新疆进口总值的0.75%，同比上升4660.40，环比上升3.40%；其他贸易进口总值排名第五，为1.70万美元，占中国新疆进口总值的0.0026%，同比下降86.90%，环比下降75.36%；对外承包工程出口货物以及国家间、国际组织无偿援助和赠送的物资本月只有出口，没有进口。

12. 2014年12月按照贸易方式对中国新疆进出口总值进行月度分析

（1）2014年12月按照贸易方式对中国新疆进出口总值进行分析。

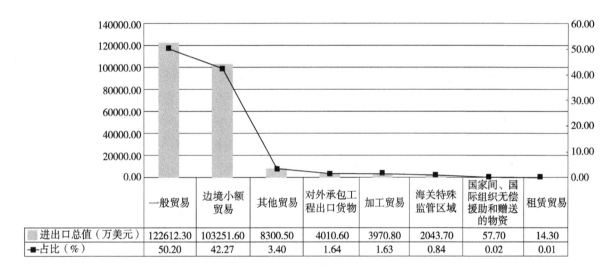

图5-2-52 2014年12月中国新疆主要贸易方式进出口总值及占比

从图5-2-52可以看出：2014年12月中国新疆进出口贸易方式主要有8种，比上月增加了租赁贸易。一般贸易和边境小额贸易继续占主导地位。其中，一般贸易进出口总值排名第一，为122612.30万美元，占中国新疆进出口总值的50.20%，同比下降43.20%，环比上升12.97%；边境小额贸易进出口总值排名第二，为103251.60万美元，占中国新疆进出口总值的42.27%，同比下降30.48%，环比下降24.11%；其他贸易进出口总值排名第三，为8300.50万美元，占中国新疆进出口总值的3.40%，同比下降36.83%，环比下降42.61%；对外承包工程出口货物进出口总值排名第四，为4010.60万美元，占中国新疆进出口总值的1.64%，同比下降10.36%，环比下降33.26%；加工贸易进出口总值排名第五，为3970.80万美元，占中国新疆进出口总值的1.63%，同比上升83.98%，环比下降144.52%；海关特殊监管区域进出口总值排名第六，为2043.70万美元，占中国新疆进出口总值的0.84%，同比下降62.53%，环比上升148.53%；国家间、国际组织无偿援助和赠送的物资进出口总值排名第七，为57.70万美元，占中国新疆进出口总值的0.02%，环比下降73.10%；租赁贸易进出口总值排名第八，为14.30万美元，占中国新疆进出口总值的0.01%。

（2）2014年12月按照贸易方式对中国新疆出口总值进行分析。

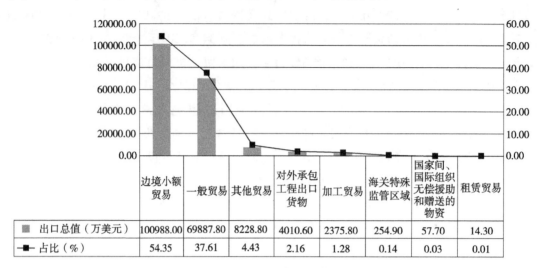

	边境小额贸易	一般贸易	其他贸易	对外承包工程出口货物	加工贸易	海关特殊监管区域	国家间、国际组织无偿援助和赠送的物资	租赁贸易
出口总值（万美元）	100988.00	69887.80	8228.80	4010.60	2375.80	254.90	57.70	14.30
占比（%）	54.35	37.61	4.43	2.16	1.28	0.14	0.03	0.01

图5－2－53　2014年12月中国新疆主要贸易方式出口总值及占比

从图5－2－53可以看出：2014年12月中国新疆出口贸易中，边境小额贸易和一般贸易占主导地位。其中，边境小额贸易出口总值排名第一，为100988.00万美元，占中国新疆出口总值的54.35%，同比下降11.00%，环比下降23.84%；一般贸易出口总值排名第二，为69887.80万美元，占中国新疆出口总值的37.61%，同比下降66.30%，环比下降47.40%；其他贸易出口总值排名第三，为8228.80万美元，占中国新疆出口总值的4.43%，同比下降37.30%，环比下降43.10%；对外承包工程出口货物出口总值排名第四，为4010.60万美元，占中国新疆出口总值的2.16%，同比下降10.40%，环比下降33.26%；加工贸易出口总值排名第五，为2375.80万美元，占中国新疆出口总值的1.28%，同比上升174.70%，环比上升159.79%；海关特殊监管区域出口总值排名第六，为254.90万美元，占中国新疆出口总值的0.14%，同比下降84.00%，环比下降22.66%；国家间、国际组织无偿援助和赠送的物资出口总值排名第七，为57.70万美元，占中国新疆出口总值的0.03%，环比下降73.10%；租赁贸易出口总值排名第八，为14.30万美元，占中国新疆出口总值的0.01%。

（3）2014年12月按照贸易方式对中国新疆进口总值进行分析。

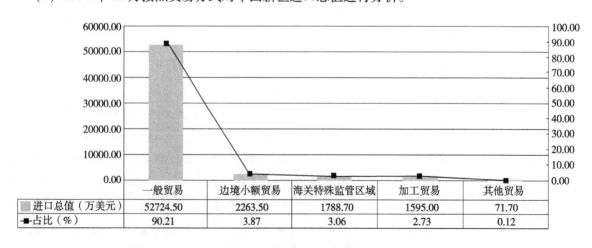

	一般贸易	边境小额贸易	海关特殊监管区域	加工贸易	其他贸易
进口总值（万美元）	52724.50	2263.50	1788.70	1595.00	71.70
占比（%）	90.21	3.87	3.06	2.73	0.12

图5－2－54　2014年12月中国新疆主要贸易方式进口总值及占比

从图 5-2-54 可以看出：2014 年 12 月中国新疆进口贸易主要有 5 种。其中，一般贸易进口总值排名第一，为 52724.50 万美元，占中国新疆进口总值的 90.21%，同比上升 493.70%，环比下降 13.74%；边境小额贸易进口总值排名第二，为 2263.50 万美元，占中国新疆进口总值的 3.87%，同比下降 93.50%，环比下降 34.38%；海关特殊监管区域进口总值排名第三，为 1788.70 万美元，占中国新疆进口总值的 3.06%，同比下降 53.70%，环比上升 263.04%；加工贸易进口总值排名第四，为 1595.00 万美元，占中国新疆进口总值的 2.73%，同比上升 23.30%，环比上升 124.84%；其他贸易进口总值排名第五，为 71.70 万美元，占中国新疆进口总值的 0.12%，同比上升 1151.80%，环比上升 4117.65%；对外承包工程出口货物以及国家间、国际组织无偿援助和赠送的物资本月只有出口，没有进口。

三、按照企业性质对 2014 年中国新疆进出口总值进行分析

2014 年中国新疆外贸进出口商品的企业性质主要有 4 类：民营企业、国有企业、外商投资企业、其他企业，其中外商投资企业又包括中外合作企业、中外合资企业和外商独资企业 3 种类型，民营企业包括集体企业和私营企业。

（一）2014 年中国新疆不同性质企业进出口总值分析

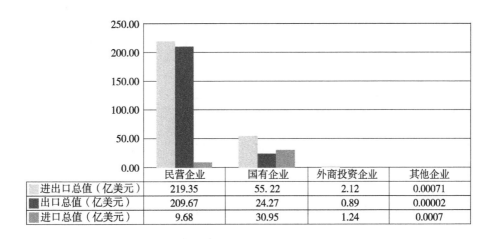

	民营企业	国有企业	外商投资企业	其他企业
进出口总值（亿美元）	219.35	55.22	2.12	0.00071
出口总值（亿美元）	209.67	24.27	0.89	0.00002
进口总值（亿美元）	9.68	30.95	1.24	0.0007

图 5-2-55　2014 年中国新疆不同性质企业的进出口、出口、进口情况

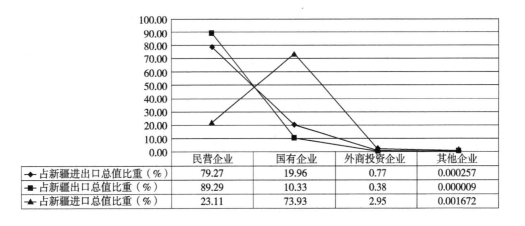

	民营企业	国有企业	外商投资企业	其他企业
占新疆进出口总值比重（%）	79.27	19.96	0.77	0.000257
占新疆出口总值比重（%）	89.29	10.33	0.38	0.000009
占新疆进口总值比重（%）	23.11	73.93	2.95	0.001672

图 5-2-56　2014 年中国新疆不同性质企业的进出口、出口、进口占比

从图5-2-55和图5-2-56分析可知，2014年中国新疆不同性质企业的进出口情况中，国有企业在进口方面占主导地位，民营企业则主导出口。民营企业进出口总值为219.35亿美元，同比上升9.00%，占中国新疆进出口总值的79.27%；其中出口总值为209.67亿美元，同比上升8.40%，进口总值为9.68亿美元，同比上升24.00%。国有企业进出口总值为55.22亿美元，同比下降23.20%，占中国新疆进出口总值的19.96%；其中出口总值为24.27亿美元，同比下降13.50%，进口总值为30.95亿美元，同比下降29.40%。外商投资企业进出口总值为2.12亿美元，同比下降15.60%，占中国新疆进出口总值的0.77%；其中出口总值为0.89亿美元，同比下降27.40%，进口总值为1.24亿美元，同比下降4.50%。其他企业进出口总值为0.00071亿美元，同比下降53.00%；其中出口总值为0.00002亿美元，同比下降98.60%，进口总值为0.0007亿美元，同比上升184.60%。

（二）中国新疆不同性质企业的进出口总值趋势分析

由于其他企业进出口、出口、进口总值数量较小，占比很低，在此分析时只用分析国有企业、外商投资企业、民营企业3种类型的趋势变化。

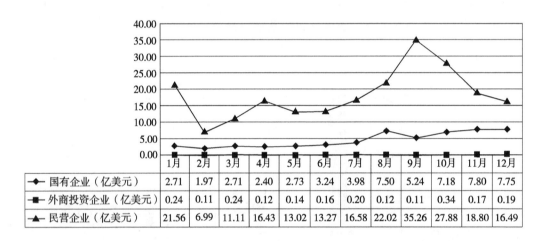

	1月	2月	3月	4月	5月	6月	7月	8月	9月	10月	11月	12月
国有企业（亿美元）	2.71	1.97	2.71	2.40	2.73	3.24	3.98	7.50	5.24	7.18	7.80	7.75
外商投资企业（亿美元）	0.24	0.11	0.24	0.12	0.14	0.16	0.20	0.12	0.11	0.34	0.17	0.19
民营企业（亿美元）	21.56	6.99	11.11	16.43	13.02	13.27	16.58	22.02	35.26	27.88	18.80	16.49

图5-2-57 2014年1～12月中国新疆不同性质企业的进出口总值

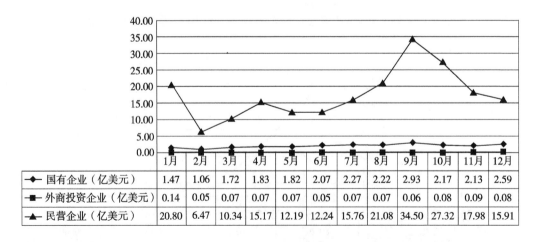

	1月	2月	3月	4月	5月	6月	7月	8月	9月	10月	11月	12月
国有企业（亿美元）	1.47	1.06	1.72	1.83	1.82	2.07	2.27	2.22	2.93	2.17	2.13	2.59
外商投资企业（亿美元）	0.14	0.05	0.07	0.07	0.07	0.05	0.07	0.07	0.06	0.08	0.09	0.08
民营企业（亿美元）	20.80	6.47	10.34	15.17	12.19	12.24	15.76	21.08	34.50	27.32	17.98	15.91

图5-2-58 2014年1～12月中国新疆不同性质企业的出口总值

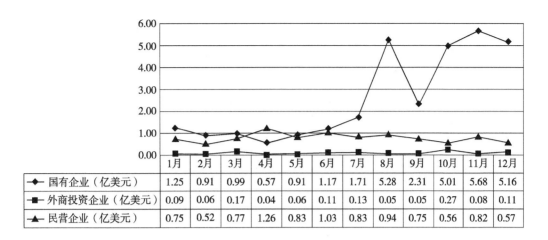

	1月	2月	3月	4月	5月	6月	7月	8月	9月	10月	11月	12月
国有企业（亿美元）	1.25	0.91	0.99	0.57	0.91	1.17	1.71	5.28	2.31	5.01	5.68	5.16
外商投资企业（亿美元）	0.09	0.06	0.17	0.04	0.06	0.11	0.13	0.05	0.05	0.27	0.08	0.11
民营企业（亿美元）	0.75	0.52	0.77	1.26	0.83	1.03	0.83	0.94	0.75	0.56	0.82	0.57

图 5 – 2 – 59　2014 年 1 ~ 12 月中国新疆不同性质企业的进口总值

从图 5 – 2 – 57 可知，2014 年中国新疆不同性质企业的进出口情况中，国有企业 1 ~ 5 月的进出口总值比较平稳，7 月有剧增，11 月达到全年的最高峰。外商投资企业 1 ~ 12 月的进出口总值处于一个比较平稳的状态。民营企业 1 ~ 12 月的进出口总值波动比较明显，1 ~ 3 月呈现不断下降趋势，4 月开始反弹，9 月达到全年的最高峰 35.26 亿美元，第四季度又呈逐渐下滑趋势。

从图 5 – 2 – 58 可知，2014 年中国新疆不同性质企业的出口情况中，国有企业的出口总值总体来看处于比较平稳的状态，9 月到达全年最高峰。外商投资企业 1 ~ 12 月的出口总值处于比较平稳的状态。民营企业 1 ~ 12 月的出口总值波动比较明显，1 ~ 2 月呈现下降趋势，3 ~ 4 月略有反弹，5 ~ 8 月逐步上升，9 月达到全年的最高峰 34.50 亿美元，第四季度又呈逐渐下滑趋势。

从图 5 – 2 – 59 可知，2014 年中国新疆不同性质企业的进口情况中，国有企业 1 ~ 4 月有所下降，5 ~ 8 月有小幅上升，9 月骤降后第四季度有所回升，11 月达到全年最高点 5.68 亿美元。外商投资企业和民营企业 1 ~ 12 月的进口总值处于比较平稳的状态。

（三）2014 年中国新疆不同性质企业进出口总值月度分析

1. 2014 年 1 月中国新疆不同性质企业进出口总值月度分析

（1）2014 年 1 月中国新疆不同性质企业进出口总值分析。

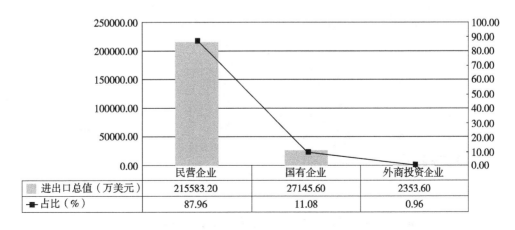

	民营企业	国有企业	外商投资企业
进出口总值（万美元）	215583.20	27145.60	2353.60
占比（%）	87.96	11.08	0.96

图 5 – 2 – 60　2014 年 1 月中国新疆各类型企业进出口总值及占比

从图5-2-60可以看出：2014年1月进出口企业类型中，三类企业按进出口总值大小排名顺序为：民营企业、国有企业、外商投资企业。民营企业进出口总值排名第一，为215583.20万美元，占中国新疆进出口总值的87.96%，同比上升6.10%，环比上升6.11%；国有企业进出口总值排名第二，为27145.60万美元，占中国新疆进出口总值的11.08%，同比下降7.10%，环比下降6.78%；外商投资企业进出口总值排名第三，为2353.60万美元，占中国新疆进出口总值的0.96%，同比上升41.30%，环比上升41.31%。

（2）2014年1月中国新疆不同性质企业出口总值分析。

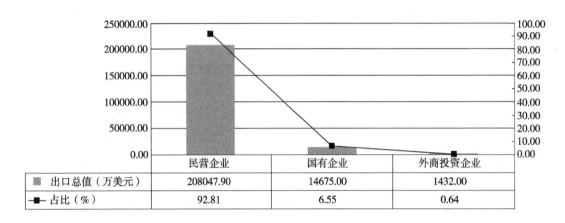

	民营企业	国有企业	外商投资企业
■ 出口总值（万美元）	208047.90	14675.00	1432.00
—■— 占比（%）	92.81	6.55	0.64

图5-2-61　2014年1月中国新疆各类型企业出口总值及占比

由图5-2-61可以看出：2014年1月各类型企业出口贸易中，民营企业出口总值排名第一，为208047.90万美元，占中国新疆出口总值的92.81%，同比上升4.60%，环比上升4.59%；国有企业出口总值排名第二，为14675.00万美元，占中国新疆出口总值的6.55%，同比上升20.40%，环比上升20.44%；外商投资企业出口总值排名第三，为1432.00万美元，占中国新疆出口总值的0.64%，同比上升24.10%，环比上升24.06%。

（3）2014年1月中国新疆不同性质企业进口总值分析。

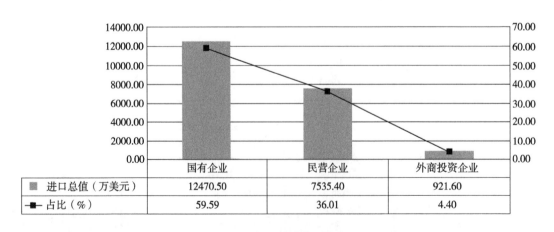

	国有企业	民营企业	外商投资企业
■ 进口总值（万美元）	12470.50	7535.40	921.60
—■— 占比（%）	59.59	36.01	4.40

图5-2-62　2014年1月中国新疆各类型企业进口总值及占比

由图5-2-62可以看出：2014年1月各类型企业进口贸易中，国有企业进口总值排名第一，为12470.50万美元，占中国新疆进口总值的59.59%，同比下降26.80%，环比下降26.36%；民营企业进口总值排名第二，为7535.40万美元，占中国新疆进口总值的36.01%，同比上升76.40%，环比上升77.79%；外商投资企业进口总值排名第三，为921.60万美元，占中国新疆进口总值的4.40%，同比上升80.20%，环比上升80.25%。

2. 2014年2月中国新疆不同性质企业进出口总值月度分析

（1）2014年2月中国新疆不同性质企业进出口总值分析。

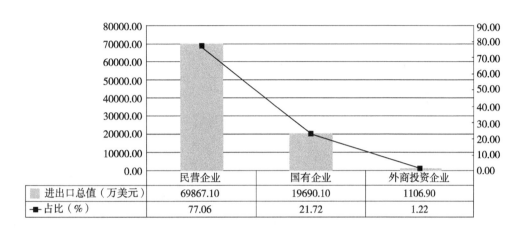

	民营企业	国有企业	外商投资企业
进出口总值（万美元）	69867.10	19690.10	1106.90
占比（%）	77.06	21.72	1.22

图5-2-63　2014年2月中国新疆各类型企业进出口总值及占比

由图5-2-63可以看出：2014年2月进出口企业类型中，其他企业没有进出口贸易数据，其他三类企业按进出口总值大小排名顺序为：民营企业、国有企业、外商投资企业。

其中，民营企业进出口总值排名第一，为69867.10万美元，占中国新疆进出口总值的77.06%，同比下降39.10%，环比下降67.59%；国有企业进出口总值排名第二，为19690.10万美元，占中国新疆进出口总值的21.72%，同比下降27.50%，环比下降27.46%；外商投资企业进出口总值排名第三，为1106.90万美元，占中国新疆进出口总值的1.22%，同比下降35.10%，环比下降52.97%。

（2）2014年2月中国新疆不同性质企业出口总值分析。

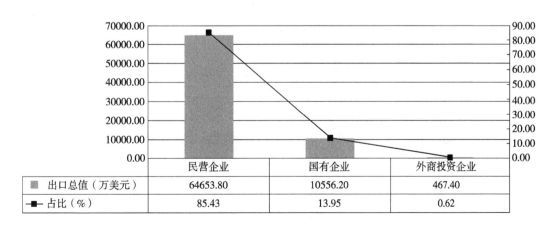

	民营企业	国有企业	外商投资企业
出口总值（万美元）	64653.80	10556.20	467.40
占比（%）	85.43	13.95	0.62

图5-2-64　2014年2月中国新疆各类型企业出口总值及占比

由图5-2-64可以看出：2014年2月各类型企业出口贸易中，三类企业按出口总值大小排名顺序为：民营企业、国有企业、外商投资企业。

其中，民营企业出口总值排名第一，为64653.80万美元，占中国新疆出口总值的85.43%，同比下降41.60%，环比下降68.92%；国有企业出口总值排名第二，为10556.20万美元，占中国新疆出口总值的13.95%，同比下降22.50%，环比下降28.07%；外商投资企业出口总值排名第三，为467.40万美元，占中国新疆出口总值的0.62%，同比下降59.60%，环比下降67.36%。

（3）2014年2月中国新疆不同性质企业进口总值分析。

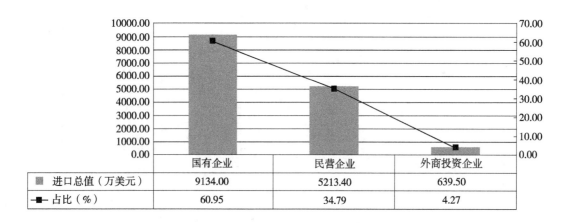

	国有企业	民营企业	外商投资企业
进口总值（万美元）	9134.00	5213.40	639.50
占比（%）	60.95	34.79	4.27

图5-2-65 2014年2月中国新疆各类型企业进口总值及占比

由图5-2-65可以看出：2014年2月各类型企业进口贸易中，三类企业按进口总值大小排名顺序为：民营企业、国有企业、外商投资企业。

其中，国有企业进口总值排名第一，为9134.00万美元，占中国新疆进口总值的60.95%，同比下降32.60%，环比下降26.76%；民营企业进口总值排名第二，为5213.40万美元，占中国新疆进口总值的34.79%，同比上升31.00%，环比下降30.81%；外商投资企业进口总值排名第三，为639.50万美元，占中国新疆进口总值的4.27%，同比上升16.50%，环比下降30.61%。

3. 2014年3月中国新疆不同性质企业进出口总值月度分析

（1）2014年3月中国新疆不同性质企业进出口总值分析。

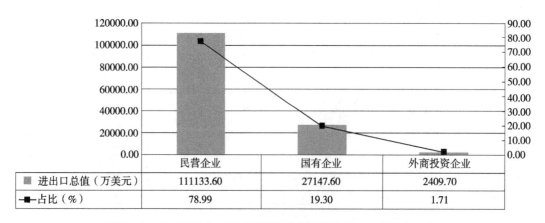

	民营企业	国有企业	外商投资企业
进出口总值（万美元）	111133.60	27147.60	2409.70
占比（%）	78.99	19.30	1.71

图5-2-66 2014年3月中国新疆各类型企业进出口总值及占比

从图 5 - 2 - 66 可以看出：2014 年 3 月进出口企业类型中，三类企业按进出口总值大小排名顺序为：民营企业、国有企业、外商投资企业。

其中，民营企业进出口总值排名第一，为 111133.60 万美元，占中国新疆进出口总值的 78.99%，同比上升 4.40%，环比上升 59.06%；国有企业进出口总值排名第二，为 27147.60 万美元，占中国新疆进出口总值的 19.30%，同比下降 35.00%，环比上升 37.87%；外商投资企业进出口总值排名第三，为 2409.70 万美元，占中国新疆进出口总值的 1.71%，同比上升 13.90%，环比上升 117.70%。

（2）2014 年 3 月中国新疆不同性质企业出口总值分析。

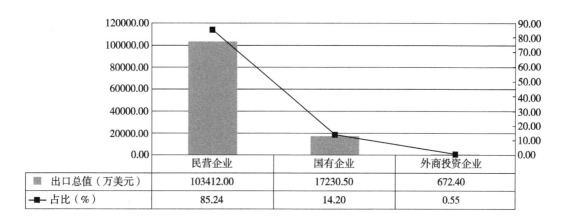

	民营企业	国有企业	外商投资企业
■ 出口总值（万美元）	103412.00	17230.50	672.40
—■— 占比（%）	85.24	14.20	0.55

图 5 - 2 - 67　2014 年 3 月中国新疆各类型企业出口总值及占比

由图 5 - 2 - 67 可以看出：2014 年 3 月出口企业类型中，三类企业按出口总值大小排名顺序为：民营企业、国有企业、外商投资企业。

其中，民营企业出口总值排名第一，为 103412.00 万美元，占中国新疆出口总值的 85.24%，同比上升 6.40%，环比上升 59.95%；国有企业出口总值排名第二，为 17230.50 万美元，占中国新疆出口总值的 14.20%，同比下降 24.70%，环比上升 63.23%；外商投资企业出口总值排名第三，为 672.40 万美元，占中国新疆出口总值的 0.55%，同比下降 46.50%，环比上升 43.86%。

（3）2014 年 3 月中国新疆不同性质企业进口总值分析。

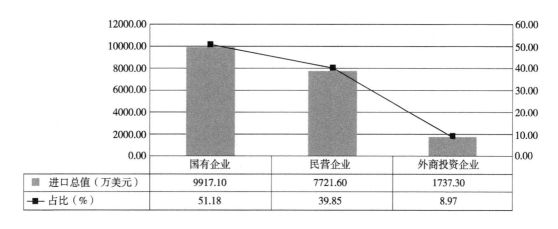

	国有企业	民营企业	外商投资企业
■ 进口总值（万美元）	9917.10	7721.60	1737.30
—■— 占比（%）	51.18	39.85	8.97

图 5 - 2 - 68　2014 年 3 月中国新疆各类型企业进口总值及占比

由图5-2-68可以看出：2014年3月进口企业类型中，三类企业按进口总值大小排名顺序为：国有企业、民营企业、外商投资企业。

其中，国有企业进口总值排名第一，为9917.10万美元，占中国新疆进口总值的51.18%，同比下降44.20%，环比上升8.57%；民营企业进口总值排名第二，为7721.60万美元，占中国新疆进口总值的39.84%，同比上升21.30%，环比上升48.11%；外商投资企业进口总值排名第三，为1737.30万美元，占中国新疆进口总值的8.97%，同比上升116.70%，环比上升171.67%。

4. 2014年4月中国新疆不同性质企业进出口总值月度分析

（1）2014年4月中国新疆不同性质企业进出口总值分析。

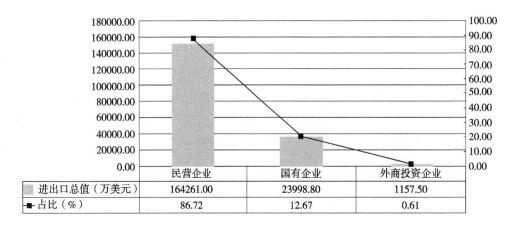

	民营企业	国有企业	外商投资企业
进出口总值（万美元）	164261.00	23998.80	1157.50
占比（%）	86.72	12.67	0.61

图5-2-69 2014年4月中国新疆各类型企业进出口总值及占比

由图5-2-69可以看出：2014年4月进出口企业类型中，三类企业按进出口总值大小排名顺序为：民营企业、国有企业、外商投资企业。

其中，民营企业进出口总值排名第一，为164261.00万美元，占中国新疆进出口总值的86.72%，同比上升7.00%，环比上升141.94%；国有企业进出口总值排名第二，为23998.80万美元，占中国新疆进出口总值的12.67%，同比下降45.50%，环比上升44.69%；外商投资企业进出口总值排名第三，为1157.50万美元，占中国新疆进出口总值的0.61%，同比下降55.00%，环比下降21.45%。

（2）2014年4月中国新疆不同性质企业出口总值分析。

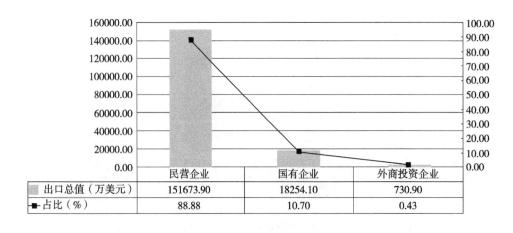

	民营企业	国有企业	外商投资企业
出口总值（万美元）	151673.90	18254.10	730.90
占比（%）	88.88	10.70	0.43

图5-2-70 2014年4月中国新疆各类型企业出口总值及占比

由图 5 - 2 - 70 可以看出：2014 年 4 月各类型企业出口贸易中，三类企业按出口总值大小排名顺序为：民营企业、国有企业、外商投资企业。

其中，民营企业出口总值排名第一，为 151673.90 万美元，占中国新疆出口总值的 88.88%，同比上升 2.70%，环比上升 140.08%；国有企业出口总值排名第二，为 18254.10 万美元，占中国新疆出口总值的 10.70%，同比下降 19.10%，环比上升 73.43%；外商投资企业出口总值排名第三，为 730.90 万美元，占中国新疆出口总值的 0.43%，同比下降 24.40%；环比上升 77.88%。

（3）2014 年 4 月中国新疆不同性质企业进口总值分析。

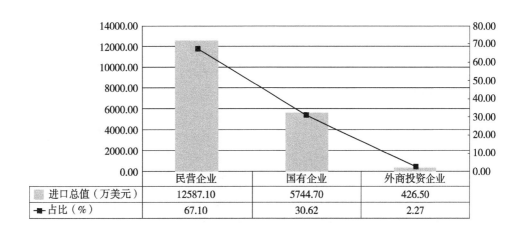

	民营企业	国有企业	外商投资企业
进口总值（万美元）	12587.10	5744.70	426.50
占比（%）	67.10	30.62	2.27

图 5 - 2 - 71 2014 年 4 月中国新疆各类型企业进口总值及占比

由图 5 - 2 - 71 可以看出：2014 年 4 月各类型企业进口贸易中，三类企业按进口总值大小排名顺序为：民营企业、国有企业、外商投资企业。

其中，民营企业进口总值排名第一，为 12587.10 万美元，占中国新疆进口总值的 67.10%，同比上升 116.00%，环比上升 166.78%；国有企业进口总值排名第二，为 5744.70 万美元，占中国新疆进口总值的 30.62%，同比下降 73.20%，环比下降 5.22%；外商投资企业进口总值排名第三，为 426.50 万美元，占中国新疆进口总值的 2.27%，同比下降 73.40%，环比下降 59.86%。

5. 2014 年 5 月中国新疆不同性质企业进出口总值月度分析

（1）2014 年 5 月中国新疆不同性质企业进出口总值分析。

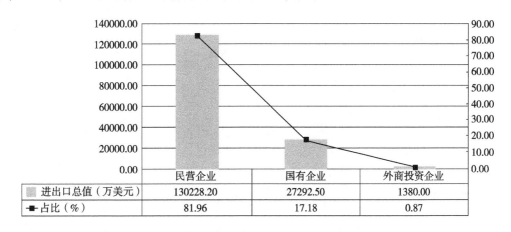

	民营企业	国有企业	外商投资企业
进出口总值（万美元）	130228.20	27292.50	1380.00
占比（%）	81.96	17.18	0.87

图 5 - 2 - 72 2014 年 5 月中国新疆各类型企业进出口总值及占比

从图5－2－72可以看出：2014年5月各类型进出口贸易中，三类企业按进出口总值大小排名顺序为：民营企业、国有企业、外商投资企业。

其中，民营企业进出口总值排名第一，为130228.20万美元，占中国新疆进出口总值的81.96%，同比下降6.10%，环比下降20.72%；国有企业进出口总值排名第二，为27292.50万美元，占中国新疆进出口总值的17.18%，同比下降28.50%，环比上升13.72%；外商投资企业进出口总值排名第三，为1380.00万美元，占中国新疆进出口总值的0.87%，同比下降42.10%，环比上升19.22%。

（2）2014年5月中国新疆不同性质企业出口总值分析。

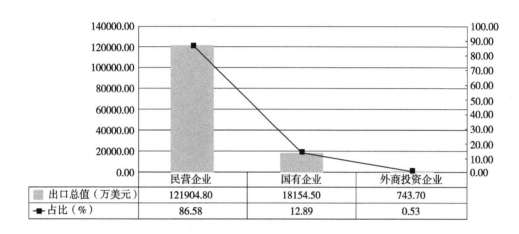

	民营企业	国有企业	外商投资企业
出口总值（万美元）	121904.80	18154.50	743.70
占比（%）	86.58	12.89	0.53

图5－2－73　2014年5月中国新疆各类型企业出口总值及占比

由图5－2－73可以看出：2014年5月各类型企业出口贸易中，三类企业按出口总值大小排名顺序为：民营企业、国有企业、外商投资企业。

其中，民营企业出口总值排名第一，为121904.80万美元，占中国新疆出口总值的86.58%，同比下降6.20%，环比下降19.63%；国有企业出口总值排名第二，为18154.50万美元，占中国新疆出口总值的12.89%，同比下降20.50%，环比下降0.55%；外商投资企业出口总值排名第三，为743.70万美元，占中国新疆出口总值的0.53%，同比下降55.90%，环比上升19.22%。

（3）2014年5月中国新疆不同性质企业进口总值分析。

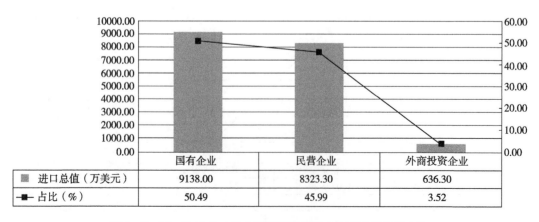

	国有企业	民营企业	外商投资企业
进口总值（万美元）	9138.00	8323.30	636.30
占比（%）	50.49	45.99	3.52

图5－2－74　2014年5月中国新疆各类型企业进口总值及占比

由图 5 - 2 - 74 可以看出：2014 年 5 月各类型企业进口贸易中，三类企业按进口总值大小排名顺序为：国有企业、民营企业、外商投资企业。

其中，国有企业进口总值排名第一，为 9138.00 万美元，占中国新疆进口总值的 50.49%，同比下降 40.30%，环比上升 59.07%；民营企业进口总值排名第二，为 8323.30 万美元，占中国新疆进口总值的 45.99%，同比下降 3.60%，环比下降 33.87%；外商投资企业进口总值排名第三，为 636.30 万美元，占中国新疆进口总值的 3.52%，同比下降 8.70%，环比上升 49.19%。

6. 2014 年 6 月中国新疆不同性质企业进出口总值月度分析

（1）2014 年 6 月中国新疆不同性质企业进出口总值分析。

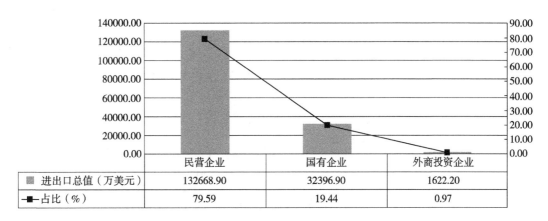

	民营企业	国有企业	外商投资企业
▨ 进出口总值（万美元）	132668.90	32396.90	1622.20
◆ 占比（%）	79.59	19.44	0.97

图 5 - 2 - 75　2014 年 6 月中国新疆各类型企业进出口总值及占比

由图 5 - 2 - 75 可以看出：2014 年 6 月各类型企业进出口贸易中，三类企业按进出口总值大小排名顺序为：民营企业、国有企业、外商投资企业。

其中，民营企业进出口总值排名第一，为 132668.90 万美元，占中国新疆进出口总值的 79.59%，同比上升 21.80%，环比下降 19.23%；国有企业进出口总值排名第二，为 32396.90 万美元，占中国新疆进出口总值的 19.44%，同比下降 1.70%，环比上升 34.99%；外商投资企业进出口总值排名第三，为 1622.20 万美元，占中国新疆进出口总值的 0.97%，同比下降 27.30%，环比上升 40.15%。

（2）2014 年 6 月中国新疆不同性质企业出口总值分析。

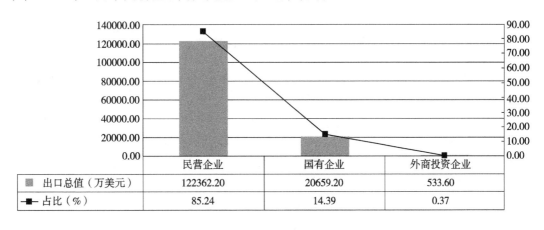

	民营企业	国有企业	外商投资企业
▨ 出口总值（万美元）	122362.20	20659.20	533.60
◆ 占比（%）	85.24	14.39	0.37

图 5 - 2 - 76　2014 年 6 月中国新疆各类型企业出口总值及占比

由图 5 - 2 - 76 可以看出：2014 年 6 月各类型企业出口贸易中，三类企业按出口总值大小排名顺序为：民营企业、国有企业、外商投资企业。

其中，民营企业出口总值排名第一，为 122362.20 万美元，占中国新疆出口总值的 85.24%，同比上升 20.90%，环比上升 0.38%；国有企业出口总值排名第二，为 20659.20 万美元，占中国新疆出口总值的 14.39%，同比下降 1.40%，环比上升 13.80%；外商投资企业出口总值排名第三，为 533.60 万美元，占中国新疆出口总值的 0.37%，同比下降 25.80%，环比下降 28.25%。

（3）2014 年 6 月中国新疆不同性质企业进口总值分析。

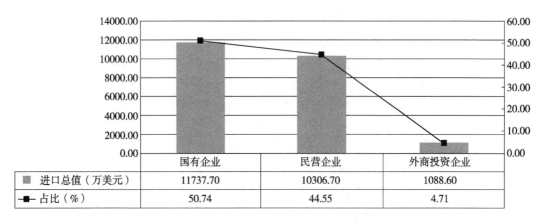

	国有企业	民营企业	外商投资企业
进口总值（万美元）	11737.70	10306.70	1088.60
占比（%）	50.74	44.55	4.71

图 5 - 2 - 77　2014 年 6 月中国新疆各类型企业进口总值及占比

由图 5 - 2 - 77 可以看出：2014 年 6 月各类型企业进口贸易中，三类企业按进口总值大小排名顺序为：国有企业、民营企业、外商投资企业。

其中，国有企业进口总值排名第一，为 11737.70 万美元，占中国新疆进口总值的 50.74%，同比下降 2.20%，环比上升 28.45%；民营企业进口总值排名第二，为 10306.70 万美元，占中国新疆进口总值的 44.55%，同比上升 32.70%，环比上升 23.83%；外商投资企业进口总值排名第三，为 1088.60 万美元，占中国新疆进口总值的 4.71%，同比下降 28.00%，环比上升 71.08%。

7. 2014 年 7 月中国新疆不同性质企业进出口总值月度分析

（1）2014 年 7 月中国新疆不同性质企业进出口总值分析。

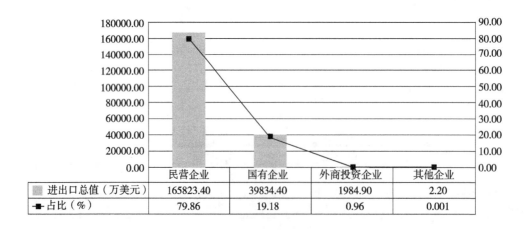

	民营企业	国有企业	外商投资企业	其他企业
进出口总值（万美元）	165823.40	39834.40	1984.90	2.20
占比（%）	79.86	19.18	0.96	0.001

图 5 - 2 - 78　2014 年 7 月中国新疆各类型企业进出口总值及占比

从图 5-2-78 可以看出：2014 年 7 月企业进出口类型新增其他企业，进出口总值大小排名顺序为：民营企业、国有企业、外商投资企业、其他企业。

其中，民营企业进出口总值排名第一，为 165823.40 万美元，占中国新疆进出口总值的 79.86%，同比上升 1.60%，环比上升 24.99%；国有企业进出口总值排名第二，为 39834.40 万美元，占中国新疆进出口总值的 19.18%，同比下降 1.20%，环比上升 22.96%；外商投资企业进出口总值排名第三，为 1984.90 万美元，占中国新疆进出口总值的 0.96%，同比下降 15.30%，环比上升 22.36%；其他企业进出口总值排名第四，为 2.20 万美元，占中国新疆进出口总值的 0.001%，同比下降 83.10%。

（2）2014 年 7 月中国新疆不同性质企业出口总值分析。

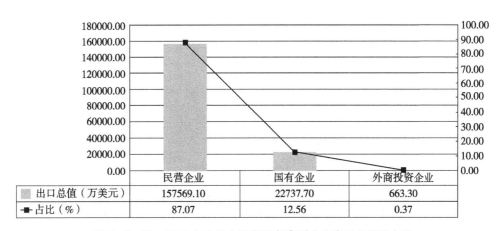

	民营企业	国有企业	外商投资企业
出口总值（万美元）	157569.10	22737.70	663.30
占比（%）	87.07	12.56	0.37

图 5-2-79 2014 年 7 月中国新疆各类型企业出口总值及占比

由图 5-2-79 可以看出：2014 年 7 月出口总值大小排名顺序为：民营企业、国有企业、外商投资企业。

其中，民营企业出口总值排名第一，为 157569.10 万美元，占中国新疆出口总值的 87.07%，同比上升 1.50%，环比上升 28.77%；国有企业出口总值排名第二，为 22737.70 万美元，占中国新疆出口总值的 12.56%，同比下降 24.80%，环比上升 10.06%；外商投资企业出口总值排名第三，为 663.30 万美元，占中国新疆出口总值的 0.37%，同比下降 14.40%，环比上升 24.31%。

（3）2014 年 7 月中国新疆不同性质企业进口总值分析。

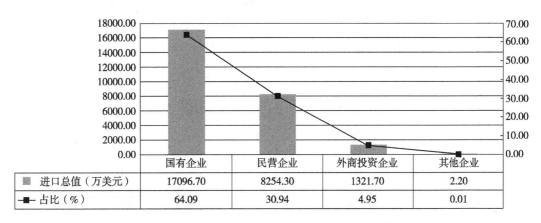

	国有企业	民营企业	外商投资企业	其他企业
进口总值（万美元）	17096.70	8254.30	1321.70	2.20
占比（%）	64.09	30.94	4.95	0.01

图 5-2-80 2014 年 7 月中国新疆各类型企业进口总值及占比

由图5－2－80可以看出：2014年7月企业进口类型新增其他企业，进口总值大小排名顺序为：国有企业、民营企业、外商投资企业、其他企业。

其中，国有企业进口总值排名第一，为17096.70万美元，占中国新疆进口总值的64.09%，同比上升69.70%，环比上升45.66%；民营企业进口总值排名第二，为8254.30万美元，占中国新疆进口总值的30.94%，同比上升3.20%，环比下降19.91%；外商投资企业进口总值排名第三，为1321.70万美元，占中国新疆进口总值的4.95%，同比下降15.90%，环比上升21.41%；其他企业进口总值排名第四，为2.20万美元，占中国新疆进口总值的0.01%。

8. 2014年8月中国新疆不同性质企业进出口总值月度分析

（1）2014年8月中国新疆不同性质企业进出口总值分析。

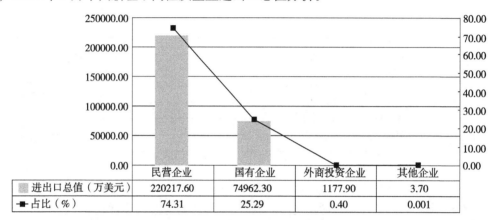

	民营企业	国有企业	外商投资企业	其他企业
进出口总值（万美元）	220217.60	74962.30	1177.90	3.70
占比（%）	74.31	25.29	0.40	0.001

图5－2－81 2014年8月中国新疆各类型企业进出口总值及占比

从图5－2－81可以看出：2014年8月企业进出口类型新增其他企业，进出口总值大小排名顺序为：民营企业、国有企业、外商投资企业、其他企业。

其中，民营企业进出口总值排名第一，为220217.60万美元，占中国新疆进出口总值的74.31%，同比上升15.10%，环比上升32.80%；国有企业进出口总值排名第二，为74962.30万美元，占中国新疆进出口总值的25.29%，同比上升35.90%，环比上升88.18%；外商投资企业进出口总值排名第三，为1177.90万美元，占中国新疆进出口总值的0.40%，同比下降18.10%，环比下降40.66%；其他企业进出口总值排名第四，为3.70万美元，占中国新疆进出口总值的0.001%，同比上升15.36%，环比增长68.18%。

（2）2014年8月中国新疆不同性质企业出口总值分析。

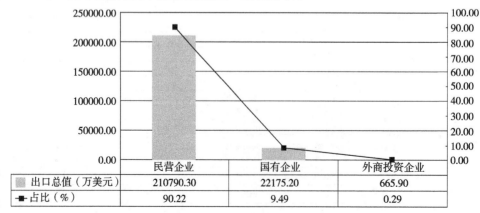

	民营企业	国有企业	外商投资企业
出口总值（万美元）	210790.30	22175.20	665.90
占比（%）	90.22	9.49	0.29

图5－2－82 2014年8月中国新疆各类型企业出口总值及占比

由图 5－2－82 可以看出：2014 年 8 月企业出口大小排名顺序为：民营企业、国有企业、外商投资企业。

其中，民营企业出口总值排名第一，为 210790.30 万美元，占中国新疆出口总值的 90.22%，同比上升 14.50%，环比上升 33.78%；国有企业出口总值排名第二，为 22175.20 万美元，占中国新疆出口总值的 9.49%，同比下降 48.40%，环比下降 2.47%；外商投资企业出口总值排名第三，为 665.90 万美元，占中国新疆出口总值的 0.29%，同比下降 7.80%，环比上升 0.39%。

（3）2014 年 8 月中国新疆不同性质企业进口总值分析。

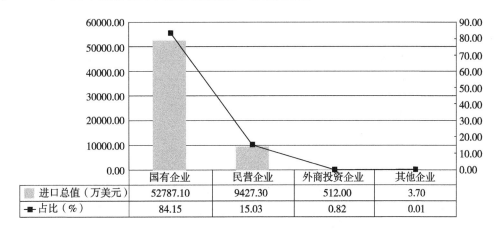

	国有企业	民营企业	外商投资企业	其他企业
进口总值（万美元）	52787.10	9427.30	512.00	3.70
占比（%）	84.15	15.03	0.82	0.01

图 5－2－83　2014 年 8 月中国新疆各类型企业进口总值及占比

由图 5－2－83 可以看出：2014 年 8 月企业进口类型新增其他企业，进口总值大小排名顺序为：国有企业、民营企业、外商投资企业、其他企业。

其中，国有企业进口总值排名第一，为 52787.10 万美元，占中国新疆进口总值的 84.15%，同比上升 332.20%，环比上升 208.76%；民营企业进口总值排名第二，为 9427.30 万美元，占中国新疆进口总值的 15.03%，同比上升 32.50%，环比上升 14.21%；外商投资企业进口总值排名第三，为 512.00 万美元，占中国新疆进口总值的 0.82%，同比下降 28.40%，环比下降 61.26%；其他企业进口总值排名第四，为 3.70 万美元，占中国新疆进口总值的 0.01%，环比上升 68.18%。

9. 2014 年 9 月中国新疆不同性质企业进出口总值月度分析

（1）2014 年 9 月中国新疆不同性质企业进出口总值分析。

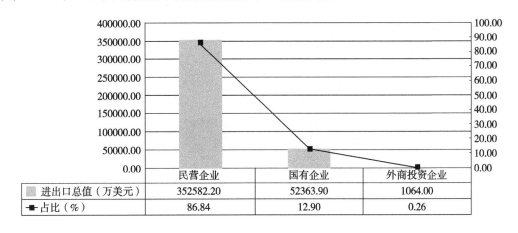

	民营企业	国有企业	外商投资企业
进出口总值（万美元）	352582.20	52363.90	1064.00
占比（%）	86.84	12.90	0.26

图 5－2－84　2014 年 9 月中国新疆各类型企业进出口总值及占比

从图 5-2-84 可以看出：2014 年 9 月进出口企业类型比上月减少了其他企业，其他三类企业按进出口总值大小排名顺序为：民营企业、国有企业、外商投资企业。

其中，民营企业进出口总值排名第一，为 352582.20 万美元，占中国新疆进出口总值的 86.84%，同比上升 73.60%，环比上升 60.11%；国有企业进出口总值排名第二，为 52363.90 万美元，占中国新疆进出口总值的 12.90%，同比下降 53.90%，环比下降 30.15%；外商投资企业进出口总值排名第三，为 1064.00 万美元，占中国新疆进出口总值的 0.26%，同比下降 25.10%，环比下降 9.67%。

（2）2014 年 9 月中国新疆不同性质企业出口总值分析。

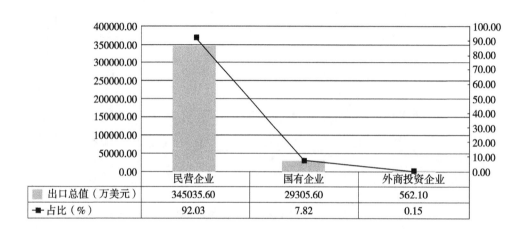

	民营企业	国有企业	外商投资企业
出口总值（万美元）	345035.60	29305.60	562.10
占比（%）	92.03	7.82	0.15

图 5-2-85 2014 年 9 月中国新疆各类型企业出口总值及占比

由图 5-2-85 可以看出：2014 年 9 月各类型企业出口贸易中，出口企业类型比上月减少了其他企业，其他三类企业按出口总值大小排名顺序为：民营企业、国有企业、外商投资企业。

其中，民营企业出口总值排名第一，为 345035.60 万美元，占中国新疆出口总值的 92.03%，同比上升 76.00%，环比上升 63.69%；国有企业出口总值排名第二，为 29305.60 万美元，占中国新疆出口总值的 7.82%，同比上升 2.10%，环比上升 32.15%；外商投资企业出口总值排名第三，为 562.10 万美元，占中国新疆出口总值的 0.15%，同比下降 16.30%，环比下降 15.59%。

（3）2014 年 9 月中国新疆不同性质企业进口总值分析。

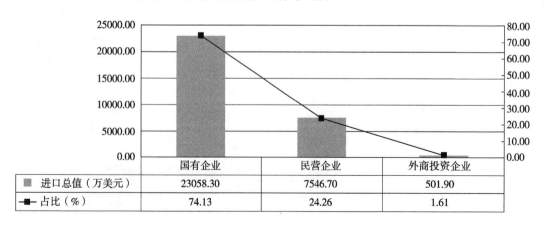

	国有企业	民营企业	外商投资企业
进口总值（万美元）	23058.30	7546.70	501.90
占比（%）	74.13	24.26	1.61

图 5-2-86 2014 年 9 月中国新疆各类型企业进口总值及占比

由图5-2-86可以看出：2014年9月各类型企业进口贸易中，进口企业类型比上月减少了其他企业，其他三类企业按进口总值大小排名顺序为：国有企业、民营企业、外商投资企业。

其中，国有企业进口总值排名第一，进口总值为23058.30万美元，占中国新疆进口总值的74.13%，同比下降72.80%，环比下降56.32%；民营企业进口总值排名第二，为7546.70万美元，占中国新疆进口总值的24.26%，同比上升7.40%，环比下降19.95%；外商投资企业进口总值排名第三，为501.90万美元，占中国新疆进口总值的1.61%，同比下降32.90%，环比下降1.97%。

10. 2014年10月中国新疆不同性质企业进出口总值月度分析

（1）2014年10月中国新疆不同性质企业进出口总值分析。

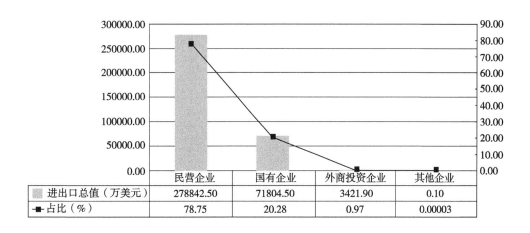

	民营企业	国有企业	外商投资企业	其他企业
进出口总值（万美元）	278842.50	71804.50	3421.90	0.10
占比（%）	78.75	20.28	0.97	0.00003

图5-2-87 2014年10月中国新疆各类型企业进出口总值及占比

从图5-2-87可以看出：2014年10月进出口企业类型中增加了其他企业，四类企业按进出口总值大小排名顺序为：民营企业、国有企业、外商投资企业、其他企业。

其中，民营企业进出口总值排名第一，为278842.50万美元，占中国新疆进出口总值的78.75%，同比上升94.80%，环比下降20.91%；国有企业进出口总值排名第二，为71804.50万美元，占中国新疆进出口总值的20.28%，同比下降36.90%，环比上升37.13%；外商投资企业进出口总值排名第三，为3421.90万美元，占中国新疆进出口总值的0.97%，同比上升121.20%，环比上升221.61%；其他企业进出口总值排名第四，为0.10万美元，占中国新疆进出口总值的0.00003%。

（2）2014年10月中国新疆不同性质企业出口总值分析。

由图5-2-88可以看出：2014年10月出口企业类型中增加了其他企业，四类企业按出口总值大小排名顺序为：民营企业、国有企业、外商投资企业、其他企业。

其中，民营企业出口总值排名第一，出口总值为273225.40万美元，占中国新疆出口总值的92.39%，同比上升97.90%，环比下降20.81%；国有企业出口总值排名第二，为21741.60万美元，占中国新疆出口总值的7.35%，同比上升15.30%，环比下降25.81%；外商投资企业出口总值排名第三，为759.20万美元，占中国新疆出口总值的0.26%，同比上升1.60%，环比上升35.06%；其他企业出口总值排名第四，为0.10万美元，占中国新疆出口总值的0.00003%。

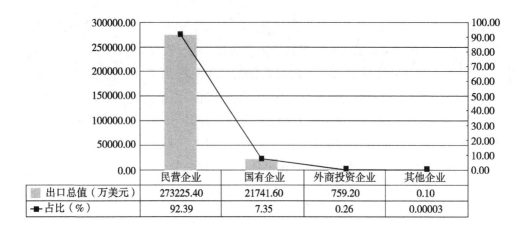

	民营企业	国有企业	外商投资企业	其他企业
出口总值（万美元）	273225.40	21741.60	759.20	0.10
占比（%）	92.39	7.35	0.26	0.00003

图 5 – 2 – 88　2014 年 10 月中国新疆各类型企业出口总值及占比

（3）2014 年 10 月中国新疆不同性质企业进口总值分析。

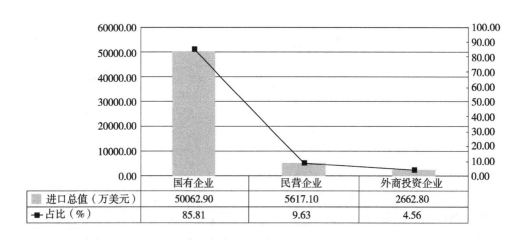

	国有企业	民营企业	外商投资企业
进口总值（万美元）	50062.90	5617.10	2662.80
占比（%）	85.81	9.63	4.56

图 5 – 2 – 89　2014 年 10 月中国新疆各类型企业进口总值及占比

由图 5 – 2 – 89 可以看出：2014 年 10 月进口企业类型中没有增加其他企业，三类企业按出口总值大小排名顺序为：国有企业、民营企业、外商投资企业。

其中，国有企业进口总值排名第一，为 50062.90 万美元，占中国新疆进口总值的 85.81%，同比下降 43.10%，环比上升 117.11%；民营企业进口总值排名第二，为 5617.10 万美元，占中国新疆进口总值的 9.63%，同比上升 10.30%，环比下降 25.57%；外商投资企业进口总值排名第三，为 2662.80 万美元，占中国新疆进口总值的 4.56%，同比下降 232.90%，环比下降 430.54%。

11. 2014 年 11 月中国新疆不同性质企业进出口总值月度分析

（1）2014 年 11 月中国新疆不同性质企业进出口总值分析。

从图 5 – 2 – 90 可以看出：2014 年 11 月进出口企业类型中，四类企业按进出口总值大小排名顺序为：民营企业、国有企业、外商投资企业、其他企业。

其中，民营企业进出口总值排名第一，为 188031.60 万美元，占中国新疆进出口总值的 70.24%，同比上升 16.70%，环比下降 32.57%；国有企业进出口总值排名第二，为 78033.10 万

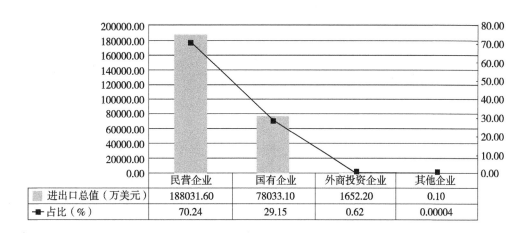

图 5-2-90　2014 年 11 月中国新疆各类型企业进出口总值及占比

美元，占中国新疆进出口总值的 29.15%，同比下降 38.00%，环比上升 8.67%；外商投资企业进出口总值排名第三，为 1652.20 万美元，占中国新疆进出口总值的 0.62%，同比下降 19.60%，环比下降 51.72%；其他企业进出口总值排名第四，为 0.10 万美元，占中国新疆进出口总值的 0.00004%。

（2）2014 年 11 月中国新疆不同性质企业出口总值分析。

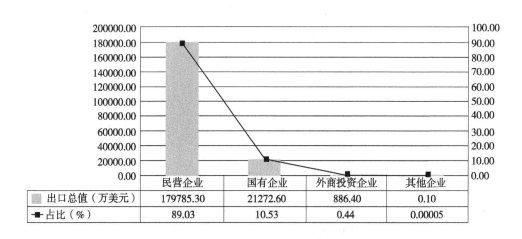

图 5-2-91　2014 年 11 月中国新疆各类型企业出口总值及占比

由图 5-2-91 可以看出：2014 年 11 月出口企业类型中，四类企业按出口总值大小排名顺序为：民营企业、国有企业、外商投资企业、其他企业。

其中，民营企业出口总值排名第一，为 179785.30 万美元，占中国新疆出口总值的 89.03%，同比上升 16.50%，环比下降 34.20%；国有企业出口总值排名第二，为 21272.60 万美元，占中国新疆出口总值的 10.53%，同比上升 11.10%，环比下降 2.16%；外商投资企业出口总值排名第三，为 886.40 万美元，占中国新疆出口总值的 0.44%，同比下降 24.00%，环比上升 16.75%；其他企业出口总值排名第四，为 0.10 万美元，占中国新疆出口总值的 0.00005%。

（3）2014 年 11 月中国新疆不同性质企业进口总值分析。

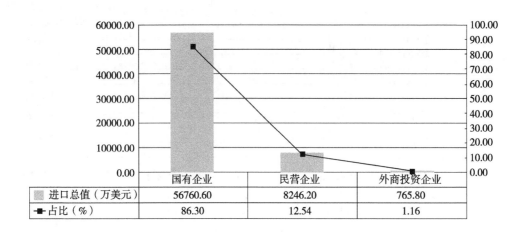

图 5 - 2 - 92 2014 年 11 月中国新疆各类型企业进口总值及占比

由图 5 - 2 - 92 可以看出：2014 年 11 月进口企业类型中，三类企业按进口总值大小排名顺序为：国有企业、民营企业、外商投资企业。

其中，国有企业进口总值排名第一，为 56760.60 万美元，占中国新疆进口总值的 86.30%，同比下降 46.80%，环比上升 13.38%；民营企业进口总值排名第二，为 8246.20 万美元，占中国新疆进口总值的 12.54%，同比上升 19.40%，环比上升 46.81%；外商投资企业进口总值排名第三，为 765.80 万美元，占中国新疆进口总值的 1.16%，同比下降 13.90%，环比下降 71.24%。

12. 2014 年 12 月中国新疆不同性质企业进出口总值月度分析

（1）2014 年 12 月中国新疆不同性质企业进出口总值分析。

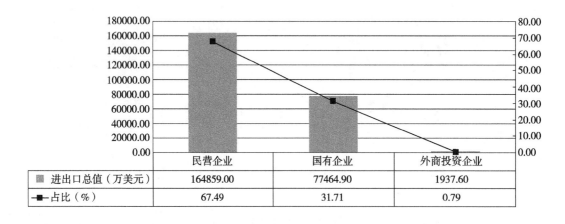

图 5 - 2 - 93 2014 年 12 月中国新疆各类型企业进出口总值及占比

从图 5 - 2 - 93 可以看出：2014 年 12 月进出口企业类型中，三类企业按进出口总值大小排名顺序为：民营企业、国有企业、外商投资企业。

其中，民营企业进出口总值排名第一，为 164859.00 万美元，占中国新疆进出口总值的 67.49%，同比下降 49.70%，环比下降 12.32%；国有企业进出口总值排名第二，为 77464.90 万美元，占中国新疆进出口总值的 31.71%，同比上升 33.40%，环比下降 0.73%；外商投资企业进出口总值排名第三，为 1937.60 万美元，占中国新疆进出口总值的 0.79%，同比下降 48.00%，环比上升 17.27%。

（2）2014 年 12 月中国新疆不同性质企业出口总值分析。

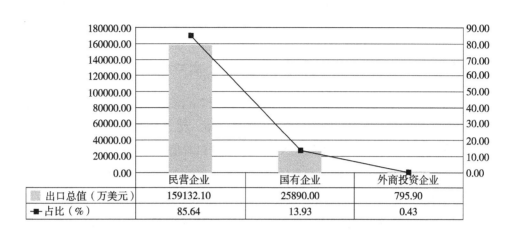

图 5 - 2 - 94　2014 年 12 月中国新疆各类型企业出口总值及占比

由图 5 - 2 - 94 可以看出：2014 年 12 月出口企业类型中，三类企业按出口总值大小排名顺序为：民营企业、国有企业、外商投资企业。

其中，民营企业出口总值排名第一，为 159132.10 万美元，占中国新疆出口总值的 85.64%，同比下降 50.40%，环比下降 11.49%；国有企业出口总值排名第二，为 25890.00 万美元，占中国新疆出口总值的 13.93%，同比上升 38.90%，环比上升 27.71%；外商投资企业出口总值排名第三，为 795.90 万美元，占中国新疆出口总值的 0.43%，同比下降 33.00%，环比下降 10.21%；与上月相比，本月没有其他企业数据。

（3）2014 年 12 月中国新疆不同性质企业进口总值分析。

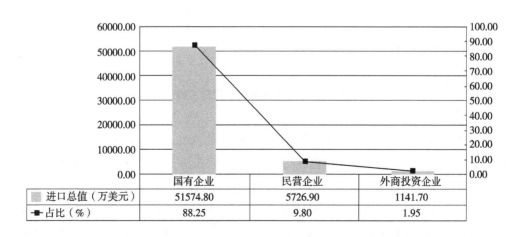

图 5 - 2 - 95　2014 年 12 月中国新疆各类型企业进口总值及占比

由图 5 - 2 - 95 可以看出：2014 年 12 月进口企业类型中，三类企业按进口总值大小排名顺序为：国有企业、民营企业、外商投资企业。

其中，国有企业进口总值排名第一，为 51574.80 万美元，占中国新疆进口总值的 88.25%，同比上升30.70%，环比下降9.14%；民营企业进口总值排名第二，为5726.90万美元，占中国新疆进口总值的9.80%，同比下降19.10%，环比下降30.55%；外商投资企业进口总值排名第三，为1141.70万美元，占中国新疆进口总值的1.95%，同比下降55.00%，环比上升49.09%；与上月相比，本月没有其他企业数据。

四、按照商品类别对2014年中国新疆进出口总值进行分析

2014年中国新疆主要的进出口商品有31种，其中出口总值排名前十的商品依次是服装及衣着附件，机电产品，鞋类，纺织纱线、织物及制品，农产品，箱包及类似容器，初级形状的聚氯乙烯，汽车零件，陶瓷产品，灯具、照明装置及类似品；进口总值排名前十的商品依次是原油、机电产品、农产品、铁矿砂及其精矿、棉花、高新技术产品、成品油、铜矿砂及其精矿、液化石油气及其他烃类气、氧化铝。

（一）按照商品类别对2014年中国新疆出口商品总值进行分析

1. 2014年中国新疆出口商品总值分析

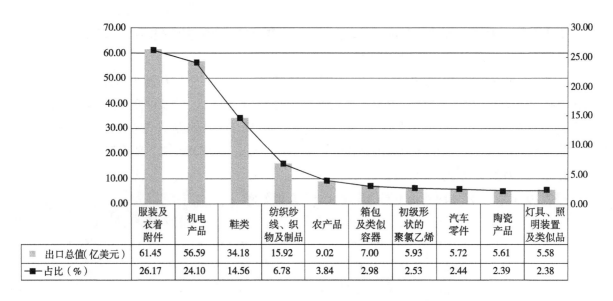

	服装及衣着附件	机电产品	鞋类	纺织纱线、织物及制品	农产品	箱包及类似容器	初级形状的聚氯乙烯	汽车零件	陶瓷产品	灯具、照明装置及类似品
出口总值(亿美元)	61.45	56.59	34.18	15.92	9.02	7.00	5.93	5.72	5.61	5.58
占比（%）	26.17	24.10	14.56	6.78	3.84	2.98	2.53	2.44	2.39	2.38

图5-2-96 2014年中国新疆出口排名前十的商品

从图5-2-96可知，2014年中国新疆出口排名前十的商品，服装及衣着附件和机电产品的出口总值占主要地位，两者之和占中国新疆商品出口总值的50.27%。其中，服装及衣着附件的出口总值位居第一，出口总值为61.45亿美元，占中国新疆商品出口总值的26.17%，同比上升1.70%；机电产品的出口总值为56.59亿美元，占中国新疆商品出口总值的24.10%，同比上升0.10%，排名第二；鞋类的出口总值为34.18亿美元，占中国新疆商品出口总值的14.56%，同比上升96.50%，排名第三；纺织纱线、织物及制品的出口总值为15.92亿美元，占中国新疆商品出口总值的6.78%，同比上升26.24%，排名第四；农产品的出口总值为9.02亿美元，占中国新疆商品出口总值的3.84%，同比上升6.80%，排名第五；排在第十位的是灯具、照明装置及类似品，其出口总值为5.58亿美元，占中国新疆商品出口总值的2.38%，同比上升4.50%。

2. 2014 年中国新疆出口商品总值趋势分析

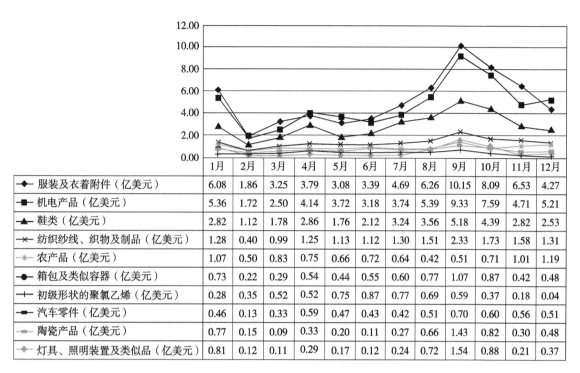

	1月	2月	3月	4月	5月	6月	7月	8月	9月	10月	11月	12月
◆ 服装及衣着附件（亿美元）	6.08	1.86	3.25	3.79	3.08	3.39	4.69	6.26	10.15	8.09	6.53	4.27
■ 机电产品（亿美元）	5.36	1.72	2.50	4.14	3.72	3.18	3.74	5.39	9.33	7.59	4.71	5.21
▲ 鞋类（亿美元）	2.82	1.12	1.78	2.86	1.76	2.12	3.24	3.56	5.18	4.39	2.82	2.53
✕ 纺织纱线、织物及制品（亿美元）	1.28	0.40	0.99	1.25	1.13	1.12	1.30	1.51	2.33	1.73	1.58	1.31
✱ 农产品（亿美元）	1.07	0.50	0.83	0.75	0.66	0.72	0.64	0.42	0.51	0.71	1.01	1.19
● 箱包及类似容器（亿美元）	0.73	0.22	0.29	0.54	0.44	0.55	0.60	0.77	1.07	0.87	0.42	0.48
＋ 初级形状的聚氯乙烯（亿美元）	0.28	0.35	0.52	0.52	0.75	0.87	0.77	0.69	0.59	0.37	0.18	0.04
■ 汽车零件（亿美元）	0.46	0.13	0.33	0.59	0.47	0.43	0.42	0.51	0.70	0.60	0.56	0.51
▬ 陶瓷产品（亿美元）	0.77	0.15	0.09	0.33	0.20	0.11	0.27	0.66	1.43	0.82	0.30	0.48
◆ 灯具、照明装置及类似品（亿美元）	0.81	0.12	0.11	0.29	0.17	0.12	0.24	0.72	1.54	0.88	0.21	0.37

图 5 - 2 - 97　2014 年 1 ~ 12 月中国新疆出口商品总值

从图 5 - 2 - 97 可知，2014 年中国新疆出口排名前十的商品中，服装及衣着附件呈波动变化趋势。具体来看，1 月出口总值为 6.08 亿美元，2 ~ 4 月呈上升趋势，5 月有所下降，6 ~ 9 月呈持续上升趋势，10 ~ 12 月呈持续下降趋势；机电产品 1 月出口总值为 5.36 亿美元，2 月小幅下降后 3 月又有所上升，第二季度呈下降趋势，下降至 3.18 亿美元，第三季度呈上升趋势，上升至全年最高 9.33 亿美元，第四季度呈先升后降趋势；鞋类 1 ~ 12 月出口总值总体呈波动变化趋势，最大值出现在 9 月，为 5.18 亿美元，最小值出现在 2 月，为 1.12 亿美元。具体来看，1 月出口总值为 2.82 亿美元，2 ~ 4 月出口总值开始上升，在 5 月有所下降以后，5 ~ 9 月呈持续上升变化趋势，10 ~ 12 月呈持续下降趋势。纺织纱线、织物及制品，农产品，箱包及类似容器，初级形状的聚氯乙烯，汽车零件，陶瓷产品，灯具、照明装置及类似品 7 种出口商品总值 1 ~ 12 月表现均较为平稳，且出口总值均较小。

3. 2014 年中国新疆出口商品总值月度分析

（1）2014 年 1 月中国新疆出口商品总值月度分析。

中国新疆出口商品大致有 30 种，其中出口总值排名前十的依次是服装及衣着附件，机电产品，鞋类，纺织纱线、织物及制品，农产品，家具及其零件，灯具、照明装置及类似品，陶瓷产品，箱包及类似容器，塑料制品。与 11 月相比，汽车零件被挤出前十，陶瓷产品挤进前十。

由图 5 - 2 - 98 可以看出：2014 年 1 月中国新疆商品出口中，服装及衣着附件排名最高，出口总值为 60784.60 万美元，占中国新疆出口总值的 27.12%，同比上升 18.60%，环比下降 2.53%；机电产品排名第二，出口总值为 53648.00 万美元，占中国新疆出口总值的 23.93%，同比上升 7.10%，环比下降 48.45%；鞋类排名第三，出口总值为 28179.70 万美元，占中国新疆出口总值的

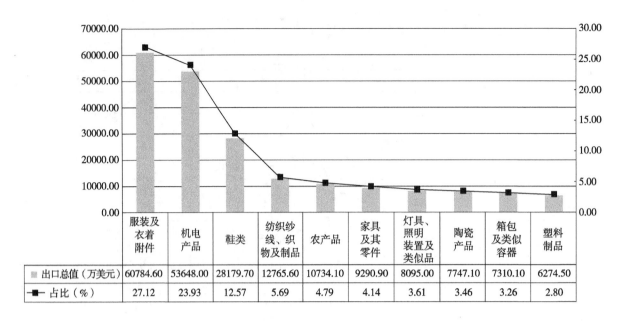

	服装及衣着附件	机电产品	鞋类	纺织纱线、织物及制品	农产品	家具及其零件	灯具、照明装置及类似品	陶瓷产品	箱包及类似容器	塑料制品
出口总值（万美元）	60784.60	53648.00	28179.70	12765.60	10734.10	9290.90	8095.00	7747.10	7310.10	6274.50
占比（%）	27.12	23.93	12.57	5.69	4.79	4.14	3.61	3.46	3.26	2.80

图 5-2-98　2014 年 1 月中国新疆各种商品出口总值及占比

12.57%，同比上升 3.00%，环比上升 0.68%；纺织纱线、织物及制品排名第四，出口总值为 12765.60 万美元，占中国新疆出口总值的 5.69%，同比下降 24.30%，环比下降 28.22%；农产品排名第五，出口总值为 10734.10 万美元，占中国新疆出口总值的 4.79%，同比上升 49.40%，环比下降 12.36%；家具及其零件排名第六，出口总值为 9290.90 万美元，占中国新疆出口总值的 4.14%，同比下降 24.90%，环比下降 48.72%；灯具、照明装置及类似品排名第七，出口总值为 8095.00 万美元，占中国新疆出口总值的 3.61%，同比上升 18.90%，环比下降 60.70%；陶瓷产品排名第八，出口总值为 7747.10 万美元，占中国新疆出口总值的 3.46%，同比上升 54.40%，环比下降 50.38%；箱包及类似容器排名第九，出口总值为 7310.10 万美元，占中国新疆出口总值的 3.26%，同比下降 16.70%，环比下降 47.64%；塑料制品排名第十，出口总值为 6274.50 万美元，占中国新疆出口总值的 2.80%，同比下降 17.10%，环比下降 57.83%。

（2）2014 年 2 月中国新疆出口商品总值月度分析。

中国新疆出口商品大致有 30 种，其中出口总值排名前十的依次是服装及衣着附件，机电产品，鞋类，农产品，纺织纱线、织物及制品，初级形状的聚氯乙烯，番茄酱，箱包及类似容器，高新技术产品，家具及其零件。

由图 5-2-99 可以看出：2014 年 2 月中国新疆商品出口中，服装及衣着附件排名最高，出口总值为 18588.30 万美元，占中国新疆出口总值的 24.56%，同比下降 39.21%，环比下降 69.42%；机电产品排名第二，出口总值为 17205.30 万美元，占中国新疆出口总值的 22.74%，同比下降 45.93%，环比下降 67.93%；鞋类排名第三，出口总值为 11163.40 万美元，占中国新疆出口总值的 14.75%，同比下降 20.33%，环比下降 60.38%；农产品排名第四，出口总值为 5029.00 万美元，占中国新疆出口总值的 6.65%，同比下降 8.51%，环比下降 53.15%；纺织纱线、织物及制品排名第五，出口总值为 3950.40 万美元，占中国新疆出口总值的 5.22%，同比下降 55.18%，环比下降 69.05%；初级形状的聚氯乙烯排名第六，出口总值为 3530.90 万美元，占中国新疆出口总值的 4.67%，同比下降 2.22%，环比上升 27.76%；番茄酱排名第七，出口总值为 2382.50 万美元，

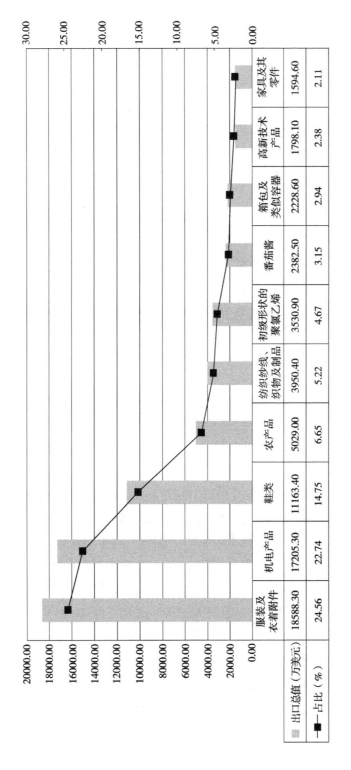

出口总值（万美元）	服装及衣着附件	机电产品	鞋类	农产品	纺织纱线、织物及制品	初级形状的聚氯乙烯	番茄酱	箱包及类似容器	高新技术产品	家具及其零件
出口总值（万美元）	18588.30	17205.30	11163.40	5029.00	3950.40	3530.90	2382.50	2228.60	1798.10	1594.60
占比（%）	24.56	22.74	14.75	6.65	5.22	4.67	3.15	2.94	2.38	2.11

图 5－2－99 2014 年 2 月中国新疆各种商品出口总值及占比

占中国新疆出口总值的3.15%，同比下降28.95%，环比下降50.90%；箱包及类似容器排名第八，出口总值为2228.60万美元，占中国新疆出口总值的2.94%，同比下降59.67%，环比下降69.51%；高新技术产品排名第九，出口总值为1798.10万美元，占中国新疆出口总值的2.38%，同比上升24.02%，环比下降44.73%；家具及其零件排名第十，出口总值为1594.60万美元，占中国新疆出口总值的2.11%，同比下降81.55%，环比下降82.84%。

（3）2014年3月中国新疆出口商品总值月度分析。

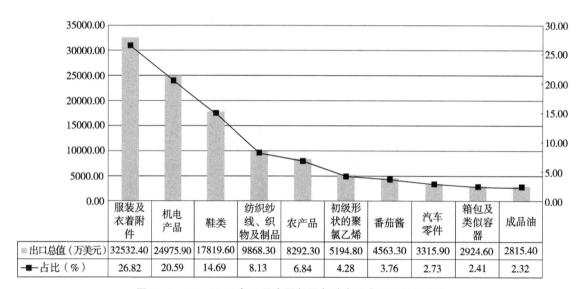

	服装及衣着附件	机电产品	鞋类	纺织纱线、织物及制品	农产品	初级形状的聚氯乙烯	番茄酱	汽车零件	箱包及类似容器	成品油
出口总值（万美元）	32532.40	24975.90	17819.60	9868.30	8292.30	5194.80	4563.30	3315.90	2924.60	2815.40
占比（%）	26.82	20.59	14.69	8.13	6.84	4.28	3.76	2.73	2.41	2.32

图5-2-100　2014年3月中国新疆各种商品出口总值及占比

中国新疆出口商品大致有30种，其中出口总值排名前十的依次是服装及衣着附件，机电产品，鞋类，纺织纱线、织物及制品，农产品，初级形状的聚氯乙烯，番茄酱，汽车零件，箱包及类似容器，成品油。与2014年2月相比，家具及其零件，陶瓷产品，灯具、照明装置及类似品，塑料制品被挤出前十，初级形状的聚氯乙烯、番茄酱、汽车零件、成品油挤进前十。

由图5-2-100可以看出：2014年3月中国新疆商品出口中，服装及衣着附件排名最高，出口总值为32532.40万美元，占中国新疆出口总值的26.82%，同比上升6.96%，环比上升75.02%；机电产品排名第二，出口总值为24975.90万美元，占中国新疆出口总值的20.59%，同比下降11.15%，环比上升45.16%；鞋类排名第三，出口总值为17819.60万美元，占中国新疆出口总值的14.69%，同比上升65.22%，环比上升59.63%；纺织纱线、织物及制品排名第四，出口总值为9868.30万美元，占中国新疆出口总值的8.13%，同比下降31.85%，环比上升149.81%；农产品排名第五，出口总值为8292.30万美元，占中国新疆出口总值的6.84%，同比上升7.39%，环比上升64.89%；初级形状的聚氯乙烯排名第六，出口总值为5194.80万美元，占中国新疆出口总值的4.28%，同比下降27.12%，环比上升47.12%；番茄酱排名第七，出口总值为4563.30万美元，占中国新疆出口总值的3.76%，同比上升3.76%，环比上升91.53%；汽车零件排名第八，出口总值为3315.90万美元，占中国新疆出口总值的2.73%，同比下降2.98%，环比上升151.87%；箱包及类似容器排名第九，出口总值为2924.60万美元，占中国新疆出口总值的2.41%，同比上升6.40%，环比上升31.23%；成品油排名第十，出口总值为2815.40万美元，占中国新疆出口总值的2.32%，同比上升304.64%，环比上升113.81%。

（4）2014 年 4 月中国新疆出口商品总值月度分析。

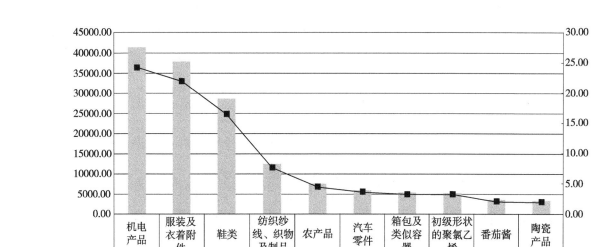

	机电产品	服装及衣着附件	鞋类	纺织纱线、织物及制品	农产品	汽车零件	箱包及类似容器	初级形状的聚氯乙烯	番茄酱	陶瓷产品
出口总值（万美元）	41378.60	37877.40	28645.30	12513.90	7483.80	5917.10	5402.80	5186.50	3585.60	3271.20
占比（%）	24.25	22.19	16.79	7.33	4.39	3.47	3.17	3.04	2.10	1.92

图 5 - 2 - 101 2014 年 4 月中国新疆各种商品出口总值及占比

中国新疆出口商品大致有 30 种，其中出口总值排名前十的依次是机电产品，服装及衣着附件，鞋类，纺织纱线、织物及制品，农产品，汽车零件，箱包及类似容器，初级形状的聚氯乙烯，番茄酱，陶瓷产品。与 2014 年 3 月相比，成品油被挤出前十，陶瓷产品挤进前十。

由图 5 - 2 - 101 可以看出：2014 年 4 月中国新疆商品出口中，机电产品排名最高，出口总值为 41378.60 万美元，占中国新疆出口总值的 24.25%，同比下降 7.36%，环比上升 65.67%；服装及衣着附件排名第二，出口总值为 37877.40 万美元，占中国新疆出口总值的 22.19%，同比下降 25.87%，环比上升 16.43%；鞋类排名第三，出口总值为 28645.30 万美元，占中国新疆出口总值的 16.79%，同比上升 442.59%，环比上升 60.75%；纺织纱线、织物及制品排名第四，出口总值为 12513.90 万美元，占中国新疆出口总值的 7.33%，同比下降 47.72%，环比上升 26.81%；农产品排名第五，出口总值为 7483.80 万美元，占中国新疆出口总值的 4.39%，同比下降 1.94%，环比下降 9.75%；汽车零件排名第六，出口总值为 5917.10 万美元，占中国新疆出口总值的 3.47%，同比上升 10.23%，环比上升 78.45%；箱包及类似容器排名第七，出口总值为 5402.80 万美元，占中国新疆出口总值的 3.17%，同比下降 0.90%，环比上升 84.74%；初级形状的聚氯乙烯排名第八，出口总值为 5186.50 万美元，占中国新疆出口总值的 3.04%，同比上升 25.37%，环比下降 0.16%；番茄酱排名第九，出口总值为 3585.60 万美元，占中国新疆出口总值的 2.10%，同比下降 16.42%，环比下降 21.43%；陶瓷产品排名第十，出口总值为 3271.20 万美元，占中国新疆出口总值的 1.92%，同比上升 70.91%，环比上升 251.67%。

（5）2014 年 5 月中国新疆出口商品总值月度分析。

中国新疆出口商品大致有 30 种，其中出口总值排名前十的依次是机电产品，服装及衣着附件，鞋类，纺织纱线、织物及制品，初级形状的聚氯乙烯，农产品，汽车零件，箱包及类似容器，番茄酱，钢材。与 2014 年 4 月相比，陶瓷产品被挤出前十，钢材挤进前十。

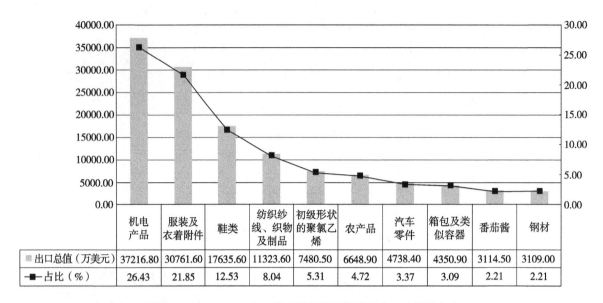

	机电产品	服装及衣着附件	鞋类	纺织纱线、织物及制品	初级形状的聚氯乙烯	农产品	汽车零件	箱包及类似容器	番茄酱	钢材
出口总值（万美元）	37216.80	30761.60	17635.60	11323.60	7480.50	6648.90	4738.40	4350.90	3114.50	3109.00
占比（%）	26.43	21.85	12.53	8.04	5.31	4.72	3.37	3.09	2.21	2.21

图5-2-102　2014年5月中国新疆各种商品出口总值及占比

由图5-2-103可以看出：2014年5月中国新疆商品出口中，机电产品排名最高，出口总值为37216.80万美元，占中国新疆出口总值的26.43%，同比下降19.95%，环比下降10.06%；服装及衣着附件排名第二，出口总值为30761.60万美元，占中国新疆出口总值的21.85%，同比下降21.25%，环比下降18.79%；鞋类排名第三，出口总值为17635.60万美元，占中国新疆出口总值的12.53%，同比上升1216.39%，环比下降38.43%；纺织纱线、织物及制品排名第四，出口总值为11323.60万美元，占中国新疆出口总值的8.04%，同比下降52.93%，环比下降9.51%；初级形状的聚氯乙烯排名第五，出口总值为7480.50万美元，占中国新疆出口总值的5.31%，同比上升111.31%，环比上升44.23%；农产品排名第六，出口总值为6648.90万美元，占中国新疆出口总值的4.72%，同比下降18.88%，环比下降11.16%；汽车零件排名第七，出口总值为4738.40万美元，占中国新疆出口总值的3.37%，同比下降6.75%，环比下降19.92%；箱包及类似容器排名第八，出口总值为4350.90万美元，占中国新疆出口总值的3.09%，同比下降16.34%，环比下降19.47%；番茄酱排名第九，出口总值为3114.50万美元，占中国新疆出口总值的2.21%，同比下降31.64%，环比下降13.14%；钢材排名第十，出口总值为3109.00万美元，占中国新疆出口总值的2.21%，同比下降7.60%，环比下降1.00%。

（6）2014年6月中国新疆出口商品总值月度分析。

中国新疆出口商品大致有30种，其中出口总值排名前十的依次是服装及衣着附件，机电产品，鞋类，纺织纱线、织物及制品，初级形状的聚氯乙烯，农产品，箱包及类似容器，汽车零件，钢材，汽车。与2014年5月相比，番茄酱被挤出前十，汽车挤进前十。

由图5-2-103可以看出：2014年6月中国新疆商品出口中，服装及衣着附件排名最高，出口总值为33940.10万美元，占中国新疆出口总值的23.64%，同比上升0.38%，环比上升10.33%；机电产品排名第二，出口总值为31772.20万美元，占中国新疆出口总值的22.13%，同比下降2.54%，环比下降14.63%；鞋类排名第三，出口总值为21163.40万美元，占中国新疆出口总值的14.74%，同比上升1722.46%，环比上升20.00%；纺织纱线、织物及制品排名第四，出口总值为11177.10万美元，占中国新疆出口总值的7.79%，同比下降37.46%，环比下降1.29%；

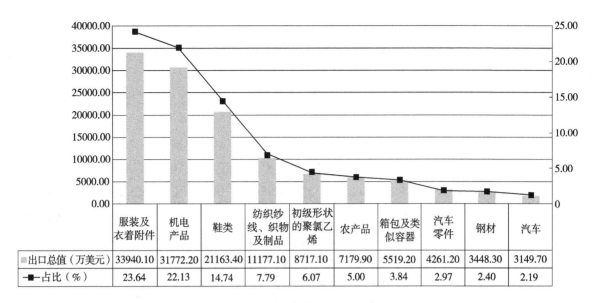

	服装及衣着附件	机电产品	鞋类	纺织纱线、织物及制品	初级形状的聚氯乙烯	农产品	箱包及类似容器	汽车零件	钢材	汽车
出口总值（万美元）	33940.10	31772.20	21163.40	11177.10	8717.10	7179.90	5519.20	4261.20	3448.30	3149.70
占比（%）	23.64	22.13	14.74	7.79	6.07	5.00	3.84	2.97	2.40	2.19

图 5 - 2 - 103　2014 年 6 月中国新疆各种商品出口总值及占比

初级形状的聚氯乙烯排名第五，出口总值为 8717.10 万美元，占中国新疆出口总值的 6.07%，同比上升 200.67%，环比上升 16.53%；农产品排名第六，出口总值为 7179.90 万美元，占中国新疆出口总值的 5.00%，同比上升 19.46%，环比上升 7.99%；箱包及类似容器排名第七，出口总值为 5519.20 万美元，占中国新疆出口总值的 3.84%，同比上升 13.75%，环比上升 26.85%；汽车零件排名第八，出口总值为 4261.20 万美元，占中国新疆出口总值的 2.97%，同比上升 37.71%，环比下降 10.07%；钢材排名第九，出口总值为 3448.30 万美元，占中国新疆出口总值的 2.40%，同比上升 13.12%，环比上升 10.91%；汽车排名第十，出口总值为 3149.70 万美元，占中国新疆出口总值的 2.19%，同比下降 13.76%，环比上升 1.13%。

（7）2014 年 7 月中国新疆出口商品总值月度分析。

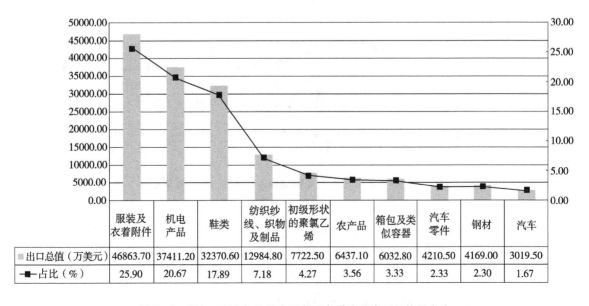

	服装及衣着附件	机电产品	鞋类	纺织纱线、织物及制品	初级形状的聚氯乙烯	农产品	箱包及类似容器	汽车零件	钢材	汽车
出口总值（万美元）	46863.70	37411.20	32370.60	12984.80	7722.50	6437.10	6032.80	4210.50	4169.00	3019.50
占比（%）	25.90	20.67	17.89	7.18	4.27	3.56	3.33	2.33	2.30	1.67

图 5 - 2 - 104　2014 年 7 月中国新疆各种商品出口总值及占比

中国新疆出口商品大致有 30 种，其中出口总值排名前十的依次是服装及衣着附件，机电产品，鞋类，纺织纱线、织物及制品，初级形状的聚氯乙烯，农产品，箱包及类似容器，汽车零件，钢材，汽车。与 2014 年 6 月相比，前十名商品未发生改变。

由图 5-2-104 可以看出：2014 年 7 月中国新疆商品出口中，服装及衣着附件排名最高，出口总值为 46863.70 万美元，占中国新疆出口总值的 25.90%，同比下降 16.49%，环比上升 38.08%；机电产品排名第二，出口总值为 37411.20 万美元，占中国新疆出口总值的 20.67%，同比下降 23.38%，环比上升 17.75%；鞋类排名第三，出口总值为 32370.60 万美元，占中国新疆出口总值的 17.89%，同比上升 1085.87%，环比上升 52.96%；纺织纱线、织物及制品排名第四，出口总值为 12984.80 万美元，占中国新疆出口总值的 7.18%，同比下降 42.47%，环比上升 16.17%；初级形状的聚氯乙烯排名第五，出口总值为 7722.50 万美元，占中国新疆出口总值的 4.27%，同比上升 122.26%，环比下降 11.41%；农产品排名第六，出口总值为 6437.10 万美元，占中国新疆出口总值的 3.56%，同比上升 12.43%，环比下降 10.35%；箱包及类似容器排名第七，出口总值为 6032.80 万美元，占中国新疆出口总值的 3.33%，同比下降 23.98%，环比上升 9.31%；汽车零件排名第八，出口总值为 4210.50 万美元，占中国新疆出口总值的 2.33%，同比下降 8.97%，环比下降 1.19%；钢材排名第九，出口总值为 4169.00 万美元，占中国新疆出口总值的 2.30%，同比上升 1.65%，环比上升 20.90%；汽车排名第十，出口总值为 3019.50 万美元，占中国新疆出口总值的 1.67%，同比下降 18.98%，环比上升 3.59%。

（8）2014 年 8 月中国新疆出口商品总值月度分析。

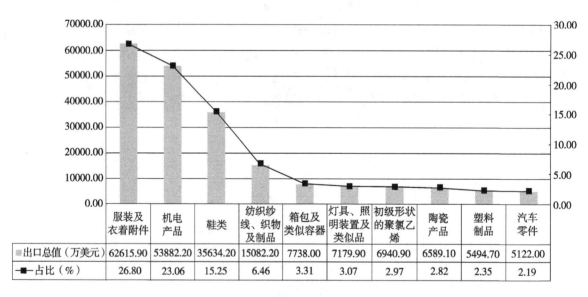

	服装及衣着附件	机电产品	鞋类	纺织纱线、织物及制品	箱包及类似容器	灯具、照明装置及类似品	初级形状的聚氯乙烯	陶瓷产品	塑料制品	汽车零件
出口总值（万美元）	62615.90	53882.20	35634.20	15082.20	7738.00	7179.90	6940.90	6589.10	5494.70	5122.00
占比（%）	26.80	23.06	15.25	6.46	3.31	3.07	2.97	2.82	2.35	2.19

图 5-2-105　2014 年 8 月中国新疆各种商品出口总值及占比

中国新疆出口商品大致有 30 种，其中出口总值排名前十的依次是服装及衣着附件，机电产品，鞋类，纺织纱线、织物及制品，箱包及类似容器，灯具，照明装置及类似品，初级形状的聚氯乙烯，陶瓷产品，塑料制品，汽车零件。与 2014 年 7 月相比，农产品、钢材、汽车被挤出前十，灯具、照明装置及类似品，陶瓷产品，塑料制品挤进前十。

由图 5-2-105 可以看出：2014 年 8 月中国新疆商品出口中，服装及衣着附件排名最高，出口总值为 62615.90 万美元，占中国新疆出口总值的 26.80%，同比下降 4.02%，环比上升 33.61%；机电产品排名第二，出口总值为 53882.20 万美元，占中国新疆出口总值的 23.06%，同比下降 6.73%，环比上升 44.03%；鞋类排名第三，出口总值为 35634.20 万美元，占中国新疆出口总值的 15.25%，同比上升 218.49%，环比上升 10.08%；纺织纱线、织物及制品排名第四，出口总值为 15082.20 万美元，占中国新疆出口总值的 6.46%，同比下降 18.03%，环比上升 16.15%；箱包及类似容器排名第五，出口总值为 7738.00 万美元，占中国新疆出口总值的 3.31%，同比下降 11.53%，环比上升 28.27%；灯具、照明装置及类似品排名第六，出口总值为 7179.90 万美元，占中国新疆出口总值的 3.07%，同比下降 5.38%，环比上升 195.21%；初级形状的聚氯乙烯排名第七，出口总值为 6940.90 万美元，占中国新疆出口总值的 2.97%，同比上升 247.36%，环比下降 10.12%；陶瓷产品排名第八，出口总值为 6589.10 万美元，占中国新疆出口总值的 2.82%，同比上升 27.37%，环比上升 141.31%；塑料制品排名第九，出口总值为 5494.70 万美元，占中国新疆出口总值的 2.35%，同比下降 30.92%，环比上升 117.77%；汽车零件排名第十，出口总值为 5122.00 万美元，占中国新疆出口总值的 2.19%，同比上升 10.89%，环比上升 21.65%。

（9）2014 年 9 月中国新疆出口商品总值月度分析。

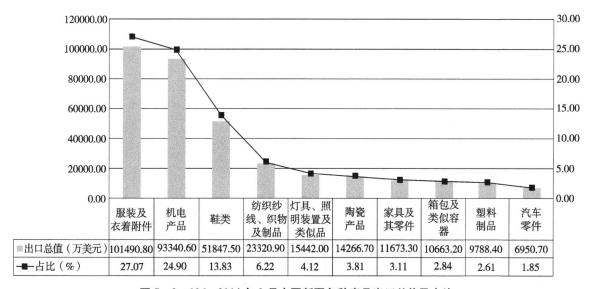

	服装及衣着附件	机电产品	鞋类	纺织纱线、织物及制品	灯具、照明装置及类似品	陶瓷产品	家具及其零件	箱包及类似容器	塑料制品	汽车零件
出口总值（万美元）	101490.80	93340.60	51847.50	23320.90	15442.00	14266.70	11673.30	10663.20	9788.40	6950.70
占比（%）	27.07	24.90	13.83	6.22	4.12	3.81	3.11	2.84	2.61	1.85

图 5-2-106 2014 年 9 月中国新疆各种商品出口总值及占比

中国新疆出口商品大致有 30 种，其中出口总值排名前十的依次是服装及衣着附件，机电产品，鞋类，纺织纱线、织物及制品，灯具、照明装置及类似品，陶瓷产品，家具及其零件，箱包及类似容器，塑料制品，汽车零件。与 2014 年 8 月相比，初级形状的聚氯乙烯被挤出前十，家具及其零件挤进前十。

由图 5-2-106 可以看出：2014 年 9 月中国新疆商品出口中，服装及衣着附件排名最高，出口总值为 101490.80 万美元，占中国新疆出口总值的 27.07%，同比上升 43.19%，环比上升 62.08%；机电产品排名第二，出口总值为 93340.60 万美元，占中国新疆出口总值的 24.90%，同比上升 82.18%，环比上升 73.23%；鞋类排名第三，出口总值为 51847.50 万美元，占中国新疆出口总值的 13.83%，同比上升 68.61%，环比上升 45.50%；纺织纱线、织物及制品排名第四，出口总值为 23320.90 万美元，占中国新疆出口总值的 6.22%，同比上升 21.69%，环比上升 54.63%；灯具、照明装置及类似品排名第五，出口总值为 15442.00 万美元，占中国新疆出口总值的 4.12%，同比上升 301.31%，环比上升 115.07%；陶瓷产品排名第六，出口总值为 14266.70 万美元，占中国新疆出口总值的 3.81%，同比上升 309.81%，环比上升 116.52%；家具及其零件排名第七，出口总值为 11673.30 万美元，占中国新疆出口总值的 3.11%，同比上升 302.51%，环比上升 250.15%；箱包及类似容器排名第八，出口总值为 10663.20 万美元，占中国新疆出口总值的 2.84%，同比上升 50.14%，环比上升 37.80%；塑料制品排名第九，出口总值为 9788.40 万美元，占中国新疆出口总值的 2.61%，同比上升 110.04%，环比上升 78.14%；汽车零件排名第十，出口总值为 6950.70 万美元，占中国新疆出口总值的 1.85%，同比上升 51.01%，环比上升 35.70%。

（10）2014 年 10 月中国新疆出口商品总值月度分析。

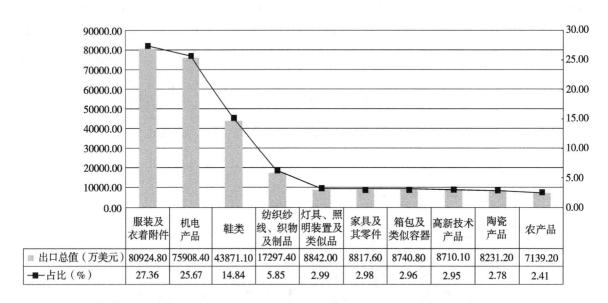

	服装及衣着附件	机电产品	鞋类	纺织纱线、织物及制品	灯具、照明装置及类似品	家具及其零件	箱包及类似容器	高新技术产品	陶瓷产品	农产品
出口总值（万美元）	80924.80	75908.40	43871.10	17297.40	8842.00	8817.60	8740.80	8710.10	8231.20	7139.20
占比（%）	27.36	25.67	14.84	5.85	2.99	2.98	2.96	2.95	2.78	2.41

图 5 - 2 - 107　2014 年 10 月中国新疆各种商品出口总值及占比

中国新疆出口商品大致有 30 种，其中出口总值排名前十的依次是服装及衣着附件，机电产品，鞋类，纺织纱线、织物及制品，灯具，照明装置及类似品，家具及其零件，箱包及类似容器，高新技术产品，陶瓷产品，农产品。与 2014 年 9 月相比，塑料制品、汽车零件被挤出前十，高新技术产品、农产品挤进前十。

由图 5 - 2 - 107 可以看出：2014 年 10 月中国新疆商品出口中，服装及衣着附件排名最高，出口总值为 80924.80 万美元，占中国新疆出口总值的 27.36%，同比上升 51.68%，环比下降 20.26%；机电产品排名第二，出口总值为 75908.40 万美元，占中国新疆出口总值的 25.67%，同比上升 119.19%，环比下降 18.68%；鞋类排名第三，出口总值为 43871.10 万美元，占中国新疆出口总值的 14.84%，同比上升 107.53%，环比下降 15.38%；纺织纱线、织物及制品排名第四，出口总值为 17297.40 万美元，占中国新疆出口总值的 5.85%，同比上升 16.93%，环比下降 25.83%；灯具、照明装置及类似品排名第五，出口总值为 8842.00 万美元，占中国新疆出口总值的 2.99%，同比上升 347.61%，环比下降 42.74%；家具及其零件排名第六，出口总值为 8817.60 万美元，占中国新疆出口总值的 2.98%，同比上升 442.56%，环比下降 24.46%；箱包及类似容器排名第七，出口总值为 8740.80 万美元，占中国新疆出口总值的 2.96%，同比上升 88.68%，环比下降 18.03%；高新技术产品排名第八，出口总值为 8710.10 万美元，占中国新疆出口总值的 2.95%，同比上升 222.63%，环比上升 26.43%；陶瓷产品排名第九，出口总值为 8231.20 万美元，占中国新疆出口总值的 2.78%，同比上升 475.29%，环比下降 42.30%；农产品排名第十，出口总值为 7139.20 万美元，占中国新疆出口总值的 2.41%，同比上升 22.66%，环比上升 39.59%。

（11）2014 年 11 月中国新疆出口商品总值月度分析。

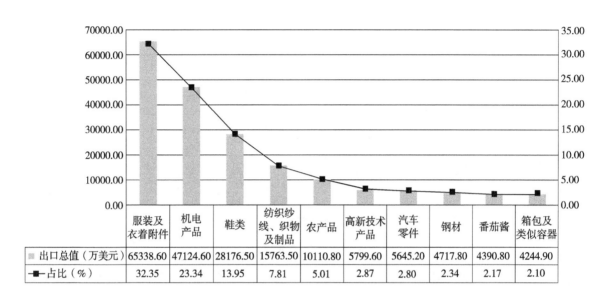

	服装及衣着附件	机电产品	鞋类	纺织纱线、织物及制品	农产品	高新技术产品	汽车零件	钢材	番茄酱	箱包及类似容器
出口总值（万美元）	65338.60	47124.60	28176.50	15763.50	10110.80	5799.60	5645.20	4717.80	4390.80	4244.90
占比（%）	32.35	23.34	13.95	7.81	5.01	2.87	2.80	2.34	2.17	2.10

图 5 - 2 - 108　2014 年 11 月中国新疆各种商品出口总值及占比

中国新疆出口商品大致有 30 种，其中出口总值排名前十的依次是服装及衣着附件，机电产品，鞋类，纺织纱线、织物及制品，农产品，高新技术产品，汽车零件，钢材，番茄酱，箱包及类似容器。与 2014 年 10 月相比，灯具、照明装置及类似品，家具及其零件，陶瓷产品被挤出前十，汽车零件、钢材、番茄酱挤进前十。

由图 5 - 2 - 108 可以看出：2014 年 11 月中国新疆商品出口中，服装及衣着附件排名最高，出口总值为 65338.60 万美元，占中国新疆出口总值的 32.35%，同比上升 8.71%，环比下降 19.26%；机电产品排名第二，出口总值为 47124.60 万美元，占中国新疆出口总值的 23.34%，同比上升 34.52%，环比下降 37.92%；鞋类排名第三，出口总值为 28176.50 万美元，占中国新疆出口总值的 13.95%，同比上升 39.63%，环比下降 35.77%；纺织纱线、织物及制品排名第四，出口总值为 15763.50 万美元，占中国新疆出口总值的 7.81%，同比下降 11.21%，环比下降 8.87%；农产品排名第五，出口总值为 10110.80 万美元，占中国新疆出口总值的 5.01%，同比上升 4.52%，环比上升 41.62%；高新技术产品排名第六，出口总值为 5799.60 万美元，占中国新疆出口总值的 2.87%，同比上升 185.73%，环比下降 33.42%；汽车零件排名第七，出口总值为 5645.20 万美元，占中国新疆出口总值的 2.80%，同比上升 20.58%，环比下降 5.78%；钢材排名第八，出口总值为 4717.80 万美元，占中国新疆出口总值的 2.34%，同比上升 45.36%，环比下降 14.91%；番茄酱排名第九，出口总值为 4390.80 万美元，占中国新疆出口总值的 2.17%，同比下降 6.71%，环比上升 28.77%；箱包及类似容器排名第十，出口总值为 4244.90 万美元，占中国新疆出口总值的 2.10%，同比上升 56.12%，环比下降 51.44%。

（12）2014 年 12 月中国新疆出口商品总值月度分析。

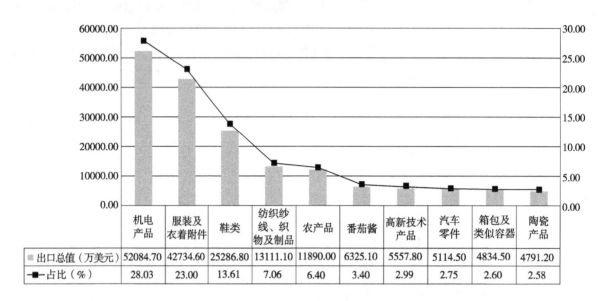

	机电产品	服装及衣着附件	鞋类	纺织纱线、织物及制品	农产品	番茄酱	高新技术产品	汽车零件	箱包及类似容器	陶瓷产品
■出口总值（万美元）	52084.70	42734.60	25286.80	13111.10	11890.00	6325.10	5557.80	5114.50	4834.50	4791.20
■占比（%）	28.03	23.00	13.61	7.06	6.40	3.40	2.99	2.75	2.60	2.58

图 5 - 2 - 109　2014 年 12 月中国新疆各种商品出口总值及占比

中国新疆出口商品大致有 30 种，其中出口总值排名前十的依次是机电产品，服装及衣着附件，鞋类，纺织纱线、织物及制品，农产品，番茄酱，高新技术产品，汽车零件，箱包及类似容器，陶瓷产品。与 2014 年 11 月相比，钢材被挤出前十，陶瓷产品挤进前十。

由图 5 - 2 - 109 可以看出：2014 年 12 月中国新疆商品出口中，机电产品排名最高，出口总值为 52084.70 万美元，占中国新疆出口总值的 28.03%，同比下降 49.97%，环比上升 10.53%；服装及衣着附件排名第二，出口总值为 42734.60 万美元，占中国新疆出口总值的 23.00%，同比下降 31.37%，环比下降 34.60%；鞋类排名第三，出口总值为 25286.80 万美元，占中国新疆出口总值的 13.61%，同比下降 9.75%，环比下降 10.26%；纺织纱线、织物及制品排名第四，出口总值为 13111.10 万美元，占中国新疆出口总值的 7.06%，同比下降 25.27%，环比下降 16.83%；农产品排名第五，出口总值为 11890.00 万美元，占中国新疆出口总值的 6.40%，同比下降 2.67%，环比上升 17.60%；番茄酱排名第六，出口总值为 6325.10 万美元，占中国新疆出口总值的 3.40%，同比上升 17.91%，环比上升 44.05%；高新技术产品排名第七，出口总值为 5557.80 万美元，占中国新疆出口总值的 2.99%，同比下降 6.14%，环比下降 4.17%；汽车零件排名第八，出口总值为 5114.50 万美元，占中国新疆出口总值的 2.75%，同比下降 29.57%，环比下降 9.40%；箱包及类似容器排名第九，出口总值为 4834.50 万美元，占中国新疆出口总值的 2.60%，同比下降 65.44%，环比上升 13.89%；陶瓷产品排名第十，出口总值为 4791.20 万美元，占中国新疆出口总值的 2.58%，同比下降 69.30%，环比上升 59.94%。

（二）按照商品类别对 2014 年中国新疆进口商品总值进行分析

1. 2014 年中国新疆进口商品总值分析

从图 5 - 2 - 110 可知，2014 年中国新疆进口商品中排名前十的商品进口总值占中国新疆进口总值的 94.86%。原油的进口总值占主导地位，其进口总值为 20.03 亿美元，占中国新疆商品进口

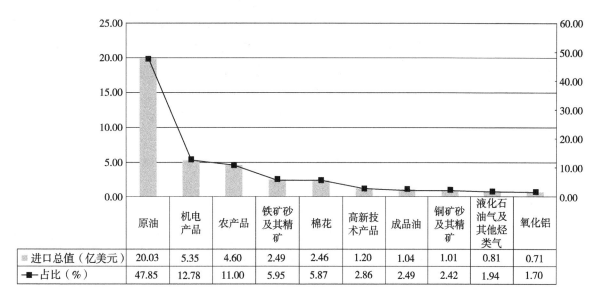

	原油	机电产品	农产品	铁矿砂及其精矿	棉花	高新技术产品	成品油	铜矿砂及其精矿	液化石油气及其他烃类气	氧化铝
▨ 进口总值（亿美元）	20.03	5.35	4.60	2.49	2.46	1.20	1.04	1.01	0.81	0.71
─■─ 占比（%）	47.85	12.78	11.00	5.95	5.87	2.86	2.49	2.42	1.94	1.70

图 5-2-110 2014 年中国新疆进口排名前十的商品

总值的 47.85%，同比下降 31.30%；机电产品的进口总值排名第二，进口总值为 5.35 亿美元，占中国新疆商品进口总值的 12.78%，同比上升 20.90%；农产品的进口总值位居第三，进口总值为 4.60 亿美元，占中国新疆商品进口总值的 11.00%，同比下降 22.30%；铁矿砂及其精矿的进口总值为 2.49 亿美元，占中国新疆商品进口总值的 5.95%，同比下降 50.80%，排名第四；棉花的进口总值为 2.46 亿美元，占中国新疆商品进口总值的 5.87%，同比下降 39.70%，排名第五；排在第十位的是氧化铝，其进口总值为 0.71 亿美元，占中国新疆商品进口总值的 1.70%。

2. 2014 年中国新疆进口商品总值趋势分析

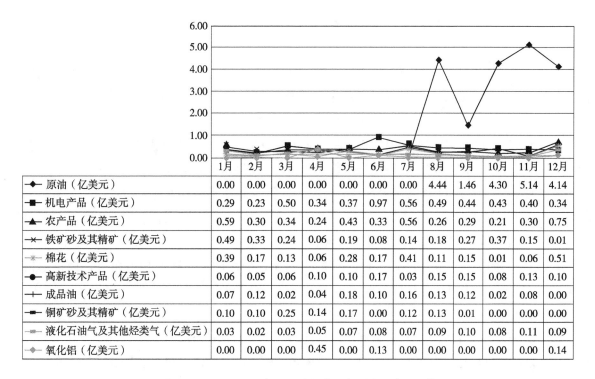

	1月	2月	3月	4月	5月	6月	7月	8月	9月	10月	11月	12月
─◆─ 原油（亿美元）	0.00	0.00	0.00	0.00	0.00	0.00	0.00	4.44	1.46	4.30	5.14	4.14
─■─ 机电产品（亿美元）	0.29	0.23	0.50	0.34	0.37	0.97	0.56	0.49	0.44	0.43	0.40	0.34
─▲─ 农产品（亿美元）	0.59	0.30	0.34	0.24	0.43	0.33	0.56	0.26	0.29	0.21	0.30	0.75
─✕─ 铁矿砂及其精矿（亿美元）	0.49	0.33	0.24	0.06	0.19	0.08	0.14	0.18	0.27	0.37	0.15	0.01
─✳─ 棉花（亿美元）	0.39	0.17	0.13	0.06	0.28	0.17	0.41	0.11	0.15	0.01	0.06	0.51
─●─ 高新技术产品（亿美元）	0.06	0.05	0.06	0.10	0.10	0.17	0.03	0.15	0.15	0.08	0.13	0.10
─+─ 成品油（亿美元）	0.07	0.12	0.02	0.04	0.18	0.10	0.16	0.13	0.12	0.02	0.08	0.00
─■─ 铜矿砂及其精矿（亿美元）	0.10	0.10	0.25	0.14	0.17	0.00	0.12	0.13	0.00	0.00	0.00	0.00
── 液化石油气及其他烃类气（亿美元）	0.03	0.02	0.03	0.05	0.07	0.08	0.07	0.09	0.10	0.08	0.11	0.09
─◆─ 氧化铝（亿美元）	0.00	0.00	0.00	0.45	0.00	0.13	0.00	0.00	0.00	0.00	0.00	0.14

图 5-2-111 2014 年 1~12 月中国新疆进口商品总值

从图5-2-111可知，2014年中国新疆进口排名前十的商品中，原油仅在8~12月存在进口贸易，总体上呈先降后升再降的趋势；机电产品1~12月进口总值趋势较为平稳，最大值出现在6月，为0.97亿美元，最小值出现在2月，为0.23亿美元；农产品1~12月进口总值总体上呈波动变化趋势，最大值出现在12月，为0.75亿美元，最小值出现在10月，为0.21亿美元。铁矿砂及其精矿、棉花、高新技术产品、成品油、铜矿砂及其精矿、液化石油气及其他烃类气、氧化铝7种进口商品总值1~12月表现均较为平稳，且进口总值均较小。

3. 2014年中国新疆进口商品总值月度分析

（1）2014年1月中国新疆进口商品总值月度分析。

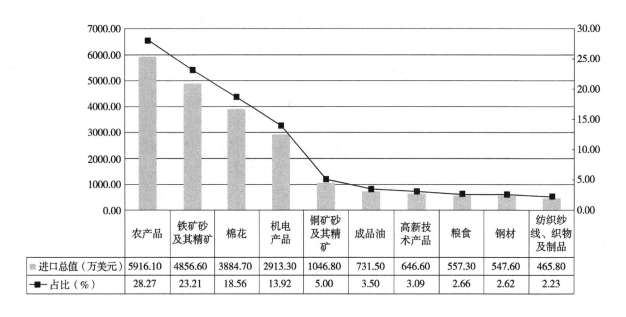

	农产品	铁矿砂及其精矿	棉花	机电产品	铜矿砂及其精矿	成品油	高新技术产品	粮食	钢材	纺织纱线、织物及制品
进口总值（万美元）	5916.10	4856.60	3884.70	2913.30	1046.80	731.50	646.60	557.30	547.60	465.80
占比（%）	28.27	23.21	18.56	13.92	5.00	3.50	3.09	2.66	2.62	2.23

图5-2-112　2014年1月中国新疆各种商品进口总值及占比

中国新疆进口商品大致有30种，其中进口总值排名前十的依次是农产品，铁矿砂及其精矿，棉花，机电产品，铜矿砂及其精矿，成品油，高新技术产品，粮食，钢材，纺织纱线、织物及制品。

由图5-2-112可以看出：2014年1月中国新疆商品进口中，农产品排名最高，进口总值为5916.10万美元，占中国新疆进口总值的28.27%，同比下降6.60%，环比下降28.53%；铁矿砂及其精矿排名第二，进口总值为4856.60万美元，占中国新疆进口总值的23.21%，同比上升2.40%，环比下降8.70%；棉花排名第三，进口总值为3884.70万美元，占中国新疆进口总值的18.56%，同比下降26.50%；机电产品排名第四，进口总值为2913.30万美元，占中国新疆进口总值的13.92%，同比下降24.60%，环比下降14.91%；铜矿砂及其精矿排名第五，进口总值为1046.80万美元，占中国新疆进口总值的5.00%；成品油排名第六，进口总值为731.50万美元，占中国新疆进口总值的3.50%，同比下降20.20%，环比上升531.15%；高新技术产品排名第七，进口总值为646.60万美元，占中国新疆进口总值的3.09%，同比下降8.90%，环比下降33.72%；粮食排名第八，进口总值为557.30万美元，占中国新疆进口总值的2.66%，同比上升5394.00%，环比下降52.90%；钢材排名第九，进口总值为547.60万美元，占中国新疆进口总值的2.62%，同比下降 31.20%；纺织纱线、织物及制品排名第十，进口总值为 465.80 万美元，占中国新疆进口总值的 2.23%，同比上升 124.50%，环比上升 45.43%。

（2）2014 年 2 月中国新疆进口商品总值月度分析。

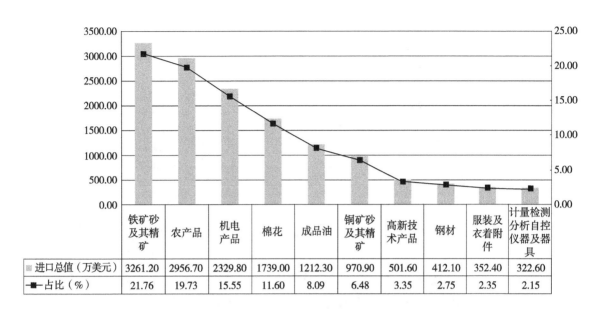

	铁矿砂及其精矿	农产品	机电产品	棉花	成品油	铜矿砂及其精矿	高新技术产品	钢材	服装及衣着附件	计量检测分析自控仪器及器具
进口总值（万美元）	3261.20	2956.70	2329.80	1739.00	1212.30	970.90	501.60	412.10	352.40	322.60
占比（%）	21.76	19.73	15.55	11.60	8.09	6.48	3.35	2.75	2.35	2.15

图 5 - 2 - 113 2014 年 2 月中国新疆各种商品进口总值及占比

中国新疆进口商品大致有 30 种，其中进口总值排名前十的依次是铁矿砂及其精矿、农产品、机电产品、棉花、成品油、铜矿砂及其精矿、高新技术产品、钢材、服装及衣着附件、计量检测分析自控仪器及器具。与 1 月相比，粮食，纺织纱线、织物及制品被挤出前十，服装及衣着附件、计量检测分析自控仪器及器具挤进前十。

由图 5 - 2 - 113 可以看出：2014 年 2 月中国新疆商品进口中，铁矿砂及其精矿排名最高，进口总值为 3261.20 万美元，占中国新疆进口总值的 21.76%，同比上升 25.14%，环比下降 32.85%；农产品排名第二，进口总值为 2956.70 万美元，占中国新疆进口总值的 19.73%，同比上升 51.73%，环比下降 50.02%；机电产品排名第三，进口总值为 2329.80 万美元，占中国新疆进口总值的 15.55%，同比下降 2.01%，环比下降 20.03%；棉花排名第四，进口总值为 1739.00 万美元，占中国新疆进口总值的 11.60%，同比上升 107.76%，环比下降 55.23%；成品油排名第五，进口总值为 1212.30 万美元，占中国新疆进口总值的 8.09%，同比下降 36.43%，环比上升 65.73%；铜矿砂及其精矿排名第六，进口总值为 970.90 万美元，占中国新疆进口总值的 6.48%，环比下降 7.25%；高新技术产品排名第七，进口总值为 501.60 万美元，占中国新疆进口总值的 3.35%，同比下降 6.24%，环比下降 22.42%；钢材排名第八，进口总值为 412.10 万美元，占中国新疆进口总值的 2.75%，同比上升 129.51%，环比下降 24.74%；服装及衣着附件排名第九，进口总值为 352.40 万美元，占中国新疆进口总值的 2.35%，同比下降 77.70%，环比下降 12.77%；计量检测分析自控仪器及器具排名第十，进口总值为 322.60 万美元，占中国新疆进口总值的 2.15%，同比下降 49.26%，环比下降 10.56%。

（3）2014 年 3 月中国新疆进口商品总值月度分析。

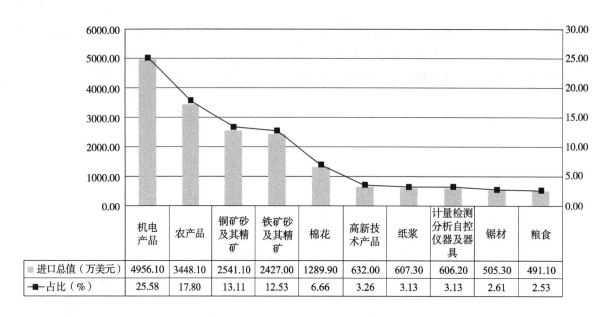

	机电产品	农产品	铜矿砂及其精矿	铁矿砂及其精矿	棉花	高新技术产品	纸浆	计量检测分析自控仪器及器具	锯材	粮食
进口总值（万美元）	4956.10	3448.10	2541.10	2427.00	1289.90	632.00	607.30	606.20	505.30	491.10
占比（%）	25.58	17.80	13.11	12.53	6.66	3.26	3.13	3.13	2.61	2.53

图 5 - 2 - 114   2014 年 3 月中国新疆各种商品进口总值及占比

中国新疆进口商品大致有 30 种，其中进口总值排名前十的依次是机电产品、农产品、铜矿砂及其精矿、铁矿砂及其精矿、棉花、高新技术产品、纸浆、计量检测分析自控仪器及器具、锯材、粮食。与 2 月相比，成品油、钢材、服装及衣着附件被挤出前十，纸浆、锯材、粮食挤进前十。

由图 5 - 2 - 114 可以看出：2014 年 3 月中国新疆商品进口中，机电产品排名最高，进口总值为 4956.10 万美元，占中国新疆进口总值的 25.58%，同比下降 15.94%，环比上升 112.73%；农产品排名第二，进口总值为 3448.10 万美元，占中国新疆进口总值的 17.80%，同比上升 71.03%，环比上升 16.62%；铜矿砂及其精矿排名第三，进口总值为 2541.10 万美元，占中国新疆进口总值的 13.11%，环比上升 161.73%；铁矿砂及其精矿排名第四，进口总值为 2427.00 万美元，占中国新疆进口总值的 12.53%，同比上升 85.02%，环比下降 25.58%；棉花排名第五，进口总值为 1289.90 万美元，占中国新疆进口总值的 6.66%，同比上升 288.59%，环比下降 25.83%；高新技术产品排名第六，进口总值为 632.00 万美元，占中国新疆进口总值的 3.26%，同比上升 57.21%，环比上升 26.00%；纸浆排名第七，进口总值为 607.30 万美元，占中国新疆进口总值的 3.13%，同比下降 95.54%，环比上升 360.77%；计量检测分析自控仪器及器具排名第八，进口总值为 606.20 万美元，占中国新疆进口总值的 3.13%，同比上升 11.44%，环比上升 87.91%；锯材排名第九，进口总值为 505.30 万美元，占中国新疆进口总值的 2.61%，同比下降 56.01%，环比上升 87.91%；粮食排名第十，进口总值为 491.10 万美元，占中国新疆进口总值的 2.53%，同比下降 87.41%，环比上升 129.70%。

（4）2014 年 4 月中国新疆进口商品总值月度分析。

中国新疆进口商品大致有 30 种，其中进口总值排名前十的依次是机电产品，农产品，铜矿砂及其精矿，高新技术产品，纸浆，纺织纱线、织物及制品，锯材，棉花，铁矿砂及其精矿，医疗仪器及器械。与 3 月相比，计量检测分析自控仪器及器具，粮食被挤出前十，纺织纱线、织物及制品，医疗仪器及器械挤进前十。

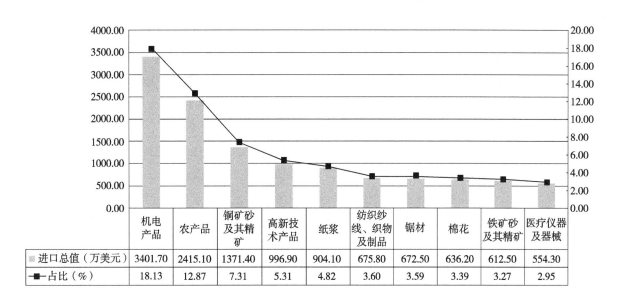

	机电产品	农产品	铜矿砂及其精矿	高新技术产品	纸浆	纺织纱线、织物及制品	锯材	棉花	铁矿砂及其精矿	医疗仪器及器械
进口总值（万美元）	3401.70	2415.10	1371.40	996.90	904.10	675.80	672.50	636.20	612.50	554.30
占比（%）	18.13	12.87	7.31	5.31	4.82	3.60	3.59	3.39	3.27	2.95

图 5-2-115　2014年4月中国新疆各种商品进口总值及占比

由图 5-2-115 可以看出：2014年4月中国新疆商品进口中，机电产品排名最高，进口总值为3401.70万美元，占中国新疆进口总值的18.13%，同比下降8.86%，环比下降31.36%；农产品排名第二，进口总值为2415.10万美元，占中国新疆进口总值的12.87%，同比上升317.17%，环比下降29.96%；铜矿砂及其精矿排名第三，进口总值为1371.40万美元，占中国新疆进口总值的7.31%，同比下降100.00%，环比下降46.03%；高新技术产品排名第四，进口总值为996.90万美元，占中国新疆进口总值5.31%，同比下降30.85%，环比上升57.74%；纸浆排名第五，进口总值为904.10万美元，占中国新疆进口总值的4.82%，同比下降98.75%，环比上升48.87%；纺织纱线、织物及制品排名第六，进口总值为675.80万美元，占中国新疆进口总值的3.60%，同比下降64.76%，环比上升74.31%；锯材排名第七，进口总值为672.50万美元，占中国新疆进口总值的3.59%，同比下降48.57%，环比上升33.09%；棉花排名第八，进口总值为636.20万美元，占中国新疆进口总值的3.39%，同比上升1143.25%，环比下降50.68%；铁矿砂及其精矿排名第九，进口总值为612.50万美元，占中国新疆进口总值的3.27%，同比上升572.51%，环比下降74.76%；医疗仪器及器械排名第十，进口总值为554.30万美元，占中国新疆进口总值的2.95%，同比下降81.57%，环比上升153.80%。

（5）2014年5月中国新疆进口商品总值月度分析。

中国新疆进口商品大致有30种，其中进口总值排名前十的依次是农产品、机电产品、棉花、铁矿砂及其精矿、成品油、铜矿砂及其精矿、高新技术产品、锯材、液化石油气及其他烃类气、计量检测分析自控仪器及器具。与4月相比，纸浆，纺织纱线、织物及制品，医疗仪器及器械被挤出前十，成品油、液化石油气及其他烃类气、计量检测分析自控仪器及器具挤进前十。

由图 5-2-116 可以看出：2014年5月中国新疆商品进口中，农产品排名最高，进口总值为4326.50万美元，占中国新疆进口总值的23.91%，同比上升36.47%，环比上升79.14%；机电产品排名第二，进口总值为3708.70万美元，占中国新疆进口总值的20.49%，同比上升12.65%，环比上升9.02%；棉花排名第三，进口总值为2841.50万美元，占中国新疆进口总值的15.70%，同比上升74.61%，环比上升346.64%；铁矿砂及其精矿排名第四，进口总值为1930.70万美元，占中国新疆进口总值的 10.67%，同比上升 95.73%，环比上升 215.22%；成品油排名第五，进口总值为 1770.60 万美元，占中国新疆进口总值的 9.78%，同比上升 75.01%，环比上升 303.88%；铜矿砂及其精矿排名第六，进口总值为 1654.30 万美元，占中国新疆进口总值的 9.14%，同比下降 98.81%，环比上升 20.63%；高新技术产品排名第七，进口总值为 1025.50 万美元，占中国新疆进口总值的 5.67%，同比下降 5.76%，环比上升 2.87%；锯材排名第八，进口总值为 875.40 万美元，占中国新疆进口总值的 4.84%，同比下降 58.34%，环比上升 30.17%；液化石油气及其他烃类气排名第九，进口总值为 746.60 万美元，占中国新疆进口总值的 4.13%，同比下降 85.31%，环比上升 57.25%；计量检测分析自控仪器及器具排名第十，进口总值为 707.60 万美元，占中国新疆进口总值的 3.91%，同比下降 0.95%，环比上升 59.33%。

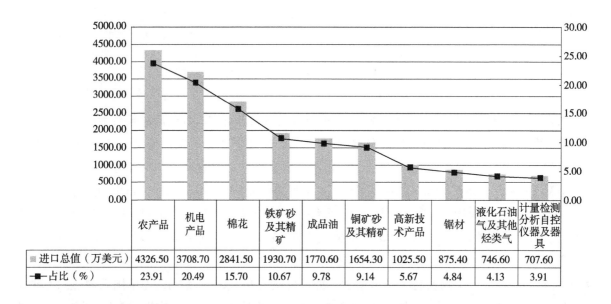

	农产品	机电产品	棉花	铁矿砂及其精矿	成品油	铜矿砂及其精矿	高新技术产品	锯材	液化石油气及其他烃类气	计量检测分析自控仪器及器具
进口总值（万美元）	4326.50	3708.70	2841.50	1930.70	1770.60	1654.30	1025.50	875.40	746.60	707.60
占比（%）	23.91	20.49	15.70	10.67	9.78	9.14	5.67	4.84	4.13	3.91

图 5-2-116　2014 年 5 月中国新疆各种商品进口总值及占比

（6）2014 年 6 月中国新疆进口商品总值月度分析。

中国新疆进口商品大致有 30 种，其中进口总值排名前十的依次是机电产品、农产品、棉花、高新技术产品、氧化铝、成品油、医疗仪器及器械、计量检测分析自控仪器及器具、锯材、液化石油气及其他烃类气。与 5 月相比，铁矿砂及其精矿、铜矿砂及其精矿被挤出前十，氧化铝、医疗仪器及器械挤进前十。

由图 5-2-117 可以看出：2014 年 6 月中国新疆商品进口中，机电产品排名最高，进口总值为 9686.80 万美元，占中国新疆进口总值的 41.87%，同比下降 53.91%，环比上升 161.19%；农产品排名第二，进口总值为 3347.00 万美元，占中国新疆进口总值的 14.47%，同比下降 2.21%，环比下降 22.64%；棉花排名第三，进口总值为 1743.50 万美元，占中国新疆进口总值的 7.54%，同比下降 17.48%，环比下降 38.64%；高新技术产品排名第四，进口总值为 1684.40 万美元，占中国新疆进口总值的 7.28%，同比下降 28.49%，环比上升 64.25%；氧化铝排名第五，进口总值为 1263.60 万美元，占中国新疆进口总值的 5.46%；成品油排名第六，进口总值为 1043.90 万美元，占中国新疆进口总值的 4.51%，同比上升 140.91%，环比下降 41.04%；医疗仪器及器械排名第七，进口总值为 963.90 万美元，占中国新疆进口总值的 4.17%，同比下降 5.72%，环比上升

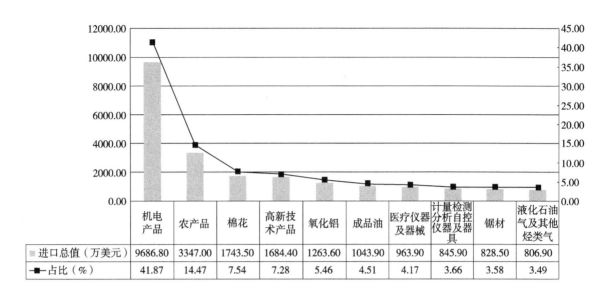

进口总值（万美元）	机电产品	农产品	棉花	高新技术产品	氧化铝	成品油	医疗仪器及器械	计量检测分析自控仪器及器具	锯材	液化石油气及其他烃类气
进口总值（万美元）	9686.80	3347.00	1743.50	1684.40	1263.60	1043.90	963.90	845.90	828.50	806.90
占比（%）	41.87	14.47	7.54	7.28	5.46	4.51	4.17	3.66	3.58	3.49

图 5-2-117　2014年6月中国新疆各种商品进口总值及占比

254.51%；计量检测分析自控仪器及器具排名第八，进口总值为845.90万美元，占中国新疆进口总值的3.66%，同比下降45.82%，环比上升19.54%；锯材排名第九，进口总值为828.50万美元，占中国新疆进口总值的3.58%，同比下降45.86%，环比下降5.36%；液化石油气及其他烃类气排名第十，进口总值为806.90万美元，占中国新疆进口总值的3.49%，同比下降86.36%，环比上升8.08%。

（7）2014年7月中国新疆进口商品总值月度分析。

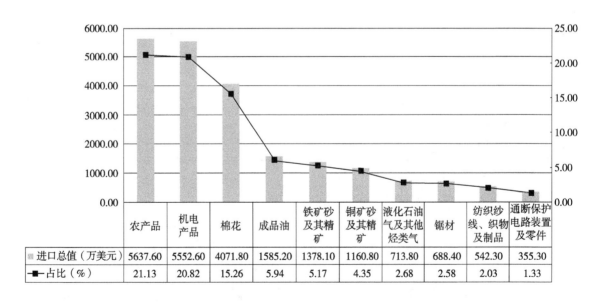

进口总值（万美元）	农产品	机电产品	棉花	成品油	铁矿砂及其精矿	铜矿砂及其精矿	液化石油气及其他烃类气	锯材	纺织纱线、织物及制品	通断保护电路装置及零件
进口总值（万美元）	5637.60	5552.60	4071.80	1585.20	1378.10	1160.80	713.80	688.40	542.30	355.30
占比（%）	21.13	20.82	15.26	5.94	5.17	4.35	2.68	2.58	2.03	1.33

图 5-2-118　2014年7月中国新疆各种商品进口总值及占比

中国新疆进口商品大致有30种，进口商品总值排名前十的依次是农产品，机电产品，棉花，成品油，铁矿砂及其精矿，铜矿砂及其精矿，液化石油气及其他烃类气，锯材，纺织纱线、织物及制品，通断保护电路装置及零件。与6月相比，高新技术产品、氧化铝、医疗仪器及器械、计量检测分析自控仪器及器具被挤出前十，铁矿砂及其精矿，铜矿砂及其精矿，纺织纱线、织物及制品，通断保护电路装置及零件挤进前十。

由图 5-2-118 可以看出：2014 年 7 月中国新疆商品进口中，农产品排名最高，进口总值为 5637.60 万美元，占中国新疆进口总值的 21.13%，同比下降 12.82%，环比上升 68.44%；机电产品排名第二，进口总值为 5552.60 万美元，占中国新疆进口总值的 20.82%，同比下降 21.41%，环比下降 42.68%；棉花排名第三，进口总值为 4071.80 万美元，占中国新疆进口总值的 15.26%，同比下降 26.17%，环比上升 133.54%；成品油排名第四，进口总值为 1585.20 万美元，占中国新疆进口总值的 5.94%，同比下降 34.03%，环比上升 51.85%；铁矿砂及其精矿排名第五，进口总值为 1378.10 万美元，占中国新疆进口总值的 5.17%，同比上升 97.77%，环比上升 82.84%；铜矿砂及其精矿排名第六，进口总值为 1160.80 万美元，占中国新疆进口总值的 4.35%，同比下降 96.58%，环比上升 4167.65%；液化石油气及其他烃类气排名第七，进口总值为 713.80 万美元，占中国新疆进口总值的 2.68%，同比下降 88.79%，环比下降 11.54%；锯材排名第八，进口总值为 688.40 万美元，占中国新疆进口总值的 2.58%，同比下降 8.11%，环比下降 16.91%；纺织纱线、织物及制品排名第九，进口总值为 542.30 万美元，占中国新疆进口总值的 2.03%，同比下降 23.04%，环比下降 8.04%；通断保护电路装置及零件排名第十，进口总值为 355.30 万美元，占中国新疆进口总值的 1.33%，同比下降 58.17%，环比上升 31.98%。

（8）2014 年 8 月中国新疆进口商品总值月度分析。

中国新疆进口商品大致有 30 种，进口商品总值排名前十的依次是原油、机电产品、农产品、铁矿砂及其精矿、高新技术产品、成品油、铜矿砂及其精矿、棉花、液化石油气及其他烃类气、锯材。与 7 月相比，纺织纱线、织物及制品，通断保护电路装置及零件被挤出前十，原油、高新技术产品挤进前十。

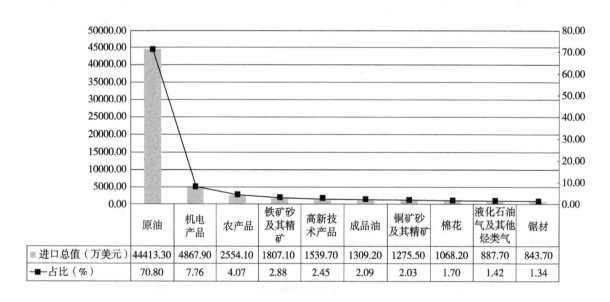

	原油	机电产品	农产品	铁矿砂及其精矿	高新技术产品	成品油	铜矿砂及其精矿	棉花	液化石油气及其他烃类气	锯材
进口总值（万美元）	44413.30	4867.90	2554.10	1807.10	1539.70	1309.20	1275.50	1068.20	887.70	843.70
占比（%）	70.80	7.76	4.07	2.88	2.45	2.09	2.03	1.70	1.42	1.34

图 5-2-119　2014 年 8 月中国新疆各种商品进口总值及占比

由图 5-2-119 可以看出：2014 年 8 月中国新疆商品进口中，原油排名最高，进口总值为 44413.30 万美元，占中国新疆进口总值的 70.80%，同比下降 98.41%；机电产品排名第二，进口总值为 4867.90 万美元，占中国新疆进口总值的 7.76%，同比下降 0.59%，环比下降 12.33%；农产品排名第三，进口总值为 2554.10 万美元，占中国新疆进口总值的 4.07%，同比上升 48.32%，环比下降 54.70%；铁矿砂及其精矿排名第四，进口总值为 1807.10 万美元，占中国新疆进口总值的 2.88%，同比上升 90.58%，环比上升 31.13%；高新技术产品排名第五，进口总值为 1539.70 万美元，占中国新疆进口总值的 2.45%，同比下降 10.58%，环比上升 360.16%；成品油排名第六，进口总值为 1309.20 万美元，占中国新疆进口总值的 2.09%，同比下降 63.30%，环比下降 17.41%；铜矿砂及其精矿排名第七，进口总值为 1275.50 万美元，占中国新疆进口总值的 2.03%，同比下降 99.35%，环比上升 9.88%；棉花排名第八，进口总值为 1068.20 万美元，占中国新疆进口总值的 1.70%，同比上升 135.28%，环比下降 73.77%；液化石油气及其他烃类气排名第九，进口总值为 887.70 万美元，占中国新疆进口总值的 1.42%，同比下降 91.68%，环比上升 24.36%；锯材排名第十，进口总值为 843.70 万美元，占中国新疆进口总值的 1.34%，同比下降 9.08%，环比上升 22.56%。

（9）2014 年 9 月中国新疆进口商品总值月度分析。

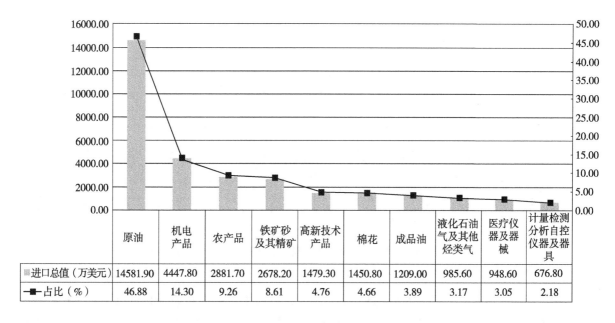

	原油	机电产品	农产品	铁矿砂及其精矿	高新技术产品	棉花	成品油	液化石油气及其他烃类气	医疗仪器及器械	计量检测分析自控仪器及器具
进口总值（万美元）	14581.90	4447.80	2881.70	2678.20	1479.30	1450.80	1209.00	985.60	948.60	676.80
占比（%）	46.88	14.30	9.26	8.61	4.76	4.66	3.89	3.17	3.05	2.18

图 5-2-120　2014 年 9 月中国新疆各种商品进口总值及占比

中国新疆进出口商品大致有 30 种，进口商品总值排名前十的依次是原油、机电产品、农产品、铁矿砂及其精矿、高新技术产品、棉花、成品油、液化石油气及其他烃类气、医疗仪器及器械、计量检测分析自控仪器及器具。与 8 月相比，铜矿砂及其精矿、锯材被挤出前十，医疗仪器及器械、计量检测分析自控仪器及器具挤进前十。

由图 5-2-120 可以看出：2014 年 9 月中国新疆商品进口中，原油排名最高，进口总值为 14581.90 万美元，占中国新疆进口总值的 46.88%，同比上升 409.99%，环比下降 67.17%；机电产品排名第二，进口总值为 4447.80 万美元，占中国新疆进口总值的 14.30%，同比下降 21.03%，环比下降 8.63%；农产品排名第三，进口总值为 2881.70 万美元，占中国新疆进口总值的 9.26%，同比下降 4.47%，环比上升 12.83%；铁矿砂及其精矿排名第四，进口总值为 2678.20 万美元，占中国新疆进口总值的8.61%，同比上升57.22%，环比上升48.20%；高新技术产品排名第五，进口总值为1479.30万美元，占中国新疆进口总值的4.76%，同比下降44.25%，环比下降3.92%；棉花排名第六，进口总值为1450.80万美元，占中国新疆进口总值的4.66%，同比上升23.56%，环比上升35.82%；成品油排名第七，进口总值为1209.00万美元，占中国新疆进口总值的3.89%，同比下降54.29%，环比下降7.65%；液化石油气及其他烃类气排名第八，进口总值为985.60万美元，占中国新疆进口总值的3.17%，同比下降100.00%，环比上升11.03%；医疗仪器及器械排名第九，进口总值为948.60万美元，占中国新疆进口总值的3.05%，同比下降54.13%，环比上升80.72%；计量检测分析自控仪器及器具排名第十，进口总值为676.80万美元，占中国新疆进口总值的2.18%，同比下降11.57%，环比下降19.32%。

（10）2014年10月中国新疆进口商品总值月度分析。

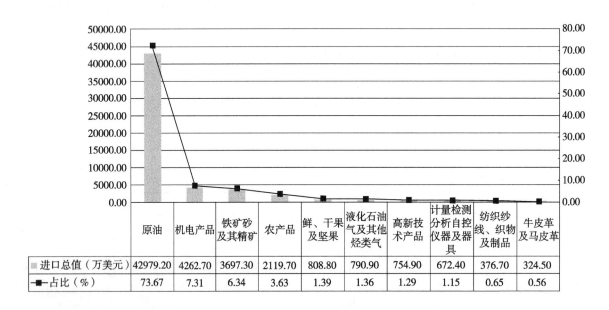

	原油	机电产品	铁矿砂及其精矿	农产品	鲜、干果及坚果	液化石油气及其他烃类气	高新技术产品	计量检测分析自控仪器及器具	纺织纱线、织物及制品	牛皮革及马皮革
进口总值（万美元）	42979.20	4262.70	3697.30	2119.70	808.80	790.90	754.90	672.40	376.70	324.50
占比（%）	73.67	7.31	6.34	3.63	1.39	1.36	1.29	1.15	0.65	0.56

图5-2-121　2014年10月中国新疆各种商品进口总值及占比

中国新疆进口商品大致有30种，其中进口总值排名前十的依次是原油，机电产品，铁矿砂及其精矿，农产品，鲜、干水果及坚果，液化石油气及其他烃类气，高新技术产品，计量检测分析自控仪器及器具，纺织纱线、织物及制品，牛皮革及马皮革。与9月相比，棉花、成品油、医疗仪器及器械被挤出前十，鲜、干水果及坚果，纺织纱线、织物及制品，牛皮革及马皮革挤进前十。

由图5-2-121可以看出，排名前十的进口商品中，原油排名最高，进口总值为42979.20万美元，占中国新疆进口总值的73.67%，同比下降310.90%，环比上升194.74%；机电产品排名第二，进口总值为4262.70万美元，占中国新疆进口总值的7.31%，同比下降27.27%，环比下降4.16%；铁矿砂及其精矿排名第三，进口总值为3697.30万美元，占中国新疆进口总值的6.34%，同比上升22.89%，环比上升38.05%；农产品排名第四，进口总值为2119.70万美元，占中国新疆进口总值的3.63%，同比下降42.86%，环比下降26.44%；鲜、干水果及坚果排名第五，进口总值为808.80万美元，占中国新疆进口总值的1.39%，同比下降85.73%，环比上升1032.77%；液化石油气及其他烃类气排名第六，进口总值为790.90万美元，占中国新疆进口总值的1.36%，同比下降91.88%，环比下降19.75%；高新技术产品排名第七，进口总值为754.90万美元，占中国新疆进口总值的1.29%，同比上升8.14%，环比下降48.97%；计量检测分析自控仪器及器具排名第八，进口总值为672.40万美元，占中国新疆进口总值的1.15%，同比下降20.75%，环比下降0.65%；纺织纱线、织物及制品排名第九，进口总值为376.70万美元，占中国新疆进口总值的0.65%，同比上升9.61%，环比下降11.34%；牛皮革及马皮革排名第十，进口总值为324.50万美元，占中国新疆进口总值的0.56%，同比下降18.04%，环比下降19.28%。

（11）2014年11月中国新疆进口商品总值月度分析。

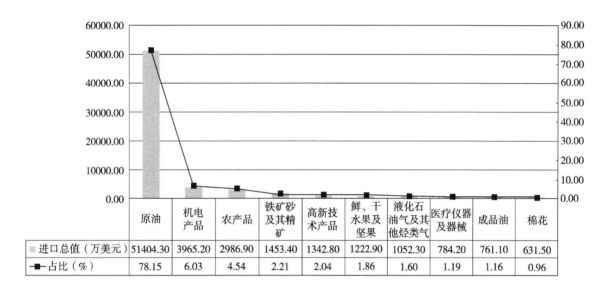

	原油	机电产品	农产品	铁矿砂及其精矿	高新技术产品	鲜、干水果及坚果	液化石油气及其他烃类气	医疗仪器及器械	成品油	棉花
进口总值（万美元）	51404.30	3965.20	2986.90	1453.40	1342.80	1222.90	1052.30	784.20	761.10	631.50
占比（%）	78.15	6.03	4.54	2.21	2.04	1.86	1.60	1.19	1.16	0.96

图5-2-122 2014年11月中国新疆各种商品进口总值及占比

中国新疆进口商品大致有30种，进口商品总值排名前十的依次是原油，机电产品，农产品，铁矿砂及其精矿，高新技术产品，鲜、干水果及坚果，液化石油气及其他烃类气，医疗仪器及器械，成品油，棉花。与10月相比，计量检测分析自控仪器及器具，纺织纱线、织物及制品，牛皮革及马皮革被挤出前十，医疗仪器及器械、成品油、棉花挤进前十。

由图5-2-122可以看出，排名前十的进口商品中，原油排名最高，进口总值为51404.30万美元，占中国新疆进口总值的78.15%，同比下降100.00%，环比上升19.60%；机电产品排名第二，进口总值为3965.20万美元，占中国新疆进口总值的6.03%，同比下降25.51%，环比下降6.98%；农产品排名第三，进口总值为2986.90万美元，占中国新疆进口总值的4.54%，同比下降21.68%，环比上升40.91%；铁矿砂及其精矿排名第四，进口总值为1453.40万美元，占中国新疆进口总值的2.21%，同比上升226.16%，环比下降60.69%；高新技术产品排名第五，进口总值为1342.80万美元，占中国新疆进口总值的2.04%，同比下降22.33%，环比上升77.88%；鲜、干水果及坚果排名第六，进口总值为1222.90万美元，占中国新疆进口总值的1.86%，同比下降37.26%，环比上升51.20%；液化石油气及其他烃类气排名第七，进口总值为1052.30万美元，占中国新疆进口总值的1.60%，同比下降79.41%，环比上升33.05%；医疗仪器及器械排名第八，进口总值为784.20万美元，占中国新疆进口总值的1.19%，同比下降55.68%，环比上升272.54%；成品油排名第九，进口总值为761.10万美元，占中国新疆进口总值的1.16%，同比下降 99.33%，环比上升 398.10%；棉花排名第十，进口总值为 631.50 万美元，占中国新疆进口总值的 0.96%，同比下降 61.27%，环比上升 432.91%。

（12）2014 年 12 月中国新疆进口商品总值月度分析。

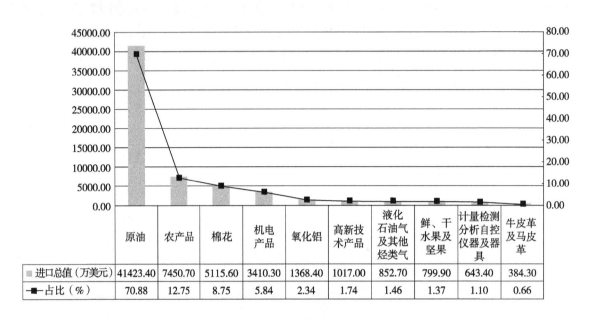

	原油	农产品	棉花	机电产品	氧化铝	高新技术产品	液化石油气及其他烃类气	鲜、干水果及坚果	计量检测分析自控仪器及器具	牛皮革及马皮革
进口总值（万美元）	41423.40	7450.70	5115.60	3410.30	1368.40	1017.00	852.70	799.90	643.40	384.30
占比（%）	70.88	12.75	8.75	5.84	2.34	1.74	1.46	1.37	1.10	0.66

图 5-2-123　2014 年 12 月中国新疆各种商品进口总值及占比

中国新疆进口的主要商品大致有 30 种，进口商品总值排名前十的依次是原油，农产品，棉花，机电产品，氧化铝，高新技术产品，液化石油气及其他烃类气，鲜、干水果及坚果，计量检测分析自控仪器及器具，牛皮革及马皮革。与 11 月相比，铁矿砂及其精矿，医疗仪器及器械、成品油被挤出前十，计量检测分析自控仪器及器具、牛皮革及马皮革、氧化铝挤进前十。

由图 5-2-123 可以看出：2014 年 12 月中国新疆商品进口中，原油排名最高，进口总值为 41423.40 万美元，占中国新疆进口总值的 70.88%，同比下降 100.00%，环比下降 19.42%；农产品排名第二，进口总值为 7450.70 万美元，占中国新疆进口总值的 12.75%，同比上升 11.09%，环比上升 149.45%；棉花排名第三，进口总值为 5115.60 万美元，占中国新疆进口总值的 8.75%，同比下降 3.93%，环比上升 710.07%；机电产品排名第四，进口总值为 3410.30 万美元，占中国新疆进口总值的 5.84%，同比上升 0.54%，环比下降 13.99%；氧化铝排名第五，进口总值为 1368.40 万美元，占中国新疆进口总值的 2.34%；高新技术产品排名第六，进口总值为 1017.00 万美元，占中国新疆进口总值的 1.74%，同比下降 4.16%，环比下降 24.26%；液化石油气及其他烃类气排名第七，进口总值为 852.70 万美元，占中国新疆进口总值的 1.46%，同比下降 68.55%，环比下降 18.97%；鲜、干水果及坚果排名第八，进口总值为 799.90 万美元，占中国新疆进口总值的 1.37%，同比上升 1.44%，环比下降 34.59%；计量检测分析自控仪器及器具排名第九，进口总值为 643.40 万美元，占中国新疆进口总值的 1.10%，同比下降 44.89%，环比上升 20.17%；牛皮革及马皮革排名第十，进口总值为 384.30 万美元，占中国新疆进口总值的 0.66%，同比下降 24.26%，环比上升 10.27%。

第三节 2014 年中国新疆与中亚五国的进出口贸易情况

一、2014 年中国新疆对中亚五国进出口贸易总体分析

（一）2014 年中国新疆对中亚五国进出口贸易分析

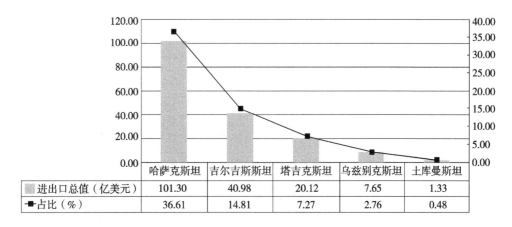

	哈萨克斯坦	吉尔吉斯斯坦	塔吉克斯坦	乌兹别克斯坦	土库曼斯坦
进出口总值（亿美元）	101.30	40.98	20.12	7.65	1.33
占比（%）	36.61	14.81	7.27	2.76	0.48

图 5 - 3 - 1 中国新疆对中亚五国进出口总值及占比

由图 5 - 3 - 1 可以看出，2014 年中国新疆对中亚五国进出口贸易中进出口贸易总值大小排名依次为：哈萨克斯坦、吉尔吉斯斯坦、塔吉克斯坦、乌兹别克斯坦、土库曼斯坦。

其中：进出口总值第一位是哈萨克斯坦，为 101.30 亿美元，占中国新疆进出口总值的 36.61%；第二位是吉尔吉斯斯坦，为 40.98 亿美元，占中国新疆进出口总值的 14.81%；第三位是塔吉克斯坦，为 20.12 亿美元，占中国新疆进出口总值的 7.27%；第四位是乌兹别克斯坦，为 7.65 亿美元，占中国新疆进出口总值的 2.76%；最后一位是土库曼斯坦，为 1.33 亿美元，占中国新疆进出口总值的 0.48%。

（二）2014 年中国新疆对中亚五国进出口贸易趋势分析

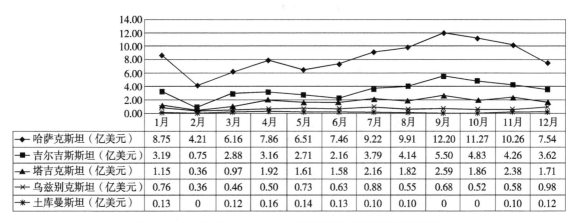

	1月	2月	3月	4月	5月	6月	7月	8月	9月	10月	11月	12月
哈萨克斯坦（亿美元）	8.75	4.21	6.16	7.86	6.51	7.46	9.22	9.91	12.20	11.27	10.26	7.54
吉尔吉斯斯坦（亿美元）	3.19	0.75	2.88	3.16	2.71	2.16	3.79	4.14	5.50	4.83	4.26	3.62
塔吉克斯坦（亿美元）	1.15	0.36	0.97	1.92	1.61	1.58	2.16	1.82	2.59	1.86	2.38	1.71
乌兹别克斯坦（亿美元）	0.76	0.36	0.46	0.50	0.73	0.63	0.88	0.55	0.68	0.52	0.58	0.98
土库曼斯坦（亿美元）	0.13	0	0.12	0.16	0.14	0.13	0.10	0.10	0	0	0.10	0.12

图 5 - 3 - 2 2014 年 1 ~ 12 月中国新疆对中亚五国进出口总值

由图5-3-2可以看出，2014年中国新疆对中亚五国的进出口总值大小排名顺序一直没变，始终为：哈萨克斯坦、吉尔吉斯斯坦、塔吉克斯坦、乌兹别克斯坦和土库曼斯坦。

中国新疆对哈萨克斯坦进出口总值全年上下起伏波动，最高点在9月，最低点在2月；对吉尔吉斯斯坦、塔吉克斯坦、乌兹别克斯坦的进出口总值变化趋势基本一致，均是在2月下降到最低点，之后开始上升，直到5月开始下降；对土库曼斯坦进出口总值的变化波动很小。

（三）2014年中国新疆对中亚五国进出口贸易月度分析

1. 2014年1月中国新疆对中亚五国进出口贸易月度分析

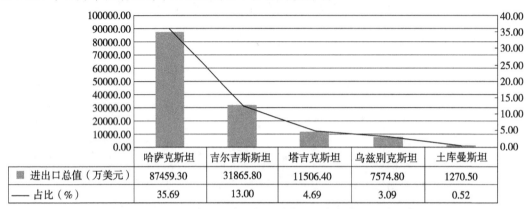

	哈萨克斯坦	吉尔吉斯斯坦	塔吉克斯坦	乌兹别克斯坦	土库曼斯坦
■ 进出口总值（万美元）	87459.30	31865.80	11506.40	7574.80	1270.50
— 占比（%）	35.69	13.00	4.69	3.09	0.52

图5-3-3　2014年1月中国新疆对中亚国家进出口总值及占比

由图5-3-3可以看出，2014年1月中国新疆对中亚国家的进出口贸易中，按中国新疆对中亚国家的进出口总值大小排名依次为：哈萨克斯坦、吉尔吉斯斯坦、塔吉克斯坦、乌兹别克斯坦、土库曼斯坦。

中国新疆对中亚国家进出口总值为138676.80万美元，占中国新疆进出口总值的56.99%。其中：对哈萨克斯坦的进出口总值为87459.30万美元，占中国新疆进出口总值的35.69%，同比上升9.60%，环比下降22.42%；对吉尔吉斯斯坦的进出口总值为31865.80万美元，占中国新疆进出口总值的13.00%，同比上升7.50%，环比下降2.20%；对塔吉克斯坦的进出口总值为11506.40万美元，占中国新疆进出口总值的4.69%，同比下降6.20%，环比下降54.03%；对乌兹别克斯坦的进出口总值为7574.80万美元，占中国新疆进出口总值的3.09%，同比下降7.50%，环比下降12.41%；对土库曼斯坦的进出口总值为1270.50万美元，占中国新疆进出口总值的0.52%，同比下降14.10%。

2. 2014年2月中国新疆对中亚四国进出口贸易月度分析

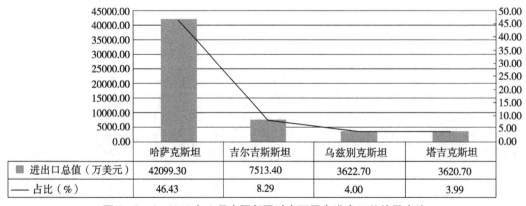

	哈萨克斯坦	吉尔吉斯斯坦	乌兹别克斯坦	塔吉克斯坦
■ 进出口总值（万美元）	42099.30	7513.40	3622.70	3620.70
— 占比（%）	46.43	8.29	4.00	3.99

图5-3-4　2014年2月中国新疆对中亚国家进出口总值及占比

由图 5 - 3 - 4 可以看出，2014 年 2 月中国新疆对中亚国家的进出口贸易总值大小排名依次为：哈萨克斯坦、吉尔吉斯斯坦、乌兹别克斯坦、塔吉克斯坦。

其中：对哈萨克斯坦的进出口总值为 42099.30 万美元，占中国新疆进出口总值的 46.43%，同比下降 28.70%，环比下降 51.86%；对吉尔吉斯斯坦的进出口总值为 7513.40 万美元，占中国新疆进出口总值的 8.29%，同比下降 33.50%，环比下降 76.42%；对乌兹别克斯坦的进出口总值为 3622.70 万美元，占中国新疆进出口总值的 4.00%，同比下降 53.30%，环比下降 52.17%；对塔吉克斯坦的进出口总值为 3620.70 万美元，占中国新疆进出口总值的 3.99%，同比增长 87.90%，同比下降 68.53%。

3. 2014 年 3 月中国新疆对中亚五国进出口贸易月度分析

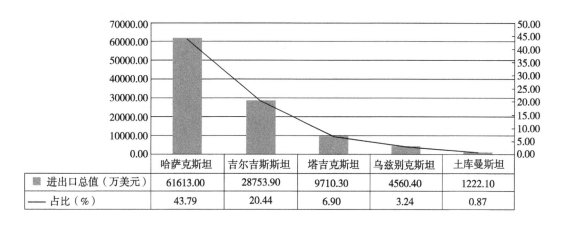

	哈萨克斯坦	吉尔吉斯斯坦	塔吉克斯坦	乌兹别克斯坦	土库曼斯坦
▨ 进出口总值（万美元）	61613.00	28753.90	9710.30	4560.40	1222.10
— 占比（%）	43.79	20.44	6.90	3.24	0.87

图 5 - 3 - 5　2014 年 3 月中国新疆对中亚国家进出口总值及占比

由图 5 - 3 - 5 可以看出，2014 年 3 月中国新疆对中亚国家的进出口贸易中，按中国新疆对中亚国家的进出口总值大小排名依次为：哈萨克斯坦、吉尔吉斯斯坦、塔吉克斯坦、乌兹别克斯坦和土库曼斯坦。

中国新疆对中亚国家进出口总值为 105859.70 万美元，占中国新疆进出口总值的 75.24%。其中：对哈萨克斯坦的进出口总值为 61613.00 万美元，占中国新疆进出口总值的 43.79%，同比上升 4.00%，环比上升 46.35%；对吉尔吉斯斯坦的进出口总值为 28753.90 万美元，占中国新疆进出口总值的 20.44%，同比下降 3.40%，环比上升 282.70%；对塔吉克斯坦的进出口总值为 9710.30 万美元，占中国新疆进出口总值的 6.90%，同比上升 75.50%，环比上升 168.19%；对乌兹别克斯坦的进出口总值为 4560.40 万美元，占中国新疆进出口总值的 3.24%，同比下降 35.80%，环比上升 25.88%；对土库曼斯坦的进出口总值为 1222.10 万美元，占中国新疆进出口总值的 0.87%，同比上升 16.80%。

4. 2014 年 4 月中国新疆对中亚五国进出口贸易月度分析

由图 5 - 3 - 6 可以看出，2014 年 4 月中国新疆对中亚国家的进出口贸易中，进出口总值大小排名依次为：哈萨克斯坦、吉尔吉斯斯坦、塔吉克斯坦、乌兹别克斯坦、土库曼斯坦。

中国新疆对中亚国家进出口总值为 136093.90 万美元，占中国新疆进出口总值的 71.85%。其中：对哈萨克斯坦的进出口总值为 78629.00 万美元，占中国新疆进出口总值的 41.51%，同比下降 8.80%，环比上升 27.62%；对吉尔吉斯斯坦的进出口总值为 31580.80 万美元，占中国新疆进

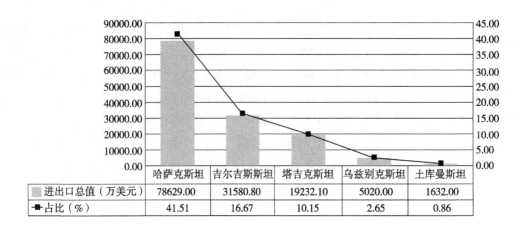

	哈萨克斯坦	吉尔吉斯斯坦	塔吉克斯坦	乌兹别克斯坦	土库曼斯坦
进出口总值（万美元）	78629.00	31580.80	19232.10	5020.00	1632.00
占比（%）	41.51	16.67	10.15	2.65	0.86

图 5 - 3 - 6 2014 年 4 月中国新疆对中亚国家进出口总值及占比

出口总值的 16.67%，同比下降 22.20%，环比上升 9.83%；对塔吉克斯坦的进出口总值为 19232.10 万美元，占中国新疆进出口总值的 10.15%，同比上升 174.60%，环比上升 98.06%；对乌兹别克斯坦的进出口总值为 5020.00 万美元，占中国新疆进出口总值的 2.65%，同比下降 55.60%，环比上升 10.08%；对土库曼斯坦的进出口总值为 1632.00 万美元，占中国新疆进出口总值的 0.86%，同比上升 92.70%，环比上升 33.54%。

5. 2014 年 5 月中国新疆对中亚五国进出口贸易月度分析

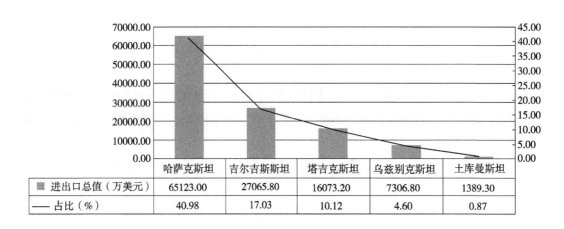

	哈萨克斯坦	吉尔吉斯斯坦	塔吉克斯坦	乌兹别克斯坦	土库曼斯坦
进出口总值（万美元）	65123.00	27065.80	16073.20	7306.80	1389.30
占比（%）	40.98	17.03	10.12	4.60	0.87

图 5 - 3 - 7 2014 年 5 月中国新疆对中亚国家进出口总值及占比

由图 5 - 3 - 7 可以看出，2014 年 5 月中国新疆对中亚国家的进出口贸易中，按中国新疆对中亚国家的进出口总值大小排名依次为：哈萨克斯坦、吉尔吉斯斯坦、塔吉克斯坦、乌兹别克斯坦和土库曼斯坦。

中国新疆对中亚国家进出口总值为 116958.10 万美元，占中国新疆进出口总值的 73.60%。其中：对哈萨克斯坦的进出口总值为 65123.00 万美元，占中国新疆进出口总值的 40.98%，同比下降 13.90%，环比下降 17.18%；对吉尔吉斯斯坦的进出口总值为 27065.80 万美元，占中国新疆进出口总值的 17.03%，同比下降 29.40%，环比下降 14.30%；对塔吉克斯坦的进出口总值为 16073.20 万美元，占中国新疆进出口总值的 10.12%，同比上升 23.80%，环比下降 16.43%；对乌兹别克斯坦的进出口总值为 7306.80 万美元，占中国新疆进出口总值的 4.60%，同比下降 16.60%，环比上升 45.55%；对土库曼斯坦的进出口总值为 1389.30 万美元，占中国新疆进出口总值的 0.87%，同比下降 30.90%，环比下降 14.87%。

6. 2014 年 6 月中国新疆对中亚五国进出口贸易月度分析

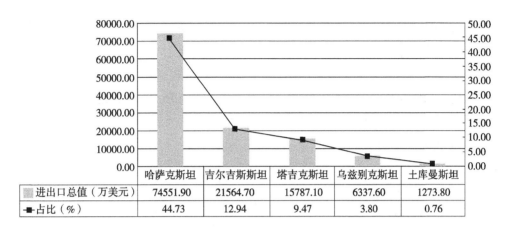

	哈萨克斯坦	吉尔吉斯斯坦	塔吉克斯坦	乌兹别克斯坦	土库曼斯坦
进出口总值（万美元）	74551.90	21564.70	15787.10	6337.60	1273.80
占比（%）	44.73	12.94	9.47	3.80	0.76

图 5 - 3 - 8 2014 年 6 月中国新疆对中亚国家进出口总值及占比

由图 5 - 3 - 8 可以看出，2014 年 6 月中国新疆对中亚国家的进出口贸易中，按中国新疆对中亚国家的进出口总值大小排名依次为：哈萨克斯坦、吉尔吉斯斯坦、塔吉克斯坦、乌兹别克斯坦、土库曼斯坦。

中国新疆对中亚国家进出口总值为 119515.10 万美元，占中国新疆进出口总值的 71.70%。其中：对哈萨克斯坦的进出口总值为 74551.90 万美元，占中国新疆进出口总值的 44.73%，同比上升 14.40%，环比上升 14.48%；对吉尔吉斯斯坦的进出口总值为 21564.70 万美元，占中国新疆进出口总值的 12.94%，同比下降 20.00%，环比下降 20.32%；对塔吉克斯坦的进出口总值为 15787.10 万美元，占中国新疆进出口总值的 9.47%，同比上升 39.50%，环比下降 1.78%；对乌兹别克斯坦的进出口总值为 6337.60 万美元，占中国新疆进出口总值的 3.80%，同比上升 37.80%，环比下降 13.26%；对土库曼斯坦的进出口总值为 1273.80 万美元，占中国新疆进出口总值的 0.76%，同比上升 8.30%，环比下降 8.31%。

7. 2014 年 7 月中国新疆对中亚五国进出口贸易月度分析

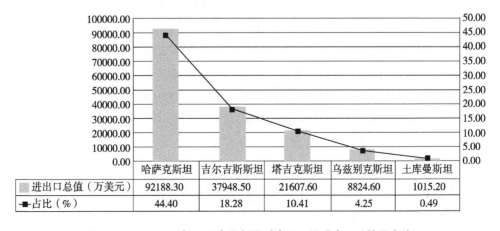

	哈萨克斯坦	吉尔吉斯斯坦	塔吉克斯坦	乌兹别克斯坦	土库曼斯坦
进出口总值（万美元）	92188.30	37948.50	21607.60	8824.60	1015.20
占比（%）	44.40	18.28	10.41	4.25	0.49

图 5 - 3 - 9 2014 年 7 月中国新疆对中亚五国进出口总值及占比

由图5-3-9可以看出，2014年7月中国新疆对中亚五国的进出口贸易总值大小排名依次为：哈萨克斯坦、吉尔吉斯斯坦、塔吉克斯坦、乌兹别克斯坦、土库曼斯坦。

中国新疆对中亚国家进出口总值为161584.20万美元，占中国新疆进出口总值的77.82%。其中：对哈萨克斯坦的进出口总值为92188.30万美元，占中国新疆进出口总值的44.40%，同比上升7.00%，环比上升23.66%；对吉尔吉斯斯坦的进出口总值为37948.50万美元，占中国新疆进出口总值的18.28%，同比上升2.20%，环比上升75.98%；对塔吉克斯坦的进出口总值为21607.60万美元，占中国新疆进出口总值的10.41%，同比上升20.40%，环比上升36.87%。对乌兹别克斯坦的进出口总值为8824.60万美元，占中国新疆进出口总值的4.25%，同比上升18.70%，环比上升39.24%；对土库曼斯坦的进出口总值为1015.20万美元，占中国新疆进出口总值的0.49%，同比下降27.10%，环比下降20.30%。

8. 2014年8月中国新疆对中亚五国进出口贸易月度分析

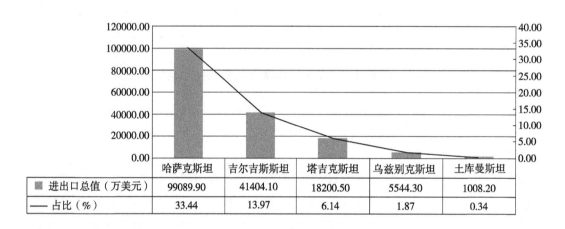

	哈萨克斯坦	吉尔吉斯斯坦	塔吉克斯坦	乌兹别克斯坦	土库曼斯坦
■ 进出口总值（万美元）	99089.90	41404.10	18200.50	5544.30	1008.20
—— 占比（%）	33.44	13.97	6.14	1.87	0.34

图5-3-10　2014年8月中国新疆对中亚五国进出口总值及占比

由图5-3-10可以看出，2014年8月中国新疆对中亚五国的进出口贸易总值大小排名依次为：哈萨克斯坦、吉尔吉斯斯坦、塔吉克斯坦、乌兹别克斯坦、土库曼斯坦。

中国新疆对中亚国家进出口总值为165247.00万美元，占中国新疆进出口总值的55.76%。其中：对哈萨克斯坦的进出口总值为99089.90万美元，占中国新疆进出口总值的33.44%，同比增长10.10%，环比增长7.49%；对吉尔吉斯斯坦的进出口总值为41404.10万美元，占中国新疆进出口总值的13.97%，同比增长7.80%，环比增长9.11%；对塔吉克斯坦的进出口总值为18200.50万美元，占中国新疆进出口总值的6.14%，同比增长31.70%，环比下降15.77%。对乌兹别克斯坦的进出口总值为5544.30万美元，占中国新疆进出口总值的1.87%，同比下降20.00%，环比下降37.17%；对土库曼斯坦的进出口总值为1008.20万美元，占中国新疆进出口总值的0.34%，同比下降38.50%，环比下降0.69%。

9. 2014年9月中国新疆对中亚四国进出口贸易月度分析

由图5-3-11可以看出，2014年9月中国新疆对中亚国家的进出口贸易中，土库曼斯坦没有发生贸易。按中国新疆对四个国家的进出口贸易总值大小排名依次为：哈萨克斯坦、吉尔吉斯斯坦、塔吉克斯坦、乌兹别克斯坦。

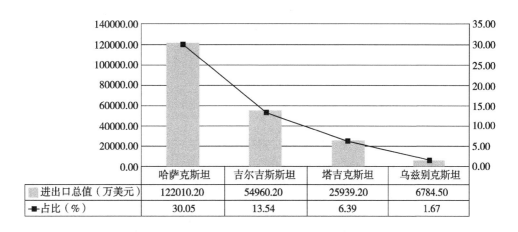

	哈萨克斯坦	吉尔吉斯斯坦	塔吉克斯坦	乌兹别克斯坦
进出口总值（万美元）	122010.20	54960.20	25939.20	6784.50
占比（%）	30.05	13.54	6.39	1.67

图 5 - 3 - 11 2014 年 9 月中国新疆对中亚国家进出口总值及占比

其中：对哈萨克斯坦的进出口总值为 122010.20 万美元，占中国新疆进出口总值的 30.05%，同比下降 30.90%，环比上升 23.13%；对吉尔吉斯斯坦的进出口总值为 54960.20 万美元，占中国新疆进出口总值的 13.54%，同比上升 10.00%，环比上升 32.74%；对塔吉克斯坦的进出口总值为 25939.20 万美元，占中国新疆进出口总值的 6.39%，同比上升 49.20%，环比上升 42.52%。对乌兹别克斯坦的进出口总值为 6784.50 万美元，占中国新疆进出口总值的 1.67%，同比上升 17.80%，环比上升 22.37%。

10. 2014 年 10 月中国新疆对中亚四国进出口贸易月度分析

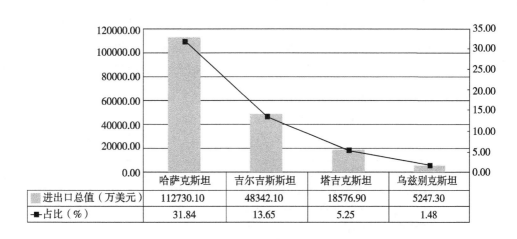

	哈萨克斯坦	吉尔吉斯斯坦	塔吉克斯坦	乌兹别克斯坦
进出口总值（万美元）	112730.10	48342.10	18576.90	5247.30
占比（%）	31.84	13.65	5.25	1.48

图 5 - 3 - 12 2014 年 10 月中国新疆对中亚国家进出口总值及占比

由图 5 - 3 - 12 可以看出，2014 年 10 月中国新疆对中亚国家的进出口贸易中，土库曼斯坦没有发生贸易。按中国新疆对四个国家的进出口贸易总值大小排名依次为：哈萨克斯坦、吉尔吉斯斯坦、塔吉克斯坦、乌兹别克斯坦。其中：对哈萨克斯坦的进出口总值为 112730.10 万美元，占中国新疆进出口总值的 31.84%，同比下降 30.50%，环比下降 7.60%；对吉尔吉斯斯坦的进出口总值为 48342.10 万美元，占中国新疆进出口总值的 13.65%，同比上升 48.30%，环比下降 12.04%；对塔吉克斯坦的进出口总值为 18576.90 万美元，占中国新疆进出口总值的 5.25%，同比上升 38.10%，环比下降 28.38%；对乌兹别克斯坦的进出口总值为 5247.30 万美元，占中国新疆进出口总值的 1.48%，同比下降 0.30%，环比下降 22.66%。

11. 2014 年 11 月中国新疆对中亚五国进出口贸易月度分析

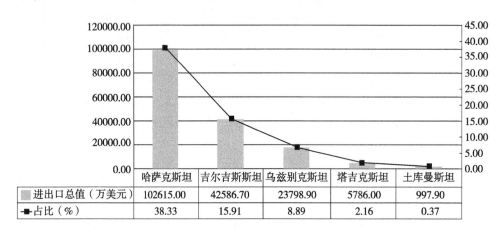

	哈萨克斯坦	吉尔吉斯斯坦	乌兹别克斯坦	塔吉克斯坦	土库曼斯坦
进出口总值（万美元）	102615.00	42586.70	23798.90	5786.00	997.90
占比（%）	38.33	15.91	8.89	2.16	0.37

图 5 - 3 - 13 2014 年 11 月中国新疆对中亚五国进出口总值及占比

由图 5 - 3 - 13 可以看出，2014 年 11 月中国新疆对中亚五国的进出口贸易中，按中国新疆对中亚五国进出口贸易总值大小排名依次为：哈萨克斯坦、吉尔吉斯斯坦、乌兹别克斯坦、塔吉克斯坦、土库曼斯坦。其中：对哈萨克斯坦的进出口总值为 102615.00 万美元，占中国新疆进出口总值的 38.33%，同比下降 40.20%，环比下降 8.97%；对吉尔吉斯斯坦的进出口总值为 42586.70 万美元，占中国新疆进出口总值的 15.91%，同比下降 14.80%，环比下降 11.91%；对乌兹别克斯坦的进出口总值为 23798.90 万美元，占中国新疆进出口总值的 8.89%，同比上升 19.90%，环比上升 28.11%；对塔吉克斯坦的进出口总值为 5786.00 万美元，占中国新疆进出口总值的 2.16%，同比上升 5.30%，环比上升 10.27%；对土库曼斯坦的进出口总值为 997.90 万美元，占中国新疆进出口总值的 0.37%，同比下降 29.40%。

12. 2014 年 12 月中国新疆对中亚五国进出口贸易月度分析

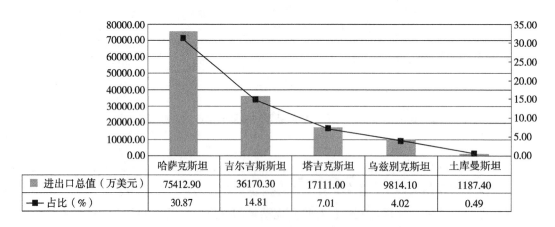

	哈萨克斯坦	吉尔吉斯斯坦	塔吉克斯坦	乌兹别克斯坦	土库曼斯坦
进出口总值（万美元）	75412.90	36170.30	17111.00	9814.10	1187.40
占比（%）	30.87	14.81	7.01	4.02	0.49

图 5 - 3 - 14 2014 年 12 月中国新疆对中亚五国进出口总值及占比

由图 5 - 3 - 14 可以看出，2014 年 12 月中国新疆对中亚五国的进出口贸易中，按中国新疆对中亚五国进出口贸易总值大小排名依次为：哈萨克斯坦、吉尔吉斯斯坦、塔吉克斯坦、乌兹别克斯坦、土库曼斯坦。其中：对哈萨克斯坦的进出口总值为 75412.90 万美元，占中国新疆进出口总值的 30.87%，同比下降 33.10%，环比下降 26.51%；对吉尔吉斯斯坦的进出口总值为 36170.30 万美元，占中国新疆进出口总值的 14.81%，同比上升 11.00%，环比下降 15.07%；对塔吉克斯坦的进出口总值为 17111.00 万美元，占中国新疆进出口总值的 7.01%，同比下降 31.60%，环比下降 28.10%；对乌兹别克斯坦的进出口总值为 9814.10 万美元，占中国新疆进出口总值的 4.02%，同比上升 13.50%，环比上升 69.62%；对土库曼斯坦的进出口总值为 1187.40 万美元，占中国新疆进出口总值的 0.49%，同比下降 11.30%，环比上升 18.99%。

二、2014 年中国新疆对中亚五国出口贸易总体分析

（一）2014 年中国新疆对中亚五国出口贸易分析

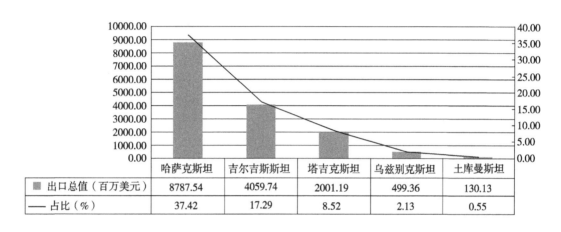

	哈萨克斯坦	吉尔吉斯斯坦	塔吉克斯坦	乌兹别克斯坦	土库曼斯坦
出口总值（百万美元）	8787.54	4059.74	2001.19	499.36	130.13
占比（%）	37.42	17.29	8.52	2.13	0.55

图 5 - 3 - 15　2014 年中国新疆对中亚五国出口总值和占中国新疆出口总值的比例

由图 5 - 3 - 15 可以看出，2014 年中国新疆对中亚五国出口贸易中出口总值大小排名依次为：哈萨克斯坦、吉尔吉斯斯坦、塔吉克斯坦、乌兹别克斯坦、土库曼斯坦。

中国新疆对中亚五国出口总值为 15477.95 百万美元，占中国新疆出口总值的 65.91%。其中：对哈萨克斯坦的出口总值为 8787.54 百万美元，占中国新疆出口总值的 37.42%，同比上升 5.00%；对吉尔吉斯斯坦的出口总值为 4059.74 百万美元，占中国新疆出口总值的 17.29%，同比下降 1.80%；对塔吉克斯坦的出口总值为 2001.19 百万美元，占中国新疆出口总值的 8.52%，同比上升 27.00%；对乌兹别克斯坦的出口总值为 499.36 百万美元，占中国新疆出口总值的 2.13%，同比上升 1.50%；对土库曼斯坦的出口总值为 130.13 百万美元，占中国新疆出口总值的 0.55%，同比下降 12.00%。

（二）2014 年中国新疆对中亚五国出口贸易趋势分析

由图 5 - 3 - 16 可以看出，2014 年中国新疆对中亚五国的出口总值大小排名顺序一直没变，始终为：哈萨克斯坦、吉尔吉斯斯坦、塔吉克斯坦、乌兹别克斯坦和土库曼斯坦。

中国新疆对中亚五国出口总值的变化趋势与进出口变化趋势一致。中国新疆对哈萨克斯坦、吉尔吉斯斯坦出口总值全年上下起伏波动，其中，对哈萨克斯坦、吉尔吉斯斯坦出口贸易最高点均在 9 月，最低点均在 2 月；对塔吉克斯坦、乌兹别克斯坦的出口总值变化趋势基本一致，均是在 2 月下降到最低点；对土库曼斯坦出口总值的变化波动很小。

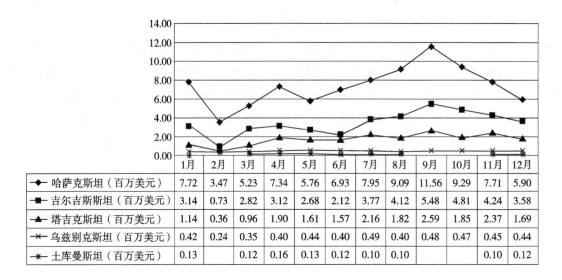

	1月	2月	3月	4月	5月	6月	7月	8月	9月	10月	11月	12月
◆ 哈萨克斯坦（百万美元）	7.72	3.47	5.23	7.34	5.76	6.93	7.95	9.09	11.56	9.29	7.71	5.90
■ 吉尔吉斯斯坦（百万美元）	3.14	0.73	2.82	3.12	2.68	2.12	3.77	4.12	5.48	4.81	4.24	3.58
▲ 塔吉克斯坦（百万美元）	1.14	0.36	0.96	1.90	1.61	1.57	2.16	1.82	2.59	1.85	2.37	1.69
✕ 乌兹别克斯坦（百万美元）	0.42	0.24	0.35	0.40	0.44	0.40	0.49	0.40	0.48	0.47	0.45	0.44
✳ 土库曼斯坦（百万美元）	0.13		0.12	0.16	0.13	0.12	0.10	0.10			0.10	0.12

图5-3-16 2014年1～12月中国新疆与中亚五国出口总值

（三）2014年中国新疆对中亚五国出口贸易月度分析

1. 2014年1月中国新疆对中亚五国出口贸易月度分析

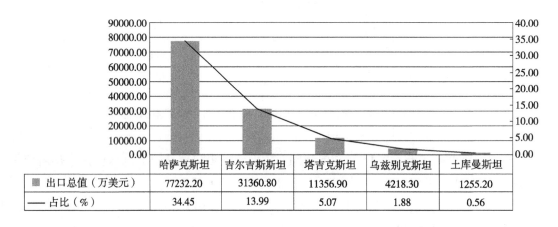

	哈萨克斯坦	吉尔吉斯斯坦	塔吉克斯坦	乌兹别克斯坦	土库曼斯坦
■ 出口总值（万美元）	77232.20	31360.80	11356.90	4218.30	1255.20
—— 占比（%）	34.45	13.99	5.07	1.88	0.56

图5-3-17 2014年1月中国新疆对中亚国家出口总值及占比

由图5-3-17可知，2014年1月，中国新疆对中亚国家出口贸易中出口总值大小排名依次为：哈萨克斯坦、吉尔吉斯斯坦、塔吉克斯坦、乌兹别克斯坦、土库曼斯坦。

中国新疆对中亚国家出口总值为125423.40万美元，占中国新疆出口总值的55.95%。其中：对哈萨克斯坦的出口总值为77232.20万美元，占中国新疆出口总值的34.45%，同比上升8.20%，环比上升0.07%；对吉尔吉斯斯坦的出口总值为31360.80万美元，占中国新疆出口总值的13.99%，同比上升6.90%，环比下降2.24%；对塔吉克斯坦的出口总值为11356.90万美元，占中国新疆出口总值的5.07%，同比下降6.80%，环比下降54.23%；对乌兹别克斯坦的出口总值为4218.30万美元，占中国新疆出口总值的1.88%，同比上升21.80%，环比下降10.15%；对土库曼斯坦的出口总值为1255.20万美元，占中国新疆出口总值的0.56%，同比下降14.30%。

2. 2014年2月中国新疆对中亚四国出口贸易月度分析

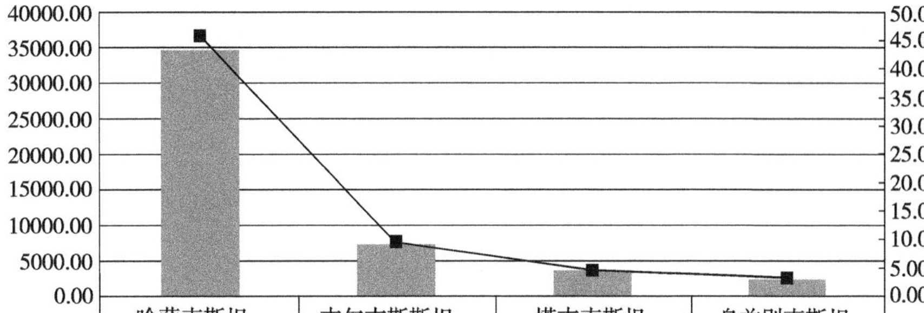

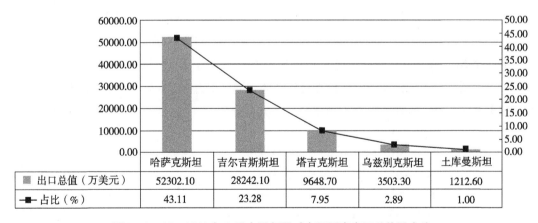

	哈萨克斯坦	吉尔吉斯斯坦	塔吉克斯坦	乌兹别克斯坦
出口总值（万美元）	34650.60	7304.00	3616.60	2425.60
占比（%）	45.79	9.65	4.78	3.21

图5-3-18　2014年2月中国新疆对中亚国家出口总值及占比

由图5-3-18可以看出，2014年2月，中国新疆对中亚国家出口贸易中出口总值大小排名依次为：哈萨克斯坦、吉尔吉斯斯坦、塔吉克斯坦、乌兹别克斯坦。

中国新疆对中亚国家出口总值为47996.80万美元，占中国新疆出口总值的63.42%。其中：对哈萨克斯坦的出口总值为34650.60万美元，占中国新疆出口总值的45.79%，同比下降30.30%，环比下降55.14%；对吉尔吉斯斯坦的出口总值为7304.00万美元，占中国新疆出口总值的9.65%，同比下降34.00%，环比下降76.71%；对塔吉克斯坦的出口总值为3616.60万美元，占中国新疆出口总值的4.78%，同比增长90.80%，环比下降68.16%；对乌兹别克斯坦的出口总值为2425.60万美元，占中国新疆出口总值的3.21%，同比下降49.60%，环比上升42.50%。

3. 2014年3月中国新疆对中亚五国出口贸易月度分析

	哈萨克斯坦	吉尔吉斯斯坦	塔吉克斯坦	乌兹别克斯坦	土库曼斯坦
出口总值（万美元）	52302.10	28242.10	9648.70	3503.30	1212.60
占比（%）	43.11	23.28	7.95	2.89	1.00

图5-3-19　2014年3月中国新疆对中亚国家出口总值及占比

由图5-3-19可以看出，2014年3月，中国新疆对中亚国家出口贸易中出口总值大小排名依次为：哈萨克斯坦、吉尔吉斯斯坦、塔吉克斯坦、乌兹别克斯坦和土库曼斯坦。

中国新疆对中亚国家出口总值为94908.80万美元，占中国新疆出口总值的78.23%。其中：对哈萨克斯坦的出口总值为52302.10万美元，占中国新疆出口总值的43.11%，同比上升6.00%，环比上升50.94%；对吉尔吉斯斯坦的出口总值为28242.10万美元，占中国新疆出口总值的

23.28%，同比下降3.90%，环比上升286.67%；对塔吉克斯坦的出口总值为9648.70万美元，占中国新疆出口总值的7.95%，同比上升77.50%，环比上升166.79%；对乌兹别克斯坦的出口总值为3503.30万美元，占中国新疆出口总值的2.89%，同比下降9.50%，环比上升44.43%；对土库曼斯坦的出口总值为1212.60万美元，占中国新疆出口总值的1.00%，同比上升16.80%。

4. 2014年4月中国新疆对中亚五国出口贸易月度分析

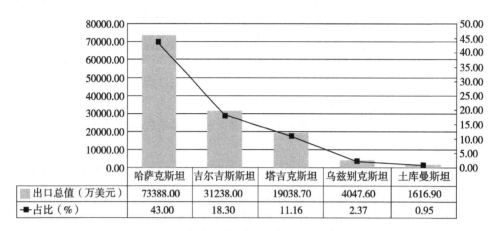

	哈萨克斯坦	吉尔吉斯斯坦	塔吉克斯坦	乌兹别克斯坦	土库曼斯坦
出口总值（万美元）	73388.00	31238.00	19038.70	4047.60	1616.90
占比（%）	43.00	18.30	11.16	2.37	0.95

图5-3-20　2014年4月中国新疆对中亚国家出口总值及占比

由图5-3-20可以看出，2014年4月，中国新疆对中亚国家的出口贸易中出口总值大小排名依次为：哈萨克斯坦、吉尔吉斯斯坦、塔吉克斯坦、乌兹别克斯坦、土库曼斯坦。

中国新疆对中亚国家出口总值为129329.20万美元，占中国新疆出口总值的75.78%。其中：对哈萨克斯坦的出口总值为73388.00万美元，占中国新疆出口总值的43.00%，同比下降0.90%，环比上升40.32%；对吉尔吉斯斯坦的出口总值为31238.00万美元，占中国新疆出口总值的18.30%，同比下降22.40%，环比上升10.61%；对塔吉克斯坦的出口总值为19038.70万美元，占中国新疆出口总值的11.16%，同比上升173.00%，环比上升97.32%；对乌兹别克斯坦的出口总值为4047.60万美元，占中国新疆出口总值的2.37%，同比上升18.00%，环比上升15.54%；对土库曼斯坦的出口总值为1616.90万美元，占中国新疆出口总值的0.95%，同比上升91.90%，环比上升33.34%。

5. 2014年5月中国新疆对中亚五国出口贸易月度分析

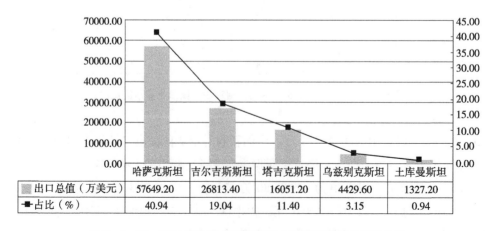

	哈萨克斯坦	吉尔吉斯斯坦	塔吉克斯坦	乌兹别克斯坦	土库曼斯坦
出口总值（万美元）	57649.20	26813.40	16051.20	4429.60	1327.20
占比（%）	40.94	19.04	11.40	3.15	0.94

图5-3-21　2014年5月中国新疆对中亚国家出口总值及占比

由图 5 - 3 - 21 可以看出，2014 年 5 月，中国新疆对中亚国家出口贸易中出口总值大小排名依次为：哈萨克斯坦、吉尔吉斯斯坦、塔吉克斯坦、乌兹别克斯坦和土库曼斯坦。

中国新疆对中亚国家出口总值为 106270.60 万美元，占中国新疆出口总值的 75.47%。其中：对哈萨克斯坦的出口总值为 57649.20 万美元，占中国新疆出口总值的 40.94%，同比下降10.70%，环比下降 21.45%；对吉尔吉斯斯坦的出口总值为 26813.40 美元，占中国新疆出口总值的 19.04%，同比下降 29.20%，环比下降 14.16%；对塔吉克斯坦的出口总值为 16051.20 万美元，占中国新疆出口总值的 11.40%，同比上升 24.20%，环比下降 15.69%；对乌兹别克斯坦的出口总值为 4429.60 万美元，占中国新疆出口总值的 3.15%，同比上升 20.50%，环比上升 9.44%；对土库曼斯坦的出口总值为 1327.20 万美元，占中国新疆出口总值的 0.94%，同比下降 33.60%，环比下降 17.92%。

6. 2014 年 6 月中国新疆对中亚五国出口贸易月度分析

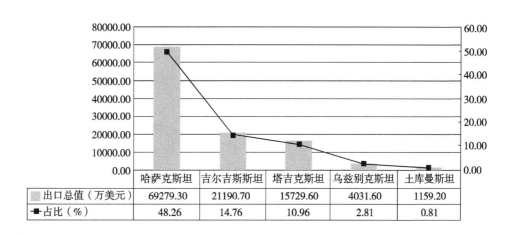

	哈萨克斯坦	吉尔吉斯斯坦	塔吉克斯坦	乌兹别克斯坦	土库曼斯坦
出口总值（万美元）	69279.30	21190.70	15729.60	4031.60	1159.20
占比（%）	48.26	14.76	10.96	2.81	0.81

图 5 - 3 - 22 2014 年 6 月中国新疆对中亚国家出口总值及占比

由图 5 - 3 - 22 可以看出，2014 年 6 月，中国新疆对中亚国家出口贸易中出口总值大小排名依次为：哈萨克斯坦、吉尔吉斯斯坦、塔吉克斯坦、乌兹别克斯坦、土库曼斯坦。

中国新疆对中亚国家出口总值为 111390.40 万美元，占中国新疆出口总值的 77.59%。其中：对哈萨克斯坦的出口总值为 69279.30 万美元，占中国新疆出口总值的 48.26%，同比上升23.20%，环比上升 20.17%；对吉尔吉斯斯坦的出口总值为 21190.70 万美元，占中国新疆出口总值的 14.76%，同比下降 20.30%，环比下降 20.97%；对塔吉克斯坦的出口总值为 15729.60 万美元，占中国新疆出口总值的 10.96%，同比上升 40.00%，环比下降 2.00%；对乌兹别克斯坦的出口总值为 4031.60 万美元，占中国新疆出口总值的 2.81%，同比上升 28.30%，环比下降 8.99%；对土库曼斯坦的出口总值为 1159.20 万美元，占中国新疆出口总值的 0.81%，同比下降 1.30%，环比下降 12.66%。

7. 2014 年 7 月中国新疆对中亚五国出口贸易月度分析

由图 5 - 3 - 23 可以看出，2014 年 7 月，中国新疆对中亚五国出口贸易中出口总值大小排名依次为：哈萨克斯坦、吉尔吉斯斯坦、塔吉克斯坦、乌兹别克斯坦、土库曼斯坦。

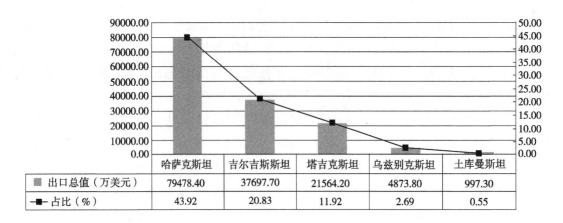

	哈萨克斯坦	吉尔吉斯斯坦	塔吉克斯坦	乌兹别克斯坦	土库曼斯坦
▇ 出口总值（万美元）	79478.40	37697.70	21564.20	4873.80	997.30
—■— 占比（%）	43.92	20.83	11.92	2.69	0.55

图 5 - 3 - 23　2014 年 7 月中国新疆对中亚五国出口总值及占比

其中：对哈萨克斯坦的出口总值为 79478.40 万美元，占中国新疆出口总值的 43.92%，同比增长 0.70%，环比增长 14.72%；对吉尔吉斯斯坦的出口总值为 37697.70 万美元，占中国新疆出口总值的 20.83%，同比增长 2.20%，环比增长 77.90%；对塔吉克斯坦的出口总值为 21564.20 万美元，占中国新疆出口总值的 11.92%，同比增长 20.60%，环比增长 37.09%；对乌兹别克斯坦的出口总值为 4873.80 万美元，占中国新疆出口总值的 2.69%，同比增长 10.20%，环比增长 20.89%；对土库曼斯坦的出口总值为 997.30 万美元，占中国新疆出口总值的 0.55%，同比下降 28.40%，环比下降 13.97%。

8. 2014 年 8 月中国新疆对中亚五国出口贸易月度分析

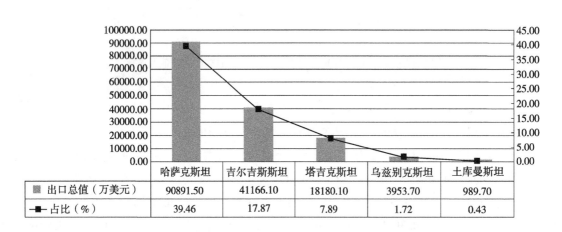

	哈萨克斯坦	吉尔吉斯斯坦	塔吉克斯坦	乌兹别克斯坦	土库曼斯坦
▇ 出口总值（万美元）	90891.50	41166.10	18180.10	3953.70	989.70
—■— 占比（%）	39.46	17.87	7.89	1.72	0.43

图 5 - 3 - 24　2014 年 8 月中国新疆对中亚五国出口总值及占比

由图 5 - 3 - 24 可以看出，2014 年 8 月，中国新疆对中亚五国出口贸易中出口总值大小排名依次为：哈萨克斯坦、吉尔吉斯斯坦、塔吉克斯坦、乌兹别克斯坦、土库曼斯坦。

其中：对哈萨克斯坦的出口总值为 90891.50 万美元，占中国新疆出口总值的 39.46%，同比增长 12.10%，环比增长 14.36%；对吉尔吉斯斯坦的出口总值为 41166.10 万美元，占中国新疆出口总值的 17.87%，同比增长 7.90%，环比增长 9.20%；对塔吉克斯坦的出口总值为 18180.10 万美元，占中国新疆出口总值的 7.89%，同比增长 31.70%，环比下降 15.69%；对乌兹别克斯坦的出口总值为 3953.70 万美元，占中国新疆出口总值的 1.72%，同比下降 2.30%，环比下降

18.88%；对土库曼斯坦的出口总值为 989.70 万美元，占中国新疆出口总值的 0.43%，同比下降 35.20%，环比下降 0.76%。

9. 2014 年 9 月中国新疆对中亚四国出口贸易月度分析

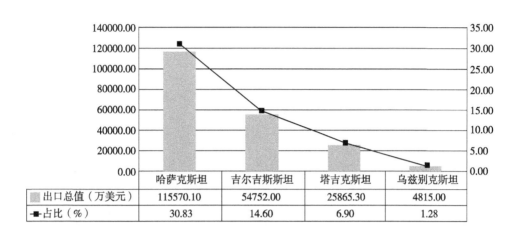

	哈萨克斯坦	吉尔吉斯斯坦	塔吉克斯坦	乌兹别克斯坦
出口总值（万美元）	115570.10	54752.00	25865.30	4815.00
占比（%）	30.83	14.60	6.90	1.28

图 5 - 3 - 25　2014 年 9 月中国新疆对中亚国家出口总值及占比

由图 5 - 3 - 25 可以看出，2014 年 9 月，中国新疆对中亚国家出口贸易中出口总值大小排名依次为：哈萨克斯坦、吉尔吉斯斯坦、塔吉克斯坦、乌兹别克斯坦。

其中：对哈萨克斯坦的出口总值为 115570.10 万美元，占中国新疆出口总值的 30.83%，同比上升 24.50%，环比上升 27.15%；对吉尔吉斯斯坦的出口总值为 54752.00 万美元，占中国新疆出口总值的 14.60%，同比上升 10.00%，环比上升 33.00%；对塔吉克斯坦的出口总值为 25865.30 万美元，占中国新疆出口总值的 6.90%，同比上升 49.50%，环比上升 42.27%；对乌兹别克斯坦的出口总值为 4815.00 万美元，占中国新疆出口总值的 1.28%，同比上升 24.90%，环比上升 21.78%。

10. 2014 年 10 月中国新疆对中亚四国出口贸易月度分析

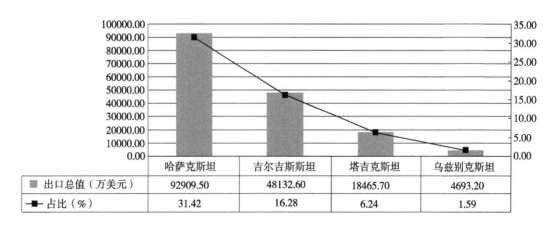

	哈萨克斯坦	吉尔吉斯斯坦	塔吉克斯坦	乌兹别克斯坦
出口总值（万美元）	92909.50	48132.60	18465.70	4693.20
占比（%）	31.42	16.28	6.24	1.59

图 5 - 3 - 26　2014 年 10 月中国新疆对中亚国家出口总值及占比

由图 5 - 3 - 26 可以看出，2014 年 10 月，中国新疆对中亚国家出口总值大小排名依次为：哈萨克斯坦、吉尔吉斯斯坦、塔吉克斯坦、乌兹别克斯坦。

其中：对哈萨克斯坦的出口总值为92909.50万美元，占中国新疆出口总值的31.42%，同比上升23.60%，环比下降19.61%；对吉尔吉斯斯坦的出口总值为48132.60万美元，占中国新疆出口总值的16.28%，同比上升48.60%，环比下降12.09%；对塔吉克斯坦的出口总值为18465.70万美元，占中国新疆出口总值的6.24%，同比上升37.60%，环比下降28.61%；对乌兹别克斯坦的出口总值为4693.20万美元，占中国新疆出口总值的1.59%，同比下降2.10%，环比下降2.53%。

11. 2014年11月中国新疆对中亚五国出口贸易月度分析

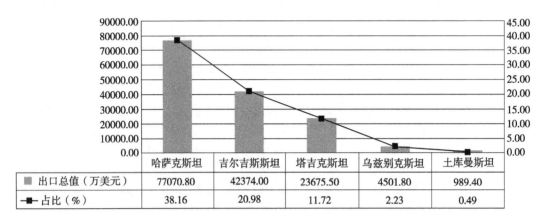

	哈萨克斯坦	吉尔吉斯斯坦	塔吉克斯坦	乌兹别克斯坦	土库曼斯坦
出口总值（万美元）	77070.80	42374.00	23675.50	4501.80	989.40
占比（%）	38.16	20.98	11.72	2.23	0.49

图5-3-27　2014年11月中国新疆对中亚五国出口总值及占比

由图5-3-27可以看出，2014年11月，中国新疆对中亚五国出口贸易中出口总值大小排名依次为：哈萨克斯坦、吉尔吉斯斯坦、塔吉克斯坦、乌兹别克斯坦、土库曼斯坦。其中：对哈萨克斯坦的出口总值为77070.80万美元，占中国新疆出口总值的38.16%，同比上升15.80%，环比下降17.05%；对吉尔吉斯斯坦的出口总值为42374.00万美元，占中国新疆出口总值的20.98%，同比下降14.50%，环比下降11.96%；对塔吉克斯坦的出口总值为23675.50万美元，占中国新疆出口总值的11.72%，同比上升20.10%，环比上升28.21%；对乌兹别克斯坦的出口总值为4501.80万美元，占中国新疆出口总值的2.23%，同比下降9.50%，环比下降4.08%；对土库曼斯坦的出口总值为989.40万美元，占中国新疆出口总值的0.49%，同比下降21.90%。

12. 2014年12月中国新疆对中亚五国出口贸易月度分析

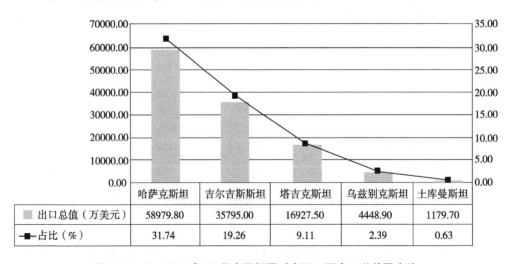

	哈萨克斯坦	吉尔吉斯斯坦	塔吉克斯坦	乌兹别克斯坦	土库曼斯坦
出口总值（万美元）	58979.80	35795.00	16927.50	4448.90	1179.70
占比（%）	31.74	19.26	9.11	2.39	0.63

图5-3-28　2014年12月中国新疆对中亚五国出口总值及占比

由图 5 - 3 - 28 可以看出，2014 年 12 月，中国新疆对中亚五国出口贸易中出口总值大小排名依次为：哈萨克斯坦、吉尔吉斯斯坦、塔吉克斯坦、乌兹别克斯坦、土库曼斯坦。

其中：对哈萨克斯坦的出口总值为 58979.80 万美元，占中国新疆出口总值的 31.74%，同比下降 23.60%，环比下降 23.47%；对吉尔吉斯斯坦的出口总值为 35795.00 万美元，占中国新疆出口总值的 19.26%，同比上升 11.60%，环比下降 15.53%；对塔吉克斯坦的出口总值为 16927.50 万美元，占中国新疆出口总值的 9.11%，同比下降 31.80%，环比下降 28.50%；对乌兹别克斯坦的出口总值为 4448.90 万美元，占中国新疆出口总值的 2.39%，同比下降 5.20%，环比下降 1.18%；对土库曼斯坦的出口总值为 1179.70 万美元，占中国新疆出口总值的 0.63%，同比下降 11.90%，环比上升 19.23%。

三、2014 年中国新疆对中亚五国进口贸易总体分析

（一）2014 年中国新疆对中亚五国进口贸易分析

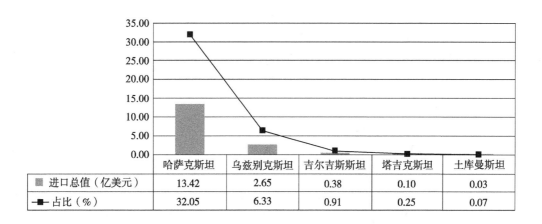

	哈萨克斯坦	乌兹别克斯坦	吉尔吉斯斯坦	塔吉克斯坦	土库曼斯坦
进口总值（亿美元）	13.42	2.65	0.38	0.10	0.03
占比（%）	32.05	6.33	0.91	0.25	0.07

图 5 - 3 - 29 2014 年中国新疆对中亚五国进口总值及占比

由图 5 - 3 - 29 可以看出，2014 年中国新疆对中亚五国进口贸易中进口总值大小排名依次为：哈萨克斯坦、乌兹别克斯坦、吉尔吉斯斯坦、塔吉克斯坦、土库曼斯坦。

其中：对哈萨克斯坦的进口总值为 13.42 亿美元，占中国新疆进口总值的 32.05%；对乌兹别克斯坦的进口总值为 2.65 亿美元，占中国新疆进口总值的 6.33%；对吉尔吉斯斯坦的进口总值为 0.38 亿美元，占中国新疆进口总值的 0.91%；对塔吉克斯坦的进口总值为 0.10 美元，占中国新疆进口总值的 0.25%；对土库曼斯坦的进口总值为 0.03 亿美元，占中国新疆进口总值的 0.07%。

（二）2014 年中国新疆对中亚五国进口贸易趋势分析

由图 5 - 3 - 30 可以看出，2014 年中国新疆对中亚五国的进口总值大小排名顺序除 5 月、6 月塔吉克斯坦与土库曼斯坦排名有交替外，总体来看，五国排名顺序为：哈萨克斯坦、乌兹别克斯坦、吉尔吉斯斯坦、塔吉克斯坦和土库曼斯坦。

中国新疆对哈萨克斯坦、乌兹别克斯坦的进口总值呈波动型变化，其中，对哈萨克斯坦的进口贸易最高点在 11 月，最低点在 4 月；对乌兹别克斯坦的进口贸易最高点在 12 月，最低点在 10 月；对吉尔吉斯斯坦、塔吉克斯坦、土库曼斯坦的进口总值的变化波动较小，其中 2 月、9 月及 10 月土库曼斯坦未发生进口贸易往来。

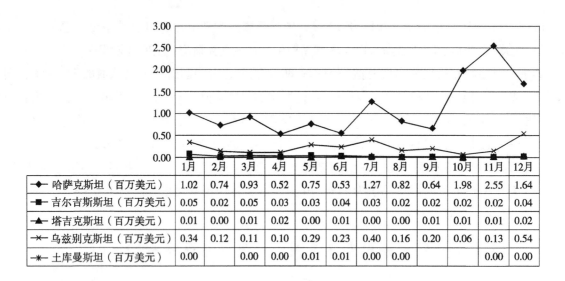

	1月	2月	3月	4月	5月	6月	7月	8月	9月	10月	11月	12月
哈萨克斯坦（百万美元）	1.02	0.74	0.93	0.52	0.75	0.53	1.27	0.82	0.64	1.98	2.55	1.64
吉尔吉斯斯坦（百万美元）	0.05	0.02	0.05	0.03	0.03	0.04	0.03	0.02	0.02	0.02	0.02	0.04
塔吉克斯坦（百万美元）	0.01	0.00	0.01	0.02	0.00	0.01	0.00	0.00	0.01	0.01	0.01	0.02
乌兹别克斯坦（百万美元）	0.34	0.12	0.11	0.10	0.29	0.23	0.40	0.16	0.20	0.06	0.13	0.54
土库曼斯坦（百万美元）	0.00		0.00	0.00	0.01	0.01	0.00	0.00			0.00	0.00

图 5 – 3 – 30　2014 年 1～12 月中国新疆对中亚五国进口总值

（三）2014 年中国新疆对中亚五国进口贸易月度分析

1. 2014 年 1 月中国新疆对中亚五国进口贸易月度分析

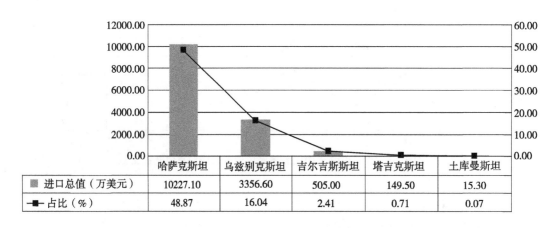

	哈萨克斯坦	乌兹别克斯坦	吉尔吉斯斯坦	塔吉克斯坦	土库曼斯坦
进口总值（万美元）	10227.10	3356.60	505.00	149.50	15.30
占比（%）	48.87	16.04	2.41	0.71	0.07

图 5 – 3 – 31　2014 年 1 月中国新疆对中亚国家进口总值及占比

由图 5 – 3 – 31 可以看出，2014 年 1 月，中国新疆对中亚国家进口总值大小排名依次为：哈萨克斯坦、乌兹别克斯坦、吉尔吉斯斯坦、塔吉克斯坦、土库曼斯坦。

中国新疆对中亚国家进口总值为 14253.50 万美元，占中国新疆进口总值的 68.11%。其中：对哈萨克斯坦的进口总值为 10227.10 万美元，占中国新疆进口总值的 48.87%，同比上升 21.40%，环比下降 71.25%；对乌兹别克斯坦的进口总值为 3356.60 万美元，占中国新疆进口总值的 16.04%，同比下降 28.90%，环比下降 15.10%；对吉尔吉斯斯坦的进口总值为 505.00 万美元，占中国新疆进口总值的 2.41%，同比上升 77.70%，环比上升 0.04%；对塔吉克斯坦的进口总值为 149.50 万美元，占中国新疆进口总值的 0.71%，同比上升 105.20%，环比下降 30.79%；对土库曼斯坦的进口总值为 15.30 万美元，占中国新疆进口总值的 0.07%，同比上升 1.20%。

2. 2014 年 2 月中国新疆对中亚四国进口贸易月度分析

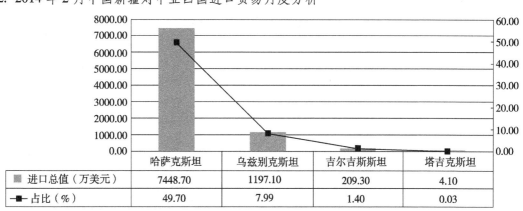

	哈萨克斯坦	乌兹别克斯坦	吉尔吉斯斯坦	塔吉克斯坦
■ 进口总值（万美元）	7448.70	1197.10	209.30	4.10
— 占比（%）	49.70	7.99	1.40	0.03

图 5 - 3 - 32　2014 年 2 月中国新疆对中亚国家进口总值及占比

由图 5 - 3 - 32 可以看出，2014 年 2 月，中国新疆对中亚国家进口总值大小排名依次为：哈萨克斯坦、乌兹别克斯坦、吉尔吉斯斯坦、塔吉克斯坦。

中国新疆对中亚国家进口总值为 8859.20 万美元，占中国新疆进口总值的 59.11%。其中：对哈萨克斯坦的进口总值为 7448.70 万美元，占中国新疆进口总值的 49.70%，同比下降 20.20%，环比下降 27.17%；对乌兹别克斯坦的进口总值为 1197.10 万美元，占中国新疆进口总值的 7.99%，同比下降 59.30%，环比下降 64.34%；对吉尔吉斯斯坦的进口总值为 209.30 万美元，占中国新疆进口总值的 1.40%，同比下降 11.40%，环比下降 58.55%；对塔吉克斯坦的进口总值为 4.10 万美元，占中国新疆进口总值的 0.03%，同比下降 86.80%，环比下降 97.26%。

3. 2014 年 3 月中国新疆对中亚五国进口贸易月度分析

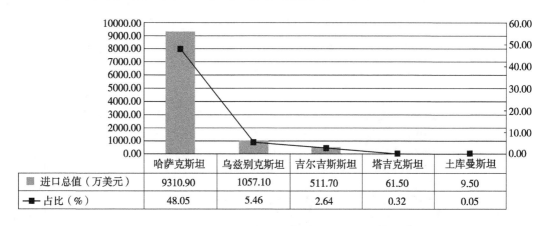

	哈萨克斯坦	乌兹别克斯坦	吉尔吉斯斯坦	塔吉克斯坦	土库曼斯坦
■ 进口总值（万美元）	9310.90	1057.10	511.70	61.50	9.50
— 占比（%）	48.05	5.46	2.64	0.32	0.05

图 5 - 3 - 33　2014 年 3 月中国新疆对中亚国家进口总值及占比

由图 5 - 3 - 33 可以看出，2014 年 3 月，中国新疆对中亚国家进口总值大小排名依次为：哈萨克斯坦、乌兹别克斯坦、吉尔吉斯斯坦、塔吉克斯坦和土库曼斯坦。

中国新疆对中亚国家进口总值为 10950.70 万美元，占中国新疆进口总值的 56.52%。其中：对哈萨克斯坦的进口总值为 9310.90 万美元，占中国新疆进口总值的 48.05%，同比下降 15.90%，环比上升 25.00%；对乌兹别克斯坦的进口总值为 1057.10 万美元，占中国新疆进口总值的 5.46%，同比下降 67.30%，环比下降 11.69%；对吉尔吉斯斯坦的进口总值为 511.70 万美元，占中国新疆进口总值的 2.64%，同比上升 38.40%，环比上升 144.48%；对塔吉克斯坦的进口总值为

61.50 万美元，占中国新疆进口总值的 0.32%，同比下降 36.30%，环比上升 1400.00%；对土库曼斯坦的进口总值为 9.50 万美元，占中国新疆进口总值的 0.05%，同比上升 11.40%。

4. 2014 年 4 月中国新疆对中亚五国进口贸易月度分析

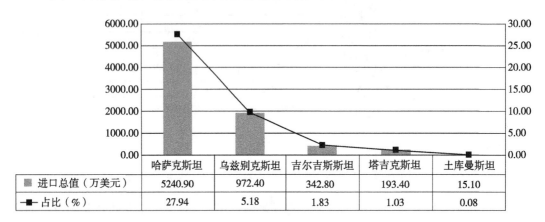

	哈萨克斯坦	乌兹别克斯坦	吉尔吉斯斯坦	塔吉克斯坦	土库曼斯坦
▨ 进口总值（万美元）	5240.90	972.40	342.80	193.40	15.10
━■━ 占比（%）	27.94	5.18	1.83	1.03	0.08

图 5 - 3 - 34　2014 年 4 月中国新疆对中亚国家进口总值及占比

由图 5 - 3 - 34 可以看出，2014 年 4 月，中国新疆对中亚国家进口贸易中，进口总值大小排名依次为：哈萨克斯坦、乌兹别克斯坦、吉尔吉斯斯坦、塔吉克斯坦、土库曼斯坦。

中国新疆对中亚国家进口总值为 6764.60 万美元，占中国新疆进口总值的 36.06%。其中：对哈萨克斯坦的进口总值为 5240.90 万美元，占中国新疆进口总值的 27.94%，同比下降 57.10%，环比下降 43.71%；对乌兹别克斯坦的进口总值为 972.40 万美元，占中国新疆进口总值的 5.18%，同比下降 87.70%，环比下降 8.01%；对吉尔吉斯斯坦的进口总值为 342.80 万美元，占中国新疆进口总值的 1.83%，同比上升 4.50%，环比下降 33.01%；对塔吉克斯坦的进口总值为 193.40 万美元，占中国新疆进口总值的 1.03%，同比上升 526.90%，环比上升 214.47%；对土库曼斯坦的进口总值为 15.10 万美元，占中国新疆进口总值的 0.08%，同比上升 237.60%，环比上升 58.95%。

5. 2014 年 5 月中国新疆对中亚五国进口贸易月度分析

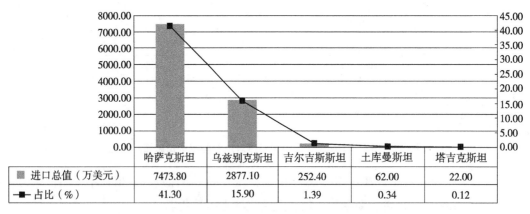

	哈萨克斯坦	乌兹别克斯坦	吉尔吉斯斯坦	土库曼斯坦	塔吉克斯坦
▨ 进口总值（万美元）	7473.80	2877.10	252.40	62.00	22.00
━■━ 占比（%）	41.30	15.90	1.39	0.34	0.12

图 5 - 3 - 35　2014 年 5 月中国新疆对中亚国家进口总值及占比

由图 5 - 3 - 35 可以看出，2014 年 5 月，中国新疆对中亚国家进口贸易中进口总值大小排名依次为：哈萨克斯坦、乌兹别克斯坦、吉尔吉斯斯坦、土库曼斯坦、塔吉克斯坦。

中国新疆对中亚国家进口贸易值为 10687.30 万美元，占中国新疆进口总值的 59.05%。其中：对哈萨克斯坦的进口总值为 7473.80 万美元，占中国新疆进口总值的 41.30%，同比下降 32.60%，环比上升 42.61%；对乌兹别克斯坦的进口总值为 2877.10 万美元，占中国新疆进口总值的 15.90%，同比下降 43.40%，环比上升 195.88%；对吉尔吉斯斯坦的进口总值为 252.40 万美元，占中国新疆进口总值的 1.39%，同比下降 42.90%，环比下降 26.37%；对土库曼斯坦的进口总值为 62.00 万美元，占中国新疆进口总值的 0.34%，同比上升 457.30%，环比上升 310.60%；对塔吉克斯坦的进口总值为 22.00 万美元，占中国新疆进口总值的 0.12%，同比下降 62.90%，环比下降 88.63%。

6. 2014 年 6 月中国新疆对中亚五国进口贸易月度分析

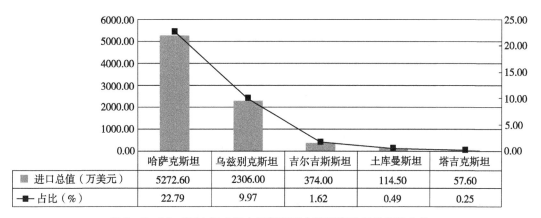

	哈萨克斯坦	乌兹别克斯坦	吉尔吉斯斯坦	土库曼斯坦	塔吉克斯坦
▨ 进口总值（万美元）	5272.60	2306.00	374.00	114.50	57.60
━■━ 占比（%）	22.79	9.97	1.62	0.49	0.25

图 5 - 3 - 36　2014 年 6 月中国新疆对中亚国家进口总值及占比

由图 5 - 3 - 36 可以看出，2014 年 6 月，中国新疆对中亚国家进口总值大小排名依次为：哈萨克斯坦、乌兹别克斯坦、吉尔吉斯斯坦、土库曼斯坦和塔吉克斯坦。

中国新疆对中亚国家进口总值为 8124.70 万美元，占中国新疆进口总值的 35.12%。其中：对哈萨克斯坦的进口总值为 5272.60 万美元，占中国新疆进口总值的 22.79%，同比下降 41.20%，环比下降 29.45%；对乌兹别克斯坦的进口总值为 2306.00 万美元，占中国新疆进口总值的 9.97%，同比上升 58.20%，环比下降 19.85%；对吉尔吉斯斯坦的进口总值为 374.00 万美元，占中国新疆进口总值的 1.62%，同比下降 2.70%，环比上升 48.18%；对土库曼斯坦的进口总值为 114.50 万美元，占中国新疆进口总值的 0.49%，同比上升 6973.70%，环比上升 84.68%；对塔吉克斯坦的进口总值为 57.60 万美元，占中国新疆进口总值的 0.25%，同比下降 25.90%，环比上升 161.82%。

7. 2014 年 7 月中国新疆对中亚五国进口贸易月度分析

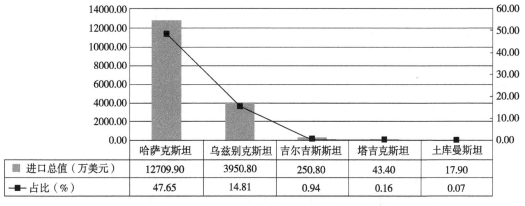

	哈萨克斯坦	乌兹别克斯坦	吉尔吉斯斯坦	塔吉克斯坦	土库曼斯坦
▨ 进口总值（万美元）	12709.90	3950.80	250.80	43.40	17.90
━■━ 占比（%）	47.65	14.81	0.94	0.16	0.07

图 5 - 3 - 37　2014 年 7 月中国新疆对中亚五国进口总值及占比

由图 5-3-37 可以看出，2014 年 7 月，中国新疆对中亚五国进口总值大小排名依次为：哈萨克斯坦、乌兹别克斯坦、吉尔吉斯斯坦、塔吉克斯坦、土库曼斯坦。

其中：对哈萨克斯坦的进口总值为 12709.90 万美元，占中国新疆进口总值的 47.65%，同比上升 77.00%，环比增长 141.06%；对乌兹别克斯坦的进口总值为 3950.80 万美元，占中国新疆进口总值的 14.81%，同比上升 31.30%，环比增长 71.33%；对吉尔吉斯斯坦的进口总值为 250.80 万美元，占中国新疆进口总值的 0.94%，同比增长 1.50%，环比下降 32.94%；对塔吉克斯坦的进口总值为 43.40 万美元，占中国新疆进口总值的 0.16%，同比下降 33.00%，环比下降 24.65%；对土库曼斯坦的进口总值为 17.90 万美元，占中国新疆进口总值的 0.07%，环比下降 84.37%。

8. 2014 年 8 月中国新疆对中亚五国进口贸易月度分析

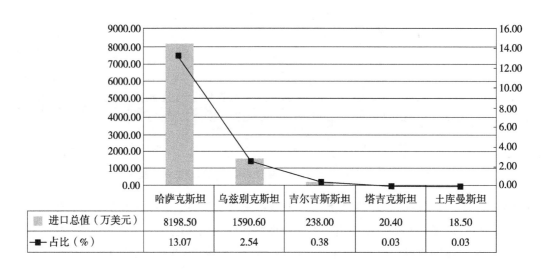

	哈萨克斯坦	乌兹别克斯坦	吉尔吉斯斯坦	塔吉克斯坦	土库曼斯坦
进口总值（万美元）	8198.50	1590.60	238.00	20.40	18.50
占比（%）	13.07	2.54	0.38	0.03	0.03

图 5-3-38　2014 年 8 月中国新疆对中亚国家进口总值及占比

由图 5-3-38 可以看出，2014 年 8 月，中国新疆对中亚五国进口总值大小排名依次为：哈萨克斯坦、乌兹别克斯坦、吉尔吉斯斯坦、塔吉克斯坦、土库曼斯坦。

其中：对哈萨克斯坦的进口总值为 8198.50 万美元，占中国新疆进口总值的 13.07%，同比下降 8.10%，环比下降 35.50%；对乌兹别克斯坦的进口总值为 1590.60 万美元，占中国新疆进口总值的 2.54%，同比下降 44.80%，环比下降 59.74%；对吉尔吉斯斯坦的进口总值为 238.00 万美元，占中国新疆进口总值的 0.38%，同比下降 9.70%，环比下降 5.10%；对塔吉克斯坦的进口总值为 20.40 万美元，占中国新疆进口总值的 0.03%，同比下降 13.20%，环比下降 53.00%；对土库曼斯坦的进口总值为 18.50 万美元，占中国新疆进口总值的 0.03%，同比下降 83.40%，环比增长 3.35%。

9. 2014 年 9 月中国新疆对中亚四国进口贸易月度分析

由图 5-3-39 可以看出，2014 年 9 月，中国新疆对中亚国家进口总值大小排名依次为：哈萨克斯坦、乌兹别克斯坦、吉尔吉斯斯坦、塔吉克斯坦。

其中：对哈萨克斯坦的进口总值为 6440.10 万美元，占中国新疆进口总值的 20.70%，同比下降 92.30%，环比下降 21.45%；对乌兹别克斯坦的进口总值为 1969.50 万美元，占中国新疆进口总值的 6.33%，同比上升 3.40%，环比上升 23.82%；对吉尔吉斯斯坦的进口总值为 208.20 万美

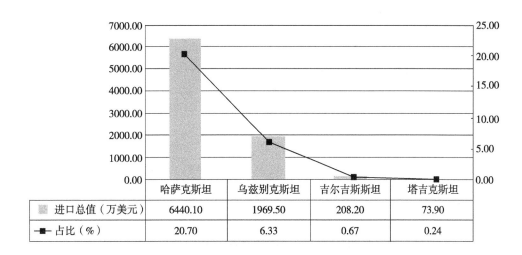

图 5 - 3 - 39 2014 年 9 月中国新疆对中亚国家进口总值及占比

元，占中国新疆进口总值的 0.67%，同比上升 11.30%，环比下降 12.52%；对塔吉克斯坦的进口总值为 73.90 万美元，占中国新疆进口总值的 0.24%，同比下降 12.90%，环比上升 262.25%。

10. 2014 年 10 月中国新疆对中亚四国进口贸易月度分析

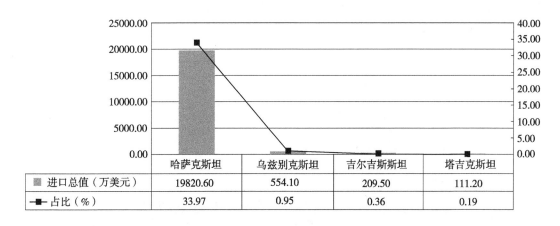

图 5 - 3 - 40 2014 年 10 月中国新疆对中亚四国进口总值及占比

由图 5 - 3 - 40 可以看出，2014 年 10 月，中国新疆对中亚国家进口总值大小排名依次为：哈萨克斯坦、乌兹别克斯坦、吉尔吉斯斯坦、塔吉克斯坦。

其中：对哈萨克斯坦的进口总值为 19820.60 万美元，占中国新疆进口总值的 33.97%，同比下降 77.20%，环比上升 207.77%；对乌兹别克斯坦的进口总值为 554.10 万美元，占中国新疆进口总值的 0.95%，同比上升 17.70%，环比下降 71.87%；对吉尔吉斯斯坦的进口总值为 209.50 万美元，占中国新疆进口总值的 0.36%，同比上升 1.10%，环比下降 0.62%；对塔吉克斯坦的进口总值为 111.20 万美元，占中国新疆进口总值的 0.19%，同比上升 243.30%，环比上升 50.47%。

11. 2014 年 11 月中国新疆对中亚五国进口贸易月度分析

由图 5 - 3 - 41 可以看出，2014 年 11 月，中国新疆对中亚五国进口总值大小排名依次为：哈萨克斯坦、乌兹别克斯坦、吉尔吉斯斯坦、塔吉克斯坦、土库曼斯坦。

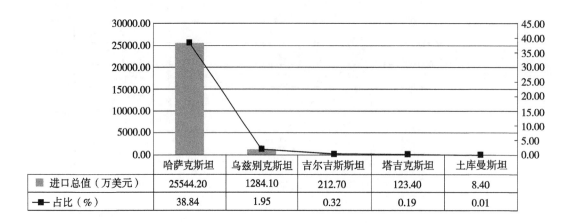

	哈萨克斯坦	乌兹别克斯坦	吉尔吉斯斯坦	塔吉克斯坦	土库曼斯坦
进口总值（万美元）	25544.20	1284.10	212.70	123.40	8.40
占比（%）	38.84	1.95	0.32	0.19	0.01

图 5 - 3 - 41　2014 年 11 月中国新疆对中亚五国进口总值及占比

其中：对哈萨克斯坦的进口总值为 25544.20 万美元，占中国新疆进口总值的 38.84%，同比下降 75.70%，环比上升 28.88%；对乌兹别克斯坦的进口总值为 1284.10 万美元，占中国新疆进口总值的 1.95%，同比上升 148.70%，环比上升 131.75%；对吉尔吉斯斯坦的进口总值为 212.70 万美元，占中国新疆进口总值的 0.32%，同比下降 52.90%，环比上升 1.53%；对塔吉克斯坦的进口总值为 123.40 万美元，占中国新疆进口总值的 0.19%，同比下降 7.20%，环比上升 10.97%；对土库曼斯坦的进口总值为 8.40 万美元，占中国新疆进口总值的 0.01%，同比下降 94.20%。

12. 2014 年 12 月中国新疆对中亚五国进口贸易月度分析

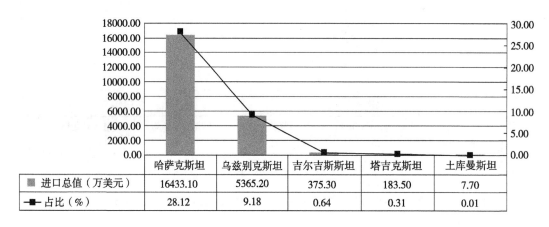

	哈萨克斯坦	乌兹别克斯坦	吉尔吉斯斯坦	塔吉克斯坦	土库曼斯坦
进口总值（万美元）	16433.10	5365.20	375.30	183.50	7.70
占比（%）	28.12	9.18	0.64	0.31	0.01

图 5 - 3 - 42　2014 年 12 月中国新疆对中亚五国进口总值及占比

由图 5 - 3 - 42 可以看出，2014 年 12 月，中国新疆对中亚五国进口总值大小排名依次为：哈萨克斯坦、乌兹别克斯坦、吉尔吉斯斯坦、塔吉克斯坦、土库曼斯坦。

其中：对哈萨克斯坦的进口总值为 16433.10 万美元，占中国新疆进口总值的 28.12%，同比下降 53.80%，环比下降 35.67%；对乌兹别克斯坦的进口总值为 5365.20 万美元，占中国新疆进口总值的 9.18%，同比上升 35.70%，环比上升 317.82%；对吉尔吉斯斯坦的进口总值为 375.30 万美元，占中国新疆进口总值的 0.64%，同比下降 25.70%，环比上升 76.45%；对塔吉克斯坦的进口总值为 183.50 万美元，占中国新疆进口总值的 0.31%，同比下降 15.00%，环比上升 48.70%；对土库曼斯坦的进口总值为 7.70 万美元，占中国新疆进口总值的 0.01%，环比下降 8.33%。

四、2014 年中国新疆对中亚五国的出口贸易与进口贸易比较分析

（一）2014 年中国新疆对中亚五国的出口贸易与进口贸易比较

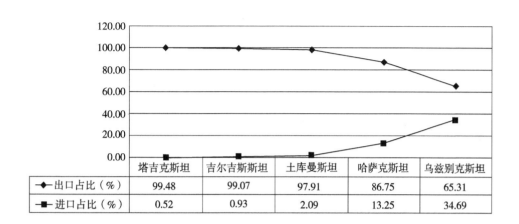

	塔吉克斯坦	吉尔吉斯斯坦	土库曼斯坦	哈萨克斯坦	乌兹别克斯坦
◆出口占比（%）	99.48	99.07	97.91	86.75	65.31
■进口占比（%）	0.52	0.93	2.09	13.25	34.69

图 5 - 3 - 43　2014 年中国新疆对中亚国家进出口总值中出口及进口占比

由图 5 - 3 - 43 可以看出，2014 年中国新疆对中亚国家的进出口贸易中，各国的出口总值、进口总值占其进出口总值的比重均是出口大于进口，说明中国新疆对中亚国家的进出口贸易均以出口为主导，且出口远大于进口，乌兹别克斯坦出口占比最小，为 65.31%，塔吉克斯坦出口占比最大，达到 99.48%。

（二）2014 年中国新疆对中亚国家的出口贸易与进口贸易的月度比较分析

1. 2014 年 1 月中国新疆对中亚国家的出口贸易与进口贸易的月度比较分析

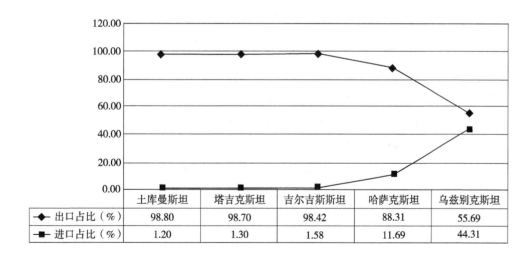

	土库曼斯坦	塔吉克斯坦	吉尔吉斯斯坦	哈萨克斯坦	乌兹别克斯坦
◆出口占比（%）	98.80	98.70	98.42	88.31	55.69
■进口占比（%）	1.20	1.30	1.58	11.69	44.31

图 5 - 3 - 44　2014 年 1 月中国新疆对中亚国家进出口总值中出口及进口占比

由图 5 - 3 - 44 可以看出，2014 年 1 月，中国新疆对中亚国家的进出口贸易中，各国的出口总值、进口总值占其进出口总值的比重均是出口大于进口，说明中国新疆对中亚国家的进出口贸易均以出口为主导，且出口远大于进口，出口占比均超过 50%。

2. 2014年2月中国新疆对中亚国家的出口贸易与进口贸易的月度比较分析

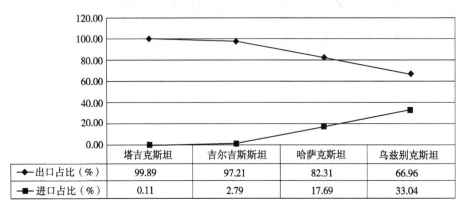

图5-3-45　2014年2月中国新疆对中亚国家进出口总值中出口及进口占比

由图5-3-45可以看出，2014年2月，中国新疆对中亚国家的进出口贸易中，各国的出口总值、进口总值占其进出口总值的比重均是出口大于进口，说明中国新疆对中亚国家的进出口贸易均以出口为主导，且出口远大于进口，出口占比均超过50%。

3. 2014年3月中国新疆对中亚国家的出口贸易与进口贸易的月度比较分析

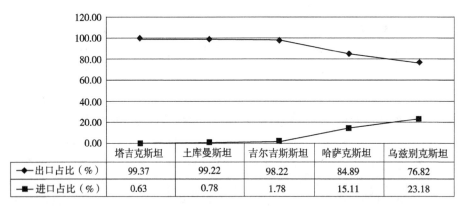

图5-3-46　2014年3月中国新疆对中亚国家进出口总值中出口及进口占比

由图5-3-46可以看出，2014年3月，中国新疆对中亚国家的进出口贸易中，各国的出口总值、进口总值占其进出口总值的比重均是出口大于进口，说明中国新疆对中亚国家的进出口贸易均以出口为主导，且出口远大于进口，出口占比均超过50%。

4. 2014年4月中国新疆对中亚国家的出口贸易与进口贸易的月度比较分析

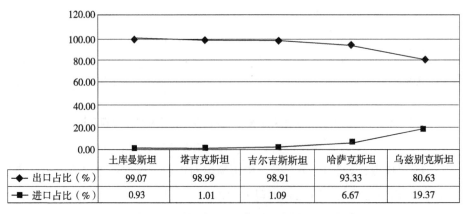

图5-3-47　2014年4月中国新疆对中亚国家进出口总值中出口及进口占比

由图 5 - 3 - 47 可以看出，2014 年 4 月，中国新疆对中亚国家的进出口贸易中，各国的出口总值、进口总值占其进出口总值的比重均是出口大于进口，说明中国新疆对中亚国家的进出口贸易均以出口为主导，且出口远大于进口，出口占比均超过 80%。

5. 2014 年 5 月中国新疆对中亚国家的出口贸易与进口贸易的月度比较分析

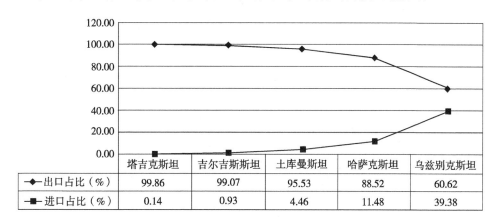

	塔吉克斯坦	吉尔吉斯斯坦	土库曼斯坦	哈萨克斯坦	乌兹别克斯坦
◆出口占比（%）	99.86	99.07	95.53	88.52	60.62
■进口占比（%）	0.14	0.93	4.46	11.48	39.38

图 5 - 3 - 48　2014 年 5 月中国新疆对中亚国家进出口总值中出口及进口占比

由图 5 - 3 - 48 可以看出，2014 年 5 月，中国新疆对中亚国家的进出口贸易中，各国的出口总值、进口总值占其进出口总值的比重均是出口大于进口，说明中国新疆对中亚国家的进出口贸易均以出口为主导，出口占比均超过 60.00%。

6. 2014 年 6 月中国新疆对中亚国家的出口贸易与进口贸易的月度比较分析

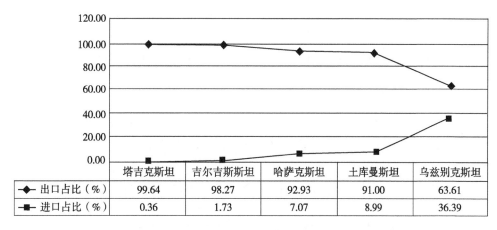

	塔吉克斯坦	吉尔吉斯斯坦	哈萨克斯坦	土库曼斯坦	乌兹别克斯坦
◆出口占比（%）	99.64	98.27	92.93	91.00	63.61
■进口占比（%）	0.36	1.73	7.07	8.99	36.39

图 5 - 3 - 49　2014 年 6 月中国新疆对中亚国家进出口总值中出口及进口占比

由图 5 - 3 - 49 可以看出，2014 年 6 月，中国新疆对中亚国家的进出口贸易中，各国的出口总值、进口总值占其进出口总值的比重均是出口大于进口，说明中国新疆对中亚国家的进出口贸易均以出口为主导，且出口远大于进口，出口占比均超过 60.00%。

7. 2014 年 7 月中国新疆对中亚国家的出口贸易与进口贸易的月度比较分析

由图 5 - 3 - 50 可以看出，2014 年 7 月，中国新疆对中亚国家的进出口贸易中，各国的出口总值、进口总值占其进出口总值的比重均是出口大于进口，说明中国新疆对中亚国家的进出口贸易均以出口为主导，除乌兹别克斯坦外，出口占比均超过 85%。

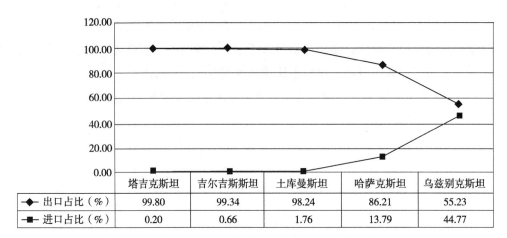

	塔吉克斯坦	吉尔吉斯斯坦	土库曼斯坦	哈萨克斯坦	乌兹别克斯坦
◆ 出口占比（%）	99.80	99.34	98.24	86.21	55.23
■ 进口占比（%）	0.20	0.66	1.76	13.79	44.77

图 5－3－50　2014 年 7 月中国新疆对中亚五国进出口总值中出口及进口占比

8. 2014 年 8 月中国新疆对中亚国家的出口贸易与进口贸易的月度比较分析

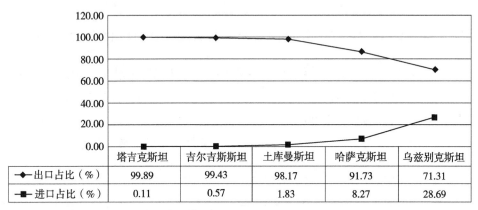

	塔吉克斯坦	吉尔吉斯斯坦	土库曼斯坦	哈萨克斯坦	乌兹别克斯坦
◆ 出口占比（%）	99.89	99.43	98.17	91.73	71.31
■ 进口占比（%）	0.11	0.57	1.83	8.27	28.69

图 5－3－51　2014 年 8 月中国新疆对中亚五国进出口总值中出口及进口占比

由图 5－3－51 可以看出，2014 年 8 月，中国新疆对中亚五国的进出口贸易中，各国的出口总值、进口总值占其进出口总值的比重均是出口大于进口，说明中国新疆对中亚五国的进出口贸易均以出口为主导，且出口远大于进口，除乌兹别克斯坦出口占比为 71.31% 外，其余四国均超过 91.00%。

9. 2014 年 9 月中国新疆对中亚国家的出口贸易与进口贸易的月度比较分析

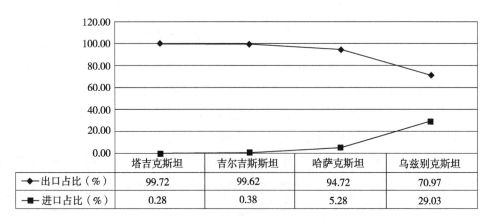

	塔吉克斯坦	吉尔吉斯斯坦	哈萨克斯坦	乌兹别克斯坦
◆ 出口占比（%）	99.72	99.62	94.72	70.97
■ 进口占比（%）	0.28	0.38	5.28	29.03

图 5－3－52　2014 年 9 月中国新疆对中亚国家进出口总值中出口及进口占比

由图 5 - 3 - 52 可以看出，2014 年 9 月，中国新疆对中亚国家的进出口贸易中，各国的出口总值、进口总值占其进出口总值的比重均是出口大于进口，说明中国新疆对中亚国家的进出口贸易均以出口为主导，且出口远大于进口，除乌兹别克斯坦出口占比为 70.97% 外，其余三国出口占比均超过 94.00%。

10. 2014 年 10 月中国新疆对中亚国家的出口贸易与进口贸易的月度比较分析

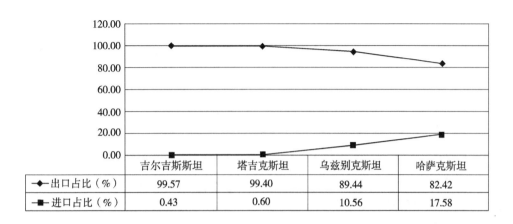

	吉尔吉斯斯坦	塔吉克斯坦	乌兹别克斯坦	哈萨克斯坦
出口占比（%）	99.57	99.40	89.44	82.42
进口占比（%）	0.43	0.60	10.56	17.58

图 5 - 3 - 53　2014 年 10 月中国新疆对中亚国家进出口总值中出口及进口占比

由图 5 - 3 - 53 可以看出，2014 年 10 月，中国新疆对中亚国家的进出口贸易中，各国的出口总值、进口总值占其进出口总值的比重均是出口大于进口，说明中国新疆对中亚国家的进出口贸易均以出口为主导，且出口远大于进口，出口占比均超过 82.00%。

11. 2014 年 11 月中国新疆对中亚国家的出口贸易与进口贸易的月度比较分析

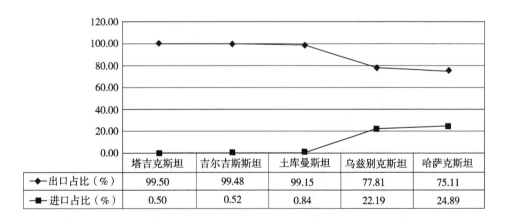

	塔吉克斯坦	吉尔吉斯斯坦	土库曼斯坦	乌兹别克斯坦	哈萨克斯坦
出口占比（%）	99.50	99.48	99.15	77.81	75.11
进口占比（%）	0.50	0.52	0.84	22.19	24.89

图 5 - 3 - 54　2014 年 11 月中国新疆对中亚国家进出口总值中出口及进口占比

由图 5 - 3 - 54 可以看出，2014 年 11 月，中国新疆对中亚国家的进出口贸易中，各国的出口总值、进口总值占其进出口总值的比重均是出口大于进口，说明中国新疆对中亚国家的进出口贸易均以出口为主导，且出口远大于进口，出口占比均超过 75.00%。

12. 2014年12月中国新疆对中亚国家的出口贸易与进口贸易的月度比较分析

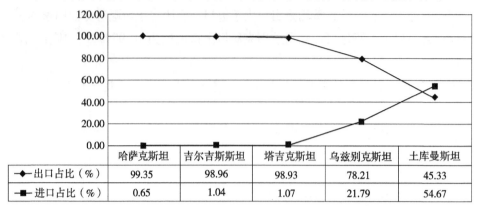

	哈萨克斯坦	吉尔吉斯斯坦	塔吉克斯坦	乌兹别克斯坦	土库曼斯坦
◆出口占比（%）	99.35	98.96	98.93	78.21	45.33
■进口占比（%）	0.65	1.04	1.07	21.79	54.67

图5-3-55　2014年12月中国新疆对中亚国家进出口总值中出口及进口占比

由图5-3-55可以看出，2014年12月，中国新疆对中亚国家的进出口贸易中，除了土库曼斯坦以外，其他各国的出口总值、进口总值占其进出口总值的比重均是出口大于进口，说明中国新疆对中亚国家的进出口贸易主要以出口为主导，且出口远大于进口，出口占比超过78.00%；土库曼斯坦进口大于出口，出口占比为45.33%，进口占比为54.67%。

第四节　2014年中国新疆与西亚国家的进出口贸易情况

一、2014年中国新疆对西亚国家进出口贸易总体分析

（一）2014年中国新疆对西亚国家进出口贸易分析

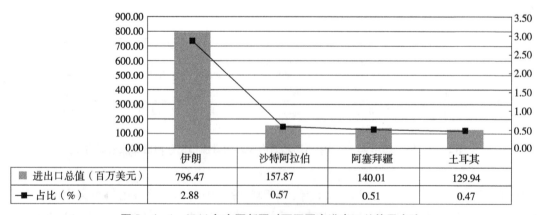

	伊朗	沙特阿拉伯	阿塞拜疆	土耳其
■进出口总值（百万美元）	796.47	157.87	140.01	129.94
■占比（%）	2.88	0.57	0.51	0.47

图5-4-1　2014年中国新疆对西亚国家进出口总值及占比

由图5-4-1可以看出，2014年中国新疆对西亚国家进出口贸易中进出口总值大小排名依次为：伊朗、沙特阿拉伯、阿塞拜疆、土耳其。

其中：对伊朗的进出口总值为 796.47 百万美元，占中国新疆进出口总值的 2.88%，同比下降 23.80%；对沙特阿拉伯的进出口总值为 157.87 百万美元，占中国新疆进出口总值的 0.57%，同比上升 19.20%；对阿塞拜疆的进出口总值为 140.01 百万美元，占中国新疆进出口总值的 0.51%，同比下降 41.90%；对土耳其的进出口总值为 129.94 百万美元，占中国新疆进出口总值的 0.47%，同比上升 22.50%。

（二）2014 年中国新疆对西亚国家进出口贸易趋势分析

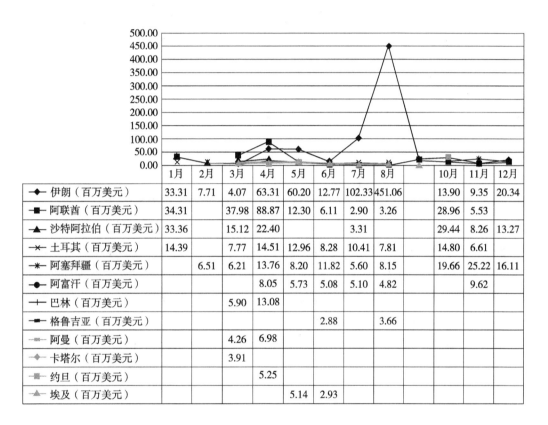

	1月	2月	3月	4月	5月	6月	7月	8月		10月	11月	12月
◆ 伊朗（百万美元）	33.31	7.71	4.07	63.31	60.20	12.77	102.33	451.06		13.90	9.35	20.34
■ 阿联酋（百万美元）	34.31		37.98	88.87	12.30	6.11	2.90	3.26		28.96	5.53	
▲ 沙特阿拉伯（百万美元）	33.36		15.12	22.40			3.31			29.44	8.26	13.27
✕ 土耳其（百万美元）	14.39		7.77	14.51	12.96	8.28	10.41	7.81		14.80	6.61	
✳ 阿塞拜疆（百万美元）		6.51	6.21	13.76	8.20	11.82	5.60	8.15		19.66	25.22	16.11
● 阿富汗（百万美元）				8.05	5.73	5.08	5.10	4.82		9.62		
─ 巴林（百万美元）			5.90	13.08								
■ 格鲁吉亚（百万美元）						2.88		3.66				
─ 阿曼（百万美元）			4.26	6.98								
◆ 卡塔尔（百万美元）			3.91									
■ 约旦（百万美元）				5.25								
▲ 埃及（百万美元）					5.14	2.93						

图 5 - 4 - 2 2014 年 1 ~ 12 月中国新疆对西亚国家进出口总值

由图 5 - 4 - 2 可以看出，2014 年 1 ~ 12 月新疆除对伊朗发生进出口贸易外，对其余各国均存在某月未发生进出口贸易情况。由于数据缺漏值较多，故选取发生进出口贸易国家较多的 3 月、4 月、7 月、11 月进行排名。3 月排名顺序为阿联酋、沙特阿拉伯、土耳其、阿塞拜疆、巴林；4 月排名顺序为阿联酋、伊朗、沙特阿拉伯、土耳其、阿塞拜疆；7 月排名顺序为伊朗、土耳其、阿塞拜疆、阿富汗、沙特阿拉伯、阿联酋；11 月排名为阿塞拜疆、阿富汗、伊朗、沙特阿拉伯、土耳其、阿联酋。新疆对伊朗进出口总值均呈全年上下起伏波动趋势，其中，对伊朗进出口贸易总值最大值出现在 8 月，为 451.06 百万美元，最小值出现在 3 月，为 4.07 百万美元；对阿联酋、沙特阿拉伯、土耳其、阿塞拜疆、阿富汗、巴林、格鲁吉亚、阿曼、卡塔尔、约旦及埃及均存在某月未发生进出口贸易情况。阿联酋的进出口最大值出现在 4 月，最小值出现在 7 月；沙特阿拉伯最大值出现在 1 月，最小值出现在 7 月；土耳其最大值出现在 10 月，最小值出现在 11 月。

（三）2014年中国新疆对西亚国家进出口贸易月度分析

1. 2014年1月中国新疆对西亚国家进出口贸易月度分析

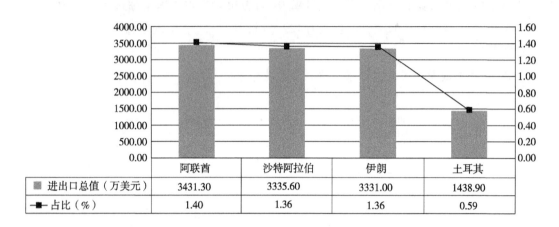

	阿联酋	沙特阿拉伯	伊朗	土耳其
进出口总值（万美元）	3431.30	3335.60	3331.00	1438.90
占比（%）	1.40	1.36	1.36	0.59

图5-4-3 2014年1月中国新疆对西亚国家进出口总值及占比

由图5-4-3可以看出，2014年1月中国新疆对西亚国家的进出口贸易值大小排名依次为：阿联酋、沙特阿拉伯、伊朗、土耳其。

中国新疆对西亚国家进出口贸易总值为11536.80万美元，占中国新疆进出口总值的4.71%。其中：对阿联酋进出口总值为3431.30万美元，占中国新疆进出口总值的1.40%，同比上升16.80%，环比下降36.20%；对沙特阿拉伯进出口总值为3335.60万美元，占中国新疆进出口总值的1.36%，同比上升2.70%，环比下降16.98%；对伊朗进出口总值为3331.00万美元，占中国新疆进出口总值的1.36%，同比上升651.30%，环比下降92.85%；对土耳其进出口总值为1438.90万美元，占中国新疆进出口总值的0.59%，同比上升33.80%，环比下降40.08%。

2. 2014年2月中国新疆对西亚国家进出口贸易月度分析

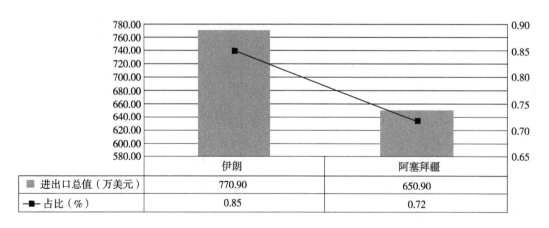

	伊朗	阿塞拜疆
进出口总值（万美元）	770.90	650.90
占比（%）	0.85	0.72

图5-4-4 2014年2月中国新疆对西亚国家进出口总值及占比

由图5-4-4可以看出，2014年2月中国新疆对西亚国家的进出口贸易中，进出口总值大小排名依次为：伊朗、阿塞拜疆。

中国新疆对西亚国家进出口总值为1421.80万美元，占中国新疆进出口总值的1.57%。其中：

对伊朗进出口总值为 770.90 万美元，占中国新疆进出口总值的 0.85%，同比上升 99.10%，环比下降 76.86%；对阿塞拜疆进出口总值为 650.90 万美元，占中国新疆进出口总值的 0.72%，同比上升 17.60%。

3. 2014 年 3 月中国新疆对西亚国家进出口贸易月度分析

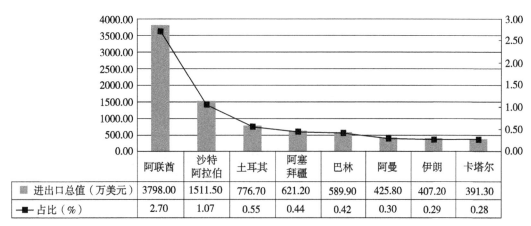

	阿联酋	沙特阿拉伯	土耳其	阿塞拜疆	巴林	阿曼	伊朗	卡塔尔
▦ 进出口总值（万美元）	3798.00	1511.50	776.70	621.20	589.90	425.80	407.20	391.30
■ 占比（%）	2.70	1.07	0.55	0.44	0.42	0.30	0.29	0.28

图 5-4-5 2014 年 3 月中国新疆对西亚国家进出口总值及占比

由图 5-4-5 可以看出，2014 年 3 月中国新疆对西亚国家的进出口贸易中，进出口总值大小排名依次为：阿联酋、沙特阿拉伯、土耳其、阿塞拜疆、巴林、阿曼、伊朗、卡塔尔。

中国新疆对西亚国家进出口总值为 8521.60 万美元，占中国新疆进出口总值的 6.06%。其中：对阿联酋进出口总值为 3798.00 万美元，占中国新疆进出口总值的 2.70%，同比上升 831.00%；对沙特阿拉伯进出口总值为 1511.50 万美元，占中国新疆进出口总值的 1.07%，同比上升 172.50%；对土耳其进出口总值为 776.70 万美元，占中国新疆进出口总值的 0.55%，同比下降 40.90%；对阿塞拜疆进出口总值为 621.20 万美元，占中国新疆进出口总值的 0.44%，同比下降 57.60%，环比下降 4.56%；对巴林进出口总值为 589.90 万美元，占中国新疆进出口总值的 0.42%，同比上升 364.40%，环比下降 47.18%；对阿曼进出口总值为 425.80 万美元，占中国新疆进出口总值的 0.30%，同比上升 427.60%；对伊朗进出口总值为 407.20 万美元，占中国新疆进出口总值的 0.29%，同比上升 459.00%，环比下降 47.18%；对卡塔尔进出口总值为 391.30 万美元，占中国新疆进出口总值的 0.28%，同比上升 12735.10%。

4. 2014 年 4 月中国新疆对西亚国家进出口贸易月度分析

由图 5-4-6 可以看出，2014 年 4 月中国新疆对西亚国家的进出口贸易中，进出口总值大小排名依次为：阿联酋、伊朗、沙特阿拉伯、土耳其、阿塞拜疆、巴林、阿富汗、阿曼、约旦。

中国新疆对西亚国家进出口总值为 23620.40 万美元，占中国新疆进出口总值的 12.47%。其中：对阿联酋进出口总值为 8887.00 万美元，占中国新疆进出口总值的 4.69%，同比上升 2951.50%，环比上升 133.99%；对伊朗进出口总值为 6331.20 万美元，占中国新疆进出口总值的 3.34%，同比上升 612.50%，环比上升 1454.81%；对沙特阿拉伯进出口总值为 2239.90 万美元，占中国新疆进出口总值的 1.18%，同比上升 272.30%，环比上升 48.19%；对土耳其进出口总值为 1450.80 万美元，占中国新疆进出口总值的 0.77%，同比上升 133.60%，环比上升 86.79%；对阿塞拜疆进出口总值为 1375.70 万美元，占中国新疆进出口总值的 0.73%，同比下降 28.80%，环比上升 121.46%；对巴林进出口总值为 1308.40 万美元，占中国新疆进出口总值的 0.69%，同比上升 917.90%，环比上升 121.80%；对阿富汗进出口总值为 805.10 万美元，占中国新疆进出口总值的 0.43%，同比上升 33446.00%；对阿曼进出口总值为 697.60 万美元，占中国新疆进出口总值的 0.37%，同比上升 190.40%，环比上升 63.83%；对约旦进出口总值为 524.70 万美元，占中国新疆进出口总值的 0.28%，同比上升 512.90%。

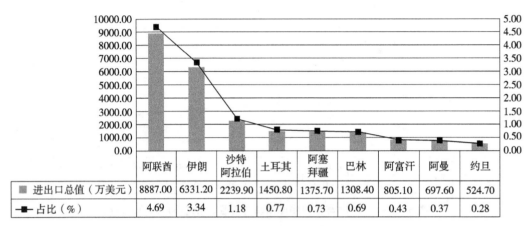

图 5 - 4 - 6 2014 年 4 月中国新疆对西亚国家进出口总值及占比

5. 2014 年 5 月中国新疆对西亚国家进出口贸易月度分析

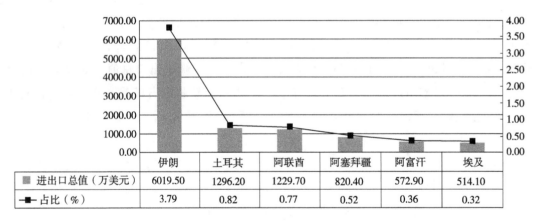

图 5 - 4 - 7 2014 年 5 月中国新疆对西亚国家进出口总值及占比

由图 5 - 4 - 7 可以看出，2014 年 5 月中国新疆对西亚国家的进出口贸易中，进出口总值大小排名依次为：伊朗、土耳其、阿联酋、阿塞拜疆、阿富汗、埃及。

中国新疆对西亚国家进出口总值为 10452.80 万美元，占中国新疆进出口总值的 6.58%。其中：对伊朗进出口总值为 6019.50 万美元，占中国新疆进出口总值的 3.79%，同比上升 10.00%，环比下降 4.92%；对土耳其进出口总值为 1296.20 万美元，占中国新疆进出口总值的 0.82%，同比上升 149.30%，环比下降 10.66%；对阿联酋进出口总值为 1229.70 万美元，占中国新疆进出口总值的 0.77%，同比上升 294.80%，环比下降 86.16%；对阿塞拜疆进出口总值为 820.40 万美元，占中国新疆进出口总值的 0.52%，同比下降 63.20%，环比下降 40.36%；对阿富汗进出口总值为

572.90 万美元，占中国新疆进出口总值的 0.36%，同比上升 161325.60%，环比下降 28.84%；对埃及进出口总值为 514.10 万美元，占中国新疆进出口总值的 0.32%，同比上升 102024.20%。

6. 2014 年 6 月中国新疆对西亚国家进出口贸易月度分析

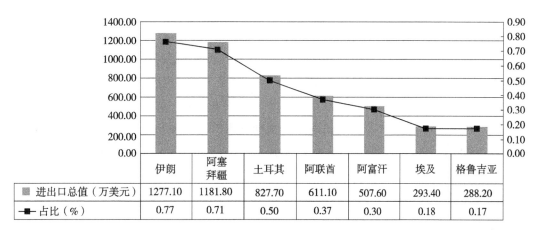

	伊朗	阿塞拜疆	土耳其	阿联酋	阿富汗	埃及	格鲁吉亚
进出口总值（万美元）	1277.10	1181.80	827.70	611.10	507.60	293.40	288.20
占比（%）	0.77	0.71	0.50	0.37	0.30	0.18	0.17

图 5 – 4 – 8 2014 年 6 月中国新疆对西亚国家进出口总值及占比

由图 5 – 4 – 8 可以看出，2014 年 6 月中国新疆对西亚国家的进出口贸易中，进出口总值大小排名依次为：伊朗、阿塞拜疆、土耳其、阿联酋、阿富汗、埃及、格鲁吉亚。

中国新疆对西亚国家进出口总值为 4986.90 万美元，占中国新疆进出口总值的 2.99%。其中：对伊朗进出口总值为 1277.10 万美元，占中国新疆进出口总值的 0.77%，同比上升 55.10%，环比下降 78.78%；对阿塞拜疆进出口总值为 1181.80 万美元，占中国新疆进出口总值的 0.71%，同比上升 14.50%，环比上升 44.05%；对土耳其进出口总值为 827.70 万美元，占中国新疆进出口总值的 0.50%，同比上升 35.00%，环比下降 36.14%；对阿联酋进出口总值为 611.10 万美元，占中国新疆进出口总值的 0.37%，同比上升 170.10%，环比下降 50.31%；对阿富汗进出口总值为 507.60 万美元，占中国新疆进出口总值的 0.30%，同比上升 4433.00%，环比下降 11.40%；对埃及进出口总值为 293.40 万美元，占中国新疆进出口总值的 0.18%，同比上升 640.90%，环比下降 42.93%；对格鲁吉亚进出口总值为 288.20 万美元，占中国新疆进出口总值的 0.17%，同比上升 965.20%。

7. 2014 年 7 月中国新疆对西亚国家进出口贸易月度分析

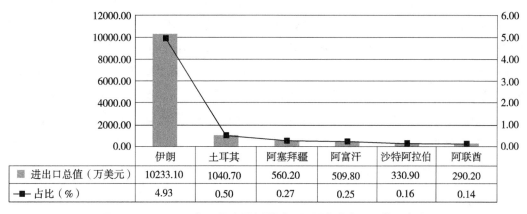

	伊朗	土耳其	阿塞拜疆	阿富汗	沙特阿拉伯	阿联酋
进出口总值（万美元）	10233.10	1040.70	560.20	509.80	330.90	290.20
占比（%）	4.93	0.50	0.27	0.25	0.16	0.14

图 5 – 4 – 9 2014 年 7 月中国新疆对西亚国家进出口总值及占比

由图 5-4-9 可以看出，2014 年 7 月中国新疆对西亚国家的进出口贸易中，进出口总值大小排名依次为：伊朗、土耳其、阿塞拜疆、阿富汗、沙特阿拉伯、阿联酋。

中国新疆对西亚国家进出口总值为 12964.90 万美元，占中国新疆进出口总值的 6.24%。其中：对伊朗进出口总值为 10233.10 万美元，占中国新疆进出口总值的 4.93%，同比上升 4410.10%，环比上升 701.28%；对土耳其进出口总值为 1040.70 万美元，占中国新疆进出口总值的 0.50%，同比上升 199.00%，环比上升 25.73%；对阿塞拜疆进出口总值为 560.20 万美元，占中国新疆进出口总值的 0.27%，同比下降 46.60%，环比下降 52.60%；对阿富汗进出口总值为 509.80 万美元，占中国新疆进出口总值的 0.25%，同比上升 1342.10%，环比上升 0.43%；对沙特阿拉伯进出口总值为 330.90 万美元，占中国新疆进出口总值的 0.16%，同比下降 54.20%；对阿联酋进出口总值为 290.20 万美元，占中国新疆进出口总值的 0.14%，同比下降 79.90%，环比下降 52.51%。

8. 2014 年 8 月中国新疆对西亚国家进出口贸易月度分析

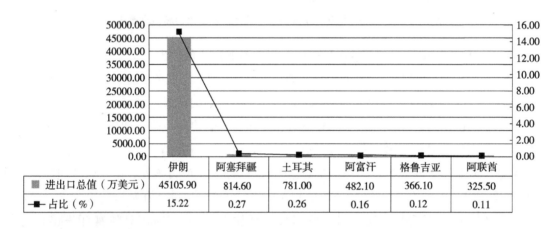

	伊朗	阿塞拜疆	土耳其	阿富汗	格鲁吉亚	阿联酋
■ 进出口总值（万美元）	45105.90	814.60	781.00	482.10	366.10	325.50
—■— 占比（%）	15.22	0.27	0.26	0.16	0.12	0.11

图 5-4-10　2014 年 8 月中国新疆对西亚国家进出口总值及占比

由图 5-4-10 可以看出，2014 年 8 月中国新疆对西亚国家的进出口贸易中，进出口总值大小排名依次为：伊朗、阿塞拜疆、土耳其、阿富汗、格鲁吉亚、阿联酋。

中国新疆对西亚国家进出口总值为 47875.20 万美元，占中国新疆进出口总值的 16.15%。其中：对伊朗进出口总值为 45105.90 万美元，占中国新疆进出口总值的 15.22%，同比上升 327.10%，环比上升 340.78%；对阿塞拜疆进出口总值为 814.60 万美元，占中国新疆进出口总值的 0.27%，同比下降 39.90%，环比上升 45.41%；对土耳其进出口总值为 781.00 万美元，占中国新疆进出口总值的 0.26%，同比上升 27.9%，环比下降 24.95%；对阿富汗进出口总值为 482.10 万美元，占中国新疆进出口总值的 0.16%，同比上升 1583.20%，环比下降 5.43%；对格鲁吉亚进出口总值为 366.10 万美元，占中国新疆进出口总值的 0.12%，同比上升 381.30%；对阿联酋进出口总值为 325.50 万美元，占中国新疆进出口总值的 0.11%，同比下降 81.40%，环比上升 12.16%。

9. 2014 年 9 月中国新疆对西亚国家进出口贸易月度分析

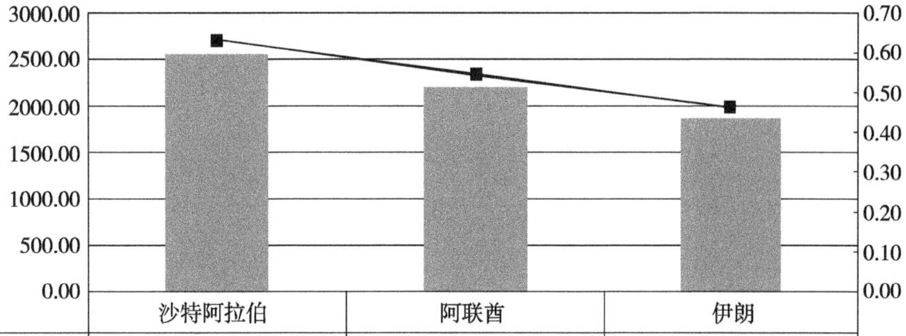

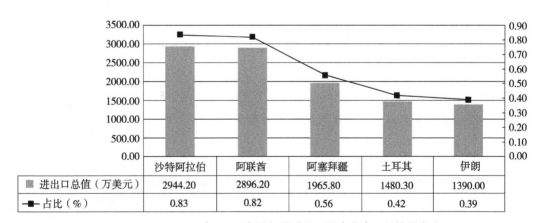

	沙特阿拉伯	阿联酋	伊朗
进出口总值（万美元）	2557.40	2205.70	1872.40
占比（%）	0.63	0.54	0.46

图 5 - 4 - 11　2014 年 9 月中国新疆对西亚国家进出口总值及占比

由图 5 - 4 - 11 可以看出，2014 年 9 月中国新疆对西亚国家的进出口贸易中，进出口总值大小排名依次为：沙特阿拉伯、阿联酋、伊朗。

中国新疆对西亚国家进出口总值为 6635.50 万美元，占中国新疆进出口总值的 1.63%。其中：对沙特阿拉伯进出口总值为 2557.40 万美元，占中国新疆进出口总值的 0.63%，同比上升 536.90%；对阿联酋进出口总值为 2205.70 万美元，占中国新疆进出口总值的 0.54%，同比上升 243.00%，环比上升 577.63%；对伊朗进出口总值为 1872.40 万美元，占中国新疆进出口总值的 0.46%，同比下降 92.60%，环比下降 95.85%。

10. 2014 年 10 月中国新疆对西亚国家进出口贸易月度分析

	沙特阿拉伯	阿联酋	阿塞拜疆	土耳其	伊朗
进出口总值（万美元）	2944.20	2896.20	1965.80	1480.30	1390.00
占比（%）	0.83	0.82	0.56	0.42	0.39

图 5 - 4 - 12　2014 年 10 月中国新疆对西亚国家进出口总值及占比

由图 5 - 4 - 12 可以看出，2014 年 10 月中国新疆对西亚国家的进出口贸易中，进出口总值大小排名依次为：沙特阿拉伯、阿联酋、阿塞拜疆、土耳其、伊朗。

中国新疆对西亚国家进出口总值为 5814.50 万美元，占中国新疆进出口总值的 1.64%。其中：对沙特阿拉伯进出口总值为 2944.20 万美元，占中国新疆进出口总值的 0.83%，同比上升 764.50%，环比上升 15.12%；对阿联酋进出口总值为 2896.20 万美元，占中国新疆进出口总值的 0.82%，同比上升 1388.00%，环比上升 31.30%；对阿塞拜疆进出口总值为 1965.80 万美元，占中国新疆进出口总值的0.56%，同比下降57.40%；对土耳其进出口总值为1480.30万美元，占中国新疆进出口总值的0.42%，同比上升52.00%；对伊朗进出口总值为1390.00万美元，占中国新疆进出口总值的0.39%，同比下降82.60%，环比下降25.76%。

11. 2014年11月中国新疆对西亚国家进出口贸易月度分析

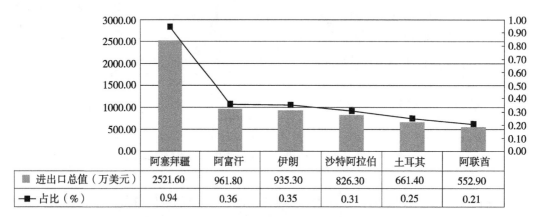

	阿塞拜疆	阿富汗	伊朗	沙特阿拉伯	土耳其	阿联酋
■ 进出口总值（万美元）	2521.60	961.80	935.30	826.30	661.40	552.90
■ 占比（%）	0.94	0.36	0.35	0.31	0.25	0.21

图5-4-13　2014年11月中国新疆对西亚国家进出口总值及占比

由图5-4-13可以看出，2014年11月中国新疆对西亚国家的进出口贸易中，进出口总值大小排名依次为：阿塞拜疆、阿富汗、伊朗、沙特阿拉伯、土耳其、阿联酋。

中国新疆对西亚国家进出口总值为6459.30万美元，占中国新疆进出口总值的2.41%。其中：对阿塞拜疆进出口总值为2521.60万美元，占中国新疆进出口总值的0.94%，同比下降32.60%，环比上升28.27%；对阿富汗进出口总值为961.80万美元，占中国新疆进出口总值的0.36%，同比上升627.30%；对伊朗进出口总值为935.30万美元，占中国新疆进出口总值的0.35%，同比下降83.80%，环比下降32.71%；对沙特阿拉伯进出口总值为826.30万美元，占中国新疆进出口总值的0.31%，同比上升191.80%，环比下降71.94%；对土耳其进出口总值为661.40万美元，占中国新疆进出口总值的0.25%，同比下降11.10%，环比下降55.32%；对阿联酋进出口总值为552.90万美元，占中国新疆进出口总值的0.21%，同比上升85.80%，环比下降80.91%。

12. 2014年12月中国新疆对西亚国家进出口贸易月度分析

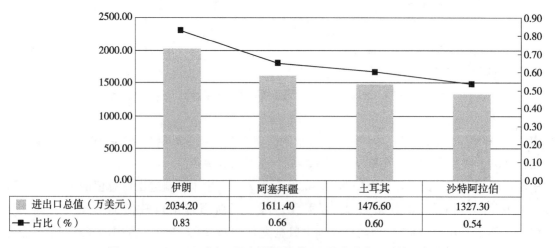

	伊朗	阿塞拜疆	土耳其	沙特阿拉伯
■ 进出口总值（万美元）	2034.20	1611.40	1476.60	1327.30
■ 占比（%）	0.83	0.66	0.60	0.54

图5-4-14　2014年12月中国新疆对西亚国家进出口总值及占比

由图5-4-14可以看出，2014年12月中国新疆对西亚国家的进出口总值大小排名依次为：伊朗、阿塞拜疆、土耳其、沙特阿拉伯。

中国新疆对西亚国家进出口总值为6449.50万美元，占中国新疆进出口总值的2.64%。其中：对伊朗进出口总值为2034.20万美元，占中国新疆进出口总值的0.83%，同比下降95.60%，环比上升117.49%；对阿塞拜疆进出口总值为1611.40万美元，占中国新疆进出口总值的0.66%，同比下降27.70%，环比下降36.10%；对土耳其进出口总值为1476.60万美元，占中国新疆进出口总值的0.60%，同比下降38.50%，环比上升123.25%；对沙特阿拉伯进出口总值为1327.30万美元，占中国新疆进出口总值的0.54%，同比下降67.00%，环比上升60.63%。

二、2014年中国新疆对西亚国家出口贸易总体分析

（一）2014年中国新疆对西亚国家出口贸易分析

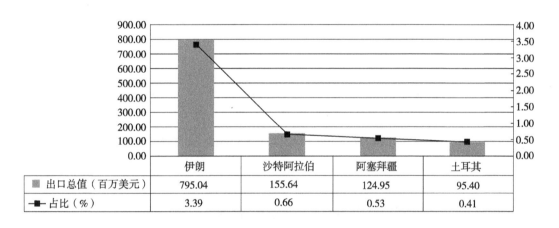

	伊朗	沙特阿拉伯	阿塞拜疆	土耳其
出口总值（百万美元）	795.04	155.64	124.95	95.40
占比（%）	3.39	0.66	0.53	0.41

图5-4-15　2014年中国新疆对西亚国家出口总值及占比

由图5-4-15可以看出，2014年中国新疆对西亚国家的出口贸易中，出口总值大小排名依次为：伊朗、沙特阿拉伯、阿塞拜疆、土耳其。

其中：对伊朗的出口总值为795.04百万美元，占中国新疆出口总值的3.39%，同比下降23.60%；对沙特阿拉伯的出口总值为155.64百万美元，占中国新疆出口总值的0.66%，同比上升19.70%；对阿塞拜疆的出口总值为124.95百万美元，占中国新疆出口总值的0.53%，同比下降45.50%；对土耳其的出口总值为95.40百万美元，占中国新疆出口总值的0.41%，同比上升29.40%。

（二）2014年中国新疆对西亚国家出口贸易趋势分析

由图5-4-16可以看出，2014年1~12月中国新疆除对伊朗发生出口贸易外，对其余各国均存在某月未发生出口贸易情况。由于数据缺漏值较多，故选取发生出口贸易国家较多的3月、4月、7月进行排名。3月排名顺序为阿联酋、沙特阿拉伯、巴林、土耳其、阿塞拜疆、阿曼、伊朗、卡塔尔；4月排名顺序为阿联酋、伊朗、沙特阿拉伯、巴林、阿塞拜疆、土耳其、阿富汗、阿曼、约旦；7月排名顺序为伊朗、土耳其、阿富汗、阿塞拜疆、沙特阿拉伯、阿联酋；11月排名为阿塞拜疆、阿富汗、伊朗、沙特阿拉伯、阿联酋、土耳其。中国新疆对伊朗出口总值呈全年上下起伏波动趋势，其中，对伊朗出口贸易总值最大值出现在8月，为450.55百万美元，最小值出现在3月，

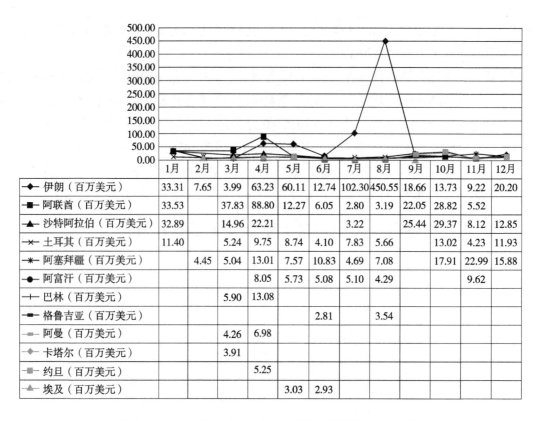

	1月	2月	3月	4月	5月	6月	7月	8月	9月	10月	11月	12月
◆ 伊朗（百万美元）	33.31	7.65	3.99	63.23	60.11	12.74	102.30	450.55	18.66	13.73	9.22	20.20
■ 阿联酋（百万美元）	33.53		37.83	88.80	12.27	6.05	2.80	3.19	22.05	28.82	5.52	
▲ 沙特阿拉伯（百万美元）	32.89		14.96	22.21			3.22		25.44	29.37	8.12	12.85
✕ 土耳其（百万美元）	11.40		5.24	9.75	8.74	4.10	7.83	5.66		13.02	4.23	11.93
✶ 阿塞拜疆（百万美元）		4.45	5.04	13.01	7.57	10.83	4.69	7.08		17.91	22.99	15.88
● 阿富汗（百万美元）				8.05	5.73	5.08	5.10	4.29			9.62	
┼ 巴林（百万美元）			5.90	13.08								
■ 格鲁吉亚（百万美元）						2.81		3.54				
▬ 阿曼（百万美元）			4.26	6.98								
◆ 卡塔尔（百万美元）			3.91									
▬ 约旦（百万美元）				5.25								
▲ 埃及（百万美元）					3.03	2.93						

图 5 - 4 - 16　2014 年 1~12 月中国新疆对西亚国家出口总值

为 3.99 百万美元；对阿联酋、沙特阿拉伯、土耳其、阿塞拜疆、阿富汗、巴林、格鲁吉亚、阿曼、卡塔尔、约旦及埃及均存在某月未发生出口贸易情况。阿联酋、沙特阿拉伯、土耳其、阿塞拜疆、阿富汗的出口最大值分别出现在 4 月、1 月、10 月、11 月及 11 月，分别为 88.80 百万美元、32.89 百万美元、13.02 百万美元、22.99 百万美元及 9.62 百万美元。

（三）2014 年中国新疆对西亚国家出口贸易月度分析

1. 2014 年 1 月中国新疆对西亚国家出口贸易月度分析

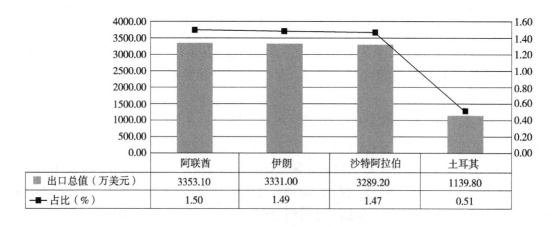

	阿联酋	伊朗	沙特阿拉伯	土耳其
▦ 出口总值（万美元）	3353.10	3331.00	3289.20	1139.80
━■ 占比（%）	1.50	1.49	1.47	0.51

图 5 - 4 - 17　2014 年 1 月中国新疆对西亚国家出口总值及占比

由图 5 - 4 - 17 可以看出，2014 年 1 月中国新疆对西亚国家的出口贸易中，出口总值大小排名依次为：阿联酋、伊朗、沙特阿拉伯、土耳其。

中国新疆对西亚国家出口总值为 11113.10 万美元，占中国新疆出口总值的 4.96%。其中：对阿联酋出口总值为 3353.10 万美元，占中国新疆出口总值的 1.50%，同比上升 14.60%，环比下降 37.59%；对伊朗出口总值为 3331.00 万美元，占中国新疆出口总值的 1.49%，同比上升 758.50%，环比下降 92.84%；对沙特阿拉伯出口总值为 3289.20 万美元，占中国新疆出口总值的 1.47%，同比上升 1.80%，环比下降 17.69%；对土耳其出口总值为 1139.80 万美元，占中国新疆出口总值的 0.51%，同比上升 31.90%，环比下降 46.19%。

2. 2014 年 2 月中国新疆对西亚国家出口贸易月度分析

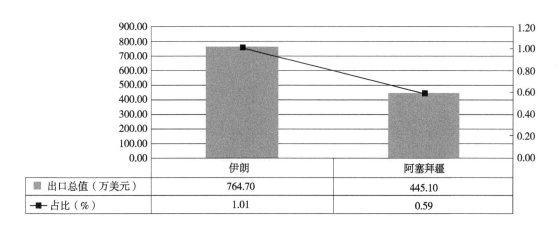

	伊朗	阿塞拜疆
出口总值（万美元）	764.70	445.10
占比（%）	1.01	0.59

图 5 - 4 - 18　2014 年 2 月中国新疆对西亚国家出口总值及占比

由图 5 - 4 - 18 可以看出，2014 年 2 月中国新疆对西亚国家的出口贸易中，出口总值大小排名依次为：伊朗、阿塞拜疆。

中国新疆对西亚国家出口总值为 1209.80 万美元，占中国新疆出口总值的 1.60%。其中：对伊朗出口总值为 764.70 万美元，占中国新疆出口总值的 1.01%，同比上升 168.40%，环比下降 77.04%；对阿塞拜疆出口总值为 445.10 万美元，占中国新疆出口总值的 0.59%，同比下降 15.80%。

3. 2014 年 3 月中国新疆对西亚国家出口贸易月度分析

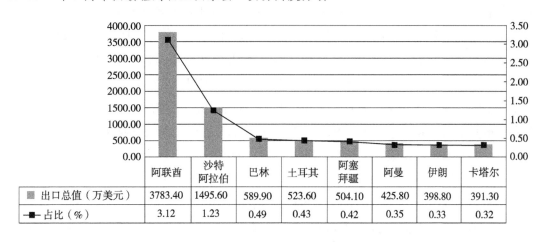

	阿联酋	沙特阿拉伯	巴林	土耳其	阿塞拜疆	阿曼	伊朗	卡塔尔
出口总值（万美元）	3783.40	1495.60	589.90	523.60	504.10	425.80	398.80	391.30
占比（%）	3.12	1.23	0.49	0.43	0.42	0.35	0.33	0.32

图 5 - 4 - 19　2014 年 3 月中国新疆对西亚国家出口总值及占比

由图 5 - 4 - 19 可以看出，2014 年 3 月中国新疆对西亚国家的出口贸易中，出口总值大小排名依次为：阿联酋、沙特阿拉伯、巴林、土耳其、阿塞拜疆、阿曼、伊朗、卡塔尔。

中国新疆对西亚国家出口总值为 8112. 50 万美元，占中国新疆出口总值的 6.69%。其中：对阿联酋出口总值为 3783. 40 万美元，占中国新疆出口总值的 3.12%，同比上升 846.60%；对沙特阿拉伯出口总值为 1495. 60 万美元，占中国新疆出口总值的 1.23%，同比上升 175.10%；对巴林出口总值为 589. 90 万美元，占中国新疆出口总值的 0.49%，同比上升 15221.90%；对土耳其出口总值为 523. 60 万美元，占中国新疆出口总值的 0.43%，同比下降 46.50%；对阿塞拜疆出口总值为 504. 10 万美元，占中国新疆出口总值的 0.42%，同比下降 65.60%，环比上升 13.26%；对阿曼出口总值为 425. 80 万美元，占中国新疆出口总值的 0.35%，同比上升 427.60%；对伊朗出口总值为 398. 80 万美元，占中国新疆出口总值的 0.33%，同比上升 612.70%，环比下降 47.85%；对卡塔尔出口总值为 391. 30 万美元，占中国新疆出口总值的 0.32%，同比上升 12735.10%。

4. 2014 年 4 月中国新疆对西亚国家出口贸易月度分析

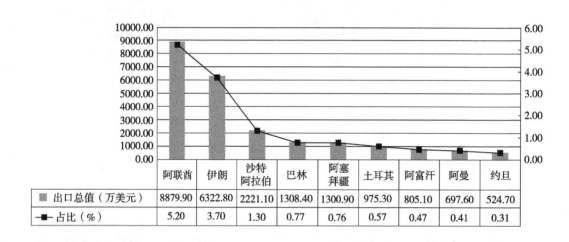

	阿联酋	伊朗	沙特阿拉伯	巴林	阿塞拜疆	土耳其	阿富汗	阿曼	约旦
■ 出口总值（万美元）	8879.90	6322.80	2221.10	1308.40	1300.90	975.30	805.10	697.60	524.70
◆ 占比（%）	5.20	3.70	1.30	0.77	0.76	0.57	0.47	0.41	0.31

图 5 - 4 - 20　2014 年 4 月中国新疆对西亚国家出口总值及占比

由图 5 - 4 - 20 可以看出，2014 年 4 月中国新疆对西亚国家的出口贸易中，出口总值大小排名依次为：阿联酋、伊朗、沙特阿拉伯、巴林、阿塞拜疆、土耳其、阿富汗、阿曼、约旦。

中国新疆对西亚国家出口总值为 23035. 80 万美元，占中国新疆出口总值的 13.50%。其中：对阿联酋出口总值为 8879. 90 万美元，占中国新疆出口总值的 5.20%，同比上升 2981.20%，环比上升 134.71%；对伊朗出口总值为 6322. 80 万美元，占中国新疆出口总值的 3.70%，同比上升 630.70%，环比上升 1485.46%；对沙特阿拉伯出口总值为 2221. 10 万美元，占中国新疆出口总值的 1.30%，同比上升 275.60%，环比上升 48.51%；对巴林出口总值为 1308. 40 万美元，占中国新疆出口总值的 0.77%，同比上升 917.90%，环比上升 121.80%；对阿塞拜疆出口总值为 1300. 90 万美元，占中国新疆出口总值的 0.76%，同比下降 32.60%，环比上升 158.06%；对土耳其出口总值为 975. 30 万美元，占中国新疆出口总值的 0.57%，同比上升 221.90%，环比上升 86.27%；对阿富汗出口总值为 805. 10 万美元，占中国新疆出口总值的 0.47%，同比上升 34134.90%；对阿曼出口总值为 697. 60 万美元，占中国新疆出口总值的 0.41%，同比上升 199.20%，环比上升 63.83%；对约旦出口总值为 524. 70 万美元，占中国新疆出口总值的 0.31%，同比上升 512.90%。

5. 2014年5月中国新疆对西亚国家出口贸易月度分析

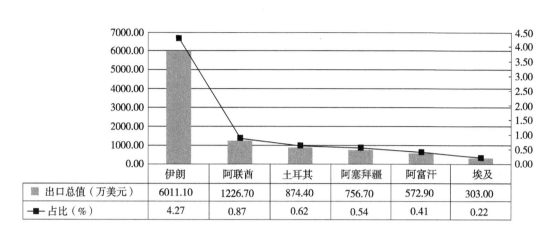

	伊朗	阿联酋	土耳其	阿塞拜疆	阿富汗	埃及
出口总值（万美元）	6011.10	1226.70	874.40	756.70	572.90	303.00
占比（%）	4.27	0.87	0.62	0.54	0.41	0.22

图 5 - 4 - 21 2014 年 5 月中国新疆对西亚国家出口总值及占比

由图 5 - 4 - 21 可以看出，2014 年 5 月中国新疆对西亚国家的出口贸易中，出口总值大小排名依次为：伊朗、阿联酋、土耳其、阿塞拜疆、阿富汗、埃及。

中国新疆对西亚国家出口总值为 9744.80 万美元，占中国新疆出口总值的 6.92%。其中：对伊朗出口总值为 6011.10 万美元，占中国新疆出口总值的 4.27%，同比上升 12.40%，环比下降 4.93%；对阿联酋出口总值为 1226.70 万美元，占中国新疆出口总值的 0.87%，同比上升 295.60%，环比下降 86.19%；对土耳其出口总值为 874.40 万美元，占中国新疆出口总值的 0.62%，同比上升 332.90%，环比下降 10.35%；对阿塞拜疆出口总值为 756.70 万美元，占中国新疆出口总值的 0.54%，同比下降 64.90%，环比下降 41.83%；对阿富汗出口总值为 572.90 万美元，占中国新疆出口总值的 0.41%，同比上升 161325.60%，环比下降 28.84%；对埃及出口总值为 303.00 万美元，占中国新疆出口总值的 0.22%，同比上升 60085.20%。

6. 2014年6月中国新疆对西亚国家出口贸易月度分析

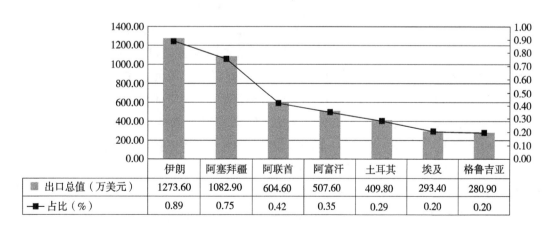

	伊朗	阿塞拜疆	阿联酋	阿富汗	土耳其	埃及	格鲁吉亚
出口总值（万美元）	1273.60	1082.90	604.60	507.60	409.80	293.40	280.90
占比（%）	0.89	0.75	0.42	0.35	0.29	0.20	0.20

图 5 - 4 - 22 2014 年 6 月中国新疆对西亚国家出口总值及占比

由图 5 - 4 - 22 可以看出，2014 年 6 月中国新疆对西亚国家的出口贸易中，出口总值大小排名依次为：伊朗、阿塞拜疆、阿联酋、阿富汗、土耳其、埃及、格鲁吉亚。

中国新疆对西亚国家出口总值为 4452.80 万美元，占中国新疆出口总值的 3.10%。其中：对伊朗出口总值为 1273.60 万美元，占中国新疆出口总值的 0.89%，同比上升 55.10%，环比下降 78.81%；对阿塞拜疆出口总值为 1082.90 万美元，占中国新疆出口总值的 0.75%，同比上升 12.30%，环比上升 43.11%；对阿联酋出口总值为 604.60 万美元，占中国新疆出口总值的 0.42%，同比上升 172.50%，环比下降 50.71%；对阿富汗出口总值为 507.60 万美元，占中国新疆出口总值的 0.35%，同比上升 4433.00%，环比下降 11.40%；对土耳其出口总值为 409.80 万美元，占中国新疆出口总值的 0.29%，同比上升 10.90%，环比下降 53.13%；对埃及出口总值为 293.40 万美元，占中国新疆出口总值的 0.20%，同比上升 640.90%，环比下降 3.17%；对格鲁吉亚出口总值为 280.90 万美元，占中国新疆出口总值的 0.20%，同比上升 938.20%。

7. 2014 年 7 月中国新疆对西亚国家出口贸易月度分析

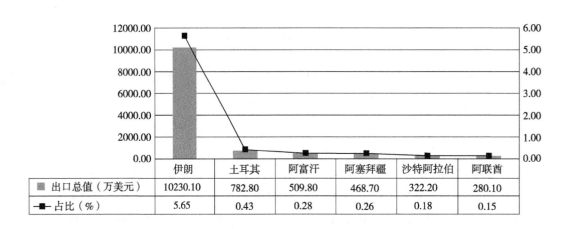

	伊朗	土耳其	阿富汗	阿塞拜疆	沙特阿拉伯	阿联酋
■ 出口总值（万美元）	10230.10	782.80	509.80	468.70	322.20	280.10
■ 占比（%）	5.65	0.43	0.28	0.26	0.18	0.15

图 5 - 4 - 23　2014 年 7 月中国新疆对西亚国家出口总值及占比

由图 5 - 4 - 23 可以看出，2014 年 7 月中国新疆对西亚国家的出口贸易中，出口总值大小排名依次为：伊朗、土耳其、阿富汗、阿塞拜疆、沙特阿拉伯、阿联酋。

中国新疆对西亚国家出口总值为 11335.10 万美元，占中国新疆出口总值的 6.26%。其中：对伊朗出口总值为 10230.10 万美元，占中国新疆出口总值的 5.65%，同比上升 4605.40%，环比上升 703.24%；对土耳其出口总值为 782.80 万美元，占中国新疆出口总值的 0.43%，同比上升 824.50%，环比上升 91.02%；对阿富汗出口总值为 509.80 万美元，占中国新疆出口总值的 0.28%，同比上升 1673.90%，环比上升 0.43%；对阿塞拜疆出口总值为 468.70 万美元，占中国新疆出口总值的 0.26%，同比下降 38.40%，环比下降 56.72%；对沙特阿拉伯出口总值为 322.20 万美元，占中国新疆出口总值的 0.18%，同比下降 54.90%；对阿联酋出口总值为 280.10 万美元，占中国新疆出口总值的 0.15%，同比下降 80.40%，环比下降 53.67%。

8. 2014 年 8 月中国新疆对西亚国家出口贸易月度分析

由图 5 - 4 - 24 可以看出，2014 年 8 月中国新疆对西亚国家的出口贸易中，出口总值大小排名依次为：伊朗、阿塞拜疆、土耳其、阿富汗、格鲁吉亚、阿联酋。

中国新疆对西亚国家出口总值为 47431.20 万美元，占中国新疆出口总值的 20.30%。其中：对伊朗出口总值为 45055.30 万美元，占中国新疆出口总值的 19.28%，同比上升 326.80%，环比上升 340.42%；对阿塞拜疆出口总值为 708.00 万美元，占中国新疆出口总值的 0.30%，同比下降

40.80%，环比上升 51.06%；对土耳其出口总值为 565.50 万美元，占中国新疆出口总值的 0.24%，同比上升 54.30%，环比下降 27.76%；对阿富汗出口总值为 429.40 万美元，占中国新疆出口总值的 0.18%，同比上升 1398.90%，环比下降 15.77%；对格鲁吉亚出口总值为 354.40 万美元，占中国新疆出口总值的 0.15%，同比上升 365.90%；对阿联酋出口总值为 318.60 万美元，占中国新疆出口总值的 0.14%，同比下降 81.00%，环比上升 13.75%。

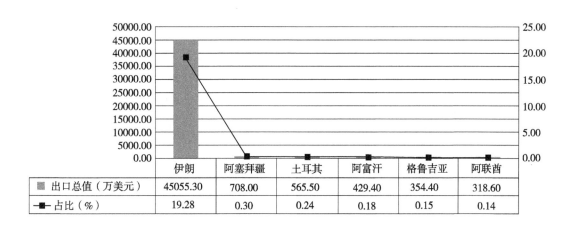

	伊朗	阿塞拜疆	土耳其	阿富汗	格鲁吉亚	阿联酋
▨ 出口总值（万美元）	45055.30	708.00	565.50	429.40	354.40	318.60
■ 占比（%）	19.28	0.30	0.24	0.18	0.15	0.14

图 5 - 4 - 24　2014 年 8 月中国新疆对西亚国家出口总值及占比

9. 2014 年 9 月中国新疆对西亚国家出口贸易月度分析

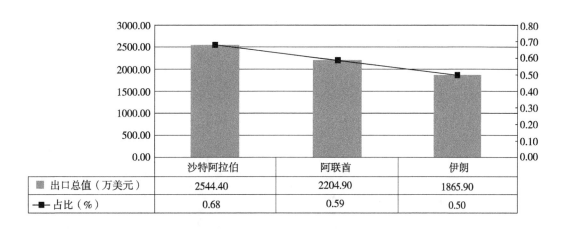

	沙特阿拉伯	阿联酋	伊朗
▨ 出口总值（万美元）	2544.40	2204.90	1865.90
■ 占比（%）	0.68	0.59	0.50

图 5 - 4 - 25　2014 年 9 月中国新疆对西亚国家出口总值及占比

由图 5 - 4 - 25 可以看出，2014 年 9 月中国新疆对西亚国家的出口贸易中，出口总值大小排名依次为：沙特阿拉伯、阿联酋、伊朗。

对沙特阿拉伯出口总值为 2544.40 万美元，占中国新疆出口总值的 0.68%，同比上升 778.80%；对阿联酋出口总值为 2204.90 万美元，占中国新疆出口总值的 0.59%，同比上升 273.20%，环比上升 592.06%；对伊朗出口总值为 1865.90 万美元，占中国新疆出口总值的 0.50%，同比下降 92.60%，环比下降 95.86%。

10. 2014 年 10 月中国新疆对西亚国家出口贸易月度分析

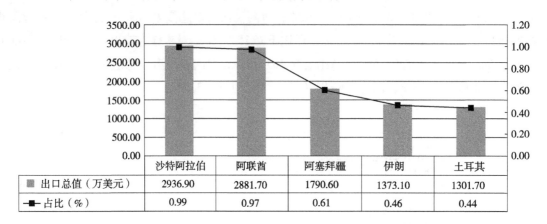

	沙特阿拉伯	阿联酋	阿塞拜疆	伊朗	土耳其
出口总值（万美元）	2936.90	2881.70	1790.60	1373.10	1301.70
占比（%）	0.99	0.97	0.61	0.46	0.44

图 5 - 4 - 26 2014 年 10 月中国新疆对西亚国家出口总值及占比

由图 5 - 4 - 26 可以看出，2014 年 10 月中国新疆对西亚国家的出口贸易中，出口总值大小排名依次为：沙特阿拉伯、阿联酋、阿塞拜疆、伊朗、土耳其。

中国新疆对西亚国家出口总值为 10284.00 万美元，占中国新疆出口总值的 3.48%。其中：对沙特阿拉伯出口总值为 2936.90 万美元，占中国新疆出口总值的 0.99%，同比上升 797.20%，环比上升 15.43%；对阿联酋出口总值为 2881.70 万美元，占中国新疆出口总值的 0.97%，同比上升 1467.10%，环比上升 30.70%；对阿塞拜疆出口总值为 1790.60 万美元，占中国新疆出口总值的 0.61%，同比下降 60.40%；对伊朗出口总值为 1373.10 万美元，占中国新疆出口总值的 0.46%，同比下降 82.70%，环比下降 26.41%；对土耳其出口总值为 1301.70 万美元，占中国新疆出口总值的 0.44%，同比上升 88.50%。

11. 2014 年 11 月中国新疆对西亚国家出口贸易月度分析

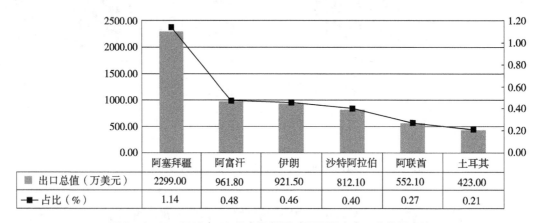

	阿塞拜疆	阿富汗	伊朗	沙特阿拉伯	阿联酋	土耳其
出口总值（万美元）	2299.00	961.80	921.50	812.10	552.10	423.00
占比（%）	1.14	0.48	0.46	0.40	0.27	0.21

图 5 - 4 - 27 2014 年 11 月中国新疆对西亚国家出口总值及占比

由图 5 - 4 - 27 可以看出，2014 年 11 月中国新疆对西亚国家的出口贸易中，出口总值大小排名依次为：阿塞拜疆、阿富汗、伊朗、沙特阿拉伯、阿联酋、土耳其。

中国新疆对西亚国家出口总值为 5969.50 万美元，占中国新疆出口总值的 2.96%。其中：对阿塞拜疆出口总值为 2299.00 万美元，占中国新疆出口总值的 1.14%，同比下降 38.40%，环比上升 28.39%；对阿富汗出口总值为 961.80 万美元，占中国新疆出口总值的 0.48%，同比上升 627.30%；对伊朗出口总值为 921.50 万美元，占中国新疆出口总值的 0.46%，同比下降 83.80%，环比下降32.89%；对沙特阿拉伯出口总值为812.10万美元，占中国新疆出口总值的0.40%，同比上升195.40%，环比下降72.35%；对阿联酋出口总值为552.10万美元，占中国新疆出口总值的0.27%，同比上升88.80%，环比下降80.84%；对土耳其出口总值为423.00万美元，占中国新疆出口总值的0.21%，同比下降16.90%，环比下降67.50%。

12. 2014年12月中国新疆对西亚国家出口贸易月度分析

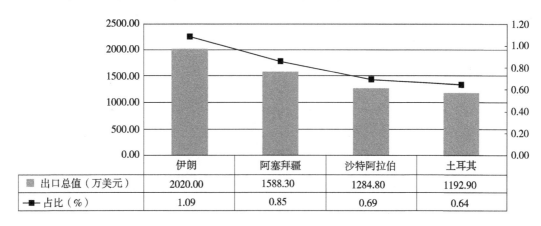

	伊朗	阿塞拜疆	沙特阿拉伯	土耳其
出口总值（万美元）	2020.00	1588.30	1284.80	1192.90
占比（%）	1.09	0.85	0.69	0.64

图5-4-28　2014年12月中国新疆对西亚国家出口总值及占比

由图5-4-28可以看出，2014年12月中国新疆对西亚国家的出口贸易中，出口总值大小排名依次为：伊朗、阿塞拜疆、沙特阿拉伯、土耳其。

中国新疆对西亚国家出口总值为6086.00万美元，占中国新疆出口总值的3.28%。其中：对伊朗出口总值为2020.00万美元，占中国新疆出口总值的1.09%，同比下降95.70%，环比上升119.21%；对阿塞拜疆出口总值为1588.30万美元，占中国新疆出口总值的0.85%，同比下降20.10%，环比下降30.91%；对沙特阿拉伯出口总值为1284.80万美元，占中国新疆出口总值的0.69%，同比下降67.80%，环比上升58.21%；对土耳其出口总值为1192.90万美元，占中国新疆出口总值的0.64%，同比下降43.70%，环比上升182.01%。

三、2014年中国新疆对西亚国家进口贸易总体分析

（一）2014年中国新疆对西亚国家进口贸易分析

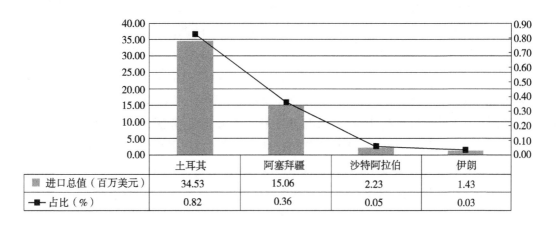

	土耳其	阿塞拜疆	沙特阿拉伯	伊朗
进口总值（百万美元）	34.53	15.06	2.23	1.43
占比（%）	0.82	0.36	0.05	0.03

图5-4-29　2014年中国新疆对西亚国家进口总值及占比

由图5-4-29可以看出，2014年中国新疆对西亚国家的进口贸易中，进口总值大小排名依次为：土耳其、阿塞拜疆、沙特阿拉伯、伊朗。

其中：对土耳其的进口总值为34.53百万美元，占中国新疆进口总值的0.82%，同比下降70.70%；对阿塞拜疆的进口总值为15.06百万美元，占中国新疆进口总值的0.36%，同比上升27.00%；对沙特阿拉伯的进口总值为2.23百万美元，占中国新疆进口总值的0.05%，同比下降8.00%；对伊朗的进口总值为1.43百万美元，占中国新疆进口总值的0.03%，同比上升6.70%。

（二）2014年中国新疆对西亚国家进口贸易趋势分析

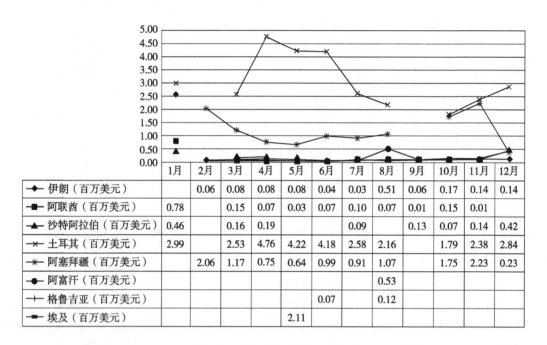

	1月	2月	3月	4月	5月	6月	7月	8月	9月	10月	11月	12月
伊朗（百万美元）		0.06	0.08	0.08	0.08	0.04	0.03	0.51	0.06	0.17	0.14	0.14
阿联酋（百万美元）	0.78		0.15	0.07	0.03	0.07	0.10	0.07	0.01	0.15	0.01	
沙特阿拉伯（百万美元）	0.46		0.16	0.19			0.09		0.13	0.07	0.14	0.42
土耳其（百万美元）	2.99		2.53	4.76	4.22	4.18	2.58	2.16		1.79	2.38	2.84
阿塞拜疆（百万美元）		2.06	1.17	0.75	0.64	0.99	0.91	1.07		1.75	2.23	0.23
阿富汗（百万美元）								0.53				
格鲁吉亚（百万美元）						0.07		0.12				
埃及（百万美元）					2.11							

图5-4-30　2014年1~12月中国新疆对西亚国家进口总值

由图5-4-30可以看出，2014年1~12月中国新疆与西亚国家均存在某月未发生进口贸易情况。由于数据缺漏值较多，故选取发生进口贸易国家较多的3月、4月、7月、10月和11月进行排名。3月排名顺序为土耳其、阿塞拜疆、沙特阿拉伯、阿联酋、伊朗；4月排名顺序为土耳其、阿塞拜疆、沙特阿拉伯、伊朗、阿联酋；7月排名为土耳其、阿塞拜疆、阿联酋、沙特阿拉伯、伊朗；10月排名顺序为土耳其、阿塞拜疆、伊朗、阿联酋、沙特阿拉伯；11月排名顺序为土耳其、阿塞拜疆、沙特阿拉伯、伊朗、阿联酋。中国新疆对伊朗进口总值呈全年上下起伏波动趋势，其中，对伊朗进口贸易总值最大值出现在8月，为0.51百万美元，最小值出现在7月，为0.03百万美元。对阿联酋、沙特阿拉伯、阿塞拜疆的进口最大值分别出现在1月、1月、11月，分别为0.78百万美元、0.46百万美元、2.23百万美元；对土耳其的进口最大值出现在4月，为4.76百万美元；阿富汗的进口贸易最大值出现在8月，为0.53百万美元；对格鲁吉亚的进口贸易最大值出现在8月，为0.12百万美元；对埃及的仅在5月发生进口贸易，为2.11百万美元。

（三）2014 年中国新疆对西亚国家进口贸易月度分析

1. 2014 年 1 月中国新疆对西亚国家进口贸易月度分析

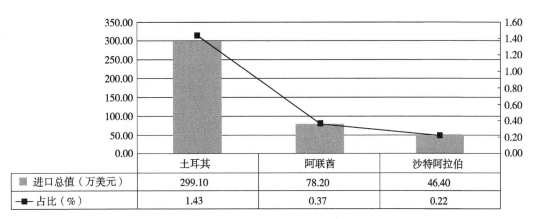

	土耳其	阿联酋	沙特阿拉伯
进口总值（万美元）	299.10	78.20	46.40
占比（%）	1.43	0.37	0.22

图 5 - 4 - 31　2014 年 1 月中国新疆对西亚国家进口总值及占比

由图 5 - 4 - 31 可以看出，2014 年 1 月中国新疆对西亚国家的进口贸易中，进口总值大小排名依次为：土耳其、阿联酋、沙特阿拉伯。其中，对伊朗没有发生进口贸易。

中国新疆对西亚国家进口总值为 423.70 万美元，占中国新疆进口总值的 2.02%。其中：对土耳其进口总值为 299.10 万美元，占中国新疆进口总值的 1.43%，同比上升 41.70%，环比上升 5.69%；对阿联酋进口总值为 78.20 万美元，占中国新疆进口总值的 0.37%，同比上升 639.20%，环比上升 1225.42%；对沙特阿拉伯进口总值为 46.40 万美元，占中国新疆进口总值的 0.22%，同比上升 159.90%，环比上升 113.82%。

2. 2014 年 2 月中国新疆对西亚国家进口贸易月度分析

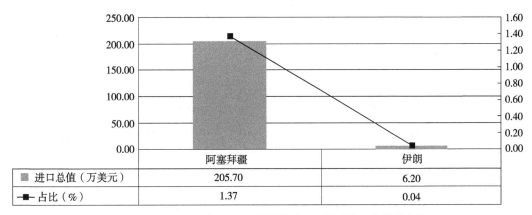

	阿塞拜疆	伊朗
进口总值（万美元）	205.70	6.20
占比（%）	1.37	0.04

图 5 - 4 - 32　2014 年 2 月中国新疆对西亚国家进口总值及占比

由图 5 - 4 - 32 可以看出，2014 年 2 月中国新疆对西亚国家的进口贸易中，进口总值大小排名依次为：阿塞拜疆、伊朗。

中国新疆对西亚国家进口总值为 211.90 万美元，占中国新疆进口总值的 1.41%。其中：对阿塞拜疆进口总值为 205.70 万美元，占中国新疆进口总值的 1.37%，同比上升 742.70%；对伊朗进口总值为 6.20 万美元，占中国新疆进口总值的 0.04%，同比下降 94.00%。

3. 2014 年 3 月中国新疆对西亚国家进口贸易月度分析

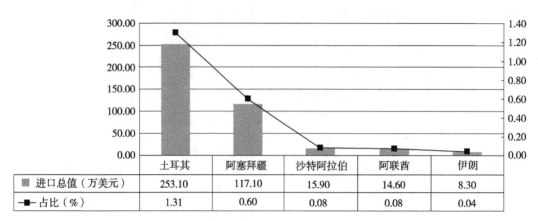

	土耳其	阿塞拜疆	沙特阿拉伯	阿联酋	伊朗
■ 进口总值（万美元）	253.10	117.10	15.90	14.60	8.30
—■— 占比（%）	1.31	0.60	0.08	0.08	0.04

图 5 - 4 - 33　2014 年 3 月中国新疆对西亚国家进口总值及占比

由图 5 - 4 - 33 可以看出，2014 年 3 月中国新疆对西亚国家的进口贸易中，进口总值大小排名依次为：土耳其、阿塞拜疆、沙特阿拉伯、阿联酋、伊朗。

中国新疆对西亚国家进口总值为 409.00 万美元，占中国新疆进口总值的 2.11%。其中：对土耳其进口总值为 253.10 万美元，占中国新疆进口总值的 1.31%，同比下降 24.90%；对阿塞拜疆进口总值为 117.10 万美元，占中国新疆进口总值的 0.60%，环比下降 43.07%；对沙特阿拉伯进口总值为 15.90 万美元，占中国新疆进口总值的 0.08%，同比上升 44.30%；对阿联酋进口总值为 14.60 万美元，占中国新疆进口总值的 0.08%，同比上升 77.30%；对伊朗进口总值为 8.30 万美元，占中国新疆进口总值的 0.04%，同比下降 50.50%，环比上升 33.87%。

4. 2014 年 4 月中国新疆对西亚国家进口贸易月度分析

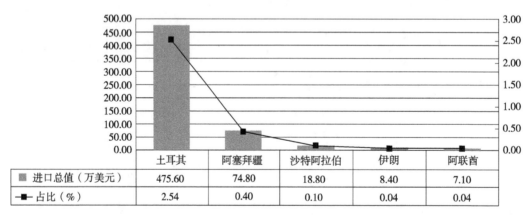

	土耳其	阿塞拜疆	沙特阿拉伯	伊朗	阿联酋
■ 进口总值（万美元）	475.60	74.80	18.80	8.40	7.10
—■— 占比（%）	2.54	0.40	0.10	0.04	0.04

图 5 - 4 - 34　2014 年 4 月中国新疆对西亚国家进口总值及占比

由图 5 - 4 - 34 可以看出，2014 年 4 月中国新疆对西亚国家的进口贸易中，进口总值大小排名依次为：土耳其、阿塞拜疆、沙特阿拉伯、伊朗、阿联酋。

中国新疆对西亚国家进口总值为 584.70 万美元，占中国新疆进口总值的 3.12%。其中：对土耳其进口总值为 475.60 万美元，占中国新疆进口总值的 2.54%，同比上升 49.50%，环比上升 87.91%；对阿塞拜疆进口总值为 74.80 万美元，占中国新疆进口总值的 0.40%，环比下降 36.12%；对沙特阿拉伯进口总值为 18.80 万美元，占中国新疆进口总值的 0.10%，同比上升 81.90%，环比上升 18.24%；对伊朗进口总值为 8.40 万美元，占中国新疆进口总值的 0.04%，同比下降63.70%，环比上升1.20%；对阿联酋进口总值为7.10万美元，占中国新疆进口总值的0.04%，同比上升132.90%，环比下降51.37%。

5. 2014年5月中国新疆对西亚国家进口贸易月度分析

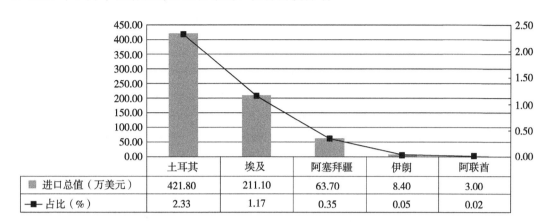

	土耳其	埃及	阿塞拜疆	伊朗	阿联酋
▨ 进口总值（万美元）	421.80	211.10	63.70	8.40	3.00
◆ 占比（%）	2.33	1.17	0.35	0.05	0.02

图5-4-35 2014年5月中国新疆对西亚国家进口总值及占比

由图5-4-35可以看出，2014年5月中国新疆对西亚国家的进口贸易中，进口总值大小排名依次为：土耳其、埃及、阿塞拜疆、伊朗、阿联酋。

中国新疆对西亚国家进口总值为708万美元，占中国新疆进口总值的3.91%。其中：对土耳其进口总值为421.80万美元，占中国新疆进口总值的2.33%，同比上升32.70%，环比下降11.31%；对埃及进口总值为211.10万美元，占中国新疆进口总值的1.17%；对阿塞拜疆进口总值为63.70万美元，占中国新疆进口总值的0.35%，同比下降15.40%，环比下降14.84%；对伊朗进口总值为8.40万美元，占中国新疆进口总值的0.05%，同比下降93.10%；对阿联酋进口总值为3.00万美元，占中国新疆进口总值的0.02%，同比上升116.80%，环比下降57.75%。

6. 2014年6月中国新疆对西亚国家进口贸易月度分析

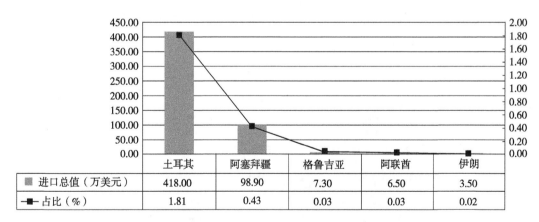

	土耳其	阿塞拜疆	格鲁吉亚	阿联酋	伊朗
▨ 进口总值（万美元）	418.00	98.90	7.30	6.50	3.50
◆ 占比（%）	1.81	0.43	0.03	0.03	0.02

图5-4-36 2014年6月中国新疆对西亚国家进口总值及占比

由图5-4-36可以看出，2014年6月中国新疆对西亚国家的进口贸易中，进口总值大小排名依次为：土耳其、阿塞拜疆、格鲁吉亚、阿联酋、伊朗。

中国新疆对西亚国家进口总值为534.20万美元，占中国新疆进口总值的2.31%。其中：对土耳其进口总值为418.00万美元，占中国新疆进口总值的1.81%，同比上升71.70%，环比下降0.90%；对阿塞拜疆进口总值为98.90万美元，占中国新疆进口总值的0.43%，同比上升

44.60%，环比上升55.26%；对格鲁吉亚进口总值为7.30万美元，占中国新疆进口总值的0.03%；对阿联酋进口总值为6.50万美元，占中国新疆进口总值的0.03%，同比上升49.50%，环比上升116.67%；对伊朗进口总值为3.50万美元，占中国新疆进口总值的0.02%，同比上升52.80%，环比下降58.33%。

7. 2014年7月中国新疆对西亚国家进口贸易月度分析

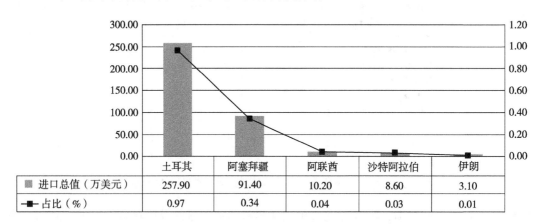

	土耳其	阿塞拜疆	阿联酋	沙特阿拉伯	伊朗
进口总值（万美元）	257.90	91.40	10.20	8.60	3.10
占比（%）	0.97	0.34	0.04	0.03	0.01

图5-4-37 2014年7月中国新疆对西亚国家进口总值及占比

由图5-4-37可以看出，2014年7月中国新疆对西亚国家的进口贸易中，进口总值大小排名依次为：土耳其、阿塞拜疆、阿联酋、沙特阿拉伯、伊朗。

中国新疆对西亚国家进口总值为371.20万美元，占中国新疆进口总值的1.39%。其中：对土耳其进口总值为257.90万美元，占中国新疆进口总值的0.97%，同比下降2.10%，环比下降38.30%；对阿塞拜疆进口总值为91.40万美元，占中国新疆进口总值的0.34%，同比下降68.40%，环比下降7.58%；对阿联酋进口总值为10.20万美元，占中国新疆进口总值的0.04%，同比上升4.70%，环比上升56.92%；对沙特阿拉伯进口总值为8.60万美元，占中国新疆进口总值的0.03%，同比上升7.10%；对伊朗进口总值为3.10万美元，占中国新疆进口总值的0.01%，同比下降67.80%，环比下降11.43%。

8. 2014年8月中国新疆对西亚国家进口贸易月度分析

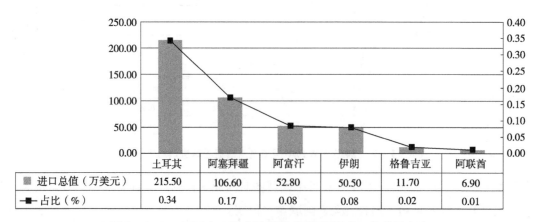

	土耳其	阿塞拜疆	阿富汗	伊朗	格鲁吉亚	阿联酋
进口总值（万美元）	215.50	106.60	52.80	50.50	11.70	6.90
占比（%）	0.34	0.17	0.08	0.08	0.02	0.01

图5-4-38 2014年8月中国新疆对西亚国家进口总值及占比

由图5-4-38可以看出，2014年8月中国新疆对西亚国家的进口贸易中，进口总值大小排名依次为：土耳其、阿塞拜疆、阿富汗、伊朗、格鲁吉亚、阿联酋。

中国新疆对西亚国家进口总值为444.00万美元，占中国新疆进口总值的0.71%。其中：对土耳其进口总值为215.50万美元，占中国新疆进口总值的0.34%，同比下降11.70%，环比下降16.44%；对阿塞拜疆进口总值为106.60万美元，占中国新疆进口总值的0.17%，同比下降33.70%，环比上升16.63%；对阿富汗进口总值为52.80万美元，占中国新疆进口总值的0.08%；对伊朗进口总值为50.50万美元，占中国新疆进口总值的0.08%，同比上升1554.40%，环比上升1529.03%；对格鲁吉亚进口总值为11.70万美元，占中国新疆进口总值的0.02%；对阿联酋进口总值为6.90万美元，占中国新疆进口总值的0.01%，同比下降90.80%，环比下降32.35%。

9. 2014年9月中国新疆对西亚国家进口贸易月度分析

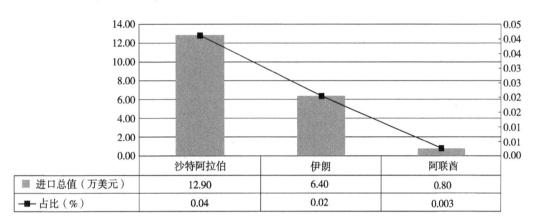

	沙特阿拉伯	伊朗	阿联酋
进口总值（万美元）	12.90	6.40	0.80
占比（%）	0.04	0.02	0.003

图5-4-39 2014年9月中国新疆对西亚国家进口总值及占比

由图5-4-39可以看出，2014年9月中国新疆对西亚国家的进口贸易中，进口总值大小排名依次为：沙特阿拉伯、伊朗、阿联酋。

中国新疆对西亚国家进口总值为20.10万美元，占中国新疆进口总值的0.06%。其中：对沙特阿拉伯进口总值为12.90万美元，占中国新疆进口总值的0.04%，同比下降88.50%；对伊朗进口总值为6.40万美元，占中国新疆进口总值的0.02%，同比上升609.20%，环比下降87.33%；对阿联酋进口总值为0.80万美元，占中国新疆进口总值的0.003%，同比下降98.40%，环比下降88.41%。

10. 2014年10月中国新疆对西亚国家进口贸易月度分析

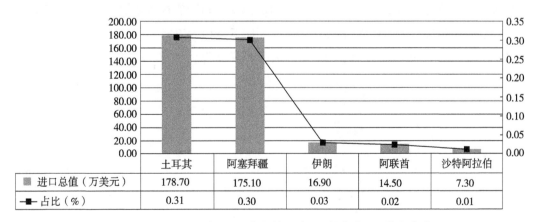

	土耳其	阿塞拜疆	伊朗	阿联酋	沙特阿拉伯
进口总值（万美元）	178.70	175.10	16.90	14.50	7.30
占比（%）	0.31	0.30	0.03	0.02	0.01

图5-4-40 2014年10月中国新疆对西亚国家进口总值及占比

由图5-4-40可以看出，2014年10月中国新疆对西亚国家的进口贸易中，进口总值大小排名依次为：土耳其、阿塞拜疆、伊朗、阿联酋、沙特阿拉伯。

中国新疆对西亚国家进口总值为392.50万美元，占中国新疆进口总值的0.67%。其中：对土耳其进口总值为178.70万美元，占中国新疆进口总值的0.31%，同比下降37.00%；对阿塞拜疆进口总值为175.10万美元，占中国新疆进口总值的0.30%，同比上升100.20%；对伊朗进口总值为16.90万美元，占中国新疆进口总值的0.03%，同比下降66.30%，环比上升164.06%；对阿联酋进口总值为14.50万美元，占中国新疆进口总值的0.02%，同比上升35.10%，环比上升1712.50%；对沙特阿拉伯进口总值为7.30万美元，占中国新疆进口总值的0.01%，同比下降44.90%，环比下降43.41%。

11. 2014年11月中国新疆对西亚国家进口贸易月度分析

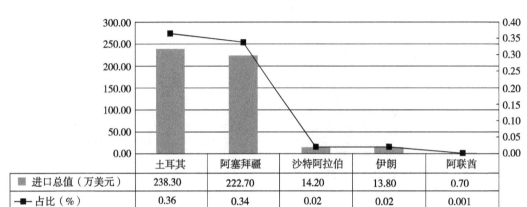

	土耳其	阿塞拜疆	沙特阿拉伯	伊朗	阿联酋
■ 进口总值（万美元）	238.30	222.70	14.20	13.80	0.70
◆ 占比（%）	0.36	0.34	0.02	0.02	0.001

图5-4-41 2014年11月中国新疆对西亚国家进口总值及占比

由图5-4-41可以看出，2014年11月中国新疆对西亚国家的进口贸易中，进口总值大小排名依次为：土耳其、阿塞拜疆、沙特阿拉伯、伊朗、阿联酋。

中国新疆对西亚国家进口总值为489.70万美元，占中国新疆进口总值的0.74%。其中：对土耳其进口总值为238.30万美元，占中国新疆进口总值的0.36%，同比上升1.40%，环比上升33.35%；对阿塞拜疆进口总值为222.70万美元，占中国新疆进口总值的0.34%，同比上升4401.60%，环比上升27.18%；对沙特阿拉伯进口总值为14.20万美元，占中国新疆进口总值的0.02%，同比上升72.00%，环比上升94.52%；对伊朗进口总值为13.80万美元，占中国新疆进口总值的0.02%，同比下降84.60%，环比下降18.34%；对阿联酋进口总值为0.70万美元，占中国新疆进口总值的0.001%，同比下降85.80%，环比下降95.17%。

12. 2014年12月中国新疆对西亚国家进口贸易月度分析

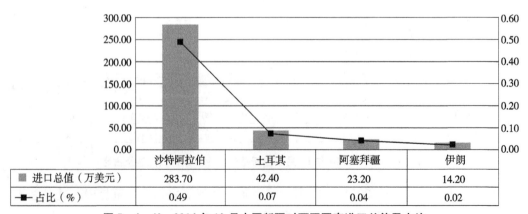

	沙特阿拉伯	土耳其	阿塞拜疆	伊朗
■ 进口总值（万美元）	283.70	42.40	23.20	14.20
◆ 占比（%）	0.49	0.07	0.04	0.02

图5-4-42 2014年12月中国新疆对西亚国家进口总值及占比

由图5-4-42可以看出，2014年12月中国新疆对西亚国家的进口贸易中，进口总值大小排名依次为：沙特阿拉伯、土耳其、阿塞拜疆、伊朗。

中国新疆对西亚国家进口总值为363.50万美元，占中国新疆进口总值的0.62%。其中：对沙特阿拉伯进口总值为283.70万美元，占中国新疆进口总值的0.49%，同比上升96.00%，环比上升198.59%；对土耳其进口总值为42.40万美元，占中国新疆进口总值的0.07%，同比上升0.10%，环比上升19.05%；对阿塞拜疆进口总值为23.20万美元，占中国新疆进口总值的0.04%，同比下降90.30%，环比下降89.58%；对伊朗进口总值为14.20万美元，占中国新疆进口总值的0.02%，同比上升131.70%，环比上升2.90%。

四、2014年中国新疆对西亚国家的出口贸易与进口贸易比较分析

（一）2014年中国新疆对西亚国家的出口贸易与进口贸易比较

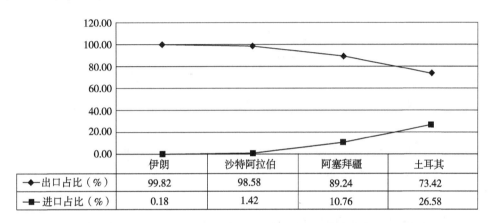

	伊朗	沙特阿拉伯	阿塞拜疆	土耳其
出口占比（%）	99.82	98.58	89.24	73.42
进口占比（%）	0.18	1.42	10.76	26.58

图5-4-43　2014年中国新疆对西亚国家进出口总值中出口及进口占比

由图5-4-43可以看出，2014年中国新疆对西亚国家的进出口贸易中，各国的出口总值、进口总值占其进出口总值的比重均是出口大于进口，说明中国新疆对西亚国家的进出口贸易均以出口为主导，且出口远大于进口，土耳其出口占比最小，为73.42%，伊朗出口占比最大，达到99.82%。

（二）2014年中国新疆对西亚国家的出口贸易与进口贸易的月度比较分析

1. 2014年1月中国新疆对西亚国家的出口贸易与进口贸易的月度比较分析

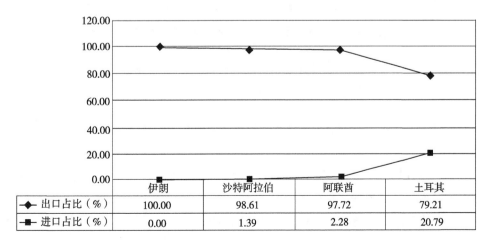

	伊朗	沙特阿拉伯	阿联酋	土耳其
出口占比（%）	100.00	98.61	97.72	79.21
进口占比（%）	0.00	1.39	2.28	20.79

图5-4-44　2014年1月中国新疆对西亚国家进出口总值中出口及进口占比

由图5-4-44可以看出，2014年1月，中国新疆对西亚国家的进出口贸易中，各国的出口总值、进口总值占其进出口总值的比重均是出口大于进口，说明中国新疆对西亚国家的进出口贸易多以出口为主导，且出口远大于进口，出口占比均超过79%。其中，对伊朗没有发生进口贸易。

2. 2014年2月中国新疆对西亚国家的出口贸易与进口贸易的月度比较分析

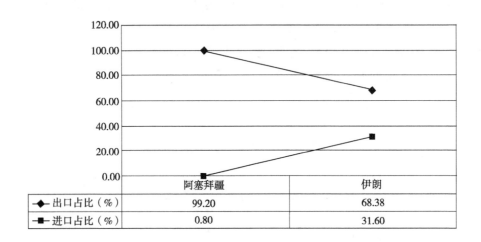

	阿塞拜疆	伊朗
出口占比（%）	99.20	68.38
进口占比（%）	0.80	31.60

图5-4-45　2014年2月中国新疆对西亚国家进出口总值中出口及进口占比

由图5-4-45可以看出，2014年2月，中国新疆对西亚国家的进出口贸易中，各国的出口总值、进口总值占其进出口总值的比重均是出口大于进口，说明中国新疆对西亚国家的进出口贸易多以出口为主导，且出口远大于进口，出口占比均超过68%。

3. 2014年3月中国新疆对西亚国家的出口贸易与进口贸易的月度比较分析

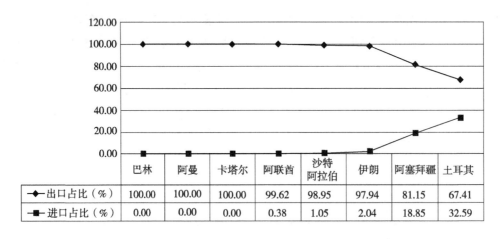

	巴林	阿曼	卡塔尔	阿联酋	沙特阿拉伯	伊朗	阿塞拜疆	土耳其
出口占比（%）	100.00	100.00	100.00	99.62	98.95	97.94	81.15	67.41
进口占比（%）	0.00	0.00	0.00	0.38	1.05	2.04	18.85	32.59

图5-4-46　2014年3月中国新疆对西亚国家进出口总值中出口及进口占比

由图5-4-46可以看出，2014年3月，中国新疆对西亚国家的进出口贸易中，各国的出口总值、进口总值占其进出口总值的比重均是出口大于进口，说明中国新疆对西亚国家的进出口贸易多以出口为主导，且出口远大于进口，出口占比均超过67%。

4. 2014 年 4 月中国新疆对西亚国家的出口贸易与进口贸易的月度比较分析

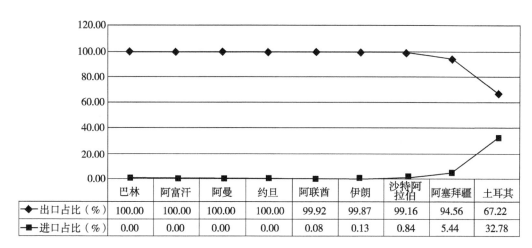

	巴林	阿富汗	阿曼	约旦	阿联酋	伊朗	沙特阿拉伯	阿塞拜疆	土耳其
◆─出口占比（%）	100.00	100.00	100.00	100.00	99.92	99.87	99.16	94.56	67.22
■─进口占比（%）	0.00	0.00	0.00	0.00	0.08	0.13	0.84	5.44	32.78

图 5 - 4 - 47　2014 年 4 月中国新疆对西亚国家进出口总值中出口及进口占比

由图 5 - 4 - 47 可以看出，2014 年 4 月，中国新疆对西亚国家的进出口贸易中，各国的出口总值、进口总值占其进出口总值的比重均是出口大于进口，说明中国新疆对西亚国家的进出口贸易均以出口为主导，且出口远大于进口，出口占比均超过 67%。其中，对巴林、阿富汗、阿曼、约旦没有发生进口贸易。

5. 2014 年 5 月中国新疆对西亚国家的出口贸易与进口贸易的月度比较分析

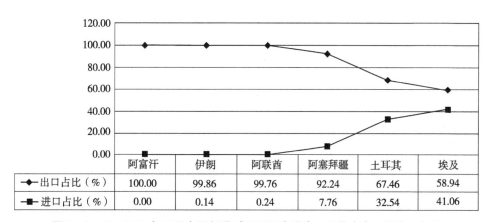

	阿富汗	伊朗	阿联酋	阿塞拜疆	土耳其	埃及
◆─出口占比（%）	100.00	99.86	99.76	92.24	67.46	58.94
■─进口占比（%）	0.00	0.14	0.24	7.76	32.54	41.06

图 5 - 4 - 48　2014 年 5 月中国新疆对西亚国家进出口总值中出口及进口占比

由图 5 - 4 - 48 可以看出，2014 年 5 月，中国新疆对西亚国家的进出口贸易中，各国的出口总值、进口总值占其进出口总值的比重均是出口大于进口，说明中国新疆对西亚国家的进出口贸易多以出口为主导，且出口远大于进口，除埃及外出口占比均超过 67%。

6. 2014 年 6 月中国新疆对西亚国家的出口贸易与进口贸易的月度比较分析

由图 5 - 4 - 49 可以看出，2014 年 6 月，中国新疆对西亚国家的进出口贸易中，各国的出口总值、进口总值占其进出口总值的比重均是出口大于进口，说明中国新疆对西亚国家的进出口贸易多以出口为主导，且出口大于进口，除土耳其外出口占比均超过 91%。其中，对阿富汗和埃及没有发生进口贸易。

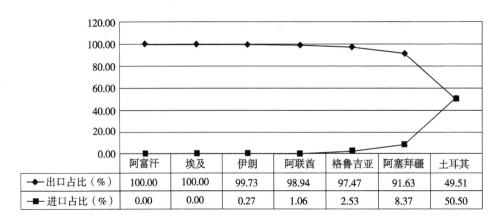

图 5－4－49　2014 年 6 月中国新疆对西亚国家进出口总值中出口及进口占比

7. 2014 年 7 月中国新疆对西亚国家的出口贸易与进口贸易的月度比较分析

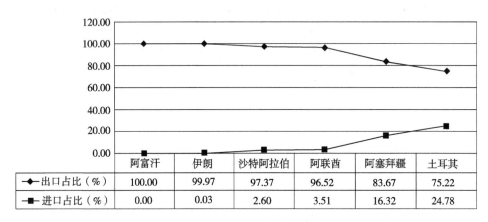

图 5－4－50　2014 年 7 月中国新疆对西亚国家进出口总值中出口及进口占比

由图 5－4－50 可以看出，2014 年 7 月，中国新疆对西亚国家的进出口贸易中，各国的出口总值、进口总值占其进出口总值的比重均是出口大于进口，说明中国新疆对西亚国家的进出口贸易均以出口为主导，且出口远大于进口，出口占比均超过 75%。

8. 2014 年 8 月中国新疆对西亚国家的出口贸易与进口贸易的月度比较分析

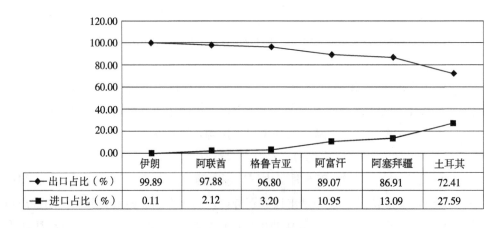

图 5－4－51　2014 年 8 月中国新疆对西亚国家进出口总值中出口及进口占比

由图 5 - 4 - 51 可以看出，2014 年 8 月，中国新疆对西亚国家的进出口贸易中，各国的出口总值、进口总值占其进出口总值的比重均是出口大于进口，说明中国新疆对西亚国家的进出口贸易均以出口为主导，且出口远大于进口，出口占比均超过 72%。

9. 2014 年 9 月中国新疆对西亚国家的出口贸易与进口贸易的月度比较分析

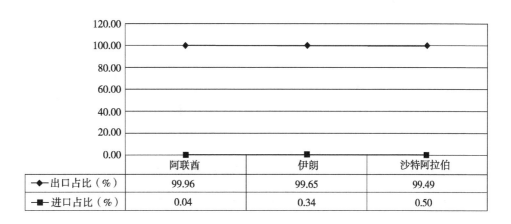

	阿联酋	伊朗	沙特阿拉伯
出口占比（%）	99.96	99.65	99.49
进口占比（%）	0.04	0.34	0.50

图 5 - 4 - 52　2014 年 9 月中国新疆对西亚国家进出口总值中出口及进口占比

由图 5 - 4 - 52 可以看出，2014 年 9 月，中国新疆对西亚国家的进出口贸易中，各国的出口总值、进口总值占其进出口总值的比重均是出口大于进口，说明中国新疆对西亚国家的进出口贸易均以出口为主导，且出口远大于进口，出口占比均超过 99%。

10. 2014 年 10 月中国新疆对西亚国家的出口贸易与进口贸易的月度比较分析

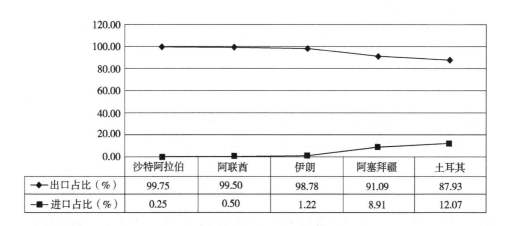

	沙特阿拉伯	阿联酋	伊朗	阿塞拜疆	土耳其
出口占比（%）	99.75	99.50	98.78	91.09	87.93
进口占比（%）	0.25	0.50	1.22	8.91	12.07

图 5 - 4 - 53　2014 年 10 月中国新疆对西亚国家进出口总值中出口及进口占比

由图 5 - 4 - 53 可以看出，2014 年 10 月，中国新疆对西亚国家的进出口贸易中，各国的出口总值、进口总值占其进出口总值的比重均是出口大于进口，说明中国新疆对西亚国家的进出口贸易均以出口为主导，且出口远大于进口，出口占比均超过 87%。

11. 2014 年 11 月中国新疆对西亚国家的出口贸易与进口贸易的月度比较分析

由图 5 - 4 - 54 可以看出，2014 年 11 月，中国新疆对西亚国家的进出口贸易中，各国的出口总值、进口总值占其进出口总值的比重均是出口大于进口，说明中国新疆对西亚国家的进出口贸易均以出口为主导，且出口远大于进口，出口占比均超过63%。

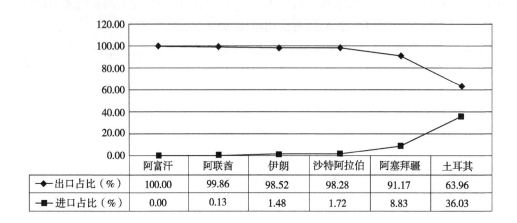

	阿富汗	阿联酋	伊朗	沙特阿拉伯	阿塞拜疆	土耳其
◆出口占比（%）	100.00	99.86	98.52	98.28	91.17	63.96
■进口占比（%）	0.00	0.13	1.48	1.72	8.83	36.03

图5-4-54　2014年11月中国新疆对西亚国家进出口总值中出口及进口占比

12. 2014年12月中国新疆对西亚国家的出口贸易与进口贸易的月度比较分析

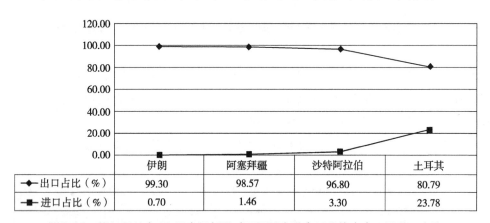

	伊朗	阿塞拜疆	沙特阿拉伯	土耳其
◆出口占比（%）	99.30	98.57	96.80	80.79
■进口占比（%）	0.70	1.46	3.30	23.78

图5-4-55　2014年12月中国新疆对西亚国家进出口总值中出口及进口占比

由图5-4-55可以看出，2014年12月，中国新疆对西亚国家的进出口贸易中，各国的出口总值、进口总值占其进出口总值的比重均是出口大于进口，说明中国新疆对西亚国家的进出口贸易均以出口为主导，且出口远大于进口，出口占比均超过80%。

第五节　2014年中国新疆与南亚国家的进出口贸易情况

一、2014年中国新疆对南亚国家进出口贸易总体分析

（一）2014年中国新疆对南亚国家进出口贸易分析

由图5-5-1可以看出，2014年中国新疆对南亚国家进出口贸易中，按进出口总值大小排名依次为：印度、巴基斯坦。

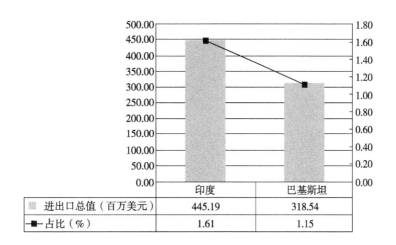

图 5 - 5 - 1　2014 年中国新疆对南亚国家进出口总值及占比

其中：对印度的进出口总值为 445.19 百万美元，占中国新疆进出口总值的 1.61%，同比上升 29.80%，环比上升 29.75%；对巴基斯坦的进出口总值为 318.54 百万美元，占中国新疆进出口总值的 1.15%，同比上升 114.90%，环比上升 133.98%。

（二）2014 年中国新疆对南亚国家进出口贸易趋势分析

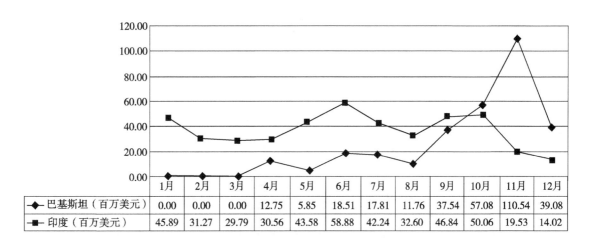

图 5 - 5 - 2　2014 年 1 ~ 12 月中国新疆对南亚国家进出口总值

由图 5 - 5 - 2 可以看出，1 ~ 3 月中国新疆未与巴基斯坦发生进出口贸易。整体来看，中国新疆对南亚国家的进出口总值大小先后领先，1 ~ 9 月印度排名领先于巴基斯坦，其他各月排名顺序则为巴基斯坦、印度。

其中，对巴基斯坦的进出口贸易最高点在 11 月，为 110.54 百万美元，最低点在 1 ~ 3 月，为 0 百万美元。对印度的进出口贸易最高点在 6 月，为 58.88 百万美元，最低点在 12 月，为 14.02 百万美元。

（三）2014 年中国新疆对南亚国家进出口贸易月度分析

1. 2014 年 1 月中国新疆对南亚国家进出口贸易月度分析

由图 5 - 5 - 3 可以看出，2014 年 1 月，中国新疆仅与南亚国家中的印度发生进出口贸易。

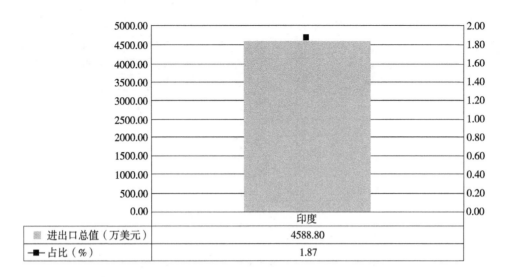

	印度
▨ 进出口总值（万美元）	4588.80
━■━ 占比（％）	1.87

图 5 - 5 - 3　2014 年 1 月中国新疆对南亚国家进出口总值及占比

中国新疆对南亚国家进出口总值为 4588.80 万美元，占中国新疆进出口总值的 1.87％。其中：对印度进出口总值为 4588.80 万美元，占中国新疆进出口总值的 1.87％，同比上升 0.60％，环比上升 0.53％。

2. 2014 年 2 月中国新疆对南亚国家进出口贸易月度分析

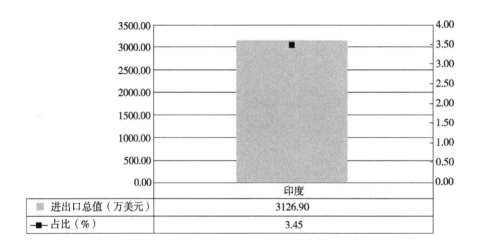

	印度
▨ 进出口总值（万美元）	3126.90
━■━ 占比（％）	3.45

图 5 - 5 - 4　2014 年 2 月中国新疆对南亚国家进出口总值及占比

由图 5 - 5 - 4 可以看出，2014 年 2 月，中国新疆仅与南亚国家中的印度发生进出口贸易。

中国新疆对南亚国家进出口总值为 3126.90 万美元，占中国新疆进出口总值的 3.45％。其中：对印度进出口总值为 3126.90 万美元，占中国新疆进出口总值的 3.45％，同比下降 22.80％，环比下降 31.86％。

3. 2014 年 3 月中国新疆对南亚国家进出口贸易月度分析

由图 5 - 5 - 5 可以看出，2014 年 3 月，中国新疆仅与南亚国家中的印度发生进出口贸易。

2014 年 3 月中国新疆对印度的贸易中，对印度的进出口总值为 2978.60 万美元，占中国新疆进出口总值的 2.12％，同比下降 56.80％，环比上升 4.74％。

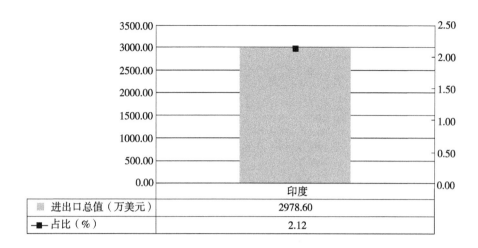

图5-5-5　2014年3月中国新疆对南亚国家进出口总值及占比

4. 2014年4月中国新疆对南亚国家进出口贸易月度分析

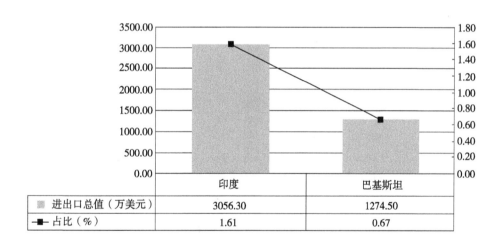

图5-5-6　2014年4月中国新疆对南亚国家进出口总值及占比

由图5-5-6可以看出，2014年4月中国新疆对南亚国家的进出口贸易中，进出口总值大小排名依次为：印度、巴基斯坦。

中国新疆对南亚国家进出口总值为4330.80万美元，占中国新疆进出口总值的2.28%。其中：对印度进出口总值为3056.30万美元，占中国新疆进出口总值的1.61%，同比下降0.10%，环比上升2.60%；对巴基斯坦进出口总值为1274.50万美元，占中国新疆进出口总值的0.67%，同比上升183.00%。

5. 2014年5月中国新疆对南亚国家进出口贸易月度分析

由图5-5-7可以看出，2014年5月中国新疆对南亚国家的进出口贸易中，进出口总值大小排名依次为：印度、巴基斯坦。

中国新疆对南亚国家进出口总值为4943.20万美元，占中国新疆进出口总值的3.11%。其中：对印度进出口总值为4358.20万美元，占中国新疆进出口总值的2.74%，同比上升66.20%，环比下降42.60%；对巴基斯坦进出口总值为585.00万美元，占中国新疆进出口总值的0.37%，同比下降 41.80%，环比下降 54.10%。

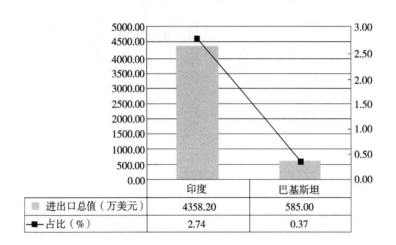

	印度	巴基斯坦
进出口总值（万美元）	4358.20	585.00
占比（%）	2.74	0.37

图 5 - 5 - 7　2014 年 5 月中国新疆对南亚国家进出口总值及占比

6. 2014 年 6 月中国新疆对南亚国家进出口贸易月度分析

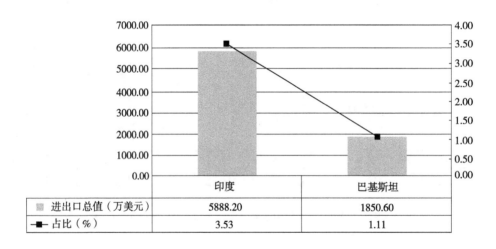

	印度	巴基斯坦
进出口总值（万美元）	5888.20	1850.60
占比（%）	3.53	1.11

图 5 - 5 - 8　2014 年 6 月中国新疆对南亚国家进出口总值及占比

由图 5 - 5 - 8 可以看出，2014 年 6 月中国新疆对南亚国家的进出口贸易中，进出口总值大小排名依次为：印度、巴基斯坦。

中国新疆对南亚国家进出口总值为 7738.80 万美元，占中国新疆进出口总值的 4.64%。其中：对印度进出口总值为 5888.20 万美元，占中国新疆进出口总值的 3.53%，同比上升 220.70%，环比上升 35.11%；对巴基斯坦进出口总值为 1850.60 万美元，占中国新疆进出口总值的 1.11%，同比上升 59.60%，环比上升 216.34%。

7. 2014 年 7 月中国新疆对南亚国家进出口贸易月度分析

由图 5 - 5 - 9 可以看出，2014 年 7 月中国新疆对南亚国家的进出口贸易中，进出口总值大小排名依次为：印度、巴基斯坦。

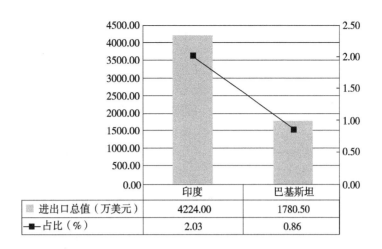

	印度	巴基斯坦
进出口总值（万美元）	4224.00	1780.50
占比（%）	2.03	0.86

图5-5-9 2014年7月中国新疆对南亚国家进出口总值及占比

中国新疆对南亚国家进出口总值为6004.50万美元，占中国新疆进出口总值的2.89%。其中：对印度进出口总值为4224.00万美元，占中国新疆进出口总值的2.03%，同比上升99.00%，环比下降28.26%；对巴基斯坦进出口总值为1780.50万美元，占中国新疆进出口总值的0.86%，同比上升35.50%，环比下降3.79%。

8. 2014年8月中国新疆对南亚国家进出口贸易月度分析

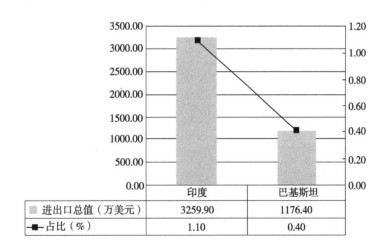

	印度	巴基斯坦
进出口总值（万美元）	3259.90	1176.40
占比（%）	1.10	0.40

图5-5-10 2014年8月中国新疆对南亚国家进出口总值及占比

由图5-5-10可以看出，2014年8月中国新疆对南亚国家的进出口贸易中，进出口总值大小排名依次为：印度、巴基斯坦。

中国新疆对南亚国家进出口总值为4436.30万美元，占中国新疆进出口总值的1.50%。其中：对印度进出口总值为3259.90万美元，占中国新疆进出口总值的1.10%，同比上升26.80%，环比下降22.82%；对巴基斯坦进出口总值为1176.40万美元，占中国新疆进出口总值的0.40%，同比下降32.90%，环比下降33.93%。

9. 2014年9月中国新疆对南亚国家进出口贸易月度分析

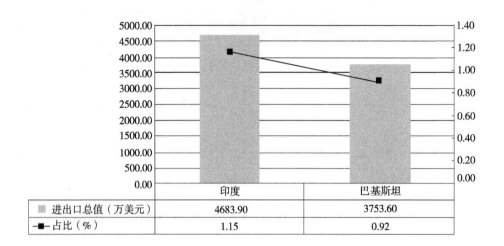

	印度	巴基斯坦
进出口总值（万美元）	4683.90	3753.60
占比（%）	1.15	0.92

图5-5-11 2014年9月中国新疆对南亚国家进出口总值及占比

由图5-5-11可以看出，2014年9月中国新疆对南亚国家的进出口贸易中，进出口总值大小排名依次为：印度、巴基斯坦。

中国新疆对南亚国家进出口总值为8437.50万美元，占中国新疆进出口总值的2.08%。其中：对印度进出口总值为4683.90万美元，占中国新疆进出口总值的1.15%，同比上升328.40%，环比上升43.68%；对巴基斯坦进出口总值为3753.60万美元，占中国新疆进出口总值的0.92%，同比上升189.60%，环比上升219.08%。

10. 2014年10月中国新疆对南亚国家进出口贸易月度分析

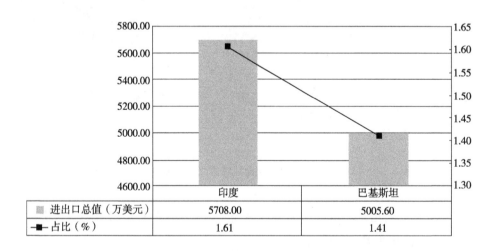

	印度	巴基斯坦
进出口总值（万美元）	5708.00	5005.60
占比（%）	1.61	1.41

图5-5-12 2014年10月中国新疆对南亚国家进出口总值及占比

由图5-5-12可以看出，2014年10月中国新疆对南亚国家的进出口贸易中，进出口总值大小排名依次为：印度、巴基斯坦。

中国新疆对南亚国家进出口总值为10713.60万美元，占中国新疆进出口总值的3.03%。其中：对印度进出口总值为5708.00万美元，占中国新疆进出口总值的1.61%，同比上升779.30%，环比上升 6.87%；对巴基斯坦进出口总值为 5005.60 万美元，占中国新疆进出口总值的 1.41%，同比上升 249.00%，环比上升 52.07%。

11. 2014 年 11 月中国新疆对南亚国家进出口贸易月度分析

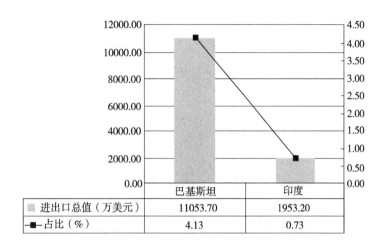

	巴基斯坦	印度
进出口总值（万美元）	11053.70	1953.20
占比（%）	4.13	0.73

图 5 - 5 - 13 2014 年 11 月中国新疆对南亚国家进出口总值及占比

由图 5 - 5 - 13 可以看出，2014 年 11 月中国新疆对南亚国家的进出口贸易中，进出口总值大小排名依次为：巴基斯坦、印度。

中国新疆对南亚国家进出口总值为 13006.90 万美元，占中国新疆进出口总值的 4.86%。其中：对巴基斯坦进出口总值为 11053.70 万美元，占中国新疆进出口总值的 4.13%，同比上升 149.30%，环比上升 93.65%；对印度进出口总值为 1953.20 万美元，占中国新疆进出口总值的 0.73%，同比上升 445.20%，环比下降 60.98%。

12. 2014 年 12 月中国新疆对南亚国家进出口贸易月度分析

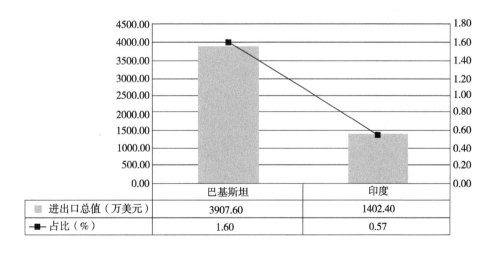

	巴基斯坦	印度
进出口总值（万美元）	3907.60	1402.40
占比（%）	1.60	0.57

图 5 - 5 - 14 2014 年 12 月中国新疆对南亚国家进出口总值及占比

由图 5 - 5 - 14 可以看出，2014 年 12 月中国新疆对南亚国家的进出口贸易中，进出口总值大小排名依次为：巴基斯坦、印度。

中国新疆对南亚国家进出口总值为5310.00万美元，占中国新疆进出口总值的2.17%。其中：对巴基斯坦进出口总值为3907.60万美元，占中国新疆进出口总值的1.60%，同比上升253.70%，环比下降64.65%；对印度进出口总值为1402.40万美元，占中国新疆进出口总值的0.57%，同比下降69.30%，环比下降28.20%。

二、2014年中国新疆对南亚国家出口贸易总体分析

（一）2014年中国新疆对南亚国家出口贸易分析

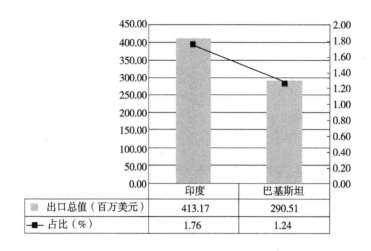

	印度	巴基斯坦
出口总值（百万美元）	413.17	290.51
占比（%）	1.76	1.24

图5-5-15　2014年中国新疆对南亚国家出口总值及占比

由图5-5-15可以看出，2014年中国新疆对南亚国家出口贸易中出口总值大小排名依次为：印度、巴基斯坦。其中：对印度的出口总值为413.17百万美元，占中国新疆出口总值的1.76%，同比上升41.80%，环比上升41.79%；对巴基斯坦的出口总值为290.51百万美元，占中国新疆出口总值的1.24%，同比上升117.30%，环比上升130.32%。

（二）2014年中国新疆对南亚国家出口贸易趋势分析

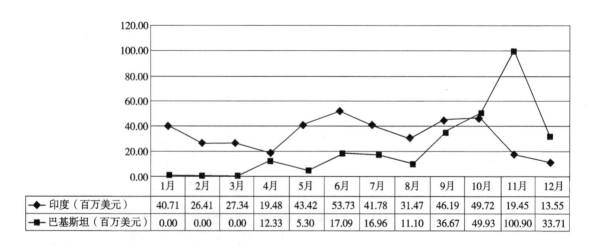

	1月	2月	3月	4月	5月	6月	7月	8月	9月	10月	11月	12月
印度（百万美元）	40.71	26.41	27.34	19.48	43.42	53.73	41.78	31.47	46.19	49.72	19.45	13.55
巴基斯坦（百万美元）	0.00	0.00	0.00	12.33	5.30	17.09	16.96	11.10	36.67	49.93	100.90	33.71

图5-5-16　2014年1～12月中国新疆对南亚国家出口总值

由图 5 - 5 - 16 可以看出，1～3 月中国新疆未与巴基斯坦发生出口贸易，中国新疆对南亚国家的出口总值大小先后领先，1～9 月印度排名领先于巴基斯坦，其他各月排名顺序则为巴基斯坦、印度。

其中，对巴基斯坦的出口贸易最高点在 11 月，为 100.90 百万美元，最低点在 5 月，为 5.30 百万美元；对印度的出口贸易最高点在 6 月，为 53.73 百万美元，最低点在 12 月，为 13.55 百万美元。

（三）2014 年中国新疆对南亚国家出口贸易月度分析

1. 2014 年 1 月中国新疆对南亚国家出口贸易月度分析

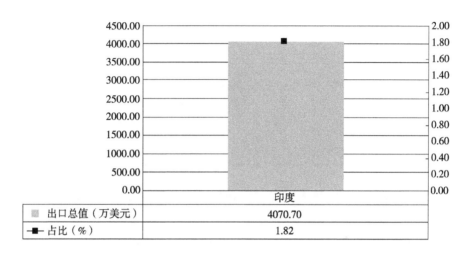

	印度
▦ 出口总值（万美元）	4070.70
■ 占比（%）	1.82

图 5 - 5 - 17　2014 年 1 月中国新疆对南亚国家出口总值及占比

由图 5 - 5 - 17 可以看出，2014 年 1 月，中国新疆仅对南亚国家中的印度发生出口贸易。中国新疆对印度的出口贸易总值为 4070.70 万美元，占中国新疆出口总值的 1.82%，同比上升 15.40%，环比下降 5.17%。

2. 2014 年 2 月中国新疆对南亚国家出口贸易月度分析

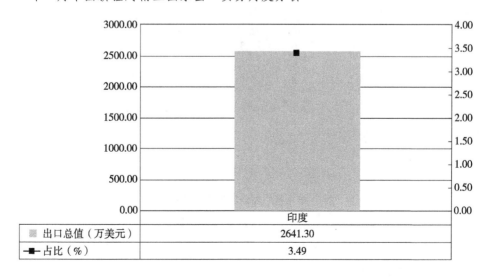

	印度
▦ 出口总值（万美元）	2641.30
■ 占比（%）	3.49

图 5 - 5 - 18　2014 年 2 月中国新疆对南亚国家出口总值及占比

由图 5 - 5 - 18 可以看出，2014 年 2 月，中国新疆仅对南亚国家中的印度发生出口贸易。中国新疆对印度的出口贸易总值为 2641.30 万美元，占中国新疆出口总值的 3.49%，同比下降 6.70%，环比下降 35.11%。

3. 2014 年 3 月中国新疆对南亚国家出口贸易月度分析

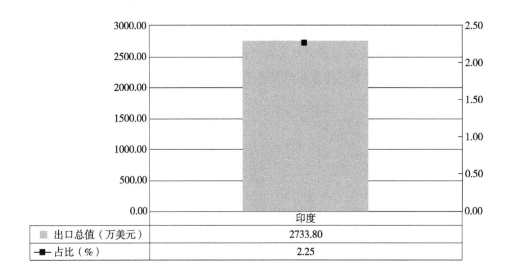

	印度
出口总值（万美元）	2733.80
占比（%）	2.25

图 5 - 5 - 19 2014 年 3 月中国新疆对南亚国家出口总值及占比

由图 5 - 5 - 19 可以看出，2014 年 3 月，中国新疆仅对南亚国家中的印度发生出口贸易。中国新疆对印度的贸易中，对印度的出口总值为 2733.80 万美元，占中国新疆出口总值的 2.25%，同比下降 44.60%，环比上升 3.50%。

4. 2014 年 4 月中国新疆对南亚国家出口贸易月度分析

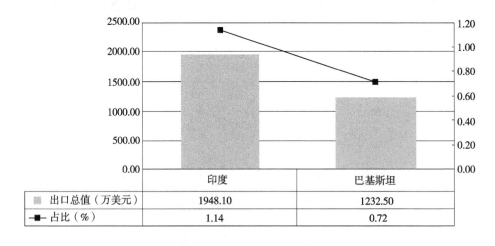

	印度	巴基斯坦
出口总值（万美元）	1948.10	1232.50
占比（%）	1.14	0.72

图 5 - 5 - 20 2014 年 4 月中国新疆对南亚国家出口总值及占比

由图 5 - 5 - 20 可以看出，2014 年 4 月，中国新疆对南亚国家出口贸易中，出口总值大小排名依次为：印度、巴基斯坦。

中国新疆对南亚国家出口贸易总值为 3180.60 万美元，占中国新疆出口总值的 1.86%。其中：

对印度出口总值为1948.10万美元，占中国新疆出口总值的1.14%，同比下降27.10%，环比下降28.74%；对巴基斯坦出口总值为1232.50万美元，占中国新疆出口总值的0.72%，同比上升197.40%。

5. 2014年5月中国新疆对南亚国家出口贸易月度分析

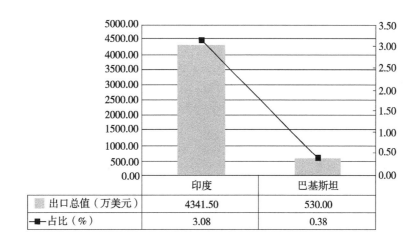

	印度	巴基斯坦
出口总值（万美元）	4341.50	530.00
占比（%）	3.08	0.38

图5-5-21 2014年5月中国新疆对南亚国家出口总值及占比

由图5-5-21可以看出，2014年5月，中国新疆对南亚国家的出口贸易总值大小排名依次为：印度、巴基斯坦。

中国新疆对南亚国家出口贸易总值为4871.50万美元，占中国新疆出口总值的3.46%。其中：对印度出口总值为4341.50万美元，占中国新疆出口总值的3.08%，同比上升68.40%，环比上升122.86%；对巴基斯坦出口总值为530.00万美元，占中国新疆出口总值的0.38%，同比下降45.10%，环比下降57.00%。

6. 2014年6月中国新疆对南亚国家出口贸易月度分析

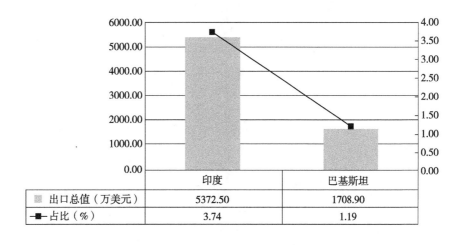

	印度	巴基斯坦
出口总值（万美元）	5372.50	1708.90
占比（%）	3.74	1.19

图5-5-22 2014年6月中国新疆对南亚国家出口总值及占比

由图5-5-22可以看出，2014年6月，中国新疆对南亚国家出口贸易中出口总值大小排名依次为：印度、巴基斯坦。

中国新疆对南亚国家出口贸易总值为7081.40万美元，占中国新疆出口总值的4.93%。其中：对印度出口总值为5372.50万美元，占中国新疆出口总值的3.74%，同比上升202.00%，环比上升23.75%；对巴基斯坦出口总值为1708.90万美元，占中国新疆出口总值的1.19%，同比上升50.90%，环比上升222.43%。

7. 2014年7月中国新疆对南亚国家出口贸易月度分析

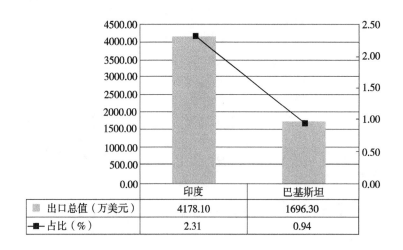

图5-5-23　2014年7月中国新疆对南亚国家出口总值及占比

由图5-5-23可以看出，2014年7月，中国新疆对南亚国家出口贸易中出口总值大小排名依次为：印度、巴基斯坦。

其中：对印度出口总值为4178.30万美元，占中国新疆出口总值的2.31%，同比增长99.90%，环比下降22.23%；对巴基斯坦出口总值为1696.30万美元，占中国新疆出口总值的0.94%，同比增长35.40%，环比下降0.74%。

8. 2014年8月中国新疆对南亚国家出口贸易月度分析

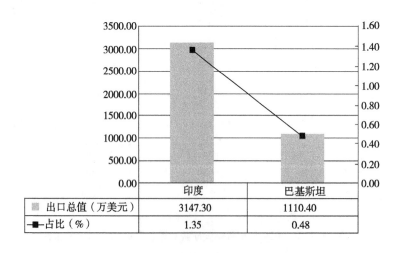

图5-5-24　2014年8月中国新疆对南亚国家出口总值及占比

由图 5 - 5 - 24 可以看出，2014 年 8 月，中国新疆对南亚国家出口贸易中出口总值大小排名依次为：印度、巴基斯坦。

其中：对印度出口总值为 3147.30 万美元，占中国新疆出口总值的 1.35%，同比增长 23.20%，环比下降 24.68%；对巴基斯坦出口总值为 1110.40 万美元，占中国新疆出口总值的 0.48%，同比下降 35.00%，环比下降 34.54%。

9. 2014 年 9 月中国新疆对南亚国家出口贸易月度分析

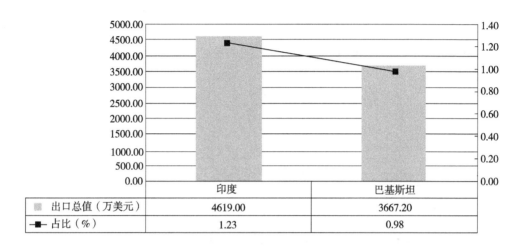

	印度	巴基斯坦
出口总值（万美元）	4619.00	3667.20
占比（%）	1.23	0.98

图 5 - 5 - 25　2014 年 9 月中国新疆对南亚国家出口总值及占比

由图 5 - 5 - 25 可以看出，2014 年 9 月，中国新疆对南亚国家出口贸易中出口总值大小排名依次为：印度、巴基斯坦。

其中：对印度出口总值为 4619.00 万美元，占中国新疆出口总值的 1.23%，同比上升 340.10%，环比上升 46.76%；对巴基斯坦出口总值为 3667.20 万美元，占中国新疆出口总值的 0.98%，同比上升 192.30%，环比上升 230.26%。

10. 2014 年 10 月中国新疆对南亚国家出口贸易月度分析

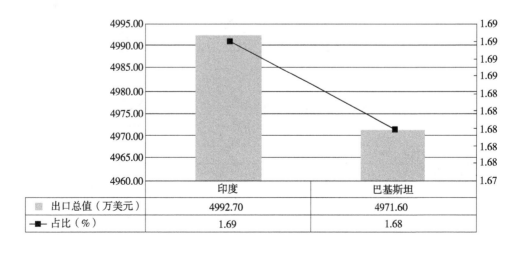

	印度	巴基斯坦
出口总值（万美元）	4992.70	4971.60
占比（%）	1.69	1.68

图 5 - 5 - 26　2014 年 10 月中国新疆对南亚国家出口总值及占比

由图5-5-26可以看出，2014年10月，中国新疆对南亚国家出口贸易中出口总值大小排名依次为：印度、巴基斯坦。其中：对印度出口总值为4992.70万美元，占中国新疆出口总值的1.69%，同比上升834.10%，环比上升7.63%；对巴基斯坦出口总值为4971.60万美元，占中国新疆出口总值的1.68%，同比上升227.90%，环比上升36.14%。

11. 2014年11月中国新疆对南亚国家出口贸易月度分析

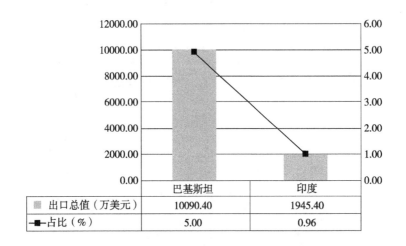

	巴基斯坦	印度
出口总值（万美元）	10090.40	1945.40
占比（%）	5.00	0.96

图5-5-27　2014年11月中国新疆对南亚国家出口总值及占比

由图5-5-27可以看出，2014年11月，中国新疆对南亚国家出口贸易中出口总值大小排名依次为：巴基斯坦、印度。其中：对巴基斯坦出口总值为10090.40万美元，占中国新疆出口总值的5.00%，同比上升164.10%，环比上升102.10%；对印度出口总值为1945.40万美元，占中国新疆出口总值的0.96%，同比上升554.60%，环比下降60.87%。

12. 2014年12月中国新疆对南亚国家出口贸易月度分析

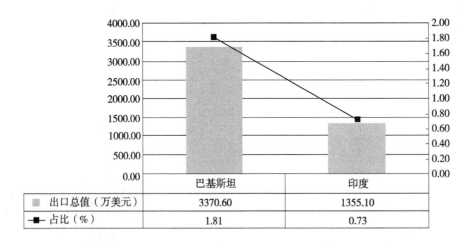

	巴基斯坦	印度
出口总值（万美元）	3370.60	1355.10
占比（%）	1.81	0.73

图5-5-28　2014年12月中国新疆对南亚国家出口总值及占比

由图5-5-28可以看出，2014年12月，中国新疆对南亚国家出口贸易中出口总值大小排名依次为：巴基斯坦、印度。其中：对巴基斯坦出口总值为3370.60万美元，占中国新疆出口总值的

1.81%，同比上升 380.60%，环比下降 66.60%；对印度出口总值为 1355.10 万美元，占中国新疆出口总值的 0.73%，同比下降 68.40%，环比下降 30.34%。

三、2014 年中国新疆对南亚国家进口贸易总体分析

（一）2014 年中国新疆对南亚国家进口贸易分析

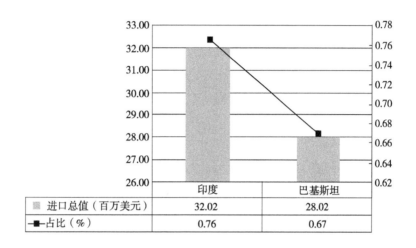

图 5-5-29 2014 年中国新疆对南亚国家进口总值及占比

由图 5-5-29 可以看出，2014 年中国新疆对南亚国家进口贸易中进口总值大小排名依次为：印度、巴基斯坦。

其中：对印度的进口总值为 32.02 百万美元，占中国新疆进口总值的 0.76%，同比下降 38.10%，环比下降 38.08%；对巴基斯坦的进口总值为 28.02 百万美元，占中国新疆进口总值的 0.67%，同比上升 93.20%，环比上升 180.23%。

（二）2014 年中国新疆对南亚国家进口贸易趋势分析

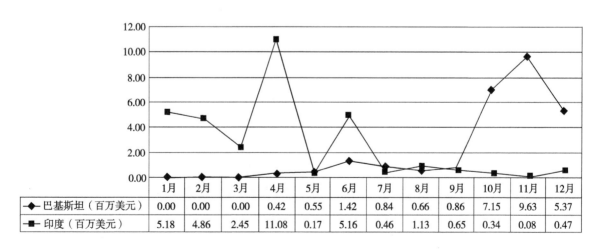

图 5-5-30 2014 年 1~12 月中国新疆对南亚国家进口总值

从图 5-5-30 可以看出，1~3 月中国新疆未与巴基斯坦发生进口贸易，中国新疆对南亚国家

的进口总值大小先后领先，1～4 月、6 月、8 月印度排名领先于巴基斯坦，其他各月排名顺序则为巴基斯坦、印度。

其中，对巴基斯坦的进口贸易最高点在 11 月，为 9.63 百万美元，最低点在 1～3 月，为 0 百万美元。对印度的进口贸易最高点在 4 月，为 11.08 百万美元，最低点在 11 月，为 0.08 百万美元。

（三）2014 年中国新疆对南亚国家进口贸易月度分析

1. 2014 年 1 月中国新疆对南亚国家进口贸易月度分析

由图 5 - 5 - 31 可以看出，2014 年 1 月，中国新疆对南亚国家中的印度发生进口贸易。

中国新疆对南亚国家进口贸易总值为 518.10 万美元，占中国新疆进口总值的 2.48%。其中：对印度进口总值为 518.10 万美元，占中国新疆进口总值的 2.48%，同比下降 49.90%，环比上升 90.34%。

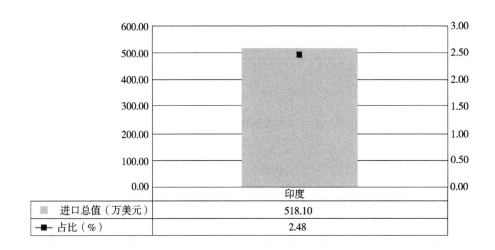

	印度
进口总值（万美元）	518.10
占比（%）	2.48

图 5 - 5 - 31　2014 年 1 月中国新疆对南亚国家进口总值及占比

2. 2014 年 2 月中国新疆对南亚国家进口贸易月度分析

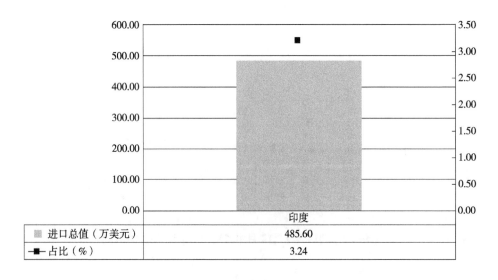

	印度
进口总值（万美元）	485.60
占比（%）	3.24

图 5 - 5 - 32　2014 年 2 月中国新疆对南亚国家进口总值及占比

由图 5 - 5 - 32 可以看出，2014 年 2 月，中国新疆对南亚国家中的印度发生进口贸易。

中国新疆对南亚国家进口贸易总值为 485.60 万美元，占中国新疆进口总值的 3.24%。其中：对印度进口总值为 485.60 万美元，占中国新疆进口总值的 3.24%，同比下降 60.30%，环比下降 6.27%。

3. 2014 年 3 月中国新疆对南亚国家进口贸易月度分析

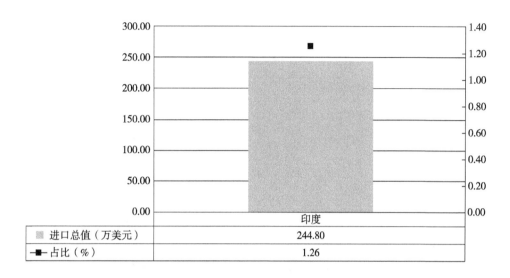

	印度
▦ 进口总值（万美元）	244.80
■ 占比（%）	1.26

图 5 - 5 - 33 2014 年 3 月中国新疆对南亚国家进口总值及占比

由图 5 - 5 - 33 可以看出，2014 年 3 月，中国新疆仅对南亚国家中的印度发生进口贸易。

中国新疆对南亚国家进口贸易总值为 244.80 万美元，占中国新疆进口总值的 1.26%。其中：对印度的进口总值为 244.80 万美元，占中国新疆进口总值的 1.26%，同比下降 87.50%，环比下降 49.59%。

4. 2014 年 4 月中国新疆对南亚国家进口贸易月度分析

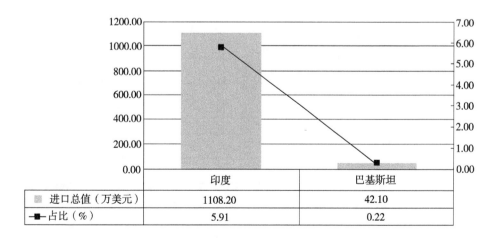

	印度	巴基斯坦
▦ 进口总值（万美元）	1108.20	42.10
■ 占比（%）	5.91	0.22

图 5 - 5 - 34 2014 年 4 月中国新疆对南亚国家进口总值及占比

由图 5 - 5 - 34 可以看出，2014 年 4 月，中国新疆对南亚国家进口贸易中，进口总值大小排名依次为：印度、巴基斯坦。

中国新疆对南亚国家进口贸易总值为1150.30万美元，占中国新疆进口总值的6.13%。其中：对印度进口总值为1108.20万美元，占中国新疆进口总值的5.91%，同比上升186.20%，环比上升352.61%；对巴基斯坦进口总值为42.10万美元，占中国新疆进口总值的0.22%，同比上升16.90%。

5. 2014年5月中国新疆对南亚国家进口贸易月度分析

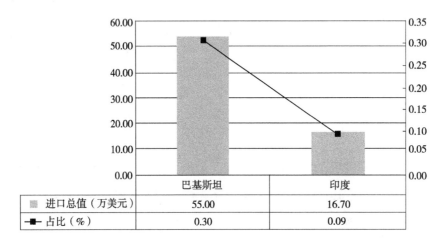

	巴基斯坦	印度
进口总值（万美元）	55.00	16.70
占比（%）	0.30	0.09

图5-5-35　2014年5月中国新疆对南亚国家进口总值及占比

由图5-5-35可以看出，2014年5月，中国新疆对南亚国家的进口贸易总值大小排名依次为：巴基斯坦、印度。

中国新疆对南亚国家进口贸易总值为71.70万美元，占中国新疆进口总值的0.39%。其中：对巴基斯坦进口总值为55.00万美元，占中国新疆进口总值的0.30%，同比上升39.30%，环比上升30.64%；对印度进口总值为16.70万美元，占中国新疆进口总值的0.09%，同比下降62.40%，环比下降98.49%。

6. 2014年6月中国新疆对南亚国家进口贸易月度分析

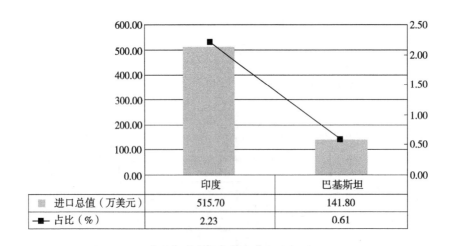

	印度	巴基斯坦
进口总值（万美元）	515.70	141.80
占比（%）	2.23	0.61

图5-5-36　2014年6月中国新疆对南亚国家进口总值及占比

由图 5 - 5 - 36 可以看出，2014 年 6 月，中国新疆对南亚国家进口贸易中进口总值大小排名依次为：印度、巴基斯坦。

中国新疆对南亚国家进口贸易总值为 657.50 万美元，占中国新疆进口总值的 2.84%。即对印度进口总值为 515.70 万美元，占中国新疆进口总值的 2.23%，同比上升 806.70%，环比上升 2988.02%；对巴基斯坦进口总值为 141.80 万美元，占中国新疆进口总值的 0.61%，同比上升 418.00%，环比上升 157.82%。

7. 2014 年 7 月中国新疆对南亚国家进口贸易月度分析

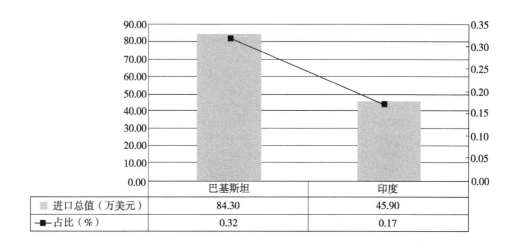

	巴基斯坦	印度
进口总值（万美元）	84.30	45.90
占比（%）	0.32	0.17

图 5 - 5 - 37　2014 年 7 月中国新疆对南亚国家进口总值及占比

由图 5 - 5 - 37 可以看出，2014 年 7 月，中国新疆对南亚国家进口总值大小排名依次为：巴基斯坦、印度。

中国新疆对南亚国家进口贸易总值为 130.20 万美元，占中国新疆进口总值的 0.49%。其中：对巴基斯坦进口总值为 84.30 万美元，占中国新疆进口总值的 0.32%，同比上升 37.90%，环比下降 40.55%；对印度进口总值为 45.90 万美元，占中国新疆进口总值的 0.17%，同比上升 41.90%，环比下降 91.10%。

8. 2014 年 8 月中国新疆对南亚国家进口贸易月度分析

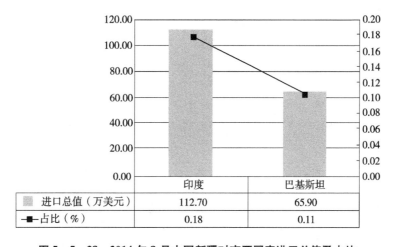

	印度	巴基斯坦
进口总值（万美元）	112.70	65.90
占比（%）	0.18	0.11

图 5 - 5 - 38　2014 年 8 月中国新疆对南亚国家进口总值及占比

由图 5 - 5 - 38 可以看出，2014 年 8 月，中国新疆对南亚国家进口总值大小排名依次为：印度、巴基斯坦。

中国新疆对南亚国家进口贸易总值为 178.60 万美元，占中国新疆进口总值的 0.28%。其中：对印度进口总值为 112.70 万美元，占中国新疆进口总值的 0.18%，同比上升 601.20%，环比上升 145.53%；对巴基斯坦进口总值为 65.90 万美元，占中国新疆进口总值的 0.11%，同比上升 42.90%，环比下降 21.83%。

9. 2014 年 9 月中国新疆对南亚国家进口贸易月度分析

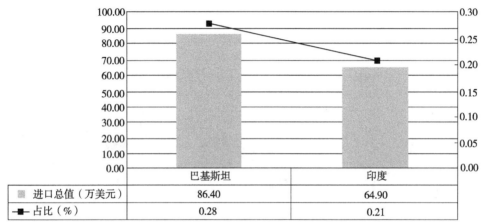

	巴基斯坦	印度
进口总值（万美元）	86.40	64.90
占比（%）	0.28	0.21

图 5 - 5 - 39　2014 年 9 月中国新疆对南亚国家进口总值及占比

由图 5 - 5 - 39 可以看出，2014 年 9 月，中国新疆对南亚国家进口总值大小排名依次为：巴基斯坦、印度。

中国新疆对南亚国家进口贸易总值为 178.60 万美元，占中国新疆进口总值的 0.28%。其中：对巴基斯坦进口总值为 86.40 万美元，占中国新疆进口总值的 0.28%，同比上升 108.40%，环比上升 31.11%；对印度进口总值为 64.90 万美元，占中国新疆进口总值的 0.21%，同比上升 48.40%，环比下降 42.41%。

10. 2014 年 10 月中国新疆对南亚国家进口贸易月度分析

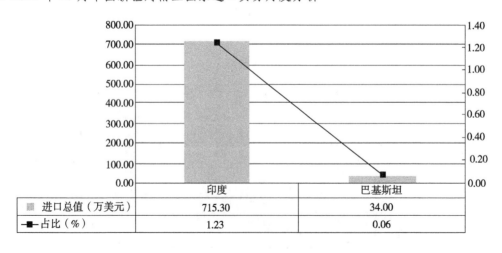

	印度	巴基斯坦
进口总值（万美元）	715.30	34.00
占比（%）	1.23	0.06

图 5 - 5 - 40　2014 年 10 月中国新疆对南亚国家进口总值及占比

由图 5 - 5 - 40 可以看出，2014 年 10 月，中国新疆对南亚国家进口总值大小排名依次为：印度、巴基斯坦。其中：对印度进口总值为 715.30 万美元，占中国新疆进口总值的 1.23%，同比下降 8.20%，环比下降 47.61%；对巴基斯坦进口总值为 34.00 万美元，占中国新疆进口总值的 0.06%，同比上升 531.20%，环比上升 727.89%。

11. 2014 年 11 月中国新疆对南亚国家进口贸易月度分析

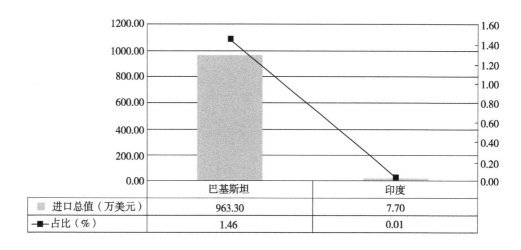

	巴基斯坦	印度
进口总值（万美元）	963.30	7.70
占比（%）	1.46	0.01

图 5 - 5 - 41 2014 年 11 月中国新疆对南亚国家进口总值及占比

由图 5 - 5 - 41 可以看出，2014 年 11 月，中国新疆对南亚国家进口总值大小排名依次为：巴基斯坦、印度。其中：对巴基斯坦进口总值为 963.30 万美元，占中国新疆进口总值的 1.46%，同比上升 56.90%，环比上升 34.67%；对印度进口总值为 7.70 万美元，占中国新疆进口总值的 0.01%，同比下降 87.30%，环比下降 77.35%。

12. 2014 年 12 月中国新疆对南亚国家进口贸易月度分析

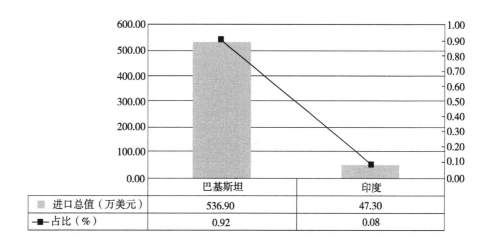

	巴基斯坦	印度
进口总值（万美元）	536.90	47.30
占比（%）	0.92	0.08

图 5 - 5 - 42 2014 年 12 月中国新疆对南亚国家进口总值及占比

由图 5 - 5 - 42 可以看出，2014 年 12 月，中国新疆对南亚国家进口总值大小排名依次为：巴基斯坦、印度。其中：对巴基斯坦进口总值为 536.90 万美元，占中国新疆进口总值的 0.92%，同比上升33.10%，环比下降44.26%；对印度进口总值为47.30万美元，占中国新疆进口总值的0.08%，同比下降82.60%，环比上升514.29%。

四、2014年中国新疆对南亚国家的出口贸易与进口贸易比较分析

（一）2014年中国新疆对南亚国家的出口贸易与进口贸易比较

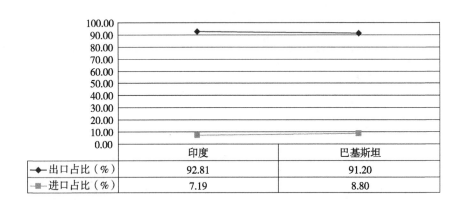

	印度	巴基斯坦
出口占比（%）	92.81	91.20
进口占比（%）	7.19	8.80

图5-5-43　2014年中国新疆对南亚国家进出口总值中出口及进口占比

由图5-5-43可以看出，2014年中国新疆对南亚国家的进出口贸易中，各国的出口总值、进口总值占其进出口总值的比重均是出口大于进口，说明中国新疆对南亚国家的进出口贸易均以出口为主导，且出口远大于进口，出口占比均在91%以上。

（二）2014年中国新疆对南亚国家的出口贸易与进口贸易的月度比较分析

1. 2014年1月中国新疆对南亚国家的出口贸易与进口贸易的月度比较分析

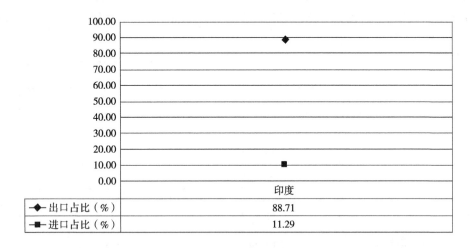

	印度
出口占比（%）	88.71
进口占比（%）	11.29

图5-5-44　2014年1月中国新疆对南亚国家进出口总值中出口及进口占比

由图5-5-44可以看出，2014年1月，中国新疆对南亚国家的进出口贸易中，印度的出口总值、进口总值占其进出口总值的比重均是出口大于进口，说明中国新疆对南亚国家的进出口贸易多以出口为主导，且出口远大于进口，出口占比超过88%。

2. 2014 年 2 月中国新疆对南亚国家的出口贸易与进口贸易的月度比较分析

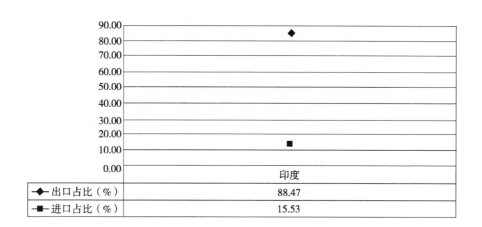

	印度
◆ 出口占比（%）	88.47
■ 进口占比（%）	15.53

图 5 - 5 - 45　2014 年 2 月中国新疆对南亚国家进出口总值中出口及进口占比

由图 5 - 5 - 45 可以看出，2014 年 2 月，中国新疆对南亚国家的进出口贸易中，印度的出口总值、进口总值占其进出口总值的比重是出口大于进口，说明中国新疆对印度的进出口贸易以出口为主导，且出口远大于进口，出口占比超过 88%。

3. 2014 年 3 月中国新疆对南亚国家的出口贸易与进口贸易的月度比较分析

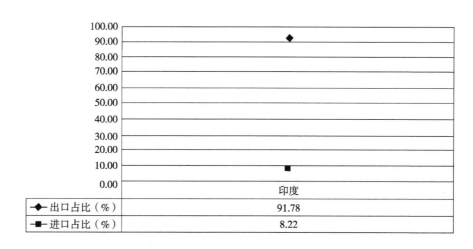

	印度
◆ 出口占比（%）	91.78
■ 进口占比（%）	8.22

图 5 - 5 - 46　2014 年 3 月中国新疆对南亚国家进出口总值中出口及进口占比

由图 5 - 5 - 46 可以看出，2014 年 3 月，中国新疆对南亚国家的进出口贸易中，印度的出口总值、进口总值占其进出口总值的比重是出口大于进口，说明中国新疆对印度的进出口贸易以出口为主导，且出口远大于进口，出口占比超过 91%。

4. 2014 年 4 月中国新疆对南亚国家的出口贸易与进口贸易的月度比较分析

由图 5 - 5 - 47 可以看出，2014 年 4 月，中国新疆对南亚国家的进出口贸易中，各国的出口总值、进口总值占其进出口总值的比重均是出口大于进口，说明中国新疆对南亚国家的进出口贸易均以出口为主导，且出口远大于进口，出口占比均超过 63%。

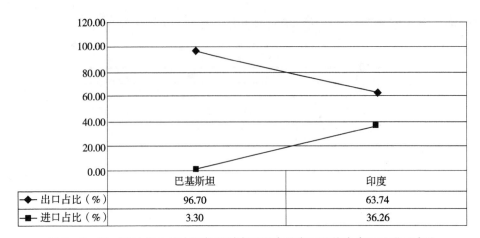

	巴基斯坦	印度
◆ 出口占比（%）	96.70	63.74
■ 进口占比（%）	3.30	36.26

图 5 - 5 - 47　2014 年 4 月中国新疆对南亚国家进出口总值中出口及进口占比

5. 2014 年 5 月中国新疆对南亚国家的出口贸易与进口贸易的月度比较分析

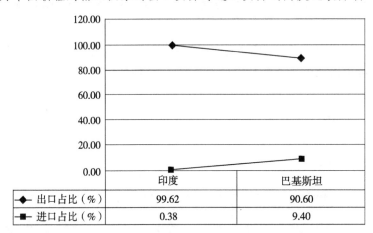

	印度	巴基斯坦
◆ 出口占比（%）	99.62	90.60
■ 进口占比（%）	0.38	9.40

图 5 - 5 - 48　2014 年 5 月中国新疆对南亚国家进出口总值中出口及进口占比

由图 5 - 5 - 48 可以看出，2014 年 5 月，中国新疆对南亚国家的进出口贸易中，各个国家的出口总值、进口总值占其进出口总值的比重均是出口大于进口，说明中国新疆对南亚国家的进出口贸易以出口为主导，且出口远大于进口，出口占比均超过 90%。

6. 2014 年 6 月中国新疆对南亚国家的出口贸易与进口贸易的月度比较分析

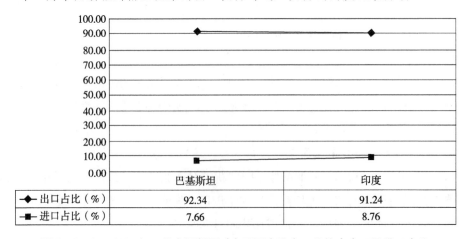

	巴基斯坦	印度
◆ 出口占比（%）	92.34	91.24
■ 进口占比（%）	7.66	8.76

图 5 - 5 - 49　2014 年 6 月中国新疆对南亚国家进出口总值中出口及进口占比

由图 5 – 5 – 49 可以看出，2014 年 6 月，中国新疆对南亚国家的进出口贸易中，巴基斯坦、印度两国的出口总值、进口总值占其进出口总值的比重均是出口大于进口，说明中国新疆对南亚国家的进出口贸易多以出口为主导，且出口远大于进口，出口占比均超过 91%。

7. 2014 年 7 月中国新疆对南亚国家的出口贸易与进口贸易的月度比较分析

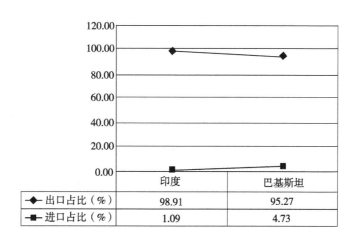

图 5 – 5 – 50 2014 年 7 月中国新疆对南亚国家进出口总值中出口及进口占比

由图 5 – 5 – 50 可以看出，2014 年 7 月，中国新疆对南亚国家的进出口贸易中，各国的出口总值、进口总值占其进出口总值的比重均是出口大于进口，说明中国新疆对南亚国家的进出口贸易均以出口为主导，且出口远大于进口，出口占比均超过 95%。

8. 2014 年 8 月中国新疆对南亚国家的出口贸易与进口贸易的月度比较分析

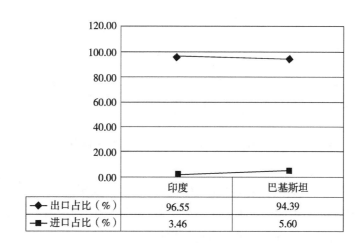

图 5 – 5 – 51 2014 年 8 月中国新疆对南亚国家进出口总值中出口及进口占比

由图 5 – 5 – 51 可以看出，2014 年 8 月，中国新疆对南亚国家的进出口贸易中，各国的出口总值、进口总值占其进出口总值的比重均是出口大于进口，说明中国新疆对南亚国家的进出口贸易均以出口为主导，且出口远大于进口，出口占比均超过 94%。

9. 2014 年 9 月中国新疆对南亚国家的出口贸易与进口贸易的月度比较分析

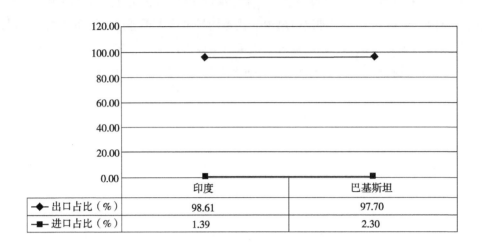

图 5 - 5 - 52　2014 年 9 月中国新疆对南亚国家进出口总值中出口及进口占比

由图 5 - 5 - 52 可以看出，2014 年 9 月，中国新疆对南亚国家的进出口贸易中，各国的出口总值、进口总值占其进出口总值的比重均是出口大于进口，说明中国新疆对南亚国家的进出口贸易均以出口为主导，且出口远大于进口，出口占比均超过 97%。

10. 2014 年 10 月中国新疆对南亚国家的出口贸易与进口贸易的月度比较分析

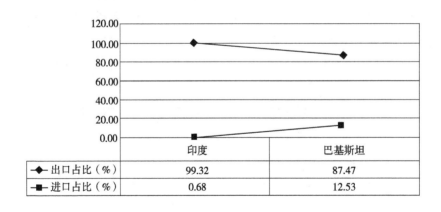

图 5 - 5 - 53　2014 年 10 月中国新疆对南亚国家进出口总值中出口及进口占比

由图 5 - 5 - 53 可以看出，2014 年 10 月，中国新疆对南亚国家的进出口贸易中，各国的出口总值、进口总值占其进出口总值的比重均是出口大于进口，说明中国新疆对南亚国家的进出口贸易均以出口为主导，且出口远大于进口，出口占比均超过 87%。

11. 2014 年 11 月中国新疆对南亚国家的出口贸易与进口贸易的月度比较分析

由图 5 - 5 - 54 可以看出，2014 年 11 月，中国新疆对南亚国家的进出口贸易中，各国的出口总值、进口总值占其进出口总值的比重均是出口大于进口，说明中国新疆对南亚国家的进出口贸易均以出口为主导，且出口远大于进口，出口占比均超过 91%。

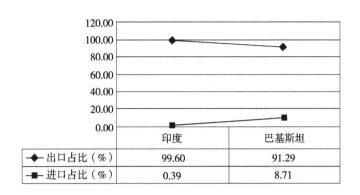

	印度	巴基斯坦
◆ 出口占比（%）	99.60	91.29
■ 进口占比（%）	0.39	8.71

图 5 - 5 - 54 2014 年 11 月中国新疆对南亚国家进出口总值中出口及进口占比

12. 2014 年 12 月中国新疆对南亚国家的出口贸易与进口贸易的月度比较分析

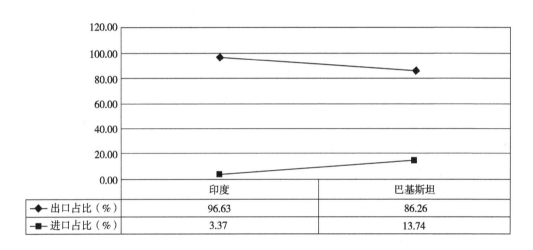

	印度	巴基斯坦
◆ 出口占比（%）	96.63	86.26
■ 进口占比（%）	3.37	13.74

图 5 - 5 - 55 2014 年 12 月中国新疆对南亚国家进出口总值中出口及进口占比

由图 5 - 5 - 55 可以看出，2014 年 12 月，中国新疆对南亚国家的进出口贸易中，各国的出口总值、进口总值占其进出口总值的比重均是出口大于进口，说明中国新疆对南亚国家的进出口贸易均以出口为主导，且出口远大于进口，出口占比均超过 86%。

第六节 2014 年中国新疆与东欧国家的进出口贸易情况

一、2014 年中国新疆对东欧国家进出口贸易分析

由图 5 - 6 - 1 可以看出，2014 年中国新疆对东欧国家进出口贸易中，仅对乌克兰发生进出口贸易。对乌克兰的进出口总值为 171.35 百万美元，占中国新疆进出口总值的 0.62%，同比下降 37.40%。

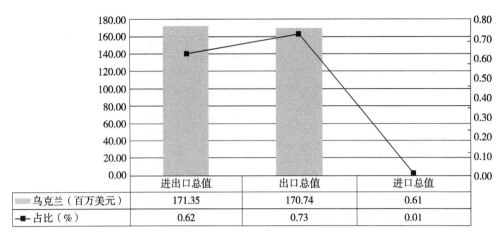

	进出口总值	出口总值	进口总值
乌克兰（百万美元）	171.35	170.74	0.61
占比（%）	0.62	0.73	0.01

图 5 - 6 - 1　2014 年中国新疆对东欧国家进出口总值及占比

二、2014 年中国新疆对东欧国家进出口贸易趋势分析

由图 5 - 6 - 2 可以看出，10 月、12 月中国新疆未与乌克兰发生出口贸易，1 月、4 月、10 月及 12 月中国新疆未与乌克兰发生进口贸易。整体来看，中国新疆对乌克兰的进出口总值呈全年上下起伏波动趋势。其中，对乌克兰的进出口贸易最高点在 1 月，为 39.70 百万美元，最低点在 10 月、12 月，为 0 百万美元。对乌克兰的出口贸易最高点在 8 月，为 26.29 百万美元，最低点在 10 月、12 月，为 0 百万美元。对乌克兰的进口贸易最高点在 9 月，为 0.12 百万美元，最低点在 1 月、4 月、10 月及 12 月，为 0 百万美元。

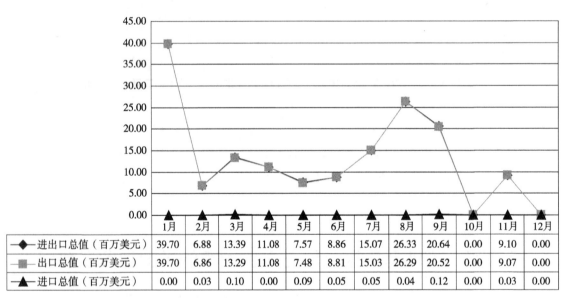

	1月	2月	3月	4月	5月	6月	7月	8月	9月	10月	11月	12月
进出口总值（百万美元）	39.70	6.88	13.39	11.08	7.57	8.86	15.07	26.33	20.64	0.00	9.10	0.00
出口总值（百万美元）	39.70	6.86	13.29	11.08	7.48	8.81	15.03	26.29	20.52	0.00	9.07	0.00
进口总值（百万美元）	0.00	0.03	0.10	0.00	0.09	0.05	0.05	0.04	0.12	0.00	0.03	0.00

图 5 - 6 - 2　2014 年 1～12 月中国新疆对乌克兰进出口、出口与进口总值

三、2014 年中国新疆对东欧国家进出口贸易月度分析

1. 2014 年 1 月中国新疆对东欧国家进出口贸易月度分析

由图 5 - 6 - 3 可以看出，2014 年 1 月，中国新疆对东欧国家的进出口贸易中只与乌克兰发生贸易往来。

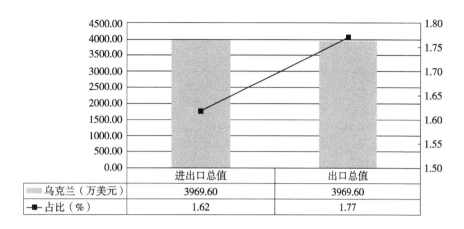

图 5 - 6 - 3　2014 年 1 月中国新疆对乌克兰进出口、出口总值及占比

2014 年 1 月中国新疆对乌克兰的贸易中，对乌克兰的进出口总值为 3969.60 万美元，占中国新疆进出口总值的 1.62%，同比上升 50.80%，环比上升 44.77%。中国新疆对乌克兰的贸易以出口为主，其中：出口总值为 3969.60 万美元，占中国新疆出口总值的 1.77%，同比上升 51.50%，环比上升 50.66%。

2. 2014 年 2 月中国新疆对东欧国家进出口贸易月度分析

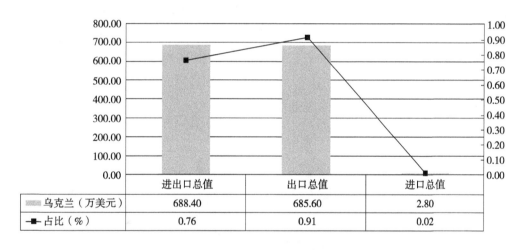

图 5 - 6 - 4　2014 年 2 月中国新疆对乌克兰进出口、出口、进口总值及占比

由图 5 - 6 - 4 可以看出，2014 年 2 月，中国新疆对东欧国家的进出口贸易中只与乌克兰发生贸易往来。

2014 年 2 月中国新疆对乌克兰的贸易中，对乌克兰的进出口总值为 688.40 万美元，占中国新疆进出口总值的 0.76%，同比下降 60.30%，环比下降 82.66%；中国新疆对乌克兰的贸易以出口为主，其中：出口总值为 685.60 万美元，占中国新疆出口总值的 0.91%，同比下降 60.40%，环比下降 82.73%；进口总值为 2.80 万美元，占中国新疆进口总值的 0.02%，同比下降 42.90%。

3. 2014 年 3 月中国新疆对东欧国家进出口贸易月度分析

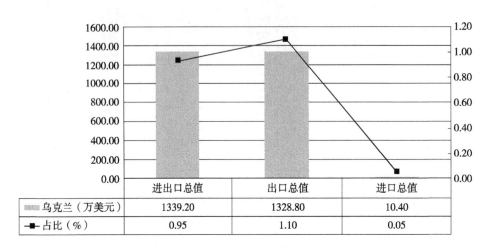

图 5-6-5　2014 年 3 月中国新疆对乌克兰进出口、出口、进口总值及占比

由图 5-6-5 可以看出，2014 年 3 月，中国新疆对东欧国家的进出口贸易中只与乌克兰发生贸易往来。

2014 年 3 月中国新疆对乌克兰的贸易中，对乌克兰的进出口总值为 1339.20 万美元，占中国新疆进出口总值的 0.95%，同比下降 26.30%，环比上升 94.54%。中国新疆对乌克兰的贸易以出口为主，其中：出口总值为 1328.80 万美元，占中国新疆出口总值的 1.10%，同比下降 26.90%，环比上升 93.82%；进口总值为 10.40 万美元，占中国新疆进口总值的 0.05%，同比上升 271.43%。

4. 2014 年 4 月中国新疆对东欧国家进出口贸易月度分析

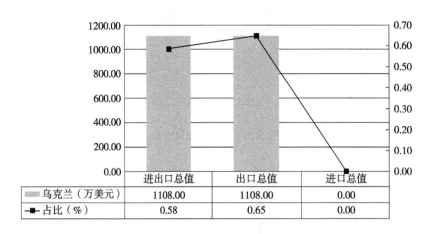

图 5-6-6　2014 年 4 月中国新疆对乌克兰进出口、出口、进口总值及占比

由图 5-6-6 可以看出，2014 年 4 月中国新疆对东欧国家的贸易中，只与乌克兰发生进出口贸易。对乌克兰的进出口贸易总值为 1108.00 万美元，占中国新疆进出口总值的 0.58%，同比下降 47.50%，环比下降 17.26%。中国新疆对乌克兰的贸易以出口为主，其中：出口总值为 1108.00 万美元，占中国新疆出口总值的 0.65%，同比下降 47.50%，环比下降 16.62%；2014 年 4 月中国

新疆对乌克兰未发生进口贸易。

5. 2014年5月中国新疆对东欧国家进出口贸易月度分析

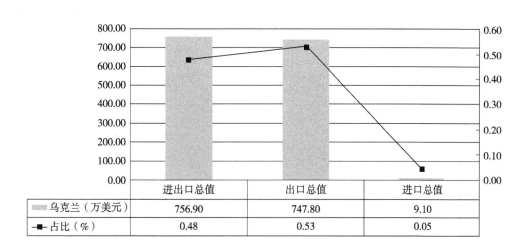

	进出口总值	出口总值	进口总值
乌克兰（万美元）	756.90	747.80	9.10
占比（%）	0.48	0.53	0.05

图5-6-7 2014年5月中国新疆对乌克兰进出口、出口、进口总值及占比

由图5-6-7可以看出，2014年5月，中国新疆对东欧国家的进出口贸易中只与乌克兰发生贸易往来。

2014年5月中国新疆对乌克兰的贸易中，对乌克兰的进出口总值为756.90万美元，占中国新疆进出口总值的0.48%，同比下降52.90%，环比下降31.69%。中国新疆对乌克兰的贸易以出口为主，其中：出口总值为747.80万美元，占中国新疆出口总值的0.53%，同比下降53.40%，环比下降32.51%；进口总值为9.10万美元，占中国新疆进口总值的0.05%，同比上升80.50%。

6. 2014年6月中国新疆对东欧国家进出口贸易月度分析

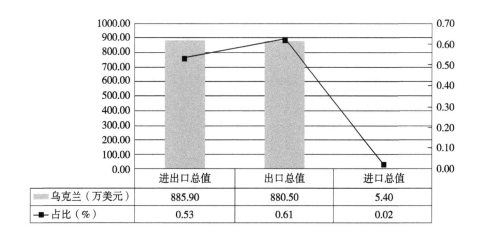

	进出口总值	出口总值	进口总值
乌克兰（万美元）	885.90	880.50	5.40
占比（%）	0.53	0.61	0.02

图5-6-8 2014年6月中国新疆对乌克兰进出口、出口、进口总值及占比

由图5-6-8可以看出，2014年6月，中国新疆对东欧国家的进出口贸易中只与乌克兰发生贸易往来。

2014年6月中国新疆对乌克兰的贸易中，对乌克兰的进出口总值为885.90万美元，占中国新疆进出口总值的 0.53%，同比下降 38.50%，环比上升 17.04%。中国新疆对乌克兰的贸易以出口为主，其中：出口总值为 880.50 万美元，占中国新疆出口总值的 0.61%，同比下降 38.80%，环比上升 17.75%；进口总值为 5.40 万美元，占中国新疆进口总值的 0.02%，环比下降 40.66%。

7. 2014 年 7 月中国新疆对东欧国家进出口贸易月度分析

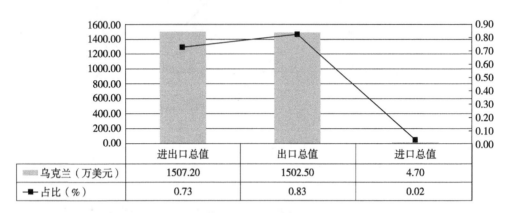

图 5-6-9　2014 年 7 月中国新疆对乌克兰进出口、出口、进口总值及占比

由图 5-6-9 可以看出，2014 年 7 月，中国新疆对东欧国家的进出口贸易中只与乌克兰发生贸易往来。

2014 年 7 月中国新疆对乌克兰的贸易中，对乌克兰的进出口总值为 1507.20 万美元，占中国新疆进出口总值的 0.73%，同比下降 46.60%，环比上升 70.13%。中国新疆对乌克兰的贸易以出口为主，其中：出口总值为 1502.50 万美元，占中国新疆出口总值的 0.83%，同比下降 46.60%，环比上升 70.64%；进口总值为 4.70 万美元，占中国新疆进口总值的 0.02%，同比下降 49.70%，环比下降 12.96%。

8. 2014 年 8 月中国新疆对东欧国家进出口贸易月度分析

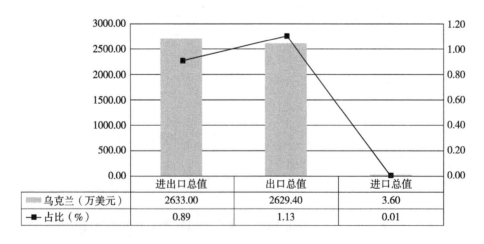

图 5-6-10　2014 年 8 月中国新疆对乌克兰进出口、出口、进口总值及占比

由图 5-6-10 可以看出，2014 年 8 月，中国新疆对东欧国家的进出口贸易中只与乌克兰发生贸易往来。

2014 年 8 月中国新疆对乌克兰的贸易中，对乌克兰的进出口总值为 2633.00 万美元，占中国新疆进出口总值的 0.89%，同比下降 34.60%，环比上升 74.69%。中国新疆对乌克兰的贸易以出口为主，其中：出口总值为 2629.40 万美元，占中国新疆出口总值的 1.13%，同比下降 34.40%，环比上升 75.00%；进口总值为 3.60 万美元，占中国新疆进口总值的 0.01%，同比下降 81.40%，环比下降 23.40%。

9. 2014 年 9 月中国新疆对东欧国家进出口贸易月度分析

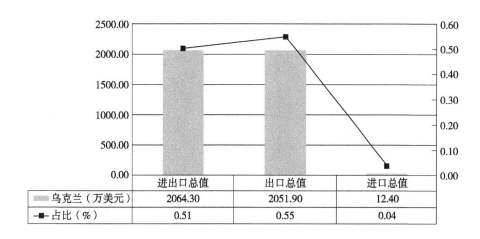

	进出口总值	出口总值	进口总值
乌克兰（万美元）	2064.30	2051.90	12.40
占比（%）	0.51	0.55	0.04

图 5 - 6 - 11 2014 年 9 月中国新疆对乌克兰进出口、出口、进口总值及占比

由图 5 - 6 - 11 可以看出，2014 年 9 月中国新疆对东欧国家发生进出口贸易的国家只有乌克兰。

2014 年 9 月中国新疆对乌克兰的贸易中，对乌克兰的进出口总值为 2064.30 万美元，占中国新疆进出口总值的 0.51%，同比下降 45.00%，环比下降 21.60%。中国新疆对乌克兰的贸易以出口为主，其中：出口总值为 2051.90 万美元，占中国新疆出口总值的 0.55%，同比下降 45.30%，环比下降 21.96%；进口总值为 12.40 万美元，占中国新疆进口总值的 0.04%，同比上升 342.30%，环比上升 244.44%。

10. 2014 年 10 月中国新疆对东欧国家进出口贸易月度分析

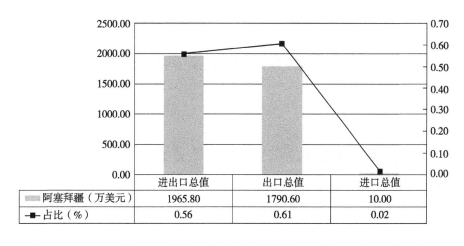

	进出口总值	出口总值	进口总值
阿塞拜疆（万美元）	1965.80	1790.60	10.00
占比（%）	0.56	0.61	0.02

图 5 - 6 - 12 2014 年 10 月中国新疆对阿塞拜疆进出口、出口、进口总值及占比

由图 5 - 6 - 12 可以看出，2014 年 10 月中国新疆对东欧国家发生进出口贸易的国家只有阿塞拜疆。

2014 年 10 月中国新疆对阿塞拜疆的贸易中，进出口总值为 1965.80 万美元，占中国新疆进出口总值的 0.56%，同比下降 57.40%。中国新疆对阿塞拜疆的贸易以出口为主，其中：出口总值为 1790.60 万美元，占中国新疆出口总值的 0.61%，同比下降 60.40%；进口总值为 10.00 万美元，占中国新疆进口总值的 0.02%，同比上升 100.20%。

11. 2014 年 11 月中国新疆对东欧国家进出口贸易月度分析

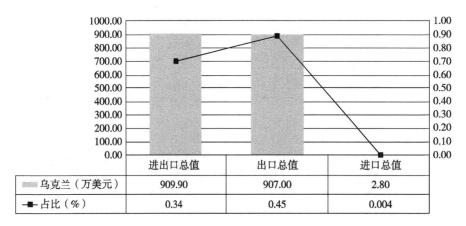

	进出口总值	出口总值	进口总值
乌克兰（万美元）	909.90	907.00	2.80
占比（%）	0.34	0.45	0.004

图 5 - 6 - 13　2014 年 11 月中国新疆对乌克兰进出口、出口、进口总值及占比

由图 5 - 6 - 13 可以看出，2014 年 11 月，中国新疆对东欧国家的进出口贸易中只与乌克兰发生贸易往来。

2014 年 11 月中国新疆对乌克兰的贸易中，对乌克兰的进出口总值为 909.90 万美元，占中国新疆进出口总值的 0.34%，同比下降 65.50%。中国新疆对乌克兰的贸易以出口为主，其中：出口总值为 907.00 万美元，占中国新疆出口总值的 0.45%，同比下降 64.10%；进口总值为 2.80 万美元，占中国新疆进口总值的 0.004%，同比下降 97.50%。

12. 2014 年 12 月中国新疆对东欧国家进出口贸易月度分析

2014 年 12 月中国新疆未对东欧国家发生进出口贸易。

第七节　2014 年中国新疆与俄罗斯的进出口贸易情况

一、2014 年中国新疆对俄罗斯进出口贸易分析

由图 5 - 7 - 1 可以看出，2014 年中国新疆对俄罗斯的贸易中，对俄罗斯的进出口总值为 2150.90 百万美元，占中国新疆进出口总值的 7.77%，同比上升 374.00%。中国新疆对俄罗斯的贸易以进口为主，其中：出口总值为 594.69 百万美元，占中国新疆出口总值的 2.53%，同比上升 62.30%；进口总值为 1556.21 百万美元，占中国新疆进口总值的 37.17%，同比上升 1680.00%。

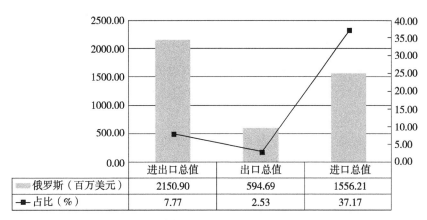

图 5 - 7 - 1　2014 年中国新疆对俄罗斯进出口、出口、进口总值及占比

二、2014 年中国新疆对俄罗斯进出口贸易趋势分析

从图 5 - 7 - 2 中可以看出，2014 年 1 ~ 12 月，中国新疆对俄罗斯进出口、进口总值的变化趋势基本一致，1 ~ 7 月趋于稳定；8 月剧增，达到全年最高点；9 月回落，之后逐渐趋于稳定。中国新疆对俄罗斯出口总值的变化波动较小，2 月最低，11 月最高。

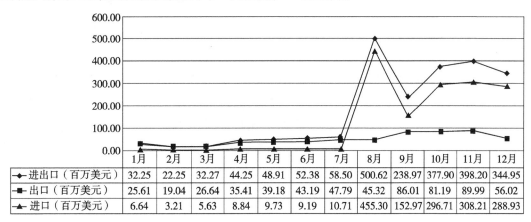

图 5 - 7 - 2　2014 年 1 ~ 12 月中国新疆对俄罗斯进出口、出口、进口总值

三、2014 年中国新疆对俄罗斯进出口贸易月度分析

1. 2014 年 1 月中国新疆对俄罗斯进出口贸易月度分析

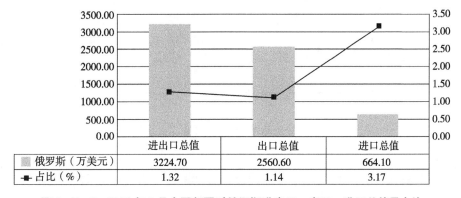

图 5 - 7 - 3　2014 年 1 月中国新疆对俄罗斯进出口、出口、进口总值及占比

由图 5 - 7 - 3 可以看出，2014 年 1 月中国新疆对俄罗斯的贸易中，对俄罗斯的进出口总值为
3224.70 万美元，占中国新疆进出口总值的 1.32%，同比上升 9.60%，环比下降 18.37%。

中国新疆对俄罗斯的贸易以出口为主，其中：出口总值为 2560.60 万美元，占中国新疆出口总
值的 1.14%，同比上升 5.10%，环比下降 24.90%；进口总值为 664.10 万美元，占中国新疆进口
总值的 3.17%，同比上升 31.40%。

2. 2014 年 2 月中国新疆对俄罗斯进出口贸易月度分析

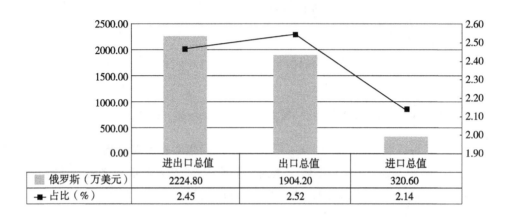

	进出口总值	出口总值	进口总值
俄罗斯（万美元）	2224.80	1904.20	320.60
占比（%）	2.45	2.52	2.14

图 5 - 7 - 4   2014 年 2 月中国新疆对俄罗斯进出口、出口、进口总值及占比

由图 5 - 7 - 4 可以看出，2014 年 2 月中国新疆对俄罗斯的贸易中，对俄罗斯的进出口总值为
2224.80 万美元，占中国新疆进出口总值的 2.45%，同比下降 47.10%，环比下降 31.01%。

中国新疆对俄罗斯的贸易以出口为主，其中：出口总值为 1904.20 万美元，占中国新疆出口总
值的 2.52%，同比下降 45.40%，环比下降 25.64%；进口总值为 320.60 万美元，占中国新疆进口
总值的 2.14%，同比下降 55.30%，环比下降 51.72%。

3. 2014 年 3 月中国新疆对俄罗斯进出口贸易月度分析

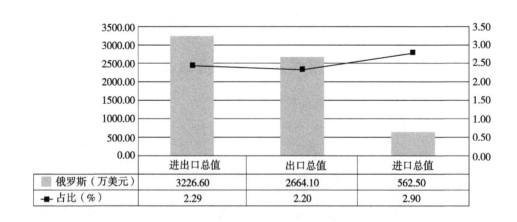

	进出口总值	出口总值	进口总值
俄罗斯（万美元）	3226.60	2664.10	562.50
占比（%）	2.29	2.20	2.90

图 5 - 7 - 5   2014 年 3 月中国新疆对俄罗斯进出口、出口、进口总值及占比

由图 5 - 7 - 5 可以看出，2014 年 3 月中国新疆对俄罗斯的贸易中，对俄罗斯的进出口总值为
3226.60 万美元，占中国新疆进出口总值的 2.29%，同比下降 25.20%，环比上升 45.03%。

中国新疆对俄罗斯的贸易以出口为主，其中：出口总值为2664.10万美元，占中国新疆出口总值的2.20%，同比下降25.90%，环比上升39.91%；进口总值为562.50万美元，占中国新疆进口总值的2.90%，同比下降22.00%，环比上升75.45%。

4. 2014年4月中国新疆对俄罗斯进出口贸易月度分析

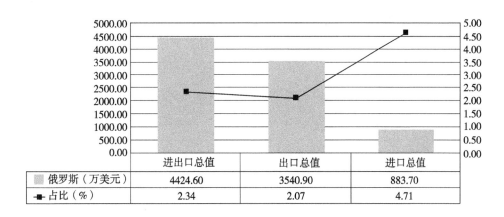

	进出口总值	出口总值	进口总值
俄罗斯（万美元）	4424.60	3540.90	883.70
占比（%）	2.34	2.07	4.71

图5-7-6　2014年4月中国新疆对俄罗斯进出口、出口、进口总值及占比

由图5-7-6可以看出，2014年4月中国新疆对俄罗斯的贸易中，对俄罗斯的进出口贸易总值为4424.60万美元，占中国新疆进出口总值的2.34%，同比下降2.80%，环比上升37.12%。中国新疆对俄罗斯的贸易以出口为主，其中：出口总值为3540.90万美元，占中国新疆出口总值的2.07%，同比下降4.50%，环比上升32.91%；进口总值为883.70万美元，占中国新疆进口总值的4.71%，同比上升4.80%，环比上升57.10%。

5. 2014年5月中国新疆对俄罗斯进出口贸易月度分析

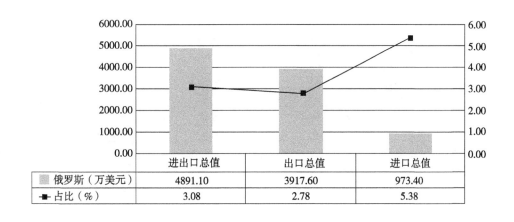

	进出口总值	出口总值	进口总值
俄罗斯（万美元）	4891.10	3917.60	973.40
占比（%）	3.08	2.78	5.38

图5-7-7　2014年5月中国新疆对俄罗斯进出口、出口、进口总值及占比

由图5-7-7可以看出，2014年5月中国新疆对俄罗斯的贸易中，对俄罗斯的进出口总值为4891.10万美元，占中国新疆进出口总值的3.08%，同比上升41.30%，环比上升10.54%。

中国新疆对俄罗斯的贸易以出口为主，其中：出口总值为3917.60万美元，占中国新疆出口总值的2.78%，同比上升43.40%，环比上升10.64%；进口总值为973.40万美元，占中国新疆进口总值的5.38%，同比上升33.30%，环比上升10.15%。

6. 2014年6月中国新疆对俄罗斯进出口贸易月度分析

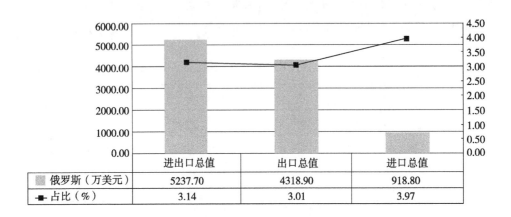

	进出口总值	出口总值	进口总值
俄罗斯（万美元）	5237.70	4318.90	918.80
占比（%）	3.14	3.01	3.97

图5-7-8　2014年6月中国新疆对俄罗斯进出口、出口、进口总值及占比

由图5-7-8可以看出，2014年6月中国新疆对俄罗斯的贸易中，对俄罗斯的进出口总值为5237.70万美元，占中国新疆进出口总值的3.14%，同比上升84.00%，环比上升7.09%。

中国新疆对俄罗斯的贸易以出口为主，其中：出口总值为4318.90万美元，占中国新疆出口总值的3.01%，同比上升97.50%，环比上升10.24%；进口总值为918.80万美元，占中国新疆进口总值的3.97%，同比上升39.30%，环比下降5.61%。

7. 2014年7月中国新疆对俄罗斯进出口贸易月度分析

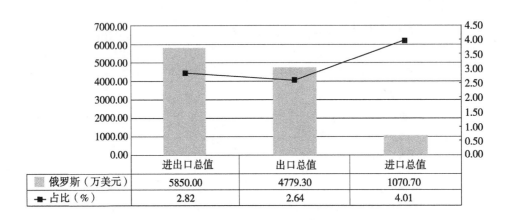

	进出口总值	出口总值	进口总值
俄罗斯（万美元）	5850.00	4779.30	1070.70
占比（%）	2.82	2.64	4.01

图5-7-9　2014年7月中国新疆对俄罗斯进出口、出口、进口总值及占比

由图5-7-9可以看出，2014年7月中国新疆对俄罗斯的贸易中，对俄罗斯的进出口总值为5850.00万美元，占中国新疆进出口总值的2.82%，同比增长55.20%，环比增长11.69%。中国新疆对俄罗斯的贸易以出口为主，其中：出口总值为4779.30万美元，占中国新疆出口总值的2.64%，同比增长64.10%，环比增长10.66%；进口总值为1070.70万美元，占中国新疆进口总值的4.01%，同比增长24.80%，环比增长16.53%。

8. 2014 年 8 月中国新疆对俄罗斯进出口贸易月度分析

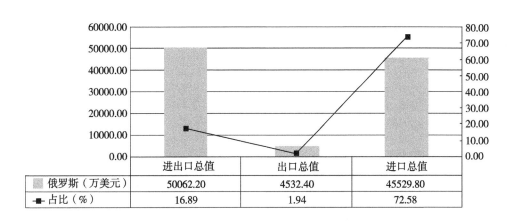

	进出口总值	出口总值	进口总值
俄罗斯（万美元）	50062.20	4532.40	45529.80
占比（%）	16.89	1.94	72.58

图 5 - 7 - 10　2014 年 8 月中国新疆对俄罗斯进出口、出口、进口总值及占比

由图 5 - 7 - 10 可以看出，2014 年 8 月中国新疆对俄罗斯的贸易中，对俄罗斯的进出口总值为 50062.20 万美元，占中国新疆进出口总值的 16.89%，同比增长 1086.80%，环比增长 755.76%。中国新疆对俄罗斯的贸易以进口为主，其中：出口总值为 4532.40 万美元，占中国新疆出口总值的 1.94%，同比增长 51.90%，环比下降 5.17%；进口总值为 45529.80 万美元，占中国新疆进口总值的 72.58%，同比增长 3587.60%，环比增长 4152.34%。

9. 2014 年 9 月中国新疆对俄罗斯进出口贸易月度分析

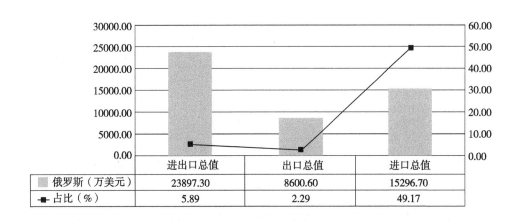

	进出口总值	出口总值	进口总值
俄罗斯（万美元）	23897.30	8600.60	15296.70
占比（%）	5.89	2.29	49.17

图 5 - 7 - 11　2014 年 9 月中国新疆对俄罗斯进出口、出口、进口总值及占比

由图 5 - 7 - 11 可以看出，2014 年 9 月中国新疆对俄罗斯的贸易中，对俄罗斯的进出口总值为 23897.30 万美元，占中国新疆进出口总值的 5.89%，同比上升 533.60%，环比下降 52.26%。中国新疆对俄罗斯的贸易以进口为主，其中：出口总值为 8600.60 万美元，占中国新疆出口总值的 2.29%，同比上升 186.80%，环比上升 89.76%；进口总值为 15296.70 万美元，占中国新疆进口总值的 49.17%，同比上升 1879.20%，环比下降 66.40%。

10. 2014 年 10 月中国新疆对俄罗斯进出口贸易月度分析

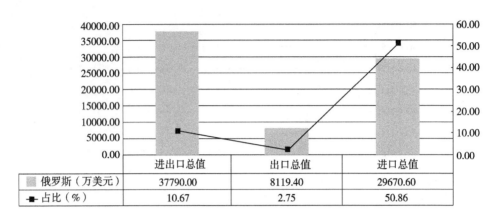

	进出口总值	出口总值	进口总值
俄罗斯（万美元）	37790.00	8119.40	29670.60
占比（%）	10.67	2.75	50.86

图 5 - 7 - 12　2014 年 10 月中国新疆对俄罗斯进出口、出口、进口总值及占比

由图 5 - 7 - 12 可以看出，2014 年 10 月中国新疆对俄罗斯的贸易中，对俄罗斯的进出口总值为 37790.00 万美元，占中国新疆进出口总值的 10.67%，同比上升 857.40%，环比上升 58.14%。中国新疆对俄罗斯的贸易以进口为主，其中：出口总值为 8119.40 万美元，占中国新疆出口总值的 2.75%，同比上升 143.90%，环比下降 5.59%；进口总值为 29670.60 万美元，占中国新疆进口总值的 50.86%，同比上升 4701.60%，环比下降 93.97%。

11. 2014 年 11 月中国新疆对俄罗斯进出口贸易月度分析

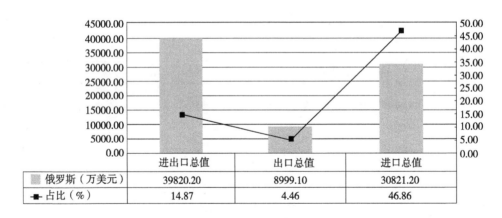

	进出口总值	出口总值	进口总值
俄罗斯（万美元）	39820.20	8999.10	30821.20
占比（%）	14.87	4.46	46.86

图 5 - 7 - 13　2014 年 11 月中国新疆对俄罗斯进出口、出口、进口总值及占比

由图 5 - 7 - 13 可以看出，2014 年 11 月中国新疆对俄罗斯的贸易中，对俄罗斯的进出口总值为 39820.20 万美元，占中国新疆进出口总值的 14.87%，同比上升 1074.90%，环比上升 5.37%。中国新疆对俄罗斯的贸易以进口为主，其中：出口总值为 8999.10 万美元，占中国新疆出口总值的 4.46%，同比上升 215.50%，环比上升 10.83%；进口总值为 30821.20 万美元，占中国新疆进口总值的 46.86%，同比上升 5639.20%，环比上升 3.88%。

12. 2014 年 12 月中国新疆对俄罗斯进出口贸易月度分析

由图 5 - 7 - 14 可以看出，2014 年 12 月中国新疆对俄罗斯的贸易中，对俄罗斯的进出口总值为 34494.70 万美元，占中国新疆进出口总值的 14.12%，同比上升 772.30%，环比下降 13.37%。

中国新疆对俄罗斯的贸易以进口为主，其中：出口总值为 5602.10 万美元，占中国新疆出口总值的 3.01%，同比上升 64.30%，环比下降 37.75%；进口总值为 28892.60 万美元，占中国新疆进口总值的 49.44%，同比上升 5203.60%，环比下降 6.26%。

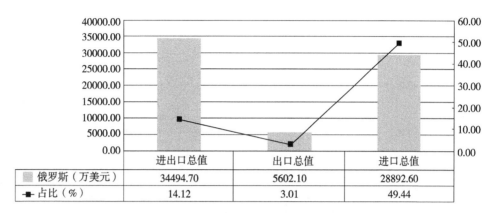

	进出口总值	出口总值	进口总值
俄罗斯（万美元）	34494.70	5602.10	28892.60
占比（%）	14.12	3.01	49.44

图 5 - 7 - 14 2014 年 12 月中国新疆对俄罗斯进出口、出口、进口总值及占比

第八节 2014 年中国新疆与蒙古国的进出口贸易情况

一、2014 年中国新疆对蒙古国进出口贸易分析

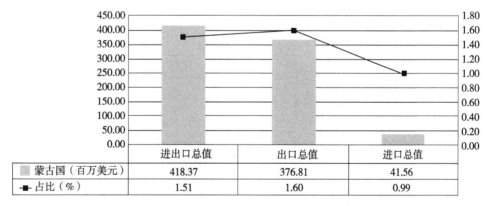

	进出口总值	出口总值	进口总值
蒙古国（百万美元）	418.37	376.81	41.56
占比（%）	1.51	1.60	0.99

图 5 - 8 - 1 2014 年中国新疆对蒙古国进出口、出口、进口总值及占比

由图 5 - 8 - 1 可以看出，2014 年中国新疆对蒙古国的贸易中，对蒙古国的进出口贸易总值为 418.37 百万美元，占中国新疆进出口总值的 1.51%，同比上升 11.90%。中国新疆对蒙古国的贸易以出口为主，其中：出口总值为 376.81 百万美元，占中国新疆出口总值的 1.60%，同比上升 39.40%；进口总值为 41.56 百万美元，占中国新疆进口总值的 0.99%，同比下降 59.80%。

二、2014 年中国新疆对蒙古国进出口贸易趋势分析

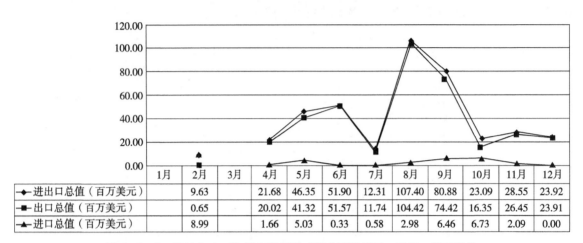

	1月	2月	3月	4月	5月	6月	7月	8月	9月	10月	11月	12月
进出口总值（百万美元）		9.63		21.68	46.35	51.90	12.31	107.40	80.88	23.09	28.55	23.92
出口总值（百万美元）		0.65		20.02	41.32	51.57	11.74	104.42	74.42	16.35	26.45	23.91
进口总值（百万美元）		8.99		1.66	5.03	0.33	0.58	2.98	6.46	6.73	2.09	0.00

图 5 - 8 - 2　2014 年 1~12 月中国新疆对蒙古国进出口、出口、进口总值

从图 5 - 8 - 2 中可以看出，2014 年 1 月及 3 月未对蒙古国发生进出口贸易。中国新疆对蒙古国进出口、出口总值的变化趋势基本一致，1~6 月稳定上升，7 月略有下降，8 月剧增，达到全年的最高点，进出口总值为 107.40 百万美元、出口总值为 104.42 百万美元；9~10 月回落，之后逐渐趋于稳定。中国新疆对蒙古国进口总值的变化波动较小，12 月最低，2 月最高。

三、2014 年中国新疆对蒙古国进出口贸易月度分析

1. 2014 年 1 月中国新疆对蒙古国进出口贸易月度分析

2014 年 1 月中国新疆对蒙古国未发生进出口贸易。

2. 2014 年 2 月中国新疆对蒙古国进出口贸易月度分析

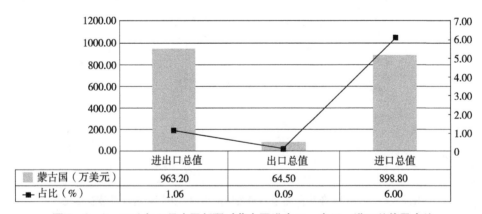

	进出口总值	出口总值	进口总值
蒙古国（万美元）	963.20	64.50	898.80
占比（%）	1.06	0.09	6.00

图 5 - 8 - 3　2014 年 2 月中国新疆对蒙古国进出口、出口、进口总值及占比

由图 5 - 8 - 3 可以看出，2014 年 2 月中国新疆对蒙古国的贸易中，对蒙古国的进出口贸易总值为 963.20 万美元，占中国新疆进出口总值的 1.06%，同比上升 194.60%。中国新疆对蒙古国的贸易以进口为主，其中：出口总值为 64.50 万美元，占中国新疆出口总值的 0.09%，同比下降 75.60%；进口总值为 898.80 万美元，占中国新疆进口总值的 6.00%，同比上升 1325.00%。

3. 2014 年 3 月中国新疆对蒙古国进出口贸易月度分析

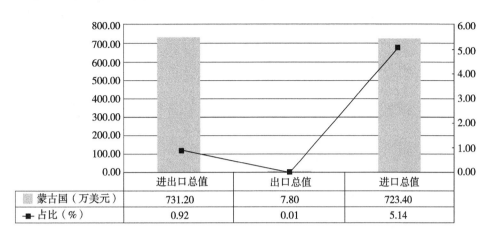

	进出口总值	出口总值	进口总值
蒙古国（万美元）	731.20	7.80	723.40
占比（%）	0.92	0.01	5.14

图 5 - 8 - 4　2014 年 3 月中国新疆对蒙古国进出口、出口、进口总值及占比

由图 5 - 8 - 4 可以看出，2014 年 3 月中国新疆对蒙古国的贸易中，对蒙古国的进出口总值为 731.20 万美元，占中国新疆进出口总值的 0.92%，同比上升 216.90%，环比上升 17.78%。中国新疆对蒙古国的贸易以进口为主，其中：出口总值为 7.80 万美元，占中国新疆出口总值的 0.01%，同比下降 96.60%，环比下降 94.68%；进口总值为 723.40 万美元，占中国新疆进口总值的 5.14%，环比上升 52.58%。

4. 2014 年 4 月中国新疆对蒙古国进出口贸易月度分析

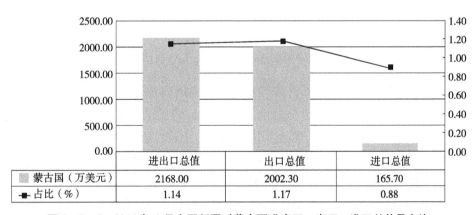

	进出口总值	出口总值	进口总值
蒙古国（万美元）	2168.00	2002.30	165.70
占比（%）	1.14	1.17	0.88

图 5 - 8 - 5　2014 年 4 月中国新疆对蒙古国进出口、出口、进口总值及占比

由图 5 - 8 - 5 可以看出，2014 年 4 月中国新疆对蒙古国的贸易中，对蒙古国的进出口贸易总值为 2168.00 万美元，占中国新疆进出口总值的 1.14%，同比下降 2.60%。中国新疆对蒙古国的贸易以出口为主，其中：出口总值为 2002.30 万美元，占中国新疆出口总值的 1.17%，同比上升 83.20%；进口总值为 165.70 万美元，占中国新疆进口总值的 0.88%，同比下降 85.40%。

5. 2014 年 5 月中国新疆对蒙古国进出口贸易月度分析

由图 5 - 8 - 6 可以看出，2014 年 5 月中国新疆对蒙古国的贸易中，对蒙古国的进出口总值为 4635.40 万美元，占中国新疆进出口总值的 2.92%，同比下降 56.40%，环比上升 113.81%。

中国新疆对蒙古国的贸易以出口为主，其中：出口总值为 4132.30 万美元，占中国新疆出口总值的 2.93%，同比上升 131.80%，环比上升 106.38%；进口总值为 503.10 万美元，占中国新疆进口总值的 2.78%，同比下降 57.40%，环比上升 203.62%。

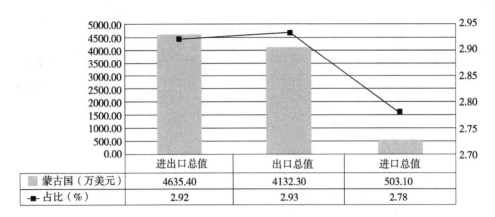

	进出口总值	出口总值	进口总值
蒙古国（万美元）	4635.40	4132.30	503.10
占比（%）	2.92	2.93	2.78

图5-8-6　2014年5月中国新疆对蒙古国进出口、出口、进口总值及占比

6. 2014年6月中国新疆对蒙古国进出口贸易月度分析

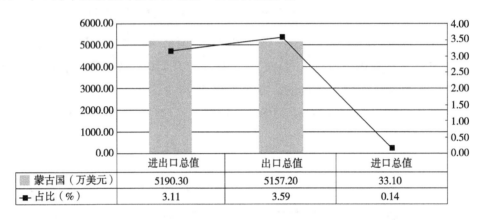

	进出口总值	出口总值	进口总值
蒙古国（万美元）	5190.30	5157.20	33.10
占比（%）	3.11	3.59	0.14

图5-8-7　2014年6月中国新疆对蒙古国进出口、出口、进口总值及占比

　　由图5-8-7可以看出，2014年6月中国新疆对蒙古国的贸易中，对蒙古国的进出口贸易总值为5190.30万美元，占中国新疆进出口总值的3.11%，同比上升13.80%，环比上升11.97%。中国新疆对蒙古国的贸易以出口为主，其中：出口总值为5157.20万美元，占中国新疆出口总值的3.59%，同比上升164.40%，环比上升24.80%；进口总值为33.10万美元，占中国新疆进口总值的0.14%，同比下降98.70%，环比下降93.42%。

　　7. 2014年7月中国新疆对蒙古国进出口贸易月度分析

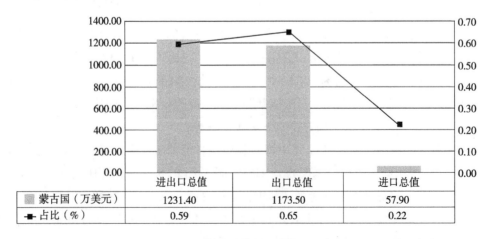

	进出口总值	出口总值	进口总值
蒙古国（万美元）	1231.40	1173.50	57.90
占比（%）	0.59	0.65	0.22

图5-8-8　2014年7月中国新疆对蒙古国进出口、出口、进口总值及占比

由图 5 - 8 - 8 可以看出，2014 年 7 月中国新疆对蒙古国的贸易中，对蒙古国的进出口总值为 1231.40 万美元，占中国新疆进出口总值的 0.59%，同比下降 59.40%，环比下降 76.27%。中国新疆对蒙古国的贸易以出口为主，其中：出口总值为 1173.50 万美元，占中国新疆出口总值的 0.65%，同比下降 57.70%，环比下降 77.25%；进口总值为 57.90 万美元，占中国新疆进口总值的 0.22%，同比下降 77.80%，环比增长 74.92%。

8. 2014 年 8 月中国新疆对蒙古国进出口贸易月度分析

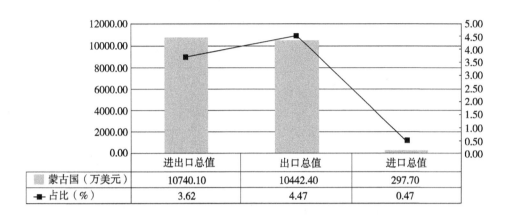

	进出口总值	出口总值	进口总值
蒙古国（万美元）	10740.10	10442.40	297.70
占比（%）	3.62	4.47	0.47

图 5 - 8 - 9　2014 年 8 月中国新疆对蒙古国进出口、出口、进口总值及占比

由图 5 - 8 - 9 可以看出，2014 年 8 月中国新疆对蒙古国的贸易中，对蒙古国的进出口总值为 10740.10 万美元，占中国新疆进出口总值的 3.62%，同比增长 173.50%，环比增长 772.19%。中国新疆对蒙古国的贸易以出口为主，其中：出口总值为 10442.40 万美元，占中国新疆出口总值的 4.47%，同比增长 200.10%，环比增长 789.85%；进口总值为 297.70 万美元，占中国新疆进口总值的 0.47%，同比下降 33.40%，环比增长 414.16%。

9. 2014 年 9 月中国新疆对蒙古国进出口贸易月度分析

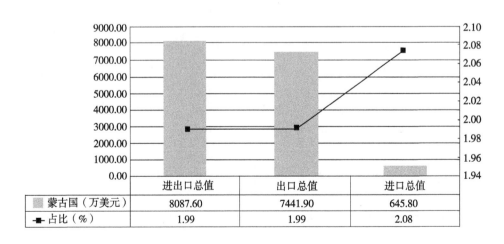

	进出口总值	出口总值	进口总值
蒙古国（万美元）	8087.60	7441.90	645.80
占比（%）	1.99	1.99	2.08

图 5 - 8 - 10　2014 年 9 月中国新疆对蒙古国进出口、出口、进口总值及占比

由图 5 - 8 - 10 可以看出，2014 年 9 月中国新疆对蒙古国的贸易中，对蒙古国的进出口总值为

8087.60万美元，占中国新疆进出口总值的1.99%，同比上升107.30%，环比下降24.70%。中国新疆对蒙古国的贸易以出口为主，其中：出口总值为7441.90万美元，占中国新疆出口总值的1.99%，同比上升106.40%，环比下降28.73%；进口总值为645.80万美元，占中国新疆进口总值的2.08%，同比上升118.10%，环比上升116.93%。

10. 2014年10月中国新疆对蒙古国进出口贸易月度分析

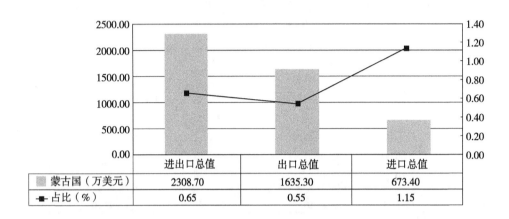

	进出口总值	出口总值	进口总值
蒙古国（万美元）	2308.70	1635.30	673.40
占比（%）	0.65	0.55	1.15

图5-8-11　2014年10月中国新疆对蒙古国进出口、出口、进口总值及占比

由图5-8-11可以看出，2014年10月中国新疆对蒙古国的贸易中，对蒙古国的进出口总值为2308.70万美元，占中国新疆进出口总值的0.65%，同比下降64.00%，环比下降71.45%。中国新疆对蒙古国的贸易以出口为主，其中：出口总值为1635.30万美元，占中国新疆出口总值的0.55%，同比下降69.90%，环比下降78.03%；进口总值为673.40万美元，占中国新疆进口总值的1.15%，同比下降31.40%，环比上升4.27%。

11. 2014年11月中国新疆对蒙古国进出口贸易月度分析

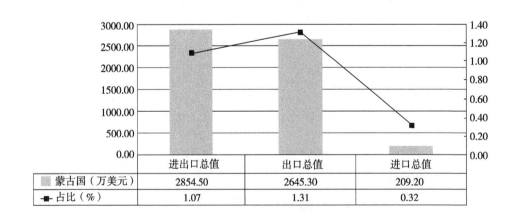

	进出口总值	出口总值	进口总值
蒙古国（万美元）	2854.50	2645.30	209.20
占比（%）	1.07	1.31	0.32

图5-8-12　2014年11月中国新疆对蒙古国进出口、出口、进口总值及占比

由图5-8-12可以看出，2014年11月中国新疆对蒙古国的贸易中，对蒙古国的进出口总值为2854.50万美元，占中国新疆进出口总值的1.07%，同比下降39.00%，环比上升23.64%。中国新疆对蒙古国的贸易以出口为主，其中：出口总值为2645.30万美元，占中国新疆出口总值的

1.31%，同比下降9.00%，环比上升61.76%；进口总值为209.20万美元，占中国新疆进口总值的0.32%，同比下降88.20%，环比下降68.93%。

12. 2014 年 12 月中国新疆对蒙古国进出口贸易月度分析

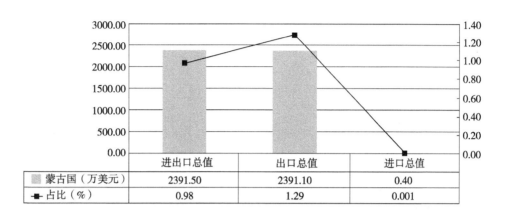

	进出口总值	出口总值	进口总值
蒙古国（万美元）	2391.50	2391.10	0.40
占比（%）	0.98	1.29	0.001

图 5 - 8 - 13　2014 年 12 月中国新疆对蒙古国进出口、出口、进口总值及占比

由图 5 - 8 - 13 可以看出，2014 年 12 月中国新疆对蒙古国的贸易中，对蒙古国的进出口总值为 2391.50 万美元，占中国新疆进出口总值的 0.98%，同比下降 21.40%，环比下降 16.22%。中国新疆对蒙古国的贸易以出口为主，其中：出口总值为 2391.10 万美元，占中国新疆出口总值的 1.29%，环比下降 9.61%；进口总值为 0.40 万美元，占中国新疆进口总值的 0.001%，同比下降 99.90%，环比下降 99.81%。

第九节　2014 年中国新疆与其他国家的进出口贸易情况

一、2014 年中国新疆对其他国家进出口贸易总体分析

（一）2014 年中国新疆对其他国家进出口贸易分析

2014 年中国新疆除了对中亚五国、西亚国家、南亚国家、俄罗斯、蒙古、高加索和东欧国有进出口贸易外，还对其他 34 个国家有进出口贸易。

由图 5 - 9 - 1 可以看出，2014 年中国新疆对其他国家进出口贸易中，按进出口贸易总值大小排名依次为：美国、马来西亚、德国、韩国、新加坡、越南、印度尼西亚、英国、日本、澳大利亚、尼日利亚、泰国、安哥拉、荷兰、意大利、巴拿马、加拿大、巴西、阿尔及利亚、南非、西班牙、赞比亚、墨西哥、菲律宾、法国、塞内加尔、缅甸、瑞典、朝鲜、多哥、瑞士、肯尼亚、波兰、丹麦。

其中：对美国的进出口总值为 767.39 百万美元，占新疆进出口总值的 2.77%，同比下降 4.90%；对马来西亚的进出口总值为 383.99 百万美元，占新疆进出口总值的 1.39%，同比下降

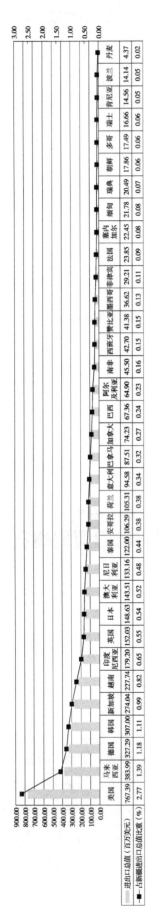

图 5-9-1　2014年中国新疆对其他国家进出口总值及占比（1）

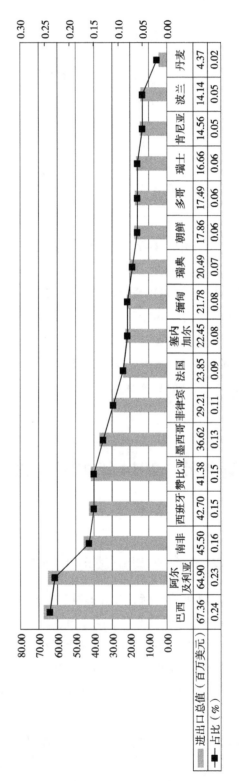

图 5-9-2　2014年中国新疆对其他国家进出口总值及占比（2）

14.10%；对德国的进出口总值为 327.29 百万美元，占新疆进出口总值的 1.18%，同比上升 16.30%；对韩国的进出口总值为 307.00 百万美元，占新疆进出口总值的 1.11%，同比上升 64.90%。

（二）2014年中国新疆对其他国家进出口贸易趋势分析

考虑到数据的相对完整性及连续性，本书仅选取其他国家中进出口贸易总值排名前 5 的美国、马来西亚、德国、韩国及新加坡进行 1~12 月的趋势分析。除新加坡 2~8 月未发生进出口贸易外，其他 4 个国家均发生进出口贸易。由图 5-9-3 可以看出，中国新疆对其他国家的进出口总值大小排名顺序变动较大。具体来看，除 1 月、8 月及 11 月之外，美国排名均为第一；1 月排名顺序为马来西亚、美国、德国、新加坡和韩国；8 月排名顺序为德国、美国、马来西亚、韩国和新加坡；11 月排名顺序为德国、美国、马来西亚、新加坡和韩国。具体来说，中国新疆对美国的进出口总值呈 W 形波动趋势。其中，对美国的进出口贸易最高点在 9 月，为 284.31 百万美元，最低点在 4 月，为 15.60 百万美元；中国新疆对德国的进出口贸易总值波动趋势较为平稳，在 9 月出现最高点，为 70.36 百万美元，最低点在 7 月，为 10.98 百万美元；中国新疆对马来西亚的进出口贸易总值波动趋势较为平稳，在 1 月出现最高点，为 112.07 百万美元，最低点在 6 月，为 6.36 百万美元；中国新疆对韩国的进出口贸易总值波动趋势呈倒 U 形，在 10 月出现最高点，为 116.13 百万美元，最低点在 7 月，为 4.78 百万美元；中国新疆对新加坡的进出口贸易总值波动趋势较为平稳，在 9 月出现最高点，为 116.84 百万美元，最低点在 2~8 月，为 0 百万美元。

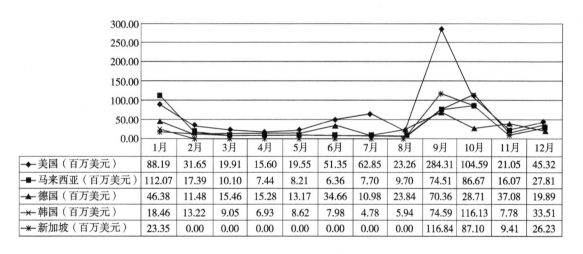

	1月	2月	3月	4月	5月	6月	7月	8月	9月	10月	11月	12月
美国（百万美元）	88.19	31.65	19.91	15.60	19.55	51.35	62.85	23.26	284.31	104.59	21.05	45.32
马来西亚（百万美元）	112.07	17.39	10.10	7.44	8.21	6.36	7.70	9.70	74.51	86.67	16.07	27.81
德国（百万美元）	46.38	11.48	15.46	15.28	13.17	34.66	10.98	23.84	70.36	28.71	37.08	19.89
韩国（百万美元）	18.46	13.22	9.05	6.93	8.62	7.98	4.78	5.94	74.59	116.13	7.78	33.51
新加坡（百万美元）	23.35	0.00	0.00	0.00	0.00	0.00	0.00	0.00	116.84	87.10	9.41	26.23

图 5-9-3 2014 年 1~12 月中国新疆对其他国家进出口总值

（三）2014年中国新疆对其他国家进出口贸易月度分析

1. 2014 年 1 月中国新疆对其他国家进出口贸易月度分析

由图 5-9-4 可以看出，中国新疆对其他 18 个国家的进出口贸易值大小排名依次为：马来西亚、美国、印度尼西亚、德国、英国、尼日利亚、新加坡、荷兰、法国、韩国、加拿大、西班牙、泰国、越南、赞比亚、澳大利亚、南非、朝鲜。中国新疆对其他国家进出口贸易值为 55480.50 万美元，占中国新疆进出口总值的 22.64%。其中，对马来西亚的进出口总为 11206.80 万美元，占中国新疆进出口总值的 4.57%，同比上升 144.70%，环比下降 9.45%；对美国的进出口总值为 8819.00 万美元，占中国新疆进出口总值的 3.60%，同比下降 38.60%，环比下降 67.55%；对印

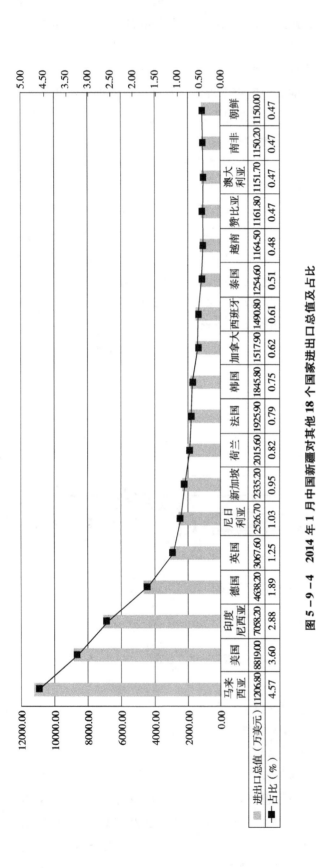

	马来西亚	美国	印度尼西亚	德国	英国	尼日利亚	新加坡	荷兰	法国	韩国	加拿大	西班牙	泰国	越南	赞比亚	澳大利亚	南非	朝鲜
进出口总值（万美元）	11206.80	8819.00	7058.20	4638.20	3067.60	2526.70	2335.20	2015.60	1925.90	1845.80	1517.90	1490.80	1254.60	1164.50	1161.80	1151.70	1150.20	1150.00
占比（%）	4.57	3.60	2.88	1.89	1.25	1.03	0.95	0.82	0.79	0.75	0.62	0.61	0.51	0.48	0.47	0.47	0.47	0.47

图 5 - 9 - 4　2014 年 1 月中国新疆对其他 18 个国家进出口总值及占比

	美国	尼日利亚	马来西亚	韩国	塞内加尔	德国	缅甸	安哥拉	多哥	日本	英国	朝鲜	波兰	意大利	肯尼亚	荷兰	法国	阿尔及利亚	菲律宾	加拿大
进出口总值（万美元）	3164.60	1842.60	1739.30	1322.10	1152.00	1147.50	746.40	706.70	686.80	639.70	639.50	635.80	623.00	533.50	515.50	486.10	459.20	395.60	393.90	389.40
占比（%）	3.49	2.03	1.92	1.46	1.27	1.27	0.82	0.78	0.76	0.71	0.71	0.70	0.69	0.59	0.57	0.54	0.51	0.44	0.43	0.43

图 5 - 9 - 5　2014 年 2 月中国新疆对其他 20 个国家进出口总值及占比

度尼西亚的进出口总值为 7058.20 万美元，占中国新疆进出口总值的 2.88%，同比上升 747.50%，环比上升 75.97%。

2. 2014 年 2 月中国新疆对其他国家进出口贸易月度分析

由图 5-9-5 可以看出，中国新疆对其他 20 个国家的进出口贸易值大小排名依次为：美国、尼日利亚、马来西亚、韩国、塞内加尔、德国、缅甸、安哥拉、多哥、日本、英国、朝鲜、波兰、意大利、肯尼亚、荷兰、法国、阿尔及利亚、菲律宾、加拿大。

中国新疆对其他国家进出口贸易总值为 18219.20 万美元，占中国新疆进出口总值的 20.10%。其中，对美国的进出口总值为 3164.60 万美元，占中国新疆进出口总值的 3.49%，同比下降 37.20%，环比上升 64.12%；对尼日利亚的进出口总值为 1842.60 万美元，占中国新疆进出口总值的 2.03%，同比上升 623.80%，环比下降 27.08%；对马来西亚的进出口总值为 1739.30 万美元，占中国新疆进出口总值的 1.92%，同比下降 78.70%，环比下降 84.48%。

3. 2014 年 3 月中国新疆对其他国家进出口贸易月度分析

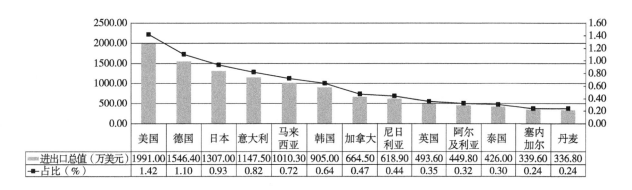

图 5-9-6 2014 年 3 月中国新疆对其他 13 个国家进出口总值及占比

由图 5-9-6 可以看出，中国新疆对其他 13 个国家的进出口贸易值大小排名依次为美国、德国、日本、意大利、马来西亚、韩国、加拿大、尼日利亚、英国、阿尔及利亚、泰国、塞内加尔、丹麦。中国新疆对其他国家进出口贸易总值为 11236.40 万美元，占中国新疆进出口总值的 7.99%。其中，对美国的进出口总值为 1991.00 万美元，占中国新疆进出口总值的 1.42%，同比下降 12.60%；对德国的进出口总值为 1546.40 万美元，占中国新疆进出口总值的 1.10%，同比上升 0.50%，环比上升 34.76%；对日本的进出口总值为 1307.00 万美元，占中国新疆进出口总值的 0.93%，同比上升 72.00%，环比上升 104.31%。

4. 2014 年 4 月中国新疆对其他国家进出口贸易月度分析

由图 5-9-7 可以看出，2014 年 4 月中国新疆对其他 11 个国家的进出口贸易中，进出口总值大小排名依次为：澳大利亚、日本、美国、德国、加拿大、马来西亚、韩国、意大利、越南、阿尔及利亚、菲律宾。

中国新疆对其他国家进出口贸易总值为 12692.90 万美元，占中国新疆进出口总值的 6.70%。其中，对澳大利亚的进出口总值为 3520.00 万美元，占中国新疆进出口总值的 1.86%，同比上升 157.30%；对日本的进出口总值为 2231.20 万美元，占中国新疆进出口总值的 1.18%，同比上升 114.20%，环比上升 70.71%；对美国的进出口总值为 1559.70 万美元，占中国新疆进出口总值的

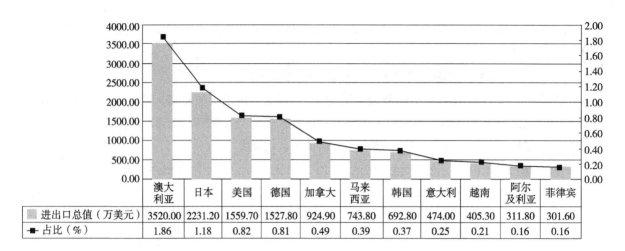

	澳大利亚	日本	美国	德国	加拿大	马来西亚	韩国	意大利	越南	阿尔及利亚	菲律宾
进出口总值（万美元）	3520.00	2231.20	1559.70	1527.80	924.90	743.80	692.80	474.00	405.30	311.80	301.60
占比（%）	1.86	1.18	0.82	0.81	0.49	0.39	0.37	0.25	0.21	0.16	0.16

图5-9-7 2014年4月中国新疆对其他11个国家进出口总值及占比

0.82%，同比下降15.20%，环比下降21.66%。

5. 2014年5月中国新疆对其他国家进出口贸易月度分析

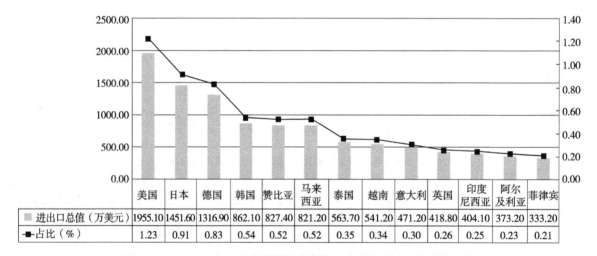

	美国	日本	德国	韩国	赞比亚	马来西亚	泰国	越南	意大利	英国	印度尼西亚	阿尔及利亚	菲律宾
进出口总值（万美元）	1955.10	1451.60	1316.90	862.10	827.40	821.20	563.70	541.20	471.20	418.80	404.10	373.20	333.20
占比（%）	1.23	0.91	0.83	0.54	0.52	0.52	0.35	0.34	0.30	0.26	0.25	0.23	0.21

图5-9-8 2014年5月中国新疆对其他13个国家进出口总值及占比

由图5-9-8可以看出，中国新疆对其他13个国家的进出口贸易值大小排名依次为：美国、日本、德国、韩国、赞比亚、马来西亚、泰国、越南、意大利、英国、印度尼西亚、阿尔及利亚、菲律宾。中国新疆对其他国家进出口贸易总值为10339.70万美元，占中国新疆进出口总值的6.51%。其中，对美国的进出口总值为1955.10万美元，占中国新疆进出口总值的1.23%，同比下降14.40%，环比上升25.35%；对日本的进出口总值为1451.60万美元，占中国新疆进出口总值的0.91%，同比上升1.30%，环比下降34.94%；对德国的进出口总值为1316.90万美元，占中国新疆进出口总值的0.83%，同比下降16.30%，环比下降13.80%。

6. 2014年6月中国新疆对其他国家进出口贸易月度分析

由图5-9-9可以看出，中国新疆对其他13个国家的进出口贸易值大小排名依次为：美国、德国、澳大利亚、赞比亚、瑞典、瑞士、韩国、日本、意大利、马来西亚、印度尼西亚、英国、泰国。

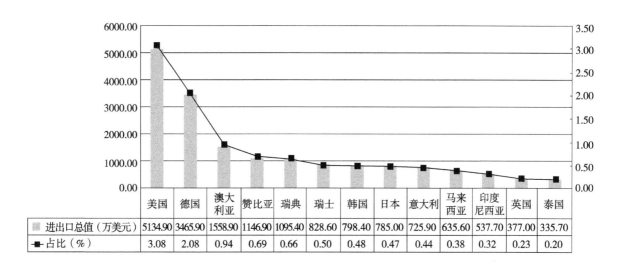

	美国	德国	澳大利亚	赞比亚	瑞典	瑞士	韩国	日本	意大利	马来西亚	印度尼西亚	英国	泰国
进出口总值（万美元）	5134.90	3465.90	1558.90	1146.90	1095.40	828.60	798.40	785.00	725.90	635.60	537.70	377.00	335.70
占比（%）	3.08	2.08	0.94	0.69	0.66	0.50	0.48	0.47	0.44	0.38	0.32	0.23	0.20

图 5 - 9 - 9 2014 年 6 月中国新疆对其他 13 个国家进出口总值及占比

中国新疆对其他国家进出口贸易值为 17425.90 万美元，占中国新疆进出口总值的 10.45%。其中，对美国的进出口总值为 5134.90 万美元，占中国新疆进出口总值的 3.08%，同比上升 94.10%，环比上升 162.64%；对德国的进出口总值为 3465.90 万美元，占中国新疆进出口总值的 2.08%，同比上升 117.90%，环比上升 163.19%；对澳大利亚的进出口总值为 1558.90 万美元，占中国新疆进出口总值的 0.94%，同比上升 1178.40%。

7. 2014 年 7 月中国新疆对其他国家进出口贸易月度分析

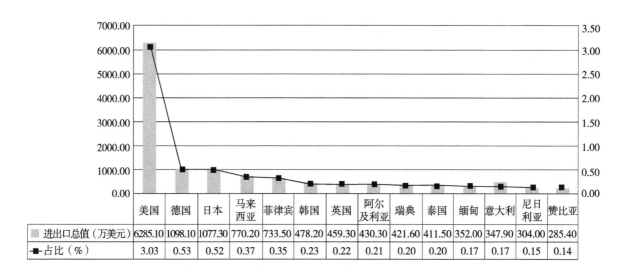

	美国	德国	日本	马来西亚	菲律宾	韩国	英国	阿尔及利亚	瑞典	泰国	缅甸	意大利	尼日利亚	赞比亚
进出口总值（万美元）	6285.10	1098.10	1077.30	770.20	733.50	478.20	459.30	430.30	421.60	411.50	352.00	347.90	304.00	285.40
占比（%）	3.03	0.53	0.52	0.37	0.35	0.23	0.22	0.21	0.20	0.20	0.17	0.17	0.15	0.14

图 5 - 9 - 10 2014 年 7 月中国新疆对其他 14 个国家进出口总值及占比

由图 5 - 9 - 10 可以看出，中国新疆对其他 14 个国家的进出口贸易值大小排名依次为：美国、德国、日本、马来西亚、菲律宾、韩国、英国、阿尔及利亚、瑞典、泰国、缅甸、意大利、尼日利亚、赞比亚。

中国新疆对其他国家进出口贸易值为 13454.40 万美元，占中国新疆进出口总值的 6.48%。其中，对美国的进出口贸易总值为 6285.10 万美元，占中国新疆进出口总值的 3.03%，同比增长

3.60%，环比增长 22.40%；对德国的进出口总值为 1098.10 万美元，占中国新疆进出口总值的 0.53%，同比下降 42.90%，环比下降 68.32%；对日本的进出口总值为 1077.30 万美元，占中国新疆进出口总值的 0.52%，同比下降 20.50%，环比增长 37.24%。

8. 2014 年 8 月中国新疆对其他国家进出口贸易月度分析

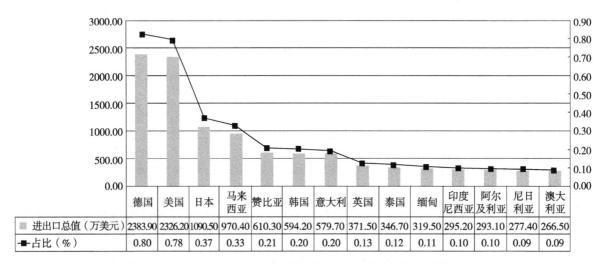

	德国	美国	日本	马来西亚	赞比亚	韩国	意大利	英国	泰国	缅甸	印度尼西亚	阿尔及利亚	尼日利亚	澳大利亚
进出口总值（万美元）	2383.90	2326.20	1090.50	970.40	610.30	594.20	579.70	371.50	346.70	319.50	295.20	293.10	277.40	266.50
占比（%）	0.80	0.78	0.37	0.33	0.21	0.20	0.20	0.13	0.12	0.11	0.10	0.10	0.09	0.09

图 5 - 9 - 11 2014 年 8 月中国新疆对其他 14 个国家进出口总值及占比

由图 5 - 9 - 11 可以看出，中国新疆对其他 14 个国家的进出口贸易总值大小排名依次为：德国、美国、日本、马来西亚、赞比亚、韩国、意大利、英国、泰国、缅甸、印度尼西亚、阿尔及利亚、尼日利亚、澳大利亚。

中国新疆对其他国家进出口贸易总值为 10725.10 万美元，占中国新疆进出口总值的 3.62%。其中，对德国的进出口贸易总值为 2383.90 万美元，占中国新疆进出口总值的 0.80%，同比下降 46.20%，环比增长 117.09%；对美国的进出口贸易总值为 2326.20 万美元，占中国新疆进出口总值的 0.78%，同比下降 81.50%，环比下降 62.99%；对日本的进出口贸易总值为 1090.50 万美元，占中国新疆进出口总值的 0.37%，同比下降 55.60%，环比增长 1.23%。

9. 2014 年 9 月中国新疆对其他国家进出口贸易月度分析

由图 5 - 9 - 12 可以看出，中国新疆对其他 11 个国家的进出口贸易总值大小排名依次为：美国、越南、新加坡、韩国、马来西亚、德国、荷兰、英国、尼日利亚、安哥拉、印度尼西亚、澳大利亚、墨西哥、泰国、加拿大、南非、西班牙。

中国新疆对其他国家进出口贸易总值为 105842.70 万美元，占中国新疆进出口总值的 26.07%。其中，对美国的进出口贸易总值为 28430.80 万美元，占中国新疆进出口总值的 7.00%，同比上升 966.10%，环比上升 1122.20%；对越南的进出口贸易总值为 13856.20 万美元，占中国新疆进出口总值的 3.41%，同比上升 5305.20%；对新加坡的进出口贸易总值为 11683.50 万美元，占中国新疆进出口总值的 2.88%，同比上升 1092.10%。

10. 2014 年 10 月中国新疆对其他国家进出口贸易月度分析

由图 5 - 9 - 13 可以看出，中国新疆对其他 17 个国家的进出口贸易总值大小排名依次为：韩国、美国、新加坡、马来西亚、巴拿马、泰国、越南、尼日利亚、印度尼西亚、英国、德国、澳大利亚、荷兰、日本、安哥拉、加拿大、巴西。

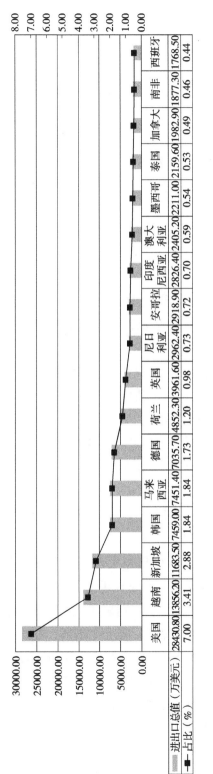

	美国	越南	新加坡	韩国	马来西亚	德国	荷兰	英国	尼日利亚	安哥拉	印度尼西亚	澳大利亚	墨西哥	泰国	加拿大	南非	西班牙
进出口总值（万美元）	28430.80	13856.20	11683.50	7459.00	7451.40	7035.70	4852.30	3961.60	2962.40	2918.90	2826.40	2405.20	2211.00	2159.60	1982.90	1877.30	1768.50
占比（%）	7.00	3.41	2.88	1.84	1.84	1.73	1.20	0.98	0.73	0.72	0.70	0.59	0.54	0.53	0.49	0.46	0.44

图 5－9－12　2014 年 9 月中国新疆对其他 17 个国家进出口总值及占比

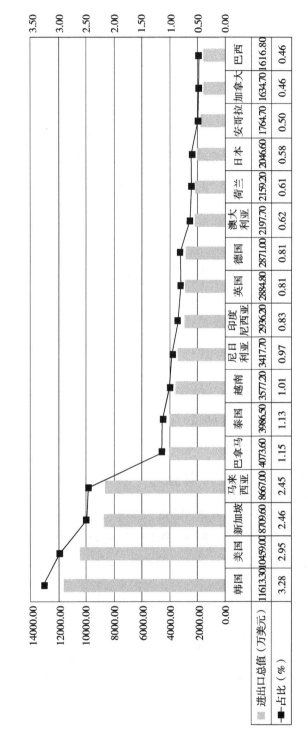

	韩国	美国	新加坡	马来西亚	巴拿马	泰国	越南	尼日利亚	印度尼西亚	英国	德国	澳大利亚	荷兰	日本	安哥拉	加拿大	巴西
进出口总值（万美元）	11613.30	10459.00	8709.60	8667.00	4073.60	3986.50	3577.20	3417.70	2936.20	2884.80	2871.00	2197.70	2159.20	2046.60	1764.70	1634.70	1616.80
占比（%）	3.28	2.95	2.46	2.45	1.15	1.13	1.01	0.97	0.83	0.81	0.81	0.62	0.61	0.58	0.50	0.46	0.46

图 5－9－13　2014 年 10 月中国新疆对其他 17 个国家进出口总值及占比

中国新疆对其他国家进出口贸易总值为 74615.60 万美元，占中国新疆进出口总值的 21.07%。其中，对韩国的进出口贸易总值为 11613.30 万美元，占中国新疆进出口总值的 3.28%，同比上升 2641.50%，环比上升 55.70%；对美国的进出口贸易总值为 10459.00 万美元，占中国新疆进出口总值的 2.95%，同比上升 462.00%，环比下降 63.21%；对新加坡的进出口贸易总值为 8709.60 万美元，占中国新疆进出口总值的 2.46%，同比上升 1343.20%，环比下降 25.45%。

11. 2014 年 11 月中国新疆对其他国家进出口贸易月度分析

由图 5 - 9 - 14 可以看出，中国新疆对其他 13 个国家的进出口贸易总值大小排名依次为：德国、美国、马来西亚、巴拿马、安哥拉、澳大利亚、新加坡、泰国、英国、日本、韩国、尼日利亚、意大利。

中国新疆对其他国家进出口贸易总值为 16336.70 万美元，占中国新疆进出口总值的 6.10%。其中，对德国的进出口贸易总值为 3708.40 万美元，占中国新疆进出口总值的 1.39%，同比上升 638.00%，环比上升 29.17%；对美国的进出口贸易总值为 2104.50 万美元，占中国新疆进出口总值的 0.79%，同比上升 10.20%，环比下降 79.88%；对马来西亚的进出口贸易总值为 1600.70 万美元，占中国新疆进出口总值的 0.60%，同比上升 348.00%，环比下降 81.46%。

12. 2014 年 12 月中国新疆对其他国家进出口贸易月度分析

由图 5 - 9 - 15 可以看出，中国新疆对其他 16 个国家的进出口贸易总值大小排名依次为：美国、韩国、马来西亚、新加坡、印度尼西亚、安哥拉、德国、巴西、阿尔及利亚、意大利、越南、澳大利亚、英国、泰国、日本、巴拿马。

中国新疆对其他国家进出口贸易总值为 34558.90 万美元，占中国新疆进出口总值的 14.15%。其中，对美国的进出口贸易总值为 4531.80 万美元，占中国新疆进出口总值的 1.86%，同比下降 83.30%，环比上升 115.34%；对韩国的进出口贸易总值为 3350.60 万美元，占中国新疆进出口总值的 1.37%，同比下降 46.10%，环比上升 330.50%；对马来西亚的进出口贸易总值为 2781.20 万美元，占中国新疆进出口总值的 1.14%，同比下降 77.50%，环比上升 73.10%。

二、2014 年中国新疆对其他国家出口贸易总体分析

（一）2014 年中国新疆对其他国家出口贸易分析

由图 5 - 9 - 16 可以看出，2014 年中国新疆对其他国家出口贸易中出口贸易值大小排名依次为：美国、马来西亚、韩国、新加坡、越南、印度尼西亚、德国、英国、尼日利亚、泰国、安哥拉、荷兰、巴拿马、日本、巴西、阿尔及利亚、澳大利亚、意大利、加拿大、西班牙、赞比亚、南非、墨西哥、菲律宾、塞内加尔、缅甸、法国、多哥、肯尼亚、波兰、朝鲜、瑞士、瑞典、丹麦。

其中：对美国的出口总值为 548.39 百万美元，占新疆出口总值的 2.34%，同比下降 11.60%；对马来西亚的出口总值为 370.82 百万美元，占新疆出口总值的 1.58%，同比下降 15.40%；对韩国的出口总值为 279.72 百万美元，占新疆出口总值的 1.19%，同比上升 72.00%；对新加坡的出口总值为 264.77 百万美元，占新疆出口总值的 1.13%，同比上升 10.80%。

（二）2014 年中国新疆对其他国家出口贸易趋势分析

考虑到数据的相对完整性及连续性，本书仅选取其他国家中出口贸易总值排名前 5 的美国、马

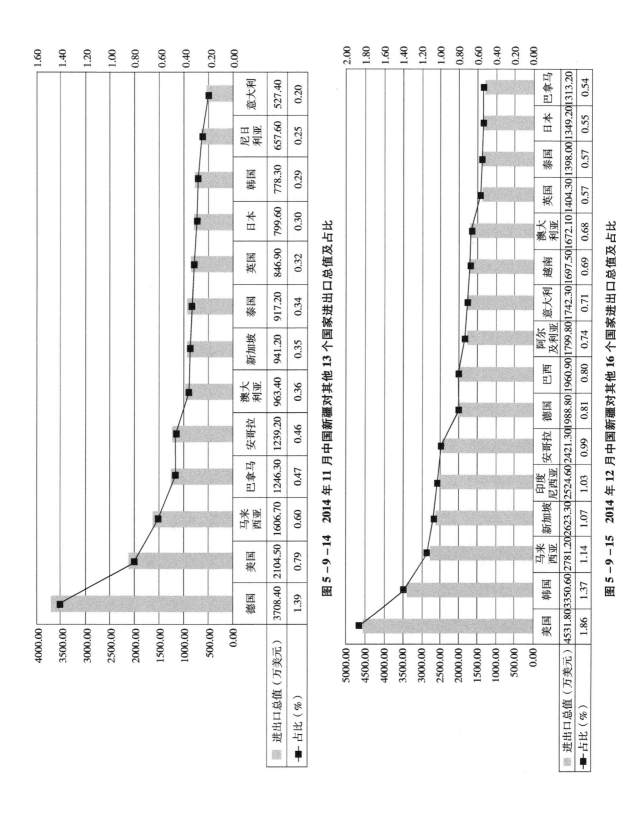

	德国	美国	马来西亚	巴拿马	安哥拉	澳大利亚	新加坡	泰国	英国	日本	韩国	尼日利亚	意大利
进出口总值（万美元）	3708.40	2104.50	1606.70	1246.30	1239.20	963.40	941.20	917.20	846.90	799.60	778.30	657.60	527.40
占比（%）	1.39	0.79	0.60	0.47	0.46	0.36	0.35	0.34	0.32	0.30	0.29	0.25	0.20

图 5-9-14　2014 年 11 月中国新疆对其他 13 个国家进出口总值及占比

	美国	韩国	马来西亚	新加坡	印度尼西亚	安哥拉	德国	巴西	阿尔及利亚	意大利	越南	澳大利亚	英国	泰国	日本	巴拿马
进出口总值（万美元）	4531.80	3350.60	2781.20	2623.30	2524.60	2421.30	1988.80	1960.90	1799.80	1742.30	1697.50	1672.10	1404.30	1398.00	1349.20	1313.20
占比（%）	1.86	1.37	1.14	1.07	1.03	0.99	0.81	0.80	0.74	0.71	0.69	0.68	0.57	0.57	0.55	0.54

图 5-9-15　2014 年 12 月中国新疆对其他 16 个国家进出口总值及占比

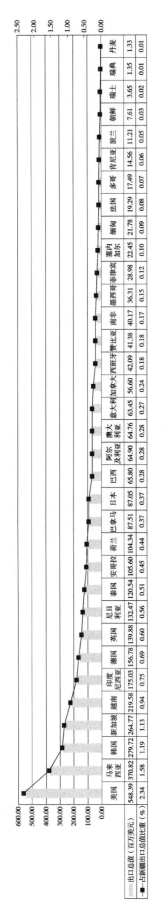

图 5－9－16（a）　2014 年中国新疆对其他国家出口总值及占比

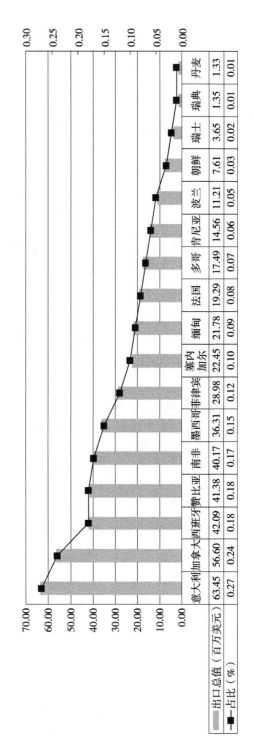

图 5－9－16（b）　2014 年中国新疆对其他国家出口总值及占比

来西亚、德国、韩国及新加坡进行1～12月的趋势分析。除新加坡2～8月未发生出口贸易外，其他4个国家均发生出口贸易。由图5－9－17可以看出，中国新疆对其他国家的出口总值大小排名顺序变动较大。具体来看，除1月、3月、4月、6月、8月、10～12月之外，美国排名第一；1月排名顺序为马来西亚、美国、德国、新加坡和韩国；3～4月排名顺序为韩国、马来西亚、美国、德国和新加坡；6月排名顺序为德国、马来西亚、美国、韩国和新加坡；8月排名顺序为马来西亚、美国、德国和韩国；12月排名顺序为韩国、美国、马来西亚、新加坡和德国。具体来说，中国新疆对美国的进出口总值呈倒波动变化趋势。其中，对美国的出口贸易最高点在9月，为270.38百万美元，最低点在3月，为4.84百万美元；中国新疆对马来西亚的出口贸易总值波动趋势较为平稳，在1月出现最高点，为111.25百万美元，最低点在6月，为5.94百万美元；中国新疆对德国的出口贸易总值波动趋势较为平稳，在9月出现最高点，为46.10百万美元，最低点在3月，为3.70百万美元；中国新疆对韩国的出口贸易总值波动趋势较为平缓，在10月出现最高点，为99.85百万美元，最低点在7月，为4.54百万美元；中国新疆对新加坡的出口贸易总值波动趋势较为平稳，在9月出现最高点，为115.92百万美元，最低点在2～8月，为0百万美元。

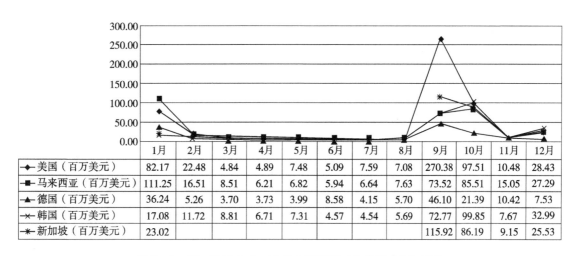

	1月	2月	3月	4月	5月	6月	7月	8月	9月	10月	11月	12月
美国（百万美元）	82.17	22.48	4.84	4.89	7.48	5.09	7.59	7.08	270.38	97.51	10.48	28.43
马来西亚（百万美元）	111.25	16.51	8.51	6.21	6.82	5.94	6.64	7.63	73.52	85.51	15.05	27.29
德国（百万美元）	36.24	5.26	3.70	3.73	3.99	8.58	4.15	5.70	46.10	21.39	10.42	7.53
韩国（百万美元）	17.08	11.72	8.81	6.71	7.31	4.57	4.54	5.69	72.77	99.85	7.67	32.99
新加坡（百万美元）	23.02								115.92	86.19	9.15	25.53

图5－9－17　2014年1～12月中国新疆对其他国家出口总值

（三）2014年中国新疆对其他国家出口贸易月度分析

1. 2014年1月中国新疆对其他国家出口贸易月度分析

由图5－9－18可以看出，2014年1月中国新疆对其他18个国家的出口贸易总值大小排名依次为：马来西亚、美国、印度尼西亚、德国、英国、尼日利亚、新加坡、荷兰、韩国、法国、西班牙、加拿大、泰国、赞比亚、澳大利亚、越南、南非、朝鲜。

中国新疆对其他国家出口贸易总值为52077.20万美元，占中国新疆出口总值的23.23%。其中，对马来西亚的出口总值为11124.50万美元，占中国新疆出口总值的4.96%，同比上升144.10%，环比下降9.93%；对美国的出口总值为8217.00万美元，占中国新疆出口总值的3.67%，同比下降36.90%，环比下降66.63%；对印度尼西亚的出口总值为7054.10万美元，占中国新疆出口总值的3.15%，同比上升747.00%，环比上升75.86%。

2. 2014年2月中国新疆对其他国家出口贸易月度分析

由图5－9－19可以看出，2014年2月中国新疆对其他20个国家的出口贸易总值大小排名依次

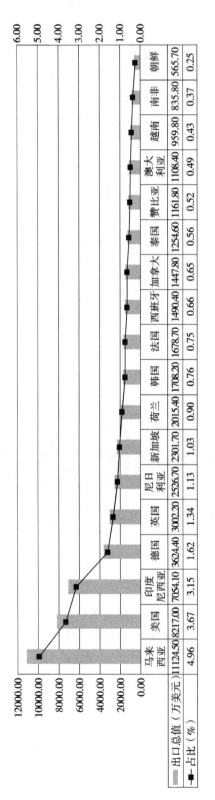

图 5-9-18　2014 年 1 月中国新疆对其他 18 个国家出口总值及占比

	马来西亚	美国	印度尼西亚	德国	英国	尼日利亚	新加坡	荷兰	韩国	法国	西班牙	加拿大	泰国	赞比亚	澳大利亚	越南	南非	朝鲜
出口总值（万美元）	11124.50	8217.00	7054.10	3624.40	3002.20	2526.70	2301.70	2015.40	1708.20	1678.70	1490.40	1447.80	1254.60	1161.80	1108.40	959.80	835.80	565.70
占比（%）	4.96	3.67	3.15	1.62	1.34	1.13	1.03	0.90	0.76	0.75	0.66	0.65	0.56	0.52	0.49	0.43	0.37	0.25

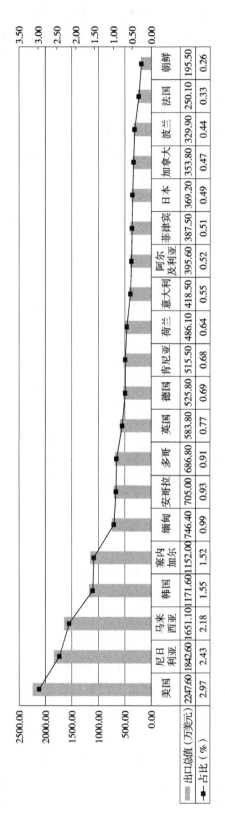

图 5-9-19　2014 年 2 月中国新疆对其他 20 个国家出口值及占比

	美国	尼日利亚	马来西亚	韩国	塞内加尔	缅甸	安哥拉	多哥	英国	德国	肯尼亚	荷兰	意大利	阿尔及利亚	菲律宾	日本	加拿大	波兰	法国	朝鲜
出口总值（万美元）	2247.60	1842.60	1651.10	1171.60	1152.00	746.40	705.00	686.80	583.80	525.80	515.50	486.10	418.50	395.60	387.50	369.20	353.80	329.90	250.10	195.50
占比（%）	2.97	2.43	2.18	1.55	1.52	0.99	0.93	0.91	0.77	0.69	0.68	0.64	0.55	0.52	0.51	0.49	0.47	0.44	0.33	0.26

为：美国、尼日利亚、马来西亚、韩国、塞内加尔、缅甸、安哥拉、多哥、英国、德国、肯尼亚、荷兰、意大利、阿尔及利亚、菲律宾、日本、加拿大、波兰、法国、朝鲜。

中国新疆对其他国家出口贸易总值为 15014.40 万美元，占中国新疆出口总值的 19.84%。其中，对美国的出口总值为 2247.60 万美元，占中国新疆出口总值的 2.97%，同比下降 45.90%，环比下降 72.65%；对尼日利亚的出口总值为 1842.60 万美元，占中国新疆出口总值的 2.43%，同比上升 649.80%，环比下降 27.08%；对马来西亚的出口总值为 1651.10 美元，占中国新疆出口总值的 2.18%，同比下降 79.70%，环比下降 85.16%。

3. 2014 年 3 月中国新疆对其他国家出口贸易月度分析

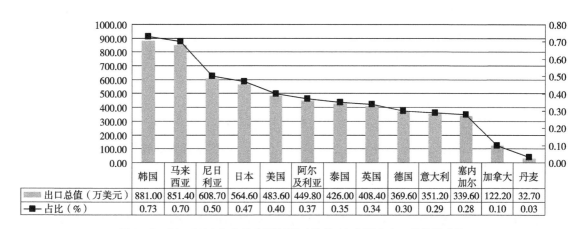

	韩国	马来西亚	尼日利亚	日本	美国	阿尔及利亚	泰国	英国	德国	意大利	塞内加尔	加拿大	丹麦
出口总值（万美元）	881.00	851.40	608.70	564.60	483.60	449.80	426.00	408.40	369.60	351.20	339.60	122.20	32.70
占比（%）	0.73	0.70	0.50	0.47	0.40	0.37	0.35	0.34	0.30	0.29	0.28	0.10	0.03

图 5-9-20 2014 年 3 月中国新疆对其他 13 个国家出口总值及占比

由图 5-9-20 可以看出，中国新疆对其他 13 个国家的出口贸易总值大小排名依次为：韩国、马来西亚、尼日利亚、日本、美国、阿尔及利亚、泰国、英国、德国、意大利、塞内加尔、加拿大、丹麦。

中国新疆对其他国家出口贸易总值为 5888.80 万美元，占中国新疆出口总值的 4.85%。其中，对韩国的出口总值为 881.00 万美元，占中国新疆出口总值的 0.73%，同比上升 44.40%，环比下降 24.80%；对马来西亚的出口总值为 851.40 万美元，占中国新疆出口总值的 0.70%，同比下降 67.10%，环比下降 48.43%；对尼日利亚的出口总值为 608.70 万美元，占中国新疆出口总值的 0.50%，同比上升 193.70%，环比下降 66.97%。

4. 2014 年 4 月中国新疆对其他国家出口贸易月度分析

由图 5-9-21 可以看出，2014 年 4 月中国新疆对其他 11 个国家的出口贸易中，出口总值大小排名依次为：日本、韩国、马来西亚、美国、德国、阿尔及利亚、菲律宾、越南、意大利、澳大利亚、加拿大。

中国新疆对其他国家出口贸易总值为 4305.50 万美元，占中国新疆出口总值的 2.52%。其中，对日本的出口总值为 803.40 万美元，占中国新疆出口总值的 0.47%，同比上升 31.50%，环比上升 42.30%；对韩国的出口总值为 670.70 万美元，占中国新疆出口总值的 0.39%，同比下降 35.00%，环比下降 23.87%；对马来西亚的出口总值为 620.50 万美元，占中国新疆出口总值的 0.36%，同比下降 86.80%，环比下降 27.12%。

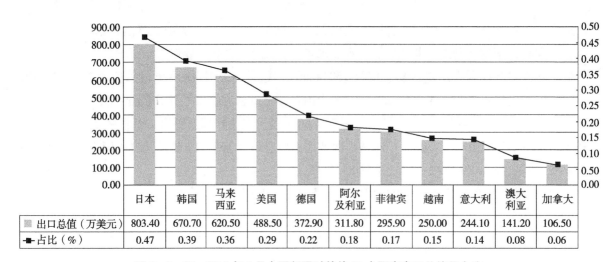

	日本	韩国	马来西亚	美国	德国	阿尔及利亚	菲律宾	越南	意大利	澳大利亚	加拿大
出口总值（万美元）	803.40	670.70	620.50	488.50	372.90	311.80	295.90	250.00	244.10	141.20	106.50
占比（%）	0.47	0.39	0.36	0.29	0.22	0.18	0.17	0.15	0.14	0.08	0.06

图5-9-21 2014年4月中国新疆对其他11个国家出口总值及占比

5. 2014年5月中国新疆对其他国家出口贸易月度分析

由图5-9-22可以看出，2014年5月中国新疆对其他13个国家的出口贸易总值大小排名依次为：赞比亚、美国、韩国、日本、马来西亚、泰国、越南、印度尼西亚、德国、阿尔及利亚、菲律宾、英国、意大利。

中国新疆对其他国家出口贸易总值为6533.90万美元，占中国新疆出口总值的4.64%。其中，对赞比亚的出口总值为827.40万美元，占中国新疆出口总值的0.59%，同比上升5847.20%；对美国的出口总值为748.40万美元，占中国新疆出口总值的0.53%，同比上升0.90%，环比上升53.20%；对韩国的出口总值为731.40万美元，占中国新疆出口总值的0.52%，同比上升170.60%，环比上升9.05%。

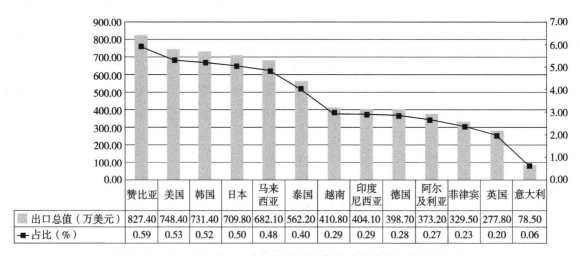

	赞比亚	美国	韩国	日本	马来西亚	泰国	越南	印度尼西亚	德国	阿尔及利亚	菲律宾	英国	意大利
出口总值（万美元）	827.40	748.40	731.40	709.80	682.10	562.20	410.80	404.10	398.70	373.20	329.50	277.80	78.50
占比（%）	0.59	0.53	0.52	0.50	0.48	0.40	0.29	0.29	0.28	0.27	0.23	0.20	0.06

图5-9-22 2014年5月中国新疆对其他13个国家出口总值及占比

6. 2014年6月中国新疆对其他国家出口贸易月度分析

由图5-9-23可以看出，2014年6月中国新疆对其他13个国家的出口贸易总值大小排名依次为：赞比亚、德国、马来西亚、日本、印度尼西亚、美国、韩国、泰国、英国、澳大利亚、意大利、瑞士、瑞典。

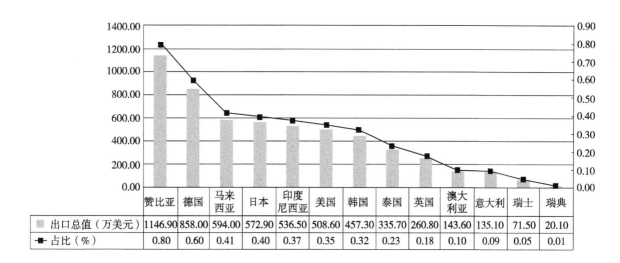

	赞比亚	德国	马来西亚	日本	印度尼西亚	美国	韩国	泰国	英国	澳大利亚	意大利	瑞士	瑞典
出口总值（万美元）	1146.90	858.00	594.00	572.90	536.50	508.60	457.30	335.70	260.80	143.60	135.10	71.50	20.10
占比（%）	0.80	0.60	0.41	0.40	0.37	0.35	0.32	0.23	0.18	0.10	0.09	0.05	0.01

图5-9-23 2014年6月中国新疆对其他13个国家出口总值及占比

中国新疆对其他国家出口贸易总值为5641.00万美元，占中国新疆出口总值的3.93%。其中，对赞比亚的出口总值为1146.90万美元，占中国新疆出口总值的0.80%，同比上升10583.00%，环比上升38.61%；对德国的出口总值为858.00万美元，占中国新疆出口总值的0.60%，同比上升149.70%，环比上升115.19%；对马来西亚的出口总值为594.00万美元，占中国新疆出口总值的0.41%，同比下降55.10%，环比下降12.92%。

7. 2014年7月中国新疆对其他国家出口贸易月度分析

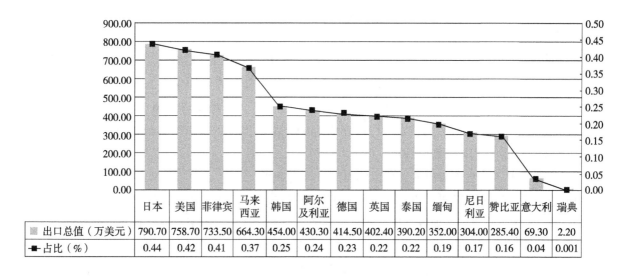

	日本	美国	菲律宾	马来西亚	韩国	阿尔及利亚	德国	英国	泰国	缅甸	尼日利亚	赞比亚	意大利	瑞典
出口总值（万美元）	790.70	758.70	733.50	664.30	454.00	430.30	414.50	402.40	390.20	352.00	304.00	285.40	69.30	2.20
占比（%）	0.44	0.42	0.41	0.37	0.25	0.24	0.23	0.22	0.22	0.19	0.17	0.16	0.04	0.001

图5-9-24 2014年7月中国新疆对其他14个国家出口总值及占比

由图5-9-24可以看出，2014年7月中国新疆对其他14个国家的出口贸易总值大小排名依次为：日本、美国、菲律宾、马来西亚、韩国、阿尔及利亚、德国、英国、泰国、缅甸、尼日利亚、赞比亚、意大利、瑞典。

中国新疆对其他国家出口贸易总值为6051.50万美元，占中国新疆出口总值的3.34%。其中，对日本的出口总值为790.70万美元，占中国新疆出口总值的0.44%，同比下降20.20%，环比增长 38.02%；对美国的出口总值为 758.70 万美元，占中国新疆出口总值的 0.42%，同比下降 77.10%，环比增长 49.17%；对菲律宾的出口总值为 733.50 万美元，占中国新疆出口总值的 0.41%，同比增长 47.60%。

8. 2014 年 8 月中国新疆对其他国家出口贸易月度分析

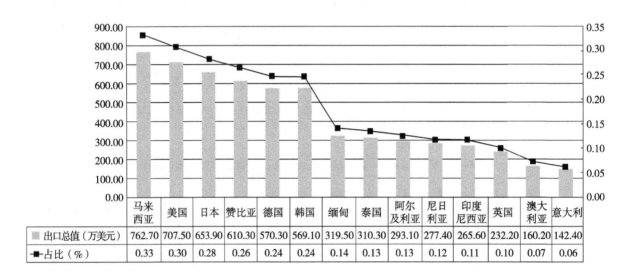

	马来西亚	美国	日本	赞比亚	德国	韩国	缅甸	泰国	阿尔及利亚	尼日利亚	印度尼西亚	英国	澳大利亚	意大利
出口总值（万美元）	762.70	707.50	653.90	610.30	570.30	569.10	319.50	310.30	293.10	277.40	265.60	232.20	160.20	142.40
占比（%）	0.33	0.30	0.28	0.26	0.24	0.24	0.14	0.13	0.13	0.12	0.11	0.10	0.07	0.06

图 5 - 9 - 25　2014 年 8 月中国新疆对其他 14 个国家出口总值及占比

由图 5 - 9 - 25 可以看出，2014 年 8 月中国新疆对其他 14 个国家的出口贸易总值大小排名依次为：马来西亚、美国、日本、赞比亚、德国、韩国、缅甸、泰国、阿尔及利亚、尼日利亚、印度尼西亚、英国、澳大利亚、意大利。

中国新疆对其他国家出口贸易总值为 5874.50 万美元，占中国新疆出口总值的 2.51%。其中，对马来西亚的出口总值为 762.70 万美元，占中国新疆出口总值的 0.33%，同比下降 84.00%，环比增长 14.81%；对美国的出口总值为 707.50 万美元，占中国新疆出口总值的 0.30%，同比下降 93.90%，环比下降 6.75%；对日本的出口总值为 653.90 万美元，占中国新疆出口总值的 0.28%，同比下降 37.90%，环比下降 17.30%。

9. 2014 年 9 月中国新疆对其他国家出口贸易月度分析

由图 5 - 9 - 26 可以看出，2014 年 9 月中国新疆对其他 18 个国家和地区的出口贸易总值大小排名依次为：美国、越南、新加坡、马来西亚、韩国、荷兰、德国、英国、尼日利亚、安哥拉、印度尼西亚、中国香港、澳大利亚、墨西哥、泰国、加拿大、南非、西班牙。中国新疆对其他国家出口贸易总值为 103796.50 万美元，占中国新疆出口总值的 27.69%。其中，对美国的出口总值为 27037.90 万美元，占中国新疆出口总值的 7.21%，同比上升 1864.30%，环比上升 3721.61%；对越南的出口总值为 13842.60 万美元，占中国新疆出口总值的 3.69%，同比上升 5678.30%，环比上升 42.45%；对新加坡的出口总值为 11591.90 万美元，占中国新疆出口总值的 3.09%，同比上升 1238.70%。

10. 2014 年 10 月中国新疆对其他国家出口贸易月度分析

由图 5 - 9 - 27 可以看出，2014 年 10 月中国新疆对其他 17 个国家的出口贸易总值大小排名依

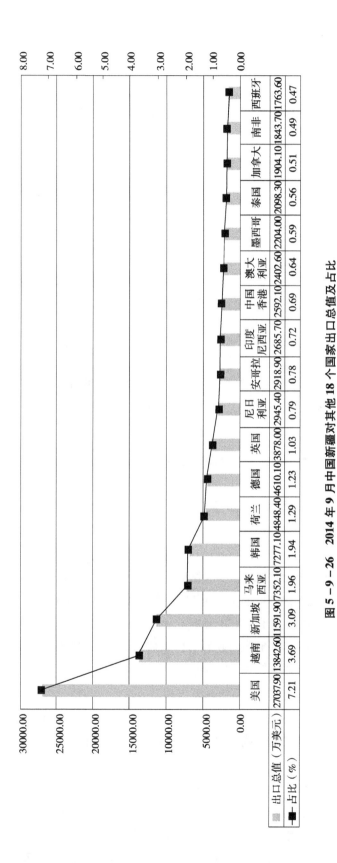

图 5 - 9 - 26　2014 年 9 月中国新疆对其他 18 个国家出口总值及占比

	美国	越南	新加坡	马来西亚	韩国	荷兰	德国	英国	尼日利亚	安哥拉	印度尼西亚	中国香港	澳大利亚	墨西哥	泰国	加拿大	南非	西班牙
出口总值（万美元）	27037.90	13842.60	11591.90	7352.10	7277.10	4848.40	4610.10	3878.00	2945.40	2918.90	2685.70	2592.10	2402.60	2204.00	2098.30	1904.10	1843.70	1763.60
占比（%）	7.21	3.69	3.09	1.96	1.94	1.29	1.23	1.03	0.79	0.78	0.72	0.69	0.64	0.59	0.56	0.51	0.49	0.47

图 5 - 9 - 27　2014 年 10 月中国新疆对其他 17 个国家出口总值及占比

	韩国	美国	新加坡	马来西亚	巴拿马	泰国	越南	尼日利亚	印度尼西亚	英国	荷兰	德国	安哥拉	巴西	澳大利亚	加拿大	日本
出口总值（万美元）	9985.30	9750.70	8618.80	8550.50	4073.60	3978.60	3577.20	3417.70	2825.00	2722.60	2140.80	2139.10	1754.40	1610.10	1508.70	1483.80	1171.20
占比（%）	3.38	3.30	2.91	2.89	1.38	1.35	1.21	1.16	0.96	0.92	0.72	0.72	0.59	0.54	0.51	0.50	0.40

次为：韩国、美国、新加坡、马来西亚、巴拿马、泰国、越南、尼日利亚、印度尼西亚、英国、荷兰、德国、安哥拉、巴西、澳大利亚、加拿大、日本。

中国新疆对其他国家出口贸易总值为69308.10万美元，占中国新疆出口总值的23.44%。其中，对韩国的出口总值为9985.30万美元，占中国新疆出口总值的3.38%，同比上升2815.30%，环比上升37.22%；对美国的出口总值为9750.70万美元，占中国新疆出口总值的3.30%，同比上升1372.70%，环比下降63.94%；对新加坡的出口总值为8618.80万美元，占中国新疆出口总值的2.91%，同比上升1417.60%，环比下降25.65%。

11. 2014年11月中国新疆对其他国家出口贸易月度分析

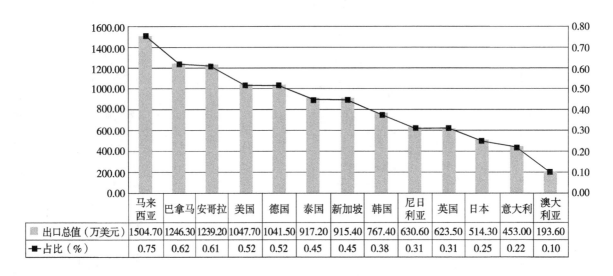

	马来西亚	巴拿马	安哥拉	美国	德国	泰国	新加坡	韩国	尼日利亚	英国	日本	意大利	澳大利亚
出口总值（万美元）	1504.70	1246.30	1239.20	1047.70	1041.50	917.20	915.40	767.40	630.60	623.50	514.30	453.00	193.60
占比（%）	0.75	0.62	0.61	0.52	0.52	0.45	0.45	0.38	0.31	0.31	0.25	0.22	0.10

图5-9-28 2014年11月中国新疆对其他13个国家出口总值及占比

由图5-9-28可以看出，中国新疆对其他13个国家的出口贸易总值大小排名依次为：马来西亚、巴拿马、安哥拉、美国、德国、泰国、新加坡、韩国、尼日利亚、英国、日本、意大利、澳大利亚。

中国新疆对其他国家出口贸易总值为11094.40万美元，占中国新疆出口总值的5.49%。其中，对马来西亚的出口总值为1504.70万美元，占中国新疆出口总值的0.75%，同比上升337.20%，环比下降82.40%；对巴拿马的出口总值为1246.30万美元，占中国新疆出口总值的0.62%，同比上升118593.40%，环比下降69.41%；对澳大利亚的出口总值为193.60万美元，占中国新疆出口总值的0.61%，同比上升126.80%，环比下降87.17%。

12. 2014年12月中国新疆对其他国家出口贸易月度分析

由图5-9-29可以看出，中国新疆对其他16个国家的出口贸易总值大小排名依次为：韩国、美国、马来西亚、新加坡、印度尼西亚、安哥拉、巴西、阿尔及利亚、意大利、越南、泰国、英国、巴拿马、日本、德国、澳大利亚。

中国新疆对其他国家出口贸易总值为29481.50万美元，占中国新疆出口总值的15.87%。其中，对韩国的出口总值为3298.50万美元，占中国新疆出口总值的1.78%，同比下降45.90%，环比上升329.83%；对美国的出口总值为2842.80万美元，占中国新疆出口总值的1.53%，同比下降88.50%，环比上升171.34%；对澳大利亚的出口总值为256.60万美元，占中国新疆出口总值

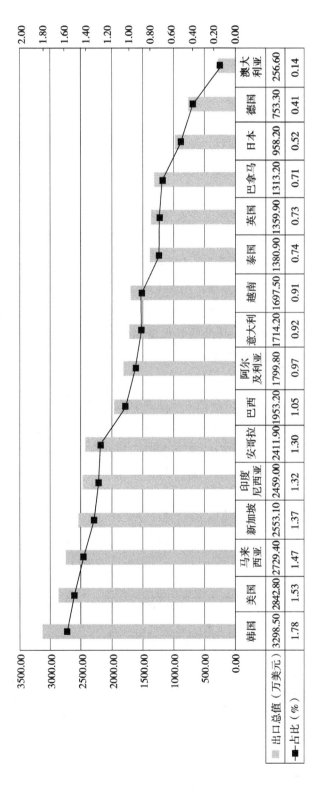

图 5 - 9 - 29　2014 年 12 月中国新疆对其他 16 个国家出口总值及占比

	韩国	美国	马来西亚	新加坡	印度尼西亚	安哥拉	巴西	阿尔及利亚	意大利	越南	泰国	英国	巴拿马	日本	德国	澳大利亚
出口总值（万美元）	3298.50	2842.80	2729.40	2553.10	2459.00	2411.90	1953.20	1799.80	1714.20	1697.50	1380.90	1359.90	1313.20	958.20	753.30	256.60
占比（%）	1.78	1.53	1.47	1.37	1.32	1.30	1.05	0.97	0.92	0.91	0.74	0.73	0.71	0.52	0.41	0.14

的 1.47%，同比下降 90.20%，环比上升 32.54%。

三、2014 年中国新疆对其他国家进口贸易总体分析

（一）2014 年中国新疆对其他国家进口贸易分析

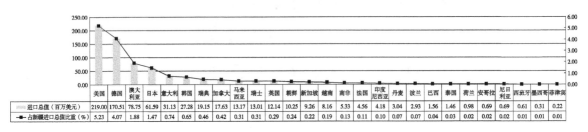

图 5 – 9 – 30　2014 年中国新疆对其他国家进口总值及占比

考虑到数据的相对完整性及连续性，本书仅选取其他国家中进出口贸易总值排名前 5 的美国、马来西亚、德国、韩国及新加坡进行 1~12 月的趋势分析。除新加坡 2~8 月未发生进出口贸易情况，其他 4 个国家均发生进出口贸易。由图 5 – 9 – 30 可以看出，新疆对其他国家的进出口总值大小排名顺序变动较大。具体来看，除 1 月、4 月、8~11 月之外，美国排名第一；1 月排名顺序为德国、美国、韩国、马来西亚和新加坡；4 月和 8 月排名顺序为德国、美国、马来西亚、韩国和新加坡；9 月排名顺序为德国、美国、韩国、马来西亚和新加坡；10 月排名顺序为韩国、德国、美国、马来西亚和新加坡；11 月排名顺序为德国、美国、马来西亚、新加坡和韩国。具体来说，新疆对美国的进出口总值呈倒波动变化趋势。其中，对美国的进出口贸易最高点在 7 月，为 55.25 百万美元，最低点在 1 月，为 6.02 百万美元；新疆对马来西亚的进出口贸易总值波动趋势较为平稳，最高点在 8 月，为 2.08 百万美元，最低点在 6 月，为 0.42 百万美元；新疆对德国的进出口贸易总值波动趋势较为平稳，最高点在 11 月，为 26.67 百万美元，最低点在 2 月，为 6.22 百万美元；新疆对韩国的进出口贸易总值波动趋势较为平缓，最高点在 10 月，为 16.28 百万美元，最低点在 11 月，为 0.11 百万美元；新疆对新加坡的进出口贸易总值波动趋势较为平稳，最高点在 9 月，为 0.92 百万美元，最低点在 2~8 月，为 0 百万美元。

（二）2014 年中国新疆对其他国家进口贸易趋势分析

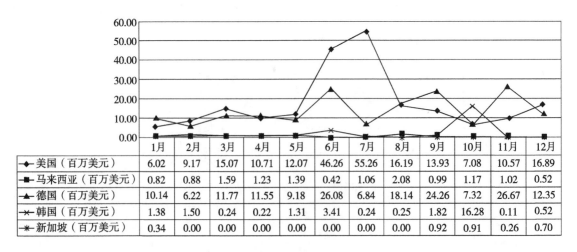

图 5 – 9 – 31　2014 年 1~12 月中国新疆对其他国家进口贸易情况

　　考虑到数据的相对完整性及连续性，本书仅选取其他国家中进口贸易总值排名前五的美国、马来西亚、德国、韩国及新加坡进行 1～12 月的趋势分析。除新加坡 2～8 月未发生进口贸易，其他 4 个国家均发生进口贸易。由图 5－9－31 可以看出，中国新疆对其他国家的进出口总值大小排名顺序变动较大。具体来看，除 1 月、4 月、8～11 月之外，美国排名第一；1 月排名顺序为德国、美国、韩国、马来西亚和新加坡；4 月和 8 月排名顺序为德国、美国、马来西亚、韩国和新加坡；9 月排名顺序为德国、美国、韩国、马来西亚和新加坡；10 月排名顺序为韩国、德国、美国、马来西亚和新加坡；11 月排名顺序为德国、美国、马来西亚、新加坡和韩国。具体来说，中国新疆对美国的进口总值呈波动变化趋势。其中，对美国的进口贸易最高点在 7 月，为 55. 26 百万美元，最低点在 1 月，为 6. 02 百万美元；中国新疆对马来西亚的进口贸易总值波动趋势较为平稳，在 8 月出现最高点，为 2. 08 百万美元，最低点在 6 月，为 0. 42 百万美元；中国新疆对德国的进口贸易总值波动趋势较为平稳，在 11 月出现最高点，为 26. 67 百万美元，最低点在 2 月，为 6. 22 百万美元；中国新疆对韩国的进口贸易总值波动趋势较为平缓，在 10 月出现最高点，为 16. 28 百万美元，最低点在 11 月，为 0. 11 百万美元；中国新疆对新加坡的进口贸易总值波动趋势较为平稳，在 9 月出现最高点，为 0. 92 百万美元，最低点在 2～8 月，为 0 百万美元。

　　（三）2014 年中国新疆对其他国家进口贸易月度分析

　　1. 2014 年 1 月中国新疆对其他国家进口贸易月度分析

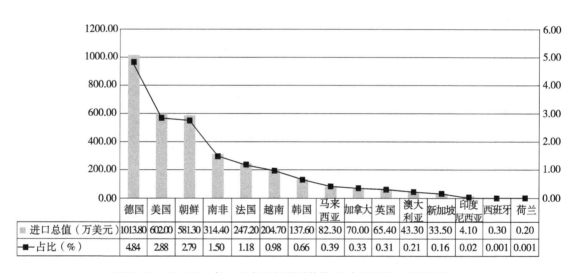

	德国	美国	朝鲜	南非	法国	越南	韩国	马来西亚	加拿大	英国	澳大利亚	新加坡	印度尼西亚	西班牙	荷兰
■进口总值（万美元）	1013.80	602.00	581.30	314.40	247.20	204.70	137.60	82.30	70.00	65.40	43.30	33.50	4.10	0.30	0.20
◆占比（%）	4.84	2.88	2.79	1.50	1.18	0.98	0.66	0.39	0.33	0.31	0.21	0.16	0.02	0.001	0.001

图 5－9－32　2014 年 1 月中国新疆对其他 15 个国家进口总值及占比

　　由图 5－9－32 可以看出，对 2014 年 1 月中国新疆对尼日利亚、泰国、赞比亚 3 个国家没有发生进口贸易，对剩下 15 个国家的进口贸易总值大小排名依次为：德国、美国、朝鲜、南非、法国、越南、韩国、马来西亚、加拿大、英国、澳大利亚、新加坡、印度尼西亚、西班牙、荷兰。

　　中国新疆对其他国家进口贸易总值为 3403. 10 万美元，占中国新疆进口总值的 16. 26%。其中，对德国的进口总值为 1013. 80 万美元，占中国新疆进口总值的 4. 84%，同比上升 23. 50%，环比上升 17. 71%；对美国的进口总值为 602. 00 万美元，占中国新疆进口总值的 2. 88%，同比下降 54. 80%，环比下降 76. 41%；对朝鲜的进口总值为 581. 30 万美元，占中国新疆进口总值的 2. 79%，同比上升 1957. 80%。

2. 2014 年 2 月中国新疆对其他国家进口贸易月度分析

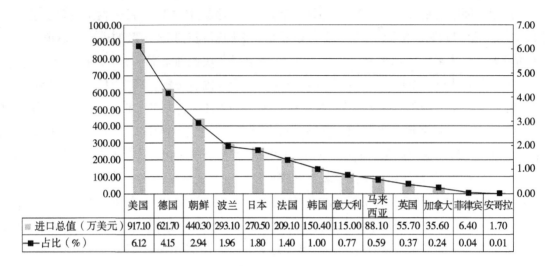

	美国	德国	朝鲜	波兰	日本	法国	韩国	意大利	马来西亚	英国	加拿大	菲律宾	安哥拉
进口总值（万美元）	917.10	621.70	440.30	293.10	270.50	209.10	150.40	115.00	88.10	55.70	35.60	6.40	1.70
占比（%）	6.12	4.15	2.94	1.96	1.80	1.40	1.00	0.77	0.59	0.37	0.24	0.04	0.01

图 5 - 9 - 33　2014 年 2 月中国新疆对其他 13 个国家进口值及占比

由图 5 - 9 - 33 可以看出，2014 年 2 月中国新疆对尼日利亚、塞内加尔、朝鲜、荷兰 4 个国家没有发生进口贸易，对剩下 13 个国家的进口贸易总值大小排名依次为：美国、德国、朝鲜、波兰、日本、法国、韩国、意大利、马来西亚、英国、加拿大、菲律宾、安哥拉。

中国新疆对其他国家进口贸易总值为 3204.70 万美元，占中国新疆进口总值的 21.38%。其中，对美国的进口总值为 917.10 万美元，占中国新疆进口总值的 6.12%，同比上升 3.30%，环比上升 52.34%；对德国的进口总值为 621.70 万美元，占中国新疆进口总值的 4.15%，同比上升 6.60%，环比下降 38.68%；对朝鲜的进口总值为 440.30 万美元，占中国新疆进口总值的 2.94%，同比上升 679%，环比下降 24.65%。

3. 2014 年 3 月中国新疆对其他国家进口贸易月度分析

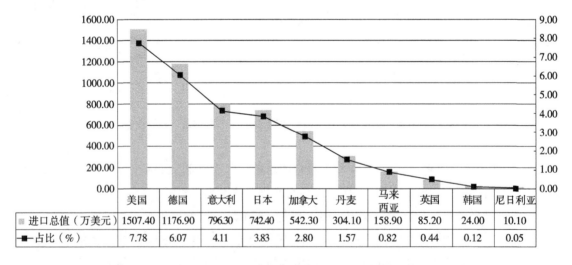

	美国	德国	意大利	日本	加拿大	丹麦	马来西亚	英国	韩国	尼日利亚
进口总值（万美元）	1507.40	1176.90	796.30	742.40	542.30	304.10	158.90	85.20	24.00	10.10
占比（%）	7.78	6.07	4.11	3.83	2.80	1.57	0.82	0.44	0.12	0.05

图 5 - 9 - 34　2014 年 3 月中国新疆对其他 10 个国家进口总值及占比

由图 5 - 9 - 34 可以看出，2014 年 3 月中国新疆对阿尔及利亚、泰国、塞内加尔 3 个国家没有发生进口贸易，对剩下 10 个国家的进口贸易总值大小排名依次为：美国、德国、意大利、日本、加拿大、丹麦、马来西亚、英国、韩国、尼日利亚。

　　中国新疆对其他国家进口贸易总值为 5347.60 万美元，占中国新疆进口总值的 27.60%。其中，对美国的进口总值为 1507.40 万美元，占中国新疆进口总值的 7.78%，同比下降 1.70%，环比上升 64.37%；对德国的进口总值为 1176.90 万美元，占中国新疆进口总值的 6.07%，同比下降 5.20%，环比上升 89.30%；对意大利的进口总值为 796.30 万美元，占中国新疆进口总值的 4.11%，同比上升 169.00%，环比上升 592.43%。

　　4. 2014 年 4 月中国新疆对其他国家进口贸易月度分析

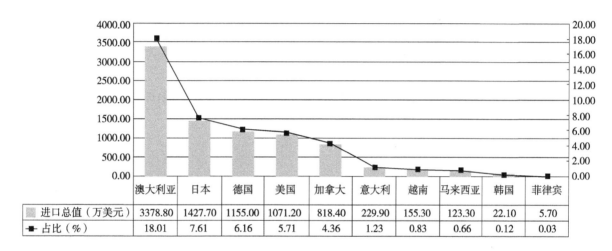

	澳大利亚	日本	德国	美国	加拿大	意大利	越南	马来西亚	韩国	菲律宾
进口总值（万美元）	3378.80	1427.70	1155.00	1071.20	818.40	229.90	155.30	123.30	22.10	5.70
占比（%）	18.01	7.61	6.16	5.71	4.36	1.23	0.83	0.66	0.12	0.03

图 5 - 9 - 35　2014 年 4 月中国新疆对其他 10 个国家进口总值及占比

　　由图 5 - 9 - 35 可以看出，2014 年 4 月中国新疆对其他 11 个国家的进口贸易中，对阿尔及利亚没有发生进口贸易，对剩下 10 个有进口贸易的国家按进口贸易总值大小排名依次为：澳大利亚、日本、德国、美国、加拿大、意大利、越南、马来西亚、韩国、菲律宾。

　　中国新疆对其他国家进口贸易总值为 8387.40 万美元，占中国新疆进口总值的 44.71%。其中，对澳大利亚的进口总值为 3378.80 万美元，占中国新疆进口总值的 18.01%，同比上升 124958.70%；对日本的进口总值为 1427.70 万美元，占中国新疆进口总值的 7.61%，同比上升 231.80%，环比上升 92.31%；对德国的进口总值为 1155.00 万美元，占中国新疆进口总值的 6.16%，同比上升 32.40%，环比下降 1.86%。

　　5. 2014 年 5 月中国新疆对其他国家进口贸易月度分析

　　由图 5 - 9 - 36 可以看出，2014 年 5 月中国新疆对赞比亚、印度尼西亚、阿尔及利亚 3 个国家没有发生进口贸易，对剩下 10 个有进口贸易的国家按进口贸易总值大小排名依次为：美国、德国、日本、意大利、加拿大、马来西亚、韩国、越南、菲律宾、泰国。

　　中国新疆对其他国家进口贸易总值为 3805.80 万美元，占中国新疆进口总值的 21.03%。其中，对美国的进口总值为 1206.70 万美元，占中国新疆进口总值的 6.67%，同比下降 21.80%，环比上升 12.65%；对德国的进口总值为 918.30 万美元，占中国新疆进口总值的 5.07%，同比下降 15.30%，环比下降 20.49%；对日本的进口总值为 741.80 万美元，占中国新疆进口总值的 4.10%，同比上升 129.80%，环比下降 48.04%。

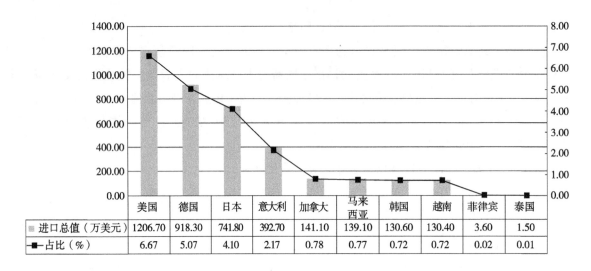

	美国	德国	日本	意大利	加拿大	马来西亚	韩国	越南	菲律宾	泰国
进口总值（万美元）	1206.70	918.30	741.80	392.70	141.10	139.10	130.60	130.40	3.60	1.50
占比（%）	6.67	5.07	4.10	2.17	0.78	0.77	0.72	0.72	0.02	0.01

图5-9-36 2014年5月中国新疆对其他10个国家进口总值及占比

6. 2014年6月中国新疆对其他国家进口贸易月度分析

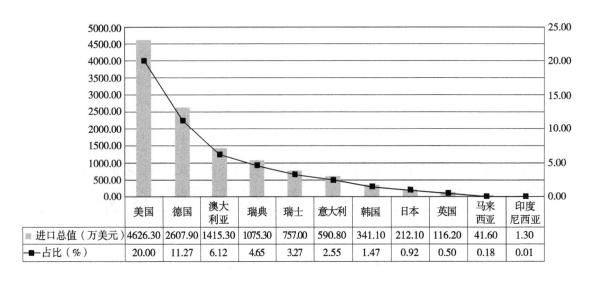

	美国	德国	澳大利亚	瑞典	瑞士	意大利	韩国	日本	英国	马来西亚	印度尼西亚
进口总值（万美元）	4626.30	2607.90	1415.30	1075.30	757.00	590.80	341.10	212.10	116.20	41.60	1.30
占比（%）	20.00	11.27	6.12	4.65	3.27	2.55	1.47	0.92	0.50	0.18	0.01

图5-9-37 2014年6月中国新疆对其他11个国家进口总值及占比

由图5-9-37可以看出，2014年6月中国新疆对赞比亚、泰国两个国家没有发生进口贸易，对剩下11个有进口贸易的国家按进口贸易总值大小排名依次为：美国、德国、澳大利亚、瑞典、瑞士、意大利、韩国、日本、英国、马来西亚、印度尼西亚。

中国新疆对其他国家进口贸易总值为11784.90万美元，占中国新疆进口总值的50.94%。其中，对美国的进口总值为4626.30万美元，占中国新疆进口总值的20.00%，同比上升106.10%，环比上升283.38%；对德国的进口总值为2607.90万美元，占中国新疆进口总值的11.27%，同比上升109.10%，环比上升183.99%；对澳大利亚的进口总值为1415.30万美元，占中国新疆进口总值的6.12%，同比上升8680.80%。

7. 2014 年 7 月中国新疆对其他国家进口贸易月度分析

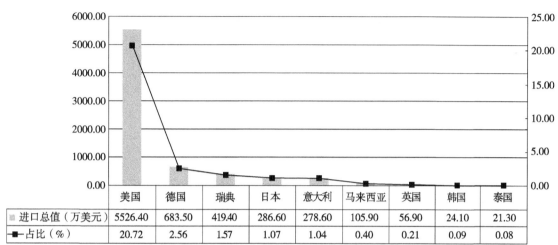

	美国	德国	瑞典	日本	意大利	马来西亚	英国	韩国	泰国
进口总值（万美元）	5526.40	683.50	419.40	286.60	278.60	105.90	56.90	24.10	21.30
占比（%）	20.72	2.56	1.57	1.07	1.04	0.40	0.21	0.09	0.08

图 5 - 9 - 38　2014 年 7 月中国新疆对其他 9 个国家进口总值及占比

由图 5 - 9 - 38 可以看出，2014 年 7 月中国新疆对菲律宾、阿尔及利亚、缅甸、尼日利亚、赞比亚 5 个国家没有进口贸易，对剩下 9 个有进口贸易的国家按进口贸易总值大小排名依次为：美国、德国、瑞典、日本、意大利、马来西亚、英国、韩国、泰国。

中国新疆对其他国家进口贸易总值为 7402.70 万美元，占中国新疆进口总值的 27.75%。其中，对美国的进口总值为 5526.40 万美元，占中国新疆进口总值的 20.72%，同比增长 101.30%，环比增长 19.46%；对德国的进口总值为 683.50 万美元，占中国新疆进口总值的 2.56%，同比下降 44.30%，环比下降 73.79%；对瑞典的进口总值为 419.40 万美元，占中国新疆进口总值的 1.57%，同比增长 748.30%，环比下降 61.00%。

8. 2014 年 8 月中国新疆对其他国家进口贸易月度分析

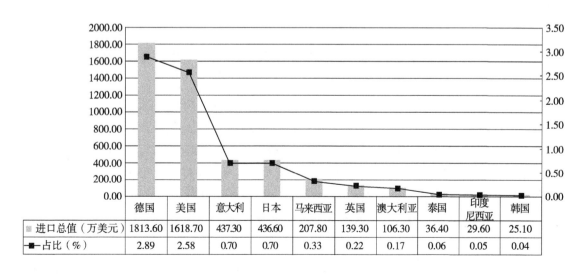

	德国	美国	意大利	日本	马来西亚	英国	澳大利亚	泰国	印度尼西亚	韩国
进口总值（万美元）	1813.60	1618.70	437.30	436.60	207.80	139.30	106.30	36.40	29.60	25.10
占比（%）	2.89	2.58	0.70	0.70	0.33	0.22	0.17	0.06	0.05	0.04

图 5 - 9 - 39　2014 年 8 月中国新疆对其他 10 个国家进口总值及占比

由图5－9－39可以看出，2014年8月中国新疆对赞比亚、缅甸、阿尔及利亚、尼日利亚4个国家没有进口贸易，对剩下10个有进口贸易的国家按进口贸易总值大小排名依次为：德国、美国、意大利、日本、马来西亚、英国、澳大利亚、泰国、印度尼西亚、韩国。

中国新疆对其他国家进口贸易总值为4850.70万美元，占中国新疆进口总值的7.73%。其中，对德国的进口总值为1813.60万美元，占中国新疆进口总值的2.89%，同比上升14.00%，环比增长165.34%；对美国的进口总值为1618.70万美元，占中国新疆进口总值的2.58%，同比上升57.20%，环比下降70.71%；对意大利的进口总值为437.30万美元，占中国新疆进口总值的0.70%，同比增长482.20%，环比上升56.96%。

9. 2014年9月中国新疆对其他国家进口贸易月度分析

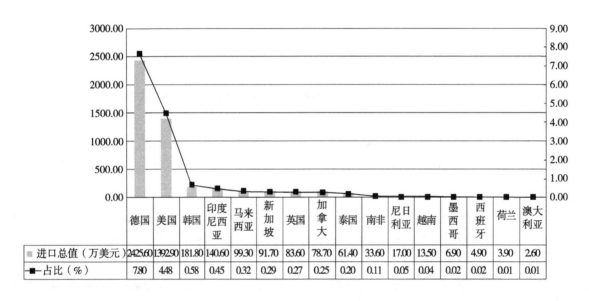

	德国	美国	韩国	印度尼西亚	马来西亚	新加坡	英国	加拿大	泰国	南非	尼日利亚	越南	墨西哥	西班牙	荷兰	澳大利亚
进口总值（万美元）	2425.60	1392.90	181.80	140.60	99.30	91.70	83.60	78.70	61.40	33.60	17.00	13.50	6.90	4.90	3.90	2.60
占比（%）	7.80	4.48	0.58	0.45	0.32	0.29	0.27	0.25	0.20	0.11	0.05	0.04	0.02	0.02	0.01	0.01

图5－9－40 2014年9月中国新疆对其他16个国家进口总值及占比

由图5－9－40可以看出，2014年9月中国新疆对其他16个国家中的安哥拉没有进口贸易，对剩下16个有进口贸易的国家按进口贸易总值大小排名依次为：德国、美国、韩国、印度尼西亚、马来西亚、新加坡、英国、加拿大、泰国、南非、尼日利亚、越南、墨西哥、西班牙、荷兰、澳大利亚。

中国新疆对其他国家进口贸易总值为4638.00万美元，占中国新疆进口总值的14.91%。其中，对德国的进口总值为2425.60万美元，占中国新疆进口总值的7.80%，同比上升101.40%，环比上升33.75%；对美国的进口总值为1392.90万美元，占中国新疆进口总值的4.48%，同比上升7.90%，环比下降13.95%；对韩国的进口总值为181.80万美元，占中国新疆进口总值的0.58%，同比下降32.20%，环比上升624.30%。

10. 2014年10月中国新疆对其他国家进口贸易月度分析

由图5－9－41可以看出，2014年10月中国新疆对巴拿马、越南、尼日利亚3个国家没有发生进口贸易，对剩下14个有进口贸易的国家按进口贸易总值大小排名依次为：韩国、日本、德国、美国、澳大利亚、英国、加拿大、马来西亚、印度尼西亚、新加坡、荷兰、安哥拉、泰国、巴西。

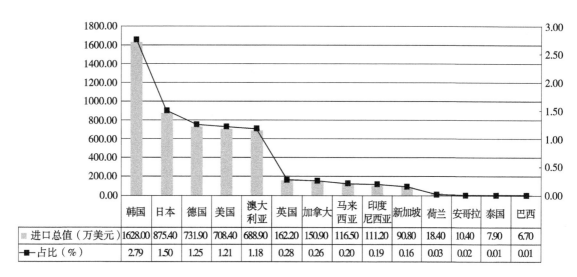

	韩国	日本	德国	美国	澳大利亚	英国	加拿大	马来西亚	印度尼西亚	新加坡	荷兰	安哥拉	泰国	巴西
进口总值（万美元）	1628.00	875.40	731.90	708.40	688.90	162.20	150.90	116.50	111.20	90.80	18.40	10.40	7.90	6.70
占比（%）	2.79	1.50	1.25	1.21	1.18	0.28	0.26	0.20	0.19	0.16	0.03	0.02	0.01	0.01

图 5 - 9 - 41　2014 年 10 月中国新疆对其他 14 个国家进口总值及占比

中国新疆对其他国家进口贸易总值为 5307.60 万美元，占中国新疆进口总值的 9.10%。其中，对韩国的进口贸易总值为 1628.00 万美元，占中国新疆进口总值的 2.79%，同比上升 1808.10%，环比上升 795.49%；对日本的进口贸易总值为 875.40 万美元，占中国新疆进口总值的 1.50%，同比上升 173.10%；对德国的进口贸易总值为 731.90 万美元，占中国新疆进口总值的 1.25%，同比上升 12.20%，环比下降 69.83%。

11. 2014 年 11 月中国新疆对其他国家进口贸易月度分析

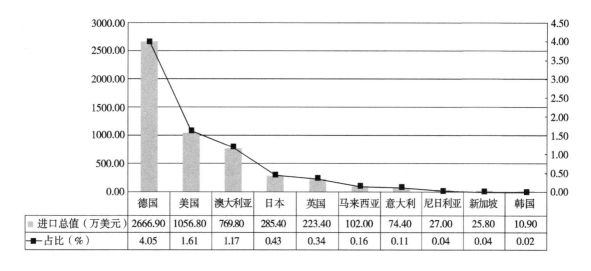

	德国	美国	澳大利亚	日本	英国	马来西亚	意大利	尼日利亚	新加坡	韩国
进口总值（万美元）	2666.90	1056.80	769.80	285.40	223.40	102.00	74.40	27.00	25.80	10.90
占比（%）	4.05	1.61	1.17	0.43	0.34	0.16	0.11	0.04	0.04	0.02

图 5 - 9 - 42　2014 年 11 月中国新疆对其他 10 个国家进口总值及占比

由图 5 - 9 - 42 可以看出，2014 年 11 月中国新疆对巴拿马、安哥拉、泰国没有发生进口贸易，中国新疆对 10 个国家发生进口贸易，按进口总值大小排名依次为：德国、美国、澳大利亚、日本、英国、马来西亚、意大利、尼日利亚、新加坡、韩国。

中国新疆对其他国家进口贸易总值为 5242.40 万美元，占中国新疆进口总值的 7.97%。其中，对德国的进口贸易总值为 2666.90 万美元，占中国新疆进口总值的 4.05%，同比上升 954.30%，环比上升264.38%；对美国的进口贸易总值为1056.80万美元，占中国新疆进口总值的1.61%，同比下降32.00%，环比上升49.18%；对澳大利亚的进口贸易总值为769.80万美元，占中国新疆进口总值的1.17%，同比上升410.40%，环比上升11.74%。

12. 2014年12月中国新疆对其他国家进口贸易月度分析

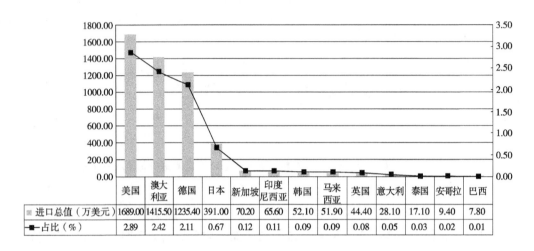

	美国	澳大利亚	德国	日本	新加坡	印度尼西亚	韩国	马来西亚	英国	意大利	泰国	安哥拉	巴西
进口总值（万美元）	1689.00	1415.50	1235.40	391.00	70.20	65.60	52.10	51.90	44.40	28.10	17.10	9.40	7.80
占比（%）	2.89	2.42	2.11	0.67	0.12	0.11	0.09	0.09	0.08	0.05	0.03	0.02	0.01

图5-9-43 2014年12月中国新疆对其他13个国家进口总值及占比

由图5-9-43可以看出，2014年12月中国新疆对阿尔及利亚、巴拿马、越南没有发生进口贸易，中国新疆对13个国家发生进口贸易，按进口总值大小排名依次为：美国、澳大利亚、德国、日本、新加坡、印度尼西亚、韩国、马来西亚、英国、意大利、泰国、安哥拉、巴西。

其中，对美国的进口贸易总值为1689.00万美元，占中国新疆进口总值的2.89%，同比下降33.80%，环比上升59.82%；对澳大利亚的进口贸易总值为1415.50万美元，占中国新疆进口总值的2.42%，同比上升3318.70%，环比上升83.88%；对德国的进口贸易总值为1235.40万美元，占中国新疆进口总值的2.11%，同比下降53.68%。

四、2014年中国新疆对其他国家的出口贸易与进口贸易比较分析

（一）2014年中国新疆对其他国家的出口贸易与进口贸易比较分析

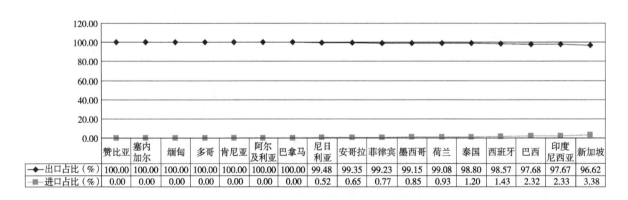

	赞比亚	塞内加尔	缅甸	多哥	肯尼亚	阿尔及利亚	巴拿马	尼日利亚	安哥拉	菲律宾	墨西哥	荷兰	泰国	西班牙	巴西	印度尼西亚	新加坡
出口占比（%）	100.00	100.00	100.00	100.00	100.00	100.00	100.00	99.48	99.35	99.23	99.15	99.08	98.80	98.57	97.68	97.67	96.62
进口占比（%）	0.00	0.00	0.00	0.00	0.00	0.00	0.00	0.52	0.65	0.77	0.85	0.93	1.20	1.43	2.32	2.33	3.38

图5-9-44（a） 2014年中国新疆对其他国家进出口总值中出口及进口占比

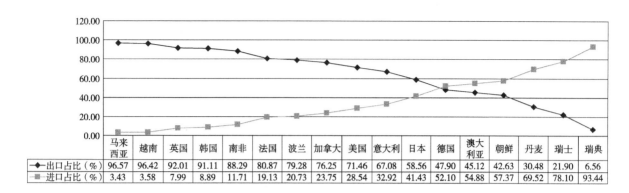

	马来西亚	越南	英国	韩国	南非	法国	波兰	加拿大	美国	意大利	日本	德国	澳大利亚	朝鲜	丹麦	瑞士	瑞典
出口占比（%）	96.57	96.42	92.01	91.11	88.29	80.87	79.28	76.25	71.46	67.08	58.56	47.90	45.12	42.63	30.48	21.90	6.56
进口占比（%）	3.43	3.58	7.99	8.89	11.71	19.13	20.73	23.75	28.54	32.92	41.43	52.10	54.88	57.37	69.52	78.10	93.44

图 5 - 9 - 44（b） 2014 年中国新疆对其他国家进出口总值中出口及进口占比

由图 5 - 9 - 44 可以看出，2014 年中国新疆对其他国家的进出口贸易中，除德国、澳大利亚、朝鲜、丹麦、瑞士、瑞典出口总值、进口总值占其进出口总值的比重是进口大于出口外，其余各国的出口均大于进口，说明中国新疆对其他国家的进出口贸易以出口为主导。

（二）2014 年中国新疆对其他国家的出口贸易与进口贸易的月度比较分析

1. 2014 年 1 月中国新疆对其他国家的出口贸易与进口贸易的月度比较分析

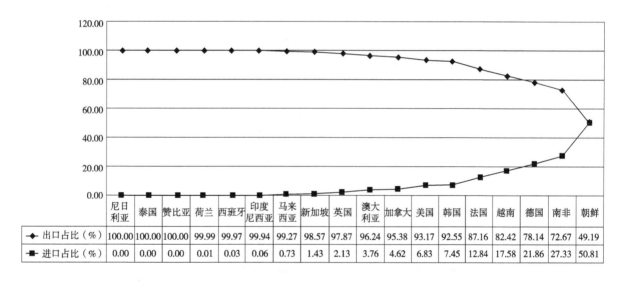

	尼日利亚	泰国	赞比亚	荷兰	西班牙	印度尼西亚	马来西亚	新加坡	英国	澳大利亚	加拿大	美国	韩国	法国	越南	德国	南非	朝鲜
出口占比（%）	100.00	100.00	100.00	99.99	99.97	99.94	99.27	98.57	97.87	96.24	95.38	93.17	92.55	87.16	82.42	78.14	72.67	49.19
进口占比（%）	0.00	0.00	0.00	0.01	0.03	0.06	0.73	1.43	2.13	3.76	4.62	6.83	7.45	12.84	17.58	21.86	27.33	50.81

图 5 - 9 - 45 2014 年 1 月中国新疆对其他 18 个国家进出口总值中出口及进口占比

由图 5 - 9 - 45 可以看出，2014 年 1 月，中国新疆对其他 18 个国家的进出口贸易中，除朝鲜外，各国均以出口为主。其中，尼日利亚、泰国、赞比亚只有出口贸易数据，没有进口贸易数据。

2. 2014 年 2 月中国新疆对其他国家的出口贸易与进口贸易的月度比较分析

由图 5 - 9 - 46 可以看出，2014 年 2 月，中国新疆对其他 20 个国家的进出口贸易中，除德国、朝鲜外，各国均以出口为主。其中，尼日利亚、塞内加尔、缅甸、多哥、肯尼亚、荷兰、阿尔及利亚只有出口贸易数据，没有进口贸易数据。

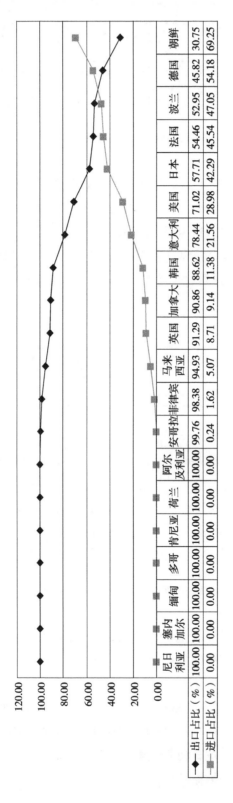

图 5 － 9 － 46　2014 年 2 月中国新疆对其他 20 个国家进出口总值中出口及进口占比

	尼日利亚	塞内加尔	缅甸	多哥	肯尼亚	荷兰	阿尔及利亚	安哥拉	菲律宾	马来西亚	英国	加拿大	韩国	意大利	美国	日本	法国	波兰	德国	朝鲜
出口占比（%）	100.00	100.00	100.00	100.00	100.00	100.00	100.00	99.76	98.38	94.93	91.29	90.86	88.62	78.44	71.02	57.71	54.46	52.95	45.82	30.75
进口占比（%）	0.00	0.00	0.00	0.00	0.00	0.00	0.00	0.24	1.62	5.07	8.71	9.14	11.38	21.56	28.98	42.29	45.54	47.05	54.18	69.25

3. 2014 年 3 月中国新疆对其他国家的出口贸易与进口贸易的月度比较分析

由图 5 - 9 - 47 可以看出，2014 年 3 月，中国新疆对其他 13 个国家的进出口贸易中，日本、意大利、美国、德国、加拿大、丹麦以进口为主，其余国家以出口为主。其中，阿尔及利亚、泰国、塞内加尔只有出口贸易数据，没有进口贸易数据。

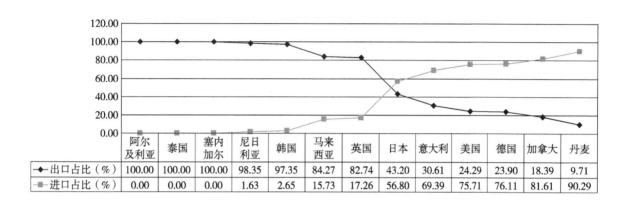

	阿尔及利亚	泰国	塞内加尔	尼日利亚	韩国	马来西亚	英国	日本	意大利	美国	德国	加拿大	丹麦
出口占比（%）	100.00	100.00	100.00	98.35	97.35	84.27	82.74	43.20	30.61	24.29	23.90	18.39	9.71
进口占比（%）	0.00	0.00	0.00	1.63	2.65	15.73	17.26	56.80	69.39	75.71	76.11	81.61	90.29

图 5 - 9 - 47　2014 年 3 月中国新疆对其他 13 个国家进出口总值中出口及进口占比

4. 2014 年 4 月中国新疆对其他国家的出口贸易与进口贸易的月度比较分析

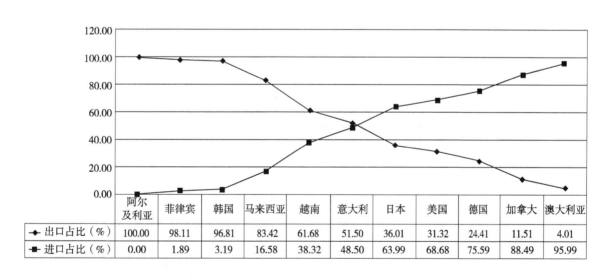

	阿尔及利亚	菲律宾	韩国	马来西亚	越南	意大利	日本	美国	德国	加拿大	澳大利亚
出口占比（%）	100.00	98.11	96.81	83.42	61.68	51.50	36.01	31.32	24.41	11.51	4.01
进口占比（%）	0.00	1.89	3.19	16.58	38.32	48.50	63.99	68.68	75.59	88.49	95.99

图 5 - 9 - 48　2014 年 4 月中国新疆对其他 11 个国家进出口总值中出口及进口占比

由图 5 - 9 - 48 可以看出，2014 年 4 月，中国新疆对其他 11 个国家的进出口贸易中，对阿尔及利亚、菲律宾、韩国、马来西亚、越南、意大利均已出口为主，对日本、美国、德国、加拿大、澳大利亚均以进口为主。其中，对阿尔及利亚没有发生进口贸易。

5. 2014 年 5 月中国新疆对其他国家的出口贸易与进口贸易的月度比较分析

由图 5 - 9 - 49 可以看出，2014 年 5 月，中国新疆对其他 14 个国家和地区的进出口贸易中，除日本、美国、中国台湾、德国、意大利外，其他各国均以出口为主。其中，赞比亚、印度尼西亚、阿尔及利亚只有出口贸易数据，没有进口贸易数据。

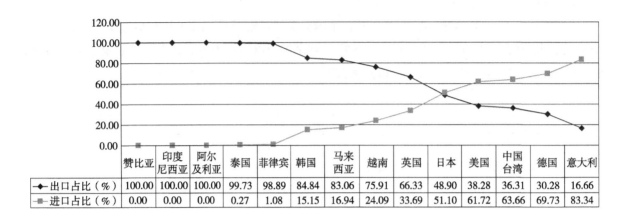

	赞比亚	印度尼西亚	阿尔及利亚	泰国	菲律宾	韩国	马来西亚	越南	英国	日本	美国	中国台湾	德国	意大利
◆ 出口占比（%）	100.00	100.00	100.00	99.73	98.89	84.84	83.06	75.91	66.33	48.90	38.28	36.31	30.28	16.66
■ 进口占比（%）	0.00	0.00	0.00	0.27	1.08	15.15	16.94	24.09	33.69	51.10	61.72	63.66	69.73	83.34

图5－9－49　2014年5月中国新疆对其他14个国家进出口总值中出口及进口占比

6. 2014年6月中国新疆对其他国家的出口贸易与进口贸易的月度比较分析

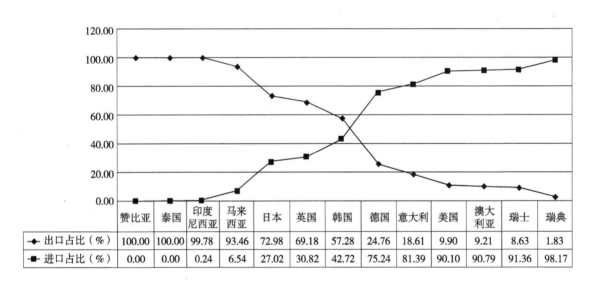

	赞比亚	泰国	印度尼西亚	马来西亚	日本	英国	韩国	德国	意大利	美国	澳大利亚	瑞士	瑞典
◆ 出口占比（%）	100.00	100.00	99.78	93.46	72.98	69.18	57.28	24.76	18.61	9.90	9.21	8.63	1.83
■ 进口占比（%）	0.00	0.00	0.24	6.54	27.02	30.82	42.72	75.24	81.39	90.10	90.79	91.36	98.17

图5－9－50　2014年6月中国新疆对其他13个国家进出口总值中出口及进口占比

由图5－9－50可以看出，2014年6月，中国新疆对其他13个国家的进出口贸易中，除德国、意大利、美国、澳大利亚、瑞士、瑞典以外，各国均以出口为主。其中，赞比亚、泰国只有出口贸易数据，没有进口贸易数据。

7. 2014年7月中国新疆对其他国家的出口贸易与进口贸易的月度比较分析

由图5－9－51可以看出，2014年7月，中国新疆对其他14个国家的进出口贸易中，除德国、意大利、美国、瑞典以外，其他各国均以出口为主。其中，菲律宾、阿尔及利亚、缅甸、尼日利亚、赞比亚只有出口贸易数据，没有进口贸易数据。

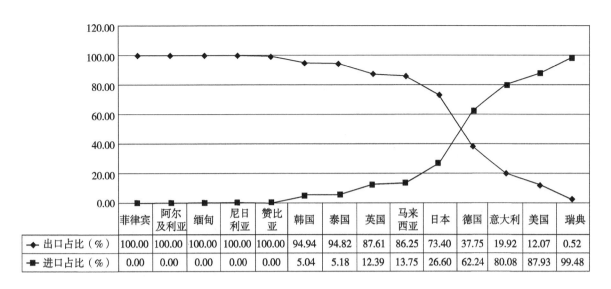

	菲律宾	阿尔及利亚	缅甸	尼日利亚	赞比亚	韩国	泰国	英国	马来西亚	日本	德国	意大利	美国	瑞典
◆ 出口占比（%）	100.00	100.00	100.00	100.00	100.00	94.94	94.82	87.61	86.25	73.40	37.75	19.92	12.07	0.52
■ 进口占比（%）	0.00	0.00	0.00	0.00	0.00	5.04	5.18	12.39	13.75	26.60	62.24	80.08	87.93	99.48

图 5 - 9 - 51　2014 年 7 月中国新疆对其他 14 个国家进出口总值中出口及进口占比

8. 2014 年 8 月中国新疆对其他国家的出口贸易与进口贸易的月度比较分析

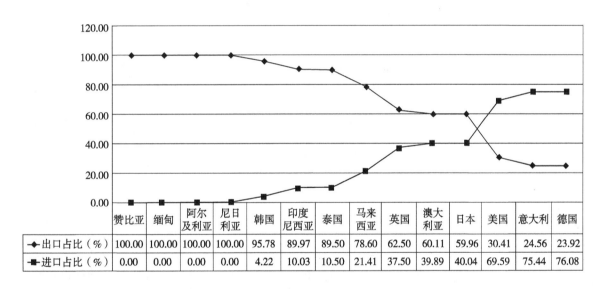

	赞比亚	缅甸	阿尔及利亚	尼日利亚	韩国	印度尼西亚	泰国	马来西亚	英国	澳大利亚	日本	美国	意大利	德国
◆ 出口占比（%）	100.00	100.00	100.00	100.00	95.78	89.97	89.50	78.60	62.50	60.11	59.96	30.41	24.56	23.92
■ 进口占比（%）	0.00	0.00	0.00	0.00	4.22	10.03	10.50	21.41	37.50	39.89	40.04	69.59	75.44	76.08

图 5 - 9 - 52　2014 年 8 月中国新疆对其他 14 个国家进出口总值中出口及进口占比

　　由图 5 - 9 - 52 可以看出，2014 年 8 月，中国新疆对其他 14 个国家的进出口贸易中，除美国、意大利、德国以外，其他各国均以出口为主。其中，赞比亚、缅甸、阿尔及利亚、尼日利亚只有出口贸易数据，没有进口贸易数据。

　　9. 2014 年 9 月中国新疆对其他国家的出口贸易与进口贸易的月度比较分析

　　由图 5 - 9 - 53 可以看出，2014 年 9 月，中国新疆对其他 17 个国家的进出口贸易中，均以出口为主。其中，对安哥拉只有出口贸易，没有进口贸易；对剩余 16 个国家的进出口贸易中，除德国的出口占比为 65.52% 外，其他国家的出口占比均高于 95%。

　　10. 2014 年 10 月中国新疆对其他国家的出口贸易与进口贸易的月度比较分析

　　由图 5 - 9 - 54 可以看出，2014 年 10 月，中国新疆对其他 17 个国家的进出口贸易中，均以出

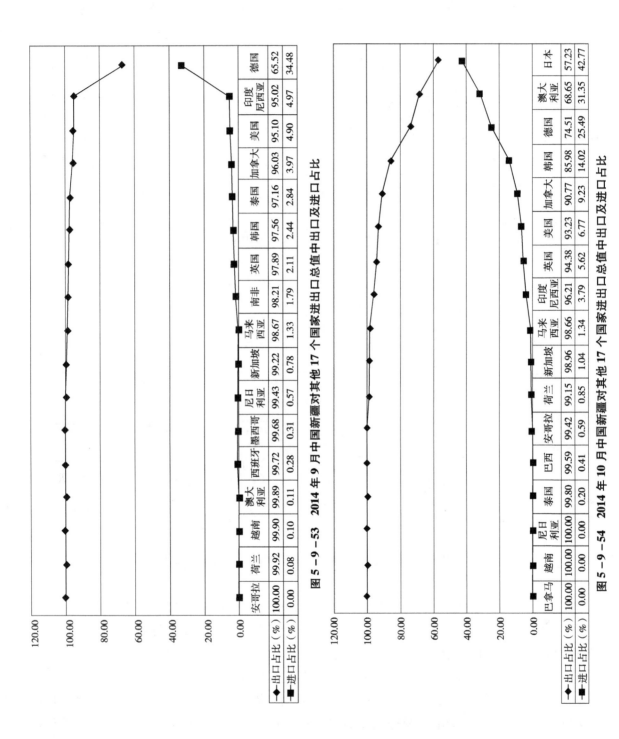

图 5 - 9 - 53　2014 年 9 月中国新疆对其他 17 个国家进出口总值中出口及进口占比

	安哥拉	荷兰	越南	澳大利亚	西班牙	墨西哥	尼日利亚	新加坡	马来西亚	南非	英国	韩国	泰国	加拿大	美国	印度尼西亚	德国
出口占比（%）	100.00	99.92	99.90	99.89	99.72	99.68	99.43	99.22	98.67	98.21	97.89	97.56	97.16	96.03	95.10	95.02	65.52
进口占比（%）	0.00	0.08	0.10	0.11	0.28	0.31	0.57	0.78	1.33	1.79	2.11	2.44	2.84	3.97	4.90	4.97	34.48

图 5 - 9 - 54　2014 年 10 月中国新疆对其他 17 个国家进出口总值中出口及进口占比

	巴拿马	越南	尼日利亚	泰国	巴西	安哥拉	荷兰	新加坡	马来西亚	印度尼西亚	英国	美国	加拿大	韩国	德国	澳大利亚	日本
出口占比（%）	100.00	100.00	100.00	99.80	99.59	99.42	99.15	98.96	98.66	96.21	94.38	93.23	90.77	85.98	74.51	68.65	57.23
进口占比（%）	0.00	0.00	0.00	0.20	0.41	0.59	0.85	1.04	1.34	3.79	5.62	6.77	9.23	14.02	25.49	31.35	42.77

口为主。其中，对巴拿马、越南、尼日利亚只有出口贸易，没有进口贸易；对剩余 15 个国家的进出口贸易中，除德国、澳大利亚、日本的出口占比小于 75% 外，其他国家的出口占比均高于 85%。

11. 2014 年 11 月中国新疆对其他国家的出口贸易与进口贸易的月度比较分析

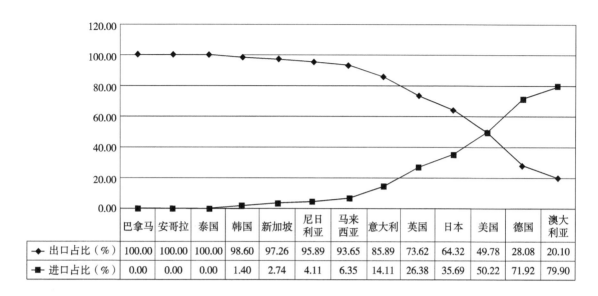

	巴拿马	安哥拉	泰国	韩国	新加坡	尼日利亚	马来西亚	意大利	英国	日本	美国	德国	澳大利亚
◆ 出口占比（%）	100.00	100.00	100.00	98.60	97.26	95.89	93.65	85.89	73.62	64.32	49.78	28.08	20.10
■ 进口占比（%）	0.00	0.00	0.00	1.40	2.74	4.11	6.35	14.11	26.38	35.69	50.22	71.92	79.90

图 5 - 9 - 55　2014 年 11 月中国新疆对其他 13 个国家进出口总值中出口及进口占比

由图 5 - 9 - 55 可以看出，2014 年 11 月，中国新疆对其他 13 个国家的进出口贸易中，除美国、德国、澳大利亚进口大于出口外，剩余国家均以出口贸易为主。其中，对巴拿马、安哥拉、泰国只有出口贸易，没有进口贸易。

12. 2014 年 12 月中国新疆对其他国家的出口贸易与进口贸易的月度比较分析

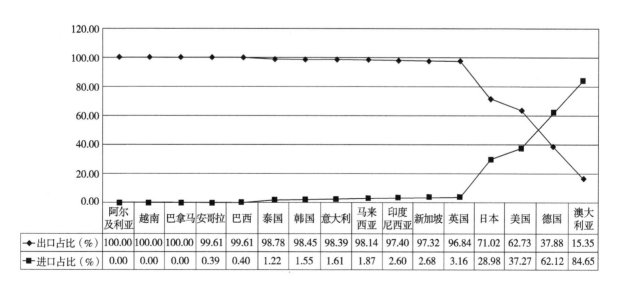

	阿尔及利亚	越南	巴拿马	安哥拉	巴西	泰国	韩国	意大利	马来西亚	印度尼西亚	新加坡	英国	日本	美国	德国	澳大利亚
◆ 出口占比（%）	100.00	100.00	100.00	99.61	99.61	98.78	98.45	98.39	98.14	97.40	97.32	96.84	71.02	62.73	37.88	15.35
■ 进口占比（%）	0.00	0.00	0.00	0.39	0.40	1.22	1.55	1.61	1.87	2.60	2.68	3.16	28.98	37.27	62.12	84.65

图 5 - 9 - 56　2014 年 12 月中国新疆对其他 16 个国家进出口总值中出口及进口占比

由图5-9-56可以看出，2014年12月，中国新疆对其他16个国家的进出口贸易中，对阿尔及利亚、越南、巴拿马3个国家只有出口贸易，没有进口贸易；对越南、巴拿马、安哥拉、巴西、泰国、韩国、意大利、马来西亚、印度尼西亚、新加坡、英国、日本、美国以出口贸易为主；对德国、澳大利亚以进口贸易为主。

第六章 2015 年中国新疆向西开放
（进出口贸易）年度报告

第一节 2015 年中国新疆向西开放（进出口贸易）年度总结

一、中国新疆进出口贸易进入低谷期，进出口总值下降幅度远高于全国平均水平

2015 年中国新疆实现进出口总值 196.78 亿美元，占全国进出口总值的 0.50%，同比下降 28.90%，同期全国进出口贸易同比下降 8.00%，低于全国平均增速 20.90 个百分点。其中，出口 175.06 亿美元，占全国出口总值的 0.77%，同比下降 25.40%，低于全国平均水平 22.60 个百分点；进口 21.72 亿美元，占全国进口总值的 0.13%，同比下降 48.20%，低于全国平均水平 34.10 个百分点。

分季度来看，4 个季度进出口总值分别为 29.37 亿美元、41.08 亿美元、73.88 亿美元、43.37 亿美元，最高峰出现在第三季度。

二、边境小额贸易占主导地位，进出口、出口、进口同比下降

在中国新疆的主要进出口贸易方式中，边境小额贸易占主导地位。边境小额贸易进出口总值为 96.19 亿美元，同比下降 32.40%，占中国新疆进出口总值的 48.88%；其中出口总值为 93.50 亿美元，同比下降 27.20%，进口总值为 2.69 亿美元，同比下降 80.50%。

三、民营企业主导进出口贸易

2015 年中国新疆不同性质企业的进出口情况中，民营企业占主导地位。民营企业进出口总值为 165.18 亿美元，同比下降 24.70%，占中国新疆进出口总值的 83.94%；其中出口总值为 154.02

亿美元，同比下降 26.50%，进口总值为 11.51 亿美元，同比上升 14.90%。国有企业进出口总值为 28.93 亿美元，同比下降 47.60%，占中国新疆进出口总值的 14.70%；其中出口总值为 20.27 亿美元，同比下降 16.50%，进口总值为 8.66 亿美元，同比下降 72.00%。

四、机电产品出口、进口总值排名第一

2015 年中国新疆出口商品中，机电产品、服装及衣着附件和鞋类的出口总值占主要地位，三者之和占中国新疆商品出口总值的 61.95%。其中，机电产品的出口总值位居第一，出口总值为 50.17 亿美元，占中国新疆商品出口总值的 28.66%，同比下降 11.40%，环比下降 11.36%；服装及衣着附件的出口总值为 33.65 亿美元，占中国新疆商品出口总值的 19.22%，同比下降 45.20%，环比下降 45.23%，排名第二；鞋类的出口总值为 24.63 亿美元，占中国新疆商品出口总值的 14.07%，同比下降 27.90%，环比下降 27.94%，排名第三。

2015 年中国新疆进口商品中，机电产品和农产品的进口总值占主导地位，两者之和占中国新疆进口总值的 51.73%，其中机电产品的进口总值排名第一，为 7.38 亿美元，占中国新疆商品进口总值的 33.97%，同比上升 37.80%；农产品的进口总值排名第二，进口总值为 3.86 亿美元，占中国新疆商品进口总值的 17.75%，同比下降 16.30%；高新技术产品的进口总值位居第三，进口总值为 1.63 亿美元，占中国新疆商品进口总值的 7.50%，同比上升 36.20%。

五、哈萨克斯坦仍为中国新疆在中亚的第一贸易国

2015 年中国新疆对中亚五国进出口总值为 10997.12 百万美元，占中国新疆进出口总值的 55.89%。中国新疆对中亚五国的进出口贸易中，出口占主导地位。哈萨克斯坦为中国新疆对中亚五国的第一进出口、出口和进口贸易国，中国新疆对哈萨克斯坦进出口、出口、进口贸易均同比下降。其中，中国新疆对哈萨克斯坦的进出口总值为 5747.89 百万美元，占中国新疆进出口总值的 29.21%，同比下降 43.30%；对哈萨克斯坦的出口总值为 5261.52 百万美元，占中国新疆出口总值的 30.06%，同比下降 40.10%；对哈萨克斯坦的进口总值为 486.37 百万美元，占中国新疆进口总值的 22.39%，同比下降 63.80%。

中国新疆对中亚五国的进出口贸易中，各国的出口总值、进口总值占其进出口总值的比重均是出口大于进口，说明中国新疆对中亚五国的进出口贸易均以出口为主导，且出口远大于进口，出口占比除乌兹别克斯坦为 66.74% 外，其余四国均超过 90%。

六、伊朗仍为中国新疆在西亚的第一贸易国

2015 年中国新疆对西亚国家进出口总值为 1047.61 百万美元，占中国新疆进出口总值的 5.32%。中国新疆对西亚国家的进出口贸易中，出口占主导地位。伊朗是中国新疆对西亚国家的第一大进出口和出口贸易国，土耳其是中国新疆对西亚国家的第一大进口贸易国。其中，对伊朗的进出口总值为 591.21 百万美元，占中国新疆进出口总值的 3.00%，同比下降 25.80%；对伊朗的出口总值为 571.01 百万美元，占中国新疆出口总值的 3.26%，同比下降 28.20%；对伊朗的进口总值为 20.20 百万美元，占中国新疆进口总值的 0.93%，同比上升 1310.90%。

2015 年中国新疆对西亚国家的进出口贸易中，各国的出口总值、进口总值占其进出口总值的比重均是出口大于进口，说明中国新疆对西亚国家的进出口贸易均以出口为主导，且出口远大于进

口，土耳其出口占比最小，为 64.48%，黎巴嫩出口占比最大，达到 100%。

七、巴基斯坦取代印度成为中国新疆在南亚的第一贸易国

2015 年中国新疆对南亚国家进出口贸易中，按进出口贸易总值大小排名依次为：巴基斯坦、印度。中国新疆对南亚国家进出口总值为 532.77 百万美元，占中国新疆进出口总值的 2.71%。中国新疆对南亚国家的进出口贸易往来以出口为主。巴基斯坦是中国新疆对南亚国家的第一大进出口、出口和进口贸易伙伴，出口、进口同比上升。其中：对巴基斯坦的进出口总值为 312.55 百万美元，占中国新疆进出口总值的 1.59%，同比下降 1.90%；对巴基斯坦出口总值为 330.80 万美元，占中国新疆出口总值的 0.33%，同比上升 15.90%，环比下降 90.19%；对巴基斯坦进口总值为 308.70 万美元，占中国新疆进口总值的 2.61%，同比上升 1249.30%，环比下降 57.11%。

2015 年中国新疆对南亚国家的进出口贸易中，各国的出口总值、进口总值占其进出口总值的比重均是出口大于进口，说明中国新疆对南亚国家的进出口贸易均以出口为主导，且出口远大于进口，出口占比在 80% 以上。

八、在东欧三国中，中国新疆仅与乌克兰发生贸易往来

2015 年中国新疆对东欧国家的进出口贸易中，只与乌克兰国家发生贸易往来，其进出口、出口、进口均同比下降，出口大于进口。其中：对乌克兰的进出口总值为 68.72 百万美元，占中国新疆进出口总值的 0.35%，同比下降 57.60%。中国新疆对乌克兰的贸易以出口为主，其中：出口总值为 68.43 百万美元，占中国新疆出口总值的 0.39%，同比下降 57.70%；进口总值为 0.29 百万美元，占中国新疆进口总值的 0.01%，同比下降 49.40%。

九、中国新疆对俄罗斯的进出口、进口贸易同比下降，出口贸易同比上升

2015 年中国新疆对俄罗斯的贸易中，进出口、进口同比下降，出口同比上升；以出口贸易为主。对俄罗斯的进出口总值为 938.09 百万美元，占中国新疆进出口总值的 4.77%，同比下降 56.40%。其中：出口总值为 816.57 百万美元，占中国新疆出口总值的 4.66%，同比上升 37.50%；进口总值为 121.52 百万美元，占中国新疆进口总值的 5.60%，同比下降 92.20%。

十、中国新疆对蒙古国的进出口贸易下滑

2015 年中国新疆对蒙古国的贸易中，进出口、进口同比下降，出口同比上升；以进口贸易为主。其中：对蒙古国的进出口总值为 99.81 百万美元，占中国新疆进出口总值的 0.51%，同比下降 76.20%。中国新疆对蒙古国的贸易以进口为主，其中：进口总值为 58.56 百万美元，占中国新疆进口总值的 2.70%，同比上升 37.60%；出口总值为 41.25 百万美元，占中国新疆出口总值的 0.24%，同比下降 89.10%。

十一、美国仍为中国新疆对其他国家的第一贸易国

2015 年中国新疆对其他国家进出口贸易中，美国为主要进出口、出口、进口大国。按进出口贸易总值大小排名依次为：美国、德国、荷兰、安哥拉、英国、新加坡、马来西亚、意大利、日本、泰国、加拿大、澳大利亚、墨西哥、韩国、西班牙、越南、印度尼西亚、法国、菲律宾、阿尔

及利亚、比利时、巴西、智利、波兰、加纳、肯尼亚、巴拿马、尼日利亚、喀麦隆、芬兰、塞内加尔、秘鲁、罗马尼亚、科特迪瓦、瑞典、奥地利。对美国的进出口总值为2071.85百万美元，占中国新疆进出口总值的10.53%，同比上升10.53%；对美国的出口总值为1634.80百万美元，占中国新疆出口总值的9.34%，同比上升198.10%；对美国的进口总值为437.05百万美元，占中国新疆进口总值的20.12%，同比上升99.60%。

2015年，中国新疆对其他国家的进出口贸易中，除芬兰、瑞典、奥地利、德国出口总值、进口总值占其进出口总值的比重是进口大于出口外，其余各国的出口均大于进口，说明中国新疆对其他国家的进出口贸易以出口为主导。

第二节　2015年中国新疆向西开放（进出口贸易）总体概况

一、2015年中国新疆外贸进出口总值总体分析

（一）2015年中国新疆外贸进出口总值分析

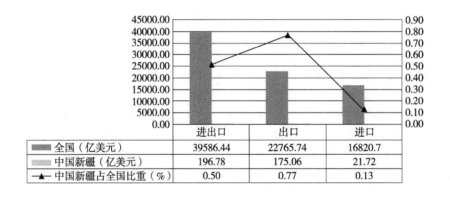

	进出口	出口	进口
全国（亿美元）	39586.44	22765.74	16820.7
中国新疆（亿美元）	196.78	175.06	21.72
中国新疆占全国比重（%）	0.50	0.77	0.13

图6-2-1　2015年中国新疆与全国进出口总值对比

从图6-2-1分析可知，2015年中国新疆实现进出口总值196.78亿美元，占全国进出口总值的0.50%，同比下降28.90%，全国进出口贸易同比下降8.00%，低于全国平均增速20.90个百分点。其中，出口175.06亿美元，占全国出口总值的0.77%，同比下降25.40%，低于全国平均水平22.60个百分点；进口21.72亿美元，占全国进口总值的0.13%，同比下降48.20%，低于全国平均水平34.10个百分点。

（二）2015年中国新疆外贸进出口趋势分析

依据图6-2-2分析可知，从全年的走势来看，中国新疆进出口总值和出口总值的趋势基本一致。1～2月均呈现下降趋势，3月达到了全年的最低谷；4月出现一个小高峰；5份又呈现下降的趋势，进入第三季度后开始逐步上升，9月又一次出现高峰，实现全年的最高值随后开始下降。中

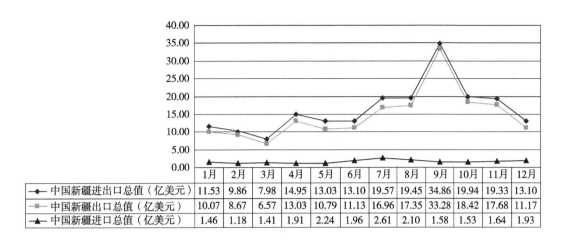

图 6 - 2 - 2　2015 年 1 ~ 12 月中国新疆进出口总值

国新疆进口总值 1 ~ 6 月基本处于平稳的状态，7 月达到全年的最高值，8 月又呈现下降趋势，进入第四季度又处于平稳的状态。分季度来看，4 个季度进出口总值分别为 29.37 亿美元、41.07 亿美元、73.88 亿美元、52.37 亿美元，最高峰出现在第三季度。

（三）2015 年中国新疆外贸进出口月度分析

1. 2015 年 1 月中国新疆外贸进出口月度分析

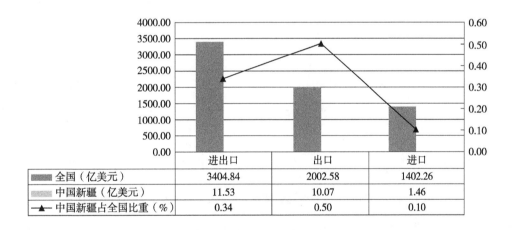

图 6 - 2 - 3　2015 年 1 月中国新疆与全国进出口、进口、出口总值对比

从图 6 - 2 - 3 可以看出：全国实现进出口贸易总值为 3404.84 亿美元，中国新疆实现进出口贸易总值为 11.53 亿美元，占全国进出口总值的 0.34%，同比下降 53.00%，环比下降 52.81%。

其中：全国出口总值达 2002.58 亿美元，中国新疆出口总值达 10.07 亿美元，占全国出口总值的 0.50%，同比下降 55.00%，环比下降 45.80%；全国进口总值达 1402.26 亿美元，中国新疆进口总值为 1.46 亿美元，占全国进口总值的 0.10%，同比下降 30.60%，环比下降 75.08%。

2. 2015 年 2 月中国新疆外贸进出口月度分析

从图 6 - 2 - 4 可以看出：全国实现进出口贸易总值为 2777.62 亿美元，中国新疆实现进出口贸易总值为 9.86 亿美元，占全国进出口总值的 0.35%，同比上升 8.67%，环比下降 14.49%。

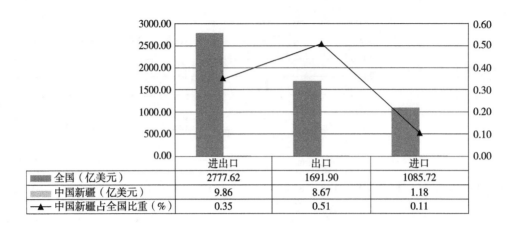

	进出口	出口	进口
全国（亿美元）	2777.62	1691.90	1085.72
中国新疆（亿美元）	9.86	8.67	1.18
中国新疆占全国比重（%）	0.35	0.51	0.11

图6-2-4　2015年2月中国新疆与全国进出口、进口、出口总值对比

其中：全国出口总值达1691.90亿美元，中国新疆出口总值达8.67亿美元，占全国出口总值的0.51%，同比上升14.60%，环比下降13.87%；全国进口总值达1085.72亿美元，中国新疆进口总值为1.18亿美元，占全国进口总值的0.11%，同比下降21.20%，环比下降18.79%。

3.2015年3月中国新疆外贸进出口月度分析

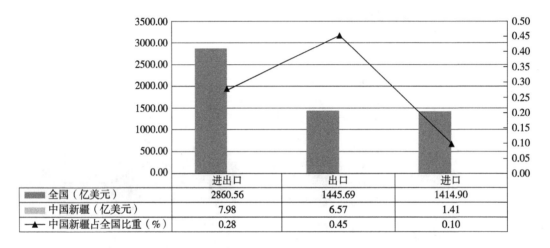

	进出口	出口	进口
全国（亿美元）	2860.56	1445.69	1414.90
中国新疆（亿美元）	7.98	6.57	1.41
中国新疆占全国比重（%）	0.28	0.45	0.10

图6-2-5　2015年3月中国新疆与全国进出口、进口、出口总值对比

从图6-2-5可以看出：全国实现进出口贸易总值为2860.56亿美元，中国新疆实现进出口贸易总值为7.98亿美元，占全国进出口总值的0.28%，同比下降43.20%，环比下降19.02%。

其中：全国出口总值为1445.69亿美元，中国新疆出口总值为6.57亿美元，占全国出口总值的0.45%，同比下降45.80%，环比下降24.22%；全国进口总值为1414.90亿美元，中国新疆进口总值为1.41亿美元，占全国进口总值的0.10%，同比下降27.40%，环比上升19.09%。

4.2015年4月中国新疆外贸进出口月度分析

从图6-2-6可以看出：全国实现进出口贸易总值为3185.27亿美元，中国新疆实现进出口贸易总值为14.95亿美元，占全国进出口总值的0.47%，同比下降21.00%，环比上升87.34%。

其中：全国出口总值为1763.31亿美元，中国新疆出口总值为13.03亿美元，占全国出口总值的0.74%，同比下降23.50%，环比上升98.23%；全国进口总值为1421.96亿美元，中国新疆进口总值为1.91亿美元，占全国进口总值的0.13%，同比上升1.80%，环比上升35.94%。

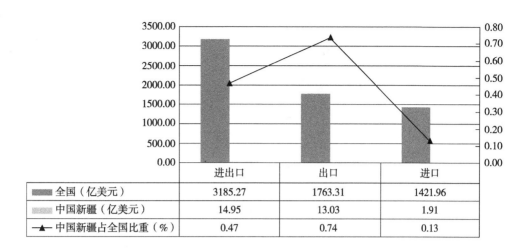

	进出口	出口	进口
▮ 全国（亿美元）	3185.27	1763.31	1421.96
▮ 中国新疆（亿美元）	14.95	13.03	1.91
—▲— 中国新疆占全国比重（%）	0.47	0.74	0.13

图 6 - 2 - 6   2015 年 4 月中国新疆与全国进出口、进口、出口总值对比

5. 2015 年 5 月中国新疆外贸进出口月度分析

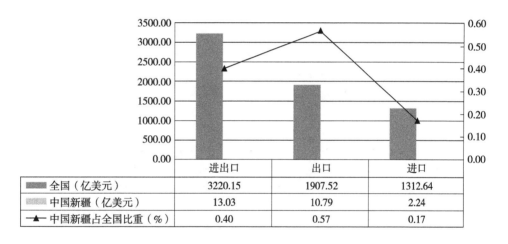

	进出口	出口	进口
▮ 全国（亿美元）	3220.15	1907.52	1312.64
▮ 中国新疆（亿美元）	13.03	10.79	2.24
—▲— 中国新疆占全国比重（%）	0.40	0.57	0.17

图 6 - 2 - 7   2015 年 5 月中国新疆与全国进出口、进口、出口总值对比

从图 6 - 2 - 7 可以看出：全国实现进出口贸易总值为 3220.15 亿美元，中国新疆实现进出口贸易总值为 13.03 亿美元，占全国进出口总值的 0.40%，同比下降 17.90%，环比下降 12.85%。

其中：全国出口总值为 1907.52 亿美元，中国新疆出口总值为 10.79 亿美元，占全国出口总值的 0.57%，同比下降 23.02%，环比下降 17.21%；全国进口总值为 1312.64 亿美元，中国新疆进口总值为 2.24 亿美元，占全国进口总值的 0.17%，同比上升 23.00%，环比上升 16.79%。

6. 2015 年 6 月中国新疆外贸进出口月度分析

从图 6 - 2 - 8 可以看出：全国实现进出口贸易总值为 3374.87 亿美元，中国新疆实现进出口贸易总值为 13.10 亿美元，占全国进出口总值的 0.39%，同比下降 21.40%，环比上升 0.56%。

其中：全国出口总值为 1920.11 亿美元，中国新疆出口总值为 11.13 亿美元，占全国出口总值的 0.58%，同比下降 22.40%，环比上升 3.21%；全国进口总值为 1454.76 亿美元，中国新疆进口总值为 1.96 亿美元，占全国出口总值的 0.13%，同比下降 15.40%，环比下降 12.22%。

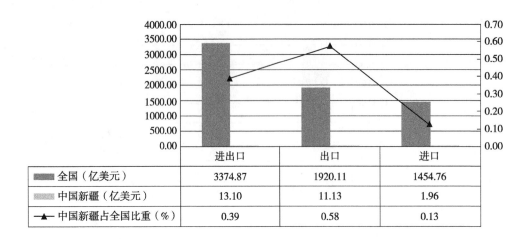

	进出口	出口	进口
全国（亿美元）	3374.87	1920.11	1454.76
中国新疆（亿美元）	13.10	11.13	1.96
中国新疆占全国比重（%）	0.39	0.58	0.13

图 6-2-8 2015年6月中国新疆与全国进出口、进口、出口总值对比

7.2015年7月中国新疆外贸进出口月度分析

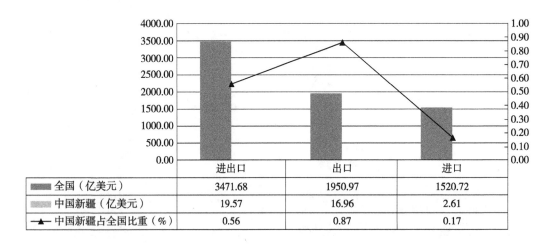

	进出口	出口	进口
全国（亿美元）	3471.68	1950.97	1520.72
中国新疆（亿美元）	19.57	16.96	2.61
中国新疆占全国比重（%）	0.56	0.87	0.17

图 6-2-9 2015年7月中国新疆与全国进出口、进口、出口总值对比

从图 6-2-9 可以看出：全国实现进出口贸易总值为3471.68亿美元，中国新疆实现进出口贸易总值为19.57亿美元，占全国进出口总值的0.56%，同比下降5.80%，环比上升49.45%。

其中：全国出口总值为1950.97亿美元，中国新疆出口总值为16.96亿美元，占全国出口总值的0.87%，同比下降6.30%，环比上升52.31%；全国进口总值为1520.72亿美元，中国新疆进口总值为2.61亿美元，占全国进口总值的0.17%，同比下降2.40%，环比上升33.19%。

8.2015年8月中国新疆外贸进出口月度分析

从图 6-2-10 可以看出：全国实现进出口贸易总值为3335.30亿美元，中国新疆实现进出口贸易总值为19.45亿美元，占全国进出口总值的0.58%，同比下降34.40%，环比下降0.64%。

其中：全国出口总值为1968.83亿美元，中国新疆出口总值为17.35亿美元，占全国出口总值的0.88%，同比下降25.70%，环比上升2.27%；全国进口总值为1366.47亿美元，中国新疆进口总值为2.10亿美元，占全国进口总值的0.15%，同比下降66.50%，环比下降19.49%。

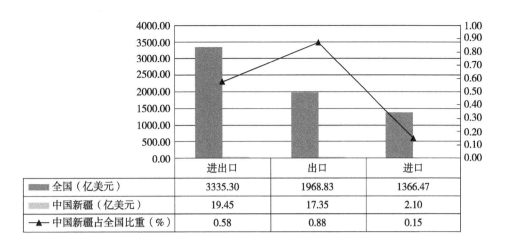

	进出口	出口	进口
全国（亿美元）	3335.30	1968.83	1366.47
中国新疆（亿美元）	19.45	17.35	2.10
中国新疆占全国比重（%）	0.58	0.88	0.15

图 6 - 2 - 10　2015 年 8 月中国新疆与全国进出口、进口、出口总值对比

9. 2015 年 9 月中国新疆外贸进出口月度分析

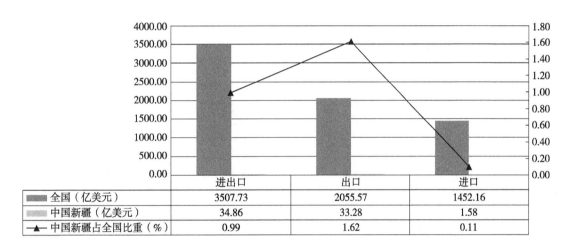

	进出口	出口	进口
全国（亿美元）	3507.73	2055.57	1452.16
中国新疆（亿美元）	34.86	33.28	1.58
中国新疆占全国比重（%）	0.99	1.62	0.11

图 6 - 2 - 11　2015 年 9 月中国新疆与全国进出口、进口、出口总值对比

从图 6 - 2 - 11 可以看出：全国实现进出口贸易总值为 3507.73 亿美元，中国新疆实现进出口贸易总值为 34.86 亿美元，占全国进出口总值的 0.99%，同比下降 14.20%，环比上升 79.22%。

其中：全国出口总值为 2055.57 亿美元，中国新疆出口总值为 33.28 亿美元，占全国出口总值的 1.62%，同比下降 11.20%，环比上升 91.88%；全国进口总值为 1452.16 亿美元，中国新疆进口总值为 1.58 亿美元，占全国进口总值的 0.11%，同比下降 49.40%，环比下降 25.12%。

10. 2015 年 10 月中国新疆外贸进出口月度分析

从图 6 - 2 - 12 可以看出：全国实现进出口贸易总值为 3231.87 亿美元，中国新疆实现进出口贸易总值为 19.94 亿美元，占全国进出口总值的 0.62%，同比下降 43.70%，环比下降 42.79%。

其中：全国出口总值为 1924.14 亿美元，中国新疆出口总值为 18.42 亿美元，占全国出口总值的 0.96%，同比下降 37.70%，环比下降 44.67%；全国进口总值为 1307.74 亿美元，中国新疆进口总值为 1.53 亿美元，占全国进口总值的 0.12%，同比下降 73.80%，环比下降 2.97%。

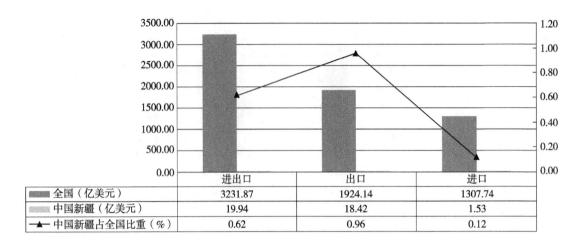

图 6 - 2 - 12　2015 年 10 月中国新疆与全国进出口、进口、出口总值对比

11. 2015 年 11 月中国新疆外贸进出口月度分析

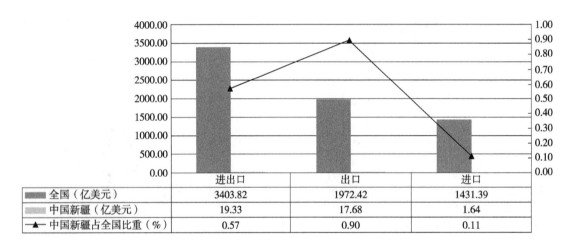

图 6 - 2 - 13　2015 年 11 月中国新疆与全国进出口、进口、出口总值对比

从图 6 - 2 - 13 可以看出：全国实现进出口贸易总值为 3403.82 亿美元，中国新疆实现进出口贸易总值为 19.33 亿美元，占全国进出口总值的 0.57%，同比下降 27.80%，环比下降 3.10%。

其中：全国出口总值为 1972.42 亿美元，中国新疆出口总值为 17.68 亿美元，占全国出口总值的 0.90%，同比下降 12.40%，环比下降 3.97%；全国进口总值为 1431.39 亿美元，中国新疆进口总值为 1.64 亿美元，占全国进口总值的 0.11%，同比下降 75.10%，环比上升 7.38%。

12. 2015 年 12 月中国新疆外贸进出口月度分析

从图 6 - 2 - 14 可以看出：全国实现进出口贸易总值为 3882.84 亿美元，中国新疆实现进出口贸易总值为 13.10 亿美元，占全国进出口总值的 0.34%，同比下降 46.40%，环比下降 32.22%。

其中：全国出口总值为 2241.89 亿美元，中国新疆出口总值为 11.17 亿美元，占全国出口总值的 0.50%，同比下降 39.80%，环比下降 36.82%；全国进口总值为 1640.96 亿美元，中国新疆进口总值为 1.93 亿美元，占全国进口总值的 0.12%，同比下降 67.00%，环比上升 17.35%。

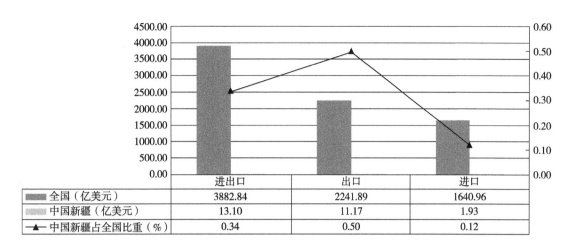

	进出口	出口	进口
全国（亿美元）	3882.84	2241.89	1640.96
中国新疆（亿美元）	13.10	11.17	1.93
中国新疆占全国比重（%）	0.34	0.50	0.12

图 6 - 2 - 14　2015 年 12 月中国新疆与全国进出口、进口、出口总值对比

二、按照贸易方式对 2015 年中国新疆进出口总值进行分析

中国新疆进出口贸易方式有 8 种，包括边境小额贸易，一般贸易，加工贸易，对外承包工程出口货物，海关特殊监管区域，租赁贸易，国家间、国际组织无偿援助和赠送的物资，其他贸易。其中加工贸易包括来料加工装配贸易和进料加工贸易，海关特殊监管区域包括保税监管场所进出境货物、海关特殊监管区域物流货物和海关特殊监管区域进口设备，其他贸易主要为旅游购物商品。

（一）2015 年中国新疆不同贸易方式进出口总值分析

从图 6 - 2 - 15 和图 6 - 2 - 16 分析可知，2015 年中国新疆主要的贸易方式中，边境小额贸易和一般贸易占主导地位。边境小额贸易进出口总值为 96.19 亿美元，同比下降 32.40%，占中国新疆进出口总值的 48.88%；其中出口总值为 93.50 亿美元，同比下降 27.20%，进口总值为 2.69 亿美元，同比下降 80.50%。一般贸易进出口总值为 83.76 亿美元，同比下降 23.90%，占中国新疆进出口总值的 42.57%；其中出口总值为 68.21 亿美元，同比下降 19.70%，进口总值为 15.55 亿美元，同比下降 37.90%。其他贸易进出口总值为 8.01 亿美元，同比下降 46.00%，占中国新疆进

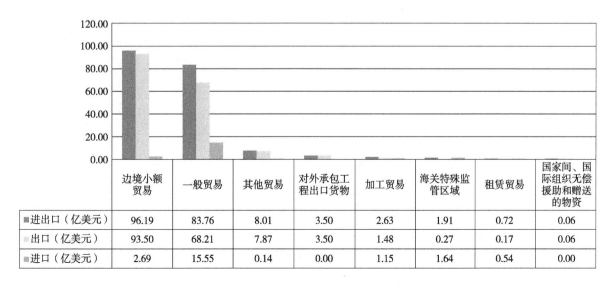

	边境小额贸易	一般贸易	其他贸易	对外承包工程出口货物	加工贸易	海关特殊监管区域	租赁贸易	国家间、国际组织无偿援助和赠送的物资
进出口（亿美元）	96.19	83.76	8.01	3.50	2.63	1.91	0.72	0.06
出口（亿美元）	93.50	68.21	7.87	3.50	1.48	0.27	0.17	0.06
进口（亿美元）	2.69	15.55	0.14	0.00	1.15	1.64	0.54	0.00

图 6 - 2 - 15　2015 年中国新疆主要贸易方式进出口情况汇总

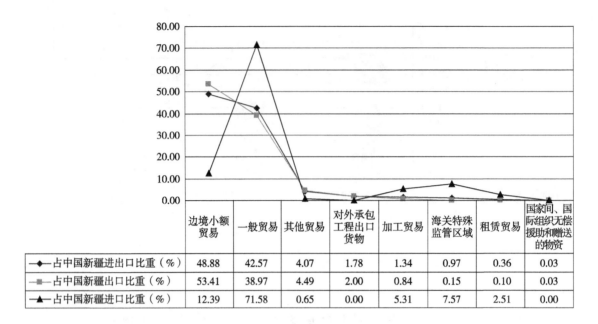

图 6-2-16　2015 年中国新疆主要贸易方式进出口占比汇总

出口总值的 4.07%；其中出口总值为 7.87 亿美元，同比下降 46.90%，进口总值为 0.14 亿美元，同比上升 549.30%。加工贸易进出口总值为 2.63 亿美元，同比下降 41.70%，占中国新疆进出口总值的 1.34%；其中出口总值为 1.48 亿美元，同比下降 50.60%，进口总值为 1.15 亿美元，同比下降 24.20%。另外 4 种贸易方式的进出口值都比较小。

（二）中国新疆一般贸易和边境小额贸易进出口总值趋势分析

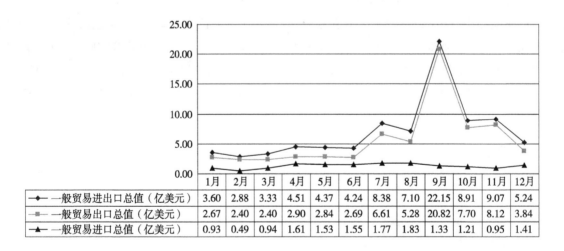

图 6-2-17　2015 年 1~12 月中国新疆一般贸易进出口总值

从图 6-2-17 可知，一般贸易作为中国新疆主要贸易方式之一，其 2015 年 1~12 月的进出口总值和出口总值的趋势基本一致，波动比较明显。1~2 月呈下降趋势，达到全年最低点，3 月后略有反弹，5 月再次下滑；6~12 月呈倒 U 形趋势，9 月达到全年的最大值。一般贸易的进口总值整体趋势较为平缓。

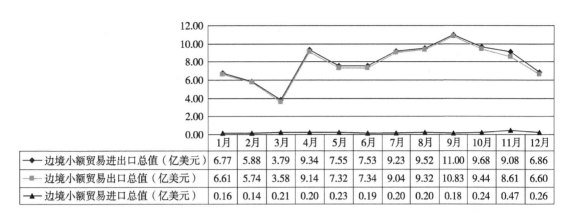

	1月	2月	3月	4月	5月	6月	7月	8月	9月	10月	11月	12月
◆ 边境小额贸易进出口总值（亿美元）	6.77	5.88	3.79	9.34	7.55	7.53	9.23	9.52	11.00	9.68	9.08	6.86
■ 边境小额贸易出口总值（亿美元）	6.61	5.74	3.58	9.14	7.32	7.34	9.04	9.32	10.83	9.44	8.61	6.60
▲ 边境小额贸易进口总值（亿美元）	0.16	0.14	0.21	0.20	0.23	0.19	0.20	0.20	0.18	0.24	0.47	0.26

图 6-2-18　2015 年 1~12 月中国新疆边境小额贸易进出口总值

从图 6-2-18 可知，边境小额贸易作为中国新疆主导贸易方式，其 2015 年 1~12 月的进出口总值和出口总值的趋势基本一致，波动比较明显。1~3 月呈现不断下降趋势，4 月迅速上升，5 月、6 月再次下滑，第三季度呈逐渐上升趋势，9 月达到全年最高值，10~12 月再次出现快速下滑。边境小额贸易的进口总值 1~6 月比较平稳，11 月达到全年的最高值。

（三）2015 年按照贸易方式对中国新疆进出口总值进行月度分析

1.2015 年 1 月按照贸易方式对中国新疆进出口总值进行月度分析

（1）2015 年 1 月按照贸易方式对中国新疆进出口总值进行分析。

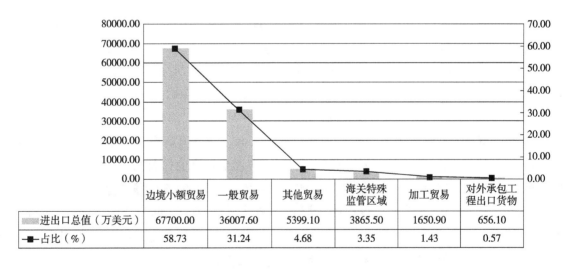

	边境小额贸易	一般贸易	其他贸易	海关特殊监管区域	加工贸易	对外承包工程出口货物
进出口总值（万美元）	67700.00	36007.60	5399.10	3865.50	1650.90	656.10
■ 占比（%）	58.73	31.24	4.68	3.35	1.43	0.57

图 6-2-19　2015 年 1 月中国新疆主要贸易方式进出口总值及占比

从图 6-2-19 可以看出：2015 年 1 月中国新疆进出口贸易方式主要有 6 种，边境小额贸易和一般贸易进出口占主导地位。其中，边境小额贸易进出口总值排名第一，为 67700.00 万美元，占中国新疆进出口总值的 58.73%，同比下降 36.60%，环比下降 34.43%；一般贸易进出口总值排名第二，为 36007.60 万美元，占中国新疆进出口总值的 31.24%，同比下降 67.90%，环比下降 70.63%；其他贸易进出口总值排名第三，为 5399.10 万美元，占中国新疆进出口总值的 4.68%，同比下降 66.10%，环比下降 34.96%；海关特殊监管区域进出口总值排名第四，为 3865.50 万美元，占中国新疆进出口总值的 3.35%，同比下降 19.70%，环比上升 89.14%；加工贸易进出口总值排名第五，为 1650.90 万美元，占中国新疆进出口总值的 1.43%，同比下降 29.60%，环比下降 58.42%；对外承包工程出口货物进出口总值排名第六，为 656.10 万美元，占中国新疆进出口总值的 0.57%，同比下降 76.90%，环比下降 83.64%。

（2）2015 年 1 月按照贸易方式对中国新疆出口总值进行分析。

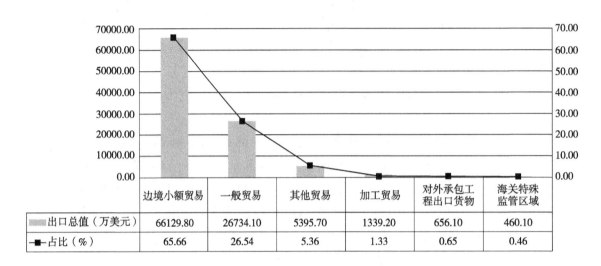

	边境小额贸易	一般贸易	其他贸易	加工贸易	对外承包工程出口货物	海关特殊监管区域
出口总值（万美元）	66129.80	26734.10	5395.70	1339.20	656.10	460.10
占比（%）	65.66	26.54	5.36	1.33	0.65	0.46

图 6 - 2 - 20　2015 年 1 月中国新疆主要贸易方式出口总值及占比

从图 6 - 2 - 20 可以看出：2015 年 1 月中国新疆出口贸易中，边境小额贸易和一般贸易占主导地位。其中，边境小额贸易出口总值排名第一，为 66129.80 万美元，占中国新疆出口总值的 65.66%，同比下降 32.00%，环比下降 34.52%；一般贸易出口总值排名第二，为 26734.10 万美元，占中国新疆出口总值的 26.54%，同比下降 74.50%，环比下降 61.75%；其他贸易出口总值排名第三，为 5395.70 万美元，占中国新疆出口总值的 5.36%，同比下降 66.10%，环比下降 34.43%；加工贸易出口总值排名第四，为 1339.20 万美元，占中国新疆出口总值的 1.33%，同比下降 33.20%，环比下降 43.63%；对外承包工程出口货物出口总值排名第五，为 656.10 万美元，占中国新疆出口总值的 0.65%，同比下降 76.90%，环比下降 83.64%；海关特殊监管区域出口总值排名第六，为 460.10 万美元，占中国新疆出口总值的 0.46%，同比下降 57.10%，环比上升 80.50%。

（3）2015 年 1 月按照贸易方式对中国新疆进口总值进行分析。

从图 6 - 2 - 21 可以看出：2015 年 1 月中国新疆进口贸易方式主要有 5 种。其中，一般贸易进口总值排名第一，为 9273.40 万美元，占中国新疆进口总值的 63.67%，同比上升 26.90%，环比下降 82.41%；海关特殊监管区域进口总值排名第二，为 3405.40 万美元，占中国新疆进口总值的 23.38%，同比下降 8.70%，环比上升 90.38%；边境小额贸易进口总值排名第三，为 1570.20 万美元，占中国新疆进口总值的 10.78%，同比下降 83.60%，环比下降 30.63%；加工贸易进口总值排名第四，为 311.80 万美元，占中国新疆进口总值的 2.14%，同比下降 15.70%，环比下降 80.45%；其他贸易进口总值排名第五，为 3.40 万美元，占中国新疆进口总值的 0.02%，同比下降 23.60%，环比下降 95.26%；对外承包出口货物本月只有出口，没有进口。

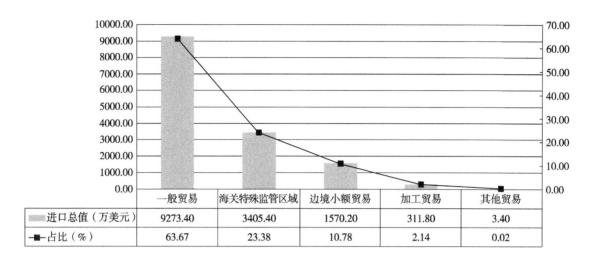

	一般贸易	海关特殊监管区域	边境小额贸易	加工贸易	其他贸易
进口总值（万美元）	9273.40	3405.40	1570.20	311.80	3.40
占比（%）	63.67	23.38	10.78	2.14	0.02

图 6 - 2 - 21　2015 年 1 月中国新疆主要贸易方式进口总值及占比

2. 2015 年 2 月按照贸易方式对中国新疆进出口总值进行月度分析

（1）2015 年 2 月按照贸易方式对中国新疆进出口总值进行分析。

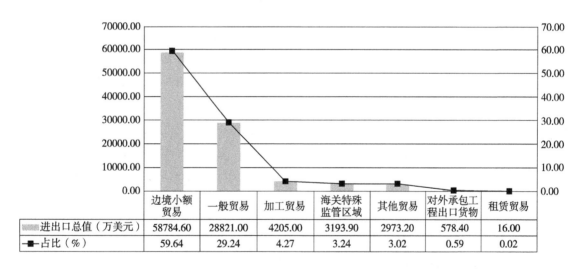

	边境小额贸易	一般贸易	加工贸易	海关特殊监管区域	其他贸易	对外承包工程出口货物	租赁贸易
进出口总值（万美元）	58784.60	28821.00	4205.00	3193.90	2973.20	578.40	16.00
占比（%）	59.64	29.24	4.27	3.24	3.02	0.59	0.02

图 6 - 2 - 22　2015 年 2 月中国新疆主要贸易方式进出口总值及占比

从图 6 - 2 - 22 可以看出：2015 年 2 月中国新疆进出口贸易方式主要有 7 种，边境小额贸易和一般贸易进出口占主导地位。其中，边境小额贸易进出口总值排名第一，为 58784.60 万美元，占中国新疆进出口总值的 59.64%，同比上升 35.30%，环比下降 13.17%；一般贸易进出口总值排名第二，为 28821.00 万美元，占中国新疆进出口总值的 29.24%，同比下降 24.10%，环比下降 19.96%；加工贸易进出口总值排名第三，为 4205.00 万美元，占中国新疆进出口总值的 4.27%，同比上升 81.34%，环比上升 154.71%；海关特殊监管区域进出口总值排名第四，为 3193.90 万美元，占中国新疆进出口总值的 3.24%，同比上升 0.66%，环比下降 17.37%；其他贸易进出口总值排名第五，为 2973.20 万美元，占中国新疆进出口总值的 3.02%，同比上升 13.49%，环比下降 44.93%；对外承包工程出口货物进出口总值排名第六，为 578.40 万美元，占中国新疆进出口总值的 0.59%，同比下降 50.24%，环比下降 11.84%；租赁贸易进出口总值排名第七，为 16.00 万美元，占中国新疆进出口总值的 0.02%。

（2）2015 年 2 月按照贸易方式对中国新疆出口总值进行分析。

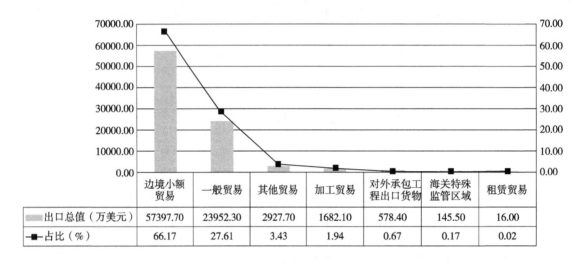

	边境小额贸易	一般贸易	其他贸易	加工贸易	对外承包工程出口货物	海关特殊监管区域	租赁贸易
出口总值（万美元）	57397.70	23952.30	2927.70	1682.10	578.40	145.50	16.00
占比（%）	66.17	27.61	3.43	1.94	0.67	0.17	0.02

图 6 - 2 - 23　2015 年 2 月中国新疆主要贸易方式出口总值及占比

从图 6 - 2 - 23 可以看出：2015 年 2 月中国新疆出口贸易中，边境小额贸易和一般贸易占主导地位。其中，边境小额贸易出口总值排名第一，为 57397.70 万美元，占中国新疆出口总值的 66.17%，同比上升 59.30%，环比下降 13.20%；一般贸易出口总值排名第二，为 23952.30 万美元，占中国新疆出口总值的 27.61%，同比下降 27.50%，环比下降 10.40%；其他贸易出口总值排名第三，为 2927.70 万美元，占中国新疆出口总值的 3.43%，同比上升 13.50%，环比下降 44.91%；加工贸易出口总值排名第四，为 1682.10 万美元，占中国新疆出口总值的 1.94%，同比下降 10.32%，环比上升 25.60%；对外承包工程出口货物出口总值排名第五，为 578.40 万美元，占中国新疆出口总值的 0.67%，同比下降 50.20%，环比下降 11.84%；海关特殊监管区域出口总值排名第六，为 145.50 万美元，占中国新疆出口总值的 0.17%，同比下降 85.10%，环比下降 68.38%；租赁贸易出口总值排名第七，为 16.00 万美元，占全区出口总值的 0.02%。

（3）2015 年 2 月按照贸易方式对中国新疆进口总值进行分析。

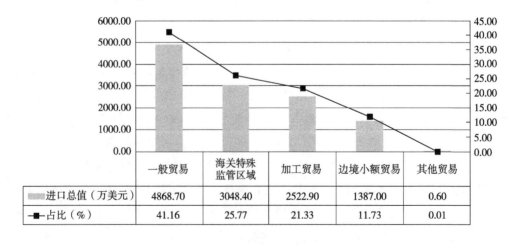

	一般贸易	海关特殊监管区域	加工贸易	边境小额贸易	其他贸易
进口总值（万美元）	4868.70	3048.40	2522.90	1387.00	0.60
占比（%）	41.16	25.77	21.33	11.73	0.01

图 6 - 2 - 24　2015 年 2 月中国新疆主要贸易方式进口总值及占比

从图6-2-24可以看出：2015年2月中国新疆进口贸易方式主要有5种。其中，一般贸易进口总值排名第一，为4868.70万美元，占中国新疆进口总值的41.16%，同比下降1.40%，环比下降47.50%；海关特殊监管区域进口总值排名第二，为3048.40万美元，占中国新疆进口总值的25.77%，同比上升38.70%，环比下降10.48%；加工贸易进口总值排名第三，为2522.90万美元，占中国新疆进口总值的21.33%，同比上升469.30%，环比上升709.14%；边境小额贸易进口总值排名第四，为1387.00万美元，占中国新疆进口总值的11.73%，同比下降81.30%，环比下降11.67%；其他贸易进口总值排名第五，为0.60万美元，占中国新疆进口总值的0.01%，同比下降7.50%，环比下降82.35%；对外承包出口货物和租赁贸易本月只有出口，没有进口。

3. 2015年3月按照贸易方式对中国新疆进出口总值进行月度分析

（1）2015年3月按照贸易方式对中国新疆进出口总值进行分析。

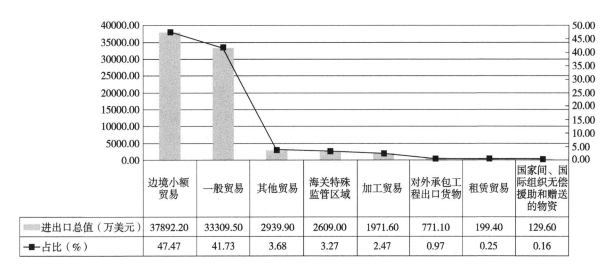

	边境小额贸易	一般贸易	其他贸易	海关特殊监管区域	加工贸易	对外承包工程出口货物	租赁贸易	国家间、国际组织无偿援助和赠送的物资
进出口总值（万美元）	37892.20	33309.50	2939.90	2609.00	1971.60	771.10	199.40	129.60
占比（%）	47.47	41.73	3.68	3.27	2.47	0.97	0.25	0.16

图6-2-25 2015年3月中国新疆主要贸易方式进出口总值及占比

从图6-2-25可以看出：2015年3月中国新疆进出口贸易方式主要有8种，边境小额贸易和一般贸易进出口占主导地位。其中，边境小额贸易进出口总值排名第一，为37892.20万美元，占中国新疆进出口总值的47.47%，同比下降52.82%，环比下降35.54%；一般贸易进出口总值排名第二，为33309.50万美元，占中国新疆进出口总值的41.73%，同比下降25.80%，环比上升15.57%；其他贸易进出口总值排名第三，为2939.90万美元，占中国新疆进出口总值的3.68%，同比下降66.28%，环比下降1.12%；海关特殊监管区域进出口总值排名第四，为2609.00万美元，占中国新疆进出口总值的3.27%，同比上升116.01%，环比下降18.31%；加工贸易进出口总值排名第五，为1971.60万美元，占中国新疆进出口总值的2.47%，同比下降58.41%，环比下降53.11%；对外承包工程出口货物进出口总值排名第六，为771.10万美元，占中国新疆进出口总值的0.97%，同比上升2.40%，环比上升33.32%；租赁贸易进出口总值排名第七，为199.40万美元，占中国新疆进出口总值的0.25%，环比上升1146.25%；国家间、国际组织无偿援助和赠送的物资进出口总值排名第八，为129.60万美元，占中国新疆进出口总值的0.16%。

（2）2015年3月按照贸易方式对中国新疆出口总值进行分析

从图6-2-26可以看出：2015年3月中国新疆出口贸易中，边境小额贸易和一般贸易占主导地位。其中，边境小额贸易出口总值排名第一，为35792.80万美元，占中国新疆出口总值的54.45%，

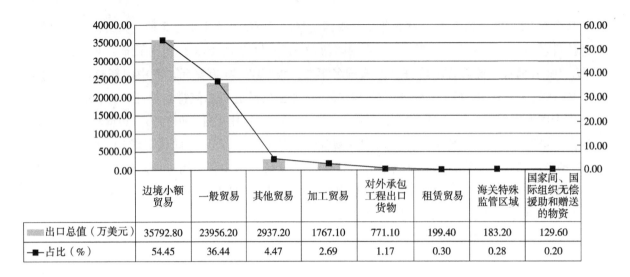

	边境小额贸易	一般贸易	其他贸易	加工贸易	对外承包工程出口货物	租赁贸易	海关特殊监管区域	国家间、国际组织无偿援助和赠送的物资
出口总值（万美元）	35792.80	23956.20	2937.20	1767.10	771.10	199.40	183.20	129.60
占比（%）	54.45	36.44	4.47	2.69	1.17	0.30	0.28	0.20

图 6－2－26　2015 年 3 月中国新疆主要贸易方式出口总值及占比

同比下降 50.10%，环比下降 37.64%；一般贸易出口总值排名第二，为 23956.20 万美元，占中国新疆出口总值的 36.44%，同比下降 33.30%，环比上升 0.02%；其他贸易出口总值排名第三，为 2937.20 万美元，占中国新疆出口总值的 4.47%，同比上升 66.30%，环比下降 1.19%；加工贸易出口总值排名第四，为 1767.10 万美元，占中国新疆出口总值的 2.69%，同比下降 51.70%，环比上升 5.05%；对外承包工程出口货物出口总值排名第五，为 771.10 万美元，占中国新疆出口总值的 1.17%，同比上升 2.40%，环比上升 33.32%；租赁贸易出口总值排名第六，为 199.40 万美元，占中国新疆出口总值的 0.30%，环比上升 1146.28%；海关特殊监管区域出口总值排名第七，为 183.20 万美元，占中国新疆出口总值的 0.28%，同比下降 62.10%，环比上升 25.91%；国家间、国际组织无偿援助和赠送的物资出口总值排名第八，为 129.60 万美元，占中国新疆出口总值的 0.20%。

（3）2015 年 3 月按照贸易方式对中国新疆进口总值进行分析。

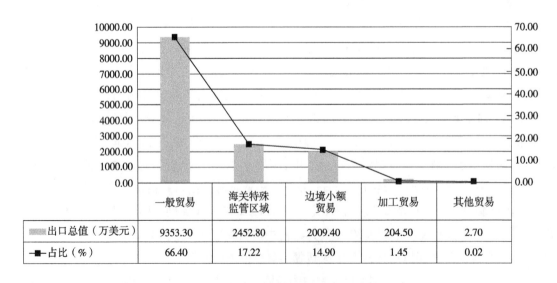

	一般贸易	海关特殊监管区域	边境小额贸易	加工贸易	其他贸易
出口总值（万美元）	9353.30	2452.80	2009.40	204.50	2.70
占比（%）	66.40	17.22	14.90	1.45	0.02

图 6－2－27　2015 年 3 月中国新疆主要贸易方式进口总值及占比

从图6-2-27可以看出：2015年3月中国新疆进口贸易方式主要有5种。其中，一般贸易进口总值排名第一，为9353.30万美元，占中国新疆进口总值的66.40%，同比上升4.40%，环比上升92.11%；海关特殊监管区域进口总值排名第二，为2452.80万美元，占中国新疆进口总值的17.22%，同比上升234.80%，环比下降20.42%；边境小额贸易进口总值排名第三，为2009.40万美元，占中国新疆进口总值的14.90%，同比下降75.70%，环比上升51.36%；加工贸易进口总值排名第四，为204.50万美元，占中国新疆进口总值的1.45%，同比下降81.10%，环比下降91.89%；其他贸易进口总值排名第五，为2.70万美元，占中国新疆进口总值的0.02%，同比上升319.30%，环比上升350.00%；国家间、国际组织无偿援助和赠送的物资，对外承包出口货物和租赁贸易本月只有出口，没有进口。

4.2015年4月按照贸易方式对中国新疆进出口总值进行月度分析

（1）2015年4月按照贸易方式对中国新疆进出口总值进行分析。

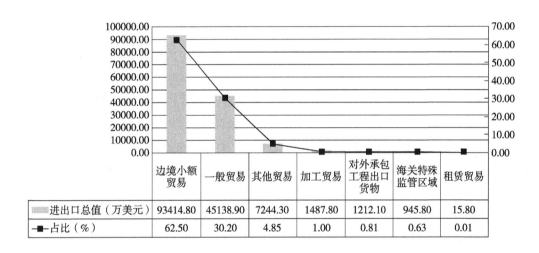

	边境小额贸易	一般贸易	其他贸易	加工贸易	对外承包工程出口货物	海关特殊监管区域	租赁贸易
进出口总值（万美元）	93414.80	45138.90	7244.30	1487.80	1212.10	945.80	15.80
占比（%）	62.50	30.20	4.85	1.00	0.81	0.63	0.01

图6-2-28　2015年4月中国新疆主要贸易方式进出口总值及占比

从图6-2-28可以看出：2015年4月中国新疆进出口贸易方式主要有7种，边境小额贸易和一般贸易进出口占主导地位。其中，边境小额贸易进出口总值排名第一，为93414.80万美元，占中国新疆出口总值的62.50%，同比下降14.53%，环比上升146.53%；一般贸易进出口总值排名第二，为45138.90万美元，占中国新疆进出口总值的30.20%，同比下降28.00%，环比上升35.51%；其他贸易进出口总值排名第三，为7244.30万美元，占中国新疆进出口总值的4.85%，同比下降31.16%，环比上升146.41%；加工贸易进出口总值排名第四，为1487.80万美元，占中国新疆进出口总值的1.00%，同比下降68.79%，环比下降24.54%；对外承包工程出口货物进出口总值排名第五，为1212.10万美元，占中国新疆进出口总值的0.81%，同比下降9.00%，环比上升57.19%；海关特殊监管区域进出口总值排名第六，为945.80万美元，占中国新疆进出口总值的0.63%，同比上升265.32%，环比下降63.75%；租赁贸易进出口总值排名第七，为15.80万美元，占中国新疆进出口总值的0.01%，同比下降95.85%，环比下降92.08%。

（2）2015年4月按照贸易方式对中国新疆出口总值进行分析。

从图6-2-29可以看出：2015年4月中国新疆出口贸易中，边境小额贸易和一般贸易占主导地位。其中，边境小额贸易出口总值排名第一，为91391.10万美元，占中国新疆出口总值的70.13%，

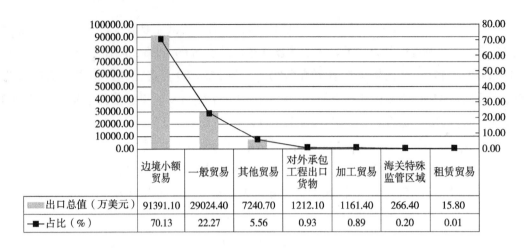

	边境小额贸易	一般贸易	其他贸易	对外承包工程出口货物	加工贸易	海关特殊监管区域	租赁贸易
出口总值（万美元）	91391.10	29024.40	7240.70	1212.10	1161.40	266.40	15.80
占比（%）	70.13	22.27	5.56	0.93	0.89	0.20	0.01

图 6-2-29 2015 年 4 月中国新疆主要贸易方式出口总值及占比

同比下降 12%，环比上升 155.33%；一般贸易出口总值排名第二，为 29024.40 万美元，占中国新疆出口总值的 22.27%，同比下降 42.90%，环比上升 21.16%；其他贸易出口总值排名第三，为 7240.70 万美元，占中国新疆出口总值的 5.56%，同比下降 31.10%，环比上升 146.52%；对外承包工程出口货物出口总值排名第四，为 1212.10 万美元，占中国新疆出口总值的 0.93%，同比下降 9.00%，环比上升 57.19%；加工贸易出口总值排名第五，为 1161.40 万美元，占中国新疆出口总值的 0.89%，同比下降 64.90%，环比下降 34.28%；海关特殊监管区域出口总值排名第六，为 266.40 万美元，占中国新疆出口总值的 0.20%，同比上升 2.90%，环比上升 45.41%；租赁贸易出口总值排名第七，为 15.80 万美元，占中国新疆出口总值的 0.01%，同比下降 95.90%，环比下降 92.08%。

（3）2015 年 4 月按照贸易方式对中国新疆进口总值进行分析。

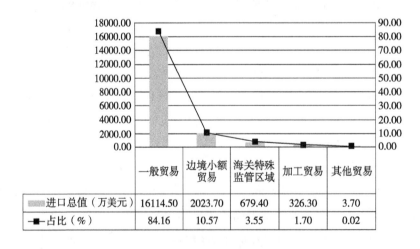

	一般贸易	边境小额贸易	海关特殊监管区域	加工贸易	其他贸易
进口总值（万美元）	16114.50	2023.70	679.40	326.30	3.70
占比（%）	84.16	10.57	3.55	1.70	0.02

图 6-2-30 2015 年 4 月中国新疆主要贸易方式进口总值及占比

从图 6-2-30 可以看出：2015 年 4 月中国新疆进口贸易方式主要有 5 种。其中，一般贸易进口总值排名第一，为 16114.50 万美元，占中国新疆进口总值的 84.16%，同比上升 36.10%，环比上升 72.29%；边境小额贸易进口总值排名第二，为 2023.70 万美元，占中国新疆进口总值的

10.57%，同比下降 63.20%，环比下降 3.61%；海关特殊监管区域进口总值排名第三，为 679.40 万美元，占中国新疆进口总值的 3.55%，环比下降 71.99%；加工贸易进口总值排名第四，为 326.30 万美元，占中国新疆进口总值的 1.70%，同比下降 77.60%，环比上升 59.56%；其他贸易进口总值排名第五，为 3.70 万美元，占中国新疆进口总值的 0.02%，同比下降 57.50%，环比上升 37.04%；对外承包出口货物和租赁贸易本月只有出口，没有进口。

5. 2015 年 5 月按照贸易方式对中国新疆进出口总值进行月度分析

（1）2015 年 5 月按照贸易方式对中国新疆进出口总值进行分析。

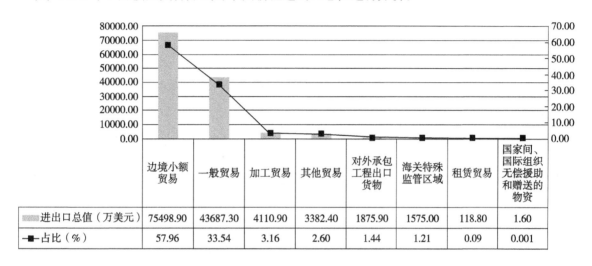

	边境小额贸易	一般贸易	加工贸易	其他贸易	对外承包工程出口货物	海关特殊监管区域	租赁贸易	国家间、国际组织无偿援助和赠送的物资
进出口总值（万美元）	75498.90	43687.30	4110.90	3382.40	1875.90	1575.00	118.80	1.60
占比（%）	57.96	33.54	3.16	2.60	1.44	1.21	0.09	0.001

图 6 - 2 - 31 2015 年 5 月中国新疆主要贸易方式进出口总值及占比

从图 6 - 2 - 31 可以看出：2015 年 5 月中国新疆进出口贸易方式主要有 8 种，边境小额贸易和一般贸易进出口占主导地位。其中，边境小额贸易进出口总值排名第一，为 75498.90 万美元，占中国新疆进出口总值的 57.96%，同比下降 18.35%，环比下降 19.18%；一般贸易进出口总值排名第二，为 43687.30 万美元，占中国新疆进出口总值的 33.54%，同比下降 14.50%，环比下降 3.22%；加工贸易进出口总值排名第三，为 4110.90 万美元，占中国新疆进出口总值的 3.16%，同比上升 33.08%，环比上升 176.31%；其他贸易进出口总值排名第四，为 3382.40 万美元，占中国新疆进出口总值的 2.60%，同比下降 63.67%，环比下降 53.31%；对外承包工程出口货物进出口总值排名第五，为 1875.90 万美元，占中国新疆进出口总值的 1.44%，同比下降 7.50%，环比上升 54.76%；海关特殊监管区域进出口总值排名第六，为 1575.00 万美元，占中国新疆进出口总值的 1.21%，同比上升 182.91%，环比上升 66.53%；租赁贸易进出口总值排名第七，为 118.80 万美元，占中国新疆进出口总值的 0.09%，环比下降 38.83%，同比上升 651.89%；国家间、国际组织无偿援助和赠送的物资进出口总值排名第八，为 1.60 万美元，占中国新疆进出口总值的 0.001%。

（2）2015 年 5 月按照贸易方式对中国新疆出口总值进行分析。

从图 6 - 2 - 32 可以看出：2015 年 5 月中国新疆出口贸易中，边境小额贸易和一般贸易占主导地位。其中，边境小额贸易出口总值排名第一，为 73183.30 万美元，占中国新疆出口总值的 67.83%，同比下降 12.70%，环比下降 19.92%；一般贸易出口总值排名第二，为 28370.30 万美元，占中国新疆出口总值的 26.30%，同比下降 33.40%，环比下降 2.25%；其他贸易出口总值排名第三，为 3378.20 万美元，占中国新疆出口总值的 3.13%，同比下降 63.70%，环比下降 53.34%；

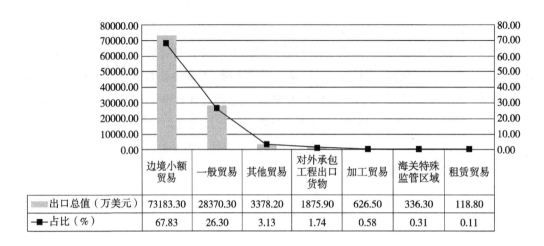

	边境小额贸易	一般贸易	其他贸易	对外承包工程出口货物	加工贸易	海关特殊监管区域	租赁贸易
出口总值（万美元）	73183.30	28370.30	3378.20	1875.90	626.50	336.30	118.80
占比（%）	67.83	26.30	3.13	1.74	0.58	0.31	0.11

图 6－2－32 2015 年 5 月中国新疆主要贸易方式出口总值及占比

对外承包工程出口货物出口总值排名第四，为 1875.90 万美元，占中国新疆出口总值的 1.74%，同比下降 7.50%，环比上升 54.76%；加工贸易出口总值排名第五，为 626.50 万美元，占中国新疆出口总值的 0.58%，同比下降 73.00%，环比下降 46.06%；海关特殊监管区域出口总值排名第六，为 336.30 万美元，占中国新疆出口总值的 0.31%，同比上升 18.70%，环比上升 26.24%；租赁贸易出口总值排名第七，为 118.80 万美元，占中国新疆出口总值的 0.11%，同比下降 38.80%，环比上升 651.90%；国家间、国际组织无偿援助和赠送的物资没有出口。

（3）2015 年 5 月按照贸易方式对中国新疆进口总值进行分析。

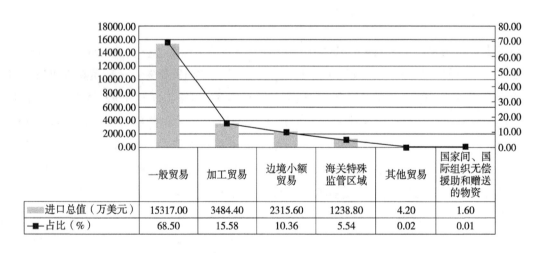

	一般贸易	加工贸易	边境小额贸易	海关特殊监管区域	其他贸易	国家间、国际组织无偿援助和赠送的物资
进口总值（万美元）	15317.00	3484.40	2315.60	1238.80	4.20	1.60
占比（%）	68.50	15.58	10.36	5.54	0.02	0.01

图 6－2－33 2015 年 5 月中国新疆主要贸易方式进口总值及占比

从图 6－2－33 可以看出：2015 年 5 月中国新疆进口贸易方式主要有 6 种。其中，一般贸易进口总值排名第一，为 15317.00 万美元，占中国新疆进口总值的 68.50%，同比上升 80.70%，环比下降 4.95%；加工贸易进口总值排名第二，为 3484.40 万美元，占中国新疆进口总值的 15.58%，同比上升 355.50%，环比上升 967.85%；边境小额贸易进口总值排名第三，为 2315.60 万美元，占中国新疆进口总值的 10.36%，同比下降 73.20%，环比上升 14.42%；海关特殊监管区域进口总值排名第四，为 1238.80 万美元，占中国新疆进口总值的 5.54%，同比上升 353.10%，环比下降

82.34%；其他贸易进口总值排名第五，为 4.20 万美元，占中国新疆进口总值的 0.02%，同比下降 2.50%，环比上升 13.51%；国家间、国际组织无偿援助和赠送的物资进口总值排名第六，为 1.60 万美元，占中国新疆进口总值的 0.01%；对外承包工程出口货物和租赁贸易本月只有出口，没有进口。

6. 2015 年 6 月按照贸易方式对中国新疆进出口总值进行月度分析

（1）2015 年 6 月按照贸易方式对中国新疆进出口总值进行分析。

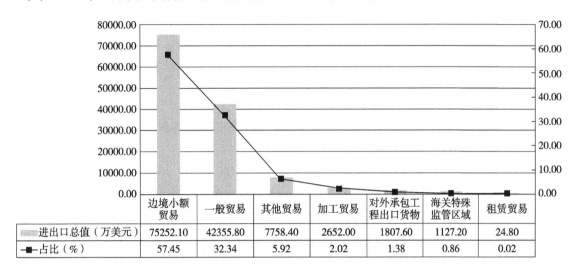

	边境小额贸易	一般贸易	其他贸易	加工贸易	对外承包工程出口货物	海关特殊监管区域	租赁贸易
进出口总值（万美元）	75252.10	42355.80	7758.40	2652.00	1807.60	1127.20	24.80
占比（%）	57.45	32.34	5.92	2.02	1.38	0.86	0.02

图 6 - 2 - 34　2015 年 6 月中国新疆主要贸易方式进出口总值及占比

从图 6 - 2 - 34 可以看出：2015 年 6 月中国新疆进出口贸易方式主要有 7 种，边境小额贸易和一般贸易进出口占主导地位。其中，边境小额贸易进出口总值排名第一，为 75252.10 万美元，占中国新疆进出口总值的 57.45%，同比下降 24.21%，环比下降 0.33%；一般贸易进出口总值排名第二，为 42355.80 万美元，占中国新疆进出口总值的 32.34%，同比下降 17.90%，环比下降 3.05%；其他贸易进出口总值排名第三，为 7758.40 万美元，占中国新疆进出口总值的 5.92%，同比下降 22.30%，环比上升 129.38%；加工贸易进出口总值排名第四，为 2652.00 万美元，占中国新疆进出口总值的 2.02%，同比下降 7.22%，环比下降 35.49%；对外承包工程出口货物进出口总值排名第五，为 1807.60 万美元，占中国新疆进出口总值的 1.38%，同比下降 13.20%，环比下降 3.64%；海关特殊监管区域进出口总值排名第六，为 1127.20 万美元，占中国新疆进出口总值的 0.86%，同比上升 36.92%，环比下降 28.43%；租赁贸易进出口总值排名第七，为 24.80 万美元，占中国新疆进出口总值的 0.02%，环比下降 79.12%。

（2）2015 年 6 月按照贸易方式对中国新疆出口总值进行分析。

从图 6 - 2 - 35 可以看出：2015 年 6 月中国新疆出口贸易中，边境小额贸易和一般贸易占主导地位。其中，边境小额贸易出口总值排名第一，为 73393.40 万美元，占中国新疆出口总值的 65.91%，同比下降 21.30%，环比上升 0.29%；一般贸易出口总值排名第二，为 26852.60 万美元，占中国新疆出口总值的 24.12%，同比下降 24.60%，环比下降 5.35%；其他贸易出口总值排名第三，为 7756.10 万美元，占中国新疆出口总值的 6.97%，同比下降 22.30%，环比上升 129.59%；对外承包工程出口货物出口总值排名第四，为 1807.60 万美元，占中国新疆出口总值的 1.62%，同比下降 13.20%，环比下降 3.64%；加工贸易出口总值排名第五，为 1253.10 万美元，占

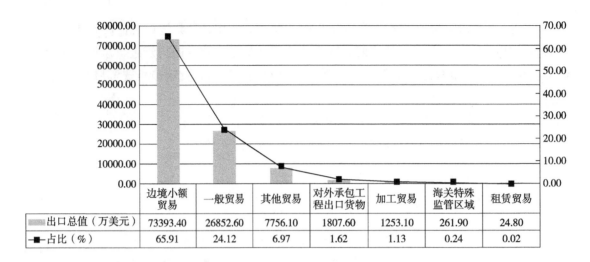

	边境小额贸易	一般贸易	其他贸易	对外承包工程出口货物	加工贸易	海关特殊监管区域	租赁贸易
出口总值（万美元）	73393.40	26852.60	7756.10	1807.60	1253.10	261.90	24.80
占比（%）	65.91	24.12	6.97	1.62	1.13	0.24	0.02

图 6 - 2 - 35　2015 年 6 月中国新疆主要贸易方式出口总值及占比

中国新疆出口总值的 1.13%，同比下降 46.00%，环比上升 100.02%；海关特殊监管区域出口总值排名第六，为 261.90 万美元，占中国新疆出口总值的 0.24%，同比上升 13.80%，环比下降 22.12%；租赁贸易出口总值排名第七，为 24.80 万美元，占中国新疆出口总值的 0.02%，环比下降 79.12%。

（3）2015 年 6 月按照贸易方式对中国新疆进口总值进行分析。

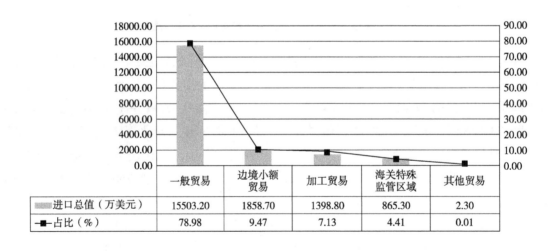

	一般贸易	边境小额贸易	加工贸易	海关特殊监管区域	其他贸易
进口总值（万美元）	15503.20	1858.70	1398.80	865.30	2.30
占比（%）	78.98	9.47	7.13	4.41	0.01

图 6 - 2 - 36　2015 年 6 月中国新疆主要贸易方式进口总值及占比

从图 6 - 2 - 36 可以看出：2015 年 6 月中国新疆进口贸易方式主要有 5 种。其中，一般贸易进口总值排名第一，为 15503.20 万美元，占中国新疆进口总值的 78.98%，同比下降 3.20%，环比上升 1.22%；边境小额贸易进口总值排名第二，为 1858.70 万美元，占中国新疆进口总值的 9.47%，同比下降 69.30%，环比下降 19.73%；加工贸易进口总值排名第三，为 1398.80 万美元，占中国新疆进口总值的 7.13%，同比上升 159.70%，环比下降 59.86%；海关特殊监管区域进口总值排名第四，为 865.30 万美元，占中国新疆进口总值的 4.41%，同比上升 45.90%，环比下降 30.15%；其他贸易进口总值排名第五，为 2.30 万美元，占中国新疆进口总值的 0.01%，同比上升 56.30%，环比下降 45.24%；对外承包工程出口货物和租赁贸易本月只有出口，没有进口。

7. 2015 年 7 月按照贸易方式对中国新疆进出口总值进行月度分析

（1）2015 年 7 月按照贸易方式对中国新疆进出口总值进行分析。

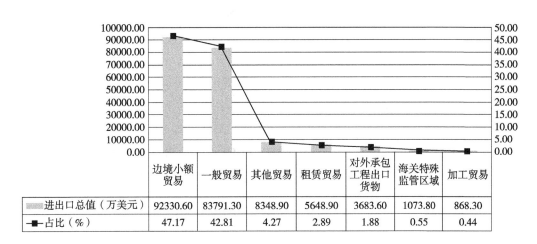

	边境小额贸易	一般贸易	其他贸易	租赁贸易	对外承包工程出口货物	海关特殊监管区域	加工贸易
进出口总值（万美元）	92330.60	83791.30	8348.90	5648.90	3683.60	1073.80	868.30
占比（%）	47.17	42.81	4.27	2.89	1.88	0.55	0.44

图 6 - 2 - 37　2015 年 7 月中国新疆主要贸易方式进出口总值及占比

从图 6 - 2 - 37 可以看出：2015 年 7 月中国新疆进出口贸易方式主要有 7 种，边境小额贸易和一般贸易进出口占主导地位。其中，边境小额贸易进出口总值排名第一，为 92330.60 万美元，占中国新疆进出口总值的 47.17%，同比下降 25.41%，环比上升 22.70%；一般贸易进出口总值排名第二，为 83791.30 万美元，占中国新疆进出口总值的 42.81%，同比上升 47.50%，环比上升 97.83%；其他贸易进出口总值排名第三，为 8348.90 万美元，占中国新疆进出口总值的 4.27%，同比下降 38.95%，环比上升 7.61%；租赁贸易进出口总值排名第四，为 5648.90 万美元，占中国新疆进出口总值的 2.89%，环比上升 22677.82%；对外承包工程出口货物进出口总值排名第五，为 3683.60 万美元，占中国新疆进出口总值的 1.88%，同比上升 483.50%，环比上升 103.78%；海关特殊监管区域进出口总值排名第六，为 1073.80 万美元，占中国新疆进出口总值的 0.55%，同比下降 44.63%，环比下降 4.74%；加工贸易进出口总值排名第七，为 868.30 万美元，占中国新疆进出口总值的 0.44%，同比下降 92.01%，环比下降 67.26%。

（2）2015 年 7 月按照贸易方式对中国新疆出口总值进行分析。

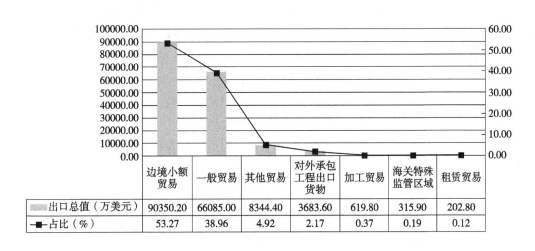

	边境小额贸易	一般贸易	其他贸易	对外承包工程出口货物	加工贸易	海关特殊监管区域	租赁贸易
出口总值（万美元）	90350.20	66085.00	8344.40	3683.60	619.80	315.90	202.80
占比（%）	53.27	38.96	4.92	2.17	0.37	0.19	0.12

图 6 - 2 - 38　2015 年 7 月中国新疆主要贸易方式出口总值及占比

从图 6-2-38 可以看出：2015 年 7 月中国新疆出口贸易中，边境小额贸易和一般贸易占主导地位。其中，边境小额贸易出口总值排名第一，为 90350.20 万美元，占中国新疆出口总值的 53.27%，同比下降 22.10%，环比上升 23.10%；一般贸易出口总值排名第二，为 66085.00 万美元，占中国新疆出口总值的 38.96%，同比上升 42.90%，环比上升 146.10%；其他贸易出口总值排名第三，为 8344.40 万美元，占中国新疆出口总值的 4.92%，同比下降 39.00%，环比上升 7.58%；对外承包工程出口货物出口总值排名第四，为 3683.60 万美元，占中国新疆出口总值的 2.17%，同比上升 483.50%，环比上升 103.78%；加工贸易出口总值排名第五，为 619.80 万美元，占中国新疆出口总值的 0.37%，同比下降 84.70%，环比下降 50.54%；海关特殊监管区域出口总值排名第六，为 315.90 万美元，占中国新疆出口总值的 0.19%，同比下降 1.50%，环比上升 20.62%；租赁贸易出口总值排名第七，为 202.80 万美元，占中国新疆出口总值的 0.12%，环比上升 717.74%。

（3）2015 年 7 月按照贸易方式对中国新疆进口总值进行分析。

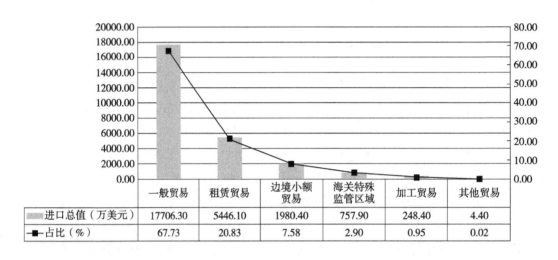

	一般贸易	租赁贸易	边境小额贸易	海关特殊监管区域	加工贸易	其他贸易
进口总值（万美元）	17706.30	5446.10	1980.40	757.90	248.40	4.40
占比（%）	67.73	20.83	7.58	2.90	0.95	0.02

图 6-2-39 2015 年 7 月中国新疆主要贸易方式进口总值及占比

从图 6-2-39 可以看出：2015 年 7 月中国新疆进口贸易方式主要有 6 种。一般贸易和租赁贸易占主导地位。其中，一般贸易进口总值排名第一，为 17706.30 万美元，占中国新疆进口总值的 67.73%，同比上升 67.50%，环比上升 14.21%；租赁贸易进口总值排名第二，为 5446.10 万美元，占中国新疆进口总值的 20.83%；边境小额贸易进口总值排名第三，为 1980.40 万美元，占中国新疆进口总值的 7.58%，同比下降 74.40%，环比上升 6.55%；海关特殊监管区域进口总值排名第四，为 757.90 万美元，占中国新疆进口总值的 2.90%，同比下降 53.20%，环比下降 12.41%；加工贸易进口总值排名第五，为 248.40 万美元，占中国新疆进口总值的 0.95%，同比下降 96.40%，环比下降 82.24%；其他贸易进口总值排名第六，为 4.40 万美元，占中国新疆进口总值的 0.02%，同比下降 18.10%，环比上升 91.30%；对外承包工程出口货物本月只有出口，没有进口。

8. 2015 年 8 月按照贸易方式对中国新疆进出口总值进行月度分析

（1）2015 年 8 月按照贸易方式对中国新疆进出口总值进行分析。

从图 6-2-40 可以看出：2015 年 8 月中国新疆进出口贸易方式主要有 8 种，边境小额贸易和一般贸易进出口占主导地位。其中，边境小额贸易进出口总值排名第一，为 95160.20 万美元，占中国新疆进出口总值的 48.93%，同比下降 50.37%，环比上升 3.06%；一般贸易进出口总值排名

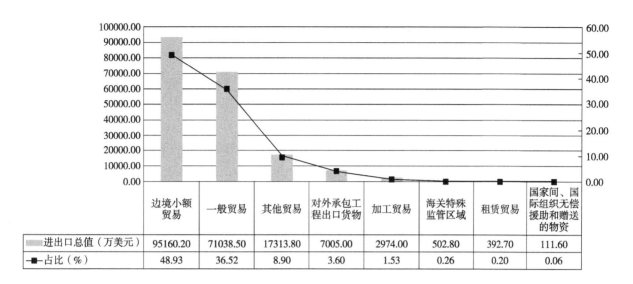

	边境小额贸易	一般贸易	其他贸易	对外承包工程出口货物	加工贸易	海关特殊监管区域	租赁贸易	国家间、国际组织无偿援助和赠送的物资
进出口总值（万美元）	95160.20	71038.50	17313.80	7005.00	2974.00	502.80	392.70	111.60
占比（%）	48.93	36.52	8.90	3.60	1.53	0.26	0.20	0.06

图6-2-40 2015年8月中国新疆主要贸易方式进出口总值及占比

第二，为71038.50万美元，占中国新疆进出口总值的36.52%，同比下降16.50%，环比下降15.22%；其他贸易进出口总值排名第三，为17373.80万美元，占中国新疆进出口总值的8.90%，同比上升34.25%，环比上升107.38%；对外承包工程出口货物进出口总值排名第四，为7005.00万美元，占中国新疆进出口总值的3.60%，同比上升261.80%，环比上升90.17%；加工贸易进出口总值排名第五，为2974.00万美元，占中国新疆进出口总值的1.53%，同比下降5.44%，环比上升242.51%；海关特殊监管区域进出口总值排名第六，为502.80万美元，占中国新疆进出口总值的0.26%，同比下降66.64%，环比下降53.18%；租赁贸易进出口总值排名第七，为392.70万美元，占中国新疆进出口总值的0.20%，环比下降93.05%；国家间、国际组织无偿援助和赠送的物资进出口总值排名第八，为111.60万美元，占中国新疆进出口总值的0.06%。

（2）2015年8月按照贸易方式对中国新疆出口总值进行分析。

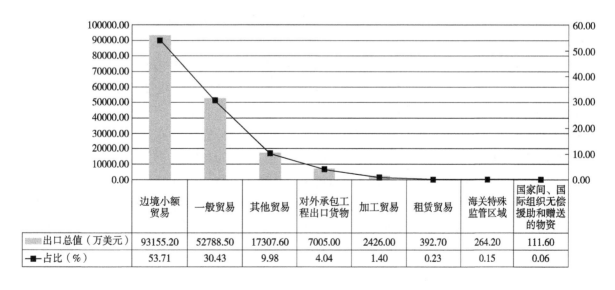

	边境小额贸易	一般贸易	其他贸易	对外承包工程出口货物	加工贸易	租赁贸易	海关特殊监管区域	国家间、国际组织无偿援助和赠送的物资
出口总值（万美元）	93155.20	52788.50	17307.60	7005.00	2426.00	392.70	264.20	111.60
占比（%）	53.71	30.43	9.98	4.04	1.40	0.23	0.15	0.06

图6-2-41 2015年8月中国新疆主要贸易方式出口总值及占比

从图6-2-41可以看出：2015年8月中国新疆出口贸易中，边境小额贸易和一般贸易占主导地位。其中，边境小额贸易出口总值排名第一，为93155.20万美元，占中国新疆出口总值的53.71%，同比下降32.90%，环比上升3.10%；一般贸易出口总值排名第二，为52788.50万美元，占中国新疆出口总值的30.43%，同比下降31.40%，环比下降20.12%；其他贸易出口总值排名第三，为17307.60万美元，占中国新疆出口总值的9.98%，同比上升34.80%，环比上升107.42%；对外承包工程出口货物出口总值排名第四，为7005.00万美元，占中国新疆出口总值的4.04%，同比上升261.80%，环比上升90.17%；加工贸易出口总值排名第五，为2426.00万美元，占中国新疆出口总值的1.40%，同比下降11.50%，环比上升291.42%；租赁贸易出口总值排名第六，为392.70万美元，占中国新疆出口总值的0.23%，环比上升93.64%；海关特殊监管区域出口总值排名第七，为264.20万美元，占中国新疆出口总值的0.15%，同比上升3.20%，环比下降16.37%；国家间、国际组织无偿援助和赠送的物资出口总值排名第八，为111.60万美元，占中国新疆进出口总值的0.06%。

（3）2015年8月按照贸易方式对中国新疆进口总值进行分析。

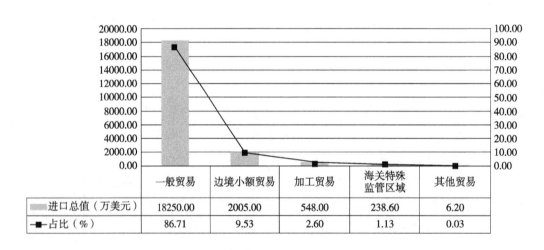

	一般贸易	边境小额贸易	加工贸易	海关特殊监管区域	其他贸易
进口总值（万美元）	18250.00	2005.00	548.00	238.60	6.20
占比（%）	86.71	9.53	2.60	1.13	0.03

图6-2-42　2015年8月中国新疆主要贸易方式进口总值及占比

从图6-2-42可以看出：2015年8月中国新疆进口贸易方式主要有5种。其中，一般贸易进口总值排名第一，为18250.00万美元，占中国新疆进口总值的86.71%，同比上升122.50%，环比上升3.07%；边境小额贸易进口总值排名第二，为2005.00万美元，占中国新疆进口总值的9.53%，同比下降96.20%，环比上升1.24%；加工贸易进口总值排名第三，为548.00万美元，占中国新疆进口总值的2.60%，同比上升35.80%，环比上升120.61%；海关特殊监管区域进口总值排名第四，为238.60万美元，占中国新疆进口总值的1.13%，同比下降80.90%，环比下降68.52%；其他贸易进口总值排名第五，为6.20万美元，占中国新疆进口总值的0.03%，同比下降89.90%，环比上升40.91%；对外承包工程出口货物，租赁贸易，国家间、国际组织无偿援助和赠送的物资本月只有出口，没有进口。

9.2015年9月按照贸易方式对中国新疆进出口总值进行月度分析

（1）2015年9月按照贸易方式对中国新疆进出口总值进行分析。

从图6-2-43可以看出：2015年9月中国新疆进出口贸易方式主要有7种，一般贸易和边境

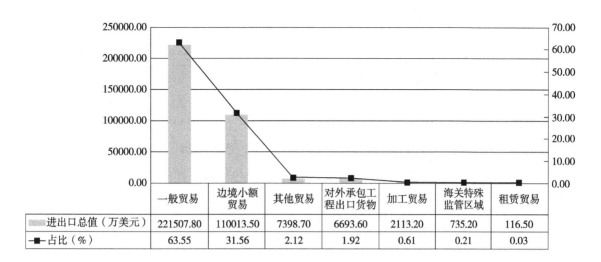

	一般贸易	边境小额贸易	其他贸易	对外承包工程出口货物	加工贸易	海关特殊监管区域	租赁贸易
进出口总值（万美元）	221507.80	110013.50	7398.70	6693.60	2113.20	735.20	116.50
占比（%）	63.55	31.56	2.12	1.92	0.61	0.21	0.03

图 6 - 2 - 43　2015 年 9 月中国新疆主要贸易方式进出口总值及占比

小额贸易进出口占主导地位。其中，一般贸易进出口总值排名第一，为 221507.80 万美元，占中国新疆进出口总值的 63.55%，同比上升 20.60%，环比上升 211.81%；边境小额贸易进出口总值排名第二，为 110013.50 美元，占中国新疆进出口总值的 31.56%，同比下降 42.42%，环比上升 15.61%；其他贸易进出口总值排名第三，为 7398.70 万美元，占中国新疆进出口总值的 2.12%，同比下降 66.50%，环比下降 57.28%；对外承包工程出口货物进出口总值排名第四，为 6693.60 万美元，占中国新疆进出口总值的 1.92%，同比上升 145.90%，环比下降 4.45%；加工贸易进出口总值排名第五，为 2113.20 万美元，占中国新疆进出口总值的 0.61%，同比下降 47.35%，环比下降 28.94%；海关特殊监管区域进出口总值排名第六，为 735.20 万美元，占中国新疆进出口总值的 0.21%，同比下降 67.84%，环比上升 46.22%；租赁贸易进出口总值排名第七，为 116.50 万美元，占中国新疆进出口总值的 0.03%，环比下降 70.33%。

（2）2015 年 9 月按照贸易方式对中国新疆出口总值进行分析。

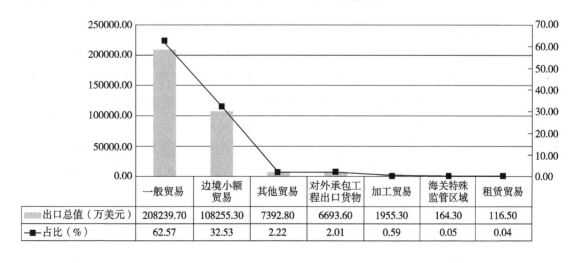

	一般贸易	边境小额贸易	其他贸易	对外承包工程出口货物	加工贸易	海关特殊监管区域	租赁贸易
出口总值（万美元）	208239.70	108255.30	7392.80	6693.60	1955.30	164.30	116.50
占比（%）	62.57	32.53	2.22	2.01	0.59	0.05	0.04

图 6 - 2 - 44　2015 年 9 月中国新疆主要贸易方式出口总值及占比

从图 6 - 2 - 44 可以看出：2015 年 9 月中国新疆出口贸易中，一般贸易和边境小额贸易占主导地位。其中，一般贸易出口总值排名第一，为 208239.70 万美元，占中国新疆出口总值的

62.57%，同比上升 18.60%，环比上升 294.48%；边境小额贸易出口总值排名第二，为 108255.30 万美元，占中国新疆出口总值的 32.53%，同比下降 36.60%，环比上升 16.21%；其他贸易出口总值排名第三，为 7392.80 万美元，占中国新疆出口总值的 2.22%，同比下降 66.40%，环比下降 57.29%；对外承包工程出口货物出口总值排名第四，为 6693.60 万美元，占中国新疆出口总值的 2.01%，同比上升 145.90%，环比下降 4.45%；加工贸易出口总值排名第五，为 1955.30 万美元，占中国新疆出口总值的 0.59%，同比下降 40.90%，环比下降 19.40%；海关特殊监管区域出口总值排名第六，为 164.30 万美元，占中国新疆出口总值的 0.05%，同比下降 60.60%，环比下降 37.81%；租赁贸易出口总值排名第七，为 116.50 万美元，占中国新疆出口总值的 0.04%，环比下降 70.33%。

（3）2015 年 9 月按照贸易方式对中国新疆进口总值进行分析。

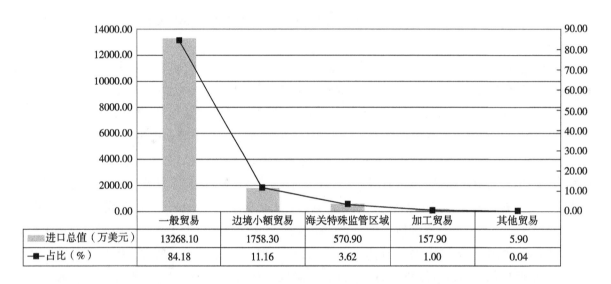

	一般贸易	边境小额贸易	海关特殊监管区域	加工贸易	其他贸易
进口总值（万美元）	13268.10	1758.30	570.90	157.90	5.90
占比（%）	84.18	11.16	3.62	1.00	0.04

图 6 - 2 - 45　2015 年 9 月中国新疆主要贸易方式进口总值及占比

从图 6 - 2 - 45 可以看出：2015 年 9 月中国新疆进口贸易方式主要有 5 种。其中，一般贸易进口总值排名第一，为 13268.10 万美元，占中国新疆进口总值的 84.18%，同比上升 62.00%，环比下降 27.30%；边境小额贸易进口总值排名第二，为 1758.30 万美元，占中国新疆进口总值的 11.16%，同比下降 91.40%，环比下降 12.30%；海关特殊监管区域进口总值排名第三，为 570.90 万美元，占中国新疆进口总值的 3.62%，同比下降 69.50%，环比上升 139.27%；加工贸易进口总值排名第四，为 157.90 万美元，占中国新疆进口总值的 1.00%，同比下降 77.50%，环比下降 71.19%；其他贸易进口总值排名第五，为 5.90 万美元，占中国新疆进口总值的 0.04%，同比下降 88.40%，环比下降 4.84%。

10. 2015 年 10 月按照贸易方式对中国新疆进出口总值进行月度分析

（1）2015 年 10 月按照贸易方式对中国新疆进出口总值进行分析。

从图 6 - 2 - 46 可以看出：2015 年 10 月中国新疆进出口贸易方式主要有 8 种，相对 9 月中国新疆贸易方式增加了国家间、国际组织无偿援助和赠送的物资，边境小额贸易和一般贸易进出口占主导地位。其中，边境小额贸易进出口总值排名第一，为 96755.50 万美元，占中国新疆进出口总值的 48.51%，同比下降 33.41%，环比下降 12.05%；一般贸易进出口总值排名第二，为 89144.40 万

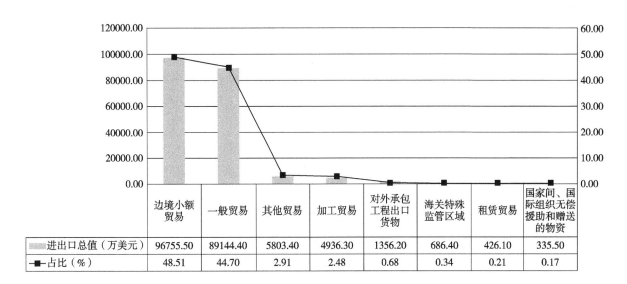

	边境小额贸易	一般贸易	其他贸易	加工贸易	对外承包工程出口货物	海关特殊监管区域	租赁贸易	国家间、国际组织无偿援助和赠送的物资
进出口总值（万美元）	96755.50	89144.40	5803.40	4936.30	1356.20	686.40	426.10	335.50
占比（%）	48.51	44.70	2.91	2.48	0.68	0.34	0.21	0.17

图 6 - 2 - 46　2015 年 10 月中国新疆主要贸易方式进出口总值及占比

美元，占中国新疆进出口总值的 44.70%，同比下降 51.20%，环比下降 59.76%；其他贸易进出口总值排名第三，为 5803.40 万美元，占中国新疆进出口总值的 2.91%，同比下降 70.82%，环比下降 21.56%；加工贸易进出口总值排名第四，为 4936.30 万美元，占中国新疆进出口总值的 2.48%，同比上升 28.10%，环比下降 26.25%；对外承包工程出口货物进出口总值排名第五，为 1356.20 万美元，占中国新疆进出口总值的 0.68%，同比下降 2.64%，环比下降 35.82%；海关特殊监管区域进出口总值排名第六，为 686.40 万美元，占中国新疆进出口总值的 0.34%，同比下降 9.10%，环比下降 6.64%；租赁贸易进出口总值排名第七，为 426.10 万美元，占中国新疆进出口总值的 0.21%，同比上升 484.25%，环比上升 265.75%；国家间、国际组织无偿援助和赠送的物资进出口总值排名第八，为 335.50 万美元，占中国新疆进出口总值的 0.17%，同比上升 81.51%。

（2）2015 年 10 月按照贸易方式对中国新疆出口总值进行分析。

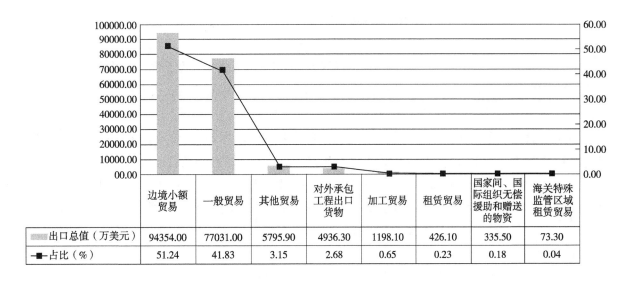

	边境小额贸易	一般贸易	其他贸易	对外承包工程出口货物	加工贸易	租赁贸易	国家间、国际组织无偿援助和赠送的物资	海关特殊监管区域租赁贸易
出口总值（万美元）	94354.00	77031.00	5795.90	4936.30	1198.10	426.10	335.50	73.30
占比（%）	51.24	41.83	3.15	2.68	0.65	0.23	0.18	0.04

图 6 - 2 - 47　2015 年 10 月中国新疆主要贸易方式出口总值及占比

从图6-2-47可以看出：2015年10月中国新疆出口贸易中，边境小额贸易和一般贸易占主导地位。其中，边境小额贸易出口总值排名第一，为94354.00万美元，占中国新疆出口总值的51.24%，同比下降32.50%，环比下降12.84%；一般贸易出口总值排名第二，为77031.00万美元，占中国新疆出口总值的41.83%，同比下降41.00%，环比下降63.01%；其他贸易出口总值排名第三，为5795.90万美元，占中国新疆出口总值的3.15%，同比下降70.80%，环比下降21.60%；对外承包工程出口货物出口总值排名第四，为4936.30万美元，占中国新疆出口总值的2.68%，同比上升28.10%，环比下降26.25%；加工贸易出口总值排名第五，为1198.10万美元，占中国新疆出口总值的0.65%，同比上升11.70%，环比下降38.73%；租赁贸易出口总值排名第六，为426.10万美元，占中国新疆出口总值的0.23%，同比上升484.20%，环比上升265.75%；国家间、国际组织无偿援助和赠送的物资出口总值排名第七，为335.50万美元，占中国新疆出口总值的0.18%，同比上升81.50%；海关特殊监管区域出口总值排名第八，为73.30万美元，占中国新疆出口总值的0.04%，同比下降73.70%，环比下降55.39%。

（3）2015年10月按照贸易方式对中国新疆进口总值进行分析。

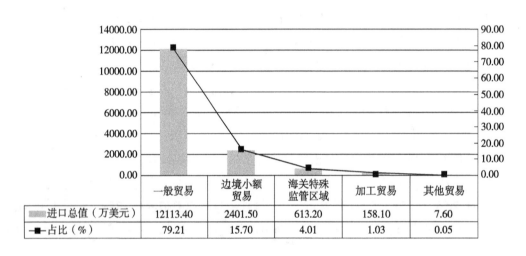

	一般贸易	边境小额贸易	海关特殊监管区域	加工贸易	其他贸易
进口总值（万美元）	12113.40	2401.50	613.20	158.10	7.60
占比（%）	79.21	15.70	4.01	1.03	0.05

图6-2-48　2015年10月中国新疆主要贸易方式进口总值及占比

从图6-2-48可以看出：2015年10月中国新疆进口贸易方式主要有5种。对外承包工程出口货物、租赁贸易与国家间、国际组织无偿援助和赠送的物资本月仅有出口，没有进口。其中，一般贸易进口总值排名第一，为12113.40万美元，占中国新疆进口总值的79.21%，同比下降76.80%，环比下降8.70%；边境小额贸易进口总值排名第二，为2401.50万美元，占中国新疆进口总值的15.70%，同比下降56.70%，环比上升36.58%；海关特殊监管区域进口总值排名第三，为613.20万美元，占中国新疆进口总值的4.01%，同比上升28.70%，环比上升7.41%；加工贸易进口总值排名第四，为158.10万美元，占中国新疆进口总值的1.03%，同比下降50.70%，环比上升0.13%；其他贸易进口总值排名第五，为7.60万美元，占中国新疆进口总值的0.05%，同比上升10.30%，环比上升28.81%。

11. 2015年11月按照贸易方式对中国新疆进出口总值进行月度分析

（1）2015年11月按照贸易方式对中国新疆进出口总值进行分析。

从图6-2-49可以看出：2015年11月中国新疆进出口贸易方式主要有7种，相对10月中国

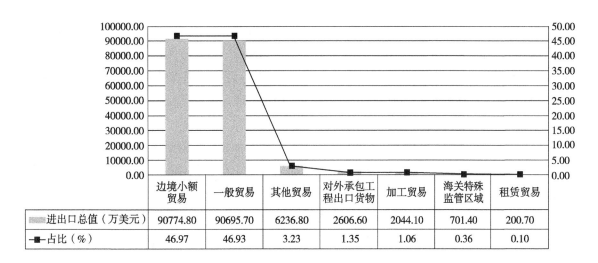

	边境小额贸易	一般贸易	其他贸易	对外承包工程出口货物	加工贸易	海关特殊监管区域	租赁贸易
进出口总值（万美元）	90774.80	90695.70	6236.80	2606.60	2044.10	701.40	200.70
占比（%）	46.97	46.93	3.23	1.35	1.06	0.36	0.10

图 6－2－49　2015 年 11 月中国新疆主要贸易方式进出口总值及占比

新疆贸易方式减少了国家间、国际组织无偿援助和赠送的物资，边境小额贸易和一般贸易进出口占主导地位。其中，边境小额贸易进出口总值排名第一，为 90774.80 万美元，占中国新疆进出口总值的 46.97%，同比下降 33.29%，环比下降 6.18%；一般贸易进出口总值排名第二，为 90695.70 万美元，占中国新疆进出口总值的 46.93%，同比下降 16.40%，环比上升 1.74%；其他贸易进出口总值排名第三，为 6236.80 万美元，占中国新疆进出口总值的 3.23%，同比下降 56.87%，环比上升 7.47%；对外承包工程出口货物进出口总值排名第四，为 2606.60 万美元，占中国新疆进出口总值的 1.35%，同比下降 56.60%，环比下降 47.20%；加工贸易进出口总值排名第五，为 2044.10 万美元，占中国新疆进出口总值的 1.06%，同比上升 25.88%，环比上升 50.72%；海关特殊监管区域进出口总值排名第六，为 701.40 万美元，占中国新疆进出口总值的 0.36%，同比下降 14.71%，环比上升 2.19%；租赁贸易进出口总值排名第七，为 200.70 万美元，占中国新疆进出口总值的 0.10%，环比下降 52.90%。

（2）2015 年 11 月按照贸易方式对中国新疆出口总值进行分析。

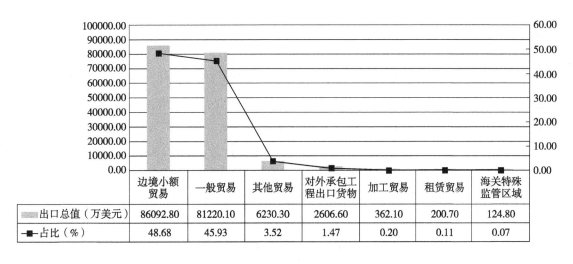

	边境小额贸易	一般贸易	其他贸易	对外承包工程出口货物	加工贸易	租赁贸易	海关特殊监管区域
出口总值（万美元）	86092.80	81220.10	6230.30	2606.60	362.10	200.70	124.80
占比（%）	48.68	45.93	3.52	1.47	0.20	0.11	0.07

图 6－2－50　2015 年 11 月中国新疆主要贸易方式出口总值及占比

从图6-2-50可以看出：2015年11月中国新疆出口贸易中，边境小额贸易和一般贸易占主导地位。其中，边境小额贸易出口总值排名第一，为86092.80万美元，占中国新疆出口总值的48.68%，同比下降35.10%，环比下降8.76%；一般贸易出口总值排名第二，为81220.10万美元，占中国新疆出口总值的45.93%，同比上升71.70%，环比上升5.44%；其他贸易出口总值排名第三，为6230.30万美元，占中国新疆出口总值的3.52%，同比下降56.90%，环比上升7.49%；对外承包工程出口货物出口总值排名第四，为2606.60万美元，占中国新疆出口总值的1.47%，同比下降56.60%，环比下降47.20%；加工贸易出口总值排名第五，为362.10万美元，占中国新疆出口总值的0.20%，同比下降60.40%，环比下降69.78%；租赁贸易出口总值排名第六，为200.70万美元，占中国新疆出口总值的0.11%，环比下降52.90%；海关特殊监管区域出口总值排名第七，为124.80万美元，占中国新疆出口总值的0.07%，同比下降62.10%，环比上升70.26%。

（3）2015年11月按照贸易方式对中国新疆进口总值进行分析。

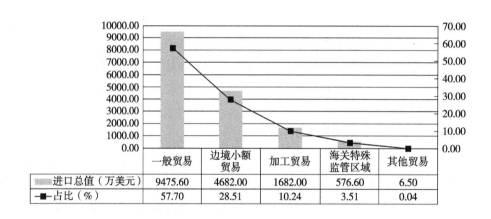

	一般贸易	边境小额贸易	加工贸易	海关特殊监管区域	其他贸易
进口总值（万美元）	9475.60	4682.00	1682.00	576.60	6.50
占比（%）	57.70	28.51	10.24	3.51	0.04

图6-2-51　2015年11月中国新疆主要贸易方式进口总值及占比

从图6-2-51可以看出：2015年11月中国新疆进口贸易方式主要有5种。其中，对外承包工程出口货物、租赁贸易本月仅有出口，没有进口。其中，一般贸易进口总值排名第一，为9475.60万美元，占中国新疆进口总值的57.70%，同比下降84.50%，环比下降21.78%；边境小额贸易进口总值排名第二，为4682.00万美元，占中国新疆进口总值的28.51%，同比上升33.60%，环比上升94.96%；加工贸易进口总值排名第三，为1682.00万美元，占中国新疆进口总值的10.24%，同比上升137.10%，环比上升963.88%；海关特殊监管区域进口总值排名第四，为576.60万美元，占中国新疆进口总值的3.51%，同比上升17.00%，环比下降5.97%；其他贸易进口总值排名第五，为6.50万美元，占中国新疆进口总值的0.04%，同比上升289.80%，环比下降14.47%。

12.2015年12月按照贸易方式对中国新疆进出口总值进行月度分析

（1）2015年12月按照贸易方式对中国新疆进出口总值进行分析。

从图6-2-52可以看出：2015年12月中国新疆进出口贸易方式主要有7种，边境小额贸易和一般贸易进出口占主导地位。其中，边境小额贸易进出口总值排名第一，为68640.80万美元，占中国新疆进出口总值的52.40%，同比下降33.46%，环比下降24.38%；一般贸易进出口总值排名第二，为52445.80万美元，占中国新疆进出口总值的40.04%，同比下降57.20%，环比下降42.17%；

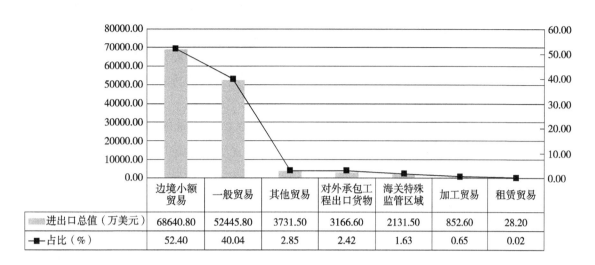

	边境小额贸易	一般贸易	其他贸易	对外承包工程出口货物	海关特殊监管区域	加工贸易	租赁贸易
进出口总值（万美元）	68640.80	52445.80	3731.50	3166.60	2131.50	852.60	28.20
占比（%）	52.40	40.04	2.85	2.42	1.63	0.65	0.02

图 6 - 2 - 52　2015 年 12 月中国新疆主要贸易方式进出口总值及占比

其他贸易进出口总值排名第三，为 3731.50 万美元，占中国新疆进出口总值的 2.85%，同比下降 55.05%，环比下降 40.17%；对外承包工程出口货物进出口总值排名第四，为 3166.60 万美元，占中国新疆进出口总值的 2.42%，同比下降 21.00%，环比上升 21.48%；海关特殊监管区域进出口总值排名第五，为 2131.50 万美元，占中国新疆进出口总值的 1.63%，同比上升 4.30%，环比上升 203.89%；加工贸易进出口总值排名第六，为 852.60 万美元，占中国新疆进出口总值的 0.65%，同比下降 78.53%，环比下降 58.29%；租赁贸易进出口总值排名第七，为 28.20 万美元，占中国新疆进出口总值的 0.02%，同比上升 97.34%，环比下降 85.94%。

（2）2015 年 12 月按照贸易方式对中国新疆出口总值进行分析。

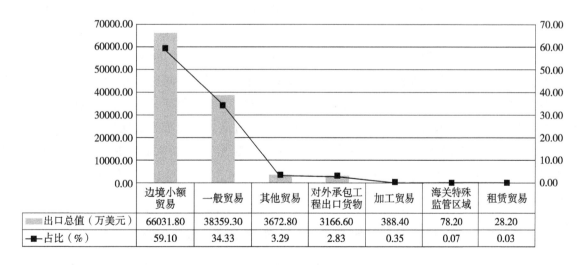

	边境小额贸易	一般贸易	其他贸易	对外承包工程出口货物	加工贸易	海关特殊监管区域	租赁贸易
出口总值（万美元）	66031.80	38359.30	3672.80	3166.60	388.40	78.20	28.20
占比（%）	59.10	34.33	3.29	2.83	0.35	0.07	0.03

图 6 - 2 - 53　2015 年 12 月中国新疆主要贸易方式出口总值及占比

从图 6 - 2 - 53 可以看出：2015 年 12 月中国新疆出口贸易中，边境小额贸易和一般贸易占主导地位。其中，边境小额贸易出口总值排名第一，为 66031.80 万美元，占中国新疆出口总值的 59.10%，同比下降 34.50%，环比下降 23.30%；一般贸易出口总值排名第二，为 38359.30 万美元，占中国新疆出口总值的34.33%，同比下降45.10%，环比下降52.77%；其他贸易出口总值排名第三，为3672.80万美元，占中国新疆出口总值的3.29%，同比下降55.40%，环比下降41.05%；对外承包工程出口货物出口总值排名第四，为3166.60万美元，占中国新疆出口总值的2.83%，同比下降21.00%，环比上升21.48%；加工贸易出口总值排名第五，为388.40万美元，占中国新疆出口总值的0.35%，同比下降83.70%，环比上升7.26%；海关特殊监管区域出口总值排名第六，为78.20万美元，占中国新疆出口总值的0.07%；同比下降69.30%，环比下降37.34%；租赁贸易出口总值排名第七，为28.20万美元，占中国新疆出口总值的0.03%，同比上升97.30%，环比下降85.95%。

（3）2015年12月按照贸易方式对中国新疆进口总值进行分析。

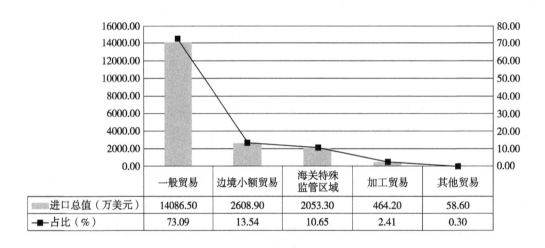

	一般贸易	边境小额贸易	海关特殊监管区域	加工贸易	其他贸易
进口总值（万美元）	14086.50	2608.90	2053.30	464.20	58.60
占比（%）	73.09	13.54	10.65	2.41	0.30

图6-2-54　2015年12月中国新疆主要贸易方式进口总值及占比

从图6-2-54可以看出：2015年12月中国新疆进口贸易方式主要有5种。对外承包工程出口货物、租赁贸易本月仅有出口，没有进口。其中，一般贸易进口总值排名第一，为14086.50万美元，占中国新疆进口总值的73.09%，同比下降73.30%，环比上升48.66%；边境小额贸易进口总值排名第二，为2608.90万美元，占中国新疆进口总值的13.54%，同比上升14.60%，环比下降44.28%；海关特殊监管区域进口总值排名第三，为2053.30万美元，占中国新疆进口总值的10.65%，同比上升14.80%，环比上升256.10%；加工贸易进口总值排名第四，为464.20万美元，占中国新疆进口总值的2.41%，同比下降70.90%，环比下降72.40%；其他贸易进口总值排名第五，为58.60万美元，占中国新疆进口总值的0.30%，同比下降18.20%，环比上升801.54%。

三、按照企业性质对2015年中国新疆进出口总值进行分析

中国新疆外贸进出口商品的企业性质主要有4类：国有企业、外商投资企业、民营企业、其他企业，其中外商投资企业又包括中外合作企业、中外合资企业和外商独资企业3种类型，民营企业包括集体企业和私营企业。

（一）2015 年中国新疆不同性质企业进出口总值分析

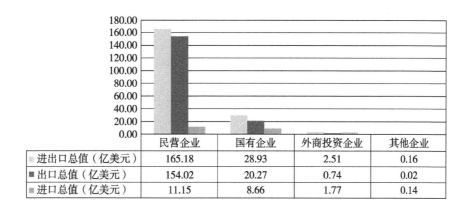

	民营企业	国有企业	外商投资企业	其他企业
进出口总值（亿美元）	165.18	28.93	2.51	0.16
出口总值（亿美元）	154.02	20.27	0.74	0.02
进口总值（亿美元）	11.15	8.66	1.77	0.14

图 6 - 2 - 55 2015 年中国新疆不同性质企业的进出口情况汇总

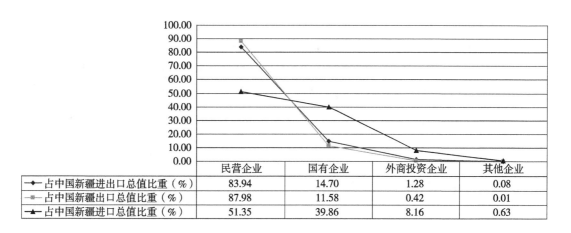

	民营企业	国有企业	外商投资企业	其他企业
占中国新疆进出口总值比重（%）	83.94	14.70	1.28	0.08
占中国新疆出口总值比重（%）	87.98	11.58	0.42	0.01
占中国新疆进口总值比重（%）	51.35	39.86	8.16	0.63

图 6 - 2 - 56 2015 年中国新疆不同性质企业的进出口占比

从图 6 - 2 - 55 和图 6 - 2 - 56 分析可知，2015 年中国新疆不同性质企业的进出口情况中，民营企业占主导地位。民营企业进出口总值为 165.18 亿美元，同比下降 24.70%，占中国新疆进出口总值的 83.94%；其中出口总值为 154.02 亿美元，同比下降 26.50%，进口总值为 11.15 亿美元，同比上升 14.90%。国有企业进出口总值为 28.93 亿美元，同比下降 47.60%，占中国新疆进出口总值的 14.70%；其中出口总值为 20.27 亿美元，同比下降 16.50%，进口总值为 8.66 亿美元，同比下降 72.00%。外商投资企业进出口总值为 2.51 亿美元，同比上升 18.50%，占中国新疆进出口总值的 1.28%；其中出口总值为 0.74 亿美元，同比下降 16.20%，进口总值为 1.77 亿美元，同比上升 43.40%。其他企业进出口总值为 0.16 亿美元，占中国新疆进出口总值的 0.08%；其中出口总值为 0.02 亿美元，进口总值为 0.14 亿美元。

（二）2015 年中国新疆不同性质企业的进出口总值趋势分析

由于其他企业进出口总值、出口总值、进口总值数量较小，占比很低，在此分析时只用分析民营企业、国有企业、外商投资企业三类型趋势变化。

从图 6 - 2 - 57 可知，2015 年中国新疆不同性质企业的进出口情况中，民营企业 1~12 月的进出口总值波动比较明显，1~3 月呈现不断下降趋势，4 月开始反弹，5~6 月趋于稳定，6~9 月呈上

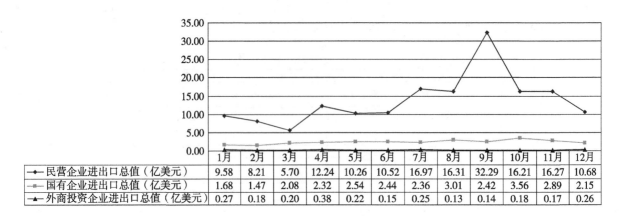

	1月	2月	3月	4月	5月	6月	7月	8月	9月	10月	11月	12月
民营企业进出口总值（亿美元）	9.58	8.21	5.70	12.24	10.26	10.52	16.97	16.31	32.29	16.21	16.27	10.68
国有企业进出口总值（亿美元）	1.68	1.47	2.08	2.32	2.54	2.44	2.36	3.01	2.42	3.56	2.89	2.15
外商投资企业进出口总值（亿美元）	0.27	0.18	0.20	0.38	0.22	0.15	0.25	0.13	0.14	0.18	0.17	0.26

图 6 - 2 - 57　2015 年 1～12 月中国新疆不同性质企业的进出口总值

升趋势且 9 月达到全年的最高峰 32.29 亿美元，第四季度又呈逐渐下滑趋势。国有企业和外商投资企业 1～12 月的进出口总值处于比较平稳的状态。

　　从图 6 - 2 - 58 可知，2015 年中国新疆不同性质企业的出口情况中，民营企业 1～12 月的出口总值波动比较明显，1～2 月呈现下降趋势，3～4 月发展比较平稳，5～9 月呈上升趋势，9 月达到全年的最高峰 31.16 亿美元，第四季度又呈逐渐下滑趋势。国有企业和外商投资企业 1～12 月的出口总值处于比较平稳的状态。

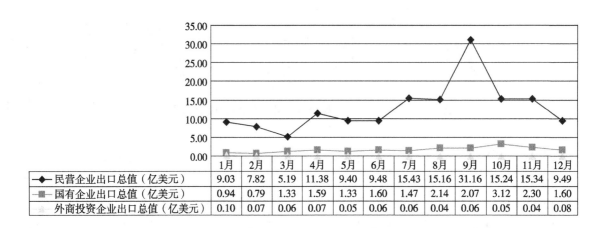

	1月	2月	3月	4月	5月	6月	7月	8月	9月	10月	11月	12月
民营企业出口总值（亿美元）	9.03	7.82	5.19	11.38	9.40	9.48	15.43	15.16	31.16	15.24	15.34	9.49
国有企业出口总值（亿美元）	0.94	0.79	1.33	1.59	1.33	1.60	1.47	2.14	2.07	3.12	2.30	1.60
外商投资企业出口总值（亿美元）	0.10	0.07	0.06	0.07	0.05	0.06	0.06	0.04	0.06	0.05	0.04	0.08

图 6 - 2 - 58　2015 年 1～12 月中国新疆不同性质企业的出口总值

　　从图 6 - 2 - 59 可知，2015 年中国新疆不同性质企业的进口情况中，民营企业 1～2 月呈下降趋势，3～7 月呈上升趋势，7 月达到全年最高点为 1.54 亿美元，7～9 月发展比较平稳，10～11 月略有下降趋势，12 月缓慢上升。国有企业 1～4 月的进口总值比较平稳，5 月急速上升，达到全年最高点 1.20 亿美元，6～8 月发展比较平稳，9 月急速下降，10～12 月则处于曲折缓慢上升状态。外商投资企业除 4 月达到全年最高点 0.32 亿美元外，1～12 月的进口总值处于比较平稳的状态。

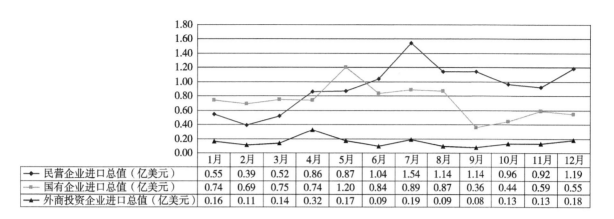

	1月	2月	3月	4月	5月	6月	7月	8月	9月	10月	11月	12月
民营企业进口总值（亿美元）	0.55	0.39	0.52	0.86	0.87	1.04	1.54	1.14	1.14	0.96	0.92	1.19
国有企业进口总值（亿美元）	0.74	0.69	0.75	0.74	1.20	0.84	0.89	0.87	0.36	0.44	0.59	0.55
外商投资企业进口总值（亿美元）	0.16	0.11	0.14	0.32	0.17	0.09	0.19	0.09	0.08	0.13	0.13	0.18

图 6 - 2 - 59　2015 年 1 ~ 12 月中国新疆不同性质企业的进口总值

（三）2015 年中国新疆不同性质企业进出口总值月度分析

1. 2015 年 1 月中国新疆不同性质企业进出口总值月度分析

（1）2015 年 1 月中国新疆不同性质企业进出口总值分析。

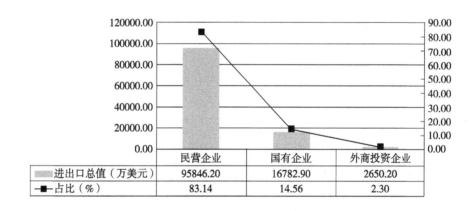

	民营企业	国有企业	外商投资企业
进出口总值（万美元）	95846.20	16782.90	2650.20
占比（%）	83.14	14.56	2.30

图 6 - 2 - 60　2015 年 1 月中国新疆各类型企业进出口总值及占比

从图 6 - 2 - 60 可以看出：2015 年 1 月进出口企业类型中，按进出口总值大小排名顺序为：民营企业、国有企业、外商投资企业。民营企业进出口总值排名第一，为 95846.20 万美元，占中国新疆进出口总值的 83.14%，同比下降 55.50%，环比下降 41.86%；国有企业进出口总值排名第二，为 16782.90 万美元，占中国新疆进出口总值的 14.56%，同比下降 38.20%，环比下降 78.36%；外商投资企业进出口总值排名第三，为 2650.20 万美元，占中国新疆进出口总值的 2.30%，同比上升 12.60%，环比上升 36.78%。

（2）2015 年 1 月中国新疆不同性质企业出口总值分析。

由图 6 - 2 - 61 可以看出：2015 年 1 月各类型企业出口贸易中，民营企业占主导地位，出口总值为 90315.90 万美元，占中国新疆出口总值的 89.67%，同比下降 56.60%，环比下降 43.24%；国有企业出口总值排名第二，为 9388.40 万美元，占中国新疆出口总值的 9.32%，同比下降 36.00%，环比下降 63.74%；外商投资企业出口总值排名第三，为 1010.80 万美元，占中国新疆出口总值的 1.00%，同比下降 29.40%，环比上升 27.00%。

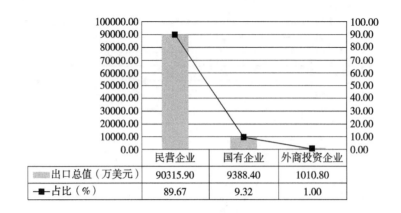

	民营企业	国有企业	外商投资企业
出口总值（万美元）	90315.90	9388.40	1010.80
占比（%）	89.67	9.32	1.00

图 6 - 2 - 61　2015 年 1 月中国新疆各类型企业出口总值及占比

（3）2015 年 1 月中国新疆不同性质企业进口总值分析。

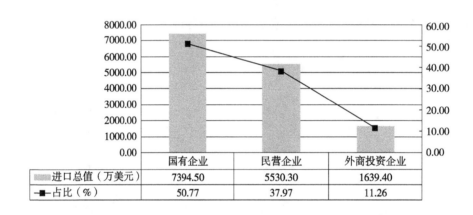

	国有企业	民营企业	外商投资企业
进口总值（万美元）	7394.50	5530.30	1639.40
占比（%）	50.77	37.97	11.26

图 6 - 2 - 62　2015 年 1 月中国新疆各类型企业进口总值及占比

由图 6 - 2 - 62 可以看出：2015 年 1 月各类型企业进口贸易中，国有企业在进口中占主导地位，进口总值为 7394.50 万美元，占中国新疆进口总值的 50.77%，同比下降 40.80%，环比下降 85.66%；民营企业进口总值排名第二，为 5530.30 万美元，占中国新疆进口总值的 37.97%，同比下降 27.00%，环比下降 3.43%；外商投资企业进口总值排名第三，为 1639.40 万美元，占中国新疆进口总值的 11.26%，同比上升 77.90%，环比上升 43.59%。

2. 2015 年 2 月中国新疆不同性质企业进出口总值月度分析

（1）2015 年 2 月中国新疆不同性质企业进出口总值分析。

从图 6 - 2 - 63 可以看出：2015 年 2 月进出口企业类型中，三类企业按进出口总值大小排名顺序为：民营企业、国有企业、外商投资企业。民营企业进出口总值排名第一，为 82065.50 万美元，占中国新疆进出口总值的 83.25%，同比上升 17.40%，环比下降 14.38%；国有企业进出口总值排名第二，为 14746.30 万美元，占中国新疆进出口总值的 14.96%，同比下降 25.10%，环比下降 12.14%；外商投资企业进出口总值排名第三，为 1760.20 万美元，占中国新疆进出口总值的 1.79%，同比上升 59.00%，环比下降 33.58%。

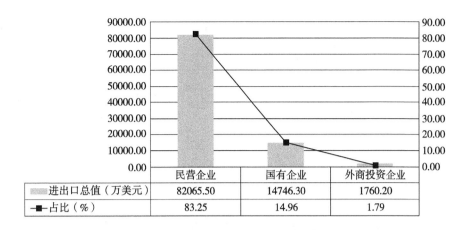

	民营企业	国有企业	外商投资企业
进出口总值（万美元）	82065.50	14746.30	1760.20
占比（%）	83.25	14.96	1.79

图 6 - 2 - 63　2015 年 2 月中国新疆各类型企业进出口总值及占比

（2）2015 年 2 月中国新疆不同性质企业出口总值分析。

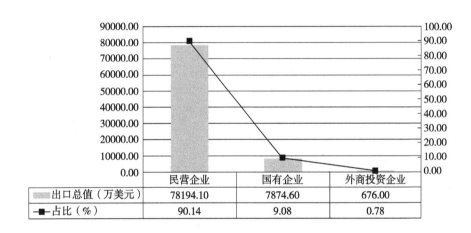

	民营企业	国有企业	外商投资企业
出口总值（万美元）	78194.10	7874.60	676.00
占比（%）	90.14	9.08	0.78

图 6 - 2 - 64　2015 年 2 月中国新疆各类型企业出口总值及占比

由图 6 - 2 - 64 可以看出：2015 年 2 月各类型企业出口贸易中，民营企业占主导地位，出口总值为 78194.10 万美元，占中国新疆出口总值的 90.14%，同比上升 21.00%，环比下降 13.42%；国有企业出口总值排名第二，为 7874.60 万美元，占中国新疆出口总值的 9.08%，同比下降 25.40%，环比下降 16.12%；外商投资企业出口总值排名第三，为 676.00 万美元，占中国新疆出口总值的 0.78%，同比上升 44.60%，环比下降 33.12%。

（3）2015 年 2 月中国新疆不同性质企业进口总值分析。

由图 6 - 2 - 65 可以看出：2015 年 2 月各类型企业进口贸易中，国有企业在进口中占主导地位，进口总值为 6871.70 万美元，占中国新疆进口总值的 58.10%，同比下降 24.80%，环比下降 7.07%；民营企业进口总值排名第二，为 3871.60 万美元，占中国新疆进口总值的 32.73%，同比下降 25.9%，环比下降 29.99%；外商投资企业进口总值排名第三，为 1084.20 万美元，占中国新疆进口总值的 9.17%，同比上升 69.50%，环比下降 33.87%。

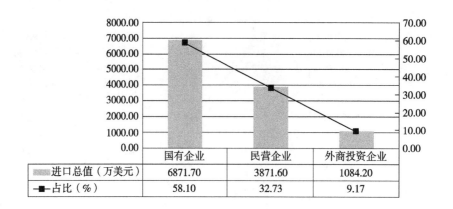

图 6 - 2 - 65　2015 年 2 月中国新疆各类型企业进口总值及占比

3. 2015 年 3 月中国新疆不同性质企业进出口总值月度分析

（1）2015 年 3 月中国新疆不同性质企业进出口总值分析。

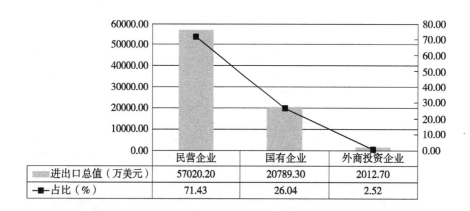

图 6 - 2 - 66　2015 年 3 月中国新疆各类型企业进出口总值及占比

从图 6 - 2 - 66 可以看出：2015 年 3 月进出口企业类型中，三类企业按进出口总值大小排名顺序为：民营企业、国有企业、外商投资企业。民营企业进出口总值排名第一，为 57020.20 万美元，占中国新疆进出口总值的 71.43%，同比下降 48.70%，环比下降 30.52%；国有企业进出口总值排名第二，为 20789.30 万美元，占中国新疆进出口总值的 26.04%，同比下降 23.40%，环比上升 40.98%；外商投资企业进出口总值排名第三，为 2012.70 万美元，占中国新疆进出口总值的 2.52%，同比下降 14.70%，环比上升 14.34%。

（2）2015 年 3 月中国新疆不同性质企业出口总值分析。

由图 6 - 2 - 67 可以看出：2015 年 3 月各类型企业出口贸易中，民营企业占主导地位，出口总值为 51858.10 万美元，占中国新疆出口总值的 78.89%，同比下降 49.80%，环比下降 33.68%；国有企业出口总值排名第二，为 13304.50 万美元，占中国新疆出口总值的 20.24%，同比下降 22.80%，环比上升 68.95%；外商投资企业出口总值排名第三，为 573.90 万美元，占中国新疆出口总值的 0.87%，同比下降 7.90%，环比下降 15.10%。

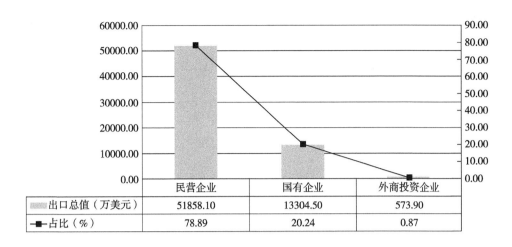

图 6－2－67　2015 年 3 月中国新疆各类型企业出口总值及占比

（3）2015 年 3 月中国新疆不同性质企业进口总值分析。

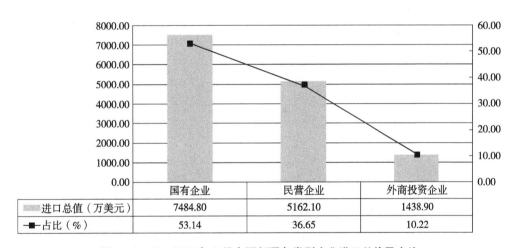

图 6－2－68　2015 年 3 月中国新疆各类型企业进口总值及占比

由图 6－2－68 可以看出：2015 年 3 月各类型企业进口贸易中，国有企业在进口中占主导地位，进口总值为 7484.80 万美元，占中国新疆进口总值的 53.14%，同比下降 24.50%，环比上升8.92%；民营企业进口总值排名第二，为 5162.10 万美元，占中国新疆进口总值的 36.65%，同比下降 33.40%，环比上升 33.33%；外商投资企业进口总值排名第三，为 1438.90 万美元，占中国新疆进口总值的 10.22%，同比下降 17.20%，环比上升 32.72%。

4. 2015 年 4 月中国新疆不同性质企业进出口总值月度分析

（1）2015 年 4 月中国新疆不同性质企业进出口总值分析。

从图 6－2－69 可以看出：2015 年 4 月进出口企业类型中，三类企业按进出口总值大小排名顺序为：民营企业、国有企业、外商投资企业。民营企业进出口总值排名第一，为 122362.50 万美元，占中国新疆进出口总值的 81.87%，同比下降 25.40%，环比上升 114.60%；国有企业进出口总值排名第二，为 23246.90 万美元，占中国新疆进出口总值的 15.55%，同比下降 3.10%，环比上升 11.82%；外商投资企业进出口总值排名第三，为 3850.10 万美元，占中国新疆进出口总值的2.58%，同比上升 232.70%，环比上升 91.29%。

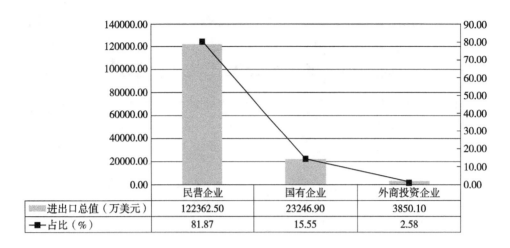

图 6 - 2 - 69　2015 年 4 月中国新疆各类型企业进出口总值及占比

（2）2015 年 4 月中国新疆不同性质企业出口总值分析。

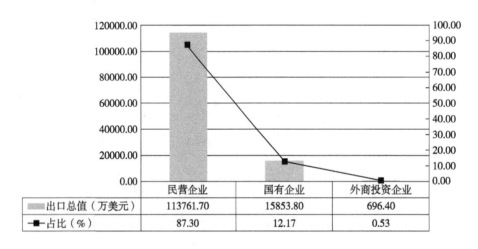

图 6 - 2 - 70　2015 年 4 月中国新疆各类型企业出口总值及占比

　　由图 6 - 2 - 70 可以看出：2015 年 4 月各类型企业出口贸易中，民营企业出口总值排名第一，为 113761.70 万美元，占中国新疆出口总值的 87.30%，同比下降 24.90%，环比上升 119.37%；国有企业出口总值排名第二，为 15853.80 万美元，占中国新疆出口总值的 12.17%，同比下降 13.10%，环比上升 19.16%；外商投资企业出口总值排名第三，为 696.40 万美元，占中国新疆出口总值的 0.53%，同比下降 4.70%，环比上升 21.35%。

　　（3）2015 年 4 月中国新疆不同性质企业进口总值分析。

　　由图 6 - 2 - 71 可以看出：2015 年 4 月各类型企业进口贸易中，民营企业进口总值排名第一，为 8600.80 万美元，占中国新疆进口总值的 44.92%，同比下降 31.90%，环比上升 66.61%；国有企业进口总值排名第二，为 7393.00 万美元，占中国新疆进口总值的 38.61%，同比上升 28.60%，环比下降 1.23%；外商投资企业进口总值排名第三，为 3153.80 万美元，占中国新疆进口总值的 16.47%，同比上升 639.40%，环比上升 119.18%。

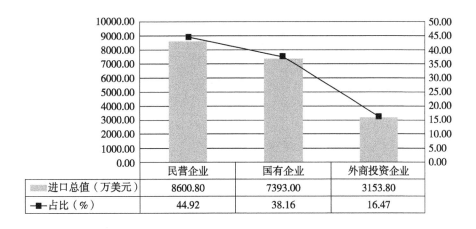

图 6 - 2 - 71　2015 年 4 月中国新疆各类型企业进口总值及占比

5. 2015 年 5 月中国新疆不同性质企业进出口总值月度分析

（1）2015 年 5 月中国新疆不同性质企业进出口总值分析。

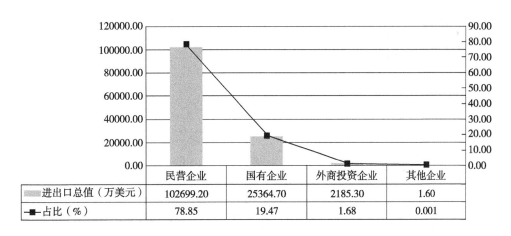

图 6 - 2 - 72　2015 年 5 月中国新疆各类型企业进出口总值及占比

从图 6 - 2 - 72 可以看出：2015 年 5 月进出口企业类型中，四类企业按进出口总值大小排名顺序为：民营企业、国有企业、外商投资企业、其他企业。民营企业进出口总值排名第一，为 102699. 20 万美元，占中国新疆进出口总值的 78. 85%，同比下降 21. 00%，环比下降 16. 07%；国有企业进出口总值排名第二，为 25364. 70 万美元，占中国新疆进出口总值的 19. 47%，同比下降 7. 10%，环比上升 9. 11%；外商投资企业进出口总值排名第三，为 2185. 30 万美元，占中国新疆进出口总值的 1. 68%，同比上升 58. 40%，环比下降 43. 24%；其他企业进出口总值排名第四，为 1. 60 万美元，占中国新疆进出口总值的 0. 001%。

（2）2015 年 5 月中国新疆不同性质企业出口总值分析。

由图 6 - 2 - 73 可以看出：2015 年 5 月各类型企业出口贸易中，民营企业占主导地位，出口总值为 94037. 70 万美元，占中国新疆出口总值的 87. 16%，同比下降 22. 70%，环比下降 17. 34%；国有企业出口总值排名第二，为 13338. 60 万美元，占中国新疆出口总值的 12. 36%，同比下降 26. 50%，环比下降 15. 86%；外商投资企业出口总值排名第三，为 513. 00 万美元，占中国新疆出口总值的 0. 48%，同比下降 31. 00%，环比下降 26. 34%。

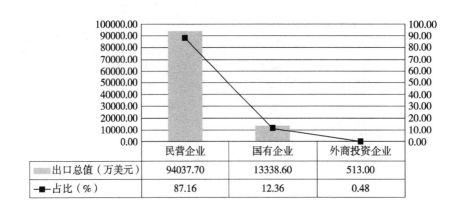

图 6-2-73 2015 年 5 月中国新疆各类型企业出口总值及占比

（3）2015 年 5 月中国新疆不同性质企业进口总值分析。

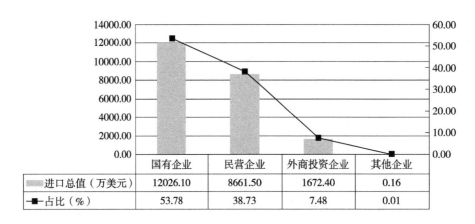

图 6-2-74 2015 年 5 月中国新疆各类型企业进口总值及占比

由图 6-2-74 可以看出：2015 年 5 月各类型企业进口贸易中，国有企业在进口中占主导地位，进口总值为 12026.10 万美元，占中国新疆进口总值的 53.78%，同比上升 31.60%，环比上升 62.67%；民营企业进口总值排名第二，为 8661.50 万美元，占中国新疆进口总值的 38.73%，同比上升 3.10%，环比上升 0.71%；外商投资企业进口总值排名第三，为 1672.40 万美元，占中国新疆进口总值的 7.48%，同比上升 162.80%，环比下降 46.97%。

6. 2015 年 6 月中国新疆不同性质企业进出口总值月度分析

（1）2015 年 6 月中国新疆不同性质企业进出口总值分析。

从图 6-2-75 可以看出：2015 年 6 月进出口企业类型中，四类企业按进出口总值大小排名顺序为：民营企业、国有企业、外商投资企业、其他企业。民营企业进出口总值排名第一，为 105174.70 万美元，占中国新疆进出口总值的 80.30%，同比下降 20.70%，环比上升 2.41%；国有企业进出口总值排名第二，为 24350.10 万美元，占中国新疆进出口总值的 18.59%，同比下降 24.80%，环比下降 4.00%；外商投资企业进出口总值排名第三，为 1452.90 万美元，占中国新疆进出口总值的 1.11%，同比下降 10.40%，环比下降 33.51%；其他企业进出口总值排名第四，为 0.10 万美元，占中国新疆进出口总值的 0.0001%，环比下降 93.75%。

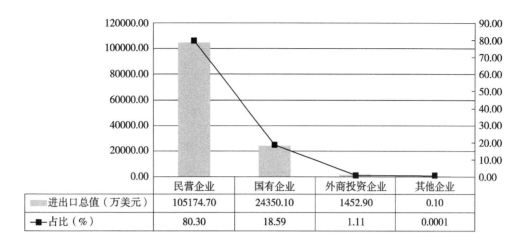

	民营企业	国有企业	外商投资企业	其他企业
进出口总值（万美元）	105174.70	24350.10	1452.90	0.10
占比（%）	80.30	18.59	1.11	0.0001

图 6 - 2 - 75　2015 年 6 月中国新疆各类型企业进出口总值及占比

（2）2015 年 6 月中国新疆不同性质企业出口总值分析。

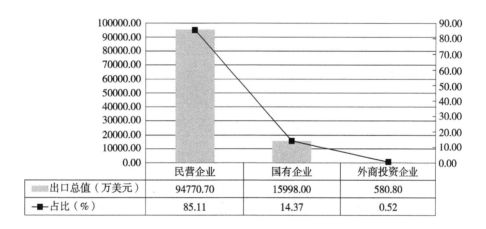

	民营企业	国有企业	外商投资企业
出口总值（万美元）	94770.70	15998.00	580.80
占比（%）	85.11	14.37	0.52

图 6 - 2 - 76　2015 年 6 月中国新疆各类型企业出口总值及占比

由图 6 - 2 - 76 可以看出：2015 年 6 月各类型企业出口贸易中，民营企业占主导地位，出口总值为 94770.70 万美元，占中国新疆出口总值的 85.11%，同比下降 22.50%，环比上升 0.78%；国有企业出口总值排名第二，为 15998.00 万美元，占中国新疆出口总值的 14.37%，同比下降 22.60%，环比上升 19.94%；外商投资企业出口总值排名第三，为 580.80 万美元，占中国新疆出口总值的 0.52%，同比上升 8.90%，环比上升 13.22%。

（3）2015 年 6 月中国新疆不同性质企业进口总值分析。

由图 6 - 2 - 77 可以看出：2015 年 6 月各类型企业进口贸易中，民营企业在进口中占主导地位，进口总值为 10404.10 万美元，占中国新疆进口总值的 53.01%，同比上升 0.20%，环比上升 20.12%；国有企业进口总值排名第二，为 8352.10 万美元，占中国新疆进口总值的 42.55%，同比下降 28.80%，环比下降 30.55%；外商投资企业进口总值排名第三，为 872.10 万美元，占中国新疆进口总值的 4.44%，同比下降 19.90%，环比下降 47.85%；其他企业进口总值排名第四，为 0.10 万美元，占中国新疆进口总值的 0.0005%，环比下降 93.75%。

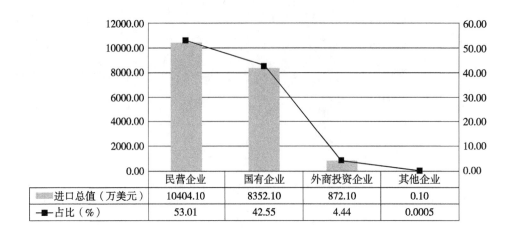

	民营企业	国有企业	外商投资企业	其他企业
进口总值（万美元）	10404.10	8352.10	872.10	0.10
占比（%）	53.01	42.55	4.44	0.0005

图6-2-77　2015年6月中国新疆各类型企业进口总值及占比

7. 2015年7月中国新疆不同性质企业进出口总值月度分析

（1）2015年7月中国新疆不同性质企业进出口总值分析。

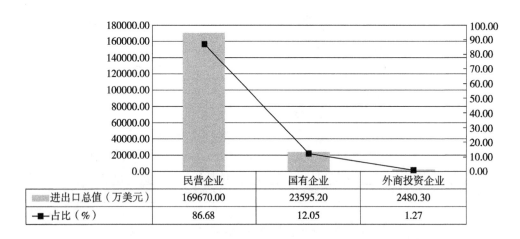

	民营企业	国有企业	外商投资企业
进出口总值（万美元）	169670.00	23595.20	2480.30
占比（%）	86.68	12.05	1.27

图6-2-78　2015年7月中国新疆各类型企业进出口总值及占比

从图6-2-78可以看出：2015年7月进出口企业类型中，三类企业按进出口总值大小排名顺序为：民营企业、国有企业、外商投资企业。民营企业进出口总值排名第一，为169670.00万美元，占中国新疆进出口总值的86.68%，同比上升2.30%，环比上升61.32%；国有企业进出口总值排名第二，为23595.20万美元，占中国新疆进出口总值的12.05%，同比下降40.80%，环比下降3.10%；外商投资企业进出口总值排名第三，为2480.30万美元，占中国新疆进出口总值的1.27%，同比上升25.00%，环比上升70.17%。

（2）2015年7月中国新疆不同性质企业出口总值分析。

由图6-2-79可以看出：2015年7月各类型企业出口贸易中，民营企业占主导地位，出口总值为154303.50万美元，占中国新疆出口总值的90.98%，同比下降2.10%，环比上升62.82%；国有企业出口总值排名第二，为14688.20万美元，占中国新疆出口总值的8.66%，同比下降35.50%，环比下降8.19%；外商投资企业出口总值排名第三，为610.10万美元，占中国新疆出口总值的0.36%，同比下降8.00%，环比上升5.04%。

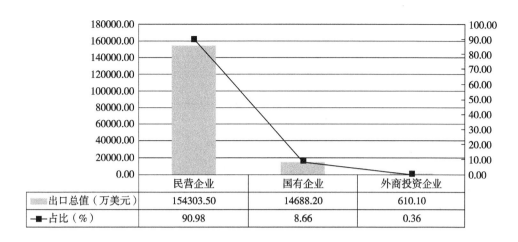

	民营企业	国有企业	外商投资企业
出口总值（万美元）	154303.50	14688.20	610.10
占比（%）	90.98	8.66	0.36

图 6 - 2 - 79　2015 年 7 月中国新疆各类型企业出口总值及占比

（3）2015 年 7 月中国新疆不同性质企业进口总值分析。

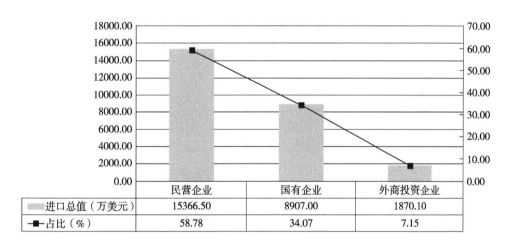

	民营企业	国有企业	外商投资企业
进口总值（万美元）	15366.50	8907.00	1870.10
占比（%）	58.78	34.07	7.15

图 6 - 2 - 80　2015 年 7 月中国新疆各类型企业进口总值及占比

由图 6 - 2 - 80 可以看出：2015 年 7 月各类型企业进口贸易中，民营企业在进口中占主导地位，进口总值为 15366.50 万美元，占中国新疆进口总值的 58.78%，同比上升 84.50%，环比上升 47.70%；国有企业进口总值排名第二，为 8907.00 万美元，占中国新疆进口总值的 34.07%，同比下降 48.00%，环比上升 6.64%；外商投资企业进口总值排名第三，为 1870.10 万美元，占中国新疆进口总值的 7.15%，同比上升 41.50%，环比上升 114.44%。

8. 2015 年 8 月中国新疆不同性质企业进出口总值月度分析

（1）2015 年 8 月中国新疆不同性质企业进出口总值分析。

从图 6 - 2 - 81 可以看出：2015 年 8 月进出口企业类型中，三类企业按进出口总值大小排名顺序为：民营企业、国有企业、外商投资企业。民营企业进出口总值排名第一，为 163064.10 万美元，占中国新疆进出口总值的 83.84%，同比下降 25.90%，环比下降 3.89%；国有企业进出口总值排名第二，为 30147.50 万美元，占中国新疆进出口总值的 15.50%，同比下降 59.80%，环比上升 27.77%；外商投资企业进出口总值排名第三，为 1287.00 万美元，占中国新疆进出口总值的 0.66%，同比上升 9.30%，环比下降 48.11%。

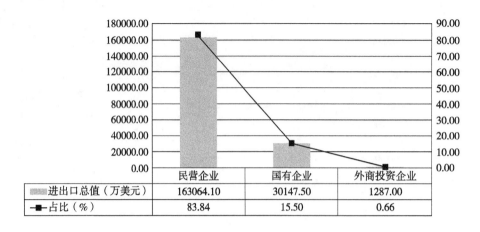

图 6 - 2 - 81　2015 年 8 月中国新疆各类型企业进出口总值及占比

（2）2015 年 8 月中国新疆不同性质企业出口总值分析。

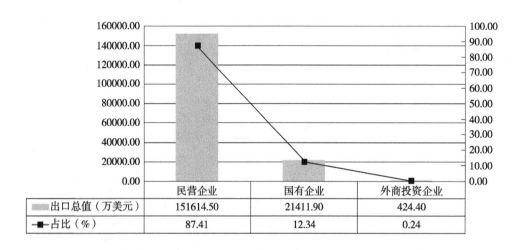

图 6 - 2 - 82　2015 年 8 月中国新疆各类型企业出口总值及占比

　　由图 6 - 2 - 82 可以看出：2015 年 8 月各类型企业出口贸易中，民营企业占主导地位，出口总值为 151614.50 万美元，占中国新疆出口总值的 87.41%，同比下降 28.10%，环比下降 1.74%；国有企业出口总值排名第二，为 21411.90 万美元，占中国新疆出口总值的 12.34%，同比下降 3.40%，环比上升 45.78%；外商投资企业出口总值排名第三，为 424.40 万美元，占中国新疆出口总值的 0.24%，同比下降 36.30%，环比下降 30.44%。

　　（3）2015 年 8 月中国新疆不同性质企业进口总值分析。

　　由图 6 - 2 - 83 可以看出：2015 年 8 月各类型企业进口贸易中，民营企业占主导地位，进口总值为 11449.60 万美元，占中国新疆进口总值的 54.40%，同比上升 21.10%，环比下降 25.49%；国有企业进口总值排名第二，为 8735.50 万美元，占中国新疆进口总值的 41.50%，同比下降 83.50%，环比下降 1.93%；外商投资企业进口总值排名第三，为 862.60 万美元，占中国新疆进口总值的 4.10%，同比上升 68.50%，环比下降 53.87%。

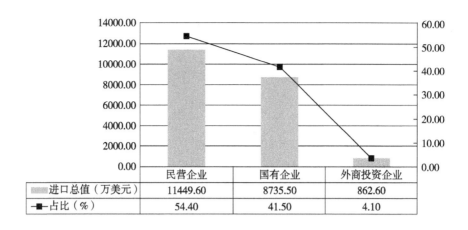

	民营企业	国有企业	外商投资企业
进口总值（万美元）	11449.60	8735.50	862.60
占比（%）	54.40	41.50	4.10

图 6 - 2 - 83　2015 年 8 月中国新疆各类型企业进口总值及占比

9. 2015 年 9 月中国新疆不同性质企业进出口总值月度分析

（1）2015 年 9 月中国新疆不同性质企业进出口总值分析。

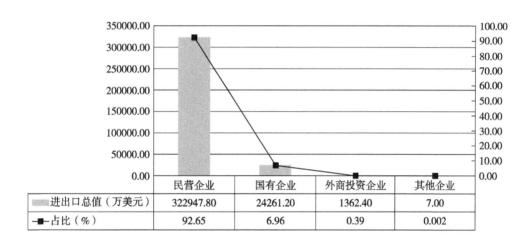

	民营企业	国有企业	外商投资企业	其他企业
进出口总值（万美元）	322947.80	24261.20	1362.40	7.00
占比（%）	92.65	6.96	0.39	0.002

图 6 - 2 - 84　2015 年 9 月中国新疆各类型企业进出口总值及占比

　　从图 6 - 2 - 84 可以看出：2015 年 9 月进出口企业类型中，四类企业按进出口总值大小排名顺序为：民营企业、国有企业、外商投资企业、其他企业。民营企业进出口总值排名第一，为 322947.80 万美元，占中国新疆进出口总值的 92.65%，同比下降 8.40%，环比上升 98.05%；国有企业进出口总值排名第二，为 24261.20 万美元，占中国新疆进出口总值的 6.96%，同比下降 53.70%，环比下降 19.53%；外商投资企业进出口总值排名第三，为 1362.40 万美元，占中国新疆进出口总值的 0.39%，同比上升 28.00%，环比上升 5.86%；其他企业进出口总值排名第四，为 7.00 万美元，占中国新疆进出口总值的 0.002%。

　　（2）2015 年 9 月中国新疆不同性质企业出口总值分析。

　　由图 6 - 2 - 85 可以看出：2015 年 9 月各类型企业出口贸易中，民营企业占主导地位，出口总值为 311551.60 万美元，占中国新疆出口总值的 93.61%，同比下降 9.70%，环比上升 105.49%；国有企业出口总值排名第二，为 20686.50 万美元，占中国新疆出口总值的 6.22%，同比下降 29.40%，环比下降 3.39%；外商投资企业出口总值排名第三，为 572.40 万美元，占中国新疆出口

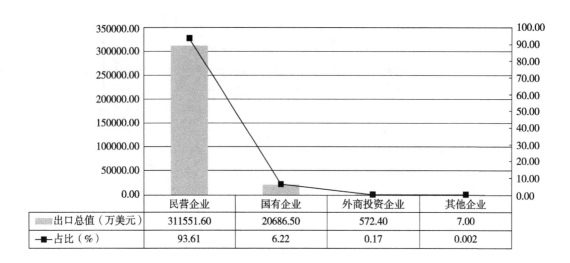

	民营企业	国有企业	外商投资企业	其他企业
出口总值（万美元）	311551.60	20686.50	572.40	7.00
占比（％）	93.61	6.22	0.17	0.002

图 6 - 2 - 85　2015 年 9 月中国新疆各类型企业出口总值及占比

总值的 0.17％，同比上升 1.80％，环比上升 34.87％；其他企业进出口总值排名第四，为 7.00 万美元，占中国新疆进出口总值的 0.002％。

（3）2015 年 9 月中国新疆不同性质企业进口总值分析。

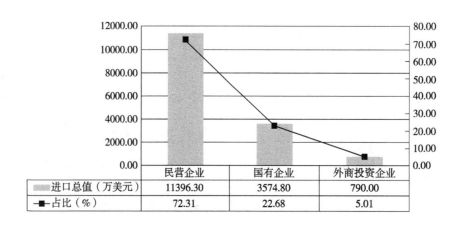

	民营企业	国有企业	外商投资企业
进口总值（万美元）	11396.30	3574.80	790.00
占比（％）	72.31	22.68	5.01

图 6 - 2 - 86　2015 年 9 月中国新疆各类型企业进口总值及占比

由图 6 - 2 - 86 可以看出：2015 年 9 月中国新疆进行进口的企业性质主要有 3 种。其中，其他贸易本月仅有出口，没有进口。其中：民营企业在进口中占主导地位，进口总值为 11396.30 万美元，占中国新疆进口总值的 72.31％，同比上升 50.40％，环比下降 0.47％；国有企业进口总值排名第二，为 3574.80 万美元，占中国新疆进口总值的 22.68％，同比下降 84.50％，环比下降 59.08％；外商投资企业进口总值排名第三，为 790.00 万美元，占中国新疆进口总值的 5.01％，同比上升 57.40％，环比下降 8.42％。

10. 2015 年 10 月中国新疆不同性质企业进出口总值月度分析

（1）2015 年 10 月中国新疆不同性质企业进出口总值分析。

从图 6 - 2 - 87 可以看出：2015 年 10 月进出口企业类型中，三类企业按进出口总值大小排名顺序为：民营企业、国有企业、外商投资企业。民营企业进出口总值排名第一，为 162075.60 万美

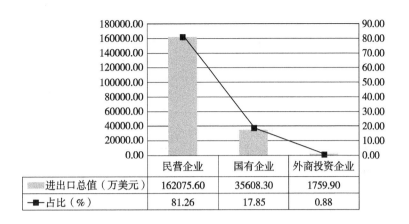

	民营企业	国有企业	外商投资企业
进出口总值（万美元）	162075.60	35608.30	1759.90
占比（%）	81.26	17.85	0.88

图 6 - 2 - 87　2015 年 10 月中国新疆各类型企业进出口总值及占比

元，占中国新疆进出口总值的 81.26%，同比下降 41.90%，环比下降 49.81%；国有企业进出口总值排名第二，为 35608.30 万美元，占中国新疆进出口总值的 17.85%，同比下降 50.50%，环比上升 46.77%；外商投资企业进出口总值排名第三，为 1759.90 万美元，占中国新疆进出口总值的 0.88%，同比下降 48.60%，环比上升 29.18%。

（2）2015 年 10 月中国新疆不同性质企业出口总值分析。

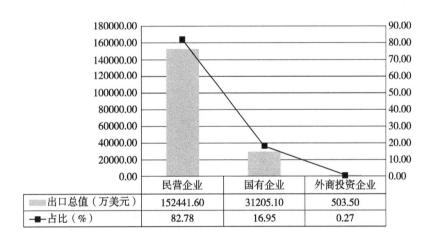

	民营企业	国有企业	外商投资企业
出口总值（万美元）	152441.60	31205.10	503.50
占比（%）	82.78	16.95	0.27

图 6 - 2 - 88　2015 年 10 月中国新疆各类型企业出口总值及占比

由图 6 - 2 - 88 可以看出：2015 年 10 月各类型企业出口贸易中，民营企业占主导地位，出口总值为 152441.60 万美元，占中国新疆出口总值的 82.78%，同比下降 44.20%，环比下降 51.07%；国有企业出口总值排名第二，为 31205.10 万美元，占中国新疆出口总值的 16.95%，同比上升 43.50%，环比上升 50.85%；外商投资企业出口总值排名第三，为 503.50 万美元，占中国新疆出口总值的 0.27%，同比下降 33.70%，环比下降 12.04%。

（3）2015 年 10 月中国新疆不同性质企业进口总值分析。

由图 6 - 2 - 89 可以看出：2015 年 10 月中国新疆企业性质主要有 3 种。其中，其他贸易本月仅有出口，没有进口。其中：民营企业在进口中占主导地位，进口总值为 9634.00 万美元，占中国新疆进口总值的 62.99%，同比上升 70.60%，环比下降 15.46%；国有企业进口总值排名第二，为

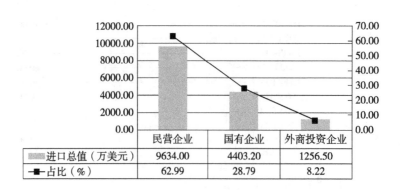

	民营企业	国有企业	外商投资企业
进口总值（万美元）	9634.00	4403.20	1256.50
占比（%）	62.99	28.79	8.22

图6-2-89 2015年10月中国新疆各类型企业进口总值及占比

4403.20万美元，占中国新疆进口总值的28.79%，同比下降91.20%，环比上升23.17%；外商投资企业进口总值排名第三，为1256.50万美元，占中国新疆进口总值的8.22%，同比下降52.80%，环比上升59.05%。

11. 2015年11月中国新疆不同性质企业进出口总值月度分析

（1）2015年11月中国新疆不同性质企业进出口总值分析。

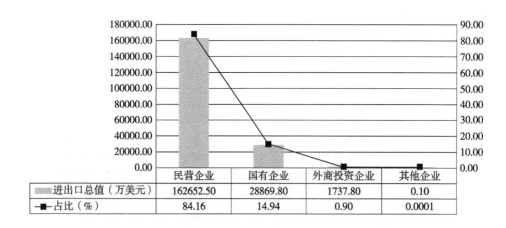

	民营企业	国有企业	外商投资企业	其他企业
进出口总值（万美元）	162652.50	28869.80	1737.80	0.10
占比（%）	84.16	14.94	0.90	0.0001

图6-2-90 2015年11月中国新疆各类型企业进出口总值及占比

从图6-2-90可以看出：2015年11月进出口企业类型中，四类企业按进出口总值大小排名顺序为：民营企业、国有企业、外商投资企业、其他企业。民营企业进出口总值排名第一，为162652.50万美元，占中国新疆进出口总值的84.16%，同比下降13.50%，环比上升0.36%；国有企业进出口总值排名第二，为28869.80万美元，占中国新疆进出口总值的14.94%，同比下降63.00%，环比下降18.92%；外商投资企业进出口总值排名第三，为1737.80万美元，占中国新疆进出口总值的0.90%，同比上升5.20%，环比下降1.26%；其他企业进出口总值排名第四，为0.10万美元，占中国新疆进出口总值的0.0001%，同比下降3.40%。

（2）2015年11月中国新疆不同性质企业出口总值分析。

由图6-2-91可以看出：2015年11月各类型企业出口贸易中，民营企业占主导地位，出口总值为153431.20万美元，占中国新疆出口总值的86.76%，同比下降14.60%，环比上升0.65%；国有企业出口总值排名第二，为22987.00万美元，占中国新疆出口总值的13.00%，同比上升

8.10%，环比下降26.34%；外商投资企业出口总值排名第三，为419.10万美元，占中国新疆出口总值的0.24%，同比下降52.70%，环比下降16.76%；其他企业出口总值排名第四，为0.10万美元，占中国新疆出口总值的0.0001%。

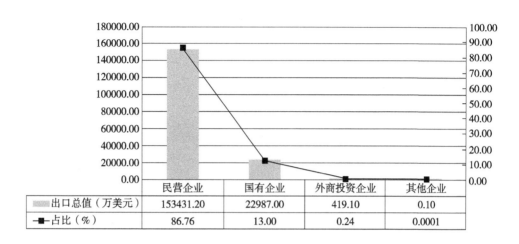

图6-2-91 2015年11月中国新疆各类型企业出口总值及占比

（3）2015年11月中国新疆不同性质企业进口总值分析。

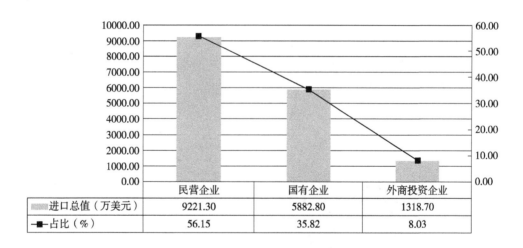

图6-2-92 2015年11月中国新疆各类型企业进口总值及占比

由图6-2-92可以看出：2015年11月中国新疆企业性质主要有3种。其中，其他企业本月仅有出口，没有进口。其中：民营企业在进口中占主导地位，进口总值为9221.30万美元，占中国新疆进口总值的56.15%，同比上升11.10%，环比下降4.28%；国有企业进口总值排名第二，为5882.80万美元，占中国新疆进口总值的35.82%，同比下降89.60%，环比上升33.60%；外商投资企业进口总值排名第三，为1318.70万美元，占中国新疆进口总值的8.03%，同比上升72.20%，环比上升4.95%。

12. 2015 年 12 月中国新疆不同性质企业进出口总值月度分析

（1）2015 年 12 月中国新疆不同性质企业进出口总值分析。

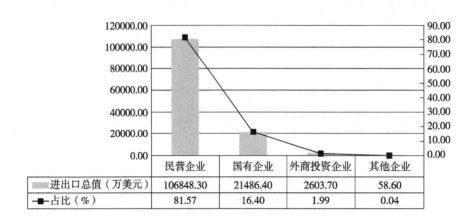

	民营企业	国有企业	外商投资企业	其他企业
进出口总值（万美元）	106848.30	21486.40	2603.70	58.60
占比（%）	81.57	16.40	1.99	0.04

图 6 - 2 - 93 2015 年 12 月中国新疆各类型企业进出口总值及占比

从图 6 - 2 - 93 可以看出：2015 年 12 月进出口企业类型中，四类企业按进出口总值大小排名顺序为：民营企业、国有企业、外商投资企业、其他企业。民营企业进出口总值排名第一，为106848.30 万美元，占中国新疆进出口总值的 81.57%，同比下降 35.10%，环比下降 34.31%；国有企业进出口总值排名第二，为 21486.40 万美元，占中国新疆进出口总值的 16.40%，同比下降72.30%，环比下降 25.57%；外商投资企业进出口总值排名第三，为 2603.70 万美元，占中国新疆进出口总值的 1.99%，同比上升 34.40%，环比上升 49.83%；其他企业进出口总值排名第四，为58.60 万美元，占中国新疆进出口总值的 0.04%，环比上升 58500.00%。

（2）2015 年 12 月中国新疆不同性质企业出口总值分析。

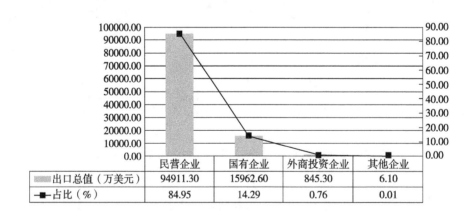

	民营企业	国有企业	外商投资企业	其他企业
出口总值（万美元）	94911.30	15962.60	845.30	6.10
占比（%）	84.95	14.29	0.76	0.01

图 6 - 2 - 94 2015 年 12 月中国新疆各类型企业出口总值及占比

由图 6 - 2 - 94 可以看出：2015 年 12 月各类型企业出口贸易中，民营企业占主导地位，出口总值为 94911.30 万美元，占中国新疆出口总值的 84.95%，同比下降 40.30%，环比下降 38.14%；国有企业出口总值排名第二，为 15962.60 万美元，占中国新疆出口总值的 14.29%，同比下降38.40%，环比下降 30.56%；外商投资企业出口总值排名第三，为 845.30 万美元，占中国新疆出口总值的 0.76%，同比上升 6.20%，环比上升 101.69%；其他企业出口总值排名第四，为 6.10 万美元，占中国新疆出口总值的 0.01%。

（3）2015 年 12 月中国新疆不同性质企业进口总值分析。

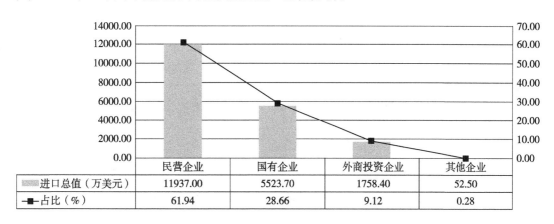

	民营企业	国有企业	外商投资企业	其他企业
进口总值（万美元）	11937.00	5523.70	1758.40	52.50
占比（%）	61.94	28.66	9.12	0.28

图 6 - 2 - 95　2015 年 12 月中国新疆各类型企业进口总值及占比

由图 6 - 2 - 95 可以看出：2015 年 12 月进口企业类型中，四类企业按进口总值大小排名顺序为：民营企业、国有企业、外商投资企业、其他企业。其中：民营企业在进口贸易中占主导地位，进口总值为 11937.00 万美元，占中国新疆进口总值的 61.94%，同比上升 107.70%，环比上升 29.45%；国有企业进口总值排名第二，为 5523.70 万美元，占中国新疆进口总值的 28.66%，同比下降 89.30%，环比下降 6.10%；外商投资企业进口总值排名第三，为 1758.40 万美元，占中国新疆进口总值的 9.12%，同比上升 54.00%，环比上升 33.34%；其他企业进口总值排名第四，为 52.50 万美元，占中国新疆进口总值的 0.28%。

四、按照商品类别对 2015 年中国新疆进出口总值进行分析

2015 年中国新疆主要的进出口商品有 30 种，其中出口总值排名前十的商品依次是机电产品，服装及衣着附件，鞋类，纺织纱线、织物及制品，陶瓷产品，灯具、照明装置及零件，农产品，汽车零配件，箱包及类似容器，钢材；进口总值排名前十的商品依次是机电产品，农产品，高新技术产品，纺织机械及零件，纸浆，棉花，鲜、干水果及坚果，原油，纺织纱线、织物及制品，计量检测分析自控仪器及器具。

（一）按照商品类别对 2015 年中国新疆出口商品总值进行分析

1. 2015 年中国新疆出口商品总值分析

从图 6 - 2 - 96 分析可知，2015 年中国新疆出口排名前十的商品中，机电产品、服装及衣着附件和鞋类的出口总值占主要地位，三者之和占中国新疆商品出口总值的 61.95%。其中，机电产品的出口总值位居第一，出口总值为 50.17 亿美元，占中国新疆商品出口总值的 28.66%，同比下降 11.40%，环比下降 11.36%；服装及衣着附件的出口总值为 33.65 亿美元，占中国新疆商品出口总值的 19.22%，同比下降 45.20%，环比下降 45.23%，排名第二；鞋类的出口总值为 24.63 亿美元，占中国新疆商品出口总值的 14.07%，同比下降 27.90%，环比下降 27.94%，排名第三；纺织纱线、织物及制品的出口总值为 11.40 亿美元，占中国新疆商品出口总值的 6.51%，同比下降 28.40%，环比下降 28.38%，排名第四；陶瓷产品的出口总值为 10.25 亿美元，占中国新疆商品

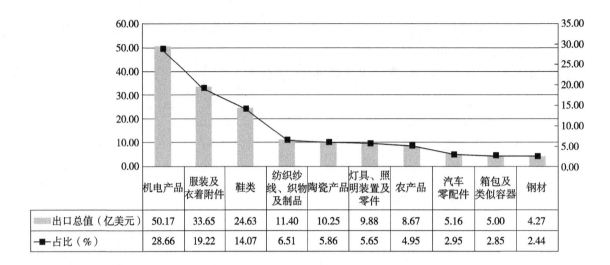

	机电产品	服装及衣着附件	鞋类	纺织纱线、织物及制品	陶瓷产品	灯具、照明装置及零件	农产品	汽车零配件	箱包及类似容器	钢材
出口总值（亿美元）	50.17	33.65	24.63	11.40	10.25	9.88	8.67	5.16	5.00	4.27
占比（%）	28.66	19.22	14.07	6.51	5.86	5.65	4.95	2.95	2.85	2.44

图6-2-96　2015年中国新疆出口排名前十的商品

出口总值的5.86%，同比上升82.60%，环比上升82.63%，排名第五；排在第十位的是钢材，其出口总值为4.27亿美元，占中国新疆商品出口总值的2.44%，同比下降1.70%，环比下降1.71%。

2.2015年中国新疆出口商品总值趋势分析

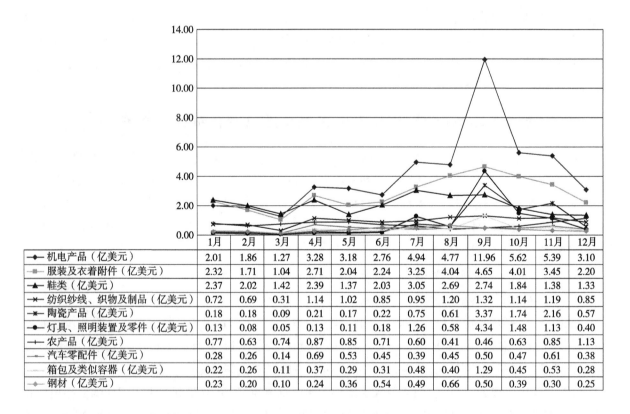

	1月	2月	3月	4月	5月	6月	7月	8月	9月	10月	11月	12月
机电产品（亿美元）	2.01	1.86	1.27	3.28	3.18	2.76	4.94	4.77	11.96	5.62	5.39	3.10
服装及衣着附件（亿美元）	2.32	1.71	1.04	2.71	2.04	2.24	3.25	4.04	4.65	4.01	3.45	2.20
鞋类（亿美元）	2.37	2.02	1.42	2.39	1.37	2.03	3.05	2.69	2.74	1.84	1.38	1.33
纺织纱线、织物及制品（亿美元）	0.72	0.69	0.31	1.14	1.02	0.85	0.95	1.20	1.32	1.14	1.19	0.85
陶瓷产品（亿美元）	0.18	0.18	0.09	0.21	0.17	0.22	0.75	0.61	3.37	1.74	2.16	0.57
灯具、照明装置及零件（亿美元）	0.13	0.08	0.05	0.13	0.11	0.18	1.26	0.58	4.34	1.48	1.13	0.40
农产品（亿美元）	0.77	0.63	0.74	0.87	0.85	0.71	0.60	0.41	0.46	0.63	0.85	1.13
汽车零配件（亿美元）	0.28	0.26	0.14	0.69	0.53	0.45	0.39	0.45	0.50	0.47	0.61	0.38
箱包及类似容器（亿美元）	0.22	0.26	0.11	0.37	0.29	0.31	0.48	0.40	1.29	0.45	0.53	0.28
钢材（亿美元）	0.23	0.20	0.10	0.24	0.36	0.54	0.49	0.66	0.50	0.39	0.30	0.25

图6-2-97　2015年1～12月出口商品总值

从图6-2-97可知，2015年中国新疆出口排名前十的商品中，机电产品，服装及衣着附件1～12月的进出口总值波动趋势较为一致，总体呈倒U形趋势，最低值均在3月，分别为1.27亿美元及1.04亿美元；最高值均在9月，分别为11.96亿美元及4.65亿美元。具体来看，1～3月呈现不断下降趋势，4月开始反弹，5～6月趋于稳定，6～9月呈上升趋势且9月达到全年的最高峰，第四季度又呈逐渐下滑趋势；鞋类1～12月的出口总值波动趋势较为平稳，最低值在12月为1.33亿美元，最高值在7月，为3.05亿美元。具体来看，1～3月呈现不断下降趋势，4月出现小幅上升，5月略有下降后6月继而上升，6～9月表现较为平稳，10～12月则呈逐渐下降趋势，直至12月下降到本年度最低值1.33亿美元；纺织纱线、织物及制品，陶瓷产品，灯具、照明装置及零件，农产品，汽车零配件，箱包及类似容器和钢材7种出口商品总值趋势变化较为一致，总体趋势较为平稳，最低值均在3月，最高值多在9月。第一季度呈直线下降趋势，4月小幅反弹以后，5月、6月又出现下降趋势，第三季度呈倒U形趋势，9月达到峰值，第四季度又呈逐渐下滑趋势。

3. 2015年中国新疆出口商品总值月度分析

（1）2015年1月中国新疆出口商品总值月度分析。

中国新疆出口商品大致有30种，其中出口总值排名前十的依次是鞋类，服装及衣着附件，机电产品，农产品，纺织纱线、织物及制品，番茄酱，汽车零配件，钢材，箱包及类似容器，陶瓷产品。

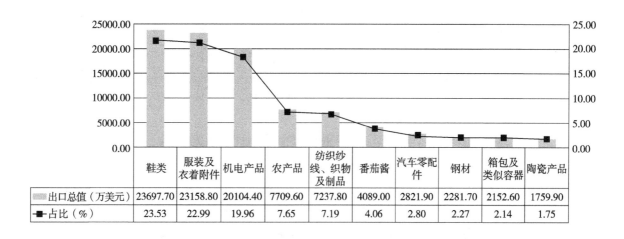

	鞋类	服装及衣着附件	机电产品	农产品	纺织纱线、织物及制品	番茄酱	汽车零配件	钢材	箱包及类似容器	陶瓷产品
出口总值（万美元）	23697.70	23158.80	20104.40	7709.60	7237.80	4089.00	2821.90	2281.70	2152.60	1759.90
占比（%）	23.53	22.99	19.96	7.65	7.19	4.06	2.80	2.27	2.14	1.75

图6-2-98　2015年1月中国新疆各种商品出口总值及占比

由图6-2-98可以看出：2015年1月中国新疆商品出口中，鞋类排名最高，出口总值为23697.70万美元，占中国新疆出口总值的23.53%，同比下降15.90%，环比下降0.06%；服装及衣着附件排名第二，出口总值为23158.80万美元，占中国新疆出口总值的22.99%，同比下降61.90%，环比下降0.46%；机电产品排名第三，出口总值为20104.40万美元，占中国新疆出口总值的19.96%，同比下降62.50%，环比下降0.61%；农产品排名第四，出口总值为7709.60万美元，占中国新疆出口总值的7.65%，同比下降28.20%，环比下降0.35%；纺织纱线、织物及制品排名第五，出口总值为7237.80万美元，占中国新疆出口总值的7.19%，同比下降43.30%，环比下降0.45%；番茄酱排名第六，出口总值为4089.00万美元，占中国新疆出口总值的4.06%，同比下降15.70%，环比下降0.35%；汽车零配件排名第七，出口总值为2821.90万美元，占中国新疆出口总值的2.80%，同比下降42.50%；钢材排名第八，出口总值为2281.70万美元，占中国新疆出口总值的2.27%，同比下降26.70%，环比下降0.37%；箱包及类似容器排名第九，出口总值为 2152.60 万美元，占中国新疆出口总值的 2.14%，同比下降 70.60%，环比下降 0.55%；陶瓷产品排名第十，出口总值为 1759.90 万美元，占中国新疆出口总值的 1.75%，同比下降 77.30%，环比下降 0.63%。

（2）2015 年 2 月中国新疆出口商品总值月度分析。

中国新疆出口商品大致有 30 种，其中出口总值排名前十的依次是鞋类，机电产品，服装及衣着附件，纺织纱线、织物及制品，农产品，番茄酱，箱包及类似容器，汽车零配件，钢材，高新技术产品。与 1 月相比，陶瓷产品被挤出前十，高新技术产品挤进前十。

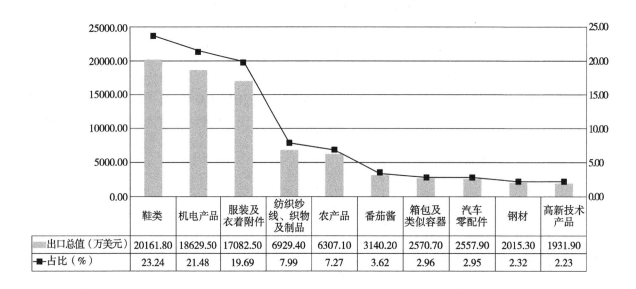

	鞋类	机电产品	服装及衣着附件	纺织纱线、织物及制品	农产品	番茄酱	箱包及类似容器	汽车零配件	钢材	高新技术产品
出口总值（万美元）	20161.80	18629.50	17082.50	6929.40	6307.10	3140.20	2570.70	2557.90	2015.30	1931.90
占比（%）	23.24	21.48	19.69	7.99	7.27	3.62	2.96	2.95	2.32	2.23

图 6 - 2 - 99　2015 年 2 月中国新疆各种商品出口总值及占比

由图 6 - 2 - 99 可以看出：2015 年 2 月中国新疆商品出口中，鞋类排名最高，出口总值为 20161.80 万美元，占中国新疆出口总值的 23.24%，同比上升 80.70%，环比下降 14.92%；机电产品排名第二，出口总值为 18629.50 万美元，占中国新疆出口总值的 21.48%，同比上升 8.31%，环比下降 7.34%；服装及衣着附件排名第三，出口总值为 17082.50 万美元，占中国新疆出口总值的 19.69%，同比下降 8.10%，环比下降 26.24%；纺织纱线、织物及制品排名第四，出口总值为 6929.40 万美元，占中国新疆出口总值的 7.99%，同比上升 75.81%，环比下降 4.26%；农产品排名第五，出口总值为 6307.10 万美元，占中国新疆出口总值的 7.27%，同比上升 25.41%，环比下降 18.19%；番茄酱排名第六，出口总值为 3140.20 万美元，占中国新疆出口总值的 3.62%，同比上升 31.61%，环比下降 23.20%；箱包及类似容器排名第七，出口总值为 2570.70 万美元，占中国新疆出口总值的 2.96%，同比上升 15.78%，环比上升 19.42%；汽车零配件排名第八，出口总值为 2557.90 万美元，占中国新疆出口总值的 2.95%，同比上升 79.94%，环比下降 9.36%；钢材排名第九，出口总值为 2015.30 万美元，占中国新疆出口总值的 2.32%，同比上升 115.93%，环比下降 11.68%；高新技术产品排名第十，出口总值为 1931.90 万美元，占中国新疆出口总值的 2.23%，同比上升 7.48%，环比上升 10.16%。

（3）2015 年 3 月中国新疆出口商品总值月度分析。

中国新疆出口商品大致有 30 种，其中出口总值排名前十的依次是鞋类，机电产品，服装及衣着附件，农产品，初级形状的聚氯乙烯，番茄酱，纺织纱线、织物及制品，鲜、干水果及坚果，汽车零配件，高新技术产品。与 1 月相比，箱包及类似容器、钢材被挤出前十，初级形状的聚氯乙烯，鲜、干水果及坚果挤进前十。

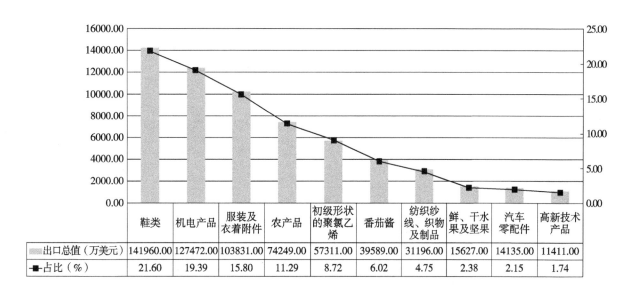

	鞋类	机电产品	服装及衣着附件	农产品	初级形状的聚氯乙烯	番茄酱	纺织纱线、织物及制品	鲜、干水果及坚果	汽车零配件	高新技术产品
出口总值（万美元）	141960.00	127472.00	103831.00	74249.00	57311.00	39589.00	31196.00	15627.00	14135.00	11411.00
占比（%）	21.60	19.39	15.80	11.29	8.72	6.02	4.75	2.38	2.15	1.74

图 6－2－100　2015 年 3 月中国新疆各种商品出口总值及占比

由图 6－2－100 可以看出：2015 年 3 月中国新疆商品出口中，鞋类排名最高，出口总值为 141960.00 万美元，占中国新疆出口总值的 21.60%，同比下降 20.27%，环比下降 29.59%；机电产品排名第二，出口总值为 127472.00 万美元，占中国新疆出口总值的 19.39%，同比下降 48.76%；服装及衣着附件排名第三，出口总值为 103831.00 万美元，占中国新疆出口总值的 15.80%，同比下降 67.94%，环比下降 39.22%；农产品排名第四，出口总值为 74249.00 万美元，占中国新疆出口总值的 11.29%，同比下降 10.52%，环比上升 17.72%；初级形状的聚氯乙烯排名第五，出口总值为 57311.00 万美元，占中国新疆出口总值的 8.72%，同比上升 9.94%，环比上升 923.23%；番茄酱排名第六，出口总值为 39589.00 万美元，占中国新疆出口总值的 6.02%，同比下降 13.28%，环比上升 26.07%；纺织纱线、织物及制品排名第七，出口总值为 31196.00 万美元，占中国新疆出口总值的 4.75%，同比下降 68.45%，环比下降 54.98%；鲜、干水果及坚果排名第八，出口总值为 15627.00 万美元，占中国新疆出口总值的 2.38%，同比下降 15.54%，环比上升 26.68%；汽车零配件排名第九，出口总值为 14135.00 万美元，占中国新疆出口总值的 2.15%，同比下降 59.96%，环比下降 44.74%；高新技术产品排名第十，出口总值为 11411.00 万美元，占中国新疆出口总值的 1.74%，同比下降 27.85%，环比下降 40.93%。

（4）2015 年 4 月中国新疆出口商品总值月度分析。

中国新疆出口商品大致有 30 种，其中出口总值排名前十的依次是机电产品，服装及衣着附件，鞋类，纺织纱线、织物及制品，农产品，汽车零配件，番茄酱，箱包及类似容器，初级形状的聚氯乙烯，钢材。与 3 月相比，鲜、干水果及坚果，高新技术产品被挤出前十，箱包及类似容器、钢材挤进前十。

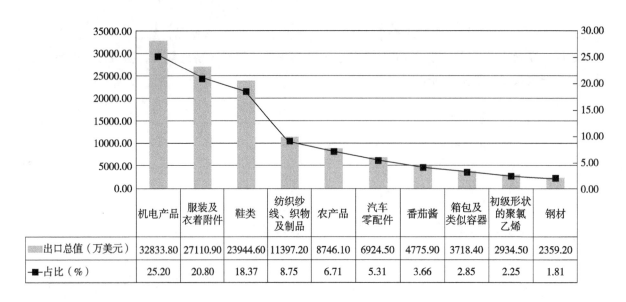

	机电产品	服装及衣着附件	鞋类	纺织纱线、织物及制品	农产品	汽车零配件	番茄酱	箱包及类似容器	初级形状的聚氯乙烯	钢材
出口总值（万美元）	32833.80	27110.90	23944.60	11397.20	8746.10	6924.50	4775.90	3718.40	2934.50	2359.20
占比（%）	25.20	20.80	18.37	8.75	6.71	5.31	3.66	2.85	2.25	1.81

图 6 - 2 - 101　2015 年 4 月中国新疆各种商品出口总值及占比

由图 6 - 2 - 101 可以看出：2015 年 4 月中国新疆商品出口中，机电产品排名最高，出口总值为 32833.80 万美元，占中国新疆出口总值的 25.20%，同比下降 20.28%，环比上升 157.58%；服装及衣着附件排名第二，出口总值为 27110.90 万美元，占中国新疆出口总值的 20.80%，同比下降 28.16%，环比上升 161.11%；鞋类排名第三，出口总值为 23944.60 万美元，占中国新疆出口总值的 18.37%，同比下降 16.37%，环比上升 68.67%；纺织纱线、织物及制品排名第四，出口总值为 11397.20 万美元，占中国新疆出口总值的 8.75%，同比下降 8.71%，环比上升 265.34%；农产品排名第五，出口总值为 8746.10 万美元，占中国新疆出口总值的 6.71%，同比上升 16.94%，环比上升 17.79%；汽车零配件排名第六，出口总值为 6924.50 万美元，占中国新疆出口总值的 5.31%，同比上升 8.30%，环比上升 389.88%；番茄酱排名第七，出口总值为 4775.90 万美元，占中国新疆出口总值的 3.66%，同比上升 33.49%，环比上升 20.64%；箱包及类似容器排名第八，出口总值为 3718.40 万美元，占中国新疆出口总值的 2.85%，同比下降 31.01%，环比上升 235.63%；初级形状的聚氯乙烯排名第九，出口总值为 2934.50 万美元，占中国新疆出口总值的 2.25%，同比下降 43.25%，环比下降 48.80%；钢材排名第十，出口总值为 2359.20 万美元，占中国新疆出口总值的 1.81%，同比下降 24.87%，环比上升 126.61%。

（5）2015 年 5 月中国新疆出口商品总值月度分析。

中国新疆出口商品大致有 30 种，其中出口总值排名前十的依次是机电产品，服装及衣着附件，鞋类，纺织纱线、织物及制品，农产品，汽车零配件，番茄酱，钢材，箱包及类似容器，鲜、干水果及坚果。与 4 月相比，初级形状的聚氯乙烯被挤出前十，鲜、干水果及坚果挤进前十。

由图 6 - 2 - 102 可以看出：2015 年 5 月中国新疆商品出口中，机电产品出口总值最高，出口总值为 31764.70 万美元，占全区出口总值的 29.44%，同比下降 33.30%，环比下降 3.26%；服装及衣着附件排名第二，出口总值为 20356.00 万美元，占全区出口总值的 18.87%，同比下降 45.60%，环比下降 24.92%；鞋类排名第三，出口总值为 13686.70 万美元，占全区出口总值的 12.69%，同比下降 7.50%，环比下降 42.84%；纺织纱线、织物及制品排名第四，出口总值为 10165.00 万美元，占全区出口总值的 9.42%，同比下降 22.90%，环比下降 10.81%；农产品排名

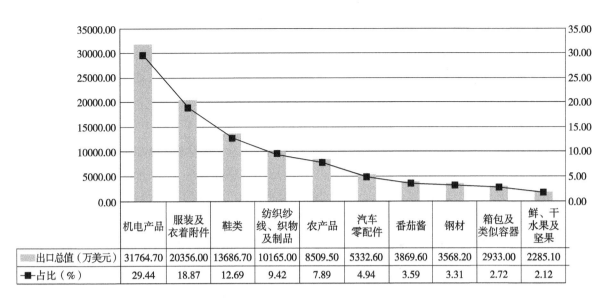

图 6 - 2 - 102　2015 年 5 月中国新疆各种商品出口总值及占比

出口总值（万美元）	31764.70	20356.00	13686.70	10165.00	8509.50	5332.60	3869.60	3568.20	2933.00	2285.10
占比（%）	29.44	18.87	12.69	9.42	7.89	4.94	3.59	3.31	2.72	2.12

第五，出口总值为 8509.50 万美元，占全区出口总值的 7.89%，同比上升 1.30%，环比下降 2.71%；汽车零配件排名第六，出口总值为 5332.60 万美元，占全区出口总值的 4.94%，同比下降 11.20%，环比下降 22.99%；番茄酱排名第七，出口总值为 3869.60 万美元，占全区出口总值的 3.59%，同比上升 7.20%，环比下降 18.98%；钢材排名第八，出口总值为 3568.20 万美元，占全区出口总值的 3.31%，同比下降 6.00%，环比上升 51.25%；箱包及类似容器排名第九，出口总值为 2933.00 万美元，占全区出口总值的 2.72%，同比下降 43.80%，环比下降 21.12%；鲜、干水果及坚果排名第十，出口总值为 2285.10 万美元，占全区出口总值的 2.12%，同比下降 51.90%，环比下降 40.11%。

（6）2015 年 6 月中国新疆出口商品总值月度分析。

中国新疆出口商品大致有 30 种，其中出口总值排名前十的依次是机电产品，服装及衣着附件，鞋类，纺织纱线、织物及制品，农产品，钢材，汽车零配件，箱包及类似容器，番茄酱，鲜、干水果及坚果。与 5 月相比，排名前十的产品保持不变。

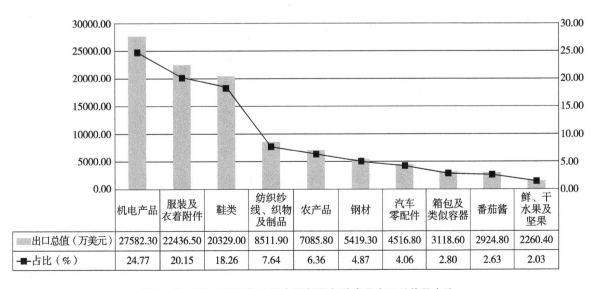

出口总值（万美元）	27582.30	22436.50	20329.00	8511.90	7085.80	5419.30	4516.80	3118.60	2924.80	2260.40
占比（%）	24.77	20.15	18.26	7.64	6.36	4.87	4.06	2.80	2.63	2.03

图 6 - 2 - 103　2015 年 6 月中国新疆各种商品出口总值及占比

由图 6－2－103 可以看出：2015 年 6 月中国新疆商品出口中，机电产品排名最高，出口总值为 27582.30 万美元，占中国新疆出口总值的 24.77%，同比下降 12.42%，环比下降 13.17%；服装及衣着附件排名第二，出口总值为 22436.50 万美元，占中国新疆出口总值的 20.15%，同比下降 34.30%，环比上升 10.22%；鞋类排名第三，出口总值为 20329.00 万美元，占中国新疆出口总值的 18.26%，同比下降 3.97%，环比上升 48.53%；纺织纱线、织物及制品排名第四，出口总值为 8511.90 万美元，占中国新疆出口总值的 7.64%，同比下降 24.00%，环比下降 16.26%；农产品排名第五，出口总值为 7085.80 万美元，占中国新疆出口总值的 6.36%，同比下降 1.23%，环比下降 16.73%；钢材排名第六，出口总值为 5419.30 万美元，占中国新疆出口总值的 4.87%，同比上升 57.08%，环比上升 51.88%；汽车零配件排名第七，出口总值为 4516.80 万美元，占中国新疆出口总值的 4.06%，同比下降 5.14%，环比下降 15.30%；箱包及类似容器排名第八，出口总值为 3118.60 万美元，占中国新疆出口总值的 2.80%，同比下降 43.80%，环比上升 6.33%；番茄酱排名第九，出口总值为 2924.80 万美元，占中国新疆出口总值的 2.63%，同比下降 7.22%，环比下降 24.42%；鲜、干水果及坚果排名第十，出口总值为 2260.40 万美元，占中国新疆出口总值的 2.03%，同比上升 20.02%，环比下降 1.08%。

（7）2015 年 7 月中国新疆出口商品总值月度分析。

中国新疆出口商品大致有 30 种，其中出口总值排名前十的依次是机电产品，服装及衣着附件，鞋类，灯具、照明装置及零件，纺织纱线、织物及制品，陶瓷产品，农产品，钢材，箱包及类似容器，汽车零配件。与 6 月相比，番茄酱，鲜、干水果及坚果被挤出前十，灯具、照明装置及零件，陶瓷产品挤进前十。

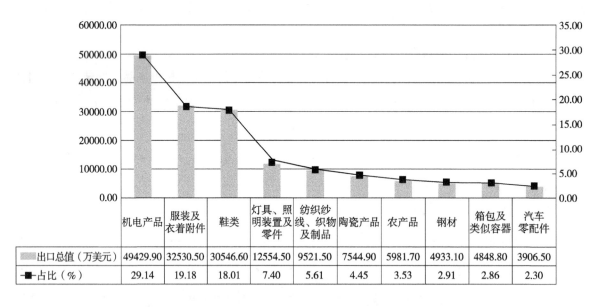

	机电产品	服装及衣着附件	鞋类	灯具、照明装置及零件	纺织纱线、织物及制品	陶瓷产品	农产品	钢材	箱包及类似容器	汽车零配件
出口总值（万美元）	49429.90	32530.50	30546.60	12554.50	9521.50	7544.90	5981.70	4933.10	4848.80	3906.50
占比（%）	29.14	19.18	18.01	7.40	5.61	4.45	3.53	2.91	2.86	2.30

图 6－2－104　2015 年 7 月中国新疆各种商品出口总值及占比

由图 6－2－104 可以看出：2015 年 7 月中国新疆商品出口中，机电产品排名最高，出口总值为 49429.90 万美元，占中国新疆出口总值的 29.14%，同比上升 32.31%，环比上升 79.21%；服装及衣着附件排名第二，出口总值为 32530.50 万美元，占中国新疆出口总值的 19.18%，同比下降 30.39%，环比上升 44.99%；鞋类排名第三，出口总值为 30546.60 万美元，占中国新疆出口总值的 18.01%，同比下降 5.44%，环比上升 50.26%；灯具、照明装置及零件排名第四，出口总值为 12554.50 万美元，占中国新疆出口总值的 7.40%，同比上升 413.73%，环比上升 590.19%；纺织纱线、织物及制品排名第五，出口总值为 9521.50 万美元，占中国新疆出口总值的 5.61%，同比下降 26.55%，环比上升 11.86%；陶瓷产品排名第六，出口总值为 7544.90 万美元，占中国新疆出口总值的 4.45%，同比上升 176.22%，环比上升 247.96%；农产品排名第七，出口总值为 5981.70 万美元，占中国新疆出口总值的 3.53%，同比下降 7.14%，环比下降 15.58%；钢材排名第八，出口总值为 4933.10 万美元，占中国新疆出口总值的 2.91%，同比上升 18.45%，环比下降 8.97%；箱包及类似容器排名第九，出口总值为 4848.80 万美元，占中国新疆出口总值的 2.86%，同比下降 19.74%，环比上升 55.48%；汽车零配件排名第十，出口总值为 3906.50 万美元，占中国新疆出口总值的 2.30%，同比下降 17.91%，环比下降 13.51%。

（8）2015 年 8 月中国新疆出口商品总值月度分析。

中国新疆出口商品大致有 30 种，其中出口总值排名前十的依次是机电产品，服装及衣着附件，鞋类，纺织纱线、织物及制品，钢材，陶瓷产品，灯具、照明装置及零件，汽车零配件，农产品和箱包及类似容器。与 7 月出口前十类商品相同。

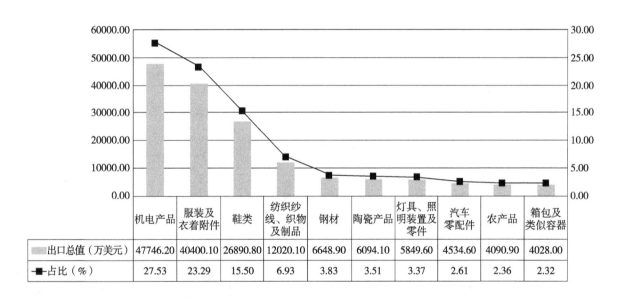

	机电产品	服装及衣着附件	鞋类	纺织纱线、织物及制品	钢材	陶瓷产品	灯具、照明装置及零件	汽车零配件	农产品	箱包及类似容器
出口总值（万美元）	47746.20	40400.10	26890.80	12020.10	6648.90	6094.10	5849.60	4534.60	4090.90	4028.00
占比（%）	27.53	23.29	15.50	6.93	3.83	3.51	3.37	2.61	2.36	2.32

图 6 - 2 - 105 2015 年 8 月中国新疆各种商品出口总值及占比

由图 6 - 2 - 105 可以看出：2015 年 8 月中国新疆商品出口中，机电产品排名最高，出口总值为 47746.20 万美元，占中国新疆出口总值的 27.53%，同比下降 12.31%，环比下降 3.41%；服装及衣着附件排名第二，出口总值为 40400.10 万美元，占中国新疆出口总值的 23.29%，同比下降 35.73%，环比上升 24.19%；鞋类排名第三，出口总值为 26890.80 万美元，占中国新疆出口总值的 15.50%，同比下降 24.45%，环比下降 11.97%；纺织纱线、织物及制品排名第四，出口总值为 12020.10 万美元，占中国新疆出口总值的 6.93%，同比下降 20.74%，环比上升 26.24%；钢材排名第五，出口总值为 6648.90 万美元，占中国新疆出口总值的 3.83%，同比上升 46.46%，环比上升 34.78%；陶瓷产品排名第六，出口总值为 6094.10 万美元，占中国新疆出口总值的 3.51%，同比下降 7.68%，环比下降 19.23%；灯具、照明装置及零件排名第七，出口总值为 5849.60 万美元，占中国新疆出口总值的3.37%，同比下降18.55%，环比下降53.41%；汽车零配件排名第八，出口总值为4534.60万美元，占中国新疆出口总值的2.61%，同比下降23.17%，环比上升16.08%；农产品排名第九，出口总值为4090.90万美元，占中国新疆出口总值的2.36%，同比下降1.45%，环比下降31.61%；箱包及类似容器排名第十，出口总值为4028.00万美元，占中国新疆出口总值的2.32%，同比下降47.60%，环比下降16.93%。

（9）2015年9月中国新疆出口商品总值月度分析。

中国新疆出口商品大致有30种，其中出口总值排名前十的依次是机电产品，服装及衣着附件，灯具、照明装置及零件，陶瓷产品，鞋类，纺织纱线、织物及制品，箱包及类似容器，塑料制品，文化产品，家具及其零件。与8月相比，钢材、汽车零配件、农产品被挤出前十，塑料制品、文化产品、家具及其零件挤进前十。

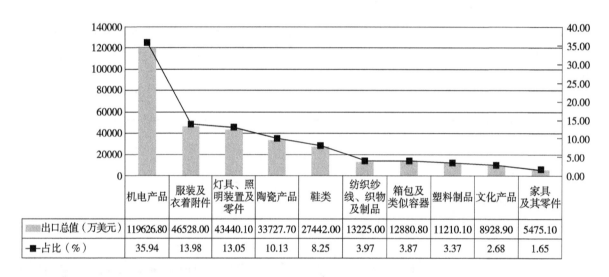

图6-2-106　2015年9月中国新疆各种商品出口总值及占比

由图6-2-106可以看出：2015年9月中国新疆商品出口中，机电产品排名最高，出口总值为119626.80万美元，占中国新疆出口总值的35.94%，同比上升27.77%，环比上升150.55%；服装及衣着附件排名第二，出口总值为46528.00万美元，占中国新疆出口总值的13.98%，同比下降54.14%，环比上升15.17%；灯具、照明装置及零件排名第三，出口总值为43440.10万美元，占中国新疆出口总值的13.05%，同比上升181.75%，环比上升642.62%；陶瓷产品排名第四，出口总值为33727.70万美元，占中国新疆出口总值的10.13%，同比上升136.32%，环比上升453.45%；鞋类排名第五，出口总值为27442.00万美元，占中国新疆出口总值的8.25%，同比下降47.11%，环比上升2.05%；纺织纱线、织物及制品排名第六，出口总值为13225.00万美元，占中国新疆出口总值的3.97%，同比下降43.12%，环比上升10.02%；箱包及类似容器排名第七，出口总值为12880.80万美元，占中国新疆出口总值的3.87%，同比上升20.51%，环比上升219.78%；塑料制品排名第八，出口总值为11210.10万美元，占中国新疆出口总值的3.37%，同比上升14.29%，环比上升402.18%；文化产品排名第九，出口总值为8928.90万美元，占中国新疆出口总值的2.68%，同比上升25.06%，环比上升832.42%；家具及其零件排名第十，出口总值为5475.10万美元，占中国新疆出口总值的1.65%，同比下降53.24%，环比上升647.56%。

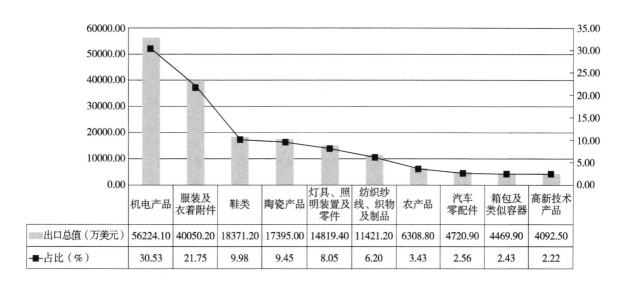

（10）2015 年 10 月中国新疆出口商品总值月度分析。

中国新疆出口商品大致有 30 种，其中出口总值排名前十的依次是机电产品，服装及衣着附件，鞋类，陶瓷产品，灯具、照明装置及零件，纺织纱线、织物及制品，农产品，汽车零配件，箱包及类似容器，高新技术产品。与 9 月相比，塑料制品、文化产品、家具及其零件被挤出前十，农产品、汽车零配件、高新技术产品挤进前十。

	机电产品	服装及衣着附件	鞋类	陶瓷产品	灯具、照明装置及零件	纺织纱线、织物及制品	农产品	汽车零配件	箱包及类似容器	高新技术产品
出口总值（万美元）	56224.10	40050.20	18371.20	17395.00	14819.40	11421.20	6308.80	4720.90	4469.90	4092.50
占比（%）	30.53	21.75	9.98	9.45	8.05	6.20	3.43	2.56	2.43	2.22

图 6 - 2 - 107　2015 年 10 月中国新疆各种商品出口总值及占比

由图 6 - 2 - 107 可以看出：2015 年 10 月中国新疆商品出口中，机电产品排名最高，出口总值为 56224.10 万美元，占中国新疆出口总值的 30.53%，同比下降 26.20%，环比下降 53.00%；服装及衣着附件排名第二，出口总值为 40050.20 万美元，占中国新疆出口总值的 21.75%，同比下降 50.49%，环比下降 13.92%；鞋类排名第三，出口总值为 18371.20 万美元，占中国新疆出口总值的 9.98%，同比下降 58.35%，环比下降 33.05%；陶瓷产品排名第四，出口总值为 17395.00 万美元，占中国新疆出口总值的 9.45%，同比上升 111.79%，环比下降 48.43%；灯具、照明装置及零件排名第五，出口总值为 14819.40 万美元，占中国新疆出口总值的 8.05%，同比上升 67.37%，环比下降 65.89%；纺织纱线、织物及制品排名第六，出口总值为 11421.20 万美元，占中国新疆出口总值的 6.20%，同比下降 34.07%，环比下降 13.64%；农产品排名第七，出口总值为 6308.80 万美元，占中国新疆出口总值的 3.43%，同比下降 11.53%，环比上升 35.79%；汽车零配件排名第八，出口总值为 4720.90 万美元，占中国新疆出口总值的 2.56%，同比下降 27.12%，环比下降 5.30%；箱包及类似容器排名第九，出口总值为 4469.90 万美元，占中国新疆出口总值的 2.43%，同比下降 48.67%，环比下降 65.30%；高新技术产品排名第十，出口总值为 4092.50 万美元，占中国新疆出口总值的 2.22%，同比下降 53.05%，环比上升 16.72%。

（11）2015 年 11 月中国新疆出口商品总值月度分析。

中国新疆出口商品大致有 30 种，其中出口总值排名前十的依次是机电产品，服装及衣着附件，陶瓷产品，鞋类，纺织纱线、织物及制品，灯具、照明装置及零件，农产品，汽车零配件，箱包及类似容器，高新技术产品。与 10 月相比，出口前十类商品相同。

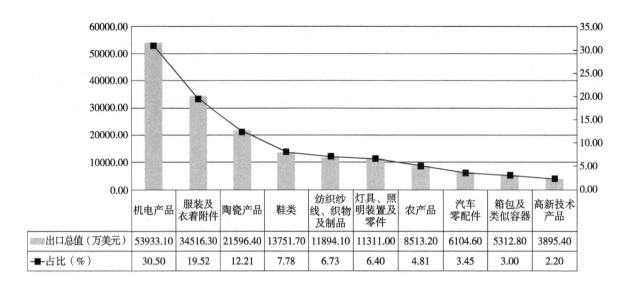

	机电产品	服装及衣着附件	陶瓷产品	鞋类	纺织纱线、织物及制品	灯具、照明装置及零件	农产品	汽车零配件	箱包及类似容器	高新技术产品
出口总值（万美元）	53933.10	34516.30	21596.40	13751.70	11894.10	11311.00	8513.20	6104.60	5312.80	3895.40
占比（%）	30.50	19.52	12.21	7.78	6.73	6.40	4.81	3.45	3.00	2.20

图6-2-108　2015年11月中国新疆各种商品出口总值及占比

由图6-2-108可以看出：2015年11月中国新疆商品出口中，机电产品排名最高，出口总值为53933.10万美元，占中国新疆出口总值的30.50%，同比上升14.26%，环比下降4.07%；服装及衣着附件排名第二，出口总值为34516.30万美元，占中国新疆出口总值的19.52%，同比下降47.32%，环比下降13.82%；陶瓷产品排名第三，出口总值为21596.40万美元，占中国新疆出口总值的12.21%，同比上升621.80%，环比上升24.15%；鞋类排名第四，出口总值为13751.70万美元，占中国新疆出口总值的7.78%，同比下降51.05%，环比下降25.15%；纺织纱线、织物及制品排名第五，出口总值为11894.10万美元，占中国新疆出口总值的6.73%，同比下降24.49%，环比上升4.14%；灯具、照明装置及零件排名第六，出口总值为11311.00万美元，占中国新疆出口总值的6.40%，同比上升440.57%，环比下降23.67%；农产品排名第七，出口总值为8513.20万美元，占中国新疆出口总值的4.81%，同比下降15.34%，环比上升34.94%；汽车零配件排名第八，出口总值为6104.60万美元，占中国新疆出口总值的3.45%，同比下降6.37%，环比上升29.31%；箱包及类似容器排名第九，出口总值为5312.80万美元，占中国新疆出口总值的3.00%，同比上升25.70%，环比上升18.86%；高新技术产品排名第十，出口总值为3895.40万美元，占中国新疆出口总值的2.20%，同比下降33.05%，环比下降4.82%。

（12）2015年12月中国新疆出口商品总值月度分析。

中国新疆出口商品大致有30种，其中出口总值排名前十的依次是机电产品，服装及衣着附件，鞋类，农产品，纺织纱线、织物及制品，陶瓷产品，番茄酱，高新技术产品，灯具、照明装置及零件，鲜、干水果及坚果。与11月相比，汽车零配件、箱包及类似容器被挤出前十，番茄酱和鲜、干水果及坚果挤进前十。

由图6-2-109可以看出：2015年12月中国新疆商品出口中，机电产品排名最高，出口总值为31028.50万美元，占中国新疆出口总值的27.77%，同比下降40.16%，环比下降42.47%；服装及衣着附件排名第二，出口总值为21962.50万美元，占中国新疆出口总值的19.66%，同比下降47.91%，环比下降36.37%；鞋类排名第三，出口总值为13295.00万美元，占中国新疆出口总值的11.90%，同比下降46.88%，环比下降3.32%；农产品排名第四，出口总值为11345.90万美元，

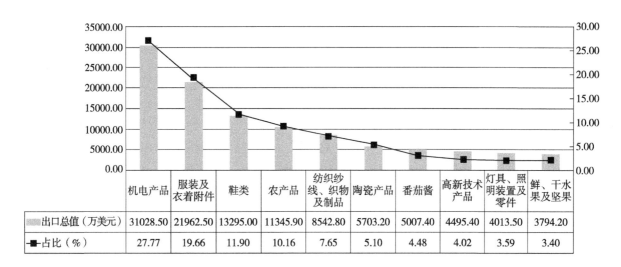

	机电产品	服装及衣着附件	鞋类	农产品	纺织纱线、织物及制品	陶瓷产品	番茄酱	高新技术产品	灯具、照明装置及零件	鲜、干水果及坚果
出口总值（万美元）	31028.50	21962.50	13295.00	11345.90	8542.80	5703.20	5007.40	4495.40	4013.50	3794.20
占比（%）	27.77	19.66	11.90	10.16	7.65	5.10	4.48	4.02	3.59	3.40

图6-2-109 2015年12月中国新疆各种商品出口总值及占比

占中国新疆出口总值的10.16%，同比下降4.56%，环比上升33.27%；纺织纱线、织物及制品排名第五，出口总值为8542.80万美元，占中国新疆出口总值的7.65%，同比下降35.06%，环比下降28.18%；陶瓷产品排名第六，出口总值为5703.20万美元，占中国新疆出口总值的5.10%，同比上升18.57%，环比下降73.59%；番茄酱排名第七，出口总值为5007.40万美元，占中国新疆出口总值的4.48%，同比下降20.50%，环比上升40.57%；高新技术产品排名第八，出口总值为4495.40万美元，占中国新疆出口总值的4.02%，同比下降19.25%，环比上升15.40%；灯具、照明装置及零件排名第九，出口总值为4013.50万美元，占中国新疆出口总值的3.59%，同比上升8.17%，环比下降64.52%；鲜、干水果及坚果排名第十，出口总值为3794.20万美元，占中国新疆出口总值的3.40%，同比上升28.00%，环比上升41.24%。

（二）按照商品类别对2015年中国新疆进口商品总值进行分析

1. 2015年中国新疆进口商品总值分析

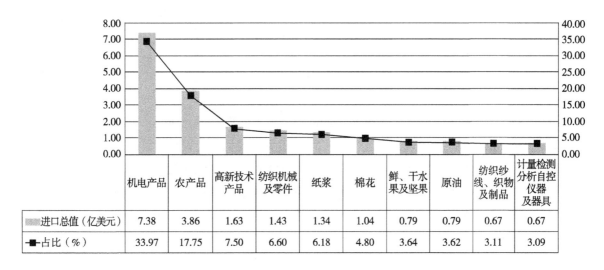

	机电产品	农产品	高新技术产品	纺织机械及零件	纸浆	棉花	鲜、干水果及坚果	原油	纺织纱线、织物及制品	计量检测分析自控仪器及器具
进口总值（亿美元）	7.38	3.86	1.63	1.43	1.34	1.04	0.79	0.79	0.67	0.67
占比（%）	33.97	17.75	7.50	6.60	6.18	4.80	3.64	3.62	3.11	3.09

图6-2-110 2015年中国新疆进口排名前十的商品

从图6-2-110分析可知，2015年中国新疆进口商品中，机电产品和农产品的进口总值占主导地位，两者之和占中国新疆进口总值的51.73%，其中机电产品的进口总值排名第一，为7.38亿美元，占中国新疆商品进口总值的33.97%，同比上升37.80%；农产品的进口总值排名第二，进口总值为3.86亿美元，占中国新疆商品进口总值的17.75%，同比下降16.30%；高新技术产品的进口总值位居第三，进口总值为1.63亿美元，占中国新疆商品进口总值的7.50%，同比上升36.20%；纺织机械及零件的进口总值为1.43亿美元，占中国新疆商品进口总值的6.60%，同比上升1507.80%，排名第四；纸浆的进口总值为1.34亿美元，占中国新疆商品进口总值的6.18%，同比上升363.60%，排名第五；排在第十位的是计量检测分析自控仪器及器具，其进口总值为0.67亿美元，占中国新疆商品进口总值的3.09%，同比下降3.90%。

2. 2015年中国新疆进口商品总值趋势分析

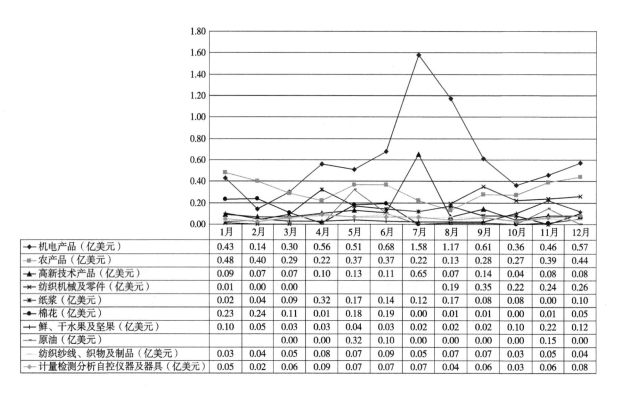

	1月	2月	3月	4月	5月	6月	7月	8月	9月	10月	11月	12月
◆ 机电产品（亿美元）	0.43	0.14	0.30	0.56	0.51	0.68	1.58	1.17	0.61	0.36	0.46	0.57
■ 农产品（亿美元）	0.48	0.40	0.29	0.22	0.37	0.37	0.22	0.13	0.28	0.27	0.39	0.44
▲ 高新技术产品（亿美元）	0.09	0.07	0.07	0.10	0.13	0.11	0.65	0.07	0.14	0.04	0.08	0.08
✳ 纺织机械及零件（亿美元）	0.01	0.00	0.00					0.19	0.35	0.22	0.24	0.26
✳ 纸浆（亿美元）	0.02	0.04	0.09	0.32	0.17	0.14	0.12	0.17	0.08	0.08	0.00	0.10
● 棉花（亿美元）	0.23	0.24	0.11	0.01	0.18	0.19	0.00	0.01	0.01	0.00	0.01	0.05
┼ 鲜、干水果及坚果（亿美元）	0.10	0.05	0.03	0.03	0.04	0.03	0.02	0.02	0.02	0.10	0.22	0.12
─ 原油（亿美元）			0.00	0.00	0.32	0.10	0.00	0.00	0.00	0.00	0.15	0.00
── 纺织纱线、织物及制品（亿美元）	0.03	0.04	0.05	0.08	0.07	0.09	0.05	0.07	0.07	0.03	0.05	0.04
◆ 计量检测分析自控仪器及器具（亿美元）	0.05	0.02	0.06	0.09	0.07	0.07	0.07	0.04	0.06	0.03	0.06	0.08

图6-2-111　2015年1～12月进口商品总值

从图6-2-111可知，2015年中国新疆进口排名前十的商品中，机电产品1～12月进口总值趋势总体呈倒U形，最大值出现在7月，为1.58亿美元，最低值出现在3月，为0.30亿美元。具体来看，1～3月呈先降后升趋势，4月持续上升，5月略有下降后继续保持上升趋势，7月达到最大值1.58亿美元，8～10月呈直线下滑趋势，11～12月略有上升；农产品1～12月进口总值趋势较为平稳，最大值出现在1月，为0.48亿美元，最小值出现在8月，为0.13亿美元。具体来看，1～3月呈直线下滑趋势，4～6月呈小幅上升趋势，6～9月呈先降后升趋势，10～12月则呈直线上升趋势；高新技术产品1～12月进口总值总体上呈倒U形，最大值出现在7月，为0.65亿美元，最小值出现在10月，为0.04亿美元。具体来看，1～6月进口总值表现较为平稳，均在0.1亿美元左右波动，7月急速上升至全年最高点0.65亿美元，到8月便出现骤然下降趋势，直至12月表现都较为平稳，均在 0.1 亿美元附近波动。纺织机械及零件，纸浆，棉花，鲜、干水果及坚果，原油，纺织纱线、织物及制品，计量检测分析自控仪器及器具 7 种进口商品总值 1~12 月表现均较为平稳，且进口总值均较小，均在 0.05 亿美元左右波动。

3. 2015 年中国新疆进口商品总值月度分析

（1）2015 年 1 月中国新疆进口商品总值月度分析。

中国新疆进口商品大致有 30 种，其中进口总值排名前十的依次是农产品，机电产品，棉花，鲜、干水果及坚果，高新技术产品，机械提升搬运装卸设备及零件，铁矿砂及其精矿，牛皮革及马皮革，计量检测分析自控仪器及器具，纺织纱线、织物及制品。

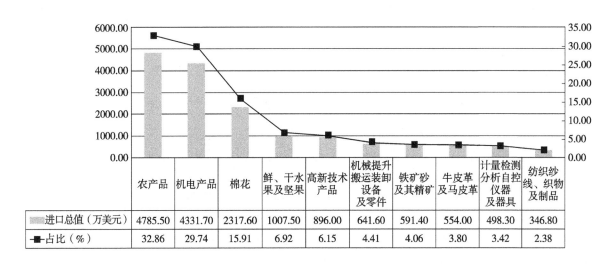

	农产品	机电产品	棉花	鲜、干水果及坚果	高新技术产品	机械提升搬运装卸设备及零件	铁矿砂及其精矿	牛皮革及马皮革	计量检测分析自控仪器及器具	纺织纱线、织物及制品
进口总值（万美元）	4785.50	4331.70	2317.60	1007.50	896.00	641.60	591.40	554.00	498.30	346.80
占比（%）	32.86	29.74	15.91	6.92	6.15	4.41	4.06	3.80	3.42	2.38

图 6 - 2 - 112　2015 年 1 月中国新疆各种商品进口总值及占比

由图 6 - 2 - 112 可以看出：2015 年 1 月中国新疆商品进口中，农产品排名最高，进口总值为 4785.50 万美元，占中国新疆进口总值的 32.86%，同比下降 19.40%，环比下降 35.77%；机电产品排名第二，进口总值为 4331.70 万美元，占中国新疆进口总值的 29.74%，同比上升 48.70%，环比上升 27.02%；棉花排名第三，进口总值为 2317.60 万美元，占中国新疆进口总值的 15.91%，同比下降 40.30%，环比下降 54.70%；鲜、干水果及坚果排名第四，进口总值为 1007.50 万美元，占中国新疆进口总值的 6.92%，同比上升 171.10%，环比上升 25.95%；高新技术产品排名第五，进口总值为 896.00 万美元，占中国新疆进口总值的 6.15%，同比上升 37.70%，环比下降 11.90%；机械提升搬运装卸设备及零件排名第六，进口总值为 641.60 万美元，占中国新疆进口总值的 4.41%，同比上升 370329.70%；铁矿砂及其精矿排名第七，进口总值为 591.40 万美元，占中国新疆进口总值的 4.06%，同比下降 87.80%，环比上升 909.22%；牛皮革及马皮革排名第八，进口总值为 554.00 万美元，占中国新疆进口总值的 3.80%，同比上升 74.40%，环比上升 44.16%；计量检测分析自控仪器及器具排名第九，进口总值为 498.30 万美元，占中国新疆进口总值的 3.42%，同比上升 38.10%，环比下降 22.55%；纺织纱线、织物及制品排名第十，进口总值为 346.80 万美元，占中国新疆进口总值的 2.38%，同比下降 25.50%，环比上升 17.92%。

（2）2015 年 2 月中国新疆进口商品总值月度分析。

中国新疆进口商品大致有 30 种，其中进口总值排名前十的依次是农产品，棉花，原油，机电产品，高新技术产品，通断保护电路装置及零件，鲜、干水果及坚果，纸浆，铁矿砂及其精矿，牛皮革及马皮革。与1月相比，机械提升搬运装卸设备及零件，计量检测分析自控仪器及器具，纺织纱线、织物及制品被挤出前十，原油，通断保护电路装置及零件，纸浆挤进前十。

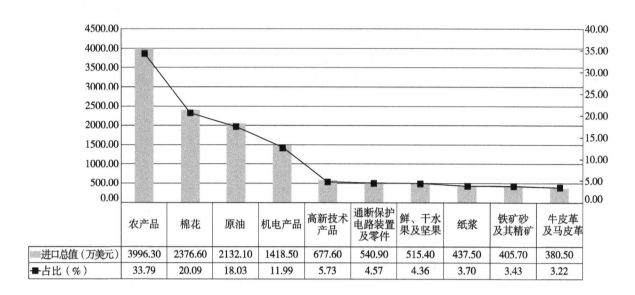

	农产品	棉花	原油	机电产品	高新技术产品	通断保护电路装置及零件	鲜、干水果及坚果	纸浆	铁矿砂及其精矿	牛皮革及马皮革
进口总值（万美元）	3996.30	2376.60	2132.10	1418.50	677.60	540.90	515.40	437.50	405.70	380.50
占比（%）	33.79	20.09	18.03	11.99	5.73	4.57	4.36	3.70	3.43	3.22

图6-2-113　2015年2月中国新疆各种商品进口总值及占比

由图6-2-113可以看出：2015年2月中国新疆商品进口中，农产品排名最高，进口总值为3996.30万美元，占中国新疆进口总值的33.79%，同比下降25.70%，环比下降16.49%；棉花排名第二，进口总值为2376.60万美元，占中国新疆进口总值的20.09%，同比下降26.80%，环比上升2.55%；原油排名第三，进口总值为2132.10万美元，占中国新疆进口总值的18.03%；机电产品排名第四，进口总值为1418.50万美元，占中国新疆进口总值的11.99%，同比上升64.17%，环比下降67.25%；高新技术产品排名第五，进口总值为677.60万美元，占中国新疆进口总值的5.73%，同比下降26.39%，环比下降24.38%；通断保护电路装置及零件排名第六，进口总值为540.90万美元，占中国新疆进口总值的4.57%，同比下降43.23%，环比上升149.03%；鲜、干水果及坚果排名第七，进口总值为515.40万美元，占中国新疆进口总值的4.36%，同比下降86.01%，环比下降48.84%；纸浆排名第八，进口总值为437.50万美元，占中国新疆进口总值的3.70%，同比下降69.99%，环比上升168.24%；铁矿砂及其精矿排名第九，进口总值为405.70万美元，占中国新疆进口总值的3.43%，同比上升703.29%，环比下降31.40%；牛皮革及马皮革排名第十，进口总值为380.50万美元，占中国新疆进口总值的3.22%，同比下降37.47%，环比下降31.32%。

（3）2015年3月中国新疆进口商品总值月度分析。

中国新疆进口商品大致有30种，其中进口总值排名前十的依次是机电产品，农产品，棉花，纸浆，高新技术产品，计量检测分析自控仪器及器具，液化石油气及其他烃类气，纺织纱线、织物及制品，医疗仪器及器械，牛皮革及马皮革。与2月相比，原油，通断保护电路装置及零件，鲜、干水果及坚果，铁矿砂及其精矿被挤出前十，计量检测分析自控仪器及器具，液化石油气及其他烃类气，纺织纱线、织物及制品，医疗仪器及器械挤进前十。

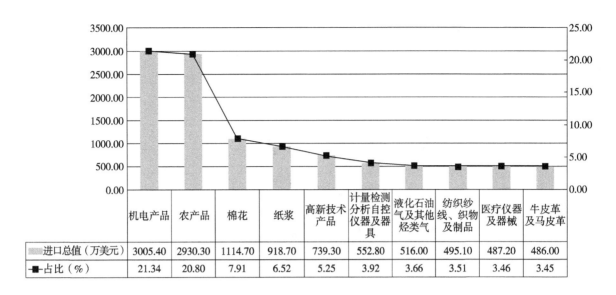

	机电产品	农产品	棉花	纸浆	高新技术产品	计量检测分析自控仪器及器具	液化石油气及其他烃类气	纺织纱线、织物及制品	医疗仪器及器械	牛皮革及马皮革
进口总值（万美元）	3005.40	2930.30	1114.70	918.70	739.30	552.80	516.00	495.10	487.20	486.00
占比（%）	21.34	20.80	7.91	6.52	5.25	3.92	3.66	3.51	3.46	3.45

图 6－2－114　2015 年 3 月中国新疆各种商品进口总值及占比

由图 6－2－114 可以看出：2015 年 3 月中国新疆商品进口中，机电产品排名最高，进口总值为 3005.40 万美元，占中国新疆进口总值的 21.34%，同比上升 65.13%，环比上升 111.87%；农产品排名第二，进口总值为 2930.30 万美元，占中国新疆进口总值的 20.80%，同比上升 17.22%，环比下降 26.67%；棉花排名第三，进口总值为 1114.70 万美元，占中国新疆进口总值的 7.91%，同比上升 16.05%，环比下降 53.10%；纸浆排名第四，进口总值为 918.70 万美元，占中国新疆进口总值的 6.52%，同比下降 33.90%，环比上升 109.99%；高新技术产品排名第五，进口总值为 739.30 万美元，占中国新疆进口总值的 5.25%，同比下降 14.27%，环比上升 9.11%；计量检测分析自控仪器及器具排名第六，进口总值为 552.80 万美元，占中国新疆进口总值的 3.92%，同比上升 9.64%，环比上升 170.58%；液化石油气及其他烃类气排名第七，进口总值为 516.00 万美元，占中国新疆进口总值的 3.66%，同比下降 48.11%，环比上升 45.72%；纺织纱线、织物及制品排名第八，进口总值为 495.10 万美元，占中国新疆进口总值的 3.51%，同比下降 21.32%，环比上升 41.01%；医疗仪器及器械排名第九，进口总值为 487.20 万美元，占中国新疆进口总值的 3.46%，同比下降 55.22%，环比上升 1025.17%；牛皮革及马皮革排名第十，进口总值为 486.00 万美元，占中国新疆进口总值的 3.45%，同比下降 27.79%，环比上升 27.73%。

（4）2015 年 4 月中国新疆进口商品总值月度分析。

中国新疆进口商品大致有 30 种，其中进口总值排名前十的依次是机电产品，纸浆，农产品，高新技术产品，计量检测分析自控仪器及器具，铁矿砂及其精矿，纺织纱线、织物及制品，铜矿砂及其精矿，牛皮革及马皮革，锯材。与 3 月相比，棉花，液化石油气及其他烃类气，医疗仪器及器械被挤出前十，铁矿砂及其精矿，铜矿砂及其精矿，锯材挤进前十。

由图 6－2－115 可以看出：2015 年 4 月中国新疆商品进口中，机电产品排名最高，进口总值为 5636.50 万美元，占中国新疆进口总值的 29.44%，同比下降 39.25%，环比上升 87.55%；纸浆排名第二，进口总值为 3215.80 万美元，占中国新疆进口总值的 16.79%，同比下降 71.89%，环比上升 250.04%；农产品排名第三，进口总值为 2217.00 万美元，占中国新疆进口总值的 11.58%，同比上升 8.88%，环比下降 24.34%；高新技术产品排名第四，进口总值为 1041.30 万美

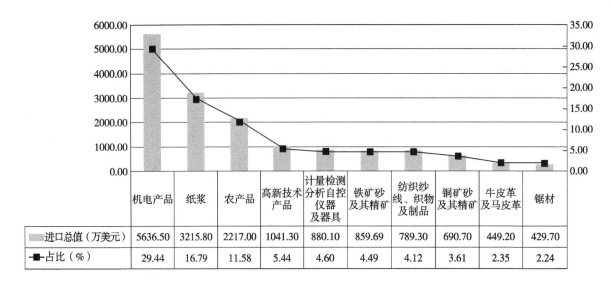

	机电产品	纸浆	农产品	高新技术产品	计量检测分析自控仪器及器具	铁矿砂及其精矿	纺织纱线、织物及制品	铜矿砂及其精矿	牛皮革及马皮革	锯材
进口总值（万美元）	5636.50	3215.80	2217.00	1041.30	880.10	859.69	789.30	690.70	449.20	429.70
占比（%）	29.44	16.79	11.58	5.44	4.60	4.49	4.12	3.61	2.35	2.24

图 6-2-115 2015 年 4 月中国新疆各种商品进口总值及占比

元，占中国新疆进口总值的 5.44%，同比下降 4.16%，环比上升 40.85%；计量检测分析自控仪器及器具排名第五，进口总值为 880.10 万美元，占中国新疆进口总值的 4.60%，同比下降 49.52%，环比上升 59.21%；铁矿砂及其精矿排名第六，进口总值为 859.69 万美元，占中国新疆进口总值的 4.49%，同比上升 537.11%，环比下降 1048.98%；纺织纱线、织物及制品排名第七，进口总值为 789.30 万美元，占中国新疆进口总值的 4.12%，同比下降 14.51%，环比上升 59.42%；铜矿砂及其精矿排名第八，进口总值为 690.70 万美元，占中国新疆进口总值的 3.61%，同比上升 95.57%；牛皮革及马皮革排名第九，进口总值为 449.20 万美元，占中国新疆进口总值的 2.35%，同比下降 8.07%，环比下降 7.57%；锯材排名第十，进口总值为 429.70 万美元，占中国新疆进口总值的 2.24%，同比上升 56.66%，环比上升 27.43%。

（5）2015 年 5 月中国新疆进口商品总值月度分析。

中国新疆进口商品大致有 30 种，其中进口总值排名前十的依次是机电产品，农产品，原油，棉花，纸浆，高新技术产品，氧化铝，医疗仪器及器械，纺织纱线、织物及制品，计量检测分析自控仪器及器具。与 4 月相比，铁矿砂及其精矿，铜矿砂及其精矿，牛皮革及马皮革，锯材被挤出前十，原油，棉花，氧化铝，医疗仪器及器械挤进前十。

由图 6-2-116 可以看出：2015 年 5 月中国新疆商品进口中，机电产品排名最高，进口总值为 5066.30 万美元，占中国新疆进口总值的 22.66%，同比下降 26.70%，环比下降 10.12%；农产品排名第二，进口总值为 3665.80 万美元，占中国新疆进口总值的 16.39%，同比上升 18.06%，环比上升 65.35%；原油排名第三，进口总值为 3206.60 万美元，占中国新疆进口总值的 14.34%；棉花排名第四，进口总值为 1833.40 万美元，占中国新疆进口总值的 8.20%，同比上升 54.68%，环比上升 1819.79%；纸浆排名第五，进口总值为 1731.60 万美元，占中国新疆进口总值的 7.74%，同比下降 88.77%，环比下降 46.15%；高新技术产品排名第六，进口总值为 1289.40 万美元，占中国新疆进口总值的 5.77%，同比下降 20.51%，环比上升 23.83%；氧化铝排名第七，进口总值为 1060.50 万美元，占中国新疆进口总值的 4.74%，同比下降 100.35%，环比无变化；医疗仪器及器械排名第八，进口总值为 908.60 万美元，占中国新疆进口总值的 4.06%，同比下降

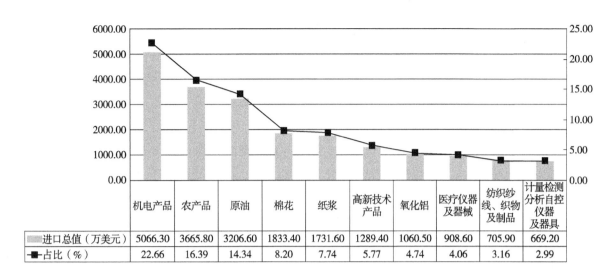

	机电产品	农产品	原油	棉花	纸浆	高新技术产品	氧化铝	医疗仪器及器械	纺织纱线、织物及制品	计量检测分析自控仪器及器具
进口总值（万美元）	5066.30	3665.80	3206.60	1833.40	1731.60	1289.40	1060.50	908.60	705.90	669.20
占比（%）	22.66	16.39	14.34	8.20	7.74	5.77	4.74	4.06	3.16	2.99

图6-2-116 2015年5月中国新疆各种商品进口总值及占比

70.07%，环比上升119.15%；纺织纱线、织物及制品排名第九，进口总值为705.90万美元，占中国新疆进口总值的3.16%，同比下降14.02%，环比下降10.57%；计量检测分析自控仪器及器具排名第十，进口总值为669.20万美元，占中国新疆进口总值的2.99%，同比上升5.85%，环比下降23.96%。

（6）2015年6月中国新疆进口商品总值月度分析。

中国新疆进口商品大致有30种，其中进口总值排名前十的依次是机电产品，农产品，棉花，纸浆，高新技术产品，原油，纺织纱线、织物及制品，铜矿砂及其精矿，医疗仪器及器械，计量检测分析自控仪器及器具。与5月相比，氧化铝被挤出前十，铜矿砂及其精矿挤进前十。

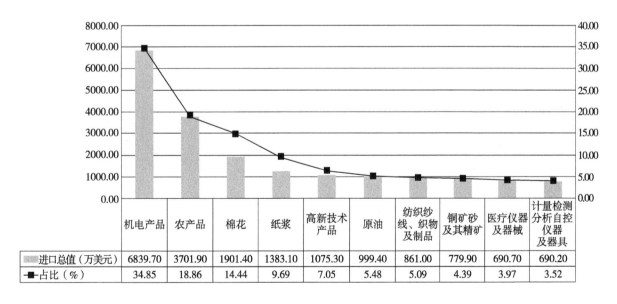

	机电产品	农产品	棉花	纸浆	高新技术产品	原油	纺织纱线、织物及制品	铜矿砂及其精矿	医疗仪器及器械	计量检测分析自控仪器及器具
进口总值（万美元）	6839.70	3701.90	1901.40	1383.10	1075.30	999.40	861.00	779.90	690.70	690.20
占比（%）	34.85	18.86	14.44	9.69	7.05	5.48	5.09	4.39	3.97	3.52

图6-2-117 2015年6月中国新疆各种商品进口总值及占比

由图6-2-117可以看出：2015年6月中国新疆商品进口中，机电产品排名最高，进口总值为6839.70万美元，占中国新疆进口总值的34.85%，同比上升41.60%，环比上升35.00%；农产品排名第二，进口总值为3701.90万美元，占中国新疆进口总值的18.86%，同比下降8.65%，环比上升0.98%；棉花排名第三，进口总值为1901.40万美元，占中国新疆进口总值的14.44%，同比下降7.77%，环比上升3.71%；纸浆排名第四，进口总值为1383.10万美元，占中国新疆进口总值的9.69%，同比下降91.04%，环比下降20.13%；高新技术产品排名第五，进口总值为1075.30万美元，占中国新疆进口总值的7.05%，同比上升56.93%，环比下降16.60%；原油排名第六，进口总值为999.40万美元，占中国新疆进口总值的5.48%，环比下降68.83%；纺织纱线、织物及制品排名第七，进口总值为861.00万美元，占中国新疆进口总值的5.09%，同比下降31.08%，环比上升21.97%；铜矿砂及其精矿排名第八，进口总值为779.90万美元，占中国新疆进口总值的4.39%，同比下降92.15%；医疗仪器及器械排名第九，进口总值为690.70万美元，占中国新疆进口总值的3.97%，同比上升39.56%，环比下降23.98%；计量检测分析自控仪器及器具排名第十，进口总值为690.20万美元，占中国新疆进口总值的3.52%，同比上升22.55%，环比上升3.14%。

（7）2015年7月中国新疆进口商品总值月度分析。

中国新疆进口商品大致有30种，其中进口总值排名前十的依次是机电产品，高新技术产品，农产品，纸浆，初级形状的塑料，液化石油气及其他烃类气，计量检测分析自控仪器及器具，钢材，粮食，纺织纱线、织物及制品。与6月相比，棉花，原油，铜矿砂及其精矿，医疗仪器及器械被挤出前十。

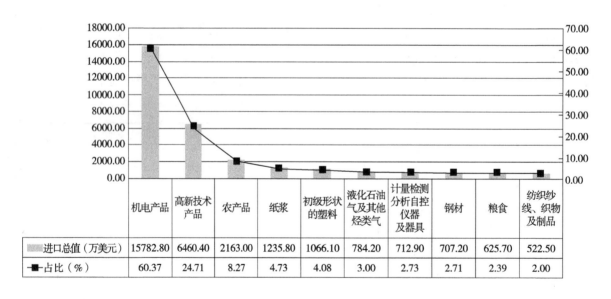

	机电产品	高新技术产品	农产品	纸浆	初级形状的塑料	液化石油气及其他烃类气	计量检测分析自控仪器及器具	钢材	粮食	纺织纱线、织物及制品
进口总值（万美元）	15782.80	6460.40	2163.00	1235.80	1066.10	784.20	712.90	707.20	625.70	522.50
占比（%）	60.37	24.71	8.27	4.73	4.08	3.00	2.73	2.71	2.39	2.00

图6-2-118　2015年7月中国新疆各种商品进口总值及占比

由图6-2-118可以看出：2015年7月中国新疆商品进口中，机电产品进口总值最高，进口总值为15782.80万美元，占全区进口总值的60.37%，同比上升29.20%，环比上升130.75%；高新技术产品排名第二，进口总值为6460.40万美元，占全区进口总值的24.71%，同比上升109.00%，环比上升52.30%；农产品排名第三，进口总值为2163.00万美元，占全区进口总值的8.27%，同比下降16.60%，环比下降14.57%；纸浆排名第四，进口总值为1235.80万美元，占全区进口总值的4.73%，同比上升272.60%，环比下降10.65%；初级形状的塑料排名第五，进口

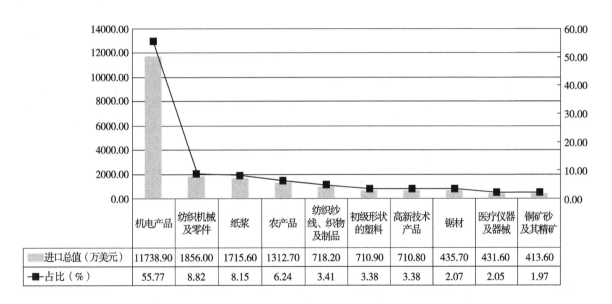

总值为1066.10万美元，占全区进口总值的4.08%，同比上升57.60%，环比上升6.15%；液化石油气及其他烃类气排名第六，进口总值为784.20万美元，占全区进口总值的3.00%，同比下降16.90%，环比下降23.83%；计量检测分析自控仪器及器具排名第七，进口总值为712.90万美元，占全区进口总值的2.73%，同比上升16.30%，环比上升3.29%；钢材排名第八，进口总值为707.20万美元，占全区进口总值的2.71%，同比上升54.00%，环比上升23.96%；粮食排名第九，进口总值为625.70万美元，占全区进口总值的2.39%，同比上升15.00%，环比上升5.70%；纺织纱线、织物及制品排名第十，进口总值为522.50万美元，占全区进口总值的2.00%，同比上升16.40%，环比下降39.31%。

（8）2015年8月中国新疆进口商品总值月度分析。

中国新疆进口商品大致有30种，其中进口总值排名前十的依次是机电产品，纺织机械及零件，纸浆，农产品，纺织纱线、织物及制品，初级形状的塑料，高新技术产品，锯材，医疗仪器及器械，铜矿砂及其精矿。与7月相比，液化石油气及其他烃类气，计量检测分析自控仪器及器具，钢材，粮食被挤出前十，纺织机械及零件，锯材，医疗仪器及器械，铜矿砂及其精矿挤进前十。

	机电产品	纺织机械及零件	纸浆	农产品	纺织纱线、织物及制品	初级形状的塑料	高新技术产品	锯材	医疗仪器及器械	铜矿砂及其精矿
进口总值（万美元）	11738.90	1856.00	1715.60	1312.70	718.20	710.90	710.80	435.70	431.60	413.60
占比（%）	55.77	8.82	8.15	6.24	3.41	3.38	3.38	2.07	2.05	1.97

图6-2-119 2015年8月中国新疆各种商品进口总值及占比

由图6-2-119可以看出：2015年8月中国新疆商品进口中，机电产品排名最高，进口总值为11738.90万美元，占中国新疆进口总值的55.77%，同比下降58.41%，环比下降25.62%；纺织机械及零件排名第二，进口总值为1856.00万美元，占中国新疆进口总值的8.82%，同比下降99.00%；纸浆排名第三，进口总值为1715.60万美元，占中国新疆进口总值的8.15%，同比下降99.37%，环比上升38.83%；农产品排名第四，进口总值为1312.70万美元，占中国新疆进口总值的6.24%，同比上升92.72%，环比下降39.31%；纺织纱线、织物及制品排名第五，进口总值为718.20万美元，占中国新疆进口总值的3.41%，同比下降35.87%，环比上升37.45%；初级形状的塑料排名第六，进口总值为710.90万美元，占中国新疆进口总值的3.38%，同比下降84.79%，环比下降33.32%；高新技术产品排名第七，进口总值为710.80万美元，占中国新疆进口总值的3.38%，同比上升117.02%，环比下降89.00%；锯材排名第八，进口总值为435.70万美元，占中国新疆进口总值的2.07%，同比上升93.72%，环比下降9.44%；医疗仪器及器械排名第九，进口总值为431.60万美元，占中国新疆进口总值的2.05%，同比上升21.72%，环比上升27.24%；铜矿砂及其精矿排名第十，进口总值为413.60万美元，占中国新疆进口总值的1.97%，同比上升206.55%，环比上升1496.91%。

（9）2015年9月中国新疆进口商品总值月度分析。

中国新疆进口商品大致有30种，其中进口总值排名前十的依次是机电产品，纺织机械及零件，农产品，高新技术产品，医疗仪器及器械，纸浆，食用植物油，纺织纱线、织物及制品，计量检测分析自控仪器及器具，初级形状的塑料。与8月相比，锯材，铜矿砂及其精矿被挤出前十，食用植物油，计量检测分析自控仪器及器具挤进前十。

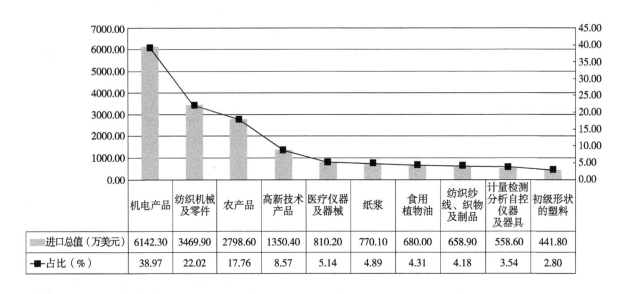

	机电产品	纺织机械及零件	农产品	高新技术产品	医疗仪器及器械	纸浆	食用植物油	纺织纱线、织物及制品	计量检测分析自控仪器及器具	初级形状的塑料
进口总值（万美元）	6142.30	3469.90	2798.60	1350.40	810.20	770.10	680.00	658.90	558.60	441.80
占比（%）	38.97	22.02	17.76	8.57	5.14	4.89	4.31	4.18	3.54	2.80

图6-2-120　2015年9月中国新疆各种商品进口总值及占比

由图6-2-120可以看出：2015年9月中国新疆商品进口中，机电产品排名最高，进口总值为6142.30万美元，占中国新疆进口总值的38.97%，同比下降28.04%，环比下降47.68%；纺织机械及零件排名第二，进口总值为3469.90万美元，占中国新疆进口总值的22.02%，同比下降99.71%，环比上升86.96%；农产品排名第三，进口总值为2798.60万美元，占中国新疆进口总值的17.76%，同比上升3.00%，环比上升113.19%；高新技术产品排名第四，进口总值为1350.40万美元，占中国新疆进口总值的8.57%，同比上升9.64%，环比上升89.98%；医疗仪器及器械排名第五，进口总值为810.20万美元，占中国新疆进口总值的5.14%，同比上升17.04%，环比上升87.72%；纸浆排名第六，进口总值为770.10万美元，占中国新疆进口总值的4.89%，同比下降62.83%，环比下降55.11%；食用植物油排名第七，进口总值为680.00万美元，占中国新疆进口总值的4.31%，同比下降81.51%，环比上升633.55%；纺织纱线、织物及制品排名第八，进口总值为658.90万美元，占中国新疆进口总值的4.18%，同比下降35.50%，环比下降8.26%；计量检测分析自控仪器及器具排名第九，进口总值为558.60万美元，占中国新疆进口总值的3.54%，同比上升21.25%，环比上升58.74%；初级形状的塑料排名第十，进口总值为441.80万美元，占中国新疆进口总值的2.80%，同比下降26.78%，环比下降37.85%。

（10）2015 年 10 月中国新疆进口商品总值月度分析。

中国新疆进口商品大致有 30 种，其中进口总值排名前十的依次是机电产品，农产品，纺织机械及零件，氧化铝，鲜、干水果及坚果，纸浆，钢材，高新技术产品，锯材，牛皮革及马皮革。与 9 月相比，医疗仪器及器械，食用植物油，纺织纱线、织物及制品，计量检测分析自控仪器及器具，初级形状的塑料被挤出前十，氧化铝，鲜、干水果及坚果，钢材，锯材，牛皮革及马皮革挤进前十。

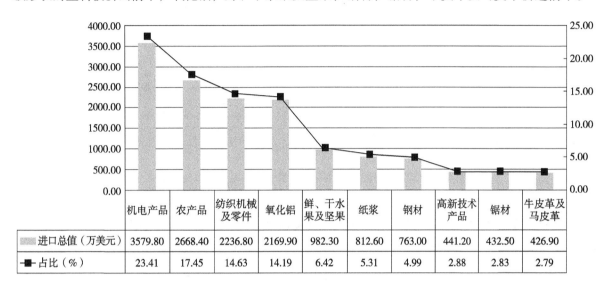

	机电产品	农产品	纺织机械及零件	氧化铝	鲜、干水果及坚果	纸浆	钢材	高新技术产品	锯材	牛皮革及马皮革
进口总值（万美元）	3579.80	2668.40	2236.80	2169.90	982.30	812.60	763.00	441.20	432.50	426.90
占比（%）	23.41	17.45	14.63	14.19	6.42	5.31	4.99	2.88	2.83	2.79

图 6 - 2 - 121　2015 年 10 月中国新疆各种商品进口总值及占比

由图 6 - 2 - 121 可以看出：2015 年 10 月中国新疆商品进口中，机电产品排名最高，进口总值为 3579.80 万美元，占中国新疆进口总值的 23.41%，同比上升 19.34%，环比下降 41.72%；农产品排名第二，进口总值为 2668.40 万美元，占中国新疆进口总值的 17.45%，同比下降 22.19%，环比下降 4.65%；纺织机械及零件排名第三，进口总值为 2236.80 万美元，占中国新疆进口总值的 14.63%，同比下降 92.26%，环比下降 35.54%；氧化铝排名第四，进口总值为 2169.90 万美元，占中国新疆进口总值的 14.19%，同比下降 100.10%；鲜、干水果及坚果排名第五，进口总值为 982.30 万美元，占中国新疆进口总值的 6.42%，同比下降 17.63%，环比上升 365.77%；纸浆排名第六，进口总值为 812.60 万美元，占中国新疆进口总值的 5.31%，同比下降 100.00%，环比上升 5.52%；钢材排名第七，进口总值为 763.00 万美元，占中国新疆进口总值的 4.99%，同比下降 80.93%，环比上升 958.25%；高新技术产品排名第八，进口总值为 441.20 万美元，占中国新疆进口总值的 2.88%，同比上升 70.36%，环比下降 67.33%；锯材排名第九，进口总值为 432.50 万美元，占中国新疆进口总值的 2.83%，同比下降 30.76%，环比上升 29.80%；牛皮革及马皮革排名第十，进口总值为 426.90 万美元，占中国新疆进口总值的 2.79%，同比下降 21.91%，环比上升 21.49%。

（11）2015 年 11 月中国新疆进口商品总值月度分析。

中国新疆进口商品大致有 30 种，其中进口总值排名前十的依次是机电产品，农产品，纺织机械及零件，鲜、干水果及坚果，原油，铜矿砂及其精矿，高新技术产品，计量检测分析自控仪器及器具，纺织纱线、织物及制品，牛皮革及马皮革。与 10 月相比，氧化铝，纸浆，钢材和锯材被挤出前十，原油，铜矿砂及其精矿，计量检测分析自控仪器及器具和纺织纱线、织物及制品挤进前十。

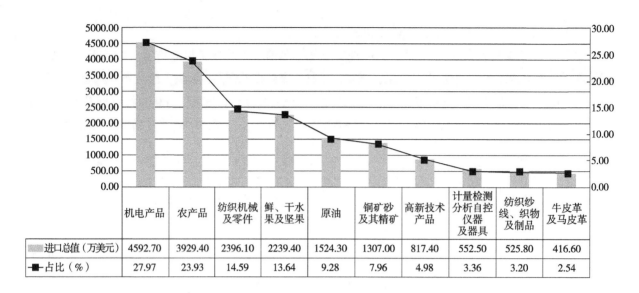

	机电产品	农产品	纺织机械及零件	鲜、干水果及坚果	原油	铜矿砂及其精矿	高新技术产品	计量检测分析自控仪器及器具	纺织纱线、织物及制品	牛皮革及马皮革
进口总值（万美元）	4592.70	3929.40	2396.10	2239.40	1524.30	1307.00	817.40	552.50	525.80	416.60
占比（%）	27.97	23.93	14.59	13.64	9.28	7.96	4.98	3.36	3.20	2.54

图 6 - 2 - 122　2015 年 11 月中国新疆各种商品进口总值及占比

由图 6 - 2 - 122 可以看出：2015 年 11 月中国新疆商品进口中，机电产品排名最高，进口总值为 4592.70 万美元，占中国新疆进口总值的 27.97%，同比下降 13.91%，环比上升 28.29%；农产品排名第二，进口总值为 3929.40 万美元，占中国新疆进口总值的 23.93%，同比下降 23.88%，环比上升 47.26%；纺织机械及零件排名第三，进口总值为 2396.10 万美元，占中国新疆进口总值的 14.59%，同比下降 98.15%，环比上升 7.12%；鲜、干水果及坚果排名第四，进口总值为 2239.40 万美元，占中国新疆进口总值的 13.64%，同比下降 45.43%，环比上升 127.98%；原油排名第五，进口总值为 1524.30 万美元，占中国新疆进口总值的 9.28%，同比上升 3379.09%；铜矿砂及其精矿排名第六，进口总值为 1307.00 万美元，占中国新疆进口总值的 7.96%，同比下降 96.82%，环比上升 258.18%；高新技术产品排名第七，进口总值为 817.40 万美元，占中国新疆进口总值的 4.98%，同比上升 64.37%，环比上升 85.27%；计量检测分析自控仪器及器具排名第八，进口总值为 552.50 万美元，占中国新疆进口总值的 3.36%，同比下降 3.28%，环比上升 103.80%；纺织纱线、织物及制品排名第九，进口总值为 525.80 万美元，占中国新疆进口总值的 3.20%，同比下降 39.85%，环比上升 61.14%；牛皮革及马皮革排名第十，进口总值为 416.60 万美元，占中国新疆进口总值的 2.54%，同比下降 13.94%，环比下降 2.41%。

（12）2015 年 12 月中国新疆进口商品总值月度分析。

中国新疆进口商品大致有 30 种，其中进口总值排名前十的依次是机电产品，农产品，纺织机械及零件，鲜、干水果及坚果，纸浆，铁矿砂及其精矿，氧化铝，高新技术产品，计量检测分析自控仪器及器具，钢材。与 11 月相比，原油，铜矿砂及其精矿，纺织纱线、织物及制品，牛皮革及马皮革被挤出前十，纸浆，铁矿砂及其精矿，氧化铝，钢材挤进前十。

由图 6 - 2 - 123 可以看出：2015 年 12 月中国新疆商品进口中，机电产品排名最高，进口总值为 5653.20 万美元，占中国新疆进口总值的 29.33%，同比下降 39.01%，环比上升 23.09%；农产品排名第二，进口总值为 4391.40 万美元，占中国新疆进口总值的 22.79%，同比上升 69.89%，环比上升 11.76%；纺织机械及零件排名第三，进口总值为 2613.80 万美元，占中国新疆进口总值的 13.56%，同比下降 99.18%，环比上升 9.09%；鲜、干水果及坚果排名第四，进口总值为 1182.90

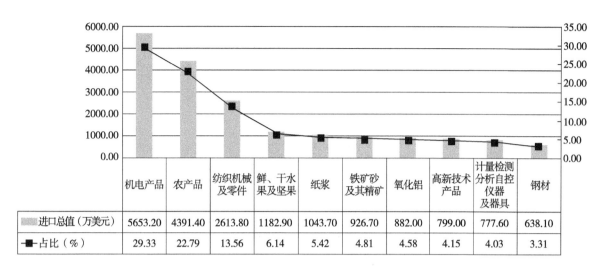

	机电产品	农产品	纺织机械及零件	鲜、干水果及坚果	纸浆	铁矿砂及其精矿	氧化铝	高新技术产品	计量检测分析自控仪器及器具	钢材
进口总值（万美元）	5653.20	4391.40	2613.80	1182.90	1043.70	926.70	882.00	799.00	777.60	638.10
占比（%）	29.33	22.79	13.56	6.14	5.42	4.81	4.58	4.15	4.03	3.31

图 6 - 2 - 123　2015 年 12 月中国新疆各种商品进口总值及占比

万美元，占中国新疆进口总值的 6.14%，同比下降 32.44%，环比下降 47.18%；纸浆排名第五，进口总值为 1043.70 万美元，占中国新疆进口总值的 5.42%，同比下降 99.98%；铁矿砂及其精矿排名第六，进口总值为 926.70 万美元，占中国新疆进口总值的 4.81%，同比下降 95.82%；氧化铝排名第七，进口总值为 882.00 万美元，占中国新疆进口总值的 4.58%，同比上升 54.75%；高新技术产品排名第八，进口总值为 799.00 万美元，占中国新疆进口总值的 4.15%，同比上升 27.74%，环比下降 2.25%；计量检测分析自控仪器及器具排名第九，进口总值为 777.60 万美元，占中国新疆进口总值的 4.03%，同比下降 17.18%，环比上升 40.74%；钢材排名第十，进口总值为 638.10 万美元，占中国新疆进口总值的 3.31%，同比下降 99.87%，环比上升 895.48%。

第三节　2015 年中国新疆与中亚五国的进出口贸易情况

一、2015 年中国新疆对中亚五国进出口贸易总体分析

（一）2015 年中国新疆对中亚五国进出口贸易分析

由图 6 - 3 - 1 可以看出，2015 年中国新疆对中亚五国进出口总值大小排名依次为：哈萨克斯坦、吉尔吉斯斯坦、塔吉克斯坦、乌兹别克斯坦、土库曼斯坦。

中国新疆对中亚五国进出口总值为 10997.12 百万美元，占中国新疆进出口总值的 55.89%。其中：进出口总值第一位是哈萨克斯坦，为 5747.89 百万美元，占中国新疆进出口总值的 29.21%，同比下降 43.30%；第二位是吉尔吉斯斯坦，为 3237.37 百万美元，占中国新疆进出口总值的 16.45%，同比下降 21.00%；第三位是塔吉克斯坦，为 1393.08 百万美元，占中国新疆进出口总值的 7.08%，同比下降 30.70%；第四位是乌兹别克斯坦，为 527.26 百万美元，占中国新疆进出口总值的 2.68%，同比下降 31.10%；第五位是土库曼斯坦，为 91.53 百万美元，占中国新疆进出口总值的 0.47%，同比下降 31.10%。

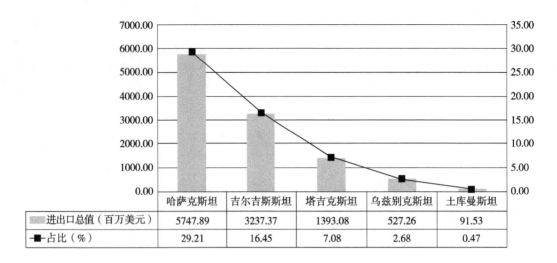

	哈萨克斯坦	吉尔吉斯斯坦	塔吉克斯坦	乌兹别克斯坦	土库曼斯坦
进出口总值（百万美元）	5747.89	3237.37	1393.08	527.26	91.53
占比（%）	29.21	16.45	7.08	2.68	0.47

图 6 – 3 – 1　2015 年中国新疆对中亚五国进出口总值及占比

（二）2015 年中国新疆对中亚五国进出口贸易趋势分析

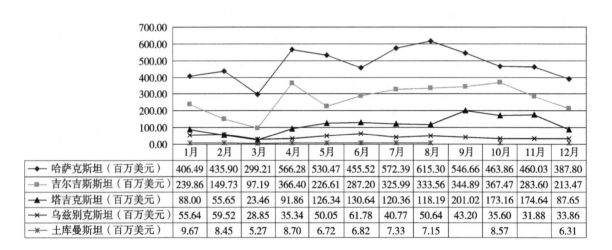

	1月	2月	3月	4月	5月	6月	7月	8月	9月	10月	11月	12月
哈萨克斯坦（百万美元）	406.49	435.90	299.21	566.28	530.47	455.52	572.39	615.30	546.66	463.86	460.03	387.80
吉尔吉斯斯坦（百万美元）	239.86	149.73	97.19	366.40	226.61	287.20	325.99	333.56	344.89	367.47	283.60	213.47
塔吉克斯坦（百万美元）	88.00	55.65	23.46	91.86	126.34	130.64	120.36	118.19	201.02	173.16	174.64	87.65
乌兹别克斯坦（百万美元）	55.64	59.52	28.85	35.34	50.05	61.78	40.77	50.64	43.20	35.60	31.88	33.86
土库曼斯坦（百万美元）	9.67	8.45	5.27	8.70	6.72	6.82	7.33	7.15		8.57		6.31

图 6 – 3 – 2　2015 年 1～12 月中国新疆对中亚五国进出口总值

由图 6 – 3 – 2 可以看出，中国新疆对中亚五国的进出口总值大小排名顺序，除在 2 月、3 月塔吉克斯坦下降 1 位，乌兹别克斯坦上升 1 位外，五国排名顺序始终为：哈萨克斯坦、吉尔吉斯斯坦、塔吉克斯坦、乌兹别克斯坦、土库曼斯坦。

中国新疆对哈萨克斯坦、吉尔吉斯斯坦进出口总值均呈全年上下起伏波动，其中，对哈萨克斯坦进出口贸易最高点在 8 月，最低点在 3 月，对吉尔吉斯斯坦进出口贸易最高点在 10 月，最低点在 3 月；对塔吉克斯坦、乌兹别克斯坦的进出口总值变化趋势基本一致，均是在 3 月下降到最低点；对土库曼斯坦进出口总值的变化波动很小，9 月和 11 月未与其发生进出口贸易。

（三）2015 年中国新疆对中亚五国进出口贸易月度分析

1. 2015 年 1 月中国新疆对中亚五国进出口贸易月度分析

由图 6 – 3 – 3 可以看出，2015 年 1 月中国新疆对中亚国家的进出口贸易中，按中国新疆对五个国家的进出口贸易总值大小排名依次为：哈萨克斯坦、吉尔吉斯斯坦、塔吉克斯坦、乌兹别克斯

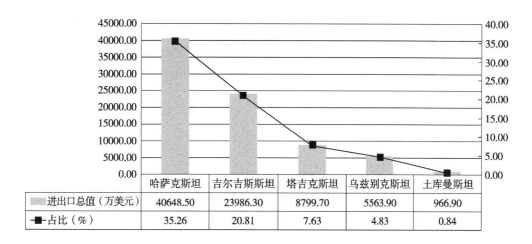

	哈萨克斯坦	吉尔吉斯斯坦	塔吉克斯坦	乌兹别克斯坦	土库曼斯坦
进出口总值（万美元）	40648.50	23986.30	8799.70	5563.90	966.90
占比（%）	35.26	20.81	7.63	4.83	0.84

图 6 - 3 - 3 2015 年 1 月中国新疆对中亚国家进出口总值及占比

坦、土库曼斯坦。其中：对哈萨克斯坦进出口总值为 40648.50 万美元，占中国新疆进出口总值的 35.26%，同比下降 53.50%，环比下降 46.10%；对吉尔吉斯斯坦进出口总值为 23986.30 万美元，占中国新疆进出口总值的 20.81%，同比下降 24.70%，环比下降 33.69%；对塔吉克斯坦进出口总值为 8799.70 万美元，占中国新疆进出口总值的 7.63%，同比下降 23.50%，环比下降 48.57%；对乌兹别克斯坦进出口总值为 5563.90 万美元，占中国新疆进出口总值的 4.83%，同比下降 26.60%，环比下降 43.31%；对土库曼斯坦进出口总值为 966.90 万美元，占中国新疆进出口总值的 0.84%，同比下降 23.90%，环比下降 18.57%。

2. 2015 年 2 月中国新疆对中亚五国进出口贸易月度分析

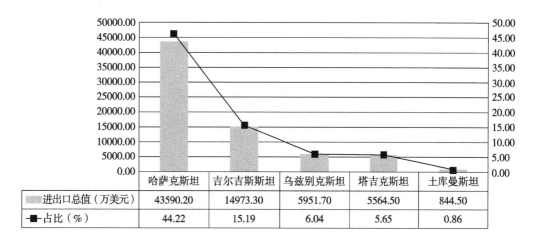

	哈萨克斯坦	吉尔吉斯斯坦	乌兹别克斯坦	塔吉克斯坦	土库曼斯坦
进出口总值（万美元）	43590.20	14973.30	5951.70	5564.50	844.50
占比（%）	44.22	15.19	6.04	5.65	0.86

图 6 - 3 - 4 2015 年 2 月中国新疆对中亚国家进出口总值及占比

由图 6 - 3 - 4 可以看出，2015 年 2 月中国新疆对中亚国家的进出口贸易中，按中国新疆对五个国家的进出口贸易总值大小排名依次为：哈萨克斯坦、吉尔吉斯斯坦、乌兹别克斯坦、塔吉克斯坦、土库曼斯坦。其中：对哈萨克斯坦进出口总值为 43590.20 万美元，占中国新疆进出口总值的 44.22%，同比上升 3.50%，环比上升 7.24%；对吉尔吉斯斯坦进出口总值为 14973.30 万美元，占中国新疆进出口总值的 15.19%，同比上升 99.10%，环比下降 37.58%；对乌兹别克斯坦进出口总值为 5951. 70 万美元，占中国新疆进出口总值的 6. 04%，同比上升 64. 40%，环比上升 6. 97%；对塔吉克斯坦进出口总值为 5564. 50 万美元，占中国新疆进出口总值的 5. 65%，同比上升 53. 70%，环比下降 36. 77%；对土库曼斯坦进出口总值为 844. 50 万美元，占中国新疆进出口总值的 0. 86%，同比上升 131. 00%，环比下降 12. 66%。

3. 2015 年 3 月中国新疆对中亚五国进出口贸易月度分析

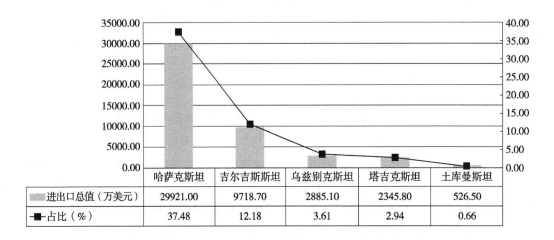

	哈萨克斯坦	吉尔吉斯斯坦	乌兹别克斯坦	塔吉克斯坦	土库曼斯坦
进出口总值（万美元）	29921.00	9718.70	2885.10	2345.80	526.50
占比（%）	37.48	12.18	3.61	2.94	0.66

图 6 - 3 - 5　2015 年 3 月中国新疆对中亚国家进出口总值及占比

由图 6 - 3 - 5 可以看出，2015 年 3 月中国新疆对中亚国家的进出口贸易中，按中国新疆对五个国家的进出口总值大小排名依次为：哈萨克斯坦、吉尔吉斯斯坦、乌兹别克斯坦、塔吉克斯坦、土库曼斯坦。其中：对哈萨克斯坦进出口总值为 29921. 00 万美元，占中国新疆进出口总值的 37. 48%，同比下降 51. 40%，环比下降 31. 36%；对吉尔吉斯斯坦进出口总值为 9718. 70 万美元，占中国新疆进出口总值的 12. 18%，同比下降 66. 20%，环比下降 35. 09%；对乌兹别克斯坦进出口总值为 2885. 10 万美元，占中国新疆进出口总值的 3. 61%，同比下降 36. 70%，环比下降 51. 52%；对塔吉克斯坦进出口总值为 2345. 80 万美元，占中国新疆进出口总值的 2. 94%，同比下降 75. 80%，环比下降 57. 84%；对土库曼斯坦进出口总值为 526. 50 万美元，占中国新疆进出口总值的 0. 66%，同比下降 56. 90%，环比下降 37. 66%。

4. 2015 年 4 月中国新疆对中亚五国进出口贸易月度分析

由图 6 - 3 - 6 可以看出，2015 年 4 月中国新疆对中亚国家的进出口贸易中，按中国新疆对五个国家的进出口总值大小排名依次为：哈萨克斯坦、吉尔吉斯斯坦、塔吉克斯坦、乌兹别克斯坦、土库曼斯坦。其中：对哈萨克斯坦进出口总值为 56627. 90 万美元，占中国新疆进出口总值的 37. 89%，同比下降 27. 80%，环比上升 89. 26%；对吉尔吉斯斯坦进出口总值为 36640. 00 万美元，占中国新疆进出口总值的 24. 52%，同比上升 16. 00%，环比上升 277. 00%；对塔吉克斯坦进出口总值为 9185. 80 万美元，占中国新疆进出口总值的 6. 15%，同比下降 52. 20%，环比上升 291. 59%；对乌兹别克斯坦进出口总值为 3533. 80 万美元，占中国新疆进出口总值的 2. 36%，同比下降 29. 60%，环比上升 22. 48%；对土库曼斯坦进出口总值为 869. 90 万美元，占中国新疆进出口总值的 0. 58%，同比下降 46. 60%，环比上升 65. 22%。

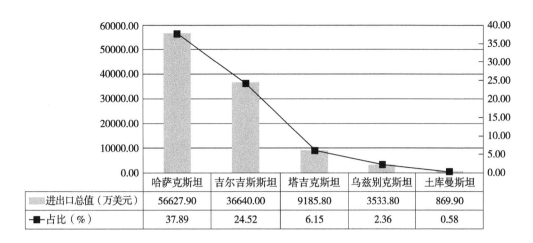

	哈萨克斯坦	吉尔吉斯斯坦	塔吉克斯坦	乌兹别克斯坦	土库曼斯坦
进出口总值（万美元）	56627.90	36640.00	9185.80	3533.80	869.90
占比（%）	37.89	24.52	6.15	2.36	0.58

图 6 - 3 - 6 2015 年 4 月中国新疆对中亚国家进出口总值及占比

5. 2015 年 5 月中国新疆对中亚五国进出口贸易月度分析

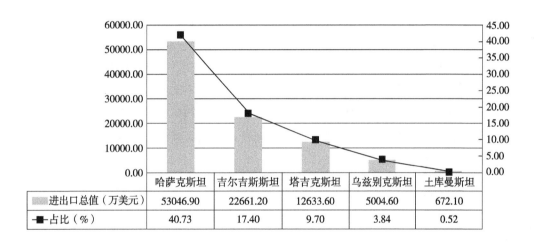

	哈萨克斯坦	吉尔吉斯斯坦	塔吉克斯坦	乌兹别克斯坦	土库曼斯坦
进出口总值（万美元）	53046.90	22661.20	12633.60	5004.60	672.10
占比（%）	40.73	17.40	9.70	3.84	0.52

图 6 - 3 - 7 2015 年 5 月中国新疆对中亚国家进出口总值及占比

由图 6 - 3 - 7 可以看出，2015 年 5 月中国新疆对中亚国家的进出口贸易中，按中国新疆对五个国家的进出口总值大小排名依次为：哈萨克斯坦、吉尔吉斯斯坦、塔吉克斯坦、乌兹别克斯坦、土库曼斯坦。其中：对哈萨克斯坦进出口总值为 53046.90 万美元，占中国新疆进出口总值的 40.73%，同比下降 18.30%，环比下降 6.32%；对吉尔吉斯斯坦进出口总值为 22661.20 万美元，占中国新疆进出口总值的 17.40%，同比下降 16.30%，环比下降 38.15%；对塔吉克斯坦进出口总值为 12633.60 万美元，占中国新疆进出口总值的 9.70%，同比下降 21.40%，环比上升 37.53%；对乌兹别克斯坦进出口总值为 5004.60 万美元，占中国新疆进出口总值的 3.84%，同比下降 31.50%，环比上升 41.62%；对土库曼斯坦进出口总值为 672.10 万美元，占中国新疆进出口总值的 0.52%，同比下降 51.60%，环比下降 22.74%。

6. 2015 年 6 月中国新疆对中亚五国进出口贸易月度分析

由图 6 - 3 - 8 可以看出，2015 年 6 月中国新疆对中亚国家的进出口贸易中，按中国新疆对五个国家的进出口总值大小排名依次为：哈萨克斯坦、吉尔吉斯斯坦、塔吉克斯坦、乌兹别克斯坦、土库曼斯坦。

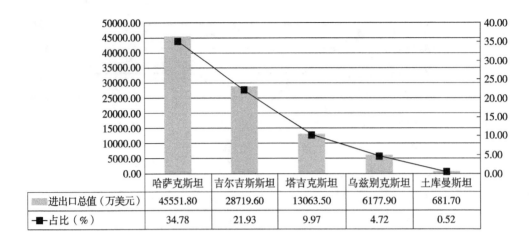

	哈萨克斯坦	吉尔吉斯斯坦	塔吉克斯坦	乌兹别克斯坦	土库曼斯坦
进出口总值（万美元）	45551.80	28719.60	13063.50	6177.90	681.70
占比（%）	34.78	21.93	9.97	4.72	0.52

图 6 – 3 – 8　2015 年 6 月中国新疆对中亚国家进出口总值及占比

中国新疆对中亚国家进出口总值为 94194.50 万美元，占中国新疆进出口总值的 71.92%。其中：对哈萨克斯坦进出口总值为 45551.80 万美元，占中国新疆进出口总值的 34.78%，同比下降 38.80%，环比下降 14.13%；对吉尔吉斯斯坦进出口总值为 28719.60 万美元，占中国新疆进出口总值的 21.93%，同比上升 33.10%，环比上升 26.73%；对塔吉克斯坦进出口总值为 13063.50 万美元，占中国新疆进出口总值的 9.97%，同比下降 17.30%，环比上升 3.40%；对乌兹别克斯坦进出口总值为 6177.90 万美元，占中国新疆进出口总值的 4.72%，同比下降 2.50%，环比上升 23.44%；对土库曼斯坦进出口总值为 681.70 万美元，占中国新疆进出口总值的 0.52%，同比下降 46.50%，环比上升 1.43%。

7. 2015 年 7 月中国新疆对中亚五国进出口贸易月度分析

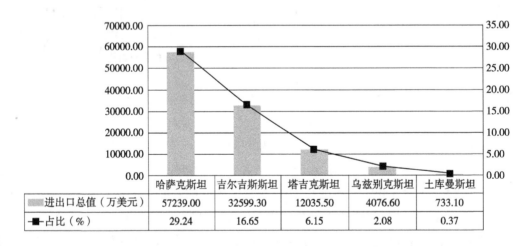

	哈萨克斯坦	吉尔吉斯斯坦	塔吉克斯坦	乌兹别克斯坦	土库曼斯坦
进出口总值（万美元）	57239.00	32599.30	12035.50	4076.60	733.10
占比（%）	29.24	16.65	6.15	2.08	0.37

图 6 – 3 – 9　2015 年 7 月中国新疆对中亚国家进出口总值及占比

由图 6 – 3 – 9 可以看出，2015 年 7 月中国新疆对中亚国家的进出口贸易中，按中国新疆对五个国家的进出口总值大小排名依次为：哈萨克斯坦、吉尔吉斯斯坦、塔吉克斯坦、乌兹别克斯坦、土库曼斯坦。

中国新疆对中亚国家进出口总值为 106683.50 万美元，占中国新疆进出口总值的 54.50%。其中：对哈萨克斯坦进出口总值为 57239.00 万美元，占中国新疆进出口总值的 29.24%，同比下降 37.90%，环比上升 25.66%；对吉尔吉斯斯坦进出口总值为 32599.30 万美元，占中国新疆进出口总值的 16.65%，同比下降 14.10%，环比上升 13.51%；对塔吉克斯坦进出口总值为 12035.50 万美元，占中国新疆进出口总值的 6.15%，同比下降 44.30%，环比下降 7.87%；对乌兹别克斯坦进出口总值为 4076.60 万美元，占中国新疆进出口总值的 2.08%，同比下降 54.00%，环比下降 34.01%；对土库曼斯坦进出口总值为 733.10 万美元，占中国新疆进出口总值的 0.37%，同比下降 27.80%，环比上升 7.54%。

8. 2015 年 8 月中国新疆对中亚五国进出口贸易月度分析

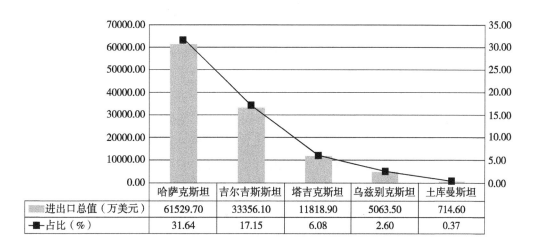

	哈萨克斯坦	吉尔吉斯斯坦	塔吉克斯坦	乌兹别克斯坦	土库曼斯坦
进出口总值（万美元）	61529.70	33356.10	11818.90	5063.50	714.60
占比（%）	31.64	17.15	6.08	2.60	0.37

图 6 - 3 - 10　2015 年 8 月中国新疆对中亚国家进出口总值及占比

由图 6 - 3 - 10 可以看出，2015 年 8 月中国新疆对中亚国家的进出口贸易中，按中国新疆对五个国家的进出口总值大小排名依次为：哈萨克斯坦、吉尔吉斯斯坦、塔吉克斯坦、乌兹别克斯坦、土库曼斯坦。

中国新疆对中亚国家进出口总值为 112482.80 万美元，占中国新疆进出口总值的 57.83%。其中：对哈萨克斯坦进出口总值为 61529.70 万美元，占中国新疆进出口总值的 31.64%，同比下降 37.90%，环比上升 7.50%；对吉尔吉斯斯坦进出口总值为 33356.10 万美元，占中国新疆进出口总值的 17.15%，同比下降 19.40%，环比上升 2.32%；对塔吉克斯坦进出口总值为 11818.90 万美元，占中国新疆进出口总值的 6.08%，同比下降 35.10%，环比下降 1.80%；对乌兹别克斯坦进出口总值为 5063.50 万美元，占中国新疆进出口总值的 2.60%，同比下降 8.70%，环比上升 24.21%；对土库曼斯坦进出口总值为 714.60 万美元，占中国新疆进出口总值的 0.37%，同比下降 29.10%，环比下降 2.52%。

9. 2015 年 9 月中国新疆对中亚四国进出口贸易月度分析

由图 6 - 3 - 11 可以看出，2015 年 9 月中国新疆对中亚国家的进出口贸易中，按中国新疆对四个国家的进出口总值大小排名依次为：哈萨克斯坦、吉尔吉斯斯坦、塔吉克斯坦、乌兹别克斯坦。土库曼斯坦本月没有发生贸易往来。

中国新疆对中亚国家进出口总值为 113576.10 万美元，占中国新疆进出口总值的 32.58%。其中：对哈萨克斯坦进出口总值为 54665.60 万美元，占中国新疆进出口总值的 15.68%，同比下降

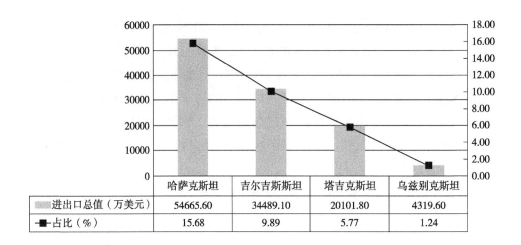

	哈萨克斯坦	吉尔吉斯斯坦	塔吉克斯坦	乌兹别克斯坦
进出口总值（万美元）	54665.60	34489.10	20101.80	4319.60
占比（%）	15.68	9.89	5.77	1.24

图6－3－11　2015年9月中国新疆对中亚国家进出口总值及占比

55.20%，环比下降11.16%；对吉尔吉斯斯坦进出口总值为34489.10万美元，占中国新疆进出口总值的9.89%，同比下降37.30%，环比上升3.40%；对塔吉克斯坦进出口总值为20101.80万美元，占中国新疆进出口总值的5.77%，同比下降22.60%，环比上升70.08%；对乌兹别克斯坦进出口总值为4319.60万美元，占中国新疆进出口总值的1.24%，同比下降36.40%，环比下降14.69%。

10.2015年10月中国新疆对中亚五国进出口贸易月度分析

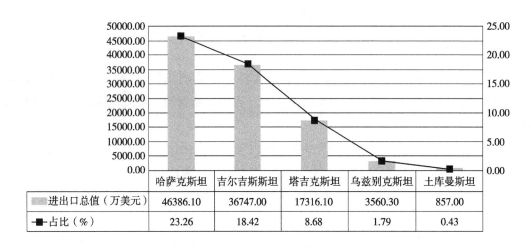

	哈萨克斯坦	吉尔吉斯斯坦	塔吉克斯坦	乌兹别克斯坦	土库曼斯坦
进出口总值（万美元）	46386.10	36747.00	17316.10	3560.30	857.00
占比（%）	23.26	18.42	8.68	1.79	0.43

图6－3－12　2015年10月中国新疆对中亚国家进出口总值及占比

由图6－3－12可以看出，2015年10月中国新疆对中亚国家的进出口贸易中，按中国新疆对五个国家的进出口总值大小排名依次为：哈萨克斯坦、吉尔吉斯斯坦、塔吉克斯坦、乌兹别克斯坦和土库曼斯坦。

中国新疆对中亚国家进出口总值为104866.50万美元，占中国新疆进出口总值的52.58%。其中：对哈萨克斯坦进出口总值为46386.10万美元，占中国新疆进出口总值的23.26%，同比下降58.90%，环比下降15.15%；对吉尔吉斯斯坦进出口总值为36747.00万美元，占中国新疆进出口总值的18.42%，同比下降24.10%，环比上升6.55%；对塔吉克斯坦进出口总值为17316.10万美元，占中国新疆进出口总值的 8.68%，同比下降 6.80%，环比下降 13.86%；对乌兹别克斯进出口总值为 3560.30 万美元，占中国新疆进出口总值的 1.79%，同比下降 32.30%，环比下降 17.58%；对土库曼斯坦进出口总值为 857.00 万美元，占中国新疆进出口总值的 0.43%，同比上升 7.60%。

11. 2015 年 11 月中国新疆对中亚四国进出口贸易月度分析

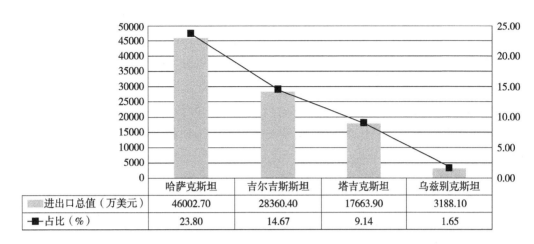

	哈萨克斯坦	吉尔吉斯斯坦	塔吉克斯坦	乌兹别克斯坦
进出口总值（万美元）	46002.70	28360.40	17663.90	3188.10
占比（%）	23.80	14.67	9.14	1.65

图 6 - 3 - 13 2015 年 11 月中国新疆对中亚国家进出口总值及占比

由图 6 - 3 - 13 可以看出，2015 年 11 月中国新疆对中亚国家的进出口贸易中，按中国新疆对中亚国家的进出口总值大小排名依次为：哈萨克斯坦、吉尔吉斯斯坦、塔吉克斯坦和乌兹别克斯坦。

中国新疆对中亚国家进出口总值为 95215.10 万美元，占中国新疆进出口总值的 49.27%。其中：对哈萨克斯坦进出口总值为 46002.70 万美元，占中国新疆进出口总值的 23.80%，同比下降 55.20%，环比下降 0.83%；对吉尔吉斯斯坦进出口总值为 28360.40 万美元，占中国新疆进出口总值的 14.67%，同比下降 33.40%，环比下降 22.82%；对塔吉克斯坦进出口总值为 17663.90 万美元，占中国新疆进出口总值的 9.14%，同比下降 25.80%，环比上升 2.01%；对乌兹别克斯坦进出口总值为 3188.10 万美元，占中国新疆进出口总值的 1.65%，同比下降 45.00%，环比下降 10.45%。

12. 2015 年 12 月中国新疆对中亚五国进出口贸易月度分析

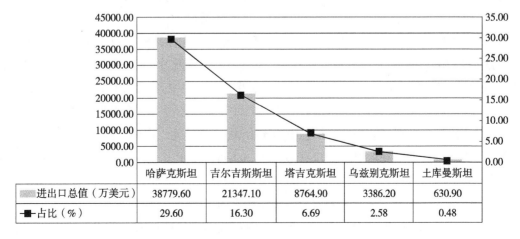

	哈萨克斯坦	吉尔吉斯斯坦	塔吉克斯坦	乌兹别克斯坦	土库曼斯坦
进出口总值（万美元）	38779.60	21347.10	8764.90	3386.20	630.90
占比（%）	29.60	16.30	6.69	2.58	0.48

图 6 - 3 - 14 2015 年 12 月中国新疆对中亚国家进出口总值及占比

由图6－3－14可以看出，2015年12月中国新疆对中亚国家的进出口贸易中，按中国新疆对中亚国家的进出口总值大小排名依次为：哈萨克斯坦、吉尔吉斯斯坦、塔吉克斯坦、乌兹别克斯坦、土库曼斯坦。

中国新疆对中亚国家进出口总值为72908.70万美元，占中国新疆进出口总值的55.66%。其中：对哈萨克斯坦进出口总值为38779.60万美元，占中国新疆进出口总值的29.60%，同比下降48.60%，环比下降15.70%；对吉尔吉斯斯坦进出口总值为21347.10万美元，占中国新疆进出口总值的16.30%，同比下降41.00%，环比下降24.73%；对塔吉克斯坦进出口总值为8764.90万美元，占中国新疆进出口总值的6.69%，同比下降48.40%，环比下降50.38%；对乌兹别克斯坦进出口总值为3386.20万美元，占中国新疆进出口总值的2.58%，同比下降65.50%，环比上升6.21%；对土库曼斯坦进出口总值为630.90万美元，占中国新疆进出口总值的0.48%，同比下降46.90%。

二、2015年中国新疆对中亚五国出口贸易总体分析

（一）2015年中国新疆对中亚五国出口贸易分析

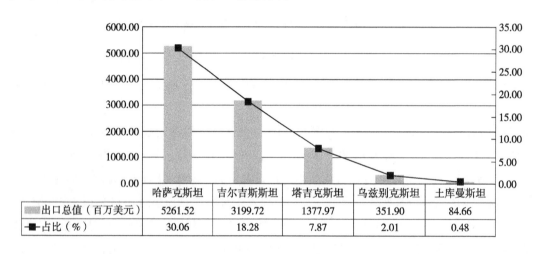

	哈萨克斯坦	吉尔吉斯斯坦	塔吉克斯坦	乌兹别克斯坦	土库曼斯坦
出口总值（百万美元）	5261.52	3199.72	1377.97	351.90	84.66
占比（%）	30.06	18.28	7.87	2.01	0.48

图6－3－15　2015年中国新疆对中亚五国出口总值及占比

由图6－3－15可以看出，2015年中国新疆对中亚五国出口总值大小排名依次为：哈萨克斯坦、吉尔吉斯斯坦、塔吉克斯坦、乌兹别克斯坦、土库曼斯坦。

中国新疆对中亚五国出口总值为10275.76百万美元，占中国新疆出口总值的58.70%。其中：对哈萨克斯坦的出口总值为5261.52百万美元，占中国新疆出口总值的30.06%，同比下降40.10%；对吉尔吉斯斯坦的出口总值为3199.72百万美元，占中国新疆出口总值的18.28%，同比下降21.20%；对塔吉克斯坦的出口总值为1377.97百万美元，占中国新疆出口总值的7.87%，同比下降31.10%；对乌兹别克斯坦的出口总值为351.90百万美元，占中国新疆出口总值的2.01%，同比下降29.50%；对土库曼斯坦的出口总值为84.66百万美元，占中国新疆出口总值的0.48%，同比下降35.00%。

（二）2015年中国新疆对中亚五国出口贸易趋势分析

由图6－3－16可以看出，2015年中国新疆对中亚五国的出口总值大小排名顺序一直没变，始终为：哈萨克斯坦、吉尔吉斯斯坦、塔吉克斯坦、乌兹别克斯坦、土库曼斯坦。

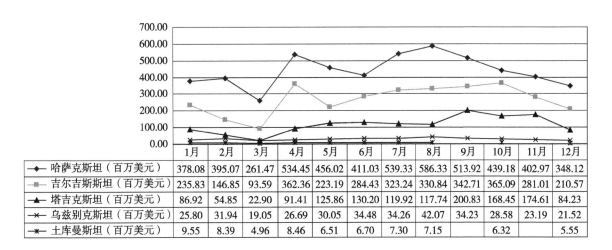

	1月	2月	3月	4月	5月	6月	7月	8月	9月	10月	11月	12月
哈萨克斯坦（百万美元）	378.08	395.07	261.47	534.45	456.02	411.03	539.33	586.33	513.92	439.18	402.97	348.12
吉尔吉斯斯坦（百万美元）	235.83	146.85	93.59	362.36	223.19	284.43	323.24	330.84	342.71	365.09	281.01	210.57
塔吉克斯坦（百万美元）	86.92	54.85	22.90	91.41	125.86	130.20	119.92	117.74	200.83	168.45	174.61	84.23
乌兹别克斯坦（百万美元）	25.80	31.94	19.05	26.69	30.05	34.48	34.26	42.07	34.23	28.58	23.19	21.52
土库曼斯坦（百万美元）	9.55	8.39	4.96	8.46	6.51	6.70	7.30	7.15		6.32		5.55

图 6 - 3 - 16　2015 年 1 ~ 12 月中国新疆对中亚五国出口总值

中国新疆对中亚五国出口总值的变化趋势与进出口变化趋势一致。中国新疆对哈萨克斯坦、吉尔吉斯斯坦出口总值全年上下起伏波动，其中，对哈萨克斯坦出口贸易最高点在 8 月，最低点在 3 月，对吉尔吉斯斯坦出口贸易最高点在 10 月，最低点在 3 月；对塔吉克斯坦、乌兹别克斯坦的出口总值变化趋势基本一致，均是在 3 月下降到最低点；对土库曼斯坦出口总值的变化波动很小。

（三）2015 年中国新疆对中亚五国出口贸易月度分析

1. 2015 年 1 月中国新疆对中亚五国出口贸易月度分析

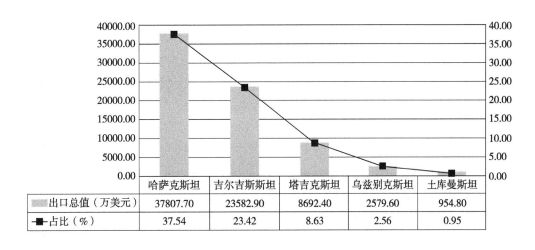

	哈萨克斯坦	吉尔吉斯斯坦	塔吉克斯坦	乌兹别克斯坦	土库曼斯坦
出口总值（万美元）	37807.70	23582.90	8692.40	2579.60	954.80
占比（%）	37.54	23.42	8.63	2.56	0.95

图 6 - 3 - 17　2015 年 1 月中国新疆对中亚国家出口总值及占比

由图 6 - 3 - 17 可以看出，2015 年 1 月，中国新疆对中亚国家出口总值大小排名依次为：哈萨克斯坦、吉尔吉斯斯坦、塔吉克斯坦、乌兹别克斯坦、土库曼斯坦。其中：对哈萨克斯坦出口总值为 37807.70 万美元，占中国新疆出口总值的 37.54%，同比下降 51.00%，环比下降 35.90%；对吉尔吉斯斯坦的出口总值为 23582.90 万美元，占中国新疆出口总值的 23.42%，同比下降 24.80%，环比下降 34.12%；对塔吉克斯坦的出口总值为 8692.40 万美元，占中国新疆出口总值的 8.63%，同比下降 23.50%，环比下降 48.65%；对乌兹别克斯坦的出口总值为 2579.60 万美元，占中国新疆出口总值的 2.56%，同比下降 38.80%，环比下降 42.02%；对土库曼斯坦的出口总值为954.80万美元，占中国新疆出口总值的0.95%，同比下降23.90%，环比下降19.06%。

2. 2015年2月中国新疆对中亚五国出口贸易月度分析

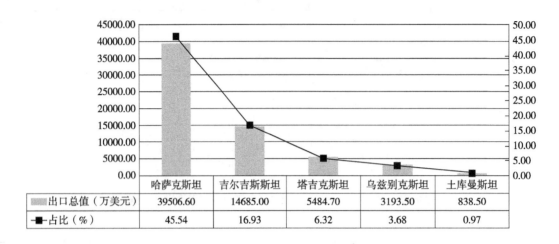

	哈萨克斯坦	吉尔吉斯斯坦	塔吉克斯坦	乌兹别克斯坦	土库曼斯坦
出口总值（万美元）	39506.60	14685.00	5484.70	3193.50	838.50
占比（%）	45.54	16.93	6.32	3.68	0.97

图6-3-18　2015年2月中国新疆对中亚国家出口总值及占比

由图6-3-18可以看出，2015年2月，中国新疆对中亚国家出口总值大小排名依次为：哈萨克斯坦、吉尔吉斯斯坦、塔吉克斯坦、乌兹别克斯坦、土库曼斯坦。其中：对哈萨克斯坦的出口总值为39506.60万美元，占中国新疆出口总值的45.54%，同比上升3.50%，环比上升4.49%；对吉尔吉斯斯坦的出口总值为14685.00万美元，占中国新疆出口总值的16.93%，同比上升99.10%，环比下降37.73%；对塔吉克斯坦的出口总值为5484.70万美元，占中国新疆出口总值的6.32%，同比上升53.70%，环比下降36.90%；对乌兹别克斯坦的出口总值为3193.50万美元，占中国新疆出口总值的3.68%，同比上升64.40%，环比上升23.80%；对土库曼斯坦的出口总值为838.50万美元，占中国新疆出口总值的0.97%，同比上升131.00%，环比下降12.18%。

3. 2015年3月中国新疆对中亚五国出口贸易月度分析

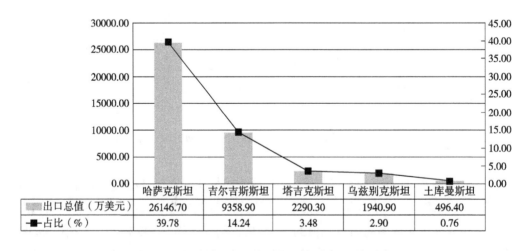

	哈萨克斯坦	吉尔吉斯斯坦	塔吉克斯坦	乌兹别克斯坦	土库曼斯坦
出口总值（万美元）	26146.70	9358.90	2290.30	1940.90	496.40
占比（%）	39.78	14.24	3.48	2.90	0.76

图6-3-19　2015年3月中国新疆对中亚国家出口总值及占比

由图6-3-19可以看出，2015年3月，中国新疆对中亚国家出口总值大小排名依次为：哈萨克斯坦、吉尔吉斯斯坦、塔吉克斯坦、乌兹别克斯坦、土库曼斯坦。其中：对哈萨克斯坦的出口总值为 26146.70 万美元，占中国新疆出口总值的 39.78%，同比下降 50.00%，环比下降 33.82%；对吉尔吉斯斯坦的出口总值为 9358.90 万美元，占中国新疆出口总值的 14.24%，同比下降 66.90%，环比下降 36.27%；对塔吉克斯坦的出口总值为 2290.30 万美元，占中国新疆出口总值的 3.48%，同比下降 76.30%，环比下降 58.24%；对乌兹别克斯坦的出口总值为 1940.90 万美元，占中国新疆出口总值的 2.90%，同比下降 45.60%，环比下降 40.35%；对土库曼斯坦的出口总值为 496.40 万美元，占中国新疆出口总值的 0.76%，同比下降 59.10%，环比下降 40.80%。

4. 2015 年 4 月中国新疆对中亚五国出口贸易月度分析

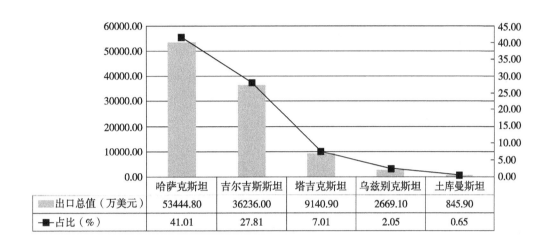

	哈萨克斯坦	吉尔吉斯斯坦	塔吉克斯坦	乌兹别克斯坦	土库曼斯坦
出口总值（万美元）	53444.80	36236.00	9140.90	2669.10	845.90
占比（%）	41.01	27.81	7.01	2.05	0.65

图 6 - 3 - 20　2015 年 4 月中国新疆对中亚国家出口总值及占比

由图 6 - 3 - 20 可以看出，2015 年 4 月，中国新疆对中亚国家出口总值大小排名依次为：哈萨克斯坦、吉尔吉斯斯坦、塔吉克斯坦、乌兹别克斯坦、土库曼斯坦。其中：对哈萨克斯坦的出口总值为 53444.80 万美元，占中国新疆出口总值的 41.01%，同比下降 27.00%，环比上升 104.40%；对吉尔吉斯斯坦的出口总值为 36236.00 万美元，占中国新疆出口总值的 27.81%，同比下降 16.10%，环比上升 287.18%；对塔吉克斯坦的出口总值为 9140.90 万美元，占中国新疆出口总值的 7.01%，同比下降 52.00%，环比上升 299.11%；对乌兹别克斯坦的出口总值为 2669.10 万美元，占中国新疆出口总值的 2.05%，同比下降 34.10%，环比上升 40.12%；对土库曼斯坦的出口总值为 845.90 万美元，占中国新疆出口总值的 0.65%，同比下降 47.60%，环比上升 70.41%。

5. 2015 年 5 月中国新疆对中亚五国出口贸易月度分析

由图 6 - 3 - 21 可以看出，2015 年 5 月，中国新疆对中亚国家出口总值大小排名依次为：哈萨克斯坦、吉尔吉斯斯坦、塔吉克斯坦、乌兹别克斯坦、土库曼斯坦。其中：对哈萨克斯坦的出口总值为 45601.90 万美元，占中国新疆出口总值的 42.27%，同比下降 20.60%，环比下降 14.67%；对吉尔吉斯斯坦的出口总值为 22319.40 万美元，占中国新疆出口总值的 20.69%，同比下降 16.80%，环比下降 38.41%；对塔吉克斯坦的出口总值为 12585.50 万美元，占中国新疆出口总值的 11.67%，同比下降 21.60%，环比上升 37.68%；对乌兹别克斯坦的出口总值为 3004.90 万美元，占中国新疆出口总值的 2.79%，同比下降 32.20%，环比上升 12.58%；对土库曼斯坦的出口总值为 650.80 万美元，占中国新疆出口总值的 0.60%，同比下降 51.00%，环比下降 23.06%。

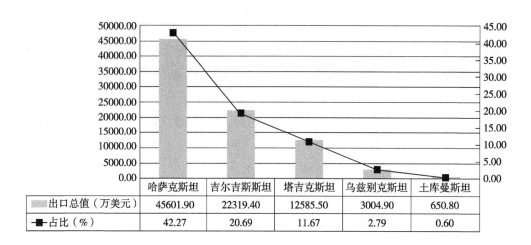

	哈萨克斯坦	吉尔吉斯斯坦	塔吉克斯坦	乌兹别克斯坦	土库曼斯坦
出口总值（万美元）	45601.90	22319.40	12585.50	3004.90	650.80
占比（%）	42.27	20.69	11.67	2.79	0.60

图6-3-21　2015年5月中国新疆对中亚国家出口总值及占比

6.2015年6月中国新疆对中亚五国出口贸易月度分析

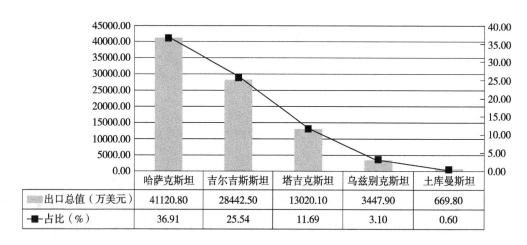

	哈萨克斯坦	吉尔吉斯斯坦	塔吉克斯坦	乌兹别克斯坦	土库曼斯坦
出口总值（万美元）	41120.80	28442.50	13020.10	3447.90	669.80
占比（%）	36.91	25.54	11.69	3.10	0.60

图6-3-22　2015年6月中国新疆对中亚国家出口总值及占比

由图6-3-22可以看出，2015年6月，中国新疆对中亚国家出口总值大小排名依次为：哈萨克斯坦、吉尔吉斯斯坦、塔吉克斯坦、乌兹别克斯坦、土库曼斯坦。

中国新疆对中亚国家出口总值为86683.10万美元，占中国新疆出口总值的77.85%。其中：对哈萨克斯坦的出口总值为41102.80万美元，占中国新疆出口总值的36.91%，同比下降40.60%，环比下降9.87%；对吉尔吉斯斯坦的出口总值为28442.50万美元，占中国新疆出口总值的25.54%，同比上升34.20%，环比上升27.43%；对塔吉克斯坦的出口总值为13020.10万美元，占中国新疆出口总值的11.69%，同比下降17.20%，环比上升3.45%；对乌兹别克斯坦的出口总值为3447.90万美元，占中国新疆出口总值的3.10%，同比下降14.40%，环比上升14.74%；对土库曼斯坦的出口总值为669.80万美元，占中国新疆出口总值的0.60%，同比下降42.20%，环比上升2.92%。

7.2015年7月中国新疆对中亚五国出口贸易月度分析

由图6-2-23可以看出，2015年7月，中国新疆对中亚国家出口总值大小排名依次为：哈萨克斯坦、吉尔吉斯斯坦、塔吉克斯坦、乌兹别克斯坦、土库曼斯坦。

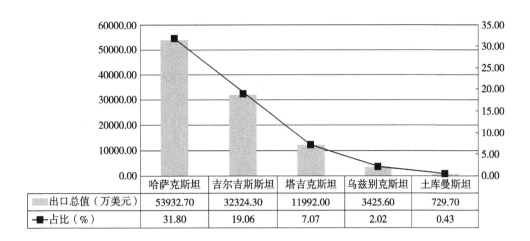

	哈萨克斯坦	吉尔吉斯斯坦	塔吉克斯坦	乌兹别克斯坦	土库曼斯坦
出口总值（万美元）	53932.70	32324.30	11992.00	3425.60	729.70
占比（%）	31.80	19.06	7.07	2.02	0.43

图 6 - 3 - 23　2015 年 7 月中国新疆对中亚国家出口总值及占比

　　中国新疆对中亚国家出口总值为 102404.30 万美元，占中国新疆出口总值的 60.38%。其中：对哈萨克斯坦的出口总值为 53932.70 万美元，占中国新疆出口总值的 31.80%，同比下降 32.10%，环比上升 31.21%；对吉尔吉斯斯坦的出口总值为 32324.30 万美元，占中国新疆出口总值的 19.06%，同比下降 14.30%，环比上升 13.65%；对塔吉克斯坦的出口总值为 11992.00 万美元，占中国新疆出口总值的 7.07%，同比下降 8.57%，环比下降 7.90%；对乌兹别克斯坦的出口总值为 3425.60 万美元，占中国新疆出口总值的 2.02%，同比下降 29.70%，环比下降 0.65%；对土库曼斯坦的出口总值为 729.70 万美元，占中国新疆出口总值的 0.43%，同比下降 26.80%，环比上升 8.94%。

　　8. 2015 年 8 月中国新疆对中亚五国出口贸易月度分析

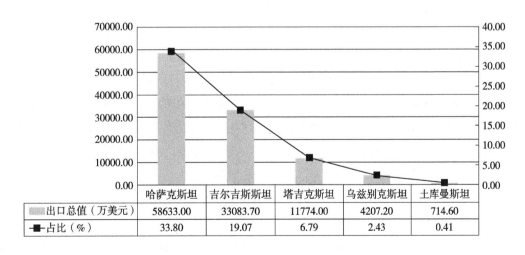

	哈萨克斯坦	吉尔吉斯斯坦	塔吉克斯坦	乌兹别克斯坦	土库曼斯坦
出口总值（万美元）	58633.00	33083.70	11774.00	4207.20	714.60
占比（%）	33.80	19.07	6.79	2.43	0.41

图 6 - 3 - 24　2015 年 8 月中国新疆对中亚国家出口总值及占比

　　由图 6 - 3 - 24 可以看出，2015 年 8 月，中国新疆对中亚国家出口总值大小排名依次为：哈萨克斯坦、吉尔吉斯斯坦、塔吉克斯坦、乌兹别克斯坦、土库曼斯坦。

　　中国新疆对中亚国家出口总值为 108412.50 万美元，占中国新疆出口总值的 62.50%。其中：对哈萨克斯坦的出口总值为 58633.00 万美元，占中国新疆出口总值的 33.80%，同比下降

35.50%，环比上升8.72%；对吉尔吉斯斯坦的出口总值为33083.70万美元，占中国新疆出口总值的19.07%，同比下降19.60%，环比上升2.35%；对塔吉克斯坦的出口总值为11774.00万美元，占中国新疆出口总值的6.79%，同比下降35.20%，环比下降1.82%；对乌兹别克斯坦的出口总值为4207.20万美元，占中国新疆出口总值的2.43%，同比上升6.40%，环比上升22.82%；对土库曼斯坦的出口总值为714.60万美元，占中国新疆出口总值的0.41%，同比下降27.80%，环比下降2.07%。

9.2015年9月中国新疆对中亚四国出口贸易月度分析

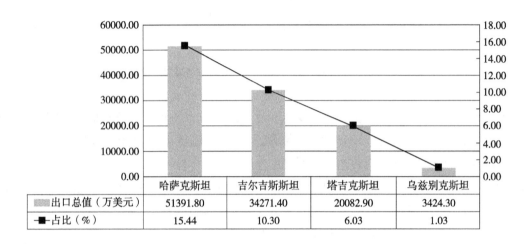

	哈萨克斯坦	吉尔吉斯斯坦	塔吉克斯坦	乌兹别克斯坦
出口总值（万美元）	51391.80	34271.40	20082.90	3424.30
占比（%）	15.44	10.30	6.03	1.03

图6-3-25 2015年9月中国新疆对中亚国家出口总值及占比

由图6-3-25可以看出，2015年9月，中国新疆对中亚国家出口总值大小排名依次为：哈萨克斯坦、吉尔吉斯斯坦、塔吉克斯坦、乌兹别克斯坦。

中国新疆对中亚国家出口总值为109169.40万美元，占中国新疆出口总值的32.80%。其中：对哈萨克斯坦的出口总值为51391.80万美元，占中国新疆出口总值的15.44%，同比下降55.50%，环比下降12.35%；对吉尔吉斯斯坦的出口总值为34271.40万美元，占中国新疆出口总值的10.30%，同比下降37.40%，环比上升3.59%；对塔吉克斯坦的出口总值为20082.90万美元，占中国新疆出口总值的6.03%，同比下降22.50%，环比上升70.57%；对乌兹别克斯坦的出口总值为3423.30万美元，占中国新疆出口总值的1.03%，同比下降28.90%，环比下降18.63%。

10.2015年10月中国新疆对中亚五国出口贸易月度分析

由图6-3-26可以看出，2015年10月，中国新疆对中亚国家出口总值大小排名依次为：哈萨克斯坦、吉尔吉斯斯坦、塔吉克斯坦、乌兹别克斯坦和土库曼斯坦。

中国新疆对中亚国家出口总值为100762.10万美元，占中国新疆出口总值的54.72%。其中：对哈萨克斯坦的出口总值为43918.10万美元，占中国新疆出口总值的23.85%，同比下降52.70%，环比下降14.54%；对吉尔吉斯斯坦的出口总值为36509.30万美元，占中国新疆出口总值的19.83%，同比下降24.10%，环比上升6.53%；对塔吉克斯坦的出口总值为16844.50万美元，占中国新疆出口总值的9.15%，同比下降8.80%，环比下降16.13%；对乌兹别克斯坦的出口总值为2858.40万美元，占中国新疆出口总值的1.55%，同比下降39.10%，环比下降16.50%；对土库曼斯坦的出口总值为631.80万美元，占中国新疆出口总值的0.34%，同比下降20.60%。

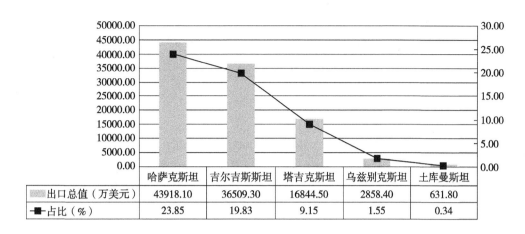

	哈萨克斯坦	吉尔吉斯斯坦	塔吉克斯坦	乌兹别克斯坦	土库曼斯坦
出口总值（万美元）	43918.10	36509.30	16844.50	2858.40	631.80
占比（%）	23.85	19.83	9.15	1.55	0.34

图 6 – 3 – 26　2015 年 10 月中国新疆对中亚国家出口总值及占比

11. 2015 年 11 月中国新疆对中亚四国出口贸易月度分析

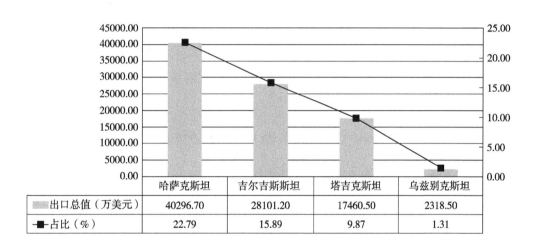

	哈萨克斯坦	吉尔吉斯斯坦	塔吉克斯坦	乌兹别克斯坦
出口总值（万美元）	40296.70	28101.20	17460.50	2318.50
占比（%）	22.79	15.89	9.87	1.31

图 6 – 3 – 27　2015 年 11 月中国新疆对中亚国家出口总值及占比

由图 6 – 3 – 27 可以看出，2015 年 11 月，中国新疆对中亚国家出口总值大小排名依次为：哈萨克斯坦、吉尔吉斯斯坦、塔吉克斯坦、乌兹别克斯坦。

中国新疆对中亚国家出口总值为 88176.90 万美元，占中国新疆出口总值的 49.86%。其中：对哈萨克斯坦的出口总值为 40296.70 万美元，占中国新疆出口总值的 22.79%，同比下降 47.70%，环比下降 8.25%；对吉尔吉斯斯坦的出口总值为 28101.20 万美元，占中国新疆出口总值的 15.89%，同比下降 33.60%，环比下降 23.03%；对塔吉克斯坦的出口总值为 17460.50 万美元，占中国新疆出口总值的 9.87%，同比下降 26.30%，环比上升 3.66%；对乌兹别克斯坦的出口总值为 2318.50 万美元，占中国新疆出口总值的 1.31%，同比下降 48.50%，环比下降 18.89%。

12. 2015 年 12 月中国新疆对中亚五国出口贸易月度分析

由图 6 – 3 – 28 可以看出，2015 年 12 月，中国新疆对中亚国家出口总值大小排名依次为：哈萨克斯坦、吉尔吉斯斯坦、塔吉克斯坦、乌兹别克斯坦和土库曼斯坦。

中国新疆对中亚国家出口总值为 66999.50 万美元，占中国新疆出口总值的 59.97%。其中：对哈萨克斯坦的出口总值为 34812.40 万美元，占中国新疆出口总值的 31.16%，同比下降 41.00%，

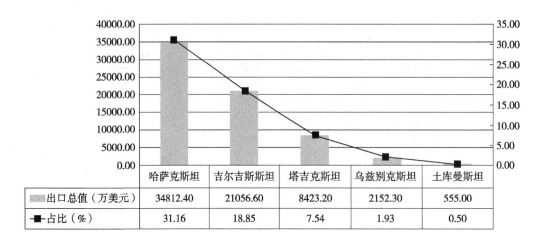

	哈萨克斯坦	吉尔吉斯斯坦	塔吉克斯坦	乌兹别克斯坦	土库曼斯坦
出口总值（万美元）	34812.40	21056.60	8423.20	2152.30	555.00
占比（%）	31.16	18.85	7.54	1.93	0.50

图 6 – 3 – 28　2015 年 12 月中国新疆对中亚国家出口总值及占比

环比下降 54.83%；对吉尔吉斯斯坦的出口总值为 21056.60 万美元，占中国新疆出口总值的 18.85%，同比下降 41.20%，环比下降 50.31%；对塔吉克斯坦的出口总值为 8423.20 万美元，占中国新疆出口总值的 7.54%，同比下降 49.90%，环比下降 64.42%；对乌兹别克斯坦的出口总值为 2152.30 万美元，占中国新疆出口总值的 1.93%，同比下降 51.60%，环比下降 52.19%；对土库曼斯坦的出口总值为 555.00 万美元，占中国新疆出口总值的 0.50%，同比下降 53.00%，环比下降 43.91%。

三、2015 年中国新疆对中亚五国进口贸易总体分析

（一）2015 年中国新疆对中亚五国进口贸易分析

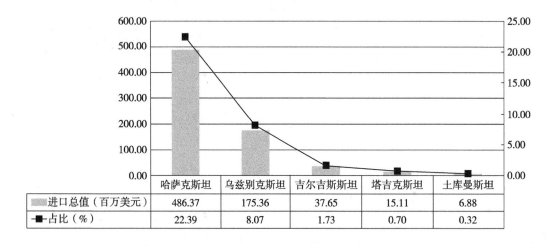

	哈萨克斯坦	乌兹别克斯坦	吉尔吉斯斯坦	塔吉克斯坦	土库曼斯坦
进口总值（百万美元）	486.37	175.36	37.65	15.11	6.88
占比（%）	22.39	8.07	1.73	0.70	0.32

图 6 – 3 – 29　2015 年中国新疆对中亚五国进口总值及占比

由图 6 – 3 – 29 可以看出，2015 年中国新疆对中亚五国进口总值大小排名依次为：哈萨克斯坦、乌兹别克斯坦、吉尔吉斯斯坦、塔吉克斯坦、土库曼斯坦。

中国新疆对中亚五国进口总值为 721.37 百万美元，占中国新疆进口总值的 33.21%。其中：对哈萨克斯坦的进口总值为 486.37 百万美元，占中国新疆进口总值的 22.39%，同比下降 63.80%；对乌兹别克斯坦的进口总值为 175.36 百万美元，占中国新疆进口总值的 8.07%，同比下

降 34.00%；对吉尔吉斯斯坦的进口总值为 37.65 百万美元，占中国新疆进口总值的 1.73%，同比下降 1.50%；对塔吉克斯坦的进口总值为 15.11 百万美元，占中国新疆进口总值的 0.70%，同比上升 44.60%；对土库曼斯坦的进口总值为 6.88 百万美元，占中国新疆进口总值的 0.32%，同比上升 147.70%。

（二）2015 年中国新疆对中亚五国进口贸易趋势分析

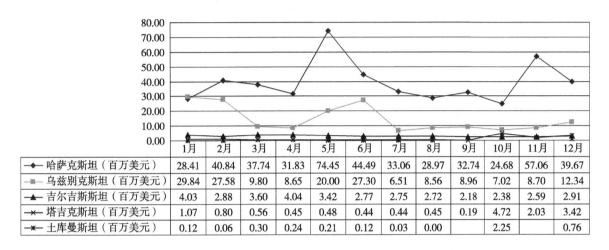

	1月	2月	3月	4月	5月	6月	7月	8月	9月	10月	11月	12月
哈萨克斯坦（百万美元）	28.41	40.84	37.74	31.83	74.45	44.49	33.06	28.97	32.74	24.68	57.06	39.67
乌兹别克斯坦（百万美元）	29.84	27.58	9.80	8.65	20.00	27.30	6.51	8.56	8.96	7.02	8.70	12.34
吉尔吉斯斯坦（百万美元）	4.03	2.88	3.60	4.04	3.42	2.77	2.75	2.72	2.18	2.38	2.59	2.91
塔吉克斯坦（百万美元）	1.07	0.80	0.56	0.45	0.48	0.44	0.44	0.45	0.19	4.72	2.03	3.42
土库曼斯坦（百万美元）	0.12	0.06	0.30	0.24	0.21	0.12	0.03	0.00		2.25		0.76

图 6-3-30 2015 年 1~12 月中国新疆对中亚五国进口总值

由图 6-3-30 可以看出，2015 年中国新疆对中亚五国的进口总值大小排名顺序，除 1 月乌兹别克斯坦跃居第一，10 月吉尔吉斯斯坦排名下降 1 位，塔吉克斯坦上升 1 位外，五国排名顺序始终为：哈萨克斯坦、乌兹别克斯坦、吉尔吉斯斯坦、塔吉克斯坦和土库曼斯坦。

中国新疆对哈萨克斯坦、乌兹别克斯坦进口总值呈波动型变化，其中，对哈萨克斯坦进口贸易最高点在 5 月，最低点在 10 月；对乌兹别克斯坦进口贸易最高点在 1 月，最低点在 7 月；对吉尔吉斯斯坦、塔吉克斯坦、土库曼斯坦的进口总值的变化波动较小，其中 8 月、9 月及 11 月未对土库曼斯坦发生进口贸易往来。

（三）2015 年中国新疆对中亚五国进口贸易月度分析

1. 2015 年 1 月中国新疆对中亚五国进口贸易月度分析

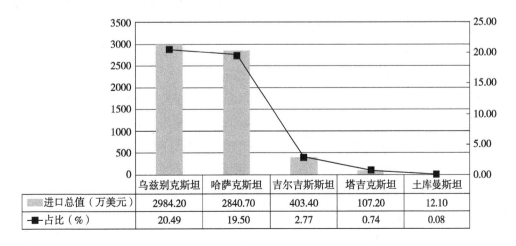

	乌兹别克斯坦	哈萨克斯坦	吉尔吉斯斯坦	塔吉克斯坦	土库曼斯坦
进口总值（万美元）	2984.20	2840.70	403.40	107.20	12.10
占比（%）	20.49	19.50	2.77	0.74	0.08

图 6-3-31 2015 年 1 月中国新疆对中亚国家进口总值及占比

由图6-3-31可以看出，2015年1月，中国新疆对中亚国家进口总值大小排名依次为：乌兹别克斯坦、哈萨克斯坦、吉尔吉斯斯坦、塔吉克斯坦、土库曼斯坦。其中：对乌兹别克斯坦的进口总值为2984.20万美元，占中国新疆进口总值的20.49%，同比下降11.20%，环比下降44.38%；对哈萨克斯坦的进口总值为2840.70万美元，占中国新疆进口总值的19.50%，同比下降72.30%，环比下降82.71%；对吉尔吉斯斯坦的进口总值为403.40万美元，占中国新疆进口总值的2.77%，同比下降22.90%，环比上升7.49%；对塔吉克斯坦的进口总值为107.20万美元，占中国新疆进口总值的0.74%，同比下降28.30%，环比下降41.58%；对土库曼斯坦的进口总值为12.10万美元，占中国新疆进口总值的0.08%，同比下降21.20%，环比上升57.14%。

2. 2015年2月中国新疆对中亚五国进口贸易月度分析

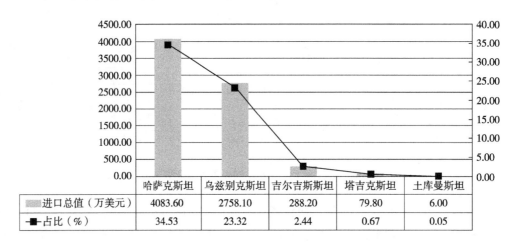

	哈萨克斯坦	乌兹别克斯坦	吉尔吉斯斯坦	塔吉克斯坦	土库曼斯坦
进口总值（万美元）	4083.60	2758.10	288.20	79.80	6.00
占比（%）	34.53	23.32	2.44	0.67	0.05

图6-3-32 2015年2月中国新疆对中亚国家进口总值及占比

由图6-3-32可以看出，2015年2月，中国新疆对中亚国家进口总值大小排名依次为：哈萨克斯坦、乌兹别克斯坦、吉尔吉斯斯坦、塔吉克斯坦、土库曼斯坦。其中：对哈萨克斯坦的进口总值为4083.60万美元，占中国新疆进口总值的34.53%，同比下降45.30%，环比上升43.75%；对乌兹别克斯坦的进口总值为2758.10万美元，占中国新疆进口总值的23.32%，同比上升130.10%，环比下降7.58%；对吉尔吉斯斯坦的进口总值为288.20万美元，占中国新疆进口总值的2.44%，同比上升33.70%，环比下降28.56%；对塔吉克斯坦的进口总值为79.80万美元，占中国新疆进口总值的0.67%，同比上升1838.20%，环比下降25.56%；对土库曼斯坦的进口总值为6.00万美元，占中国新疆进口总值的0.05%，同比上升334.70%，环比下降50.41%。

3. 2015年3月中国新疆对中亚五国进口贸易月度分析

由图6-3-33可以看出，2015年3月，中国新疆对中亚国家进口总值大小排名依次为：哈萨克斯坦、乌兹别克斯坦、吉尔吉斯斯坦、塔吉克斯坦、土库曼斯坦。其中：对哈萨克斯坦的进口总值为3774.40万美元，占中国新疆进口总值的26.80%，同比下降59.50%，环比下降7.57%；对乌兹别克斯坦的进口总值为980.30万美元，占中国新疆进口总值的6.96%，同比下降7.30%，环比下降64.46%；对吉尔吉斯斯坦的进口总值为359.90万美元，占中国新疆进口总值的2.56%，同比下降33.80%，环比上升24.88%；对塔吉克斯坦的进口总值为55.60万美元，占中国新疆进口总值的0.39%，同比下降9.70%，环比下降30.33%；对土库曼斯坦的进口总值为30.00万美元，占中国新疆进口总值的0.21%，同比上升214.70%，环比上升400.00%。

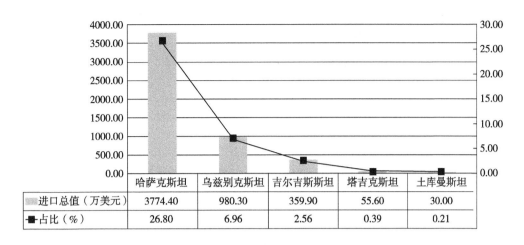

	哈萨克斯坦	乌兹别克斯坦	吉尔吉斯斯坦	塔吉克斯坦	土库曼斯坦
进口总值（万美元）	3774.40	980.30	359.90	55.60	30.00
占比（%）	26.80	6.96	2.56	0.39	0.21

图 6 - 3 - 33 2015 年 3 月中国新疆对中亚国家进口总值及占比

4. 2015 年 4 月中国新疆对中亚五国进口贸易月度分析

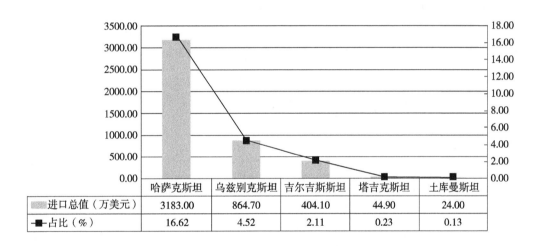

	哈萨克斯坦	乌兹别克斯坦	吉尔吉斯斯坦	塔吉克斯坦	土库曼斯坦
进口总值（万美元）	3183.00	864.70	404.10	44.90	24.00
占比（%）	16.62	4.52	2.11	0.23	0.13

图 6 - 3 - 34 2015 年 4 月中国新疆对中亚国家进口总值及占比

由图 6 - 3 - 34 可以看出，2015 年 4 月，中国新疆对中亚国家进口总值大小排名依次为：哈萨克斯坦、乌兹别克斯坦、吉尔吉斯斯坦、塔吉克斯坦、土库曼斯坦。其中：对哈萨克斯坦的进口总值为 3183.00 万美元，占中国新疆进口总值的 16.62%，同比下降 39.60%，环比下降 15.67%；对乌兹别克斯坦的进口总值为 864.70 万美元，占中国新疆进口总值的 4.52%，同比下降 11.10%，环比下降 11.79%；对吉尔吉斯斯坦的进口总值为 404.10 万美元，占中国新疆进口总值的 2.11%，同比上升 11.80%，环比上升 12.28%；对塔吉克斯坦的进口总值为 44.90 万美元，占中国新疆进口总值的 0.23%，同比下降 76.80%，环比下降 19.25%；对土库曼斯坦的进口总值为 24.00 万美元，占中国新疆进口总值的 0.13%，同比上升 59.30%，环比下降 20.00%。

5. 2015 年 5 月中国新疆对中亚五国进口贸易月度分析

由图 6 - 3 - 35 可以看出，2015 年 5 月，中国新疆对中亚国家进口总值大小排名依次为：哈萨克斯坦、乌兹别克斯坦、吉尔吉斯斯坦、塔吉克斯坦、土库曼斯坦。其中：对哈萨克斯坦的进口总值为 7444.90 万美元，占中国新疆进口总值的 33.29%，同比下降 0.70%，环比上升 133.90%；对

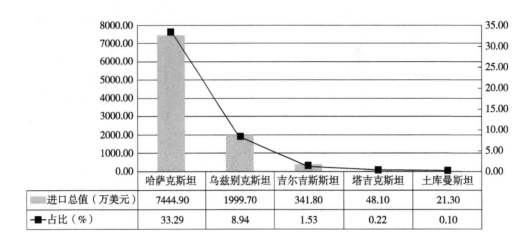

	哈萨克斯坦	乌兹别克斯坦	吉尔吉斯斯坦	塔吉克斯坦	土库曼斯坦
进口总值（万美元）	7444.90	1999.70	341.80	48.10	21.30
占比（%）	33.29	8.94	1.53	0.22	0.10

图 6-3-35　2015 年 5 月中国新疆对中亚国家进口总值及占比

乌兹别克斯坦的进口总值为 1999.70 万美元，占中国新疆进口总值的 8.94%，同比下降 30.50%，环比上升 131.26%；对吉尔吉斯斯坦的进口总值为 341.80 万美元，占中国新疆进口总值的 1.53%，同比上升 27.40%，环比下降 15.42%；对塔吉克斯坦的进口总值为 48.10 万美元，占中国新疆进口总值的 0.22%，同比上升 116.70%，环比上升 7.13%；对土库曼斯坦的进口总值为 21.30 万美元，占中国新疆进口总值的 0.10%，同比下降 65.70%，环比下降 11.25%。

6. 2015 年 6 月中国新疆对中亚五国进口贸易月度分析

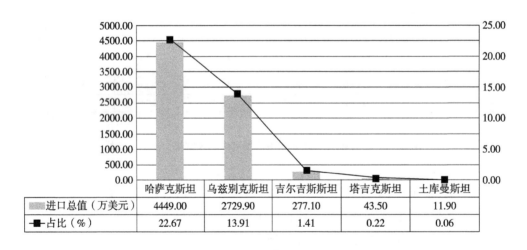

	哈萨克斯坦	乌兹别克斯坦	吉尔吉斯斯坦	塔吉克斯坦	土库曼斯坦
进口总值（万美元）	4449.00	2729.90	277.10	43.50	11.90
占比（%）	22.67	13.91	1.41	0.22	0.06

图 6-3-36　2015 年 6 月中国新疆对中亚国家进口总值及占比

由图 6-3-36 可以看出，2015 年 6 月，中国新疆对中亚国家进口总值大小排名依次为：哈萨克斯坦、乌兹别克斯坦、吉尔吉斯斯坦、塔吉克斯坦、土库曼斯坦。

中国新疆对中亚国家进口总值为 7511.40 万美元，占中国新疆进口总值的 38.27%。其中：对哈萨克斯坦的进口总值为 4449.00 万美元，占中国新疆进口总值的 22.67%，同比下降 16.40%，环比下降 40.24%；对乌兹别克斯坦的进口总值为 2729.90 万美元，占中国新疆进口总值的 13.91%，同比下降 30.50%，环比上升 36.52%；对吉尔吉斯斯坦的进口总值为 277.10 万美元，占中国新疆进口总值的 1.41%，同比下降 26.90%，环比下降 18.93%；对塔吉克斯坦的进口总值为 43.50 万美元，占中国新疆进口总值的 0.22%，同比下降 25.20%，环比下降 9.56%；对土库曼斯坦的进口总值为 11.90 万美元，占中国新疆进口总值的 0.06%，同比下降 89.60%，环比下降 44.13%。

7. 2015 年 7 月中国新疆对中亚五国进口贸易月度分析

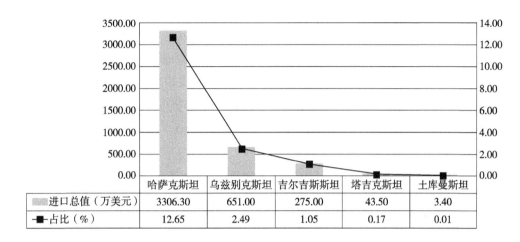

	哈萨克斯坦	乌兹别克斯坦	吉尔吉斯斯坦	塔吉克斯坦	土库曼斯坦
进口总值（万美元）	3306.30	651.00	275.00	43.50	3.40
占比（%）	12.65	2.49	1.05	0.17	0.01

图 6 - 3 - 37 2015 年 7 月中国新疆对中亚国家进口总值及占比

由图 6 - 3 - 37 可以看出，2015 年 7 月，中国新疆对中亚国家进口总值大小排名依次为：哈萨克斯坦、乌兹别克斯坦、吉尔吉斯斯坦、塔吉克斯坦、土库曼斯坦。

中国新疆对中亚国家进口总值为 4279.20 万美元，占中国新疆进口总值的 16.37%。其中：对哈萨克斯坦的进口总值为 3306.30 万美元，占中国新疆进口总值的 12.65%，同比下降 74.10%，环比下降 25.68%；对乌兹别克斯坦的进口总值为 651.00 万美元，占中国新疆进口总值的 2.49%，同比下降 83.70%，环比下降 76.15%；对吉尔吉斯斯坦的进口总值为 275.00 万美元，占中国新疆进口总值的 1.05%，同比上升 5.70%，环比下降 0.76%；对塔吉克斯坦的进口总值为 43.50 万美元，占中国新疆进口总值的 0.17%，同比上升 0.20%，环比上升 0.00%；对土库曼斯坦的进口总值为 3.40 万美元，占中国新疆进口总值的 0.01%，同比下降 80.90%，环比下降 71.43%。

8. 2015 年 8 月中国新疆对中亚四国进口贸易月度分析

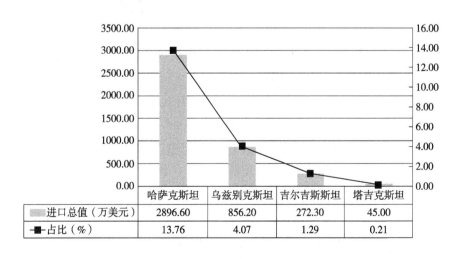

	哈萨克斯坦	乌兹别克斯坦	吉尔吉斯斯坦	塔吉克斯坦
进口总值（万美元）	2896.60	856.20	272.30	45.00
占比（%）	13.76	4.07	1.29	0.21

图 6 - 3 - 38 2015 年 8 月中国新疆对中亚国家进口总值及占比

由图6-3-38可以看出，2015年8月，中国新疆对中亚国家进口总值大小排名依次为：哈萨克斯坦、乌兹别克斯坦、吉尔吉斯斯坦、塔吉克斯坦。8月，中国新疆对土库曼斯坦没有发生进口贸易。

中国新疆对中亚国家进口总值为4070.10万美元，占中国新疆进口总值的19.34%。其中：对哈萨克斯坦的进口总值为2896.60万美元，占中国新疆进口总值的13.76%，同比下降64.80%，环比下降12.39%；对乌兹别克斯坦的进口总值为856.20万美元，占中国新疆进口总值的4.07%，同比下降46.30%，环比上升31.52%；对吉尔吉斯斯坦的进口总值为272.30万美元，占中国新疆进口总值的1.29%，同比上升14.60%，环比下降0.98%；对塔吉克斯坦的进口总值为45.00万美元，占中国新疆进口总值的0.21%，同比上升118.50%，环比上升3.45%。

9. 2015年9月中国新疆对中亚四国进口贸易月度分析

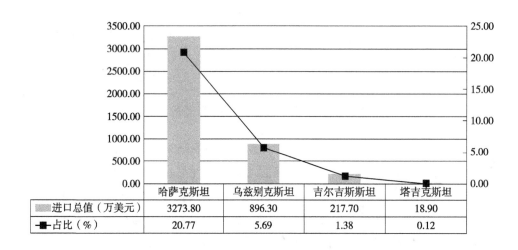

	哈萨克斯坦	乌兹别克斯坦	吉尔吉斯斯坦	塔吉克斯坦
进口总值（万美元）	3273.80	896.30	217.70	18.90
占比（%）	20.77	5.69	1.38	0.12

图6-3-39　2015年9月中国新疆对中亚国家进口总值及占比

由图6-3-39可以看出，2015年9月，中国新疆对中亚国家进口总值大小排名依次为：哈萨克斯坦、乌兹别克斯坦、吉尔吉斯斯坦、塔吉克斯坦。

中国新疆对中亚国家进口总值为4406.70万美元，占中国新疆进口总值的27.96%。其中：对哈萨克斯坦的进口总值为3273.80万美元，占中国新疆进口总值的20.77%，同比下降49.40%，环比上升13.02%；对乌兹别克斯坦的进口总值为896.30万美元，占中国新疆进口总值的5.69%，同比下降54.60%，环比上升4.68%；对吉尔吉斯斯坦的进口总值为217.70万美元，占中国新疆进口总值的1.38%，同比下降6.80%，环比下降20.05%；对塔吉克斯坦的进口总值为18.90万美元，占中国新疆进口总值的0.12%，同比下降74.50%，环比下降58.00%。

10. 2015年10月中国新疆对中亚五国进口贸易月度分析

由图6-3-40可以看出，2015年10月，中国新疆对中亚国家进口总值大小排名依次为：哈萨克斯坦、乌兹别克斯坦、塔吉克斯坦、吉尔吉斯斯坦、土库曼斯坦。

中国新疆对中亚国家进口总值为4104.30万美元，占中国新疆进口总值的26.84%。其中：对哈萨克斯坦的进口总值为2468.00万美元，占中国新疆进口总值的16.14%，同比下降87.60%，环比下降24.61%；对乌兹别克斯坦的进口总值为701.90万美元，占中国新疆进口总值的4.59%，同比上升24.60%，环比下降21.69%；对塔吉克斯坦的进口总值为471.60万美元，占中国新疆进

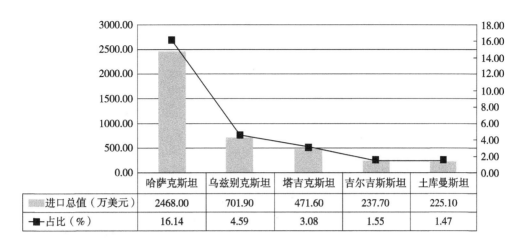

图 6 - 3 - 40 2015 年 10 月中国新疆对中亚国家进口总值及占比

口总值的 3.08%，同比上升 324.30%，环比上升 2395.24%；对吉尔吉斯坦的进口总值为
237.70 万美元，占中国新疆进口总值的 1.55%，同比上升 7.10%，环比上升 9.19%；对土库曼斯
坦的进口总值为 225.10 万美元，占中国新疆进口总值的 1.47%。

11. 2015 年 11 月中国新疆对中亚四国进口贸易月度分析

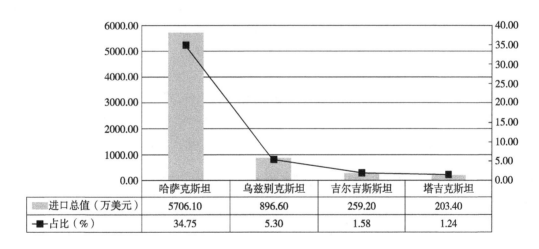

图 6 - 3 - 41 2015 年 11 月中国新疆对中亚国家进口总值及占比

由图 6 - 3 - 41 可以看出，2015 年 11 月，中国新疆对中亚国家进口总值大小排名依次为：哈
萨克斯坦、乌兹别克斯坦、吉尔吉斯斯坦、塔吉克斯坦。

中国新疆对中亚国家进口总值为 7038.30 万美元，占中国新疆进口总值的 42.86%。其中：对
哈萨克斯坦的进口总值为 5706.10 万美元，占中国新疆进口总值的 34.75%，同比下降 77.70%，
环比上升 131.20%；对乌兹别克斯坦的进口总值为 869.60 万美元，占中国新疆进口总值的
5.30%，同比下降 32.90%，环比上升 23.89%；对吉尔吉斯斯坦的进口总值为 259.20 万美元，占
中国新疆进口总值的 1.58%，同比上升 15.10%，环比上升 9.05%；对塔吉克斯坦的进口总值为
203.40 万美元，占中国新疆进口总值的 1.24%，同比上升 64.90%，环比下降 56.87%。

12. 2015 年 12 月中国新疆对中亚五国进口贸易月度分析

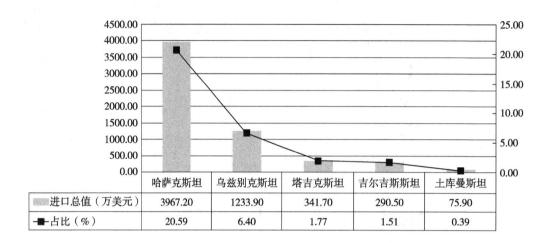

	哈萨克斯坦	乌兹别克斯坦	塔吉克斯坦	吉尔吉斯斯坦	土库曼斯坦
进口总值（万美元）	3967.20	1233.90	341.70	290.50	75.90
占比（%）	20.59	6.40	1.77	1.51	0.39

图 6 - 3 - 42　2015 年 12 月中国新疆对中亚国家进口总值及占比

由图 6 - 3 - 42 可以看出，2015 年 12 月，中国新疆对中亚国家进口总值大小排名依次为：哈萨克斯坦、乌兹别克斯坦、塔吉克斯坦、吉尔吉斯斯坦、土库曼斯坦。

中国新疆对中亚国家进口总值为 5909.20 万美元，占中国新疆进口总值的 30.66%。其中：对哈萨克斯坦的进口总值为 3967.20 万美元，占中国新疆进口总值的 20.59%，同比下降 75.90%，环比下降 30.47%；对乌兹别克斯坦的进口总值为 1233.90 万美元，占中国新疆进口总值的 6.40%，同比下降 77.00%，环比上升 41.89%；对塔吉克斯坦的进口总值为 341.70 万美元，占中国新疆进口总值的 1.77%，同比上升 86.20%，环比上升 67.99%；对吉尔吉斯斯坦的进口总值为 290.50 万美元，占中国新疆进口总值的 1.51%，同比下降 22.80%，环比上升 12.08%；对土库曼斯坦的进口总值为 75.90 万美元，占中国新疆进口总值的 0.39%，同比上升 881.80%。

四、2015 年中国新疆对中亚五国的出口贸易与进口贸易比较分析

（一）2015 年中国新疆对中亚五国的出口贸易与进口贸易比较

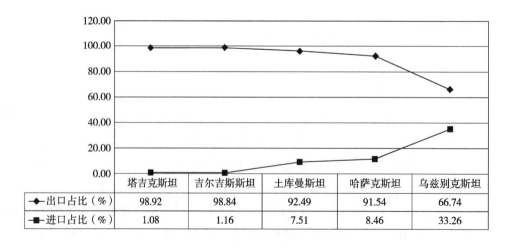

	塔吉克斯坦	吉尔吉斯斯坦	土库曼斯坦	哈萨克斯坦	乌兹别克斯坦
出口占比（%）	98.92	98.84	92.49	91.54	66.74
进口占比（%）	1.08	1.16	7.51	8.46	33.26

图 6 - 3 - 43　2015 年中国新疆对中亚五国进出口总值中出口及进口占比

　　由图 6 - 3 - 43 可以看出，2015 年，中国新疆对中亚五国的进出口贸易中，各国的出口总值、进口总值占其进出口总值的比重均是出口大于进口，说明中国新疆对中亚五国的进出口贸易均以出口为主，且出口远大于进口，出口占比除乌兹别克斯坦为 66.74% 外，其余四国均超过 90%。

　　（二）2015 年中国新疆对中亚国家的出口贸易与进口贸易的月度比较分析

　　1. 2015 年 1 月中国新疆对中亚国家的出口贸易与进口贸易的月度比较分析

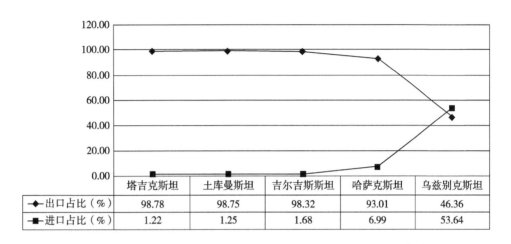

图 6 - 3 - 44　2015 年 1 月中国新疆对中亚国家进出口总值中出口及进口占比

　　由图 6 - 3 - 44 可以看出，2015 年 1 月，中国新疆对中亚国家的进出口贸易中，除乌兹别克斯坦外，其余四国的出口总值、进口总值占其进出口总值的比重均是出口大于进口，说明中国新疆对中亚国家的进出口贸易均以出口为主导，且出口远大于进口，除乌兹别克斯坦外，出口总值占比均超过 90%。

　　2. 2015 年 2 月中国新疆对中亚国家的出口贸易与进口贸易的月度比较分析

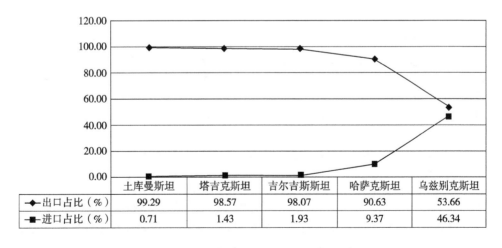

图 6 - 3 - 45　2015 年 2 月中国新疆对中亚国家进出口总值中出口及进口占比

　　由图 6 - 3 - 45 可以看出，2015 年 2 月，中国新疆对中亚国家的进出口贸易中，各国的出口总值、进口总值占其进出口总值的比重均是出口大于进口，说明中国新疆对中亚国家的进出口贸易均以出口为主导，且出口远大于进口，出口总值占比均超过 50%。

3. 2015 年 3 月中国新疆对中亚国家的出口贸易与进口贸易的月度比较分析

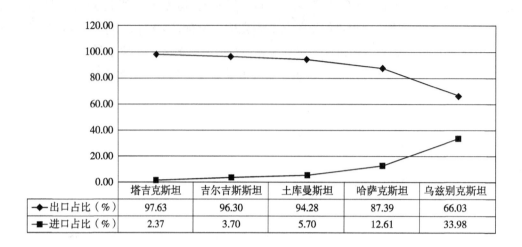

	塔吉克斯坦	吉尔吉斯斯坦	土库曼斯坦	哈萨克斯坦	乌兹别克斯坦
◆ 出口占比（%）	97.63	96.30	94.28	87.39	66.03
■ 进口占比（%）	2.37	3.70	5.70	12.61	33.98

图 6 - 3 - 46　2015 年 3 月中国新疆对中亚国家进出口总值中出口及进口占比

由图 6 - 3 - 46 可以看出，2015 年 3 月，中国新疆对中亚国家的进出口贸易中，各国的出口总值、进口总值占其进出口总值的比重均是出口大于进口，说明中国新疆对中亚国家的进出口贸易均以出口为主导，且出口远大于进口，出口占比均超过 66%。

4. 2015 年 4 月中国新疆对中亚国家的出口贸易与进口贸易的月度比较分析

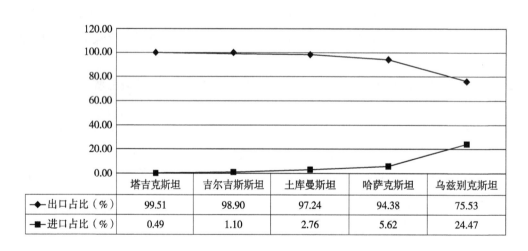

	塔吉克斯坦	吉尔吉斯斯坦	土库曼斯坦	哈萨克斯坦	乌兹别克斯坦
◆ 出口占比（%）	99.51	98.90	97.24	94.38	75.53
■ 进口占比（%）	0.49	1.10	2.76	5.62	24.47

图 6 - 3 - 47　2015 年 4 月中国新疆对中亚国家进出口总值中出口及进口占比

由图 6 - 3 - 47 可以看出，2015 年 4 月，中国新疆对中亚国家的进出口贸易中，各国的出口总值、进口总值占其进出口总值的比重均是出口大于进口，说明中国新疆对中亚国家的进出口贸易均以出口为主导，且出口远大于进口，出口占比均超过 75%。

5. 2015 年 5 月中国新疆对中亚国家的出口贸易与进口贸易的月度比较分析

由图 6 - 3 - 48 可以看出，2015 年 5 月，中国新疆对中亚国家的进出口贸易中，各国的出口总值、进口总值占其进出口总值的比重均是出口大于进口，说明中国新疆对中亚国家的进出口贸易均以出口为主导，且出口远大于进口，出口占比均超过 60%。

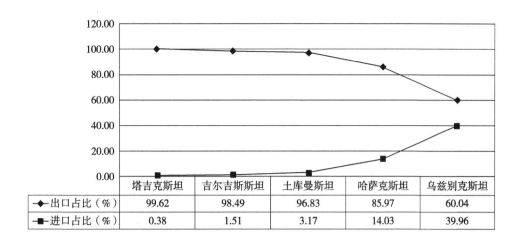

	塔吉克斯坦	吉尔吉斯斯坦	土库曼斯坦	哈萨克斯坦	乌兹别克斯坦
◆—出口占比（%）	99.62	98.49	96.83	85.97	60.04
■—进口占比（%）	0.38	1.51	3.17	14.03	39.96

图6－3－48 2015年5月中国新疆对中亚国家进出口总值中出口及进口占比

6.2015年6月中国新疆对中亚国家的出口贸易与进口贸易的月度比较分析

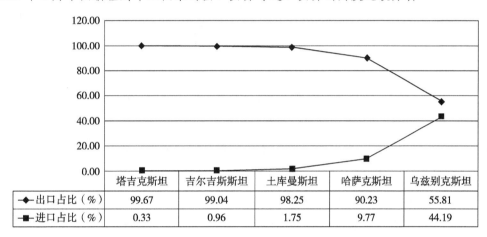

	塔吉克斯坦	吉尔吉斯斯坦	土库曼斯坦	哈萨克斯坦	乌兹别克斯坦
◆—出口占比（%）	99.67	99.04	98.25	90.23	55.81
■—进口占比（%）	0.33	0.96	1.75	9.77	44.19

图6－3－49 2015年6月中国新疆对中亚国家进出口总值中出口及进口占比

由图6－3－49可以看出，2015年6月，中国新疆对中亚国家的进出口贸易中，各国的出口总值、进口总值占其进出口总值的比重均是出口大于进口，说明中国新疆对中亚国家的进出口贸易均以出口为主导，且出口远大于进口，出口占比均超过55%。

7.2015年7月中国新疆对中亚国家的出口贸易与进口贸易的月度比较分析

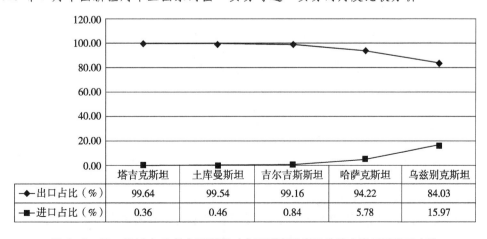

	塔吉克斯坦	土库曼斯坦	吉尔吉斯斯坦	哈萨克斯坦	乌兹别克斯坦
◆—出口占比（%）	99.64	99.54	99.16	94.22	84.03
■—进口占比（%）	0.36	0.46	0.84	5.78	15.97

图6－3－50 2015年7月中国新疆对中亚国家进出口总值中出口及进口占比

由图 6 - 3 - 50 可以看出，2015 年 7 月，中国新疆对中亚国家的进出口贸易中，各国的出口总值、进口总值占其进出口总值的比重均是出口大于进口，说明中国新疆对中亚国家的进出口贸易均以出口为主导，且出口远大于进口，出口占比均超过 80%。

8. 2015 年 8 月中国新疆对中亚国家的出口贸易与进口贸易的月度比较分析

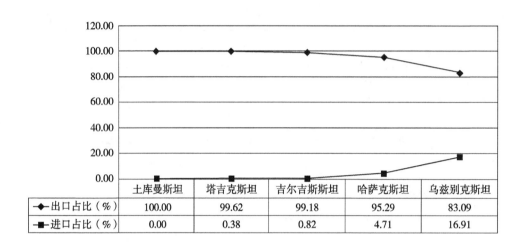

	土库曼斯坦	塔吉克斯坦	吉尔吉斯斯坦	哈萨克斯坦	乌兹别克斯坦
◆ 出口占比（%）	100.00	99.62	99.18	95.29	83.09
■ 进口占比（%）	0.00	0.38	0.82	4.71	16.91

图 6 - 3 - 51　2015 年 8 月中国新疆对中亚国家进出口总值中出口及进口占比

由图 6 - 3 - 51 可以看出，2015 年 8 月，中国新疆对中亚国家的进出口贸易中，各国的出口总值、进口总值占其进出口总值的比重均是出口大于进口，说明中国新疆对中亚国家的进出口贸易均以出口为主导，且出口远大于进口，出口占比均超过 80%。

9. 2015 年 9 月中国新疆对中亚国家的出口贸易与进口贸易的月度比较分析

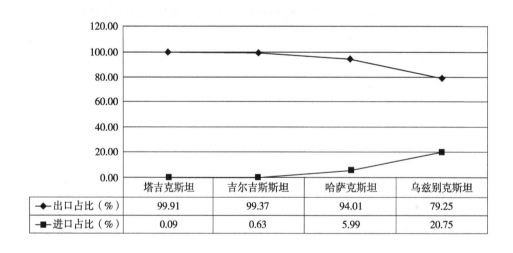

	塔吉克斯坦	吉尔吉斯斯坦	哈萨克斯坦	乌兹别克斯坦
◆ 出口占比（%）	99.91	99.37	94.01	79.25
■ 进口占比（%）	0.09	0.63	5.99	20.75

图 6 - 3 - 52　2015 年 9 月中国新疆对中亚国家进出口总值中出口及进口占比

由图 6 - 3 - 52 可以看出，2015 年 9 月，中国新疆对中亚国家的进出口贸易中，各国的出口总值、进口总值占其进出口总值的比重均是出口大于进口，说明中国新疆对中亚国家的进出口贸易均以出口为主导，且出口远大于进口，出口占比均超过 79%。

10. 2015 年 10 月中国新疆对中亚国家的出口贸易与进口贸易的月度比较分析

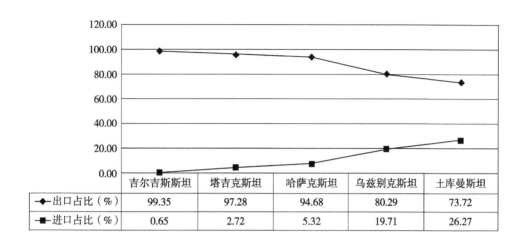

图 6 − 3 − 53　2015 年 10 月中国新疆对中亚国家进口总值中出口及进口占比

由图 6 − 3 − 53 可以看出，2015 年 10 月，中国新疆对中亚国家的进出口贸易中，各国的出口总值、进口总值占其进出口总值的比重均是出口大于进口，说明中国新疆对中亚国家的进出口贸易均以出口为主导，且出口远大于进口，出口占比均超过 73%。

11. 2015 年 11 月中国新疆对中亚国家的出口贸易与进口贸易的月度比较分析

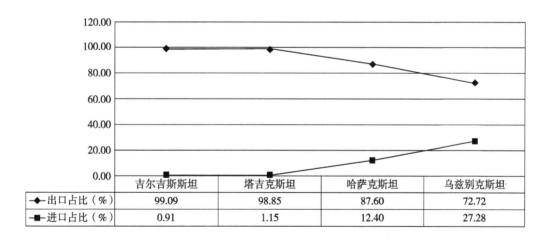

图 6 − 3 − 54　2015 年 11 月中国新疆对中亚国家进出口值中出口及进口占比

由图 6 − 3 − 54 可以看出，2015 年 11 月，中国新疆对中亚国家的进出口贸易中，各国的出口总值、进口总值占其进出口总值的比重均是出口大于进口，说明中国新疆对中亚国家的进出口贸易均以出口为主导，且出口远大于进口，出口占比均超过 70%。

12. 2015 年 12 月中国新疆对中亚国家的出口贸易与进口贸易的月度比较分析

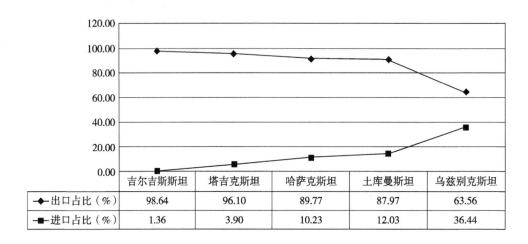

	吉尔吉斯斯坦	塔吉克斯坦	哈萨克斯坦	土库曼斯坦	乌兹别克斯坦
◆出口占比（%）	98.64	96.10	89.77	87.97	63.56
■进口占比（%）	1.36	3.90	10.23	12.03	36.44

图 6 - 3 - 55　2015 年 12 月中国新疆对中亚国家进出口总值中出口及进口占比

由图 6 - 3 - 55 可以看出，2015 年 12 月，中国新疆对中亚国家的进出口贸易中，各国的出口总值、进口总值占其进出口总值的比重均是出口大于进口，说明中国新疆对中亚国家的进出口贸易均以出口为主导，且出口远大于进口，出口占比均超过 60%。

第四节　2015 年中国新疆与西亚国家的进出口贸易情况

一、2015 年中国新疆对西亚国家进出口贸易总体分析

（一）2015 年中国新疆对西亚国家进出口贸易分析

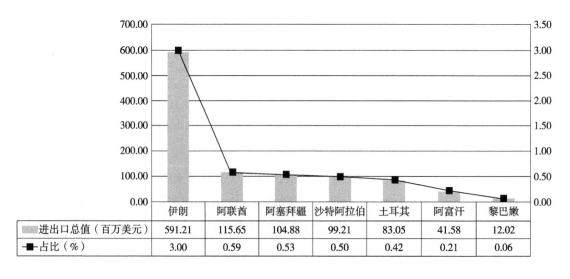

	伊朗	阿联酋	阿塞拜疆	沙特阿拉伯	土耳其	阿富汗	黎巴嫩
进出口总值（百万美元）	591.21	115.65	104.88	99.21	83.05	41.58	12.02
■占比（%）	3.00	0.59	0.53	0.50	0.42	0.21	0.06

图 6 - 4 - 1　2015 年中国新疆对西亚国家进出口总值及占比

由图 6-4-1 可以看出，2015 年中国新疆对西亚国家进出口总值大小排名依次为：伊朗、阿联酋、阿塞拜疆、沙特阿拉伯、土耳其、阿富汗、黎巴嫩。

中国新疆对西亚国家进出口总值为 1047.61 百万美元，占中国新疆进出口总值的 5.32%。其中：对伊朗的进出口总值为 591.21 百万美元，占中国新疆进出口总值的 3.00%，同比下降 25.80%；对阿联酋的进出口总值为 115.65 百万美元，占中国新疆进出口总值 0.59%，同比下降 54.30%；对阿塞拜疆的进出口总值为 104.88 百万美元，占中国新疆进出口总值的 0.53%，同比下降 25.10%；对沙特阿拉伯的进出口总值为 99.21 百万美元，占中国新疆进出口总值的 0.50%，同比下降 37.20%；对土耳其的进出口总值为 83.05 百万美元，占中国新疆进出口总值的 0.42%，同比下降 27.90%；对阿富汗的进出口总值为 41.58 百万美元，占中国新疆进出口总值的 0.21%，同比上升 43.90%；对黎巴嫩的进出口总值为 12.02 百万美元，占中国新疆进出口总值的 0.06%，同比下降 32.70%。

（二）2015 年中国新疆对西亚国家进出口贸易趋势分析

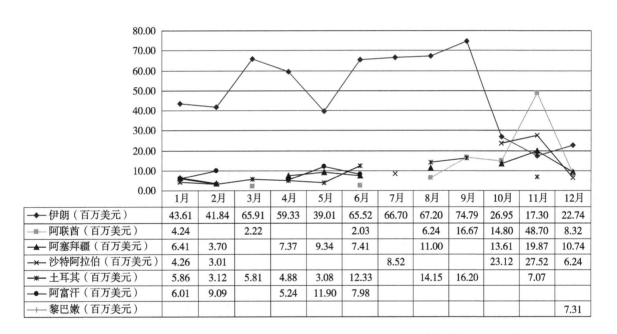

	1月	2月	3月	4月	5月	6月	7月	8月	9月	10月	11月	12月
伊朗（百万美元）	43.61	41.84	65.91	59.33	39.01	65.52	66.70	67.20	74.79	26.95	17.30	22.74
阿联酋（百万美元）	4.24		2.22			2.03		6.24	16.67	14.80	48.70	8.32
阿塞拜疆（百万美元）	6.41	3.70		7.37	9.34	7.41		11.00		13.61	19.87	10.74
沙特阿拉伯（百万美元）	4.26	3.01					8.52			23.12	27.52	6.24
土耳其（百万美元）	5.86	3.12	5.81	4.88	3.08	12.33		14.15	16.20		7.07	
阿富汗（百万美元）	6.01	9.09		5.24	11.90	7.98						
黎巴嫩（百万美元）												7.31

图 6-4-2　2015 年 1~12 月中国新疆对西亚国家进出口总值

由图 6-4-2 可以看出，2015 年 1~12 月中国新疆除对伊朗均发生进出口贸易外，对其余各国均存在某月未发生进出口贸易情况，对黎巴嫩仅在 12 月发生进出口贸易。由于数据缺漏值较多，故选取发生进出口贸易国家较多的 1 月、2 月、6 月、11 月及 12 月进行排名。1 月排名顺序为伊朗、阿塞拜疆、阿富汗、土耳其、沙特阿拉伯、阿联酋；2 月排名顺序为伊朗、阿富汗、阿塞拜疆、土耳其、沙特阿拉伯；6 月排名顺序为伊朗、土耳其、阿富汗、阿塞拜疆、阿联酋；11 月排名顺序为阿联酋、沙特阿拉伯、阿塞拜疆、伊朗、土耳其；12 月排名顺序为伊朗、阿塞拜疆、阿联酋、黎巴嫩、沙特阿拉伯。中国新疆对伊朗进出口总值均呈全年上下起伏波动趋势，其中，对伊朗进出口贸易总值最大值出现在 9 月，为 74.79 百万美元，最小值出现在 11 月，为 17.30 百万美元；对阿联酋、阿塞拜疆、沙特阿拉伯、土耳其、阿富汗及黎巴嫩均存在某月未发生进出口贸易的情况，从总体来看，均呈倒U形波动趋势，且阿联酋、阿塞拜疆、沙特阿拉伯的进出口总值最大值均出现在11月，分别为48.70百万美元、19.87百万美元、27.52百万美元。土耳其的进出口总值最大值出现在9月，为16.20百万美元；阿富汗的进出口总值最大值出现在5月，为11.90百万美元。除阿联酋及阿富汗外，对阿塞拜疆、沙特阿拉伯及土耳其的进出口总值最小值均出现在2月，分别为3.70百万美元、3.12百万美元和3.01百万美元，对阿联酋的进出口总值最小值出现在3月，为2.22百万美元，对阿富汗的进出口总值最小值出现在4月，为5.24百万美元。

（三）2015年中国新疆对西亚国家进出口贸易月度分析

1. 2015年1月中国新疆对西亚国家进出口贸易月度分析

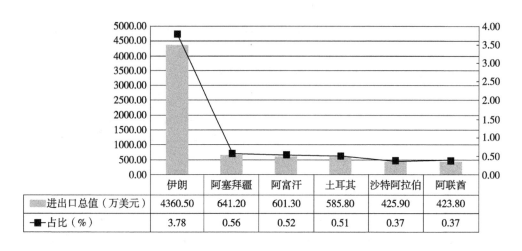

	伊朗	阿塞拜疆	阿富汗	土耳其	沙特阿拉伯	阿联酋
进出口总值（万美元）	4360.50	641.20	601.30	585.80	425.90	423.80
占比（%）	3.78	0.56	0.52	0.51	0.37	0.37

图6-4-3 2015年1月中国新疆对西亚国家进出口总值及占比

由图6-4-3可以看出，2015年1月中国新疆对西亚国家的进出口总值大小排名依次为：伊朗、阿塞拜疆、阿富汗、土耳其、沙特阿拉伯、阿联酋。其中，对伊朗进出口总值为4360.50万美元，占中国新疆进出口总值的3.78%，同比上升33.20%，环比上升114.36%；对阿塞拜疆进出口总值为641.20万美元，占中国新疆进出口总值的0.56%，同比上升4.90%，环比下降62.68%；对阿富汗进出口总值为601.30万美元，占中国新疆进出口总值的0.52%，同比下降6.80%；对土耳其进出口总值为585.80万美元，占中国新疆进出口总值的0.51%，同比下降59.40%；对沙特阿拉伯进出口总值为425.90万美元，占中国新疆进出口总值的0.37%，同比下降87.20%，环比下降67.91%；对阿联酋进出口总值为423.80万美元，占中国新疆进出口总值的0.37%，同比下降87.60%。

2. 2015年2月中国新疆对西亚五国进出口贸易月度分析

由图6-4-4可以看出，2015年2月中国新疆对西亚国家的进出口总值大小排名依次为：伊朗、阿富汗、阿塞拜疆、土耳其、沙特阿拉伯。其中，对伊朗进出口总值为4183.60万美元，占中国新疆进出口总值的4.24%，同比上升442.70%，环比下降4.06%；对阿富汗进出口总值为908.80万美元，占中国新疆进出口总值的0.92%，同比上升439.20%，环比上升51.14%；对阿塞拜疆进出口总值为369.80万美元，占中国新疆进出口总值的0.38%，同比下降43.20%，环比下降42.33%；对土耳其进出口总值为312.40万美元，占中国新疆进出口总值的0.32%，同比下降18.70%，环比下降46.76%；对沙特阿拉伯进出口总值为301.10万美元，占中国新疆进出口总值的0.31%，同比上升97.30%，环比下降29.30%。

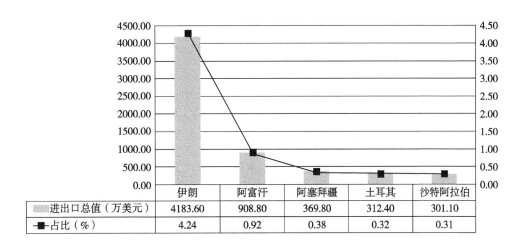

	伊朗	阿富汗	阿塞拜疆	土耳其	沙特阿拉伯
进出口总值（万美元）	4183.60	908.80	369.80	312.40	301.10
占比（%）	4.24	0.92	0.38	0.32	0.31

图 6 - 4 - 4　2015 年 2 月中国新疆对西亚国家进出口总值及占比

3. 2015 年 3 月中国新疆对西亚三国进出口贸易月度分析

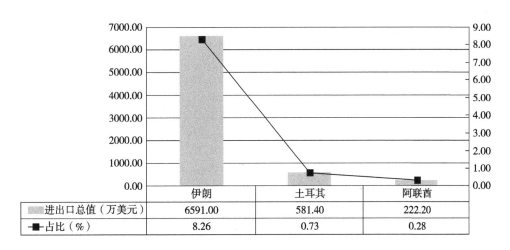

	伊朗	土耳其	阿联酋
进出口总值（万美元）	6591.00	581.40	222.20
占比（%）	8.26	0.73	0.28

图 6 - 4 - 5　2015 年 3 月中国新疆对西亚国家进出口总值及占比

由图 6 - 4 - 5 可以看出，2015 年 3 月中国新疆对西亚国家的进出口总值大小排名依次为：伊朗、土耳其、阿联酋。其中：对伊朗进出口总值为 6591.00 万美元，占中国新疆进出口总值的 8.26%，同比上升 1518.80%，环比上升 57.54%；对土耳其进出口总值为 581.40 万美元，占中国新疆进出口总值的 0.73%，同比下降 25.10%，环比上升 86.11%；对阿联酋进出口总值为 222.20 万美元，占中国新疆进出口总值的 0.28%，同比下降 94.20%。

4. 2015 年 4 月中国新疆对西亚四国进出口贸易月度分析

由图 6 - 4 - 6 可以看出，2015 年 4 月，中国新疆对西亚国家的进出口总值大小排名依次为：伊朗、阿塞拜疆、阿富汗、土耳其。其中：对伊朗进出口总值为 5932.70 万美元，占中国新疆进出口总值的 3.97%，同比下降 6.30%，环比下降 9.99%；对阿塞拜疆进出口总值为 736.50 万美元，占中国新疆进出口总值的 0.49%，同比下降 46.50%；对阿富汗进出口总值为 524.00 万美元，占中国新疆进出口总值的 0.35%，同比下降 34.90%；对土耳其进出口总值为 488.20 万美元，占中国新疆进出口总值的 0.33%，同比下降 66.30%，环比下降 16.03%。

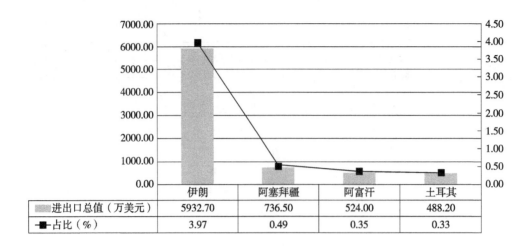

	伊朗	阿塞拜疆	阿富汗	土耳其
进出口总值（万美元）	5932.70	736.50	524.00	488.20
占比（%）	3.97	0.49	0.35	0.33

图 6-4-6　2015 年 4 月中国新疆对西亚国家进出口总值及占比

5. 2015 年 5 月中国新疆对西亚四国进出口贸易月度分析

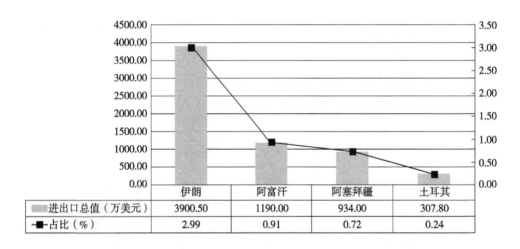

	伊朗	阿富汗	阿塞拜疆	土耳其
进出口总值（万美元）	3900.50	1190.00	934.00	307.80
占比（%）	2.99	0.91	0.72	0.24

图 6-4-7　2015 年 5 月中国新疆对西亚国家进出口总值及占比

由图 6-4-7 可以看出，2015 年 5 月中国新疆对西亚国家的进出口总值大小排名依次为：伊朗、阿富汗、阿塞拜疆、土耳其。其中：对伊朗进出口总值为 3900.50 万美元，占中国新疆进出口总值的 2.99%，同比下降 35.20%，环比下降 34.25%；对阿富汗进出口总值为 1190.00 万美元，占中国新疆进出口总值的 0.91%，同比上升 107.70%，环比上升 127.10%；对阿塞拜疆进出口总值为 934.00 万美元，占中国新疆进出口总值的 0.72%，同比上升 13.90%，环比上升 26.82%；对土耳其进出口总值为 307.80 万美元，占中国新疆进出口总值的 0.24%，同比下降 76.30%，环比下降 36.95%。

6. 2015 年 6 月中国新疆对西亚国家进出口贸易月度分析

由图 6-4-8 可以看出，2015 年 6 月中国新疆对西亚国家的进出口总值大小排名依次为：伊朗、土耳其、阿富汗、阿塞拜疆、阿联酋。

中国新疆对西亚国家进出口贸易总值为 9527.30 万美元，占中国新疆进出口总值的 7.27%。其中：对伊朗进出口总值为 6551.90 万美元，占中国新疆进出口总值的 5.00%，同比上升 411.70%，

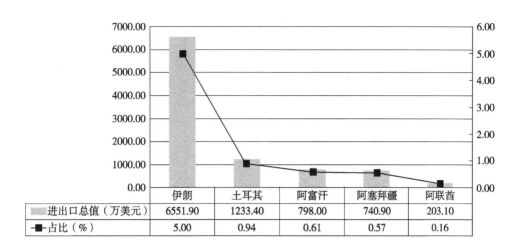

	伊朗	土耳其	阿富汗	阿塞拜疆	阿联酋
进出口总值（万美元）	6551.90	1233.40	798.00	740.90	203.10
占比（%）	5.00	0.94	0.61	0.57	0.16

图 6 - 4 - 8   2015 年 6 月中国新疆对西亚国家进出口总值及占比

环比上升 67.98%；对土耳其进出口总值为 1233.40 万美元，占中国新疆进出口总值的 0.94%，同比上升 49.00%，环比上升 300.71%；对阿富汗进出口总值为 798.00 万美元，占中国新疆进出口总值的 0.61%，同比上升 57.20%，环比下降 32.94%；对阿塞拜疆进出口总值为 740.90 万美元，占中国新疆进出口总值的 0.57%，同比下降 37.30%，环比下降 20.67%；对阿联酋进出口总值为 203.10 万美元，占中国新疆进出口总值的 0.16%，同比下降 66.80%。

7. 2015 年 7 月中国新疆对西亚两国进出口贸易月度分析

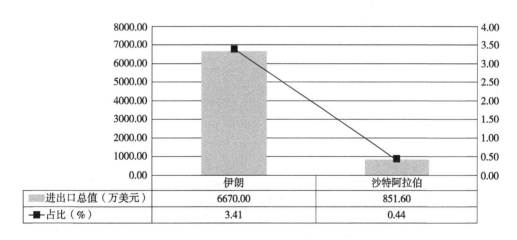

	伊朗	沙特阿拉伯
进出口总值（万美元）	6670.00	851.60
占比（%）	3.41	0.44

图 6 - 4 - 9   2015 年 7 月中国新疆对西亚国家进出口总值及占比

由图 6 - 4 - 9 可以看出，2015 年 7 月中国新疆对西亚国家的进出口总值大小排名依次为：伊朗、沙特阿拉伯。

中国新疆对西亚国家进出口贸易总值为 7521.60 万美元，占中国新疆进出口总值的 3.84%。其中，对伊朗进出口总值为 6670.00 万美元，占中国新疆进出口总值的 3.41%，同比下降 34.80%，环比上升 1.80%；对沙特阿拉伯进出口总值为 851.60 万美元，占中国新疆进出口总值的 0.44%，同比上升 157.60%。

8. 2015 年 8 月中国新疆对西亚四国进出口贸易月度分析

由图 6 - 4 - 10 可以看出，2015 年 8 月中国新疆对西亚国家的进出口总值大小排名依次为：伊朗、土耳其、阿塞拜疆、阿联酋。

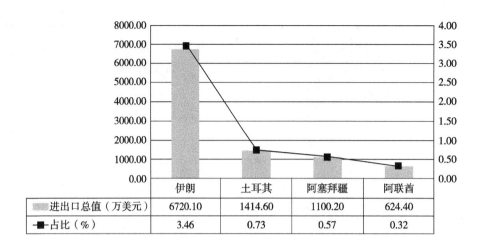

图6－4－10　2015年8月中国新疆对西亚国家进出口总值及占比

中国新疆对西亚国家进出口贸易总值为9859.30万美元，占中国新疆进出口总值的5.07%。其中：对伊朗进出口总值为6720.10万美元，占中国新疆进出口总值的3.46%，同比下降85.10%，环比上升0.75%；对土耳其进出口总值为1414.60万美元，占中国新疆进出口总值的0.73%，同比上升81.30%；对阿塞拜疆进出口总值为1100.20万美元，占中国新疆进出口总值的0.57%，同比上升35.10%；对阿联酋进出口总值为624.40万美元，占中国新疆进出口总值的0.32%，同比上升91.80%。

9.2015年9月中国新疆对西亚三国进出口贸易月度分析

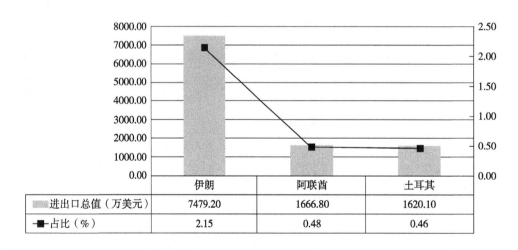

图6－4－11　2015年9月中国新疆对西亚国家进出口总值及占比

由图6－4－11可以看出，2015年9月中国新疆对西亚国家的进出口总值大小排名依次为：伊朗、阿联酋、土耳其。

中国新疆对西亚国家进出口贸易总值为10766.10万美元，占中国新疆进出口总值的3.09%。其中：对伊朗进出口总值为7479.20万美元，占中国新疆进出口总值的2.15%，同比上升298.70%，环比上升11.30%；对阿联酋进出口总值为1666.80万美元，占中国新疆进出口总值的0.48%，同比下降24.40%，环比上升166.94%；对土耳其进出口总值为1620.10万美元，占中国新疆进出口总值的 0.46%，同比上升 18.00%，环比上升 14.53%。

10. 2015 年 10 月中国新疆对西亚四国进出口贸易月度分析

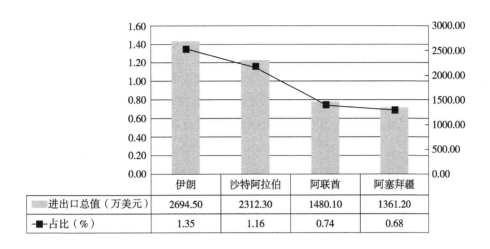

	伊朗	沙特阿拉伯	阿联酋	阿塞拜疆
进出口总值（万美元）	2694.50	2312.30	1480.10	1361.20
占比（%）	1.35	1.16	0.74	0.68

图 6 - 4 - 12 2015 年 10 月中国新疆对西亚国家进出口总值及占比

由图 6 - 4 - 12 可以看出，2015 年 10 月中国新疆对西亚国家的进出口总值大小排名依次为：伊朗、沙特阿拉伯、阿联酋、阿塞拜疆。

中国新疆对西亚国家进出口贸易总值为 7848.10 万美元，占中国新疆进出口总值的 3.93%。其中：对伊朗进出口总值为 2694.50 万美元，占中国新疆进出口总值的 1.35%，同比上升 93.90%，环比下降 63.97%；对沙特阿拉伯进出口总值为 2312.30 万美元，占中国新疆进出口总值的 1.16%，同比下降 21.50%；对阿联酋进出口总值为 1480.10 万美元，占中国新疆进出口总值的 0.74%，同比下降 48.90%，环比下降 11.20%；对阿塞拜疆进出口总值为 1361.20 万美元，占中国新疆进出口总值的 0.68%，同比下降 30.80%。

11. 2015 年 11 月中国新疆对西亚国家进出口贸易月度分析

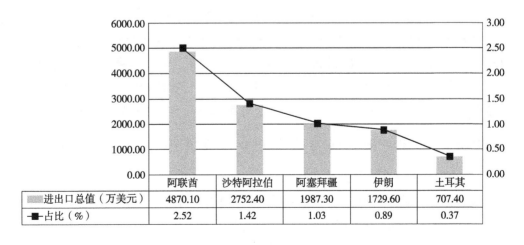

	阿联酋	沙特阿拉伯	阿塞拜疆	伊朗	土耳其
进出口总值（万美元）	4870.10	2752.40	1987.30	1729.60	707.40
占比（%）	2.52	1.42	1.03	0.89	0.37

图 6 - 4 - 13 2015 年 11 月中国新疆对西亚国家进出口总值及占比

由图 6 - 4 - 13 可以看出，2015 年 11 月中国新疆对西亚国家的进出口总值大小排名依次为：阿联酋、沙特阿拉伯、阿塞拜疆、伊朗、土耳其。

中国新疆对西亚国家进出口贸易总值为 12046.80 万美元，占中国新疆进出口总值的 6.23%。其中：对阿联酋进出口总值为 4870.10 万美元，占中国新疆进出口总值的 2.52%，同比上升 780.90%，环比上升 229.04%；对沙特阿拉伯进出口总值为 2752.40 万美元，占中国新疆进出口总值的 1.42%，同比上升 233.10%，环比上升 19.03%；对阿塞拜疆进出口总值为 1987.30 万美元，占中国新疆进出口总值的 1.03%，同比下降 21.20%，环比上升 46.00%；对伊朗进出口总值为 1729.60 万美元，占中国新疆进出口总值的 0.89%，同比上升 84.90%，环比下降 35.81%；对土耳其进出口总值为 707.40 万美元，占中国新疆进出口总值的 0.37%，同比上升 7.00%。

12. 2015 年 12 月中国新疆对西亚国家进出口贸易月度分析

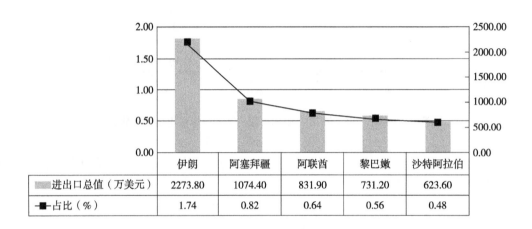

	伊朗	阿塞拜疆	阿联酋	黎巴嫩	沙特阿拉伯
进出口总值（万美元）	2273.80	1074.40	831.90	731.20	623.60
占比（%）	1.74	0.82	0.64	0.56	0.48

图 6-4-14　2015 年 12 月中国新疆对西亚国家进出口总值及占比

由图 6-4-14 可以看出，2015 年 12 月中国新疆对西亚国家的进出口总值大小排名依次为：伊朗、阿塞拜疆、阿联酋、黎巴嫩、沙特阿拉伯。

中国新疆对西亚国家进出口贸易总值为 5534.90 万美元，占中国新疆进出口总值的 4.23%。其中：对伊朗进出口总值为 2273.80 万美元，占中国新疆进出口总值的 1.74%，同比上升 11.80%，环比上升 31.46%；对阿塞拜疆进出口总值为 1074.40 万美元，占中国新疆进出口总值的 0.82%，同比下降 33.30%，环比下降 45.94%；对阿联酋进出口总值为 831.90 万美元，占中国新疆进出口总值的 0.64%，同比下降 3.00%，环比下降 82.92%；对黎巴嫩进出口总值为 731.20 万美元，占中国新疆进出口总值的 0.56%，同比上升 484.30%；对沙特阿拉伯进出口总值为 623.60 万美元，占中国新疆进出口总值的 0.48%，同比下降 53.00%，环比下降 77.34%。

二、2015 年中国新疆对西亚国家出口贸易总体分析

（一）2015 年中国新疆对西亚国家出口贸易分析

由图 6-4-15 可以看出，2015 年中国新疆对西亚国家出口总值大小排名依次为：伊朗、阿联酋、沙特阿拉伯、阿塞拜疆、土耳其、阿富汗、黎巴嫩。

中国新疆对西亚国家出口总值为 978.23 百万美元，占中国新疆出口总值的 5.59%。其中：对伊朗的出口总值为 571.01 百万美元，占中国新疆出口总值的 3.26%，同比下降 28.20%；对阿联酋的出口总值为 114.79 百万美元，占中国新疆出口总值的 0.66%，同比下降 54.40%；对沙特阿拉伯的出口总值为 95.17 百万美元，占中国新疆出口总值的 0.54%，同比下降 38.90%；对阿塞拜疆

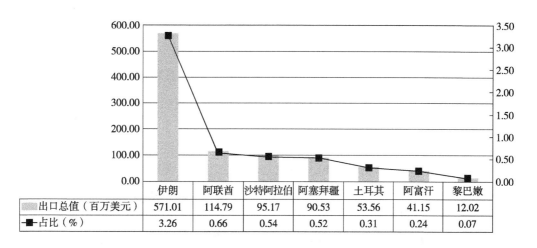

图6-4-15　2015年中国新疆对西亚国家出口总值及占比

的出口总值为90.53百万美元，占中国新疆出口总值的0.52%，同比下降27.50%；对土耳其的出口总值为53.56百万美元，占中国新疆出口总值的0.31%，同比下降35.80%；对阿富汗的出口总值为41.15百万美元，占中国新疆出口总值的0.24%，同比上升42.90%；对黎巴嫩的出口总值为12.02百万美元，占中国新疆出口总值的0.07%，同比下降32.70%。

（二）2015年中国新疆对西亚国家出口贸易趋势分析

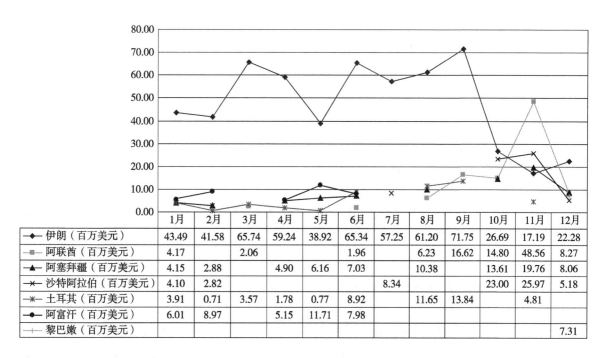

图6-4-16　2015年1~12月中国新疆对西亚国家出口总值

由图6-4-16可以看出，2015年1~12月中国新疆除对伊朗均发生出口贸易外，对其余各国均存在某月未发生出口贸易的情况，对黎巴嫩仅在12月发生出口贸易。由于数据缺漏值较多，故选取发生出口贸易国家较多的1月、2月、6月、11月及12月进行排名。1月排名顺序为伊朗、阿富汗、阿联酋、阿塞拜疆、沙特阿拉伯、土耳其；2月排名顺序为伊朗、阿富汗、阿塞拜疆、沙特阿拉伯、土耳其；6 月排名顺序为伊朗、土耳其、阿富汗、阿塞拜疆、阿联酋；11 月排名顺序为阿联酋、沙特阿拉伯、阿塞拜疆、伊朗、土耳其；12 月排名顺序为伊朗、阿联酋、阿塞拜疆、黎巴嫩、沙特阿拉伯。除 11 月外，伊朗为中国新疆对西亚国家出口贸易值最高的国家，11 月为阿联酋。中国新疆对伊朗出口总值均呈全年上下起伏波动趋势，其中，对伊朗出口总值最大值出现在 9 月，为 71.75 百万美元，最小值出现在 11 月，为 17.19 百万美元；对阿联酋、阿塞拜疆、沙特阿拉伯、土耳其、阿富汗及黎巴嫩均存在某月未发生出口贸易情况，从总体来看，均呈倒 U 形波动趋势，且阿联酋、阿塞拜疆、沙特阿拉伯的出口总值最大值均出现在 11 月，分别为 48.56 百万美元、19.76 百万美元、25.97 百万美元。土耳其的出口总值最大值出现在 9 月，为 13.84 百万美元；阿富汗的出口总值最大值出现在 5 月，为 11.71 百万美元；阿联酋的出口总值最小值出现在 6 月，为 1.96 百万美元；阿塞拜疆、沙特阿拉伯及土耳其的出口总值最小值均出现在 2 月，分别为 2.88 百万美元、2.82 百万美元及 0.71 百万美元；阿富汗的出口总值最小值出现在 4 月，为 5.15 百万美元。

（三）2015 年中国新疆对西亚国家出口贸易月度分析

1. 2015 年 1 月中国新疆对西亚六国出口贸易月度分析

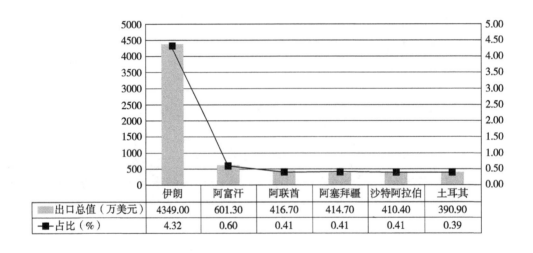

	伊朗	阿富汗	阿联酋	阿塞拜疆	沙特阿拉伯	土耳其
出口总值（万美元）	4349.00	601.30	416.70	414.70	410.40	390.90
占比（%）	4.32	0.60	0.41	0.41	0.41	0.39

图 6 - 4 - 17　2015 年 1 月中国新疆对西亚国家出口总值及占比

由图 6 - 4 - 17 可以看出，2015 年 1 月，中国新疆对西亚国家出口总值大小排名依次为：伊朗、阿富汗、阿联酋、阿塞拜疆、沙特阿拉伯、土耳其。其中：对伊朗出口总值为 4349.00 万美元，占中国新疆出口总值的 4.32%，同比上升 32.80%，环比上升 114.36%；对阿富汗出口总值为 601.30 万美元，占中国新疆出口总值的 0.60%，同比下降 6.80%；对阿联酋出口总值为 416.70 万美元，占中国新疆出口总值的 0.41%，同比下降 87.60%；对阿塞拜疆出口总值为 414.70 万美元，占中国新疆出口总值的 0.41%，同比下降 12.50%，环比下降 73.89%；对沙特阿拉伯出口总值为 410.40 万美元，占中国新疆出口总值的 0.41%，同比下降 87.20%，环比下降 68.06%；对土耳其出口总值为 390.90 万美元，占中国新疆出口总值的 0.39%，同比下降 67.23%。

2. 2015 年 2 月中国新疆对西亚国家出口贸易月度分析

由图 6 - 4 - 18 可以看出，2015 年 2 月，中国新疆对西亚国家出口总值大小排名依次为：伊朗、

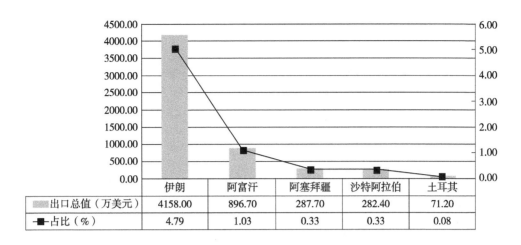

图 6 - 4 - 18　2015 年 2 月中国新疆对西亚国家出口总值及占比

阿富汗、阿塞拜疆、沙特阿拉伯、土耳其。其中：对伊朗出口总值为 4158.00 万美元，占中国新疆出口总值的 4.79%，同比上升 443.80%，环比下降 4.39%；对阿富汗出口总值为 896.70 万美元，占中国新疆出口总值的 1.03%，同比上升 446.10%，环比上升 49.13%；对阿塞拜疆出口总值为 287.70 万美元，占中国新疆出口总值的 0.33%，同比下降 35.40%，环比下降 30.63%；对沙特阿拉伯出口总值为 282.40 万美元，占中国新疆出口总值的 0.33%，同比上升 108.80%，环比下降 31.19%；对土耳其出口总值为 71.20 万美元，占中国新疆出口总值的 0.08%，同比下降 61.40%，环比下降 81.79%。

　　3. 2015 年 3 月中国新疆对西亚三国出口贸易月度分析

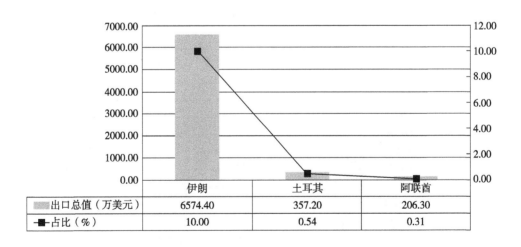

图 6 - 4 - 19　2015 年 3 月中国新疆对西亚国家出口总值及占比

　　由图 6 - 4 - 19 可以看出，2015 年 3 月，中国新疆对西亚国家出口总值大小排名依次为：伊朗、土耳其、阿联酋。其中：对伊朗出口总值为 6574.40 万美元，占中国新疆出口总值的 10.00%，同比上升 1548.50%，环比上升 58.11%；对土耳其出口总值为 357.20 万美元，占中国新疆出口总值的 0.54%，同比下降 31.80%，环比上升 401.69%；对阿联酋出口总值为 206.30 万美元，占中国新疆出口总值的 0.31%，同比下降 94.50%。

4. 2015年4月中国新疆对西亚四国出口贸易月度分析

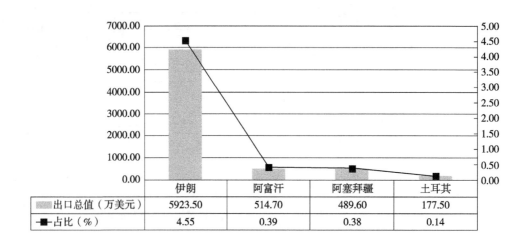

	伊朗	阿富汗	阿塞拜疆	土耳其
出口总值（万美元）	5923.50	514.70	489.60	177.50
占比（%）	4.55	0.39	0.38	0.14

图6-4-20　2015年4月中国新疆对西亚国家出口总值及占比

由图6-4-20可以看出，2015年4月，中国新疆对西亚国家出口总值大小排名依次为：伊朗、阿富汗、阿塞拜疆、土耳其。其中：对伊朗出口总值为5923.50万美元，占中国新疆出口总值的4.55%，同比下降6.30%，环比下降9.90%；对阿富汗出口总值为514.70万美元，占中国新疆出口总值的0.39%，同比下降36.10%；对阿塞拜疆出口总值为489.60万美元，占中国新疆出口总值的0.38%，同比下降62.40%；对土耳其出口总值为177.50万美元，占中国新疆出口总值的0.14%，同比下降81.80%，环比下降50.31%。

5. 2015年5月中国新疆对西亚四国出口贸易月度分析

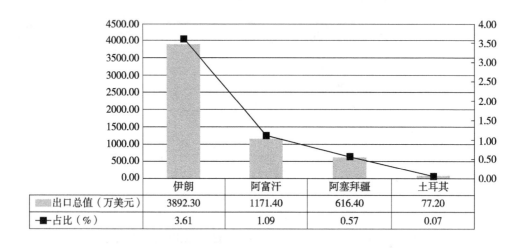

	伊朗	阿富汗	阿塞拜疆	土耳其
出口总值（万美元）	3892.30	1171.40	616.40	77.20
占比（%）	3.61	1.09	0.57	0.07

图6-4-21　2015年5月中国新疆对西亚国家出口总值及占比

由图6-4-21可以看出，2015年5月，中国新疆对西亚国家出口总值大小排名依次为：伊朗、阿富汗、阿塞拜疆、土耳其。其中：对伊朗出口总值为3892.30万美元，占中国新疆出口总值的3.61%，同比下降35.20%，环比下降34.29%；对阿富汗出口总值为1171.40万美元，占中国新疆出口总值的1.09%，同比上升104.50%，环比上升127.59%；对阿塞拜疆出口总值为616.40

万美元，占中国新疆出口总值的 0.57%，同比下降 18.50%，环比上升 25.90%；对土耳其出口总值为 77.20 万美元，占中国新疆出口总值的 0.07%，同比下降 91.20%，环比下降 56.51%。

6. 2015 年 6 月中国新疆对西亚国家出口贸易月度分析

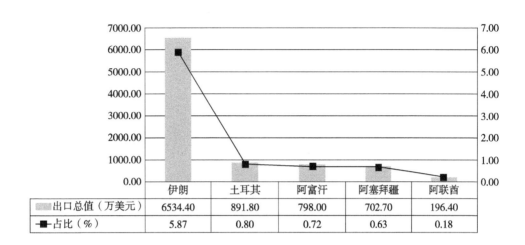

图 6 - 4 - 22　2015 年 6 月中国新疆对西亚国家出口总值及占比

由图 6 - 4 - 22 可以看出，2015 年 6 月，中国新疆对西亚国家出口总值大小排名依次为：伊朗、土耳其、阿富汗、阿塞拜疆、阿联酋。

中国新疆对西亚国家出口总值为 9123.30 万美元，占中国新疆出口总值的 8.19%。其中：对伊朗出口总值为 6534.40 万美元，占中国新疆出口总值的 5.87%，同比上升 413.10%，环比上升 67.88%；对土耳其出口总值为 891.80 万美元，占中国新疆出口总值的 0.80%，同比上升 117.60%，环比上升 1055.18%；对阿富汗出口总值为 798.00 万美元，占中国新疆出口总值的 0.72%，同比上升 57.20%，环比下降 31.88%；对阿塞拜疆出口总值为 702.70 万美元，占中国新疆出口总值的 0.63%，同比下降 35.10%，环比上升 14.00%；对阿联酋出口总值为 196.40 万美元，占中国新疆出口总值的 0.18%，同比下降 67.50%。

7. 2015 年 7 月中国新疆对西亚两国出口贸易月度分析

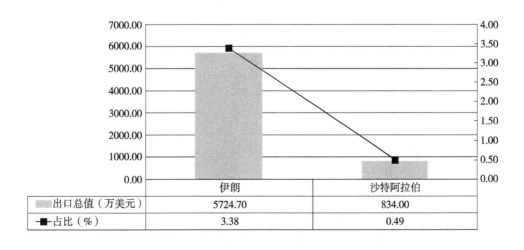

图 6 - 4 - 23　2015 年 7 月中国新疆对西亚国家出口总值及占比

由图 6 - 4 - 23 可以看出，2015 年 7 月，中国新疆对西亚国家出口总值大小排名依次为：伊朗、沙特阿拉伯。

中国新疆对西亚国家出口总值为 6558.70 万美元，占中国新疆出口总值的 3.87%。其中：对伊朗出口总值为 5724.70 万美元，占中国新疆出口总值的 3.38%，同比下降 44.00%，环比下降 12.39%；对沙特阿拉伯出口总值为 834.00 万美元，占中国新疆出口总值的 0.49%，同比上升 159.10%。

8. 2015 年 8 月中国新疆对西亚四国出口贸易月度分析

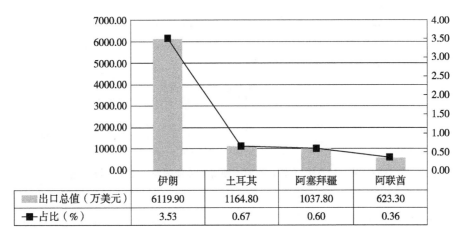

	伊朗	土耳其	阿塞拜疆	阿联酋
出口总值（万美元）	6119.90	1164.80	1037.80	623.30
占比（%）	3.53	0.67	0.60	0.36

图 6 - 4 - 24　2015 年 8 月中国新疆对西亚国家出口总值及占比

由图 6 - 4 - 24 可以看出，2015 年 8 月，中国新疆对西亚国家出口总值大小排名依次为：伊朗、土耳其、阿塞拜疆、阿联酋。

中国新疆对西亚国家出口总值为 8945.80 万美元，占中国新疆出口总值的 5.16%。其中：对伊朗出口总值为 6119.90 万美元，占中国新疆出口总值的 3.53%，同比下降 86.40%，环比上升 6.90%；对土耳其出口总值为 1164.80 万美元，占中国新疆出口总值的 0.67%，同比上升 106.00%；对阿塞拜疆出口总值为 1037.80 万美元，占中国新疆出口总值的 0.60%，同比上升 46.60%；对阿联酋出口总值为 623.30 万美元，占中国新疆出口总值的 0.36%，同比上升 95.60%。

9. 2015 年 9 月中国新疆对西亚三国出口贸易月度分析

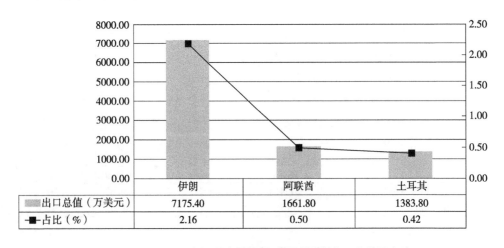

	伊朗	阿联酋	土耳其
出口总值（万美元）	7175.40	1661.80	1383.80
占比（%）	2.16	0.50	0.42

图 6 - 4 - 25　2015 年 9 月中国新疆对西亚国家出口总值及占比

由图 6 - 4 - 25 可以看出，2015 年 9 月，中国新疆对西亚国家出口总值大小排名依次为：伊朗、阿联酋、土耳其。

中国新疆对西亚国家出口总值为 10221.00 万美元，占中国新疆出口总值的 3.07%。其中：对伊朗出口总值为 7175.40 万美元，占中国新疆出口总值的 2.16%，同比上升 283.80%，环比上升 17.25%；对阿联酋出口总值为 1661.80 万美元，占中国新疆出口总值的 0.50%，同比下降 24.60%，环比上升 166.61%；对土耳其出口总值为 1383.80 万美元，占中国新疆出口总值的 0.42%，同比上升 18.60%，环比上升 18.80%。

10. 2015 年 10 月中国新疆对西亚四国出口贸易月度分析

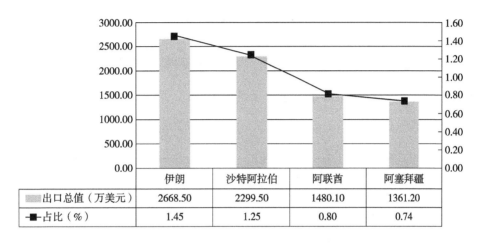

	伊朗	沙特阿拉伯	阿联酋	阿塞拜疆
出口总值（万美元）	2668.50	2299.50	1480.10	1361.20
占比（%）	1.45	1.25	0.80	0.74

图 6 - 4 - 26　2015 年 10 月中国新疆对西亚国家出口总值及占比

由图 6 - 4 - 26 可以看出，2015 年 10 月，中国新疆对西亚国家出口总值大小排名依次为：伊朗、沙特阿拉伯、阿联酋、阿塞拜疆。

中国新疆对西亚国家出口总值为 7809.30 万美元，占中国新疆出口总值的 4.24%。其中：对伊朗出口总值为 2668.50 万美元，占中国新疆出口总值的 1.45%，同比上升 94.30%，环比下降 62.81%；对沙特阿拉伯出口总值为 2299.50 万美元，占中国新疆出口总值的 1.25%，同比下降 21.70%；对阿联酋出口总值为 1480.10 万美元，占中国新疆出口总值的 0.80%，同比下降 48.60%，环比下降 10.93%；对阿塞拜疆出口总值为 1361.20 万美元，占中国新疆出口总值的 0.74%，同比下降 24.00%。

11. 2015 年 11 月中国新疆对西亚国家出口贸易月度分析

由图 6 - 4 - 27 可以看出，2015 年 11 月，中国新疆对西亚国家出口总值大小排名依次为：阿联酋、沙特阿拉伯、阿塞拜疆、伊朗、土耳其。

中国新疆对西亚国家出口总值为 11628.70 万美元，占中国新疆出口总值的 6.58%。其中：对阿联酋出口总值为 4855.80 万美元，占中国新疆出口总值的 2.75%，同比上升 779.50%，环比上升 228.07%；对沙特阿拉伯出口总值为 2596.80 万美元，占中国新疆出口总值的 1.47%，同比上升 219.80%，环比上升 12.93%；对阿塞拜疆出口总值为 1976.10 万美元，占中国新疆出口总值的 1.12%，同比下降 14.00%，环比上升 45.17%；对伊朗出口总值为 1719.00 万美元，占中国新疆出口总值的 0.97%，同比上升 86.50%，环比下降 35.58%；对土耳其出口总值为 481.00 万美元，占中国新疆出口总值的 0.27%，同比上升 13.70%。

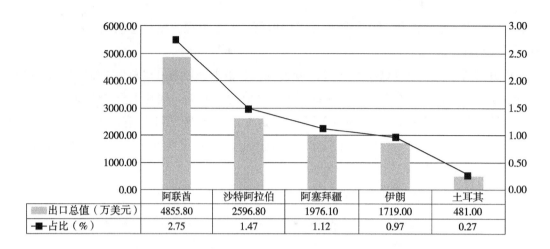

图 6 - 4 - 27　2015 年 11 月中国新疆对西亚国家出口总值及占比

12. 2015 年 12 月中国新疆对西亚国家出口贸易月度分析

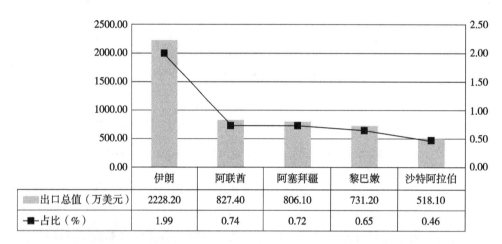

图 6 - 4 - 28　2015 年 12 月中国新疆对西亚国家出口总值及占比

由图 6 - 4 - 28 可以看出，2015 年 12 月，中国新疆对西亚国家出口总值大小排名依次为：伊朗、阿联酋、阿塞拜疆、黎巴嫩、沙特阿拉伯。

中国新疆对西亚国家出口总值为 5111.00 万美元，占中国新疆出口总值的 4.57%。其中：对伊朗出口总值为 2228.20 万美元，占中国新疆出口总值的 1.99%，同比上升 10.30%，环比上升 29.62%；对阿联酋出口总值为 827.40 万美元，占中国新疆出口总值的 0.74%，同比下降 2.40%，环比下降 82.96%；对阿塞拜疆出口总值为 806.10 万美元，占中国新疆出口总值的 0.72%，同比下降 49.20%，环比下降 59.21%；对黎巴嫩出口总值为 731.20 万美元，占中国新疆出口总值的 0.65%，同比上升 484.30%；对沙特阿拉伯出口总值为 518.10 万美元，占中国新疆出口总值的 0.46%，同比下降 59.70%，环比下降 80.05%。

三、2015 年中国新疆对西亚国家进口贸易总体分析

（一）2015 年中国新疆对西亚国家进口贸易分析

由图 6 - 4 - 29 可以看出，2015 年中国新疆对西亚国家进口总值大小排名依次为：土耳其、伊朗、阿塞拜疆、沙特阿拉伯、阿联酋、阿富汗、黎巴嫩，在对黎巴嫩的贸易往来中，仅发生出口贸

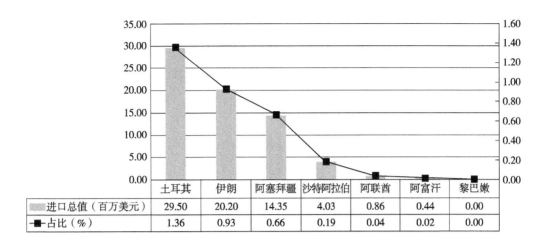

图 6 - 4 - 29　2015 年中国新疆对西亚国家进口总值及占比

易未发生进口贸易。

中国新疆对西亚国家进口总值为 69.38 百万美元，占中国新疆进口总值的 3.19%。其中：对土耳其的进口总值为 29.50 百万美元，占中国新疆进口总值的 1.36%，同比下降 6.90%；对伊朗的进口总值为 20.20 百万美元，占中国新疆进口总值的 0.93%，同比上升 1310.90%；对阿塞拜疆的进口总值为 14.35 百万美元，占中国新疆进口总值的 0.66%，同比下降 4.70%；对沙特阿拉伯的进口总值为 4.03 百万美元，占中国新疆进口总值的 0.19%，同比上升 80.60%；对阿联酋的进口总值为 0.86 百万美元，占中国新疆进口总值的 0.04%，同比下降 45.00%；对阿富汗的进口总值为 0.44 百万美元，占中国新疆进口总值的 0.02%，同比上升 328.30%；2015 年未对黎巴嫩发生进口贸易。

（二）2015 年中国新疆对西亚国家进口贸易趋势分析

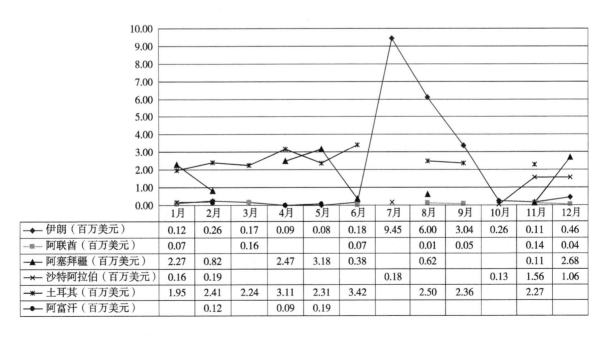

图 6 - 4 - 30　2015 年 1～12 月中国新疆对西亚国家进口总值

由图 6 - 4 - 30 可以看出，2015 年 1~12 月中国新疆除对伊朗均发生进口贸易外，对其余各国均存在某月未发生进口贸易的情况，对黎巴嫩全年未发生进口贸易。由于数据缺漏值较多，故选取发生进口贸易国家较多的 1 月、2 月及 11 月进行排名。1 月排名顺序为阿塞拜疆、土耳其、沙特阿拉伯、伊朗、阿联酋；2 月排名顺序为土耳其、阿塞拜疆、伊朗、沙特阿拉伯、阿富汗；11 月排名顺序为土耳其、沙特阿拉伯、阿联酋、阿塞拜疆、伊朗。中国新疆对伊朗进口总值均呈倒 U 形波动趋势，其中，对伊朗进口总值最大值出现在 7 月，为 9.45 百万美元，最小值出现在 5 月，为 0.08 百万美元；对阿联酋、阿塞拜疆、沙特阿拉伯、土耳其、阿富汗均存在某月未发生进口贸易情况。从总体来看，全年进口贸易波动趋势均较为平稳，阿联酋的进口总值最大值出现在 3 月，为 0.16 百万美元，最小值出现在 8 月，为 0.01 百万美元；阿塞拜疆的进口总值最大值出现在 5 月，为 3.18 百万美元，最小值出现在 11 月，为 0.11 百万美元；沙特阿拉伯的进口总值最大值出现在 11 月，为 1.56 百万美元，最小值出现在 10 月，为 0.13 百万美元；土耳其的进口总值最大值出现在 6 月，为 3.42 百万美元，最小值出现在 1 月，为 1.95 百万美元；对阿富汗仅有 3 个月发生进口贸易，进口总值最大值发生在 5 月，为 0.19 百万美元，最小值出现在 4 月，为 0.09 百万美元。

（三）2015 年中国新疆对西亚国家进口贸易月度分析

1. 2015 年 1 月中国新疆对西亚国家进口贸易月度分析

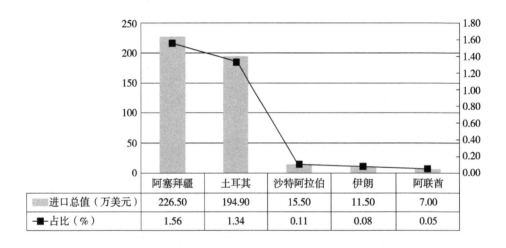

	阿塞拜疆	土耳其	沙特阿拉伯	伊朗	阿联酋
进口总值（万美元）	226.50	194.90	15.50	11.50	7.00
占比（%）	1.56	1.34	0.11	0.08	0.05

图 6 - 4 - 31　2015 年 1 月中国新疆对西亚国家进口总值及占比

由图 6 - 4 - 31 可以看出，2015 年 1 月中国新疆对西亚国家中的阿富汗未发生进口贸易，其余西亚国家进口总值大小排名依次为：阿塞拜疆、土耳其、沙特阿拉伯、伊朗、阿联酋。其中：对阿塞拜疆进口总值为 226.50 万美元，占中国新疆进口总值的 1.56%，同比上升 65.30%，环比上升 876.29%；对土耳其进口总值为 194.90 万美元，占中国新疆进口总值的 1.34%，同比下降 35.70%，环比下降 31.30%；对沙特阿拉伯进口总值为 15.50 万美元，占中国新疆进口总值的 0.11%，同比下降 66.70%，环比下降 63.44%；对伊朗进口总值为 11.50 万美元，占中国新疆进口总值的 0.08%，环比下降 19.01%；对阿联酋进口总值为 7.00 万美元，占中国新疆进口总值的 0.05%，同比下降 91.00%。

2. 2015 年 2 月中国新疆对西亚国家进口贸易月度分析

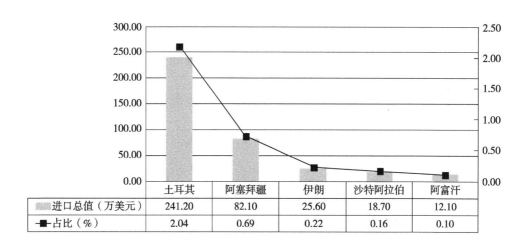

	土耳其	阿塞拜疆	伊朗	沙特阿拉伯	阿富汗
进口总值（万美元）	241.20	82.10	25.60	18.70	12.10
占比（%）	2.04	0.69	0.22	0.16	0.10

图 6 - 4 - 32　2015 年 2 月中国新疆对西亚国家进口总值及占比

由图 6 - 4 - 32 可以看出，2015 年 2 月，中国新疆对西亚国家进口总值大小排名依次为：土耳其、阿塞拜疆、伊朗、沙特阿拉伯、阿富汗。其中：对土耳其进口总值为 241.20 万美元，占中国新疆进口总值的 2.04%，同比上升 20.90%，环比上升 23.76%；对阿塞拜疆进口总值为 82.10 万美元，占中国新疆进口总值的 0.69%，同比下降 60.10%，环比下降 63.75%；对伊朗进口总值为 25.60 万美元，占中国新疆进口总值的 0.22%，同比上升 313.70%，环比上升 122.61%；对沙特阿拉伯进口总值为 18.70 万美元，占中国新疆进口总值的 0.16%，同比上升 7.80%，环比上升 20.65%；对阿富汗进口总值为 12.10 万美元，占中国新疆进口总值的 0.10%，同比上升 19.50%。

3. 2015 年 3 月中国新疆对西亚三国进口贸易月度分析

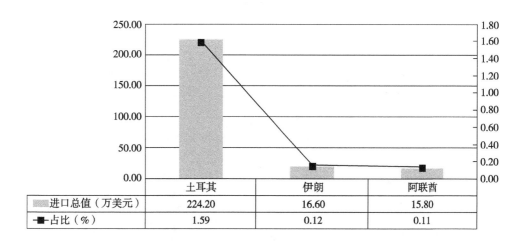

	土耳其	伊朗	阿联酋
进口总值（万美元）	224.20	16.60	15.80
占比（%）	1.59	0.12	0.11

图 6 - 4 - 33　2015 年 3 月中国新疆对西亚国家进口总值及占比

由图 6 - 4 - 33 可以看出，2015 年 3 月，中国新疆对西亚国家进口总值大小排名依次为：土耳其、伊朗、阿联酋。其中：对土耳其进口总值为 224.20 万美元，占中国新疆进口总值的 1.59%，同比下降 11.40%，环比下降 7.05%；对伊朗进口总值为 16.60 万美元，占中国新疆进口总值的

0.12%，同比上升98.60%，环比下降35.16%；对阿联酋进口总值为15.80万美元，占中国新疆进口总值的0.11%，同比上升8.40%。

4. 2015年4月中国新疆对西亚四国进口贸易月度分析

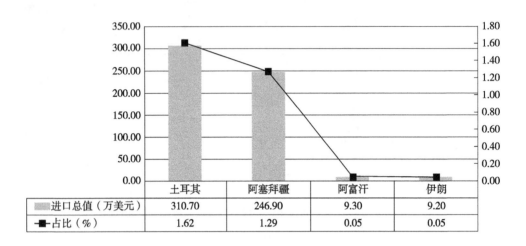

	土耳其	阿塞拜疆	阿富汗	伊朗
进口总值（万美元）	310.70	246.90	9.30	9.20
占比（%）	1.62	1.29	0.05	0.05

图6-4-34　2015年4月中国新疆对西亚国家进口总值及占比

由图6-4-34可以看出，2015年4月，中国新疆对西亚国家的进口总值大小排名依次为：土耳其、阿塞拜疆、阿富汗、伊朗。其中：对土耳其进口总值为310.70万美元，占中国新疆进口总值的1.62%，同比下降34.70%，环比上升38.58%；对阿塞拜疆进口总值为246.90万美元，占中国新疆进口总值的1.29%，同比上升230.20%；对阿富汗进口总值为9.30万美元，占中国新疆进口总值的0.05%；对伊朗进口总值为9.20万美元，占中国新疆进口总值的0.05%，同比上升9.90%，环比下降44.58%。

5. 2015年5月中国新疆对西亚四国进口贸易月度分析

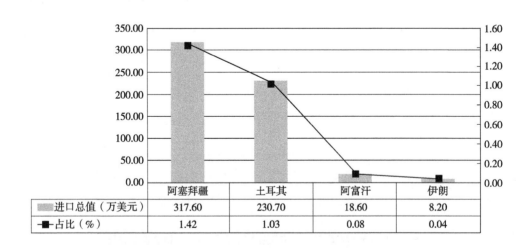

	阿塞拜疆	土耳其	阿富汗	伊朗
进口总值（万美元）	317.60	230.70	18.60	8.20
占比（%）	1.42	1.03	0.08	0.04

图6-4-35　2015年5月中国新疆对西亚国家进口总值及占比

由图6-4-35可以看出，2015年5月，中国新疆对西亚国家进口总值大小排名依次为：阿塞拜疆、土耳其、阿富汗、伊朗。其中：对阿塞拜疆进口总值为317.60万美元，占中国新疆进口总值的 1.42%，同比上升 398.30%，环比上升 28.64%；对土耳其进口总值为 230.70 万美元，占中国新疆进口总值的 1.03%，同比下降 45.70%，环比下降 25.75%；对阿富汗进口总值为 18.60 万美元，占中国新疆进口总值的 0.08%；对伊朗进口总值为 8.20 万美元，占中国新疆进口总值的 0.04%，同比下降 2.40%，环比下降 10.87%。

6. 2015 年 6 月中国新疆对西亚四国进口贸易月度分析

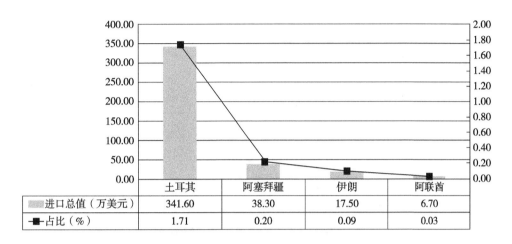

图 6 - 4 - 36　2015 年 6 月中国新疆对西亚国家进口总值及占比

由图 6 - 4 - 36 可以看出，2015 年 6 月，中国新疆对西亚国家进口总值大小排名依次为：土耳其、阿塞拜疆、伊朗、阿联酋。

中国新疆对西亚国家进口总值为 404.10 万美元，占中国新疆进口总值的 2.06%。其中：对土耳其进口总值为 341.60 万美元，占中国新疆进口总值的 1.71%，同比下降 18.30%，环比上升 48.07%；对阿塞拜疆进口总值为 38.30 万美元，占中国新疆进口总值的 0.20%，同比下降 61.30%，环比下降 87.94%；对伊朗进口总值为 17.50 万美元，占中国新疆进口总值的 0.09%，同比上升 151.20%，环比上升 113.41%；对阿联酋进口总值为 6.70 万美元，占中国新疆进口总值的 0.03%，同比上升 2.20%；阿富汗本月只有出口，没有进口。

7. 2015 年 7 月中国新疆对西亚两国进口贸易月度分析

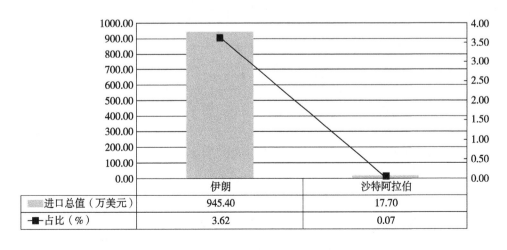

图 6 - 4 - 37　2015 年 7 月中国新疆对西亚国家进口总值及占比

由图6-4-37可以看出，2015年7月，中国新疆对西亚国家进口总值大小排名依次为：伊朗、沙特阿拉伯。

中国新疆对西亚国家进口总值为963.10万美元，占中国新疆进口总值的3.68%。其中：对伊朗进口总值为945.40万美元，占中国新疆进口总值的3.62%，同比上升30855.10%，环比上升5302.29%；对沙特阿拉伯进口总值为17.70万美元，占中国新疆进口总值的0.07%，同比上升104.60%。

8. 2015年8月中国新疆对西亚四国进口贸易月度分析

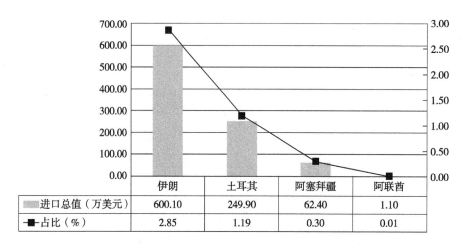

	伊朗	土耳其	阿塞拜疆	阿联酋
进口总值（万美元）	600.10	249.90	62.40	1.10
占比（%）	2.85	1.19	0.30	0.01

图6-4-38 2015年8月中国新疆对西亚国家进口总值及占比

由图6-4-38可以看出，2015年8月，中国新疆对西亚国家进口总值大小排名依次为：伊朗、土耳其、阿塞拜疆、阿联酋。

中国新疆对西亚国家进口总值为913.50万美元，占中国新疆进口总值的4.34%。其中：对伊朗进口总值为600.10万美元，占中国新疆进口总值的2.85%，同比上升1087.80%，环比下降36.52%；对土耳其进口总值为249.90万美元，占中国新疆进口总值的1.19%，同比上升16.20%；对阿塞拜疆进口总值为62.40万美元，占中国新疆进口总值的0.30%，同比下降41.40%；对阿联酋进口总值为1.10万美元，占中国新疆进口总值的0.01%，同比下降83.60%。

9. 2015年9月中国新疆对西亚三国进口贸易月度分析

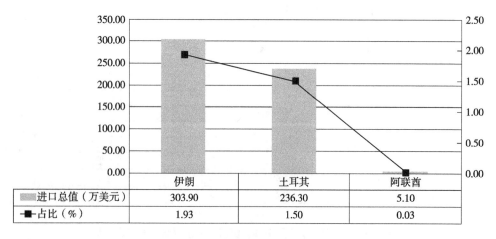

	伊朗	土耳其	阿联酋
进口总值（万美元）	303.90	236.30	5.10
占比（%）	1.93	1.50	0.03

图6-4-39 2015年9月中国新疆对西亚国家进口总值及占比

由图 6 - 4 - 39 可以看出，2015 年 9 月，中国新疆对西亚国家进口总值大小排名依次为：伊朗、土耳其、阿联酋。

中国新疆对西亚国家进口总值为 545.30 美元，占中国新疆进口总值的 3.46%。其中：对伊朗进口总值为 303.90 万美元，占中国新疆进口总值的 1.93%，同比上升 4616.00%，环比下降 49.36%；对土耳其进口总值为 236.30 万美元，占中国新疆进口总值的 1.50%，同比上升 14.90%，环比下降 5.44%；对阿联酋进口总值为 5.10 万美元，占中国新疆进口总值的 0.03%，同比上升 523.90%，环比上升 363.64%。

10. 2015 年 10 月中国新疆对西亚两国进口贸易月度分析

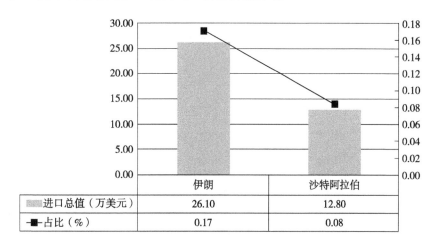

	伊朗	沙特阿拉伯
进口总值（万美元）	26.10	12.80
占比（%）	0.17	0.08

图 6 - 4 - 40 2015 年 10 月中国新疆对西亚国家进口总值及占比

由图 6 - 4 - 40 可以看出，2015 年 10 月，中国新疆对西亚国家进口总值大小排名依次为：伊朗、沙特阿拉伯，该月中国新疆对阿联酋、阿塞拜疆只发生出口贸易，没有发生进口贸易。

中国新疆对西亚国家进口总值为 38.90 万美元，占中国新疆进口总值的 0.25%。其中：对伊朗进口总值为 26.10 万美元，占中国新疆进口总值的 0.17%，同比上升 54.40%，环比下降 91.41%；对沙特阿拉伯进口总值为 12.80 万美元，占中国新疆进口总值的 0.08%，同比上升 75.20%。

11. 2015 年 11 月中国新疆对西亚国家进口贸易月度分析

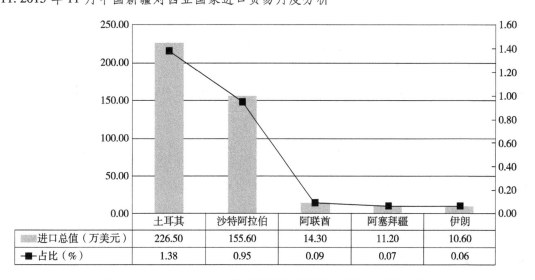

	土耳其	沙特阿拉伯	阿联酋	阿塞拜疆	伊朗
进口总值（万美元）	226.50	155.60	14.30	11.20	10.60
占比（%）	1.38	0.95	0.09	0.07	0.06

图 6 - 4 - 41 2015 年 11 月中国新疆对西亚国家进口总值及占比

由图 6 - 4 - 41 可以看出，2015 年 11 月，中国新疆对西亚国家进口总值大小排名依次为：土耳其、沙特阿拉伯、阿联酋、阿塞拜疆、伊朗。

中国新疆对西亚国家进口总值为 418.20 万美元，占中国新疆进口总值的 2.55%。其中：对土耳其进口总值为 226.50 万美元，占中国新疆进口总值的 1.38%，同比下降 5.00%；对沙特阿拉伯进口总值为 155.60 万美元，占中国新疆进口总值的 0.95%，同比上升 996.10%，环比上升 1115.63%；对阿联酋进口总值为 14.30 万美元，占中国新疆进口总值的 0.09%，同比上升 1834.70%；对阿塞拜疆进口总值为 11.20 万美元，占中国新疆进口总值的 0.07%，同比下降 95.00%；对伊朗进口总值为 10.60 万美元，占中国新疆进口总值的 0.06%，同比下降 23.10%，环比下降 59.39%。

12. 2015 年 12 月中国新疆对西亚四国进口贸易月度分析

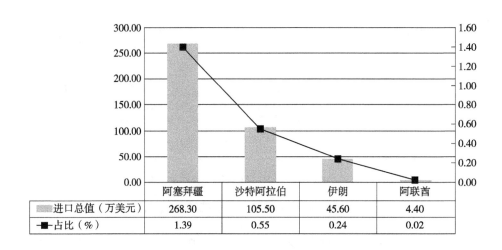

图 6 - 4 - 42 2015 年 12 月中国新疆对西亚国家进口总值及占比

由图 6 - 4 - 42 可以看出，2015 年 12 月，中国新疆对西亚国家进口总值大小排名依次为：阿塞拜疆、沙特阿拉伯、伊朗、阿联酋。

中国新疆对西亚国家进口总值为 423.80 万美元，占中国新疆进口总值的 2.20%。其中：对阿塞拜疆进口总值为 268.30 万美元，占中国新疆进口总值的 1.39%，同比上升 1055.10%，环比上升 2295.54%；对沙特阿拉伯进口总值为 105.50 万美元，占中国新疆进口总值的 0.55%，同比上升 148.50%，环比下降 32.20%；对伊朗进口总值为 45.60 万美元，占中国新疆进口总值的 0.24%，同比上升 222.00%，环比上升 330.19%；对阿联酋进口总值为 4.40 万美元，占中国新疆进口总值的 0.02%，同比下降 57.00%，环比下降 69.23%。

四、2015 年中国新疆对西亚国家的出口贸易与进口贸易比较分析

（一）2015 年中国新疆对西亚国家的出口贸易与进口贸易比较

由图 6 - 4 - 43 可以看出，2015 年中国新疆对西亚国家的进出口贸易中，各国的出口总值、进口总值占其进出口总值的比重均是出口大于进口，说明中国新疆对西亚国家的进出口贸易均以出口为主导，且出口远大于进口，土耳其出口占比最小，为 64.48%，黎巴嫩出口占比最大，达到 100%。

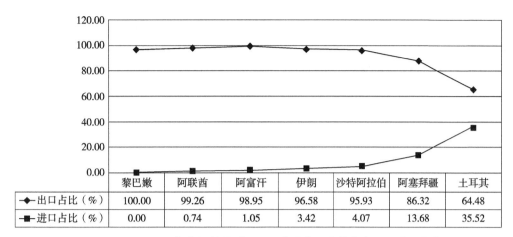

图 6 - 4 - 43 2015 年中国新疆对西亚国家进出口总值中出口及进口占比

（二）2015 年中国新疆对西亚国家的出口贸易与进口贸易的月度比较分析

1. 2015 年 1 月中国新疆对西亚国家的出口贸易与进口贸易的月度比较分析

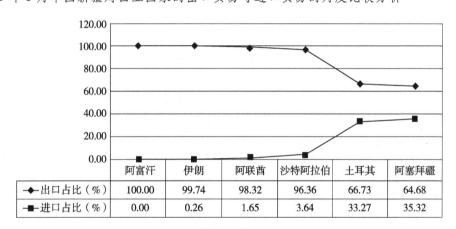

图 6 - 4 - 44 2015 年 1 月中国新疆对西亚国家进出口总值中出口及进口占比

由图 6 - 4 - 44 可以看出，2015 年 1 月，中国新疆对西亚国家的进出口贸易中，五国的出口总值、进口总值占其进出口总值的比重均是出口大于进口，说明中国新疆对西亚国家的进出口贸易均以出口为主导，且出口远大于进口。

2. 2015 年 2 月中国新疆对西亚国家的出口贸易与进口贸易的月度比较分析

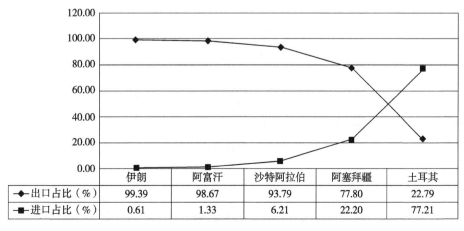

图 6 - 4 - 45 2015 年 2 月中国新疆对西亚国家进出口总值中出口及进口占比

由图6-4-45可以看出，2015年2月，中国新疆对西亚国家的进出口贸易中，除土耳其外，其他四国的出口总值、进口总值占其进出口总值的比重均是出口大于进口，说明中国新疆对西亚国家的进出口贸易均以出口为主导，且出口远大于进口，出口占比均超过70%。

3. 2015年3月中国新疆对西亚国家的出口贸易与进口贸易的月度比较分析

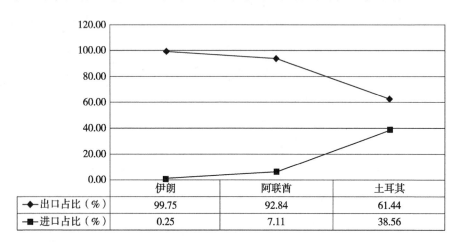

	伊朗	阿联酋	土耳其
◆出口占比（%）	99.75	92.84	61.44
■进口占比（%）	0.25	7.11	38.56

图6-4-46　2015年3月中国新疆对西亚国家进出口总值中出口及进口占比

由图6-4-46可以看出，2015年3月，中国新疆对西亚国家的进出口贸易中，三国的出口总值、进口总值占其进出口总值的比重均是出口大于进口，说明中国新疆对西亚国家的进出口贸易均以出口为主导，且出口远大于进口，出口占比均超过60%。

4. 2015年4月中国新疆对西亚国家的出口贸易与进口贸易的月度比较分析

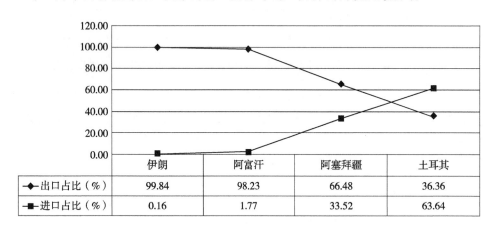

	伊朗	阿富汗	阿塞拜疆	土耳其
◆出口占比（%）	99.84	98.23	66.48	36.36
■进口占比（%）	0.16	1.77	33.52	63.64

图6-4-47　2015年4月中国新疆对西亚国家进出口总值中出口及进口占比

由图6-4-47可以看出，2015年4月，中国新疆对西亚国家的进出口贸易中，除土耳其外，其他三国的出口总值、进口总值占其进出口总值的比重均是出口大于进口，说明中国新疆对西亚国家的进出口贸易均以出口为主导，且出口远大于进口，出口占比均超过65%。

5. 2015年5月中国新疆对西亚国家的出口贸易与进口贸易的月度比较分析

由图6-4-48可以看出，2015年5月，中国新疆对西亚国家的进出口贸易中，除土耳其外，其余三国的出口总值、进口总值占其进出口总值的比重均是出口大于进口，说明中国新疆对西亚国家的进出口贸易多以出口为主导，且出口远大于进口，出口占比均超过60%。

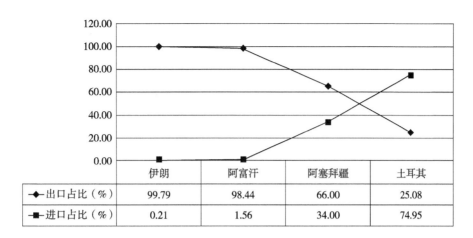

	伊朗	阿富汗	阿塞拜疆	土耳其
◆出口占比（%）	99.79	98.44	66.00	25.08
■进口占比（%）	0.21	1.56	34.00	74.95

图 6 - 4 - 48　2015 年 5 月中国新疆对西亚国家进出口总值中出口及进口占比

6. 2015 年 6 月中国新疆对西亚国家的出口贸易与进口贸易的月度比较分析

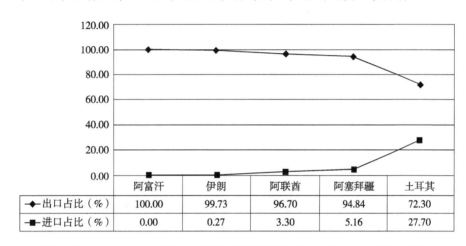

	阿富汗	伊朗	阿联酋	阿塞拜疆	土耳其
◆出口占比（%）	100.00	99.73	96.70	94.84	72.30
■进口占比（%）	0.00	0.27	3.30	5.16	27.70

图 6 - 4 - 49　2015 年 6 月中国新疆对西亚国家进出口总值中出口及进口占比

由图 6 - 4 - 49 可以看出，2015 年 6 月，中国新疆对西亚国家的进出口贸易中，各国的出口总值、进口总值占其进出口总值的比重均是出口大于进口，说明中国新疆对西亚国家的进出口贸易多以出口为主导，且出口远大于进口，出口占比均超过 70%。

7. 2015 年 7 月中国新疆对西亚国家的出口贸易与进口贸易的月度比较分析

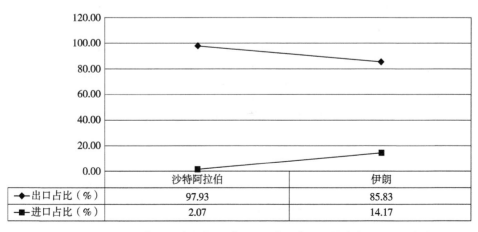

	沙特阿拉伯	伊朗
◆出口占比（%）	97.93	85.83
■进口占比（%）	2.07	14.17

图 6 - 4 - 50　2015 年 7 月中国新疆对西亚国家进出口总值中出口及进口占比

由图 6-4-50 可以看出，2015 年 7 月，中国新疆对西亚国家的进出口贸易中，两国的出口总值、进口总值占其进出口总值的比重均是出口大于进口，说明中国新疆对西亚国家的进出口贸易多以出口为主导，且出口远大于进口，出口占比均超过 85%。

8. 2015 年 8 月中国新疆对西亚国家的出口贸易与进口贸易的月度比较分析

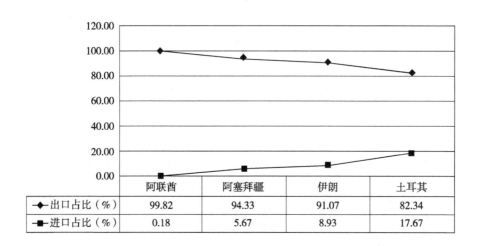

	阿联酋	阿塞拜疆	伊朗	土耳其
◆ 出口占比（%）	99.82	94.33	91.07	82.34
■ 进口占比（%）	0.18	5.67	8.93	17.67

图 6-4-51　2015 年 8 月中国新疆对西亚国家进出口总值中出口及进口占比

由图 6-4-51 可以看出，2015 年 8 月，中国新疆对西亚国家的进出口贸易中，四国的出口总值、进口总值占其进出口总值的比重均是出口大于进口，说明中国新疆对西亚国家的进出口贸易多以出口为主导，且出口远大于进口，出口占比均超过 80%。

9. 2015 年 9 月中国新疆对西亚国家的出口贸易与进口贸易的月度比较分析

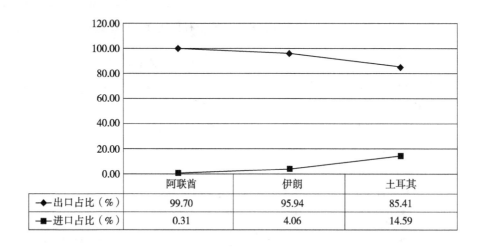

	阿联酋	伊朗	土耳其
◆ 出口占比（%）	99.70	95.94	85.41
■ 进口占比（%）	0.31	4.06	14.59

图 6-4-52　2015 年 9 月中国新疆对西亚国家进出口总值中出口及进口占比

由图 6-4-52 可以看出，2015 年 9 月，中国新疆对西亚国家的进出口贸易中，三国的出口总值、进口总值占其进出口总值的比重均是出口大于进口，说明中国新疆对西亚国家的进出口贸易多以出口为主导，且出口远大于进口，出口占比均超过 85%。

10. 2015 年 10 月中国新疆对西亚国家的出口贸易与进口贸易的月度比较分析

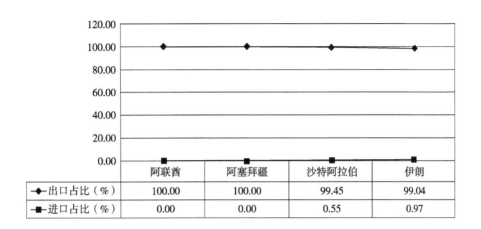

	阿联酋	阿塞拜疆	沙特阿拉伯	伊朗
◆出口占比（％）	100.00	100.00	99.45	99.04
■进口占比（％）	0.00	0.00	0.55	0.97

图 6 - 4 - 53　2015 年 10 月中国新疆对西亚国家进出口总值中出口及进口占比

由图 6 - 4 - 53 可以看出，2015 年 10 月，中国新疆对西亚国家的进出口贸易中，四国的出口总值、进口总值占其进出口总值的比重均是出口大于进口，说明中国新疆对西亚国家的进出口贸易多以出口为主导，且出口远大于进口，出口占比均超过 99％，阿联酋本月未发生进口贸易。

11. 2015 年 11 月中国新疆对西亚国家的出口贸易与进口贸易的月度比较分析

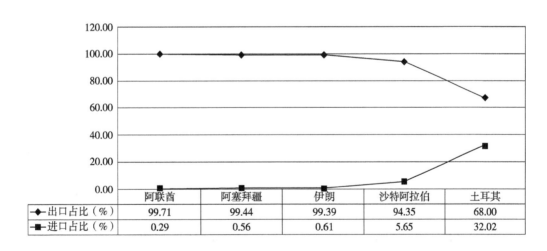

	阿联酋	阿塞拜疆	伊朗	沙特阿拉伯	土耳其
◆出口占比（％）	99.71	99.44	99.39	94.35	68.00
■进口占比（％）	0.29	0.56	0.61	5.65	32.02

图 6 - 4 - 54　2015 年 11 月中国新疆对西亚国家进出口总值中出口及进口占比

由图 6 - 4 - 54 可以看出，2015 年 11 月，中国新疆对西亚国家的进出口贸易中，五国的出口总值、进口总值占其进出口总值的比重均是出口大于进口，说明中国新疆对西亚国家的进出口贸易多以出口为主导，且出口远大于进口，出口占比均超过 68％。

12. 2015 年 12 月中国新疆对西亚国家的出口贸易与进口贸易的月度比较分析

由图 6 - 4 - 55 可以看出，2015 年 12 月，中国新疆对西亚国家的进出口贸易中，五国的出口总值、进口总值占其进出口总值的比重均是出口大于进口，说明中国新疆对西亚国家的进出口贸易多以出口为主导，且出口远大于进口，出口占比均超过 75％，黎巴嫩本月只发生出口贸易。

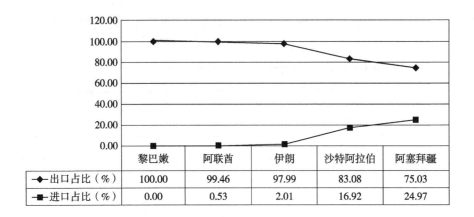

	黎巴嫩	阿联酋	伊朗	沙特阿拉伯	阿塞拜疆
◆─ 出口占比（%）	100.00	99.46	97.99	83.08	75.03
■─ 进口占比（%）	0.00	0.53	2.01	16.92	24.97

图 6 - 4 - 55 2015 年 12 月中国新疆对西亚国家进出口总值中出口及进口占比

第五节　2015 年中国新疆与南亚国家的进出口贸易情况

一、2015 年中国新疆对南亚国家进出口贸易总体分析

（一）2015 年中国新疆对南亚国家进出口贸易分析

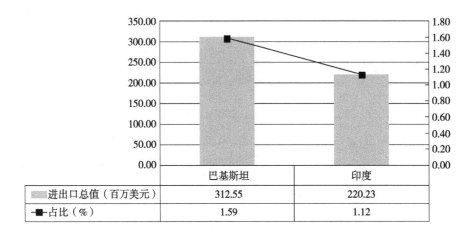

	巴基斯坦	印度
▨ 进出口总值（百万美元）	312.55	220.23
■─ 占比（%）	1.59	1.12

图 6 - 5 - 1 2015 年中国新疆对南亚国家进出口总值及占比

由图 6 - 5 - 1 可以看出，2015 年中国新疆对南亚国家进出口贸易中，按进出口总值大小排名依次为：巴基斯坦、印度。

中国新疆对南亚国家进出口总值为 532.77 百万美元，占中国新疆进出口总值的 2.71%。其中：对巴基斯坦的进出口总值为 312.55 百万美元，占中国新疆进出口总值的 1.59%，同比下降 1.90%；对印度的进出口总值为 220.23 百万美元，占中国新疆进出口总值的 1.12%，同比下降 50.50%。

（二）2015年中国新疆对南亚国家进出口贸易趋势分析

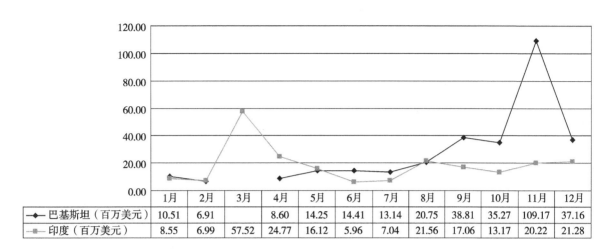

	1月	2月	3月	4月	5月	6月	7月	8月	9月	10月	11月	12月
◆—巴基斯坦（百万美元）	10.51	6.91		8.60	14.25	14.41	13.14	20.75	38.81	35.27	109.17	37.16
■—印度（百万美元）	8.55	6.99	57.52	24.77	16.12	5.96	7.04	21.56	17.06	13.17	20.22	21.28

图 6 - 5 - 2 2015 年 1 ~ 12 月中国新疆对南亚国家进出口总值

由图 6 - 5 - 2 可以看出，3 月中国新疆未与巴基斯坦发生进出口贸易。整体来看，中国新疆对南亚国家的进出口总值大小交替领先，1 月、6 月、7 月及 9 ~ 12 月巴基斯坦排名领先于印度，其他各月排名顺序则为印度、巴基斯坦。

中国新疆对巴基斯坦进出口总值呈全年上下起伏波动趋势，对印度进出口总值情况则较为平稳。其中，对巴基斯坦的进出口贸易最高点在 11 月，为 109.17 百万美元，最低点在 2 月，为 6.91 百万美元。对印度的进出口贸易最高点在 3 月，为 57.52 百万美元，最低点在 6 月，为 5.96 百万美元。

（三）2015年中国新疆对南亚国家进出口贸易月度分析

1. 2015 年 1 月中国新疆对南亚国家进出口贸易月度分析

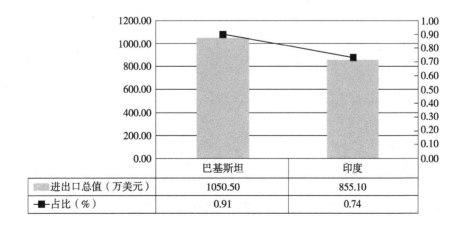

	巴基斯坦	印度
▨ 进出口总值（万美元）	1050.50	855.10
■— 占比（%）	0.91	0.74

图 6 - 5 - 3 2015 年 1 月中国新疆对南亚国家的进出口总值及占比

由图 6 - 5 - 3 可以看出，2015 年 1 月中国新疆对南亚国家的进出口总值大小排名依次为：巴基斯坦、印度。其中：对巴基斯坦进出口总值为 1050.50 万美元，占中国新疆进出口总值的

0.91%，同比上升223.20%，环比下降73.12%；对印度进出口总值为855.10万美元，占中国新疆进出口总值的0.74%，同比下降81.40%，环比下降39.03%。

2. 2015年2月中国新疆对南亚国家进出口贸易月度分析

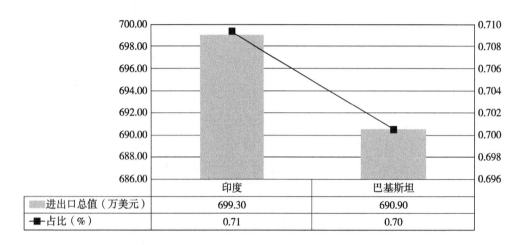

印度	巴基斯坦
进出口总值（万美元）	699.30	690.90
占比（%）	0.71	0.70

图6-5-4 2015年2月中国新疆对南亚国家的进出口总值及占比

由图6-5-4可以看出，2015年2月中国新疆对南亚国家的进出口总值大小排名依次为：印度、巴基斯坦。其中：对印度进出口总值为699.30万美元，占中国新疆进出口总值的0.71%，同比下降77.60%，环比下降18.22%；对巴基斯坦进出口总值为690.90万美元，占中国新疆进出口总值的0.70%，同比上升372.60%，环比下降34.23%。

3. 2015年3月中国新疆对南亚国家进出口贸易月度分析

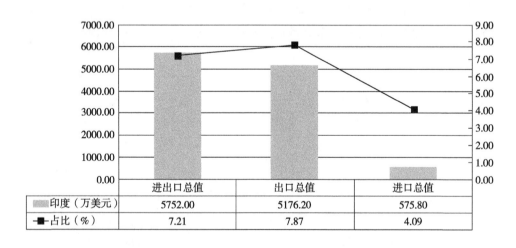

	进出口总值	出口总值	进口总值
印度（万美元）	5752.00	5176.20	575.80
占比（%）	7.21	7.87	4.09

图6-5-5 2015年3月中国新疆对印度进出口总值、出口总值、进口总值及占比

2015年3月，南亚国家中中国新疆仅与印度发生进出口贸易。

由图6-5-5可以看出，2015年3月中国新疆对印度的贸易中，进出口总值为5752.00万美元，占中国新疆进出口总值的7.21%，同比上升93.10%，环比上升722.54%。中国新疆对印度的贸易以出口为主，其中：出口总值为5176.20万美元，占中国新疆出口总值的7.87%，同比上升

89.30%，环比上升 864.63%；进口总值为 575.80 万美元，占中国新疆进口总值的 4.09%，同比上升 135.20%，环比上升 254.12%。

4. 2015 年 4 月中国新疆对南亚国家进出口贸易月度分析

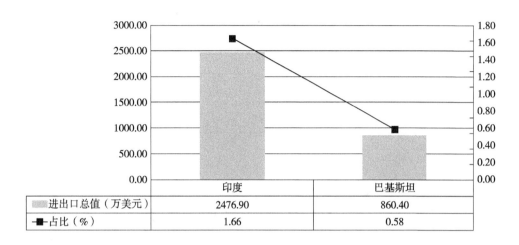

图 6 - 5 - 6　2015 年 4 月中国新疆对南亚国家进出口总值及占比

由图 6 - 5 - 6 可以看出，2015 年 4 月中国新疆对南亚国家的进出口贸易中，按中国新疆对南亚国家的进出口总值大小排名依次为：印度、巴基斯坦。其中：对印度进出口总值为 2476.90 万美元，占中国新疆进口总值的 1.66%，同比下降 19.00%，环比下降 56.94%；对巴基斯坦进出口总值为 860.40 万美元，占中国新疆进出口总值的 0.58%，同比下降 32.50%。

5. 2015 年 5 月中国新疆对南亚国家进出口贸易月度分析

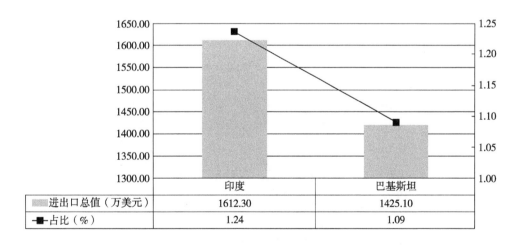

图 6 - 5 - 7　2015 年 5 月中国新疆对南亚国家进出口总值及占比

由图 6 - 5 - 7 可以看出，2015 年 5 月，中国新疆对南亚国家的进出口总值大小排名依次为：印度、巴基斯坦。其中：对印度进出口总值为 1612.30 万美元，占中国新疆进出口总值的 1.24%，同比下降 63.00%，环比下降 34.91%；对巴基斯坦进出口总值为 1425.10 万美元，占中国新疆进出口总值的 1.09%，同比上升 142.90%，环比上升 65.63%。

6. 2015 年 6 月中国新疆对南亚国家进出口贸易月度分析

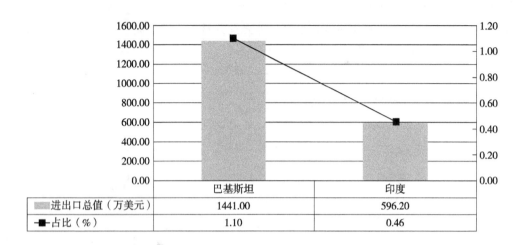

图 6-5-8　2015 年 6 月中国新疆对南亚国家进出口总值及占比

由图 6-5-8 可以看出，2015 年 6 月，中国新疆对南亚国家的进出口总值大小排名依次为：巴基斯坦、印度。

中国新疆对南亚国家进出口总值为 2037.20 万美元，占中国新疆进出口总值的 1.56%。其中：对巴基斯坦进出口总值为 1441.00 万美元，占中国新疆进出口总值的 1.10%，同比下降 89.90%，环比下降 63.02%；对印度进出口总值为 596.20 万美元，占中国新疆进出口总值的 0.46%，同比下降 22.30%，环比上升 1.12%。

7. 2015 年 7 月中国新疆对南亚国家进出口贸易月度分析

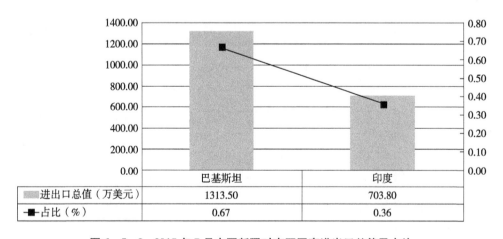

图 6-5-9　2015 年 7 月中国新疆对南亚国家进出口总值及占比

由图 6-5-9 可以看出，2015 年 7 月，中国新疆对南亚国家的进出口总值大小排名依次为：巴基斯坦、印度。

中国新疆对南亚国家进出口总值为 2017.30 万美元，占中国新疆进出口总值的 1.03%。其中：对巴基斯坦进出口总值为 1313.50 万美元，占中国新疆进出口总值的 0.67%，同比下降 26.30%，环比下降 8.85%；对印度进出口总值为 703.80 万美元，占中国新疆进出口总值的 0.36%，同比下降 83.30%，环比上升 18.05%。

8.2015 年 8 月中国新疆对南亚国家进出口贸易月度分析

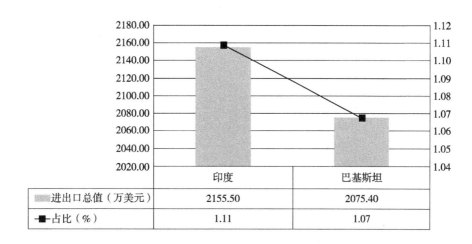

图 6 - 5 - 10　2015 年 8 月中国新疆对南亚国家进出口总值及占比

由图 6 - 5 - 10 可以看出，2015 年 8 月，中国新疆对南亚国家的进出口总值大小排名依次为：印度、巴基斯坦。

中国新疆对南亚国家进出口总值为 4230.90 万美元，占中国新疆进出口总值的 2.18%。其中：对印度进出口总值为 2155.50 万美元，占中国新疆进出口总值的 1.11%，同比下降 33.90%，环比上升 206.27%；对巴基斯坦进出口总值为 2075.40 万美元，占中国新疆进出口总值的 1.07%，同比上升 76.40%，环比上升 58.01%。

9.2015 年 9 月中国新疆对南亚国家进出口贸易月度分析

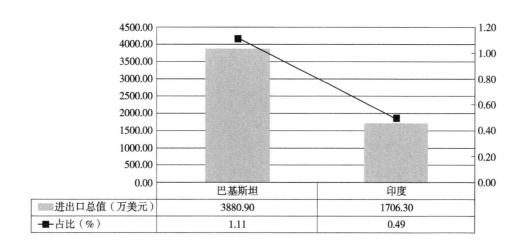

图 6 - 5 - 11　2015 年 9 月中国新疆对南亚国家进出口总值及占比

由图 6 - 5 - 11 可以看出，2015 年 9 月，中国新疆对南亚国家的进出口总值大小排名依次为：巴基斯坦、印度。

中国新疆对南亚国家进出口总值为 5587.20 万美元，占中国新疆进出口总值的 1.60%。其中：

对巴基斯坦进出口总值为3880.90万美元，占中国新疆进出口总值的1.11%，同比上升3.40%，环比上升87.00%；对印度进出口总值为1706.30万美元，占中国新疆进出口总值的0.49%，同比下降63.60%，环比下降20.84%。

10. 2015年10月中国新疆对南亚国家进出口贸易月度分析

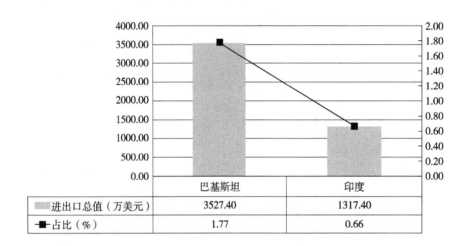

	巴基斯坦	印度
进出口总值（万美元）	3527.40	1317.40
占比（%）	1.77	0.66

图6-5-12　2015年10月中国新疆对南亚国家进出口总值及占比

由图6-5-12可以看出，2015年10月，中国新疆对南亚国家的进出口总值大小排名依次为：巴基斯坦、印度。

中国新疆对南亚国家进出口总值为4844.80万美元，占中国新疆进出口总值的2.43%。其中：对巴基斯坦进出口总值为3527.40万美元，占中国新疆进出口总值的1.77%，同比下降38.20%，环比下降9.11%；对印度进出口总值为1317.40万美元，占中国新疆进出口总值的0.66%，同比下降73.70%，环比下降22.79%。

11. 2015年11月中国新疆对南亚国家进出口贸易月度分析

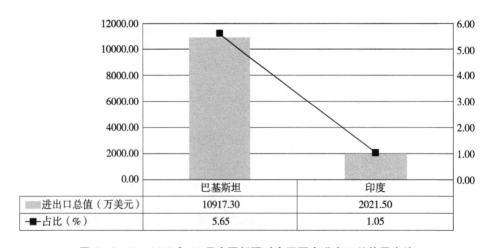

	巴基斯坦	印度
进出口总值（万美元）	10917.30	2021.50
占比（%）	5.65	1.05

图6-5-13　2015年11月中国新疆对南亚国家进出口总值及占比

由图6-5-13可以看出，2015年11月，中国新疆对南亚国家的进出口总值大小排名依次为：巴基斯坦、印度。

中国新疆对南亚国家进出口总值为 12938.80 万美元，占中国新疆进出口总值的 6.70%。其中：对巴基斯坦进出口总值为 10917.30 万美元，占中国新疆进出口总值的 5.65%，同比下降 1.20%，环比上升 209.50%；对印度进出口总值为 2021.50 万美元，占中国新疆进出口总值的 1.05%，同比上升 3.50%，环比上升 53.45%。

12. 2015 年 12 月中国新疆对南亚国家进出口贸易月度分析

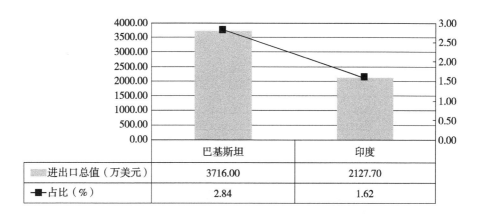

	巴基斯坦	印度
进出口总值（万美元）	3716.00	2127.70
占比（%）	2.84	1.62

图 6-5-14　2015 年 12 月中国新疆对南亚国家进出口总值及占比

由图 6-5-14 可以看出，2015 年 12 月，中国新疆对南亚国家的进出口总值大小排名依次为：巴基斯坦、印度。

中国新疆对南亚国家进出口总值为 5843.70 万美元，占中国新疆进出口总值的 4.46%。其中：对巴基斯坦进出口总值为 3716.00 万美元，占中国新疆进出口总值的 2.84%，同比下降 5.00%，环比下降 65.96%；对印度进出口总值为 2127.70 万美元，占中国新疆进出口总值的 1.62%，同比上升 51.70%，环比上升 5.25%。

二、2015 年中国新疆对南亚国家出口贸易总体分析

（一）2015 年中国新疆对南亚国家出口贸易分析

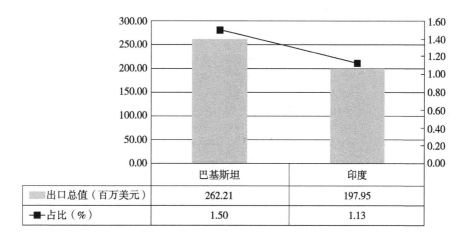

	巴基斯坦	印度
出口总值（百万美元）	262.21	197.95
占比（%）	1.50	1.13

图 6-5-15　2015 年中国新疆对南亚国家出口总值及占比

由图6-5-15可以看出，2015年中国新疆对南亚国家出口总值大小排名依次为：巴基斯坦、印度。

中国新疆对南亚国家出口总值为460.16百万美元，占中国新疆出口总值的2.63%。其中：对巴基斯坦的出口总值为262.21百万美元，占中国新疆出口总值的1.50%，同比下降9.70%；对印度的出口总值为197.95百万美元，占中国新疆出口总值的1.13%，同比下降52.10%。

（二）2015年中国新疆对南亚国家出口贸易趋势分析

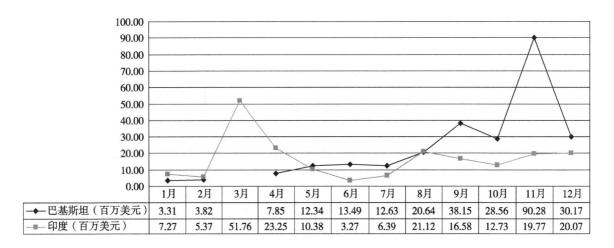

	1月	2月	3月	4月	5月	6月	7月	8月	9月	10月	11月	12月
巴基斯坦（百万美元）	3.31	3.82		7.85	12.34	13.49	12.63	20.64	38.15	28.56	90.28	30.17
印度（百万美元）	7.27	5.37	51.76	23.25	10.38	3.27	6.39	21.12	16.58	12.73	19.77	20.07

图6-5-16　2015年1～12月中国新疆对南亚国家出口总值

由图6-5-16可以看出，3月中国新疆未与巴基斯坦发生出口贸易，中国新疆对南亚国家的出口总值大小交替领先，1月、4月及8月印度排名领先于巴基斯坦，其他各月排名顺序则为巴基斯坦、印度。

中国新疆对巴基斯坦及印度的出口总值均呈全年上下起伏波动趋势。其中，对巴基斯坦的出口贸易最高点在11月，为90.28百万美元，最低点在1月，为3.31百万美元。对印度的出口贸易最高点在3月，为51.76百万美元，最低点在6月，为3.27百万美元。

（三）2015年中国新疆对南亚国家出口贸易月度分析

1. 2015年1月中国新疆对南亚国家出口贸易月度分析

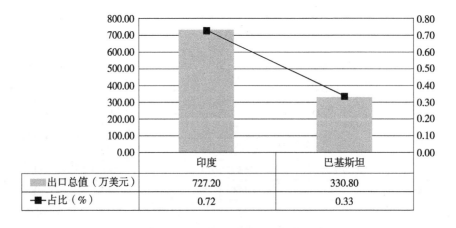

	印度	巴基斯坦
出口总值（万美元）	727.20	330.80
占比（%）	0.72	0.33

图6-5-17　2015年1月中国新疆对南亚国家出口总值及占比

　　由图 6 - 5 - 17 可以看出，2015 年 1 月，中国新疆对南亚国家出口总值大小排名依次为：印度、巴基斯坦。其中：对印度出口总值为 727.20 万美元，占中国新疆出口总值的 0.72%，同比下降 82.10%，环比下降 46.30%；对巴基斯坦出口总值为 330.80 万美元，占中国新疆出口总值的 0.33%，同比上升 15.90%，环比下降 90.19%。

　　2. 2015 年 2 月中国新疆对南亚国家出口贸易月度分析

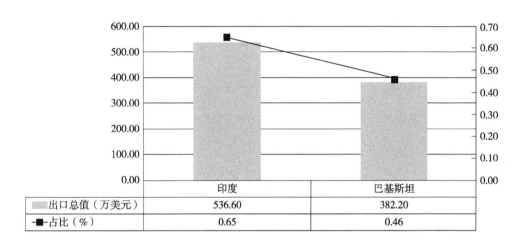

	印度	巴基斯坦
出口总值（万美元）	536.60	382.20
占比（%）	0.65	0.46

图 6 - 5 - 18　2015 年 2 月中国新疆对南亚国家出口总值及占比

　　由图 6 - 5 - 18 可以看出，2014 年 2 月，中国新疆对南亚国家出口总值大小排名依次为：印度、巴基斯坦。其中：对印度出口总值为 536.60 万美元，占中国新疆出口总值的 0.65%，同比下降 79.70%，环比下降 26.21%；对巴基斯坦出口总值为 382.20 万美元，占中国新疆出口总值的 0.46%，同比上升 209.90%，环比上升 15.54%。

　　3. 2015 年 3 月中国新疆对南亚国家出口贸易月度分析

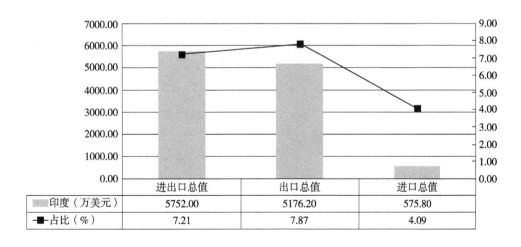

	进出口总值	出口总值	进口总值
印度（万美元）	5752.00	5176.20	575.80
占比（%）	7.21	7.87	4.09

图 6 - 5 - 19　2015 年 3 月中国新疆对印度进出口总值、出口总值、进口总值及占比

　　2015 年 3 月，南亚国家中中国新疆仅与印度发生进出口贸易。

　　由图 6 - 5 - 19 可以看出，2015 年 3 月中国新疆对印度的贸易中，进出口总值为 5752.00 万美元，占中国新疆进出口总值的7.21%，同比上升93.10%，环比上升722.54%。中国新疆对印度的贸易以出口为主，其中：出口总值为5176.20万美元，占中国新疆出口总值的7.87%，同比上升89.30%，环比上升864.63%；进口总值为575.80万美元，占中国新疆进口总值的4.09%，同比上升135.20%，环比上升254.12%。

4. 2015年4月中国新疆对南亚国家出口贸易月度分析

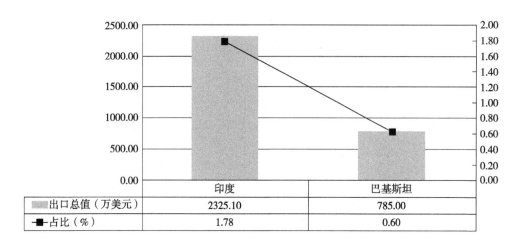

	印度	巴基斯坦
出口总值（万美元）	2325.10	785.00
占比（%）	1.78	0.60

图6-5-20　2015年4月中国新疆对南亚国家出口总值及占比

由图6-5-20可以看出，2015年4月，中国新疆对南亚国家的出口贸易中，按中国新疆对南亚国家的出口总值大小排名依次为：印度、巴基斯坦。其中：对印度出口总值为2325.10万美元，占中国新疆出口总值的1.78%，同比上升19.40%，环比下降55.08%；对巴基斯坦出口总值为785.00万美元，占中国新疆出口总值的0.60%，同比下降36.30%。

5. 2015年5月中国新疆对南亚国家出口贸易月度分析

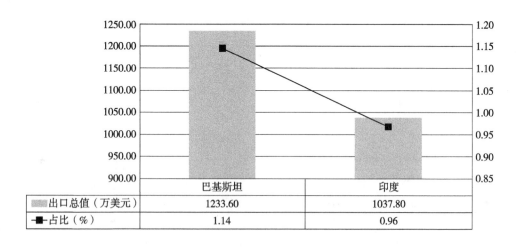

	巴基斯坦	印度
出口总值（万美元）	1233.60	1037.80
占比（%）	1.14	0.96

图6-5-21　2015年5月中国新疆对南亚国家出口总值及占比

由图6-5-21可以看出，2015年5月，中国新疆对南亚国家出口总值大小排名依次为：巴基斯坦、印度。其中：对巴基斯坦出口总值为1233.60万美元，占中国新疆出口总值的1.14%，同比上升 132.80%，环比上升 57.15%；对印度出口总值为 1037.80 万美元，占中国新疆出口总值的 0.96%，同比下降 76.10%，环比下降 55.37%。

6. 2015 年 6 月中国新疆对南亚国家出口贸易月度分析

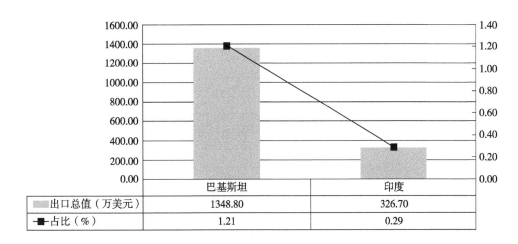

	巴基斯坦	印度
出口总值（万美元）	1348.80	326.70
占比（%）	1.21	0.29

图 6 - 5 - 22　2015 年 6 月中国新疆对南亚国家出口总值及占比

由图 6 - 5 - 22 可以看出，2015 年 6 月，中国新疆对南亚国家出口总值大小排名依次为：巴基斯坦、印度。

中国新疆对南亚国家出口总值为 1675.50 万美元，占中国新疆出口总值的 1.50%。其中：对巴基斯坦出口总值为 1348.80 万美元，占中国新疆出口总值的 1.21%，同比下降 21.10%，环比上升 9.34%；对印度出口总值为 326.70 万美元，占中国新疆出口总值的 0.29%，同比下降 93.90%，环比下降 68.52%。

7. 2015 年 7 月中国新疆对南亚国家出口贸易月度分析

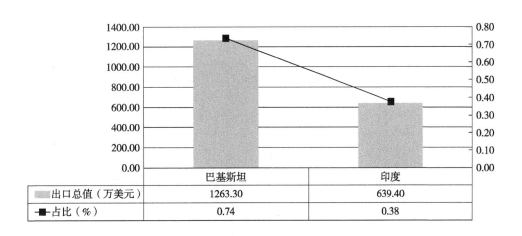

	巴基斯坦	印度
出口总值（万美元）	1263.30	639.40
占比（%）	0.74	0.38

图 6 - 5 - 23　2015 年 7 月中国新疆对南亚国家出口总值及占比

由图 6 - 5 - 23 可以看出，2015 年 7 月，中国新疆对南亚国家出口总值大小排名依次为：巴基斯坦、印度。

中国新疆对南亚国家出口总值为 1902.70 万美元，占中国新疆出口总值的 1.12%。其中：对巴基斯坦出口总值为 1263.30 万美元，占中国新疆出口总值的 0.74%，同比下降 25.50%，环比下降 6.34%；对印度出口总值为 639.40 万美元，占中国新疆进出口总值的 0.38%，同比下降 84.70%，环比上升 95.71%。

8. 2015 年 8 月中国新疆对南亚国家出口贸易月度分析

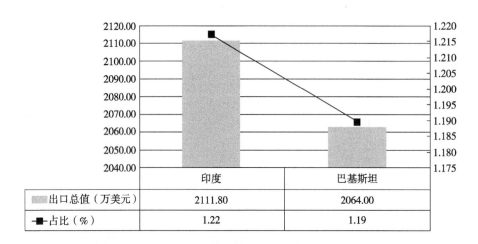

	印度	巴基斯坦
出口总值（万美元）	2111.80	2064.00
占比（%）	1.22	1.19

图 6 - 5 - 24　2015 年 8 月中国新疆对南亚国家出口总值及占比

由图 6 - 5 - 24 可以看出，2015 年 8 月，中国新疆对南亚国家出口总值大小排名依次为：印度、巴基斯坦。

中国新疆对南亚国家出口总值为 4175.80 万美元，占中国新疆出口总值的 2.41%。其中：对印度出口总值为 2111.80 万美元，占中国新疆出口总值的 1.22%，同比下降 32.90%，环比上升 230.28%；对巴基斯坦出口总值为 2064.00 万美元，占中国新疆出口总值的 1.19%，同比上升 85.90%，环比上升 63.38%。

9. 2015 年 9 月中国新疆对南亚国家出口贸易月度分析

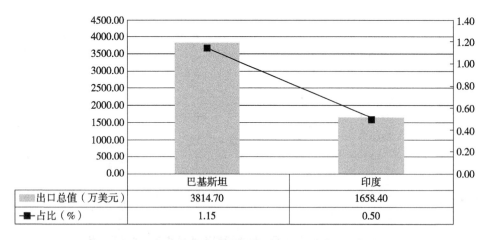

	巴基斯坦	印度
出口总值（万美元）	3814.70	1658.40
占比（%）	1.15	0.50

图 6 - 5 - 25　2015 年 9 月中国新疆对南亚国家出口总值及占比

由图 6 - 5 - 25 可以看出，2015 年 9 月，中国新疆对南亚国家出口总值大小排名依次为：巴基斯坦、印度。

中国新疆对南亚国家出口总值为 5473.10 万美元，占中国新疆出口总值的 16.44%。其中：对巴基斯坦出口总值为3814.70万美元，占中国新疆出口总值的1.15%，同比上升4.00%，环比上升84.82%；对印度出口总值为1658.40万美元，占中国新疆出口总值的0.50%，同比下降64.10%，环比下降24.47%。

10. 2015年10月中国新疆对南亚国家出口贸易月度分析

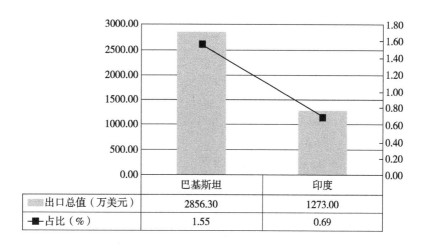

图6-5-26 2015年10月中国新疆对南亚国家出口总值及占比

由图6-5-26可以看出，2015年10月，中国新疆对南亚国家出口总值大小排名依次为：巴基斯坦、印度。

中国新疆对南亚国家出口总值为4129.30万美元，占中国新疆出口总值的2.24%。其中：对巴基斯坦出口总值为2856.30万美元，占中国新疆出口总值的1.55%，同比下降42.80%，环比下降25.12%；对印度出口总值为1273.00万美元，占中国新疆出口总值的0.69%，同比下降74.40%，环比下降23.24%。

11. 2015年11月中国新疆对南亚国家出口贸易月度分析

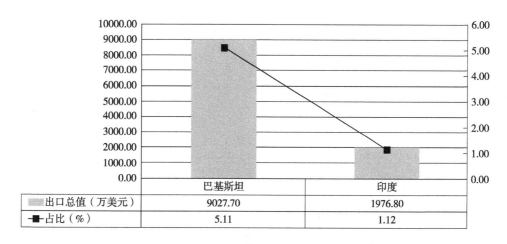

图6-5-27 2015年11月中国新疆对南亚国家出口总值及占比

由图6-5-27可以看出，2015年11月，中国新疆对南亚国家出口总值大小排名依次为：巴基斯坦、印度。

中国新疆对南亚国家出口总值为11004.50万美元，占中国新疆出口总值的6.22%。其中：对巴基斯坦出口总值为9027.70万美元，占中国新疆出口总值的5.11%，同比下降10.50%，环比上升216.06%；对印度出口总值为1976.80万美元，占中国新疆出口总值的1.12%，同比上升1.60%，环比上升55.29%。

12. 2015年12月中国新疆对南亚国家出口贸易月度分析

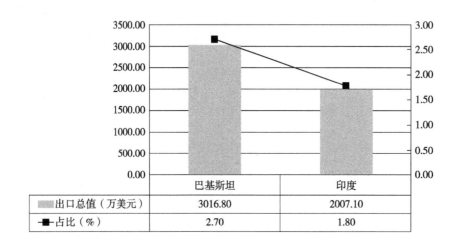

图6-5-28　2015年12月中国新疆对南亚国家出口总值及占比

由图6-5-28可以看出，2015年12月，中国新疆对南亚国家出口总值大小排名依次为：巴基斯坦、印度。

中国新疆对南亚国家出口总值为5023.90万美元，占中国新疆出口总值的4.50%。其中：对巴基斯坦出口总值为3016.80万美元，占中国新疆出口总值的2.70%，同比下降10.50%，环比下降66.58%；对印度出口总值为2007.10万美元，占中国新疆出口总值的1.80%，同比上升48.10%，环比上升1.53%。

三、2015年中国新疆对南亚国家进口贸易总体分析

（一）2015年中国新疆对南亚国家进口贸易分析

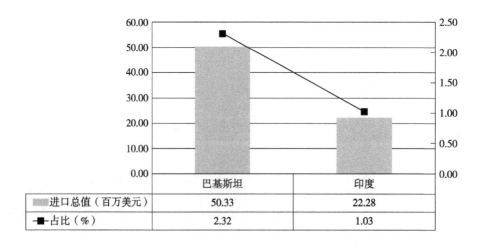

图6-5-29　2015年中国新疆对南亚国家进口总值及占比

由图 6 - 5 - 29 可以看出，2015 年中国新疆对南亚国家进口总值大小排名依次为：巴基斯坦、印度。

中国新疆对南亚国家进口总值为 72.61 百万美元，占中国新疆进口总值的 3.34%。其中：对巴基斯坦的进口总值为 50.33 百万美元，占中国新疆进口总值的 2.32%，同比上升 79.30%；对印度的进口总值为 22.28 百万美元，占中国新疆进口总值的 1.03%，同比下降 30.40%。

（二）2015 年中国新疆对南亚国家进口贸易趋势分析

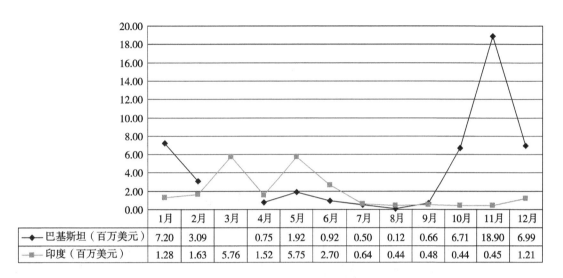

图 6 - 5 - 30 2015 年 1～12 月中国新疆对南亚国家进口总值

由图 6 - 5 - 30 可以看出，3 月中国新疆未与巴基斯坦发生进口贸易，中国新疆对南亚国家的进口总值大小交替领先，1 月、2 月及 9～12 月巴基斯坦排名领先于印度，其他各月排名顺序则为印度、巴基斯坦。

中国新疆对巴基斯坦及印度的进口总值均呈全年上下起伏波动趋势，巴基斯坦的波动趋势更明显。其中，对巴基斯坦的进口贸易最高点在 11 月，为 18.90 百万美元，最低点在 8 月，为 0.12 百万美元。对印度的进出口贸易最高点在 3 月，为 5.76 百万美元，最低点在 8 月及 10 月，均为 0.44 百万美元。

（三）2015 年中国新疆对南亚国家进口贸易月度分析

1. 2015 年 1 月中国新疆对南亚国家进口贸易月度分析

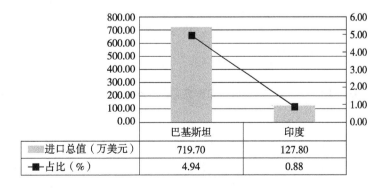

图 6 - 5 - 31 2015 年 1 月中国新疆对南亚国家进口总值及占比

由图 6-5-31 可以看出，2015 年 1 月，中国新疆对南亚国家进口总值大小排名依次为：巴基斯坦、印度。其中：对巴基斯坦进口总值为 719.70 万美元，占中国新疆进口总值的 4.94%，同比上升 1711.30%，环比上升 34.05%；对印度进口总值为 127.80 万美元，占中国新疆进口总值的 0.88%，同比下降 75.30%，环比上升 170.19%。

2. 2015 年 2 月中国新疆对南亚国家进口贸易月度分析

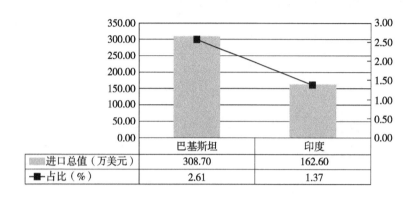

	巴基斯坦	印度
进口总值（万美元）	308.70	162.60
占比（%）	2.61	1.37

图 6-5-32　2015 年 2 月中国新疆对南亚国家进口总值及占比

由图 6-5-32 可以看出，2015 年 2 月，中国新疆对南亚国家进口总值大小排名依次为：巴基斯坦、印度。其中：对巴基斯坦进口总值为 308.70 万美元，占中国新疆进口总值的 2.61%，同比上升 1249.30%，环比下降 57.11%；对印度进口总值为 162.60 万美元，占中国新疆进口总值的 1.37%，同比下降 66.50%，环比上升 27.23%。

3. 2015 年 3 月中国新疆对南亚国家进出口贸易月度分析

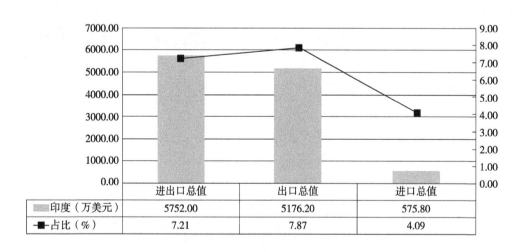

	进出口总值	出口总值	进口总值
印度（万美元）	5752.00	5176.20	575.80
占比（%）	7.21	7.87	4.09

图 6-5-33　2015 年 3 月中国新疆对印度进出口总值、出口总值、进口总值及占比

2015 年 3 月，中国新疆仅与印度发生进出口贸易。

由图 6-5-33 可以看出，2015 年 3 月中国新疆对印度的贸易中，进出口总值为 5752.00 万美元，占中国新疆进出口总值的 7.21%，同比上升 93.10%，环比上升 722.54%。中国新疆对印度的贸易以出口为主，其中：出口总值为 5176.20 万美元，占中国新疆出口总值的 7.87%，同比上升

89.30%，环比上升 864.63%；进口总值为 575.80 万美元，占中国新疆进口总值的 4.09%，同比上升 135.20%，环比上升 254.12%。

4. 2015 年 4 月中国新疆对南亚国家进口贸易月度分析

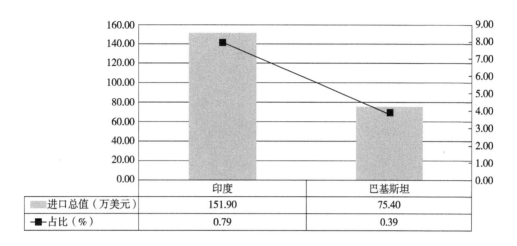

	印度	巴基斯坦
进口总值（万美元）	151.90	75.40
占比（%）	0.79	0.39

图 6 - 5 - 34　2015 年 4 月中国新疆对南亚国家进口总值及占比

由图 6 - 5 - 34 可以看出，2015 年 4 月中国新疆对南亚国家的进口贸易中，按中国新疆对南亚国家的进口总值大小排名依次为：印度、巴基斯坦。其中：对印度进口总值为 151.90 万美元，占中国新疆进口总值的 0.79%，同比下降 86.30%，环比下降 73.62%；对巴基斯坦进口总值为 75.40 万美元，占中国新疆进口总值的 0.39%，同比上升 79.20%。

5. 2015 年 5 月中国新疆对南亚国家进口贸易月度分析

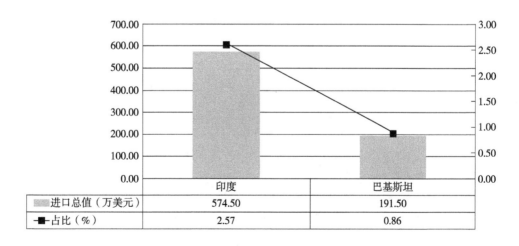

	印度	巴基斯坦
进口总值（万美元）	574.50	191.50
占比（%）	2.57	0.86

图 6 - 5 - 35　2015 年 5 月中国新疆对南亚国家进口总值及占比

由图 6 - 5 - 35 可以看出，2015 年 5 月，中国新疆对南亚国家进口总值大小排名依次为：印度、巴基斯坦。其中：对印度进口总值为 574.50 万美元，占中国新疆进口总值的 2.57%，同比上升 3340.00%，环比上升 278.21%；对巴基斯坦进口总值为 191.50 万美元，占中国新疆进口总值的 0.86%，同比上升 238.20%，环比上升 153.98%。

6. 2015年6月中国新疆对南亚国家进口贸易月度分析

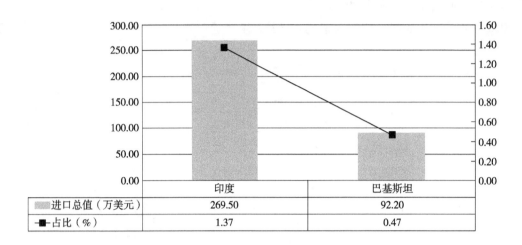

图6-5-36　2015年6月中国新疆对南亚国家进口总值及占比

由图6-5-36可以看出，2015年6月，中国新疆对南亚国家进口总值大小排名依次为：印度、巴基斯坦。

中国新疆对南亚国家进口总值为361.70万美元，占中国新疆进口总值的1.84%。其中：对印度进口总值为269.50万美元，占中国新疆进口总值的1.37%，同比下降47.70%，环比下降53.09%；对巴基斯坦进口总值为92.20万美元，占中国新疆进口总值的0.47%，同比下降36.50%，环比下降51.85%。

7. 2015年7月中国新疆对南亚国家进口贸易月度分析

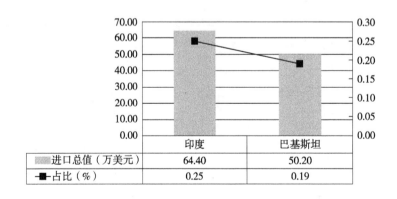

图6-5-37　2015年7月中国新疆对南亚国家进口总值及占比

由图6-5-37可以看出，2015年7月，中国新疆对南亚国家进口总值大小排名依次为：印度、巴基斯坦。

中国新疆对南亚国家进口总值为114.60万美元，占中国新疆进口总值的0.44%。其中：对印度进口总值为64.40万美元，占中国新疆进口总值的0.25%，同比上升40.30%，环比下降76.10%；对巴基斯坦进口总值为50.20万美元，占中国新疆进口总值的0.19%，同比下降40.90%，环比下降45.55%。

8. 2015 年 8 月中国新疆对南亚国家进口贸易月度分析

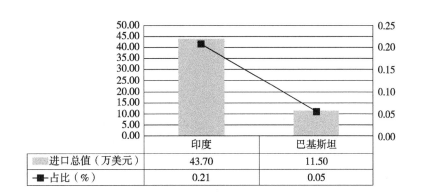

	印度	巴基斯坦
▨进口总值（万美元）	43.70	11.50
■占比（%）	0.21	0.05

图 6 - 5 - 38　2015 年 8 月中国新疆对南亚国家进口总值及占比

由图 6 - 5 - 38 可以看出，2015 年 8 月，中国新疆对南亚国家进口总值大小排名依次为：印度、巴基斯坦。

中国新疆对南亚国家进口总值为 55.20 万美元，占中国新疆进口总值的 0.26%。其中：对印度进口总值为 43.70 万美元，占中国新疆进口总值的 0.21%，同比下降 61.20%，环比下降 32.14%；对巴基斯坦进口总值为 11.50 万美元，占中国新疆进口总值的 0.05%，同比下降 82.60%，环比下降 77.09%。

9. 2015 年 9 月中国新疆对南亚国家进口贸易月度分析

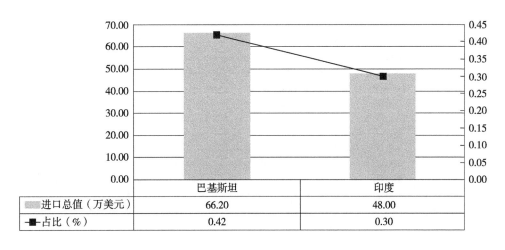

	巴基斯坦	印度
▨进口总值（万美元）	66.20	48.00
■占比（%）	0.42	0.30

图 6 - 5 - 39　2015 年 9 月中国新疆对南亚国家进口总值及占比

由图 6 - 5 - 39 可以看出，2015 年 9 月，中国新疆对南亚国家进口总值大小排名依次为：巴基斯坦、印度。

中国新疆对南亚国家进口总值为 114.20 万美元，占中国新疆进口总值的 0.72%。其中：对巴基斯坦进口总值为 66.20 万美元，占中国新疆进口总值的 0.42%，同比下降 23.70%，环比上升 475.65%；对印度进口总值为 48.00 万美元，占中国新疆进口总值的 0.30%，同比下降 26.10%，环比上升 9.84%。

10. 2015 年 10 月中国新疆对南亚国家进口贸易月度分析

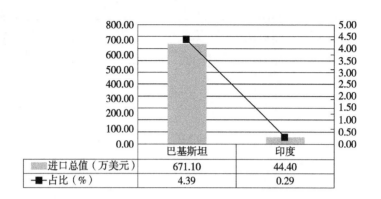

	巴基斯坦	印度
进口总值（万美元）	671.10	44.40
占比（%）	4.39	0.29

图 6 - 5 - 40　2015 年 10 月中国新疆对南亚国家进口总值及占比

由图 6 - 5 - 40 可以看出，2015 年 10 月，中国新疆对南亚国家进口总值大小排名依次为：巴基斯坦、印度。

中国新疆对南亚国家进口总值为 715.50 万美元，占中国新疆进口总值的 4.68%。其中：对巴基斯坦进口总值为 671.10 万美元，占中国新疆进口总值的 4.39%，同比下降 6.20%，环比上升 913.75%；对印度进口总值为 44.40 万美元，占中国新疆进口总值的 0.29%，同比上升 30.60%，环比下降 7.50%。

11. 2015 年 11 月中国新疆对南亚国家进口贸易月度分析

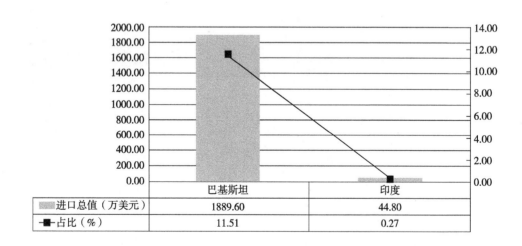

	巴基斯坦	印度
进口总值（万美元）	1889.60	44.80
占比（%）	11.51	0.27

图 6 - 5 - 41　2015 年 11 月中国新疆对南亚国家进口总值及占比

由图 6 - 5 - 41 可以看出，2015 年 11 月，中国新疆对南亚国家进口总值大小排名依次为：巴基斯坦、印度。

中国新疆对南亚国家进口总值为 1934.40 万美元，占中国新疆进口总值的 11.78%。其中：对巴基斯坦进口总值为 1889.60 万美元，占中国新疆进口总值的 11.51%，同比上升 96.00%，环比上升 181.57%；对印度进口总值为 44.80 万美元，占中国新疆进口总值的 0.27%，同比上升

477.70%，环比上升 0.90%。

12. 2015 年 12 月中国新疆对南亚国家进口贸易月度分析

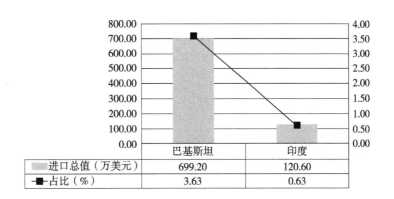

	巴基斯坦	印度
进口总值（万美元）	699.20	120.60
占比（%）	3.63	0.63

图 6 - 5 - 42　2015 年 12 月中国新疆对南亚国家进口总值及占比

由图 6 - 5 - 42 可以看出，2015 年 12 月，中国新疆对南亚国家进口总值大小排名依次为：巴基斯坦、印度。

中国新疆对南亚国家进口总值为 819.80 万美元，占中国新疆进口总值的 4.25%。其中：对巴基斯坦进口总值为 699.20 万美元，占中国新疆进口总值的 3.63%，同比上升 29.70%，环比下降 63.00%；对印度进口总值为 120.60 万美元，占中国新疆进口总值的 0.63%，同比上升 154.90%，环比上升 169.20%。

四、2015 年中国新疆对南亚国家的出口贸易与进口贸易比较分析

（一）2015 年中国新疆对南亚国家的出口贸易与进口贸易比较

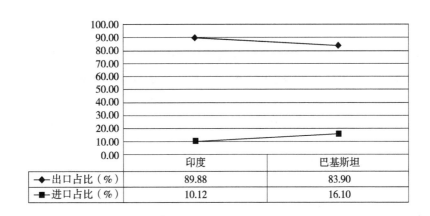

	印度	巴基斯坦
出口占比（%）	89.88	83.90
进口占比（%）	10.12	16.10

图 6 - 5 - 43　2015 年中国新疆对南亚国家进出口总值中出口及进口占比

由图 6 - 5 - 43 可以看出，2015 年中国新疆对南亚国家的进出口贸易中，各国的出口总值、进口总值占其进出口总值的比重均是出口大于进口，说明中国新疆对南亚国家的进出口贸易均以出口为主导，且出口远大于进口，出口占比在 80% 以上。

（二）2015年中国新疆对南亚国家的出口贸易与进口贸易的月度比较分析

1. 2015年1月中国新疆对南亚国家的出口贸易与进口贸易的月度比较分析

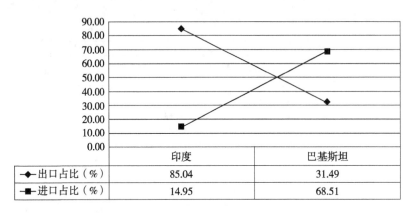

	印度	巴基斯坦
出口占比（%）	85.04	31.49
进口占比（%）	14.95	68.51

图6－5－44　2015年1月中国新疆对南亚国家进出口总值中出口及进口占比

由图6－5－44可以看出，2015年1月，中国新疆对南亚国家的进出口贸易中，对巴基斯坦的出口总值、进口总值占其进出口总值的比重是进口大于出口，对印度的出口总值、进口总值占其进出口总值的比重是出口大于进口。

2. 2015年2月中国新疆对南亚国家的出口贸易与进口贸易的月度比较分析

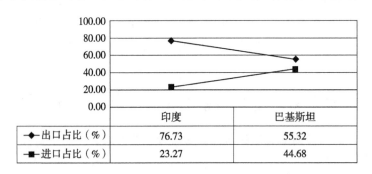

	印度	巴基斯坦
出口占比（%）	76.73	55.32
进口占比（%）	23.27	44.68

图6－5－45　2015年2月中国新疆对南亚国家进出口总值中出口及进口占比

由图6－5－45可以看出，2015年2月，中国新疆对南亚国家的进出口贸易中，各国的出口总值、进口总值占其进出口总值的比重均是出口大于进口，说明中国新疆对南亚国家的进出口贸易均以出口为主导。

3. 2015年3月中国新疆对南亚国家的出口贸易与进口贸易的月度比较分析

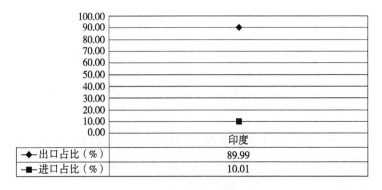

	印度
出口占比（%）	89.99
进口占比（%）	10.01

图6－5－46　2015年3月中国新疆对南亚国家进出口总值中出口及进口占比

由图 6 - 5 - 46 可以看出，2015 年 3 月，中国新疆对南亚国家的进出口贸易中，仅对印度发生进出口贸易，对印度的出口总值、进口总值占其进出口总值的比重是出口大于进口，说明中国新疆对印度的进出口贸易以出口为主导。

4. 2015 年 4 月中国新疆对南亚国家的出口贸易与进口贸易的月度比较分析

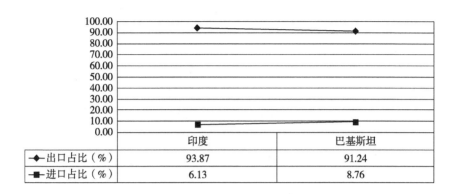

	印度	巴基斯坦
出口占比（%）	93.87	91.24
进口占比（%）	6.13	8.76

图 6 - 5 - 47　2015 年 4 月中国新疆对南亚国家进出口总值中出口及进口占比

由图 6 - 5 - 47 可以看出，2015 年 4 月，中国新疆对南亚国家的进出口贸易中，印度、巴基斯坦的出口总值、进口总值占其进出口总值的比重均是出口大于进口，说明中国新疆对南亚国家的进出口贸易均以出口为主导，且出口远大于进口，出口占比均超过 90%。

5. 2015 年 5 月中国新疆对南亚国家的出口贸易与进口贸易的月度比较分析

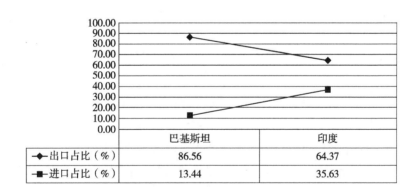

	巴基斯坦	印度
出口占比（%）	86.56	64.37
进口占比（%）	13.44	35.63

图 6 - 5 - 48　2015 年 5 月中国新疆对南亚国家进出口总值中出口及进口占比

由图 6 - 5 - 48 可以看出，2015 年 5 月，中国新疆对南亚国家的进出口贸易中，巴基斯坦、印度两国的出口总值、进口总值占其进出口总值的比重均是出口大于进口，说明中国新疆对南亚国家的进出口贸易多以出口为主导，且出口远大于进口，出口占比均超过 60%。

6. 2015 年 6 月中国新疆对南亚国家的出口贸易与进口贸易的月度比较分析

由图 6 - 5 - 49 可以看出，2015 年 6 月，中国新疆对南亚国家的进出口贸易中，巴基斯坦、印度两国的出口总值、进口总值占其进出口总值的比重均是出口大于进口，说明中国新疆对南亚国家的进出口贸易多以出口为主导，且出口远大于进口，出口占比均超过 50%。

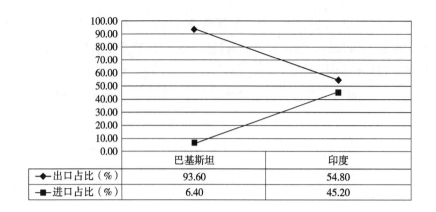

图 6 - 5 - 49　2015 年 6 月中国新疆对南亚国家进出口总值中出口及进口占比

7. 2015 年 7 月中国新疆对南亚国家的出口贸易与进口贸易的月度比较分析

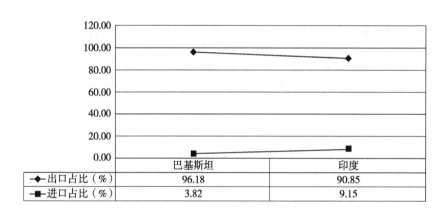

图 6 - 5 - 50　2015 年 7 月中国新疆对南亚国家进出口总值中出口及进口占比

由图 6 - 5 - 50 可以看出，2015 年 7 月，中国新疆对南亚国家的进出口贸易中，巴基斯坦、印度两国的出口总值、进口总值占其进出口总值的比重均是出口大于进口，说明中国新疆对南亚国家的进出口贸易多以出口为主导，且出口远大于进口，出口占比均超过 90%。

8. 2015 年 8 月中国新疆对南亚国家的出口贸易与进口贸易的月度比较分析

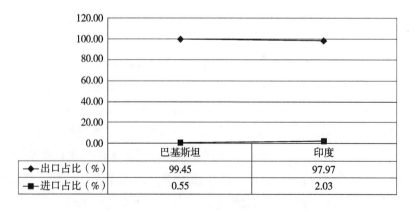

图 6 - 5 - 51　2015 年 8 月中国新疆对南亚国家进出口总值中出口及进口占比

由图 6 – 5 – 51 可以看出，2015 年 8 月，中国新疆对南亚国家的进出口贸易中，巴基斯坦、印度两国的出口总值、进口总值占其进出口总值的比重均是出口大于进口，说明中国新疆对南亚国家的进出口贸易多以出口为主导，且出口远大于进口，出口占比均超过 95%。

9. 2015 年 9 月中国新疆对南亚国家的出口贸易与进口贸易的月度比较分析

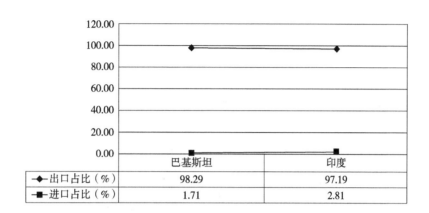

	巴基斯坦	印度
◆ 出口占比（%）	98.29	97.19
■ 进口占比（%）	1.71	2.81

图 6 – 5 – 52　2015 年 9 月中国新疆对南亚国家进出口总值中出口及进口占比

由图 6 – 5 – 52 可以看出，2015 年 9 月，中国新疆对南亚国家的进出口贸易中，巴基斯坦、印度两国的出口总值、进口总值占其进出口总值的比重均是出口大于进口，说明中国新疆对南亚国家的进出口贸易多以出口为主导，且出口远大于进口，出口占比均超过 97%。

10. 2015 年 10 月中国新疆对南亚国家的出口贸易与进口贸易的月度比较分析

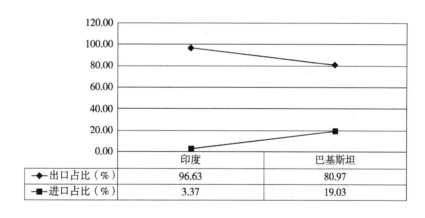

	印度	巴基斯坦
◆ 出口占比（%）	96.63	80.97
■ 进口占比（%）	3.37	19.03

图 6 – 5 – 53　2015 年 10 月中国新疆对南亚国家进出口总值中出口及进口占比

由图 6 – 5 – 53 可以看出，2015 年 10 月，中国新疆对南亚国家的进出口贸易中，巴基斯坦、印度两国的出口总值、进口总值占其进出口总值的比重均是出口大于进口，说明中国新疆对南亚国家的进出口贸易多以出口为主导，且出口远大于进口，出口占比均超过 80%。

11. 2015 年 11 月中国新疆对南亚国家的出口贸易与进口贸易的月度比较分析

由图 6 – 5 – 54 可以看出，2015 年 11 月，中国新疆对南亚国家的进出口贸易中，印度、巴基斯坦两国的出口总值、进口总值占其进出口总值的比重均是出口大于进口，说明中国新疆对南亚国家的进出口贸易多以出口为主导，且出口远大于进口，出口占比均超过 80%。

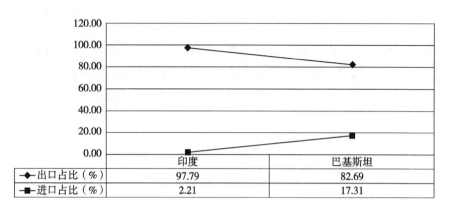

	印度	巴基斯坦
◆─出口占比（%）	97.79	82.69
■─进口占比（%）	2.21	17.31

图6-5-54　2015年11月中国新疆对南亚国家进出口总值中出口及进口占比

12. 2015年12月中国新疆对南亚国家的出口贸易与进口贸易的月度比较分析

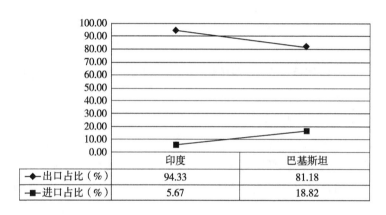

	印度	巴基斯坦
◆─出口占比（%）	94.33	81.18
■─进口占比（%）	5.67	18.82

图6-5-55　2015年12月中国新疆对南亚国家进出口总值中出口及进口占比

由图6-5-55可以看出，2015年12月，中国新疆对南亚国家的进出口贸易中，巴基斯坦、印度两国的出口总值、进口总值占其进出口总值的比重均是出口大于进口，说明中国新疆对南亚国家的进出口贸易多以出口为主导，且出口远大于进口，出口占比均超过80%。

第六节　2015年中国新疆与东欧国家的进出口贸易情况

一、2015年中国新疆对东欧国家进出口贸易分析

2015年，中国新疆对东欧国家发生进出口贸易的国家只有乌克兰。

由图6-6-1可以看出，2015年，中国新疆对乌克兰的贸易中，对乌克兰的进出口总值为68.72百万美元，占中国新疆进出口总值的0.35%，同比下降57.60%。中国新疆对乌克兰的贸易以出口为主，其中：出口总值为68.43百万美元，占中国新疆出口总值的0.39%，同比下降57.70%；进口总值为0.29百万美元，占中国新疆进口总值的0.01%，同比下降49.40%。

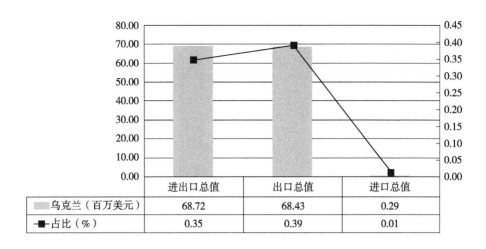

	进出口总值	出口总值	进口总值
▨乌克兰（百万美元）	68.72	68.43	0.29
■占比（%）	0.35	0.39	0.01

图6-6-1　2015年中国新疆对乌克兰进出口总值、出口总值、进口总值及占比

二、2015年中国新疆对东欧国家进出口贸易趋势分析

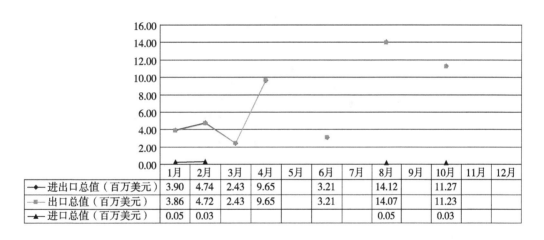

	1月	2月	3月	4月	5月	6月	7月	8月	9月	10月	11月	12月
◆进出口总值（百万美元）	3.90	4.74	2.43	9.65		3.21		14.12		11.27		
▦出口总值（百万美元）	3.86	4.72	2.43	9.65		3.21		14.07		11.23		
▲进口总值（百万美元）	0.05	0.03						0.05		0.03		

图6-6-2　2015年1~12月中国新疆对乌克兰进出口总值、出口总值与进口总值

由图6-6-2可以看出，5月、7月、9月、11月及12月中国新疆未与乌克兰发生出口贸易，3~7月、9月、11月及12月中国新疆未与乌克兰发生进口贸易。整体来看，中国新疆对乌克兰的进出口总值呈全年上下起伏波动趋势。其中，对乌克兰的进出口贸易最高点在8月，为14.12百万美元，最低点在3月，为2.43百万美元。对乌克兰的出口贸易最高点在8月，为14.07百万美元，最低点在3月，为2.43百万美元。对乌克兰的进口贸易最高点在8月，为0.05百万美元，最低点在2月，为0.03百万美元。

三、2015年中国新疆对东欧国家进出口贸易月度分析

1. 2015年1月中国新疆对东欧国家进出口贸易月度分析

2015年1月，中国新疆对东欧国家发生进出口贸易的国家只有乌克兰。

由图6-6-3可以看出，2015年1月中国新疆对乌克兰的贸易中，对乌克兰的进出口总值为390.10万美元，占中国新疆进出口总值的0.34%，同比下降90.20%。中国新疆对乌克兰的贸易以

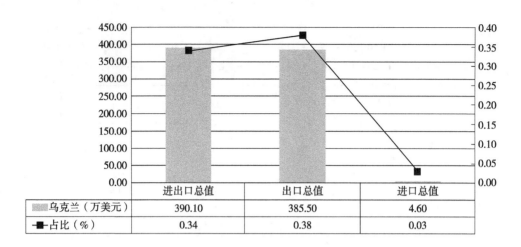

	进出口总值	出口总值	进口总值
乌克兰（万美元）	390.10	385.50	4.60
占比（%）	0.34	0.38	0.03

图6-6-3　2015年1月中国新疆对乌克兰进出口总值、出口总值、进口总值及占比

出口为主，其中：出口总值为385.50万美元，占中国新疆出口总值的0.38%，同比下降90.30%；进口总值为4.60万美元，占中国新疆进口总值的0.03%。

2. 2015年2月中国新疆对东欧国家进出口贸易月度分析

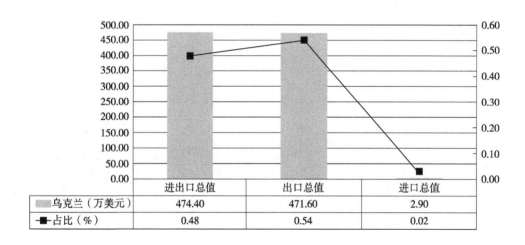

	进出口总值	出口总值	进口总值
乌克兰（万美元）	474.40	471.60	2.90
占比（%）	0.48	0.54	0.02

图6-6-4　2015年2月中国新疆对乌克兰进出口总值、出口总值、进口总值及占比

2015年2月，中国新疆对东欧国家发生进出口贸易的国家只有乌克兰。

由图6-6-4可以看出，2015年2月中国新疆对乌克兰的贸易中，进出口总值为474.40万美元，占中国新疆进出口总值的0.48%，同比下降31.10%，环比上升21.61%。中国新疆对乌克兰的贸易以出口为主，其中：出口总值为471.60万美元，占中国新疆出口总值的0.54%，同比下降31.20%，环比上升22.33%；进口总值为2.90万美元，占中国新疆进口总值的0.02%，同比上升2.20%，环比下降36.96%。

3. 2015年3月中国新疆对东欧国家进出口贸易月度分析

2015年3月，东欧国家中中国新疆仅与乌克兰发生进出口贸易。

由图6-6-5可以看出，2015年3月中国新疆对乌克兰的贸易中，进出口总值为243.30万美元，占中国新疆进出口总值的0.30%，同比下降81.80%，环比下降48.71%。中国新疆对乌克兰

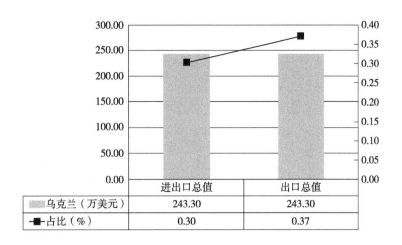

图 6 - 6 - 5　2015 年 3 月中国新疆对乌克兰进出口总值、出口总值及占比

仅有出口贸易，出口总值为 243.30 万美元，占中国新疆出口总值的 0.37%，同比下降 81.70%，环比下降 48.41%。

4. 2015 年 4 月中国新疆对东欧国家进出口贸易月度分析

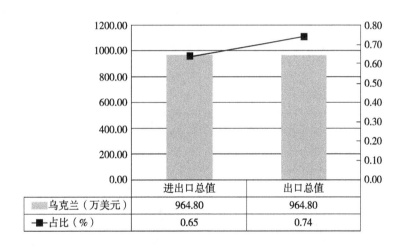

图 6 - 6 - 6　2015 年 4 月中国新疆对乌克兰进出口总值、出口总值及占比

2015 年 4 月，东欧国家中中国新疆仅与乌克兰发生进出口贸易。

由图 6 - 6 - 6 可以看出，2015 年 4 月中国新疆对乌克兰的贸易中，进出口总值为 964.80 万美元，占中国新疆进出口总值的 0.65%，同比下降 12.70%，环比上升 296.55%。中国新疆对乌克兰仅有出口贸易，出口总值为 964.80 万美元，占中国新疆出口总值的 0.74%，同比下降 12.70%，环比上升 296.55%。

5. 2015 年 5 月中国新疆对东欧国家进出口贸易月度分析

2015 年 5 月，中国新疆未与东欧国家发生进出口贸易。

6. 2015 年 6 月中国新疆对东欧国家进出口贸易月度分析

2015 年 6 月，中国新疆对东欧国家的进出口贸易中，仅对乌克兰发生进出口贸易。

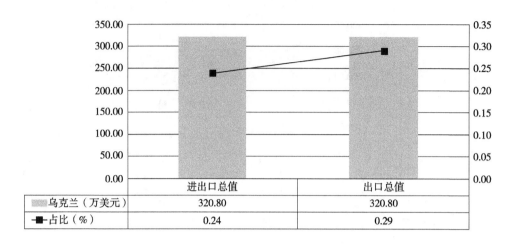

图 6-6-7　2015 年 6 月中国新疆对乌克兰进出口总值、出口总值及占比

由图 6-6-7 可以看出，2015 年 6 月中国新疆对乌克兰的贸易中，对乌克兰的进出口总值为 320.80 万美元，占中国新疆进出口总值的 0.24%，同比下降 63.80%。中国新疆对乌克兰的贸易仅有出口，出口总值为 320.80 万美元，占中国新疆出口总值的 0.29%，同比下降 63.60%。

7. 2015 年 7 月中国新疆对东欧国家进出口贸易月度分析

2015 年 7 月，中国新疆未与东欧国家发生进出口贸易。

8. 2015 年 8 月中国新疆对东欧国家进出口贸易月度分析

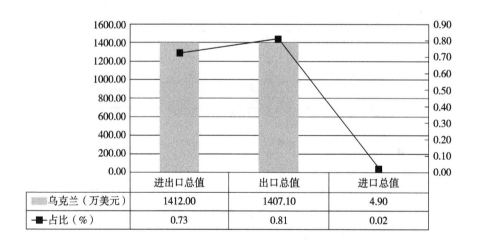

图 6-6-8　2015 年 8 月中国新疆对乌克兰进出口总值、出口总值、进口总值及占比

在与东欧三国的贸易往来中，8 月仅对乌克兰发生进出口贸易。

由图 6-6-8 可以看出，2015 年 8 月中国新疆对乌克兰的贸易中，对乌克兰的进出口总值为 1412.00 万美元，占中国新疆进出口总值的 0.73%，同比下降 46.40%。中国新疆对乌克兰的贸易以出口为主，其中：出口总值为 1407.10 万美元，占中国新疆出口总值的 0.81%，同比下降 46.50%；进口总值为 4.90 万美元，占中国新疆进口总值的 0.02%，同比上升 36.60%。

9. 2015 年 9 月中国新疆对东欧国家进出口贸易月度分析

2015 年 9 月，中国新疆未与东欧国家发生进出口贸易。

10. 2015 年 10 月中国新疆对东欧国家进出口贸易月度分析

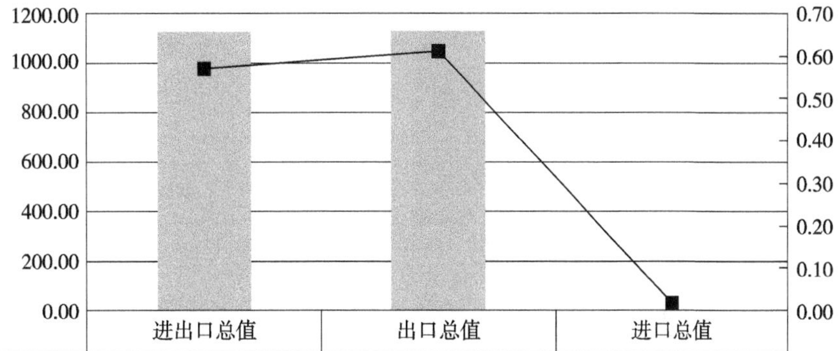

	进出口总值	出口总值	进口总值
乌克兰（万美元）	1126.60	1123.30	3.20
占比（%）	0.56	0.61	0.02

图 6 - 6 - 9　2015 年 10 月中国新疆对乌克兰进出口总值、出口总值、进口总值及占比

由图 6 - 6 - 9 可以看出，2015 年 10 月，中国新疆对东欧国家的进出口贸易中只与乌克兰发生贸易往来。

2015 年 10 月中国新疆对乌克兰的贸易中，对乌克兰的进出口总值为 1126.60 万美元，占中国新疆进出口总值的 0.56%，同比下降 11.60%。中国新疆对乌克兰的贸易以出口为主，其中：出口总值为 1123.30 万美元，占中国新疆出口总值的 0.61%，同比下降 11.20%；进口总值为 3.20 万美元，占中国新疆进口总值的 0.02%，同比下降 66.40%。

11. 2015 年 11 月中国新疆对东欧国家进出口贸易月度分析

2015 年 11 月，中国新疆未与东欧国家发生进出口贸易。

12. 2015 年 12 月中国新疆对东欧国家进出口贸易月度分析

2015 年 12 月，中国新疆未与东欧国家发生进出口贸易。

第七节　2015 年中国新疆与俄罗斯的进出口贸易情况

一、2015 年中国新疆对俄罗斯进出口贸易分析

由图 6 - 7 - 1 可以看出，2015 年，中国新疆对俄罗斯的贸易中，对俄罗斯的进出口总值为 938.09 百万美元，占中国新疆进出口总值的 4.77%，同比下降 56.40%。中国新疆对俄罗斯的贸易以出口为主，其中：出口总值为 816.57 百万美元，占中国新疆出口总值的 4.66%，同比上升 37.50%；进口总值为 121.52 百万美元，占中国新疆进口总值的 5.60%，同比下降 92.20%。

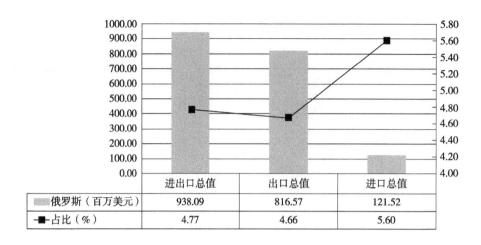

	进出口总值	出口总值	进口总值
俄罗斯（百万美元）	938.09	816.57	121.52
占比（%）	4.77	4.66	5.60

图6-7-1　2015年中国新疆对俄罗斯进出口总值、出口总值、进口总值及占比

二、2015年中国新疆对俄罗斯进出口贸易趋势分析

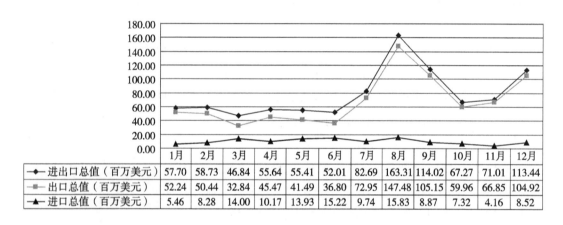

	1月	2月	3月	4月	5月	6月	7月	8月	9月	10月	11月	12月
进出口总值（百万美元）	57.70	58.73	46.84	55.64	55.41	52.01	82.69	163.31	114.02	67.27	71.01	113.44
出口总值（百万美元）	52.24	50.44	32.84	45.47	41.49	36.80	72.95	147.48	105.15	59.96	66.85	104.92
进口总值（百万美元）	5.46	8.28	14.00	10.17	13.93	15.22	9.74	15.83	8.87	7.32	4.16	8.52

图6-7-2　2015年1～12月中国新疆对俄罗斯进出口总值、出口总值、进口总值

从图6-7-2中可以看出，2015年1～12月中国新疆对俄罗斯进出口总值、出口总值的变化趋势基本一致，第一、第二季度整体平稳，进入第三季度开始逐步上升，均在8月出现最高点，分别为163.31百万美元和147.48百万美元，均在3月出现最低点，分别为46.84百万美元、32.84百万美元；中国新疆对俄罗斯进口总值的变化趋势不大。

三、2015年中国新疆对俄罗斯进出口贸易月度分析

1. 2015年1月中国新疆对俄罗斯进出口贸易月度分析

由图6-7-3可以看出，2015年1月中国新疆对俄罗斯的贸易中，进出口总值为5769.50万美元，占中国新疆进出口总值的5.00%，同比上升78.40%，环比下降83.27%。中国新疆对俄罗斯的贸易以出口为主，其中：出口总值为5223.90万美元，占中国新疆出口总值的5.19%，同比上升104.00%，环比下降6.75%；进口总值为545.60万美元，占中国新疆进口总值的3.75%，同比下降18.90%，环比下降98.11%。

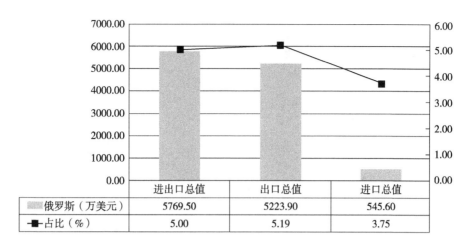

	进出口总值	出口总值	进口总值
俄罗斯（万美元）	5769.50	5223.90	545.60
占比（%）	5.00	5.19	3.75

图 6 - 7 - 3　2015 年 1 月中国新疆对俄罗斯进出口总值、出口总值、进口总值及占比

2. 2015 年 2 月中国新疆对俄罗斯进出口贸易月度分析

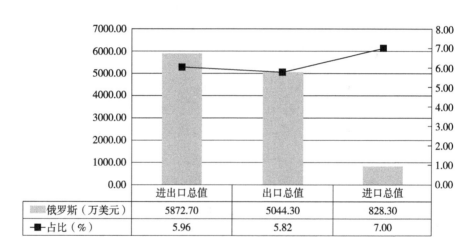

	进出口总值	出口总值	进口总值
俄罗斯（万美元）	5872.70	5044.30	828.30
占比（%）	5.96	5.82	7.00

图 6 - 7 - 4　2015 年 2 月中国新疆对俄罗斯进出口总值、出口总值、进口总值及占比

由图 6 - 7 - 4 可以看出，2015 年 2 月中国新疆对俄罗斯的贸易中，对俄罗斯的进出口总值为 5872.70 万美元，占中国新疆进出口总值的 5.96%，同比上升 164.30%，环比上升 1.79%。中国新疆对俄罗斯的贸易以出口为主，其中：出口总值为 5044.30 万美元，占中国新疆出口总值的 5.82%，同比上升 165.30%，环比下降 3.44%；进口总值为 828.30 万美元，占中国新疆进口总值的 7.00%，同比上升 158.10%，环比上升 51.81%。

3. 2015 年 3 月中国新疆对俄罗斯进出口贸易月度分析

由图 6 - 7 - 5 可以看出，2015 年 3 月中国新疆对俄罗斯的贸易中，对俄罗斯的进出口总值为 4683.60 万美元，占中国新疆进出口总值的 5.87%，同比上升 47.10%，环比下降 20.25%。中国新疆对俄罗斯的贸易以出口为主，其中：出口总值为 3284.10 万美元，占中国新疆出口总值的 5.00%，同比上升 25.60%，环比下降 34.89%；进口总值为 1399.60 万美元，占中国新疆进口总值的 9.94%，同比上升 145.40%，环比上升 68.97%。

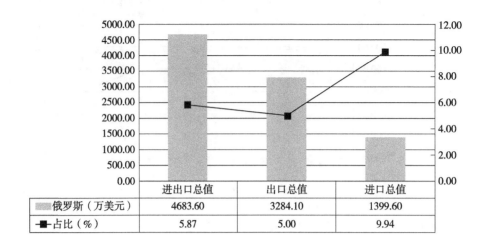

	进出口总值	出口总值	进口总值
俄罗斯（万美元）	4683.60	3284.10	1399.60
占比（%）	5.87	5.00	9.94

图6－7－5　2015年3月中国新疆对俄罗斯进出口总值、出口总值、进口总值及占比

4.2015年4月中国新疆对俄罗斯进出口贸易月度分析

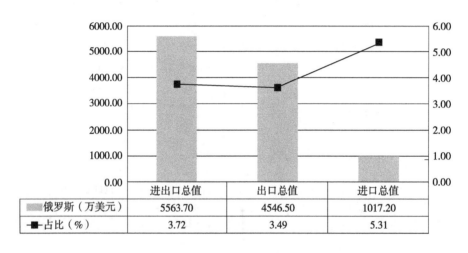

	进出口总值	出口总值	进口总值
俄罗斯（万美元）	5563.70	4546.50	1017.20
占比（%）	3.72	3.49	5.31

图6－7－6　2015年4月中国新疆对俄罗斯进出口总值、出口总值、进口总值及占比

由图6－7－6可以看出，2015年4月中国新疆对俄罗斯的贸易中，对俄罗斯的进出口总值为5563.70万美元，占中国新疆进出口总值的3.72%，同比上升3.89%，环比上升18.79%。中国新疆对俄罗斯的贸易以出口为主，其中：出口总值为4546.50万美元，占中国新疆出口总值的3.49%，同比上升28.40%，环比上升38.44%；进口总值为1017.20万美元，占中国新疆进口总值的5.31%，同比上升15.10%，环比下降27.32%。

5.2015年5月中国新疆对俄罗斯进出口贸易月度分析

由图6－7－7可以看出，2015年5月中国新疆对俄罗斯的贸易中，对俄罗斯的进出口总值为5541.20万美元，占中国新疆进出口总值的4.25%，同比上升13.00%，环比下降0.40%。中国新疆对俄罗斯的贸易以出口为主，其中：出口总值为4148.60万美元，占中国新疆出口总值的3.85%，同比上升5.90%，环比下降8.75%；进口总值为1392.60万美元，占中国新疆进口总值的6.23%，同比上升41.50%，环比上升36.91%。

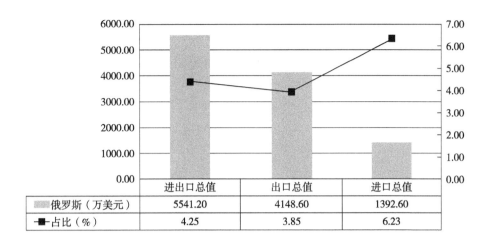

	进出口总值	出口总值	进口总值
俄罗斯（万美元）	5541.20	4148.60	1392.60
占比（%）	4.25	3.85	6.23

图 6 - 7 - 7 2015 年 5 月中国新疆对俄罗斯进出口总值、出口总值、进口总值及占比

6. 2015 年 6 月中国新疆对俄罗斯进出口贸易月度分析

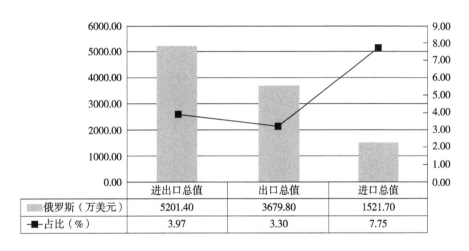

	进出口总值	出口总值	进口总值
俄罗斯（万美元）	5201.40	3679.80	1521.70
占比（%）	3.97	3.30	7.75

图 6 - 7 - 8 2015 年 6 月中国新疆对俄罗斯进出口总值、出口总值、进口总值及占比

由图 6 - 7 - 8 可以看出，2015 年 6 月中国新疆对俄罗斯的贸易中，对俄罗斯的进出口总值为 5201.40 万美元，占中国新疆进出口总值的 3.97%，同比下降 0.70%，环比下降 6.13%。中国新疆对俄罗斯的贸易以出口为主，其中：出口总值为 3679.80 万美元，占中国新疆出口总值的 3.30%，同比下降 14.70%，环比下降 11.30%；进口总值为 1521.70 万美元，占中国新疆进口总值的 7.75%，同比上升 64.30%，环比上升 9.27%。

7. 2015 年 7 月中国新疆对俄罗斯进出口贸易月度分析

由图 6 - 7 - 9 可以看出，2015 年 7 月中国新疆对俄罗斯的贸易中，对俄罗斯的进出口总值为 8269.30 万美元，占中国新疆进出口总值的 4.22%，同比上升 41.10%，环比上升 58.98%。中国新疆对俄罗斯的贸易以出口为主，其中：出口总值为 7295.30 万美元，占中国新疆出口总值的 4.30%，同比上升 52.30%，环比上升 98.25%；进口总值为 974.10 万美元，占中国新疆进口总值的 3.73%，同比下降 9.00%，环比下降 35.99%。

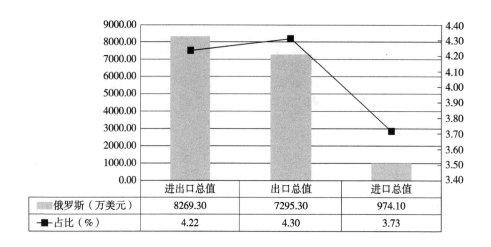

图6-7-9 2015年7月中国新疆对俄罗斯进出口总值、出口总值、进口总值及占比

8. 2015年8月中国新疆对俄罗斯进出口贸易月度分析

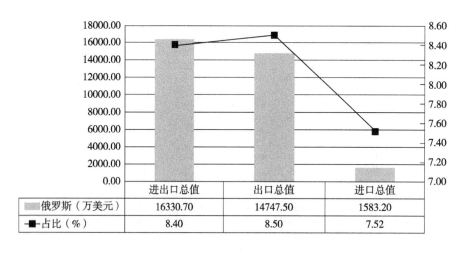

图6-7-10 2015年8月中国新疆对俄罗斯进出口总值、出口总值、进口总值及占比

由图6-7-10可以看出，2015年8月中国新疆对俄罗斯的贸易中，对俄罗斯的进出口总值为16330.70万美元，占中国新疆进出口总值的8.40%，同比下降67.40%，环比上升97.49%。中国新疆对俄罗斯的贸易以出口为主，其中：出口总值为14747.50万美元，占中国新疆出口总值的8.50%，同比上升225.40%，环比上升102.15%；进口总值为1583.20万美元，占中国新疆进口总值的7.52%，同比下降96.50%，环比上升62.53%。

9. 2015年9月中国新疆对俄罗斯进出口贸易月度分析

由图6-7-11可以看出，2015年9月中国新疆对俄罗斯的贸易中，对俄罗斯的进出口总值为11401.70万美元，占中国新疆进出口总值的3.27%，同比下降52.30%，环比下降30.18%。中国新疆对俄罗斯的贸易以出口为主，其中：出口总值为10514.90万美元，占中国新疆出口总值的3.16%，同比上升22.30%，环比下降28.70%；进口总值为886.80万美元，占中国新疆进口总值的5.63%，同比下降94.20%，环比下降43.99%。

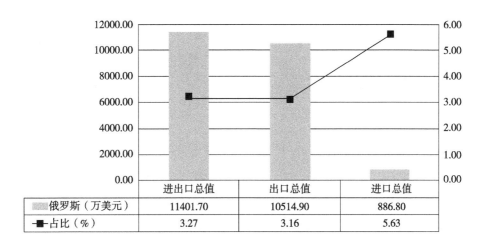

图 6 - 7 - 11 2015 年 9 月中国新疆对俄罗斯进出口总值、出口总值、进口总值及占比

10. 2015 年 10 月中国新疆对俄罗斯进出口贸易月度分析

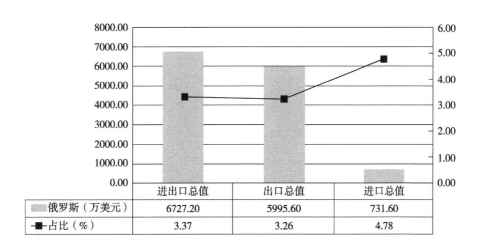

图 6 - 7 - 12 2015 年 10 月中国新疆对俄罗斯进出口总值、出口总值、进口总值及占比

由图 6 - 7 - 12 可以看出，2015 年 10 月中国新疆对俄罗斯的贸易中，对俄罗斯的进出口总值为 6727. 20 万美元，占中国新疆进出口总值的 3. 37%，同比下降 82. 20%，环比下降 41. 00%。中国新疆对俄罗斯的贸易以出口为主，其中：出口总值为 5995. 60 万美元，占中国新疆出口总值的 3. 26%，同比下降 26. 20%，环比下降 42. 98%；进口总值为 731. 60 万美元，占中国新疆进口总值的 4. 78%，同比下降 97. 50%，环比下降 17. 50%。

11. 2015 年 11 月中国新疆对俄罗斯进出口贸易月度分析

由图 6 - 7 - 13 可以看出，2015 年 11 月中国新疆对俄罗斯的贸易中，对俄罗斯的进出口总值为 7100. 70 万美元，占中国新疆进出口总值的 3. 67%，同比下降 82. 10%，环比上升 5. 55%。中国新疆对俄罗斯的贸易以出口为主，其中：出口总值为 6684. 90 万美元，占中国新疆出口总值的 3. 78%，同比下降 24. 90%，环比上升 11. 50%；进口总值为 415. 80 万美元，占中国新疆进口总值的 2. 53%，同比下降 98. 70%，环比下降 43. 17%。

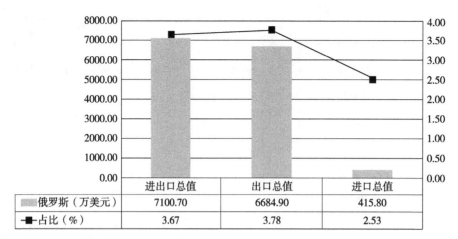

图6-7-13　2015年11月中国新疆对俄罗斯进出口总值、出口总值、进口总值及占比

12.2015年12月中国新疆对俄罗斯进出口贸易月度分析

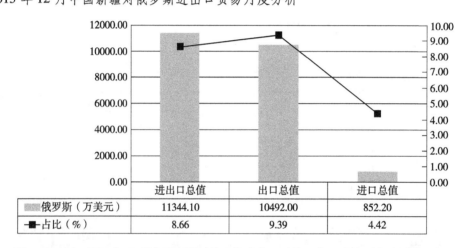

图6-7-14　2015年12月中国新疆对俄罗斯进出口总值、出口总值、进口总值及占比

由图6-7-14可以看出，2015年12月中国新疆对俄罗斯的贸易中，对俄罗斯的进出口总值为11344.10万美元，占中国新疆进出口总值的8.66%，同比下降67.10%，环比上升59.76%。中国新疆对俄罗斯的贸易以出口为主，其中：出口总值为10492.00万美元，占中国新疆出口总值的9.39%，同比上升87.30%，环比上升56.95%；进口总值为852.20万美元，占中国新疆进口总值的4.42%，同比下降97.10%，环比下降104.95%。

第八节　2015年中国新疆与蒙古国的进出口贸易情况

一、2015年中国新疆对蒙古国进出口贸易分析

由图6-8-1可以看出，2015年，中国新疆对蒙古国的贸易中，对蒙古国的进出口总值为99.81百万美元，占中国新疆进出口总值的0.51%，同比下降76.20%。中国新疆对蒙古国的贸易

以进口为主，其中：进口总值为 58.56 百万美元，占中国新疆进口总值的 2.70%，同比上升 37.60%；出口总值为 41.25 百万美元，占中国新疆出口总值的 0.24%，同比下降 89.10%。

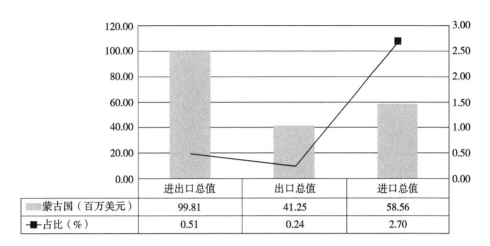

图 6 - 8 - 1　2015 年中国新疆对蒙古国进出口总值、出口总值、进口总值及占比

二、2015 年中国新疆对蒙古国进出口贸易趋势分析

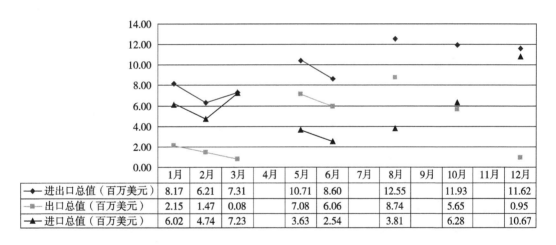

图 6 - 8 - 2　2015 年 1~12 月中国新疆对蒙古国进出口总值、出口总值、进口总值

从图 6 - 8 - 2 中可以看出，4 月、7 月、9 月及 11 月中国新疆未与蒙古国发生进出口贸易。中国新疆对蒙古国的进出口贸易最高点在 8 月，为 12.55 百万美元，最低点在 2 月，为 6.21 百万美元；对蒙古国的出口贸易最高点在 8 月，为 8.74 百万美元，最低点在 3 月，为 0.08 百万美元，第一季度表现为先降后升的倒 U 形变动趋势；对蒙古国的进口贸易最高点在 12 月，为 10.67 百万美元，最低点在 6 月，为 2.54 百万美元。

三、2015 年中国新疆对蒙古国进出口贸易月度分析

1. 2015 年 1 月中国新疆对蒙古国进出口贸易月度分析

由图 6 - 8 - 3 可以看出，2015 年 1 月中国新疆对蒙古国的贸易中，对蒙古国的进出口总值为 816.80 万美元，占中国新疆进出口总值的 0.71%，同比下降 15.30%，环比下降 65.85%。中国新

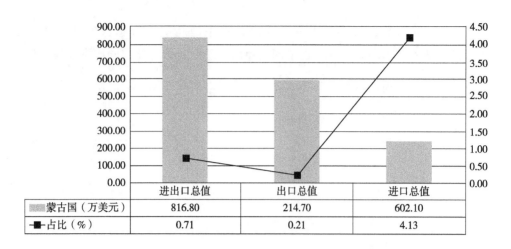

图 6 - 8 - 3　2015 年 1 月中国新疆对蒙古国进出口总值、出口总值、进口总值及占比

疆对蒙古国的贸易以进口为主，其中：出口总值为 214.70 万美元，占中国新疆出口总值的 0.21%，同比下降 41.10%，环比下降 91.02%；进口总值为 602.10 万美元，占中国新疆进口总值的 4.13%，同比上升 0.40%，环比上升 150425.00%。

2. 2015 年 2 月中国新疆对蒙古国进出口贸易月度分析

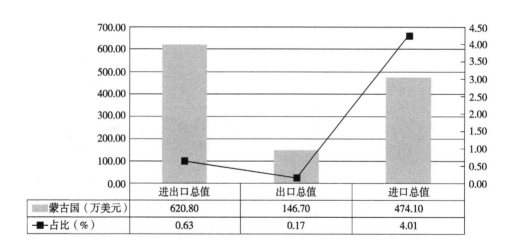

图 6 - 8 - 4　2015 年 2 月中国新疆对蒙古国进出口总值、出口总值、进口总值及占比

由图 6 - 8 - 4 可以看出，2015 年 2 月中国新疆对蒙古国的贸易中，对蒙古国的进出口总值为 620.80 万美元，占中国新疆进出口总值的 0.63%，同比下降 36.00%，环比下降 24.00%。中国新疆对蒙古国的贸易以进口为主，其中：出口总值为 146.70 万美元，占中国新疆出口总值的 0.17%，同比上升 127.70%，环比下降 31.67%；进口总值为 474.10 万美元，占中国新疆进口总值的 4.01%，同比下降 47.70%，环比下降 21.26%。

3. 2015 年 3 月中国新疆对蒙古国进出口贸易月度分析

由图 6 - 8 - 5 可以看出，2015 年 3 月中国新疆对蒙古国的贸易中，对蒙古国的进出口总值为 731.20 万美元，占中国新疆进出口总值的 0.92%，同比上升 216.90%，环比上升 17.78%。中国新疆对蒙古国的贸易以进口为主，其中：出口总值为 7.80 万美元，占中国新疆出口总值的 0.01%，

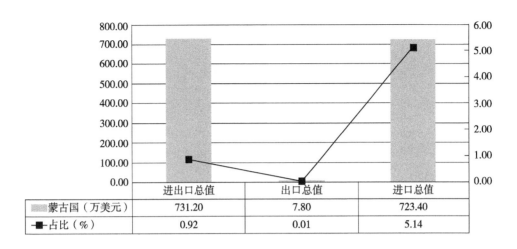

	进出口总值	出口总值	进口总值
蒙古国（万美元）	731.20	7.80	723.40
占比（%）	0.92	0.01	5.14

图 6 - 8 - 5　2015 年 3 月中国新疆对蒙古国进出口总值、出口总值、进口总值及占比

同比下降 96.60%，环比下降 94.68%；进口总值为 723.40 万美元，占中国新疆进口总值的 5.14%，环比上升 52.58%。

4. 2015 年 4 月中国新疆对蒙古国进出口贸易月度分析

2015 年 4 月中国新疆未对蒙古国发生进出口贸易。

5. 2015 年 5 月中国新疆对蒙古国进出口贸易月度分析

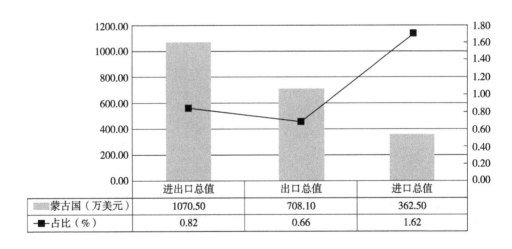

	进出口总值	出口总值	进口总值
蒙古国（万美元）	1070.50	708.10	362.50
占比（%）	0.82	0.66	1.62

图 6 - 8 - 6　2015 年 5 月中国新疆对蒙古国进出口总值、出口总值、进口总值及占比

由图 6 - 8 - 6 可以看出，2015 年 5 月中国新疆对蒙古国的贸易中，对蒙古国的进出口总值为 1070.50 万美元，占中国新疆进出口总值的 0.82%，同比下降 77.00%。中国新疆对蒙古国的贸易以出口为主，其中：出口总值为 708.10 万美元，占中国新疆出口总值的 0.66%，同比下降 82.90%；进口总值为 362.50 万美元，占中国新疆进口总值的 1.62%，同比下降 30.90%。

6. 2015 年 6 月中国新疆对蒙古国进出口贸易月度分析

由图 6 - 8 - 7 可以看出，2015 年 6 月中国新疆对蒙古国的贸易中，对蒙古国的进出口总值为 860.00 万美元，占中国新疆进出口总值的 0.66%，同比下降 83.40%，环比下降 19.66%。中国新疆对蒙古国的贸易以出口为主，其中：出口总值为 606.40 万美元，占中国新疆出口总值的 0.54%，

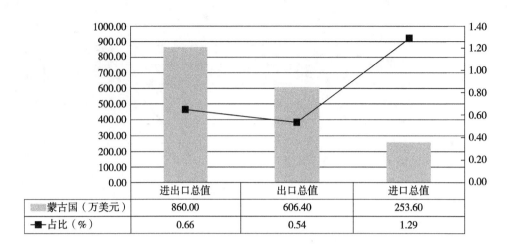

	进出口总值	出口总值	进口总值
蒙古国（万美元）	860.00	606.40	253.60
占比（%）	0.66	0.54	1.29

图6-8-7 2015年6月中国新疆对蒙古国进出口总值、出口总值、进口总值及占比

同比下降88.20%，环比下降14.36%；进口总值为253.60万美元，占中国新疆进口总值的1.29%，同比上升666.80%，环比下降30.04%。

7. 2015年7月中国新疆对蒙古国进出口贸易月度分析

2015年7月中国新疆未对蒙古国发生进出口贸易。

8. 2015年8月中国新疆对蒙古国进出口贸易月度分析

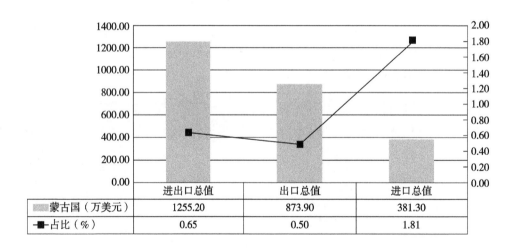

	进出口总值	出口总值	进口总值
蒙古国（万美元）	1255.20	873.90	381.30
占比（%）	0.65	0.50	1.81

图6-8-8 2015年8月中国新疆对蒙古国进出口总值、出口总值、进口总值及占比

由图6-8-8可以看出，2015年8月中国新疆对蒙古国的贸易中，对蒙古国的进出口总值为1255.20万美元，占中国新疆进出口总值的0.65%，同比下降88.30%。中国新疆对蒙古国的贸易以出口为主，其中：出口总值为873.90万美元，占中国新疆出口总值的0.50%，同比下降91.60%；进口总值为381.30万美元，占中国新疆进口总值的1.81%，同比上升25.60%。

9. 2015年9月中国新疆对蒙古国进出口贸易月度分析

2015年9月中国新疆未对蒙古国发生进出口贸易。

10. 2015年10月中国新疆对蒙古国进出口贸易月度分析

由图6-8-9可以看出，2015年10月中国新疆对蒙古国的贸易中，对蒙古国的进出口总值为

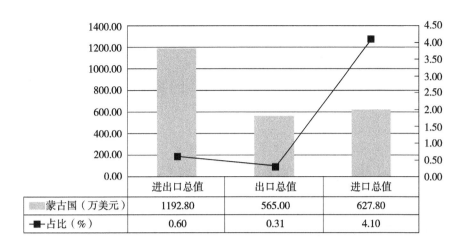

图 6 - 8 - 9 2015 年 10 月中国新疆对蒙古国进出口总值、出口总值、进口总值及占比

1192.80 万美元，占中国新疆进出口总值的 0.60%，同比下降 50.20%。中国新疆对蒙古国的贸易以进口为主，其中：出口总值为 565.00 万美元，占中国新疆出口总值的 0.31%，同比下降 65.50%；进口总值为 627.80 万美元，占中国新疆进口总值的 4.10%，同比下降 17.40%。

11. 2015 年 11 月中国新疆对蒙古国进出口贸易月度分析

2015 年 11 月中国新疆未对蒙古国发生进出口贸易。

12. 2015 年 12 月中国新疆对蒙古国进出口贸易月度分析

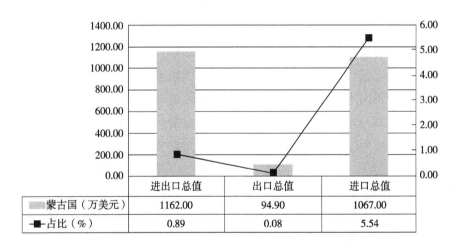

图 6 - 8 - 10 2015 年 12 月中国新疆对蒙古国进出口总值、出口总值、进口总值及占比

由图 6 - 8 - 10 可以看出，2015 年 12 月中国新疆对蒙古国的贸易中，对蒙古国的进出口总值为 1162.00 万美元，占中国新疆进出口总值的 0.89%，同比下降 51.40%。中国新疆对蒙古国的贸易以进口为主，其中：出口总值 94.90 万美元，占中国新疆出口总值的 0.08%，同比下降 96.00%；进口总值为 1067.00 万美元，占中国新疆进口总值的 5.54%。

第九节　2015年中国新疆与其他国家的进出口贸易情况

2015年中国新疆除了对中亚五国、西亚国家、南亚国家、东欧国家、俄罗斯、蒙古国有进出口贸易外，还对其他36个国家有进出口贸易。

一、2015年中国新疆对其他国家进出口贸易总体分析

（一）2015年中国新疆对其他国家进出口贸易分析

由图6-9-1、图6-9-2可以看出，2015年，中国新疆对其他国家进出口贸易中，按进出口总值大小排名依次为：美国、德国、荷兰、安哥拉、英国、新加坡、马来西亚、意大利、日本、泰国、加拿大、澳大利亚、韩国、墨西哥、西班牙、越南、印度尼西亚、法国、菲律宾、阿尔及利亚、比利时、巴西、智利、波兰、加纳、肯尼亚、巴拿马、尼日利亚、喀麦隆、芬兰、塞内加尔、秘鲁、罗马尼亚、科特迪瓦、瑞典、奥地利。

其中：对美国的进出口总值为2071.85百万美元，占中国新疆进出口总值的10.53%，同比上升170.00%；对德国的进出口总值为441.82百万美元，占中国新疆进出口总值的2.25%，同比上升35.00%；对荷兰的进出口总值为296.53百万美元，占中国新疆进出口总值的1.51%，同比上升154.40%。

（二）2015年中国新疆对其他国家进出口贸易趋势分析

考虑到数据的相对完整性及连续性，本书仅选取其他国家中进出口贸易总值排名前5的美国、德国、荷兰、安哥拉及英国进行1～12月的趋势分析。除美国及德国1～12月进出口贸易数据较为完整，其余三国均存在某月未发生进出口贸易的情况。由图6-9-3可以看出，中国新疆对其他国家的进出口总值大小排名顺序变动较大，但排在首位的始终为美国、末位始终是英国。具体来看，1月排名顺序为德国、美国、安哥拉、英国、荷兰；2～4月排名顺序为美国、德国、安哥拉、英国、荷兰；5月、8月排名顺序为美国、安哥拉、德国、荷兰、英国；6月排名顺序为美国、安哥拉、德国、英国、荷兰；7月排名顺序为美国、德国、安哥拉、荷兰及英国；9～10月排名顺序为美国、德国、荷兰、英国、安哥拉；11月排名顺序为美国、荷兰、德国、英国、安哥拉；12月排名顺序为美国、德国、安哥拉、荷兰、英国。具体来说，中国新疆对美国的进出口总值呈倒U形波动趋势。其中，对美国的进出口贸易最高点在9月，为945.79百万美元，最低点在2月，为12.85百万美元；中国新疆对德国的进出口总值波动趋势较为平稳，在9月出现最高点，为154.91百万美元，最低点在3月，为13.10百万美元；上半年中，中国新疆仅在5月与荷兰发生进出口贸易，为5.28百万美元，这也是全年最低点。在下半年中上下波动起伏较为明显，进出口贸易最高点发生在9月，为137.16百万美元；中国新疆仅在4月未与安哥拉发生进出口贸易，全年呈倒U形波动趋势，进出口总值最高点在8月，为59.41百万美元，最低点在2月，为4.51百万美元；中国新疆在2月、3月及8月未与英国发生进出口贸易，从整体来看，全年呈倒U形变动趋势。其中，对英国的进出口总值最高点出现在9月，为118.25百万美元，最低点在5月，为3.22百万美元。

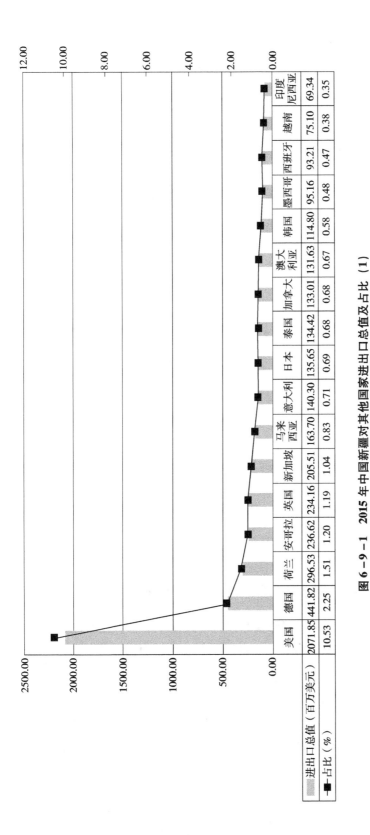

图 6 - 9 - 1　2015 年中国新疆对其他国家进出口总值及占比（1）

进出口总值（百万美元）	美国 2071.85	德国 441.82	荷兰 296.53	安哥拉 236.62	英国 234.16	新加坡 205.51	马来西亚 163.70	意大利 140.30	日本 135.65	泰国 134.42	加拿大 133.01	澳大利亚 131.63	韩国 114.80	墨西哥 95.16	西班牙 93.21	越南 75.10	印度尼西亚 69.34
占比（%）	10.53	2.25	1.51	1.20	1.19	1.04	0.83	0.71	0.69	0.68	0.68	0.67	0.58	0.48	0.47	0.38	0.35

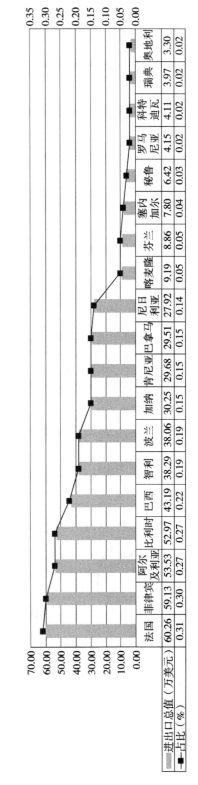

图 6 - 9 - 2　2015 年中国新疆对其他国家进出口总值及占比（2）

进出口总值（万美元）	法国 60.26	菲律宾 59.13	阿尔及利亚 53.53	比利时 52.97	巴西 43.19	智利 38.29	波兰 38.06	加纳 30.25	肯尼亚 29.68	巴拿马 29.51	尼日利亚 27.92	喀麦隆 9.19	芬兰 8.86	塞内加尔 7.80	秘鲁 6.42	罗马尼亚 4.15	科特迪瓦 4.11	瑞典 3.97	奥地利 3.30
占比（%）	0.31	0.30	0.27	0.27	0.22	0.19	0.19	0.15	0.15	0.15	0.14	0.05	0.05	0.04	0.03	0.02	0.02	0.02	0.02

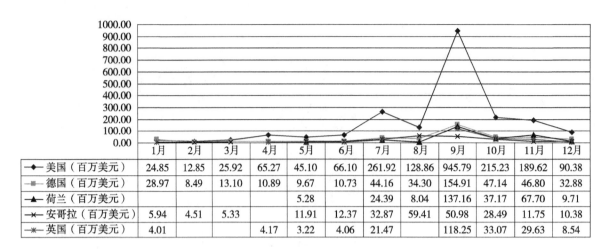

	1月	2月	3月	4月	5月	6月	7月	8月	9月	10月	11月	12月
美国（百万美元）	24.85	12.85	25.92	65.27	45.10	66.10	261.92	128.86	945.79	215.23	189.62	90.38
德国（百万美元）	28.97	8.49	13.10	10.89	9.67	10.73	44.16	34.30	154.91	47.14	46.80	32.88
荷兰（百万美元）				5.28		24.39	8.04	137.16	37.17	67.70	9.71
安哥拉（百万美元）	5.94	4.51	5.33		11.91	12.37	32.87	59.41	50.98	28.49	11.75	10.38
英国（百万美元）	4.01			4.17	3.22	4.06	21.47		118.25	33.07	29.63	8.54

图 6 - 9 - 3　2015 年 1～12 月中国新疆对其他国家进出口总值

（三）2015 年中国新疆对其他国家及地区进出口贸易月度分析

1. 2015 年 1 月中国新疆对其他国家及地区进出口贸易月度分析

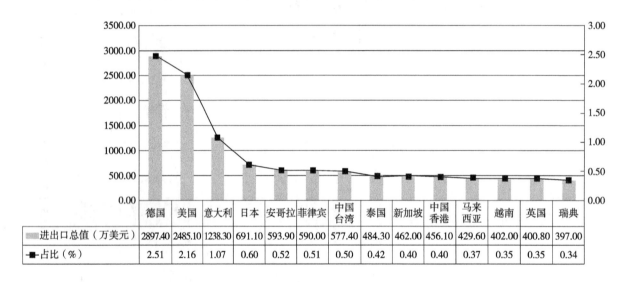

	德国	美国	意大利	日本	安哥拉	菲律宾	中国台湾	泰国	新加坡	中国香港	马来西亚	越南	英国	瑞典
进出口总值（万美元）	2897.40	2485.10	1238.30	691.10	593.90	590.00	577.40	484.30	462.00	456.10	429.60	402.00	400.80	397.00
占比（%）	2.51	2.16	1.07	0.60	0.52	0.51	0.50	0.42	0.40	0.40	0.37	0.35	0.35	0.34

图 6 - 9 - 4　2015 年 1 月中国新疆对其他 14 个国家及地区进出口总值及占比

由图 6 - 9 - 4 可以看出，中国新疆对其他 14 个贸易国和地区的进出口总值大小排名依次为：德国、美国、意大利、日本、安哥拉、菲律宾、中国台湾、泰国、新加坡、中国香港、马来西亚、越南、英国、瑞典。

其中，对德国的进出口总值为 2897.40 万美元，占中国新疆进出口总值的 2.51%，同比下降 37.50%，环比上升 45.69%；对美国的进出口总值为 2485.10 万美元，占中国新疆进出口总值的 2.16%，同比下降 71.80%，环比下降 45.16%；对意大利的进出口总值为 1238.30 万美元，占中国新疆进出口总值的 1.07%，同比上升 46.70%，环比下降 28.93%。

2. 2015 年 2 月中国新疆对其他国家进出口贸易月度分析

由图 6 - 9 - 5 可以看出，中国新疆对其他 15 个贸易国的进出口总值大小排名依次为：美国、德国、尼日利亚、泰国、日本、马来西亚、韩国、安哥拉、菲律宾、塞内加尔、科特迪瓦、意大利、喀麦隆、罗马尼亚、印度尼西亚。其中，对美国的进出口总值为 1284.60 万美元，占中国新疆

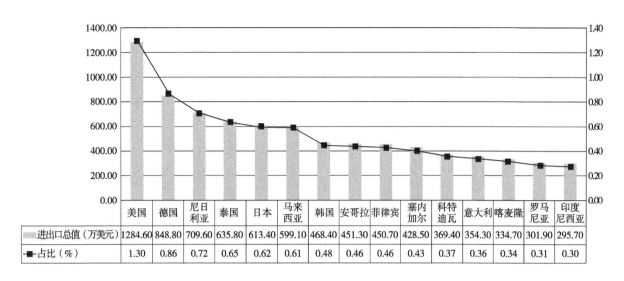

	美国	德国	尼日利亚	泰国	日本	马来西亚	韩国	安哥拉	菲律宾	塞内加尔	科特迪瓦	意大利	喀麦隆	罗马尼亚	印度尼西亚
进出口总值（万美元）	1284.60	848.80	709.60	635.80	613.40	599.10	468.40	451.30	450.70	428.50	369.40	354.30	334.70	301.90	295.70
占比（%）	1.30	0.86	0.72	0.65	0.62	0.61	0.48	0.46	0.46	0.43	0.37	0.36	0.34	0.31	0.30

图6-9-5 2015年2月中国新疆对其他15个国家进出口总值及占比

进出口总值的1.30%，同比下降59.40%，环比下降48.31%；对德国的进出口总值为848.80万美元，占中国新疆进出口总值的0.86%，同比下降26.00%，环比下降70.71%；对尼日利亚的进出口总值为709.60万美元，占中国新疆进出口总值的0.72%，同比下降61.50%。

3. 2015年3月中国新疆对其他国家及地区进出口贸易月度分析

由图6-9-6可以看出，中国新疆对其他18个贸易国及地区的进出口总值大小排名依次为：美国、德国、日本、阿尔及利亚、韩国、墨西哥、新加坡、安哥拉、尼日利亚、意大利、法国、中国香港、马来西亚、菲律宾、泰国、加纳、印度尼西亚、奥地利。其中，对美国的进出口总值为2592.40万美元，占中国新疆进出口总值的3.25%，同比上升30.20%，环比上升101.81%；对德国的进出口总值为1310.30万美元，占中国新疆进出口总值的1.64%，同比下降15.30%，环比上升54.37%；对日本的进出口总值为955.10万美元，占中国新疆进出口总值的1.20%，同比下降26.90%，环比上升55.71%。

4. 2015年4月中国新疆对其他国家进出口贸易月度分析

由图6-9-7可以看出，中国新疆对其他17个贸易国的进出口总值大小排名依次为：美国、日本、澳大利亚、加拿大、德国、阿尔及利亚、意大利、马来西亚、韩国、印度尼西亚、喀麦隆、墨西哥、英国、菲律宾、秘鲁、巴西、新加坡。其中，对美国的进出口总值为6257.10万美元，占中国新疆进出口总值的4.37%，同比上升318.50%，环比上升151.78%；对日本的进出口总值为1574.70万美元，占中国新疆进出口总值的1.05%，同比下降29.40%，环比上升64.87%；对澳大利亚的进出口总值为1480.20万美元，占中国新疆进出口总值的0.99%，同比下降58.00%。

5. 2015年5月中国新疆对其他国家进出口贸易月度分析

由图6-9-8可以看出，中国新疆对其他17个贸易国的进出口总值大小排名依次为：美国、安哥拉、澳大利亚、泰国、意大利、德国、日本、阿尔及利亚、韩国、芬兰、马来西亚、荷兰、加拿大、墨西哥、印度尼西亚、越南、英国。其中，对美国的进出口总值为4509.50万美元，占中国新疆进出口总值的3.46%，同比上升129.90%，环比下降30.91%；对安哥拉的进出口总值为1191.40万美元，占中国新疆进出口总值的0.91%，同比上升450.10%；对澳大利亚的进出口总值为1180.00万美元，占中国新疆进出口总值的0.91%，同比上升538.50%，环比下降20.28%。

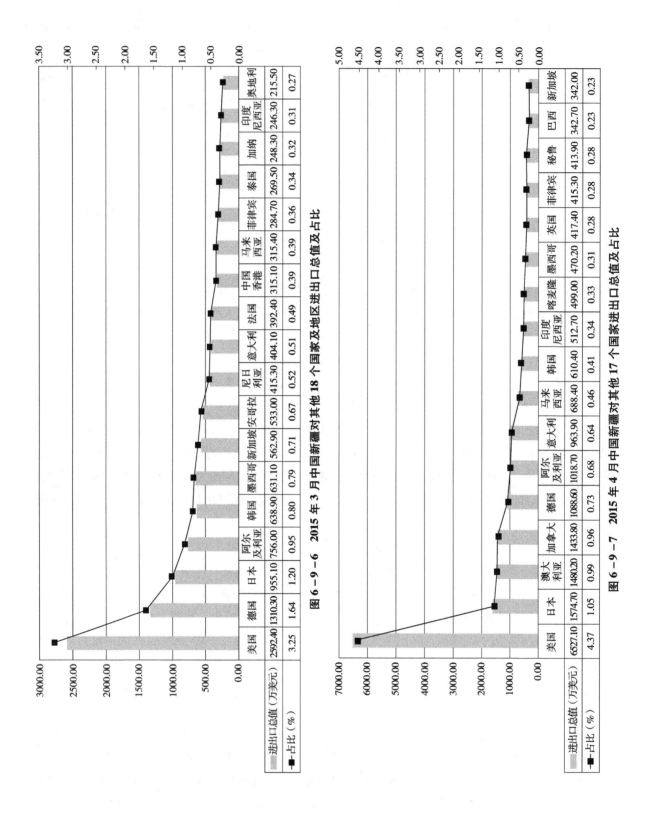

图 6 - 9 - 6　2015 年 3 月中国新疆对其他 18 个国家及地区进出口总值及占比

进出口总值（万美元）	美国	德国	日本	阿尔及利亚	韩国	墨西哥	新加坡	安哥拉	尼日利亚	意大利	法国	中国香港	马来西亚	菲律宾	泰国	加纳	印度尼西亚	奥地利
	2592.40	1310.30	955.10	756.00	638.90	631.10	562.90	533.00	415.30	404.10	392.40	315.10	315.40	284.70	269.50	248.30	246.30	215.50
占比（%）	3.25	1.64	1.20	0.95	0.80	0.79	0.71	0.67	0.52	0.51	0.49	0.39	0.39	0.36	0.34	0.32	0.31	0.27

图 6 - 9 - 7　2015 年 4 月中国新疆对其他 17 个国家进出口总值及占比

进出口总值（万美元）	美国	日本	澳大利亚	加拿大	德国	阿尔及利亚	意大利	马来西亚	韩国	印度尼西亚	喀麦隆	墨西哥	英国	菲律宾	秘鲁	巴西	新加坡
	6527.10	1574.70	1480.20	1433.80	1088.60	1018.70	963.90	688.40	610.40	512.70	499.00	470.20	417.40	415.30	413.90	342.70	342.00
占比（%）	4.37	1.05	0.99	0.96	0.73	0.68	0.64	0.46	0.41	0.34	0.33	0.31	0.28	0.28	0.28	0.23	0.23

6. 2015 年 6 月中国新疆对其他国家进出口贸易月度分析

由图 6 - 9 - 9 可以看出，中国新疆对其他 14 个贸易国的进出口总值大小排名依次为：美国、安哥拉、德国、意大利、泰国、日本、韩国、菲律宾、马来西亚、英国、印度尼西亚、巴西、加拿大、尼日利亚。

中国新疆对其他 14 个国家的进出口总值为 14984.80 万美元，占中国新疆进出口总值的 11.44%。其中，对美国的进出口总值为 6609.70 万美元，占中国新疆进出口总值的 5.05%，同比上升 28.90%，环比上升 46.57%；对安哥拉的进出口总值为 1236.50 万美元，占中国新疆进出口总值的 0.94%，同比上升 466.90%，环比上升 3.79%；对德国的进出口总值为 1072.80 万美元，占中国新疆进出口总值的 0.82%，同比下降 69.00%，环比上升 10.90%。

7. 2015 年 7 月中国新疆对其他国家进出口贸易月度分析

由图 6 - 9 - 10 可以看出，中国新疆对其他 20 个贸易国的进出口总值大小排名依次为：美国、德国、安哥拉、荷兰、马来西亚、加纳、英国、墨西哥、意大利、印度尼西亚、日本、韩国、加拿大、西班牙、泰国、巴拿马、新加坡、巴西、越南、波兰。

中国新疆对其他国家进出口贸易总值为 58085.40 万美元，占中国新疆进出口总值的 29.67%。其中，对美国的进出口总值为 26192.30 万美元，占中国新疆进出口总值的 13.38%，同比上升 316.70%，环比上升 296.27%；对德国的进出口总值为 4415.70 万美元，占中国新疆进出口总值的 2.26%，同比上升 302.10%，环比上升 311.61%；对安哥拉的进出口总值为 3287.30 万美元，占中国新疆进出口总值的 1.68%，同比上升 12225.70%，环比上升 165.86%。

8. 2015 年 8 月中国新疆对其他国家及地区进出口贸易月度分析

由图 6 - 9 - 11 可以看出，中国新疆对其他 16 个贸易国家及地区的进出口总值大小排名依次为：美国、安哥拉、德国、韩国、马来西亚、泰国、印度尼西亚、日本、肯尼亚、中国澳门、新加坡、越南、荷兰、菲律宾、尼日利亚、意大利。

中国新疆对其他国家及地区进出口贸易总值为 35646.80 万美元，占中国新疆进出口总值的 18.33%。其中，对美国的进出口总值为 12885.50 万美元，占中国新疆进出口总值的 6.62%，同比上升 453.90%，环比下降 50.80%；对安哥拉的进出口总值为 5941.10 万美元，占中国新疆进出口总值的 3.05%，环比上升 80.73%；对德国的进出口总值为 3429.50 万美元，占中国新疆进出口总值的 1.76%，同比上升 43.90%，环比下降 22.33%。

9. 2015 年 9 月中国新疆对其他国家进出口贸易月度分析

由图 6 - 9 - 12 可以看出，中国新疆对其他 20 个贸易国家的进出口总值大小排名依次为：美国、德国、荷兰、英国、加拿大、安哥拉、马来西亚、新加坡、西班牙、澳大利亚、泰国、墨西哥、比利时、法国、意大利、越南、波兰、巴拿马、巴西、韩国。

中国新疆对其他国家进出口贸易总值为 186125.80 万美元，占中国新疆进出口总值的 53.40%。其中，对美国的进出口总值为 94578.80 万美元，占中国新疆进出口总值的 27.13%，同比上升 232.90%，环比上升 633.99%；对德国的进出口总值为 15490.70 万美元，占中国新疆进出口总值的 4.44%，同比上升 120.20%，环比上升 351.69%；对荷兰的进出口总值为 13716.40 万美元，占中国新疆进出口总值的 3.93%，同比上升 182.70%，环比上升 1605.17%。

10. 2015 年 10 月中国新疆对其他国家进出口贸易月度分析

由图 6 - 9 - 13 可以看出，中国新疆对其他 16 个贸易国家的进出口总值大小排名依次为：美国、

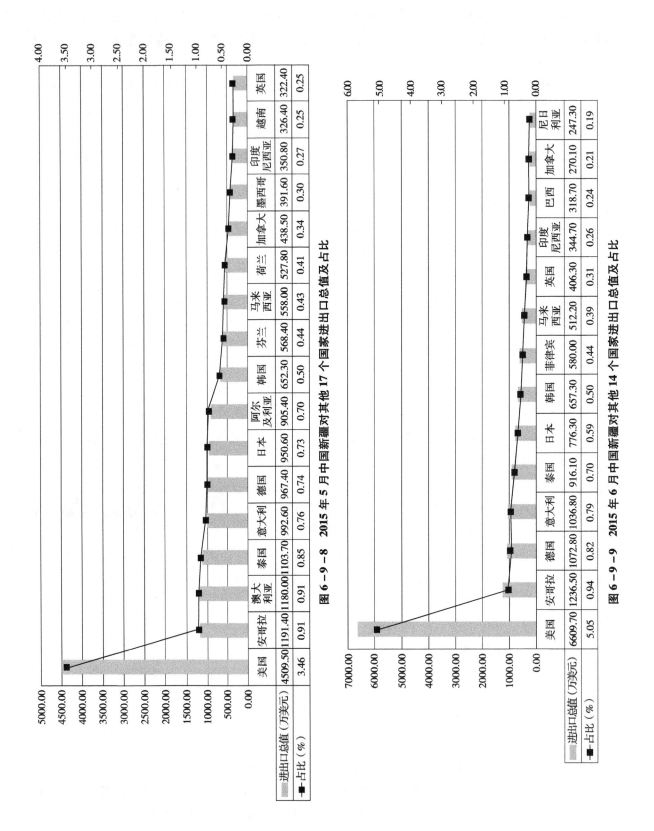

图 6-9-8　2015 年 5 月中国新疆对其他 17 个国家进出口总值及占比

	美国	安哥拉	澳大利亚	泰国	意大利	德国	日本	阿尔及利亚	韩国	芬兰	马来西亚	荷兰	加拿大	墨西哥	印度尼西亚	越南	英国
进出口总值（万美元）	4509.50	1191.40	1180.00	1103.70	992.60	967.40	950.60	905.40	652.30	568.40	558.00	527.80	438.50	391.60	350.80	326.40	322.40
占比（%）	3.46	0.91	0.91	0.85	0.76	0.74	0.73	0.70	0.50	0.44	0.43	0.41	0.34	0.30	0.27	0.25	0.25

图 6-9-9　2015 年 6 月中国新疆对其他 14 个国家进出口总值及占比

	美国	安哥拉	德国	意大利	泰国	日本	韩国	菲律宾	马来西亚	英国	印度尼西亚	巴西	加拿大	尼日利亚
进出口总值（万美元）	6609.70	1236.50	1072.80	1036.80	916.10	776.30	657.30	580.00	512.20	406.30	344.70	318.70	270.10	247.30
占比（%）	5.05	0.94	0.82	0.79	0.70	0.59	0.50	0.44	0.39	0.31	0.26	0.24	0.21	0.19

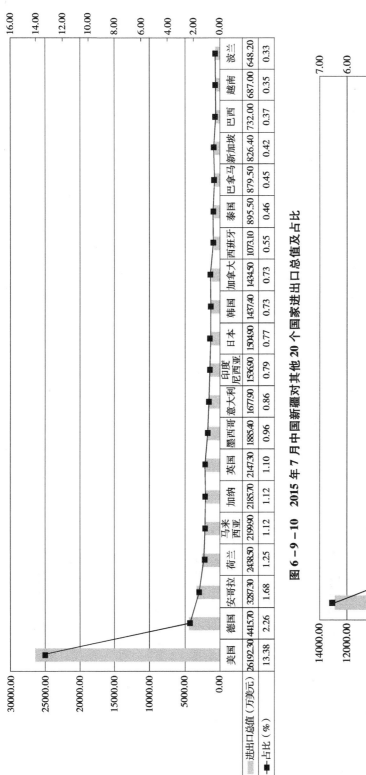

图 6 - 9 - 10　2015 年 7 月中国新疆对其他 20 个国家进出口总值及占比

进出口总值（万美元）	美国	德国	安哥拉	荷兰	马来西亚	加纳	英国	墨西哥	意大利	印度尼西亚	日本	韩国	加拿大	西班牙	泰国	巴拿马	新加坡	巴西	越南	波兰
	26192.30	4415.70	3287.30	2485.50	2199.90	2185.70	2147.30	1885.40	1677.90	1536.90	1504.90	1437.40	1434.50	1073.10	895.90	879.50	826.40	732.00	687.00	648.20
占比（%）	13.38	2.26	1.68	1.25	1.12	1.12	1.10	0.96	0.86	0.79	0.77	0.73	0.73	0.55	0.46	0.45	0.42	0.37	0.35	0.33

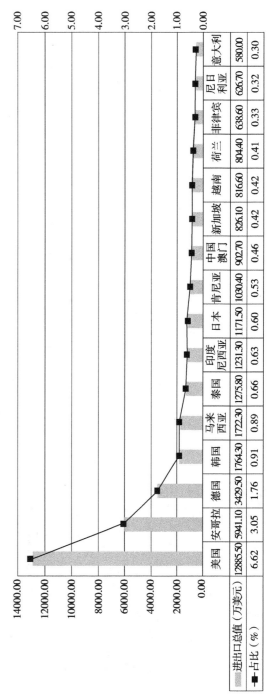

图 6 - 9 - 11　2015 年 8 月中国新疆对其他 16 个国家及地区进出口总值及占比

进出口总值（万美元）	美国	安哥拉	德国	韩国	马来西亚	泰国	印度尼西亚	日本	肯尼亚	中国澳门	新加坡	越南	荷兰	菲律宾	尼日利亚	意大利
	12885.50	5941.10	3429.50	1764.30	1722.30	1275.80	1231.30	1171.50	1030.40	902.70	826.10	816.60	804.40	638.60	626.70	580.00
占比（%）	6.62	3.05	1.76	0.91	0.89	0.66	0.63	0.60	0.53	0.46	0.42	0.42	0.41	0.33	0.32	0.30

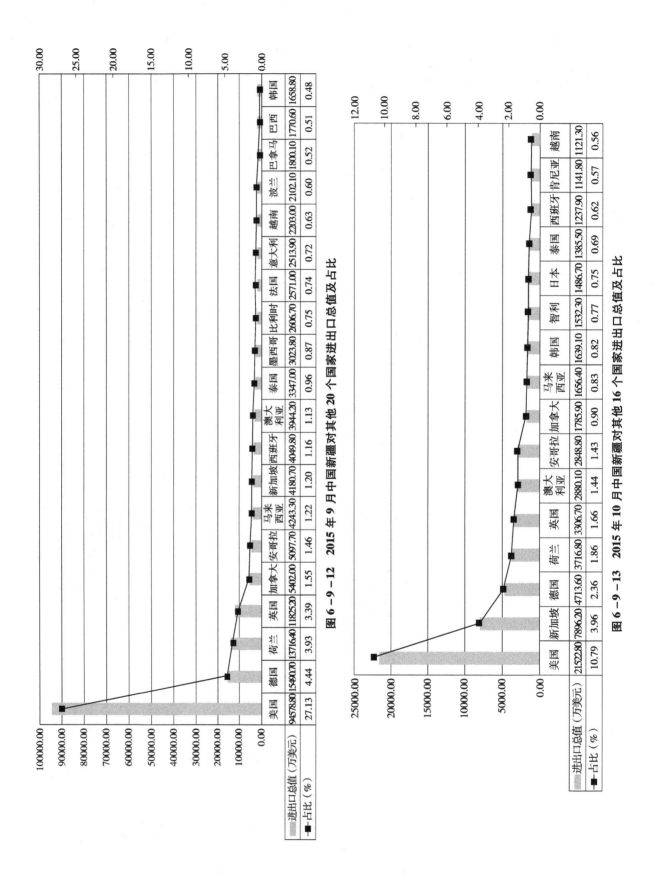

图6-9-12 2015年9月中国新疆对其他20个国家进出口总值及占比

图6-9-13 2015年10月中国新疆对其他16个国家进出口总值及占比

新加坡、德国、荷兰、英国、澳大利亚、安哥拉、加拿大、马来西亚、韩国、智利、日本、泰国、西班牙、肯尼亚、越南。

中国新疆对其他国家进出口贸易总值为 59871.90 万美元，占中国新疆进出口总值的 30.02%。其中，对美国的进出口总值为 21522.80 万美元，占中国新疆进出口总值的 10.79%，同比上升 105.80%，环比下降 77.24%；对新加坡的进出口总值为 7896.20 万美元，占中国新疆进出口总值的 3.96%，同比下降 9.30%，环比上升 88.87%；对德国的进出口总值为 4713.60 万美元，占中国新疆进出口总值的 2.36%，同比上升 64.20%，环比下降 69.57%。

11. 2015 年 11 月中国新疆对其他国家进出口贸易月度分析

由图 6-9-14 可以看出，中国新疆对其他 18 个贸易国家的进出口总值大小排名依次为：美国、荷兰、德国、新加坡、英国、泰国、西班牙、马来西亚、意大利、墨西哥、加拿大、日本、安哥拉、澳大利亚、菲律宾、越南、法国、比利时。

中国新疆对其他国家进出口贸易总值为 56614.70 万美元，占中国新疆进出口总值的 29.29%。其中，对美国的进出口总值为 18961.80 万美元，占中国新疆进出口总值的 9.81%，同比上升 801.00%，环比下降 11.90%；对荷兰的进出口总值为 6770.10 万美元，占中国新疆进出口总值的 3.50%，同比上升 1352.80%，环比上升 82.15%；对德国的进出口总值为 4680.10 万美元，占中国新疆进出口总值的 2.42%，同比上升 26.20%，环比下降 0.71%。

12. 2015 年 12 月中国新疆对其他国家进出口贸易月度分析

由图 6-9-15 可以看出，中国新疆对其他 16 个贸易国家的进出口总值大小排名依次为：美国、德国、意大利、马来西亚、日本、澳大利亚、安哥拉、韩国、荷兰、英国、阿尔及利亚、新加坡、泰国、印度尼西亚、菲律宾、越南。

中国新疆对其他国家进出口贸易总值为 25313.30 万美元，占中国新疆进出口总值的 19.32%。其中，对美国的进出口总值为 9037.50 万美元，占中国新疆进出口总值的 6.90%，同比上升 99.40%，环比下降 52.34%；对德国的进出口总值为 3287.50 万美元，占中国新疆进出口总值的 2.51%，同比上升 65.30%，环比下降 29.76%；对意大利的进出口总值为 1773.90 万美元，占中国新疆进出口总值的 1.35%，同比上升 1.80%，环比下降 4.10%。

二、2015 年中国新疆对其他国家出口贸易总体分析

（一）2015 年中国新疆对其他国家出口贸易分析

由图 6-9-16、图 6-9-17 可以看出，2015 年，中国新疆对其他国家出口总值大小排名依次为：美国、荷兰、安哥拉、英国、德国、新加坡、马来西亚、泰国、加拿大、西班牙、意大利、墨西哥、韩国、澳大利亚、日本、越南、印度尼西亚、菲律宾、阿尔及利亚、比利时、法国、波兰、智利、巴西、加纳、肯尼亚、巴拿马、尼日利亚、喀麦隆、塞内加尔、科特迪瓦、秘鲁、罗马尼亚、奥地利、瑞典、芬兰。其中：对美国的出口总值为 1634.80 百万美元，占中国新疆出口总值的 9.34%，同比上升 198.10%；对荷兰的出口总值为 288.86 百万美元，占中国新疆出口总值的 1.65%，同比上升 150.20%；对安哥拉的出口总值为 234.28 百万美元，占中国新疆出口总值的 1.34%，同比上升 121.40%。

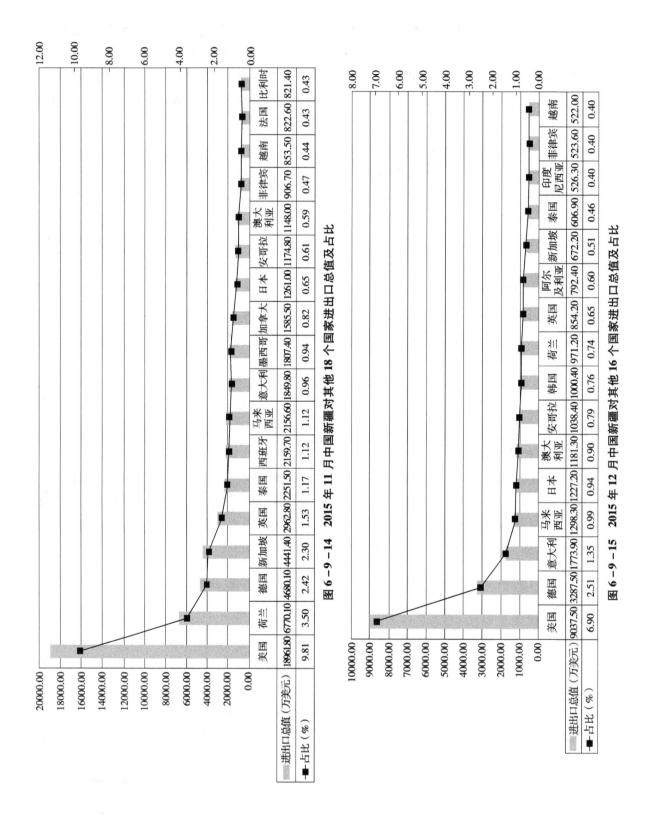

图 6－9－14　2015 年 11 月中国新疆对其他 18 个国家进出口总值及占比

	美国	荷兰	德国	新加坡	英国	泰国	西班牙	马来西亚	意大利	墨西哥	加拿大	日本	安哥拉	澳大利亚	菲律宾	越南	法国	比利时
进出口总值（万美元）	18961.80	6770.10	4680.10	4441.40	2962.80	2251.50	2159.70	2156.60	1849.80	1807.40	1585.50	1261.00	1174.80	1148.00	906.70	853.50	822.60	821.40
占比（%）	9.81	3.50	2.42	2.30	1.53	1.17	1.12	1.12	0.96	0.94	0.82	0.65	0.61	0.59	0.47	0.44	0.43	0.43

图 6－9－15　2015 年 12 月中国新疆对其他 16 个国家进出口总值及占比

	美国	德国	意大利	马来西亚	日本	澳大利亚	安哥拉	韩国	荷兰	英国	阿尔及利亚	新加坡	泰国	印度尼西亚	菲律宾	越南
进出口总值（万美元）	9037.50	3287.50	1773.90	1298.30	1227.20	1181.30	1038.40	1000.40	971.20	854.20	792.40	672.20	606.90	526.30	523.60	522.00
占比（%）	6.90	2.51	1.35	0.99	0.94	0.90	0.79	0.76	0.74	0.65	0.60	0.51	0.46	0.40	0.40	0.40

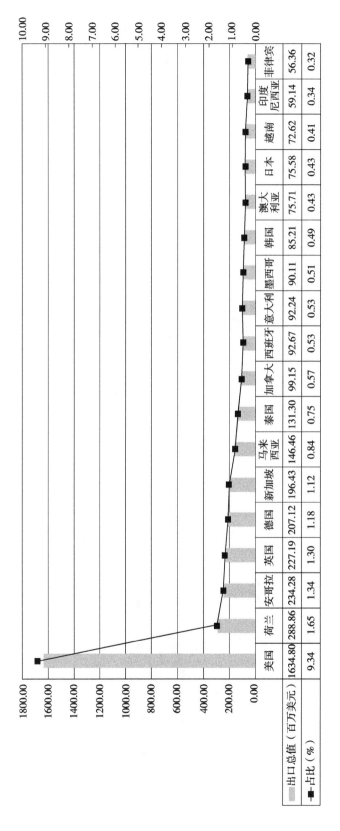

	美国	荷兰	安哥拉	英国	德国	新加坡	马来西亚	泰国	加拿大	西班牙	意大利	墨西哥	韩国	澳大利亚	日本	越南	印度尼西亚	菲律宾
出口总值（百万美元）	1634.80	288.86	234.28	227.19	207.12	196.43	146.46	131.30	99.15	92.67	92.24	90.11	85.21	75.71	75.58	72.62	59.14	56.36
占比（%）	9.34	1.65	1.34	1.30	1.18	1.12	0.84	0.75	0.57	0.53	0.53	0.51	0.49	0.43	0.43	0.41	0.34	0.32

图 6 - 9 - 16　2015 年中国新疆对其他国家出口总值及占比（1）

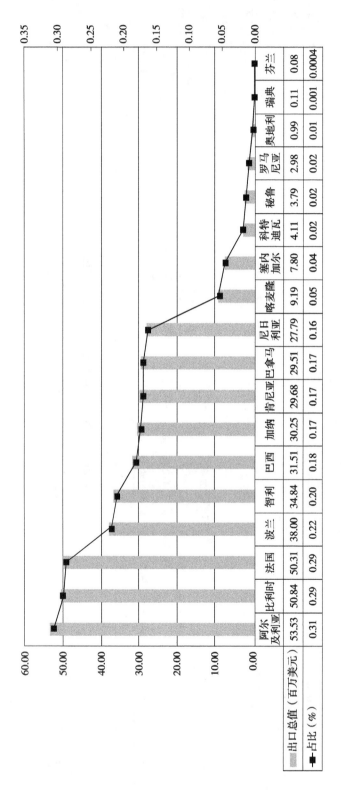

	阿尔及利亚	比利时	法国	波兰	智利	巴西	加纳	肯尼亚	巴拿马	尼日利亚	喀麦隆	塞内加尔	科特迪瓦	秘鲁	罗马尼亚	奥地利	瑞典	芬兰
出口总值（百万美元）	53.53	50.84	50.31	38.00	34.84	31.51	30.25	29.68	29.51	27.79	9.19	7.80	4.11	3.79	2.98	0.99	0.11	0.08
占比（%）	0.31	0.29	0.29	0.22	0.20	0.18	0.17	0.17	0.17	0.16	0.05	0.04	0.02	0.02	0.02	0.01	0.001	0.0004

图 6－9－17　2015 年中国新疆对其他国家出口总值及占比（2）

（二）2015 年中国新疆对其他国家出口贸易趋势分析

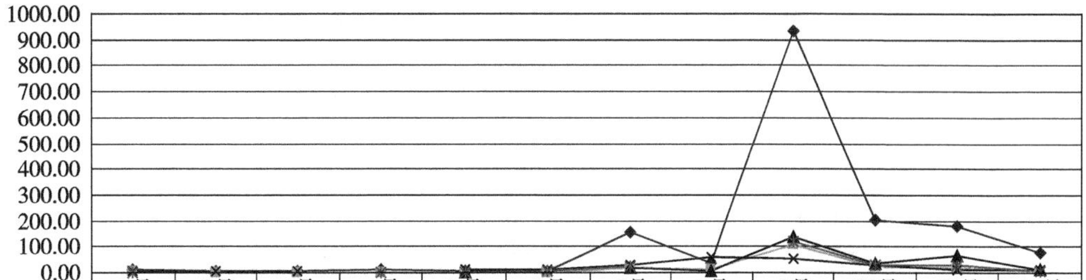

	1月	2月	3月	4月	5月	6月	7月	8月	9月	10月	11月	12月
美国（百万美元）	12.67	8.51	6.06	13.20	6.83	6.52	153.22	36.25	932.16	203.81	179.09	76.50
德国（百万美元）	5.71	1.57	0.76	2.11	2.33	2.64	20.58	9.60	110.69	23.71	20.45	7.18
荷兰（百万美元）					2.22		20.66	7.88	136.89	37.17	67.70	9.71
安哥拉（百万美元）	5.71	4.41	5.33		11.61	12.25	32.78	59.12	50.96	28.49	11.75	10.00
英国（百万美元）	2.99			2.55	2.97	3.57	21.09		117.83	32.74	29.01	7.71

图 6 - 9 - 18 2015 年 1～12 月中国新疆对其他国家出口总值

考虑到数据的相对完整性及连续性，本书仅选取其他国家中进出口贸易总值排名前 5 的美国、德国、荷兰、安哥拉及英国进行 1～12 月的趋势分析。除美国及德国 1～12 月出口贸易数据较为完整外，其余三国均存在某月未发生出口贸易的情况。由图 6 - 9 - 18 可以看出，中国新疆对其他国家的出口总值大小排名顺序变动较大。具体来看，1～3 月排名顺序为美国、安哥拉、德国、英国、荷兰；5～6 月排名顺序为安哥拉、美国、英国、德国、荷兰；7 月排名顺序为美国、安哥拉、英国、荷兰、德国；8 月排名顺序为安哥拉、美国、德国、荷兰、英国；9 月、11 月排名顺序为美国、荷兰、英国、德国、安哥拉；10 月排名顺序为美国、荷兰、英国、安哥拉、德国；12 月排名顺序为美国、安哥拉、荷兰、英国、德国。具体来说，中国新疆对美国的出口总值呈倒 U 形波动趋势。其中，对美国的出口贸易最高点在 9 月，为 932.16 百万美元，最低点在 3 月，为 6.06 百万美元；中国新疆对德国的出口贸易总值波动趋势较为平稳，在 9 月出现最高点，为 110.69 百万美元，最低点在 2 月，为 1.57 百万美元；上半年中，中国新疆仅在 5 月与荷兰发生出口贸易，为 2.22 百万美元，这也是全年最低点。在下半年中上下波动起伏较为明显，进出口贸易最高点发生在 9 月，为 136.89 百万美元；中国新疆仅在 4 月未与安哥拉发生出口贸易，全年呈倒 U 形波动趋势，出口贸易最高点发生在 8 月，为 59.12 百万美元，最低点在 2 月，为 4.41 百万美元；中国新疆在 2 月、3 月及 8 月未与英国发生出口贸易，从整体来看，全年呈倒 U 形变动趋势。其中，对英国的出口贸易最高点出现在 9 月，为 117.83 百万美元，最低点在 4 月，为 2.55 百万美元。

（三）2015 年中国新疆对其他国家出口贸易月度分析

1. 2015 年 1 月中国新疆对其他国家出口贸易月度分析

由图 6 - 9 - 19 可以看出，2015 年 1 月中国新疆对其他 12 个贸易国的出口总值大小排名依次为：美国、意大利、菲律宾、德国、安哥拉、日本、新加坡、泰国、马来西亚、越南、英国、瑞典。其中，对美国的出口总值为 1267.40 万美元，占中国新疆出口总值的 1.26%，同比下降 84.60%，环比下降 55.42%；对意大利的出口总值为 944.80 万美元，占中国新疆出口总值的 0.94%，同比上升 13.20%，环比下降 44.88%；对菲律宾的出口总值为 582.60 万美元，占中国新疆出口总值的 0.58%，同比下降 25.50%。

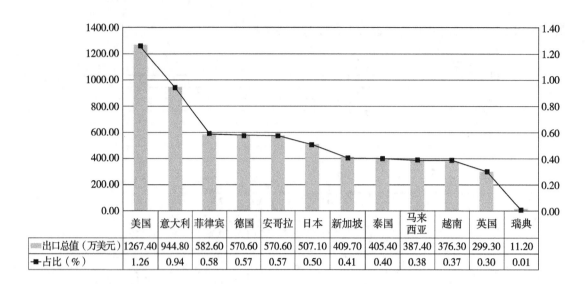

出口总值（万美元）	美国	意大利	菲律宾	德国	安哥拉	日本	新加坡	泰国	马来西亚	越南	英国	瑞典
出口总值（万美元）	1267.40	944.80	582.60	570.60	570.60	507.10	409.70	405.40	387.40	376.30	299.30	11.20
占比（%）	1.26	0.94	0.58	0.57	0.57	0.50	0.41	0.40	0.38	0.37	0.30	0.01

图 6-9-19　2015 年 1 月中国新疆对其他 12 个国家出口总值及占比

2. 2015 年 2 月中国新疆对其他国家出口贸易月度分析

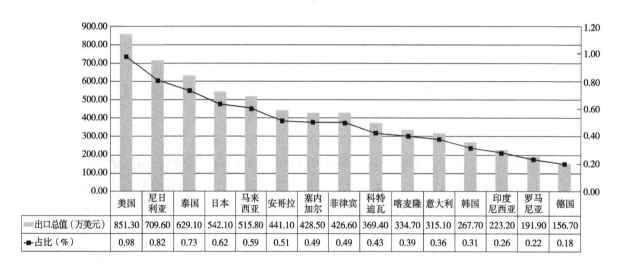

出口总值（万美元）	美国	尼日利亚	泰国	日本	马来西亚	安哥拉	塞内加尔	菲律宾	科特迪瓦	喀麦隆	意大利	韩国	印度尼西亚	罗马尼亚	德国
出口总值（万美元）	851.30	709.60	629.10	542.10	515.80	441.10	428.50	426.60	369.40	334.70	315.10	267.70	223.20	191.90	156.70
占比（%）	0.98	0.82	0.73	0.62	0.59	0.51	0.49	0.49	0.43	0.39	0.36	0.31	0.26	0.22	0.18

图 6-9-20　2015 年 2 月中国新疆对其他 15 个国家出口总值及占比

由图 6-9-20 可以看出，2015 年 2 月中国新疆对其他 15 个贸易国的出口总值大小排名依次为：美国、尼日利亚、泰国、日本、马来西亚、安哥拉、塞内加尔、菲律宾、科特迪瓦、喀麦隆、意大利、韩国、印度尼西亚、罗马尼亚、德国。其中，对美国的出口总值为 851.30 万美元，占中国新疆出口总值的 0.98%，同比下降 62.10%，环比下降 32.83%；对尼日利亚的出口总值为 709.60 万美元，占中国新疆出口总值的 0.82%，同比下降 61.50%；对泰国的出口总值为 629.10 万美元，占中国新疆出口总值的 0.73%，同比上升 272.50%，环比上升 55.18%。

3. 2015 年 3 月中国新疆对其他国家出口贸易月度分析

由图 6-9-21 可以看出，2015 年 3 月中国新疆对其他 17 个贸易国的出口总值大小排名依次为：阿尔及利亚、日本、美国、墨西哥、安哥拉、尼日利亚、新加坡、韩国、意大利、法国、菲律宾、加纳、泰国、印度尼西亚、马来西亚、德国、奥地利。

其中，对阿尔及利亚的出口总值为 756.00 万美元，占中国新疆出口总值的 1.15%，同比提升 68.10%；对日本的出口总值为 638.60 万美元，占中国新疆出口总值的 0.97%，同比上升 13.10%，环比上升 17.00%；对美国的出口总值为 605.90 万美元，占中国新疆出口总值的 0.92%，同比上升 25.30%，环比下降 28.83%。

4. 2015 年 4 月中国新疆对其他国家出口贸易月度分析

由图 6-9-22 可以看出，2015 年 4 月中国新疆对其他 17 个贸易国的出口总值大小排名依次为：美国、阿尔及利亚、意大利、马来西亚、喀麦隆、日本、墨西哥、印度尼西亚、菲律宾、秘鲁、韩国、英国、德国、新加坡、加拿大、澳大利亚、巴西。其中，对美国的出口总值为 1320.30 万美元，占中国新疆出口总值的 1.01%，同比上升 170.30%，环比上升 117.91%；对阿尔及利亚的出口总值为 1018.70 万美元，占中国新疆出口总值的 0.78%，同比上升 226.70%，环比上升 34.75%；对意大利的出口总值为 729.60 万美元，占中国新疆出口总值的 0.56%，同比上升 198.90%，环比上升 138.28%。

5. 2015 年 5 月中国新疆对其他国家出口贸易月度分析

由图 6-9-23 可以看出，2015 年 5 月中国新疆对其他 17 个贸易国的出口总值大小排名依次为：安哥拉、泰国、阿尔及利亚、美国、意大利、日本、韩国、马来西亚、墨西哥、越南、印度尼西亚、英国、德国、荷兰、澳大利亚、加拿大、芬兰。其中，对安哥拉的出口总值为 1160.80 万美元，占中国新疆出口总值的 1.08%，同比上升 463.50%；对泰国的出口总值为 1100.50 万美元，占中国新疆出口总值的 1.02%，同比上升 96.36%；对阿尔及利亚的出口总值为 905.40 万美元，占中国新疆出口总值的 0.84%，同比上升 142.60%，环比下降 11.12%。

6. 2015 年 6 月中国新疆对其他国家出口贸易月度分析

由图 6-9-24 可以看出，2015 年 6 月中国新疆对其他 14 个贸易国的出口总值大小排名依次为：安哥拉、泰国、美国、菲律宾、日本、韩国、马来西亚、英国、印度尼西亚、意大利、德国、尼日利亚、巴西、加拿大。

中国新疆对其他 14 个国家的出口总值为 6217.20 万美元，占中国新疆出口总值的 5.58%。其中，对安哥拉的出口总值为 1224.70 万美元，占中国新疆出口总值的 1.10%，同比上升 473.60%，环比上升 5.50%；对泰国的出口总值为 880.90 万美元，占中国新疆出口总值的 0.79%，同比上升 162.40%，环比下降 19.96%；对美国的出口总值为 652.30 万美元，占中国新疆出口总值的 0.59%，同比上升 29.90%，环比下降 4.45%。

7. 2015 年 7 月中国新疆对其他国家出口贸易月度分析

由图 6-9-25 可以看出，2015 年 7 月中国新疆对其他 20 个贸易国的出口总值大小排名依次为：美国、安哥拉、加纳、英国、马来西亚、荷兰、德国、墨西哥、印度尼西亚、日本、西班牙、加拿大、韩国、泰国、巴拿马、新加坡、越南、波兰、巴西、意大利。

中国新疆对其他国家出口贸易总值为 41315.30 万美元，占中国新疆出口总值的 24.36%。其中，对美国的出口总值为 15321.80 万美元，占中国新疆出口总值的 9.03%，同比上升 1919.60%，环比上升 2248.89%；对安哥拉的出口总值为 3277.70 万美元，占中国新疆出口总值的 1.93%，同比上升 12189.70%，环比上升 167.63%；对加纳的出口总值为 2185.70 万美元，占中国新疆出口总值的 1.29%，同比上升 8108.00%。

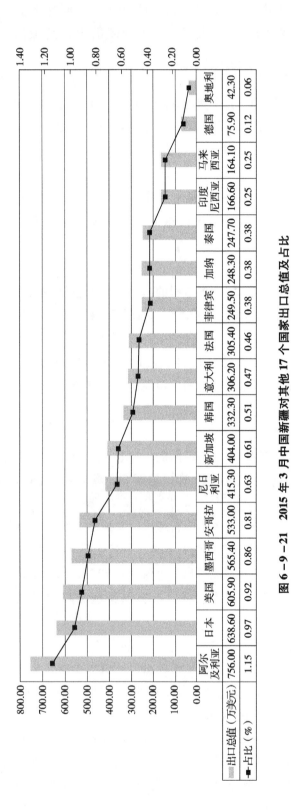

图 6－9－21　2015 年 3 月中国新疆对其他 17 个国家出口总值及占比

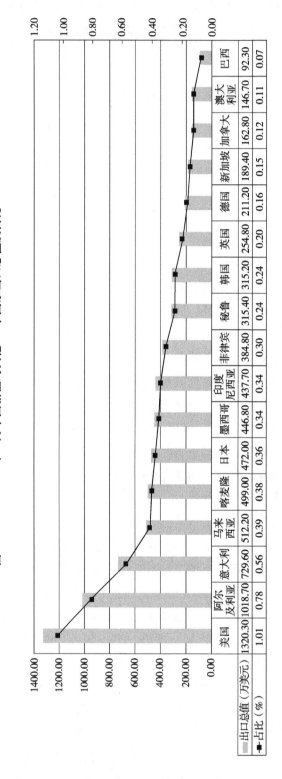

图 6－9－22　2015 年 4 月中国新疆对其他 17 个国家出口总值及占比

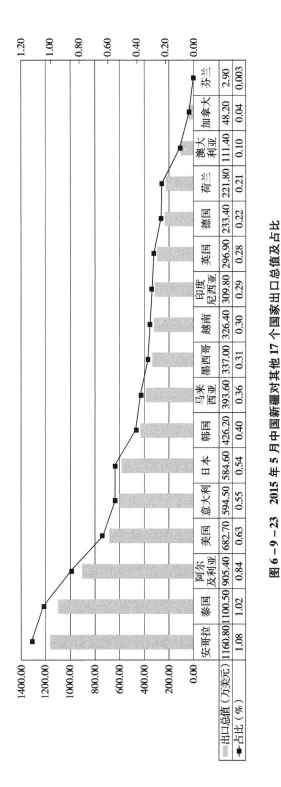

图 6 - 9 - 23　2015 年 5 月中国新疆对其他 17 个国家出口总值及占比

	安哥拉	泰国	阿尔及利亚	美国	意大利	日本	韩国	马来西亚	墨西哥	越南	印度尼西亚	英国	德国	荷兰	澳大利亚	加拿大	芬兰
出口总值（万美元）	1160.80	1100.50	905.40	682.70	594.50	584.60	426.20	393.60	337.00	326.40	309.80	296.90	233.40	221.80	111.40	48.20	2.90
占比（%）	1.08	1.02	0.84	0.63	0.55	0.54	0.40	0.36	0.31	0.30	0.29	0.28	0.22	0.21	0.10	0.04	0.003

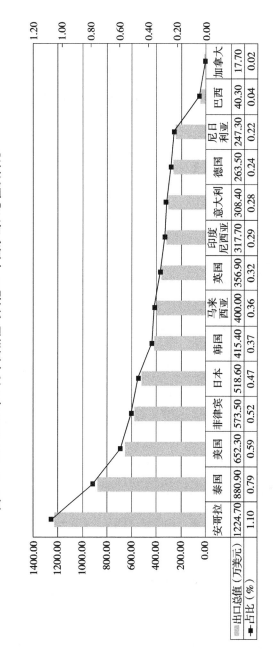

图 6 - 9 - 24　2015 年 6 月中国新疆对其他 14 个国家出口总值及占比

	安哥拉	泰国	美国	菲律宾	日本	韩国	马来西亚	英国	印度尼西亚	意大利	德国	尼日利亚	巴西	加拿大
出口总值（万美元）	1224.70	880.90	652.30	573.50	518.60	415.40	400.00	356.90	317.70	308.40	263.50	247.30	40.30	17.70
占比（%）	1.10	0.79	0.59	0.52	0.47	0.37	0.36	0.32	0.29	0.28	0.24	0.22	0.04	0.02

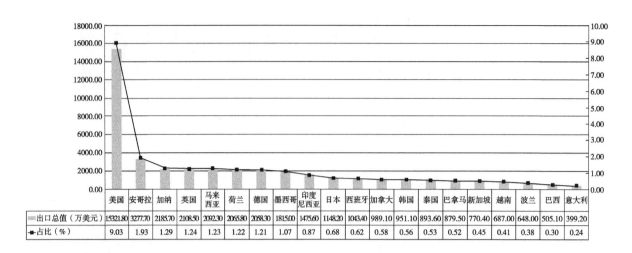

图6-9-25　2015年7月中国新疆对其他20个国家出口总值及占比

8. 2015年8月中国新疆对其他国家出口贸易月度分析

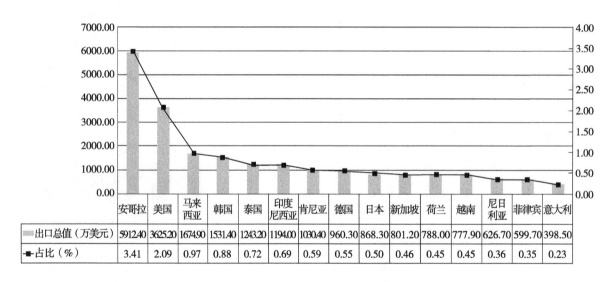

图6-9-26　2015年8月中国新疆对其他15个国家出口总值及占比

由图6-9-26可以看出，2015年8月中国新疆对其他15个贸易国的出口总值大小排名依次为：安哥拉、美国、马来西亚、韩国、泰国、印度尼西亚、肯尼亚、德国、日本、新加坡、荷兰、越南、尼日利亚、菲律宾、意大利。

中国新疆对其他国家出口贸易总值为22032.10万美元，占中国新疆出口总值的12.70%。其中，对安哥拉的出口总值为5912.40万美元，占中国新疆出口总值的3.41%，环比上升80.38%；对美国的出口总值为3625.20万美元，占中国新疆出口总值的2.09%，同比上升412.40%，环比下降76.34%；对马来西亚的出口总值为1674.90万美元，占中国新疆出口总值的0.97%，同比上升119.60%，环比下降19.95%。

9. 2015 年 9 月中国新疆对其他国家出口贸易月度分析

由图 6 - 9 - 27 可以看出，2015 年 9 月中国新疆对其他 20 个贸易国的出口总值大小排名依次为：美国、荷兰、英国、德国、安哥拉、加拿大、新加坡、西班牙、澳大利亚、马来西亚、泰国、墨西哥、比利时、法国、越南、波兰、意大利、巴拿马、巴西、韩国。

中国新疆对其他国家出口贸易总值为 178383.00 万美元，占中国新疆出口总值的 53.60%。其中，对美国的出口总值为 93216.10 万美元，占中国新疆出口总值的 28.01%，同比上升 244.80%，环比上升 2471.34%；对荷兰的出口总值为 13689.40 万美元，占中国新疆出口总值的 4.11%，同比上升 182.30%，环比上升 1637.24%；对英国的出口总值为 11783.40 万美元，占中国新疆出口总值的 3.54%，同比上升 203.80%。

10. 2015 年 10 月中国新疆对其他国家出口贸易月度分析

由图 6 - 9 - 28 可以看出，2015 年 10 月中国新疆对其他 16 个贸易国的出口总值大小排名依次为：美国、新加坡、荷兰、英国、安哥拉、德国、加拿大、马来西亚、智利、泰国、韩国、西班牙、肯尼亚、越南、澳大利亚、日本。

中国新疆对其他国家出口贸易总值为 52401.10 万美元，占中国新疆出口总值的 28.46%。其中，对美国的出口总值为 20380.60 万美元，占中国新疆出口总值的 11.07%，同比上升 109.00%，环比下降 78.14%；对新加坡的出口总值为 7853.40 万美元，占中国新疆出口总值的 4.26%，同比下降 8.90%，环比上升 89.63%；对荷兰的出口总值为 3716.80 万美元，占中国新疆出口总值的 2.02%，同比上升 73.60%，环比下降 72.85%。

11. 2015 年 11 月中国新疆对其他国家出口贸易月度分析

由图 6 - 9 - 29 可以看出，2015 年 11 月中国新疆对其他 18 个贸易国的出口总值大小排名依次为：美国、荷兰、新加坡、英国、泰国、西班牙、马来西亚、德国、墨西哥、意大利、加拿大、安哥拉、澳大利亚、菲律宾、越南、比利时、法国、日本。

中国新疆对其他国家出口贸易总值为 51406.60 万美元，占中国新疆出口总值的 29.07%。其中，对美国的出口总值为 17908.70 万美元，占中国新疆出口总值的 10.13%，同比上升 1609.30%，环比下降 12.13%；对荷兰的出口总值为 6769.60 万美元，占中国新疆出口总值的 3.83%，同比下降 1384.40%，环比上升 82.14%；对新加坡的出口总值为 4320.80 万美元，占中国新疆出口总值的 2.44%，同比上升 372.00%，环比下降 44.98%。

12. 2015 年 12 月中国新疆对其他国家出口贸易月度分析

由图 6 - 9 - 30 可以看出，2015 年 12 月中国新疆对其他 16 个贸易国的出口总值大小排名依次为：美国、马来西亚、意大利、安哥拉、荷兰、阿尔及利亚、英国、德国、新加坡、泰国、韩国、菲律宾、越南、日本、印度尼西亚、澳大利亚。

中国新疆对其他国家出口贸易总值为 17820.00 万美元，占中国新疆出口总值的 15.95%。其中，对美国的出口总值为 7649.50 万美元，占中国新疆出口总值的 6.85%，同比上升 169.10%，环比下降 57.29%；对马来西亚的出口总值为 1254.00 万美元，占中国新疆出口总值的 1.12%，同比下降 54.10%，环比上升 40.54%；对意大利的出口总值为 1000.10 万美元，占中国新疆出口总值的 0.90%，同比下降 41.70%，环比下降 40.11%。

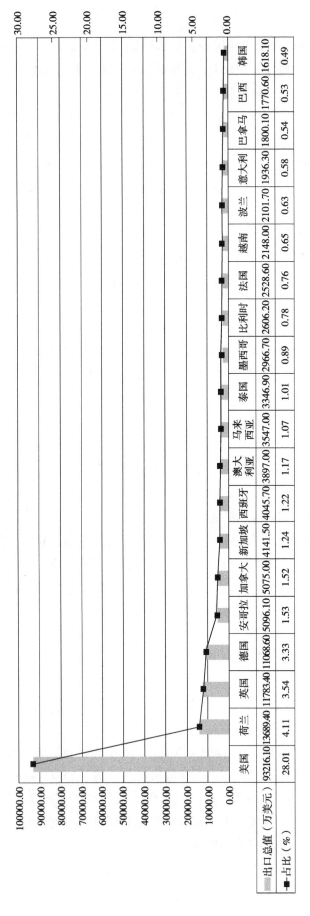

	美国	荷兰	英国	德国	安哥拉	加拿大	新加坡	西班牙	澳大利亚	马来西亚	泰国	墨西哥	比利时	法国	越南	波兰	意大利	巴拿马	巴西	韩国
出口总值（万美元）	93216.10	13689.40	11783.40	11068.60	5096.10	5075.00	4141.50	4045.70	3897.00	3547.00	3346.90	2966.70	2606.20	2528.60	2148.00	2101.70	1936.30	1800.10	1770.60	1618.10
占比（%）	28.01	4.11	3.54	3.33	1.53	1.52	1.24	1.22	1.17	1.07	1.01	0.89	0.78	0.76	0.65	0.63	0.58	0.54	0.53	0.49

图 6 - 9 - 27 2015 年 9 月中国新疆对其他 20 个国家出口总值及占比

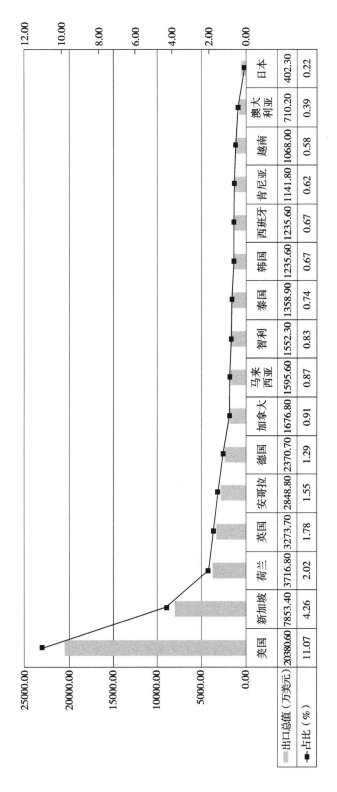

出口总值（万美元）占比（%）	美国	新加坡	荷兰	英国	安哥拉	德国	加拿大	马来西亚	智利	泰国	韩国	西班牙	肯尼亚	越南	澳大利亚	日本
出口总值（万美元）	20380.60	7853.40	3716.80	3273.70	2848.80	2370.70	1676.80	1595.60	1552.30	1358.90	1235.60	1235.60	1141.80	1068.00	710.20	402.30
占比（%）	11.07	4.26	2.02	1.78	1.55	1.29	0.91	0.87	0.83	0.74	0.67	0.67	0.62	0.58	0.39	0.22

图 6 - 9 - 28 2015 年 10 月中国新疆对其他 16 个国家出口总值及占比

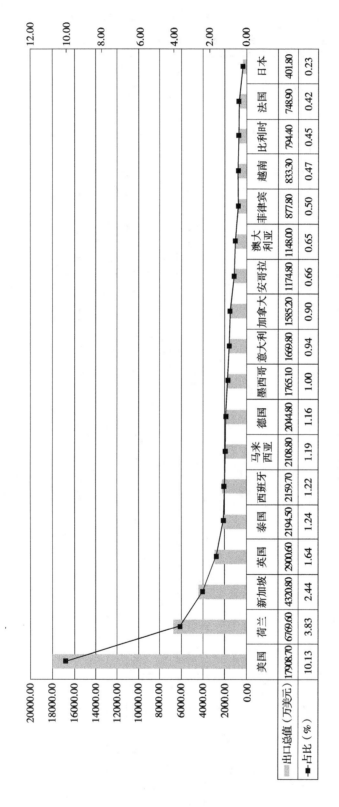

图 6 - 9 - 29　2015 年 11 月中国新疆对其他 18 个国家出口总值及占比

	美国	荷兰	新加坡	英国	泰国	西班牙	马来西亚	德国	墨西哥	意大利	加拿大	安哥拉	澳大利亚	菲律宾	越南	比利时	法国	日本
出口总值（万美元）	17908.70	6769.60	4320.80	2900.60	2194.50	2159.70	2108.80	2044.80	1765.10	1669.80	1585.20	1174.80	1148.00	877.80	833.30	794.40	748.90	401.80
占比（%）	10.13	3.83	2.44	1.64	1.24	1.22	1.19	1.16	1.00	0.94	0.90	0.66	0.65	0.50	0.47	0.45	0.42	0.23

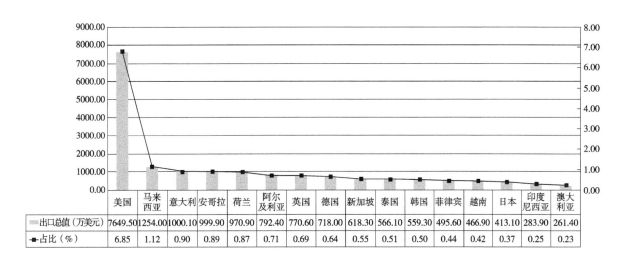

图 6 - 9 - 30　2015 年 12 月中国新疆对其他 16 个国家出口总值及占比

三、2015 年中国新疆对其他国家进口贸易总体分析

（一）2015 年中国新疆对其他国家进口贸易分析

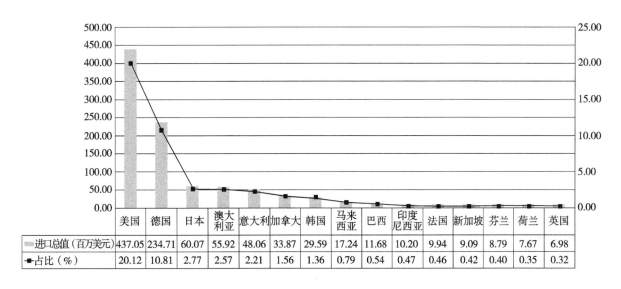

图 6 - 9 - 31　2015 年中国新疆对其他国家进口总值及占比（1）

　　由图 6 - 9 - 31、图 6 - 9 - 32 可以看出，2015 年，中国新疆对其他国家进口总值大小排名依次为：美国、德国、日本、澳大利亚、意大利、加拿大、韩国、马来西亚、巴西、印度尼西亚、法国、新加坡、芬兰、荷兰、英国、墨西哥、瑞典、智利、泰国、菲律宾、秘鲁、越南、安哥拉、奥地利、比利时、罗马尼亚、西班牙、尼日利亚、波兰。其中，对美国的进口总值为 437.05 百万美元，占中国新疆进口总值的 20.12%，同比上升 99.60%；对德国的进口总值为 234.71 百万美元，占中国新疆进口总值的 10.81%，同比上升 37.70%；对日本的进口总值为 60.07 百万美元，占中国新疆进口总值的 2.77%，同比下降 2.50%；对阿尔及利亚、加纳、肯尼亚、巴拿马、喀麦隆、塞内加尔、科特迪瓦没有发生进口贸易。

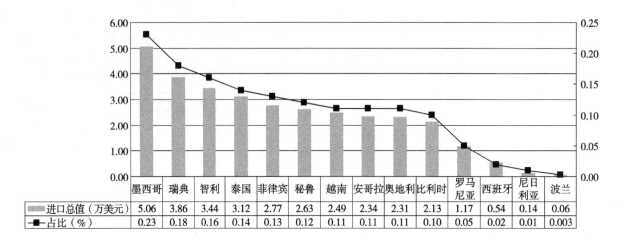

	墨西哥	瑞典	智利	泰国	菲律宾	秘鲁	越南	安哥拉	奥地利	比利时	罗马尼亚	西班牙	尼日利亚	波兰
进口总值（万美元）	5.06	3.86	3.44	3.12	2.77	2.63	2.49	2.34	2.31	2.13	1.17	0.54	0.14	0.06
占比（%）	0.23	0.18	0.16	0.14	0.13	0.12	0.11	0.11	0.11	0.10	0.05	0.02	0.01	0.003

图6-9-32 2015年中国新疆对其他国家进口总值及占比（2）

（二）2015年中国新疆对其他国家进口贸易趋势分析

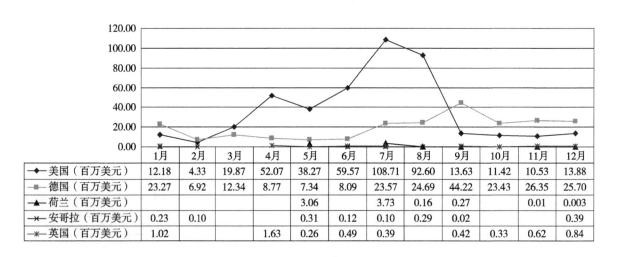

	1月	2月	3月	4月	5月	6月	7月	8月	9月	10月	11月	12月
美国（百万美元）	12.18	4.33	19.87	52.07	38.27	59.57	108.71	92.60	13.63	11.42	10.53	13.88
德国（百万美元）	23.27	6.92	12.34	8.77	7.34	8.09	23.57	24.69	44.22	23.43	26.35	25.70
荷兰（百万美元）					3.06		3.73	0.16	0.27		0.01	0.003
安哥拉（百万美元）	0.23	0.10			0.31	0.12	0.10	0.29	0.02			0.39
英国（百万美元）	1.02			1.63	0.26	0.49	0.39		0.42	0.33	0.62	0.84

图6-9-33 2015年1～12月中国新疆对其他国家进口总值

　　考虑到数据的相对完整性及连续性，本书仅选取其他国家中进出口贸易总值排名前5的美国、德国、荷兰、安哥拉及英国进行1～12月的趋势分析。除美国及德国1～12月进口贸易数据较为完整外，其余三国均存在某月未发生进口贸易的情况。由图6-9-33可以看出，中国新疆对其他国家的进口总值大小排名顺序变动较大，1～2月及9～12月，排在首位的为德国，3～8月为美国。除8月、12月外，排在末位的始终为安哥拉。具体来看，1月排名顺序为德国、美国、英国、安哥拉、荷兰；5月排名顺序为美国、德国、荷兰、安哥拉、英国；7月排名顺序为美国、德国、荷兰、英国、安哥拉；9月排名顺序为德国、美国、英国、荷兰、安哥拉；12月排名顺序为德国、美国、英国、安哥拉、荷兰。具体来说，中国新疆对美国的进口总值呈倒U形波动趋势。其中，对美国的进口贸易最高点在7月，为108.71百万美元，最低点在2月，为4.33百万美元；中国新疆对德国的进口贸易总值波动趋势较为平稳，在9月出现最高点，为44.22百万美元，最低点在2月，为6.92百万美元；上半年中，中国新疆仅在5月与荷兰发生进口贸易，为3.06百万美元。在下半年中呈下滑趋势，全年最高点在7月，为3.73百万美元，全年最低点在12月，为0.003百万美元；

中国新疆在 3~4 月、10~11 月未与安哥拉发生进口贸易，全年波动趋势较为平稳，进口贸易最高点出现在 12 月，为 0.39 百万美元，最低点在 9 月，为 0.02 百万美元；中国新疆在 2 月、3 月及 8 月未与英国发生进口贸易，从整体来看，全年呈倒 U 形变动趋势。其中，对英国的进口贸易最高点出现在 4 月，为 1.63 百万美元，最低点在 5 月，为 0.26 百万美元。

（三）2015 年中国新疆对其他国家进口贸易趋势分析

1. 2015 年 1 月中国新疆对其他国家进口贸易月度分析

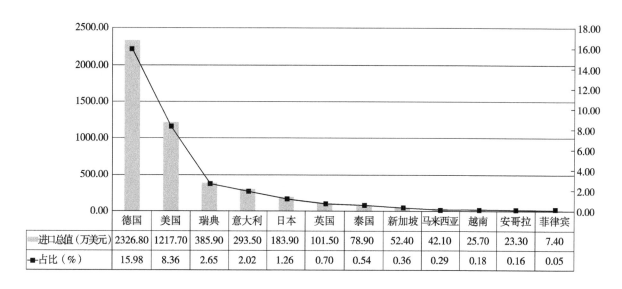

	德国	美国	瑞典	意大利	日本	英国	泰国	新加坡	马来西亚	越南	安哥拉	菲律宾
进口总值（万美元）	2326.80	1217.70	385.90	293.50	183.90	101.50	78.90	52.40	42.10	25.70	23.30	7.40
占比（%）	15.98	8.36	2.65	2.02	1.26	0.70	0.54	0.36	0.29	0.18	0.16	0.05

图 6 - 9 - 34　2015 年 1 月中国新疆对其他 12 个国家进口总值及占比

由图 6 - 9 - 34 可以看出，2015 年 1 月中国新疆对其他 12 个国家有进口贸易，进口贸易总值大小排名依次为：德国、美国、瑞典、意大利、日本、英国、泰国、新加坡、马来西亚、越南、安哥拉、菲律宾。其中，对德国的进口总值为 2326.80 万美元，占中国新疆进口总值的 15.98%，同比上升 129.50%，环比上升 88.34%；对美国的进口总值为 1217.70 万美元，占中国新疆进口总值的 8.36%，同比上升 102.30%，环比下降 27.90%；对瑞典的进口总值为 385.90 万美元，占中国新疆进口总值的 2.65%，同比上升 300.60%。

2. 2015 年 2 月中国新疆对其他国家进口贸易月度分析

由图 6 - 9 - 35 可以看出，2015 年 2 月中国新疆对其他 15 个国家中尼日利亚、喀麦隆、塞内加尔、科特迪瓦等国家没有发生进口贸易，对剩下的 11 个有进口贸易的国家按进口总值大小排名依次为：德国、美国、韩国、罗马尼亚、马来西亚、印度尼西亚、日本、意大利、菲律宾、安哥拉、泰国。其中，对德国的进口总值为 692.00 万美元，占中国新疆进口总值的 5.85%，同比上升 11.30%，环比下降 70.26%；对美国的进口总值为 433.30 万美元，占中国新疆进口总值的 3.66%，同比下降 52.80%，环比下降 64.42%；对韩国的进口总值为 200.80 万美元，占中国新疆进口总值的 1.70%，同比上升 33.50%。

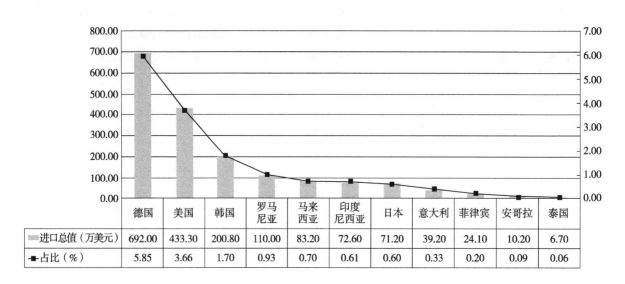

	德国	美国	韩国	罗马尼亚	马来西亚	印度尼西亚	日本	意大利	菲律宾	安哥拉	泰国
进口总值（万美元）	692.00	433.30	200.80	110.00	83.20	72.60	71.20	39.20	24.10	10.20	6.70
占比（%）	5.85	3.66	1.70	0.93	0.70	0.61	0.60	0.33	0.20	0.09	0.06

图 6 - 9 - 35　2015 年 2 月中国新疆对其他 11 个国家进口总值及占比

3. 2015 年 3 月中国新疆对其他国家进口贸易月度分析

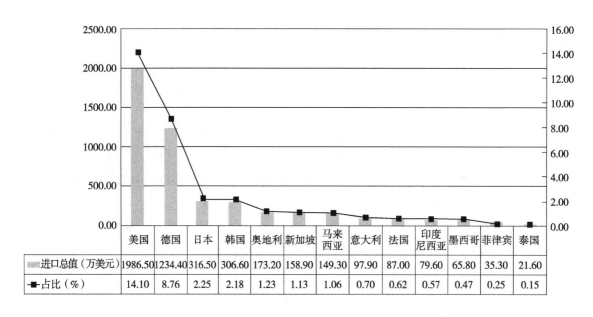

	美国	德国	日本	韩国	奥地利	新加坡	马来西亚	意大利	法国	印度尼西亚	墨西哥	菲律宾	泰国
进口总值（万美元）	1986.50	1234.40	316.50	306.60	173.20	158.90	149.30	97.90	87.00	79.60	65.80	35.30	21.60
占比（%）	14.10	8.76	2.25	2.18	1.23	1.13	1.06	0.70	0.62	0.57	0.47	0.25	0.15

图 6 - 9 - 36　2015 年 3 月中国新疆对其他 13 个国家进口总值及占比

由图 6 - 9 - 36 可以看出，2015 年 3 月中国新疆对其他 17 个国家中加纳、阿尔及利亚、安哥拉、尼日利亚等国家没有发生进口贸易，对剩下的 13 个有进口贸易的国家按进口总值大小排名依次为：美国、德国、日本、韩国、奥地利、新加坡、马来西亚、意大利、法国、印度尼西亚、墨西哥、菲律宾、泰国。其中，对美国的进口总值为 1986.50 万美元，占中国新疆进口总值的 14.10%，同比上升 31.80%，环比上升 358.46%；对德国的进口总值为 1234.40 万美元，占中国新疆进口总值的 8.76%，同比上升 4.90%，环比上升 78.38%；对日本的进口总值为 316.50 万美元，占中国新疆进口总值的 2.25%，同比下降 57.40%，环比上升 344.52%。

4. 2015 年 4 月中国新疆对其他国家进口贸易月度分析

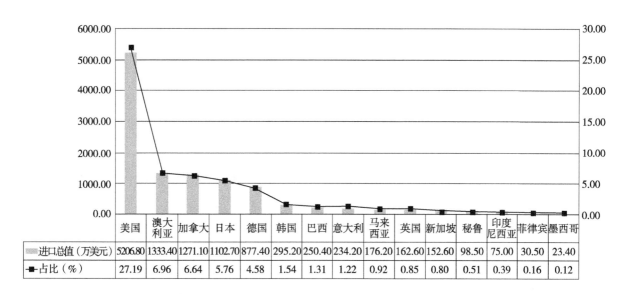

图 6 - 9 - 37　2015 年 4 月中国新疆对其他 15 个国家进口总值及占比

由图 6 - 9 - 37 可以看出，2015 年 4 月中国新疆对其他 17 个国家中阿尔及利亚、喀麦隆等国家没有发生进口贸易，对剩下的 15 个有进口贸易的国家按进口总值大小排名依次为：美国、澳大利亚、加拿大、日本、德国、韩国、巴西、意大利、马来西亚、英国、新加坡、秘鲁、印度尼西亚、菲律宾、墨西哥。其中，对美国的进口总值为 5206.80 万美元，占中国新疆进口总值的 27.19%，同比上升 386.10%，环比上升 162.11%；对澳大利亚的进口总值为 1333.40 万美元，占中国新疆进口总值的 6.96%，同比下降 60.50%；对加拿大的进口总值为 1271.10 万美元，占中国新疆进口总值的 6.64%，同比上升 55.30%。

5. 2015 年 5 月中国新疆对其他国家进口贸易月度分析

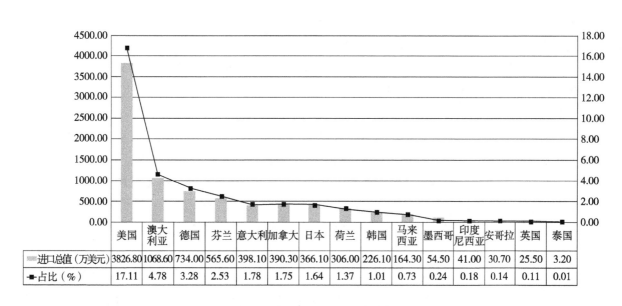

图 6 - 9 - 38　2015 年 5 月中国新疆对其他 15 个国家进口总值及占比

由图 6－9－38 可以看出，2015 年 5 月中国新疆对其他 17 个国家中阿尔及利亚、越南两个没有发生进口贸易，对剩下的 15 个有进口贸易的国家按进口总值大小排名依次为：美国、澳大利亚、德国、芬兰、意大利、加拿大、日本、荷兰、韩国、马来西亚、墨西哥、印度尼西亚、安哥拉、英国、泰国。其中，对美国的进口总值为 3826.80 万美元，占中国新疆进口总值的 17.11%，同比上升 217.10%，环比下降 26.50%；对澳大利亚的进口总值为 1068.60 万美元，占中国新疆进口总值的 4.78%，同比上升 4678.20%，环比下降 19.86%；对德国的进口总值为 734.00 万美元，占中国新疆进口总值的 3.28%，同比下降 20.10%，环比下降 16.34%。

6. 2015 年 6 月中国新疆对其他国家进口贸易月度分析

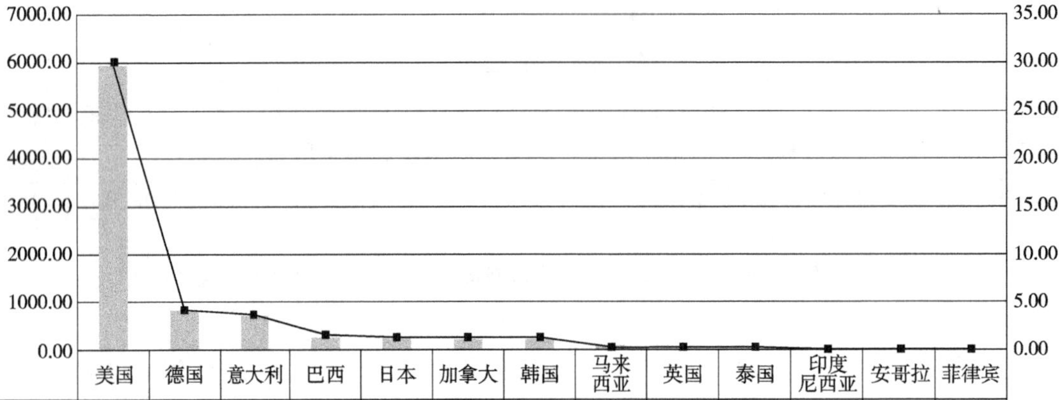

	美国	德国	意大利	巴西	日本	加拿大	韩国	马来西亚	英国	泰国	印度尼西亚	安哥拉	菲律宾
进口总值（万美元）	5957.40	809.30	728.40	278.30	257.70	252.40	241.90	112.10	49.40	35.20	27.00	11.80	6.50
占比（%）	30.35	4.12	3.71	1.42	1.31	1.29	1.23	0.57	0.25	0.18	0.14	0.06	0.03

图 6－9－39　2015 年 6 月中国新疆对其他 13 个国家进口总值及占比

由图 6－9－39 可以看出，2015 年 6 月中国新疆对其他 14 个国家中的尼日利亚没有发生进口贸易，对剩下的 13 个有进口贸易的国家按进口总值大小排名依次为：美国、德国、意大利、巴西、日本、加拿大、韩国、马来西亚、英国、泰国、印度尼西亚、安哥拉、菲律宾。

中国新疆对其他 13 个国家的进口总值为 8767.40 万美元，占中国新疆进口总值的 44.67%。其中，对美国的进口总值为 5957.40 万美元，占中国新疆进口总值的 30.35%，同比上升 28.80%，环比上升 55.68%；对德国的进口总值为 809.30 万美元，占中国新疆进口总值的 4.12%，同比下降 69.00%，环比上升 10.26%；对意大利的进口总值为 728.40 万美元，占中国新疆进口总值的 3.71%，同比上升 23.30%，环比上升 82.97%。

7. 2015 年 7 月中国新疆对其他国家进口贸易月度分析

由图 6－9－40 可以看出，2015 年 7 月中国新疆对其他 20 个国家中加纳、巴拿马、越南 3 个国家没有发生进口贸易，对剩下的 17 个有进口贸易的国家按进口总值大小排名依次为：美国、德国、意大利、韩国、加拿大、荷兰、日本、巴西、马来西亚、墨西哥、印度尼西亚、新加坡、英国、西班牙、安哥拉、泰国、波兰。

中国新疆对其他国家进口贸易总值为 16770.00 万美元，占中国新疆进口总值的 64.15%。其中，对美国的进口总值为 10870.50 万美元，占中国新疆进口总值的 41.58%，同比上升 96.70%，环比上升 82.47%；对德国的进口总值为 2357.40 万美元，占中国新疆进口总值的 9.02%，同比上升 244.90%，环比上升 191.29%；对意大利的进口总值为 1278.80 万美元，占中国新疆进口总值的 4.89%，同比上升 358.90%，环比上升 75.56%。

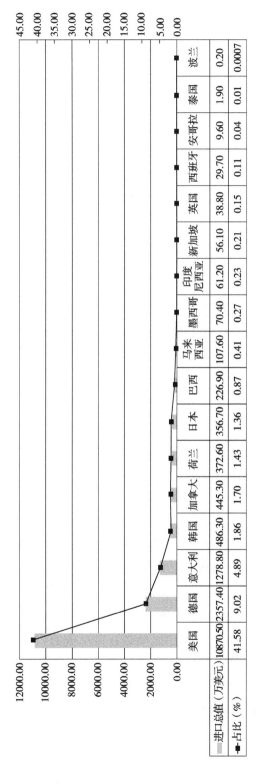

	美国	德国	意大利	韩国	加拿大	荷兰	日本	巴西	马来西亚	墨西哥	印度尼西亚	新加坡	英国	西班牙	安哥拉	泰国	波兰
进口总值（万美元）	10870.50	2357.40	1278.80	486.30	445.30	372.60	356.70	226.90	107.60	70.40	61.20	56.10	38.80	29.70	9.60	1.90	0.20
占比（%）	41.58	9.02	4.89	1.86	1.70	1.43	1.36	0.87	0.41	0.27	0.23	0.21	0.15	0.11	0.04	0.01	0.0007

图 6－9－40 2015 年 7 月中国新疆对其他 17 个国家进口总值及占比

8. 2015 年 8 月中国新疆对其他国家进口贸易月度分析

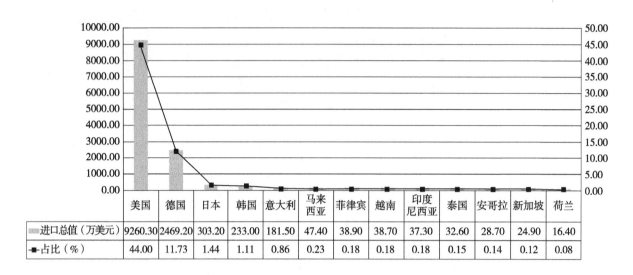

	美国	德国	日本	韩国	意大利	马来西亚	菲律宾	越南	印度尼西亚	泰国	安哥拉	新加坡	荷兰
进口总值（万美元）	9260.30	2469.20	303.20	233.00	181.50	47.40	38.90	38.70	37.30	32.60	28.70	24.90	16.40
占比（%）	44.00	11.73	1.44	1.11	0.86	0.23	0.18	0.18	0.18	0.15	0.14	0.12	0.08

图 6 - 9 - 41　2015 年 8 月中国新疆对其他 13 个国家进口总值及占比

由图 6 - 9 - 41 可以看出，2015 年 8 月中国新疆对其他 15 个国家中肯尼亚、尼日利亚两个国家没有发生进口贸易，对剩下 13 个有进口贸易的国家按进口总值大小排名依次为：美国、德国、日本、韩国、意大利、马来西亚、菲律宾、越南、印度尼西亚、泰国、安哥拉、新加坡、荷兰。

中国新疆对其他国家进口贸易总值为 12712.10 万美元，占中国新疆进口总值的 60.40%。其中，对美国的进口总值为 9260.30 万美元，占中国新疆进口总值的 44.00%，同比上升 472.10%，环比下降 14.81%；对德国的进口总值为 2469.20 万美元，占中国新疆进口总值的 11.73%，同比上升 36.20%，环比上升 4.74%；对日本的进口总值为 303.20 万美元，占中国新疆进口总值的 1.44%，同比下降 30.50%，环比下降 15.00%。

9. 2015 年 9 月中国新疆对其他国家进口贸易月度分析

由图 6 - 9 - 42 可以看出，2015 年 9 月中国新疆对其他 20 个国家中，对巴拿马、巴西两个国家没有发生进口贸易，对剩下的 18 个有进口贸易的国家按进口总值大小排名依次为：德国、美国、马来西亚、意大利、加拿大、墨西哥、越南、澳大利亚、法国、英国、韩国、新加坡、荷兰、西班牙、安哥拉、比利时、波兰、泰国。

中国新疆对其他国家进口贸易总值为 7742.60 万美元，占中国新疆进口总值的 49.12%。其中，对德国的进口总值为 4422.10 万美元，占中国新疆进口总值的 28.06%，同比上升 82.30%，环比上升 79.09%；对美国的进口总值为 1362.70 万美元，占中国新疆进口总值的 8.65%，同比下降 0.60%，环比下降 85.28%；对马来西亚的进口总值为 696.30 万美元，占中国新疆进口总值的 4.42%，同比上升 600.90%，环比上升 1368.99%。

10. 2015 年 10 月中国新疆对其他国家进口贸易月度分析

由图 6 - 9 - 43 可以看出，2015 年 10 月中国新疆对其他 16 个国家中，对荷兰、安哥拉、智利、肯尼亚 4 个国家没有发生进口贸易，对剩下的 12 个有进口贸易的国家按进口总值大小排名依次为：德国、澳大利亚、美国、日本、韩国、加拿大、马来西亚、越南、新加坡、英国、泰国、西班牙。

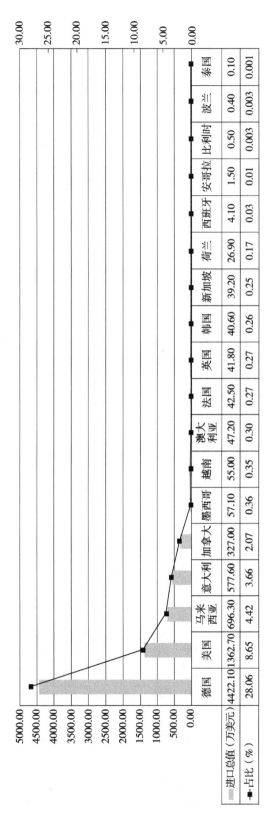

进口总值（万美元）	占比（%）
德国 4422.10	28.06
美国 1362.70	8.65
马来西亚 696.30	4.42
意大利 577.60	3.66
加拿大 327.00	2.07
墨西哥 57.10	0.36
越南 55.00	0.35
澳大利亚 47.20	0.30
法国 42.50	0.27
美国 41.80	0.27
韩国 40.60	0.26
新加坡 39.20	0.25
荷兰 26.90	0.17
西班牙 4.10	0.03
安哥拉 1.50	0.01
比利时 0.50	0.003
波兰 0.40	0.003
泰国 0.10	0.001

图 6－9－42 2015 年 9 月中国新疆对其他 18 个国家进口总值及占比

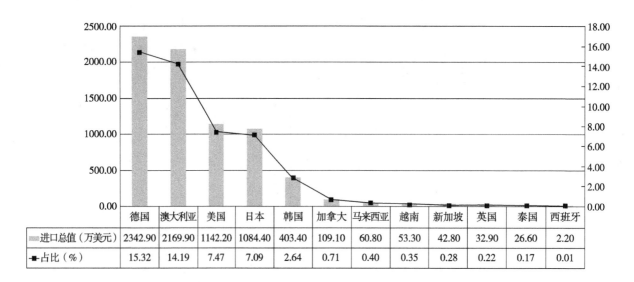

	德国	澳大利亚	美国	日本	韩国	加拿大	马来西亚	越南	新加坡	英国	泰国	西班牙
进口总值（万美元）	2342.90	2169.90	1142.20	1084.40	403.40	109.10	60.80	53.30	42.80	32.90	26.60	2.20
占比（%）	15.32	14.19	7.47	7.09	2.64	0.71	0.40	0.35	0.28	0.22	0.17	0.01

图6-9-43 2015年10月中国新疆对其他12个国家进口总值及占比

中国新疆对其他国家进口贸易总值为7470.50万美元，占中国新疆进口总值的48.85%。其中，对德国的进口总值为2342.90万美元，占中国新疆进口总值的15.32%，同比上升220.10%，环比下降47.02%；对澳大利亚的进口总值为2169.90万美元，占中国新疆进口总值的14.19%，同比上升217.40%，环比上升44.97%；对美国的进口总值为1142.20万美元，占中国新疆进口总值的7.47%，同比上升61.20%，环比下降16.18%。

11. 2015年11月中国新疆对其他国家进口贸易月度分析

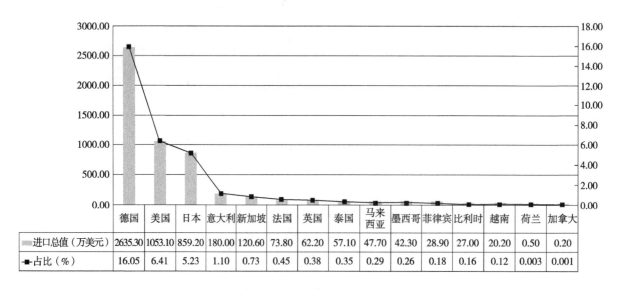

	德国	美国	日本	意大利	新加坡	法国	英国	泰国	马来西亚	墨西哥	菲律宾	比利时	越南	荷兰	加拿大
进口总值（万美元）	2635.30	1053.10	859.20	180.00	120.60	73.80	62.20	57.10	47.70	42.30	28.90	27.00	20.20	0.50	0.20
占比（%）	16.05	6.41	5.23	1.10	0.73	0.45	0.38	0.35	0.29	0.26	0.18	0.16	0.12	0.003	0.001

图6-9-44 2015年11月中国新疆对其他15个国家进口总值及占比

由图6-9-44可以看出，2015年11月中国新疆对其他18个国家中，对西班牙、安哥拉、澳大利亚没有发生进口贸易，对剩下的15个有进口贸易的国家按进口总值大小排名依次为：德国、美国、日本、意大利、新加坡、法国、英国、泰国、马来西亚、墨西哥、菲律宾、比利时、越南、荷兰、加拿大。

中国新疆对其他国家进口贸易总值为 5208.10 万美元，占中国新疆进口总值的 31.71%。其中，对德国的进口总值为 2635.30 万美元，占中国新疆进口总值的 16.05%，同比下降 1.20%，环比上升 12.48%；对美国的进口总值为 1053.10 万美元，占中国新疆进口总值的 6.41%，同比下降 0.30%，环比下降 7.80%；对日本的进口总值为 859.20 万美元，占中国新疆进口总值的 5.23%，同比上升 201.10%，环比下降 20.77%。

12. 2015 年 12 月中国新疆对其他国家进口贸易月度分析

由图 6-9-45 可以看出，2015 年 12 月中国新疆对其他 18 个国家中，对西班牙、法国、墨西哥 3 个国家没有发生进口贸易，对剩下 15 个有进口贸易的国家按进口总值大小排名依次为：德国、美国、澳大利亚、日本、意大利、韩国、印度尼西亚、英国、越南、新加坡、马来西亚、泰国、安哥拉、菲律宾、荷兰。

中国新疆对其他国家进口贸易总值为 7493.30 万美元，占中国新疆进口总值的 38.88%。其中，对德国的进口总值为 2569.50 万美元，占中国新疆进口总值的 13.33%，同比上升 108.00%，环比下降 2.50%；对美国的进口总值为 1388.00 万美元，占中国新疆进口总值的 7.20%，同比下降 17.80%，环比上升 31.80%；对澳大利亚的进口总值为 919.90 万美元，占中国新疆进口总值的 4.77%，同比下降 35.00%。

四、2015 年中国新疆对其他国家的出口贸易与进口贸易比较分析

（一）2015 年中国新疆对其他国家的出口贸易与进口贸易比较

由图 6-9-46、图 6-9-47 可以看出，2015 年，中国新疆对其他国家的进出口贸易中，除芬兰、瑞典、奥地利、德国出口总值、进口总值占其进出口总值的比重是进口大于出口外，其余各国的出口均大于进口，说明中国新疆对其他国家的进出口贸易以出口为主导。

（二）2015 年中国新疆对其他国家的出口贸易与进口贸易的月度比较分析

1. 2015 年 1 月中国新疆对其他国家的出口贸易与进口贸易的月度比较分析

由图 6-9-48 可以看出，2015 年 1 月，中国新疆对其他 12 个国家的进出口贸易中，均以出口为主。除德国、瑞典进口总值大于出口总值外，其他国家的出口总值均大于进口总值。

2. 2015 年 2 月中国新疆对其他国家的出口贸易与进口贸易的月度比较分析

由图 6-9-49 可以看出，2015 年 2 月，中国新疆对其他 15 个国家的进出口贸易中，除德国以进口为主外，其余各国均以出口为主。其中，对尼日利亚、塞内加尔、科特迪瓦、喀麦隆等国家只有出口贸易，没有进口贸易。

3. 2015 年 3 月中国新疆对其他国家及地区的出口贸易与进口贸易的月度比较分析

由图 6-9-50 可以看出，2015 年 3 月，中国新疆对其他 18 个国家及地区的进出口贸易中，除美国、奥地利、德国以进口为主外，其余各国均以出口为主。其中，对阿尔及利亚、安哥拉、尼日利亚、中国香港、加纳等国家和地区只有出口贸易，没有进口贸易。

4. 2015 年 4 月中国新疆对其他国家的出口贸易与进口贸易的月度比较分析

由图 6-9-51 可以看出，2015 年 4 月，中国新疆对其他 17 个国家的进出口贸易中，除日本、巴西、美国、德国、加拿大、澳大利亚以进口为主外，其余各国均以出口为主。其中，对喀麦隆、阿尔及利亚两个国家只有出口贸易，没有进口贸易。

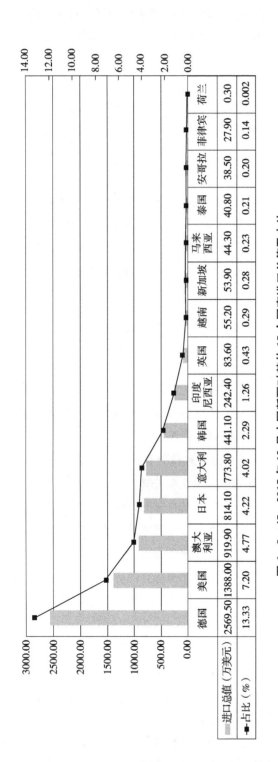

图 6 - 9 - 45　2015 年 12 月中国新疆对其他 15 个国家进口总值及占比

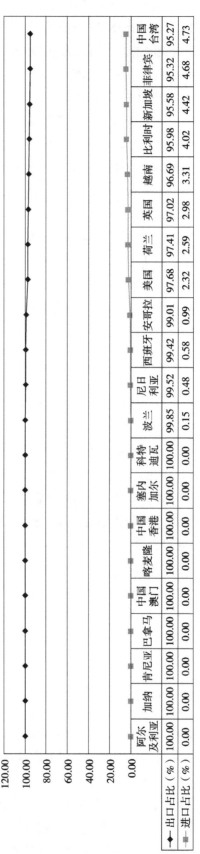

图 6 - 9 - 46　2015 年中国新疆对其他国家及地区进出口总值中出口及进口占比（1）

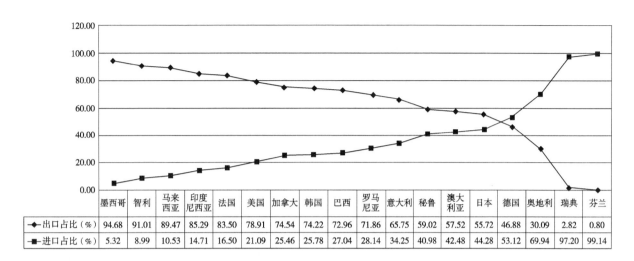

	墨西哥	智利	马来西亚	印度尼西亚	法国	美国	加拿大	韩国	巴西	罗马尼亚	意大利	秘鲁	澳大利亚	日本	德国	奥地利	瑞典	芬兰
出口占比（%）	94.68	91.01	89.47	85.29	83.50	78.91	74.54	74.22	72.96	71.86	65.75	59.02	57.52	55.72	46.88	30.09	2.82	0.80
进口占比（%）	5.32	8.99	10.53	14.71	16.50	21.09	25.46	25.78	27.04	28.14	34.25	40.98	42.48	44.28	53.12	69.94	97.20	99.14

图 6 - 9 - 47 2015 年中国新疆对其他国家进出口总值中出口及进口占比（2）

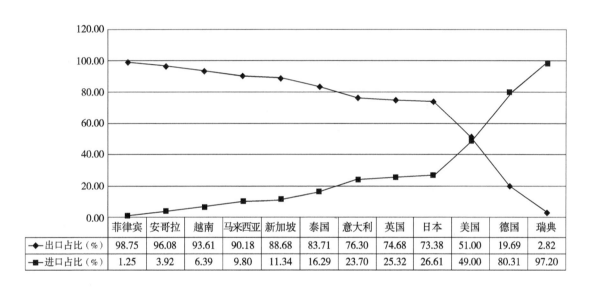

	菲律宾	安哥拉	越南	马来西亚	新加坡	泰国	意大利	英国	日本	美国	德国	瑞典
出口占比（%）	98.75	96.08	93.61	90.18	88.68	83.71	76.30	74.68	73.38	51.00	19.69	2.82
进口占比（%）	1.25	3.92	6.39	9.80	11.34	16.29	23.70	25.32	26.61	49.00	80.31	97.20

图 6 - 9 - 48 2015 年 1 月中国新疆对其他 12 个国家进出口总值中出口及进口占比

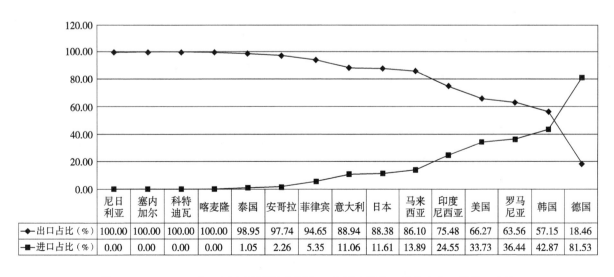

	尼日利亚	塞内加尔	科特迪瓦	喀麦隆	泰国	安哥拉	菲律宾	意大利	日本	马来西亚	印度尼西亚	美国	罗马尼亚	韩国	德国
出口占比（%）	100.00	100.00	100.00	100.00	98.95	97.74	94.65	88.94	88.38	86.10	75.48	66.27	63.56	57.15	18.46
进口占比（%）	0.00	0.00	0.00	0.00	1.05	2.26	5.35	11.06	11.61	13.89	24.55	33.73	36.44	42.87	81.53

图 6 - 9 - 49 2015 年 2 月中国新疆对其他 15 个国家进出口总值中出口及进口占比

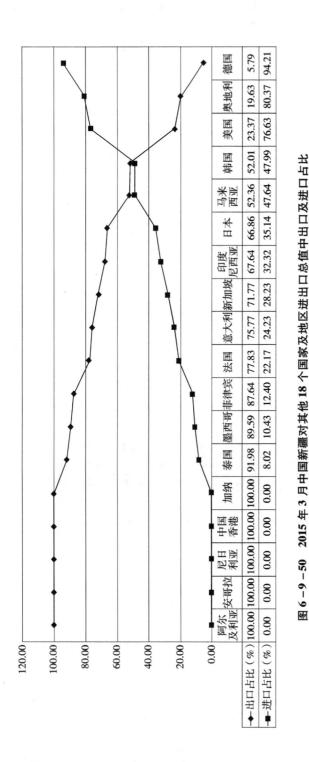

图6-9-50 2015年3月中国新疆对其他18个国家及地区进出口总值中出口及进口占比

	阿尔及利亚	尼日利亚	中国香港	加纳	泰国	墨西哥	菲律宾	法国	意大利	新加坡	印度尼西亚	日本	马来西亚	韩国	美国	奥地利	德国
出口占比（%）	100.00	100.00	100.00	100.00	91.98	89.59	87.64	77.83	75.77	71.77	67.64	66.86	52.36	52.01	23.37	19.63	5.79
进口占比（%）	0.00	0.00	0.00	0.00	8.02	10.43	12.40	22.17	24.23	28.23	32.32	35.14	47.64	47.99	76.63	80.37	94.21

图6-9-51 2015年4月中国新疆对其他17个国家进出口总值中出口及进口占比

	喀麦隆	阿尔及利亚	墨西哥	菲律宾	印度尼西亚	秘鲁	意大利	马来西亚	英国	新加坡	韩国	日本	巴西	美国	德国	加拿大	澳大利亚
出口占比（%）	100.00	100.00	95.02	92.66	85.37	76.20	75.69	74.40	61.04	55.38	51.64	29.97	26.93	20.23	19.40	11.35	9.91
进口占比（%）	0.00	0.00	4.98	7.34	14.63	23.80	24.30	25.60	38.96	44.62	48.36	70.03	73.07	79.77	80.60	88.65	90.08

5. 2015 年 5 月中国新疆对其他国家的出口贸易与进口贸易的月度比较分析

由图 6 - 9 - 52 可以看出，2015 年 5 月，中国新疆对其他 17 个国家的进出口贸易中，除荷兰、德国、美国、加拿大、澳大利亚、芬兰以进口为主外，其余各国均以出口为主。其中，对越南、阿尔及利亚两国只有出口贸易，没有进口贸易。

6. 2015 年 6 月中国新疆对其他国家及地区的出口贸易与进口贸易的月度比较分析

由图 6 - 9 - 53 可以看出，2015 年 6 月，中国新疆对其他 15 个国家的进出口贸易中，除意大利、德国、巴西、美国、加拿大以进口为主外，其余各国均以出口为主。其中，对尼日利亚只有出口贸易，没有进口贸易。

7. 2015 年 7 月中国新疆对其他国家的出口贸易与进口贸易的月度比较分析

由图 6 - 9 - 54 可以看出，2015 年 7 月，中国新疆对其他 20 个国家的进出口贸易中，除德国、意大利以进口为主外，其余各国均以出口为主。其中，对加纳、巴拿马、越南三国只有出口贸易，没有进口贸易。

8. 2015 年 8 月中国新疆对其他国家的出口贸易与进口贸易的月度比较分析

由图 6 - 9 - 55 可以看出，2015 年 8 月，中国新疆对其他 15 个国家的进出口贸易中，除美国、德国以进口为主外，其余各国均以出口为主。其中，对尼日利亚、肯尼亚两个国家只有出口贸易，没有进口贸易。

9. 2015 年 9 月中国新疆对其他国家的出口贸易与进口贸易的月度比较分析

由图 6 - 9 - 56 可以看出，2015 年 9 月，中国新疆对其他 20 个国家的进出口贸易中，各国均以出口为主。其中，对巴西、巴拿马、泰国三个国家只有出口贸易，没有进口贸易。

10. 2015 年 10 月中国新疆对其他国家的出口贸易与进口贸易的月度比较分析

由图 6 - 9 - 57 可以看出，2015 年 10 月，中国新疆对其他 16 个国家的进出口贸易中，除日本、澳大利亚以进口为主外，其余各国均以出口为主。其中，对荷兰、安哥拉、智利、肯尼亚只有出口贸易，没有进口贸易。

11. 2015 年 11 月中国新疆对其他国家的出口贸易与进口贸易的月度比较分析

由图 6 - 9 - 58 可以看出，2015 年 11 月，中国新疆对其他 18 个国家的进出口贸易中，除德国、日本以进口为主外，其余各国均以出口为主。其中，对西班牙、安哥拉、澳大利亚只有出口贸易，没有进口贸易。

12. 2015 年 12 月中国新疆对其他国家的出口贸易与进口贸易的月度比较分析

由图 6 - 9 - 59 可以看出，2015 年 12 月，中国新疆对其他 16 个国家的进出口贸易中，除日本、澳大利亚、德国以进口为主外，其余各国均以出口为主。其中，对阿尔及利亚只有出口贸易，没有进口贸易。

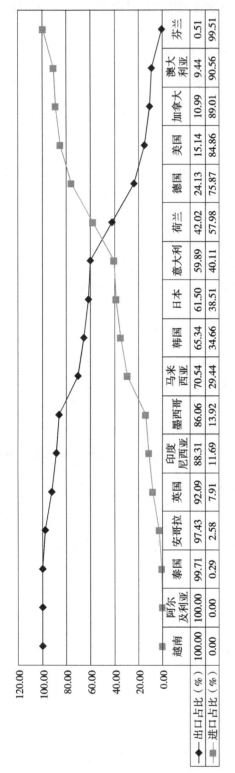

图 6－9－52　2015 年 5 月中国新疆对其他 17 个国家进出口总值中出口及进口占比

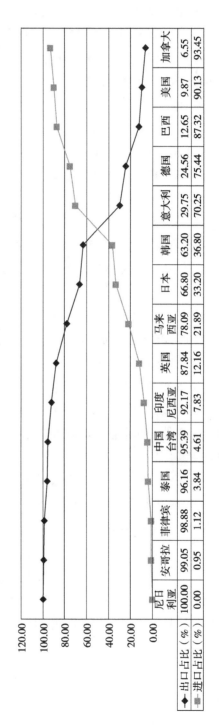

图 6－9－53　2015 年 6 月中国新疆对其他 15 个国家及地区进出口总值中出口及进口占比

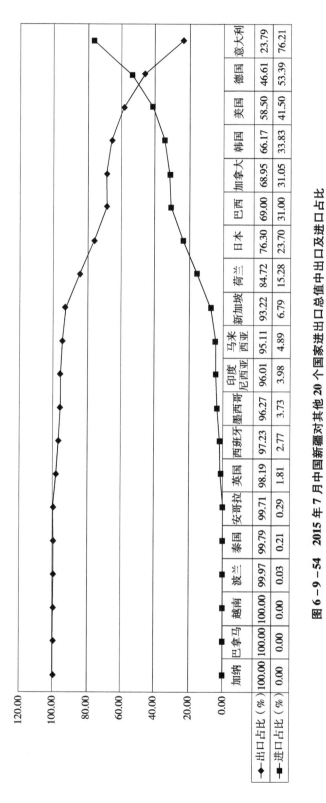

图 6 - 9 - 54　2015 年 7 月中国新疆对其他 20 个国家进出口总值中出口及进口占比

	加纳	巴拿马	越南	波兰	泰国	安哥拉	英国	西班牙	墨西哥	印度尼西亚	马来西亚	新加坡	荷兰	日本	巴西	加拿大	韩国	美国	德国	意大利
出口占比（%）	100.00	100.00	100.00	99.97	99.79	99.71	98.19	97.23	96.27	96.01	95.11	93.22	84.72	76.30	69.00	68.95	66.17	58.50	46.61	23.79
进口占比（%）	0.00	0.00	0.00	0.03	0.21	0.29	1.81	2.77	3.73	3.98	4.89	6.79	15.28	23.70	31.00	31.05	33.83	41.50	53.39	76.21

图 6 - 9 - 55　2015 年 8 月中国新疆对其他 15 个国家进出口总值中出口及进口占比

	尼日利亚	肯尼亚	安哥拉	荷兰	泰国	马来西亚	新加坡	印度尼西亚	越南	菲律宾	韩国	日本	意大利	美国	德国
出口占比（%）	100.00	100.00	99.52	97.96	97.44	97.25	96.99	96.97	95.26	93.91	86.80	74.12	68.71	28.13	28.00
进口占比（%）	0.00	0.00	0.48	2.04	2.56	2.75	3.01	3.03	4.74	6.09	13.21	25.88	31.29	71.87	72.00

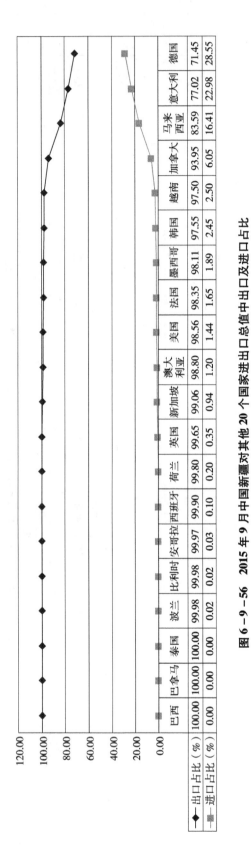

	巴西	巴拿马	泰国	波兰	比利时	安哥拉	西班牙	荷兰	英国	新加坡	澳大利亚	美国	法国	墨西哥	韩国	越南	加拿大	马来西亚	意大利	德国
出口占比（%）	100.00	100.00	100.00	99.98	99.98	99.97	99.90	99.80	99.65	99.06	98.80	98.56	98.35	98.11	97.55	97.50	93.95	83.59	77.02	71.45
进口占比（%）	0.00	0.00	0.00	0.02	0.02	0.03	0.10	0.20	0.35	0.94	1.20	1.44	1.65	1.89	2.45	2.50	6.05	16.41	22.98	28.55

图6-9-56 2015年9月中国新疆对其他20个国家进出口总值中出口及进口占比

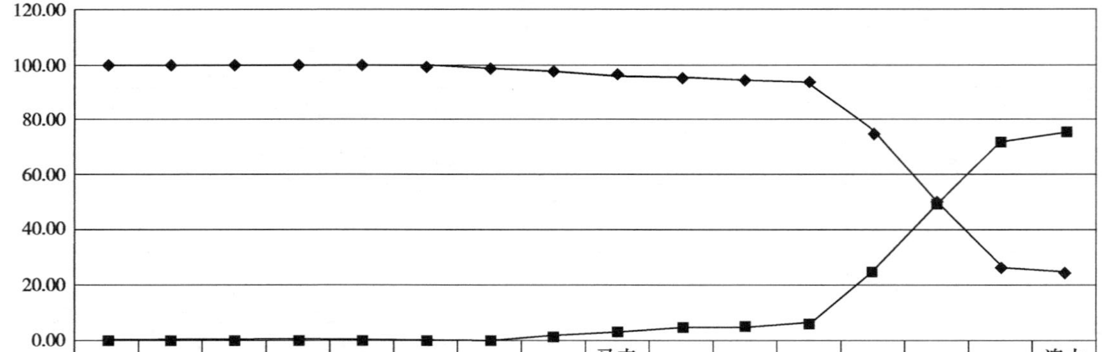

	荷兰	安哥拉	智利	肯尼亚	西班牙	新加坡	英国	泰国	马来西亚	越南	美国	加拿大	韩国	德国	日本	澳大利亚
出口占比（%）	100.00	100.00	100.00	100.00	99.82	99.46	99.00	98.08	96.33	95.25	94.69	93.89	75.38	50.29	27.06	24.66
进口占比（%）	0.00	0.00	0.00	0.00	0.18	0.54	0.99	1.92	3.67	4.75	5.31	6.11	24.61	49.71	72.94	75.34

图6-9-57 2015年10月中国新疆对其他16个国家进出口总值中出口及进口占比

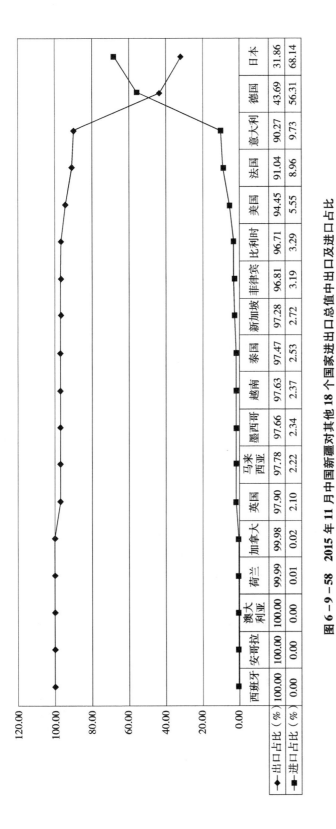

图 6－9－58　2015 年 11 月中国新疆对其他 18 个国家进出口总值中出口及进口占比

图 6－9－59　2015 年 12 月中国新疆对其他 16 个国家进出口总值中出口及进口占比

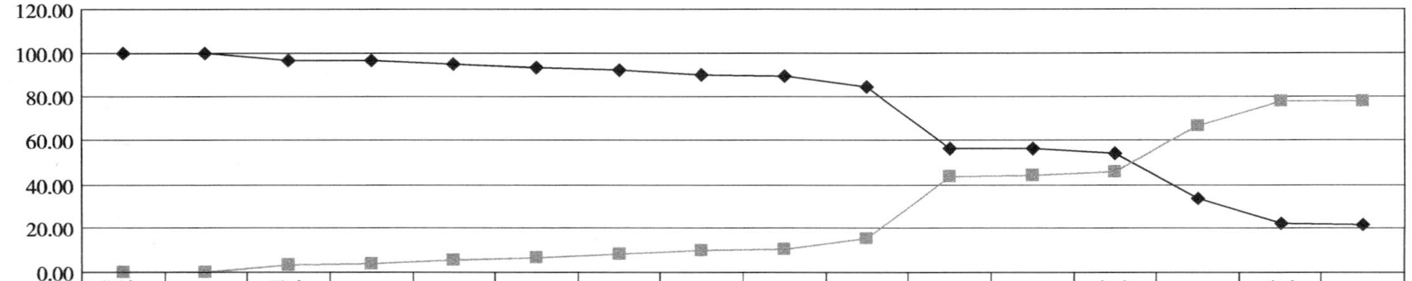

第七章 2016 年中国新疆向西开放（进出口贸易）年度报告

第一节 2016 年中国新疆向西开放（进出口贸易）年度总结

一、新疆进出口贸易进入低谷期，进出口总值下降幅度远高于全国平均水平

2016 年新疆实现进出口总值 179.63 亿美元，占全国进出口总值的 0.49%，同比下降 8.70%，同期全国进出口贸易同比下降 6.80%，新疆低于全国平均增速 1.90 个百分点。其中，出口为 159.12 亿美元，占全国出口总值的 0.76%，同比下降 9.10%，低于全国平均水平 7.70 个百分点；进口为 20.51 亿美元，占全国进口总值的 0.13%，同比下降 5.60%，低于全国平均水平 5.50 个百分点。

分季度来看，4 个季度进出口总值分别为 30.95 亿美元、42.09 亿美元、55.06 亿美元、57.67 亿美元，最高峰出现在第四季度。

二、边境小额贸易占主导地位，进出口、出口、进口同比上升

2016 年中国新疆主要的贸易方式中，边境小额贸易和一般贸易占主导地位。边境小额贸易进出口总值为 110.44 亿美元，同比上升 14.80%，占中国新疆进出口总值的 61.48%；其中出口总值为 107.70 亿美元，同比上升 15.20%，进口总值为 2.74 亿美元，同比上升 1.60%。

三、民营企业主导进出口贸易

2016 年中国新疆不同性质企业的进出口情况中，民营企业在进口与出口方面均占主导地位。民营企业进出口总值为 155.38 亿美元，同比下降 5.90%，占中国新疆进出口总值的 86.50%；其中出口总值为142.28亿美元，同比下降7.60%，进口总值为13.10亿美元，同比上升17.40%。国有企业进出口总值为22.21亿美元，同比下降23.20%，占中国新疆进出口总值的12.37%；其中出口总值为16.15亿美元，同比下降20.30%，进口总值为6.06亿美元，同比下降30.00%。

四、服装及衣着附件出口总值排名第一，机电产品进口总值排名第一

2016年中国新疆出口商品中，服装及衣着附件、机电产品和鞋类的出口总值占主要地位，三者之和占中国新疆商品出口总值的64.68%。其中，服装及衣着附件的出口总值位居第一，出口总值为41.15亿美元，占中国新疆商品出口总值的25.86%，同比上升22.30%；机电产品的出口总值为37.42亿美元，占中国新疆商品出口总值的23.52%，同比下降25.30%，排名第二；鞋类的出口总值为23.91亿美元，占中国新疆商品出口总值的15.30%，同比下降2.90%，排名第三。

2016年中国新疆进口商品中，机电产品、农产品和纸浆的进口总值占主导地位，三者之和占中国新疆商品进口总值的53.77%。其中机电产品的进口总值排名第一，为5.22亿美元，占中国新疆商品进口总值的25.43%，同比下降29.30%；农产品的进口总值排名第二，进口总值为3.73亿美元，占中国新疆商品进口总值的18.18%，同比下降3.30%；纸浆的进口总值位居第三，进口总值为2.08亿美元，占中国新疆商品进口总值的10.16%，同比上升55.10%。

五、哈斯克斯坦仍为中国新疆在中亚的第一贸易国

中国新疆对中亚五国进出口总值为12047.68百万美元，占中国新疆进出口总值的67.07%。中国新疆对中亚五国的进出口贸易中，出口占主导地位。哈萨克斯坦为中国新疆对中亚五国的第一进出口、出口和进口贸易国，中国新疆对哈萨克斯坦进出口、出口、进口贸易均同比上升。其中，中国新疆对哈萨克斯坦的进出口总值为6328.56百万美元，占中国新疆进出口总值的35.23%，同比上升10.10%；对哈萨克斯坦的出口总值为5743.25百万美元，占中国新疆出口总值的36.09%，同比上升9.20%；对哈萨克斯坦的进口总值为585.31百万美元，占中国新疆进口总值的28.54%，同比上升20.20%。

中国新疆对中亚五国的进出口贸易中，各国的出口总值、进口总值占其进出口总值的比重均是出口大于进口，说明中国新疆对中亚五国的进出口贸易均以出口为主导，且出口远远多于进口，除乌兹别克斯坦外，其余四国出口占比均超过90%。

六、阿塞拜疆成为中国新疆在西亚的第一贸易国

2016年中国新疆对西亚国家进出口总值为277.34百万美元，占中国新疆进出口总值的1.54%。中国新疆对西亚国家的进出口贸易中，出口占主导地位。阿塞拜疆是中国新疆对西亚国家的第一大进出口和出口贸易国，土耳其是中国新疆对西亚国家的第一大进口贸易国。对阿塞拜疆的进出口总值为79.62百万美元，占中国新疆进出口总值的0.44%，同比下降24.10%；对阿塞拜疆的出口总值为78.48百万美元，占中国新疆出口总值的0.49%，同比下降13.30%；对阿塞拜疆的进口总值为1.14百万美元，占中国新疆进口总值的0.06%，同比下降92.10%。

2016年中国新疆对西亚国家的进出口贸易中，各国的出口总值、进口总值占其进出口总值的比重均是出口大于进口，说明中国新疆对西亚国家的进出口贸易均以出口为主导，且出口远远多于进口，土耳其出口占比最小，为60.11%，阿塞拜疆出口占比最大，达到98.57%。

七、巴基斯坦仍为中国新疆在南亚的第一贸易国

2016年中国新疆对南亚国家进出口总值为501.13百万美元，占中国新疆进出口总值的2.79%。中国新疆对南亚国家的进出口贸易往来以出口为主。巴基斯坦是中国新疆对南亚国家的第一大进出口、出口和进口贸易伙伴，其进出口、出口、进口均是同比下降，其中，对巴基斯坦的进出口总值为288.69百万美元，占中国新疆进出口总值的1.61%，同比下降7.70%；对巴基斯坦的出口总值为257.97百万美元，占中国新疆出口总值的1.62%，同比下降1.70%；对巴基斯坦的进口总值为30.72百万美元，占中国新疆进口总值的1.50%，同比下降39.20%。

中国新疆对南亚国家的进出口贸易中，各国的出口总值、进口总值占其进出口总值的比重均是出口大于进口，说明中国新疆对南亚国家的进出口贸易均以出口为主导，且出口远远多于进口，出口占比在85%以上。

八、在东欧三国中，中国新疆仅与乌克兰发生贸易往来

2016年中国新疆对东欧国家的进出口贸易中，只与乌克兰发生贸易往来，其中，对乌克兰的进出口总值为82.06百万美元，占中国新疆进出口总值的0.46%，同比上升3.80%。中国新疆对乌克兰的贸易以出口为主，其中，出口总值为81.30百万美元，占中国新疆出口总值的0.51%，同比上升3.60%；进口总值为0.77百万美元，占中国新疆进口总值的0.04%，同比上升35.70%。

九、中国新疆对俄罗斯的进出口、出口、进口均是同比上升

2016年中国新疆对俄罗斯的贸易中，进出口、出口、进口都同比上升；以出口贸易为主。其中，对俄罗斯的进出口总值为1332.81百万美元，占中国新疆进出口总值的7.42%，同比上升42.00%。中国新疆对俄罗斯的贸易以出口为主，其中，出口总值为1194.66百万美元，占中国新疆出口总值的7.51%，同比上升46.20%；进口总值为138.15百万美元，占中国新疆进口总值的6.74%，同比上升13.70%。

十、中国新疆对蒙古国的进出口贸易持续下滑

2016年中国新疆对蒙古国的贸易中，进出口、出口、进口同时同比下降；以进口贸易为主。其中，对蒙古国的进出口总值为80.67百万美元，占中国新疆进出口总值的0.45%，同比下降19.20%。中国新疆对蒙古国的贸易以进口为主，其中，出口总值为22.43百万美元，占中国新疆出口总值的0.14%，同比下降45.60%；进口总值为58.25百万美元，占中国新疆进口总值的2.84%，同比下降0.60%。

十一、美国仍为中国新疆对其他国家的第一贸易国

2016年中国新疆对其他国家进出口贸易中，美国为主要进出口、出口大国，德国为主要进口大国。对美国的进出口总值为1210.17百万美元，占中国新疆进出口总值的6.74%，同比下降41.60%；对美国的出口总值为1052.41百万美元，占中国新疆出口总值的6.61%，同比下降35.60%；对美国的进口总值为157.76百万美元，占中国新疆进口总值的7.69%，同比下降63.90%。

2016 年中国新疆对其他国家的进出口贸易中，除巴西、阿根廷、法国、日本、德国、智利、瑞士以及芬兰出口总值、进口总值占其进出口总值的比重是进口大于出口外，其余各国的出口均大于进口，说明中国新疆对其他国家的进出口贸易以出口为主导。

第二节　2016 年中国新疆向西开放（进出口贸易）总体概况

一、2016 年中国新疆外贸进出口总值总体分析

（一）2016 年中国新疆外贸进出口总值分析

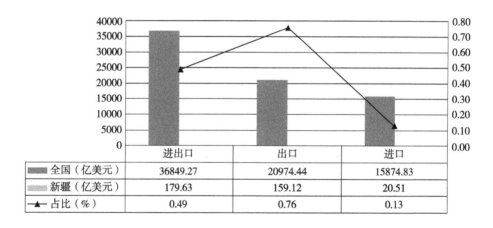

	进出口	出口	进口
全国（亿美元）	36849.27	20974.44	15874.83
新疆（亿美元）	179.63	159.12	20.51
占比（%）	0.49	0.76	0.13

图 7 - 2 - 1　2016 年新疆与全国进出口总值对比

由图 7 - 2 - 1 分析可知，2016 年新疆实现进出口总值 179.63 亿美元，占全国进出口总值的 0.49%，同比下降 8.70%，同期全国进出口贸易同比下降 6.80%，低于全国平均增速 1.90 个百分点。其中，新疆出口总值达 159.12 亿美元，占全国出口总值的 0.76%，同比下降 9.10%，同期全国出口贸易同比下降 7.70%，低于全国平均增速 1.40 个百分点；新疆进口总值达 20.51 亿美元，占全国进口总值的 0.13%，同比下降 5.60%，同期全国进口贸易同比下降 5.50%，低于全国平均增速 0.10 个百分点。

（二）2016 年中国新疆外贸进出口总值趋势分析

由图 7 - 2 - 2 分析可知，从全年的走势来看，中国新疆进出口总值和出口总值的趋势基本一致。1 月均呈现下降趋势，2 月达到了全年的最低谷后开始逐渐回升，4 月出现一个小高峰，5 月又呈现下降的趋势，进入第三季度后开始逐步上升，9 月又一次出现高峰，实现全年的最高值随后开始下降。中国新疆进口总值 1～3 月基本处于平稳的状态，4 月达到全年的最高值，5 月又呈现下降趋势，8 月开始有所回升。进入第四季度又处于平稳的状态。分季度来看，4 个季度进出口总值分别为 30.95 亿美元、42.29 亿美元、55.06 亿美元、57.66 亿美元，最高峰出现在第四季度。

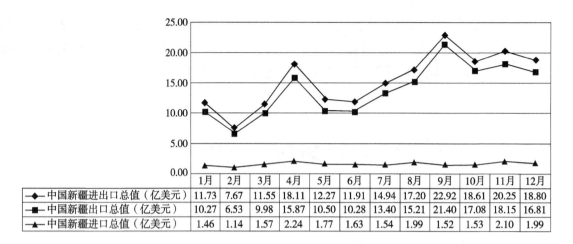

	1月	2月	3月	4月	5月	6月	7月	8月	9月	10月	11月	12月
中国新疆进出口总值（亿美元）	11.73	7.67	11.55	18.11	12.27	11.91	14.94	17.20	22.92	18.61	20.25	18.80
中国新疆出口总值（亿美元）	10.27	6.53	9.98	15.87	10.50	10.28	13.40	15.21	21.40	17.08	18.15	16.81
中国新疆进口总值（亿美元）	1.46	1.14	1.57	2.24	1.77	1.63	1.54	1.99	1.52	1.53	2.10	1.99

图 7 - 2 - 2　2016 年 1～12 月中国新疆进出口总值

（三）2016 年分月度中国新疆外贸进出口总值分析

1. 2016 年 1 月中国新疆外贸进出口总值分析

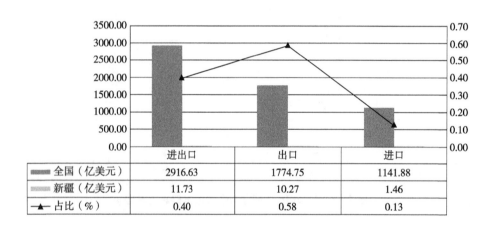

	进出口	出口	进口
全国（亿美元）	2916.63	1774.75	1141.88
新疆（亿美元）	11.73	10.27	1.46
占比（%）	0.40	0.58	0.13

图 7 - 2 - 3　2016 年 1 月新疆与全国进出口、出口、进口总值对比

　　由图 7 - 2 - 3 分析可知，2016 年 1 月，全国实现进出口贸易总值为 2916.63 亿美元，新疆实现进出口贸易总值为 11.73 亿美元，占全国进出口总值的 0.40%，同比上升 1.60%，环比下降 10.42%。其中，全国出口总值为 1774.75 亿美元，新疆出口总值为 10.27 亿美元，占全国出口总值的 0.58%，同比上升 1.90%，环比下降 8.07%；全国进口总值为 1141.88 亿美元，新疆进口总值为 1.46 亿美元，占全国进口总值的 0.13%，同比下降 0.90%，环比下降 24.03%。

　　2. 2016 年 2 月中国新疆外贸进出口总值分析

　　由图 7 - 2 - 4 分析可知，2016 年 2 月，全国实现进出口贸易总值为 2196.97 亿美元，新疆实现进出口贸易总值为 7.67 亿美元，占全国进出口总值的 0.35%，同比下降 22.40%，环比下降 34.61%。其中，全国出口总值为 1261.45 亿美元，新疆出口总值为 6.53 亿美元，占全国出口总值的 0.52%，同比下降 24.70%，环比下降 36.42%；全国进口总值为 935.52 亿美元，新疆进口总值为 1.14 亿美元，占全国进口总值的 0.12%，同比下降 5.20%，环比下降 21.92%。

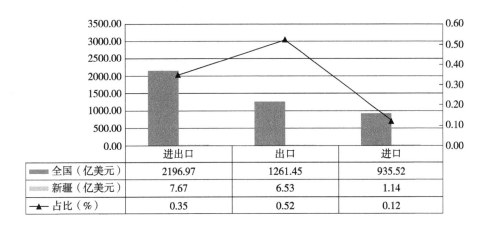

图 7 - 2 - 4 2016 年 2 月新疆与全国进出口、出口、进口总值对比

3. 2016 年 3 月中国新疆外贸进出口总值分析

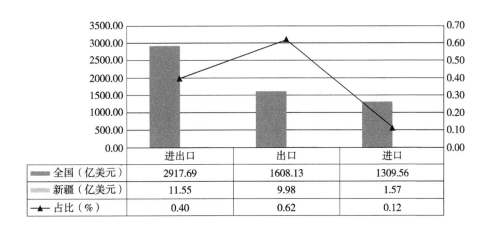

图 7 - 2 - 5 2016 年 3 月新疆与全国进出口、出口、进口总值对比

由图 7 - 2 - 5 分析可知，2016 年 3 月，全国实现进出口贸易总值为 2917. 69 亿美元，新疆实现进出口贸易总值为 11. 55 亿美元，占全国进出口总值的 0. 40%，同比上升 44. 20%，环比上升 50. 59%。其中，全国出口总值为 1608. 13 亿美元，新疆出口总值为 9. 98 亿美元，占全国出口总值的 0. 62%，同比上升 51. 80%，环比上升 52. 83%；全国进口总值为 1309. 56 亿美元，新疆进口总值为 1. 57 亿美元，占全国进口总值的 0. 12%，同比上升 9. 40%，环比上升 37. 72%。

4. 2016 年 4 月中国新疆外贸进出口总值分析

由图 7 - 2 - 6 分析可知，2016 年 4 月，全国实现进出口贸易总值为 2999. 36 亿美元，新疆实现进出口贸易总值为 18. 12 亿美元，占全国进出口总值的 0. 60%，同比上升 20. 90%，环比上升 56. 88%。其中，全国出口总值为 1727. 63 亿美元，新疆出口总值为 15. 87 亿美元，占全国出口值的 0. 92%，同比上升 21. 80%，环比上升 59. 04%；全国进口总值为 1272. 00 亿美元，新疆进口总值为 2. 24 亿美元，占全国进口总值的 0. 18%，同比上升 15. 50%，环比上升 43. 07%。

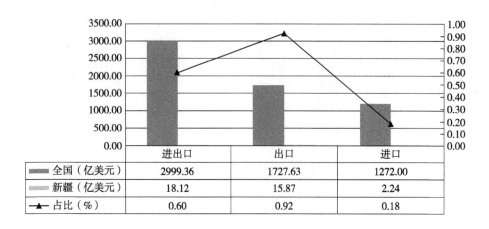

	进出口	出口	进口
全国（亿美元）	2999.36	1727.63	1272.00
新疆（亿美元）	18.12	15.87	2.24
占比（%）	0.60	0.92	0.18

图7-2-6 2016年4月新疆与全国进出口、出口、进口总值对比

5. 2016年5月中国新疆外贸进出口总值分析

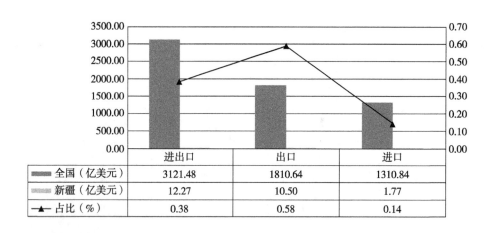

	进出口	出口	进口
全国（亿美元）	3121.48	1810.64	1310.84
新疆（亿美元）	12.27	10.50	1.77
占比（%）	0.38	0.58	0.14

图7-2-7 2016年5月新疆与全国进出口、出口、进口总值对比

由图7-2-7分析可知，2016年5月，全国实现进出口贸易总值为3121.48亿美元，新疆实现进出口贸易总值为12.27亿美元，占全国进出口总值的0.38%，同比下降5.60%，环比下降32.25%。其中，全国出口总值为1810.64亿美元，新疆出口总值为10.50亿美元，占全国出口总值的0.58%，同比下降2.40%，环比下降33.84%；全国进口总值为1310.84亿美元，新疆进口总值为1.77亿美元，占全国进口总值的0.14%，同比下降21.00%，环比下降20.98%。

6. 2016年6月中国新疆外贸进出口总值分析

由图7-2-8分析可知，2016年6月，全国实现进出口贸易总值为3126.58亿美元，新疆实现进出口贸易总值为11.91亿美元，占全国进出口总值的0.38%，同比下降9.10%，环比下降2.98%。其中，全国出口总值为1803.83亿美元，新疆出口总值为10.28亿美元，占全国出口总值的0.57%，同比下降7.60%，环比下降2.11%；全国进口总值为1322.75亿美元，新疆进口总值为1.63亿美元，占全国进口总值的0.12%，同比下降17.50%，环比下降8.11%。

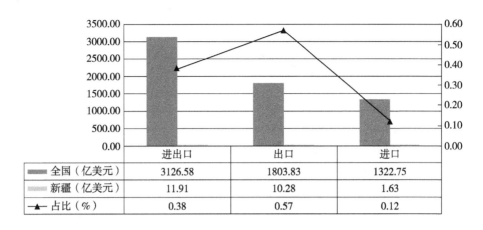

图 7 - 2 - 8　2016 年 6 月新疆与全国进出口、出口、进口总值对比

	进出口	出口	进口
全国（亿美元）	3126.58	1803.83	1322.75
新疆（亿美元）	11.91	10.28	1.63
占比（%）	0.38	0.57	0.12

7. 2016 年 7 月中国新疆外贸进出口总值分析

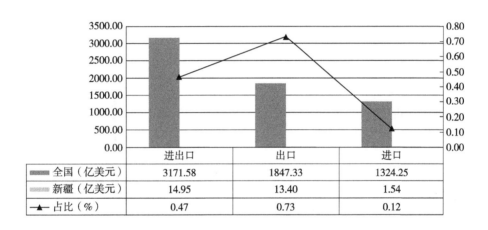

图 7 - 2 - 9　2016 年 7 月新疆与全国进出口、出口、进口总值对比

	进出口	出口	进口
全国（亿美元）	3171.58	1847.33	1324.25
新疆（亿美元）	14.95	13.40	1.54
占比（%）	0.47	0.73	0.12

由图 7 - 2 - 9 分析可知，2016 年 7 月，全国实现进出口贸易总值为 3171.58 亿美元，新疆实现进出口贸易总值为 14.95 亿美元，占全国进出口总值的 0.47%，同比下降 23.60%，环比上升 25.49%。其中，全国出口总值为 1847.33 亿美元，新疆出口总值为 13.40 亿美元，占全国出口值的 0.73%，同比下降 20.90%，环比上升 30.37%；全国进口总值为 1324.25 亿美元，新疆进口总值为 1.54 亿美元，占全国进口总值的 0.12%，同比下降 41.30%，环比下降 5.30%。

8. 2016 年 8 月中国新疆外贸进出口总值分析

由图 7 - 2 - 10 分析可知，2016 年 8 月，全国实现进出口贸易总值为 3291.35 亿美元，新疆实现进出口贸易总值为 17.20 亿美元，占全国进出口总值的 0.52%，同比下降 11.60%，环比上升 15.08%。其中，全国出口总值为 1905.92 亿美元，新疆出口总值为 15.21 亿美元，占全国出口值的 0.80%，同比下降 12.30%，环比上升 13.49%；全国进口总值为 1385.43 亿美元，新疆进口总值为 1.99 亿美元，占全国进口总值的 0.14%，同比下降 6.10%，环比上升 28.90%。

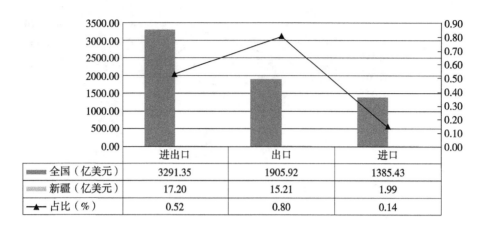

图7－2－10　2016年8月新疆与全国进出口、出口、进口总值对比

9. 2016年9月中国新疆外贸进出口总值分析

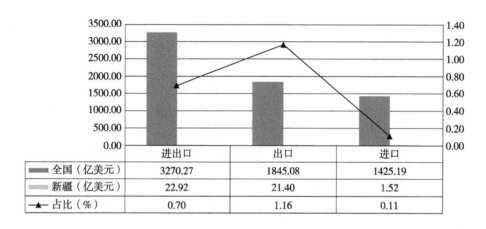

图7－2－11　2016年9月新疆与全国进出口、出口、进口总值对比

由图7－2－11分析可知，2016年9月，全国实现进出口贸易总值为3270.27亿美元，新疆实现进出口贸易总值为22.92亿美元，占全国进出口总值的0.70%，同比下降34.10%，环比上升33.28%。其中，全国出口总值为1845.08亿美元，新疆出口总值为21.40亿美元，占全国出口总值的1.16%，同比下降35.50%，环比上升40.70%；全国进口总值为1425.19亿美元，新疆进口总值为1.52亿美元，占全国进口总值的0.11%，同比下降4.40%，环比下降23.50%。

10. 2016年10月中国新疆外贸进出口总值分析

由图7－2－12分析可知，2016年10月，全国实现进出口贸易总值为3072.99亿美元，新疆实现进出口贸易总值为18.61亿美元，占全国进出口总值的0.61%，同比下降6.60%，环比下降18.80%。其中，全国出口总值为1781.78亿美元，新疆出口总值为17.08亿美元，占全国出口总值的0.96%，同比下降7.10%，环比下降20.17%；全国进口总值为1291.21亿美元，新疆进口总值为1.53亿美元，占全国进口总值的0.12%，同比下降0.40%，环比上升0.56%。

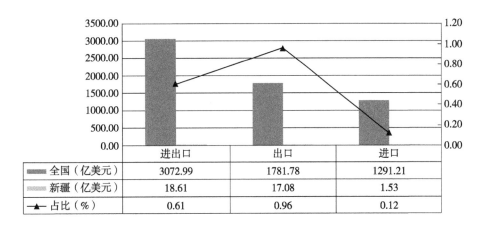

图 7 - 2 - 12　2016 年 10 月新疆与全国进出口、出口、进口总值对比

11. 2016 年 11 月中国新疆外贸进出口总值分析

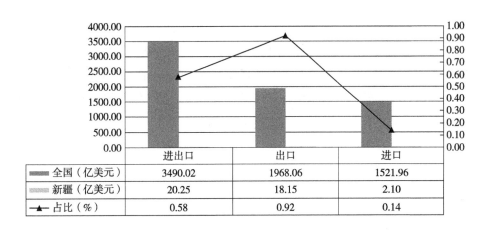

图 7 - 2 - 13　2016 年 11 月新疆与全国进出口、出口、进口总值对比

由图 7 - 2 - 13 分析可知，2016 年 11 月，全国实现进出口贸易总值为 3490.02 亿美元，新疆实现进出口贸易总值为 20.25 亿美元，占全国进出口总值的 0.58%，同比上升 4.70%，环比上升 8.81%。其中，全国出口总值为 1968.06 亿美元，新疆出口总值为 18.15 亿美元，占全国出口总值的 0.92%，同比上升 2.60%，环比上升 6.26%；全国进口总值为 1521.96 亿美元，新疆进口总值为 2.10 亿美元，占全国进口总值的 0.14%，同比上升 27.40%，环比上升 37.25%。

12. 2016 年 12 月中国新疆外贸进出口总值分析

由图 7 - 2 - 14 分析可知，2016 年 12 月，全国实现进出口贸易总值为 3780.17 亿美元，新疆实现进出口贸易总值为 18.80 亿美元，占全国进出口总值的 0.50%，同比上升 43.50%，环比下降 7.19%。其中，全国出口总值为 2094.17 亿美元，新疆出口总值为 16.81 亿美元，占全国出口总值的 0.80%，同比上升 50.40%，环比下降 7.41%；全国进口总值为 1685.99 亿美元，新疆进口总值为 1.99 亿美元，占全国进口总值的 0.12%，同比上升 3.30%，环比下降 5.28%。

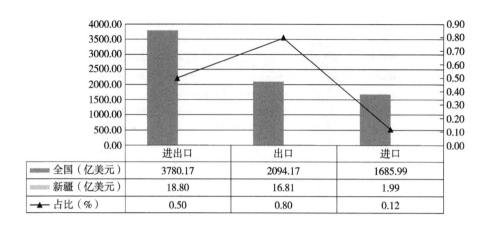

图 7－2－14　2016 年 12 月新疆与全国进出口、出口、进口总值对比

二、按照贸易方式对 2016 年中国新疆进出口总值进行分析

中国新疆进出口贸易方式分为 10 种，包括边境小额贸易，一般贸易，对外承包工程出口货物，海关特殊监管区域，加工贸易，租赁贸易，外商投资企业作为投资进口的设备、物品，国家间、国际组织无偿援助和赠送的物资，其他贸易和其他捐赠物资。其中加工贸易包括来料加工装配贸易和进料加工贸易；海关特殊监管区域包括保税监管场所进出境货物、海关特殊监管区域物流货物和海关特殊监管区域进口设备；其他贸易主要为旅游购物商品。

（一）2016 年中国新疆不同贸易方式进出口总值分析

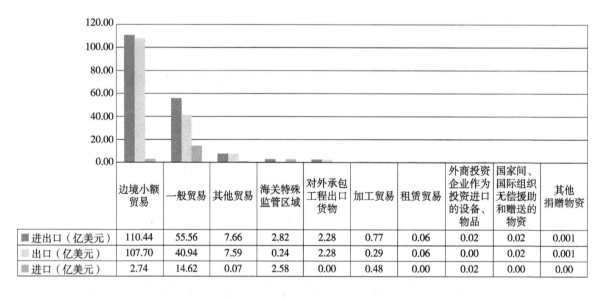

图 7－2－15　2016 年中国新疆主要贸易方式进出口情况汇总

由图 7－2－15 和图 7－2－16 分析可知，2016 年中国新疆主要的贸易方式中，边境小额贸易和一般贸易占主导地位。边境小额贸易进出口总值为 110.44 亿美元，同比上升 14.80%，占中国新疆进出口总值的 61.48%；其中出口总值为 107.70 亿美元，同比上升 15.20%，进口总值为 2.74 亿美元，同比上升 1.60%。一般贸易进出口总值为 55.56 亿美元，同比下降 33.60%，占中国新疆

进出口总值的 30.93%；其中出口总值为 40.94 亿美元，同比下降 39.90%，进口总值为 14.62 亿美元，同比下降 6.00%。其他贸易进出口总值为 7.66 亿美元，同比下降 4.30%，占中国新疆进出口总值的 4.27%；其中出口总值为 7.59 亿美元，同比下降 3.50%，进口总值为 0.07 亿美元，同比下降 47.70%。海关特殊监管区域进出口总值为 2.82 亿美元，同比上升 88.10%，占中国新疆进出口总值的 1.57%；其中出口总值为 0.24 亿美元，同比上升 17.40%，进口总值为 2.58 亿美元，同比上升 126.10%。对外承包工程出口货物进出口总值为 2.28 亿美元，同比下降 34.70%，占中国新疆进出口总值的 1.27%；其中出口总值为 2.28 亿美元，同比下降 34.70%。另外 5 种贸易方式的进出口值都比较小，在此不表述。

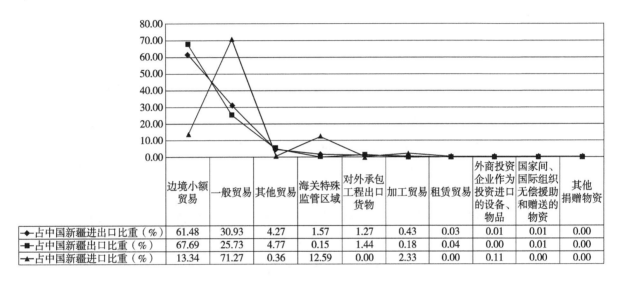

	边境小额贸易	一般贸易	其他贸易	海关特殊监管区域	对外承包工程出口货物	加工贸易	租赁贸易	外商投资企业作为投资进口的设备、物品	国家间、国际组织无偿援助和赠送的物资	其他捐赠物资
占中国新疆进出口比重（%）	61.48	30.93	4.27	1.57	1.27	0.43	0.03	0.01	0.01	0.00
占中国新疆出口比重（%）	67.69	25.73	4.77	0.15	1.44	0.18	0.04	0.00	0.01	0.00
占中国新疆进口比重（%）	13.34	71.27	0.36	12.59	0.00	2.33	0.00	0.11	0.00	0.00

图 7 - 2 - 16 2016 年中国新疆主要贸易方式进出口占比

（二）2016 年中国新疆主导贸易方式（一般贸易和边境小额贸易）进出口总值趋势分析

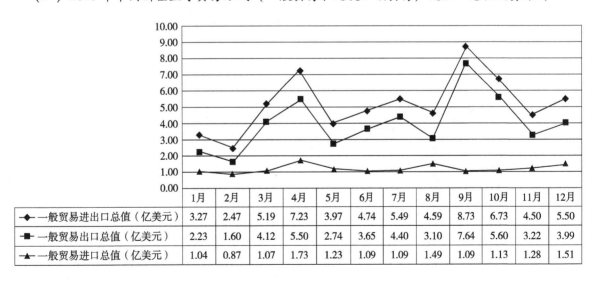

	1月	2月	3月	4月	5月	6月	7月	8月	9月	10月	11月	12月
一般贸易进出口总值（亿美元）	3.27	2.47	5.19	7.23	3.97	4.74	5.49	4.59	8.73	6.73	4.50	5.50
一般贸易出口总值（亿美元）	2.23	1.60	4.12	5.50	2.74	3.65	4.40	3.10	7.64	5.60	3.22	3.99
一般贸易进口总值（亿美元）	1.04	0.87	1.07	1.73	1.23	1.09	1.09	1.49	1.09	1.13	1.28	1.51

图 7 - 2 - 17 2016 年 1 ~ 12 月中国新疆一般贸易进出口总值趋势

由图 7 - 2 - 17 可知，一般贸易作为中国新疆主要贸易方式之一，其 2016 年 1 ~ 12 月的进出口总值和出口总值的趋势基本一致，波动比较明显。1 ~ 2 月呈下降趋势，到达全年最低点，3 月后略有反弹，4月再次回升，5月有所下滑，7月出现第三季度小高峰；8～11月呈倒"U"形趋势，9月达到全年的最大值，11月缓慢回升。一般贸易的进口总值全年较为平稳，波动不明显。

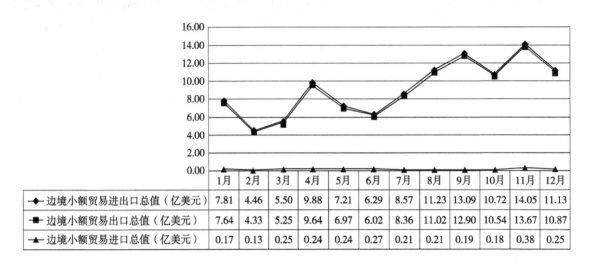

图 7 - 2 - 18　2016 年 1 ~ 12 月中国新疆边境小额贸易进出口总值趋势

由图 7 - 2 - 18 可知，边境小额贸易作为中国新疆主导贸易方式，其 2016 年 1 ～ 12 月的进出口总值和出口总值的趋势基本一致，波动比较明显。1 月呈不断下降趋势，2 ～ 4 月有所上升，5 ～ 6月再次下滑，第三季度呈逐渐上升趋势，9 月出现小高峰，继 10 月小幅下降后，11 月出现全年最高峰，12 月出现快速下滑现象。总体来看，边境小额贸易的进出口总值 1 ～ 6 月比较平稳，7 ～ 11月迅速上升，11 月达到全年的最高值，12 月则快速下滑。

（三）2016 年按照贸易方式对中国新疆进出口总值进行月度分析

1. 2016 年 1 月按照贸易方式对中国新疆进出口总值进行月度分析

（1）2016 年 1 月按照贸易方式对中国新疆进出口总值进行分析

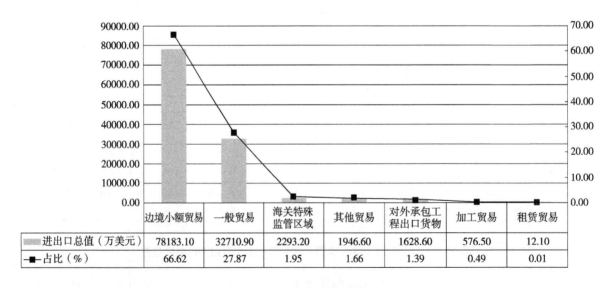

图 7 - 2 - 19　2016 年 1 月中国新疆主要贸易方式进出口总值及占比

由图 7 - 2 - 19 可知，2016 年 1 月中国新疆进出口贸易方式主要有 7 种，边境小额贸易和一般贸易进出口占主导地位。其中，边境小额贸易进出口总值排名第一，为 78183.10 万美元，占中国新疆进出口总值的 66.62%，同比上升 15.40%，环比上升 13.90%；一般贸易进出口总值排名第二，为 32710.90 万美元，占中国新疆进出口总值的 27.87%，同比下降 9.20%，环比下降 37.63%；海关特殊监管区域进出口总值排名第三，为 2293.20 万美元，占中国新疆进出口总值的 1.95%，同比下降 40.70%，环比上升 7.59%；其他贸易进出口总值排名第四，为 1946.60 万美元，占中国新疆进出口总值的 1.66%，同比下降 64.90%，环比下降 47.83%；对外承包工程出口货物进出口总值排名第五，为 1628.60 万美元，占中国新疆进出口总值的 1.39%，同比上升 148.20%，环比下降 48.57%；加工贸易进出口总值排名第六，为 576.50 万美元，占中国新疆进出口总值的 0.49%，同比下降 65.10%，环比下降 32.38%；租赁贸易进出口总值排名第七，为 12.10 万美元，占中国新疆进出口总值的 0.01%，环比下降 57.09%。

（2）2016 年 1 月按照贸易方式对中国新疆出口总值进行分析

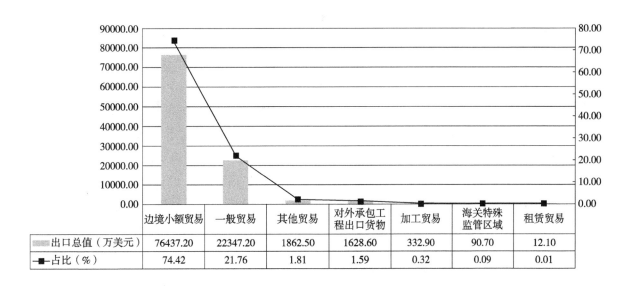

	边境小额贸易	一般贸易	其他贸易	对外承包工程出口货物	加工贸易	海关特殊监管区域	租赁贸易
出口总值（万美元）	76437.20	22347.20	1862.50	1628.60	332.90	90.70	12.10
占比（%）	74.42	21.76	1.81	1.59	0.32	0.09	0.01

图 7 - 2 - 20 2016 年 1 月中国新疆主要贸易方式出口总值及占比

由图 7 - 2 - 20 可知，2016 年 1 月中国新疆出口贸易中，边境小额贸易和一般贸易出口占主导地位。其中，边境小额贸易出口总值排名第一，为 76437.20 万美元，占中国新疆出口总值的 74.42%，同比上升 15.50%，环比上升 15.76%；一般贸易出口总值排名第二，为 22347.20 万美元，占中国新疆出口总值的 21.76%，同比下降 16.40%，环比下降 41.74%；其他贸易出口总值排名第三，为 1862.50 万美元，占中国新疆出口总值的 1.81%，同比下降 65.60%，环比下降 49.29%；对外承包工程出口货物出口总值排名第四，为 1628.60 万美元，占中国新疆出口总值的 1.59%，同比上升 148.20%，环比下降 48.57%；加工贸易出口总值排名第五，为 332.90 万美元，占中国新疆出口总值的 0.32%，同比下降 75.10%，环比下降 14.29%；海关特殊监管区域出口总值排名第六，为 90.70 万美元，占中国新疆出口总值的 0.09%；同比下降 80.30%，环比上升 15.98%；租赁贸易出口总值排名第七，为 12.10 万美元，占中国新疆出口总值的 0.01%，环比下降 57.09%。

（3）2016年1月按照贸易方式对中国新疆进口总值进行分析

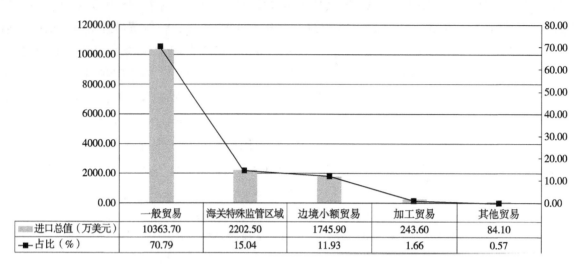

	一般贸易	海关特殊监管区域	边境小额贸易	加工贸易	其他贸易
进口总值（万美元）	10363.70	2202.50	1745.90	243.60	84.10
占比（%）	70.79	15.04	11.93	1.66	0.57

图7-2-21　2016年1月中国新疆主要贸易方式进口总值及占比

　　由图7-2-21可知，2016年1月中国新疆进口贸易方式主要有5种。对外承包工程出口货物、租赁贸易本月仅有出口，没有进口。其中，一般贸易进口总值排名第一，为10363.70万美元，占中国新疆进口总值的70.79%，同比上升11.30%，环比下降26.43%；海关特殊监管区域进口总值排名第二，为2202.50万美元，占中国新疆进口总值的15.04%，同比下降35.30%，环比上升7.27%；边境小额贸易进口总值排名第三，为1745.90万美元，占中国新疆进口总值的11.93%，同比上升8.40%，环比下降33.08%；加工贸易进口总值排名第四，为243.60万美元，占中国新疆进口总值的1.66%，同比下降21.90%，环比下降47.52%；其他贸易进口总值排名第五，为84.10万美元，占中国新疆进口总值的0.57%，同比下降36.90%，环比上升43.52%。

　　2.2016年2月按照贸易方式对中国新疆进出口总值进行月度分析

　　（1）2016年2月按照贸易方式对中国新疆进出口总值进行分析

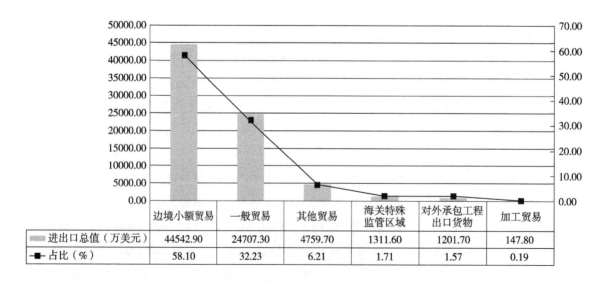

	边境小额贸易	一般贸易	其他贸易	海关特殊监管区域	对外承包工程出口货物	加工贸易
进出口总值（万美元）	44542.90	24707.30	4759.70	1311.60	1201.70	147.80
占比（%）	58.10	32.23	6.21	1.71	1.57	0.19

图7-2-22　2016年2月中国新疆主要贸易方式进出口总值及占比

由图 7 - 2 - 22 可知，2016 年 2 月中国新疆进出口贸易方式主要有 6 种，边境小额贸易和一般贸易进出口占主导地位。其中，边境小额贸易进出口总值排名第一，为 44542.90 万美元，占中国新疆进出口总值的 58.10%，同比下降 24.20%，环比下降 26.21%；一般贸易进出口总值排名第二，为 24707.30 万美元，占中国新疆进出口总值的 32.23%，同比下降 14.30%，环比下降 24.47%；其他贸易进出口总值排名第三，为 4759.70 万美元，占中国新疆进出口总值的 6.21%，同比上升 52.21%，环比上升 144.51%；海关特殊监管区域进出口总值排名第四，为 1311.60 万美元，占中国新疆进出口总值的 1.71%，同比下降 58.93%，环比下降 42.80%；对外承包工程出口货物进出口总值排名第五，为 1201.70 万美元，占中国新疆进出口总值的 1.57%，同比上升 107.78%，环比下降 26.21%；加工贸易进出口总值排名第六，为 147.80 万美元，占中国新疆进出口总值的 0.19%，同比下降 96.49%，环比下降 74.36%。

（2）2016 年 2 月按照贸易方式对中国新疆出口总值进行分析

由图 7 - 2 - 23 可知，2016 年 2 月中国新疆出口贸易方式主要有 6 种。其中，边境小额贸易出口总值排名第一，为 43255.20 万美元，占中国新疆出口总值的 66.25%，同比下降 24.60%，环比下降 43.41%；一般贸易出口总值排名第二，为 15970.90 万美元，占中国新疆出口总值的 24.46%，同比下降 33.30%，环比下降 28.53%；其他贸易出口总值排名第三，为 4675.20 万美元，占中国新疆出口总值的 7.16%，同比上升 56.00%，环比上升 151.02%；对外承包工程出口货物总值排名第四，为 1201.70 万美元，占中国新疆出口总值的 1.84%，同比上升 107.80%，环比下降 26.21%；加工贸易出口总值排名第五，为 110.30 万美元，占中国新疆出口总值的 0.17%，同比下降 93.40%，环比下降 66.87%；海关特殊监管区域出口总值排名第六，为 76.80 万美元，占中国新疆出口总值的 0.12%，同比下降 47.20%，环比下降 15.33%。

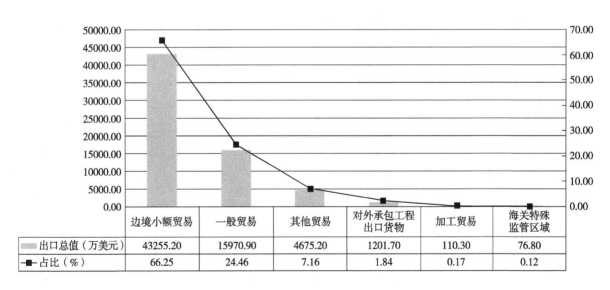

	边境小额贸易	一般贸易	其他贸易	对外承包工程出口货物	加工贸易	海关特殊监管区域
出口总值（万美元）	43255.20	15970.90	4675.20	1201.70	110.30	76.80
占比（%）	66.25	24.46	7.16	1.84	0.17	0.12

图 7 - 2 - 23 2016 年 2 月中国新疆主要贸易方式出口总值及占比

（3）2016 年 2 月按照贸易方式对中国新疆进口总值进行分析

由图 7 - 2 - 24 可知，2016 年 2 月中国新疆进口贸易方式主要有 5 种。其中，一般贸易进口总值排名第一，为 8736.30 万美元，占中国新疆进口总值的 76.76%，同比上升 79.00%，环比下降

15.70%；边境小额贸易进口总值排名第二，为1287.60万美元，占中国新疆进口总值的11.31%，同比下降9.30%，环比下降26.25%；海关特殊监管区域进口总值排名第三，为1234.80万美元，占中国新疆进口总值的10.85%，同比下降59.50%，环比下降43.94%；其他贸易进口总值排名第四，为84.50万美元，占中国新疆进口总值的0.74%，同比下降35.10%，环比上升0.48%；加工贸易进口总值排名第五，为37.50万美元，占中国新疆进口总值的0.33%，同比下降98.50%，环比下降84.61%。

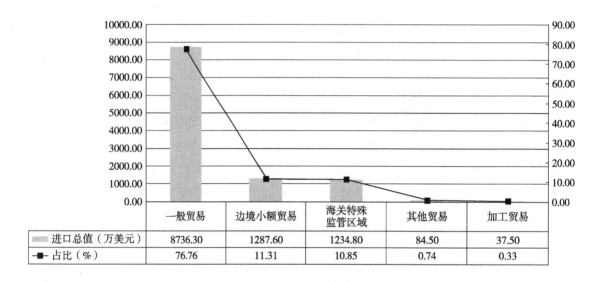

	一般贸易	边境小额贸易	海关特殊监管区域	其他贸易	加工贸易
进口总值（万美元）	8736.30	1287.60	1234.80	84.50	37.50
占比（%）	76.76	11.31	10.85	0.74	0.33

图 7-2-24 2016年2月中国新疆主要贸易方式进口总值及占比

3. 2016年3月按照贸易方式对中国新疆进出口总值进行月度分析

（1）2016年3月按照贸易方式对中国新疆进出口总值进行分析

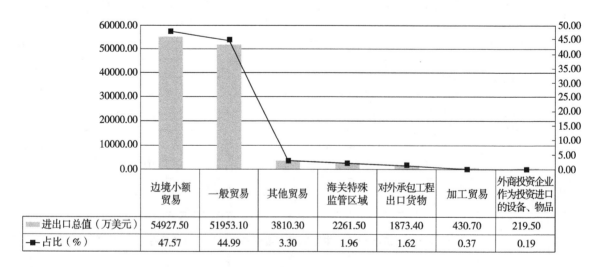

	边境小额贸易	一般贸易	其他贸易	海关特殊监管区域	对外承包工程出口货物	加工贸易	外商投资企业作为投资进口的设备、物品
进出口总值（万美元）	54927.50	51953.10	3810.30	2261.50	1873.40	430.70	219.50
占比（%）	47.57	44.99	3.30	1.96	1.62	0.37	0.19

图 7-2-25 2016年3月中国新疆主要贸易方式进出口总值及占比

由图7-2-25可知，2016年3月中国新疆进出口贸易方式主要有7种，边境小额贸易和一般贸易进出口占主导地位。其中，边境小额贸易进出口总值排名第一，为54927.50万美元，占中国新疆进出口总值的47.57%，同比上升44.70%，环比上升23.31%；一般贸易进出口总值排名第二，为51953.10万美元，占中国新疆进出口总值的44.99%，同比上升56.00%，环比上升110.27%；其他贸易进出口总值排名第三，为3810.30万美元，占中国新疆进出口总值的3.30%，同比上升21.38%，环比下降19.95%；海关特殊监管区域进出口总值排名第四，为2261.50万美元，占中国新疆进出口总值的1.96%，同比下降13.33%，环比上升72.42%；对外承包工程出口货物进出口总值排名第五，为1873.40万美元，占中国新疆进出口总值的1.62%，同比上升142.95%，环比上升55.90%；加工贸易进出口总值排名第六，为430.70万美元，占中国新疆进出口总值的0.37%，同比下降78.15%，环比上升191.41%；外商投资企业作为投资进口的设备、物品进出口总值排名第七，为219.50万美元，占中国新疆进出口总值的0.19%。

（2）2016年3月按照贸易方式对中国新疆出口总值进行分析

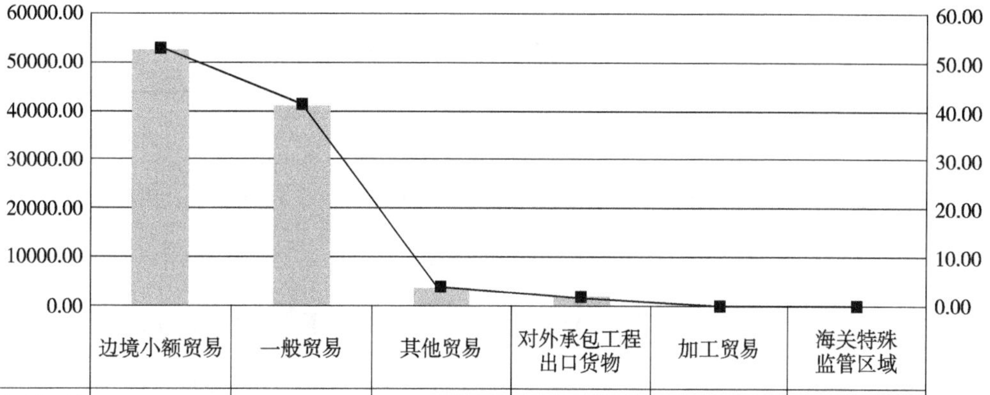

	边境小额贸易	一般贸易	其他贸易	对外承包工程出口货物	加工贸易	海关特殊监管区域
出口总值（万美元）	52466.80	41243.00	3752.40	1873.40	269.00	204.60
占比（%）	52.57	41.32	3.76	1.88	0.27	0.20

图7-2-26 2016年3月中国新疆主要贸易方式出口总值及占比

由图7-2-26可知，2016年3月中国新疆出口贸易方式主要有6种，边境小额贸易和一般贸易出口占主导地位。其中，边境小额贸易出口总值排名第一，为52466.80万美元，占中国新疆出口总值的52.57%，同比上升46.60%，环比上升21.30%；一般贸易出口总值排名第二，为41243.00万美元，占中国新疆出口总值的41.32%，同比上升72.20%，环比上升158.24%；其他贸易出口总值排名第三，为3752.40万美元，占中国新疆出口总值的3.76%，同比上升26.20%，环比下降19.74%；对外承包工程出口货物出口总值排名第四，为1873.40万美元，占中国新疆出口总值的1.88%，同比上升143.00%，环比上升55.90%；加工贸易出口总值排名第五，为269.00万美元，占中国新疆出口总值的0.27%，同比下降84.80%，环比上升143.88%；海关特殊监管区域出口总值排名第六，为204.60万美元，占中国新疆出口总值的0.20%，同比上升11.70%，环比上升166.41%。

（3）2016年3月按照贸易方式对中国新疆进口总值进行分析

由图7-2-27可知，2016年3月中国新疆进口贸易方式主要有6种。一般贸易、边境小额贸易和海关特殊监管区域占主导地位。其中，一般贸易进口总值排名第一，为10710.10万美元，占中国新疆进口总值的68.36%，同比上升14.60%，环比上升22.59%；边境小额贸易进口总值排名第二，为2460.70万美元，占中国新疆进口总值的15.71%，同比上升13.20%，环比上升

91.11%；海关特殊监管区域进口总值排名第三，为 2057.00 万美元，占中国新疆进口总值的 13.13%，同比下降 15.20%，环比上升 66.59%；外商投资企业作为投资进口的设备、物品进口总值排名第四，为 219.50 万美元，占中国新疆进口总值的 1.40%；加工贸易进口总值排名第五，为 161.70 万美元，占中国新疆进口总值的 1.03%，同比下降 20.90%，环比上升 331.20%；其他贸易进口总值排名第六，为 57.90 万美元，占中国新疆进口总值的 0.37%，同比下降 65.10%，环比下降 31.48%。

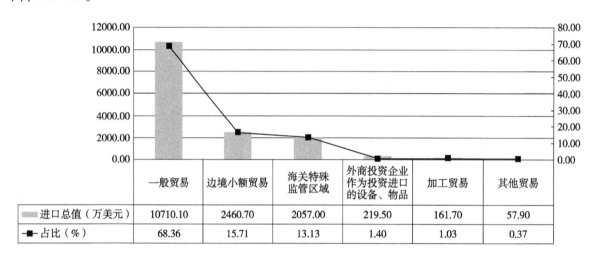

	一般贸易	边境小额贸易	海关特殊监管区域	外商投资企业作为投资进口的设备、物品	加工贸易	其他贸易
进口总值（万美元）	10710.10	2460.70	2057.00	219.50	161.70	57.90
占比（%）	68.36	15.71	13.13	1.40	1.03	0.37

图 7-2-27　2016 年 3 月中国新疆主要贸易方式进口总值及占比

4. 2016 年 4 月按照贸易方式对中国新疆进出口总值进行月度分析

（1）2016 年 4 月按照贸易方式对中国新疆进出口总值进行分析

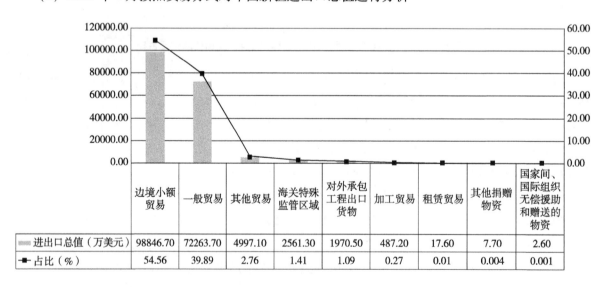

	边境小额贸易	一般贸易	其他贸易	海关特殊监管区域	对外承包工程出口货物	加工贸易	租赁贸易	其他捐赠物资	国家间、国际组织无偿援助和赠送的物资
进出口总值（万美元）	98846.70	72263.70	4997.10	2561.30	1970.50	487.20	17.60	7.70	2.60
占比（%）	54.56	39.89	2.76	1.41	1.09	0.27	0.01	0.004	0.001

图 7-2-28　2016 年 4 月中国新疆主要贸易方式进出口总值及占比

由图 7-2-28 可知，2016 年 4 月中国新疆进出口贸易方式主要有 9 种，边境小额贸易和一般贸易占主导地位。其中，边境小额贸易进出口总值排名第一，为 98846.70 万美元，占中国新疆进出口总值的 54.56%，同比上升 5.74%，环比上升 79.96%；一般贸易进出口总值排名第二，为 72263.70 万美元，占中国新疆进出口总值的 39.89%，同比上升 60.00%，环比上升 39.09%；其他贸易进出口总值排名第三，为 4997. 10 万美元，占中国新疆进出口总值的 2. 76%，同比下降 33. 11%，环比上升 31. 15%；海关特殊监管区域进出口总值排名第四，为 2561. 30 万美元，占中国 新疆进出口总值的 1. 41%，同比上升 170. 82%，环比上升 13. 26%；对外承包工程出口货物进出口 总值排名第五，为 1970. 50 万美元，占中国新疆进出口总值的 1. 09%，同比上升 62. 58%，环比上 升 5. 18%；加工贸易进出口总值排名第六，为 487. 20 万美元，占中国新疆进出口总值的 0. 27%， 同比下降 67. 26%，环比上升 13. 12%；租赁贸易进出口总值排名第七，为 17. 60 万美元，占中国 新疆进出口总值的 0. 01%，同比上升 11. 75%；其他捐赠物资进出口总值排名第八，为 7. 70 万美 元，占中国新疆进出口总值的 0. 004%；国家间、国际组织无偿援助和赠送的物资进出口总值排名 第九，为 2. 60 万美元，占中国新疆进出口总值的 0. 001%，同比上升 19948. 50%。

（2）2016 年 4 月按照贸易方式对中国新疆出口总值进行分析

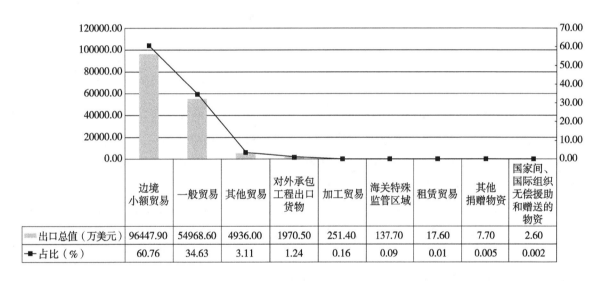

	边境小额贸易	一般贸易	其他贸易	对外承包工程出口货物	加工贸易	海关特殊监管区域	租赁贸易	其他捐赠物资	国家间、国际组织无偿援助和赠送的物资
出口总值（万美元）	96447. 90	54968. 60	4936. 00	1970. 50	251. 40	137. 70	17. 60	7. 70	2. 60
占比（%）	60. 76	34. 63	3. 11	1. 24	0. 16	0. 09	0. 01	0. 005	0. 002

图 7 - 2 - 29 2016 年 4 月中国新疆主要贸易方式出口总值及占比

由图 7 - 2 - 29 可知，2016 年 4 月中国新疆出口贸易方式主要有 9 种，边境小额贸易和一般贸 易占主导地位。其中，边境小额贸易出口总值排名第一，为 96447. 90 万美元，占中国新疆出口总 值的 60. 76%，同比上升 5. 50%，环比上升 83. 83%；一般贸易出口总值排名第二，为 54968. 60 万 美元，占中国新疆出口总值的 34. 63%，同比上升 89. 40%，环比上升 33. 28%；其他贸易出口总值 排名第三，为 4936. 00 万美元，占中国新疆出口总值的 3. 11%，同比下降 32. 10%，环比上升 31. 54%；对外承包工程出口货物出口总值排名第四，为 1970. 50 万美元，占中国新疆出口总值的 1. 24%，同比上升 62. 60%，环比上升 5. 18%；加工贸易出口总值排名第五，为 251. 40 万美元， 占中国新疆出口总值的 0. 16%，同比下降 78. 40%，环比下降 6. 54%；海关特殊监管区域出口总值 排名第六，为 137. 70 万美元，占中国新疆出口总值的 0. 09%，同比下降 48. 30%，环比下降 32. 70%；租赁贸易出口总值排名第七，为 17. 60 万美元，占中国新疆出口总值的 0. 01%，同比上 升 11. 80%；其他捐赠物资出口总值排名第八，为 7. 70 万美元，占中国新疆出口总值的 0. 005%； 国家间、国际组织无偿援助和赠送的物资出口总值排名第九，为 2. 60 万美元，占中国新疆出口总 值的 0. 002%。

（3）2016年4月按照贸易方式对中国新疆进口总值进行分析

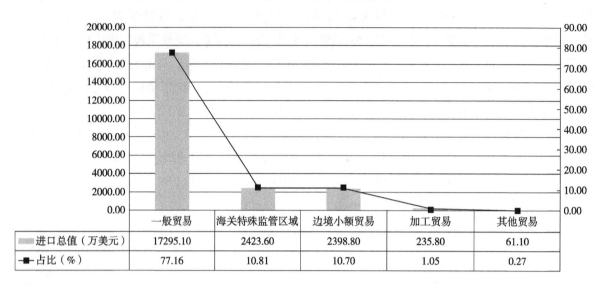

	一般贸易	海关特殊监管区域	边境小额贸易	加工贸易	其他贸易
进口总值（万美元）	17295.10	2423.60	2398.80	235.80	61.10
占比（%）	77.16	10.81	10.70	1.05	0.27

图7-2-30 2016年4月中国新疆主要贸易方式进口总值及占比

由图7-2-30可知，2016年4月中国新疆进口贸易方式主要有5种。一般贸易、海关特殊监管区域和边境小额贸易进口占主导地位。其中，一般贸易进口总值排名第一，为17295.10万美元，占中国新疆进口总值的77.16%，同比上升7.10%，环比上升61.48%；海关特殊监管区域进口总值排名第二，为2423.60万美元，占中国新疆进口总值的10.81%，同比上升256.70%，环比上升17.83%；边境小额贸易进口总值排名第三，为2398.80万美元，占中国新疆进口总值的10.70%，同比上升17.40%，环比下降2.52%；加工贸易进口总值排名第四，为235.80万美元，占中国新疆进口总值的1.05%，同比下降27.80%，环比上升45.83%；其他贸易进口总值排名第五，为61.10万美元，占中国新疆进口总值的0.27%，同比下降70.30%，环比上升5.53%。

5. 2016年5月按照贸易方式对中国新疆进出口总值进行月度分析

（1）2016年5月按照贸易方式对中国新疆进出口总值进行分析

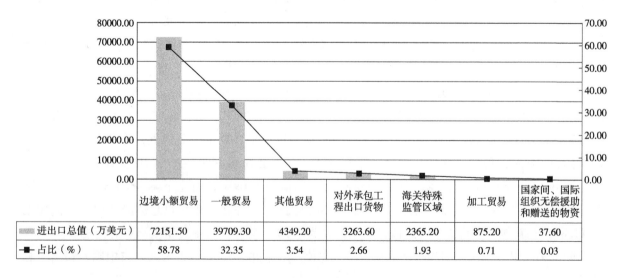

	边境小额贸易	一般贸易	其他贸易	对外承包工程出口货物	海关特殊监管区域	加工贸易	国家间、国际组织无偿援助和赠送的物资
进出口总值（万美元）	72151.50	39709.30	4349.20	3263.60	2365.20	875.20	37.60
占比（%）	58.78	32.35	3.54	2.66	1.93	0.71	0.03

图7-2-31 2016年5月中国新疆主要贸易方式进出口总值及占比

由图 7-2-31 可知，2016 年 5 月中国新疆进出口贸易方式主要有 7 种，边境小额贸易和一般贸易进出口占主导地位。其中，边境小额贸易进出口总值排名第一，为 72151.50 万美元，占中国新疆进出口总值的 58.78%，同比下降 4.06%，环比下降 27.01%；一般贸易进出口总值排名第二，为 39709.30 万美元，占中国新疆进出口总值的 32.35%，同比下降 9.10%，环比下降 45.05%；其他贸易进出口总值排名第三，为 4349.20 万美元，占中国新疆进出口总值的 3.54%，同比上升 25.75%，环比下降 12.97%；对外承包工程出口货物进出口总值排名第四，为 3263.60 万美元，占中国新疆进出口总值的 2.66%，同比上升 73.98%，环比上升 65.62%；海关特殊监管区域进出口总值排名第五，为 2365.20 万美元，占中国新疆进出口总值的 1.93%，环比下降 7.66%；加工贸易进出口总值排名第六，为 875.20 万美元，占中国新疆进出口总值的 0.71%，同比下降 78.71%，环比上升 79.64%；国家间、国际组织无偿援助和赠送的物资进出口总值排名第七，为 37.60 万美元，占中国新疆进出口总值的 0.03%，同比上升 2201.52%。

（2）2016 年 5 月按照贸易方式对中国新疆出口总值进行分析

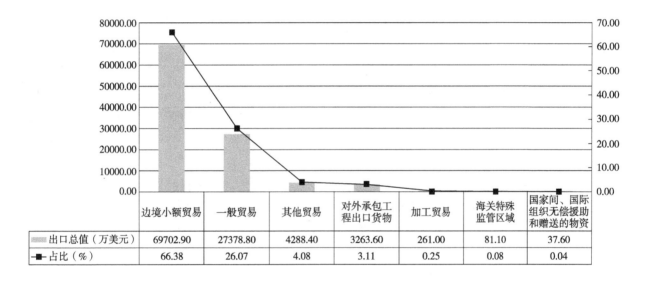

	边境小额贸易	一般贸易	其他贸易	对外承包工程出口货物	加工贸易	海关特殊监管区域	国家间、国际组织无偿援助和赠送的物资
出口总值（万美元）	69702.90	27378.80	4288.40	3263.60	261.00	81.10	37.60
占比（%）	66.38	26.07	4.08	3.11	0.25	0.08	0.04

图 7-2-32 2016 年 5 月中国新疆主要贸易方式出口总值及占比

由图 7-2-32 可知，2016 年 5 月中国新疆出口贸易方式主要有 7 种，边境小额贸易和一般贸易出口占主导地位。其中，边境小额贸易出口总值排名第一，为 69702.90 万美元，占中国新疆出口总值的 66.38%，同比下降 4.40%，环比下降 27.73%；一般贸易出口总值排名第二，为 27378.80 万美元，占中国新疆出口总值的 26.07%，同比下降 3.40%，环比下降 50.19%；其他贸易出口总值排名第三，为 4288.40 万美元，占中国新疆出口总值的 4.08%，同比上升 26.50%，环比下降 13.12%；对外承包工程出口货物出口总值排名第四，为 3263.60 万美元，占中国新疆出口总值的 3.11%，同比上升 74.00%，环比上升 65.62%；加工贸易出口总值排名第五，为 261.00 万美元，占中国新疆出口总值的 0.25%，同比下降 58.30%，环比上升 3.82%；海关特殊监管区域出口总值排名第六，为 81.10 万美元，占中国新疆出口总值的 0.08%，环比下降 41.10%；国家间、国际组织无偿援助和赠送的物资出口总值排名第七，为 37.60 万美元，占中国新疆出口总值的 0.04%，环比上升 1346.15%。

（3）2016年5月按照贸易方式对中国新疆进口总值进行分析

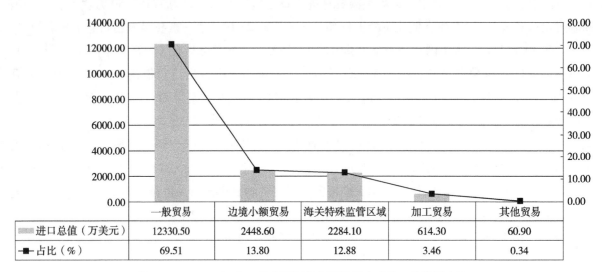

	一般贸易	边境小额贸易	海关特殊监管区域	加工贸易	其他贸易
进口总值（万美元）	12330.50	2448.60	2284.10	614.30	60.90
占比（%）	69.51	13.80	12.88	3.46	0.34

图7-2-33　2016年5月中国新疆主要贸易方式进口总值及占比

由图7-2-33可知，2016年5月中国新疆进口贸易方式主要有5种。一般贸易、边境小额贸易和海关特殊监管区域占主导地位，本月对外承包工程出口货物，国家间、国际组织无偿援助和赠送的物资仅有出口，没有进口。其中，一般贸易进口总值排名第一，为12330.50万美元，占中国新疆进口总值的69.51%，同比下降19.60%，环比下降28.71%；边境小额贸易进口总值排名第二，为2448.60万美元，占中国新疆进口总值的13.80%，同比上升5.30%，环比上升2.08%；海关特殊监管区域进口总值排名第三，为2284.10万美元，占中国新疆进口总值的12.88%，环比下降5.76%；加工贸易进口总值排名第四，为614.30万美元，占中国新疆进口总值的3.46%，同比下降82.40%，环比上升160.63%；其他贸易进口总值排名第五，为60.90万美元，占中国新疆进口总值的0.34%，同比下降11.70%，环比下降0.33%。

6. 2016年6月按照贸易方式对中国新疆进出口总值进行月度分析

（1）2016年6月按照贸易方式对中国新疆进出口总值进行分析

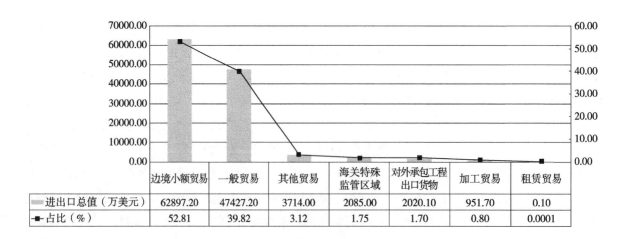

	边境小额贸易	一般贸易	其他贸易	海关特殊监管区域	对外承包工程出口货物	加工贸易	租赁贸易
进出口总值（万美元）	62897.20	47427.20	3714.00	2085.00	2020.10	951.70	0.10
占比（%）	52.81	39.82	3.12	1.75	1.70	0.80	0.0001

图7-2-34　2016年6月中国新疆主要贸易方式进出口总值及占比

　　由图 7 - 2 - 34 可知，2016 年 6 月中国新疆进出口贸易方式主要有 7 种，边境小额贸易和一般贸易占主导地位。其中，边境小额贸易进出口总值排名第一，为 62897.20 万美元，占中国新疆进出口总值的 52.81%，同比下降 16.37%，环比下降 12.83%；一般贸易进出口总值排名第二，为 47427.20 万美元，占中国新疆进出口总值的 39.82%，同比上升 11.90%，环比下降 19.44%；其他贸易进出口总值排名第三，为 3714.00 万美元，占中国新疆进出口总值的 3.12%，同比下降 52.86%，环比下降 14.60%；海关特殊监管区域进出口总值排名第四，为 2085.00 万美元，占中国新疆进出口总值的 1.75%，同比上升 75.06%，环比下降 11.85%；对外承包工程出口货物进出口总值排名第五，为 2020.10 万美元，占中国新疆进出口总值的 1.70%，同比上升 12.61%，环比下降 38.10%；加工贸易进出口总值排名第六，为 951.70 万美元，占中国新疆进出口总值的 0.80%，同比下降 64.11%，环比上升 8.74%；租赁贸易进出口总值排名第七，为 0.10 万美元，占中国新疆进出口总值的 0.0001%，同比下降 99.54%。

　　（2）2016 年 6 月按照贸易方式对中国新疆出口总值进行分析

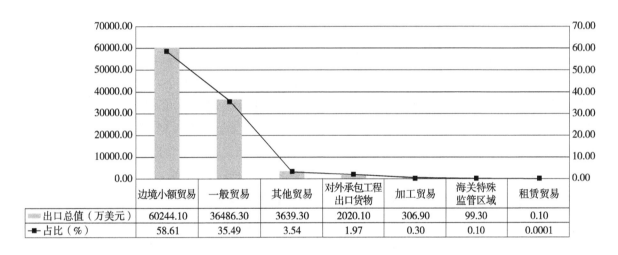

图 7 - 2 - 35　2016 年 6 月中国新疆主要贸易方式出口总值及占比

　　由图 7 - 2 - 35 可知，2016 年 6 月中国新疆出口贸易方式主要有 7 种，边境小额贸易和一般贸易占主导地位。其中，边境小额贸易出口总值排名第一，为 60244.10 万美元，占中国新疆出口总值的 58.61%，同比下降 17.90%，环比下降 13.57%；一般贸易出口总值排名第二，为 36486.30 万美元，占中国新疆出口总值的 35.49%，同比上升 35.90%，环比上升 33.26%；其他贸易出口总值排名第三，为 3639.30 万美元，占中国新疆出口总值的 3.54%，同比下降 53.20%，环比下降 15.14%；对外承包工程出口货物出口总值排名第四，为 2020.10 万美元，占中国新疆出口总值的 1.97%，同比上升 12.60%，环比下降 38.10%；加工贸易出口总值排名第五，为 306.90 万美元，占中国新疆出口总值的 0.30%，同比下降 75.50%，环比上升 17.59%；海关特殊监管区域出口总值排名第六，为 99.30 万美元，占中国新疆出口总值的 0.10%，同比下降 62.09%，环比上升 22.44%；租赁贸易出口总值排名第七，为 0.10 万美元，占中国新疆出口总值的 0.0001%，同比下降 99.50%。

（3）2016年6月按照贸易方式对中国新疆进口总值进行分析

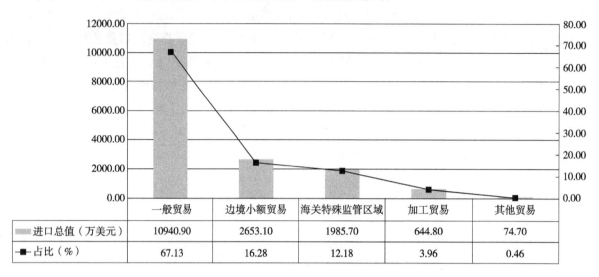

	一般贸易	边境小额贸易	海关特殊监管区域	加工贸易	其他贸易
进口总值（万美元）	10940.90	2653.10	1985.70	644.80	74.70
占比（%）	67.13	16.28	12.18	3.96	0.46

图7-2-36　2016年6月中国新疆主要贸易方式进口总值及占比

由图7-2-36可知，2016年6月中国新疆进口贸易方式主要有5种。一般贸易、边境小额贸易和海关特殊监管区域占主导地位，对外承包工程出口货物本月仅有出口，没有进口。其中，一般贸易进口总值排名第一，为10940.90万美元，占中国新疆进口总值的67.13%，同比下降29.50%，环比下降11.27%；边境小额贸易进口总值排名第二，为2653.10万美元，占中国新疆进口总值的16.28%，同比上升42.20%，环比上升8.35%；海关特殊监管区域进口总值排名第三，为1985.70万美元，占中国新疆进口总值的12.18%，同比上升122.70%，环比下降13.06%；加工贸易进口总值排名第四，为644.80万美元，占中国新疆进口总值的3.96%，同比下降53.90%，环比上升4.97%；其他贸易进口总值排名第五，为74.70万美元，占中国新疆进口总值的0.46%，同比下降30.10%，环比上升22.66%。

7. 2016年7月按照贸易方式对中国新疆进出口总值进行月度分析

（1）2016年7月按照贸易方式对中国新疆进出口总值进行分析

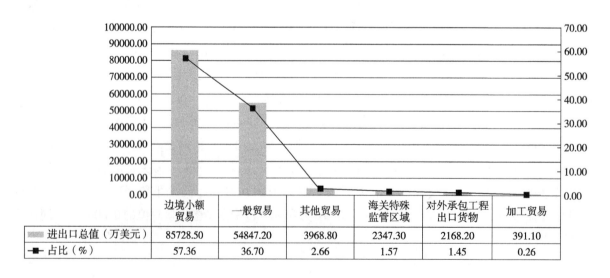

	边境小额贸易	一般贸易	其他贸易	海关特殊监管区域	对外承包工程出口货物	加工贸易
进出口总值（万美元）	85728.50	54847.20	3968.80	2347.30	2168.20	391.10
占比（%）	57.36	36.70	2.66	1.57	1.45	0.26

图7-2-37　2016年7月中国新疆主要贸易方式进出口总值及占比

由图 7-2-37 可知，2016 年 7 月中国新疆进出口贸易方式主要有 6 种，边境小额贸易和一般贸易进出口占主导地位。其中，边境小额贸易进出口总值排名第一，为 85728.50 万美元，占中国新疆进出口总值的 57.36%，同比下降 6.96%，环比上升 36.30%；一般贸易进出口总值排名第二，为 54847.20 万美元，占中国新疆进出口总值的 36.70%，同比下降 34.50%，环比上升 15.65%；其他贸易进出口总值排名第三，为 3968.80 万美元，占中国新疆进出口总值的 2.66%，同比下降 53.30%，环比上升 6.86%；海关特殊监管区域进出口总值排名第四，为 2347.30 万美元，占中国新疆进出口总值的 1.57%，同比上升 118.60%，环比上升 12.58%；对外承包工程出口货物进出口总值排名第五，为 2168.20 万美元，占中国新疆进出口总值的 1.45%，同比下降 41.10%，环比上升 7.33%；加工贸易进出口总值排名第六，为 391.10 万美元，占中国新疆进出口总值的 0.26%，同比下降 55.00%，环比下降 58.91%。

（2）2016 年 7 月按照贸易方式对中国新疆出口总值进行分析

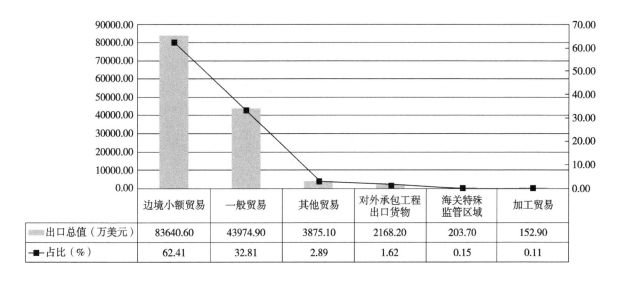

	边境小额贸易	一般贸易	其他贸易	对外承包工程出口货物	海关特殊监管区域	加工贸易
出口总值（万美元）	83640.60	43974.90	3875.10	2168.20	203.70	152.90
占比（%）	62.41	32.81	2.89	1.62	0.15	0.11

图 7-2-38　2016 年 7 月中国新疆主要贸易方式出口总值及占比

由图 7-2-38 可知，2016 年 7 月中国新疆出口贸易方式主要有 6 种，边境小额贸易和一般贸易占主导地位。其中，边境小额贸易出口总值排名第一，为 83640.60 万美元，占中国新疆出口总值的 62.41%，同比下降 7.20%，环比上升 38.84%；一般贸易出口总值排名第二，为 43974.90 万美元，占中国新疆出口总值的 32.81%，同比下降 33.40%，环比上升 20.52%；其他贸易出口总值排名第三，为 3875.10 万美元，占中国新疆出口总值的 2.89%，同比下降 53.70%，环比上升 6.48%；对外承包工程出口货物出口总值排名第四，为 2168.20 万美元，占中国新疆出口总值的 1.62%，同比下降 41.10%，环比上升 7.33%；海关特殊监管区域出口总值排名第五，为 203.70 万美元，占中国新疆出口总值的 0.15%，同比下降 35.52%，环比上升 105.14%；加工贸易出口总值排名第六，为 152.90 万美元，占中国新疆出口总值的 0.11%，同比下降 75.30%，环比下降 50.18%。

（3）2016年7月按照贸易方式对中国新疆进口总值进行分析

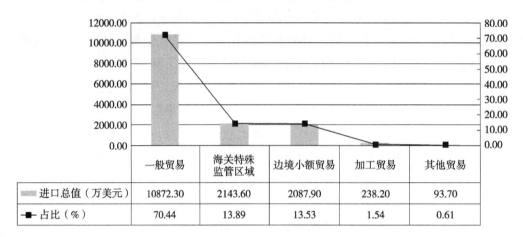

	一般贸易	海关特殊监管区域	边境小额贸易	加工贸易	其他贸易
进口总值（万美元）	10872.30	2143.60	2087.90	238.20	93.70
占比（%）	70.44	13.89	13.53	1.54	0.61

图7-2-39　2016年7月中国新疆主要贸易方式进口总值及占比

由图7-2-39可知，2016年7月中国新疆进口贸易方式主要有5种。其中，一般贸易进口总值排名第一，为10872.30万美元，占中国新疆进口总值的70.44%，同比下降38.60%，环比下降0.63%；海关特殊监管区域进口总值排名第二，为2143.60万美元，占中国新疆进口总值的13.89%，同比上升182.83%，环比上升7.95%；边境小额贸易进口总值排名第三，为2087.90万美元，占中国新疆进口总值的13.53%，同比上升4.70%，环比下降21.30%；加工贸易进口总值排名第四，为238.20万美元，占中国新疆进口总值的1.54%，同比下降4.10%，环比下降63.06%；其他贸易进口总值排名第五，为93.70万美元，占中国新疆进口总值的0.61%，同比下降25.90%，环比上升25.44%。

8. 2016年8月按照贸易方式对中国新疆进出口总值进行月度分析

（1）2016年8月按照贸易方式对中国新疆进出口总值进行分析

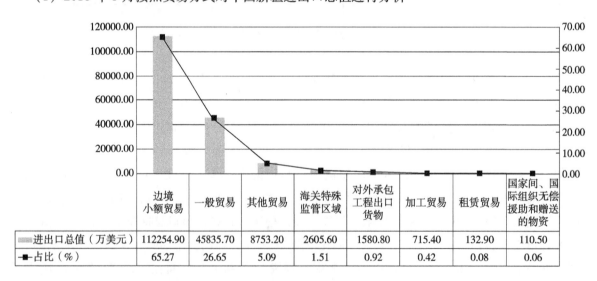

	边境小额贸易	一般贸易	其他贸易	海关特殊监管区域	对外承包工程出口货物	加工贸易	租赁贸易	国家间、国际组织无偿援助和赠送的物资
进出口总值（万美元）	112254.90	45835.70	8753.20	2605.60	1580.80	715.40	132.90	110.50
占比（%）	65.27	26.65	5.09	1.51	0.92	0.42	0.08	0.06

图7-2-40　2016年8月中国新疆主要贸易方式进出口总值及占比

由图7-2-40可知，2016年8月中国新疆进出口贸易方式主要有8种，边境小额贸易和一般贸易进出口占主导地位。其中，边境小额贸易进出口总值排名第一，为112254.90万美元，占中国新疆进出口总值的 65.27%，同比上升 17.96%，环比上升 30.94%；一般贸易进出口总值排名第二，为 45835.70 万美元，占中国新疆进出口总值的 26.65%，同比下降 35.50%，环比下降 16.43%；其他贸易进出口总值排名第三，为 8753.20 万美元，占中国新疆进出口总值的 5.09%，同比下降 49.85%，环比上升 120.55%；海关特殊监管区域进出口总值排名第四，为 2605.60 万美元，占中国新疆进出口总值的 1.51%，同比上升 418.22%，环比上升 11.00%；对外承包工程出口货物进出口总值排名第五，为 1580.80 万美元，占中国新疆进出口总值的 0.92%，同比下降 77.43%，环比上升 27.09%；加工贸易进出口总值排名第六，为 715.40 万美元，占中国新疆进出口总值的 0.42%，同比下降 75.94%，环比上升 82.92%；租赁贸易进出口总值排名第七，为 132.90 万美元，占中国新疆进出口总值的 0.08%，同比下降 66.17%；国家间、国际组织无偿援助和赠送的物资进出口总值排名第八，为 110.50 万美元，占中国新疆进出口总值的 0.06%，同比下降 0.94%。

（2）2016 年 8 月按照贸易方式对中国新疆出口总值进行分析

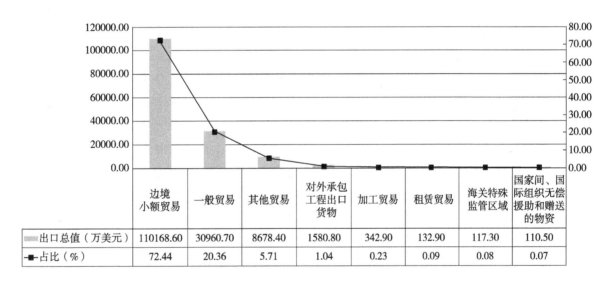

	边境小额贸易	一般贸易	其他贸易	对外承包工程出口货物	加工贸易	租赁贸易	海关特殊监管区域	国家间、国际组织无偿援助和赠送的物资
出口总值（万美元）	110168.60	30960.70	8678.40	1580.80	342.90	132.90	117.30	110.50
占比（%）	72.44	20.36	5.71	1.04	0.23	0.09	0.08	0.07

图 7－2－41　2016 年 8 月中国新疆主要贸易方式出口总值及占比

由图 7－2－41 可知，2016 年 8 月中国新疆出口贸易方式主要有 8 种，边境小额贸易和一般贸易占主导地位。其中，边境小额贸易出口总值排名第一，为 110168.60 万美元，占中国新疆出口总值的 72.44%，同比上升 18.30%，环比上升 31.72%；一般贸易出口总值排名第二，为 30960.70 万美元，占中国新疆出口总值的 20.36%，同比下降 41.40%，环比下降 29.59%；其他贸易出口总值排名第三，为 8678.40 万美元，占中国新疆出口总值的 5.71%，同比下降 49.90%，环比上升 123.95%；对外承包工程出口货物出口总值排名第四，为 1580.80 万美元，占中国新疆出口总值的 1.04%，同比下降 77.40%，环比下降 27.09%；加工贸易出口总值排名第五，为 342.90 万美元，占中国新疆出口总值的 0.23%，同比下降 85.90%，环比上升 124.26%；租赁贸易出口总值排名第六，为 132.90 万美元，占中国新疆出口总值的 0.09%，同比下降 66.20%；海关特殊监管区域出口总值排名第七，为 117.30 万美元，占中国新疆出口总值的 0.08%，同比下降 55.60%，环比下降 26.59%；国家间、国际组织无偿援助和赠送的物资出口总值排名第八，为 110.50 万美元，占中国新疆出口总值的 0.07%，同比下降 0.90%。

（3）2016年8月按照贸易方式对中国新疆进口总值进行分析

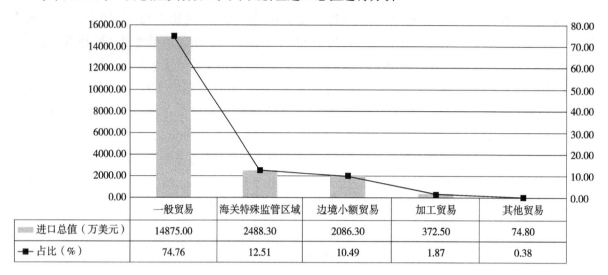

	一般贸易	海关特殊监管区域	边境小额贸易	加工贸易	其他贸易
进口总值（万美元）	14875.00	2488.30	2086.30	372.50	74.80
占比（%）	74.76	12.51	10.49	1.87	0.38

图7-2-42　2016年8月中国新疆主要贸易方式进口总值及占比

由图7-2-42可知，2016年8月中国新疆进口贸易方式主要有5种。一般贸易和海关特殊监管区域占主导地位，对外承包工程出口货物，租赁贸易，国家间、国际组织无偿援助和赠送的物资只有出口贸易没有进口贸易。其中，一般贸易进口总值排名第一，为14875.00万美元，占中国新疆进口总值的74.76%，同比下降18.50%，环比上升36.82%；海关特殊监管区域进口总值排名第二，为2488.30万美元，占中国新疆进口总值的12.51%，同比上升942.88%，环比上升16.08%；边境小额贸易进口总值排名第三，为2086.30万美元，占中国新疆进口总值的10.49%，同比上升3.90%，环比下降0.08%；加工贸易进口总值排名第四，为372.50万美元，占中国新疆进口总值的1.87%，同比下降32.00%，环比上升56.38%；其他贸易进口总值排名第五，为74.80万美元，占中国新疆进口总值的0.38%，同比下降43.50%，环比下降20.17%。

9.2016年9月按照贸易方式对中国新疆进出口总值进行月度分析

（1）2016年9月按照贸易方式对中国新疆进出口总值进行分析

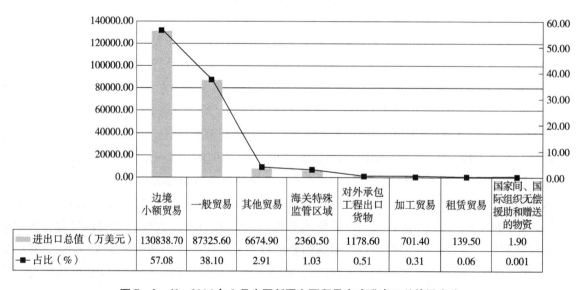

	边境小额贸易	一般贸易	其他贸易	海关特殊监管区域	对外承包工程出口货物	加工贸易	租赁贸易	国家间、国际组织无偿援助和赠送的物资
进出口总值（万美元）	130838.70	87325.60	6674.90	2360.50	1178.60	701.40	139.50	1.90
占比（%）	57.08	38.10	2.91	1.03	0.51	0.31	0.06	0.001

图7-2-43　2016年9月中国新疆主要贸易方式进出口总值及占比

由图 7-2-43 可知，2016 年 9 月中国新疆进出口贸易方式主要有 8 种，边境小额贸易和一般贸易进出口占主导地位。其中，边境小额贸易进出口总值排名第一，为 130838.70 万美元，占中国新疆进出口总值的 57.08%，同比上升 18.93%，环比上升 16.56%；一般贸易进出口总值排名第二，为 87325.60 万美元，占中国新疆进出口总值的 38.10%，同比下降 60.40%，环比上升 90.52%；其他贸易进出口总值排名第三，为 6674.90 万美元，占中国新疆进出口总值的 2.91%，同比下降 11.33%，环比下降 23.74%；海关特殊监管区域进出口总值排名第四，为 2360.50 万美元，占中国新疆进出口总值的 1.03%，同比上升 221.07%，环比下降 9.41%；对外承包工程出口货物进出口总值排名第五，为 1178.60 万美元，占中国新疆进出口总值的 0.51%，同比下降 82.39%，环比下降 25.44%；加工贸易进出口总值排名第六，为 701.40 万美元，占中国新疆进出口总值的 0.31%，同比下降 66.81%，环比下降 1.96%；租赁贸易进出口总值排名第七，为 139.50 万美元，占中国新疆进出口总值的 0.06%，同比上升 21.34%，环比上升 4.97%；国家间、国际组织无偿援助和赠送的物资进出口总值排名第八，为 1.90 万美元，占中国新疆出口总值的 0.001%，环比下降 98.28%。

（2）2016 年 9 月按照贸易方式对中国新疆出口总值进行分析

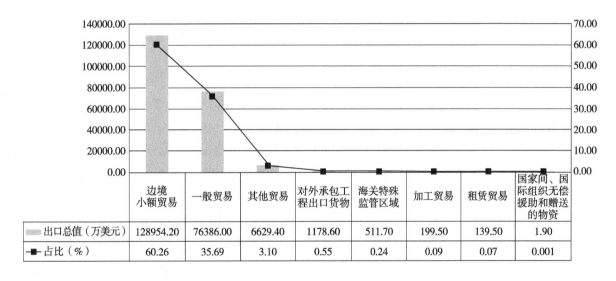

图 7-2-44 2016 年 9 月中国新疆主要贸易方式出口总值及占比

由图 7-2-44 可知，2016 年 9 月中国新疆出口贸易方式主要有 8 种，边境小额贸易和一般贸易出口占主导地位。其中，边境小额贸易出口总值排名第一，为 128954.20 万美元，占中国新疆出口总值的 60.26%，同比上升 19.10%，环比上升 17.05%；一般贸易出口总值排名第二，为 76386.00 万美元，占中国新疆出口总值的 35.69%，同比下降 63.10%，环比上升 146.72%；其他贸易出口总值排名第三，为 6629.40 万美元，占中国新疆出口总值的 3.10%，同比下降 10.50%，环比下降 23.61%；对外承包工程出口货物出口总值排名第四，为 1178.60 万美元，占中国新疆出口总值的 0.55%，同比下降 82.40%，环比下降 25.44%；海关特殊监管区域出口总值排名第五，为 511.70 万美元，占中国新疆出口总值的 0.24%，同比上升 211.44%，环比上升 336.23%；加工贸易出口总值排名第六，为 199.50 万美元，占中国新疆出口总值的 0.09%，同比下降 89.80%，环比下降 41.82%；租赁贸易出口总值排名第七，为 139.50 万美元，占中国新疆出口总值的

0.07%，同比上升21.30%，环比上升4.97%；国家间、国际组织无偿援助和赠送的物资出口总值排名第八，为1.90万美元，占中国新疆进出口总值的0.001%，环比下降98.28%。

（3）2016年9月按照贸易方式对中国新疆进口总值进行分析

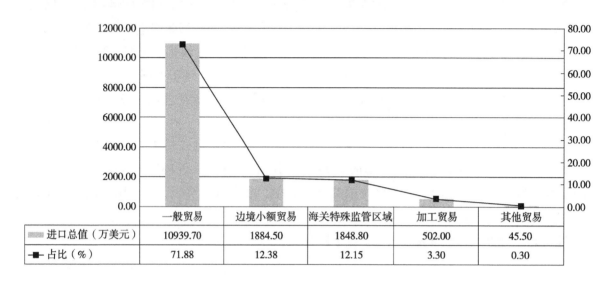

	一般贸易	边境小额贸易	海关特殊监管区域	加工贸易	其他贸易
进口总值（万美元）	10939.70	1884.50	1848.80	502.00	45.50
占比（%）	71.88	12.38	12.15	3.30	0.30

图7-2-45 2016年9月中国新疆主要贸易方式进口总值及占比

由图7-2-45可知，2016年9月中国新疆进口贸易方式主要有5种。一般贸易和边境小额贸易占主导地位，对外承包工程出口货物，租赁贸易，国家间、国际组织无偿援助和赠送的物资只有出口贸易没有进口贸易。其中，一般贸易进口总值排名第一，为10939.70万美元，占中国新疆进口总值的71.88%，同比下降17.80%，环比下降26.46%；边境小额贸易进口总值排名第二，为1884.50万美元，占中国新疆进口总值的12.38%，同比上升7.10%，环比下降9.67%；海关特殊监管区域进口总值排名第三，为1848.80万美元，占中国新疆进口总值的12.15%，同比上升223.84%，环比下降25.70%；加工贸易进口总值排名第四，为502.00万美元，占中国新疆进口总值的3.30%，同比上升218.00%，环比上升34.77%；其他贸易进口总值排名第五，为45.50万美元，占中国新疆进口总值的0.30%，同比下降63.50%，环比下降39.17%。

10. 2016年10月按照贸易方式对中国新疆进出口总值进行月度分析

（1）2016年10月按照贸易方式对中国新疆进出口总值进行分析

由图7-2-46可知，2016年10月中国新疆进出口贸易方式主要有8种，边境小额贸易和一般贸易进出口占主导地位。其中，边境小额贸易进出口总值排名第一，为107137.80万美元，占中国新疆进出口总值的57.56%，同比上升10.66%，环比下降18.11%；一般贸易进出口总值排名第二，为67296.90万美元，占中国新疆进出口总值的36.15%，同比下降24.20%，环比下降22.94%；其他贸易进出口总值排名第三，为6780.00万美元，占中国新疆进出口总值的3.64%，同比上升15.01%，环比上升1.57%；对外承包工程出口货物进出口总值排名第四，为2135.80万美元，占中国新疆进出口总值的1.15%，同比下降56.73%，环比上升81.22%；海关特殊监管区域进出口总值排名第五，为2033.80万美元，占中国新疆进出口总值的1.09%，同比上升196.30%，环比下降13.84%；加工贸易进出口总值排名第六，为693.30万美元，占中国新疆进出口总值的0.37%，同比下降48.40%，环比下降1.15%；租赁贸易进出口总值排名第七，为46.20

万美元，占中国新疆进出口总值的 0.02%，同比下降 89.15%，环比下降 66.88%；国家间、国际组织无偿援助和赠送的物资进出口总值排名第八，为 14.10 万美元，占中国新疆进出口总值的 0.01%，同比下降 95.79%，环比上升 642.11%。

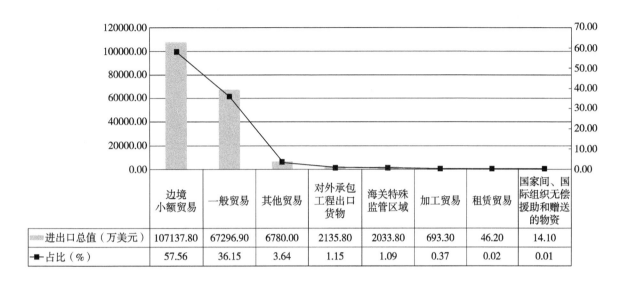

	边境小额贸易	一般贸易	其他贸易	对外承包工程出口货物	海关特殊监管区域	加工贸易	租赁贸易	国家间、国际组织无偿援助和赠送的物资
进出口总值（万美元）	107137.80	67296.90	6780.00	2135.80	2033.80	693.30	46.20	14.10
占比（%）	57.56	36.15	3.64	1.15	1.09	0.37	0.02	0.01

图 7 - 2 - 46　2016 年 10 月中国新疆主要贸易方式进出口总值及占比

（2）2016 年 10 月按照贸易方式对中国新疆出口总值进行分析

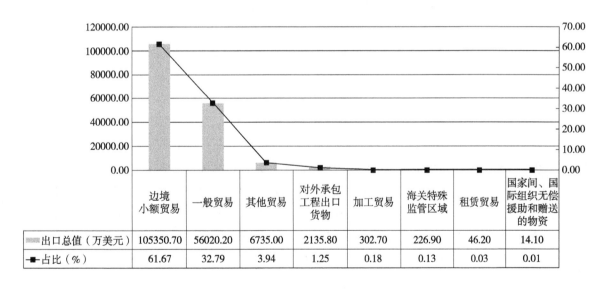

	边境小额贸易	一般贸易	其他贸易	对外承包工程出口货物	加工贸易	海关特殊监管区域	租赁贸易	国家间、国际组织无偿援助和赠送的物资
出口总值（万美元）	105350.70	56020.20	6735.00	2135.80	302.70	226.90	46.20	14.10
占比（%）	61.67	32.79	3.94	1.25	0.18	0.13	0.03	0.01

图 7 - 2 - 47　2016 年 10 月中国新疆主要贸易方式出口总值及占比

由图 7 - 2 - 47 可知，2016 年 10 月中国新疆出口贸易方式主要有 8 种，边境小额贸易和一般贸易占主导地位。其中，边境小额贸易出口总值排名第一，为 105350.70 万美元，占中国新疆出口总值的 61.67%，同比上升 11.60%，环比下降 18.30%；一般贸易出口总值排名第二，为 56020.20 万美元，占中国新疆出口总值的 32.79%，同比下降 27.00%，环比下降 26.66%；其他贸易出口总值排名第三，为 6735.00 万美元，占中国新疆出口总值的 3.94%，同比上升 15.90%，环比上升

1.59%；对外承包工程出口货物出口总值排名第四，为2135.80万美元，占中国新疆出口总值的1.25%，同比下降56.70%，环比上升81.22%；加工贸易出口总值排名第五，为302.70万美元，占中国新疆出口总值的0.18%，同比下降74.70%，环比上升51.73%；海关特殊监管区域出口总值排名第六，为226.90万美元，占中国新疆出口总值的0.13%，同比上升209.55%，环比下降55.66%；租赁贸易出口总值排名第七，为46.20万美元，占中国新疆出口总值的0.03%，同比下降89.10%，环比下降66.88%；国家间、国际组织无偿援助和赠送的物资出口总值排名第八，为14.10万美元，占中国新疆出口总值的0.01%，同比下降95.80%，环比上升642.11%。

（3）2016年10月按照贸易方式对中国新疆进口总值进行分析

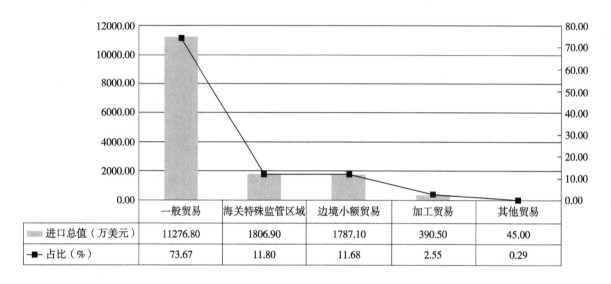

	一般贸易	海关特殊监管区域	边境小额贸易	加工贸易	其他贸易
进口总值（万美元）	11276.80	1806.90	1787.10	390.50	45.00
占比（%）	73.67	11.80	11.68	2.55	0.29

图7-2-48　2016年10月中国新疆主要贸易方式进口总值及占比

由图7-2-48可知，2016年10月中国新疆进口贸易方式主要有5种。一般贸易和海关特殊监管区域占主导地位，对外承包工程出口货物，租赁贸易，国家间、国际组织无偿援助和赠送的物资只有出口贸易没有进口贸易。其中，一般贸易进口总值排名第一，为11276.80万美元，占中国新疆进口总值的73.67%，同比下降6.90%，环比上升3.08%；海关特殊监管区域进口总值排名第二，为1806.90万美元，占中国新疆进口总值的11.80%，同比上升194.67%，环比下降2.27%；边境小额贸易进口总值排名第三，为1787.10万美元，占中国新疆进口总值的11.68%，同比下降26.00%，环比下降5.17%；加工贸易进口总值排名第四，为390.50万美元，占中国新疆进口总值的2.55%，同比上升168.50%，环比下降22.21%；其他贸易进口总值排名第五，为45.00万美元，占中国新疆进口总值的0.29%，同比下降45.30%，环比下降1.10%。

11.2016年11月按照贸易方式对中国新疆进出口总值进行月度分析

（1）2016年11月按照贸易方式对中国新疆进出口总值进行分析

由图7-2-49可知，2016年11月中国新疆进出口贸易方式主要有8种，边境小额贸易和一般贸易进出口占主导地位。其中，边境小额贸易进出口总值排名第一，为140531.80万美元，占中国新疆进出口总值的69.37%，同比上升54.80%，环比上升31.17%；一般贸易进出口总值排名第二，为45008.50万美元，占中国新疆进出口总值的22.22%，同比下降50.40%，环比下降33.12%；其他贸易进出口总值排名第三，为9871.80万美元，占中国新疆进出口总值的4.87%，同比上升55.36%，环比上升45.60%；海关特殊监管区域进出口总值排名第四，为3845.10万美元，占中国新疆进出口总值的1.90%，同比上升448.20%，环比上升89.06%；对外承包工程出口货物进出口总值排名第五，为1925.40万美元，占中国新疆进出口总值的0.95%，同比下降26.13%，环比下降9.85%；加工贸易进出口总值排名第六，为1213.60万美元，占中国新疆进出口总值的0.60%，同比下降41.58%，环比上升75.05%；租赁贸易进出口总值排名第七，为172.00万美元，占中国新疆进出口总值的0.08%，同比下降14.32%，环比上升272.29%；国家间、国际组织无偿援助和赠送的物资进出口总值排名第八，为5.00万美元，占中国新疆进出口总值的0.002%，环比下降64.54%。

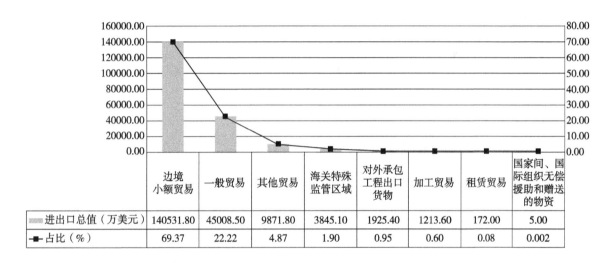

	边境小额贸易	一般贸易	其他贸易	海关特殊监管区域	对外承包工程出口货物	加工贸易	租赁贸易	国家间、国际组织无偿援助和赠送的物资
进出口总值（万美元）	140531.80	45008.50	9871.80	3845.10	1925.40	1213.60	172.00	5.00
占比（%）	69.37	22.22	4.87	1.90	0.95	0.60	0.08	0.002

图7-2-49　2016年11月中国新疆主要贸易方式进出口总值及占比

（2）2016年11月按照贸易方式对中国新疆出口总值进行分析

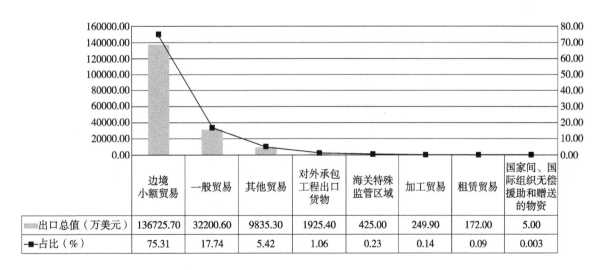

	边境小额贸易	一般贸易	其他贸易	对外承包工程出口货物	海关特殊监管区域	加工贸易	租赁贸易	国家间、国际组织无偿援助和赠送的物资
出口总值（万美元）	136725.70	32200.60	9835.30	1925.40	425.00	249.90	172.00	5.00
占比（%）	75.31	17.74	5.42	1.06	0.23	0.14	0.09	0.003

图7-2-50　2016年11月中国新疆主要贸易方式出口总值及占比

由图7-2-50可知，2016年11月中国新疆出口贸易方式主要有8种，边境小额贸易和一般贸易占主导地位。其中，边境小额贸易出口总值排名第一，为 136725.70 万美元，占中国新疆出口总值的 75.31%，同比上升 58.80%，环比上升 29.78%；一般贸易出口总值排名第二，为 32200.60 万美元，占中国新疆出口总值的 17.74%，同比下降 60.40%，环比下降 42.52%；其他贸易出口总值排名第三，为 9835.30 万美元，占中国新疆出口总值的 5.42%，同比上升 57.20%，环比上升 46.03%；对外承包工程出口货物出口总值排名第四，为 1925.40 万美元，占中国新疆出口总值的 1.06%，同比下降 26.10%，环比下降 9.85%；海关特殊监管区域出口总值排名第五，为 425.00 万美元，占中国新疆出口总值的 0.23%，同比上升 240.54%，环比上升 87.31%；加工贸易出口总值排名第六，为 249.90 万美元，占中国新疆出口总值的 0.14%，同比下降 31.00%，环比下降 17.44%；租赁贸易出口总值排名第七，为 172.00 万美元，占中国新疆出口总值的 0.09%，同比下降 14.30%，环比上升 272.29%；国家间、国际组织无偿援助和赠送的物资出口总值排名第八，为 5.00 万美元，占中国新疆出口总值的 0.003%，环比下降 64.54%。

（3）2016 年 11 月按照贸易方式对中国新疆进口总值进行分析

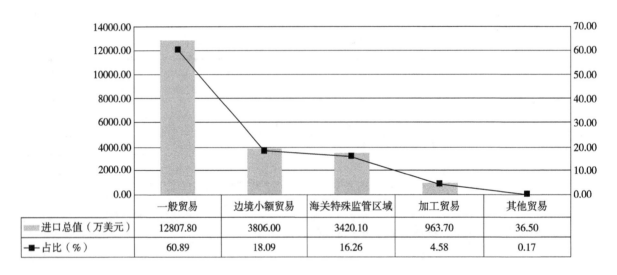

	一般贸易	边境小额贸易	海关特殊监管区域	加工贸易	其他贸易
进口总值（万美元）	12807.80	3806.00	3420.10	963.70	36.50
占比（%）	60.89	18.09	16.26	4.58	0.17

图 7 - 2 - 51　2016 年 11 月中国新疆主要贸易方式进口总值及占比

由图 7 - 2 - 51 可知，2016 年 11 月中国新疆进口贸易方式主要有 5 种。一般贸易和边境小额贸易占主导地位，对外承包工程出口货物，租赁贸易，国家间、国际组织无偿援助和赠送的物资只有出口贸易没有进口贸易。其中，一般贸易进口总值排名第一，为 12807.80 万美元，占中国新疆进口总值的 60.89%，同比上升 35.10%，环比上升 13.58%；边境小额贸易进口总值排名第二，为 3806.00 万美元，占中国新疆进口总值的 18.09%，同比下降 18.70%，环比上升 112.97%；海关特殊监管区域进口总值排名第三，为 3420.10 万美元，占中国新疆进口总值的 16.26%，同比上升 493.15%，环比上升 89.28%；加工贸易进口总值排名第四，为 963.70 万美元，占中国新疆进口总值的 4.58%，同比下降 43.80%，环比上升 146.79%；其他贸易进口总值排名第五，为 36.50 万美元，占中国新疆进口总值的 0.17%，同比下降 62.10%，环比下降 18.89%。

12. 2016 年 12 月按照贸易方式对中国新疆进出口总值进行月度分析

（1）2016 年 12 月按照贸易方式对中国新疆进出口总值进行分析

由图 7 - 2 - 52 可知，2016 年 12 月中国新疆进出口贸易方式主要有 8 种，边境小额贸易和一般

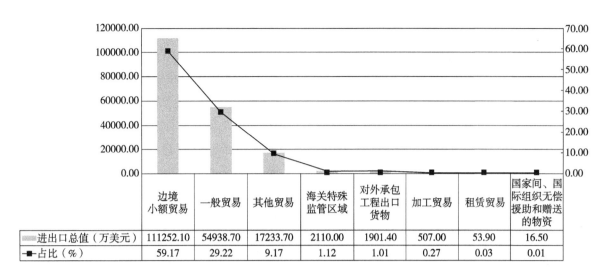

	边境 小额贸易	一般贸易	其他贸易	海关特殊 监管区域	对外承包 工程出口 货物	加工贸易	租赁贸易	国家间、国 际组织无偿 援助和赠送 的物资
进出口总值（万美元）	111252.10	54938.70	17233.70	2110.00	1901.40	507.00	53.90	16.50
占比（%）	59.17	29.22	9.17	1.12	1.01	0.27	0.03	0.01

图 7 - 2 - 52 2016 年 12 月中国新疆主要贸易方式进出口总值及占比

贸易进出口占主导地位。其中，边境小额贸易进出口总值排名第一，为 111252.10 万美元，占中国新疆进出口总值的 59.17%，同比上升 62.05%，环比下降 20.83%；一般贸易进出口总值排名第二，为 54938.70 万美元，占中国新疆进出口总值的 29.22%，同比上升 4.80%，环比上升 22.06%；其他贸易进出口总值排名第三，为 17233.70 万美元，占中国新疆进出口总值的 9.17%，同比上升 361.85%，环比上升 74.58%；海关特殊监管区域进出口总值排名第四，为 2110.00 万美元，占中国新疆进出口总值的 1.12%，同比下降 1.01%，环比下降 45.12%；对外承包工程出口货物进出口总值排名第五，为 1901.40 万美元，占中国新疆进出口总值的 1.01%，同比下降 39.96%，环比下降 1.25%；加工贸易进出口总值排名第六，为 507.00 万美元，占中国新疆进出口总值的 0.27%，同比下降 40.54%，环比下降 58.22%；租赁贸易进出口总值排名第七，为 53.90 万美元，占中国新疆进出口总值的 0.03%，同比上升 91.01%，环比下降 68.68%；国家间、国际组织无偿援助和赠送的物资进出口总值排名第八，为 16.50 万美元，占中国新疆出口总值的 0.01%，环比上升 230.00%。

（2）2016 年 12 月按照贸易方式对中国新疆出口总值进行分析

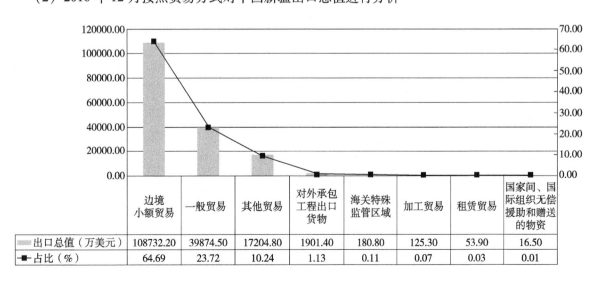

	边境 小额贸易	一般贸易	其他贸易	对外承包 工程出口 货物	海关特殊 监管区域	加工贸易	租赁贸易	国家间、国 际组织无偿 援助和赠送 的物资
出口总值（万美元）	108732.20	39874.50	17204.80	1901.40	180.80	125.30	53.90	16.50
占比（%）	64.69	23.72	10.24	1.13	0.11	0.07	0.03	0.01

图 7 - 2 - 53 2016 年 12 月中国新疆主要贸易方式出口总值及占比

由图7-2-53可知，2016年12月中国新疆出口贸易方式主要有8种，边境小额贸易和一般贸易占主导地位。其中，边境小额贸易出口总值排名第一，为108732.20万美元，占中国新疆出口总值的64.69%，同比上升64.70%，环比下降20.47%；一般贸易出口总值排名第二，为39874.50万美元，占中国新疆出口总值的23.72%，同比上升4.00%，环比上升23.83%；其他贸易出口总值排名第三，为17204.80万美元，占中国新疆出口总值的10.24%，同比上升368.40%，环比上升74.93%；对外承包工程出口货物出口总值排名第四，为1901.40万美元，占中国新疆出口总值的1.13%，同比下降40.00%，环比下降1.25%；海关特殊监管区域出口总值排名第五，为180.80万美元，占中国新疆出口总值的0.11%，同比上升131.20%，环比下降57.46%；加工贸易出口总值排名第六，为125.30万美元，占中国新疆出口总值的0.07%，同比下降67.70%，环比下降49.86%；租赁贸易出口总值排名第七，为53.90万美元，占中国新疆出口总值的0.03%，同比上升91.00%，环比下降68.66%；国家间、国际组织无偿援助和赠送的物资出口总值排名第八，为16.50万美元，占中国新疆进出口总值的0.01%，环比上升230.00%。

（3）2016年12月按照贸易方式对中国新疆进口总值进行分析

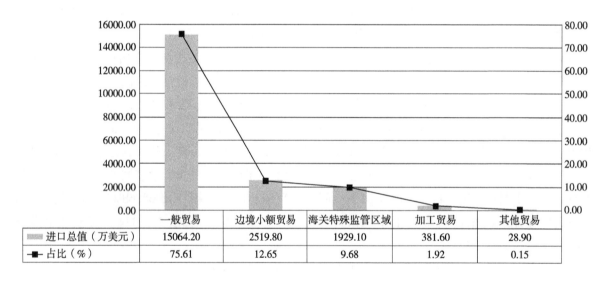

	一般贸易	边境小额贸易	海关特殊监管区域	加工贸易	其他贸易
进口总值（万美元）	15064.20	2519.80	1929.10	381.60	28.90
占比（%）	75.61	12.65	9.68	1.92	0.15

图7-2-54　2016年12月中国新疆主要贸易方式进口总值及占比

由图7-2-54可知，2016年12月中国新疆进口贸易方式主要有5种。一般贸易和边境小额贸易占主导地位，对外承包工程出口货物，租赁贸易，国家间、国际组织无偿援助和赠送的物资只有出口贸易没有进口贸易。其中，一般贸易进口总值排名第一，为15064.20万美元，占中国新疆进口总值的75.61%，同比上升6.90%，环比上升17.62%；边境小额贸易进口总值排名第二，为2519.80万美元，占中国新疆进口总值的12.65%，同比下降3.90%，环比下降33.79%；海关特殊监管区域进口总值排名第三，为1929.10万美元，占中国新疆进口总值的9.68%，同比下降6.05%，环比下降43.60%；加工贸易进口总值排名第四，为381.60万美元，占中国新疆进口总值的1.92%，同比下降17.80%，环比下降60.40%；其他贸易进口总值排名第五，为28.90万美元，占中国新疆进口总值的0.15%，同比下降50.70%，环比下降20.82%。

三、按照企业性质对2016年中国新疆进出口总值进行分析

中国新疆外贸进出口商品的企业性质主要有四类：国有企业、外商投资企业、民营企业、其他企业，其中，外商投资企业包括中外合作企业、中外合资企业和外商独资企业3种类型，民营企业包括集体企业和私营企业。

（一）2016年中国新疆不同性质企业进出口总值分析

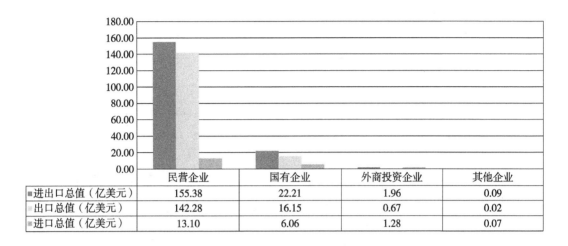

	民营企业	国有企业	外商投资企业	其他企业
进出口总值（亿美元）	155.38	22.21	1.96	0.09
出口总值（亿美元）	142.28	16.15	0.67	0.02
进口总值（亿美元）	13.10	6.06	1.28	0.07

图7-2-55　2016年中国新疆不同性质企业的进出口情况汇总

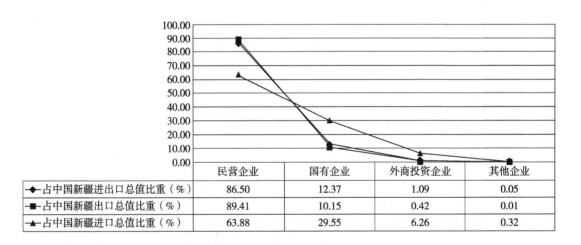

	民营企业	国有企业	外商投资企业	其他企业
占中国新疆进出口总值比重（%）	86.50	12.37	1.09	0.05
占中国新疆出口总值比重（%）	89.41	10.15	0.42	0.01
占中国新疆进口总值比重（%）	63.88	29.55	6.26	0.32

图7-2-56　2016年中国新疆不同性质企业的进出口占比

由图7-2-55和图7-2-56可知，2016年中国新疆不同性质企业的进出口情况中，民营企业在进口与出口方面均占主导地位。民营企业进出口总值为155.38亿美元，同比下降5.90%，占中国新疆进出口总值的86.50%；其中出口总值为142.28亿美元，同比下降7.60%，进口总值为13.10亿美元，同比上升17.40%。国有企业进出口总值为22.21亿美元，同比下降23.20%，占中国新疆进出口总值的12.37%；其中出口总值为16.15亿美元，同比下降20.30%，进口总值为6.06亿美元，同比下降30.00%。外商投资企业进出口总值为1.96亿美元，同比下降22.20%，占中国新疆进出口总值的1.09%；其中出口总值为0.67亿美元，同比下降9.40%，进口总值为1.28

亿美元，同比下降27.60%。其他企业进出口总值为0.09亿美元，占中国新疆进出口总值的0.05%；其中出口总值为0.02亿美元，同比下降20.90%，进口总值为0.07亿美元，同比下降52.20%。

（二）2016年中国新疆不同性质企业进出口总值趋势分析

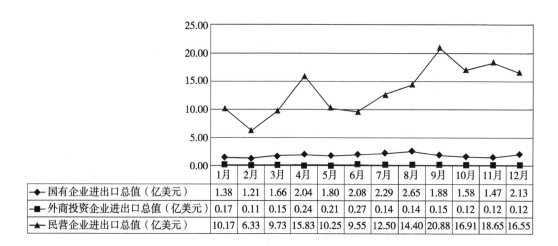

	1月	2月	3月	4月	5月	6月	7月	8月	9月	10月	11月	12月
国有企业进出口总值（亿美元）	1.38	1.21	1.66	2.04	1.80	2.08	2.29	2.65	1.88	1.58	1.47	2.13
外商投资企业进出口总值（亿美元）	0.17	0.11	0.15	0.24	0.21	0.27	0.14	0.14	0.15	0.12	0.12	0.12
民营企业进出口总值（亿美元）	10.17	6.33	9.73	15.83	10.25	9.55	12.50	14.40	20.88	16.91	18.65	16.55

图7-2-57　2016年1～12月中国新疆不同性质企业的进出口总值趋势

由图7-2-57可知，2016年中国新疆不同性质企业的进出口情况中，民营企业1～12月的进出口总值波动比较明显，1月呈现不断下降趋势，2～4月呈现逐渐上升趋势，5月有所下降，6～9月又呈逐渐上升趋势，继10月小幅下降后11月出现年度最高峰18.65亿美元，12月又有所下降。国有企业和外商投资企业1～12月的进出口总值处于比较平稳的状态。

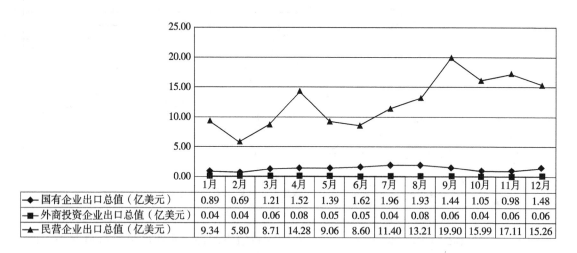

	1月	2月	3月	4月	5月	6月	7月	8月	9月	10月	11月	12月
国有企业出口总值（亿美元）	0.89	0.69	1.21	1.52	1.39	1.62	1.96	1.93	1.44	1.05	0.98	1.48
外商投资企业出口总值（亿美元）	0.04	0.04	0.06	0.08	0.05	0.05	0.04	0.08	0.06	0.04	0.06	0.06
民营企业出口总值（亿美元）	9.34	5.80	8.71	14.28	9.06	8.60	11.40	13.21	19.90	15.99	17.11	15.26

图7-2-58　2016年1～12月中国新疆不同性质企业的出口总值趋势

由图7-2-58可知，2016年中国新疆不同性质企业的出口情况中，民营企业1～12月的出口总值波动比较明显，1～2月呈现下降趋势，3～4月有所上升，5～9月呈上升趋势，9月达到全年的最高峰19.90亿美元，第四季度呈先增后减趋势。国有企业和外商投资企业的出口总值1～12月处于比较平稳的状态。

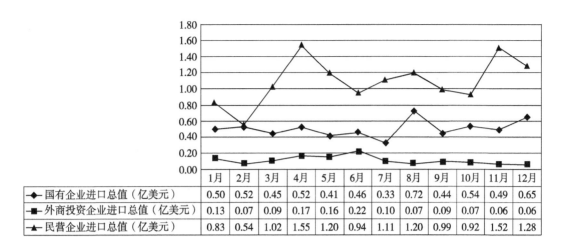

	1月	2月	3月	4月	5月	6月	7月	8月	9月	10月	11月	12月
国有企业进口总值（亿美元）	0.50	0.52	0.45	0.52	0.41	0.46	0.33	0.72	0.44	0.54	0.49	0.65
外商投资企业进口总值（亿美元）	0.13	0.07	0.09	0.17	0.16	0.22	0.10	0.07	0.09	0.07	0.06	0.06
民营企业进口总值（亿美元）	0.83	0.54	1.02	1.55	1.20	0.94	1.11	1.20	0.99	0.92	1.52	1.28

图 7 - 2 - 59 2016 年 1～12 月中国新疆不同性质企业的进口总值趋势

由图 7 - 2 - 59 可知，2016 年中国新疆不同性质企业的进口情况中，民营企业 1～2 月的出口总值波动比较明显，2～4 月呈上升趋势，且 4 月达到全年最高峰，为 1.55 亿美元，5～10 月发展比较平稳，11 月略有上升趋势，12 月又有所下降。国有企业 1～4 月的进口总值比较平稳，4～7 月缓慢下降后急速上升，8 月达到全年最高点 0.72 亿美元，9～11 月发展比较平稳，12 月则处于缓慢上升状态。外商投资企业 1～12 月的进口总值处于比较平稳的状态，6 月达到全年最高点 0.22 亿美元。

（三）2016 年中国新疆不同性质企业进出口总值月度分析

1. 2016 年 1 月中国新疆不同性质企业进出口总值月度分析

（1）2016 年 1 月中国新疆不同性质企业进出口总值分析

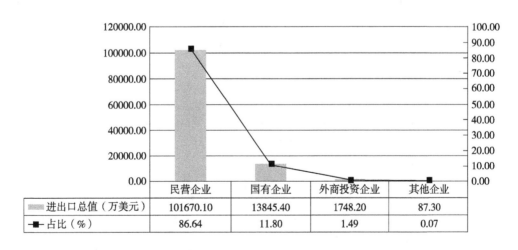

	民营企业	国有企业	外商投资企业	其他企业
进出口总值（万美元）	101670.10	13845.40	1748.20	87.30
占比（%）	86.64	11.80	1.49	0.07

图 7 - 2 - 60 2016 年 1 月中国新疆各类型企业进出口总值及占比

由图 7 - 2 - 60 可知，2016 年 1 月进出口企业类型中，四类企业按进出口总值大小排名顺序为：民营企业、国有企业、外商投资企业、其他企业。民营企业进出口总值排名第一，为 101670.10 万美元，占中国新疆进出口总值的 86.64%，同比上升 6.00%，环比下降 4.85%；国有企业进出口总值排名第二，为 13845.40 万美元，占中国新疆进出口总值的 11.80%，同比下降

17.50%，环比下降35.56%；外商投资企业进出口总值排名第三，为1748.20万美元，占中国新疆进出口总值的1.49%，同比下降34.00%，环比下降32.86%；其他企业进出口总值排名第四，为87.30万美元，占中国新疆进出口总值的0.07%，同比上升42.00%，环比上升48.98%。

（2）2016 年 1 月中国新疆不同性质企业出口总值分析

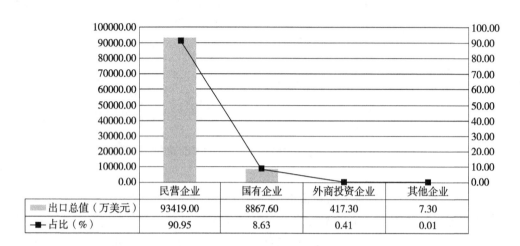

图 7-2-61　2016 年 1 月中国新疆各类型企业出口总值及占比

由图 7-2-61 可知，2016 年 1 月各类型企业出口贸易中，民营企业占主导地位，出口总值为93419.00万美元，占中国新疆出口总值的90.95%，同比上升3.40%，环比下降1.57%；国有企业出口总值排名第二，为8867.60万美元，占中国新疆出口总值的8.63%，同比下降5.50%，环比下降44.45%；外商投资企业出口总值排名第三，为417.30万美元，占中国新疆出口总值的0.41%，同比下降58.70%，环比下降50.63%；其他企业出口总值排名第四，为7.30万美元，占中国新疆出口总值的0.01%，同比下降64.60%，环比上升19.67%。

（3）2016 年 1 月中国新疆不同性质企业进口总值分析

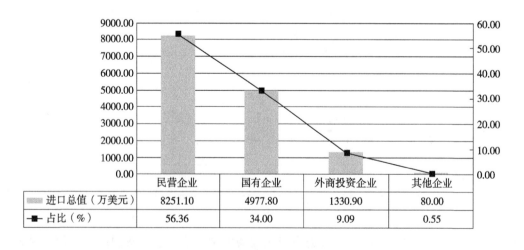

图 7-2-62　2016 年 1 月中国新疆各类型企业进口总值及占比

由图 7-2-62 可知，2016 年 1 月各类型企业进口贸易中，民营企业在进口中占主导地位，进口总值为 8251.10 万美元，占中国新疆进口总值的 56.36%，同比上升 47.30%，环比下降 30.88%；国有企业进口总值排名第二，为 4977.80 万美元，占中国新疆进口总值的 34.00%，同比下降 32.70%，环比下降 9.88%；外商投资企业进口总值排名第三，为 1330.90 万美元，占中国新疆进口总值的 9.09%，同比下降 18.80%，环比下降 24.31%。其他企业进口总值排名第四，为 80.00 万美元，占中国新疆进口总值的 0.55%，同比下降 38.40%，环比上升 52.38%。

2. 2016 年 2 月中国新疆不同性质企业进出口总值月度分析

（1）2016 年 2 月中国新疆不同性质企业进出口总值分析

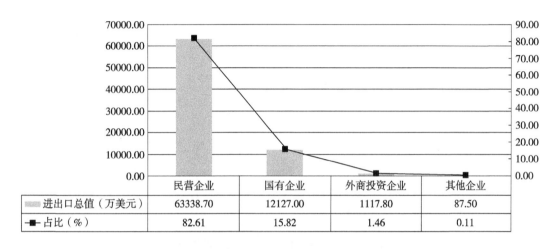

	民营企业	国有企业	外商投资企业	其他企业
进出口总值（万美元）	63338.70	12127.00	1117.80	87.50
占比（%）	82.61	15.82	1.46	0.11

图 7 - 2 - 63　2016 年 2 月中国新疆各类型企业进出口总值及占比

由图 7 - 2 - 63 可知，2016 年 2 月进出口企业类型中，四类企业按进出口总值大小排名顺序为：民营企业、国有企业、外商投资企业、其他企业。民营企业进出口总值排名第一，为 63338.70 万美元，占中国新疆进出口总值的 82.61%，同比下降 22.80%，环比下降 37.70%；国有企业进出口总值排名第二，为 12127.00 万美元，占中国新疆进出口总值的 15.82%，同比下降 17.80%，环比下降 12.41%；外商投资企业进出口总值排名第三，为 1117.80 万美元，占中国新疆进出口总值的 1.46%，同比下降 36.50%，环比下降 36.06%；其他企业进出口总值排名第四，为 87.50 万美元，占中国新疆进出口总值的 0.11%，同比下降 43.10%，环比上升 0.23%。

（2）2016 年 2 月中国新疆不同性质企业出口总值分析

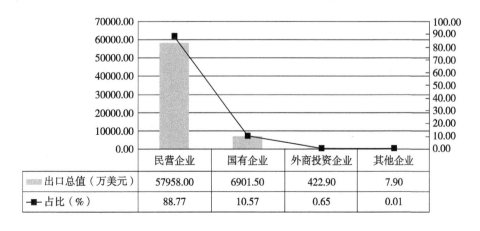

	民营企业	国有企业	外商投资企业	其他企业
出口总值（万美元）	57958.00	6901.50	422.90	7.90
占比（%）	88.77	10.57	0.65	0.01

图 7 - 2 - 64　2016 年 2 月中国新疆各类型企业出口总值及占比

由图 7 - 2 - 64 可知，2016 年 2 月各类型企业出口贸易中，民营企业占主导地位，出口总值为57958.00 万美元，占中国新疆出口总值的 88.77%，同比下降 25.90%，环比下降 37.96%；国有企业出口总值排名第二，为 6901.50 万美元，占中国新疆出口总值的 10.57%，同比下降 12.40%，环比下降 22.17%；外商投资企业出口总值排名第三，为 422.90 万美元，占中国新疆出口总值的0.65%，同比下降 37.40%，环比上升 1.34%；其他企业出口总值排名第四，为 7.90 万美元，占中国新疆出口总值的 0.01%，同比下降 67.20%，环比上升 8.22%。

（3）2016 年 2 月中国新疆不同性质企业进口总值分析

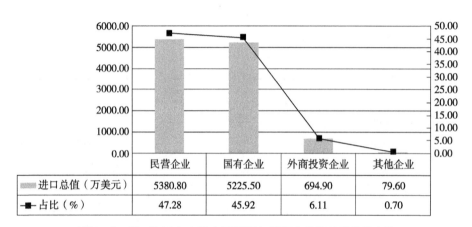

	民营企业	国有企业	外商投资企业	其他企业
进口总值（万美元）	5380.80	5225.50	694.90	79.60
占比（%）	47.28	45.92	6.11	0.70

图 7 - 2 - 65　2016 年 2 月中国新疆各类型企业进口总值及占比

由图 7 - 2 - 65 可知，2016 年 2 月各类型企业进口贸易中，民营企业在进口中占主导地位，进口总值为 5380.80 万美元，占中国新疆进口总值的 47.28%，同比上升 37.50%，环比下降34.79%；国有企业进口总值排名第二，为 5225.50 万美元，占中国新疆进口总值的 45.92%，同比下降 24.00%，环比上升 4.98%；外商投资企业进口总值排名第三，为 694.90 万美元，占中国新疆进口总值的 6.11%，同比下降 35.90%，环比下降 47.79%。其他企业进口总值排名第四，为79.60 万美元，占中国新疆进口总值的 0.70%，同比下降 38.60%，环比下降 0.50%。

3. 2016 年 3 月中国新疆不同性质企业进出口总值月度分析

（1）2016 年 3 月中国新疆不同性质企业进出口总值分析

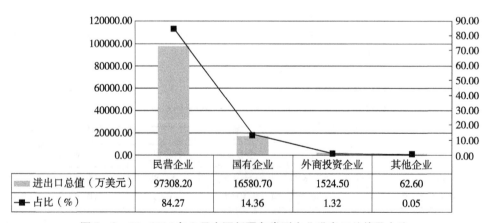

	民营企业	国有企业	外商投资企业	其他企业
进出口总值（万美元）	97308.20	16580.70	1524.50	62.60
占比（%）	84.27	14.36	1.32	0.05

图 7 - 2 - 66　2016 年 3 月中国新疆各类型企业进出口总值及占比

由图 7 - 2 - 66 可知，2016 年 3 月进出口企业类型中，四类企业按进出口总值大小排名顺序为：民营企业、国有企业、外商投资企业、其他企业。民营企业进出口总值排名第一，为 97308.20 万美元，占中国新疆进出口总值的 84.27%，同比上升 70.40%，环比上升 53.63%；国有企业进出口总值排名第二，为 16580.70 万美元，占中国新疆进出口总值的 14.36%，同比下降 20.20%，环比上升 36.73%；外商投资企业进出口总值排名第三，为 1524.50 万美元，占中国新疆进出口总值的 1.32%，同比下降 24.30%，环比上升 36.38%；其他企业进出口总值排名第四，为 62.60 万美元，占中国新疆进出口总值的 0.05%，同比下降 68.60%，环比下降 28.46%。

（2）2016 年 3 月中国新疆不同性质企业出口总值分析

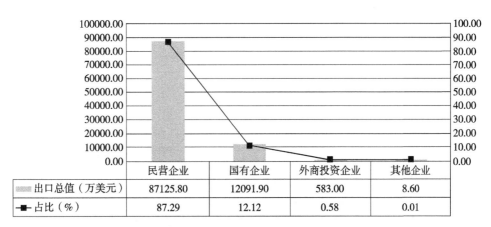

	民营企业	国有企业	外商投资企业	其他企业
出口总值（万美元）	87125.80	12091.90	583.00	8.60
占比（%）	87.29	12.12	0.58	0.01

图 7 - 2 - 67 2016 年 3 月中国新疆各类型企业出口总值及占比

由图 7 - 2 - 67 可知，2016 年 3 月各类型企业出口贸易中，民营企业占主导地位，出口总值为 87125.80 万美元，占中国新疆出口总值的 87.29%，同比上升 68.00%，环比上升 50.33%；国有企业出口总值排名第二，为 12091.90 万美元，占中国新疆出口总值的 12.12%，同比下降 9.10%，环比上升 75.21%；外商投资企业出口总值排名第三，为 583.00 万美元，占中国新疆出口总值的 0.58%，同比上升 1.60%，环比上升 37.86%；其他企业出口总值排名第四，为 8.60 万美元，占中国新疆出口总值的 0.01%，同比下降 76.00%，环比上升 8.86%。

（3）2016 年 3 月中国新疆不同性质企业进口总值分析

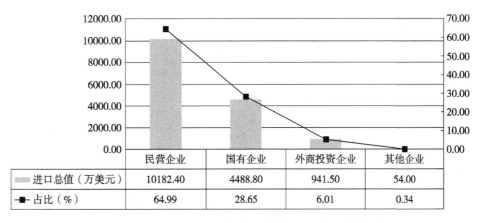

	民营企业	国有企业	外商投资企业	其他企业
进口总值（万美元）	10182.40	4488.80	941.50	54.00
占比（%）	64.99	28.65	6.01	0.34

图 7 - 2 - 68 2016 年 3 月中国新疆各类型企业进口总值及占比

由图7-2-68可知，2016年3月各类型企业进口贸易中，民营企业在进口中占主导地位，进口总值为10182.40万美元，占中国新疆进口总值的64.99%，同比上升94.50%，环比上升89.24%；国有企业进口总值排名第二，为4488.80万美元，占中国新疆进口总值的28.65%，同比下降40.00%，环比下降14.10%；外商投资企业进口总值排名第三，为941.50万美元，占中国新疆进口总值的6.01%，同比下降34.60%，环比上升35.49%。其他企业进口总值排名第四，为54.00万美元，占中国新疆进口总值的0.34%，同比下降66.90%，环比下降32.16%。

4.2016年4月中国新疆不同性质企业进出口总值月度分析

（1）2016年4月中国新疆不同性质企业进出口总值分析

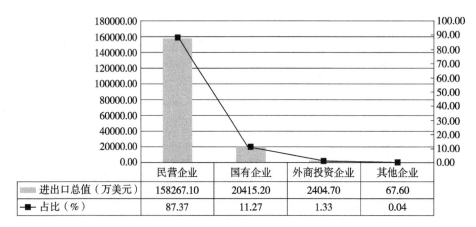

	民营企业	国有企业	外商投资企业	其他企业
进出口总值（万美元）	158267.10	20415.20	2404.70	67.60
占比（%）	87.37	11.27	1.33	0.04

图7-2-69 2016年4月中国新疆各类型企业进出口总值及占比

由图7-2-69可知，2016年4月进出口企业类型中，四类企业按进出口总值大小排名顺序为：民营企业、国有企业、外商投资企业、其他企业。民营企业进出口总值排名第一，为158267.10万美元，占中国新疆进出口总值的87.37%，同比上升29.30%，环比上升62.65%；国有企业进出口总值排名第二，为20415.20万美元，占中国新疆进出口总值的11.27%，同比下降12.20%，环比上升23.13%；外商投资企业进出口总值排名第三，为2404.70万美元，占中国新疆进出口总值的1.33%，同比下降37.50%，环比上升57.74%；其他企业进出口总值排名第四，为67.60万美元，占中国新疆进出口总值的0.04%，同比下降71.40%，环比上升7.99%。

（2）2016年4月中国新疆不同性质企业出口总值分析

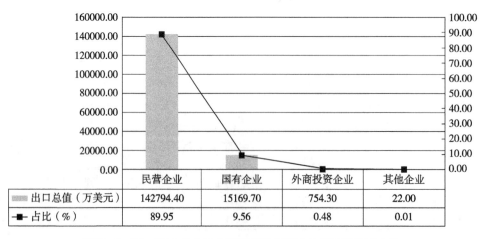

	民营企业	国有企业	外商投资企业	其他企业
出口总值（万美元）	142794.40	15169.70	754.30	22.00
占比（%）	89.95	9.56	0.48	0.01

图7-2-70 2016年4月中国新疆各类型企业出口总值及占比

由图 7-2-70 可知，2016 年 4 月各类型企业出口贸易中，民营企业占主导地位，出口总值为 142794.40 万美元，占中国新疆出口总值的 89.95%，同比上升 25.50%，环比上升 63.89%；国有企业出口总值排名第二，为 15169.70 万美元，占中国新疆出口总值的 9.56%，同比下降 4.30%，环比上升 25.45%；外商投资企业出口总值排名第三，为 754.30 万美元，占中国新疆出口总值的 0.48%，同比上升 8.30%，环比上升 29.38%；其他企业出口总值排名第四，为 22.00 万美元，占中国新疆出口总值的 0.01%，同比下降 35.90%，环比上升 155.81%。

（3）2016 年 4 月中国新疆不同性质企业进口总值分析

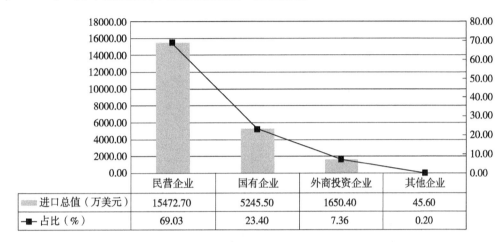

	民营企业	国有企业	外商投资企业	其他企业
进口总值（万美元）	15472.70	5245.50	1650.40	45.60
占比（%）	69.03	23.40	7.36	0.20

图 7-2-71 2016 年 4 月中国新疆各类型企业进口总值及占比

由图 7-2-71 可知，2016 年 4 月各类型企业进口贸易中，民营企业在进口中占主导地位，进口总值为 15472.70 万美元，占中国新疆进口总值的 69.03%，同比上升 78.80%，环比上升 51.96%；国有企业进口总值排名第二，为 5245.50 万美元，占中国新疆进口总值的 23.40%，同比下降 29.10%，环比上升 16.86%；外商投资企业进口总值排名第三，为 1650.40 万美元，占中国新疆进口总值的 7.36%，同比下降 47.70%，环比上升 75.29%。其他企业进口总值排名第四，为 45.60 万美元，占中国新疆进口总值的 0.20%，同比下降 77.50%，环比下降 15.56%。

5. 2016 年 5 月中国新疆不同性质企业进出口总值月度分析

（1）2016 年 5 月中国新疆不同性质企业进出口总值分析

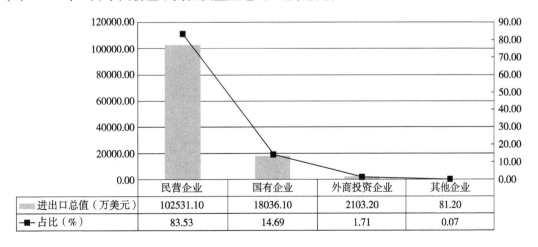

	民营企业	国有企业	外商投资企业	其他企业
进出口总值（万美元）	102531.10	18036.10	2103.20	81.20
占比（%）	83.53	14.69	1.71	0.07

图 7-2-72 2016 年 5 月中国新疆各类型企业进出口总值及占比

由图7-2-72可知，2016年5月进出口企业类型中，四类企业按进出口总值大小排名顺序为：民营企业、国有企业、外商投资企业、其他企业。民营企业进出口总值排名第一，为102531.10万美元，占中国新疆进出口总值的83.53%，同比上升0.10%，环比下降35.22%；国有企业进出口总值排名第二，为18036.10万美元，占中国新疆进出口总值的14.69%，同比下降28.90%，环比下降11.65%；外商投资企业进出口总值排名第三，为2103.20万美元，占中国新疆进出口总值的1.71%，同比下降3.80%，环比下降12.54%；其他企业进出口总值排名第四，为81.20万美元，占中国新疆进出口总值的0.07%，同比上升4.30%，环比上升20.12%。

（2）2016年5月中国新疆不同性质企业出口总值分析

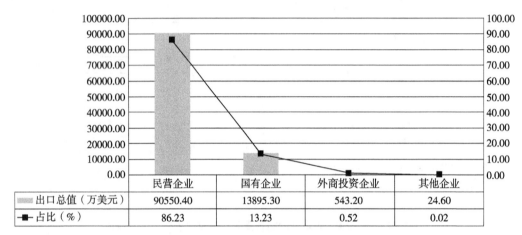

	民营企业	国有企业	外商投资企业	其他企业
出口总值（万美元）	90550.40	13895.30	543.20	24.60
占比（%）	86.23	13.23	0.52	0.02

图7-2-73　2016年5月中国新疆各类型企业出口总值及占比

由图7-2-73可知，2016年5月各类型企业出口贸易中，民营企业占主导地位，出口总值为90550.40万美元，占中国新疆出口总值的86.23%，同比下降3.40%，环比下降36.59%；国有企业出口总值排名第二，为13895.30万美元，占中国新疆出口总值的13.23%，同比上升4.20%，环比下降8.40%；外商投资企业出口总值排名第三，为543.20万美元，占中国新疆出口总值的0.52%，同比上升5.90%，环比下降27.99%；其他企业出口总值排名第四，为24.60万美元，占中国新疆出口总值的0.02%，同比上升114.30%，环比上升11.82%。

（3）2016年5月中国新疆不同性质企业进口总值分析

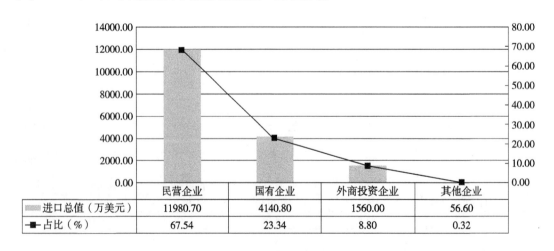

	民营企业	国有企业	外商投资企业	其他企业
进口总值（万美元）	11980.70	4140.80	1560.00	56.60
占比（%）	67.54	23.34	8.80	0.32

图7-2-74　2016年5月中国新疆各类型企业进口总值及占比

由图7-2-74可知，2016年5月各类型企业进口贸易中，民营企业在进口中占主导地位，进口总值为11980.70万美元，占中国新疆进口总值的67.54%，同比上升38.10%，环比下降22.57%；国有企业进口总值排名第二，为4140.80万美元，占中国新疆进口总值的23.34%，同比下降65.60%，环比下降21.06%；外商投资企业进口总值排名第三，为1560.00万美元，占中国新疆进口总值的8.80%，同比下降6.70%，环比下降5.48%。其他企业进口总值排名第四，为56.60万美元，占中国新疆进口总值的0.32%，同比下降14.70%，环比上升24.12%。

6. 2016年6月中国新疆不同性质企业进出口总值月度分析

（1）2016年6月中国新疆不同性质企业进出口总值分析

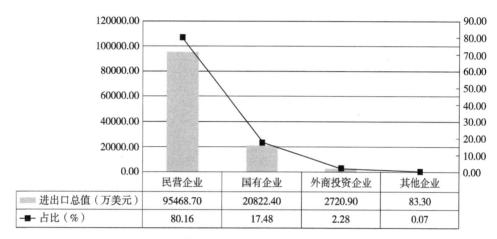

	民营企业	国有企业	外商投资企业	其他企业
进出口总值（万美元）	95468.70	20822.40	2720.90	83.30
占比（%）	80.16	17.48	2.28	0.07

图7-2-75 2016年6月中国新疆各类型企业进出口总值及占比

由图7-2-75可知，2016年6月进出口企业类型中，四类企业按进出口总值大小排名顺序为：民营企业、国有企业、外商投资企业、其他企业。民营企业进出口总值排名第一，为95468.70万美元，占中国新疆进出口总值的80.16%，同比下降9.20%，环比下降6.89%；国有企业进出口总值排名第二，为20822.40万美元，占中国新疆进出口总值的17.48%，同比下降14.50%，环比上升15.45%；外商投资企业进出口总值排名第三，为2720.90万美元，占中国新疆进出口总值的2.28%，同比上升87.30%，环比上升29.37%；其他企业进出口总值排名第四，为83.30万美元，占中国新疆进出口总值的0.07%，同比下降30.60%，环比上升2.59%。

（2）2016年6月中国新疆不同性质企业出口总值分析

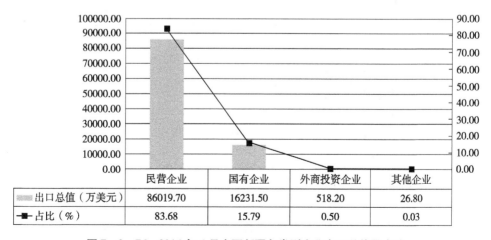

	民营企业	国有企业	外商投资企业	其他企业
出口总值（万美元）	86019.70	16231.50	518.20	26.80
占比（%）	83.68	15.79	0.50	0.03

图7-2-76 2016年6月中国新疆各类型企业出口总值及占比

由图7-2-76可知，2016年6月各类型企业出口贸易中，民营企业占主导地位，出口总值为86019.70万美元，占中国新疆出口总值的83.68%，同比下降9.20%，环比下降5.00%；国有企业出口总值排名第二，为16231.50万美元，占中国新疆出口总值的15.79%，同比上升1.50%，环比上升16.81%；外商投资企业出口总值排名第三，为518.20万美元，占中国新疆出口总值的0.50%，同比下降10.80%，环比下降4.60%；其他企业出口总值排名第四，为26.80万美元，占中国新疆出口总值的0.03%，同比上升73.10%，环比上升8.94%。

（3）2016年6月中国新疆不同性质企业进口总值分析

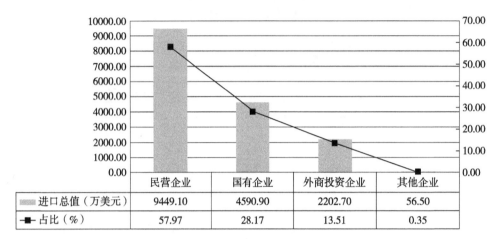

	民营企业	国有企业	外商投资企业	其他企业
进口总值（万美元）	9449.10	4590.90	2202.70	56.50
占比（%）	57.97	28.17	13.51	0.35

图7-2-77　2016年6月中国新疆各类型企业进口总值及占比

由图7-2-77可知，2016年6月各类型企业进口贸易中，民营企业在进口中占主导地位，进口总值为9449.10万美元，占中国新疆进口总值的57.97%，同比下降9.40%，环比下降21.13%；国有企业进口总值排名第二，为4590.90万美元，占中国新疆进口总值的28.17%，同比下降45.10%，环比上升10.87%；外商投资企业进口总值排名第三，为2202.70万美元，占中国新疆进口总值的13.51%，同比上升152.60%，环比上升41.19%。其他企业进口总值排名第四，为56.50万美元，占中国新疆进口总值的0.35%，同比下降46.00%，环比下降0.18%。

7. 2016年7月中国新疆不同性质企业进出口总值月度分析

（1）2016年7月中国新疆不同性质企业进出口总值分析

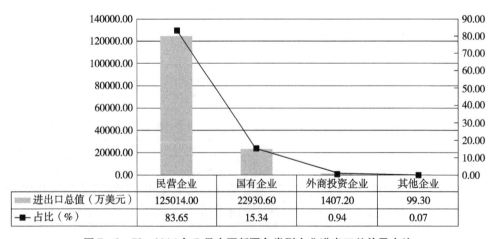

	民营企业	国有企业	外商投资企业	其他企业
进出口总值（万美元）	125014.00	22930.60	1407.20	99.30
占比（%）	83.65	15.34	0.94	0.07

图7-2-78　2016年7月中国新疆各类型企业进出口总值及占比

由图 7 - 2 - 78 可知，2016 年 7 月进出口企业类型中，四类企业按进出口总值大小排名顺序为：民营企业、国有企业、外商投资企业、其他企业。民营企业进出口总值排名第一，为 125014.00 万美元，占中国新疆进出口总值的 83.65%，同比下降 26.20%，环比上升 30.95%；国有企业进出口总值排名第二，为 22930.60 万美元，占中国新疆进出口总值的 15.34%，同比下降 2.80%，环比上升 10.12%；外商投资企业进出口总值排名第三，为 1407.20 万美元，占中国新疆进出口总值的 0.94%，同比下降 43.30%，环比下降 48.28%；其他企业进出口总值排名第四，为 99.30 万美元，占中国新疆进出口总值的 0.07%，同比下降 29.80%，环比上升 19.21%。

（2）2016 年 7 月中国新疆不同性质企业出口总值分析

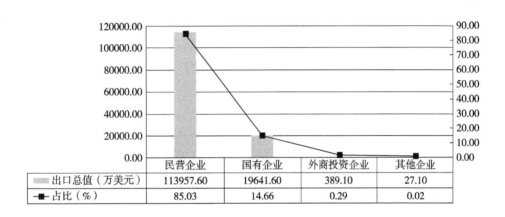

	民营企业	国有企业	外商投资企业	其他企业
出口总值（万美元）	113957.60	19641.60	389.10	27.10
占比（%）	85.03	14.66	0.29	0.02

图 7 - 2 - 79 2016 年 7 月中国新疆各类型企业出口总值及占比

由图 7 - 2 - 79 可知，2016 年 7 月各类型企业出口贸易中，民营企业出口占主导地位，出口总值为 113957.60 万美元，占中国新疆出口总值的 85.03%，同比下降 26.00%，环比上升 32.48%；国有企业出口总值排名第二，为 19641.60 万美元，占中国新疆出口总值的 14.66%，同比下降 33.70%，环比上升 21.01%；外商投资企业出口总值排名第三，为 389.10 万美元，占中国新疆出口总值的 0.29%，同比下降 36.20%，环比下降 24.91%；其他企业出口总值排名第四，为 27.10 万美元，占中国新疆出口总值的 0.02%，同比上升 40.00%，环比上升 1.12%。

（3）2016 年 7 月中国新疆不同性质企业进口总值分析

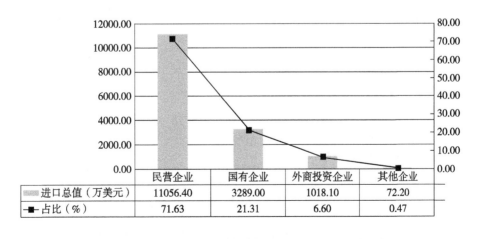

	民营企业	国有企业	外商投资企业	其他企业
进口总值（万美元）	11056.40	3289.00	1018.10	72.20
占比（%）	71.63	21.31	6.60	0.47

图 7 - 2 - 80 2016 年 7 月中国新疆各类型企业进口总值及占比

由图 7 - 2 - 80 可知，2016 年 7 月各类型企业进口贸易中，民营企业在进口中占主导地位，进口总值为 11056.40 万美元，占中国新疆进口总值的 71.63%，同比下降 28.10%，环比上升 17.01%；国有企业进口总值排名第二，为 3289.00 万美元，占中国新疆进口总值的 21.31%，同比下降 63.10%，环比下降 28.36%；外商投资企业进口总值排名第三，为 1018.10 万美元，占中国新疆进口总值的 6.60%，同比下降 45.60%，环比下降 53.78%。其他企业进口总值排名第四，为 72.20 万美元，占中国新疆进口总值的 0.47%，同比下降 40.90%，环比上升 27.79%。

8. 2016 年 8 月中国新疆不同性质企业进出口总值月度分析

（1）2016 年 8 月中国新疆不同性质企业进出口总值分析

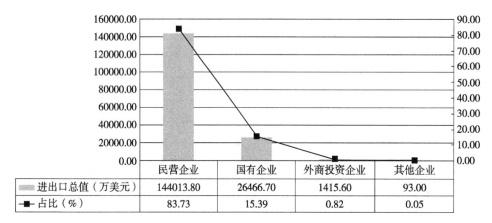

	民营企业	国有企业	外商投资企业	其他企业
进出口总值（万美元）	144013.80	26466.70	1415.60	93.00
占比（%）	83.73	15.39	0.82	0.05

图 7 - 2 - 81　2016 年 8 月中国新疆各类型企业进出口总值及占比

由图 7 - 2 - 81 可知，2016 年 8 月进出口企业类型中，四类企业按进出口总值大小排名顺序为：民营企业、国有企业、外商投资企业、其他企业。民营企业进出口总值排名第一，为 144013.80 万美元，占中国新疆进出口总值的 83.73%，同比下降 11.70%，环比上升 15.20%；国有企业进出口总值排名第二，为 26466.70 万美元，占中国新疆进出口总值的 15.39%，同比下降 12.20%，环比上升 15.42%；外商投资企业进出口总值排名第三，为 1415.60 万美元，占中国新疆进出口总值的 0.82%，同比上升 10.00%，环比上升 0.60%；其他企业进出口总值排名第四，为 93.00 万美元，占中国新疆进出口总值的 0.05%，同比下降 33.00%，环比下降 6.34%。

（2）2016 年 8 月中国新疆不同性质企业出口总值分析

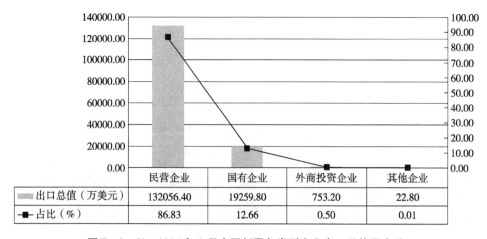

	民营企业	国有企业	外商投资企业	其他企业
出口总值（万美元）	132056.40	19259.80	753.20	22.80
占比（%）	86.83	12.66	0.50	0.01

图 7 - 2 - 82　2016 年 8 月中国新疆各类型企业出口总值及占比

由图 7-2-82 可知，2016 年 8 月各类型企业出口贸易中，民营企业出口占主导地位，出口总值为 132056.40 万美元，占中国新疆出口总值的 86.83%，同比下降 12.90%，环比上升 15.88%；国有企业出口总值排名第二，为 19259.80 万美元，占中国新疆出口总值的 12.66%，同比下降 10.10%，环比下降 1.94%；外商投资企业出口总值排名第三，为 753.20 万美元，占中国新疆出口总值的 0.50%，同比上升 77.50%，环比上升 93.57%；其他企业出口总值排名第四，为 22.80 万美元，占中国新疆出口总值的 0.01%，同比上升 80.70%，环比下降 15.87%。

（3）2016 年 8 月中国新疆不同性质企业进口总值分析

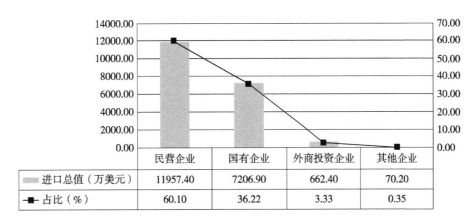

	民营企业	国有企业	外商投资企业	其他企业
进口总值（万美元）	11957.40	7206.90	662.40	70.20
占比（%）	60.10	36.22	3.33	0.35

图 7-2-83　2016 年 8 月中国新疆各类型企业进口总值及占比

由图 7-2-83 可知，2016 年 8 月各类型企业进口贸易中，民营企业在进口中占主导地位，进口总值为 11957.40 万美元，占中国新疆进口总值的 60.10%，同比上升 4.40%，环比上升 8.15%；国有企业进口总值排名第二，为 7206.90 万美元，占中国新疆进口总值的 36.22%，同比下降 17.60%，环比上升 119.12%；外商投资企业进口总值排名第三，为 662.40 万美元，占中国新疆进口总值的 3.33%，同比下降 23.20%，环比下降 34.94%；其他企业进口总值排名第四，为 70.20 万美元，占中国新疆进口总值的 0.35%，同比下降 44.40%，环比下降 2.77%。

9. 2016 年 9 月中国新疆不同性质企业进出口总值月度分析

（1）2016 年 9 月中国新疆不同性质企业进出口总值分析

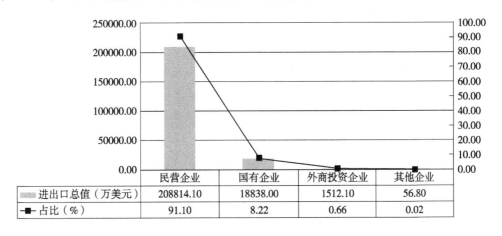

	民营企业	国有企业	外商投资企业	其他企业
进出口总值（万美元）	208814.10	18838.00	1512.10	56.80
占比（%）	91.10	8.22	0.66	0.02

图 7-2-84　2016 年 9 月中国新疆各类型企业进出口总值及占比

由图7-2-84可知，2016年9月进出口企业类型中，四类企业按进出口总值大小排名顺序为：民营企业、国有企业、外商投资企业、其他企业。民营企业进出口总值排名第一，为208814.10万美元，占中国新疆进出口总值的91.10%，同比下降35.10%，环比上升45.00%；国有企业进出口总值排名第二，为18838.00美元，占中国新疆进出口总值的8.22%，同比下降22.50%，环比下降28.82%；外商投资企业进出口总值排名第三，为1512.10万美元，占中国新疆进出口总值的0.66%，同比上升11.00%，环比上升6.82%；其他企业进出口总值排名第四，为56.80万美元，占中国新疆进出口总值的0.02%，同比下降58.30%，环比下降38.92%。

（2）2016年9月中国新疆不同性质企业出口总值分析

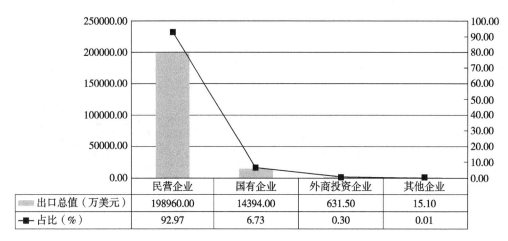

	民营企业	国有企业	外商投资企业	其他企业
出口总值（万美元）	198960.00	14394.00	631.50	15.10
占比（%）	92.97	6.73	0.30	0.01

图7-2-85　2016年9月中国新疆各类型企业出口总值及占比

由图7-2-85可知，2016年9月各类型企业出口贸易中，民营企业出口占主导地位，出口总值为198960.00万美元，占中国新疆出口总值的92.97%，同比下降35.90%，环比上升50.66%；国有企业出口总值排名第二，为14394.00万美元，占中国新疆出口总值的6.73%，同比下降30.40%，环比下降25.26%；外商投资企业出口总值排名第三，为631.50万美元，占中国新疆出口总值的0.30%，同比上升10.30%，环比下降16.16%；其他企业出口总值排名第四，为15.10万美元，占中国新疆出口总值的0.01%，同比下降13.90%，环比下降33.77%。

（3）2016年9月中国新疆不同性质企业进口总值分析

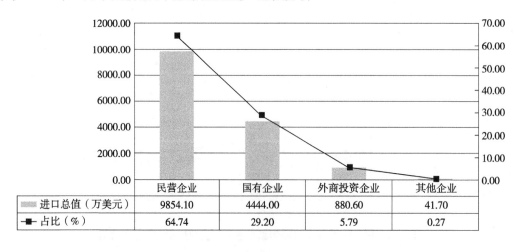

	民营企业	国有企业	外商投资企业	其他企业
进口总值（万美元）	9854.10	4444.00	880.60	41.70
占比（%）	64.74	29.20	5.79	0.27

图7-2-86　2016年9月中国新疆各类型企业进口总值及占比

由图 7 - 2 - 86 可知，2016 年 9 月各类型企业进口贸易中，民营企业在进口中占主导地位，进口总值为 9854.10 万美元，占中国新疆进口总值的 64.74%，同比下降 13.60%，环比下降 17.59%；国有企业进口总值排名第二，为 4444.00 万美元，占中国新疆进口总值的 29.20%，同比上升 22.90%，环比下降 38.34%；外商投资企业进口总值排名第三，为 880.60 万美元，占中国新疆进口总值的 5.79%，同比上升 11.50%，环比上升 32.94%；其他企业进口总值排名第四，为 41.70 万美元，占中国新疆进口总值的 0.27%，同比下降 64.90%，环比下降 40.60%。

10. 2016 年 10 月中国新疆不同性质企业进出口总值月度分析

（1）2016 年 10 月中国新疆不同性质企业进出口总值分析

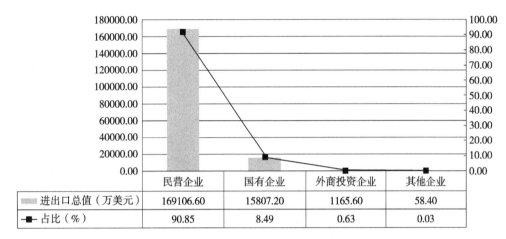

	民营企业	国有企业	外商投资企业	其他企业
进出口总值（万美元）	169106.60	15807.20	1165.60	58.40
占比（%）	90.85	8.49	0.63	0.03

图 7 - 2 - 87 2016 年 10 月中国新疆各类型企业进出口总值及占比

由图 7 - 2 - 87 可知，2016 年 10 月进出口企业类型中，四类企业按进出口总值大小排名顺序为：民营企业、国有企业、外商投资企业、其他企业。民营企业进出口总值排名第一，为 169106.60 万美元，占中国新疆进出口总值的 90.85%，同比上升 4.50%，环比下降 19.02%；国有企业进出口总值排名第二，为 15807.20 美元，占中国新疆进出口总值的 8.49%，同比下降 55.60%，环比下降 16.09%；外商投资企业进出口总值排名第三，为 1165.60 万美元，占中国新疆进出口总值的 0.63%，同比下降 33.80%，环比下降 22.92%；其他企业进出口总值排名第四，为 58.40 万美元，占中国新疆进出口总值的 0.03%，同比下降 39.60%，环比上升 2.82%。

（2）2016 年 10 月中国新疆不同性质企业出口总值分析

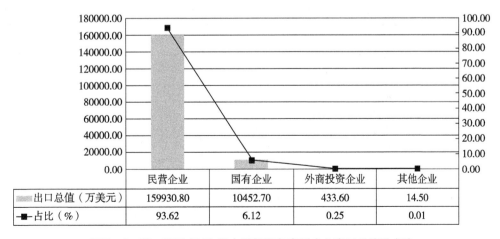

	民营企业	国有企业	外商投资企业	其他企业
出口总值（万美元）	159930.80	10452.70	433.60	14.50
占比（%）	93.62	6.12	0.25	0.01

图 7 - 2 - 88 2016 年 10 月中国新疆各类型企业出口总值及占比

由图7-2-88可知，2016年10月各类型企业出口贸易中，民营企业出口占主导地位，出口总值为159930.80万美元，占中国新疆出口总值的93.62%，同比上升4.50%，环比下降19.62%；国有企业出口总值排名第二，为10452.70万美元，占中国新疆出口总值的6.12%，同比下降65.50%，环比下降27.38%；外商投资企业出口总值排名第三，为433.60万美元，占中国新疆出口总值的0.25%，同比下降13.90%，环比下降31.34%；其他企业出口总值排名第四，为14.50万美元，占中国新疆出口总值的0.01%，同比下降34.30%，环比下降3.97%。

（3）2016年10月中国新疆不同性质企业进口总值分析

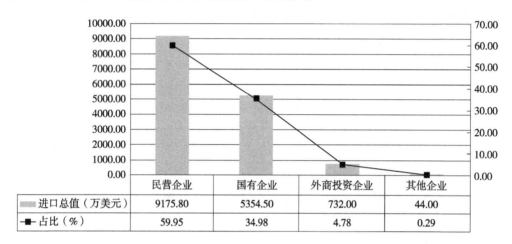

	民营企业	国有企业	外商投资企业	其他企业
进口总值（万美元）	9175.80	5354.50	732.00	44.00
占比（%）	59.95	34.98	4.78	0.29

图7-2-89 2016年10月中国新疆各类型企业进口总值及占比

由图7-2-89可知，2016年10月各类型企业进口贸易中，民营企业在进口中占主导地位，进口总值为9175.80万美元，占中国新疆进口总值的59.95%，同比下降4.80%，环比下降6.88%；国有企业进口总值排名第二，为5354.50万美元，占中国新疆进口总值的34.98%，同比上升21.60%，环比上升20.49%；外商投资企业进口总值排名第三，为732.00万美元，占中国新疆进口总值的4.78%，同比下降41.70%，环比下降16.87%；其他企业进口总值排名第四，为44.00万美元，占中国新疆进口总值的0.29%，同比下降41.20%，环比上升5.52%。

11. 2016年11月中国新疆不同性质企业进出口总值月度分析

（1）2016年11月中国新疆不同性质企业进出口总值分析

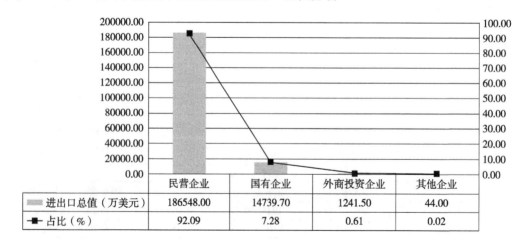

	民营企业	国有企业	外商投资企业	其他企业
进出口总值（万美元）	186548.00	14739.70	1241.50	44.00
占比（%）	92.09	7.28	0.61	0.02

图7-2-90 2016年11月中国新疆各类型企业进出口总值及占比

由图 7-2-90 可知，2016 年 11 月进出口企业类型中，四类企业按进出口总值大小排名顺序为：民营企业、国有企业、外商投资企业、其他企业。民营企业进出口总值排名第一，为 186548.00 万美元，占中国新疆进出口总值的 92.09%，同比上升 14.70%，环比上升 10.31%；国有企业进出口总值排名第二，为 14739.70 万美元，占中国新疆进出口总值的 7.28%，同比下降 48.90%，环比下降 6.75%；外商投资企业进出口总值排名第三，为 1241.50 万美元，占中国新疆进出口总值的 0.61%，同比下降 28.60%，环比上升 6.51%；其他企业进出口总值排名第四，为 44.00 万美元，占中国新疆进出口总值的 0.02%，同比下降 62.60%，环比下降 24.66%。

（2）2016 年 11 月中国新疆不同性质企业出口总值分析

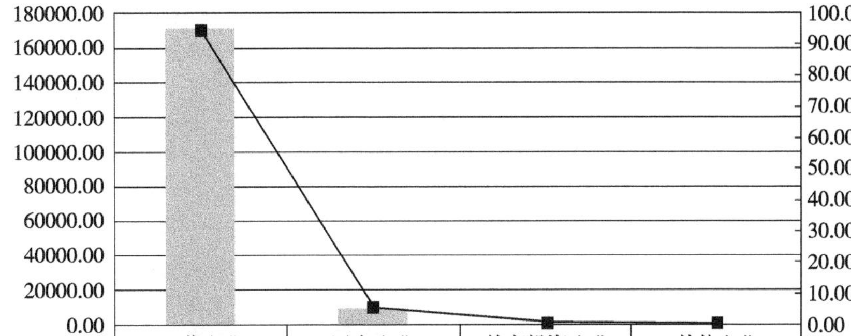

	民营企业	国有企业	外商投资企业	其他企业
出口总值（万美元）	171079.10	9810.70	639.50	9.70
占比（%）	94.24	5.40	0.35	0.01

图 7-2-91 2016 年 11 月中国新疆各类型企业出口总值及占比

由图 7-2-91 可知，2016 年 11 月各类型企业出口贸易中，民营企业占主导地位，出口总值为 171079.10 万美元，占中国新疆出口总值的 94.24%，同比上升 11.50%，环比上升 6.97%；国有企业出口总值排名第二，为 9810.70 万美元，占中国新疆出口总值的 5.40%，同比下降 57.30%，环比下降 6.14%；外商投资企业出口总值排名第三，为 639.50 万美元，占中国新疆出口总值的 0.35%，同比上升 52.60%，环比上升 47.49%；其他企业出口总值排名第四，为 9.70 万美元，占中国新疆出口总值的 0.01%，同比下降 64.80%，环比下降 33.10%。

（3）2016 年 11 月中国新疆不同性质企业进口总值分析

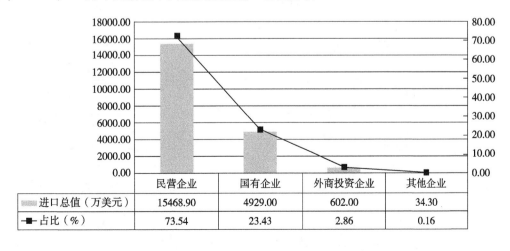

	民营企业	国有企业	外商投资企业	其他企业
进口总值（万美元）	15468.90	4929.00	602.00	34.30
占比（%）	73.54	23.43	2.86	0.16

图 7-2-92 2016 年 11 月中国新疆各类型企业进口总值及占比

由图7-2-92可知，2016年11月各类型企业进口贸易中，民营企业在进口中占主导地位，进口总值为15468.90万美元，占中国新疆进口总值的73.54%，同比上升67.70%，环比上升68.58%；国有企业进口总值排名第二，为4929.00万美元，占中国新疆进口总值的23.43%，同比下降16.20%，环比下降7.95%；外商投资企业进口总值排名第三，为602.00万美元，占中国新疆进口总值的2.86%，同比下降54.40%，环比下降17.76%；其他企业进口总值排名第四，为34.30万美元，占中国新疆进口总值的0.16%，同比下降61.90%，环比下降22.05%。

12.2016年12月中国新疆不同性质企业进出口总值月度分析

（1）2016年12月中国新疆不同性质企业进出口总值分析

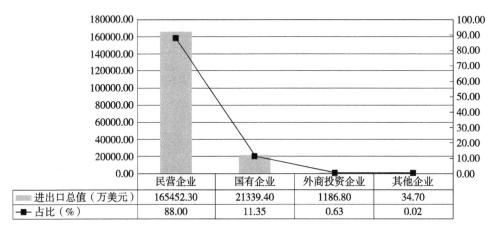

	民营企业	国有企业	外商投资企业	其他企业
进出口总值（万美元）	165452.30	21339.40	1186.80	34.70
占比（%）	88.00	11.35	0.63	0.02

图7-2-93 2016年12月中国新疆各类型企业进出口总值及占比

由图7-2-93可知，2016年12月进出口企业类型中，四类企业按进出口总值大小排名顺序为：民营企业、国有企业、外商投资企业、其他企业。民营企业进出口总值排名第一，为165452.30万美元，占中国新疆进出口总值的88.00%，同比上升54.80%，环比下降11.31%；国有企业进出口总值排名第二，为21339.40万美元，占中国新疆进出口总值的11.35%，同比下降0.70%，环比上升44.74%；外商投资企业进出口总值排名第三，为1186.80万美元，占中国新疆进出口总值的0.63%，同比下降54.40%，环比下降4.41%；其他企业进出口总值排名第四，为34.70万美元，占中国新疆进出口总值的0.02%，同比下降40.70%，环比下降21.14%。

（2）2016年12月中国新疆不同性质企业出口总值分析

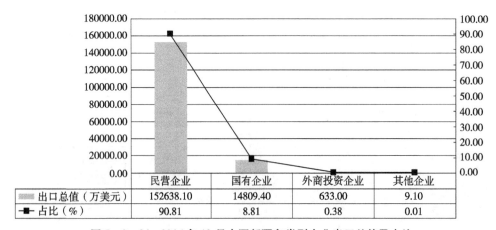

	民营企业	国有企业	外商投资企业	其他企业
出口总值（万美元）	152638.10	14809.40	633.00	9.10
占比（%）	90.81	8.81	0.38	0.01

图7-2-94 2016年12月中国新疆各类型企业出口总值及占比

由图 7 - 2 - 94 可知，2016 年 12 月各类型企业出口贸易中，民营企业占主导地位，出口总值为 152638.10 万美元，占中国新疆出口总值的 90.81%，同比上升 60.80%，环比下降 10.78%；国有企业出口总值排名第二，为 14809.40 万美元，占中国新疆出口总值的 8.81%，同比下降 7.20%，环比上升 50.95%；外商投资企业出口总值排名第三，为 633.00 万美元，占中国新疆出口总值的 0.38%，同比下降 25.10%，环比下降 1.02%；其他企业出口总值排名第四，为 9.10 万美元，占中国新疆出口总值的 0.01%，同比上升 48.70%，环比下降 6.19%。

（3）2016 年 12 月中国新疆不同性质企业进口总值分析

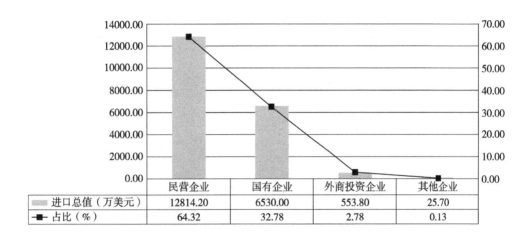

	民营企业	国有企业	外商投资企业	其他企业
进口总值（万美元）	12814.20	6530.00	553.80	25.70
占比（%）	64.32	32.78	2.78	0.13

图 7 - 2 - 95   2016 年 12 月中国新疆各类型企业进口总值及占比

由图 7 - 2 - 95 可知，2016 年 12 月各类型企业进口贸易中，民营企业在进口中占主导地位，进口总值为 12814.20 万美元，占中国新疆进口总值的 64.32%，同比上升 7.20%，环比下降 17.16%；国有企业进口总值排名第二，为 6530.00 万美元，占中国新疆进口总值的 32.78%，同比上升 18.20%，环比上升 32.48%；外商投资企业进口总值排名第三，为 553.80 万美元，占中国新疆进口总值的 2.78%，同比下降 68.50%，环比下降 8.01%；其他企业进口总值排名第四，为 25.70 万美元，占中国新疆进口总值的 0.13%，同比下降 51.10%，环比下降 25.07%。

四、按照商品类别对 2016 年中国新疆进出口总值进行分析

2016 年中国新疆主要的进出口商品有 30 种，其中出口总值排名前十的商品依次是服装及衣着附件，机电产品，鞋类，纺织纱线、织物及制品，农产品，灯具、照明装置及零件，箱包及类似容器，文化产品，陶瓷产品，汽车零配件；进口总值排名前十的商品依次是机电产品，农产品，纸浆，纺织机械及零件，未锻轧铜及铜材，高新技术产品，鲜、干水果及坚果，牛皮革及马皮革，铁矿砂及精矿，粮食。

（一）2016 年中国新疆出口商品总值分析

1. 2016 年中国新疆出口商品总值及占中国新疆出口比重分析

由图 7 - 2 - 96 可知，2016 年中国新疆出口排名前十的商品中，服装及衣着附件，机电产品和鞋类的出口总值占主要地位，三者之和占中国新疆商品出口总值的 64.40%。其中，服装及衣着附件的出口总值位居第一，出口总值为 41.15 亿美元，占中国新疆商品出口总值的 25.86%，同比上

升22.30%；机电产品的出口总值为37.42亿美元，占中国新疆商品出口总值的23.52%，同比下降25.30%，排名第二；鞋类的出口总值为23.91亿美元，占中国新疆商品出口总值的15.03%，同比下降2.90%，排名第三；纺织纱线、织物及制品的出口总值为12.21亿美元，占中国新疆商品出口总值的7.67%，同比上升7.10%，排名第四；农产品的出口总值为7.60亿美元，占中国新疆商品出口总值的4.77%，同比下降12.40%，排名第五；排在第十位的是汽车零配件，其出口总值为4.52亿美元，占中国新疆商品出口总值的2.84%，同比下降12.50%。

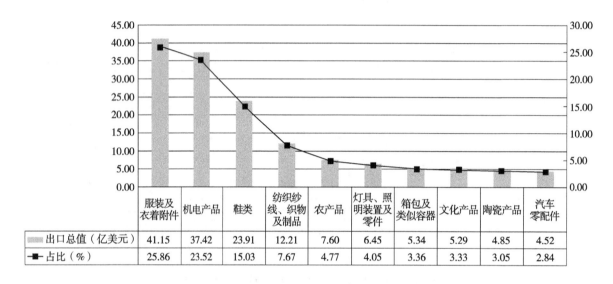

	服装及衣着附件	机电产品	鞋类	纺织纱线、织物及制品	农产品	灯具、照明装置及零件	箱包及类似容器	文化产品	陶瓷产品	汽车零配件
出口总值（亿美元）	41.15	37.42	23.91	12.21	7.60	6.45	5.34	5.29	4.85	4.52
占比（%）	25.86	23.52	15.03	7.67	4.77	4.05	3.36	3.33	3.05	2.84

图7-2-96　2016年中国新疆出口排名前十的商品

2.2016年中国新疆出口商品总值趋势分析

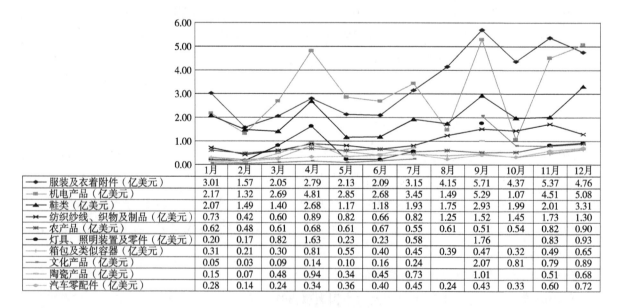

	1月	2月	3月	4月	5月	6月	7月	8月	9月	10月	11月	12月
服装及衣着附件（亿美元）	3.01	1.57	2.05	2.79	2.13	2.09	3.15	4.15	5.71	4.37	5.37	4.76
机电产品（亿美元）	2.17	1.32	2.69	4.81	2.85	2.68	3.45	1.49	5.29	1.07	4.51	5.08
鞋类（亿美元）	2.07	1.49	1.40	2.68	1.17	1.18	1.93	1.75	2.93	1.99	2.01	3.31
纺织纱线、织物及制品（亿美元）	0.73	0.42	0.60	0.89	0.82	0.66	0.82	1.25	1.52	1.45	1.73	1.30
农产品（亿美元）	0.62	0.48	0.61	0.68	0.61	0.67	0.55	0.61	0.51	0.54	0.82	0.90
灯具、照明装置及零件（亿美元）	0.20	0.17	0.82	1.63	0.23	0.23	0.58		1.76		0.83	0.93
箱包及类似容器（亿美元）	0.31	0.21	0.30	0.81	0.55	0.40	0.45	0.39	0.47	0.32	0.49	0.65
文化产品（亿美元）	0.05	0.03	0.09	0.14	0.10	0.16	0.24		2.07	0.81	0.79	0.89
陶瓷产品（亿美元）	0.15	0.07	0.48	0.94	0.34	0.45	0.73		1.01		0.51	0.68
汽车零配件（亿美元）	0.28	0.14	0.24	0.34	0.36	0.40	0.45	0.24	0.43	0.33	0.60	0.72

图7-2-97　2016年1~12月中国新疆出口排名前十商品出口总值趋势

由图7-2-97可知，2016年中国新疆出口排名前十的商品中，服装及衣着附件1~12月的出口总值总体呈波动上升趋势，最高值出现在9月，为5.71亿美元，最低值在2月，为1.57亿美元；具体而言，1~2月出口总值不断下降，3~4月有所回升，5~6月出现下滑，7月则回升迅速，直到9月升至最高点，之后转为波动下降趋势。机电产品及鞋类1~12月的出口总值波动趋势基本一致，但波动幅度较服装及衣着附件更大；机电产品出口总值的最高点在9月，为5.29亿美元，最低点在10月，为1.07亿美元；鞋类出口总值的最高点在12月，为3.31亿美元，最低点在5月，为1.17亿美元。纺织纱线、织物及制品，农产品1~12月的出口总值总体呈波动变化趋势，其中，纺织纱线、织物及制品最高值出现在11月，为1.73亿美元，最低值在2月，为0.42亿美元；农产品最高值出现在12月，为0.90亿美元，最低值在2月，为0.48亿美元。灯具、照明装置及零件，箱包及类似容器，文化产品，陶瓷产品及汽车零配件5类商品的出口总值变动趋势相对较小，且出口总值的最低点均出现在2月。

3. 2016年中国新疆出口商品总值月度分析

（1）2016年1月中国新疆出口商品总值月度分析

中国新疆出口商品大致有30种，其中出口总值排名前十的依次是服装及衣着附件，机电产品，鞋类，纺织纱线、织物及制品，农产品，箱包及类似容器，番茄酱，汽车零配件，灯具、照明装置及零件和钢材。与12月相比，陶瓷产品，高新技术产品，鲜、干水果及坚果被挤出前十，箱包及类似容器，汽车零配件和钢材挤进前十。

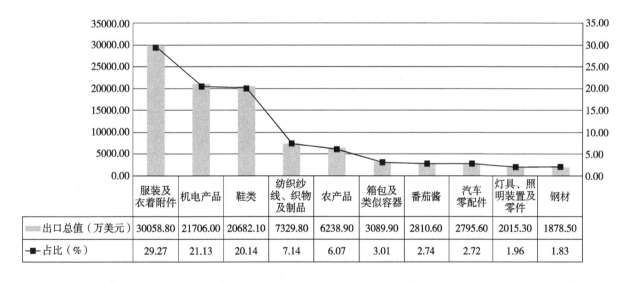

	服装及衣着附件	机电产品	鞋类	纺织纱线、织物及制品	农产品	箱包及类似容器	番茄酱	汽车零配件	灯具、照明装置及零件	钢材
出口总值（万美元）	30058.80	21706.00	20682.10	7329.80	6238.90	3089.90	2810.60	2795.60	2015.30	1878.50
占比（%）	29.27	21.13	20.14	7.14	6.07	3.01	2.74	2.72	1.96	1.83

图7-2-98 2016年1月中国新疆各种商品出口总值及占比

由图7-2-98可以看出：2016年1月中国新疆商品出口中，服装及衣着附件排名最高，出口总值为30058.80万美元，占中国新疆出口总值的29.27%，同比上升29.80%，环比上升36.86%；机电产品排名第二，出口总值为21706.00万美元，占中国新疆出口总值的21.13%，同比上升7.90%，环比下降30.04%；鞋类排名第三，出口总值为20682.10万美元，占中国新疆出口总值的20.14%，同比下降12.70%，环比上升55.56%；纺织纱线、织物及制品排名第四，出口总值为7329.80万美元，占中国新疆出口总值的7.14%，同比上升1.20%，环比下降14.20%；农产品排名第五，出口总值为6238.90万美元，占中国新疆出口总值的6.07%，同比下降19.10%，环比下降45.01%；箱包及类似容器排名第六，出口总值为3089.90万美元，占中国新疆出口总值的3.01%，同比上升43.50%，环比上升9.25%；番茄酱排名第七，出口总值为2810.60万美元，占中国新疆出口总值的2.74%，同比下降31.30%，环比下降43.87%；汽车零配件排名第八，出口总值为2795.60万美元，占中国新疆出口总值的2.72%，同比下降1.00%，环比下降26.28%；灯具、照明装置及零件排名第九，出口总值为2015.30万美元，占中国新疆出口总值的1.96%，同比上升51.30%，环比下降49.79%；钢材排名第十，出口总值为1878.50万美元，占中国新疆出口总值的1.83%，同比下降17.80%，环比下降25.90%。

（2）2016年2月中国新疆出口商品总值月度分析

中国新疆出口商品大致有30种，其中出口总值排名前十的依次是服装及衣着附件，鞋类，机电产品，农产品，纺织纱线、织物及制品，箱包及类似容器，番茄酱，灯具、照明装置及零件，鲜、干水果及坚果和高新技术产品。与1月相比，汽车零配件、钢材被挤出前十，鲜、干水果及坚果和高新技术产品挤进前十。

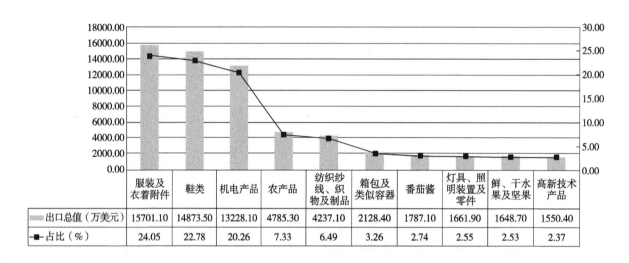

	服装及衣着附件	鞋类	机电产品	农产品	纺织纱线、织物及制品	箱包及类似容器	番茄酱	灯具、照明装置及零件	鲜、干水果及坚果	高新技术产品
出口总值（万美元）	15701.10	14873.50	13228.10	4785.30	4237.10	2128.40	1787.10	1661.90	1648.70	1550.40
占比（%）	24.05	22.78	20.26	7.33	6.49	3.26	2.74	2.55	2.53	2.37

图7-2-99 2016年2月中国新疆各种商品出口总值及占比

由图7-2-99可以看出：2016年2月中国新疆商品出口中，服装及衣着附件排名最高，出口总值为15701.10万美元，占中国新疆出口总值的24.05%，同比下降8.12%，环比下降47.77%；鞋类排名第二，出口总值为14873.50万美元，占中国新疆出口总值的22.78%，同比下降26.19%，环比下降28.09%；机电产品排名第三，出口总值为13228.10万美元，占中国新疆出口总值的20.26%，同比下降29.09%，环比下降39.06%；农产品排名第四，出口总值为4785.30万美元，占中国新疆出口总值的7.33%，同比下降23.99%，环比下降23.30%；纺织纱线、织物及制品排名第五，出口总值为4237.10万美元，占中国新疆出口总值的6.49%，同比下降38.72%，环比下降42.19%；箱包及类似容器排名第六，出口总值为2128.40万美元，占中国新疆出口总值的3.26%，同比下降16.88%，环比下降31.12%；番茄酱排名第七，出口总值为1787.10万美元，占中国新疆出口总值的2.74%，同比下降43.05%，环比下降36.42%；灯具、照明装置及零件排名第八，出口总值为1661.90万美元，占中国新疆出口总值的2.55%，同比上升121.52%，环比下降17.54%；鲜、干水果及坚果排名第九，出口总值为1648.70万美元，占中国新疆出口总值的

2.53%，同比上升 34.12%，环比下降 2.93%；高新技术产品排名第十，出口总值为 1550.40 万美元，占中国新疆出口总值的 2.37%，同比下降 19.64%，环比下降 6.85%。

（3）2016 年 3 月中国新疆出口商品总值月度分析

中国新疆出口商品大致有 30 种，其中出口总值排名前十的依次是机电产品，服装及衣着附件，鞋类，灯具、照明装置及零件，农产品，纺织纱线、织物及制品，陶瓷产品，初级形状的聚氯乙烯，箱包及类似容器，番茄酱。与 2 月相比，鲜、干水果及坚果，高新技术产品被挤出前十，陶瓷产品、初级形状的聚氯乙烯挤进前十。

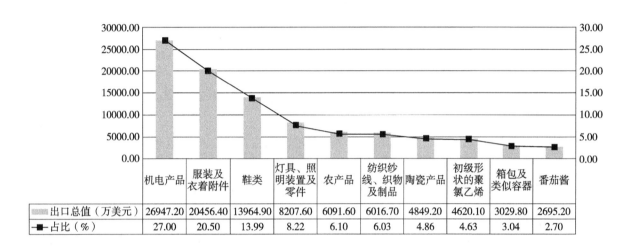

图 7 - 2 - 100　2016 年 3 月中国新疆各种商品出口总值及占比

	机电产品	服装及衣着附件	鞋类	灯具、照明装置及零件	农产品	纺织纱线、织物及制品	陶瓷产品	初级形状的聚氯乙烯	箱包及类似容器	番茄酱
出口总值（万美元）	26947.20	20456.40	13964.90	8207.60	6091.60	6016.70	4849.20	4620.10	3029.80	2695.20
占比（%）	27.00	20.50	13.99	8.22	6.10	6.03	4.86	4.63	3.04	2.70

由图 7 - 2 - 100 可以看出：2016 年 3 月中国新疆商品出口中，机电产品排名最高，出口总值为 26947.20 万美元，占中国新疆出口总值的 27.00%，同比上升 112.03%，环比上升 103.71%；服装及衣着附件排名第二，出口总值为 20456.40 万美元，占中国新疆出口总值的 20.50%，同比上升 97.11%，环比上升 30.29%；鞋类排名第三，出口总值为 13964.90 万美元，占中国新疆出口总值的 13.99%，同比下降 1.74%，环比下降 6.11%；灯具、照明装置及零件排名第四，出口总值为 8207.60 万美元，占中国新疆出口总值的 8.22%，同比上升 1632.84%，环比上升 393.87%；农产品排名第五，出口总值为 6091.60 万美元，占中国新疆出口总值的 6.10%，同比下降 18.13%，环比上升 27.3%；纺织纱线、织物及制品排名第六，出口总值为 6016.70 万美元，占中国新疆出口总值的 6.03%，同比上升 93.16%，环比上升 42.00%；陶瓷产品排名第七，出口总值为 4849.20 万美元，占中国新疆出口总值的 4.86%，同比上升 412.74%，环比上升 575.28%；初级形状的聚氯乙烯排名第八，出口总值为 4620.10 万美元，占中国新疆出口总值的 4.63%，同比下降 19.41%，环比上升 338.67%；箱包及类似容器排名第九，出口总值为 3029.80 万美元，占中国新疆出口总值的 3.04%，同比上升 173.72%，环比上升 42.35%；番茄酱排名第十，出口总值为 2695.20 万美元，占中国新疆出口总值的 2.70%，同比下降 31.88%，环比上升 50.81%。

（4）2016 年 4 月中国新疆出口商品总值月度分析

中国新疆出口商品大致有 30 种，其中出口总值排名前十的依次是机电产品，服装及衣着附件，鞋类，灯具、照明装置及零件，陶瓷产品，纺织纱线、织物及制品，箱包及类似容器，农产品，初级形状的聚氯乙烯，汽车零配件。与 3 月相比，番茄酱被挤出前十，汽车零配件挤进前十。

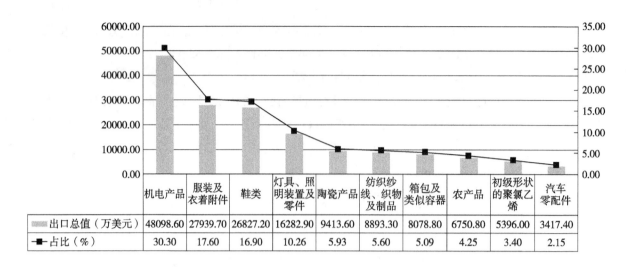

	机电产品	服装及衣着附件	鞋类	灯具、照明装置及零件	陶瓷产品	纺织纱线、织物及制品	箱包及类似容器	农产品	初级形状的聚氯乙烯	汽车零配件
出口总值（万美元）	48098.60	27939.70	26827.20	16282.90	9413.60	8893.30	8078.80	6750.80	5396.00	3417.40
占比（%）	30.30	17.60	16.90	10.26	5.93	5.60	5.09	4.25	3.40	2.15

图7-2-101　2016年4月中国新疆各种商品出口总值及占比

由图7-2-101可以看出：2016年4月中国新疆商品出口中，机电产品排名最高，出口总值为48098.60万美元，占中国新疆出口总值的30.30%，同比上升46.67%，环比上升78.49%；服装及衣着附件排名第二，出口总值为27939.70万美元，占中国新疆出口总值的17.60%，同比上升3%，环比上升36.58%；鞋类排名第三，出口总值为26827.20万美元，占中国新疆出口总值的16.90%，同比上升12.01%，环比上升92.10%；灯具、照明装置及零件排名第四，出口总值为16282.90万美元，占中国新疆出口总值的10.26%，同比上升1131.34%，环比上升98.39%；陶瓷产品排名第五，出口总值为9413.60万美元，占中国新疆出口总值的5.93%，同比上升355.65%，环比上升94.13%；纺织纱线、织物及制品排名第六，出口总值为8893.30万美元，占中国新疆出口总值的5.60%，同比下降22.08%，环比上升47.81%；箱包及类似容器排名第七，出口总值为8078.80万美元，占中国新疆出口总值的5.09%，同比上升117.41%，环比上升166.64%；农产品排名第八，出口总值为6750.80万美元，占中国新疆出口总值的4.25%，同比下降22.62%，环比上升10.82%；初级形状的聚氯乙烯排名第九，出口总值为5396.00万美元，占中国新疆出口总值的3.40%，同比上升84.25%，环比上升16.79%；汽车零配件排名第十，出口总值为3417.40万美元，占中国新疆出口总值的2.15%，同比下降50.86%，环比上升44.80%。

（5）2016年5月中国新疆出口商品总值月度分析

中国新疆出口商品大致有30种，其中出口总值排名前十的依次是机电产品，服装及衣着附件，鞋类，纺织纱线、织物及制品，农产品，箱包及类似容器，汽车零配件，陶瓷产品，塑料制品和番茄酱。与5月相比，灯具、照明装置及零件，初级形状的聚氯乙烯被挤出前十，塑料制品和番茄酱挤进前十。

由图7-2-102可以看出：2016年5月中国新疆商品出口中，机电产品排名最高，出口总值为28454.50万美元，占中国新疆出口总值的27.10%，同比下降10.42%，环比下降40.84%；服装及衣着附件排名第二，出口总值为21289.40万美元，占中国新疆出口总值的20.27%，同比上升4.70%，环比下降23.80%；鞋类排名第三，出口总值为11651.60万美元，占中国新疆出口总值的11.10%，同比下降12.62%，环比下降56.57%；纺织纱线、织物及制品排名第四，出口总值为8152.60万美元，占中国新疆出口总值的7.76%，同比下降19.57%，环比下降8.33%；农产品排名第五，出口总值为 6066.80 万美元，占中国新疆出口总值的 5.78%，同比下降 28.63%，环比下降 10.13%；箱包及类似容器排名第六，出口总值为 5464.20 万美元，占中国新疆出口总值的 5.20%，同比上升 86.07%，环比下降 32.36%；汽车零配件排名第七，出口总值为 3611.60 万美元，占中国新疆出口总值的 3.44%，同比下降 32.40%，环比上升 5.68%；陶瓷产品排名第八，出口总值为 3407.90 万美元，占中国新疆出口总值的 3.25%，同比上升 102.57%，环比下降 63.80%；塑料制品排名第九，出口总值为 3019.20 万美元，占中国新疆出口总值的 2.88%，同比上升 108.18%，环比上升 115.52%；番茄酱排名第十，出口总值为 2708.30 万美元，占中国新疆出口总值的 2.58%，同比下降 29.84%，环比下降 7.37%。

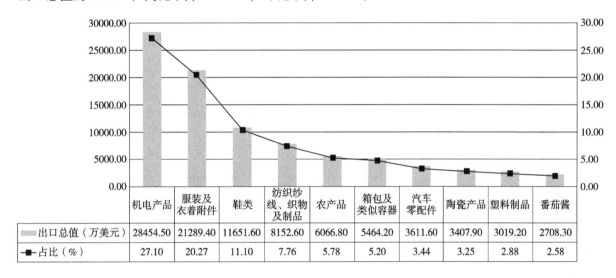

	机电产品	服装及衣着附件	鞋类	纺织纱线、织物及制品	农产品	箱包及类似容器	汽车零配件	陶瓷产品	塑料制品	番茄酱
出口总值（万美元）	28454.50	21289.40	11651.60	8152.60	6066.80	5464.20	3611.60	3407.90	3019.20	2708.30
占比（%）	27.10	20.27	11.10	7.76	5.78	5.20	3.44	3.25	2.88	2.58

图 7-2-102　2016 年 5 月中国新疆各种商品出口总值及占比

（6）2016 年 6 月中国新疆出口商品总值月度分析

中国新疆出口商品大致有 30 种，其中出口总值排名前十的依次是机电产品，服装及衣着附件，鞋类，农产品，纺织纱线、织物及制品，陶瓷产品，汽车零配件，箱包及类似容器，钢材，塑料制品。与 5 月相比，番茄酱被挤出前十，钢材挤进前十。

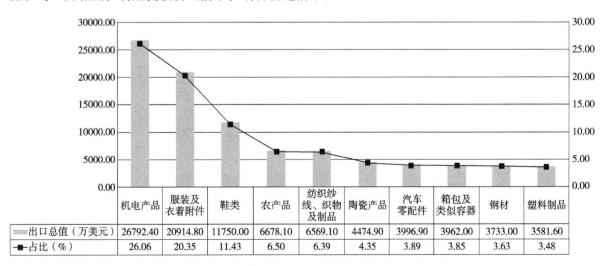

	机电产品	服装及衣着附件	鞋类	农产品	纺织纱线、织物及制品	陶瓷产品	汽车零配件	箱包及类似容器	钢材	塑料制品
出口总值（万美元）	26792.40	20914.80	11750.00	6678.10	6569.10	4474.90	3996.90	3962.00	3733.00	3581.60
占比（%）	26.06	20.35	11.43	6.50	6.39	4.35	3.89	3.85	3.63	3.48

图 7-2-103　2016 年 6 月中国新疆各种商品出口总值及占比

由图7-2-103可以看出：2016年6月中国新疆商品出口中，机电产品排名最高，出口总值为26792.40万美元，占中国新疆出口总值的26.06%，同比下降3.05%，环比下降5.84%；服装及衣着附件排名第二，出口总值为20914.80万美元，占中国新疆出口总值的20.35%，同比下降6.53%，环比下降1.76%；鞋类排名第三，出口总值为11750.00万美元，占中国新疆出口总值的11.43%，同比下降42.34%，环比上升0.84%；农产品排名第四，出口总值为6678.10万美元，占中国新疆出口总值的6.50%，同比下降5.82%，环比上升10.08%；纺织纱线、织物及制品排名第五，出口总值为6569.10万美元，占中国新疆出口总值的6.39%，同比下降23.01%，环比下降19.42%；陶瓷产品排名第六，出口总值为4474.90万美元，占中国新疆出口总值的4.35%，同比上升106.51%，环比上升31.31%；汽车零配件排名第七，出口总值为3996.90万美元，占中国新疆出口总值的3.89%，同比下降11.56%，环比上升10.67%；箱包及类似容器排名第八，出口总值为3962.00万美元，占中国新疆出口总值的3.85%，同比上升27.17%，环比下降27.49%；钢材排名第九，出口总值为3733.00万美元，占中国新疆出口总值的3.63%，同比下降31.07%，环比上升42.06%；塑料制品排名第十，出口总值为3581.60万美元，占中国新疆出口总值的3.48%，同比上升192.47%，环比上升18.63%。

（7）2016年7月中国新疆出口商品总值月度分析

中国新疆出口商品大致有30种，其中出口总值排名前十的依次是机电产品，服装及衣着附件，鞋类，纺织纱线、织物及制品，陶瓷产品，灯具、照明装置及零件，农产品，汽车零配件，箱包及类似容器，初级形状的聚氯乙烯。与6月相比，钢材和塑料制品被挤出前十，灯具、照明装置及零件和初级形状的聚氯乙烯挤进前十。

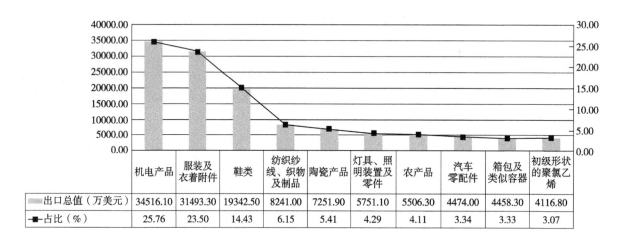

	机电产品	服装及衣着附件	鞋类	纺织纱线、织物及制品	陶瓷产品	灯具、照明装置及零件	农产品	汽车零配件	箱包及类似容器	初级形状的聚氯乙烯
出口总值（万美元）	34516.10	31493.30	19342.50	8241.00	7251.90	5751.10	5506.30	4474.00	4458.30	4116.80
占比（%）	25.76	23.50	14.43	6.15	5.41	4.29	4.11	3.34	3.33	3.07

图7-2-104　2016年7月中国新疆各种商品出口总值及占比

由图7-2-104可以看出：2016年7月中国新疆商品出口中，机电产品排名最高，出口总值为34516.10万美元，占中国新疆出口总值的25.76%，同比下降30.01%，环比上升28.83%；服装及衣着附件排名第二，出口总值为31493.30万美元，占中国新疆出口总值的23.50%，同比下降2.84%，环比上升50.58%；鞋类排名第三，出口总值为19342.50万美元，占中国新疆出口总值的14.43%，同比下降36.76%，环比上升64.62%；纺织纱线、织物及制品排名第四，出口总值为8241.00万美元，占中国新疆出口总值的6.15%，同比下降13.60%，环比上升25.45%；陶瓷产品排名第五，出口总值为7251.90万美元，占中国新疆出口总值的5.41%，同比下降3.91%，环比上升62.06%；灯具、照明装置及零件排名第六，出口总值为5751.10万美元，占中国新疆出口总值的4.29%，同比下降54.42%，环比上升153.08%；农产品排名第七，出口总值为5506.30万美元，占中国新疆出口总值的4.11%，同比下降7.88%，环比下降17.55%；汽车零配件排名第八，出口总值为4474.00万美元，占中国新疆出口总值的3.34%，同比上升14.71%，环比上升11.94%；箱包及类似容器排名第九，出口总值为4458.30万美元，占中国新疆出口总值的3.33%，同比下降8.37%，环比上升12.53%；初级形状的聚氯乙烯排名第十，出口总值为4116.80万美元，占中国新疆出口总值的3.07%，同比上升71.77%，环比上升72.27%。

（8）2016年8月中国新疆出口商品总值月度分析

中国新疆出口商品大致有30种，其中出口总值排名前十的依次是服装及衣着附件，鞋类，机电产品，纺织纱线、织物及制品，农产品，初级形状的聚氯乙烯，箱包及类似容器，钢材，番茄酱，高新技术产品。与7月相比，陶瓷产品，灯具、照明装置及零件和汽车零配件被挤出前十，钢材、番茄酱和高新技术产品挤进前十。

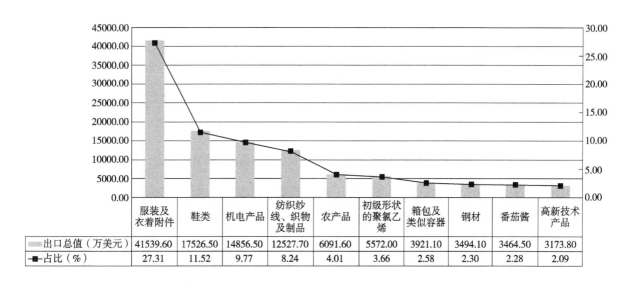

图7-2-105　2016年8月中国新疆各种商品出口总值及占比

由图7-2-105可以看出：2016年8月中国新疆商品出口中，服装及衣着附件排名最高，出口总值为41539.60万美元，占中国新疆出口总值的27.31%，同比上升3.09%，环比上升31.90%；鞋类排名第二，出口总值为17526.50万美元，占中国新疆出口总值的11.52%，同比下降35.25%，环比下降9.39%；机电产品排名第三，出口总值为14856.50万美元，占中国新疆出口总值的9.77%，同比下降68.96%，环比下降56.96%；纺织纱线、织物及制品排名第四，出口总值为12527.70万美元，占中国新疆出口总值的8.24%，同比上升4.08%，环比上升52.02%；农产品排名第五，出口总值为6091.60万美元，占中国新疆出口总值的4.01%，同比上升47.83%，环比上升10.63%；初级形状的聚氯乙烯排名第六，出口总值为5572.00万美元，占中国新疆出口总值的3.66%，同比上升79.84%，环比上升35.35%；箱包及类似容器排名第七，出口总值为3921.10万美元，占中国新疆出口总值的2.58%，同比下降2.72%，环比下降12.05%；钢材排名第八，出口总值为3494.10万美元，占中国新疆出口总值的2.30%，同比下降47.22%，环比上升2.95%；番茄酱排名第九，出口总值为3464.50万美元，占中国新疆出口总值的2.28%，同比上升97.54%，环比上升17.31%；高新技术产品排名第十，出口总值为3173.80万美元，占中国新疆出口总值的2.09%，同比下降2.39%，环比上升78.92%。

（9）2016年9月中国新疆出口商品总值月度分析

中国新疆出口商品大致有30种，其中出口总值排名前十的依次是服装及衣着附件，机电产品，鞋类，文化产品，灯具、照明装置及零件，纺织纱线、织物及制品，陶瓷产品，农产品，箱包及类似容器，汽车零配件。与8月相比，初级形状的聚氯乙烯，钢材，番茄酱和高新技术产品被挤出前十，文化产品，灯具、照明装置及零件，陶瓷产品和汽车零配件挤进前十。

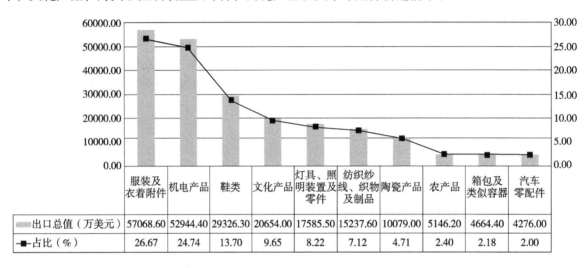

	服装及衣着附件	机电产品	鞋类	文化产品	灯具、照明装置及零件	纺织纱线、织物及制品	陶瓷产品	农产品	箱包及类似容器	汽车零配件
出口总值（万美元）	57068.60	52944.40	29326.30	20654.00	17585.50	15237.60	10079.00	5146.20	4664.40	4276.00
占比（%）	26.67	24.74	13.70	9.65	8.22	7.12	4.71	2.40	2.18	2.00

图7-2-106 2016年9月中国新疆各种商品出口总值及占比

由图7-2-106可以看出：2016年9月中国新疆商品出口中，服装及衣着附件排名最高，出口总值为57068.60万美元，占中国新疆出口总值的26.67%，同比上升22.27%，环比上升37.38%；机电产品排名第二，出口总值为52944.40万美元，占中国新疆出口总值的24.74%，同比下降55.42%，环比上升256.37%；鞋类排名第三，出口总值为29326.30万美元，占中国新疆出口总值的13.70%，同比上升6.53%，环比上升67.33%；文化产品排名第四，出口总值为20654.00万美元，占中国新疆出口总值的9.65%，同比下降17.45%，环比下降3046.36%；灯具、照明装置及零件排名第五，出口总值为17585.50万美元，占中国新疆出口总值的8.22%，同比下降59.55%，环比下降710.35%；纺织纱线、织物及制品排名第六，出口总值为15237.60万美元，占中国新疆出口总值的7.12%，同比上升15.40%，环比上升21.63%；陶瓷产品排名第七，出口总值为10079.00万美元，占中国新疆出口总值的4.71%，同比下降70.08%，环比下降344.61%；农产品排名第八，出口总值为5146.20万美元，占中国新疆出口总值的2.40%，同比上升11.12%，环比下降15.52%；箱包及类似容器排名第九，出口总值为4664.40万美元，占中国新疆出口总值的2.18%，同比下降63.72%，环比上升18.96%；汽车零配件排名第十，出口总值为4276.00万美元，占中国新疆出口总值的2.00%，同比下降14.64%，环比上升77.66%。

（10）2016年10月中国新疆出口商品总值月度分析

中国新疆出口商品大致有30种，其中出口总值排名前十的依次是服装及衣着附件，鞋类，纺织纱线、织物及制品，机电产品，文化产品，农产品，钢材，玩具，汽车零配件，箱包及类似容器。与 9 月相比，灯具、照明装置及零件，陶瓷产品被挤出前十，钢材、玩具挤进前十。

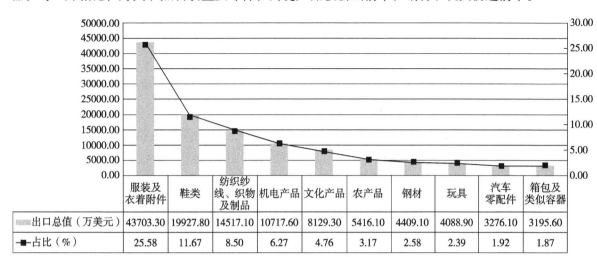

	服装及衣着附件	鞋类	纺织纱线、织物及制品	机电产品	文化产品	农产品	钢材	玩具	汽车零配件	箱包及类似容器
出口总值（万美元）	43703.30	19927.80	14517.10	10717.60	8129.30	5416.10	4409.10	4088.90	3276.10	3195.60
占比（%）	25.58	11.67	8.50	6.27	4.76	3.17	2.58	2.39	1.92	1.87

图 7 - 2 - 107　2016 年 10 月中国新疆各种商品出口总值及占比

由图 7 - 2 - 107 可以看出：2016 年 10 月中国新疆商品出口中，服装及衣着附件排名最高，出口总值为 43703.30 万美元，占中国新疆出口总值的 25.58%，同比上升 9.01%，环比下降 23.42%；鞋类排名第二，出口总值为 19927.80 万美元，占中国新疆出口总值的 11.67%，同比上升 8.97%，环比下降 32.05%；纺织纱线、织物及制品排名第三，出口总值为 14517.10 万美元，占中国新疆出口总值的 8.50%，同比上升 26.67%，环比下降 4.73%；机电产品排名第四，出口总值为 10717.60 万美元，占中国新疆出口总值的 6.27%，同比下降 80.76%，环比下降 79.76%；文化产品排名第五，出口总值为 8129.30 万美元，占中国新疆出口总值的 4.76%，同比上升 33.11%，环比下降 60.64%；农产品排名第六，出口总值为 5416.10 万美元，占中国新疆出口总值的 3.17%，同比下降 13.92%，环比上升 5.24%；钢材排名第七，出口总值为 4409.10 万美元，占中国新疆出口总值的 2.58%，同比上升 13.74%，环比上升 11.18%；玩具排名第八，出口总值为 4088.90 万美元，占中国新疆出口总值的 2.39%，同比上升 3294.48%；汽车零配件排名第九，出口总值为 3276.10 万美元，占中国新疆出口总值的 1.92%，同比下降 30.29%，环比下降 23.38%；箱包及类似容器排名第十，出口总值为 3195.60 万美元，占中国新疆出口总值的 1.87%，同比下降 28.74%，环比下降 31.49%。

（11）2016 年 11 月中国新疆出口商品总值月度分析

中国新疆出口商品大致有 30 种，其中出口总值排名前十的依次是服装及衣着附件，机电产品，鞋类，纺织纱线、织物及制品，灯具、照明装置及零件，农产品，文化产品，汽车零配件，玩具，陶瓷产品。与 10 月相比，钢材，箱包及类似容器被挤出前十，灯具、照明装置及零件，陶瓷产品挤进前十。

由图 7 - 2 - 108 可以看出：2016 年 11 月中国新疆商品出口中，服装及衣着附件出口总值最高，出口总值为 53716.40 万美元，占中国新疆出口总值的 29.59%，同比上升 15.70%，环比上升 22.91%；机电产品排名第二，出口总值为 45107.70 万美元，占中国新疆出口总值的 24.85%，同比下降 31.10%，环比上升 320.88%；鞋类排名第三，出口总值为 20118.10 万美元，占中国新疆出口总值的 11.08%，同比下降 11.60%，环比上升 0.95%；纺织纱线、织物及制品排名第四，出口总值为17314.80万美元，占中国新疆出口总值的9.54%，同比上升3.40%，环比上升19.27%；灯具、照明装置及零件排名第五，出口总值为8277.70万美元，占中国新疆出口总值的4.56%，同比下降41.80%，环比上升122.77%；农产品排名第六，出口总值为8197.90万美元，占中国新疆出口总值的4.52%，同比下降11.10%，环比上升51.36%；文化产品排名第七，出口总值为7886.90万美元，占中国新疆出口总值的4.34%，同比下降6.30%，环比下降2.98%；汽车零配件排名第八，出口总值为5973.30万美元，占中国新疆出口总值的3.29%，同比下降20.50%，环比上升82.33%；玩具排名第九，出口总值为5577.50万美元，占中国新疆出口总值的3.07%，同比上升947.70%，环比上升36.41%；陶瓷产品排名第十，出口总值为5064.50万美元，占中国新疆出口总值的2.79%，同比下降56.90%，环比下降43.76%。

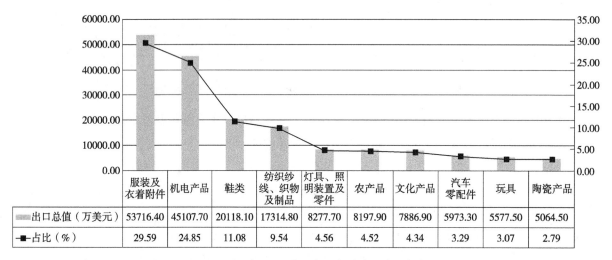

	服装及衣着附件	机电产品	鞋类	纺织纱线、织物及制品	灯具、照明装置及零件	农产品	文化产品	汽车零配件	玩具	陶瓷产品
出口总值（万美元）	53716.40	45107.70	20118.10	17314.80	8277.70	8197.90	7886.90	5973.30	5577.50	5064.50
占比（%）	29.59	24.85	11.08	9.54	4.56	4.52	4.34	3.29	3.07	2.79

图7-2-108　2016年11月中国新疆各种商品出口总值及占比

（12）2016年12月中国新疆出口商品总值月度分析

中国新疆出口商品大致有30种，其中出口总值排名前十的依次是机电产品，服装及衣着附件，鞋类，纺织纱线、织物及制品，灯具、照明装置及零件，农产品，文化产品，汽车零配件，陶瓷产品，箱包及类似容器。与11月相比，玩具被挤出前十，箱包及类似容器挤进前十。

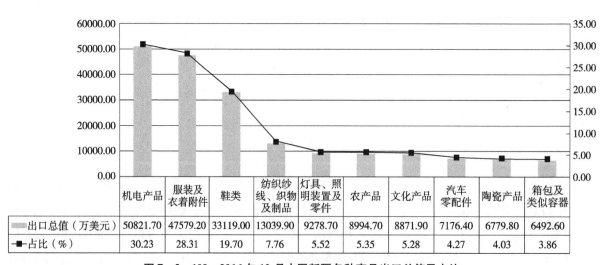

	机电产品	服装及衣着附件	鞋类	纺织纱线、织物及制品	灯具、照明装置及零件	农产品	文化产品	汽车零配件	陶瓷产品	箱包及类似容器
出口总值（万美元）	50821.70	47579.20	33119.00	13039.90	9278.70	8994.70	8871.90	7176.40	6779.80	6492.60
占比（%）	30.23	28.31	19.70	7.76	5.52	5.35	5.28	4.27	4.03	3.86

图7-2-109　2016年12月中国新疆各种商品出口总值及占比

　　由图 7 - 2 - 109 可以看出：2016 年 12 月中国新疆商品出口中，机电产品排名最高，出口总值为 50821.70 万美元，占中国新疆出口总值的 30.23%，同比上升 60.86%，环比上升 12.67%；服装及衣着附件排名第二，出口总值为 47579.20 万美元，占中国新疆出口总值的 28.31%，同比下降 85.86%，环比下降 11.43%；鞋类排名第三，出口总值为 33119.00 万美元，占中国新疆出口总值的 19.70%，同比上升 150.34%，环比上升 64.62%；纺织纱线、织物及制品排名第四，出口总值为 13039.90 万美元，占中国新疆出口总值的 7.76%，同比上升 52.83%，环比下降 24.69%；灯具、照明装置及零件排名第五，出口总值为 9278.70 万美元，占中国新疆出口总值的 5.52%，同比上升 129.46%，环比上升 12.09%；农产品排名第六，出口总值为 8994.70 万美元，占中国新疆出口总值的 5.35%，同比下降 21.00%，环比上升 9.72%；文化产品排名第七，出口总值为 8871.90 万美元，占中国新疆出口总值的 5.28%，同比上升 300.42%，环比上升 12.49%；汽车零配件排名第八，出口总值为 7176.40 万美元，占中国新疆出口总值的 4.27%，同比上升 87.29%，环比上升 20.14%；陶瓷产品排名第九，出口总值为 6779.80 万美元，占中国新疆出口总值的 4.03%，同比上升 18.00%，环比上升 33.87%；箱包及类似容器排名第十，出口总值为 6492.60 万美元，占中国新疆出口总值的 3.86%，同比上升 127.32%，环比上升 31.60%。

　　（二）2016 年中国新疆进口商品总值分析

　　1. 2016 年中国新疆进口商品总值及占中国新疆进口比重分析

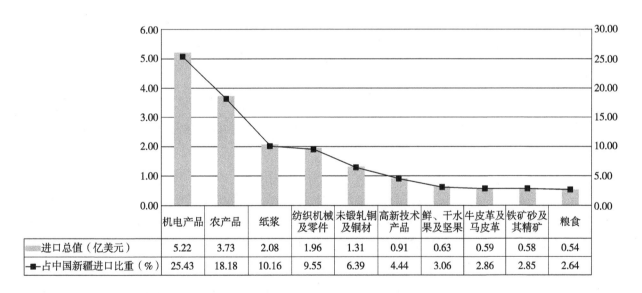

	机电产品	农产品	纸浆	纺织机械及零件	未锻轧铜及铜材	高新技术产品	鲜、干水果及坚果	牛皮革及马皮革	铁矿砂及其精矿	粮食
进口总值（亿美元）	5.22	3.73	2.08	1.96	1.31	0.91	0.63	0.59	0.58	0.54
占中国新疆进口比重（%）	25.43	18.18	10.16	9.55	6.39	4.44	3.06	2.86	2.85	2.64

图 7 - 2 - 110　2016 年中国新疆进口排名前十的商品

　　由图 7 - 2 - 110 分析可知，2016 年中国新疆进口商品中，机电产品、农产品和纸浆的进口总值占主导地位，三者之和占中国新疆进口总值的 53.77%。其中机电产品的进口总值排名第一，为 5.22 亿美元，占中国新疆商品进口总值的 25.43%，同比下降 29.30%；农产品的进口总值排名第二，进口总值为 3.73 亿美元，占中国新疆商品进口总值的 18.18%，同比下降 3.30%；纸浆的进口总值排名第三，进口总值为 2.08 亿美元，占中国新疆商品进口总值的 10.16%，同比上升 55.10%；纺织机械及零件的进口总值为 1.96 亿美元，占中国新疆商品进口总值的 9.55%，同比上升 36.60%，排名第四；未锻轧铜及铜材的进口总值为 1.31 亿美元，占中国新疆商品进口总值的6.39%，同比上升4746.10%，排名第五；排在第十位的是粮食，其进口总值为0.54亿美元，占中国新疆商品进口总值的2.64%，同比上升69.80%。

2. 2016年中国新疆进口商品总值趋势分析

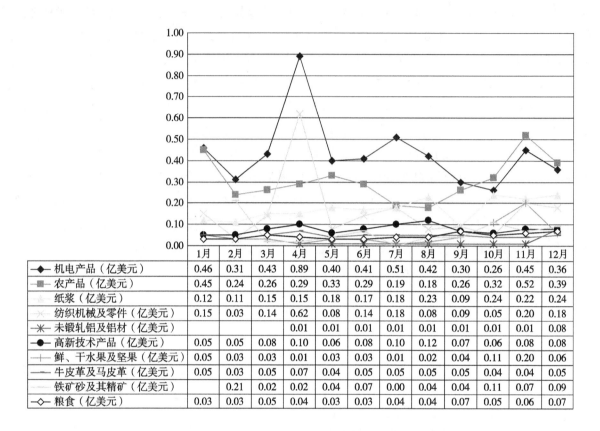

	1月	2月	3月	4月	5月	6月	7月	8月	9月	10月	11月	12月
机电产品（亿美元）	0.46	0.31	0.43	0.89	0.40	0.41	0.51	0.42	0.30	0.26	0.45	0.36
农产品（亿美元）	0.45	0.24	0.26	0.29	0.33	0.29	0.19	0.18	0.26	0.32	0.52	0.39
纸浆（亿美元）	0.12	0.11	0.15	0.15	0.18	0.17	0.18	0.23	0.09	0.24	0.22	0.24
纺织机械及零件（亿美元）	0.15	0.03	0.14	0.62	0.08	0.14	0.18	0.08	0.09	0.05	0.20	0.18
未锻轧铝及铝材（亿美元）				0.01	0.01	0.01	0.01	0.01	0.01	0.01	0.01	0.08
高新技术产品（亿美元）	0.05	0.05	0.08	0.10	0.06	0.08	0.10	0.12	0.07	0.06	0.08	0.08
鲜、干水果及坚果（亿美元）	0.05	0.03	0.03	0.01	0.03	0.03	0.01	0.02	0.04	0.11	0.20	0.06
牛皮革及马皮革（亿美元）	0.05	0.03	0.05	0.07	0.04	0.05	0.05	0.05	0.05	0.04	0.04	0.05
铁矿砂及其精矿（亿美元）		0.21	0.02	0.02	0.04	0.07	0.00	0.04		0.11	0.07	0.09
粮食（亿美元）	0.03	0.03	0.05	0.04	0.03	0.03	0.04	0.04	0.07	0.05	0.06	0.07

图7-2-111　2016年1～12月中国新疆进口排名前十商品

从图7-2-111可知，2016年中国新疆进口排名前十的商品中，机电产品1～12月进口总值总体呈波动下降趋势，最大值出现在4月，为0.89亿美元，最低值出现在10月，为0.26亿美元；具体而言，1～3月呈先降后升趋势，4月到全年最高点，5～12月进口总值波动较为平缓，7月升至0.51亿美元，10月降至0.26亿美元。农产品1～12月进口总值总体呈"W"形变动趋势，8月降至最低点0.18亿美元，11月升至最高点0.52亿美元。纺织机械及零件总体呈倒"N"形变动趋势，1～2月略有下滑，3月有所回升，4月升至最大值0.62亿美元，5月迅速跌至0.08亿美元，6～12月变动幅度较小。纸浆，未锻轧铝及铝材，高新技术产品，鲜、干水果及坚果，牛皮革及马皮革，铁矿砂及其精矿，粮食7类商品进口总值变化相对稳定，纸浆最大值出现在10月，为0.24亿美元，最小值在9月，为0.09亿美元。

3. 2016年中国新疆进口商品总值月度分析

（1）2016年1月中国新疆进口商品总值月度分析

中国新疆进口商品大致有30种，其中进口总值排名前十的依次是机电产品，农产品，纺织机械及零件，棉花，纸浆，计量检测分析自控仪器及器具，牛皮革及马皮革，鲜、干水果及坚果，高新技术产品，建筑及采矿用机械及零件。与12月相比，铁矿砂及其精矿，氧化铝，钢材被挤出前十，计量检测分析自控仪器及器具，牛皮革及马皮革和建筑及采矿用机械及零件挤进前十。

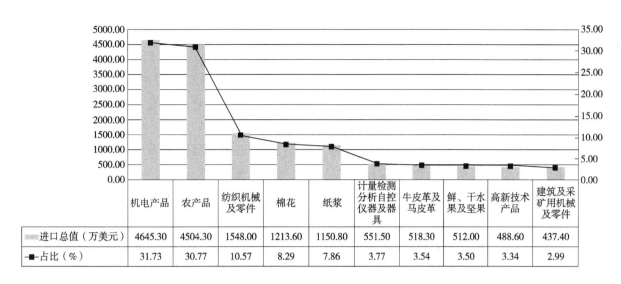

	机电产品	农产品	纺织机械及零件	棉花	纸浆	计量检测分析自控仪器及器具	牛皮革及马皮革	鲜、干水果及坚果	高新技术产品	建筑及采矿用机械及零件
进口总值（万美元）	4645.30	4504.30	1548.00	1213.60	1150.80	551.50	518.30	512.00	488.60	437.40
占比（%）	31.73	30.77	10.57	8.29	7.86	3.77	3.54	3.50	3.34	2.99

图7-2-112　2016年1月中国新疆各种商品进口总值及占比

从图7-2-112可以看出，机电产品排名最高，进口总值为4645.30万美元，占中国新疆进口总值的31.73%，同比上升7.20%，环比下降17.83%；农产品排名第二，进口总值为4504.30万美元，占中国新疆进口总值的30.77%，同比下降6.40%，环比上升2.57%；纺织机械及零件排名第三，进口总值为1548.00万美元，占中国新疆进口总值的10.57%，同比上升1441.50%，环比下降40.78%；棉花排名第四，进口总值为1213.60万美元，占中国新疆进口总值的8.29%，同比下降47.60%，环比上升155.55%；纸浆排名第五，进口总值为1150.80万美元，占中国新疆进口总值的7.86%，同比上升605.80%，环比上升10.26%；计量检测分析自控仪器及器具排名第六，进口总值为551.50万美元，占中国新疆进口总值的3.77%，同比上升10.70%，环比下降29.08%；牛皮革及马皮革排名第七，进口总值为518.30万美元，占中国新疆进口总值的3.54%，同比下降6.70%，环比上升7.84%；鲜、干水果及坚果排名第八，进口总值为512.00万美元，占中国新疆进口总值的3.50%，同比下降50.40%，环比下降56.72%；高新技术产品排名第九，进口总值为488.60万美元，占中国新疆进口总值的3.34%，同比下降45.50%，环比下降38.85%；建筑及采矿用机械及零件排名第十，进口总值为437.40万美元，占中国新疆进口总值的2.99%，同比上升269.10%。

（2）2016年2月中国新疆进口商品总值月度分析

中国新疆进口商品大致有30种，其中进口总值排名前十的依次是机电产品，农产品，铁矿砂及其精矿，纸浆，高新技术产品，医疗仪器及器械，纺织机械及零件，建筑及采矿用机械及零件，牛皮革及马皮革，鲜、干水果及坚果。与1月相比，棉花，计量检测分析自控仪器及器具被挤出前十，铁矿砂及其精矿，医疗仪器及器械挤进前十。

从图7-2-113可以看出：2016年2月中国新疆商品进口中，机电产品排名最高，进口总值为3130.30万美元，占中国新疆进口总值的27.51%，同比下降54.70%，环比下降32.61%；农产品排名第二，进口总值为2402.50万美元，占中国新疆进口总值的21.11%，同比上升67.79%，环比下降46.66%；铁矿砂及其精矿排名第三，进口总值为2132.10万美元，占中国新疆进口总值的18.73%；纸浆排名第四，进口总值为1099.40万美元，占中国新疆进口总值的9.66%，同比下降60.21%，环比下降4.47%；高新技术产品排名第五，进口总值为498.00万美元，占中国新疆进口总值的4.38%，同比上升35.95%，环比上升1.92%；医疗仪器及器械排名第六，进口总值为432.90万美元，占中国新疆进口总值的3.80%，同比下降89.99%，环比上升292.83%；纺织机械及零件排名第七，进口总值为343.50万美元，占中国新疆进口总值的3.02%，同比下降90.26%，环比下降77.81%；建筑及采矿用机械及零件排名第八，进口总值为340.20万美元，占中国新疆进口总值的2.99%，同比下降99.69%，环比下降22.22%；牛皮革及马皮革排名第九，进口总值为336.20万美元，占中国新疆进口总值的2.95%，同比上升13.15%，环比下降35.13%；鲜、干水果及坚果排名第十，进口总值为321.60万美元，占中国新疆进口总值的2.83%，同比上升66.25%，环比下降37.19%。

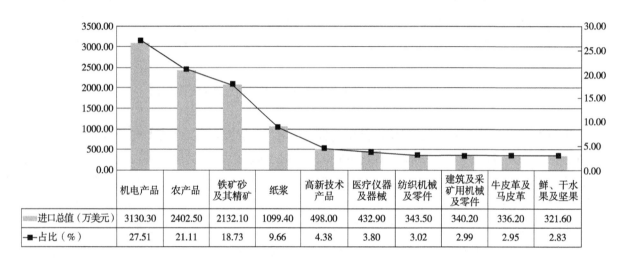

	机电产品	农产品	铁矿砂及其精矿	纸浆	高新技术产品	医疗仪器及器械	纺织机械及零件	建筑及采矿用机械及零件	牛皮革及马皮革	鲜、干水果及坚果
进口总值（万美元）	3130.30	2402.50	2132.10	1099.40	498.00	432.90	343.50	340.20	336.20	321.60
占比（%）	27.51	21.11	18.73	9.66	4.38	3.80	3.02	2.99	2.95	2.83

图7－2－113　2016年2月中国新疆各种商品进口总值及占比

（3）2016年3月中国新疆进口商品总值月度分析

中国新疆进口商品大致有30种，其中进口总值排名前十的依次是机电产品，农产品，纸浆，纺织机械及零件，高新技术产品，牛皮革及马皮革，粮食，计量检测分析自控仪器及器具，钢材，医疗仪器及器械。与2月相比，铁矿砂及其精矿，建筑及采矿用机械及零件，鲜、干水果及坚果被挤出前十，粮食，计量检测分析自控仪器及器具，钢材挤进前十。

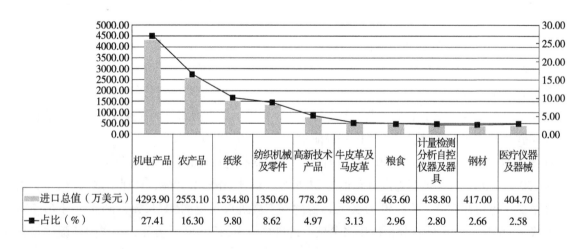

	机电产品	农产品	纸浆	纺织机械及零件	高新技术产品	牛皮革及马皮革	粮食	计量检测分析自控仪器及器具	钢材	医疗仪器及器械
进口总值（万美元）	4293.90	2553.10	1534.80	1350.60	778.20	489.60	463.60	438.80	417.00	404.70
占比（%）	27.41	16.30	9.80	8.62	4.97	3.13	2.96	2.80	2.66	2.58

图7－2－114　2016年3月中国新疆各种商品进口总值及占比

由图 7 - 2 - 114 可以看出：2016 年 3 月中国新疆商品进口中，机电产品排名最高，进口总值为 4293.90 万美元，占中国新疆进口总值的 27.41%，同比下降 233.94%，环比上升 37.17%；农产品排名第二，进口总值为 2553.10 万美元，占中国新疆进口总值的 16.30%，同比下降 446.38%，环比上升 6.27%；纸浆排名第三，进口总值为 1534.80 万美元，占中国新疆进口总值的 9.80%，同比下降 40.13%，环比上升 39.60%；纺织机械及零件排名第四，进口总值为 1350.60 万美元，占中国新疆进口总值的 8.62%，同比下降 98.65%，环比上升 293.19%；高新技术产品排名第五，进口总值为 778.20 万美元，占中国新疆进口总值的 4.97%，同比下降 4.98%，环比上升 56.27%；牛皮革及马皮革排名第六，进口总值为 489.60 万美元，占中国新疆进口总值的 3.13%，同比下降 0.96%，环比上升 45.63%；粮食排名第七，进口总值为 463.60 万美元，占中国新疆进口总值的 2.96%，同比下降 19.60%，环比上升 48.59%；计量检测分析自控仪器及器具排名第八，进口总值为 438.80 万美元，占中国新疆进口总值的 2.80%，同比上升 25.89%，环比上升 201.58%；钢材排名第九，进口总值为 417.00 万美元，占中国新疆进口总值的 2.66%，同比下降 15.58%，环比上升 43.79%；医疗仪器及器械排名第十，进口总值为 404.70 万美元，占中国新疆进口总值的 2.58%，同比上升 20.44%，环比下降 6.51%。

（4）2016 年 4 月中国新疆进口商品总值月度分析

中国新疆进口商品大致有 30 种，其中进口总值排名前十的依次是机电产品，纺织机械及零件，农产品，纸浆，未锻轧铜及铜材，高新技术产品，医疗仪器及器械，牛皮革及马皮革，棉花和建筑及采矿用机械及零件。与 3 月相比，粮食，计量检测分析自控仪器及器具，钢材被挤出前十，未锻轧铜及铜材，棉花，建筑及采矿用机械及零件挤进前十。

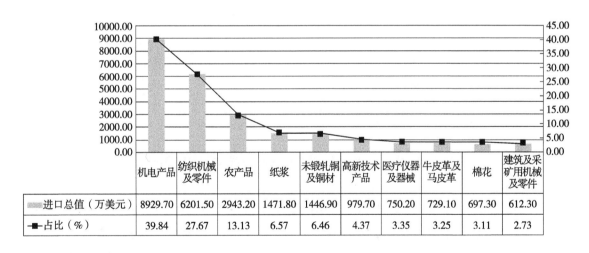

	机电产品	纺织机械及零件	农产品	纸浆	未锻轧铜及铜材	高新技术产品	医疗仪器及器械	牛皮革及马皮革	棉花	建筑及采矿用机械及零件
进口总值（万美元）	8929.70	6201.50	2943.20	1471.80	1446.90	979.70	750.20	729.10	697.30	612.30
占比（%）	39.84	27.67	13.13	6.57	6.46	4.37	3.35	3.25	3.11	2.73

图 7 - 2 - 115 2016 年 4 月中国新疆各种商品进口总值及占比

由图 7 - 2 - 115 可以看出：2016 年 4 月中国新疆商品进口中，机电产品排名最高，进口总值为 8929.70 万美元，占中国新疆进口总值的 39.84%，同比上升 61.18%，环比上升 107.96%；纺织机械及零件排名第二，进口总值为 6201.50 万美元，占中国新疆进口总值的 27.67%，同比下降 99.98%，环比上升 359.17%；农产品排名第三，进口总值为 2943.20 万美元，占中国新疆进口总值的 13.13%，同比上升 378.88%，环比上升 15.28%；纸浆排名第四，进口总值为 1471.80 万美元，占中国新疆进口总值的 6.57%，同比上升 118.53%，环比下降 4.10%；未锻轧铜及铜材排名第五，进口总值为 1446.90 万美元，占中国新疆进口总值的 6.46%；高新技术产品排名第六，进口总值为 979.70 万美元，占中国新疆进口总值的 4.37%，同比上升 6.38%，环比上升 25.89%；医疗仪器及器械排名第七，进口总值为 750.20 万美元，占中国新疆进口总值的 3.35%，同比下降 44.73%，环比上升 85.37%；牛皮革及马皮革排名第八，进口总值为 729.10 万美元，占中国新疆进口总值的 3.25%，同比下降 38.47%，环比上升 48.92%；棉花排名第九，进口总值为 697.30 万美元，占中国新疆进口总值的 3.11%，同比下降 84.97%，环比上升 242.82%；建筑及采矿用机械及零件排名第十，进口总值为 612.30 万美元，占中国新疆进口总值的 2.73%，同比下降 91.38%，环比上升 100.16%。

（5）2016 年 5 月中国新疆进口商品总值月度分析

中国新疆进口商品大致有 30 种，其中进口总值排名前十的依次是机电产品、农产品、纸浆、未锻轧铜及铜材、纺织机械及零件、锯材、高新技术产品、计量检测分析自控仪器及器具、纺织纱线、织物及制品、棉花。与 4 月相比，医疗仪器及器械、牛皮革及马皮革、建筑及采矿用机械及零件被挤出前十，锯材、计量检测分析自控仪器及器具和纺织纱线、织物及制品挤进前十。

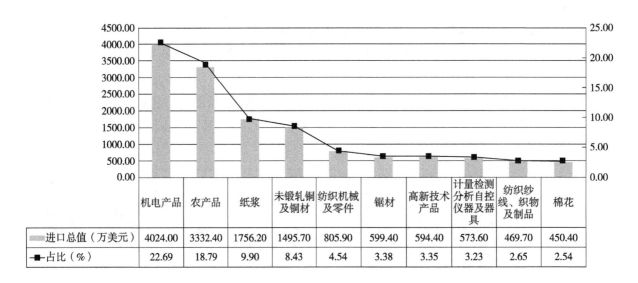

	机电产品	农产品	纸浆	未锻轧铜及铜材	纺织机械及零件	锯材	高新技术产品	计量检测分析自控仪器及器具	纺织纱线、织物及制品	棉花
进口总值（万美元）	4024.00	3332.40	1756.20	1495.70	805.90	599.40	594.40	573.60	469.70	450.40
占比（%）	22.69	18.79	9.90	8.43	4.54	3.38	3.35	3.23	2.65	2.54

图 7-2-116　2016 年 5 月中国新疆各种商品进口总值及占比

由图 7-2-116 可以看出：2016 年 5 月中国新疆商品进口中，机电产品排名最高，进口总值为 4024.00 万美元，占中国新疆进口总值的 22.69%，同比上升 25.88%，环比下降 54.94%；农产品排名第二，进口总值为 3332.40 万美元，占中国新疆进口总值的 18.79%，同比上升 10.60%，环比上升 13.22%；纸浆排名第三，进口总值为 1756.20 万美元，占中国新疆进口总值的 9.90%，同比下降 1.28%，环比上升 19.32%；未锻轧铜及铜材排名第四，进口总值为 1495.70 万美元，占中国新疆进口总值的 8.43%，同比下降 100.00%，环比上升 3.37%；纺织机械及零件排名第五，进口总值为 805.90 万美元，占中国新疆进口总值的 4.54%，同比下降 86.48%，环比下降 87.00%；锯材排名第六，进口总值为 599.40 万美元，占中国新疆进口总值的 3.38%，同比上升 8.40%，环比上升 12.67%；高新技术产品排名第七，进口总值为 594.40 万美元，占中国新疆进口总值的 3.35%，同比上升 116.80%，环比下降 39.33%；计量检测分析自控仪器及器具排名第八，进口总值为 573.60 万美元，占中国新疆进口总值的 3.23%，同比上升 16.42%，环比上升 68.51%；纺织纱线、织物及制品排名第九，进口总值为 469.70 万美元，占中国新疆进口总值的 2.65%，同比上升 50.93%，环比上升 39.83%；棉花排名第十，进口总值为 450.40 万美元，占中国新疆进口总值的 2.54%，同比上升 304.19%，环比下降 35.41%。

（6）2016 年 6 月中国新疆进口商品总值月度分析

中国新疆进口商品大致有 30 种，其中进口总值排名前十的依次是机电产品，农产品，纸浆，纺织机械及零件，高新技术产品，铁矿砂及其精矿，锯材，未锻轧铜及铜材，牛皮革及马皮革，医疗仪器及器械。与 5 月相比，计量检测分析自控仪器及器具，纺织纱线、织物及制品，棉花被挤出前十，铁矿砂及其精矿，牛皮革及马皮革，医疗仪器及器械挤进前十。

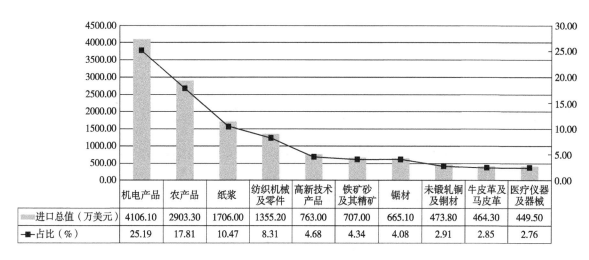

	机电产品	农产品	纸浆	纺织机械及零件	高新技术产品	铁矿砂及其精矿	锯材	未锻轧铜及铜材	牛皮革及马皮革	医疗仪器及器械
进口总值（万美元）	4106.10	2903.30	1706.00	1355.20	763.00	707.00	665.10	473.80	464.30	449.50
占比（%）	25.19	17.81	10.47	8.31	4.68	4.34	4.08	2.91	2.85	2.76

图 7-2-117　2016 年 6 月中国新疆各种商品进口总值及占比

由图 7-2-117 可以看出：2016 年 6 月中国新疆商品进口中，机电产品排名最高，进口总值为 4106.10 万美元，占中国新疆进口总值的 25.19%，同比上升 66.38%，环比上升 2.04%；农产品排名第二，进口总值为 2903.30 万美元，占中国新疆进口总值的 17.81%，同比上升 27.20%，环比下降 12.88%；纸浆排名第三，进口总值为 1706.00 万美元，占中国新疆进口总值的 10.47%，同比下降 19.21%，环比下降 2.86%；纺织机械及零件排名第四，进口总值为 1355.20 万美元，占中国新疆进口总值的 8.31%，同比下降 98.36%，环比上升 68.16%；高新技术产品排名第五，进口总值为 763.00 万美元，占中国新疆进口总值的 4.68%，同比上升 40.12%，环比上升 28.36%；铁矿砂及其精矿排名第六，进口总值为 707.00 万美元，占中国新疆进口总值的 4.34%，同比下降 92.82%，环比上升 67.77%；锯材排名第七，进口总值为 665.10 万美元，占中国新疆进口总值的 4.08%，同比下降 18.78%，环比上升 10.96%；未锻轧铜及铜材排名第八，进口总值为 473.80 万美元，占中国新疆进口总值的 2.91%，同比下降 100%，环比下降 68.32%；牛皮革及马皮革排名第九，进口总值为 464.30 万美元，占中国新疆进口总值的 2.85%，同比下降 19.05%，环比上升 9.5%；医疗仪器及器械排名第十，进口总值为 449.50 万美元，占中国新疆进口总值的 2.76%，同比上升 53.41%，环比上升 61.40%。

（7）2016 年 7 月中国新疆进口商品总值月度分析

中国新疆进口商品大致有 30 种，其中进口总值排名前十的依次是机电产品，农产品，纸浆，纺织机械及零件，未锻轧铜及铜材，高新技术产品，锯材，计量检测分析自控仪器及器具，牛皮革及马皮革，粮食。与 6 月相比，铁矿砂及其精矿，医疗仪器及器械被挤出前十，计量检测分析自控仪器及器具和粮食挤进前十。

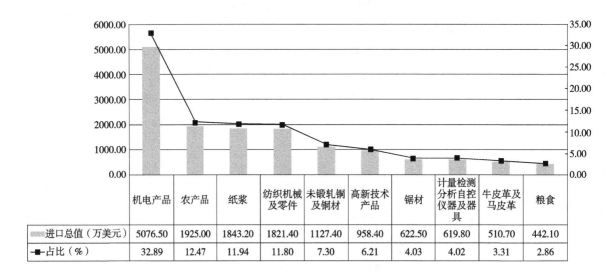

	机电产品	农产品	纸浆	纺织机械及零件	未锻轧铜及铜材	高新技术产品	锯材	计量检测分析自控仪器及器具	牛皮革及马皮革	粮食
进口总值（万美元）	5076.50	1925.00	1843.20	1821.40	1127.40	958.40	622.50	619.80	510.70	442.10
占比（%）	32.89	12.47	11.94	11.80	7.30	6.21	4.03	4.02	3.31	2.86

图 7 - 2 - 118　2016 年 7 月中国新疆各种商品进口总值及占比

由图 7 - 2 - 118 可以看出：2016 年 7 月中国新疆商品进口中，机电产品排名最高，进口总值为 5076.50 万美元，占中国新疆进口总值的 32.89%，同比上升 210.91%，环比上升 23.63%；农产品排名第二，进口总值为 1925.00 万美元，占中国新疆进口总值的 12.47%，同比上升 10.97%，环比下降 33.70%；纸浆排名第三，进口总值为 1843.20 万美元，占中国新疆进口总值的 11.94%，同比下降 33.05%，环比上升 8.04%；纺织机械及零件排名第四，进口总值为 1821.40 万美元，占中国新疆进口总值的 11.80%，同比下降 19.08%，环比上升 34.40%；未锻轧铜及铜材排名第五，进口总值为 1127.40 万美元，占中国新疆进口总值的 7.30%，同比下降 77.77%，环比上升 137.95%；高新技术产品排名第六，进口总值为 958.40 万美元，占中国新疆进口总值的 6.21%，同比上升 573.13%，环比上升 25.61%；锯材排名第七，进口总值为 622.50 万美元，占中国新疆进口总值的 4.03%，同比下降 22.66%，环比下降 6.41%；计量检测分析自控仪器及器具排名第八，进口总值为 619.80 万元，占中国新疆进口总值的 4.02%，同比上升 15.04%，环比上升 50.80%；牛皮革及马皮革排名第九，进口总值为 510.70 万美元，占中国新疆进口总值的 3.31%，同比下降 8.84%，环比上升 9.99%；粮食排名第十，进口总值为 442.10 万美元，占中国新疆进口总值的 2.86%，同比上升 41.48%，环比上升 47.81%。

（8）2016 年 8 月中国新疆进口商品总值月度分析

中国新疆进口商品大致有 30 种，其中进口总值排名前十的依次是机电产品，纸浆，未锻轧铜及铜材，农产品，高新技术产品，纺织机械及零件，锯材，计量检测分析自控仪器及器具，医疗仪器及器械，牛皮革及马皮革。与 7 月相比，粮食被挤出前十，医疗仪器及器械挤进前十。

由图 7 - 2 - 119 可以看出：2016 年 8 月中国新疆商品进口中，机电产品排名最高，进口总值为 4200.50 万美元，占中国新疆进口总值的 21.11%，同比上升 178.94%，环比下降 17.26%；纸浆排名第二，进口总值为 2291.70 万美元，占中国新疆进口总值的 11.52%，同比下降 24.96%，环比上升 24.33%；未锻轧铜及铜材排名第三，进口总值为 2182.60 万美元，占中国新疆进口总值的 10.97%，同比下降 99.31%，环比上升 93.60%；农产品排名第四，进口总值为 1843.60 万美元，占中国新疆进口总值的 9.27%，同比下降 34.64%，环比下降 4.23%；高新技术产品排名第五，进口总值为 1188.40 万美元，占中国新疆进口总值的 5.97%，同比下降 41.67%，环比上升 24.00%；纺织机械及零件排名第六，进口总值为 830.80 万美元，占中国新疆进口总值的 4.18%，同比上升 123.36%，环比下降 54.39%；锯材排名第七，进口总值为 677.90 万美元，占中国新疆进口总值的 3.41%，同比下降 35.55%，环比上升 8.90%；计量检测分析自控仪器及器具排名第八，进口总值为 657.70 万美元，占中国新疆进口总值的 3.31%，同比下降 46.72%，环比上升 6.11%；医疗仪器及器械排名第九，进口总值为 548.80 万美元，占中国新疆进口总值的 2.76%，同比下降 21.43%，环比上升 317.97%；牛皮革及马皮革排名第十，进口总值为 471.90 万美元，占中国新疆进口总值的 2.37%，同比下降 16.42%，环比下降 7.60%。

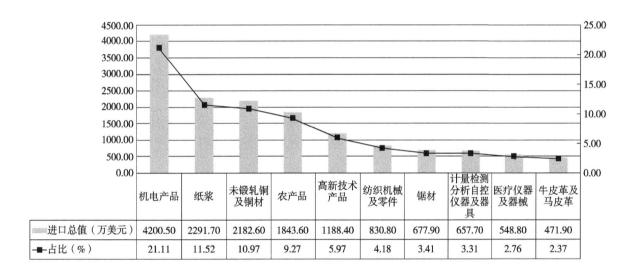

	机电产品	纸浆	未锻轧铜及铜材	农产品	高新技术产品	纺织机械及零件	锯材	计量检测分析自控仪器及器具	医疗仪器及器械	牛皮革及马皮革
进口总值（万美元）	4200.50	2291.70	2182.60	1843.60	1188.40	830.80	677.90	657.70	548.80	471.90
占比（%）	21.11	11.52	10.97	9.27	5.97	4.18	3.41	3.31	2.76	2.37

图 7-2-119　2016 年 8 月中国新疆各种商品进口总值及占比

（9）2016 年 9 月中国新疆进口商品总值月度分析

中国新疆进口商品大致有 30 种，其中进口总值排名前十的依次是机电产品，未锻轧铜及铜材，农产品，纸浆，纺织机械及零件，氧化铝，高新技术产品，粮食，牛皮革及马皮革，铁矿砂及其精矿。与 8 月相比，锯材，计量检测分析自控仪器及器具，医疗仪器及器械被挤出前十，氧化铝，粮食和铁矿砂及其精矿挤进前十。

由图 7-2-120 可以看出：2016 年 9 月中国新疆商品进口中，机电产品排名最高，进口总值为 3020.90 万美元，占中国新疆进口总值的 19.85%，同比上升 103.99%，环比下降 28.08%；未锻轧铜及铜材排名第二，进口总值为 2592.10 万美元，占中国新疆进口总值的 17.03%，同比下降 100.00%，环比上升 18.76%；农产品排名第三，进口总值为 2569.80 万美元，占中国新疆进口总值的 16.88%，同比上升 8.36%，环比上升 39.39%；纸浆排名第四，进口总值为 934.00 万美元，占中国新疆进口总值的 6.14%，同比下降 18.05%，环比下降 59.24%；纺织机械及零件排名第五，进口总值为 932.90 万美元，占中国新疆进口总值的 6.13%，同比上升 272.05%，环比上升 12.29%；氧化铝排名第六，进口总值为 794.90 万美元，占中国新疆进口总值的 5.22%，同比下降

100.04%；高新技术产品排名第七，进口总值为684.00万美元，占中国新疆进口总值的4.49%，同比上升97.21%，环比下降42.44%；粮食排名第八，进口总值为668.00万美元，占中国新疆进口总值的4.39%，同比下降85.56%，环比上升62.49%；牛皮革及马皮革排名第九，进口总值为541.10万美元，占中国新疆进口总值的3.56%，同比下降35.51%，环比上升14.66%；铁矿砂及其精矿排名第十，进口总值为409.40万美元，占中国新疆进口总值的2.69%，同比下降95.60%，环比上升9.14%。

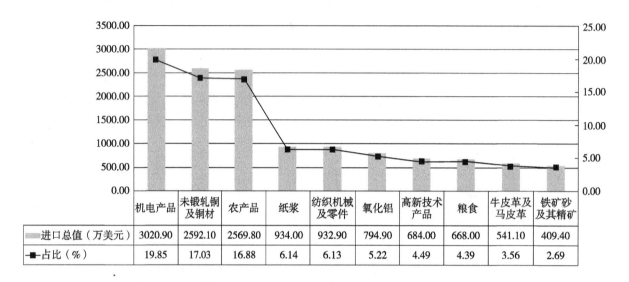

	机电产品	未锻轧铜及铜材	农产品	纸浆	纺织机械及零件	氧化铝	高新技术产品	粮食	牛皮革及马皮革	铁矿砂及其精矿
进口总值（万美元）	3020.90	2592.10	2569.80	934.00	932.90	794.90	684.00	668.00	541.10	409.40
占比（%）	19.85	17.03	16.88	6.14	6.13	5.22	4.49	4.39	3.56	2.69

图7-2-120　2016年9月中国新疆各种商品进口总值及占比

（10）2016年10月中国新疆进口商品总值月度分析

中国新疆进口商品大致有30种，其中进口总值排名前十的依次是农产品，机电产品，纸浆，未锻轧铜及铜材，铁矿砂及其精矿，鲜、干水果及坚果，高新技术产品，粮食，纺织机械及零件，医疗仪器及器械。与9月相比，氧化铝，牛皮革及马皮革被挤出前十，鲜、干水果及坚果，医疗仪器及器械挤进前十。

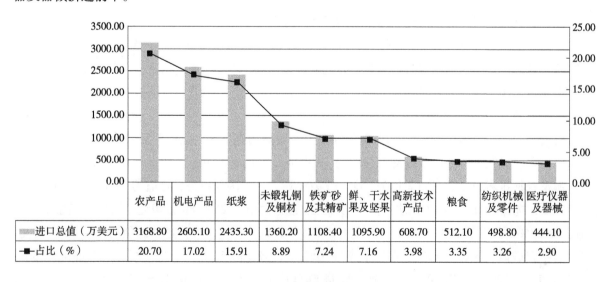

	农产品	机电产品	纸浆	未锻轧铜及铜材	铁矿砂及其精矿	鲜、干水果及坚果	高新技术产品	粮食	纺织机械及零件	医疗仪器及器械
进口总值（万美元）	3168.80	2605.10	2435.30	1360.20	1108.40	1095.90	608.70	512.10	498.80	444.10
占比（%）	20.70	17.02	15.91	8.89	7.24	7.16	3.98	3.35	3.26	2.90

图7-2-121　2016年10月中国新疆各种商品进口总值及占比

由图 7 - 2 - 121 可以看出：2016 年 10 月中国新疆商品进口中，农产品排名最高，进口总值为 3168.80 万美元，占中国新疆进口总值的 20.70%，同比下降 16.91%，环比上升 23.31%；机电产品排名第二，进口总值为 2605.10 万美元，占中国新疆进口总值的 17.02%，同比上升 37.66%，环比下降 13.76%；纸浆排名第三，进口总值为 2435.30 万美元，占中国新疆进口总值的 15.91%，同比下降 66.45%，环比上升 160.74%；未锻轧铜及铜材排名第四，进口总值为 1360.20 万美元，占中国新疆进口总值的 8.89%，同比下降 100.00%，环比下降 47.53%；铁矿砂及其精矿排名第五，进口总值为 1108.40 万美元，占中国新疆进口总值的 7.24%，同比下降 67.66%，环比上升 170.74%；鲜、干水果及坚果排名第六，进口总值为 1095.90 万美元，占中国新疆进口总值的 7.16%，同比下降 10.78%，环比上升 187.19%；高新技术产品排名第七，进口总值为 608.70 万美元，占中国新疆进口总值的 3.98%，同比下降 28.18%，环比下降 11.01%；粮食排名第八，进口总值 512.10 万美元，占中国新疆进口总值的 3.35%，同比下降 21.55%，环比下降 23.34%；纺织机械及零件排名第九，进口总值为 498.80 万美元，占中国新疆进口总值的 3.26%，同比上升 348.48%，环比下降 46.53%；医疗仪器及器械排名第十，进口总值为 444.10 万美元，占中国新疆进口总值的 2.90%，同比下降 65.20%，环比上升 18.14%。

（11）2016 年 11 月中国新疆进口商品总值月度分析

中国新疆进口商品大致有 30 种，其中进口总值排名前十的依次是农产品，机电产品，纸浆，纺织机械及零件，鲜、干水果及坚果，未锻轧铜及铜材，棉花，高新技术产品，铁矿砂及其精矿，粮食。与 10 月相比，医疗仪器及器械被挤出前十，棉花挤进前十。

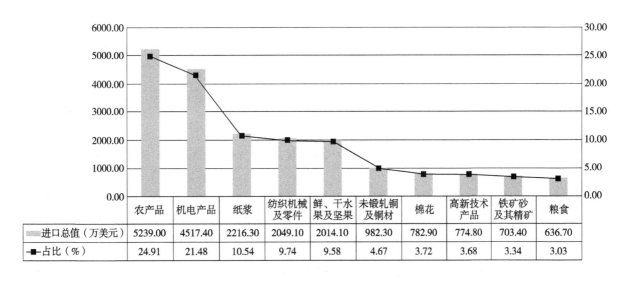

	农产品	机电产品	纸浆	纺织机械及零件	鲜、干水果及坚果	未锻轧铜及铜材	棉花	高新技术产品	铁矿砂及其精矿	粮食
进口总值（万美元）	5239.00	4517.40	2216.30	2049.10	2014.10	982.30	782.90	774.80	703.40	636.70
占比（%）	24.91	21.48	10.54	9.74	9.58	4.67	3.72	3.68	3.34	3.03

图 7 - 2 - 122 2016 年 11 月中国新疆各种商品进口总值及占比

由图 7 - 2 - 122 可以看出：2016 年 11 月中国新疆商品进口中，农产品排名最高，进口总值为 5239.00 万美元，占中国新疆进口总值的 24.91%，同比下降 24.82%，环比上升 65.33%；机电产品排名第二，进口总值为 4517.40 万美元，占中国新疆进口总值的 21.48%，同比上升 0.80%，环比上升 73.41%；纸浆排名第三，进口总值为 2216.30 万美元，占中国新疆进口总值的 10.54%，同比下降 100.01%，环比下降 8.99%；纺织机械及零件排名第四，进口总值为 2049.10 万美元，占中国新疆进口总值的 9.74%，同比上升 16.83%，环比上升 310.81%；鲜、干水果及坚果排名第五，进口总值为 2014.10 万美元，占中国新疆进口总值的 9.58%，同比上升 11.35%，环比上升 83.79%；未锻轧铜及铜材排名第六，进口总值为 982.30 万美元，占中国新疆进口总值的 4.67%，同比下降 100.00%，环比下降 27.78%；棉花排名第七，进口总值为 782.90 万美元，占中国新疆进口总值的 3.72%，同比下降 87.93%，环比上升 318.22%；高新技术产品排名第八，进口总值为 774.80 万美元，占中国新疆进口总值的 3.68%，同比上升 5.08%，环比上升 27.29%；铁矿砂及其精矿排名第九，进口总值为 703.40 万美元，占中国新疆进口总值的 3.34%，同比下降 99.98%，环比下降 36.54%；粮食排名第十，进口总值为 636.70 万美元，占中国新疆进口总值的 3.03%，同比下降 46.40%，环比上升 24.33%。

（12）2016 年 12 月中国新疆进口商品总值月度分析

中国新疆进口商品大致有 30 种，其中进口总值排名前十的依次是农产品，机电产品，纸浆，纺织机械及零件，铁矿砂及其精矿，高新技术产品，未锻轧铜及铜材，鲜、干水果及坚果，牛皮革及马皮革，纺织纱线、织物及制品。与 11 月相比，棉花，粮食被挤出前十，牛皮革及马皮革，纺织纱线、织物及制品挤进前十。

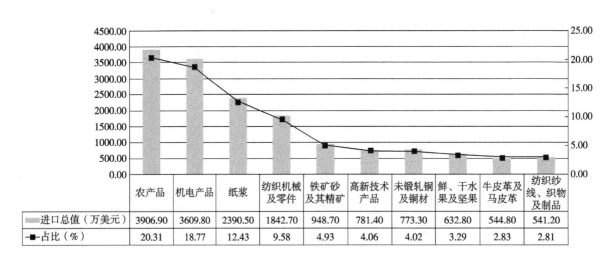

	农产品	机电产品	纸浆	纺织机械及零件	铁矿砂及其精矿	高新技术产品	未锻轧铜及铜材	鲜、干水果及坚果	牛皮革及马皮革	纺织纱线、织物及制品
进口总值（万美元）	3906.90	3609.80	2390.50	1842.70	948.70	781.40	773.30	632.80	544.80	541.20
占比（%）	20.31	18.77	12.43	9.58	4.93	4.06	4.02	3.29	2.83	2.81

图 7-2-123　2016 年 12 月中国新疆各种商品进口总值及占比

由图 7-2-123 可以看出：2016 年 12 月中国新疆商品进口中，农产品进口总值最高，进口总值为 3906.90 万美元，占中国新疆进口总值的 20.31%，环比下降 25.43%；机电产品排名第二，进口总值为 3609.80 万美元，占中国新疆进口总值的 18.77%，环比下降 20.09%；纸浆排名第三，进口总值为 2390.50 万美元，占中国新疆进口总值的 12.43%，环比上升 7.86%；纺织机械及零件排名第四，进口总值为 1842.70 万美元，占中国新疆进口总值的 9.58%，环比下降 10.07%；铁矿砂及其精矿排名第五，进口总值为 948.70 万美元，占中国新疆进口总值的 4.93%，环比上升 34.87%；高新技术产品排名第六，进口总值为 781.40 万美元，占中国新疆进口总值的 4.06%，环比上升 0.85%；未锻轧铜及铜材排名第七，进口总值为 773.30 万美元，占中国新疆进口总值的 4.02%，环比下降 21.28%；鲜、干水果及坚果排名第八，进口总值为 632.80 万美元，占中国新疆进口总值的 3.29%，环比下降 68.58%；牛皮革及马皮革排名第九，进口总值为 544.80 万美元，占中国新疆进口总值的 2.83%，环比上升 31.98%；纺织纱线、织物及制品排名第十，进口总值为 541.20 万美元，占中国新疆进口总值的 2.81%，环比上升 14.39%。

第三节　2016 年中国新疆与中亚五国的进出口贸易情况

一、2016 年中国新疆对中亚五国进出口贸易总体分析

（一）2016 年中国新疆对中亚五国进出口贸易分析

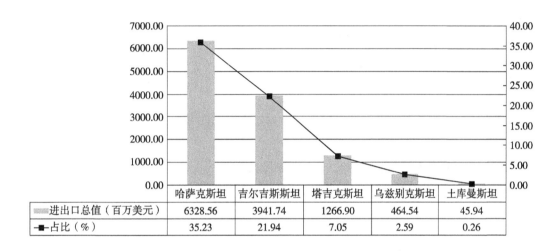

	哈萨克斯坦	吉尔吉斯斯坦	塔吉克斯坦	乌兹别克斯坦	土库曼斯坦
进出口总值（百万美元）	6328.56	3941.74	1266.90	464.54	45.94
占比（%）	35.23	21.94	7.05	2.59	0.26

图 7 - 3 - 1　2016 年中国新疆对中亚五国进出口总值及占比

由图 7 - 3 - 1 可以看出，2016 年中国新疆对中亚五国进出口贸易总值大小排名依次为：哈萨克斯坦、吉尔吉斯斯坦、塔吉克斯坦、乌兹别克斯坦、土库曼斯坦。

中国新疆对中亚五国进出口总值为 12047.68 百万美元，占中国新疆进出口总值的 67.07%。其中：进出口总值第一位是哈萨克斯坦，为 6328.56 百万美元，占中国新疆进出口总值的 35.23%，同比上升 10.10%；第二位是吉尔吉斯斯坦，为 3941.74 百万美元，占中国新疆进出口总值的 21.94%，同比上升 21.70%；第三位是塔吉克斯坦，为 1266.90 百万美元，占中国新疆进出口总值的 7.05%，同比下降 9.10%；第四位是乌兹别克斯坦，为 464.54 百万美元，占中国新疆进出口总值的 2.59%，同比下降 11.90%；第五位是土库曼斯坦，为 45.94 百万美元，占中国新疆进出口总值的 0.26%，同比下降 35.10%。

（二）2016 年中国新疆对中亚五国进出口贸易趋势分析

由图 7 - 3 - 2 可以看出，2016 年 1~12 月中国新疆对中亚五国的进出口总值大小排名顺序始终为：哈萨克斯坦、吉尔吉斯斯坦、塔吉克斯坦、乌兹别克斯坦和土库曼斯坦。

中国新疆对哈萨克斯坦、吉尔吉斯斯坦进出口总值均呈全年上下起伏波动，其中，对哈萨克斯坦进出口贸易最高点在 11 月，最低点在 2 月，对吉尔吉斯斯坦进出口贸易最高点在 9 月，最低点在 6 月；对塔吉克斯坦的进出口贸易最高点在 11 月，最低点在 2 月；对乌兹别克斯坦的进出口贸易最高点在 11 月，最低点在 10 月；对土库曼斯坦进出口总值的变化波动较小，最高点出现在 1

月，10月、11月和12月未与其发生进出口贸易。

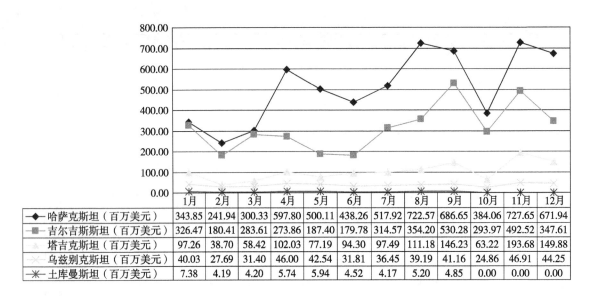

	1月	2月	3月	4月	5月	6月	7月	8月	9月	10月	11月	12月
◆ 哈萨克斯坦（百万美元）	343.85	241.94	300.33	597.80	500.11	438.26	517.92	722.57	686.65	384.06	727.65	671.94
■ 吉尔吉斯坦（百万美元）	326.47	180.41	283.61	273.86	187.40	179.78	314.57	354.20	530.28	293.97	492.52	347.61
塔吉克斯坦（百万美元）	97.26	38.70	58.42	102.03	77.19	94.30	97.49	111.18	146.23	63.22	193.68	149.88
× 乌兹别克斯坦（百万美元）	40.03	27.69	31.40	46.00	42.54	31.81	36.45	39.19	41.16	24.86	46.91	44.25
✳ 土库曼斯坦（百万美元）	7.38	4.19	4.20	5.74	5.94	4.52	4.17	5.20	4.85	0.00	0.00	0.00

图7-3-2　2016年1～12月中国新疆对中亚五国进出口总值

（三）2016年中国新疆对中亚五国进出口贸易月度分析

1. 2016年1月中国新疆对中亚五国进出口贸易月度分析

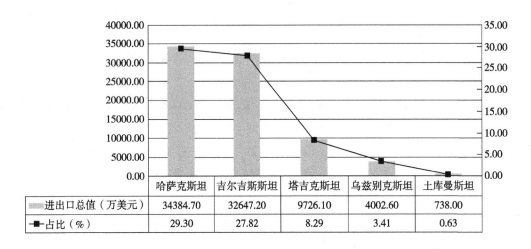

	哈萨克斯坦	吉尔吉斯斯坦	塔吉克斯坦	乌兹别克斯坦	土库曼斯坦
进出口总值（万美元）	34384.70	32647.20	9726.10	4002.60	738.00
■ 占比（%）	29.30	27.82	8.29	3.41	0.63

图7-3-3　2016年1月中国新疆对中亚国家进出口总值及占比

　　由图7-3-3可以看出，在2016年1月中国新疆对中亚国家的进出口贸易中，按中国新疆对中亚国家的进出口总值大小排名依次为：哈萨克斯坦、吉尔吉斯斯坦、塔吉克斯坦、乌兹别克斯坦和土库曼斯坦。

　　中国新疆对中亚国家进出口总值为81498.60万美元，占中国新疆进出口总值的69.45%。其中，对哈萨克斯坦进出口总值为34384.70万美元，占中国新疆进出口总值的29.30%，同比下降15.90%，环比下降11.33%；对吉尔吉斯斯坦进出口总值为32647.20万美元，占中国新疆进出口总值的27.82%，同比上升36.00%，环比上升52.94%；对塔吉克斯坦进出口总值为9726.10万美元，占中国新疆进出口总值的 8.29%，同比上升 10.50%，环比上升 10.97%；对乌兹别克斯坦进出口总值为 4002.60 万美元，占中国新疆进出口总值的 3.41%，同比下降 28.10%，环比上升 18.20%；对土库曼斯坦进出口总值为 738.00 万美元，占中国新疆进出口总值的 0.63%，同比下降 23.70%，环比上升 16.98%。

2. 2016 年 2 月中国新疆对中亚五国进出口贸易月度分析

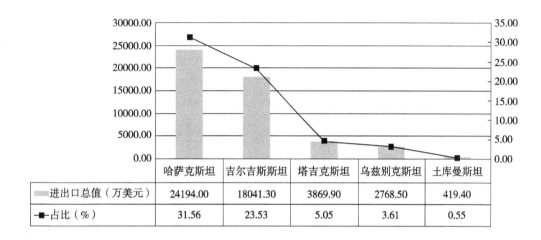

图 7 - 3 - 4　2016 年 2 月中国新疆对中亚国家进出口总值及占比

由图 7 - 3 - 4 可以看出，在 2016 年 2 月中国新疆对中亚国家的进出口贸易中，按中国新疆对中亚国家的进出口总值大小排名依次为：哈萨克斯坦、吉尔吉斯斯坦、塔吉克斯坦、乌兹别克斯坦和土库曼斯坦。

中国新疆对中亚国家进出口总值为 49293.10 万美元，占中国新疆进出口总值的 64.30%。其中，对哈萨克斯坦进出口总值为 24194.00 万美元，占中国新疆进出口总值的 31.56%，同比下降 44.70%，环比下降 29.64%；对吉尔吉斯斯坦进出口总值为 18041.30 万美元，占中国新疆进出口总值的 23.53%，同比上升 20.40%，环比下降 44.74%；对塔吉克斯坦进出口总值为 3869.90 万美元，占中国新疆进出口总值的 5.05%，同比下降 30.60%，环比下降 60.21%；对乌兹别克斯坦进出口总值为 2768.50 万美元，占中国新疆进出口总值的 3.61%，同比下降 53.50%，环比下降 30.83%；对土库曼斯坦进出口总值为 419.40 万美元，占中国新疆进出口总值的 0.55%，同比下降 50.30%，环比下降 43.17%。

3. 2016 年 3 月中国新疆对中亚五国进出口贸易月度分析

由图 7 - 3 - 5 可以看出，在 2016 年 3 月中国新疆对中亚国家的进出口贸易中，按中国新疆对中亚国家的进出口总值大小排名依次为：哈萨克斯坦、吉尔吉斯斯坦、塔吉克斯坦、乌兹别克斯坦和土库曼斯坦。

中国新疆对中亚国家进出口总值为 67795.80 万美元，占中国新疆进出口总值的 58.71%。其中，对哈萨克斯坦进出口总值为 30032.80 万美元，占中国新疆进出口总值的 26.01%，同比下降 0.30%，环比上升 24.13%；对吉尔吉斯斯坦的进出口总值为 28360.80 万美元，占中国新疆进出口总值的 24.56%，同比上升 190.00%，环比上升 57.20%；对塔吉克斯坦进出口总值为 5842.20 万美元，占中国新疆进出口总值的 5.06%，同比上升 148.80%，环比上升 50.97%；对乌兹别克斯坦

进出口总值为 3140.40 万美元，占中国新疆进出口总值的 2.72%，同比上升 8.80%，环比上升
13.43%；对土库曼斯坦进出口总值为 419.60 万美元，占中国新疆进出口总值的 0.36%，同比下降
20.30%，环比上升 0.05%。

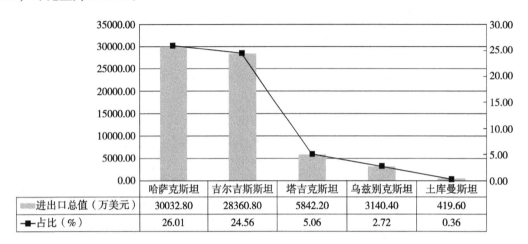

	哈萨克斯坦	吉尔吉斯斯坦	塔吉克斯坦	乌兹别克斯坦	土库曼斯坦
进出口总值（万美元）	30032.80	28360.80	5842.20	3140.40	419.60
占比（%）	26.01	24.56	5.06	2.72	0.36

图 7 - 3 - 5　2016 年 3 月中国新疆对中亚国家进出口总值及占比

4. 2016 年 4 月中国新疆对中亚五国进出口贸易月度分析

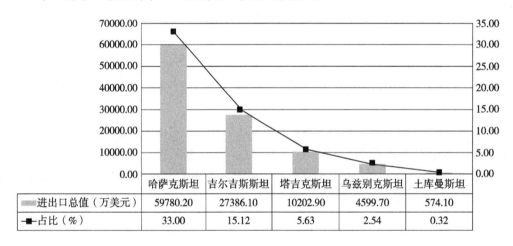

	哈萨克斯坦	吉尔吉斯斯坦	塔吉克斯坦	乌兹别克斯坦	土库曼斯坦
进出口总值（万美元）	59780.20	27386.10	10202.90	4599.70	574.10
占比（%）	33.00	15.12	5.63	2.54	0.32

图 7 - 3 - 6　2016 年 4 月中国新疆对中亚国家进出口总值及占比

由图 7 - 3 - 6 可以看出，在 2016 年 4 月中国新疆对中亚国家的进出口贸易中，按中国新疆对
中亚国家的进出口总值大小排名依次为：哈萨克斯坦、吉尔吉斯斯坦、塔吉克斯坦、乌兹别克斯坦
和土库曼斯坦。

中国新疆对中亚国家进出口总值为 102543.00 万美元，占中国新疆进出口总值的 56.61%。其
中，对哈萨克斯坦进出口总值为 59780.20 万美元，占中国新疆进出口总值的 33.00%，同比上升
5.10%，环比上升 99.05%；对吉尔吉斯斯坦进出口总值为 27386.10 万美元，占中国新疆进出口总
值的 15.12%，同比下降 25.40%，环比下降 3.44%；对塔吉克斯坦进出口总值为 10202.90 万美
元，占中国新疆进出口总值的 5.63%，同比上升 11.10%，环比上升 74.64%；对乌兹别克斯坦进
出口总值为 4599.70 万美元，占中国新疆进出口总值的 2.54%，同比上升 30.10%，环比上升
46.47%；对土库曼斯坦进出口总值为 574.10 万美元，占中国新疆进出口总值的 0.32%，同比下降

34.00%，环比上升36.82%。

5. 2016年5月中国新疆对中亚五国进出口贸易月度分析

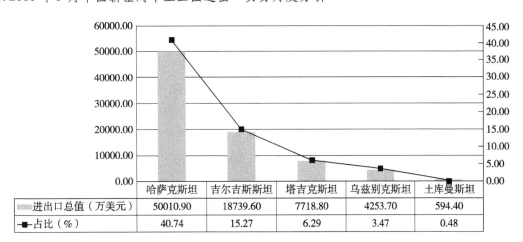

	哈萨克斯坦	吉尔吉斯斯坦	塔吉克斯坦	乌兹别克斯坦	土库曼斯坦
进出口总值（万美元）	50010.90	18739.60	7718.80	4253.70	594.40
占比（%）	40.74	15.27	6.29	3.47	0.48

图7-3-7　2016年5月中国新疆对中亚国家进出口总值及占比

由图7-3-7可以看出，在2016年5月中国新疆对中亚国家的进出口贸易中，按中国新疆对中亚国家的进出口总值大小排名依次为：哈萨克斯坦、吉尔吉斯斯坦、塔吉克斯坦、乌兹别克斯坦和土库曼斯坦。

中国新疆对中亚国家进出口总值为81317.40万美元，占中国新疆进出口总值的66.25%。其中，对哈萨克斯坦进出口总值为50010.90万美元，占中国新疆进出口总值的40.74%，同比下降5.30%，环比下降16.34%；对吉尔吉斯斯坦进出口总值为18739.60万美元，占中国新疆进出口总值的15.27%，同比下降17.30%，环比下降31.57%；对塔吉克斯坦进出口总值为7718.80万美元，占中国新疆进出口总值的6.29%，同比下降38.90%，环比下降24.35%；对乌兹别克斯坦进出口总值为4253.70万美元，占中国新疆进出口总值的3.47%，同比下降15.00%，环比下降7.52%；对土库曼斯坦进出口总值为594.40万美元，占中国新疆进出口总值的0.48%，同比下降11.60%，环比上升3.54%。

6. 2016年6月中国新疆对中亚五国进出口贸易月度分析

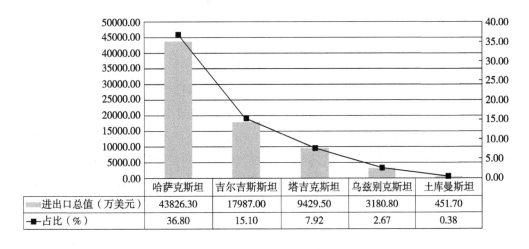

	哈萨克斯坦	吉尔吉斯斯坦	塔吉克斯坦	乌兹别克斯坦	土库曼斯坦
进出口总值（万美元）	43826.30	17987.00	9429.50	3180.80	451.70
占比（%）	36.80	15.10	7.92	2.67	0.38

图7-3-8　2016年6月中国新疆对中亚国家进出口总值及占比

由图7－3－8可以看出，在2016年6月中国新疆对中亚国家的进出口贸易中，按中国新疆对中亚国家的进出口总值大小排名依次为：哈萨克斯坦、吉尔吉斯斯坦、塔吉克斯坦、乌兹别克斯坦和土库曼斯坦。

中国新疆对中亚国家进出口总值为74866.30万美元，占中国新疆进出口总值的62.87%。其中，对哈萨克斯坦进出口总值为43826.30万美元，占中国新疆进出口总值的36.80%，同比下降3.90%，环比下降12.37%；对吉尔吉斯斯坦进出口总值为17987.00万美元，占中国新疆进出口总值的15.10%，同比下降37.40%，环比下降4.06%；对塔吉克斯坦进出口总值为9429.50万美元，占中国新疆进出口总值的7.92%，同比下降27.80%，环比上升22.16%；对乌兹别克斯坦进出口总值为3180.80万美元，占中国新疆进出口总值的2.67%，同比下降48.50%，环比下降25.22%；对土库曼斯坦进出口总值为451.70万美元，占中国新疆进出口总值的0.38%，同比下降33.70%，环比下降24.01%。

7. 2016年7月中国新疆对中亚五国进出口贸易月度分析

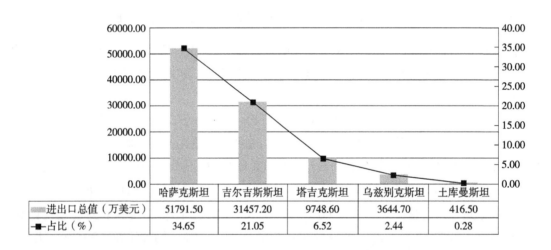

	哈萨克斯坦	吉尔吉斯斯坦	塔吉克斯坦	乌兹别克斯坦	土库曼斯坦
进出口总值（万美元）	51791.50	31457.20	9748.60	3644.70	416.50
占比（%）	34.65	21.05	6.52	2.44	0.28

图7－3－9　2016年7月中国新疆对中亚国家进出口总值及占比

由图7－3－9可以看出，在2016年7月中国新疆对中亚国家的进出口贸易中，按中国新疆对中亚国家的进出口总值大小排名依次为：哈萨克斯坦、吉尔吉斯斯坦、塔吉克斯坦、乌兹别克斯坦和土库曼斯坦。

中国新疆对中亚国家进出口总值为97058.50万美元，占中国新疆进出口总值的64.94%。其中，对哈萨克斯坦进出口总值为51791.50万美元，占中国新疆进出口总值的34.65%，同比下降9.40%，环比上升18.17%；对吉尔吉斯斯坦进出口总值为31457.20万美元，占中国新疆进出口总值的21.05%，同比下降3.50%，环比上升74.98%；对塔吉克斯坦进出口总值为9748.60万美元，占中国新疆进出口总值的6.52%，同比下降19.00%，环比上升3.38%；对乌兹别克斯坦进出口总值为3644.70万美元，占中国新疆进出口总值的2.44%，同比下降10.60%，环比上升14.58%；对土库曼斯坦进出口总值为416.50万美元，占中国新疆进出口总值的0.28%，同比下降43.20%，环比下降7.79%。

8. 2016年8月中国新疆对中亚五国进出口贸易月度分析

由图7－3－10可以看出，在2016年8月中国新疆对中亚国家的进出口贸易中，按中国新疆对中亚国家的进出口总值大小排名依次为：哈萨克斯坦、吉尔吉斯斯坦、塔吉克斯坦、乌兹别克斯坦和土库曼斯坦。

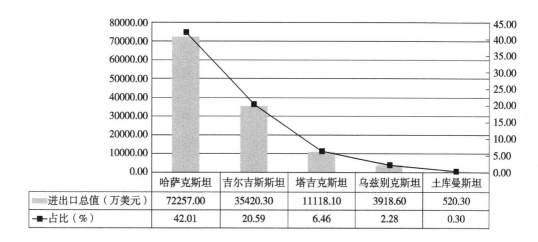

	哈萨克斯坦	吉尔吉斯斯坦	塔吉克斯坦	乌兹别克斯坦	土库曼斯坦
进出口总值（万美元）	72257.00	35420.30	11118.10	3918.60	520.30
占比（%）	42.01	20.59	6.46	2.28	0.30

图 7 - 3 - 10　2016 年 8 月中国新疆对中亚国家进出口总值及占比

中国新疆对中亚国家进出口总值为 123234.30 万美元，占中国新疆进出口总值的 71.64%。其中，对哈萨克斯坦进出口总值为 72257.00 万美元，占中国新疆进出口总值的 42.01%，同比上升 17.20%，环比上升 39.52%；对吉尔吉斯斯坦进出口总值为 35420.30 万美元，占中国新疆进出口总值的 20.59%，同比上升 6.20%，环比上升 12.60%；对塔吉克斯坦进出口总值为 11118.10 万美元，占中国新疆进出口总值的 6.46%，同比下降 5.90%，环比上升 14.05%；对乌兹别克斯坦进出口总值为 3918.60 万美元，占中国新疆进出口总值的 2.28%，同比下降 22.06%，环比上升 7.52%；对土库曼斯坦进出口总值为 520.30 万美元，占中国新疆进出口总值的 0.30%，同比下降 27.20%，环比上升 24.92%。

9. 2016 年 9 月中国新疆对中亚五国进出口贸易月度分析

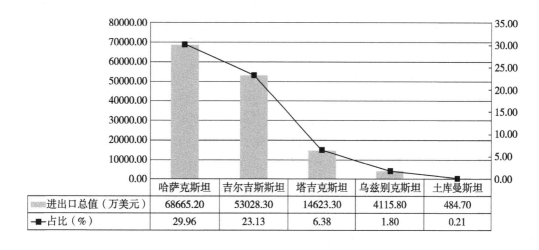

	哈萨克斯坦	吉尔吉斯斯坦	塔吉克斯坦	乌兹别克斯坦	土库曼斯坦
进出口总值（万美元）	68665.20	53028.30	14623.30	4115.80	484.70
占比（%）	29.96	23.13	6.38	1.80	0.21

图 7 - 3 - 11　2016 年 9 月中国新疆对中亚国家进出口总值及占比

由图 7 - 3 - 11 可以看出，2016 年 9 月中国新疆对中亚国家的进出口贸易中，按中国新疆对中亚国家的进出口总值大小排名依次为：哈萨克斯坦、吉尔吉斯斯坦、塔吉克斯坦、乌兹别克斯坦和土库曼斯坦。

中国新疆对中亚国家进出口总值为140917.30万美元，占中国新疆进出口总值的61.48%。其中，对哈萨克斯坦进出口总值为68665.20万美元，占中国新疆进出口总值的29.96%，同比上升25.40%，环比下降4.97%；对吉尔吉斯斯坦进出口总值为53028.30万美元，占中国新疆进出口总值的23.13%，同比上升53.80%，环比上升49.71%；对塔吉克斯坦进出口总值为14623.30万美元，占中国新疆进出口总值的6.38%，同比下降27.30%，环比上升31.53%；对乌兹别克斯坦进出口总值为4115.80万美元，占中国新疆进出口总值的1.80%，同比下降4.80%，环比上升5.03%；对土库曼斯坦进出口总值为484.70万美元，占中国新疆进出口总值的0.21%，同比下降54.90%，环比下降6.84%。

10. 2016年10月中国新疆对中亚五国进出口贸易月度分析

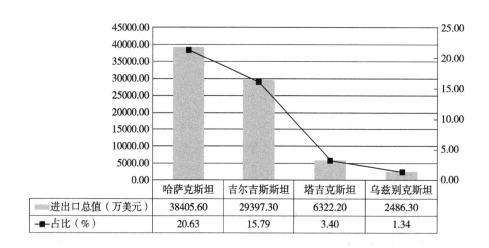

图7-3-12 2016年10月中国新疆对中亚国家进出口总值及占比

由图7-3-12可以看出，2016年10月中国新疆对中亚国家的进出口贸易中，土库曼斯坦10月没有进出口贸易数据，中国新疆对中亚国家的进出口总值大小排名依次为：哈萨克斯坦、吉尔吉斯斯坦、塔吉克斯坦和乌兹别克斯坦。

中国新疆对中亚国家进出口总值为76611.40万美元，占中国新疆进出口总值的41.16%。其中，对哈萨克斯坦进出口总值为38405.60万美元，占中国新疆进出口总值的20.63%，同比上升29.80%，环比下降44.07%；对吉尔吉斯斯坦进出口总值为29397.30万美元，占中国新疆进出口总值的15.79%，同比上升25.50%，环比下降44.56%；对塔吉克斯坦进出口总值为6322.20万美元，占中国新疆进出口总值的3.40%，同比下降42.70%，环比下降56.77%；对乌兹别克斯坦进出口总值为2486.30万美元，占中国新疆进出口总值的1.34%，同比上升9.60%，环比下降39.59%。

11. 2016年11月中国新疆对中亚五国进出口贸易月度分析

由图7-3-13可以看出，2016年11月中国新疆对中亚国家的进出口贸易中，土库曼斯坦11月没有进出口贸易数据，中国新疆对中亚国家的进出口总值大小排名依次为：哈萨克斯坦、吉尔吉斯斯坦、塔吉克斯坦和乌兹别克斯坦。

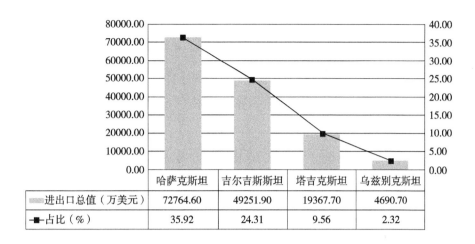

	哈萨克斯坦	吉尔吉斯斯坦	塔吉克斯坦	乌兹别克斯坦
进出口总值（万美元）	72764.60	49251.90	19367.70	4690.70
占比（%）	35.92	24.31	9.56	2.32

图 7 - 3 - 13　2016 年 11 月中国新疆对中亚国家进出口总值及占比

中国新疆对中亚国家进出口总值为 146074.90 万美元，占中国新疆进出口总值的 72.11%。其中，对哈萨克斯坦进出口总值为 72764.60 万美元，占中国新疆进出口总值的 35.92%，同比上升 58.00%，环比上升 89.46%；对吉尔吉斯斯坦进出口总值为 49251.90 万美元，占中国新疆进出口总值的 24.31%，同比上升 73.60%，环比上升 67.54%；对塔吉克斯坦进出口总值为 19367.70 万美元，占中国新疆进出口总值的 9.56%，同比上升 9.60%，环比上升 206.34%；对乌兹别克斯坦进出口总值为 4690.70 万美元，占中国新疆进出口总值的 2.32%，同比上升 47.10%，环比上升 88.66%。

12. 2016 年 12 月中国新疆对中亚五国进出口贸易月度分析

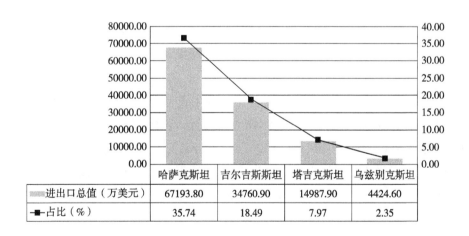

	哈萨克斯坦	吉尔吉斯斯坦	塔吉克斯坦	乌兹别克斯坦
进出口总值（万美元）	67193.80	34760.90	14987.90	4424.60
占比（%）	35.74	18.49	7.97	2.35

图 7 - 3 - 14　2016 年 12 月中国新疆对中亚国家进出口总值及占比

由图 7 - 3 - 14 可以看出，2016 年 12 月中国新疆对中亚国家的进出口贸易中，土库曼斯坦 12 月没有进出口贸易数据，中国新疆对中亚国家的进出口总值大小排名依次为：哈萨克斯坦、吉尔吉斯斯坦、塔吉克斯坦和乌兹别克斯坦。

中国新疆对中亚国家进出口总值为 121367.20 万美元，占中国新疆进出口总值的 64.55%。其中，对哈萨克斯坦进出口总值为 67193.80 万美元，占中国新疆进出口总值的 35.74%，同比上升

73.40%，环比下降7.66%；对吉尔吉斯斯坦进出口总值为34760.90万美元，占中国新疆进出口总值的18.49%，同比上升62.80%，环比下降29.42%；对塔吉克斯坦进出口总值为14987.90万美元，占中国新疆进出口总值的7.97%，同比上升71.00%，环比下降22.61%；对乌兹别克斯坦进出口总值为4424.60万美元，占中国新疆进出口总值的2.35%，同比上升30.70%，环比下降5.67%。

二、2016年中国新疆对中亚五国出口贸易总体分析

（一）2016年中国新疆对中亚五国出口贸易分析

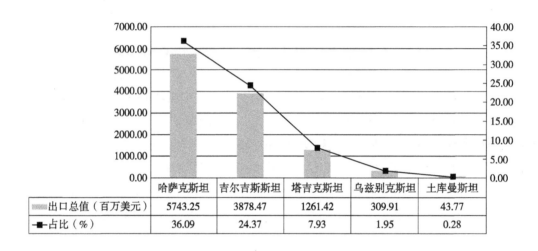

	哈萨克斯坦	吉尔吉斯斯坦	塔吉克斯坦	乌兹别克斯坦	土库曼斯坦
出口总值（百万美元）	5743.25	3878.47	1261.42	309.91	43.77
占比（%）	36.09	24.37	7.93	1.95	0.28

图7-3-15　2016年中国新疆对中亚五国出口总值及占比

由图7-3-15可以看出，2016年中国新疆对中亚五国出口总值大小排名依次为：哈萨克斯坦、吉尔吉斯斯坦、塔吉克斯坦、乌兹别克斯坦、土库曼斯坦。

中国新疆对中亚五国出口总值为11236.82百万美元，占中国新疆出口总值的70.62%。其中，对哈萨克斯坦的出口总值为5743.25百万美元，占中国新疆出口总值的36.09%，同比上升9.20%；对吉尔吉斯斯坦的出口总值为3878.47百万美元，占中国新疆出口总值的24.37%，同比上升21.20%；对塔吉克斯坦的出口总值为1261.42百万美元，占中国新疆出口总值的7.93%，同比下降8.50%；对乌兹别克斯坦的出口总值为309.91百万美元，占中国新疆出口总值的1.95%，同比下降11.90%；对土库曼斯坦的出口总值为43.77百万美元，占中国新疆出口总值的0.28%，同比下降35.00%。

（二）2016年中国新疆对中亚五国出口贸易趋势分析

由图7-3-16可以看出，2016年1~12月中国新疆对中亚五国的出口总值大小排名顺序始终为：哈萨克斯坦、吉尔吉斯斯坦、塔吉克斯坦、乌兹别克斯坦和土库曼斯坦。

中国新疆对中亚五国出口总值的变化趋势与进出口变化趋势一致。中国新疆对哈萨克斯坦、吉尔吉斯斯坦出口总值全年上下起伏波动，其中，对哈萨克斯坦、塔吉克斯坦的出口贸易最高点均在11月，最低点均在2月；对吉尔吉斯斯坦的出口贸易最高点在9月，最低点在6月；对乌兹别克斯坦的出口贸易最高点在9月，最低点在10月；对土库曼斯坦出口总值的变化波动很小，10~12月未与其发生出口贸易。

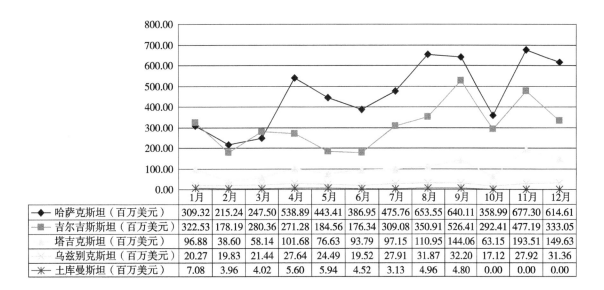

	1月	2月	3月	4月	5月	6月	7月	8月	9月	10月	11月	12月
哈萨克斯坦（百万美元）	309.32	215.24	247.50	538.89	443.41	386.95	475.76	653.55	640.11	358.99	677.30	614.61
吉尔吉斯斯坦（百万美元）	322.53	178.19	280.36	271.28	184.56	176.34	309.08	350.91	526.41	292.41	477.19	333.05
塔吉克斯坦（百万美元）	96.88	38.60	58.14	101.68	76.63	93.79	97.15	110.95	144.06	63.15	193.51	149.63
乌兹别克斯坦（百万美元）	20.27	19.83	21.44	27.64	24.49	19.52	27.91	31.87	32.20	17.12	27.92	31.36
土库曼斯坦（百万美元）	7.08	3.96	4.02	5.60	5.94	4.52	3.13	4.96	4.80	0.00	0.00	0.00

图 7 - 3 - 16　2016 年 1 ~ 12 月中国新疆对中亚五国出口总值

（三）2016 年中国新疆对中亚五国出口贸易月度分析

1. 2016 年 1 月中国新疆对中亚五国出口贸易月度分析

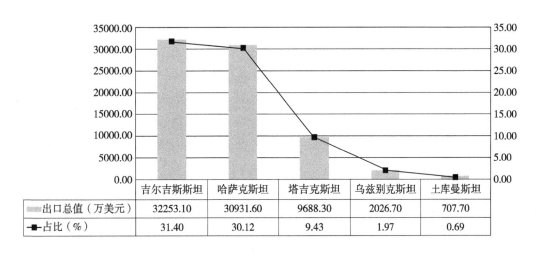

	吉尔吉斯斯坦	哈萨克斯坦	塔吉克斯坦	乌兹别克斯坦	土库曼斯坦
出口总值（万美元）	32253.10	30931.60	9688.30	2026.70	707.70
占比（％）	31.40	30.12	9.43	1.97	0.69

图 7 - 3 - 17　2016 年 1 月中国新疆对中亚国家出口总值及占比

由图 7 - 3 - 17 可以看出，2016 年 1 月，中国新疆对中亚国家出口总值大小排名依次为：吉尔吉斯斯坦、哈萨克斯坦、塔吉克斯坦、乌兹别克斯坦和土库曼斯坦。

中国新疆对中亚国家出口总值为 75607.40 万美元，占中国新疆出口总值的 59.76% 。其中，对吉尔吉斯斯坦的出口总值为 32253.10 万美元，占中国新疆出口总值的 31.40%，同比上升 36.80%，环比上升 53.17%；对哈萨克斯坦的出口总值为 30931.60 万美元，占中国新疆出口总值的 30.12%，同比下降 18.30%，环比下降 11.15%；对塔吉克斯坦的出口总值为 9688.30 万美元，占中国新疆出口总值的 9.43%，同比上升 11.50%，环比上升 15.02%；对乌兹别克斯坦的出口总值为 2026.70 万美元，占中国新疆出口总值的 1.97%，同比下降 21.40%，环比下降 5.84%；对土库曼斯坦的出口总值为 707.70 万美元，占中国新疆出口总值的 0.69%，同比下降 25.90%，环比上升 27.51%。

2. 2016 年 2 月中国新疆对中亚五国出口贸易月度分析

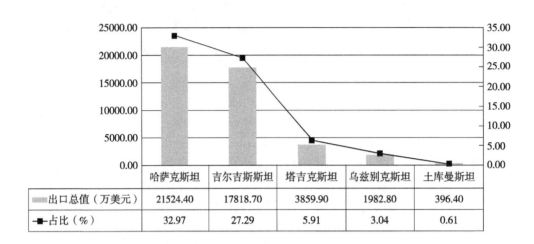

	哈萨克斯坦	吉尔吉斯斯坦	塔吉克斯坦	乌兹别克斯坦	土库曼斯坦
▅出口总值（万美元）	21524.40	17818.70	3859.90	1982.80	396.40
━■━占比（%）	32.97	27.29	5.91	3.04	0.61

图 7 – 3 – 18　2016 年 2 月中国新疆对中亚国家出口总值及占比

由图 7 – 3 – 18 可以看出，2016 年 2 月，中国新疆对中亚国家出口总值大小排名依次为：哈萨克斯坦、吉尔吉斯斯坦、塔吉克斯坦、乌兹别克斯坦和土库曼斯坦。

中国新疆对中亚国家出口总值为 45582.20 万美元，占中国新疆出口总值的 69.82%。其中，对哈萨克斯坦的出口总值为 21524.40 万美元，占中国新疆出口总值的 32.97%，同比下降 45.50%，环比下降 30.41%；对吉尔吉斯斯坦的出口总值为 17818.70 万美元，占中国新疆出口总值的 27.29%，同比上升 21.30%，环比下降 44.75%；对塔吉克斯坦的出口总值为 3859.90 万美元，占中国新疆出口总值的 5.91%，同比下降 29.70%，环比下降 60.16%；对乌兹别克斯坦的出口总值为 1982.80 万美元，占中国新疆出口总值的 3.04%，同比下降 38.00%，环比下降 2.17%；对土库曼斯坦的出口总值为 396.40 万美元，占中国新疆出口总值的 0.61%，同比下降 52.70%，环比下降 43.99%。

3. 2016 年 3 月中国新疆对中亚五国出口贸易月度分析

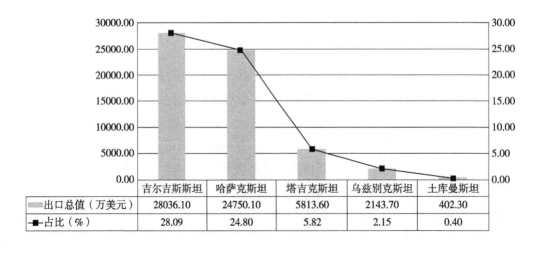

	吉尔吉斯斯坦	哈萨克斯坦	塔吉克斯坦	乌兹别克斯坦	土库曼斯坦
▅出口总值（万美元）	28036.10	24750.10	5813.60	2143.70	402.30
━■━占比（%）	28.09	24.80	5.82	2.15	0.40

图 7 – 3 – 19　2016 年 3 月中国新疆对中亚国家出口总值及占比

由图 7 - 3 - 19 可以看出，2016 年 3 月，中国新疆对中亚国家出口总值大小排名依次为：吉尔吉斯斯坦、哈萨克斯坦、塔吉克斯坦、乌兹别克斯坦和土库曼斯坦。

中国新疆对中亚国家出口总值为 61145.80 万美元，占中国新疆出口总值的 61.26%。其中，对吉尔吉斯斯坦的出口总值为 28036.10 万美元，占中国新疆出口总值的 28.09%，同比上升 199.60%，环比上升 57.34%；对哈萨克斯坦的出口总值为 24750.10 万美元，占中国新疆出口总值的 24.80%，同比下降 5.50%，环比上升 14.99%；对塔吉克斯坦的出口总值为 5813.60 万美元，占中国新疆出口总值的 5.82%，同比上升 153.80%，环比上升 50.62%；对乌兹别克斯坦的出口总值为 2143.70 万美元，占中国新疆出口总值的 2.15%，同比上升 12.50%，环比上升 8.11%；对土库曼斯坦的出口总值为 402.30 万美元，占中国新疆出口总值的 0.40%，同比下降 19.00%，环比上升 1.49%。

4. 2016 年 4 月中国新疆对中亚五国出口贸易月度分析

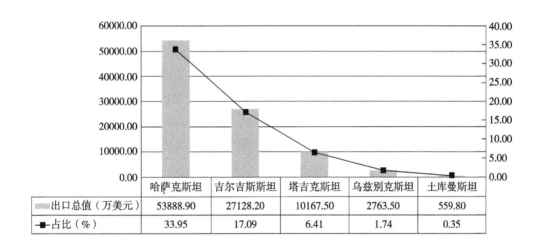

	哈萨克斯坦	吉尔吉斯斯坦	塔吉克斯坦	乌兹别克斯坦	土库曼斯坦
出口总值（万美元）	53888.90	27128.20	10167.50	2763.50	559.80
占比（%）	33.95	17.09	6.41	1.74	0.35

图 7 - 3 - 20 2016 年 4 月中国新疆对中亚国家出口总值及占比

由图 7 - 3 - 20 可以看出，2016 年 4 月，中国新疆对中亚国家出口总值大小排名依次为：哈萨克斯坦、吉尔吉斯斯坦、塔吉克斯坦、乌兹别克斯坦和土库曼斯坦。

中国新疆对中亚国家出口总值为 94507.90 万美元，占中国新疆出口总值的 59.54%。其中，对哈萨克斯坦的出口总值为 53888.90 万美元，占中国新疆出口总值的 33.95%，同比上升 0.80%，环比上升 117.73%；对吉尔吉斯斯坦的出口总值为 27128.20 万美元，占中国新疆出口总值的 17.09%，同比下降 25.20%，环比下降 3.24%；对塔吉克斯坦的出口总值为 10167.50 万美元，占中国新疆出口总值的 6.41%，同比上升 11.20%，环比上升 74.89%；对乌兹别克斯坦的出口总值为 2763.50 万美元，占中国新疆出口总值的 1.74%，同比上升 3.50%，环比上升 28.91%；对土库曼斯坦的出口总值为 559.80 万美元，占中国新疆出口总值的 0.35%，同比下降 33.80%，环比上升 39.15%。

5. 2016 年 5 月中国新疆对中亚五国出口贸易月度分析

由图 7 - 3 - 21 可以看出，2016 年 5 月，中国新疆对中亚国家出口总值大小排名依次为：哈萨克斯坦、吉尔吉斯斯坦、塔吉克斯坦、乌兹别克斯坦和土库曼斯坦。

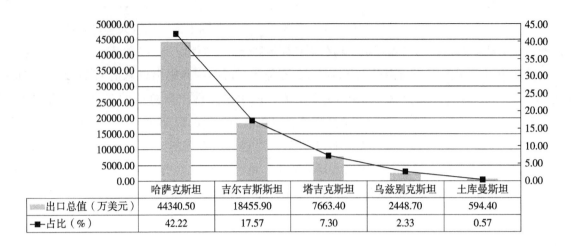

图 7 - 3 - 21　2016 年 5 月中国新疆对中亚国家出口总值及占比

中国新疆对中亚国家出口总值为 73502.90 万美元，占中国新疆出口总值的 69.99%。其中，对哈萨克斯坦的出口总值为 44340.50 万美元，占中国新疆出口总值的 42.22%，同比下降 2.10%，环比下降 17.72%；对吉尔吉斯斯坦的出口总值为 18455.90 万美元，占中国新疆出口总值的 17.57%，同比下降 17.30%，环比下降 31.97%；对塔吉克斯坦的出口总值为 7663.40 万美元，占中国新疆出口总值的 7.30%，同比下降 39.10%，环比下降 24.63%；对乌兹别克斯坦的出口总值为 2448.70 万美元，占中国新疆出口总值的 2.33%，同比下降 18.50%，环比下降 11.39%；对土库曼斯坦的出口总值为 594.40 万美元，占中国新疆出口总值的 0.57%，同比下降 8.70%，环比上升 6.18%。

6. 2016 年 6 月中国新疆对中亚五国出口贸易月度分析

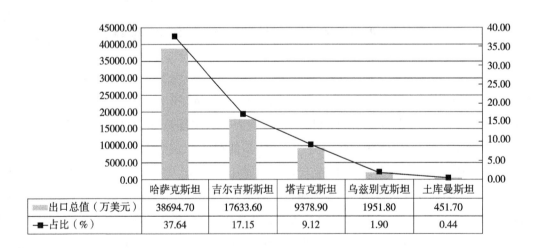

图 7 - 3 - 22　2016 年 6 月中国新疆对中亚国家出口总值及占比

由图 7 - 3 - 22 可以看出，2016 年 6 月，中国新疆对中亚国家出口总值大小排名依次为：哈萨克斯坦、吉尔吉斯斯坦、塔吉克斯坦、乌兹别克斯坦和土库曼斯坦。

中国新疆对中亚国家出口总值为 68110.70 万美元，占中国新疆出口总值的 66.25%。其中，对哈萨克斯坦的出口总值为 38694.70 万美元，占中国新疆出口总值的 37.64%，同比下降 5.80%，环比下降12.73%；对吉尔吉斯斯坦的出口总值为17633.60万美元，占中国新疆出口总值的17.15%，同比下降38.00%，环比下降4.46%；对塔吉克斯坦的出口总值为9378.90万美元，占中国新疆出口总值的9.12%，同比下降28.00%，环比上升22.39%；对乌兹别克斯坦的出口总值为1951.80万美元，占中国新疆出口总值的1.90%，同比下降43.40%，环比下降20.29%；对土库曼斯坦的出口总值为451.70万美元，占中国新疆出口总值的0.44%，同比下降32.60%，环比下降24.01%。

7.2016年7月中国新疆对中亚五国出口贸易月度分析

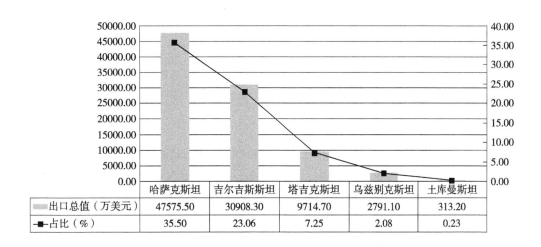

	哈萨克斯坦	吉尔吉斯斯坦	塔吉克斯坦	乌兹别克斯坦	土库曼斯坦
出口总值（万美元）	47575.50	30908.30	9714.70	2791.10	313.20
占比（%）	35.50	23.06	7.25	2.08	0.23

图7-3-23　2016年7月中国新疆对中亚国家出口总值及占比

由图7-3-23可以看出，2016年7月，中国新疆对中亚国家出口总值大小排名依次为：哈萨克斯坦、吉尔吉斯斯坦、塔吉克斯坦、乌兹别克斯坦和土库曼斯坦。

中国新疆对中亚国家出口总值为91302.80万美元，占中国新疆出口总值的68.12%。其中，对哈萨克斯坦的出口总值为47575.50万美元，占中国新疆出口总值的35.50%，同比下降11.50%，环比上升22.95%；对吉尔吉斯斯坦的出口总值为30908.30万美元，占中国新疆出口总值的23.06%，同比下降4.30%，环比上升75.28%；对塔吉克斯坦的出口总值为9714.70万美元，占中国新疆出口总值的7.25%，同比下降19.00%，环比上升3.58%；对乌兹别克斯坦的出口总值为2791.10万美元，占中国新疆出口总值的2.08%，同比下降18.50%，环比上升43.00%；对土库曼斯坦的出口总值为313.20万美元，占中国新疆出口总值的0.23%，同比下降57.10%，环比下降30.66%。

8.2016年8月中国新疆对中亚五国出口贸易月度分析

由图7-3-24可以看出，2016年8月，中国新疆对中亚国家出口总值大小排名依次为：哈萨克斯坦、吉尔吉斯斯坦、塔吉克斯坦、乌兹别克斯坦和土库曼斯坦。

中国新疆对中亚国家出口总值为115223.80万美元，占中国新疆出口总值的75.76%。其中，对哈萨克斯坦的出口总值为65355.00万美元，占中国新疆出口总值的42.97%，同比上升11.40%，环比上升37.37%；对吉尔吉斯斯坦的出口总值为35090.80万美元，占中国新疆出口总值的23.07%，同比上升6.10%，环比上升13.53%；对塔吉克斯坦的出口总值为11094.90万美元，占中国新疆出口总值的7.29%，同比下降5.80%，环比上升14.21%；对乌兹别克斯坦的出口总值为3186.70万美元，占中国新疆出口总值的2.10%，同比下降24.30%，环比上升14.17%；对土库曼斯坦的出口总值为496.40万美元，占中国新疆出口总值的0.33%，同比下降30.50%，环比上升58.49%。

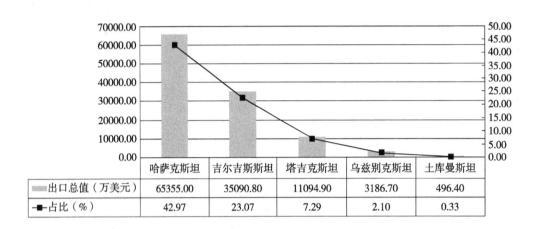

	哈萨克斯坦	吉尔吉斯斯坦	塔吉克斯坦	乌兹别克斯坦	土库曼斯坦
出口总值（万美元）	65355.00	35090.80	11094.90	3186.70	496.40
占比（%）	42.97	23.07	7.29	2.10	0.33

图7-3-24　2016年8月中国新疆对中亚国家出口总值及占比

9. 2016年9月中国新疆对中亚五国出口贸易月度分析

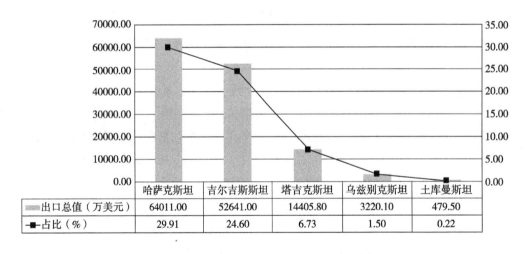

	哈萨克斯坦	吉尔吉斯斯坦	塔吉克斯坦	乌兹别克斯坦	土库曼斯坦
出口总值（万美元）	64011.00	52641.00	14405.80	3220.10	479.50
占比（%）	29.91	24.60	6.73	1.50	0.22

图7-3-25　2016年9月中国新疆对中亚国家出口总值及占比

由图7-3-25可以看出，2016年9月，中国新疆对中亚国家出口总值大小排名依次为：哈萨克斯坦、吉尔吉斯斯坦、塔吉克斯坦、乌兹别克斯坦和土库曼斯坦。

中国新疆对中亚国家出口总值为134757.40万美元，占中国新疆出口总值的62.97%。其中，对哈萨克斯坦的出口总值为64011.00万美元，占中国新疆出口总值的29.91%，同比上升24.70%，环比下降2.06%；对吉尔吉斯斯坦的出口总值为52641.00万美元，占中国新疆出口总值的24.60%，同比上升53.60%，环比上升50.01%；对塔吉克斯坦的出口总值为14405.80万美元，占中国新疆出口总值的6.73%，同比下降28.30%，环比上升29.84%；对乌兹别克斯坦的出口总值为3220.10万美元，占中国新疆出口总值的1.50%，同比下降5.90%，环比上升1.05%；对土库曼斯坦的出口总值为479.50万美元，占中国新疆出口总值的0.22%，同比下降42.10%，环比下降 3.40%。

10. 2016 年 10 月中国新疆对中亚四国出口贸易月度分析

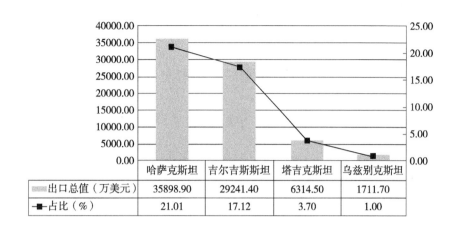

	哈萨克斯坦	吉尔吉斯斯坦	塔吉克斯坦	乌兹别克斯坦
出口总值（万美元）	35898.90	29241.40	6314.50	1711.70
占比（%）	21.01	17.12	3.70	1.00

图 7 - 3 - 26 2016 年 10 月中国新疆对中亚国家出口总值及占比

由图 7 - 3 - 26 可以看出，2016 年 10 月，中国新疆对中亚国家出口总值大小排名依次为：哈萨克斯坦、吉尔吉斯斯坦、塔吉克斯坦和乌兹别克斯坦。

中国新疆对中亚国家出口总值为 73166.50 万美元，占中国新疆出口总值的 42.83%。其中，对哈萨克斯坦的出口总值为 35898.90 万美元，占中国新疆出口总值的 21.01%，同比上升 28.30%，环比下降 43.92%；对吉尔吉斯斯坦的出口总值为 29241.40 万美元，占中国新疆出口总值的 17.12%，同比上升 25.60%，环比下降 44.45%；对塔吉克斯坦的出口总值为 6314.50 万美元，占中国新疆出口总值的 3.70%，同比下降 41.20%，环比下降 56.17%；对乌兹别克斯坦的出口总值为 1711.70 万美元，占中国新疆出口总值的 1.00%，同比下降 6.00%，环比下降 46.84%。

11. 2016 年 11 月中国新疆对中亚四国出口贸易月度分析

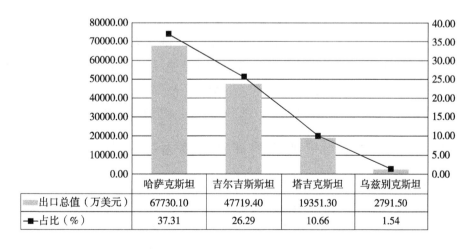

	哈萨克斯坦	吉尔吉斯斯坦	塔吉克斯坦	乌兹别克斯坦
出口总值（万美元）	67730.10	47719.40	19351.30	2791.50
占比（%）	37.31	26.29	10.66	1.54

图 7 - 3 - 27 2016 年 11 月中国新疆对中亚国家出口总值及占比

由图 7 - 3 - 27 可以看出，2016 年 11 月，中国新疆对中亚国家出口总值大小排名依次为：哈萨克斯坦、吉尔吉斯斯坦、塔吉克斯坦和乌兹别克斯坦。

中国新疆对中亚国家出口总值为137592.30万美元，占中国新疆出口总值的75.79%。其中，对哈萨克斯坦的出口总值为67730.10万美元，占中国新疆出口总值的37.31%，同比上升68.10%，环比上升88.67%；对吉尔吉斯斯坦的出口总值为47719.40万美元，占中国新疆出口总值的26.29%，同比上升69.80%，环比上升63.19%；对塔吉克斯坦的出口总值为19351.30万美元，占中国新疆出口总值的10.66%，同比上升10.80%，环比上升206.46%；对乌兹别克斯坦的出口总值为2791.50万美元，占中国新疆出口总值的1.54%，同比上升20.40%，环比上升63.08%。

12. 2016年12月中国新疆对中亚四国出口贸易月度分析

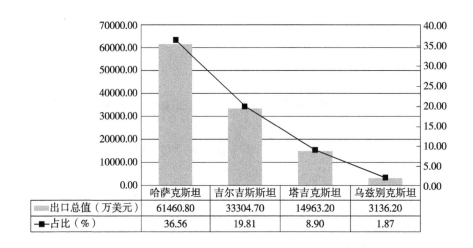

	哈萨克斯坦	吉尔吉斯斯坦	塔吉克斯坦	乌兹别克斯坦
出口总值（万美元）	61460.80	33304.70	14963.20	3136.20
占比（%）	36.56	19.81	8.90	1.87

图7-3-28　2016年12月中国新疆对中亚国家出口总值及占比

由图7-3-28可以看出，2016年12月，中国新疆对中亚国家出口总值大小排名依次为：哈萨克斯坦、吉尔吉斯斯坦、塔吉克斯坦和乌兹别克斯坦。

中国新疆对中亚国家出口总值为112864.90万美元，占中国新疆出口总值的67.15%。其中，对哈萨克斯坦的出口总值为61460.80万美元，占中国新疆出口总值的36.56%，同比上升76.80%，环比下降9.26%；对吉尔吉斯斯坦的出口总值为33304.70万美元，占中国新疆出口总值的19.81%，同比上升58.20%，环比下降30.21%；对塔吉克斯坦的出口总值为14963.20万美元，占中国新疆出口总值的8.90%，同比上升77.60%，环比下降22.68%；对乌兹别克斯坦的出口总值为3136.20万美元，占中国新疆出口总值的1.87%，同比上升45.70%，环比上升12.35%。

三、2016年中国新疆对中亚五国进口贸易总体分析

（一）2016年中国新疆对中亚五国进口贸易分析

由图7-3-29可以看出，2016年中国新疆对中亚五国进口贸易中进口总值大小排名依次为：哈萨克斯坦、乌兹别克斯坦、吉尔吉斯斯坦、塔吉克斯坦、土库曼斯坦。

中国新疆对中亚五国进口总值为810.86百万美元，占中国新疆进口总值的39.53%。其中，对哈萨克斯坦的进口总值为585.31百万美元，占中国新疆进口总值的28.54%，同比上升20.20%；对乌兹别克斯坦的进口总值为154.63百万美元，占中国新疆进口总值的7.54%，同比上升67.10%；对吉尔吉斯斯坦的进口总值为63.27百万美元，占中国新疆进口总值的3.08%，同比

下降 63.80%；对塔吉克斯坦的进口总值为 5.47 百万美元，占中国新疆进口总值的 0.27%，同比下降 11.80%；对土库曼斯坦的进口总值为 2.18 百万美元，占中国新疆进口总值的 0.11%，同比下降 38.60%。

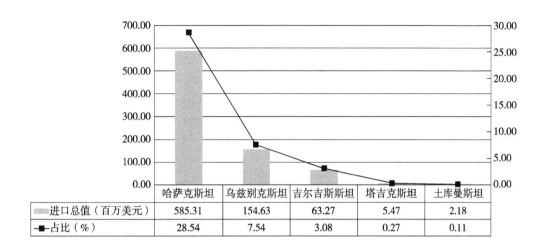

	哈萨克斯坦	乌兹别克斯坦	吉尔吉斯斯坦	塔吉克斯坦	土库曼斯坦
进口总值（百万美元）	585.31	154.63	63.27	5.47	2.18
占比（%）	28.54	7.54	3.08	0.27	0.11

图 7 - 3 - 29　2016 年中国新疆对中亚五国进口总值及占比

（二）2016 年中国新疆对中亚五国进口贸易趋势分析

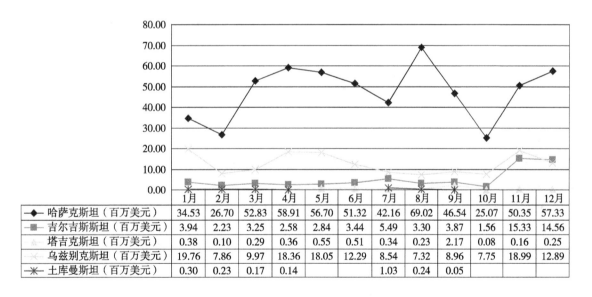

	1 月	2 月	3 月	4 月	5 月	6 月	7 月	8 月	9 月	10 月	11 月	12 月
哈萨克斯坦（百万美元）	34.53	26.70	52.83	58.91	56.70	51.32	42.16	69.02	46.54	25.07	50.35	57.33
吉尔吉斯斯坦（百万美元）	3.94	2.23	3.25	2.58	2.84	3.44	5.49	3.30	3.87	1.56	15.33	14.56
塔吉克斯坦（百万美元）	0.38	0.10	0.29	0.36	0.55	0.51	0.34	0.23	2.17	0.08	0.16	0.25
乌兹别克斯坦（百万美元）	19.76	7.86	9.97	18.36	18.05	12.29	8.54	7.32	8.96	7.75	18.99	12.89
土库曼斯坦（百万美元）	0.30	0.23	0.17	0.14		1.03	0.24	0.05				

图 7 - 3 - 30　2016 年 1 ~ 12 月中国新疆对中亚五国进口总值

由图 7 - 3 - 30 可以看出，2016 年中国新疆对中亚五国的进口总值大小排名顺序，除 2 月、7 月和 8 月塔吉克斯坦上升 1 位外，五国排名顺序始终为：哈萨克斯坦、乌兹别克斯坦、吉尔吉斯斯坦、塔吉克斯坦和土库曼斯坦。

中国新疆对哈萨克斯坦、乌兹别克斯坦进口总值呈波动变化趋势，其中，对哈萨克斯坦进口贸易最高点在 8 月，最低点在 10 月；对乌兹别克斯坦进口贸易最高点在 1 月，最低点在 8 月；对吉尔吉斯斯坦进口贸易最高点在 11 月，最低点在 2 月；对塔吉克斯坦、土库曼斯坦的进口总值的变化波动较小，其中，土库曼斯坦5月、6月及10~12月未与其发生进口贸易。

（三）2016年中国新疆对中亚五国进口贸易月度分析

1. 2016年1月中国新疆对中亚五国进口贸易月度分析

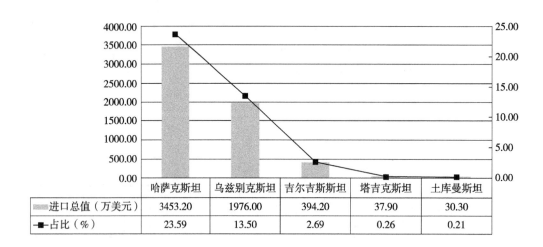

	哈萨克斯坦	乌兹别克斯坦	吉尔吉斯斯坦	塔吉克斯坦	土库曼斯坦
进口总值（万美元）	3453.20	1976.00	394.20	37.90	30.30
占比（%）	23.59	13.50	2.69	0.26	0.21

图7-3-31 2016年1月中国新疆对中亚国家进口总值及占比

由图7-3-31可以看出，2016年1月，中国新疆对中亚国家进口总值大小排名依次为：哈萨克斯坦、乌兹别克斯坦、吉尔吉斯斯坦、塔吉克斯坦和土库曼斯坦。

中国新疆对中亚国家进口总值为5891.60万美元，占中国新疆进口总值的40.24%。其中，对哈萨克斯坦的进口总值为3453.20万美元，占中国新疆进口总值的23.59%，同比上升14.50%，环比下降12.96%；对乌兹别克斯坦的进口总值为1976.00万美元，占中国新疆进口总值的13.50%，同比下降33.80%，环比上升60.14%；对吉尔吉斯斯坦的进口总值为394.20万美元，占中国新疆进口总值的2.69%，同比下降7.70%，环比上升35.70%；对塔吉克斯坦的进口总值为37.90万美元，占中国新疆进口总值的0.26%，同比下降64.70%，环比下降88.91%；土库曼斯坦的进口总值为30.30万美元，占中国新疆进口总值的0.21%，同比上升150.70%，环比下降60.08%。

2. 2016年2月中国新疆对中亚五国进口贸易月度分析

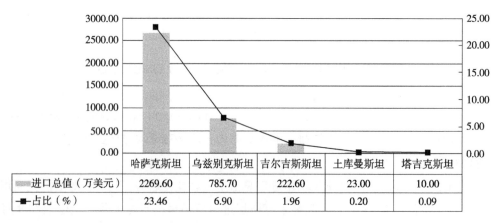

	哈萨克斯坦	乌兹别克斯坦	吉尔吉斯斯坦	土库曼斯坦	塔吉克斯坦
进口总值（万美元）	2269.60	785.70	222.60	23.00	10.00
占比（%）	23.46	6.90	1.96	0.20	0.09

图7-3-32 2016年2月中国新疆对中亚国家进口总值及占比

由图 7 - 3 - 32 可以看出，2016 年 2 月，中国新疆对中亚国家进口总值大小排名依次为：哈萨克斯坦、乌兹别克斯坦、吉尔吉斯斯坦、土库曼斯坦和塔吉克斯坦。

中国新疆对中亚国家进口总值为 3710.90 万美元，占中国新疆进口总值的 32.61%。其中，对哈萨克斯坦的进口总值为 2669.60 万美元，占中国新疆进口总值的 23.46%，同比下降 37.00%，环比下降 22.69%；对乌兹别克斯坦的进口总值为 785.70 万美元，占中国新疆进口总值的 6.90%，同比下降 71.50%，环比下降 60.24%；对吉尔吉斯斯坦的进口总值为 222.60 万美元，占中国新疆进口总值的 1.96%，同比下降 26.30%，环比下降 43.53%；对土库曼斯坦的进口总值为 23.00 万美元，占中国新疆进口总值的 0.20%，同比上升 281.20%，环比下降 24.09%；对塔吉克斯坦的进口总值为 10.00 万美元，占中国新疆进口总值的 0.09%，同比下降 88.10%，环比下降 73.61%。

3. 2016 年 3 月中国新疆对中亚五国进口贸易月度分析

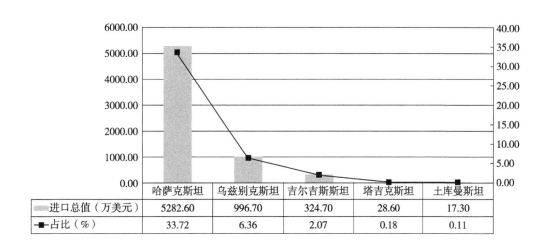

	哈萨克斯坦	乌兹别克斯坦	吉尔吉斯斯坦	塔吉克斯坦	土库曼斯坦
进口总值（万美元）	5282.60	996.70	324.70	28.60	17.30
占比（%）	33.72	6.36	2.07	0.18	0.11

图 7 - 3 - 33 2016 年 3 月中国新疆对中亚国家进口总值及占比

由图 7 - 3 - 33 可以看出，2016 年 3 月，中国新疆对中亚国家进口总值大小排名依次为：哈萨克斯坦、乌兹别克斯坦、吉尔吉斯斯坦、塔吉克斯坦和土库曼斯坦。

中国新疆对中亚国家进口总值为 6649.90 万美元，占中国新疆进口总值的 42.44%。其中，对哈萨克斯坦的进口总值为 5282.60 万美元，占中国新疆进口总值的 33.72%，同比上升 33.80%，环比上升 97.88%；对乌兹别克斯坦的进口总值为 996.70 万美元，占中国新疆进口总值的 6.36%，同比上升 1.70%，环比上升 26.86%；对吉尔吉斯斯坦的进口总值为 324.70 万美元，占中国新疆进口总值的 2.07%，同比下降 22.90%，环比上升 45.87%；对塔吉克斯坦的进口总值为 28.60 万美元，占中国新疆进口总值的 0.18%，同比下降 50.70%，环比上升 186.00%；对土库曼斯坦的进口总值为 17.30 万美元，占中国新疆进口总值的 0.11%，同比下降 42.40%，环比下降 24.78%。

4. 2016 年 4 月中国新疆对中亚五国进口贸易月度分析

由图 7 - 3 - 34 可以看出，2016 年 4 月，中国新疆对中亚国家进口总值大小排名依次为：哈萨克斯坦、乌兹别克斯坦、吉尔吉斯斯坦、塔吉克斯坦和土库曼斯坦。

中国新疆对中亚国家进口总值为 8035.20 万美元，占中国新疆进口总值的 35.85%。其中，对哈萨克斯坦的进口总值为 5891.30 万美元，占中国新疆进口总值的 26.28%，同比上升 73.80%，环比上升 11.52%；对乌兹别克斯坦的进口总值为 1836.20 万美元，占中国新疆进口总值的

8.19%，同比上升112.20%，环比上升84.23%；对吉尔吉斯斯坦的进口总值为257.90万美元，占中国新疆进口总值的1.15%，同比下降39.40%，环比下降20.57%；对塔吉克斯坦的进口总值为35.50万美元，占中国新疆进口总值的0.16%，同比下降21.50%，环比上升24.13%；对土库曼斯坦的进口总值为14.30万美元，占中国新疆进口总值的0.06%，同比下降40.30%，环比下降17.34%。

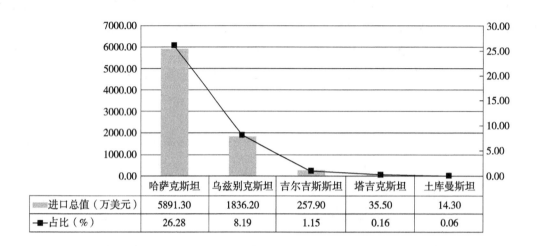

	哈萨克斯坦	乌兹别克斯坦	吉尔吉斯斯坦	塔吉克斯坦	土库曼斯坦
进口总值（万美元）	5891.30	1836.20	257.90	35.50	14.30
占比（%）	26.28	8.19	1.15	0.16	0.06

图7-3-34 2016年4月中国新疆对中亚国家进口总值及占比

5. 2016年5月中国新疆对中亚五国进口贸易月度分析

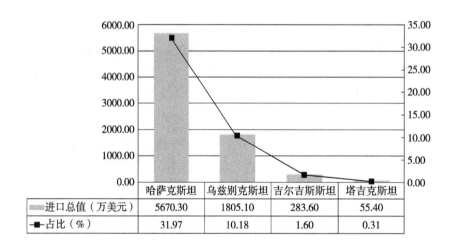

	哈萨克斯坦	乌兹别克斯坦	吉尔吉斯斯坦	塔吉克斯坦
进口总值（万美元）	5670.30	1805.10	283.60	55.40
占比（%）	31.97	10.18	1.60	0.31

图7-3-35 2016年5月中国新疆对中亚国家进口总值及占比

由图7-3-35可以看出，2016年5月，中国新疆对中亚国家进口总值大小排名依次为：哈萨克斯坦、乌兹别克斯坦、吉尔吉斯斯坦、塔吉克斯坦。

中国新疆对中亚国家进口总值为7814.40万美元，占中国新疆进口总值的44.06%。其中，对哈萨克斯坦的进口总值为5670.30万美元，占中国新疆进口总值的31.97%，同比下降24.50%，环比下降3.75%；对乌兹别克斯坦的进口总值为1805.10万美元，占中国新疆进口总值的10.18%，同比下降9.80%，环比下降1.69%；对吉尔吉斯斯坦的进口总值为283.60万美元，占中国新疆进口总值的1.60%，同比下降18.60%，环比上升9.97%；对塔吉克斯坦的进口总值为55.40万美元，占中国新疆进口总值的0.31%，同比上升15.30%，环比上升56.06%；本月中国新疆对土库曼斯坦未发生进口贸易。

6.2016年6月中国新疆对中亚五国进口贸易月度分析

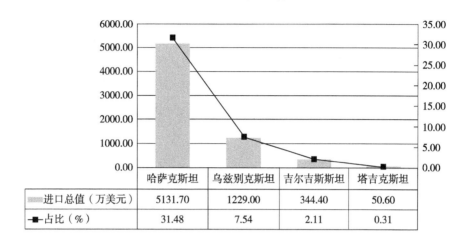

图7-3-36　2016年6月中国新疆对中亚国家进口总值及占比

由图7-3-36可以看出，2016年6月，中国新疆对中亚国家进口总值大小排名依次为：哈萨克斯坦、乌兹别克斯坦、吉尔吉斯斯坦、塔吉克斯坦。

中国新疆对中亚国家进口总值为6755.70万美元，占中国新疆进口总值的41.45%。其中，对哈萨克斯坦的进口总值为5131.70万美元，占中国新疆进口总值的31.48%，同比上升13.10%，环比下降9.50%；对乌兹别克斯坦的进口总值为1229.00万美元，占中国新疆进口总值的7.54%，同比下降55.00%，环比下降31.92%；对吉尔吉斯斯坦的进口总值为344.40万美元，占中国新疆进口总值的2.11%，同比上升19.80%，环比上升21.44%；对塔吉克斯坦的进口总值为50.60万美元，占中国新疆进口总值的0.31%，同比上升15.40%，环比下降8.67%；本月中国新疆对土库曼斯坦未发生进口贸易。

7.2016年7月中国新疆对中亚五国进口贸易月度分析

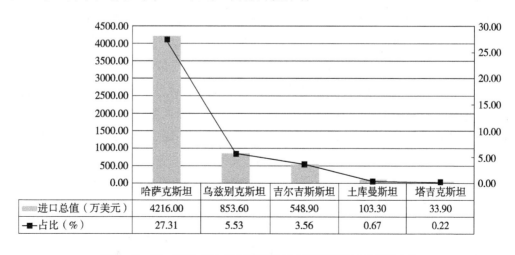

图7-3-37　2016年7月中国新疆对中亚国家进口总值及占比

由图7-3-37可以看出，2016年7月，中国新疆对中亚国家进口总值大小排名依次为：哈萨克斯坦、乌兹别克斯坦、吉尔吉斯斯坦、土库曼斯坦和塔吉克斯坦。

中国新疆对中亚国家进口总值为5755.70万美元，占中国新疆进口总值的37.29%。其中，对哈萨克斯坦的进口总值为4216.00万美元，占中国新疆进口总值的27.31%，同比上升23.70%，环比下降17.84%；对乌兹别克斯坦的进口总值为853.60万美元，占中国新疆进口总值的5.53%，同比上升30.90%，环比下降30.55%；对吉尔吉斯斯坦的进口总值为548.90万美元，占中国新疆进口总值的3.56%，同比上升95.60%，环比上升59.38%；对土库曼斯坦的进口总值为103.30万美元，占中国新疆进口总值的0.67%，同比上升2935.20%；对塔吉克斯坦的进口总值为33.90万美元，占中国新疆进口总值的0.22%，同比下降22.60%，环比下降33.00%。

8.2016年8月中国新疆对中亚五国进口贸易月度分析

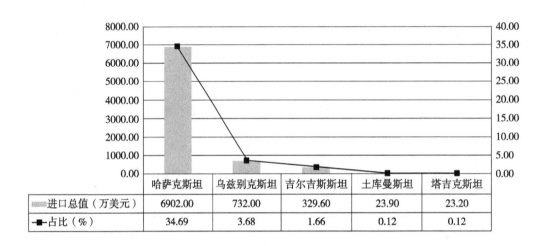

	哈萨克斯坦	乌兹别克斯坦	吉尔吉斯斯坦	土库曼斯坦	塔吉克斯坦
进口总值（万美元）	6902.00	732.00	329.60	23.90	23.20
占比（%）	34.69	3.68	1.66	0.12	0.12

图7-3-38 2016年8月中国新疆对中亚国家进口总值及占比

由图7-3-38可以看出，2016年8月，中国新疆对中亚国家进口总值大小排名依次为：哈萨克斯坦、乌兹别克斯坦、吉尔吉斯斯坦、土库曼斯坦和塔吉克斯坦。

中国新疆对中亚国家进口总值为8010.70万美元，占中国新疆进口总值的40.27%。其中，对哈萨克斯坦的进口总值为6902.00万美元，占中国新疆进口总值的34.69%，同比上升131.30%，环比上升63.71%；对乌兹别克斯坦的进口总值为732.00万美元，占中国新疆进口总值的3.68%，同比下降14.50%，环比下降14.25%；对吉尔吉斯斯坦的进口总值为329.60万美元，占中国新疆进口总值的1.66%，同比上升20.60%，环比上升39.95%；对土库曼斯坦的进口总值为23.90万美元，占中国新疆进口总值的0.12%，环比下降76.86%；对塔吉克斯坦的进口总值为23.20万美元，占中国新疆进口总值的0.12%，同比下降48.50%，环比下降31.56%。

9.2016年9月中国新疆对中亚五国进口贸易月度分析

由图7-3-39可以看出，2016年9月，中国新疆对中亚国家进口总值大小排名依次为：哈萨克斯坦、乌兹别克斯坦、吉尔吉斯斯坦、塔吉克斯坦和土库曼斯坦。

中国新疆对中亚国家进口总值为6159.80万美元，占中国新疆进口总值的40.46%。其中，对哈萨克斯坦的进口总值为4654.20万美元，占中国新疆进口总值的30.58%，同比上升36.90%，环比下降32.57%；对乌兹别克斯坦的进口总值为895.70万美元，占中国新疆进口总值的5.88%，同比下降 0.20% ，环比上升 22.36% ；对吉尔吉斯斯坦的进口总值为 387.30 万美元，占中国新疆进口总值的 2.54% ，同比上升 77.10% ，环比上升 17.50% ；对塔吉克斯坦的进口总值为 217.40 万美元，占中国新疆进口总值的 1.43% ，同比上升 1053.10% ，环比上升 837.07% ；对土库曼斯坦的进口总值为 5.20 万美元，占中国新疆进口总值的 0.03% ，同比下降 97.90% ，环比下降 78.24% 。

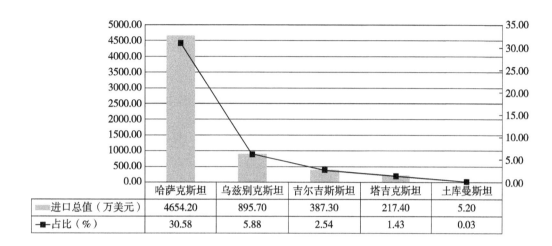

	哈萨克斯坦	乌兹别克斯坦	吉尔吉斯斯坦	塔吉克斯坦	土库曼斯坦
进口总值（万美元）	4654.20	895.70	387.30	217.40	5.20
占比（%）	30.58	5.88	2.54	1.43	0.03

图 7 - 3 - 39　2016 年 9 月中国新疆对中亚国家进口总值及占比

10. 2016 年 10 月中国新疆对中亚四国进口贸易月度分析

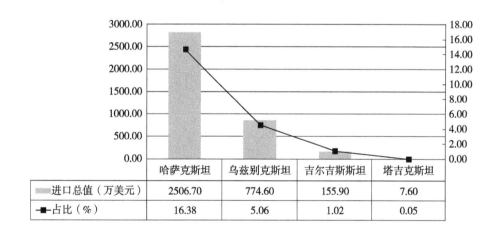

	哈萨克斯坦	乌兹别克斯坦	吉尔吉斯斯坦	塔吉克斯坦
进口总值（万美元）	2506.70	774.60	155.90	7.60
占比（%）	16.38	5.06	1.02	0.05

图 7 - 3 - 40　2016 年 10 月中国新疆对中亚国家进口总值及占比

由图 7 - 3 - 40 可以看出，2016 年 10 月，中国新疆对中亚国家进口总值大小排名依次为：哈萨克斯坦、乌兹别克斯坦、吉尔吉斯斯坦和塔吉克斯坦。

中国新疆对中亚国家进口总值为 3444.80 万美元，占中国新疆进口总值的 22.51% 。其中，对哈萨克斯坦的进口总值为 2506.70 万美元，占中国新疆进口总值的 16.38% ，同比上升 55.70% ，环比下降 46.14% ；对乌兹别克斯坦的进口总值为 774.60 万美元，占中国新疆进口总值的 5.06% ，同比上升 73.20% ，环比下降 13.52% ；对吉尔吉斯斯坦的进口总值为 155.90 万美元，占中国新疆进口总值的 1.02% ，同比上升 2.30% ，环比下降 59.75% ；对塔吉克斯坦的进口总值为 7.60 万美元，占中国新疆进口总值的0.05%，同比下降97.50%，环比下降96.50%。

11. 2016年11月中国新疆对中亚四国进口贸易月度分析

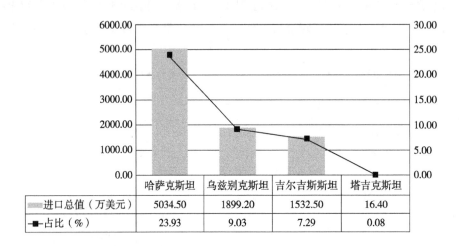

	哈萨克斯坦	乌兹别克斯坦	吉尔吉斯斯坦	塔吉克斯坦
进口总值（万美元）	5034.50	1899.20	1532.50	16.40
占比（%）	23.93	9.03	7.29	0.08

图7-3-41 2016年11月中国新疆对中亚国家进口总值及占比

由图7-3-41可以看出，2016年11月，中国新疆对中亚国家进口总值大小排名依次为：哈萨克斯坦、乌兹别克斯坦、吉尔吉斯斯坦和塔吉克斯坦。

中国新疆对中亚国家进口总值为8482.60万美元，占中国新疆进口总值的40.33%。其中，对哈萨克斯坦的进口总值为5034.50万美元，占中国新疆进口总值的23.93%，同比下降12.60%，环比上升100.84%；对乌兹别克斯坦的进口总值为1899.20万美元，占中国新疆进口总值的9.03%，同比上升118.40%，环比上升145.18%；对吉尔吉斯斯坦的进口总值为1532.50万美元，占中国新疆进口总值的7.29%，同比上升486.10%，环比上升883.00%；对塔吉克斯坦的进口总值为16.40万美元，占中国新疆进口总值的0.08%，同比下降91.90%，环比上升115.79%。

12. 2016年12月中国新疆对中亚四国进口贸易月度分析

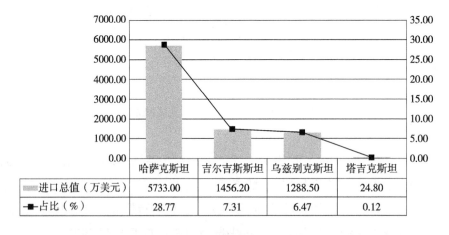

	哈萨克斯坦	吉尔吉斯斯坦	乌兹别克斯坦	塔吉克斯坦
进口总值（万美元）	5733.00	1456.20	1288.50	24.80
占比（%）	28.77	7.31	6.47	0.12

图7-3-42 2016年12月中国新疆对中亚国家进口总值及占比

由图7-3-42可以看出，2016年12月，中国新疆对中亚国家进口总值大小排名依次为：哈萨克斯坦、吉尔吉斯斯坦、乌兹别克斯坦和塔吉克斯坦。

中国新疆对中亚国家进口总值为8502.50万美元，占中国新疆进口总值的42.68%。其中，对哈萨克斯坦的进口总值为5733.00万美元，占中国新疆进口总值的28.77%，同比上升44.20%，环比上升13.87%；对吉尔吉斯斯坦的进口总值为1456.20万美元，占中国新疆进口总值的7.31%，同比上升392.00%，环比下降4.98%；对乌兹别克斯坦的进口总值为1288.50万美元，占中国新疆进口总值的6.47%，同比上升4.40%，环比下降32.16%；对塔吉克斯坦的进口总值为24.80万美元，占中国新疆进口总值的0.12%，同比下降92.70%，环比上升51.22%。

四、2016年中国新疆对中亚五国的出口贸易与进口贸易比较分析

（一）2016年中国新疆对中亚五国的出口贸易与进口贸易比较

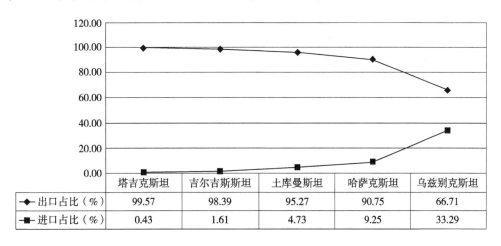

	塔吉克斯坦	吉尔吉斯斯坦	土库曼斯坦	哈萨克斯坦	乌兹别克斯坦
出口占比（%）	99.57	98.39	95.27	90.75	66.71
进口占比（%）	0.43	1.61	4.73	9.25	33.29

图7-3-43 2016年中国新疆对中亚五国进出口总值中出口及进口占比

由图7-3-43可以看出，2016年，中国新疆对中亚五国的进出口贸易中，各国的出口总值、进口总值占中国新疆进出口总值的比重均是出口大于进口，说明中国新疆对中亚五国的进出口贸易均以出口为主导，且出口远大于进口，除乌兹别克斯坦出口占比为66.71%外，其余四国出口占比均超过90%。

（二）2016年中国新疆对中亚国家的出口贸易与进口贸易的月度比较分析

1. 2016年1月中国新疆对中亚国家的出口贸易与进口贸易的月度比较分析

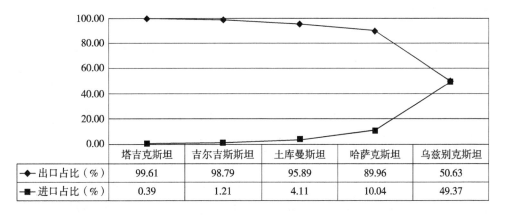

	塔吉克斯坦	吉尔吉斯斯坦	土库曼斯坦	哈萨克斯坦	乌兹别克斯坦
出口占比（%）	99.61	98.79	95.89	89.96	50.63
进口占比（%）	0.39	1.21	4.11	10.04	49.37

图7-3-44 2016年1月中国新疆对中亚国家进出口总值中出口及进口占比

由图7-3-44可以看出，2016年1月，中国新疆对中亚国家的进出口贸易中，各国的出口总值、进口总值占中国新疆进出口总值的比重均是出口大于进口，说明中国新疆对中亚国家的进出口贸易均以出口为主导，且出口远大于进口，除乌兹别克斯坦外，出口占比均超过89%。

2.2016年2月中国新疆对中亚国家的出口贸易与进口贸易的月度比较分析

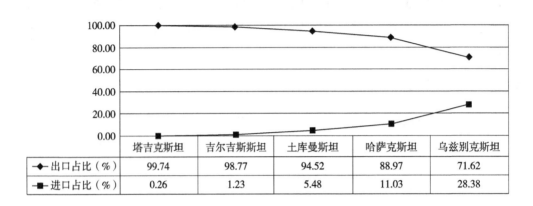

	塔吉克斯坦	吉尔吉斯斯坦	土库曼斯坦	哈萨克斯坦	乌兹别克斯坦
出口占比（%）	99.74	98.77	94.52	88.97	71.62
进口占比（%）	0.26	1.23	5.48	11.03	28.38

图7-3-45　2016年2月中国新疆对中亚国家进出口总值中出口及进口占比

由图7-3-45可以看出，2016年2月，中国新疆对中亚国家的进出口贸易中，各国的出口总值、进口总值占中国新疆进出口总值的比重均是出口大于进口，说明中国新疆对中亚国家的进出口贸易均以出口为主导，且出口远大于进口，出口占比均超过71%。

3.2016年3月中国新疆对中亚国家的出口贸易与进口贸易的月度比较分析

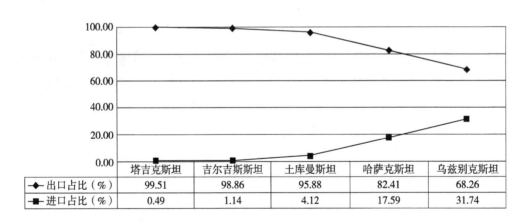

	塔吉克斯坦	吉尔吉斯斯坦	土库曼斯坦	哈萨克斯坦	乌兹别克斯坦
出口占比（%）	99.51	98.86	95.88	82.41	68.26
进口占比（%）	0.49	1.14	4.12	17.59	31.74

图7-3-46　2016年3月中国新疆对中亚国家进出口总值中出口及进口占比

由图7-3-46可以看出，2016年3月，中国新疆对中亚国家的进出口贸易中，各国的出口总值、进口总值占中国新疆进出口总值的比重均是出口大于进口，说明中国新疆对中亚国家的进出口贸易均以出口为主导，且出口远大于进口，出口占比均超过68%。

4.2016年4月中国新疆对中亚国家的出口贸易与进口贸易的月度比较分析

由图7-3-47可以看出，2016年4月，中国新疆对中亚国家的进出口贸易中，各国的出口总值、进口总值占中国新疆进出口总值的比重均是出口大于进口，说明中国新疆对中亚国家的进出口贸易均以出口为主导，且出口远大于进口，出口占比均超过60%。

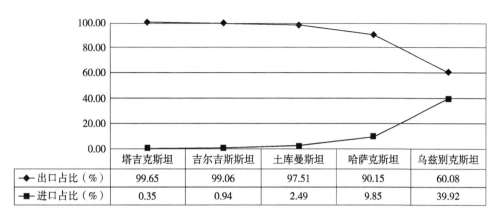

	塔吉克斯坦	吉尔吉斯斯坦	土库曼斯坦	哈萨克斯坦	乌兹别克斯坦
◆出口占比（%）	99.65	99.06	97.51	90.15	60.08
■进口占比（%）	0.35	0.94	2.49	9.85	39.92

图7-3-47　2016年4月中国新疆对中亚国家进出口总值中出口及进口占比

5.2016年5月中国新疆对中亚国家的出口贸易与进口贸易的月度比较分析

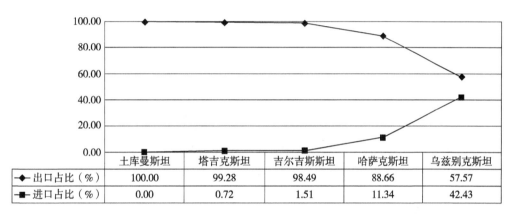

	土库曼斯坦	塔吉克斯坦	吉尔吉斯斯坦	哈萨克斯坦	乌兹别克斯坦
◆出口占比（%）	100.00	99.28	98.49	88.66	57.57
■进口占比（%）	0.00	0.72	1.51	11.34	42.43

图7-3-48　2016年5月中国新疆对中亚国家进出口总值中出口及进口占比

由图7-3-48可以看出，2016年5月，中国新疆对中亚国家的进出口贸易中，各国的出口总值、进口总值占中国新疆进出口总值的比重均是出口大于进口，说明中国新疆对中亚国家的进出口贸易均以出口为主导，且出口远大于进口，出口占比均超过57%。

6.2016年6月中国新疆对中亚国家的出口贸易与进口贸易的月度比较分析

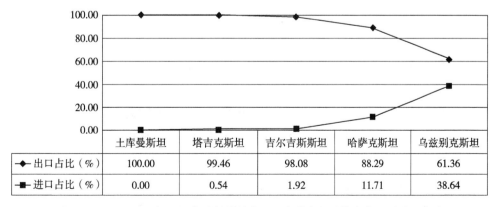

	土库曼斯坦	塔吉克斯坦	吉尔吉斯斯坦	哈萨克斯坦	乌兹别克斯坦
◆出口占比（%）	100.00	99.46	98.08	88.29	61.36
■进口占比（%）	0.00	0.54	1.92	11.71	38.64

图7-3-49　2016年6月中国新疆对中亚国家进出口总值中出口及进口占比

由图7-3-49可以看出，2016年6月，中国新疆对中亚国家的进出口贸易中，各国的出口总值、进口总值占中国新疆进出口总值的比重均是出口大于进口，说明中国新疆对中亚国家的进出口贸易均以出口为主导，且出口远大于进口，出口占比均超过61%。

7. 2016年7月中国新疆对中亚国家的出口贸易与进口贸易的月度比较分析

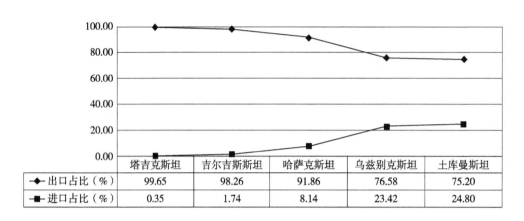

	塔吉克斯坦	吉尔吉斯斯坦	哈萨克斯坦	乌兹别克斯坦	土库曼斯坦
出口占比（%）	99.65	98.26	91.86	76.58	75.20
进口占比（%）	0.35	1.74	8.14	23.42	24.80

图7-3-50　2016年7月中国新疆对中亚国家进出口总值中出口及进口占比

由图7-3-50可以看出，2016年7月，中国新疆对中亚国家的进出口贸易中，各国的出口总值、进口总值占中国新疆进出口总值的比重均是出口大于进口，说明中国新疆对中亚国家的进出口贸易均以出口为主导，且出口远大于进口，出口占比均超过75%。

8. 2016年8月中国新疆对中亚国家的出口贸易与进口贸易的月度比较分析

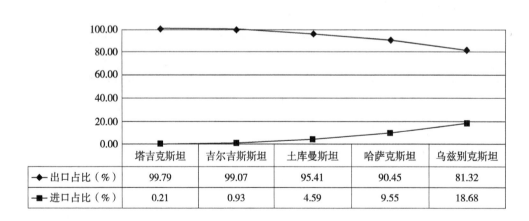

	塔吉克斯坦	吉尔吉斯斯坦	土库曼斯坦	哈萨克斯坦	乌兹别克斯坦
出口占比（%）	99.79	99.07	95.41	90.45	81.32
进口占比（%）	0.21	0.93	4.59	9.55	18.68

图7-3-51　2016年8月中国新疆对中亚国家进出口总值中出口及进口占比

由图7-3-51可以看出，2016年8月，中国新疆对中亚国家的进出口贸易中，各国的出口总值、进口总值占中国新疆进出口总值的比重均是出口大于进口，说明中国新疆对中亚国家的进出口贸易均以出口为主导，且出口远大于进口，出口占比均超过81%。

9. 2016年9月中国新疆对中亚国家的出口贸易与进口贸易的月度比较分析

由图7-3-52可以看出，2016年9月，中国新疆对中亚国家的进出口贸易中，各国的出口总值、进口总值占中国新疆进出口总值的比重均是出口大于进口，说明中国新疆对中亚国家的进出口贸易均以出口为主导，且出口远大于进口，出口占比均超过 78%。

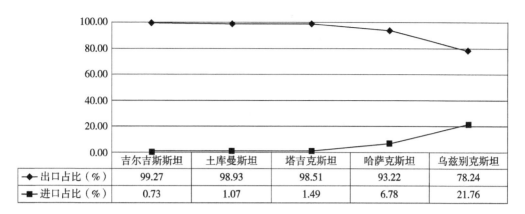

	吉尔吉斯斯坦	土库曼斯坦	塔吉克斯坦	哈萨克斯坦	乌兹别克斯坦
◆ 出口占比（%）	99.27	98.93	98.51	93.22	78.24
■ 进口占比（%）	0.73	1.07	1.49	6.78	21.76

图 7 – 3 – 52 2016 年 9 月中国新疆对中亚国家进出口总值中出口及进口占比

10. 2016 年 10 月中国新疆对中亚国家的出口贸易与进口贸易的月度比较分析

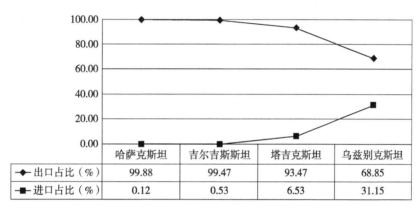

	哈萨克斯坦	吉尔吉斯斯坦	塔吉克斯坦	乌兹别克斯坦
◆ 出口占比（%）	99.88	99.47	93.47	68.85
■ 进口占比（%）	0.12	0.53	6.53	31.15

图 7 – 3 – 53 2016 年 10 月中国新疆对中亚国家进出口总值中出口及进口占比

由图 7 – 3 – 53 可以看出，2016 年 10 月，中国新疆对中亚国家的进出口贸易中，各国的出口总值、进口总值占中国新疆进出口总值的比重均是出口大于进口，说明中国新疆对中亚国家的进出口贸易均以出口为主导，且出口远大于进口，出口占比均超过 68%。本月中国新疆未与土库曼斯坦发生进出口贸易。

11. 2016 年 11 月中国新疆对中亚国家的出口贸易与进口贸易的月度比较分析

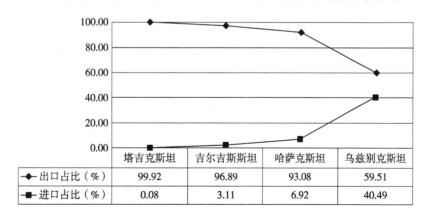

	塔吉克斯坦	吉尔吉斯斯坦	哈萨克斯坦	乌兹别克斯坦
◆ 出口占比（%）	99.92	96.89	93.08	59.51
■ 进口占比（%）	0.08	3.11	6.92	40.49

图 7 – 3 – 54 2016 年 11 月中国新疆对中亚国家进出口总值中出口及进口占比

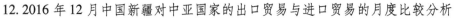

由图7-3-54可以看出，2016年11月，中国新疆对中亚国家的进出口贸易中，各国的出口总值、进口总值占中国新疆进出口总值的比重均是出口大于进口，说明中国新疆对中亚国家的进出口贸易均以出口为主导，且出口远大于进口，出口占比均超过59%。本月中国新疆未与土库曼斯坦发生进出口贸易。

12. 2016年12月中国新疆对中亚国家的出口贸易与进口贸易的月度比较分析

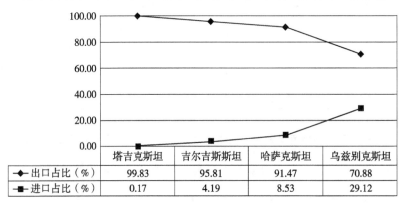

	塔吉克斯坦	吉尔吉斯斯坦	哈萨克斯坦	乌兹别克斯坦
出口占比（%）	99.83	95.81	91.47	70.88
进口占比（%）	0.17	4.19	8.53	29.12

图7-3-55　2016年12月中国新疆对中亚国家进出口总值中出口及进口占比

由图7-3-55可以看出，2016年12月，中国新疆对中亚国家的进出口贸易中，各国的出口总值、进口总值占中国新疆进出口总值的比重均是出口大于进口，说明中国新疆对中亚国家的进出口贸易均以出口为主导，且出口远大于进口，出口占比均超过70%。本月中国新疆未与土库曼斯坦发生进出口贸易。

第四节　2016年中国新疆与西亚国家的进出口贸易情况

一、2016年中国新疆对西亚国家进出口贸易总体分析

（一）2016年中国新疆对西亚国家进出口贸易分析

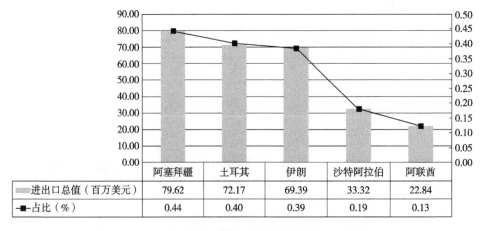

	阿塞拜疆	土耳其	伊朗	沙特阿拉伯	阿联酋
进出口总值（百万美元）	79.62	72.17	69.39	33.32	22.84
占比（%）	0.44	0.40	0.39	0.19	0.13

图7-4-1　2016年中国新疆对西亚国家进出口总值及占比

由图 7 - 4 - 1 可以看出，2016 年中国新疆对西亚国家进出口总值大小排名依次为：阿塞拜疆、土耳其、伊朗、沙特阿拉伯、阿联酋。

中国新疆对西亚国家进出口总值为 277.34 百万美元，占中国新疆进出口总值的 1.54%。其中，对阿塞拜疆的进出口总值为 79.62 百万美元，占中国新疆进出口总值的 0.44%，同比下降 24.10%；对土耳其的进出口总值为 72.17 百万美元，占中国新疆进出口总值的 0.40%，同比下降 18.20%；对伊朗的进出口总值为 69.39 百万美元，占中国新疆进出口总值的 0.39%，同比下降 86.80%；对沙特阿拉伯的进出口总值为 33.32 百万美元，占中国新疆进出口总值的 0.19%，同比下降 66.40%；对阿联酋的进出口总值为 22.84 百万美元，占中国新疆进出口总值的 0.13%，同比下降 37.50%。

（二）2016 年中国新疆对西亚国家进出口贸易趋势分析

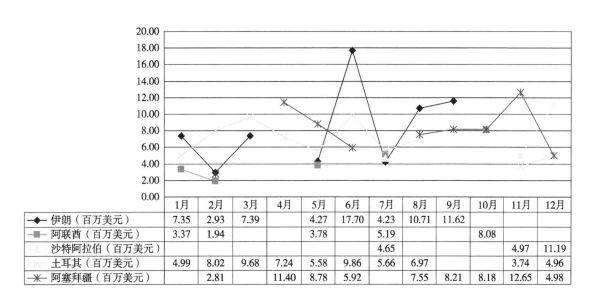

	1月	2月	3月	4月	5月	6月	7月	8月	9月	10月	11月	12月
伊朗（百万美元）	7.35	2.93	7.39		4.27	17.70	4.23	10.71	11.62			
阿联酋（百万美元）	3.37	1.94			3.78		5.19			8.08		
沙特阿拉伯（百万美元）							4.65				4.97	11.19
土耳其（百万美元）	4.99	8.02	9.68	7.24	5.58	9.86	5.66	6.97			3.74	4.96
阿塞拜疆（百万美元）		2.81		11.40	8.78	5.92		7.55	8.21	8.18	12.65	4.98

图 7 - 4 - 2 2016 年 1 ~ 12 月中国新疆对西亚国家进出口总值

由图 7 - 4 - 2 可以看出，2016 年 1 ~ 12 月中国新疆对西亚国家发生进出口贸易的有：阿塞拜疆、土耳其、伊朗、沙特阿拉伯及阿联酋。

中国新疆对土耳其、阿塞拜疆进出口总值均呈全年上下起伏波动，其中，对土耳其的进出口贸易最高点在 6 月，最低点在 11 月，对阿塞拜疆的进出口贸易最高点在 11 月，最低点在 2 月；对伊朗的进出口贸易最高点在 6 月，最低点在 2 月；对沙特阿拉伯的进出口贸易最高点在 12 月，最低点在 7 月；对阿联酋的进出口贸易最高点在 10 月，最低点在 2 月。

（三）2016 年中国新疆对西亚国家进出口贸易月度分析

1. 2016 年 1 月中国新疆对西亚三国进出口贸易月度分析

由图 7 - 4 - 3 可以看出，2016 年 1 月中国新疆对西亚国家的进出口总值大小排名依次为：伊朗、土耳其、阿联酋。

中国新疆对西亚国家进出口贸易总值为 1571.60 万美元，占中国新疆进出口总值的 1.35%。其中，对伊朗进出口总值为 735.40 万美元，占中国新疆进出口总值的 0.63%，同比下降 83.10%，环比下降 67.66%；对土耳其进出口总值为 499.20 万美元，占中国新疆进出口总值的 0.43%，同比下降14.80%；对阿联酋进出口总值为337.00万美元，占中国新疆进出口总值的0.29%，同比下降20.50%，环比下降59.49%。

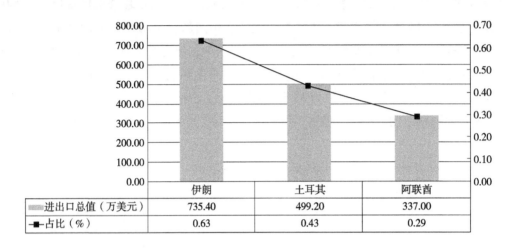

图7-4-3　2016年1月中国新疆对西亚国家进出口总值及占比

2. 2016年2月中国新疆对西亚四国进出口贸易月度分析

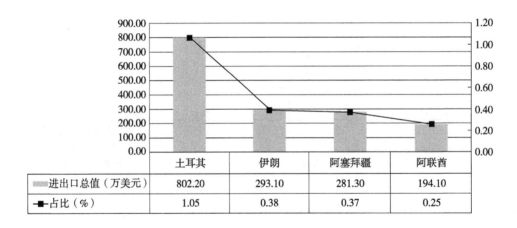

图7-4-4　2016年2月中国新疆对西亚国家进出口总值及占比

由图7-4-4可以看出，2016年2月中国新疆对西亚国家的进出口总值大小排名依次为：土耳其、伊朗、阿塞拜疆、阿联酋。

中国新疆对西亚国家进出口贸易总值为1570.70万美元，占中国新疆进出口总值的2.05%。其中，对土耳其进出口总值为802.20万美元，占中国新疆进出口总值的1.05%，同比上升151.20%，环比上升60.70%；对伊朗进出口总值为293.10万美元，占中国新疆进出口总值的0.38%，同比下降93.00%，环比下降60.14%；对阿塞拜疆进出口总值为281.30万美元，占中国新疆进出口总值的0.37%，同比下降23.90%；对阿联酋进出口总值为194.10万美元，占中国新疆进出口总值的0.25%，同比上升26.50%，环比下降42.40%。

3. 2016 年 3 月中国新疆对西亚两国进出口贸易月度分析

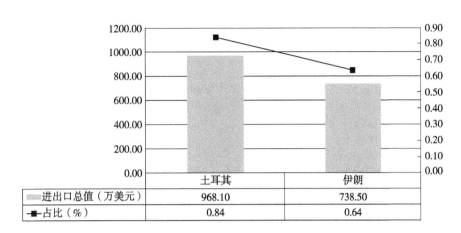

	土耳其	伊朗
进出口总值（万美元）	968.10	738.50
占比（%）	0.84	0.64

图 7 - 4 - 5 2016 年 3 月中国新疆对西亚国家进出口总值及占比

由图 7 - 4 - 5 可以看出，2016 年 3 月中国新疆对西亚国家的进出口总值大小排名依次为：土耳其、伊朗。

中国新疆对西亚国家进出口贸易总值为 1706.60 万美元，占中国新疆进出口总值的 1.48%。其中，对土耳其进出口总值为 968.10 万美元，占中国新疆进出口总值的 0.84%，同比上升 66.50%，环比上升 20.68%；对伊朗的进出口总值为 738.50 万美元，占中国新疆进出口总值的 0.64%，同比下降 88.80%，环比上升 151.96%。

4. 2016 年 4 月中国新疆对西亚两国进出口贸易月度分析

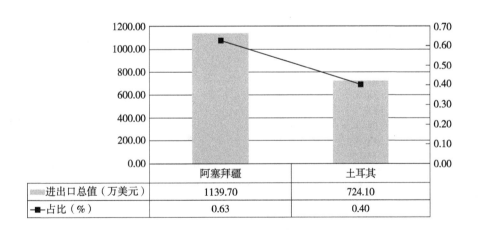

	阿塞拜疆	土耳其
进出口总值（万美元）	1139.70	724.10
占比（%）	0.63	0.40

图 7 - 4 - 6 2016 年 4 月中国新疆对西亚国家进出口总值及占比

由图 7 - 4 - 6 可以看出，2016 年 4 月中国新疆对西亚国家的进出口总值大小排名依次为：阿塞拜疆、土耳其。

中国新疆对西亚国家进出口贸易总值为 1863.80 万美元，占中国新疆进出口总值的 1.03%。其中，对阿塞拜疆进出口总值为 1139.70 万美元，占中国新疆进出口总值的 0.63%，同比上升 58.80%；对土耳其进出口总值为 724.10 万美元，占中国新疆进出口总值的 0.40%，同比上升 40.30%，环比下降 25.20%。

5. 2016年5月中国新疆对西亚四国进出口贸易月度分析

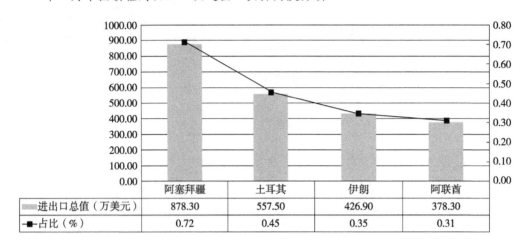

	阿塞拜疆	土耳其	伊朗	阿联酋
进出口总值（万美元）	878.30	557.50	426.90	378.30
占比（%）	0.72	0.45	0.35	0.31

图7-4-7　2016年5月中国新疆对西亚国家进出口总值及占比

由图7-4-7可以看出，2016年5月中国新疆对西亚国家的进出口总值大小排名依次为：阿塞拜疆、土耳其、伊朗和阿联酋。

中国新疆对西亚国家进出口贸易总值为2241.00万美元，占中国新疆进出口总值的1.83%。其中，对阿塞拜疆进出口总值为878.30万美元，占中国新疆进出口总值的0.72%，同比下降6.00%，环比下降22.94%；对土耳其进出口总值为557.50万美元，占中国新疆进出口总值的0.45%，同比上升81.10%，环比下降23.01%；对伊朗进出口总值为426.90万美元，占中国新疆进出口总值的0.35%，同比下降89.10%；对阿联酋进出口总值为378.30万美元，占中国新疆进出口总值的0.31%，同比上升53.20%。

6. 2016年6月中国新疆对西亚三国进出口贸易月度分析

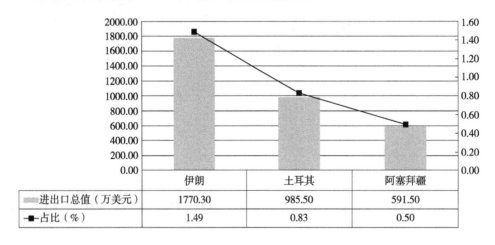

	伊朗	土耳其	阿塞拜疆
进出口总值（万美元）	1770.30	985.50	591.50
占比（%）	1.49	0.83	0.50

图7-4-8　2016年6月中国新疆对西亚国家进出口总值及占比

由图7-4-8可以看出，2016年6月中国新疆对西亚国家的进出口总值大小排名依次为：伊朗、土耳其和阿塞拜疆。

中国新疆对西亚国家进出口贸易总值为3347.30万美元，占中国新疆进出口总值的2.82%。其中，对伊朗进出口总值为1770.30万美元，占中国新疆进出口总值的1.49%，同比下降

73.00%，环比上升 314.69%；对土耳其进出口总值为 985.50 万美元，占中国新疆进出口总值的 0.83%，同比下降 20.10%，环比上升 76.77%；对阿塞拜疆进出口总值为 591.50 万美元，占中国新疆进出口总值的 0.50%，同比下降 20.10%，环比下降 32.65%。

7. 2016 年 7 月中国新疆对西亚四国进出口贸易月度分析

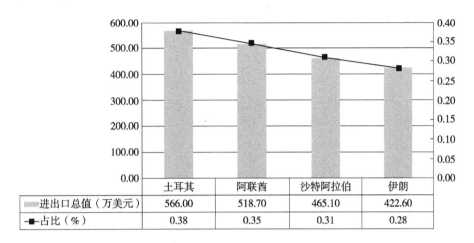

	土耳其	阿联酋	沙特阿拉伯	伊朗
进出口总值（万美元）	566.00	518.70	465.10	422.60
占比（%）	0.38	0.35	0.31	0.28

图 7 - 4 - 9 2016 年 7 月中国新疆对西亚国家进出口总值及占比

由图 7 - 4 - 9 可以看出，2016 年 7 月中国新疆对西亚国家的进出口总值大小排名依次为：土耳其、阿联酋、沙特阿拉伯、伊朗。

中国新疆对西亚国家进出口贸易总值为 1972.40 万美元，占中国新疆进出口总值的 1.32%。其中，对土耳其进出口总值为 566.00 万美元，占中国新疆进出口总值的 0.38%，同比上升 15.40%，环比下降 42.57%；对阿联酋进出口总值为 518.70 万美元，占中国新疆进出口总值的 0.35%，同比下降 15.80%；对沙特阿拉伯进出口总值为 465.10 万美元，占中国新疆进出口总值的 0.31%，同比下降 45.40%；对伊朗进出口总值为 422.60 万美元，占中国新疆进出口总值的 0.28%，同比下降 93.70%，环比下降 76.13%。

8. 2016 年 8 月中国新疆对西亚三国进出口贸易月度分析

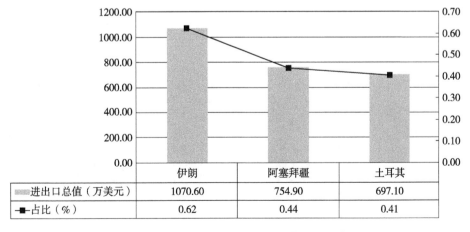

	伊朗	阿塞拜疆	土耳其
进出口总值（万美元）	1070.60	754.90	697.10
占比（%）	0.62	0.44	0.41

图 7 - 4 - 10 2016 年 8 月中国新疆对西亚国家进出口总值及占比

由图 7 - 4 - 10 可以看出，2016 年 8 月中国新疆对西亚国家的进出口总值大小排名依次为：伊朗、阿塞拜疆、土耳其。

中国新疆对西亚国家进出口贸易总值为2522.60万美元，占中国新疆进出口总值的1.47%。其中，对伊朗进出口总值为1070.60万美元，占中国新疆进出口总值的0.62%，同比下降84.10%，环比上升153.34%；对阿塞拜疆进出口总值为754.90万美元，占中国新疆进出口总值的0.44%，同比下降31.40%；对土耳其进出口总值为697.10万美元，占中国新疆进出口总值的0.41%，同比下降50.70%，环比上升23.16%。

9. 2016年9月中国新疆对西亚两国进出口贸易月度分析

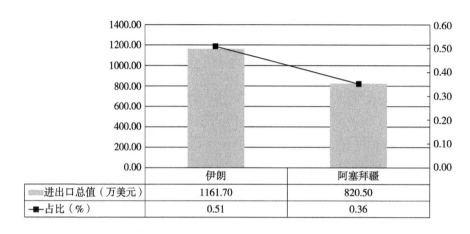

	伊朗	阿塞拜疆
进出口总值（万美元）	1161.70	820.50
占比（%）	0.51	0.36

图7-4-11 2016年9月中国新疆对西亚国家进出口总值及占比

由图7-4-11可以看出，2016年9月中国新疆对西亚国家的进出口总值大小排名依次为：伊朗、阿塞拜疆。

中国新疆对西亚国家进出口贸易总值为1982.20万美元，占中国新疆进出口总值的0.86%。其中，对伊朗进出口总值为1161.70万美元，占中国新疆进出口总值的0.51%，同比下降84.50%，环比上升8.51%；对阿塞拜疆进出口总值为820.50万美元，占中国新疆进出口总值的0.36%，同比下降28.80%，环比上升8.69%。

10. 2016年10月中国新疆对西亚两国进出口贸易月度分析

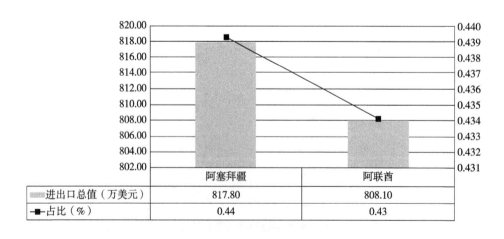

	阿塞拜疆	阿联酋
进出口总值（万美元）	817.80	808.10
占比（%）	0.44	0.43

图7-4-12 2016年10月中国新疆对西亚国家进出口总值及占比

由图 7 - 4 - 12 可以看出，2016 年 10 月中国新疆对西亚国家的进出口总值大小排名依次为：阿塞拜疆、阿联酋。

中国新疆对西亚国家进出口贸易总值为 1625.90 万美元，占中国新疆进出口总值的 0.87%。其中，对阿塞拜疆进出口总值为 817.80 万美元，占中国新疆进出口总值的 0.44%，同比下降 5.70%，环比下降 0.33%；对阿联酋进出口总值为 808.10 万美元，占中国新疆进出口总值的 0.43%，同比下降 11.50%。

11. 2016 年 11 月中国新疆对西亚三国进出口贸易月度分析

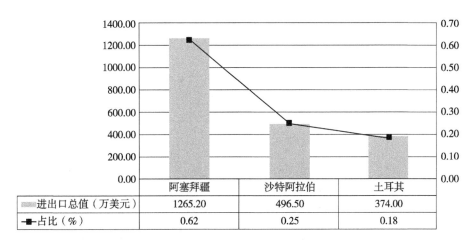

	阿塞拜疆	沙特阿拉伯	土耳其
进出口总值（万美元）	1265.20	496.50	374.00
占比（%）	0.62	0.25	0.18

图 7 - 4 - 13 2016 年 11 月中国新疆对西亚国家进出口总值及占比

由图 7 - 4 - 13 可以看出，2016 年 11 月中国新疆对西亚国家的进出口总值大小排名依次为：阿塞拜疆、沙特阿拉伯、土耳其。

中国新疆对西亚国家进出口贸易总值为 2135.70 万美元，占中国新疆进出口总值的 1.05%。其中，对阿塞拜疆进出口总值为 1265.20 万美元，占中国新疆进出口总值的 0.62%，同比下降 36.30%，环比上升 54.71%；对沙特阿拉伯进出口总值为 496.50 万美元，占中国新疆进出口总值的 0.25%，同比下降 82.00%；对土耳其进出口总值为 374.00 万美元，占中国新疆进出口总值的 0.18%，同比下降 47.20%。

12. 2016 年 12 月中国新疆对西亚三国进出口贸易月度分析

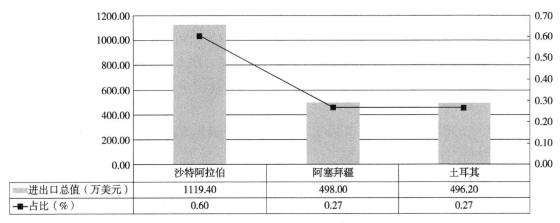

	沙特阿拉伯	阿塞拜疆	土耳其
进出口总值（万美元）	1119.40	498.00	496.20
占比（%）	0.60	0.27	0.27

图 7 - 4 - 14 2016 年 12 月中国新疆对西亚国家进出口总值及占比

由图 7 - 4 - 14 可以看出，2016 年 12 月中国新疆对西亚国家的进出口总值大小排名依次为：沙特阿拉伯、阿塞拜疆、土耳其。

中国新疆对西亚国家进出口贸易总值为 2113.60 万美元，占中国新疆进出口总值的 1.14%。其中，对沙特阿拉伯进出口总值为 1119.40 万美元，占中国新疆进出口总值的 0.60%，同比上升 79.50%，环比上升 125.46%；对阿塞拜疆进出口总值为 498.00 万美元，占中国新疆进出口总值的 0.27%，同比下降 53.60%，环比下降 60.64%；对土耳其进出口总值为 496.20 万美元，占中国新疆进出口总值的 0.27%，同比下降 4.20%，环比上升 32.67%。

二、2016 年中国新疆对西亚国家出口贸易总体分析

（一）2016 年中国新疆对西亚国家出口贸易分析

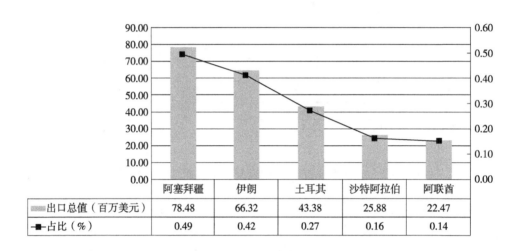

	阿塞拜疆	伊朗	土耳其	沙特阿拉伯	阿联酋
出口总值（百万美元）	78.48	66.32	43.38	25.88	22.47
占比（%）	0.49	0.42	0.27	0.16	0.14

图 7 - 4 - 15　2016 年中国新疆对西亚国家出口总值及占比

由图 7 - 4 - 15 可以看出，2016 年中国新疆对西亚国家出口总值大小排名依次为：阿塞拜疆、伊朗、土耳其、沙特阿拉伯、阿联酋。

中国新疆对西亚国家出口总值为 236.53 百万美元，占中国新疆出口总值的 1.49%。其中，对阿塞拜疆的出口总值为 78.48 百万美元，占中国新疆出口总值的 0.49%，同比下降 13.30%；对伊朗的出口总值为 66.32 百万美元，占中国新疆出口总值的 0.42%，同比下降 86.90%；对土耳其的出口总值为 43.38 百万美元，占中国新疆出口总值的 0.27%，同比下降 21.90%；对沙特阿拉伯的出口总值为 25.88 百万美元，占中国新疆出口总值的 0.16%，同比下降 72.80%；对阿联酋的出口总值为 22.47 百万美元，占中国新疆出口总值的 0.14%，同比下降 37.80%。

（二）2016 年中国新疆对西亚国家出口贸易趋势分析

由图 7 - 4 - 16 可以看出，2016 年 1～12 月中国新疆对西亚国家发生出口贸易的有：伊朗、阿联酋、沙特阿拉伯、土耳其及阿塞拜疆。

中国新疆对伊朗、阿塞拜疆出口总值均呈全年上下起伏波动，其中，对伊朗的出口贸易最高点在 9 月，最低点在 5 月；对阿塞拜疆出口贸易最高点在 11 月，最低点在 2 月；对土耳其出口贸易最高点在 6 月，最低点在 11 月；对沙特阿拉伯出口贸易最高点在 12 月，最低点在 11 月；对阿联酋出口贸易最高点在 10 月，最低点在 2 月。

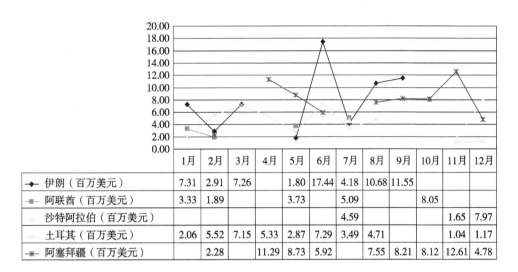

	1月	2月	3月	4月	5月	6月	7月	8月	9月	10月	11月	12月
伊朗（百万美元）	7.31	2.91	7.26		1.80	17.44	4.18	10.68	11.55			
阿联酋（百万美元）	3.33	1.89		3.73		5.09		8.05				
沙特阿拉伯（百万美元）					4.59						1.65	7.97
土耳其（百万美元）	2.06	5.52	7.15	5.33	2.87	7.29	3.49	4.71			1.04	1.17
阿塞拜疆（百万美元）		2.28		11.29	8.73	5.92		7.55	8.21	8.12	12.61	4.78

图 7 - 4 - 16　2016 年 1～12 月中国新疆对西亚五国出口总值

（三）2016 年中国新疆对西亚国家出口贸易月度分析

1. 2016 年 1 月中国新疆对西亚国家出口贸易月度分析

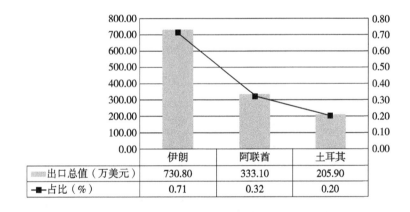

	伊朗	阿联酋	土耳其
出口总值（万美元）	730.80	333.10	205.90
占比（%）	0.71	0.32	0.20

图 7 - 4 - 17　2016 年 1 月中国新疆对西亚国家出口总值及占比

由图 7 - 4 - 17 可以看出，2016 年 1 月，中国新疆对西亚国家出口总值大小排名依次为：伊朗、阿联酋、土耳其。

中国新疆对西亚国家出口贸易总值为 1269.80 万美元，占中国新疆出口总值的 1.23%。其中，对伊朗出口总值为 730.80 万美元，占中国新疆出口总值的 0.71%，同比下降 83.20%，环比下降 67.20%；对阿联酋出口总值为 333.10 万美元，占中国新疆出口总值的 0.32%，同比下降 20.10%，环比下降 75.12%；对土耳其出口总值为 205.90 万美元，占中国新疆出口总值的 0.20%，同比下降 47.3%。

2. 2016 年 2 月中国新疆对西亚国家出口贸易月度分析

由图 7 - 4 - 18 可以看出，2016 年 2 月，中国新疆对西亚国家出口总值大小排名依次为：土耳其、伊朗、阿塞拜疆、阿联酋。

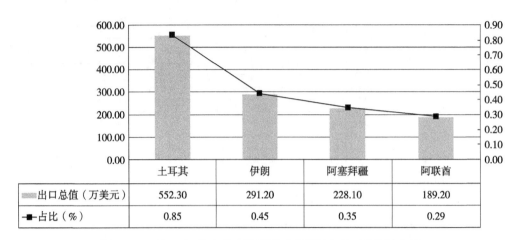

图7-4-18　2016年2月中国新疆对西亚国家出口总值及占比

中国新疆对西亚国家出口贸易总值为1260.80万美元，占中国新疆出口总值的1.94%。其中，对土耳其出口总值为552.30万美元，占中国新疆出口总值的0.85%，同比上升606.90%，环比上升168.24%；对伊朗出口总值为291.20万美元，占中国新疆出口总值的0.45%，同比下降93.00%，环比下降60.15%；对阿塞拜疆出口总值为228.10万美元，占中国新疆出口总值的0.35%，同比下降20.70%；对阿联酋出口总值为189.20万美元，占中国新疆出口总值的0.29%，同比上升33.90%，环比下降43.20%。

3. 2016年3月中国新疆对西亚国家出口贸易月度分析

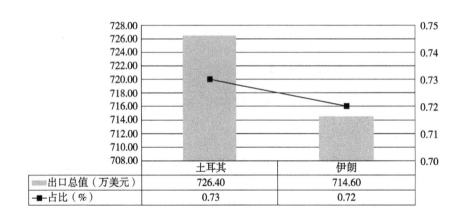

图7-4-19　2016年3月中国新疆对西亚国家出口总值及占比

由图7-4-19可以看出，2016年3月，中国新疆对西亚国家出口总值大小排名依次为：土耳其、伊朗。

中国新疆对西亚国家出口贸易总值为1441.00万美元，占中国新疆出口总值的1.45%。其中，对土耳其出口总值为726.40万美元，占中国新疆出口总值的0.73%，同比上升100.00%，环比上升29.39%；对伊朗出口总值为714.60万美元，占中国新疆出口总值的0.72%，同比下降89.00%，环比上升149.45%。

4. 2016年4月中国新疆对西亚国家出口贸易月度分析

由图7-4-20可以看出，2016年4月，中国新疆对西亚国家出口总值大小排名依次为：阿塞拜疆、土耳其。

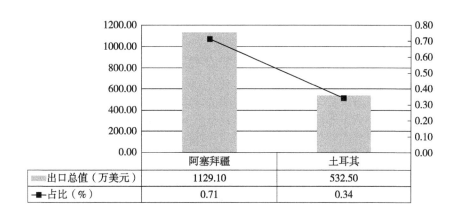

图 7 - 4 - 20　2016 年 4 月中国新疆对西亚国家出口总值及占比

中国新疆对西亚国家出口贸易总值为 1611.60 万美元，占中国新疆出口总值的 1.05%。其中，对阿塞拜疆出口总值为 1129.10 万美元，占中国新疆出口总值的 0.71%，同比上升 139.90%；对土耳其出口总值为 532.50 万美元，占中国新疆出口总值的 0.34%，同比上升 200.00%，环比下降 25.48%。

5. 2016 年 5 月中国新疆对西亚国家出口贸易月度分析

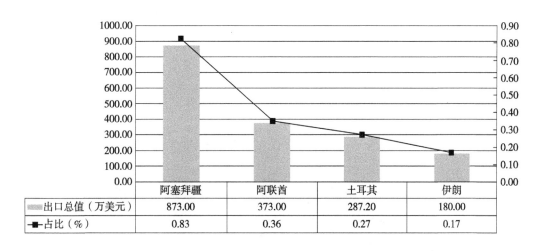

图 7 - 4 - 21　2016 年 5 月中国新疆对西亚国家出口总值及占比

由图 7 - 4 - 21 可以看出，2016 年 5 月，中国新疆对西亚国家出口总值大小排名依次为：阿塞拜疆、阿联酋、土耳其和伊朗。

中国新疆对西亚国家出口贸易总值为 1713.20 万美元，占中国新疆出口总值的 1.63%。其中，对阿塞拜疆出口总值为 873.00 万美元，占中国新疆出口总值的 0.83%，同比上升 41.60%，环比下降 22.68%；对阿联酋出口总值为 373.00 万美元，占中国新疆出口总值的 0.36%，同比上升 53.00%；对土耳其出口总值为 287.20 万美元，占中国新疆出口总值的 0.27%，同比上升 272.20%，环比下降 46.07%；对伊朗出口总值为 180.00 万美元，占中国新疆出口总值的 0.17%，同比下降95.40%。

6. 2016年6月中国新疆对西亚国家出口贸易月度分析

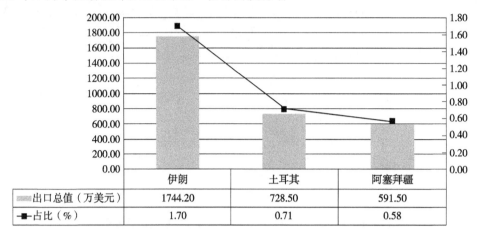

	伊朗	土耳其	阿塞拜疆
出口总值（万美元）	1744.20	728.50	591.50
占比（%）	1.70	0.71	0.58

图7-4-22　2016年6月中国新疆对西亚国家出口总值及占比

由图7-4-22可以看出，2016年6月，中国新疆对西亚国家出口总值大小排名依次为：伊朗、土耳其和阿塞拜疆。

中国新疆对西亚国家出口贸易总值为3064.20万美元，占中国新疆出口总值的2.99%。其中，对伊朗出口总值为1744.20万美元，占中国新疆出口总值的1.70%，同比下降73.30%，环比上升869.00%；对土耳其出口总值为728.50万美元，占中国新疆出口总值的0.71%，同比下降18.30%，环比上升153.66%；对阿塞拜疆出口总值为591.50万美元，占中国新疆出口总值的0.58%，同比下降15.80%，环比下降32.25%。

7. 2016年7月中国新疆对西亚国家出口贸易月度分析

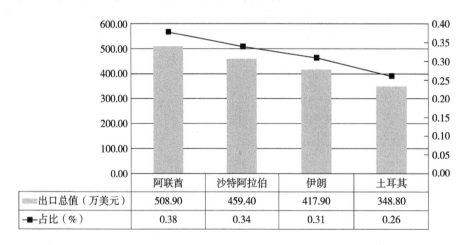

	阿联酋	沙特阿拉伯	伊朗	土耳其
出口总值（万美元）	508.90	459.40	417.90	348.80
占比（%）	0.38	0.34	0.31	0.26

图7-4-23　2016年7月中国新疆对西亚国家出口总值及占比

由图7-4-23可以看出，2016年7月，中国新疆对西亚国家出口总值大小排名依次为：阿联酋、沙特阿拉伯、伊朗、土耳其。

中国新疆对西亚国家出口贸易总值为1735.00万美元，占中国新疆出口总值的1.29%。其中，对阿联酋出口总值为508.90万美元，占中国新疆出口总值的0.38%，同比下降16.40%；对沙特阿拉伯出口总值为459.40万美元，占中国新疆出口总值的0.34%，同比下降44.90%；对伊朗出口总值为 417.90 万美元，占中国新疆出口总值的 0.31%，同比下降 92.70%，环比下降 76.04%；对土耳其出口总值为 348.80 万美元，占中国新疆出口总值的 0.26%，同比上升 98.20%，环比下降 52.12%。

8. 2016 年 8 月中国新疆对西亚国家出口贸易月度分析

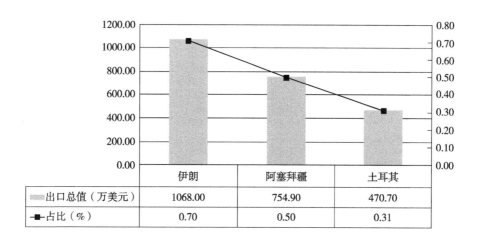

图 7 - 4 - 24 2016 年 8 月中国新疆对西亚国家出口总值及占比

由图 7 - 4 - 24 可以看出，2016 年 8 月，中国新疆对西亚国家出口总值大小排名依次为：伊朗、阿塞拜疆、土耳其。

中国新疆对西亚国家出口贸易总值为 2293.60 万美元，占中国新疆出口总值的 1.51%。其中，对伊朗出口总值为 1068.00 万美元，占中国新疆出口总值的 0.70%，同比下降 82.50%，环比上升 155.56%；对阿塞拜疆出口总值为 754.90 万美元，占中国新疆出口总值的 0.50%，同比下降 27.30%；对土耳其出口总值为 470.70 万美元，占中国新疆出口总值的 0.31%，同比下降 59.60%，环比上升 34.95%。

9. 2016 年 9 月中国新疆对西亚国家出口贸易月度分析

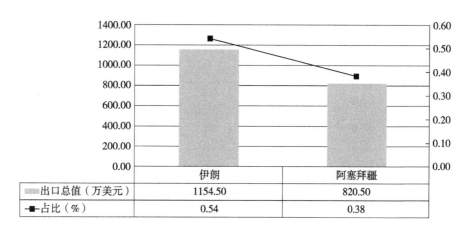

图 7 - 4 - 25 2016 年 9 月中国新疆对西亚国家出口总值及占比

由图 7 - 4 - 25 可以看出，2016 年 9 月，中国新疆对西亚国家出口总值大小排名依次为：伊朗、阿塞拜疆。

中国新疆对西亚国家出口贸易总值为1975.00万美元，占中国新疆出口总值的0.92%。其中，对伊朗出口总值为1154.50万美元，占中国新疆出口总值的0.54%，同比下降83.90%，环比上升8.10%；对阿塞拜疆出口总值为820.50万美元，占中国新疆出口总值的0.38%，同比下降28.80%，环比上升8.69%。

10. 2016年10月中国新疆对西亚国家出口贸易月度分析

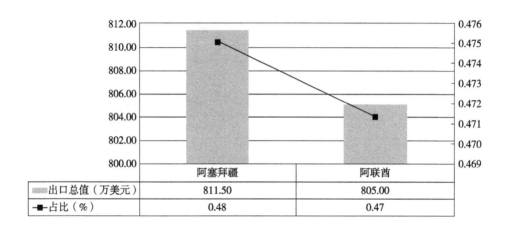

	阿塞拜疆	阿联酋
出口总值（万美元）	811.50	805.00
占比（%）	0.48	0.47

图7-4-26　2016年10月中国新疆对西亚国家出口总值及占比

由图7-4-26可以看出，2016年10月，中国新疆对西亚国家出口总值大小排名依次为：阿塞拜疆、阿联酋。

中国新疆对西亚国家出口贸易总值为1616.50万美元，占中国新疆出口总值的0.95%。其中，对阿塞拜疆出口总值为811.50万美元，占中国新疆出口总值的0.48%，同比下降6.50%，环比下降1.10%；对阿联酋出口总值为805.00万美元，占中国新疆出口总值的0.47%，同比下降11.80%。

11. 2016年11月中国新疆对西亚国家出口贸易月度分析

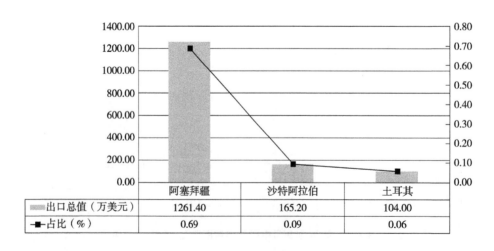

	阿塞拜疆	沙特阿拉伯	土耳其
出口总值（万美元）	1261.40	165.20	104.00
占比（%）	0.69	0.09	0.06

图7-4-27　2016年11月中国新疆对西亚国家出口总值及占比

由图 7 - 4 - 27 可以看出，2016 年 11 月，中国新疆对西亚国家出口总值大小排名依次为：阿塞拜疆、沙特阿拉伯、土耳其。

中国新疆对西亚国家出口贸易总值为 1530.60 万美元，占中国新疆出口总值的 0.84%。其中，对阿塞拜疆出口总值为 1261.40 万美元，占中国新疆出口总值的 0.69%，同比下降 36.20%，环比上升 55.44%；对沙特阿拉伯出口总值为 165.20 万美元，占中国新疆出口总值的 0.09%，同比下降 93.60%；对土耳其出口总值为 104.00 万美元，占中国新疆出口总值的 0.06%，同比下降 78.40%。

12. 2016 年 12 月中国新疆对西亚国家出口贸易月度分析

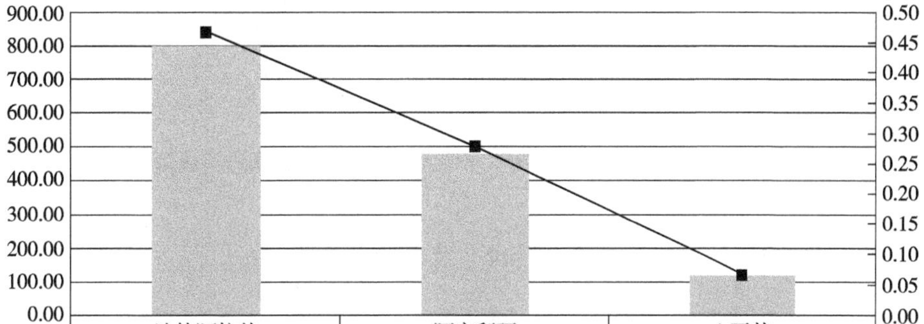

	沙特阿拉伯	阿塞拜疆	土耳其
出口总值（万美元）	797.30	478.30	117.00
占比（%）	0.47	0.28	0.07

图 7 - 4 - 28 2016 年 12 月中国新疆对西亚国家出口总值及占比

由图 7 - 4 - 28 可以看出，2016 年 12 月，中国新疆对西亚国家出口总值大小排名依次为：沙特阿拉伯、阿塞拜疆、土耳其。

中国新疆对西亚国家出口贸易总值为 2433.30 万美元，占中国新疆出口总值的 0.82%。其中，对沙特阿拉伯出口总值为 797.30 万美元，占中国新疆出口总值的 0.47%，同比上升 53.90%，环比上升 382.63%；对阿塞拜疆出口总值为 478.30 万美元，占中国新疆出口总值的 0.28%，同比下降 40.70%，环比下降 62.08%；对土耳其出口总值为 117.00 万美元，占中国新疆出口总值的 0.07%，同比下降 41.10%，环比上升 12.50%。

三、2016 年中国新疆对西亚国家进口贸易总体分析

（一）2016 年中国新疆对西亚国家进口贸易分析

由图 7 - 4 - 29 可以看出，2016 年中国新疆对西亚国家进口总值大小排名依次为：土耳其、沙特阿拉伯、伊朗、阿塞拜疆、阿联酋。

中国新疆对西亚国家进口总值为 40.81 百万美元，占中国新疆进口总值的 1.99%。其中，对土耳其的进口总值为 28.79 百万美元，占中国新疆进口总值的 1.40%，同比下降 11.90%；对沙特阿拉伯的进口总值为 7.44 百万美元，占中国新疆进口总值的 0.36%，同比上升 84.40%；对伊朗的进口总值为 3.07 百万美元，占中国新疆进口总值的 0.15%，同比下降 84.20%；对阿塞拜疆的进口总值为 1.14 百万美元，占中国新疆进口总值的 0.06%，同比下降 92.10%；对阿联酋的进口

总值为0.37百万美元，占中国新疆进口总值的0.02%，同比下降10.50%。

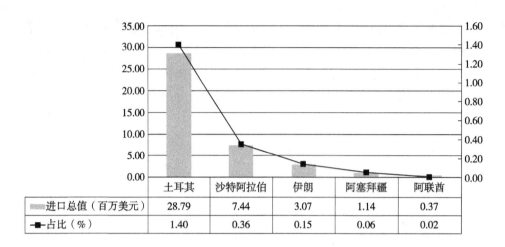

	土耳其	沙特阿拉伯	伊朗	阿塞拜疆	阿联酋
进口总值（百万美元）	28.79	7.44	3.07	1.14	0.37
占比（%）	1.40	0.36	0.15	0.06	0.02

图7-4-29 2016年中国新疆对西亚国家进口总值及占比

（二）2016年中国新疆对西亚国家进口贸易趋势分析

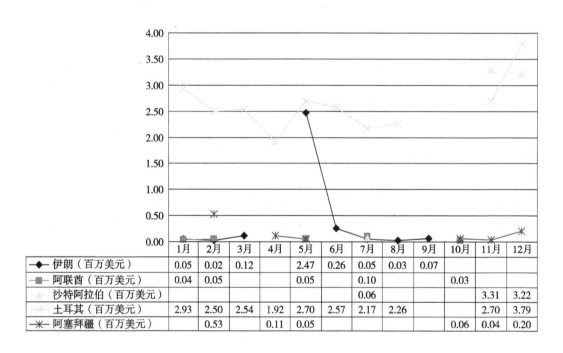

	1月	2月	3月	4月	5月	6月	7月	8月	9月	10月	11月	12月
伊朗（百万美元）	0.05	0.02	0.12		2.47	0.26	0.05	0.03	0.07			
阿联酋（百万美元）	0.04	0.05			0.05		0.10			0.03		
沙特阿拉伯（百万美元）							0.06				3.31	3.22
土耳其（百万美元）	2.93	2.50	2.54	1.92	2.70	2.57	2.17	2.26			2.70	3.79
阿塞拜疆（百万美元）		0.53		0.11	0.05					0.06	0.04	0.20

图7-4-30 2016年1~12月中国新疆对西亚国家进口总值

由图7-4-30可以看出，2016年1~12月中国新疆对西亚国家的进口总值大小排名顺序始终为：伊朗、阿联酋、沙特阿拉伯、土耳其和阿塞拜疆。

中国新疆对伊朗进口总值均呈全年上下起伏波动。对伊朗进口贸易最高点在5月，最低点在2月；对阿联酋进口贸易最高点在7月，最低点在10月；对沙特阿拉伯进口贸易最高点在11月，最低点在7月；对土耳其进口贸易最高点在12月，最低点在4月；对阿塞拜疆进口总值的变化波动较小，最高点出现在2月，最低点在11月。

（三）2016 年中国新疆对西亚国家进口贸易月度分析

1. 2016 年 1 月中国新疆对西亚国家进口贸易月度分析

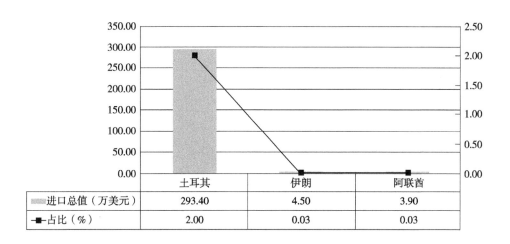

	土耳其	伊朗	阿联酋
进口总值（万美元）	293.40	4.50	3.90
占比（％）	2.00	0.03	0.03

图 7 - 4 - 31　2016 年 1 月中国新疆对西亚国家进口总值及占比

由图 7 - 4 - 31 可以看出，2016 年 1 月，中国新疆对西亚国家进口总值大小排名依次为：土耳其、伊朗、阿联酋。

中国新疆对西亚国家进口贸易总值为 301.80 万美元，占中国新疆进口总值的 2.06%。其中，对土耳其进口总值为 293.40 万美元，占中国新疆进口总值的 2.00%，同比上升 50.50%；对伊朗进口总值为 4.50 万美元，占中国新疆进口总值的 0.03%，同比下降 60.70%，环比下降 90.13%；对阿联酋进口总值为 3.90 万美元，占中国新疆进口总值的 0.03%，同比下降 44.40%，环比下降 11.36%。

2. 2016 年 2 月中国新疆对西亚国家进口贸易月度分析

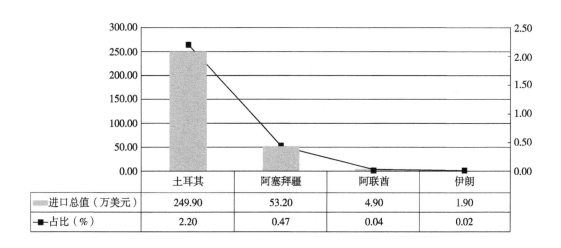

	土耳其	阿塞拜疆	阿联酋	伊朗
进口总值（万美元）	249.90	53.20	4.90	1.90
占比（％）	2.20	0.47	0.04	0.02

图 7 - 4 - 32　2016 年 2 月中国新疆对西亚国家进口总值及占比

由图 7 - 4 - 32 可以看出，2016 年 2 月，中国新疆对西亚国家进口总值大小排名依次为：土耳其、阿塞拜疆、阿联酋、伊朗。

中国新疆对西亚国家进口贸易总值为 309.90 万美元，占中国新疆进口总值的 2.72%。其中，对土耳其进口总值为 249.90 万美元，占中国新疆进口总值的 2.20%，同比上升 3.60%，环比下降 14.83%；对阿塞拜疆进口总值为 53.20 万美元，占中国新疆进口总值的 0.47%，同比下降 35.20%；对阿联酋进口总值为 4.90 万美元，占中国新疆进口总值的 0.04%，同比下降 59.20%，环比上升 25.64%；对伊朗进口总值为 1.90 万美元，占中国新疆进口总值的 0.02%，同比下降 92.70%，环比下降 57.78%。

3. 2016 年 3 月中国新疆对西亚国家进口贸易月度分析

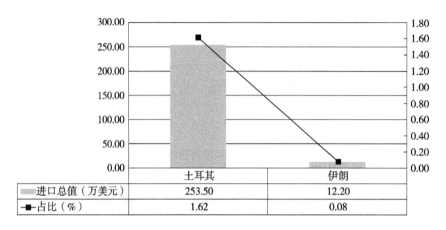

	土耳其	伊朗
进口总值（万美元）	253.50	12.20
占比（%）	1.62	0.08

图 7 - 4 - 33　2016 年 3 月中国新疆对西亚国家进口总值及占比

由图 7 - 4 - 33 可以看出，2016 年 3 月，中国新疆对西亚国家进口总值大小排名依次为：土耳其、伊朗。

中国新疆对西亚国家进口贸易总值为 265.70 万美元，占中国新疆进口总值的 1.70%。其中，对土耳其进口总值为 253.50 万美元，占中国新疆进口总值的 1.62%，同比上升 13.10%，环比上升 1.44%；对伊朗进口总值为 12.20 万美元，占中国新疆进口总值的 0.08%，同比下降 26.60%，环比上升 542.11%。

4. 2016 年 4 月中国新疆对西亚国家进口贸易月度分析

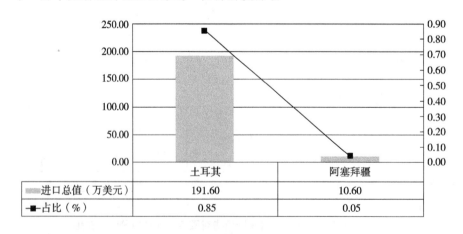

	土耳其	阿塞拜疆
进口总值（万美元）	191.60	10.60
占比（%）	0.85	0.05

图 7 - 4 - 34　2016 年 4 月中国新疆对西亚国家进口总值及占比

由图 7 - 4 - 34 可以看出，2016 年 4 月，中国新疆对西亚国家进口总值大小排名依次为：土耳其、阿塞拜疆。

中国新疆对西亚国家进口贸易总值为 202.20 万美元，占中国新疆进口总值的 0.90%。其中，对土耳其进口总值为 191.60 万美元，占中国新疆进口总值的 0.85%，同比下降 43.40%，环比下降 24.42%；对阿塞拜疆进口总值为 10.60 万美元，占中国新疆进口总值的 0.05%，同比下降 95.70%。

5. 2016 年 5 月中国新疆对西亚国家进口贸易月度分析

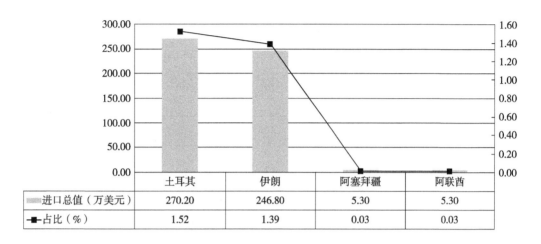

图 7 - 4 - 35　2016 年 5 月中国新疆对西亚国家进口总值及占比

由图 7 - 4 - 35 可以看出，2016 年 5 月，中国新疆对西亚国家进口总值大小排名依次为：土耳其、伊朗、阿塞拜疆和阿联酋。

中国新疆对西亚国家进口贸易总值为 527.60 万美元，占中国新疆进口总值的 2.97%。其中，对土耳其进口总值为 270.20 万美元，占中国新疆进口总值的 1.52%，同比上升 17.10%，环比上升 41.02%；对伊朗进口总值为 246.80 万美元，占中国新疆进口总值的 1.39%，同比上升 2901.40%；对阿塞拜疆进口总值为 5.30 万美元，占中国新疆进口总值的 0.03%，同比下降 98.30%，环比下降 50.00%；对阿联酋进口总值为 5.30 万美元，占中国新疆进口总值的 0.03%，同比上升 72.60%。

6. 2016 年 6 月中国新疆对西亚国家进口贸易月度分析

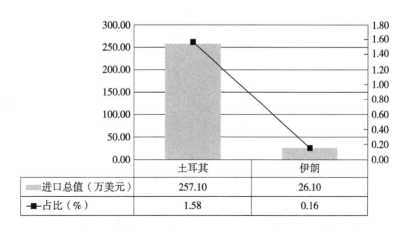

图 7 - 4 - 36　2016 年 6 月中国新疆对西亚国家进口总值及占比

由图 7 - 4 - 36 可以看出，2016 年 6 月，中国新疆对西亚国家进口总值大小排名依次为：土耳其、伊朗。

中国新疆对西亚国家进口贸易总值为 283.20 万美元，占中国新疆进口总值的 1.74%。其中，对土耳其进口总值为 257.10 万美元，占中国新疆进口总值的 1.58%，同比下降 24.70%，环比下降 4.85%；对伊朗进口总值为 26.10 万美元，占中国新疆进口总值的 0.16%，同比上升 49.50%，环比下降 89.42%。

7. 2016 年 7 月中国新疆对西亚国家进口贸易月度分析

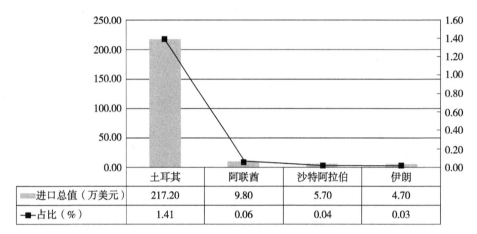

	土耳其	阿联酋	沙特阿拉伯	伊朗
进口总值（万美元）	217.20	9.80	5.70	4.70
占比（%）	1.41	0.06	0.04	0.03

图 7 - 4 - 37　2016 年 7 月中国新疆对西亚国家进口总值及占比

由图 7 - 4 - 37 可以看出，2016 年 7 月，中国新疆对西亚国家进口总值大小排名依次为：土耳其、阿联酋、沙特阿拉伯、伊朗。

中国新疆对西亚国家进口贸易总值为 237.40 万美元，占中国新疆进口总值的 1.54%。其中，对土耳其进口总值为 217.20 万美元，占中国新疆进口总值的 1.41%，同比下降 30.90%，环比下降 15.52%；对阿联酋进口总值为 9.80 万美元，占中国新疆进口总值的 0.06%，同比上升 37.50%；对沙特阿拉伯进口总值为 5.70 万美元，占中国新疆进口总值的 0.04%，同比下降 67.60%；对伊朗进口总值为 4.70 万美元，占中国新疆进口总值的 0.03%，同比下降 99.50%，环比下降 81.99%。

8. 2016 年 8 月中国新疆对西亚国家进口贸易月度分析

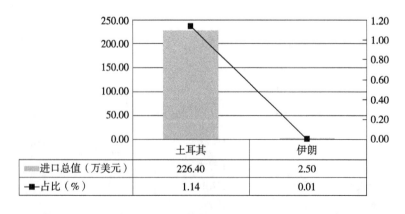

	土耳其	伊朗
进口总值（万美元）	226.40	2.50
占比（%）	1.14	0.01

图 7 - 4 - 38　2016 年 8 月中国新疆对西亚国家进口总值及占比

由图 7 - 4 - 38 可以看出，2016 年 8 月，中国新疆对西亚国家进口总值大小排名依次为：土耳其、伊朗，其中，对阿塞拜疆只有出口没有进口。

中国新疆对西亚国家进口贸易总值为 228.90 万美元，占中国新疆进口总值的 1.15%。其中：对土耳其进口总值为 226.40 万美元，占中国新疆进口总值的 1.14%，同比下降 9.40%，环比上升 4.24%；对伊朗进口总值为 2.50 万美元，占中国新疆进口总值的 0.01%，同比下降 99.60%，环比下降 46.80%。

9. 2016 年 9 月中国新疆对西亚国家进口贸易月度分析

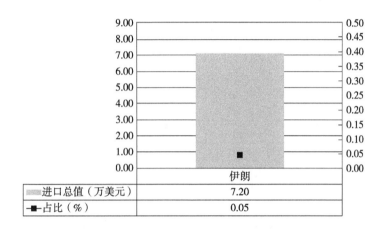

图 7 - 4 - 39 2016 年 9 月中国新疆对西亚国家进口总值及占比

由图 7 - 4 - 39 可以看出，2016 年 9 月，中国新疆对西亚国家进口贸易中只与伊朗发生进口贸易，对阿塞拜疆只有出口没有进口。

中国新疆对西亚国家进口贸易总值为 7.20 万美元，占中国新疆进口总值的 0.05%。其中，对伊朗进口总值为 7.20 万美元，占中国新疆进口总值的 0.05%，同比下降 97.60%，环比上升 188.00%。

10. 2016 年 10 月中国新疆对西亚国家进口贸易月度分析

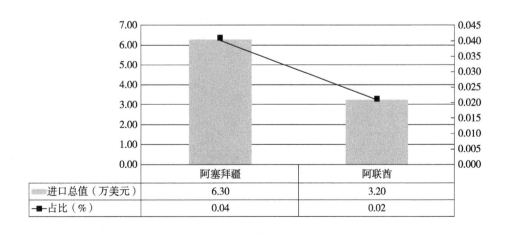

图 7 - 4 - 40 2016 年 10 月中国新疆对西亚国家进口总值及占比

由图7-4-40可以看出，2016年10月，中国新疆对西亚国家进口总值大小排名依次为：阿塞拜疆、阿联酋。

中国新疆对西亚国家进口贸易总值为9.50万美元，占中国新疆进口总值的0.06%。其中，对阿塞拜疆进口总值为6.30万美元，占中国新疆进口总值的0.04%；对阿联酋进口总值为3.20万美元，占中国新疆出口总值的0.02%。

11. 2016年11月中国新疆对西亚国家进口贸易月度分析

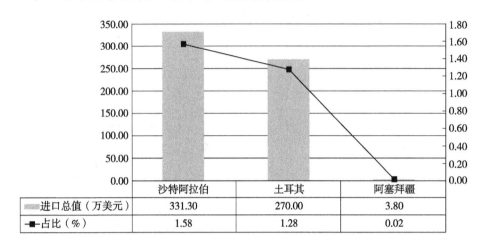

	沙特阿拉伯	土耳其	阿塞拜疆
进口总值（万美元）	331.30	270.00	3.80
占比（%）	1.58	1.28	0.02

图7-4-41　2016年11月中国新疆对西亚国家进口总值及占比

由图7-4-41可以看出，2016年11月，中国新疆对西亚国家进口总值大小排名依次为：沙特阿拉伯、土耳其、阿塞拜疆。

中国新疆对西亚国家进口贸易总值为605.10万美元，占中国新疆进口总值的2.88%。其中，对沙特阿拉伯进口总值为331.30万美元，占中国新疆进口总值的1.58%，同比上升113.00%；对土耳其进口总值为270.00万美元，占中国新疆进口总值的1.28%，同比上升19.00%；对阿塞拜疆进口总值为3.80万美元，占中国新疆进口总值的0.02%，同比下降66.20%，环比下降60.00%。

12. 2016年12月中国新疆对西亚国家进口贸易月度分析

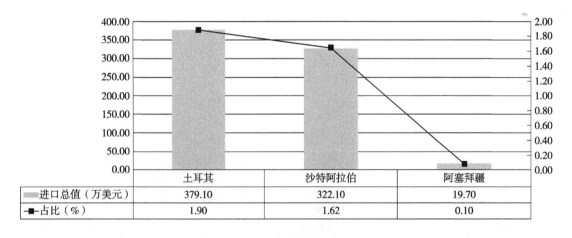

	土耳其	沙特阿拉伯	阿塞拜疆
进口总值（万美元）	379.10	322.10	19.70
占比（%）	1.90	1.62	0.10

图7-4-42　2016年12月中国新疆对西亚国家进口总值及占比

由图7-4-42可以看出，2016年12月，中国新疆对西亚国家进口总值大小排名依次为：土耳其、沙特阿拉伯、阿塞拜疆。

中国新疆对西亚国家进口贸易总值为 720.90 万美元，占中国新疆进口总值的 3.62%。其中，对土耳其进口总值为 379.10 万美元，占中国新疆进口总值的 1.90%，同比上升 18.70%，环比上升 40.41%；对沙特阿拉伯进口总值为 322.10 万美元，占中国新疆进口总值的 1.62%，同比上升 205.40%，环比下降 2.78%；对阿塞拜疆进口总值为 19.70 万美元，占中国新疆进口总值的 0.10%，同比下降 92.70%，环比上升 418.42%。

四、2016 年中国新疆对西亚国家的出口贸易与进口贸易比较分析

（一）2016 年中国新疆对西亚国家的出口贸易与进口贸易比较

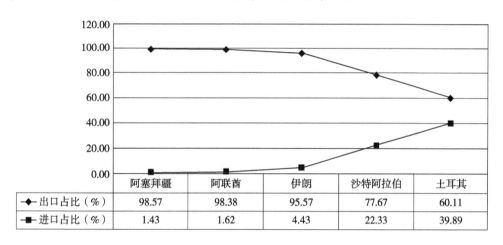

	阿塞拜疆	阿联酋	伊朗	沙特阿拉伯	土耳其
出口占比（%）	98.57	98.38	95.57	77.67	60.11
进口占比（%）	1.43	1.62	4.43	22.33	39.89

图 7 - 4 - 43 2016 年中国新疆对西亚国家进出口总值中出口及进口占比

由图 7 - 4 - 43 可以看出，2016 年中国新疆对西亚国家的进出口贸易中，各国的出口总值、进口总值占其进出口总值的比重均是出口大于进口，说明中国新疆对西亚国家的进出口贸易均以出口为主导，且出口远大于进口，土耳其出口占比最小，为 60.11%，阿塞拜疆出口占比最大，达到 98.57%。

（二）2016 年中国新疆对西亚国家的出口贸易与进口贸易的月度比较分析

1. 2016 年 1 月中国新疆对西亚国家的出口贸易与进口贸易的月度比较分析

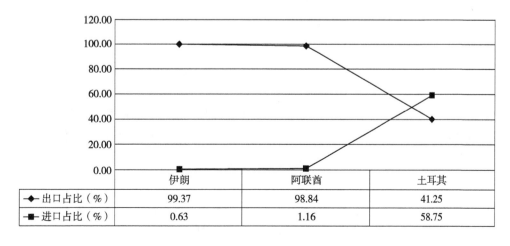

	伊朗	阿联酋	土耳其
出口占比（%）	99.37	98.84	41.25
进口占比（%）	0.63	1.16	58.75

图 7 - 4 - 44 2016 年 1 月中国新疆对西亚国家进出口总值中出口及进口占比

由图7-4-44可以看出，2016年1月，中国新疆对西亚国家的进出口贸易中，除土耳其外，其他两国的出口总值、进口总值占中国新疆进出口总值的比重均是出口大于进口，说明中国新疆对西亚国家的进出口贸易多以出口为主导，且出口远大于进口，出口占比均超过98%。

2. 2016年2月中国新疆对西亚国家的出口贸易与进口贸易的月度比较分析

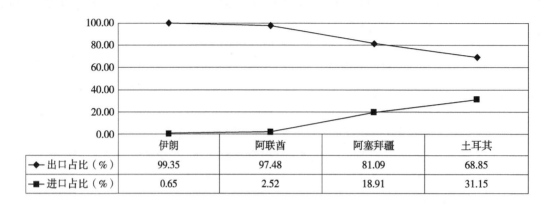

	伊朗	阿联酋	阿塞拜疆	土耳其
◆ 出口占比（%）	99.35	97.48	81.09	68.85
■ 进口占比（%）	0.65	2.52	18.91	31.15

图7-4-45　2016年2月中国新疆对西亚国家进出口总值中出口及进口占比

由图7-4-45可以看出，2016年2月，中国新疆对西亚国家的进出口贸易中，各国的出口总值、进口总值占中国新疆进出口总值的比重均是出口大于进口，说明中国新疆对西亚国家的进出口贸易多以出口为主导，且出口远大于进口，出口占比均超过68%。

3. 2016年3月中国新疆对西亚国家的出口贸易与进口贸易的月度比较分析

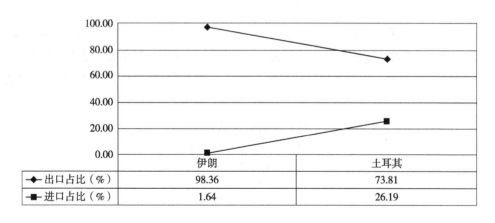

	伊朗	土耳其
◆ 出口占比（%）	98.36	73.81
■ 进口占比（%）	1.64	26.19

图7-4-46　2016年3月中国新疆对西亚国家进出口总值中出口及进口占比

由图7-4-46可以看出，2016年3月，中国新疆对西亚国家的进出口贸易中，伊朗及土耳其这两国的出口总值、进口总值占中国新疆进出口总值的比重均是出口大于进口，说明中国新疆对西亚国家的进出口贸易多以出口为主导，且出口远大于进口，出口占比均超过73%。

4. 2016年4月中国新疆对西亚国家的出口贸易与进口贸易的月度比较分析

由图7-4-47可以看出，2016年4月，中国新疆对西亚国家的进出口贸易中，阿塞拜疆及土耳其这两国的出口总值、进口总值占中国新疆进出口总值的比重均是出口大于进口，说明中国新疆对西亚国家的进出口贸易多以出口为主导，且出口远大于进口，出口占比均超过73%。

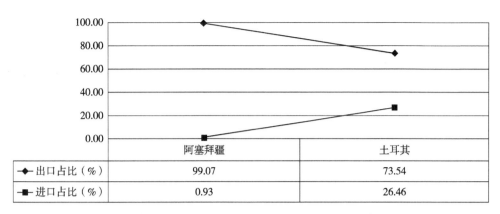

	阿塞拜疆	土耳其
◆ 出口占比（%）	99.07	73.54
■ 进口占比（%）	0.93	26.46

图 7 - 4 - 47　2016 年 4 月中国新疆对西亚国家进出口总值中出口及进口占比

5. 2016 年 5 月中国新疆对西亚国家的出口贸易与进口贸易的月度比较分析

由图 7 - 4 - 48 可以看出，2016 年 5 月，中国新疆对西亚国家的进出口贸易中，阿塞拜疆和阿联酋出口总值、进口总值占中国新疆进出口总值的比重均是出口大于进口，说明中国新疆对西亚这两个国家的进出口贸易多以出口为主导，且出口远大于进口，出口占比均超过 98%；其中，土耳其出口总值、进口总值基本持平；伊朗进口总值略大于出口总值。

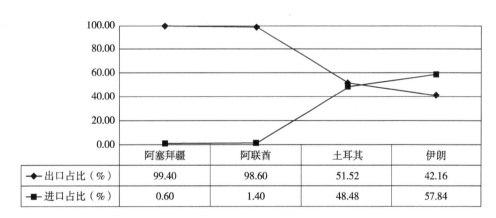

	阿塞拜疆	阿联酋	土耳其	伊朗
◆ 出口占比（%）	99.40	98.60	51.52	42.16
■ 进口占比（%）	0.60	1.40	48.48	57.84

图 7 - 4 - 48　2016 年 5 月中国新疆对西亚国家进出口总值中出口及进口占比

6. 2016 年 6 月中国新疆对西亚国家的出口贸易与进口贸易的月度比较分析

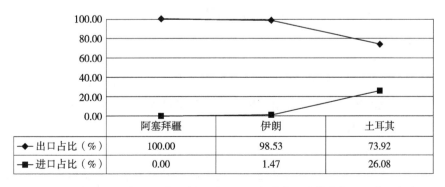

	阿塞拜疆	伊朗	土耳其
◆ 出口占比（%）	100.00	98.53	73.92
■ 进口占比（%）	0.00	1.47	26.08

图 7 - 4 - 49　2016 年 6 月中国新疆对西亚国家进出口总值中出口及进口占比

由图7-4-49可以看出，2016年6月，中国新疆对西亚国家的进出口贸易中，阿塞拜疆、伊朗和土耳其出口总值、进口总值占中国新疆进出口总值的比重均是出口大于进口，说明中国新疆对西亚这三个国家的进出口贸易以出口为主导，且出口远大于进口，出口占比均超过73%。

7. 2016年7月中国新疆对西亚国家的出口贸易与进口贸易的月度比较分析

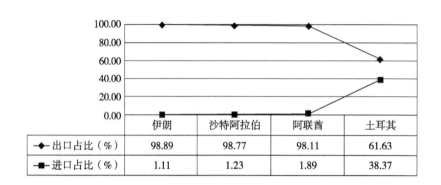

	伊朗	沙特阿拉伯	阿联酋	土耳其
出口占比（%）	98.89	98.77	98.11	61.63
进口占比（%）	1.11	1.23	1.89	38.37

图7-4-50 2016年7月中国新疆对西亚国家进出口总值中出口及进口占比

由图7-4-50可以看出，2016年7月，中国新疆对西亚国家的进出口贸易中，伊朗、沙特阿拉伯、阿联酋及土耳其这四个国家的出口总值、进口总值占中国新疆进出口总值的比重均是出口大于进口，说明中国新疆对西亚国家的进出口贸易多以出口为主导，且出口远大于进口，出口占比均超过61%。

8. 2016年8月中国新疆对西亚国家的出口贸易与进口贸易的月度比较分析

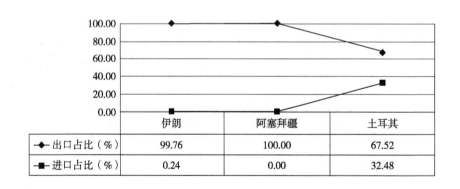

	伊朗	阿塞拜疆	土耳其
出口占比（%）	99.76	100.00	67.52
进口占比（%）	0.24	0.00	32.48

图7-4-51 2016年8月中国新疆对西亚国家进出口总值中出口及进口占比

由图7-4-51可以看出，2016年8月，中国新疆对西亚国家的进出口贸易中，伊朗、阿塞拜疆及土耳其这三个国家的出口总值、进口总值占中国新疆进出口总值的比重均是出口大于进口，说明中国新疆对西亚国家的进出口贸易以出口为主导，且出口远大于进口，出口占比均超过67%。

9. 2016年9月中国新疆对西亚国家的出口贸易与进口贸易的月度比较分析

由图7-4-52可以看出，2016年9月，中国新疆对西亚国家的进出口贸易中，阿塞拜疆、伊朗这两个国家的出口总值、进口总值占中国新疆进出口总值的比重均是出口大于进口，说明中国新疆对西亚国家的进出口贸易以出口为主导，且出口远大于进口，出口占比均超过99%。

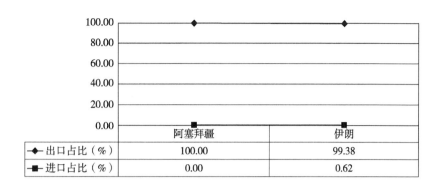

图 7 - 4 - 52   2016 年 9 月中国新疆对西亚国家进出口总值中出口及进口占比

10. 2016 年 10 月中国新疆对西亚国家的出口贸易与进口贸易的月度比较分析

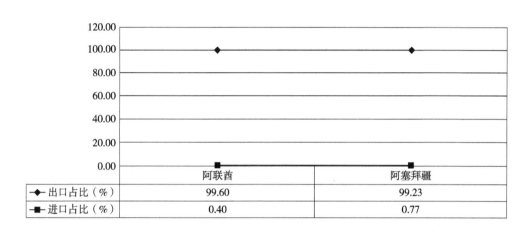

图 7 - 4 - 53   2016 年 10 月中国新疆对西亚国家进出口总值中出口及进口占比

由图 7 - 4 - 53 可以看出，2016 年 10 月，中国新疆对西亚国家的进出口贸易中，阿联酋、阿塞拜疆这两个国家的出口总值、进口总值占中国新疆进出口总值的比重均是出口大于进口，说明中国新疆对西亚国家的进出口贸易以出口为主导，且出口远大于进口，出口占比均超过 99%。

11. 2016 年 11 月中国新疆对西亚国家的出口贸易与进口贸易的月度比较分析

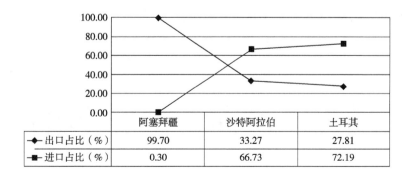

图 7 - 4 - 54   2016 年 11 月中国新疆对西亚国家进出口总值中出口及进口占比

由图 7－4－54 可以看出，2016 年 11 月，中国新疆对西亚国家的进出口贸易中，阿塞拜疆的出口总值、进口总值占中国新疆进出口总值的比重是出口大于进口，而沙特阿拉伯与土耳其的出口总值、进口总值占中国新疆进出口总值的比重是进口大于出口。说明本月中国新疆对阿塞拜疆的进出口贸易以出口为主导，且出口远大于进口；而中国新疆对沙特阿拉伯、土耳其的进出口贸易则以进口为主导。

12. 2016 年 12 月中国新疆对西亚国家的出口贸易与进口贸易的月度比较分析

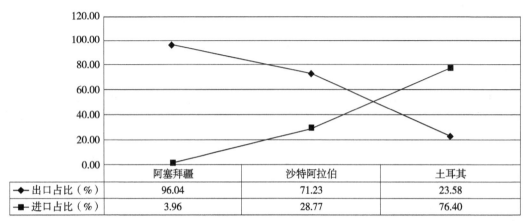

	阿塞拜疆	沙特阿拉伯	土耳其
出口占比（%）	96.04	71.23	23.58
进口占比（%）	3.96	28.77	76.40

图 7－4－55　2016 年 12 月中国新疆对西亚国家进出口总值中出口及进口占比

由图 7－4－55 可以看出，2016 年 12 月，中国新疆对西亚国家的进出口贸易中，阿塞拜疆、沙特阿拉伯这两个国家的出口总值、进口总值占中国新疆进出口总值的比重均是出口大于进口，说明中国新疆对西亚国家的进出口贸易以出口为主导，且出口远大于进口，出口占比均超过 71%。

第五节　2016 年中国新疆与南亚国家的进出口贸易情况

一、2016 年中国新疆对南亚国家进出口贸易总体分析

（一）2016 年中国新疆对南亚国家进出口贸易分析

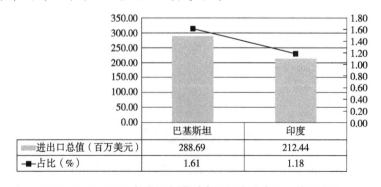

	巴基斯坦	印度
进出口总值（百万美元）	288.69	212.44
占比（%）	1.61	1.18

图 7－5－1　2016 年中国新疆对南亚国家进出口总值及占比

由图 7-5-1 可以看出，2016 年中国新疆对南亚国家进出口总值大小排名依次为：巴基斯坦、印度。

中国新疆对南亚国家进出口总值为 501.13 百万美元，占中国新疆进出口总值的 2.79%。其中，对巴基斯坦的进出口总值为 288.69 百万美元，占中国新疆进出口总值的 1.61%，同比下降 7.70%；对印度的进出口总值为 212.44 百万美元，占中国新疆进出口总值的 1.18%，同比下降 3.50%。

（二）2016 年中国新疆对南亚国家进出口贸易趋势分析

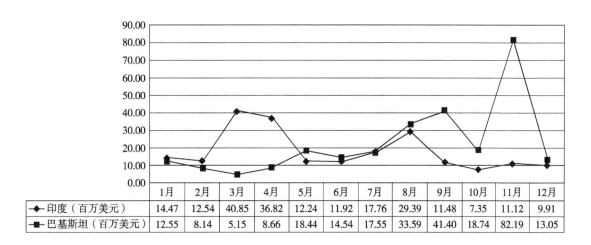

	1月	2月	3月	4月	5月	6月	7月	8月	9月	10月	11月	12月
◆ 印度（百万美元）	14.47	12.54	40.85	36.82	12.24	11.92	17.76	29.39	11.48	7.35	11.12	9.91
■ 巴基斯坦（百万美元）	12.55	8.14	5.15	8.66	18.44	14.54	17.55	33.59	41.40	18.74	82.19	13.05

图 7-5-2 2016 年 1～12 月中国新疆对南亚国家进出口总值

由图 7-5-2 可以看出，中国新疆对南亚国家的进出口总值大小交替领先，1～4 月、7 月印度进出口总值高于巴基斯坦，其他月份则表现为巴基斯坦进出口总值高于印度。

中国新疆对巴基斯坦进出口总值呈全年剧烈波动趋势，对印度进出口总值变动则相对平稳。其中，对巴基斯坦的进出口贸易最高点在 11 月，为 82.19 百万美元，最低点在 3 月，为 5.15 百万美元；对印度的进出口贸易最高点在 3 月，为 40.85 百万美元，最低点在 10 月，为 7.35 百万美元。

（三）2016 年中国新疆对南亚国家进出口贸易月度分析

1. 2016 年 1 月中国新疆对南亚国家进出口贸易月度分析

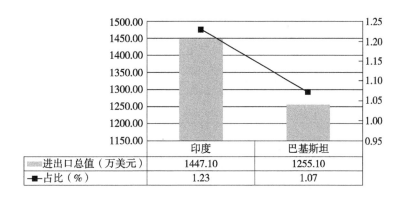

	印度	巴基斯坦
进出口总值（万美元）	1447.10	1255.10
占比（%）	1.23	1.07

图 7-5-3 2016 年 1 月中国新疆对南亚国家进出口总值及占比

由图7-5-3可以看出，2016年1月，中国新疆对南亚国家的进出口总值大小排名依次为：印度、巴基斯坦。

中国新疆对南亚国家进出口贸易值为2702.20万美元，占中国新疆进出口总值的2.30%。其中，对印度进出口总值为1447.10万美元，占中国新疆进出口总值的1.23%，同比上升69.20%，环比下降31.99%；对巴基斯坦进出口总值为1255.10万美元，占中国新疆进出口总值的1.07%，同比上升19.50%，环比下降66.22%。

2.2016年2月中国新疆对南亚国家进出口贸易月度分析

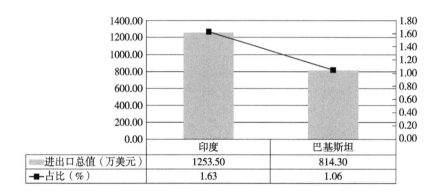

图7-5-4　2016年2月中国新疆对南亚国家进出口总值及占比

由图7-5-4可以看出，2016年2月，中国新疆对南亚国家的进出口总值大小排名依次为：印度、巴基斯坦。

中国新疆对南亚国家进出口贸易值为2067.80万美元，占中国新疆进出口总值的2.69%。其中，对印度进出口总值为1253.50万美元，占中国新疆进出口总值的1.63%，同比上升79.30%，环比下降13.38%；对巴基斯坦进出口总值为814.30万美元，占中国新疆进出口总值的1.06%，同比上升17.90%，环比下降35.12%。

3.2016年3月中国新疆对南亚国家进出口贸易月度分析

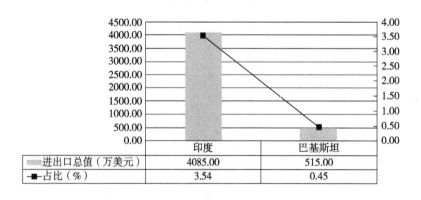

图7-5-5　2016年3月中国新疆对南亚国家进出口总值及占比

由图7-5-5可以看出，2016年3月，中国新疆对南亚国家的进出口总值大小排名依次为：印度、巴基斯坦。

中国新疆对南亚国家进出口贸易值为 4600.00 万美元，占中国新疆进出口总值的 3.98%。其中，对印度进出口总值为 4085.00 万美元，占中国新疆进出口总值的 3.54%，同比下降 29.00%，环比上升 225.89%；对巴基斯坦进出口总值为 515.00 万美元，占中国新疆进出口总值的 0.45%，同比上升 275.80%，环比下降 36.76%。

4. 2016 年 4 月中国新疆对南亚国家进出口贸易月度分析

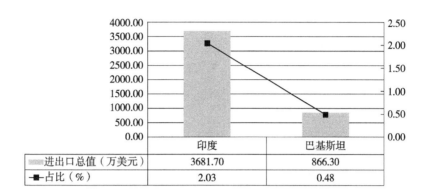

	印度	巴基斯坦
进出口总值（万美元）	3681.70	866.30
占比（%）	2.03	0.48

图 7 - 5 - 6　2016 年 4 月中国新疆对南亚国家进出口总值及占比

由图 7 - 5 - 6 可以看出，2016 年 4 月，中国新疆对南亚国家的进出口总值大小排名依次为：印度、巴基斯坦。

中国新疆对南亚国家进出口贸易值为 4548.00 万美元，占中国新疆进出口总值的 2.51%。其中，对印度进出口总值为 3681.70 万美元，占中国新疆进出口总值的 2.03%，同比上升 48.60%，环比下降 9.87%；对巴基斯坦进出口总值为 866.30 万美元，占中国新疆进出口总值的 0.48%，同比下降 0.20%，环比上升 68.21%。

5. 2016 年 5 月中国新疆对南亚国家进出口贸易月度分析

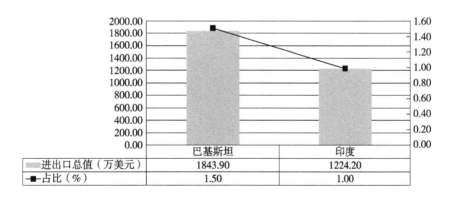

	巴基斯坦	印度
进出口总值（万美元）	1843.90	1224.20
占比（%）	1.50	1.00

图 7 - 5 - 7　2016 年 5 月中国新疆对南亚国家进出口总值及占比

由图 7 - 5 - 7 可以看出，2016 年 5 月，中国新疆对南亚国家的进出口总值大小排名依次为：巴基斯坦、印度。

中国新疆对南亚国家进出口贸易值为 3068.10 万美元，占中国新疆进出口总值的 2.50%。其中，对巴基斯坦进出口总值为 1843.90 万美元，占中国新疆进出口总值的 1.50%，同比上升

28.90%，环比上升112.85%；对印度进出口总值为1224.20万美元，占中国新疆进出口总值的1.00%，同比下降24.10%，环比下降66.75%。

6. 2016年6月中国新疆对南亚国家进出口贸易月度分析

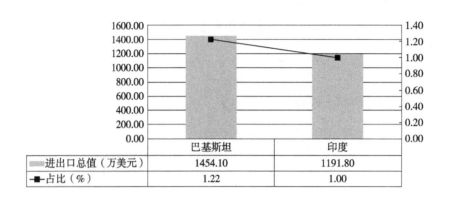

图7-5-8 2016年6月中国新疆对南亚国家进出口总值及占比

由图7-5-8可以看出，2016年6月，中国新疆对南亚国家的进出口总值大小排名依次为：巴基斯坦、印度。

中国新疆对南亚国家进出口贸易值为2645.90万美元，占中国新疆进出口总值的2.22%。其中，对巴基斯坦进出口总值为1454.10万美元，占中国新疆进出口总值的1.22%，同比下降1.60%，环比下降21.14%；对印度进出口总值为1191.80万美元，占中国新疆进出口总值的1.00%，同比上升99.90%，环比下降2.65%。

7. 2016年7月中国新疆对南亚国家进出口贸易月度分析

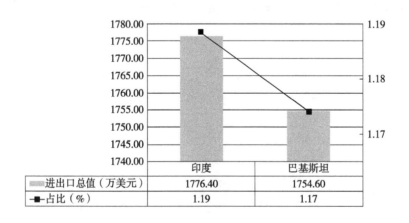

图7-5-9 2016年7月中国新疆对南亚国家进出口总值及占比

由图7-5-9可以看出，2016年7月，中国新疆对南亚国家的进出口总值大小排名依次为：印度、巴基斯坦。

中国新疆对南亚国家进出口贸易值为3531.00万美元，占中国新疆进出口总值的2.36%。其中，对印度进出口总值为1776.40万美元，占中国新疆进出口总值的1.19%，同比上升152.40%，环比上升49.05%；对巴基斯坦进出口总值为1754.60万美元，占中国新疆进出口总值的1.17%，同比上升 31.00%，环比上升 20.67%。

8. 2016 年 8 月中国新疆对南亚国家进出口贸易月度分析

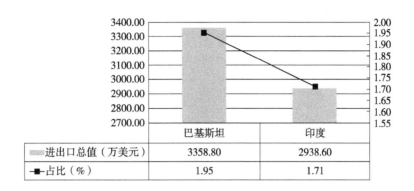

	巴基斯坦	印度
进出口总值（万美元）	3358.80	2938.60
占比（%）	1.95	1.71

图 7 - 5 - 10　2016 年 8 月中国新疆对南亚国家进出口总值及占比

由图 7 - 5 - 10 可以看出，2016 年 8 月，中国新疆对南亚国家的进出口总值大小排名依次为：巴基斯坦、印度。

中国新疆对南亚国家进出口贸易值为 6297.40 万美元，占中国新疆进出口总值的 3.66%。其中，对巴基斯坦进出口总值为 3358.80 万美元，占中国新疆进出口总值的 1.95%，同比上升 58.90%，环比上升 91.43%；对印度进出口总值为 2938.60 万美元，占中国新疆进出口总值的 1.71%，同比上升 36.30%，环比上升 65.42%。

9. 2016 年 9 月中国新疆对南亚国家进出口贸易月度分析

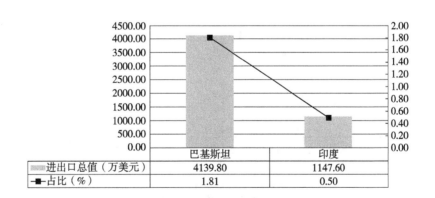

	巴基斯坦	印度
进出口总值（万美元）	4139.80	1147.60
占比（%）	1.81	0.50

图 7 - 5 - 11　2016 年 9 月中国新疆对南亚国家进出口总值及占比

由图 7 - 5 - 11 可以看出，2016 年 9 月，中国新疆对南亚国家的进出口总值大小排名依次为：巴基斯坦、印度。

中国新疆对南亚国家进出口贸易值为 5287.40 万美元，占中国新疆进出口总值的 2.31%。其中，对巴基斯坦进出口总值为 4139.80 万美元，占中国新疆进出口总值的 1.81%，同比上升 5.70%，环比上升 23.25%；对印度进出口总值为 1147.60 万美元，占中国新疆进出口总值的 0.50%，同比下降 32.70%，环比下降 60.95%。

10. 2016年10月中国新疆对南亚国家进出口贸易月度分析

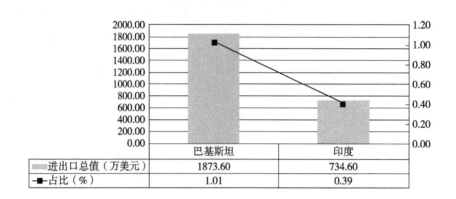

图7-5-12　2016年10月中国新疆对南亚国家进出口总值及占比

由图7-5-12可以看出，2016年10月，中国新疆对南亚国家的进出口总值大小排名依次为：巴基斯坦、印度。

中国新疆对南亚国家进出口贸易值为2608.20万美元，占中国新疆进出口总值的1.40%。其中，对巴基斯坦进出口总值为1873.60万美元，占中国新疆进出口总值的1.01%，同比下降17.30%，环比下降54.74%；对印度进出口总值为734.60万美元，占中国新疆进出口总值的0.39%，同比下降12.60%，环比下降35.99%。

11. 2016年11月中国新疆对南亚国家进出口贸易月度分析

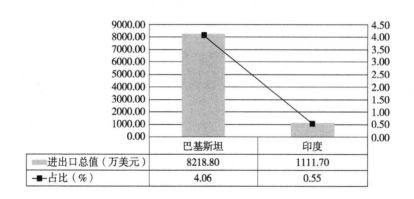

图7-5-13　2016年11月中国新疆对南亚国家进出口总值及占比

由图7-5-13可以看出，2016年11月，中国新疆对南亚国家的进出口总值大小排名依次为：巴基斯坦、印度。

中国新疆对南亚国家进出口贸易值为9330.50万美元，占中国新疆进出口总值的4.61%。其中，对巴基斯坦进出口总值为8218.80万美元，占中国新疆进出口总值的4.06%，同比下降25.20%，环比上升233.77%；对印度进出口总值为1111.70万美元，占中国新疆进出口总值的0.55%，同比下降45.00%，环比上升2.99%。

12. 2016年12月中国新疆对南亚国家进出口贸易月度分析

由图7-5-14可以看出，2016年12月，中国新疆对南亚国家的进出口总值大小排名依次为：

巴基斯坦、印度。

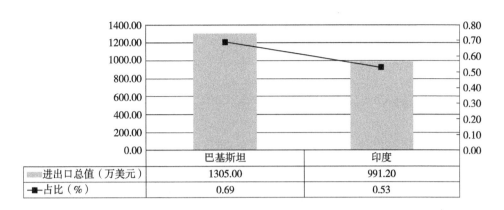

图 7 - 5 - 14　2016 年 12 月中国新疆对南亚国家进出口总值及占比

中国新疆对南亚国家进出口贸易值为 2296.20 万美元，占中国新疆进出口总值的 1.22%。其中，对巴基斯坦进出口总值为 1305.00 万美元，占中国新疆进出口总值的 0.69%，同比下降 64.90%，环比下降 86.12%；对印度进出口总值为 991.20 万美元，占中国新疆进出口总值的 0.53%，同比下降 53.40%，环比下降 10.84%。

二、2016 年中国新疆对南亚国家出口贸易总体分析

（一）2016 年中国新疆对南亚国家出口贸易分析

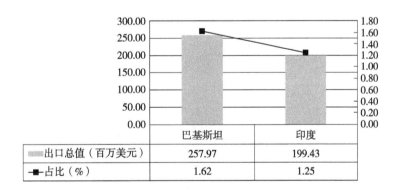

图 7 - 5 - 15　2016 年中国新疆对南亚国家出口总值及占比

由图 7 - 5 - 15 可以看出，2016 年中国新疆对南亚国家出口总值大小排名依次为：巴基斯坦、印度。

中国新疆对南亚国家出口总值为 457.40 百万美元，占中国新疆出口总值的 2.87%。其中，对巴基斯坦的出口总值为 257.97 百万美元，占中国新疆出口总值的 1.62%，同比下降 1.70%；对印度的出口总值为 199.43 百万美元，占中国新疆出口总值的 1.25%，同比上升 0.70%。

（二）2016 年中国新疆对南亚国家出口贸易趋势分析

由图 7 - 5 - 16 可以看出，中国新疆对南亚国家的出口总值大小交替领先，1~4 月、7 月印度

出口总值高于巴基斯坦，其他月份排名顺序则为巴基斯坦、印度。

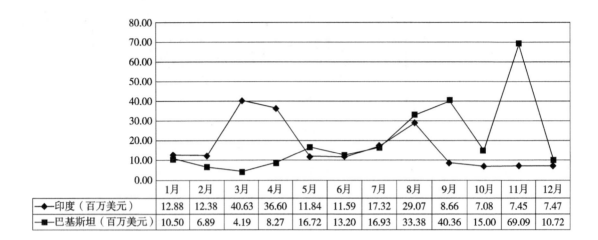

	1月	2月	3月	4月	5月	6月	7月	8月	9月	10月	11月	12月
◆ 印度（百万美元）	12.88	12.38	40.63	36.60	11.84	11.59	17.32	29.07	8.66	7.08	7.45	7.47
■ 巴基斯坦（百万美元）	10.50	6.89	4.19	8.27	16.72	13.20	16.93	33.38	40.36	15.00	69.09	10.72

图 7 - 5 - 16   2015 年 1 ~ 12 月中国新疆对南亚国家出口总值

中国新疆对巴基斯坦出口总值呈剧烈波动趋势，对印度则表现为相对平缓趋势。其中，对巴基斯坦的进出口贸易最高点在 11 月，为 69.09 百万美元，最低点在 3 月，为 4.19 百万美元；对印度的进出口贸易最高点在 3 月，为 40.63 百万美元，最低点在 10 月，为 7.08 百万美元。

（三）2016 年中国新疆对南亚国家出口贸易月度分析

1. 2016 年 1 月中国新疆对南亚国家出口贸易月度分析

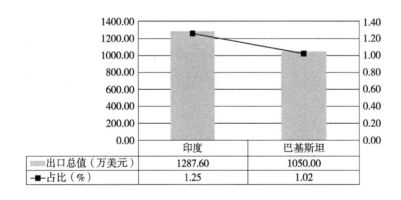

	印度	巴基斯坦
出口总值（万美元）	1287.60	1050.00
■ 占比（%）	1.25	1.02

图 7 - 5 - 17   2016 年 1 月中国新疆对南亚国家出口总值及占比

由图 7 - 5 - 17 可以看出，2016 年 1 月，中国新疆对南亚国家出口总值大小排名依次为：印度、巴基斯坦。

中国新疆对南亚国家出口贸易值为 2337.60 万美元，占中国新疆出口总值的 2.28%。其中，对印度出口总值为 1287.60 万美元，占中国新疆出口总值的 1.25%，同比上升 77.10%，环比下降 35.85%；对巴基斯坦出口总值为 1050.00 万美元，占中国新疆出口总值的 1.02%，同比上升 217.40%，环比下降 65.19%。

2. 2016 年 2 月中国新疆对南亚国家出口贸易月度分析

由图 7 - 5 - 18 可以看出，2016 年 2 月，中国新疆对南亚国家出口总值大小排名依次为：印度、巴基斯坦。

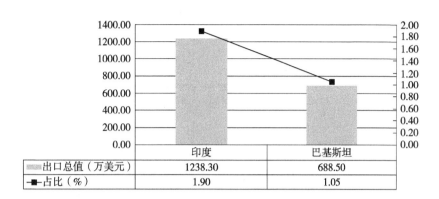

图 7 - 5 - 18　2016 年 2 月中国新疆对南亚国家出口总值及占比

中国新疆对南亚国家出口贸易值为 1926.80 万美元，占中国新疆出口总值的 2.95% 。其中，对印度出口总值为 1238.30 万美元，占中国新疆出口总值的 1.90% ，同比上升 130.80% ，环比下降 3.83% ；对巴基斯坦出口总值为 688.50 万美元，占中国新疆出口总值的 1.05% ，同比上升 80.10% ，环比下降 34.43% 。

3. 2016 年 3 月中国新疆对南亚国家出口贸易月度分析

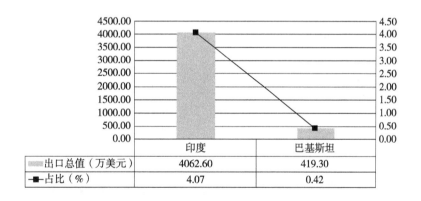

图 7 - 5 - 19　2016 年 3 月中国新疆对南亚国家出口总值及占比

由图 7 - 5 - 19 可以看出，2016 年 3 月，中国新疆对南亚国家出口总值大小排名依次为：印度、巴基斯坦。

中国新疆对南亚国家出口贸易值为 4481.90 万美元，占中国新疆出口总值的 4.49% 。其中，对印度出口总值为 4062.60 万美元，占中国新疆出口总值的 4.07% ，同比下降 21.50% ，环比上升 228.08% ；对巴基斯坦出口总值为 419.30 万美元，占中国新疆出口总值的 0.42% ，同比上升 556.50% ，环比下降 39.10% 。

4. 2016 年 4 月中国新疆对南亚国家出口贸易月度分析

由图 7 - 5 - 20 可以看出，2016 年 4 月，中国新疆对南亚国家出口总值大小排名依次为：印度、巴基斯坦。

中国新疆对南亚国家出口贸易值为 4486.40 万美元，占中国新疆出口总值的 2.83% 。其中，对印度出口总值为3659.90万美元，占中国新疆出口总值的2.31%，同比上升57.40%，环比下降9.91%；对巴基斯坦出口总值为826.50万美元，占中国新疆出口总值的0.52%，同比上升5.30%，环比下降97.11%。

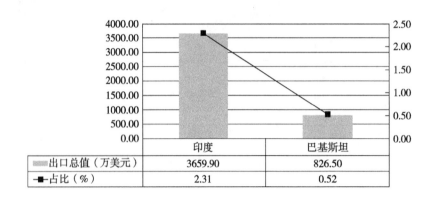

图7-5-20　2016年4月中国新疆对南亚国家出口总值及占比

5. 2016年5月中国新疆对南亚国家出口贸易月度分析

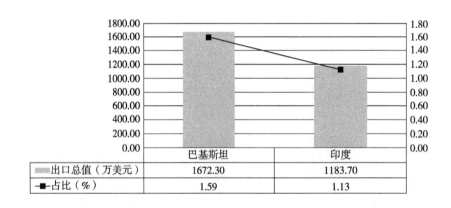

图7-5-21　2016年5月中国新疆对南亚国家出口总值及占比

由图7-5-21可以看出，2016年5月，中国新疆对南亚国家出口总值大小排名依次为：巴基斯坦、印度。

中国新疆对南亚国家出口贸易值为2856.00万美元，占中国新疆出口总值的2.72%。其中，对巴基斯坦出口总值为1672.30万美元，占中国新疆出口总值的1.59%，同比上升35.60%，环比上升102.34%；对印度出口总值为1183.70万美元，占中国新疆出口总值的1.13%，同比上升14.10%，环比下降67.66%。

6. 2016年6月中国新疆对南亚国家出口贸易月度分析

由图7-5-22可以看出，2016年6月，中国新疆对南亚国家出口总值大小排名依次为：巴基斯坦、印度。

中国新疆对南亚国家出口贸易值为2478.40万美元，占中国新疆出口总值的2.41%。其中，对巴基斯坦出口总值为1319.50万美元，占中国新疆出口总值的1.28%，同比下降2.20%，环比下降 21.10%；对印度出口总值为 1158.90 万美元，占中国新疆出口总值的 1.13%，同比上升 254.70%，环比下降 2.10%。

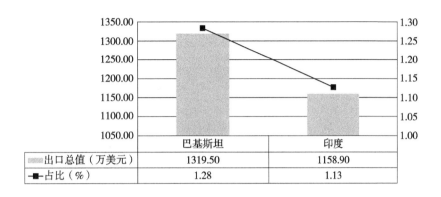

	巴基斯坦	印度
出口总值（万美元）	1319.50	1158.90
占比（%）	1.28	1.13

图 7 - 5 - 22　2016 年 6 月中国新疆对南亚国家出口总值及占比

7. 2016 年 7 月中国新疆对南亚国家出口贸易月度分析

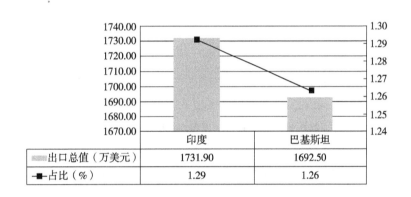

	印度	巴基斯坦
出口总值（万美元）	1731.90	1692.50
占比（%）	1.29	1.26

图 7 - 5 - 23　2016 年 7 月中国新疆对南亚国家出口总值及占比

由图 7 - 5 - 23 可以看出，2016 年 7 月，中国新疆对南亚国家出口总值大小排名依次为：印度、巴基斯坦。

中国新疆对南亚国家出口贸易值为 3424.40 万美元，占中国新疆出口总值的 2.55%。其中，对印度出口总值为 1731.90 万美元，占中国新疆出口总值的 1.29%，同比上升 170.90%，环比上升 49.44%；对巴基斯坦出口总值为 1692.50 万美元，占中国新疆出口总值的 1.26%，同比上升 34.00%，环比上升 28.27%。

8. 2016 年 8 月中国新疆对南亚国家出口贸易月度分析

由图 7 - 5 - 24 可以看出，2016 年 8 月，中国新疆对南亚国家出口总值大小排名依次为：巴基斯坦、印度。

中国新疆对南亚国家出口贸易值为 6245.60 万美元，占中国新疆出口总值的 4.10%。其中，对巴基斯坦出口总值为 3338.40 万美元，占中国新疆出口总值的 2.19%，同比上升 61.70%，环比上升 97.25%；对印度出口总值为 2907.20 万美元，占中国新疆出口总值的 1.91%，同比上升 37.70%，环比上升 67.86%。

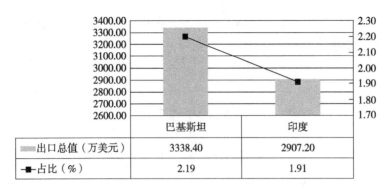

	巴基斯坦	印度
出口总值（万美元）	3338.40	2907.20
占比（%）	2.19	1.91

图 7 - 5 - 24　2016 年 8 月中国新疆对南亚国家出口总值及占比

9. 2016 年 9 月中国新疆对南亚国家出口贸易月度分析

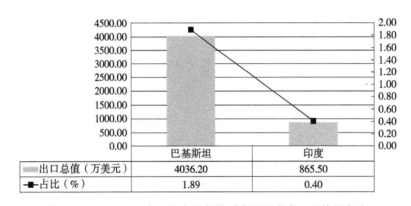

	巴基斯坦	印度
出口总值（万美元）	4036.20	865.50
占比（%）	1.89	0.40

图 7 - 5 - 25　2016 年 9 月中国新疆对南亚国家出口总值及占比

由图 7 - 5 - 25 可以看出，2016 年 9 月，中国新疆对南亚国家出口总值大小排名依次为：巴基斯坦、印度。

中国新疆对南亚国家出口贸易值为 4901.70 万美元，占中国新疆出口总值的 2.29%。其中，对巴基斯坦出口总值为 4036.20 万美元，占中国新疆出口总值的 1.89%，同比上升 5.80%，环比上升 20.90%；对印度出口总值为 865.50 万美元，占中国新疆出口总值的 0.40%，同比下降 47.80%，环比下降 70.23%。

10. 2016 年 10 月中国新疆对南亚国家出口贸易月度分析

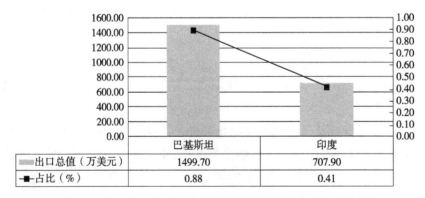

	巴基斯坦	印度
出口总值（万美元）	1499.70	707.90
占比（%）	0.88	0.41

图 7 - 5 - 26　2016 年 10 月中国新疆对南亚国家出口总值及占比

由图 7 - 5 - 26 可以看出，2016 年 10 月，中国新疆对南亚国家出口总值大小排名依次为：巴基斯坦、印度。

中国新疆对南亚国家出口贸易值为 2207.60 万美元，占中国新疆出口总值的 1.29%。其中，对巴基斯坦出口总值为 1499.70 万美元，占中国新疆出口总值的 0.88%，同比下降 18.00%，环比下降 62.84%；对印度出口总值为 707.90 万美元，占中国新疆出口总值的 0.41%，同比下降 12.80%，环比下降 18.21%。

11. 2016 年 11 月中国新疆对南亚国家出口贸易月度分析

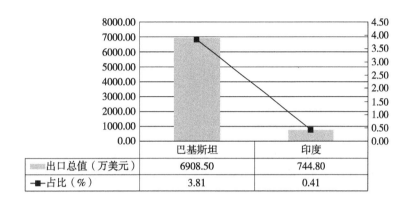

图 7 - 5 - 27　2016 年 11 月中国新疆对南亚国家出口总值及占比

由图 7 - 5 - 27 可以看出，2016 年 11 月，中国新疆对南亚国家出口总值大小排名依次为：巴基斯坦、印度。

中国新疆对南亚国家出口贸易值为 7653.30 万美元，占中国新疆出口总值的 4.22%。其中，对巴基斯坦出口总值为 6908.50 万美元，占中国新疆出口总值的 3.81%，同比下降 23.80%，环比上升 360.66%；对印度出口总值为 744.80 万美元，占中国新疆出口总值的 0.41%，同比下降 62.30%，环比上升 5.20%。

12. 2016 年 12 月中国新疆对南亚国家出口贸易月度分析

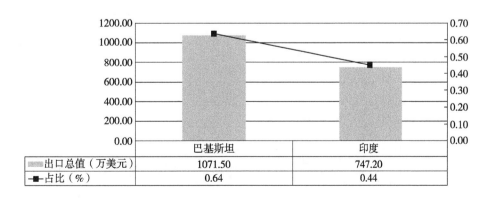

图 7 - 5 - 28　2016 年 12 月中国新疆对南亚国家出口总值及占比

由图 7 - 5 - 28 可以看出，2016 年 12 月，中国新疆对南亚国家出口总值大小排名依次为：巴基斯坦、印度。

中国新疆对南亚国家出口贸易值为 1818.70 万美元，占中国新疆出口总值的 0.64%。其中，对巴基斯坦出口总值为 1071.50 万美元，占中国新疆出口总值的 0.64%，同比下降 64.50%，环比下降 84.50%；对印度出口总值为 747.20 万美元，占中国新疆出口总值的 0.44%，同比下降 62.80%，环比上升 0.34%。

三、2016 年中国新疆对南亚国家进口贸易总体分析

（一）2016 年中国新疆对南亚国家进口贸易分析

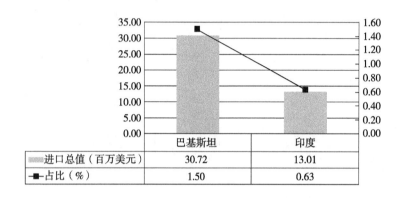

	巴基斯坦	印度
进口总值（百万美元）	30.72	13.01
占比（%）	1.50	0.63

图 7 - 5 - 29　2016 年中国新疆对南亚国家进口总值及占比

由图 7 - 5 - 29 可以看出，2016 年中国新疆对南亚国家进口总值大小排名依次为：巴基斯坦、印度。

中国新疆对南亚国家进口总值为 43.73 百万美元，占中国新疆进口总值的 2.13%。其中，对巴基斯坦的进口总值为 30.72 百万美元，占中国新疆进口总值的 1.50%，同比下降 39.20%；对印度的进口总值为 13.01 百万美元，占中国新疆进口总值的 0.63%，同比下降 41.60%。

（二）2016 年中国新疆对南亚国家进口贸易趋势分析

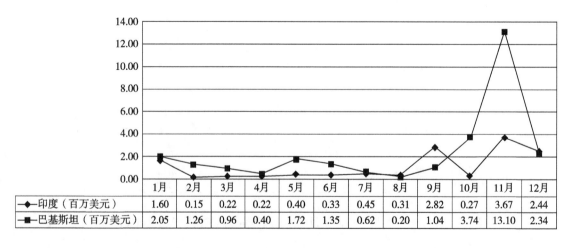

	1月	2月	3月	4月	5月	6月	7月	8月	9月	10月	11月	12月
印度（百万美元）	1.60	0.15	0.22	0.22	0.40	0.33	0.45	0.31	2.82	0.27	3.67	2.44
巴基斯坦（百万美元）	2.05	1.26	0.96	0.40	1.72	1.35	0.62	0.20	1.04	3.74	13.10	2.34

图 7 - 5 - 30　2015 年 1~12 月中国新疆对南亚国家进口总值

由图 7 - 5 - 30 可以看出，除 8 月、9 月、12 月外，中国新疆对南亚国家的进口总值均表现为巴基斯坦高于印度。

中国新疆对巴基斯坦进口总值 1~9 月波动平缓，10~12 月则变动剧烈，对印度进口总值全年波动相对平稳。其中，对巴基斯坦的进口贸易最高点在 11 月，为 13.10 百万美元，最低点在 8 月，为 0.20 百万美元；对印度的进口贸易最高点在 11 月，为 3.67 百万美元，最低点在 2 月，为 0.15 百万美元。

（三）2016 年中国新疆对南亚国家进口贸易月度分析

1. 2016 年 1 月中国新疆对南亚国家进口贸易月度分析

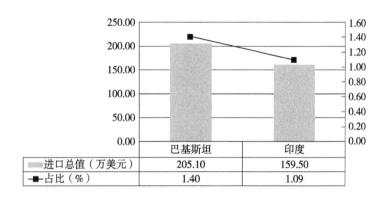

	巴基斯坦	印度
进口总值（万美元）	205.10	159.50
占比（%）	1.40	1.09

图 7 - 5 - 31　2016 年 1 月中国新疆对南亚国家进口总值及占比

由图 7 - 5 - 31 可以看出，2016 年 1 月，中国新疆对南亚国家进口总值大小排名依次为：巴基斯坦、印度。

中国新疆对南亚国家进口贸易值为 364.60 万美元，占中国新疆进口总值的 2.49%。其中，对巴基斯坦进口总值为 205.10 万美元，占中国新疆进口总值的 1.40%，同比下降 71.50%，环比上升 32.26%；对印度进口总值为 159.50 万美元，占中国新疆进口总值的 1.09%，同比上升 24.80%，环比下降 70.67%。

2. 2016 年 2 月中国新疆对南亚国家进口贸易月度分析

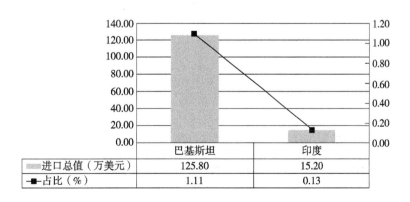

	巴基斯坦	印度
进口总值（万美元）	125.80	15.20
占比（%）	1.11	0.13

图 7 - 5 - 32　2016 年 2 月中国新疆对南亚国家进口总值及占比

由图 7 - 5 - 32 可以看出，2016 年 2 月，中国新疆对南亚国家进口总值大小排名依次为：巴基斯坦、印度。

中国新疆对南亚国家进口贸易值为141.00万美元，占中国新疆进口总值的1.24%。其中，对巴基斯坦进口总值为125.80万美元，占中国新疆进口总值的1.11%，同比下降59.30%，环比下降38.66%；对印度进口总值为15.20万美元，占中国新疆进口总值的0.13%，同比下降90.60%，环比下降90.47%。

3. 2016年3月中国新疆对南亚国家进口贸易月度分析

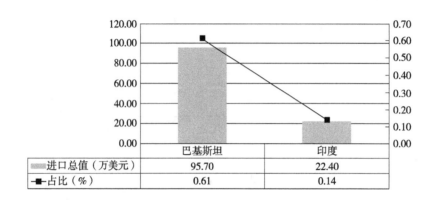

	巴基斯坦	印度
进口总值（万美元）	95.70	22.40
占比（%）	0.61	0.14

图7-5-33　2016年3月中国新疆对南亚国家进口总值及占比

由图7-5-33可以看出，2016年3月，中国新疆对南亚国家进口总值大小排名依次为：巴基斯坦、印度。

中国新疆对南亚国家进口贸易值为118.10万美元，占中国新疆进口总值的0.75%。其中，对巴基斯坦进口总值为95.70万美元，占中国新疆进口总值的0.61%，同比上升30.80%，环比上升47.37%；对印度进口总值为22.40万美元，占中国新疆进口总值的0.14%，同比下降96.10%，环比下降23.93%。

4. 2016年4月中国新疆对南亚国家进口贸易月度分析

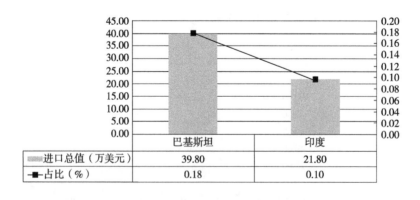

	巴基斯坦	印度
进口总值（万美元）	39.80	21.80
占比（%）	0.18	0.10

图7-5-34　2016年4月中国新疆对南亚国家进口总值及占比

由图7-5-34可以看出，2016年4月，中国新疆对南亚国家进口总值大小排名依次为：巴基斯坦、印度。

中国新疆对南亚国家进口贸易值为61.60万美元，占中国新疆进口总值的0.28%。其中，对巴基斯坦进口总值为 39.80 万美元，占中国新疆进口总值的 0.18%，同比下降 52.20%，环比下降 58.41%；对印度进口总值为 21.80 万美元，占中国新疆进口总值的 0.10%，同比下降 85.70%，环比下降 2.68%。

5. 2016 年 5 月中国新疆对南亚国家进口贸易月度分析

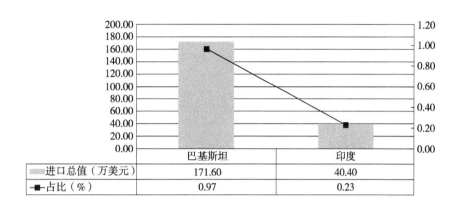

	巴基斯坦	印度
进口总值（万美元）	171.60	40.40
占比（%）	0.97	0.23

图 7 - 5 - 35　2016 年 5 月中国新疆对南亚国家进口总值及占比

由图 7 - 5 - 35 可以看出，2016 年 5 月，中国新疆对南亚国家进口总值大小排名依次为：巴基斯坦、印度。

中国新疆对南亚国家进口贸易值为 212.00 万美元，占中国新疆进口总值的 1.20%。其中，对巴基斯坦进口总值为 171.60 万美元，占中国新疆进口总值的 0.97%，同比下降 12.60%，环比上升 331.16%；对印度进口总值为 40.40 万美元，占中国新疆进口总值的 0.23%，同比下降 93.00%，环比上升 85.32%。

6. 2016 年 6 月中国新疆对南亚国家进口贸易月度分析

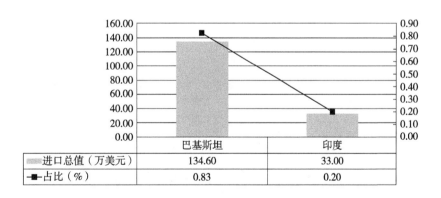

	巴基斯坦	印度
进口总值（万美元）	134.60	33.00
占比（%）	0.83	0.20

图 7 - 5 - 36　2016 年 6 月中国新疆对南亚国家进口总值及占比

由图 7 - 5 - 36 可以看出，2016 年 6 月，中国新疆对南亚国家进口总值大小排名依次为：巴基斯坦、印度。

中国新疆对南亚国家进口贸易值为 167.60 万美元，占中国新疆进口总值的 1.03%。其中，对巴基斯坦进口总值为 134.60 万美元，占中国新疆进口总值的 0.83%，同比上升 5.00%，环比下降

21.56%；对印度进口总值为33.00万美元，占中国新疆进口总值的0.20%，同比下降87.80%，环比下降18.32%。

7. 2016年7月中国新疆对南亚国家进口贸易月度分析

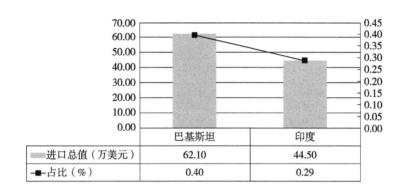

图7-5-37　2016年7月中国新疆对南亚国家进口总值及占比

由图7-5-37可以看出，2016年7月，中国新疆对南亚国家进口总值大小排名依次为：巴基斯坦、印度。

中国新疆对南亚国家进口贸易值为106.60万美元，占中国新疆进口总值的0.69%。其中，对巴基斯坦进口总值为62.10万美元，占中国新疆进口总值的0.40%，同比下降18.70%，环比下降53.86%；对印度进口总值为44.50万美元，占中国新疆进口总值的0.29%，同比下降31.00%，环比上升34.85%。

8. 2016年8月中国新疆对南亚国家进口贸易月度分析

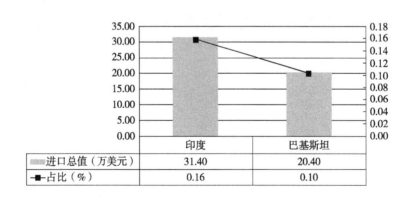

图7-5-38　2016年8月中国新疆对南亚国家进口总值及占比

由图7-5-38可以看出，2016年8月，中国新疆对南亚国家进口总值大小排名依次为：印度、巴基斯坦。

中国新疆对南亚国家进口贸易值为51.80万美元，占中国新疆进口总值的0.26%。其中，对印度进口总值为31.40万美元，占中国新疆进口总值的0.16%，同比下降28.20%，环比下降29.44%；对巴基斯坦进口总值为20.40万美元，占中国新疆进口总值的0.10%，同比下降59.50%，环比下降67.15%。

9. 2016 年 9 月中国新疆对南亚国家进口贸易月度分析

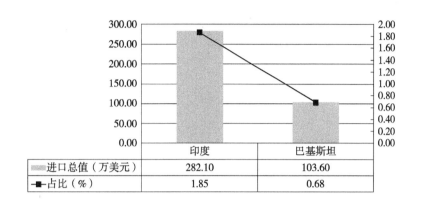

图 7 - 5 - 39 2016 年 9 月中国新疆对南亚国家进口总值及占比

由图 7 - 5 - 39 可以看出，2016 年 9 月，中国新疆对南亚国家进口总值大小排名依次为：印度、巴基斯坦。

中国新疆对南亚国家进口贸易值为 385.70 万美元，占中国新疆进口总值的 2.53%。其中，对印度进口总值为 282.10 万美元，占中国新疆进口总值的 1.85%，同比上升 487.90%，环比上升 798.41%；对巴基斯坦进口总值为 103.60 万美元，占中国新疆进口总值的 0.68%，同比下降 0.10%，环比上升 407.84%。

10. 2016 年 10 月中国新疆对南亚国家进口贸易月度分析

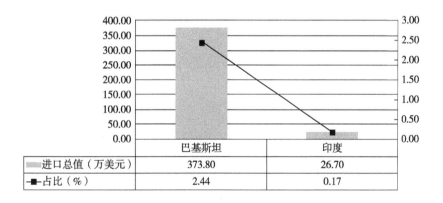

图 7 - 5 - 40 2016 年 10 月中国新疆对南亚国家进口总值及占比

由图 7 - 5 - 40 可以看出，2016 年 10 月，中国新疆对南亚国家进口总值大小排名依次为：巴基斯坦、印度。

中国新疆对南亚国家进口贸易值为 400.50 万美元，占中国新疆进口总值的 2.62%。其中，对巴基斯坦进口总值为 373.80 万美元，占中国新疆进口总值的 2.44%，同比下降 14.80%，环比上升 260.81%；对印度进口总值为 26.70 万美元，占中国新疆进口总值的 0.17%，同比下降 5.70%，环比下降 90.54%。

11. 2016年11月中国新疆对南亚国家进口贸易月度分析

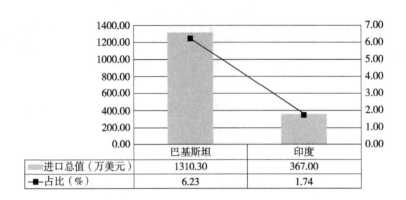

图7-5-41　2016年11月中国新疆对南亚国家进口总值及占比

由图7-5-41可以看出，2016年11月，中国新疆对南亚国家进口总值大小排名依次为：巴基斯坦、印度。

中国新疆对南亚国家进口贸易值为1677.30万美元，占中国新疆进口总值的7.97%。其中，对巴基斯坦进口总值为1310.30万美元，占中国新疆进口总值的6.23%，同比下降31.90%，环比上升250.54%；对印度进口总值为367.00万美元，占中国新疆进口总值的1.74%，同比上升719.80%，环比上升1274.53%。

12. 2016年12月中国新疆对南亚国家进口贸易月度分析

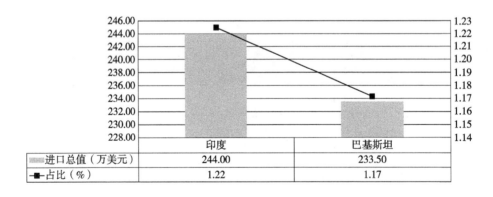

图7-5-42　2016年12月中国新疆对南亚国家进口总值及占比

由图7-5-42可以看出，2016年12月，中国新疆对南亚国家进口总值大小排名依次为：印度、巴基斯坦。

中国新疆对南亚国家进口贸易值为477.50万美元，占中国新疆进口总值的2.40%。其中，对印度进口总值为244.00万美元，占中国新疆进口总值的1.22%，同比上升102.30%，环比下降33.52%；对巴基斯坦进口总值为233.50万美元，占中国新疆进口总值的1.17%，同比下降66.60%，环比下降82.18%。

四、2016 年中国新疆对南亚国家的出口贸易与进口贸易比较分析

（一）2016 年中国新疆对南亚国家的出口贸易与进口贸易比较

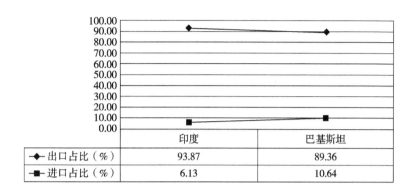

图 7 - 5 - 43　2016 年中国新疆对南亚国家进出口总值中出口及进口占比

由图 7 - 5 - 43 可以看出，2016 年中国新疆对南亚国家的进出口贸易中，各国的出口总值、进口总值占中国新疆进出口总值的比重均是出口大于进口，说明中国新疆对南亚国家的进出口贸易均以出口为主导，且出口远大于进口，出口占比在 89% 以上。

（二）2016 年中国新疆对南亚国家的出口贸易与进口贸易的月度比较分析

1. 2016 年 1 月中国新疆对南亚国家的出口贸易与进口贸易的月度比较分析

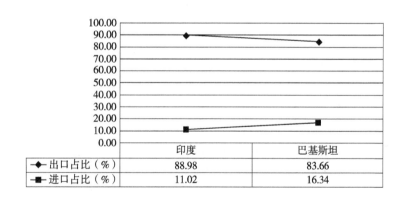

图 7 - 5 - 44　2016 年 1 月中国新疆对南亚国家进出口总值中出口及进口占比

由图 7 - 5 - 44 可以看出，2016 年 1 月，中国新疆对南亚国家的进出口贸易中，印度、巴基斯坦两国的出口总值、进口总值占中国新疆进出口总值的比重均是出口大于进口，说明中国新疆对南亚国家的进出口贸易多以出口为主导，且出口远大于进口，出口占比均超过 83%。

2. 2016 年 2 月中国新疆对南亚国家的出口贸易与进口贸易的月度比较分析

由图 7 - 5 - 45 可以看出，2016 年 2 月，中国新疆对南亚国家的进出口贸易中，印度、巴基斯坦两国的出口总值、进口总值占中国新疆进出口总值的比重均是出口大于进口，说明中国新疆对南亚国家的进出口贸易多以出口为主导，且出口远大于进口，出口占比均超过 84%。

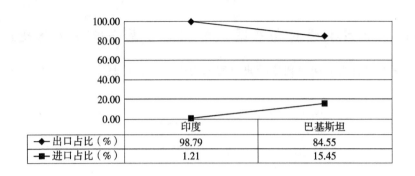

图 7 – 5 – 45　2016 年 2 月中国新疆对南亚国家进出口总值中出口及进口占比

3. 2016 年 3 月中国新疆对南亚国家的出口贸易与进口贸易的月度比较分析

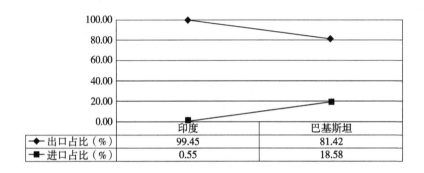

图 7 – 5 – 46　2016 年 3 月中国新疆对南亚国家进出口总值中出口及进口占比

由图 7 – 5 – 46 可以看出，2016 年 3 月，中国新疆对南亚国家的进出口贸易中，印度、巴基斯坦两国的出口总值、进口总值占中国新疆进出口总值的比重均是出口大于进口，说明中国新疆对南亚国家的进出口贸易多以出口为主导，且出口远大于进口，出口占比均超过 81%。

4. 2016 年 4 月中国新疆对南亚国家的出口贸易与进口贸易的月度比较分析

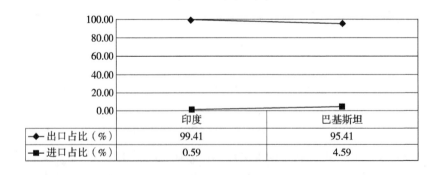

图 7 – 5 – 47　2016 年 4 月中国新疆对南亚国家进出口总值中出口及进口占比

由图 7 – 5 – 47 可以看出，2016 年 4 月，中国新疆对南亚国家的进出口贸易中，印度、巴基斯坦两国的出口总值、进口总值占中国新疆进出口总值的比重均是出口大于进口，说明中国新疆对南亚国家的进出口贸易多以出口为主导，且出口远大于进口，出口占比均超过 95%。

5. 2016 年 5 月中国新疆对南亚国家的出口贸易与进口贸易的月度比较分析

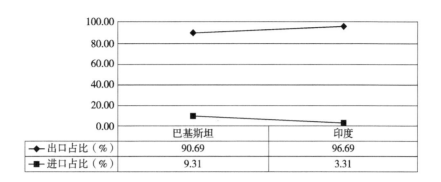

	巴基斯坦	印度
◆ 出口占比（%）	90.69	96.69
■ 进口占比（%）	9.31	3.31

图 7 - 5 - 48 2016 年 5 月中国新疆对南亚国家进出口总值中出口及进口占比

由图 7 - 5 - 48 可以看出，2016 年 5 月，中国新疆对南亚国家的进出口贸易中，巴基斯坦、印度两国的出口总值、进口总值占中国新疆进出口总值的比重均是出口大于进口，说明中国新疆对南亚国家的进出口贸易多以出口为主导，且出口远大于进口，出口占比均超过 90%。

6. 2016 年 6 月中国新疆对南亚国家的出口贸易与进口贸易的月度比较分析

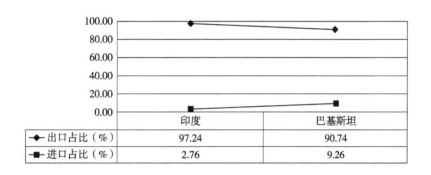

	印度	巴基斯坦
◆ 出口占比（%）	97.24	90.74
■ 进口占比（%）	2.76	9.26

图 7 - 5 - 49 2016 年 6 月中国新疆对南亚国家进出口总值中出口及进口占比

由图 7 - 5 - 49 可以看出，2016 年 6 月，中国新疆对南亚国家的进出口贸易中，印度、巴基斯坦两国的出口总值、进口总值占中国新疆进出口总值的比重均是出口大于进口，说明中国新疆对南亚国家的进出口贸易以出口为主导，且出口远大于进口，出口占比均超过 90%。

7. 2016 年 7 月中国新疆对南亚国家的出口贸易与进口贸易的月度比较分析

由图 7 - 5 - 50 可以看出，2016 年 7 月，中国新疆对南亚国家的进出口贸易中，印度、巴基斯坦两国的出口总值、进口总值占中国新疆进出口总值的比重均是出口大于进口，说明中国新疆对南亚国家的进出口贸易多以出口为主导，且出口远大于进口，出口占比均超过 96%。

8. 2016 年 8 月中国新疆对南亚国家的出口贸易与进口贸易的月度比较分析

由图 7 - 5 - 51 可以看出，2016 年 8 月，中国新疆对南亚国家的进出口贸易中，巴基斯坦、印度两国的出口总值、进口总值占中国新疆进出口总值的比重均是出口大于进口，说明中国新疆对南亚国家的进出口贸易以出口为主导，且出口远大于进口，出口占比均超过 98%。

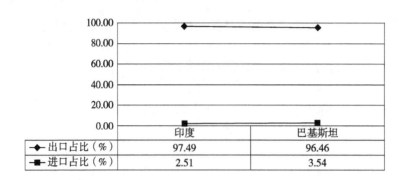

图7-5-50　2016年7月中国新疆对南亚国家进出口总值中出口及进口占比

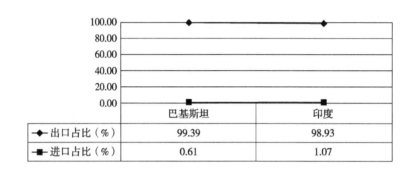

图7-5-51　2016年8月中国新疆对南亚国家进出口总值中出口及进口占比

9. 2016年9月中国新疆对南亚国家的出口贸易与进口贸易的月度比较分析

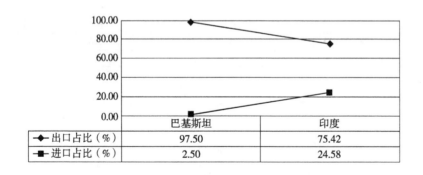

图7-5-52　2016年9月中国新疆对南亚国家进出口总值中出口及进口占比

由图7-5-52可以看出，2016年9月，中国新疆对南亚国家的进出口贸易中，巴基斯坦、印度两国的出口总值、进口总值占中国新疆进出口总值的比重均是出口大于进口，说明中国新疆对南亚国家的进出口贸易以出口为主导，且出口远大于进口，出口占比均超过75%。

10. 2016年10月中国新疆对南亚国家的出口贸易与进口贸易的月度比较分析

由图7-5-53可以看出，2016年10月，中国新疆对南亚国家的进出口贸易中，印度、巴基斯坦两国的出口总值、进口总值占中国新疆进出口总值的比重均是出口大于进口，说明中国新疆对南亚国家的进出口贸易以出口为主导，且出口远大于进口，出口占比均超过80%。

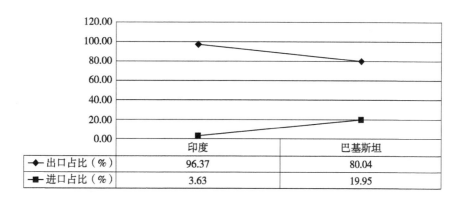

图 7 - 5 - 53　2016 年 10 月中国新疆对南亚国家进出口总值中出口及进口占比

11. 2016 年 11 月中国新疆对南亚国家的出口贸易与进口贸易的月度比较分析

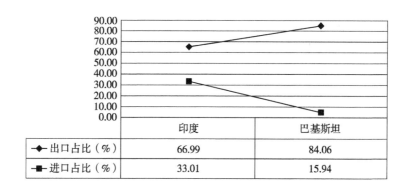

图 7 - 5 - 54　2016 年 11 月中国新疆对南亚国家进出口总值中出口及进口占比

由图 7 - 5 - 54 可以看出，2016 年 11 月，中国新疆对南亚国家的进出口贸易中，印度、巴基斯坦两国的出口总值、进口总值占中国新疆进出口总值的比重均是出口大于进口，说明中国新疆对南亚国家的进出口贸易以出口为主导，且出口远大于进口，出口占比均超过 66%。

12. 2016 年 12 月中国新疆对南亚国家的出口贸易与进口贸易的月度比较分析

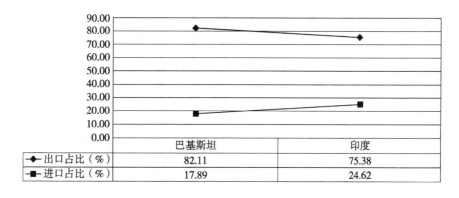

图 7 - 5 - 55　2016 年 12 月中国新疆对南亚国家进出口总值中出口及进口占比

由图 7-5-55 可以看出，2016 年 12 月，中国新疆对南亚国家的进出口贸易中，巴基斯坦、印度两国的出口总值、进口总值占中国新疆进出口总值的比重均是出口大于进口，说明中国新疆对南亚国家的进出口贸易以出口为主导，且出口远大于进口，出口占比均超过 75%。

第六节　2016 年中国新疆与东欧国家的进出口贸易情况

一、2016 年中国新疆对东欧国家进出口贸易分析

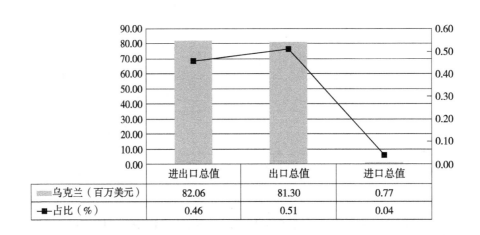

图 7-6-1　2016 年中国新疆对东欧国家进出口、出口、进口总值及占比

2016 年，中国新疆对东欧国家发生进出口贸易的国家只有乌克兰。

由图 7-6-1 可以看出，2016 年，中国新疆对乌克兰的贸易中，对乌克兰的进出口总值为 82.06 百万美元，占中国新疆进出口总值的 0.46%，同比上升 3.80%。中国新疆对乌克兰的贸易以出口为主，其中：出口总值为 81.30 百万美元，占中国新疆出口总值的 0.51%，同比上升 3.60%；进口总值为 0.77 百万美元，占中国新疆进口总值的 0.04%，同比上升 35.70%。

二、2016 年中国新疆对东欧国家进出口贸易趋势分析

由图 7-6-2 可以看出，2016 年 1 月，中国新疆只与乌克兰发生进出口贸易。整体来看，中国新疆对乌克兰的进出口总值与出口总值变动趋势完全一致，呈波动变化趋势；对乌克兰进口总值变化趋势波动较小。其中，对乌克兰的进出口贸易最高点在 8 月，为 15.70 百万美元，最低点在 3 月，为 3.39 百万美元；对乌克兰的出口贸易最高点在 8 月，为 15.65 百万美元，最低点在 3 月，为 3.30 百万美元；对乌克兰的进口贸易最高点在 10 月，为 0.13 百万美元，其中 1 月、5 月、7 月以及 11 月中国新疆与乌克兰未发生进口贸易。

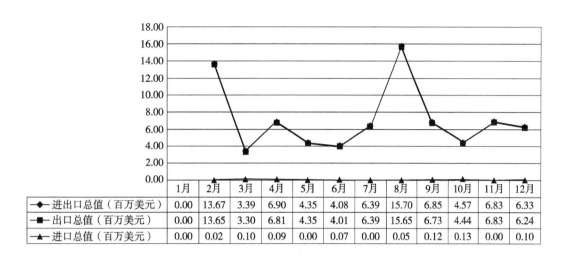

图 7 - 6 - 2　2016 年 1～12 月中国新疆对东欧国家进出口、出口、进口总值

三、2016 年中国新疆对东欧国家进出口贸易月度分析

1. 2016 年 1 月中国新疆对东欧国家进出口贸易月度分析

2016 年 1 月中国新疆对东欧国家的进出口贸易中只与乌克兰发生贸易往来。

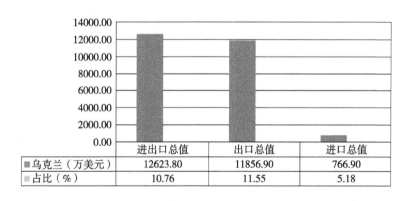

图 7 - 6 - 3　2016 年 1 月中国新疆对东欧国家进出口总值、出口总值、进口总值及占比

由图 7 - 6 - 3 可以看出，2016 年 1 月中国新疆对乌克兰的贸易中，对乌克兰的进出口总值为 12623.80 万美元，占中国新疆进出口总值的 10.76%，同比上升 118.70%，环比上升 11.28%。

中国新疆对乌克兰的贸易以出口为主，其中，对乌克兰出口总值为 11856.90 万美元，占中国新疆出口总值的 11.55%，同比上升 127.10%，环比上升 13.09%；对乌克兰进口总值为 766.90 万美元，占中国新疆进口总值的 5.18%，同比上升 38.30%，环比下降 11.07%。

2. 2016 年 2 月中国新疆对东欧国家进出口贸易月度分析

由图 7 - 6 - 4 可以看出，2016 年 2 月，中国新疆对东欧国家的进出口贸易中只与乌克兰发生贸易往来。

2016 年 2 月中国新疆对乌克兰的贸易中，对乌克兰的进出口总值为 1366.80 万美元，占中国新疆进出口总值的 1.78%，同比上升 188.10%。中国新疆对乌克兰的贸易以出口为主，其中：出口总值为 1365.00 万美元，占中国新疆出口总值的 2.09%，同比上升 189.50%；进口总值为 1.70 万美元，占中国新疆进口总值的 0.01%，同比下降 38.90%。

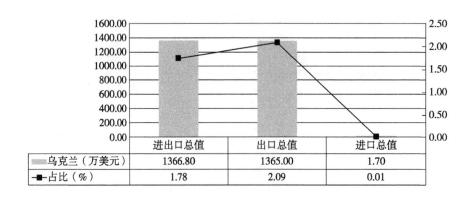

	进出口总值	出口总值	进口总值
乌克兰（万美元）	1366.80	1365.00	1.70
占比（%）	1.78	2.09	0.01

图7-6-4 2016年2月中国新疆对东欧国家进出口总值、出口总值、进口总值及占比

3. 2016年3月中国新疆对东欧国家进出口贸易月度分析

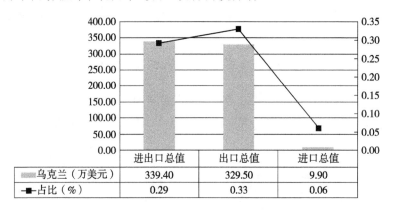

	进出口总值	出口总值	进口总值
乌克兰（万美元）	339.40	329.50	9.90
占比（%）	0.29	0.33	0.06

图7-6-5 2016年3月中国新疆对东欧国家进出口总值、出口总值、进口总值及占比

由图7-6-5可以看出，2016年3月中国新疆对东欧国家的贸易中只与乌克兰发生贸易往来。

2016年3月中国新疆对乌克兰的贸易中，对乌克兰的进出口总值为339.40万美元，占中国新疆进出口总值的0.29%，同比上升39.50%，环比下降75.17%。中国新疆对乌克兰的贸易以出口为主，其中，对乌克兰出口总值为329.50万美元，占中国新疆出口总值的0.33%，同比上升35.40%，环比下降75.86%；对乌克兰进口总值为9.90万美元，占中国新疆进口总值的0.06%，环比上升482.35%。

4. 2016年4月中国新疆对东欧国家进出口贸易月度分析

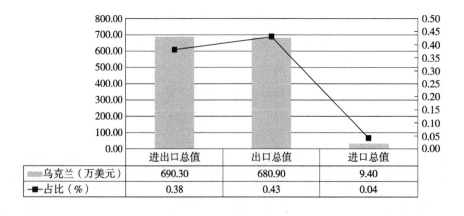

	进出口总值	出口总值	进口总值
乌克兰（万美元）	690.30	680.90	9.40
占比（%）	0.38	0.43	0.04

图7-6-6 2016年4月中国新疆对东欧国家进出口总值、出口总值、进口总值及占比

由图 7 - 6 - 6 可以看出，2016 年 4 月中国新疆对东欧国家的贸易中只与乌克兰发生贸易往来。

2016 年 4 月中国新疆对乌克兰的贸易中，对乌克兰的进出口总值为 690.30 万美元，占中国新疆进出口总值的 0.38%，同比下降 28.40%，环比上升 103.39%。中国新疆对乌克兰的贸易以出口为主，其中，对乌克兰出口总值为 680.90 万美元，占中国新疆出口总值的 0.43%，同比下降 29.40%，环比上升 106.65%；对乌克兰进口总值为 9.40 万美元，占中国新疆进口总值的 0.04%，环比下降 5.05%。

5. 2016 年 5 月中国新疆对东欧国家进出口贸易月度分析

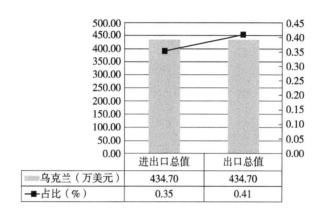

	进出口总值	出口总值
乌克兰（万美元）	434.70	434.70
占比（%）	0.35	0.41

图 7 - 6 - 7　2016 年 5 月中国新疆对东欧国家进出口总值、出口总值及占比

由图 7 - 6 - 7 可以看出，2016 年 5 月中国新疆对东欧国家的贸易中只与乌克兰发生贸易往来。

2016 年 5 月中国新疆对乌克兰的贸易中，对乌克兰的进出口总值为 434.70 万美元，占中国新疆进出口总值的 0.35%，同比上升 216.80%，环比下降 37.03%。中国新疆对乌克兰的贸易以出口为主，其中：出口总值 434.70 万美元，占中国新疆出口总值的 0.41%，同比上升 216.80%，环比下降 36.16%；本月中国新疆对乌克兰未发生进口贸易。

6. 2016 年 6 月中国新疆对东欧国家进出口贸易月度分析

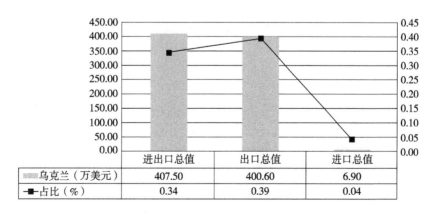

	进出口总值	出口总值	进口总值
乌克兰（万美元）	407.50	400.60	6.90
占比（%）	0.34	0.39	0.04

图 7 - 6 - 8　2016 年 6 月中国新疆对东欧国家进出口总值、出口总值、进口总值及占比

由图 7 - 6 - 8 可以看出，2016 年 6 月中国新疆对东欧国家的贸易中只与乌克兰发生贸易往来。

2016年6月中国新疆对乌克兰的贸易中，对乌克兰的进出口总值为407.50万美元，占中国新疆进出口总值的0.34%，同比上升27.00%，环比下降6.26%。中国新疆对乌克兰的贸易以出口为主，其中，对乌克兰出口总值为400.60万美元，占中国新疆出口总值的0.39%，同比上升24.90%，环比下降7.84%；中国新疆对乌克兰的进口总值为6.90万美元，占中国新疆进口总值的0.04%。

7. 2016年7月中国新疆对东欧国家进出口贸易月度分析

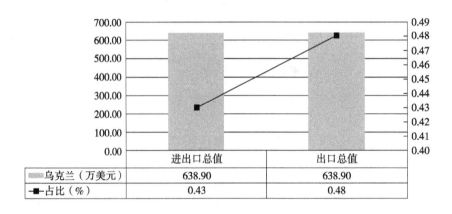

	进出口总值	出口总值
乌克兰（万美元）	638.90	638.90
占比（%）	0.43	0.48

图7-6-9　2016年7月中国新疆对东欧国家进出口总值、出口总值及占比

由图7-6-9可以看出，2016年7月中国新疆对东欧国家的贸易中只与乌克兰发生贸易往来。

2016年7月中国新疆对乌克兰的贸易中，对乌克兰的进出口总值为638.90万美元，占中国新疆进出口总值的0.43%，同比上升13.60%，环比上升56.79%。中国新疆对乌克兰的贸易以出口为主，其中，对乌克兰出口总值为638.90万美元，占中国新疆出口总值的0.48%，同比上升13.60%，环比上升59.49%；本月中国新疆未与乌克兰发生进口贸易。

8. 2016年8月中国新疆对东欧国家进出口贸易月度分析

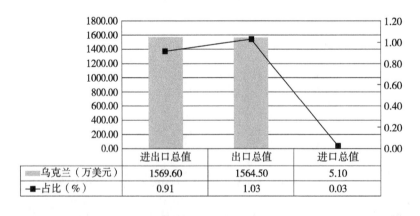

	进出口总值	出口总值	进口总值
乌克兰（万美元）	1569.60	1564.50	5.10
占比（%）	0.91	1.03	0.03

图7-6-10　2016年8月中国新疆对东欧国家进出口总值、出口总值、进口总值及占比

由图7-6-10可以看出，2016年8月中国新疆对东欧国家的贸易中只与乌克兰发生贸易往来。

2016年8月中国新疆对乌克兰的贸易中，对乌克兰的进出口总值为1569.60万美元，占中国新疆进出口总值的 0.91％，同比上升 11.20％，环比上升 145.67％。中国新疆对乌克兰的贸易以出口为主，其中：出口总值为 1564.50 万美元，占中国新疆出口总值的 1.03％，同比上升 11.20％，环比上升 144.87％；进口总值为 5.10 万美元，占中国新疆进口总值的 0.03％，同比上升 2.70％。

9. 2016 年 9 月中国新疆对东欧国家进出口贸易月度分析

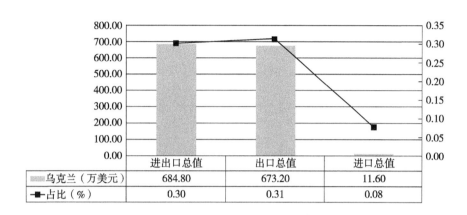

	进出口总值	出口总值	进口总值
乌克兰（万美元）	684.80	673.20	11.60
占比（％）	0.30	0.31	0.08

图 7 - 6 - 11　2016 年 9 月中国新疆对东欧国家进出口总值、出口总值、进口总值及占比

由图 7 - 6 - 11 可以看出，2016 年 9 月中国新疆对东欧国家的贸易中只与乌克兰发生贸易往来。

2016 年 9 月中国新疆对乌克兰的贸易中，对乌克兰的进出口总值为 684.80 万美元，占中国新疆进出口总值的 0.30％，同比下降 44.80％，环比下降 76.70％。中国新疆对乌克兰的贸易以出口为主，其中：出口总值为 673.20 万美元，占中国新疆出口总值的 0.31％，同比下降 45.10％，环比下降 76.84％；进口总值为 11.60 万美元，占中国新疆进口总值的 0.08％，同比下降 15.90％，环比下降 63.06％。

10. 2016 年 10 月中国新疆对东欧国家进出口贸易月度分析

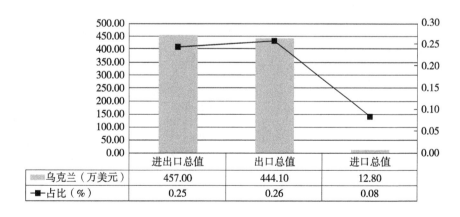

	进出口总值	出口总值	进口总值
乌克兰（万美元）	457.00	444.10	12.80
占比（％）	0.25	0.26	0.08

图 7 - 6 - 12　2016 年 10 月中国新疆对东欧国家进出口总值、出口总值、进口总值及占比

由图 7 - 6 - 12 可以看出，2016 年 10 月中国新疆对东欧国家的贸易中只与乌克兰发生贸易往来。

2016年10月中国新疆对乌克兰的贸易中，对乌克兰的进出口总值为457.00万美元，占中国新疆进出口总值的0.25%，同比下降36.40%，环比下降33.27%。中国新疆对乌克兰的贸易以出口为主，其中：出口总值为444.10万美元，占中国新疆出口总值的0.26%，同比下降38.00%，环比下降34.03%；进口总值为12.80万美元，占中国新疆进口总值的0.08%，同比上升523.20%，环比上升10.34%。

11. 2016年11月中国新疆对东欧国家进出口贸易月度分析

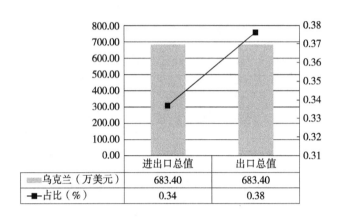

	进出口总值	出口总值
乌克兰（万美元）	683.40	683.40
占比（%）	0.34	0.38

图7-6-13　2016年11月中国新疆对东欧国家进出口总值、出口总值及占比

由图7-6-13可以看出，2016年11月中国新疆对东欧国家的贸易中只与乌克兰发生贸易往来。

2016年11月中国新疆对乌克兰的贸易中，对乌克兰的进出口总值为683.40万美元，占中国新疆进出口总值的0.34%，同比上升26.70%，环比下降6.97%。中国新疆对乌克兰的贸易以出口为主，其中：出口总值为683.40万美元，占中国新疆出口总值的0.38%，同比上升29.40%，环比下降3.46%；本月中国新疆未对乌克兰发生进口贸易。

12. 2016年12月中国新疆对东欧国家进出口贸易月度分析

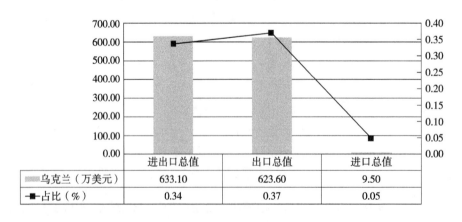

	进出口总值	出口总值	进口总值
乌克兰（万美元）	633.10	623.60	9.50
占比（%）	0.34	0.37	0.05

图7-6-14　2016年12月中国新疆对东欧国家进出口总值、出口总值、进口总值及占比

由图7-6-14可以看出，2016年12月中国新疆对东欧国家的贸易中只与乌克兰发生贸易

往来。

2016 年 12 月中国新疆对乌克兰的贸易中，对乌克兰的进出口总值为 633.10 万美元，占中国新疆进出口总值的 0.34%，同比上升 28.10%，环比下降 43.05%。中国新疆对乌克兰的贸易以出口为主，其中：出口总值为 623.60 万美元，占中国新疆出口总值的 0.37%，同比上升 30.30%，环比下降 16.26%；进口总值为 9.50 万美元，占中国新疆进口总值的 0.05%，同比下降 39.10%，环比下降 97.41%。

第七节　2016 年中国新疆与俄罗斯的进出口贸易情况

一、2016 年中国新疆对俄罗斯进出口贸易分析

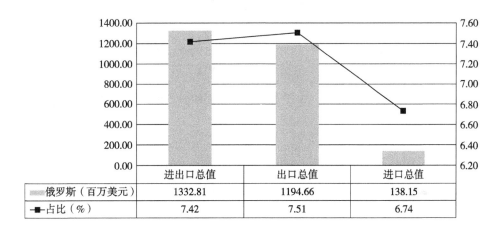

图 7 - 7 - 1　2016 年中国新疆对俄罗斯进出口总值、出口总值、进口总值及占比

由图 7 - 7 - 1 可以看出，2016 年，中国新疆对俄罗斯的贸易中，对俄罗斯的进出口总值为 1332.81 百万美元，占中国新疆进出口总值的 7.42%，同比上升 42.00%。中国新疆对俄罗斯的贸易以出口为主，其中，对俄罗斯出口总值为 1194.66 百万美元，占中国新疆出口总值的 7.51%，同比上升 46.20%；对俄罗斯进口总值为 138.15 百万美元，占中国新疆进口总值的 6.74%，同比上升 13.70%。

二、2016 年中国新疆对俄罗斯进出口贸易趋势分析

由图 7 - 7 - 2 可以看出，2016 年 1 ~ 12 月中国新疆对俄罗斯进出口总值、出口总值的变化趋势基本一致，前三季度波动起伏较大，3 月、6 月、10 月分别为前三季度的最低点，4 月达到全年的最大值，进入第四季度开始逐步上升；中国新疆对俄罗斯进口总值的变化趋势不大。

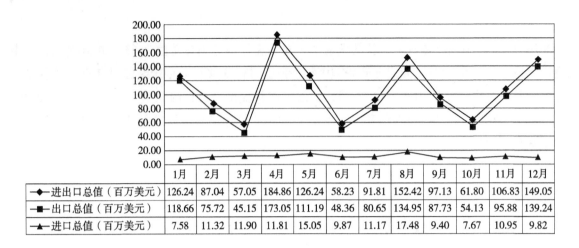

	1月	2月	3月	4月	5月	6月	7月	8月	9月	10月	11月	12月
进出口总值（百万美元）	126.24	87.04	57.05	184.86	126.24	58.23	91.81	152.42	97.13	61.80	106.83	149.05
出口总值（百万美元）	118.66	75.72	45.15	173.05	111.19	48.36	80.65	134.95	87.73	54.13	95.88	139.24
进口总值（百万美元）	7.58	11.32	11.90	11.81	15.05	9.87	11.17	17.48	9.40	7.67	10.95	9.82

图 7 - 7 - 2　2016 年 1~12 月中国新疆对俄罗斯进出口、出口、进口总值

三、2016 年中国新疆对俄罗斯进出口贸易月度分析

1. 2016 年 1 月中国新疆对俄罗斯进出口贸易月度分析

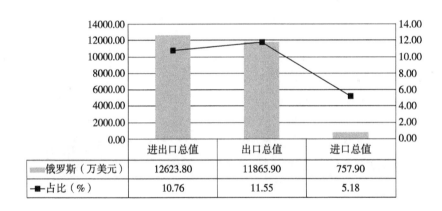

	进出口总值	出口总值	进口总值
俄罗斯（万美元）	12623.80	11865.90	757.90
占比（%）	10.76	11.55	5.18

图 7 - 7 - 3　2016 年 1 月中国新疆对俄罗斯进出口总值、出口总值、进口总值及占比

　　由图 7 - 7 - 3 可以看出，2016 年 1 月中国新疆对俄罗斯的贸易中，对俄罗斯的进出口总值为 12623.80 万美元，占中国新疆进出口总值的 10.76%，同比上升 118.70%，环比上升 11.28%。

　　中国新疆对俄罗斯的贸易以出口为主，其中，对俄罗斯出口总值为 11865.90 万美元，占中国新疆出口总值的 11.55%，同比上升 127.10%，环比上升 13.09%；对俄罗斯进口总值为 757.90 万美元，占中国新疆进口总值的 5.18%，同比上升 38.30%，环比下降 11.07%。

　　2. 2016 年 2 月中国新疆对俄罗斯进出口贸易月度分析

　　由图 7 - 7 - 4 可以看出，2016 年 2 月中国新疆对俄罗斯的贸易中，对俄罗斯的进出口总值为 8704.30 万美元，占中国新疆进出口总值的 11.35%，同比上升 48.20%，环比下降 31.05%。

　　中国新疆对俄罗斯的贸易以出口为主，其中，对俄罗斯出口总值为 7572.40 万美元，占中国新疆出口总值的 11.60%，同比上升 50.10%，环比下降 36.18%；对俄罗斯进口总值为 1131.90 万美元，占中国新疆进口总值的 9.95%，同比上升 36.30%，环比下降 49.35%。

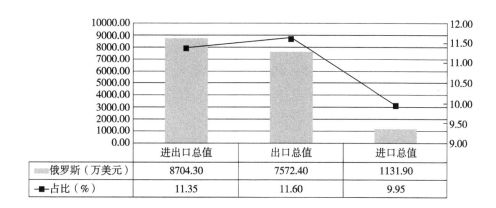

俄罗斯（万美元）	进出口总值	出口总值	进口总值
俄罗斯（万美元）	8704.30	7572.40	1131.90
占比（%）	11.35	11.60	9.95

图 7 - 7 - 4 2016 年 2 月中国新疆对俄罗斯进出口总值、出口总值、进口总值及占比

3. 2016 年 3 月中国新疆对俄罗斯进出口贸易月度分析

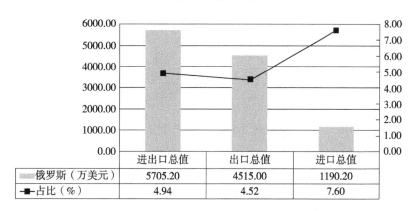

俄罗斯（万美元）	进出口总值	出口总值	进口总值
俄罗斯（万美元）	5705.20	4515.00	1190.20
占比（%）	4.94	4.52	7.60

图 7 - 7 - 5 2016 年 3 月中国新疆对俄罗斯进出口总值、出口总值、进口总值及占比

由图 7 - 7 - 5 可以看出，2016 年 3 月中国新疆对俄罗斯的贸易中，对俄罗斯的进出口总值为 5705.20 万美元，占中国新疆进出口总值的 4.94%，同比上升 21.80%，环比下降 34.46%。

中国新疆对俄罗斯的贸易以出口为主，其中，对俄罗斯出口总值为 4515.00 万美元，占中国新疆出口总值的 4.52%，同比上升 37.50%，环比下降 40.38%；对俄罗斯进口总值为 1190.20 万美元，占中国新疆进口总值的 7.60%，同比下降 15.00%，环比上升 5.15%。

4. 2016 年 4 月中国新疆对俄罗斯进出口贸易月度分析

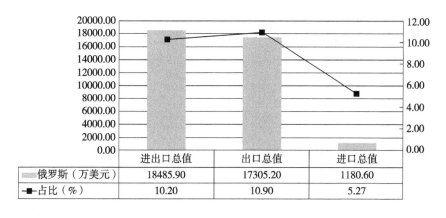

俄罗斯（万美元）	进出口总值	出口总值	进口总值
俄罗斯（万美元）	18485.90	17305.20	1180.60
占比（%）	10.20	10.90	5.27

图 7 - 7 - 6 2016 年 4 月中国新疆对俄罗斯进出口总值、出口总值、进口总值及占比

由图7-7-6可以看出，2016年4月中国新疆对俄罗斯的贸易中，对俄罗斯的进出口总值为18485.90万美元，占中国新疆进出口总值的10.20%，同比上升232.30%，环比下降38.45%。

中国新疆对俄罗斯的贸易以出口为主，其中：出口总值为17305.20万美元，占中国新疆出口总值的10.90%，同比上升280.60%，环比下降30.08%；进口总值为1180.60万美元，占中国新疆进口总值的5.27%，同比上升16.10%，环比下降77.65%。

5.2016年5月中国新疆对俄罗斯进出口贸易月度分析

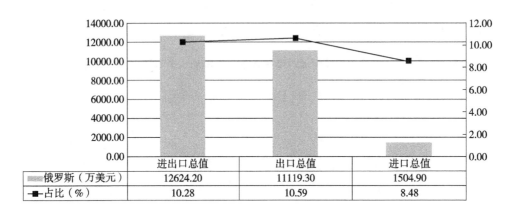

	进出口总值	出口总值	进口总值
俄罗斯（万美元）	12624.20	11119.30	1504.90
占比（%）	10.28	10.59	8.48

图7-7-7 2016年5月中国新疆对俄罗斯进出口总值、出口总值、进口总值及占比

由图7-7-7可以看出，2016年5月中国新疆对俄罗斯的贸易中，对俄罗斯的进出口总值为12624.20万美元，占中国新疆进出口总值的10.28%，同比上升127.80%，环比下降31.71%。

中国新疆对俄罗斯的贸易以出口为主，其中，对俄罗斯出口总值为11119.30美元，占中国新疆出口总值的10.59%，同比上升168.00%，环比下降35.75%；对俄罗斯进口总值为1504.90万美元，占中国新疆进口总值的8.48%，同比上升8.00%，环比上升27.47%。

6.2016年6月中国新疆对俄罗斯进出口贸易月度分析

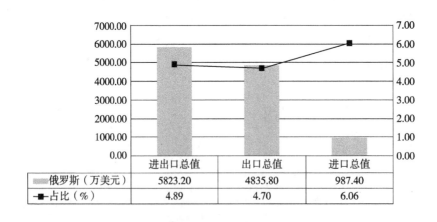

	进出口总值	出口总值	进口总值
俄罗斯（万美元）	5823.20	4835.80	987.40
占比（%）	4.89	4.70	6.06

图7-7-8 2016年6月中国新疆对俄罗斯进出口总值、出口总值、进口总值及占比

由图7-7-8可以看出，2016年6月中国新疆对俄罗斯的贸易中，对俄罗斯的进出口总值为5823.20万美元，占中国新疆进出口总值的4.89%，同比上升12.00%，环比下降53.87%。

　　中国新疆对俄罗斯的贸易以出口为主，其中，对俄罗斯出口总值为4835.80万美元，占中国新疆出口总值的4.70%，同比上升31.40%，环比下降56.51%；对俄罗斯进口总值为987.40万美元，占中国新疆进口总值的6.06%，同比下降35.10%，环比下降34.39%。

　　7.2016年7月中国新疆对俄罗斯进出口贸易月度分析

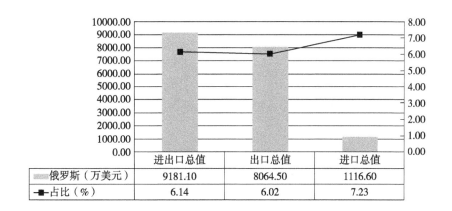

	进出口总值	出口总值	进口总值
俄罗斯（万美元）	9181.10	8064.50	1116.60
占比（%）	6.14	6.02	7.23

图7-7-9　2016年7月中国新疆对俄罗斯进出口总值、出口总值、进口总值及占比

　　由图7-7-9可以看出，2016年7月中国新疆对俄罗斯的贸易中，对俄罗斯的进出口总值为9181.10万美元，占中国新疆进出口总值的6.14%，同比上升11.00%，环比上升57.66%。

　　中国新疆对俄罗斯的贸易以出口为主，其中，对俄罗斯出口总值为8064.50万美元，占中国新疆出口总值的6.02%，同比上升10.50%，环比上升66.77%；对俄罗斯进口总值为1116.60万美元，占中国新疆进口总值的7.23%，同比上升14.60%，环比上升13.08%。

　　8.2016年8月中国新疆对俄罗斯进出口贸易月度分析

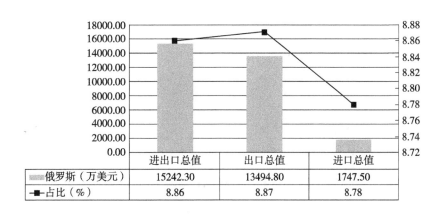

	进出口总值	出口总值	进口总值
俄罗斯（万美元）	15242.30	13494.80	1747.50
占比（%）	8.86	8.87	8.78

图7-7-10　2016年8月中国新疆对俄罗斯进出口总值、出口总值、进口总值及占比

　　由图7-7-10可以看出，2016年8月中国新疆对俄罗斯的贸易中，对俄罗斯的进出口总值为15242.30万美元，占中国新疆进出口总值的8.86%，同比下降6.70%，环比上升66.02%。

　　中国新疆对俄罗斯的贸易以出口为主，其中：出口总值为13494.80万美元，占中国新疆出口总值的8.87%，同比下降8.50%，环比上升67.34%；进口总值为1747.50万美元，占中国新疆进口总值的 8.78%，同比上升 10.40%，环比上升 56.50%。

9. 2016 年 9 月中国新疆对俄罗斯进出口贸易月度分析

由图 7－7－11 可以看出，2016 年 9 月中国新疆对俄罗斯的贸易中，对俄罗斯的进出口总值为 9713.10 万美元，占中国新疆进出口总值的 4.24%，同比下降 14.80%，环比下降 36.28%。

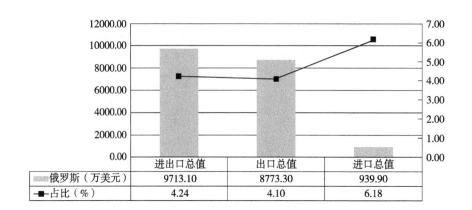

	进出口总值	出口总值	进口总值
俄罗斯（万美元）	9713.10	8773.30	939.90
占比（%）	4.24	4.10	6.18

图 7－7－11　2016 年 9 月中国新疆对俄罗斯进出口总值、出口总值、进口总值及占比

中国新疆对俄罗斯的贸易以出口为主，其中：出口总值为 8773.30 万美元，占中国新疆出口总值的 4.10%，同比下降 16.60%，环比下降 34.99%；进口总值为 939.90 万美元，占中国新疆进口总值的 6.18%，同比上升 6.00%，环比下降 46.22%。

10. 2016 年 10 月中国新疆对俄罗斯进出口贸易月度分析

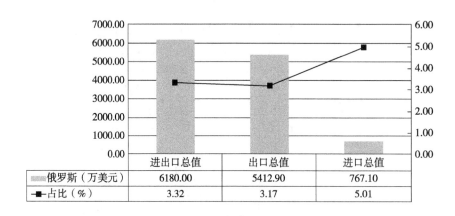

	进出口总值	出口总值	进口总值
俄罗斯（万美元）	6180.00	5412.90	767.10
占比（%）	3.32	3.17	5.01

图 7－7－12　2016 年 10 月中国新疆对俄罗斯进出口总值、出口总值、进口总值及占比

由图 7－7－12 可以看出，2016 年 10 月中国新疆对俄罗斯的贸易中，对俄罗斯的进出口总值为 6180.00 万美元，占中国新疆进出口总值的 3.32%，同比上升 44.10%，环比下降 36.38%。

中国新疆对俄罗斯的贸易以出口为主，其中：出口总值为 5412.90 万美元，占中国新疆出口总值的 3.17%，同比上升 41.60%，环比下降 38.30%；进口总值为 767.10 万美元，占中国新疆进口总值的 5.01%，同比上升 64.60%，环比下降 18.39%。

11. 2016 年 11 月中国新疆对俄罗斯进出口贸易月度分析

由图 7－7－13 可以看出，2016 年 11 月中国新疆对俄罗斯的贸易中，对俄罗斯的进出口总值为 10683.10 万美元，占中国新疆进出口总值的 5.27%，同比上升 50.40%，环比上升 72.87%。

中国新疆对俄罗斯的贸易以出口为主，其中：出口总值为 9588.30 万美元，占中国新疆出口总值的 5.28%，同比上升 43.40%，环比上升 77.14%；进口总值为 1094.70 万美元，占中国新疆进口总值的 5.20%，同比上升 163.30%，环比上升 42.71%。

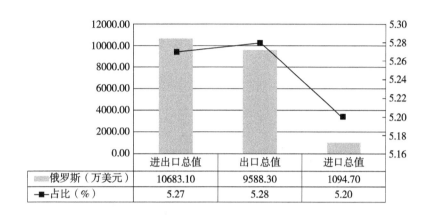

	进出口总值	出口总值	进口总值
俄罗斯（万美元）	10683.10	9588.30	1094.70
占比（%）	5.27	5.28	5.20

图 7 - 7 - 13　2016 年 11 月中国新疆对俄罗斯进出口总值、出口总值、进口总值及占比

12. 2016 年 12 月中国新疆对俄罗斯进出口贸易月度分析

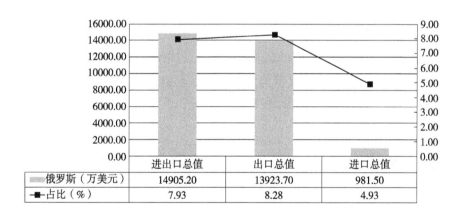

	进出口总值	出口总值	进口总值
俄罗斯（万美元）	14905.20	13923.70	981.50
占比（%）	7.93	8.28	4.93

图 7 - 7 - 14　2016 年 12 月中国新疆对俄罗斯进出口总值、出口总值、进口总值及占比

由图 7 - 7 - 14 可以看出，2016 年 12 月中国新疆对俄罗斯的贸易中，对俄罗斯的进出口总值为 14905.20 美元，占中国新疆进出口总值的 7.93%，同比上升 30.90%，环比上升 39.52%。

中国新疆对俄罗斯的贸易以出口为主，其中：出口总值为 13923.70 万美元，占中国新疆出口总值的 8.28%，同比上升 32.20%，环比上升 45.22%；进口总值为 981.50 万美元，占中国新疆进口总值的 4.93%，同比上升 15.20%，环比下降 10.34%。

第八节　2016 年中国新疆与蒙古国的进出口贸易情况

一、2016 年中国新疆对蒙古国进出口贸易分析

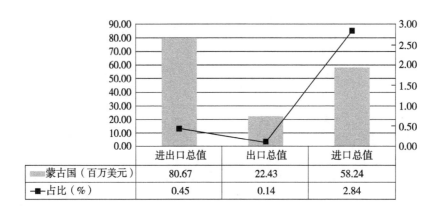

	进出口总值	出口总值	进口总值
蒙古国（百万美元）	80.67	22.43	58.24
占比（%）	0.45	0.14	2.84

图 7 - 8 - 1　2016 年中国新疆对蒙古国进出口总值、出口总值、进口总值及占比

由图 7 - 8 - 1 可以看出，2016 年，中国新疆对蒙古国的进出口贸易中，对蒙古国的进出口总值为 80.67 百万美元，占中国新疆进出口总值的 0.45%，同比下降 19.20%。中国新疆对蒙古国的贸易以进口为主，其中，对蒙古国出口总值为 22.43 百万美元，占中国新疆出口总值的 0.14%，同比下降 45.60%；对蒙古国进口总值为 58.24 百万美元，占中国新疆进口总值的 2.84%，同比下降 0.60%。

二、2016 年中国新疆对蒙古国进出口贸易趋势分析

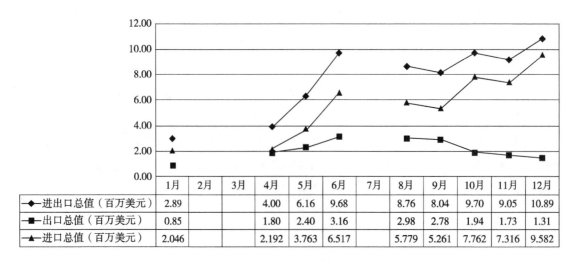

	1月	2月	3月	4月	5月	6月	7月	8月	9月	10月	11月	12月
进出口总值（百万美元）	2.89			4.00	6.16	9.68		8.76	8.04	9.70	9.05	10.89
出口总值（百万美元）	0.85			1.80	2.40	3.16		2.98	2.78	1.94	1.73	1.31
进口总值（百万美元）	2.046			2.192	3.763	6.517		5.779	5.261	7.762	7.316	9.582

图 7 - 8 - 2　2016 年 1~12 月中国新疆对蒙古国进出口总值、出口总值、进口总值

从图7-8-2中可以看出，2月、3月、7月中国新疆未与蒙古国发生进出口贸易。中国新疆对蒙古国进出口总值、进口总值变动趋势一致，表现为波动上升趋势；中国新疆对蒙古国出口总值呈先升后降趋势。中国新疆对蒙古国的进出口贸易最高点在12月，为10.89百万美元，最低点在1月，为2.89百万美元；对蒙古国的出口贸易最高点在6月，为3.16百万美元，最低点在1月，为0.85百万美元；对蒙古国的进口贸易最高点在12月，为9.582百万美元，最低点在1月，为2.046百万美元。

三、2016年中国新疆对蒙古国进出口贸易月度分析

1. 2016年1月中国新疆对蒙古国进出口贸易月度分析

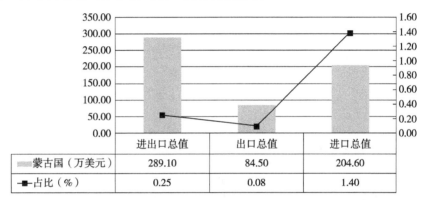

	进出口总值	出口总值	进口总值
▨蒙古国（万美元）	289.10	84.50	204.60
■占比（%）	0.25	0.08	1.40

图7-8-3 2016年1月中国新疆对蒙古国进出口总值、出口总值、进口总值及占比

由图7-8-3可以看出，2016年1月中国新疆对蒙古国的贸易中，对蒙古国的进出口总值为289.10万美元，占中国新疆进出口总值的0.25%，同比下降64.60%，环比下降75.12%。

中国新疆对蒙古国的贸易以进口为主，其中，对蒙古国出口总值为84.50万美元，占中国新疆出口总值的0.08%，同比下降60.60%，环比下降10.96%；对蒙古国进口总值为204.60万美元，占中国新疆进口总值的1.40%，同比下降66.00%，环比下降80.82%。

2. 2016年2月中国新疆对蒙古国进出口贸易月度分析

2016年2月中国新疆未对蒙古国发生进出口贸易。

3. 2016年3月中国新疆对蒙古国进出口贸易月度分析

2016年3月中国新疆未对蒙古国发生进出口贸易。

4. 2016年4月中国新疆对蒙古国进出口贸易月度分析

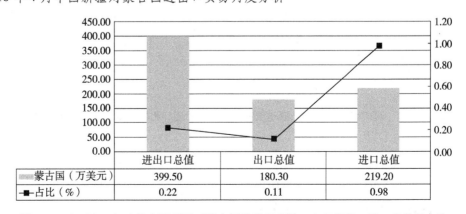

	进出口总值	出口总值	进口总值
▨蒙古国（万美元）	399.50	180.30	219.20
■占比（%）	0.22	0.11	0.98

图7-8-4 2016年4月中国新疆对蒙古国进出口总值、出口总值、进口总值及占比

由图7-8-4可以看出，2016年4月中国新疆对蒙古国的贸易中，对蒙古国的进出口总值为399.50万美元，占中国新疆进出口总值的0.22%，同比上升115.90%。

中国新疆对蒙古国的贸易以进口为主，其中，对蒙古国出口总值为180.30万美元，占中国新疆出口总值的0.11%，同比上升97.60%；对蒙古国进口总值为219.20万美元，占中国新疆进口总值的0.98%，同比上升133.80%。

5. 2016年5月中国新疆对蒙古国进出口贸易月度分析

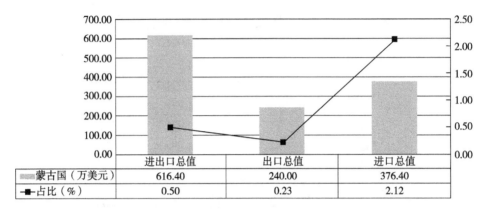

	进出口总值	出口总值	进口总值
蒙古国（万美元）	616.40	240.00	376.40
占比（%）	0.50	0.23	2.12

图7-8-5 2016年5月中国新疆对蒙古国进出口总值、出口总值、进口总值及占比

由图7-8-5可以看出，2016年5月中国新疆对蒙古国的贸易中，对蒙古国的进出口总值为616.40万美元，占中国新疆进出口总值的0.50%，同比下降42.40%，环比上升54.29%。

中国新疆对蒙古国的贸易以进口为主，其中，对蒙古国出口总值为240.00万美元，占中国新疆出口总值的0.23%，同比下降66.10%，环比上升33.11%；对蒙古国进口总值为376.40万美元，占中国新疆进口总值的2.12%，同比上升3.80%，环比上升71.67%。

6. 2016年6月中国新疆对蒙古国进出口贸易月度分析

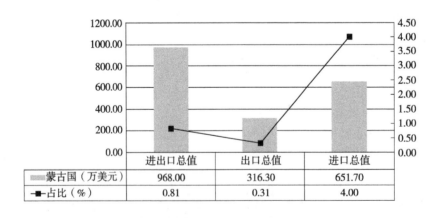

	进出口总值	出口总值	进口总值
蒙古国（万美元）	968.00	316.30	651.70
占比（%）	0.81	0.31	4.00

图7-8-6 2016年6月中国新疆对蒙古国进出口总值、出口总值、进口总值及占比

由图7-8-6可以看出，2016年6月中国新疆对蒙古国的贸易中，对蒙古国的进出口总值为968.00万美元，占中国新疆进出口总值的0.81%，同比上升12.60%，环比上升57.04%。中国新疆对蒙古国的贸易以进口为主，其中，对蒙古国出口总值为316.30美元，占中国新疆出口总值的

0.31%，同比下降 47.80%，环比上升 31.79%；对蒙古国进口总值为 651.70 万美元，占中国新疆进口总值的 4.00%，同比上升 156.90%，环比上升 73.19%。

7.2016 年 7 月中国新疆对蒙古国进出口贸易月度分析

2016 年 7 月中国新疆未对蒙古国发生进出口贸易。

8.2016 年 8 月中国新疆对蒙古国进出口贸易月度分析

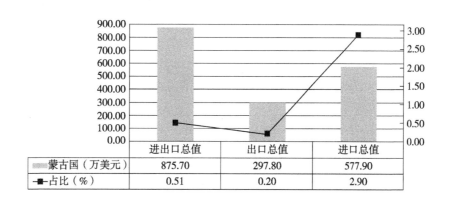

图 7-8-7　2016 年 8 月中国新疆对蒙古国进出口总值、出口总值、进口总值及占比

由图 7-8-7 可以看出，2016 年 8 月中国新疆对蒙古国的贸易中，对蒙古国的进出口总值为 875.70 万美元，占中国新疆进出口总值的 0.51%，同比下降 30.30%。

中国新疆对蒙古国的贸易以进口为主，其中，对蒙古国出口总值为 297.80 万美元，占中国新疆出口总值的 0.20%，同比下降 65.90%；对蒙古国进口总值为 577.90 万美元，占中国新疆进口总值的 2.90%，同比上升 51.00%。

9.2016 年 9 月中国新疆对蒙古国进出口贸易月度分析

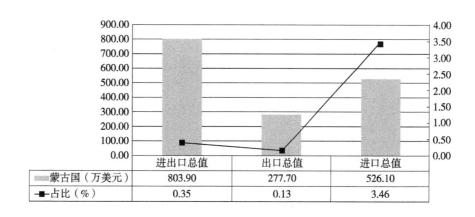

图 7-8-8　2016 年 9 月中国新疆对蒙古国进出口总值、出口总值、进口总值及占比

由图 7-8-8 可以看出，2016 年 9 月中国新疆对蒙古国的贸易中，对蒙古国的进出口总值为 803.90 万美元，占中国新疆进出口总值的 0.35%，同比下降 22.00%，环比下降 8.20%。

中国新疆对蒙古国的贸易以进口为主，其中：出口总值为 277.70 万美元，占中国新疆出口总值的 0.13%，同比下降 29.80%，环比下降 6.75%；进口总值为 526.10 万美元，占中国新疆进口总值的 3.46%，同比下降 17.10%，环比下降 8.96%。

10. 2016 年 10 月中国新疆对蒙古国进出口贸易月度分析

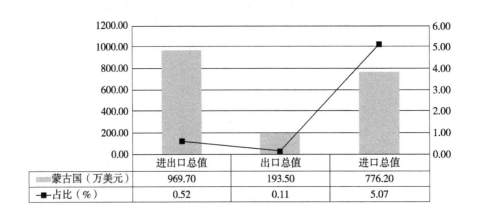

图 7 - 8 - 9　2016 年 10 月中国新疆对蒙古国进出口总值、出口总值、进口总值及占比

由图 7 - 8 - 9 可以看出，2016 年 10 月中国新疆对蒙古国的贸易中，对蒙古国的进出口总值为 969.70 万美元，占中国新疆进出口总值的 0.52%，同比上升 27.50%，环比上升 20.62%。

中国新疆对蒙古国的贸易以进口为主，其中：出口总值为 193.50 万美元，占中国新疆出口总值的 0.11%，同比下降 46.40%，环比下降 30.32%；进口总值为 776.20 万美元，占中国新疆进口总值的 5.07%，同比上升 94.10%，环比上升 47.54%。

11. 2016 年 11 月中国新疆对蒙古国进出口贸易月度分析

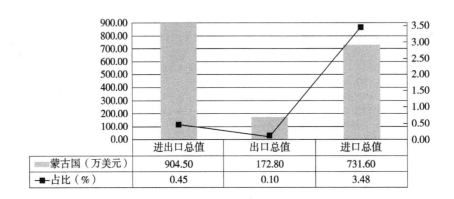

图 7 - 8 - 10　2016 年 11 月中国新疆对蒙古国进出口总值、出口总值、进口总值及占比

由图 7 - 8 - 10 可以看出，2016 年 11 月中国新疆对蒙古国的贸易中，对蒙古国的进出口总值为 904.50 万美元，占中国新疆进出口总值的 0.45%，同比上升 98.20%，环比下降 6.72%。

中国新疆对蒙古国的贸易以进口为主，其中：出口总值为 172.80 万美元，占中国新疆出口总值的 0.10%，同比上升 10.20%，环比下降 10.70%；进口总值为 731.60 万美元，占中国新疆进口总值的 3.48%，同比上升 144.20%，环比下降 5.75%。

12. 2016 年 12 月中国新疆对蒙古国进出口贸易月度分析

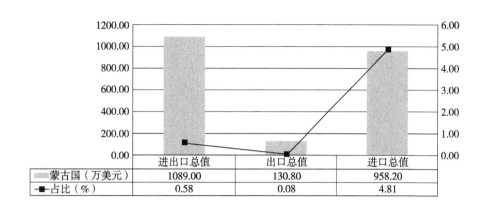

	进出口总值	出口总值	进口总值
蒙古国（万美元）	1089.00	130.80	958.20
占比（%）	0.58	0.08	4.81

图 7 - 8 - 11　2016 年 12 月中国新疆对蒙古国进出口总值、出口总值、进口总值及占比

由图 7 - 8 - 11 可以看出，2016 年 12 月中国新疆对蒙古国的贸易中，对蒙古国的进出口总值为 1089.00 万美元，占中国新疆进出口总值的 0.58%，同比下降 6.30%，环比上升 20.40%。

中国新疆对蒙古国的贸易以进口为主，其中：出口总值为 130.80 万美元，占中国新疆出口总值的 0.08%，同比上升 37.80%，环比下降 24.31%；进口总值为 958.20 万美元，占中国新疆进口总值的 4.81%，同比下降 10.20%，环比上升 30.97%。

第九节　2016 年中国新疆与其他国家的进出口贸易情况

2016 年中国新疆除了对中亚国家、西亚国家、南亚国家、东欧国家、俄罗斯、蒙古国有进出口贸易外，还对其他 33 个国家有进出口贸易。

一、2016 年中国新疆对其他国家进出口贸易总体分析

（一）2016 年中国新疆对其他国家进出口贸易分析

由图 7 - 9 - 1 和图 7 - 9 - 2 可以看出，2016 年，中国新疆对其他国家进出口贸易中，按进出口总值大小排名依次为：美国、德国、英国、荷兰、日本、意大利、澳大利亚、加拿大、印度尼西亚、韩国、马来西亚、西班牙、芬兰、法国、巴西、越南、新加坡、比利时、肯尼亚、泰国、菲律宾、安哥拉、阿根廷、阿尔及利亚、墨西哥、瑞士、波兰、智利、朝鲜、马拉维、赞比亚、加纳、尼日利亚。

其中：对美国的进出口总值为 1210.17 百万美元，占中国新疆进出口总值的 6.74%，同比下降 41.60%；对德国的进出口总值为 296.23 百万美元，占中国新疆进出口总值的 1.65%，同比下降 33.00%；对英国的进出口总值为 151.03 百万美元，占中国新疆进出口总值的 0.84%，同比下降 35.50%。

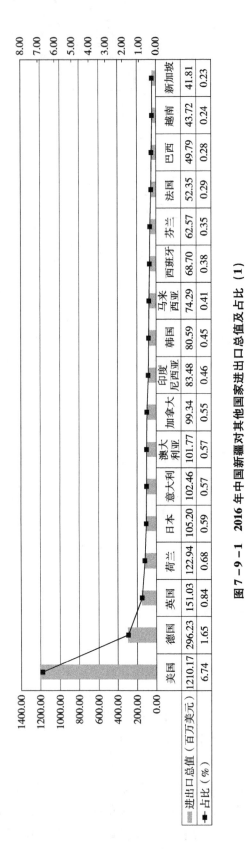

图7-9-1 2016年中国新疆对其他国家进出口总值及占比（1）

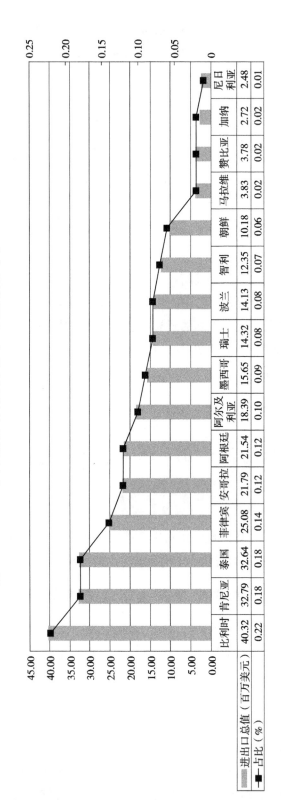

图7-9-2 2016年中国新疆对其他国家进出口总值及占比（2）

（二）2016 年中国新疆对其他国家进出口贸易趋势分析

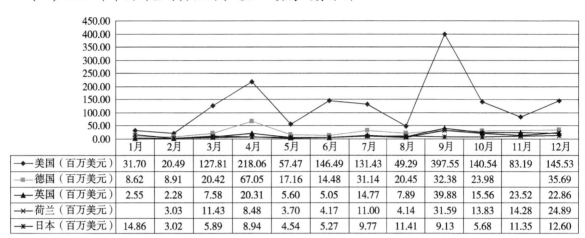

	1月	2月	3月	4月	5月	6月	7月	8月	9月	10月	11月	12月
美国（百万美元）	31.70	20.49	127.81	218.06	57.47	146.49	131.43	49.29	397.55	140.54	83.19	145.53
德国（百万美元）	8.62	8.91	20.42	67.05	17.16	14.48	31.14	20.45	32.38	23.98		35.69
英国（百万美元）	2.55	2.28	7.58	20.31	5.60	5.05	14.77	7.89	39.88	15.56	23.52	22.86
荷兰（百万美元）		3.03	11.43	8.48	3.70	4.17	11.00	4.14	31.59	13.83	14.28	24.89
日本（百万美元）	14.86	3.02	5.89	8.94	4.54	5.27	9.77	11.41	9.13	5.68	11.35	12.60

图 7 - 9 - 3 2016 年 1 ~ 12 月中国新疆对其他国家进出口总值

考虑到数据的相对完整性及连续性，本书仅选取其他国家中进出口总值排名前五的美国、德国、英国、荷兰、日本进行 1 ~ 12 月的趋势分析。由图 7 - 9 - 3 可以看出，美国始终居中国新疆对其他国家进出口总值的首位，2016 年中国新疆对美国进出口总值呈剧烈波动变化趋势；具体而言，1 ~ 2 月中国新疆对美国进出口总值为下降，3 月上升至 4 月又转为下滑趋势，6 月短暂回升后又下滑至 8 月，9 月回升迅速，10 月又保持下降趋势，12 月稍有回升；对美国的进出口贸易最高点在 9 月，为 397.55 百万美元，最低点在 2 月，为 20.49 百万美元。2016 年中国新疆对德国进出口总值呈上下波动变化趋势；对德国的进出口贸易最高点在 4 月，为 67.05 百万美元，最低点在 1 月，为 8.62 百万美元。2016 年中国新疆对英国进出口总值呈波动上升趋势；对英国的进出口贸易最高点在 9 月，为 39.88 百万美元，最低点在 2 月，为 2.28 百万美元。2016 年 1 月中国新疆未对荷兰发生进出口贸易，总体呈波动上升趋势；对荷兰的进出口贸易最高点在 9 月，为 31.59 百万美元，最低点在 2 月，为 3.03 百万美元。2016 年中国新疆对日本进出口总值呈上下波动变化趋势但相对平缓；对日本的进出口贸易最高点在 1 月，为 14.86 百万美元，最低点在 2 月，为 3.02 百万美元。

（三）2016 年中国新疆对其他国家进出口贸易月度分析

1. 2016 年 1 月中国新疆对其他国家进出口贸易月度分析

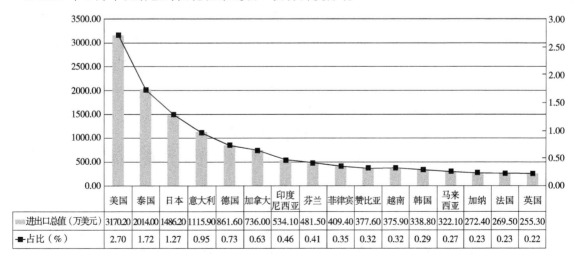

	美国	泰国	日本	意大利	德国	加拿大	印度尼西亚	芬兰	菲律宾	赞比亚	越南	韩国	马来西亚	加纳	法国	英国
进出口总值（万美元）	3170.20	2014.00	1486.20	1115.90	861.60	736.00	534.10	481.50	409.40	377.60	375.90	338.80	322.10	272.40	269.50	255.30
占比（%）	2.70	1.72	1.27	0.95	0.73	0.63	0.46	0.41	0.35	0.32	0.32	0.29	0.27	0.23	0.23	0.22

图 7 - 9 - 4 2016 年 1 月中国新疆对其他 16 个国家进出口总值及占比

由图 7 - 9 - 4 可以看出，中国新疆对其他 16 个贸易国家的进出口总值大小排名依次为：美国、泰国、日本、意大利、德国、加拿大、印度尼西亚、芬兰、菲律宾、赞比亚、越南、韩国、马来西亚、加纳、法国、英国。

中国新疆对其他国家进出口总值为 13020.50 万美元，占中国新疆进出口总值的 11.10%。其中，对美国的进出口总值为 3170.20 万美元，占中国新疆进出口总值的 2.70%，同比上升 27.60%，环比下降 64.92%；对泰国的进出口总值为 2014.00 万美元，占中国新疆进出口总值的 1.72%，同比上升 315.90%，环比上升 231.85%；对日本的进出口总值为 1486.20 万美元，占中国新疆进出口总值的 1.27%，同比上升 115.10%，环比上升 21.10%。

2. 2016 年 2 月中国新疆对其他国家进出口贸易月度分析

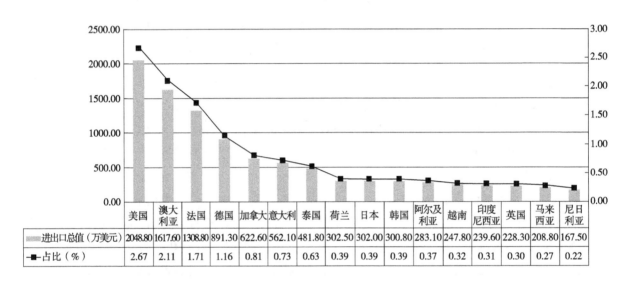

	美国	澳大利亚	法国	德国	加拿大	意大利	泰国	荷兰	日本	韩国	阿尔及利亚	越南	印度尼西亚	英国	马来西亚	尼日利亚
进出口总值（万美元）	2048.80	1617.60	1308.80	891.30	622.60	562.10	481.80	302.50	302.00	300.80	283.10	247.80	239.60	228.30	208.80	167.50
占比（%）	2.67	2.11	1.71	1.16	0.81	0.73	0.63	0.39	0.39	0.39	0.37	0.32	0.31	0.30	0.27	0.22

图 7 - 9 - 5　2016 年 2 月中国新疆对其他 16 个国家进出口总值及占比

由图 7 - 9 - 5 可以看出，中国新疆对其他 16 个贸易国家的进出口总值大小排名依次为：美国、澳大利亚、法国、德国、加拿大、意大利、泰国、荷兰、日本、韩国、阿尔及利亚、越南、印度尼西亚、英国、马来西亚、尼日利亚。

中国新疆对其他国家进出口总值为 9813.40 万美元，占中国新疆进出口总值的 12.80%。其中，对美国的进出口总值为 2048.80 万美元，占中国新疆进出口总值的 2.67%，同比上升 59.50%，环比下降 35.37%；对澳大利亚的进出口总值为 1617.60 万美元，占中国新疆进出口总值的 2.11%，同比上升 1009.60%；对法国的进出口总值为 1308.80 万美元，占中国新疆进出口总值的 1.71%，同比上升 982.80%，环比上升 385.64%。

3. 2016 年 3 月中国新疆对其他国家进出口贸易月度分析

由图 7 - 9 - 6 可以看出，中国新疆对其他 18 个贸易国家的进出口总值大小排名依次为：美国、加拿大、德国、荷兰、马来西亚、西班牙、英国、澳大利亚、韩国、新加坡、印度尼西亚、法国、日本、泰国、意大利、波兰、芬兰、比利时。

中国新疆对其他国家进出口总值为 27830.20 万美元，占中国新疆进出口总值的 24.10%。其中，对美国的进出口总值为 12781.20 万美元，占中国新疆进出口总值的 11.07%，同比上升 393.00%，环比上升 523.84%；对加拿大的进出口总值为 2780.50 万美元，占中国新疆进出口总值的 2.41%，同比上升 1667.90%，环比上升 346.59%；对德国的进出口总值为 2041.60 万美元，占中国新疆进出口总值的 1.77%，同比上升 55.80%，环比上升 129.06%。

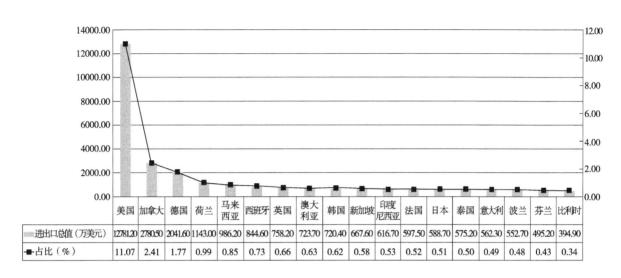

图 7 - 9 - 6　2016 年 3 月中国新疆对其他 18 个国家进出口总值及占比

4. 2016 年 4 月中国新疆对其他国家进出口贸易月度分析

由图 7 - 9 - 7 可以看出，中国新疆对其他 17 个贸易国家的进出口总值大小排名依次为：美国、德国、加拿大、英国、马来西亚、西班牙、意大利、日本、荷兰、巴西、韩国、印度尼西亚、新加坡、菲律宾、马拉维、芬兰、越南。

中国新疆对其他国家进出口总值为 44593.60 万美元，占中国新疆进出口总值的 24.62%。其中，对美国的进出口总值为 21806.30 万美元，占中国新疆进出口总值的 12.04%，同比上升 234.10%，环比上升 70.61%；对德国的进出口总值为 6704.80 万美元，占中国新疆进出口总值的 3.70%，同比上升 505.90%，环比上升 228.41%；对加拿大的进出口总值为 3982.90 万美元，占中国新疆进出口总值的 2.20%，同比上升 177.80%，环比上升 43.24%。

5. 2016 年 5 月中国新疆对其他国家进出口贸易月度分析

由图 7 - 9 - 8 可以看出，中国新疆对其他 15 个贸易国家的进出口总值大小排名依次为：美国、德国、智利、加拿大、韩国、西班牙、马来西亚、芬兰、意大利、英国、瑞士、日本、越南、荷兰和印度尼西亚。

中国新疆对其他国家进出口总值为 15410.30 万美元，占中国新疆进出口总值的 12.54%。其中，对美国的进出口总值为 5746.50 万美元，占中国新疆进出口总值的 4.68%，同比上升 27.40%，环比下降 73.65%；对德国的进出口总值为 1715.90 万美元，占中国新疆进出口总值的 1.40%，同比上升 77.40%，环比下降 74.41%；对智利的进出口总值为 972.80 万美元，占中国新疆进出口总值的 0.79%，同比上升 1939.70%。

6. 2016 年 6 月中国新疆对其他国家进出口贸易月度分析

由图 7 - 9 - 9 可以看出，中国新疆对其他 16 个贸易国家的进出口总值大小排名依次为：美国、意大利、德国、芬兰、马来西亚、加拿大、西班牙、日本、英国、韩国、荷兰、巴西、越南、瑞士、菲律宾、肯尼亚。

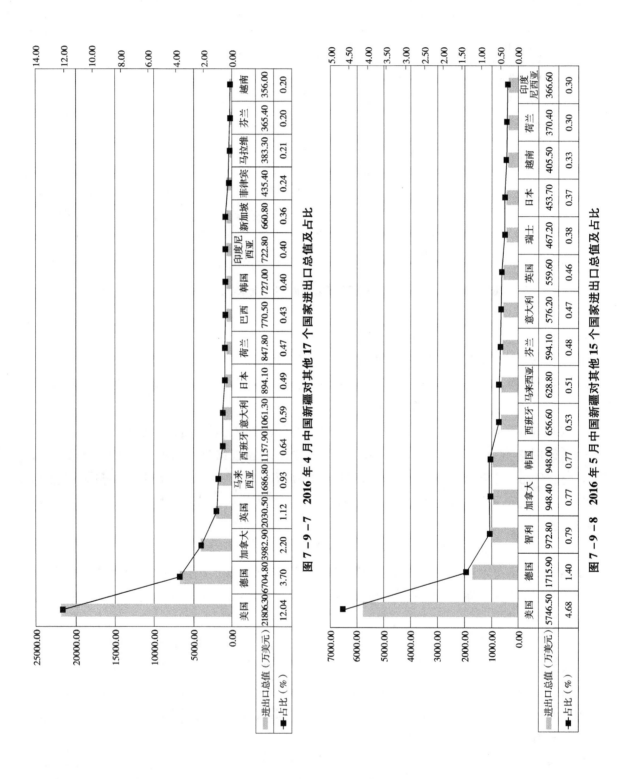

图 7-9-7 2016 年 4 月中国新疆对其他 17 个国家进出口总值及占比

进出口总值（万美元）	美国	德国	加拿大	英国	马来西亚	西班牙	意大利	日本	荷兰	巴西	韩国	印度尼西亚	新加坡	菲律宾	马拉维	芬兰	越南
	21806.30	6704.80	3982.90	2030.50	1686.80	1157.90	1061.30	894.10	847.80	770.50	727.00	722.80	660.80	435.40	383.30	365.40	356.00
占比（%）	12.04	3.70	2.20	1.12	0.93	0.64	0.59	0.49	0.47	0.43	0.40	0.40	0.36	0.24	0.21	0.20	0.20

图 7-9-8 2016 年 5 月中国新疆对其他 15 个国家进出口总值及占比

进出口总值（万美元）	美国	德国	智利	加拿大	韩国	西班牙	马来西亚	芬兰	意大利	英国	瑞士	日本	越南	荷兰	印度尼西亚
	5746.50	1715.90	972.80	948.40	948.00	656.60	628.80	594.10	576.20	559.60	467.20	453.70	405.50	370.40	366.60
占比（%）	4.68	1.40	0.79	0.77	0.77	0.53	0.51	0.48	0.47	0.46	0.38	0.37	0.33	0.30	0.30

中国新疆对其他国家进出口总值为 24695.60 万美元，占中国新疆进出口总值的 20.74%。其中，对美国的进出口总值为 14648.60 万美元，占中国新疆进出口总值的 12.30%，同比上升 121.60%，环比上升 154.91%；对意大利的进出口总值为 1735.40 万美元，占中国新疆进出口总值的 1.46%，同比上升 67.40%，环比上升 201.18%；对德国的进出口总值为 1447.80 万美元，占中国新疆进出口总值的 1.22%，同比上升 35.00%，环比下降 15.62%。

7. 2016 年 7 月中国新疆对其他国家进出口贸易月度分析

由图 7 - 9 - 10 可以看出，中国新疆对其他 17 个贸易国家的进出口总值大小排名依次为：美国、德国、英国、加拿大、意大利、波兰、荷兰、日本、韩国、法国、马来西亚、西班牙、巴西、阿根廷、芬兰、澳大利亚和新加坡。

中国新疆对其他国家进出口总值为 29601.90 万美元，占中国新疆进出口总值的 22.09%。其中，对美国的进出口总值为 13143.10 万美元，占中国新疆进出口总值的 8.79%，同比下降 49.80%，环比下降 10.28%；对德国的进出口总值为 3113.80 万美元，占中国新疆进出口总值的 2.08%，同比下降 29.50%，环比上升 115.07%；对英国的进出口总值为 1476.70 万美元，占中国新疆进出口总值的 0.99%，同比下降 31.20%，环比上升 192.42%。

8. 2016 年 8 月中国新疆对其他国家进出口贸易月度分析

由图 7 - 9 - 11 可以看出，中国新疆对其他 17 个贸易国家的进出口总值大小排名依次为：美国、德国、马来西亚、日本、韩国、英国、巴西、印度尼西亚、芬兰、阿尔及利亚、意大利、阿根廷、越南、荷兰、澳大利亚、菲律宾、墨西哥。

中国新疆对其他国家进出口总值为 16874.90 万美元，占中国新疆进出口总值的 9.81%。其中，对美国的进出口总值为 4929.10 万美元，占中国新疆进出口总值的 2.87%，同比下降 61.70%，环比下降 62.50%；对德国的进出口总值为 2044.60 万美元，占中国新疆进出口总值的 1.19%，同比下降 40.40%，环比下降 34.34%；对马来西亚的进出口总值为 1851.60 万美元，占中国新疆进出口总值的 1.08%，同比上升 7.50%，环比上升 136.72%。

9. 2016 年 9 月中国新疆对其他国家进出口贸易月度分析

由图 7 - 9 - 12 可以看出，中国新疆对其他 18 个贸易国家的进出口总值大小排名依次为：美国、英国、德国、荷兰、澳大利亚、加拿大、韩国、意大利、西班牙、日本、阿根廷、比利时、芬兰、阿尔及利亚、法国、印度尼西亚、越南、马来西亚。

中国新疆对其他国家进出口总值为 62615.10 万美元，占中国新疆进出口总值的 27.32%。其中，对美国的进出口总值为 39754.50 万美元，占中国新疆进出口总值的 17.34%，同比下降 58.00%，环比上升 706.53%；对英国的进出口总值为 3987.80 万美元，占中国新疆进出口总值的 1.74%，同比下降 66.30%，环比上升 405.55%；对德国的进出口总值为 3238.30 万美元，占中国新疆进出口总值的 1.41%，同比下降 79.10%，环比上升 58.38%。

10. 2016 年 10 月中国新疆对其他国家进出口贸易月度分析

由图 7 - 9 - 13 可以看出，中国新疆对其他 19 个贸易国家的进出口总值大小排名依次为：美国、德国、英国、加拿大、荷兰、印度尼西亚、澳大利亚、安哥拉、西班牙、韩国、泰国、芬兰、新加坡、日本、巴西、越南、波兰、意大利、比利时。

中国新疆对其他国家进出口总值为 29922.60 万美元，占中国新疆进出口总值的 16.08%。其中，对美国的进出口总值为 14053.50 万美元，占中国新疆进出口总值的 7.55%，同比上升 2.30%，

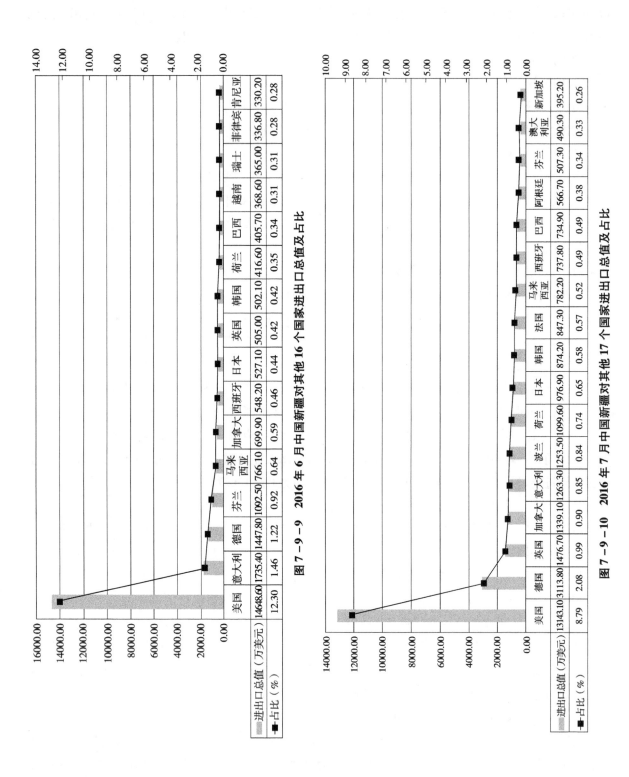

图 7 - 9 - 9　2016 年 6 月中国新疆对其他 16 个国家进出口总值及占比

进出口总值（万美元）	美国	意大利	德国	芬兰	马来西亚	加拿大	西班牙	日本	英国	韩国	荷兰	巴西	越南	瑞士	菲律宾	肯尼亚
进出口总值（万美元）	14648.60	1735.40	1447.80	1092.50	766.10	699.90	548.20	527.10	505.00	502.10	416.60	405.70	368.60	365.00	336.80	330.20
占比（%）	12.30	1.46	1.22	0.92	0.64	0.59	0.46	0.44	0.42	0.42	0.35	0.34	0.31	0.31	0.28	0.28

图 7 - 9 - 10　2016 年 7 月中国新疆对其他 17 个国家进出口总值及占比

进出口总值（万美元）	美国	德国	英国	加拿大	意大利	波兰	荷兰	日本	韩国	法国	马来西亚	西班牙	巴西	阿根廷	芬兰	澳大利亚	新加坡
进出口总值（万美元）	13143.10	3113.80	1476.70	1339.10	1263.30	1253.50	1099.60	976.90	874.20	847.30	782.20	737.80	734.90	566.70	507.30	490.30	395.20
占比（%）	8.79	2.08	0.99	0.90	0.85	0.84	0.74	0.65	0.58	0.57	0.52	0.49	0.49	0.38	0.34	0.33	0.26

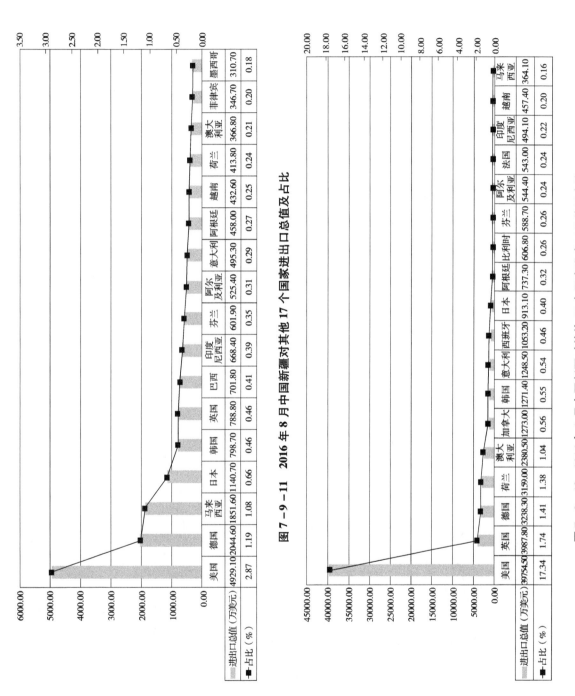

图 7 - 9 - 11　2016 年 8 月中国新疆对其他 17 个国家进出口总值及占比

	美国	德国	马来西亚	日本	韩国	英国	巴西	印度尼西亚	芬兰	阿尔及利亚	意大利	阿根廷	越南	荷兰	澳大利亚	菲律宾	墨西哥
进出口总值（万美元）	4929.10	2044.60	1851.60	1140.70	798.70	788.80	701.80	668.40	601.90	525.40	495.30	458.00	432.60	413.80	366.80	346.70	310.70
占比（％）	2.87	1.19	1.08	0.66	0.46	0.46	0.41	0.39	0.35	0.31	0.29	0.27	0.25	0.24	0.21	0.20	0.18

图 7 - 9 - 12　2016 年 9 月中国新疆对其他 18 个国家进出口总值及占比

	美国	英国	德国	荷兰	澳大利亚	加拿大	韩国	意大利	西班牙	日本	阿根廷	比利时	芬兰	阿尔及利亚	法国	印度尼西亚	越南	马来西亚
进出口总值（万美元）	39754.50	3987.80	3238.30	3159.00	2380.50	1273.00	1271.40	1248.50	1053.20	913.10	737.30	606.80	588.70	544.40	543.00	494.10	457.40	364.10
占比（％）	17.34	1.74	1.41	1.38	1.04	0.56	0.55	0.54	0.46	0.40	0.32	0.26	0.26	0.24	0.24	0.22	0.20	0.16

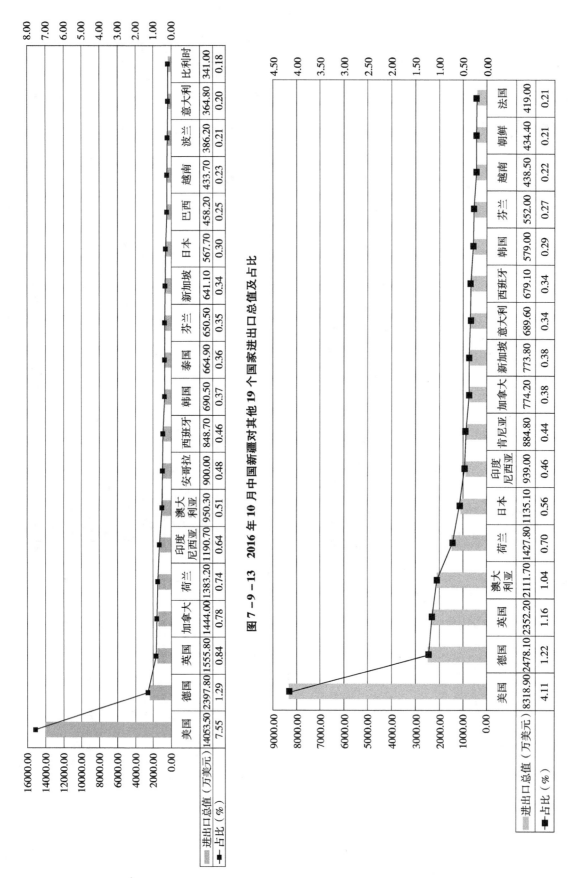

图7-9-13 2016年10月中国新疆对其他19个国家进出口总值及占比

进出口总值（万美元）	美国	德国	英国	加拿大	荷兰	印度尼西亚	澳大利亚	安哥拉	西班牙	韩国	泰国	芬兰	新加坡	日本	巴西	越南	波兰	意大利	比利时
进出口总值（万美元）	14053.50	2397.80	1555.80	1444.00	1383.20	1190.70	950.30	900.00	848.70	690.50	664.90	650.50	641.10	567.70	458.20	433.70	386.20	364.80	341.00
占比（%）	7.55	1.29	0.84	0.78	0.74	0.64	0.51	0.48	0.46	0.37	0.36	0.35	0.34	0.30	0.25	0.23	0.21	0.20	0.18

图7-9-14 2016年11月中国新疆对其他17个国家进出口总值及占比

	美国	德国	英国	澳大利亚	荷兰	日本	印度尼西亚	肯尼亚	加拿大	新加坡	意大利	西班牙	韩国	芬兰	越南	朝鲜	法国
进出口总值（万美元）	8318.90	2478.10	2352.20	2111.70	1427.80	1135.10	939.00	884.80	774.20	773.80	689.60	679.10	579.00	552.00	438.50	434.40	419.00
占比（%）	4.11	1.22	1.16	1.04	0.70	0.56	0.46	0.44	0.38	0.38	0.34	0.34	0.29	0.27	0.22	0.21	0.21

环比下降 64.65%；对德国的进出口总值为 2397.80 万美元，占中国新疆进出口总值的 1.29%，同比下降 19.90%，环比下降 25.96%；对英国的进出口总值为 1555.80 万美元，占中国新疆进出口总值的 0.84%，同比下降 26.30%，环比下降 60.97%。

11. 2016 年 11 月中国新疆对其他国家进出口贸易月度分析

由图 7 - 9 - 14 可以看出，中国新疆对其他 17 个贸易国家的进出口总值大小排名依次为：美国、德国、英国、澳大利亚、荷兰、日本、印度尼西亚、肯尼亚、加拿大、新加坡、意大利、西班牙、韩国、芬兰、越南、朝鲜、法国。

中国新疆对其他国家进出口总值为 24987.20 万美元，占中国新疆进出口总值的 12.33%。其中，对美国的进出口总值为 8318.90 万美元，占中国新疆进出口总值的 4.11%，同比下降 56.10%，环比下降 40.81%；对德国的进出口总值为 2478.10 万美元，占中国新疆进出口总值的 1.22%，同比下降 47.10%，环比上升 3.35%；对英国的进出口总值为 2352.20 万美元，占中国新疆进出口总值的 1.16%，同比下降 20.60%，环比上升 51.19%。

12. 2016 年 12 月中国新疆对其他国家进出口贸易月度分析

由图 7 - 9 - 15 可以看出，中国新疆对其他 18 个贸易国家的进出口总值大小排名依次为：美国、德国、荷兰、英国、比利时、印度尼西亚、加拿大、西班牙、日本、肯尼亚、新加坡、澳大利亚、意大利、巴西、马来西亚、法国、韩国、朝鲜。

中国新疆对其他国家进出口总值为 37345.00 万美元，占中国新疆进出口总值的 19.86%。其中，对美国的进出口总值为 14553.40 万美元，占中国新疆进出口总值的 7.74%，同比上升 61.00%，环比上升 74.94%；对德国的进出口总值为 3568.70 万美元，占中国新疆进出口总值的 1.90%，同比上升 8.60%，环比上升 44.01%；对荷兰的进出口总值为 2488.70 万美元，占中国新疆进出口总值的 1.32%，同比上升 156.30%，环比上升 74.30%。

二、2016 年中国新疆对其他国家出口贸易总体分析

（一）2016 年中国新疆对其他国家出口贸易分析

由图 7 - 9 - 16 和图 7 - 9 - 17 可以看出，2016 年，中国新疆对其他国家出口总值大小排名依次为：美国、英国、荷兰、德国、加拿大、韩国、澳大利亚、西班牙、意大利、印度尼西亚、马来西亚、日本、比利时、越南、新加坡、肯尼亚、泰国、菲律宾、安哥拉、巴西、法国、阿尔及利亚、波兰、墨西哥、朝鲜、阿根廷、马拉维、赞比亚、智利、加纳、尼日利亚、瑞士、芬兰。

其中，对美国的出口总值为 1052.41 万美元，占中国新疆出口总值的 6.61%，同比下降 35.60%；对英国的出口总值为 133.64 万美元，占中国新疆出口总值的 0.84%，同比下降 41.20%；对荷兰的出口总值为 117.17 万美元，占中国新疆出口总值的 0.74%，同比下降 59.40%。

（二）2016 年中国新疆对其他国家出口贸易趋势分析

考虑到数据的相对完整性及连续性，本书仅选取其他国家中出口总值排名前五的美国、英国、荷兰、德国、加拿大进行 1～12 月的趋势分析。由图 7 - 9 - 18 可以看出，美国始终居中国新疆对其他国家出口总值的首位，2016 年中国新疆对美国出口总值呈剧烈波动变化趋势；具体而言，1～2 月中国新疆对美国出口总值略有下降，上升至 4 月又转为下滑趋势，6 月短暂回升后又下滑至 8 月，

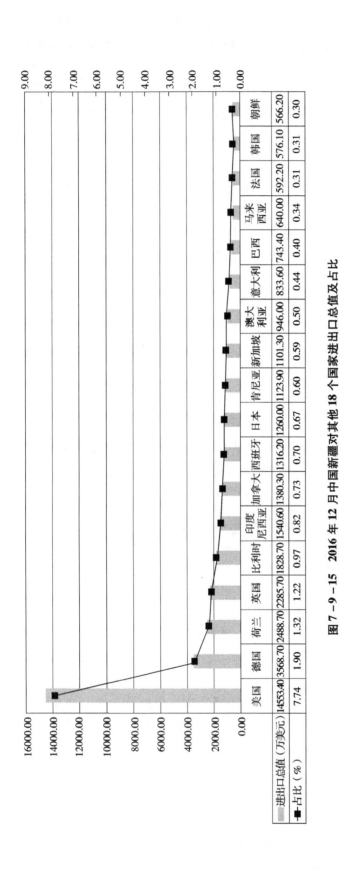

进出口总值（万美元）	美国	德国	荷兰	英国	比利时	印度尼西亚	加拿大	西班牙	日本	肯尼亚	新加坡	澳大利亚	意大利	巴西	马来西亚	法国	韩国	朝鲜
	14553.40	3568.70	2488.70	2285.70	1828.70	1540.60	1380.30	1316.20	1260.00	1123.90	1101.30	946.00	833.60	743.40	640.00	592.20	576.10	566.20
占比（%）	7.74	1.90	1.32	1.22	0.97	0.82	0.73	0.70	0.67	0.60	0.59	0.50	0.44	0.40	0.34	0.31	0.31	0.30

图 7－9－15　2016 年 12 月中国新疆对其他 18 个国家进出口总值及占比

出口总值（万美元）	美国	英国	荷兰	德国	加拿大	韩国	澳大利亚	西班牙	意大利	印度尼西亚	马来西亚	日本	比利时	越南	新加坡	肯尼亚	泰国	菲律宾	安哥拉	巴西	法国
	1052.41	133.64	117.17	101.01	73.47	70.16	69.36	67.63	58.46	42.19	41.39	39.38	39.35	36.76	36.06	32.79	32.33	24.20	21.06	20.57	20.37
占比（%）	6.61	0.84	0.74	0.63	0.46	0.44	0.44	0.43	0.37	0.27	0.26	0.25	0.25	0.23	0.23	0.21	0.20	0.15	0.13	0.13	0.13

图 7－9－16　2016 年中国新疆对其他国家出口总值及占比（1）

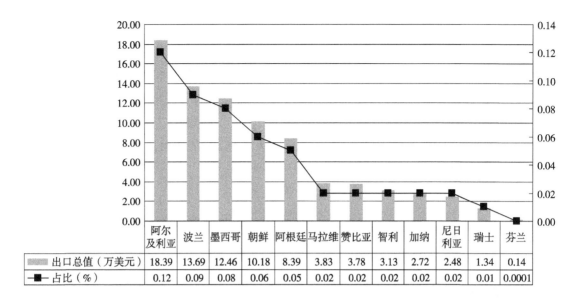

	阿尔及利亚	波兰	墨西哥	朝鲜	阿根廷	马拉维	赞比亚	智利	加纳	尼日利亚	瑞士	芬兰
出口总值（万美元）	18.39	13.69	12.46	10.18	8.39	3.83	3.78	3.13	2.72	2.48	1.34	0.14
占比（%）	0.12	0.09	0.08	0.06	0.05	0.02	0.02	0.02	0.02	0.02	0.01	0.0001

图7-9-17 2016年中国新疆对其他国家出口总值及占比（2）

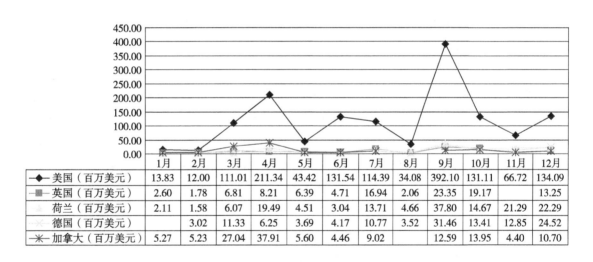

	1月	2月	3月	4月	5月	6月	7月	8月	9月	10月	11月	12月
美国（百万美元）	13.83	12.00	111.01	211.34	43.42	131.54	114.39	34.08	392.10	131.11	66.72	134.09
英国（百万美元）	2.60	1.78	6.81	8.21	6.39	4.71	16.94	2.06	23.35	19.17		13.25
荷兰（百万美元）	2.11	1.58	6.07	19.49	4.51	3.04	13.71	4.66	37.80	14.67	21.29	22.29
德国（百万美元）		3.02	11.33	6.25	3.69	4.17	10.77	3.52	31.46	13.41	12.85	24.52
加拿大（百万美元）	5.27	5.23	27.04	37.91	5.60	4.46	9.02		12.59	13.95	4.40	10.70

图7-9-18 2016年1~12月中国新疆对其他国家出口总值

9月回升迅速，继而又保持下降趋势，12月稍有回升；对美国的出口总值最高点在9月，为392.10百万美元，最低点在2月，为12.00百万美元。2016年中国新疆对英国出口总值呈上下波动变化趋势；对英国的出口总值最高点在9月，为23.35百万美元，最低点在2月，为1.78百万美元。2016年中国新疆对荷兰出口总值呈波动上升趋势；对荷兰的出口总值最高点在9月，为37.80百万美元，最低点在2月，为1.58百万美元。2016年1月中国新疆未对德国发生出口贸易，总体呈波动上升趋势；对德国的出口总值变动最高点在9月，为31.46百万美元，最低点在2月，为3.02百万美元。2016年中国新疆对加拿大出口总值呈上下波动变化趋势；对加拿大的出口总值最高点在4月，为37.91百万美元，最低点在11月，为4.40百万美元。

（三）2016年中国新疆对其他国家出口贸易月度分析

1. 2016年1月中国新疆对其他国家出口贸易月度分析

由图7-9-19可以看出，2016年1月中国新疆对其他16个贸易国家的出口总值大小排名依次为：泰国、美国、加拿大、菲律宾、日本、赞比亚、越南、韩国、马来西亚、加纳、德国、意大利、英国、印度尼西亚、法国、芬兰。

中国新疆对其他国家出口总值为 7289.20 万美元，占中国新疆出口总值的 7.10%。其中，对泰国的出口总值为 2014.00 万美元，占中国新疆出口总值的 1.96%，同比上升 396.70%，环比上升 255.77%；对美国的出口总值为 1383.10 万美元，占中国新疆出口总值的 1.35%，同比上升 9.10%，环比下降 81.92%；对加拿大的出口总值为 526.50 万美元，占中国新疆出口总值的 0.51%，同比上升 501.90%。

2. 2016 年 2 月中国新疆对其他国家出口贸易月度分析

由图 7-9-20 可以看出，2016 年 2 月中国新疆对其他 16 个贸易国家的出口总值大小排名依次为：美国、加拿大、泰国、荷兰、韩国、阿尔及利亚、意大利、越南、日本、马来西亚、德国、尼日利亚、英国、印度尼西亚、澳大利亚、法国。

中国新疆对其他国家出口总值为 4758.70 万美元，占中国新疆出口总值的 7.28%。其中，对美国的出口总值为 1200.00 万美元，占中国新疆出口总值的 1.84%，同比上升 41.00%，环比下降 13.24%；对加拿大的出口总值为 522.70 万美元，占中国新疆出口总值的 0.80%，同比上升 2424.20%，环比下降 0.72%；对泰国的出口总值为 481.80 万美元，占中国新疆出口总值的 0.74%，同比下降 23.40%，环比下降 76.08%。

3. 2016 年 3 月中国新疆对其他国家出口贸易月度分析

由图 7-9-21 可以看出，2016 年 3 月中国新疆对其他 18 个贸易国家的出口总值大小排名依次为：美国、加拿大、荷兰、马来西亚、西班牙、澳大利亚、德国、新加坡、英国、泰国、韩国、波兰、比利时、法国、意大利、印度尼西亚、日本、芬兰。

中国新疆对其他国家出口总值为 22334.10 万美元，占中国新疆出口总值的 22.38%。其中，对美国的出口总值为 11101.10 万美元，占中国新疆出口总值的 11.12%，同比上升 1732.10%，环比上升 825.09%；对加拿大的出口总值为 2703.80 万美元，占中国新疆出口总值的 2.71%，同比上升 4646.80%，环比上升 417.28%；对荷兰的出口总值为 1132.60 万美元，占中国新疆出口总值的 1.13%，同比上升 2283.00%，环比下降 274.91%。

4. 2016 年 4 月中国新疆对其他国家出口贸易月度分析

由图 7-9-22 可以看出，2016 年 4 月中国新疆对其他 17 个贸易国家的出口总值大小排名依次为：美国、加拿大、英国、西班牙、德国、马来西亚、韩国、荷兰、新加坡、菲律宾、马拉维、越南、意大利、日本、巴西、印度尼西亚、芬兰。

中国新疆对其他国家出口总值为 33590.80 万美元，占中国新疆出口总值的 21.16%。其中，对美国的出口总值为 21133.80 万美元，占中国新疆出口总值的 13.31%，同比上升 1500.70%，环比上升 90.38%；对加拿大的出口总值为 3790.60 万美元，占中国新疆出口总值的 2.39%，同比上升 2228.80%，环比上升 40.20%；对英国的出口总值为 1949.00 万美元，占中国新疆出口总值的 1.23%，同比上升 664.80%，环比上升 220.88%。

5. 2016 年 5 月中国新疆对其他国家出口贸易月度分析

由图 7-9-23 可以看出，2016 年 5 月中国新疆对其他 15 个国家中，对芬兰没有发生出口贸易，对剩下 14 个有出口贸易的国家按出口总值大小排名依次为：美国、西班牙、德国、韩国、马来西亚、加拿大、意大利、英国、荷兰、越南、印度尼西亚、日本、智利、瑞士。

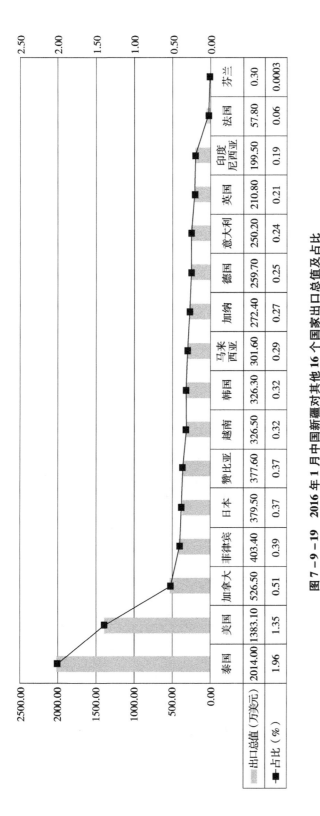

图 7 - 9 - 19 2016 年 1 月中国新疆对其他 16 个国家出口总值及占比

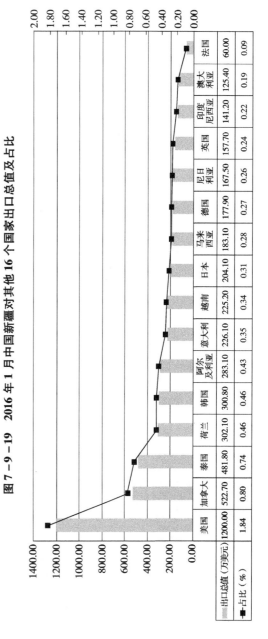

图 7 - 9 - 20 2016 年 2 月中国新疆对其他 16 个国家出口总值及占比

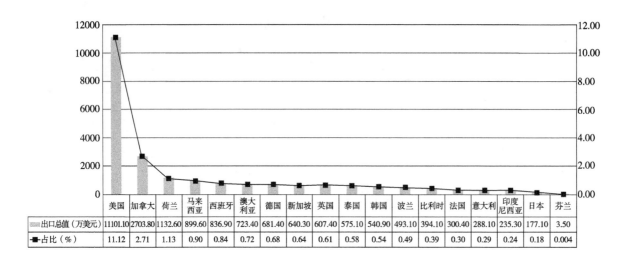

出口总值（万美元）	美国	加拿大	荷兰	马来西亚	西班牙	澳大利亚	德国	新加坡	英国	泰国	韩国	波兰	比利时	法国	意大利	印度尼西亚	日本	芬兰
出口总值（万美元）	11101.10	2703.80	1132.60	899.60	836.90	723.40	681.40	640.30	607.40	575.10	540.90	493.10	394.10	300.40	288.10	235.30	177.10	3.50
占比（%）	11.12	2.71	1.13	0.90	0.84	0.72	0.68	0.64	0.61	0.58	0.54	0.49	0.39	0.30	0.29	0.24	0.18	0.004

图 7 - 9 - 21　2016 年 3 月中国新疆对其他 18 个国家出口总值及占比

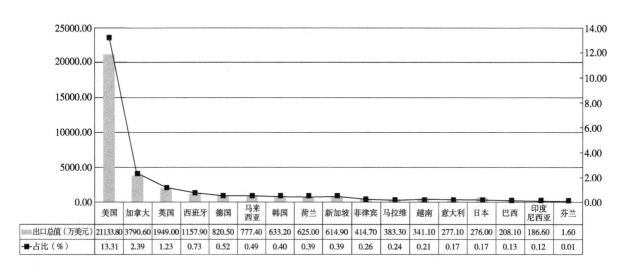

出口总值（万美元）	美国	加拿大	英国	西班牙	德国	马来西亚	韩国	荷兰	新加坡	菲律宾	马拉维	越南	意大利	日本	巴西	印度尼西亚	芬兰
出口总值（万美元）	21133.80	3790.60	1949.00	1157.90	820.50	777.40	633.20	625.00	614.90	414.70	383.30	341.10	277.10	276.00	208.10	186.60	1.60
占比（%）	13.31	2.39	1.23	0.73	0.52	0.49	0.40	0.39	0.39	0.26	0.24	0.21	0.17	0.17	0.13	0.12	0.01

图 7 - 9 - 22　2016 年 4 月中国新疆对其他 17 个国家出口总值及占比

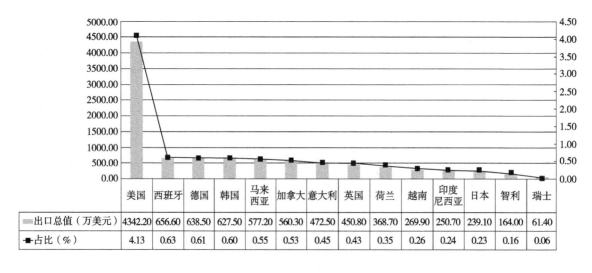

出口总值（万美元）	美国	西班牙	德国	韩国	马来西亚	加拿大	意大利	英国	荷兰	越南	印度尼西亚	日本	智利	瑞士
出口总值（万美元）	4342.20	656.60	638.50	627.50	577.20	560.30	472.50	450.80	368.70	269.90	250.70	239.10	164.00	61.40
占比（%）	4.13	0.63	0.61	0.60	0.55	0.53	0.45	0.43	0.35	0.26	0.24	0.23	0.16	0.06

图 7 - 9 - 23　2016 年 5 月中国新疆对其他 14 个国家出口总值及占比

中国新疆对其他国家出口总值为 9679.40 万美元，占中国新疆出口总值的 9.23%。其中，对美国的出口总值为 4342.20 万美元，占中国新疆出口总值的 4.13%，同比上升 536.00%，环比下降 79.45%；对西班牙的出口总值为 656.60 万美元，占中国新疆出口总值的 0.63%，同比上升 595.50%，环比下降 43.29%；对德国的出口总值为 638.50 万美元，占中国新疆出口总值的 0.61%，同比上升 173.50%，环比下降 22.18%。

6. 2016 年 6 月中国新疆对其他国家出口贸易月度分析

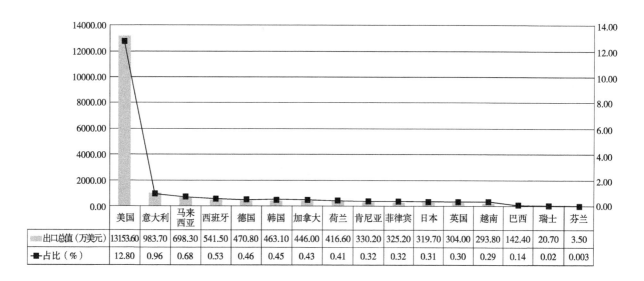

图 7 - 9 - 24　2016 年 6 月中国新疆对其他 16 个国家出口总值及占比

由图 7 - 9 - 24 可以看出，2016 年 6 月中国新疆对其他 16 个国家出口总值大小排名依次为：美国、意大利、马来西亚、西班牙、德国、韩国、加拿大、荷兰、肯尼亚、菲律宾、日本、英国、越南、巴西、瑞士、芬兰。

中国新疆对其他国家出口总值为 18913.10 万美元，占中国新疆出口总值的 18.40%。其中，对美国的出口总值为 13153.60 万美元，占中国新疆出口总值的 12.80%，同比上升 1916.50%，环比上升 202.92%；对意大利的出口总值为 983.70 万美元，占中国新疆出口总值的 0.96%，同比上升 218.90%，环比上升 108.19%；对马来西亚的出口总值为 698.30 万美元，占中国新疆出口总值的 0.68%，同比上升 74.60%，环比上升 20.98%。

7. 2016 年 7 月中国新疆对其他国家出口贸易月度分析

由图 7 - 9 - 25 可以看出，2016 年 7 月中国新疆对其他 17 个贸易国家的出口总值大小排名依次为：美国、德国、英国、波兰、荷兰、加拿大、马来西亚、意大利、西班牙、韩国、澳大利亚、法国、巴西、日本、新加坡、阿根廷和芬兰。

中国新疆对其他国家出口总值为 22861.7 万美元，占中国新疆出口总值的 17.06%。其中，对美国的出口总值为 11438.80 万美元，占中国新疆出口总值的 8.54%，同比下降 25.30%，环比下降 13.04%；对德国的出口总值为 1693.60 万美元，占中国新疆出口总值的 1.26%，同比下降 17.70%，环比上升 259.73%；对英国的出口总值为 1370.70 万美元，占中国新疆出口总值的 1.02%，同比下降 35.00%，环比上升 350.89%。

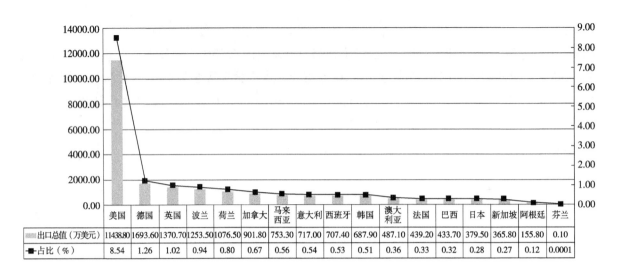

	美国	德国	英国	波兰	荷兰	加拿大	马来西亚	意大利	西班牙	韩国	澳大利亚	法国	巴西	日本	新加坡	阿根廷	芬兰
出口总值（万美元）	11438.80	1693.60	1370.70	1253.50	1076.50	901.80	753.30	717.00	707.40	687.90	487.10	439.20	433.70	379.50	365.80	155.80	0.10
占比（%）	8.54	1.26	1.02	0.94	0.80	0.67	0.56	0.54	0.53	0.51	0.36	0.33	0.32	0.28	0.27	0.12	0.0001

图7-9-25　2016年7月中国新疆对其他17个国家出口总值及占比

8. 2016年8月中国新疆对其他国家出口贸易月度分析

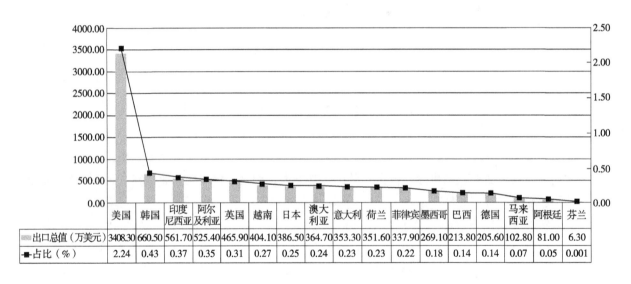

	美国	韩国	印度尼西亚	阿尔及利亚	英国	越南	日本	澳大利亚	意大利	荷兰	菲律宾	墨西哥	巴西	德国	马来西亚	阿根廷	芬兰
出口总值（万美元）	3408.30	660.50	561.70	525.40	465.90	404.10	386.50	364.70	353.30	351.60	337.90	269.10	213.80	205.60	102.80	81.00	6.30
占比（%）	2.24	0.43	0.37	0.35	0.31	0.27	0.25	0.24	0.23	0.23	0.22	0.18	0.14	0.14	0.07	0.05	0.001

图7-9-26　2016年8月中国新疆对其他17个国家出口总值及占比

由图7-9-26可以看出，2016年8月中国新疆对其他17个贸易国家的出口总值大小排名依次为：美国、韩国、印度尼西亚、阿尔及利亚、英国、越南、日本、澳大利亚、意大利、荷兰、菲律宾、墨西哥、巴西、德国、马来西亚、阿根廷、芬兰。

中国新疆对其他国家出口总值为8698.50万美元，占中国新疆出口总值的5.72%。其中，对美国的出口总值为3408.30万美元，占中国新疆出口总值的2.24%，同比下降6.00%，环比下降70.20%；对韩国的出口总值为660.50万美元，占中国新疆出口总值的0.43%，同比下降56.90%，环比下降3.98%；对印度尼西亚的出口总值为561.70万美元，占中国新疆出口总值的0.37%，同比下降53.00%。

9. 2016年9月中国新疆对其他国家出口贸易月度分析

由图7-9-27可以看出，2016年9月中国新疆对其他18个国家的进出口贸易中，对芬兰没有出口贸易，对剩下 17 个国家按出口总值大小排名依次为：美国、英国、荷兰、德国、韩国、加拿大、西班牙、意大利、澳大利亚、比利时、阿尔及利亚、越南、法国、马来西亚、印度尼西亚、日本、阿根廷。

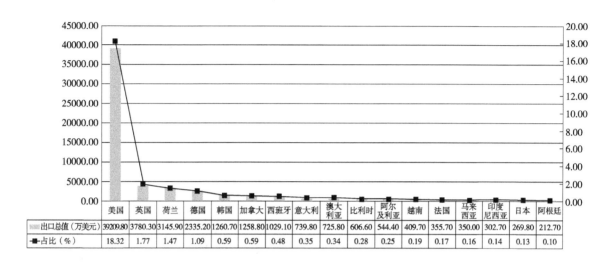

	美国	英国	荷兰	德国	韩国	加拿大	西班牙	意大利	澳大利亚	比利时	阿尔及利亚	越南	法国	马来西亚	印度尼西亚	日本	阿根廷
出口总值（万美元）	39209.80	3780.30	3145.90	2335.20	1260.70	1258.80	1029.10	739.80	725.80	606.60	544.40	409.70	355.70	350.00	302.70	269.80	212.70
占比（%）	18.32	1.77	1.47	1.09	0.59	0.59	0.48	0.35	0.34	0.28	0.25	0.19	0.17	0.16	0.14	0.13	0.10

图 7 - 9 - 27　2016 年 9 月中国新疆对其他 17 个国家出口总值及占比

中国新疆对其他国家出口总值为 56537.00 万美元，占中国新疆出口总值的 2.64%。其中，对美国的出口总值为 39209.80 万美元，占中国新疆出口总值的 18.32%，同比下降 57.90%，环比上升 1050.42%；对英国的出口总值为 3780.30 万美元，占中国新疆出口总值的 1.77%，同比下降 67.90%，环比上升 711.40%；对荷兰的出口总值为 3145.90 万美元，占中国新疆出口总值的 1.47%，同比下降 77.00%，环比上升 794.74%。

10. 2016 年 10 月中国新疆对其他国家出口贸易月度分析

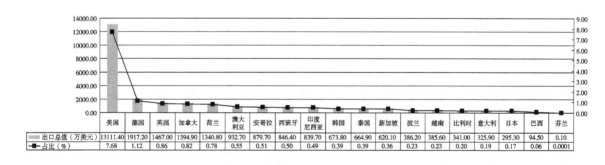

	美国	德国	英国	加拿大	荷兰	澳大利亚	安哥拉	西班牙	印度尼西亚	韩国	泰国	新加坡	波兰	越南	比利时	意大利	日本	巴西	芬兰
出口总值（万美元）	13111.40	1917.20	1467.00	1394.90	1340.80	932.70	879.70	846.40	839.70	673.80	664.90	620.10	386.20	385.60	341.00	325.90	295.30	94.50	0.10
占比（%）	7.68	1.12	0.86	0.82	0.78	0.55	0.51	0.50	0.49	0.39	0.39	0.36	0.23	0.23	0.20	0.19	0.17	0.06	0.0001

图 7 - 9 - 28　2016 年 10 月中国新疆对其他 19 个国家出口总值及占比

由图 7 - 9 - 28 可以看出，中国新疆对其他 19 个贸易国家的出口总值大小排名依次为：美国、德国、英国、加拿大、荷兰、澳大利亚、安哥拉、西班牙、印度尼西亚、韩国、泰国、新加坡、波兰、越南、比利时、意大利、日本、巴西、芬兰。

中国新疆对其他国家出口总值为 26517.20 万美元，占中国新疆出口总值的 15.52%。其中，对美国的出口总值为 13111.40 万美元，占中国新疆出口总值的 7.68%，同比上升 0.80%，环比下降66.56%；对德国的出口总值为1917.20万美元，占中国新疆出口总值的1.12%，同比上升27.80%，环比下降17.90%；对英国的出口总值为1467.00万美元，占中国新疆出口总值的0.86%，同比下降29.80%，环比下降61.19%。

11. 2016年11月中国新疆对其他国家出口贸易月度分析

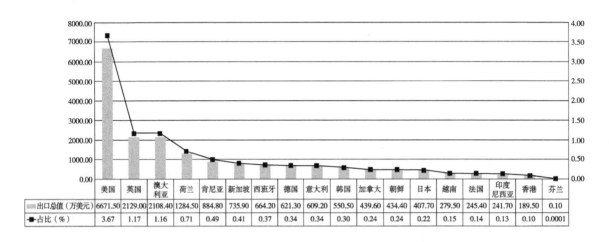

	美国	英国	澳大利亚	荷兰	肯尼亚	新加坡	西班牙	德国	意大利	韩国	加拿大	朝鲜	日本	越南	法国	印度尼西亚	香港	芬兰
出口总值（万美元）	6671.50	2129.00	2108.40	1284.50	884.80	735.90	664.20	621.30	609.20	550.50	439.60	434.40	407.70	279.50	245.40	241.70	189.50	0.10
占比（%）	3.67	1.17	1.16	0.71	0.49	0.41	0.37	0.34	0.34	0.30	0.24	0.24	0.22	0.15	0.14	0.13	0.10	0.0001

图7-9-29　2016年11月中国新疆对其他17个国家出口总值及占比

由图7-9-29可以看出，中国新疆对其他17个贸易国家的出口总值大小排名依次为：美国、英国、澳大利亚、荷兰、肯尼亚、新加坡、西班牙、德国、意大利、韩国、加拿大、朝鲜、日本、越南、法国、印度尼西亚、芬兰。

中国新疆对其他国家出口总值为18307.70万美元，占中国新疆出口总值的10.08%。其中，对美国的出口总值为6671.50万美元，占中国新疆出口总值的3.67%，同比下降62.70%，环比下降49.12%；对英国的出口总值为2129.00万美元，占中国新疆出口总值的1.17%，同比下降26.60%，环比上升45.13%；对澳大利亚的出口总值为2108.40万美元，占中国新疆出口总值的1.16%，同比上升83.70%，环比上升126.05%。

12. 2016年12月中国新疆对其他国家出口贸易月度分析

由图7-9-30可以看出，中国新疆对其他18个贸易国家的出口总值大小排名依次为：美国、荷兰、英国、比利时、德国、西班牙、肯尼亚、加拿大、新加坡、澳大利亚、意大利、韩国、朝鲜、马来西亚、印度尼西亚、日本、法国、巴西。

中国新疆对其他国家出口总值为30928.70万美元，占中国新疆出口总值的18.40%。其中，对美国的出口总值为13409.30万美元，占中国新疆出口总值的7.98%，同比上升75.30%，环比上升100.99%；对荷兰的出口总值为2451.80万美元，占中国新疆出口总值的1.46%，同比上升152.50%，环比上升90.88%；对英国的出口总值为2229.40万美元，占中国新疆出口总值的1.33%，同比上升189.30%，环比上升4.72%。

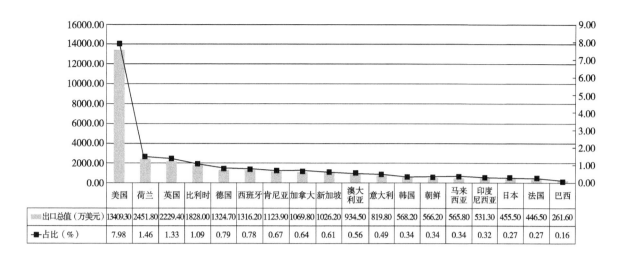

图 7 - 9 - 30　2016 年 12 月中国新疆对其他 18 个国家出口总值及占比

三、2016 年中国新疆对其他国家进口贸易总体分析

（一）2016 年中国新疆对其他国家进口贸易分析

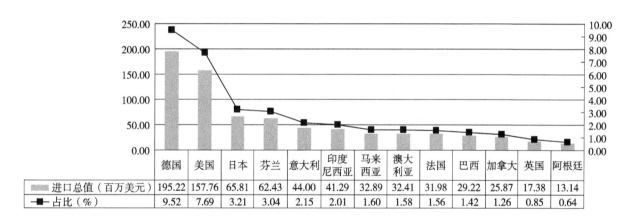

图 7 - 9 - 31　2016 年中国新疆对其他国家进口总值及占比（1）

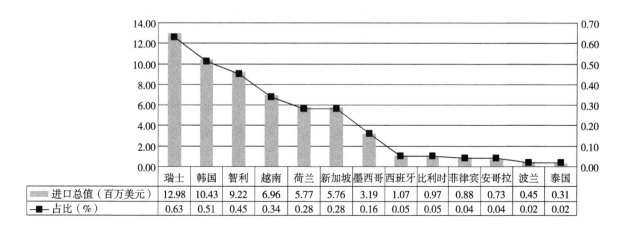

图 7 - 9 - 32　2016 年中国新疆对其他国家进口总值及占比（2）

由图7-9-31和图7-9-32可以看出，2016年中国新疆对其他国家进口总值大小排名依次为：德国、美国、日本、芬兰、意大利、印度尼西亚、马来西亚、澳大利亚、法国、巴西、加拿大、英国、阿根廷、瑞士、韩国、智利、越南、荷兰、新加坡、墨西哥、西班牙、比利时、菲律宾、安哥拉、波兰、泰国。

其中：对德国的进口总值为195.22百万美元，占中国新疆进口总值的9.52%，同比下降16.80%；对美国的进口总值为157.76百万美元，占中国新疆进口总值的7.69%，同比下降63.90%；对日本的进口总值为65.81百万美元，占中国新疆进口总值的3.21%，同比上升9.50%。

（二）2016年中国新疆对其他国家进口贸易趋势分析

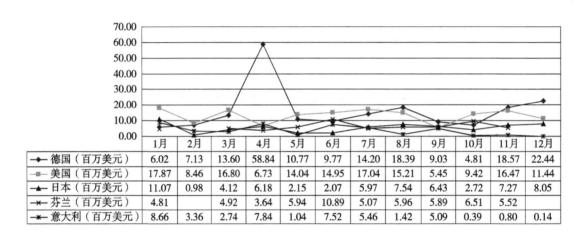

	1月	2月	3月	4月	5月	6月	7月	8月	9月	10月	11月	12月
德国（百万美元）	6.02	7.13	13.60	58.84	10.77	9.77	14.20	18.39	9.03	4.81	18.57	22.44
美国（百万美元）	17.87	8.46	16.80	6.73	14.04	14.95	17.04	15.21	5.45	9.42	16.47	11.44
日本（百万美元）	11.07	0.98	4.12	6.18	2.15	2.07	5.97	7.54	6.43	2.72	7.27	8.05
芬兰（百万美元）	4.81		4.92	3.64	5.94	10.89	5.07	5.96	5.89	6.51	5.52	
意大利（百万美元）	8.66	3.36	2.74	7.84	1.04	7.52	5.46	1.42	5.09	0.39	0.80	0.14

图7-9-33 2016年1~12月中国新疆对其他国家进口总值

考虑到数据的相对完整性及连续性，本书仅选取其他国家中进口总值排名前五的德国、美国、日本、芬兰、意大利进行1~12月的趋势分析。由图7-9-33可以看出，中国新疆对其他国家的进口总值大小排名顺序变动较大，1~3月、5~7月、10月排在首位的为美国，4月、8~9月、11~12月为德国。日本、芬兰、意大利交替排在进口总值的末位，1月、4月为芬兰，2月、6~7月为日本，3月、5月、8~12月为意大利。2016年中国新疆对德国进口总值呈剧烈波动变化趋势；对德国的进口总值最高点在4月，为58.84百万美元，最低点在10月，为4.81百万美元。2016年中国新疆对美国进口总值呈上下波动变化趋势；对美国的进口总值最高点在7月，为17.04百万美元，最低点在9月，为5.45百万美元。2016年中国新疆对日本进口总值呈上下波动趋势；对日本的进口总值最高点在1月，为11.07百万美元，最低点在2月，为0.98百万美元。2016年2月、12月中国新疆未对芬兰发生进口贸易，总体呈上下波动趋势；对芬兰的进口总值最高点在6月，为10.89百万美元，最低点在1月，为4.81百万美元。2016年中国新疆对意大利进口总值呈波动下降趋势；对意大利的进口总值最高点在1月，为8.66百万美元，最低点在12月，为0.14百万美元。

（三）2016年中国新疆对其他国家进口贸易月度分析

1. 2016年1月中国新疆对其他国家进口贸易月度分析

由图7-9-34可以看出，2016年1月中国新疆对其他14个国家发生进口贸易，进口总值大小排名依次为：美国、日本、意大利、德国、芬兰、印度尼西亚、法国、加拿大、越南、英国、马来西亚、韩国、菲律宾、泰国。

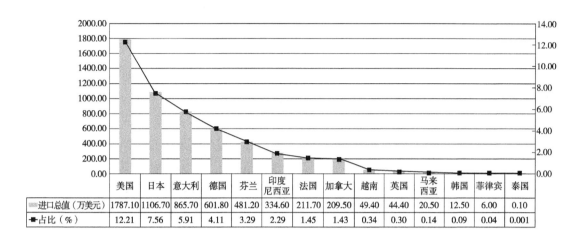

	美国	日本	意大利	德国	芬兰	印度尼西亚	法国	加拿大	越南	英国	马来西亚	韩国	菲律宾	泰国
进口总值（万美元）	1787.10	1106.70	865.70	601.80	481.20	334.60	211.70	209.50	49.40	44.40	20.50	12.50	6.00	0.10
占比（%）	12.21	7.56	5.91	4.11	3.29	2.29	1.45	1.43	0.34	0.30	0.14	0.09	0.04	0.001

图 7 - 9 - 34　2016 年 1 月中国新疆对其他 14 个国家进口总值及占比

中国新疆对其他国家进口总值为 5731.20 万美元，占中国新疆进口总值的 39.15%。其中，对美国的进口总值为 1787.10 万美元，占中国新疆进口总值的 12.21%，同比上升 46.80%，环比上升 28.75%；对日本的进口总值为 1106.70 万美元，占中国新疆进口总值的 7.56%，同比上升 501.70%，环比上升 35.94%；对意大利的进口总值为 865.70 万美元，占中国新疆进口总值的 5.91%，同比上升 194.90%，环比上升 11.88%。

2. 2016 年 2 月中国新疆对其他国家进口贸易月度分析

由图 7 - 9 - 35 可以看出，2016 年 2 月中国新疆对其他 16 个国家中，对泰国、韩国、阿尔及利亚、尼日利亚四个国家没有发生进口贸易，对剩下 12 个有进口贸易的国家按进口总值大小排名依次为：澳大利亚、法国、美国、德国、意大利、加拿大、印度尼西亚、日本、英国、马来西亚、越南、荷兰。

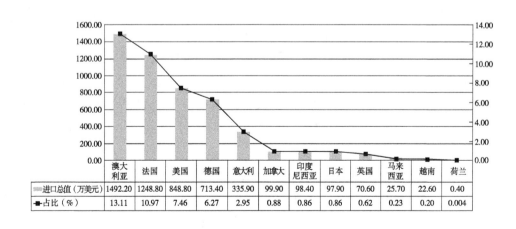

	澳大利亚	法国	美国	德国	意大利	加拿大	印度尼西亚	日本	英国	马来西亚	越南	荷兰
进口总值（万美元）	1492.20	1248.80	848.80	713.40	335.90	99.90	98.40	97.90	70.60	25.70	22.60	0.40
占比（%）	13.11	10.97	7.46	6.27	2.95	0.88	0.86	0.86	0.62	0.23	0.20	0.004

图 7 - 9 - 35　2016 年 2 月中国新疆对其他 12 个国家进口总值及占比

中国新疆对其他国家进口总值为 5054.60 万美元，占中国新疆进口总值的 44.41%。其中，对澳大利亚的进口总值为1492.20万美元，占中国新疆进口总值的13.11%，同比上升81129.80%；对法国的进口总值为1248.80万美元，占中国新疆进口总值的10.97%，同比上升1488.30%，环比上升489.89%；对美国的进口总值为848.80万美元，占中国新疆进口总值的7.46%，同比上升95.90%，环比下降52.50%。

3. 2016年3月中国新疆对其他国家进口贸易月度分析

由图7-9-36可以看出，2016年3月中国新疆对其他18个贸易国家的进口总值大小排名依次为：美国、德国、芬兰、日本、印度尼西亚、法国、意大利、韩国、英国、马来西亚、加拿大、波兰、新加坡、荷兰、西班牙、比利时、澳大利亚、泰国。

中国新疆对其他国家进口总值为5496.30万美元，占中国新疆进口总值的35.09%。其中，对美国的进口总值为1680.10万美元，占中国新疆进口总值的10.72%，同比下降15.40%，环比上升97.94%；对德国的进口总值为1360.20万美元，占中国新疆进口总值的8.68%，同比上升10.20%，环比上升90.66%；对芬兰的进口总值为491.70万美元，占中国新疆进口总值的3.14%，同比下降31637.40%。

4. 2016年4月中国新疆对其他国家进口贸易月度分析

由图7-9-37可以看出，2016年4月中国新疆对其他17个国家中，对西班牙、马拉维两个国家没有发生进口贸易，对剩下15个有进口贸易的国家按进口总值大小排名依次为：德国、马来西亚、意大利、美国、日本、巴西、印度尼西亚、芬兰、荷兰、加拿大、韩国、英国、新加坡、菲律宾、越南。

中国新疆对其他国家进口总值为11002.60万美元，占中国新疆进口总值的49.09%。其中，对德国的进口总值为5884.30万美元，占中国新疆进口总值的26.25%，同比上升570.70%，环比上升332.61%；对马来西亚的进口总值为909.40万美元，占中国新疆进口总值的4.06%，同比上升416.00%，环比上升950.12%；对意大利的进口总值为784.20万美元，占中国新疆进口总值的3.50%，同比上升234.80%，环比上升186.00%。

5. 2016年5月中国新疆对其他国家进口贸易月度分析

由图7-9-38可以看出，2016年5月中国新疆对其他15个国家中，对西班牙没有发生进口贸易，对剩下14个有进口贸易的国家按进口总值大小排名依次为：美国、德国、智利、芬兰、瑞士、加拿大、韩国、日本、越南、印度尼西亚、英国、意大利、马来西亚、荷兰。

中国新疆对其他国家进口总值为5731.10万美元，占中国新疆进口总值的32.30%。其中，对美国的进口总值为1404.30万美元，占中国新疆进口总值的7.92%，同比下降63.30%，环比上升108.82%；对德国的进口总值为1077.40万美元，占中国新疆进口总值的6.07%，同比上升46.80%，环比下降81.69%；对智利的进口总值为808.80万美元，占中国新疆进口总值的4.56%。

6. 2016年6月中国新疆对其他国家进口贸易月度分析

由图7-9-39可以看出，2016年6月中国新疆对其他16个国家中，对荷兰和肯尼亚没有发生进口贸易，对剩下14个有进口贸易的国家按进口总值大小排名依次为：美国、芬兰、德国、意大利、瑞士、巴西、加拿大、日本、英国、越南、马来西亚、韩国、菲律宾、西班牙。

中国新疆对其他国家进口总值为5782.60万美元，占中国新疆进口总值的35.48%。其中，对美国的进口总值为1494.90万美元，占中国新疆进口总值的9.17%，同比下降74.90%，环比上升

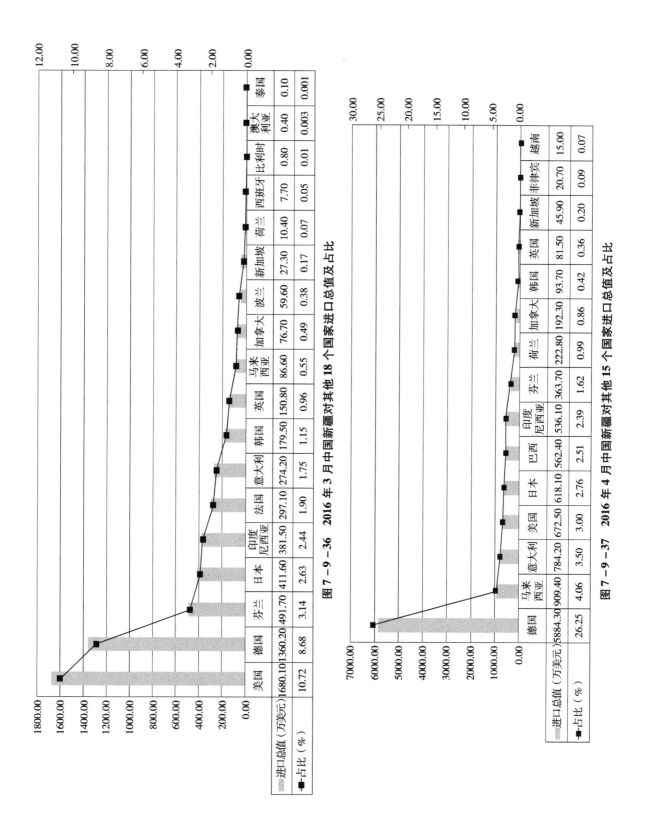

图 7 - 9 - 36 2016 年 3 月中国新疆对其他 18 个国家进口总值及占比

	美国	德国	芬兰	日本	印度尼西亚	法国	意大利	韩国	英国	马来西亚	加拿大	波兰	新加坡	荷兰	西班牙	比利时	澳大利亚	泰国
进口总值（万美元）	1680.10	1360.20	491.70	411.60	381.50	297.10	274.20	179.50	150.80	86.60	76.70	59.60	27.30	10.40	7.70	0.80	0.40	0.10
占比（%）	10.72	8.68	3.14	2.63	2.44	1.90	1.75	1.15	0.96	0.55	0.49	0.38	0.17	0.07	0.05	0.01	0.003	0.001

图 7 - 9 - 37 2016 年 4 月中国新疆对其他 15 个国家进口总值及占比

	德国	马来西亚	意大利	美国	日本	巴西	印度尼西亚	芬兰	荷兰	加拿大	韩国	英国	新加坡	菲律宾	越南
进口总值（万美元）	5884.30	909.40	784.20	672.50	618.10	562.40	536.10	363.70	222.80	192.30	93.70	81.50	45.90	20.70	15.00
占比（%）	26.25	4.06	3.50	3.00	2.76	2.51	2.39	1.62	0.99	0.86	0.42	0.36	0.20	0.09	0.07

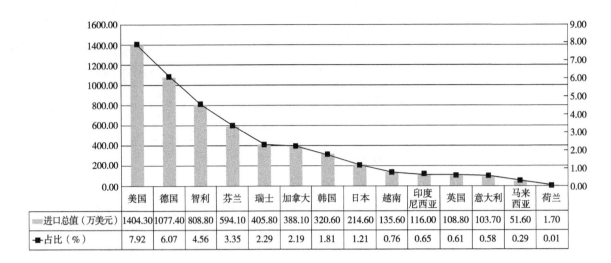

图 7-9-38 2016年5月中国新疆对其他14个国家进口总值及占比

6.45%；对芬兰的进口总值为 1089.10 万美元，占中国新疆进口总值的 6.68%，同比上升 597.30%，环比上升 83.32%；对德国的进口总值为 977.00 万美元，占中国新疆进口总值的 5.99%，同比上升 20.70%，环比下降 9.32%。

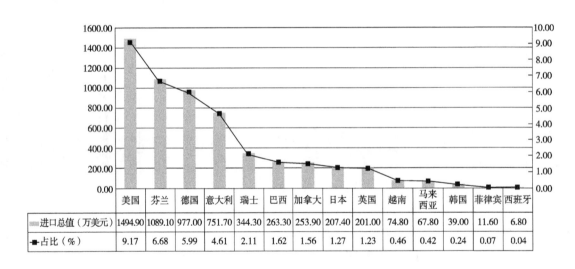

图 7-9-39 2016年6月中国新疆对其他14个国家进口总值及占比

7. 2016年7月中国新疆对其他国家进口贸易月度分析

由图 7-9-40 可以看出，2016年7月中国新疆对其他16个贸易国家的进口总值大小排名依次为：美国、德国、日本、意大利、芬兰、加拿大、阿根廷、法国、巴西、韩国、英国、西班牙、新加坡、马来西亚、荷兰和澳大利亚。

中国新疆对其他国家进口总值为 6740.40 万美元，占中国新疆进口总值的 43.67%。其中，对美国的进口总值为 1704.30 万美元，占中国新疆进口总值的 11.04%，同比下降 84.30%，环比上升 14.01%；对德国的进口总值为 1420.20 万美元，占中国新疆进口总值的 9.20%，同比下降 39.80%，环比上升 45.36%；对日本的进口总值为 597.40 万美元，占中国新疆进口总值的 3.87%，同比上升 67.50%，环比上升 188.04%。

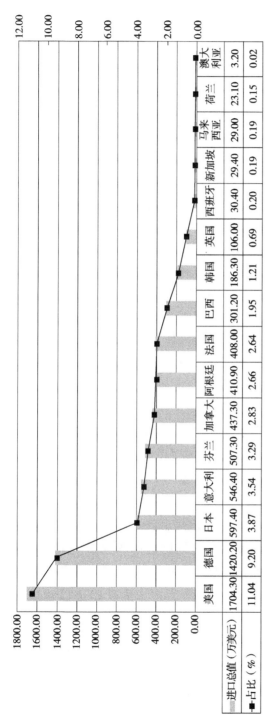

进口总值（万美元）	美国 1704.30	德国 1420.20	日本 597.40	意大利 546.40	芬兰 507.30	加拿大 437.30	阿根廷 410.90	法国 408.00	巴西 301.20	韩国 186.30	英国 106.00	西班牙 30.40	新加坡 29.40	马来西亚 29.00	荷兰 23.10	澳大利亚 3.20
占比（%）	11.04	9.20	3.87	3.54	3.29	2.83	2.66	2.64	1.95	1.21	0.69	0.20	0.19	0.19	0.15	0.02

图 7 - 9 - 40　2016 年 7 月中国新疆对其他 16 个国家进口总值及占比

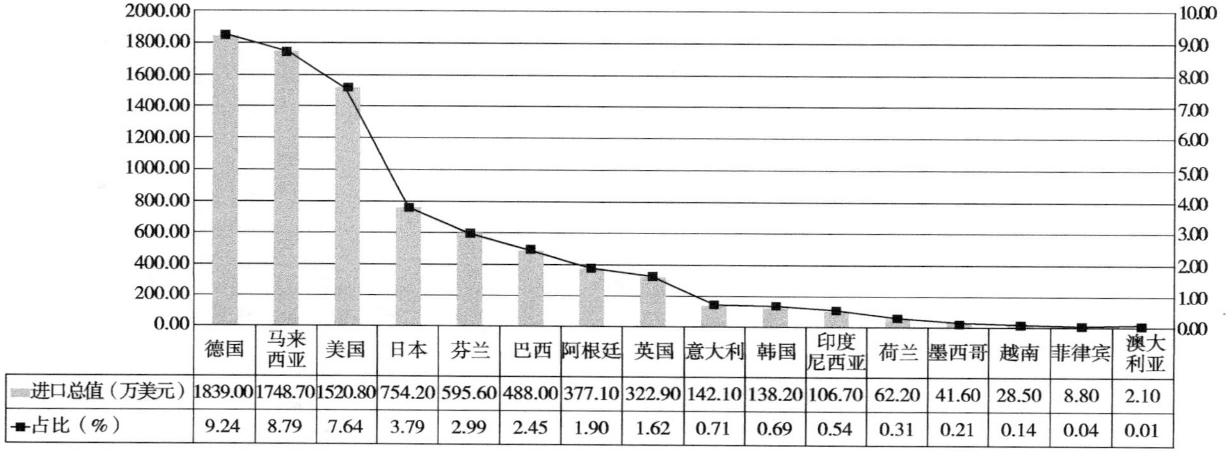

进口总值（万美元）	德国 1839.00	马来西亚 1748.70	美国 1520.80	日本 754.20	芬兰 595.60	巴西 488.00	阿根廷 377.10	英国 322.90	意大利 142.10	韩国 138.20	印度尼西亚 106.70	荷兰 62.20	墨西哥 41.60	越南 28.50	菲律宾 8.80	澳大利亚 2.10
占比（%）	9.24	8.79	7.64	3.79	2.99	2.45	1.90	1.62	0.71	0.69	0.54	0.31	0.21	0.14	0.04	0.01

图 7 - 9 - 41　2016 年 8 月中国新疆对其他 16 个国家进口总值及占比

8. 2016年8月中国新疆对其他国家进口贸易月度分析

由图7-9-41可以看出，2016年8月中国新疆对其他17个国家的贸易中，对阿尔及利亚没有发生进口贸易，对剩下16个有进口贸易的国家按进口总值大小排名依次为：德国、马来西亚、美国、日本、芬兰、巴西、阿根廷、英国、意大利、韩国、印度尼西亚、荷兰、墨西哥、越南、菲律宾、澳大利亚。

中国新疆对其他国家进口总值为8176.40万美元，占中国新疆进口总值的51.51%。其中，对德国的进口总值为1839.00万美元，占中国新疆进口总值的9.24%，同比下降25.50%，环比上升29.49%；对马来西亚的进口总值为1748.70万美元，占中国新疆进口总值的8.79%，同比下降3590.00%，环比上升5930.00%；对美国的进口总值为1520.80万美元，占中国新疆进口总值的7.64%，同比下降83.60%，环比下降10.77%。

9. 2016年9月中国新疆对其他国家进口贸易月度分析

由图7-9-42可以看出，2016年9月中国新疆对其他18个国家的贸易中，对阿尔及利亚没有发生进口贸易，对剩下17个有进口贸易的国家按进口总值大小排名依次为：澳大利亚、德国、日本、芬兰、美国、阿根廷、意大利、英国、印度尼西亚、法国、越南、西班牙、加拿大、马来西亚、荷兰、韩国、比利时。

中国新疆对其他国家进口总值为6078.10万美元，占中国新疆进口总值的39.93%。其中，对澳大利亚的进口总值为1654.70万美元，占中国新疆进口总值的10.87%，同比上升3404.70%，环比上升786.95%；对德国的进口总值为903.20万美元，占中国新疆进口总值的5.93%，同比下降79.60%，环比下降50.89%；对日本的进口总值为643.20万美元，占中国新疆进口总值的4.23%，同比上升121.20%，环比下降14.72%。

10. 2016年10月中国新疆对其他国家进口贸易月度分析

由图7-9-43可以看出，2016年10月中国新疆对其他19个国家的贸易中，对泰国、波兰和比利时没有发生进口贸易，对剩下16个有进口贸易的国家按进口总值大小排名依次为：美国、芬兰、德国、巴西、印度尼西亚、日本、英国、加拿大、越南、荷兰、意大利、新加坡、安哥拉、澳大利亚、韩国、西班牙。

中国新疆对其他国家进口总值为3405.40万美元，占中国新疆进口总值的22.25%。其中，对美国的进口总值为942.10万美元，占中国新疆进口总值的6.15%，同比上升29.40%，环比上升72.96%；对芬兰的进口总值为650.50万美元，占中国新疆进口总值的4.25%，同比上升99.50%，环比上升10.50%；对德国的进口总值为480.60万美元，占中国新疆进口总值的3.14%，同比下降67.80%，环比下降46.79%。

11. 2016年11月中国新疆对其他国家进口贸易月度分析

由图7-9-44可以看出，2016年11月中国新疆对其他17个国家的贸易中，对肯尼亚和朝鲜没有发生进口贸易，对剩下15个有进口贸易的国家按进口总值大小排名依次为：德国、美国、日本、印度尼西亚、芬兰、加拿大、英国、法国、越南、荷兰、意大利、新加坡、韩国、西班牙、澳大利亚。

中国新疆对其他国家进口总值为6679.60万美元，占中国新疆进口总值的31.76%。其中，对德国的进口总值为1856.80万美元，占中国新疆进口总值的8.83%，同比下降29.50%，环比上升286.35%；对美国的进口总值为1647.40万美元，占中国新疆进口总值的7.83%，同比上升56.40%，

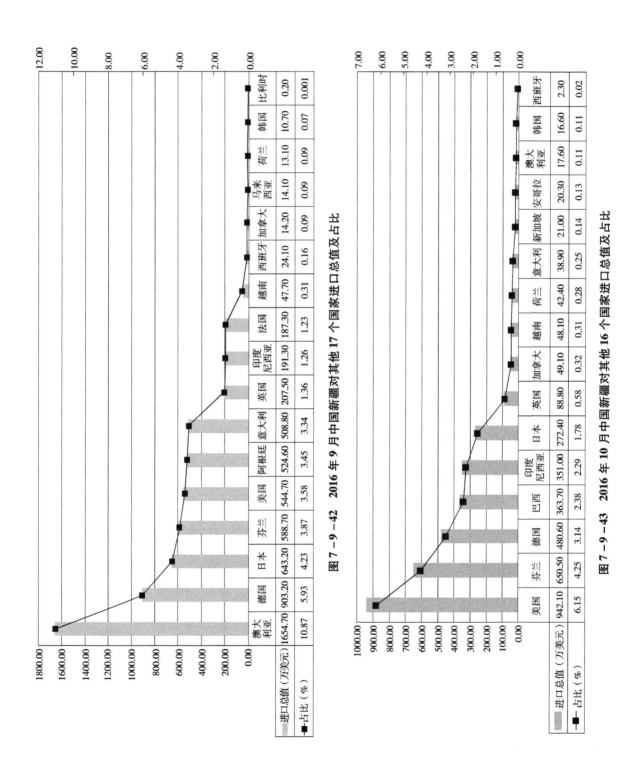

进口总值（万美元）	澳大利亚	德国	日本	芬兰	美国	阿根廷	意大利	英国	印度尼西亚	法国	越南	西班牙	加拿大	马来西亚	荷兰	韩国	比利时
进口总值（万美元）	1654.70	903.20	643.20	588.70	544.70	524.60	508.80	207.50	191.30	187.30	47.70	24.10	14.20	14.10	13.10	10.70	0.20
占比（%）	10.87	5.93	4.23	3.87	3.58	3.45	3.34	1.36	1.26	1.23	0.31	0.16	0.09	0.09	0.09	0.07	0.001

图 7 - 9 - 42　2016 年 9 月中国新疆对其他 17 个国家进口总值及占比

进口总值（万美元）	美国	芬兰	德国	巴西	印度尼西亚	日本	英国	加拿大	越南	荷兰	意大利	新加坡	安哥拉	澳大利亚	韩国	西班牙
进口总值（万美元）	942.10	650.50	480.60	363.70	351.00	272.40	88.80	49.10	48.10	42.40	38.90	21.00	20.30	17.60	16.60	2.30
占比（%）	6.15	4.25	3.14	2.38	2.29	1.78	0.58	0.32	0.31	0.28	0.25	0.14	0.13	0.11	0.11	0.02

图 7 - 9 - 43　2016 年 10 月中国新疆对其他 16 个国家进口总值及占比

环比上升 74.86%；对日本的进口总值为 727.40 万美元，占中国新疆进口总值的 3.46%，同比下降 15.30%，环比上升 167.03%。

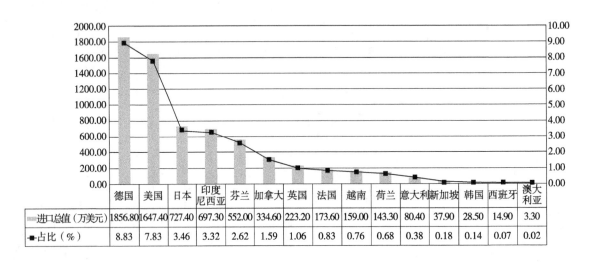

	德国	美国	日本	印度尼西亚	芬兰	加拿大	英国	法国	越南	荷兰	意大利	新加坡	韩国	西班牙	澳大利亚
进口总值（万美元）	1856.80	1647.40	727.40	697.30	552.00	334.60	223.20	173.60	159.00	143.30	80.40	37.90	28.50	14.90	3.30
占比（%）	8.83	7.83	3.46	3.32	2.62	1.59	1.06	0.83	0.76	0.68	0.38	0.18	0.14	0.07	0.02

图 7 - 9 - 44　2016 年 11 月中国新疆对其他 15 个国家进口总值及占比

12. 2016 年 12 月中国新疆对其他国家进口贸易月度分析

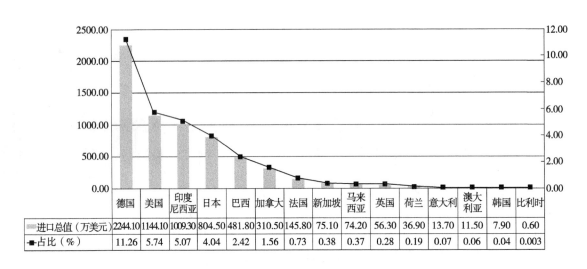

	德国	美国	印度尼西亚	日本	巴西	加拿大	法国	新加坡	马来西亚	英国	荷兰	意大利	澳大利亚	韩国	比利时
进口总值（万美元）	2244.10	1144.10	1009.30	804.50	481.80	310.50	145.80	75.10	74.20	56.30	36.90	13.70	11.50	7.90	0.60
占比（%）	11.26	5.74	5.07	4.04	2.42	1.56	0.73	0.38	0.37	0.28	0.19	0.07	0.06	0.04	0.003

图 7 - 9 - 45　2016 年 12 月中国新疆对其他 15 个国家进口总值及占比

由图 7 - 9 - 45 可以看出，2016 年 12 月中国新疆对其他 18 个国家的贸易中，对西班牙、肯尼亚和朝鲜没有发生进口贸易，对剩下 15 个有进口贸易的国家按进口总值大小排名依次为：德国、美国、印度尼西亚、日本、巴西、加拿大、法国、新加坡、马来西亚、英国、荷兰、意大利、澳大利亚、韩国、比利时。

中国新疆对其他国家进口总值为 6416.30 万美元，占中国新疆进口总值的 32.20%。其中，对德国的进口总值为 2244.10 万美元，占中国新疆进口总值的 11.26%，同比下降 12.70%，环比上升 20.86%；对美国的进口总值为 1144.10 万美元，占中国新疆进口总值的 5.74%，同比下降 17.60%，环比下降 30.55%；对印度尼西亚的进口总值为 1009.30 万美元，占中国新疆进口总值的

5.07%，同比上升316.40%，环比上升44.74%。

四、2016年中国新疆对其他国家的出口贸易与进口贸易比较分析

（一）2016年中国新疆对其他国家的出口贸易与进口贸易比较

由图7-9-46和图7-9-47可以看出，2016年中国新疆对其他国家的进出口贸易中，除巴西、阿根廷、法国、日本、德国、智利、瑞士以及芬兰出口总值、进口总值占其进出口总值的比重是进口大于出口外，其余各国的出口均大于进口，说明中国新疆对其他国家的进出口贸易以出口为主导。

（二）2016年中国新疆对其他国家的出口贸易与进口贸易的月度比较分析

1. 2016年1月中国新疆对其他国家出口贸易与进口贸易月度比较分析

由图7-9-48可以看出，2016年1月，中国新疆对其他16个国家的进出口贸易中，除美国、印度尼西亚、德国、日本、意大利、法国、芬兰外，各国均以出口为主。其中，赞比亚、加纳、泰国只有出口贸易数据，没有进口贸易数据。

2. 2016年2月中国新疆对其他国家出口贸易与进口贸易月度比较分析

由图7-9-49可以看出，2016年2月，中国新疆对其他16个国家的进出口贸易中，除意大利、德国、澳大利亚、法国外，各国均以出口为主。其中，中国新疆对泰国、韩国、阿尔及利亚、尼日利亚只发生出口贸易，未发生进口贸易。

3. 2016年3月中国新疆对其他国家出口贸易与进口贸易月度比较分析

由图7-9-50可以看出，2016年3月，中国新疆对其他18个国家的进出口贸易中，除印度尼西亚、德国、日本、荷兰外，各国均以出口为主。

4. 2016年4月中国新疆对其他国家出口贸易与进口贸易月度比较分析

由图7-9-51可以看出，2016年4月，中国新疆对其他17个国家的进出口贸易中，除马来西亚、日本、巴西、意大利、印度尼西亚、德国、芬兰外，各国均以出口为主。其中，中国新疆对西班牙和马拉维只发生出口贸易，未发生进口贸易。

5. 2016年5月中国新疆对其他国家出口贸易与进口贸易月度比较分析

由图7-9-52可以看出，2016年5月，中国新疆对其他15个国家的进出口贸易中，除德国、智利、瑞士和芬兰外，各国均以出口为主导。其中，中国新疆对西班牙只发生出口贸易，中国新疆对芬兰只发生进口贸易。

6. 2016年6月中国新疆对其他国家出口贸易与进口贸易月度比较分析

由图7-9-53可以看出，2016年6月中国新疆对其他16个国家的进出口贸易中，除巴西、德国、瑞士和芬兰外，各国均以出口为主导。其中，中国新疆对荷兰和肯尼亚只发生了出口贸易。

7. 2016年7月中国新疆对其他国家出口贸易与进口贸易月度比较分析

由图7-9-54可以看出，2016年7月，中国新疆对其他17个国家的进出口贸易中，除日本、阿根廷和芬兰外，各国均以出口为主，其中，中国新疆对波兰只发生了出口贸易。

8. 2016年8月中国新疆对其他国家出口贸易与进口贸易月度比较分析

由图7-9-55可以看出，2016年8月，中国新疆对其他17个国家的进出口贸易中，除日本、巴西、阿根廷、德国、马来西亚和芬兰外，各国均以出口为主。中国新疆对阿尔及利亚只发生出口贸易，没有进口贸易。

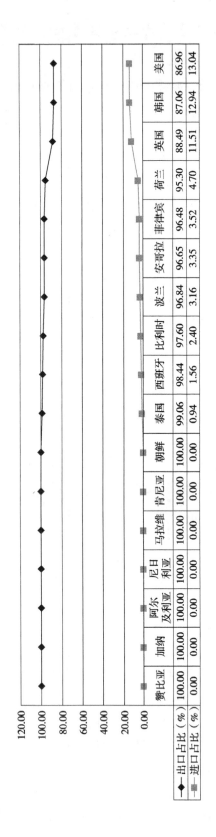

图7-9-46 2016年中国新疆对其他国家进出口总值中出口及进口占比（1）

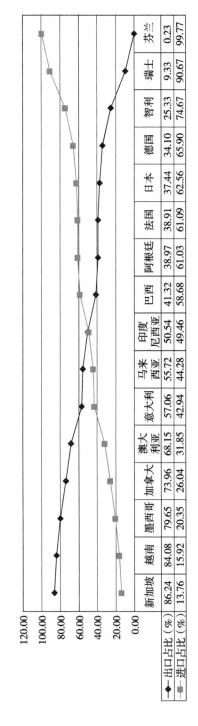

图7-9-47 2016年中国新疆对其他国家进出口总值中出口及进口占比（2）

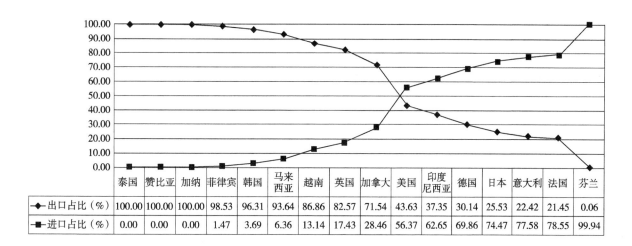

	泰国	赞比亚	加纳	菲律宾	韩国	马来西亚	越南	英国	加拿大	美国	印度尼西亚	德国	日本	意大利	法国	芬兰
出口占比（%）	100.00	100.00	100.00	98.53	96.31	93.64	86.86	82.57	71.54	43.63	37.35	30.14	25.53	22.42	21.45	0.06
进口占比（%）	0.00	0.00	0.00	1.47	3.69	6.36	13.14	17.43	28.46	56.37	62.65	69.86	74.47	77.58	78.55	99.94

图 7 - 9 - 48　2016 年 1 月中国新疆对其他 16 个国家进出口总值中出口及进口占比

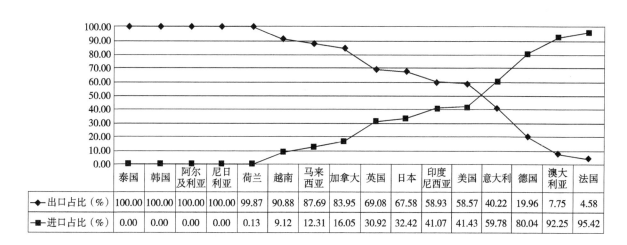

	泰国	韩国	阿尔及利亚	尼日利亚	荷兰	越南	马来西亚	加拿大	英国	日本	印度尼西亚	美国	意大利	德国	澳大利亚	法国
出口占比（%）	100.00	100.00	100.00	100.00	99.87	90.88	87.69	83.95	69.08	67.58	58.93	58.57	40.22	19.96	7.75	4.58
进口占比（%）	0.00	0.00	0.00	0.00	0.13	9.12	12.31	16.05	30.92	32.42	41.07	41.43	59.78	80.04	92.25	95.42

图 7 - 9 - 49　2016 年 2 月中国新疆对其他 16 个国家进出口总值中出口及进口占比

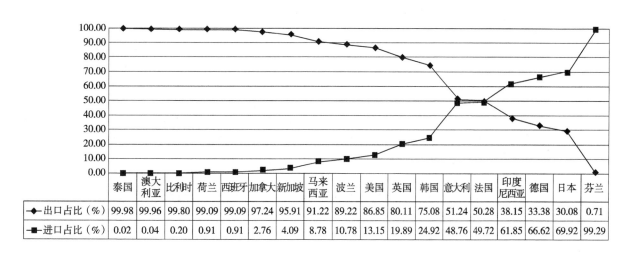

	泰国	澳大利亚	比利时	荷兰	西班牙	加拿大	新加坡	马来西亚	波兰	美国	英国	韩国	意大利	法国	印度尼西亚	德国	日本	芬兰
出口占比（%）	99.98	99.96	99.80	99.09	99.09	97.24	95.91	91.22	89.22	86.85	80.11	75.08	51.24	50.28	38.15	33.38	30.08	0.71
进口占比（%）	0.02	0.04	0.20	0.91	0.91	2.76	4.09	8.78	10.78	13.15	19.89	24.92	48.76	49.72	61.85	66.62	69.92	99.29

图 7 - 9 - 50　2016 年 3 月中国新疆对其他 18 个国家进出口总值中出口及进口占比

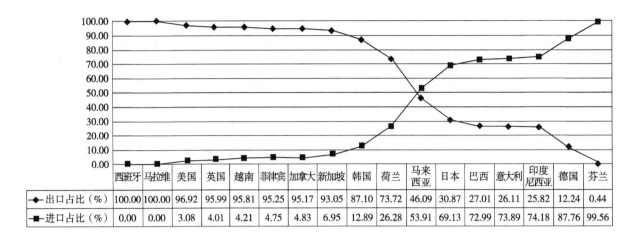

	西班牙	马拉维	美国	英国	越南	菲律宾	加拿大	新加坡	韩国	荷兰	马来西亚	日本	巴西	意大利	印度尼西亚	德国	芬兰
◆ 出口占比（%）	100.00	100.00	96.92	95.99	95.81	95.25	95.17	93.05	87.10	73.72	46.09	30.87	27.01	26.11	25.82	12.24	0.44
■ 进口占比（%）	0.00	0.00	3.08	4.01	4.21	4.75	4.83	6.95	12.89	26.28	53.91	69.13	72.99	73.89	74.18	87.76	99.56

图 7 - 9 - 51   2016 年 4 月中国新疆对其他 17 个国家进出口总值中出口及进口占比

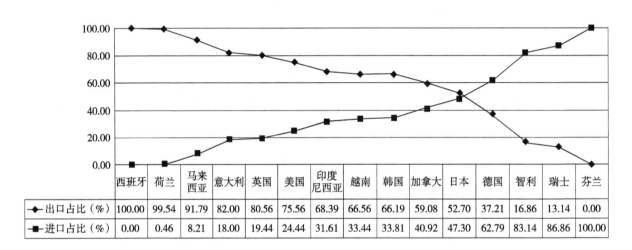

	西班牙	荷兰	马来西亚	意大利	英国	美国	印度尼西亚	越南	韩国	加拿大	日本	德国	智利	瑞士	芬兰
◆ 出口占比（%）	100.00	99.54	91.79	82.00	80.56	75.56	68.39	66.56	66.19	59.08	52.70	37.21	16.86	13.14	0.00
■ 进口占比（%）	0.00	0.46	8.21	18.00	19.44	24.44	31.61	33.44	33.81	40.92	47.30	62.79	83.14	86.86	100.00

图 7 - 9 - 52   2016 年 5 月中国新疆对其他 15 个国家进出口总值中出口及进口占比

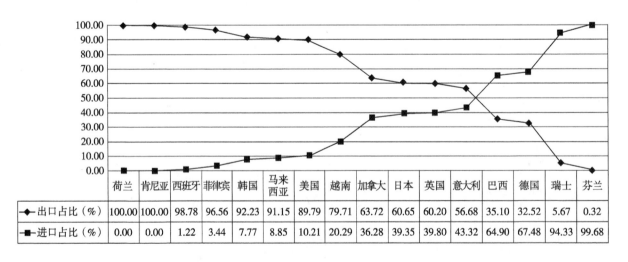

	荷兰	肯尼亚	西班牙	菲律宾	韩国	马来西亚	美国	越南	加拿大	日本	英国	意大利	巴西	德国	瑞士	芬兰
◆ 出口占比（%）	100.00	100.00	98.78	96.56	92.23	91.15	89.79	79.71	63.72	60.65	60.20	56.68	35.10	32.52	5.67	0.32
■ 进口占比（%）	0.00	0.00	1.22	3.44	7.77	8.85	10.21	20.29	36.28	39.35	39.80	43.32	64.90	67.48	94.33	99.68

图 7 - 9 - 53   2016 年 6 月中国新疆对其他 16 个国家进出口总值中出口及进口占比

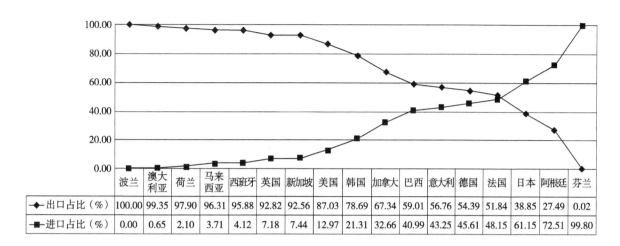

	波兰	澳大利亚	荷兰	马来西亚	西班牙	英国	新加坡	美国	韩国	加拿大	巴西	意大利	德国	法国	日本	阿根廷	芬兰
出口占比（%）	100.00	99.35	97.90	96.31	95.88	92.82	92.56	87.03	78.69	67.34	59.01	56.76	54.39	51.84	38.85	27.49	0.02
进口占比（%）	0.00	0.65	2.10	3.71	4.12	7.18	7.44	12.97	21.31	32.66	40.99	43.25	45.61	48.15	61.15	72.51	99.80

图 7-9-54 2016 年 7 月中国新疆对其他 17 个国家进出口总值中出口及进口占比

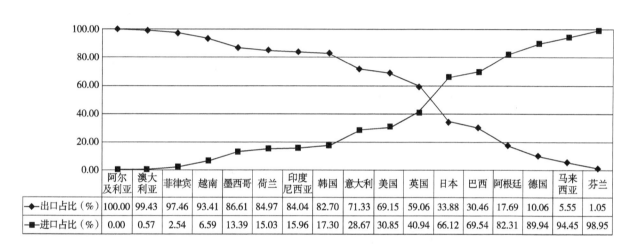

	阿尔及利亚	澳大利亚	菲律宾	越南	墨西哥	荷兰	印度尼西亚	韩国	意大利	美国	英国	日本	巴西	阿根廷	德国	马来西亚	芬兰
出口占比（%）	100.00	99.43	97.46	93.41	86.61	84.97	84.04	82.70	71.33	69.15	59.06	33.88	30.46	17.69	10.06	5.55	1.05
进口占比（%）	0.00	0.57	2.54	6.59	13.39	15.03	15.96	17.30	28.67	30.85	40.94	66.12	69.54	82.31	89.94	94.45	98.95

图 7-9-55 2016 年 8 月中国新疆对其他 17 个国家进出口总值中出口及进口占比

9. 2016 年 9 月中国新疆对其他国家出口贸易与进口贸易月度比较分析

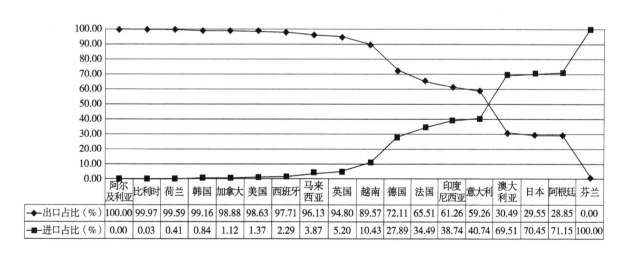

	阿尔及利亚	比利时	荷兰	韩国	加拿大	美国	西班牙	马来西亚	英国	越南	德国	法国	印度尼西亚	意大利	澳大利亚	日本	阿根廷	芬兰
出口占比（%）	100.00	99.97	99.59	99.16	98.88	98.63	97.71	96.13	94.80	89.57	72.11	65.51	61.26	59.26	30.49	29.55	28.85	0.00
进口占比（%）	0.00	0.03	0.41	0.84	1.12	1.37	2.29	3.87	5.20	10.43	27.89	34.49	38.74	40.74	69.51	70.45	71.15	100.00

图 7-9-56 2016 年 9 月中国新疆对其他 18 个国家进出口总值中出口及进口占比

由图7-9-56可以看出，2016年9月，中国新疆对其他18个国家的进出口贸易中，除澳大利亚、日本、阿根廷和芬兰外，各国均以出口为主。中国新疆对阿尔及利亚只发生出口贸易，没有进口贸易；对芬兰只有进口贸易，没有出口贸易。

10. 2016年10月中国新疆对其他国家出口贸易与进口贸易月度比较分析

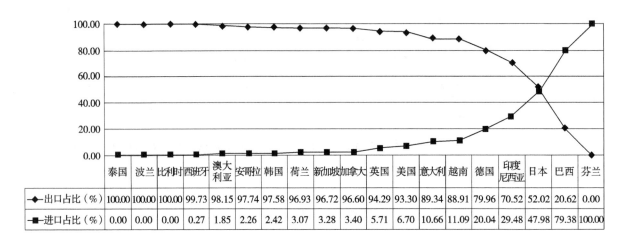

	泰国	波兰	比利时	西班牙	澳大利亚	安哥拉	韩国	荷兰	新加坡	加拿大	英国	美国	意大利	越南	德国	印度尼西亚	日本	巴西	芬兰
出口占比（%）	100.00	100.00	100.00	99.73	98.15	97.74	97.58	96.93	96.72	96.60	94.29	93.30	89.34	88.91	79.96	70.52	52.02	20.62	0.00
进口占比（%）	0.00	0.00	0.00	0.27	1.85	2.26	2.42	3.07	3.28	3.40	5.71	6.70	10.66	11.09	20.04	29.48	47.98	79.38	100.00

图7-9-57　2016年10月中国新疆对其他19个国家进出口总值中出口及进口占比

由图7-9-57可以看出，2016年10月，中国新疆对其他19个国家的进出口贸易中，除巴西和芬兰外，各国均以出口为主。对泰国、波兰和比利时只发生出口贸易，没有进口贸易。

11. 2016年11月中国新疆对其他国家出口贸易与进口贸易月度比较分析

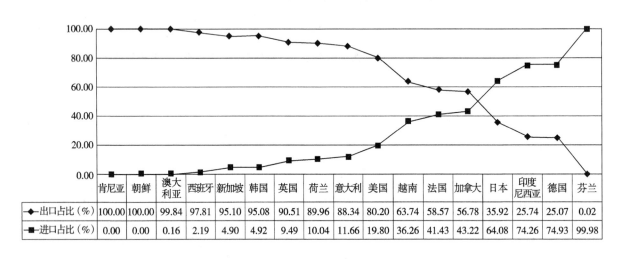

	肯尼亚	朝鲜	澳大利亚	西班牙	新加坡	韩国	英国	荷兰	意大利	美国	越南	法国	加拿大	日本	印度尼西亚	德国	芬兰
出口占比（%）	100.00	100.00	99.84	97.81	95.10	95.08	90.51	89.96	88.34	80.20	63.74	58.57	56.78	35.92	25.74	25.07	0.02
进口占比（%）	0.00	0.00	0.16	2.19	4.90	4.92	9.49	10.04	11.66	19.80	36.26	41.43	43.22	64.08	74.26	74.93	99.98

图7-9-58　2016年11月中国新疆对其他17个国家进出口总值中出口及进口占比

由图7-9-58可以看出，2016年11月，中国新疆对其他17个国家的进出口贸易中，除日本、印度尼西亚、德国、芬兰外，各国均以出口为主。其中，中国新疆对肯尼亚和朝鲜只发生出口贸易，未发生进口贸易。

12. 2016年12月中国新疆对其他国家出口贸易与进口贸易月度比较分析

由图7-9-59可以看出，2016年12月，中国新疆对其他18个国家的进出口贸易中，除德国、日本、巴西和印度尼西亚外，各国均以出口为主。其中，中国新疆对西班牙、肯尼亚和朝鲜只发生出口贸易，未发生进口贸易。

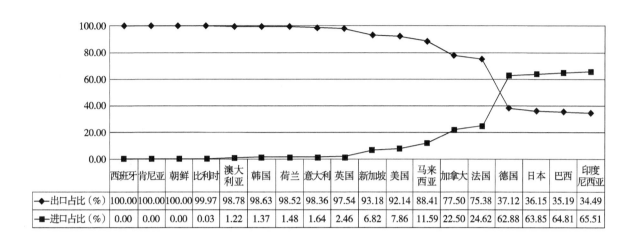

	西班牙	肯尼亚	朝鲜	比利时	澳大利亚	韩国	荷兰	意大利	英国	新加坡	美国	马来西亚	加拿大	法国	德国	日本	巴西	印度尼西亚
◆—出口占比（%）	100.00	100.00	100.00	99.97	98.78	98.63	98.52	98.36	97.54	93.18	92.14	88.41	77.50	75.38	37.12	36.15	35.19	34.49
■—进口占比（%）	0.00	0.00	0.00	0.03	1.22	1.37	1.48	1.64	2.46	6.82	7.86	11.59	22.50	24.62	62.88	63.85	64.81	65.51

图 7 - 9 - 59 2016 年 12 月中国新疆对其他 18 个国家进出口总值中出口及进口占比

附 录

附录1 2013年相关贸易进出口总值数据统计情况

2013年相关贸易进出口总值数据统计情况汇总 单位：千美元

产终国（地区）	进出口合计												
	1月	2月	3月	4月	5月	6月	7月	8月	9月	10月	11月	12月	2013年度
中国	345585000	263487000	365264000	355961000	345107000	321507000	354165000	353015000	356083000	339704000	370609000	389844000	4160331000
中国新疆	2339456	1436100	1462467	2003008	1791223	1442697	2058357	2477452	3181805	2583003	2889375	3897233	27561910
中亚五国													
1 哈萨克斯坦	797729	590679	604006	865199	756091	651933	861293	899711	1765318	1621845	1716753	1127414	12254934
2 吉尔吉斯斯坦	296241	113074	297484	405868	383243	269573	371291	384091	500084	326027	499970	325839	4172895
3 塔吉克斯坦	122621	19269	55826	70047	129836	113158	179469	138245	173850	134492	198376	250284	1585021
4 乌兹别克斯坦	81847	77493	70987	113063	87508	45961	74293	69157	57574	52570	54826	86483	871943
5 土库曼斯坦	14793	8478	10465	8471	20104	11695	13932	16382	12392	7506	14126		138533
西亚国家													
1 伊朗				8886	54687	8235		105602	253325	79779	57648	465559	1045036
2 土耳其		9571	13085	6228	5199	6192			4259	9738	7443	24012	106054
3 阿塞拜疆	11731		14634	19310	22295	10324	10497	13560	27388	46115	37390	22285	241054
4 阿联酋	29367		4079		3114		14408	17513	6430		2976	53782	146107
5 沙特阿拉伯	32494	13898	5546	6016			7222	12624	4015	3406		40180	132436
南亚国家													
1 巴基斯坦					10050	11570	13082	16778	12904	16231	44168		136137
2 印度	45617	40529	68983	30583	26228	18358	21256	25713	10932	5692	3582	45647	343107

产终国（地区）	进出口合计												
	1月	2月	3月	4月	5月	6月	7月	8月	9月	10月	11月	12月	2013年度
东欧国家													
乌克兰	26327	17354	18182	21186	16086	14398	28247	40251	37565	27862	26396	27420	301205
俄罗斯	29414	42053	43148	45505	34617	28459	37699	42182	38226	39472	33892	39506	454201
蒙古国	14069		8815	22185	29536		30277	39154	38944	63442	45797	30415	373386

产终国 （其他国家）	进出口合计												
	1月	2月	3月	4月	5月	6月	7月	8月	9月	10月	11月	12月	2013年度
1　美国	143613	50406	22785	18391	22840	26452	60650	125542	26697	18610	19156	271741	806888
2　马来西亚	45799	81840	27298	48267	12525	14153	26291	48034	10640	4911	3586	123766	447105
3　新加坡	31717	29203					16545	60391	9801	6035		85431	251812
4　德国	39363	20513	15384	12011	15911	15907	19235	44340	16358	8059	5025	69432	281627
5　韩国	42110	9705	10558	13242	5092	3989	7708	12616	7058	4278	7669	62167	186196
6　英国	33550	13293	4186		4277		10694	21765	3568		4098	52507	155770
7　印度尼西亚		47967	22125	52979	15520	8066				2719	2983	40111	218502
8　荷兰	31029	15736						19267			4946	35367	123101
9　泰国		7489	7542		6085		6839	17956		3920	3427	34266	104857
10　加拿大	20727	8104						19404			6125	29252	102267
11　澳大利亚	16321	10618	25826	13678	33568		48080	14822	39781			26500	234358
12　越南			11336	5469		3707	6569					25674	77688
13　尼日利亚	11311					4229			5534	4153	3814	20651	65752
14　西班牙	16022	7831						11104				20442	70412
15　日本		10015	7600	10415	14334	14927	13558	24540	7820	12578	11191	18999	156958
16　意大利	16197	7662	6693	10830	4617	4237	5185	10976		3956		18134	94178
17　罗马尼亚										7332	8579		24789
18　瑞士			3577		3626						3526		26510
19　阿尔及利亚			4282		7548	3801			3345		3296		38972
20　菲律宾					3218	4565	4988				3269		42874
21　芬兰	12609				6194	4539			4044	5586	3203		46730
22　赞比亚										12819			24393
23　安哥拉				6841		4217			7105	3737			36270
24　南非	42144	8165			8308			10926	11951	4030			89549
25　巴拿马				22225		23126		11340					74076
26　法国	11544		4714	9191			7167	10918					51369
27　智利						5783	16646						31897
28　阿根廷	12529					6336							21603
29　瑞典					3982								15586
30　秘鲁				4769									7826
31　孟加拉国		9483											11186
32　波兰		12110											19781
33　多哥	12793												12793

附录2 2014年相关贸易进出口总值数据统计情况

2014年相关贸易进出口总值数据统计情况汇总　　　　　　单位：千美元

产终国（地区）	进出口合计												
	1月	2月	3月	4月	5月	6月	7月	8月	9月	10月	11月	12月	2014年度
中国	382395000	251176000	332515000	358627000	355024000	342013000	378481575	367094000	213678462	368327943	211662669	405413212	3966407861
中国新疆	2450824	906641	1406909	1894172	1589007	1666880	2076450	2963616	4060102	3540690	2677170	2442615	27675076
中亚五国													
1 哈萨克斯坦	874593	420993	616130	786290	400679	745519	921883	990899	1220102	1127301	1026150	754129	9884668
2 吉尔吉斯斯坦	318658	75134	287539	315808	166647	215647	379485	414041	549602	483421	425867	361703	3993552
3 塔吉克斯坦	115064	36207	97103	192321	98905	157871	216076	182005	259392	185769	237989	171110	1949812
4 乌兹别克斯坦	75748	36227	45604	50200	44970	63376	88246	55443	67845	52473	57860	98141	736133
5 土库曼斯坦	12705		12221	16320	8546	12738	10152	10082	0	0	9979	11874	104617
西亚国家													
1 沙特阿拉伯	33356		15115	22399			3309		25574	29442	8263	13273	150731
2 土耳其	14389		7767	14508	7971	8277	10407	7810		14803	6614	14766	107312
3 伊朗	33310	7709	4072	63312	36921	12771	102331	451059	18724	13900	9353	20342	773804
4 格鲁吉亚					2882		3661		5602				12145
5 阿塞拜疆							5602	8146			25216	16114	55078
6 阿富汗				8051	3525	5076	5098	4821		50056	9618	9618	95863
7 约旦				5247									5247
南亚国家													
1 印度				12745	3601	18506	42240	32599	46839	57080	19532	19532	252674
2 巴基斯坦	45888	31269	29786	30563	26816	58882	17805	11764	37536		110537	39076	439922
俄罗斯	32247	22248	19713	44246	48911	52377	58500	500622	238973	377900	398202	344947	2138886
乌克兰	39696	6884	13392	11080	4657	8859	15072	26330	20643		9099		155712
蒙古国	9608	9632	24023	21680	46354	51903	12314	107401	80876	23087	28545	23915	439338

产终国（其他国家和地区）	进出口合计												
	1月	2月	3月	4月	5月	6月	7月	8月	9月	10月	11月	12月	2014年度
1 美国	88190	31646	19910	15597	12035	51349	62851	23262	284308	104590	21045	45318	760101
2 印度尼西亚	70582				2488	5377		2952	28264	29362		25246	164271
3 德国	46382	11475	15464	15278	8112	34659	10981	23839	70357	28710	37084	19888	322229
4 阿联酋	34313		37980	88870	7562	6111	2902	3255	22057	28962	5529		237541
5 英国	30676	6395	4936		2578	3770	4593	3715	39616	28848	8469	14043	147639
6 尼日利亚	25267	18426	6189				3040	2774	29624	34177	6576	26233	152306

续表

产终国（其他国家和地区）	进出口合计												
	1月	2月	3月	4月	5月	6月	7月	8月	9月	10月	11月	12月	2014年度
7 新加坡	23352								116835	87096	9412		236695
8 荷兰	20156	4861							48523	21592			95132
9 法国	19259	4592											23851
10 韩国	18458	13221	9050	6928	5303	7984	4782		74590	116133	7783	33506	297738
11 加拿大	15179	3894	6645	9249					19829	16347			71143
12 西班牙	14908								17685				32593
13 泰国	12546		4260		3470	3357	4115	3467	21596	39865	9172	13980	115828
14 越南	11645			4053	3331				138562	35772		16975	210338
15 赞比亚	11618				5095	11469	2854	6103					37139
16 澳大利亚	11517			35200		15589		2665	24052	21977	9634	16721	137355
17 南非	11502								18773				30275
18 朝鲜	11500	6358											17858
19 马来西亚		17393	10103	7438	5052	6356	7702	9704	74514	86670		27812	252744
20 日本	6397	13070	22312	8926	7850	10773	10905		20466	7996	13492		122187
21 塞内加尔		11520	3396										14916
22 缅甸		7464					3520	3195					14179
23 安哥拉		7067							29189	17647	12392	24213	90508
24 多哥		6868											6868
25 波兰		6230											6230
26 意大利		5335	11475	4740	2913	7259	3479	5797			5274	17423	63695
27 肯尼亚		5155											5155
28 阿尔及利亚		3956	4498	3118	2296		4303	2931				17998	39100
29 菲律宾		3939		3016	2050		7335						16340
30 中国台湾				8002		2712							10714
31 巴林				5899	13084								18983
32 阿曼				4258	6976								11234
33 埃及						3162	2934						6096
34 卡塔尔				3913									3913
35 丹麦				3368									3368
36 瑞典						10954	4216						15170
37 瑞士							8286						8286
38 巴西										16168		19609	35777
39 巴拿马										40736	12463	13132	66331
40 中国香港									25921		9748	10738	46407

附录3 2015年相关贸易进出口总值数据统计情况

2015 年相关贸易进出口总值数据统计情况汇总　　　　　　　　单位：千美元

产终国（地区）	进出口合计												
	1月	2月	3月	4月	5月	6月	7月	8月	9月	10月	11月	12月	2015年度
中国	340484000	277762000	286056000	318527000	322015000	337487000	347168000	333530000	350773000	323187000	340382000	388284000	3958644000
中国新疆	1152793	985722	798222	1494595	1302508	1309778	1957455	1944986	3485785	1994438	1932602	1309970	19677892
中亚五国													
1 哈萨克斯坦	406485	435902	299210	566279	530469	455518	572390	615297	546656	463861	460027	387796	5739890
2 吉尔吉斯斯坦	239863	149733	97187	366400	226612	287196	325993	333561	344891	367470	283604	213471	3235981
3 塔吉克斯坦	87997	59517	28851	91858	126336	130635	120355	118189	201018	173161	176639	87649	1402205
4 乌兹别克斯坦	55639	55645	23458	35338	50046	61779	40766	50635	43196	35603	31881	33862	517848
5 土库曼斯坦	9669	8445	5265	8699	6721	6817	7331	7146		8570		6309	74972
西亚国家													
1 伊朗	43605	41836	6591	59327	39005	65519	66700	67201	74792	26945	17296	22738	531555
2 土耳其	5858	3124	5814	4882	3078	12334		14146	16201		7074		72511
3 阿富汗	6013	9088		5240	11900	7980							40221
4 阿塞拜疆	6412	3698		7365	9340	7409		11002		13612	19873	10744	89455
5 阿联酋	4238					2031		6244	16668	14801	48701	8319	101002
6 沙特阿拉伯	4259	3011					8516			23123	27524	6236	72669
7 黎巴嫩												7312	7312
南亚国家													
1 巴基斯坦	10505	6909		8604	8604	14410	13135	20754	38809	35274	109173	37160	303337
2 印度	8551	6993	5752	24769	24769	5962	7038	21555	17063	13174	20215	21277	177118
东欧国家													
乌克兰	3901	4744	2433	9648		3208		14120		11266			49320
俄罗斯	57695	58727	46836	55637		52014	82693	163307	114017	67272	71007	113441	882646
蒙古国	8168	6208	7312			8600		12552		11928		11620	66388
产终国（其他国家和地区）	进出口合计												
	1月	2月	3月	4月	5月	6月	7月	8月	9月	10月	11月	12月	2015年度
1 美国	24851	12846	25924	65271	45095	66097	261923	128855	945788	215228	189618	90375	2071871
2 德国	28974	8488	13103	10886	9674	10728	44157	34295	154907	47136	46801	32875	442024
3 日本	6911	6134	9551	15747	9506	7763	15049	11715		14867	12610	12272	122125
4 意大利	12383	3543	4041	9639	9926	10368	16779	5800	25139		18498	17739	133855
5 安哥拉	5939	4513	533		11914	12365	32873	59411	50977	28488	11748	10384	229145
6 泰国	4843	6358	2693		11037	9161	8955	12758	33470	13855	22515	6069	131714

续表

产终国（其他国家和地区）	进出口合计												
	1月	2月	3月	4月	5月	6月	7月	8月	9月	10月	11月	12月	2015年度
7 韩国		4684	6389	6104	6523	6573	14374	17643	16588	16391		10004	105273
8 马来西亚	4296	5991	3134	6884	5580	5122	21999	17223	42433	16564	21566	12983	163775
9 阿尔及利亚			756	10187	9054							7924	27921
10 澳大利亚				14802	11800				39442	28801	11480	11813	118138
11 加拿大				14338	4385	2701	14345		54020	17859	15855		123503
12 菲律宾	5900	4507		4153		5800		6386		9067	5236		41049
13 印度尼西亚		2957	2463	5127	3508	3447	15369	12313				5263	50447
14 尼日利亚						2473		6267					8740
15 墨西哥			6311	4702	3916		18854		30328		18074		82185
16 中国台湾	5774					2148							7922
17 新加坡	4620		5629	3420			8264	8261	41807	78962	44414	6772	202149
18 巴西				3427		3187	7320		17706				31640
19 越南	4020				3264		6870	8166	22030	11213	8535	5220	69318
20 荷兰				5278			24385	8044	137164	37168	67701	9712	289452
21 喀麦隆		3347		4990									8337
22 芬兰					5684								5684
23 法国			3924						25710		8226		37860
24 中国香港	4561		3151										7712
25 塞内加尔		4285											4285
26 加纳			2483				21857						24340
27 秘鲁					4139								4139
28 罗马尼亚		3019											3019
29 科特迪瓦		3694											3694
30 瑞典	3970												3970
31 奥地利			2155										2155
32 西班牙							10731		40498	12379	21597		85205
33 巴拿马							8975		18001				26976
34 波兰							6482		21021				27503
35 肯尼亚							10304			11418			21722
36 中国澳门							9027						9027
37 比利时									26067		8214		34281
38 智利									15323				15323

附录4 2016年相关贸易进出口总值数据统计情况

2016年相关贸易进出口总值数据统计情况汇总 　　单位：千美元

产终国（地区）	进出口合计												
	1月	2月	3月	4月	5月	6月	7月	8月	9月	10月	11月	12月	2016年度
中国	291664000	21969700	291770000	299963000	312148000	312658000	317158000	329135000	327027000	307299000	349002000	378017000	3684925000
中国新疆	1173509	766710	1154760	1811546	1227517	1190953	1494512	1719892	2292211	1861379	2025731	1880132	17963283
中亚五国													
1 哈萨克斯坦	343847	241940	300328	597802	500109	438263	517915	722570	686652	576687	727650	671938	6328557
2 吉尔吉斯斯坦	326472	180413	283608	273861	187396	179780	314572	354203	530283	440690	492520	347609	3941743
3 塔吉克斯坦	97261	38699	58422	102029	77188	94295	97486	111181	146233	94820	193680	149879	1266896
4 乌兹别克斯坦	40026	27685	31404	45997	42537	31808	36447	39186	41158	37342	46910	44246	464539
5 土库曼斯坦	7380	4190	4190	5740	5940	4520	4160	5200	4847				45942
西亚国家													
1 伊朗	7354	2931	7385		4269	17703	4226	10706	7682				60800
2 土耳其	4992	8022	9681	7241	5575	9855	5660	6971			3740	4962	72173
4 阿塞拜疆		2813		11397	8783	5915		7549	5428	12277	12652	4980	79623
5 阿联酋	3370	1941		3783		5187			12200				24709
6 沙特阿拉伯											4965	11194	33316
南亚国家													
1 巴基斯坦	12551	8143	5150	8663	18439	14541	17546	33588	27377	28159	82188	13050	288690
2 印度	14471	12535	40850	36817	12242	11918	17764	29386	7609	11058	11117	9912	212439
东欧国家													
乌克兰		13668	3394	6903	4347	4075	6389	15696	4533	6862	6834	6331	82064
俄罗斯	126238	87043	57052	184859	126242	58232	91811	152423	64346	92782	106831	149052	1332809
蒙古国	2891			3995	6164	9680		8757	5334	14530	9045	10890	80674
产终国（其他国家）	进出口合计												
	1月	2月	3月	4月	5月	6月	7月	8月	9月	10月	11月	12月	2016年度
1 美国	31702	20488	127812	218063	57465	146486	131431	49291	263136	211776	83189	145534	1210166
2 德国	8616	8913	20416	67048	17159	14478	31138	20446	21506	36081	24781	35687	296233
3 荷兰		3025	11430	8478	3704	4166	10996	4138	20967	20857	14278	24887	122943
4 英国	2553	2283	7582	20305	5596	5050	14767	7888	26422	23429	23522	22857	151025
5 比利时			3949						4030	5126		18287	40318
6 印度尼西亚	5341	2396	6167	7228	3666			6684	3269	17897	9390	15406	83480
7 加拿大	7360	6226	27805	39829	9484	6999	13391		8434	21710	7742	13803	99335
8 西班牙			8446	11579	6566	5482	7378		6988	12783	6791	13162	68704

续表

产终国 （其他国家）	进出口合计												
	1月	2月	3月	4月	5月	6月	7月	8月	9月	10月	11月	12月	2016年度
9 日本	14862	3020	5887	8941	4537	5271	9769	11407	6067	8538	11351	12600	105195
10 肯尼亚						3302					8848	11239	32791
11 新加坡			6676	6608						9652	7738	11013	41813
12 澳大利亚		16176	7237				4903	3668	15802	14232	21117	9460	101767
13 意大利	11159	5621	5623	10613	5762	17354	12633	4953	8308	5505	6896	8336	102455
14 巴西				7705		4057	7349	7018		6866		7434	49790
15 马来西亚	3221	2088	9862	16868	6288	7661	7822	18516	2411			6400	74285
16 法国	2695	13088	5975				8473		3597		4190	5922	52345
17 韩国	3388	3008	7204	7270	9480	5021	8742	7987	8403	10360	5790	5761	80590
18 朝鲜											4344	5662	10184
19 芬兰	4815		4952	3654	5941	10925	5073	6019	3889	9750	5520		44661
20 菲律宾	4094			4354		3368		3467					10929
21 赞比亚	3776												5416
22 越南	3759	2478		3560	4055	3686		4326	3028	6521	4385		33320
23 加纳	2724												2724
24 泰国	20140	4818	5752							10038			40748
25 阿尔及利亚		2831						5254	3606				11691
26 尼日利亚		1675											1675
27 马拉维				3833									3833
28 智利				9728									9728
29 瑞士				4672	3650								8322
30 阿根廷							5667	4580	4917				15164
31 波兰			5527				12535			5792			23854
32 墨西哥								3107					3107
33 安哥拉										13595			13595

附录 5　图表资料来源

第三章图表资料来源

图 3 - 1 - 1 资料来源：中国海关网 http：//www. customs. gov. cn/，乌鲁木齐海关网 http：// urumqi. customs. cn/。

图 3 - 1 - 2 ~ 图 3 - 1 - 12 资料来源：乌鲁木齐海关网 http：//urumqi. customs. gov. cn/。

表 3 - 2 - 1，图 3 - 2 - 1 资料来源：乌鲁木齐海关网 http：//urumqi. customs. gov. cn/，《新疆统计年鉴》（2002 - 2017 年）。

第四章图表资料来源

图 4 - 2 - 1 资料来源：中国海关网 http：//www. customs. gov. cn/，乌鲁木齐海关网 http：// urumqi. customs. cn/。

图 4 - 2 - 2 资料来源：乌鲁木齐海关网 http：//urumqi. customs. gov. cn/。

图 4 - 2 - 3 ~ 图 4 - 2 - 14 资料来源：中国海关网 http：//www. customs. gov. cn/，乌鲁木齐海关网 http：//urumqi. customs. gov. cn/。

图 4 - 2 - 15 ~ 图 4 - 9 - 59 资料来源：乌鲁木齐海关网 http：//urumqi. customs. gov. cn/。

第五章图表资料来源

图 5 - 2 - 1 资料来源：中国海关网 http：//www. customs. gov. cn/，乌鲁木齐海关网 http：// urumqi. customs. gov. cn/。

图 5 - 2 - 2 资料来源：乌鲁木齐海关网 http：//urumqi. customs. gov. cn/。

图 5 - 2 - 3 ~ 图 5 - 2 - 14 资料来源：中国海关网 http：//www. customs. gov. cn/，乌鲁木齐海关网 http：//urumqi. customs. gov. cn/。

图 5 - 2 - 15 ~ 图 5 - 9 - 56 资料来源：乌鲁木齐海关网 http：//urumqi. customs. gov. cn/。

第六章图表资料来源

图 6 - 2 - 1 资料来源：中国海关网 http：//www. customs. gov. cn/，乌鲁木齐海关网 http：// urumqi. customs. gov. cn/。

图 6 - 2 - 2 资料来源：乌鲁木齐海关网 http：//urumqi. customs. gov. cn/。

图 6 - 2 - 3 ~ 图 6 - 2 - 14 资料来源：中国海关网 http：//www. customs. gov. cn/，乌鲁木齐海关网 http：//urumqi. customs. gov. cn/。

图 6 - 2 - 15 ~ 图 6 - 9 - 59 资料来源：乌鲁木齐海关网 http：//urumqi. customs. gov. cn/。

第七章图表资料来源

图 7 - 2 - 1 资料来源：中国海关网 http：//www. customs. gov. cn/，乌鲁木齐海关网 http：// urumqi. customs. cn/。

图 7 - 2 - 2 资料来源：乌鲁木齐海关网 http：//urumqi. customs. gov. cn/。

图 7 - 2 - 3 至图 7 - 2 - 14 资料来源：中国海关网 http：//www. customs. gov. cn/，乌鲁木齐海关网 http：//urumqi. customs. gov. cn/。

图 7 - 2 - 15 至图 7 - 9 - 59 资料来源：乌鲁木齐海关网 http：//urumqi. customs. gov. cn/。